VADE MECUM
PGE–SP

Organizadores
Caio Souza
Alan de Oliveira Dantas Cruz
Eloise Moreira Campos Monteiro Barreto

VADE MECUM PGE-SP

Com base no
EDITAL nº 03/2023
da Banca VUNESP

2ª edição
revista
atualizada
ampliada

2024

EDITORA JusPODIVM
www.editorajuspodivm.com.br

EDITORA *Jus*PODIVM
www.editorajuspodivm.com.br

Rua Canuto Saraiva, 131 – Mooca – CEP: 03113-010 – São Paulo – São Paulo
Tel: (11) 3582.5757
• Contato: https://www.editorajuspodivm.com.br/central-de-relacionamento

Diagramação: Futura *(rogerio@futuraeditoracao.com)*

Capa: Ana Caquetti

S729v Souza, Caio
Vade Mecum PGE-SP / Caio Souza, Alan de Oliveira Dantas Cruz e Eloise Moreira Campos Monteiro Barreto – 2.ed., rev., atual. e ampl. - São Paulo: Editora JusPodivm, 2024.
672 p.

Inclui Bibliografia
ISBN: 978-85-442-4946-8

1. Legislação. I. Souza, Caio. II. Cruz, Alan de Oliveira Dantas. III. Barreto, Eloise Moreira Campos Monteiro. IV. Título.

CDD 340.06081

BIBLIOTECÁRIA RESPONSÁVEL

Ana Carolina Ribeiro Mois – CRB7 – RJ 007348/0

APRESENTAÇÃO

O Edital do Concurso da Procuradoria Geral do Estado de São Paulo trouxe uma grande listagem de leis estaduais que serão cobradas nas duas etapas do concurso.

A proposta deste *Vade Mecum* é servir como fonte de estudo para a primeira fase e, também, como consulta durante a realização da prova prático-discursiva, seguindo-se os parâmetros permitidos pelo Edital nº 03/2023 da Banca VUNESP.

Foram incluídas todas as leis estaduais exigidas no edital, com todas as atualizações posteriores à sua promulgação original.

Além disso, incluímos índice alfabético-remissivo geral, para facilitar a busca na hora da prova, índice cronológico geral e índice específico de cada lei.

Esperamos que seja um material de grande utilidade, eliminando também sua preocupação com a busca e impressão de leis esparsas.

Desejamos a você uma excelente prova!

Caio Souza

Alan Dantas

Eloise Barreto

ÍNDICE CRONOLÓGICO

ÍNDICE ALFABÉTICO-REMISSIVO GERAL

A

B

C

P

DIREITO CONSTITUCIONAL

CONSTITUIÇÃO DO ESTADO DE SÃO PAULO, DE 05 DE OUTUBRO DE 1989 (ATUALIZADA ATÉ A EMENDA CONSTITUCIONAL Nº 53, DE 19 DE DEZEMBRO DE 2023)

ÍNDICE

PREÂMBULO

O Povo Paulista, invocando a proteção de Deus, e inspirado nos princípios constitucionais da República e no ideal de a todos assegurar justiça e bem-estar, decreta e promulga, por seus representantes, a CONSTITUIÇÃO DO ESTADO DE SÃO PAULO.

TÍTULO I
DOS FUNDAMENTOS DO ESTADO

Art. 1º O Estado de São Paulo, integrante da República Federativa do Brasil, exerce as competências que não lhe são vedadas pela Constituição Federal.

Art. 2º A lei estabelecerá procedimentos judiciários abreviados e de custos reduzidos para as ações cujo objeto principal seja a salvaguarda dos direitos e liberdades fundamentais.

Art. 3º O Estado prestará assistência jurídica integral e gratuita aos que declararem insuficiência de recursos.

Art. 4º Nos procedimentos administrativos, qualquer que seja o objeto, observar-se-ão, entre outros requisitos de validade, a igualdade entre os administrados e o devido processo legal, especialmente quanto à exigência da publicidade, do contraditório, da ampla defesa e do despacho ou decisão motivados.

TÍTULO II
DA ORGANIZAÇÃO DOS PODERES

CAPÍTULO I
DISPOSIÇÕES PRELIMINARES

Art. 5º São Poderes do Estado, independentes e harmônicos entre si, o Legislativo, o Executivo e o Judiciário.

§ 1º É vedado a qualquer dos Poderes delegar atribuições.

§ 2º O cidadão, investido na função de um dos Poderes, não poderá exercer a de outro, salvo as exceções previstas nesta Constituição.

Art. 6º O Município de São Paulo é a Capital do Estado.

Art. 7º São símbolos do Estado a bandeira, o brasão de armas e o hino.

Art. 8º Além dos indicados no artigo 26 da Constituição Federal, incluem-se entre os bens do Estado os terrenos reservados às margens dos rios e lagos do seu domínio.

CAPÍTULO II
DO PODER LEGISLATIVO

SEÇÃO I
DA ORGANIZAÇÃO DO PODER LEGISLATIVO

Art. 9º O Poder Legislativo é exercido pela Assembleia Legislativa, constituída de Deputados, eleitos e investidos na forma da legislação federal, para uma legislatura de quatro anos.

§ 1º A Assembleia Legislativa reunir-se-á, em sessão legislativa anual, independentemente de convocação, de 1º de fevereiro a 30 de junho e de 1º de agosto a 15 de dezembro.

§ 2º No primeiro ano da legislatura, a Assembleia Legislativa reunir-se-á, da mesma forma, em sessões preparatórias, a partir de 1º de fevereiro, para a posse de seus membros e eleição da Mesa. (NR)

- § 2º com redação dada pela Emenda Constitucional nº 47, de 14/03/2019.

» *V. art. 57, § 4º, CF.*

§ 3º As reuniões marcadas para as datas fixadas no § 1º serão transferidas para o primeiro dia útil subsequente, quando recaírem em sábado, domingo ou feriado.

§ 4º A sessão legislativa não será interrompida sem aprovação do projeto de lei de diretrizes orçamentárias e sem deliberação sobre o projeto de lei do orçamento e sobre as contas prestadas pelo Governador, referentes ao exercício anterior.

- § 4º com redação dada pela Emenda Constitucional nº 5, de 18/12/1998.

§ 5º A convocação extraordinária da Assembleia Legislativa far-se-á:

1 - pelo Presidente, nos seguintes casos:

a) decretação de estado de sítio ou de estado de defesa que atinja todo ou parte do território estadual;

b) intervenção no Estado ou em Município;

c) recebimento dos autos de prisão de Deputado, na hipótese de crime inafiançável.

2 - pela maioria absoluta dos membros da Assembleia Legislativa ou pelo Governador, em caso de urgência ou interesse público relevante.

§ 6º Na sessão legislativa extraordinária, a Assembleia Legislativa somente deliberará sobre a matéria para a qual foi convocada, vedado o pagamento de parcela indenizatória de valor superior ao subsídio mensal.

- § 6º com redação dada pela Emenda Constitucional nº 21, de 14/02/2006.

Art. 10. A Assembleia Legislativa funcionará em sessões públicas, presente, nas sessões deliberativas, pelo menos um quarto de seus membros e, nas sessões exclusivamente de debates, pelo menos um oitavo de seus membros.

- Artigo 10, "caput", com redação dada pela Emenda Constitucional nº 36, de 17/05/2012.

§ 1º Salvo disposição constitucional em contrário, as deliberações da Assembleia Legislativa e de suas Comissões serão tomadas por maioria de votos, presente a maioria absoluta de seus membros.

§ 2º O voto será público.

- § 2º com redação dada pela Emenda Constitucional nº 12, de 28/06/2001.

Art. 11. Os membros da Mesa e seus substitutos serão eleitos para um mandato de dois anos.

§ 1º A eleição far-se-á, em primeiro escrutínio, pela maioria absoluta da Assembleia Legislativa.

§ 2º É vedada a recondução para o mesmo cargo na eleição imediatamente subsequente.

Art. 12. Na constituição da Mesa e das Comissões assegurar-se-á, tanto quanto possível, a representação proporcional dos partidos políticos com assento na Assembleia Legislativa.

Art. 13. A Assembleia Legislativa terá Comissões permanentes e temporárias, na forma e com as atribuições previstas no Regimento Interno.

§ 1º Às comissões, em razão da matéria de sua competência, cabe:

1 - discutir e votar projetos de lei que dispensarem, na forma do Regimento Interno, a competência do Plenário, salvo se houver, para decisão deste, requerimento de um décimo dos membros da Assembleia Legislativa;

2 - convocar Secretário de Estado, sem prejuízo do disposto no artigo 52-A, para prestar pessoalmente, no prazo de 30 (trinta) dias, informações sobre assunto previamente determinado, importando crime de responsabilidade a ausência sem justificação adequada;

3 - convocar dirigentes de autarquias, empresas públicas, sociedades de economia mista e fundações instituídas ou mantidas pelo Poder Público, para prestar informações sobre assuntos de área de sua competência, previamente determinados, no prazo de trinta dias, sujeitando-se, pelo não comparecimento sem justificação adequada, às penas da lei;

4 – convocar o Procurador-Geral de Justiça, o Procurador-Geral do Estado e o Defensor Público-Geral, para prestar informações a respeito de assuntos previamente fixados, relacionados com a respectiva área;

5 – acompanhar a execução orçamentária;

6 – realizar audiências públicas dentro ou fora da sede do Poder Legislativo;

7 – receber petições, reclamações, representações ou queixas de qualquer pessoa contra atos ou omissões das autoridades ou entidades públicas;

8 – velar pela completa adequação dos atos do Poder Executivo que regulamentem dispositivos legais;

9 – tomar o depoimento de autoridade e solicitar o de cidadão;

10 – fiscalizar e apreciar programas de obras, planos estaduais, regionais e setoriais de desenvolvimento e, sobre eles, emitir parecer;

11 – convocar representantes de empresa resultante de sociedade desestatizada e representantes de empresa prestadora de serviço público concedido ou permitido, para prestar informações sobre assuntos de sua área de competência, previamente determinados, no prazo de 30 (trinta) dias, sujeitando-se, pelo não comparecimento sem adequada justificação, às penas da lei.

– Item 11 acrescentado pela Emenda Constitucional nº 10, de 20/02/2001.

§ 2º As comissões parlamentares de inquérito, que terão poderes de investigação próprios das autoridades judiciais, além de outros previstos no Regimento Interno, serão criadas mediante requerimento de um terço dos membros da Assembleia Legislativa, para apuração de fato determinado e por prazo certo, sendo suas conclusões, quando for o caso, encaminhadas aos órgãos competentes do Estado para que promovam a responsabilidade civil e criminal de quem de direito.

§ 3º O Regimento Interno disporá sobre a competência da Comissão representativa da Assembleia Legislativa que funcionará durante o recesso, quando não houver convocação extraordinária.

§ 4º Aplicam-se ao Conselho de Defesa das Prerrogativas Parlamentares da Assembleia Legislativa as competências previstas nos itens 2, 3, 7 e 11 do § 1º deste artigo, para apuração de fatos e informações estritamente afetos à inobservância ou infringência das prerrogativas das Deputadas e Deputados.

– § 4º acrescentado pela Emenda Constitucional nº 42, de 15/10/2015.

SEÇÃO II
DOS DEPUTADOS

Art. 14. Os Deputados são invioláveis, civil e penalmente, por quaisquer de suas opiniões, palavras e votos.

– Artigo 14, "caput", com redação dada pela Emenda Constitucional nº 14, de 12/03/2002.

§ 1º Os Deputados, desde a expedição do diploma, serão submetidos a julgamento perante o Tribunal de Justiça.

– § 1º com redação dada pela Emenda Constitucional nº 21, de 14/02/2006.

§ 2º Desde a expedição do diploma, os membros da Assembleia Legislativa não poderão ser presos, salvo em flagrante de crime inafiançável. Nesse caso, os autos serão remetidos dentro de vinte e quatro horas à Assembleia Legislativa, para que, pelo voto da maioria de seus membros, resolva sobre a prisão.

§ 3º Recebida a denúncia contra Deputado, por crime ocorrido após a diplomação, o Tribunal de Justiça dará ciência à Assembleia Legislativa que, por iniciativa de partido político nela representado e pelo voto da maioria de seus membros, poderá, até a decisão final, sustar o andamento da ação.

§ 4º O pedido de sustação será apreciado pela Assembleia Legislativa no prazo improrrogável de quarenta e cinco dias do seu recebimento pela Mesa Diretora.

§ 5º A sustação do processo suspende a prescrição, enquanto durar o mandato.

§ 6º Os Deputados não serão obrigados a testemunhar sobre informações recebidas ou prestadas em razão do exercício do mandato, nem sobre as pessoas que lhes confiaram ou deles receberam informações.

§ 7º A incorporação às Forças Armadas de Deputados, embora militares e ainda que em tempo de guerra, dependerá de prévia licença da Assembléia Legislativa.

§ 8º As imunidades de Deputados subsistirão durante o estado de sítio, só podendo ser suspensas mediante o voto de dois terços dos membros da Assembléia Legislativa, nos casos de atos praticados fora do recinto dessa Casa, que sejam incompatíveis com a execução da medida.

– §§ 2º ao 8º com redação dada pela Emenda Constitucional nº 14, de 12/03/2002.

§ 9º O Deputado ou a Deputada, sempre que representando uma das Comissões Permanentes, Comissões Parlamentares de Inquérito ou a Assembleia Legislativa, neste último caso mediante deliberação do Plenário, terá livre acesso às repartições públicas, podendo diligenciar pessoalmente junto aos órgãos da administração direta e indireta e agências reguladoras, sujeitando-se os respectivos responsáveis às sanções civis, administrativas e penais previstas em lei, na hipótese de recusa ou omissão.

- § 9º com redação dada pela Emenda Constitucional nº 31, de 21/10/2009.

§ 9º-A Suprimido.

- § 9º-A suprimido pela Emenda Constitucional nº 31, de 21/10/2009.

§ 10. No caso de inviolabilidade por quaisquer opiniões, palavras, votos e manifestações verbais ou escritas de deputado em razão de sua atividade parlamentar, impende-se o arquivamento de inquérito policial e o imediato não-conhecimento de ação civil ou penal promovida com inobservância deste direito do Poder Legislativo, independentemente de prévia comunicação ao deputado ou à Assembleia Legislativa.

§ 11. Salvo as hipóteses do § 10, os procedimentos investigatórios e as suas diligências de caráter instrutório somente serão promovidos perante o Tribunal de Justiça, e sob seu controle, a quem caberá ordenar toda e qualquer providência necessária à obtenção de dados probatórios para demonstração de alegado delito de deputado.

- §§ 10 e 11 acrescentados pela Emenda Constitucional nº 15, de 15/05/2002.

» *V. art. 53, CF.*

Art. 15. Os Deputados não poderão:

I - desde a expedição do diploma:

a) firmar ou manter contrato com pessoa jurídica de direito público, autarquia, empresa pública, sociedade de economia mista ou empresa concessionária de serviço público, salvo quando o contrato obedecer a cláusulas uniformes;

b) aceitar ou exercer cargo, função ou emprego remunerado, incluindo os de que sejam demissíveis "ad nutum", nas entidades constantes da alínea anterior;

II - desde a posse:

a) ser proprietários, controladores ou diretores de empresa que goze de favor decorrente de contrato com pessoa jurídica de direito público, ou nela exercer função remunerada;

b) ocupar cargo ou função de que sejam demissíveis "ad nutum", nas entidades referidas na alínea "a" do inciso I;

c) patrocinar causa em que seja interessada qualquer das entidades a que se refere a alínea "a" do inciso I;

d) ser titulares de mais de um cargo ou mandato eletivo federal, estadual ou municipal.

» *V. art. 54, CF.*

Art. 16. Perderá o mandato o Deputado:

» *V. art. 55, CF.*

I - que infringir qualquer das proibições estabelecidas no artigo anterior;

II - cujo procedimento for declarado incompatível com o decoro parlamentar;

III - que deixar de comparecer, em cada sessão legislativa, à terça-parte das sessões ordinárias, salvo licença ou missão autorizada pela Assembleia Legislativa;

IV - que perder ou tiver suspensos os direitos políticos;

V - quando o decretar a Justiça Eleitoral, nos casos previstos na Constituição Federal;

VI - que sofrer condenação criminal em sentença transitada em julgado.

- A expressão "nos crimes apenados com reclusão, atentatórios ao decoro parlamentar", acrescentada ao inciso VI pela Emenda Constitucional nº 18, de 30/03/2004, foi declarada inconstitucional pelo Supremo Tribunal Federal nos autos da ADI nº 3200/2004, julgada em 22/05/2014.

§ 1º É incompatível com o decoro parlamentar, além dos casos definidos no Regimento Interno, o abuso das prerrogativas asseguradas ao Deputado ou a percepção de vantagens indevidas.

§ 2º Nos casos dos incisos I, II e VI deste artigo, a perda do mandato será decidida pela Assembleia Legislativa, por votação nominal e maioria absoluta, mediante provocação da Mesa ou de partido político representado no Legislativo, assegurada ampla defesa.

- § 2º com redação dada pela Emenda Constitucional nº 11, de 28/06/2001.

§ 3º Nos casos previstos nos incisos III a V, a perda será declarada pela Mesa, de ofício ou mediante provocação de qualquer dos membros da Assembleia Legislativa ou de partido político nela representado, assegurada ampla defesa.

Art. 17. Não perderá o mandato o Deputado:

» *V. art. 56, CF.*

I – investido na função de Ministro de Estado, Governador de Território, Secretário de Estado, do Distrito Federal, de Território, de Prefeitura de Capital ou Chefe de Missão Diplomática temporária;

II – licenciado pela Assembleia Legislativa por motivo de doença ou para tratar, sem subsídio, de interesse particular, desde que, neste caso, o afastamento não ultrapasse cento e vinte dias por sessão legislativa.

– Inciso II com redação dada pela Emenda Constitucional nº 21, de 14/02/2006.

§ 1º O Suplente será convocado, nos casos de vaga, com a investidura nas funções previstas neste artigo ou de licença superior a cento e vinte dias.

§ 2º Ocorrendo vaga e não havendo suplente, far-se-á eleição, se faltarem mais de quinze meses para o término do mandato.

§ 3º Na hipótese do inciso I deste artigo, o Deputado poderá optar pelo subsídio fixado aos parlamentares estaduais.

– § 3º com redação dada pela Emenda Constitucional nº 21, de 14/02/2006.

Art. 18. O subsídio dos Deputados Estaduais será fixado por lei de iniciativa da Assembleia Legislativa, na razão de, no máximo, setenta e cinco por cento daquele estabelecido, em espécie, para os Deputados Federais, observado o que dispõem os artigos 39, § 4º, 57, § 7º, 150, II, 153, III, e 153, § 2º, I, da Constituição Federal.

Parágrafo único. Os Deputados farão declaração pública de bens, no ato da posse e no término do mandato.

SEÇÃO III
DAS ATRIBUIÇÕES DO PODER LEGISLATIVO

Art. 19. Compete à Assembleia Legislativa, com a sanção do Governador, dispor sobre todas as matérias de competência do Estado, ressalvadas as especificadas no artigo 20, e especialmente sobre:

I – sistema tributário estadual, instituição de impostos, taxas, contribuições de melhoria e contribuição social;

II – plano plurianual, diretrizes orçamentárias, orçamento anual, operações de crédito, dívida pública e empréstimos externos, a qualquer título, pelo Poder Executivo;

III – criação, transformação e extinção de cargos, empregos e funções públicas, observado o que estabelece o artigo 47, XIX, "b";

– Inciso III com redação dada pela Emenda Constitucional nº 21, de 14/02/2006.

IV – autorização para a alienação de bens imóveis do Estado ou a cessão de direitos reais a eles relativos, bem como o recebimento, pelo Estado, de doações com encargo, não se considerando como tal a simples destinação específica do bem;

V – autorização para cessão ou para concessão de uso de bens imóveis do Estado para particulares, dispensado o consentimento nos casos de permissão e autorização de uso, outorgada a título precário, para atendimento de sua destinação específica;

VI – criação e extinção de Secretarias de Estado e órgãos da administração pública;

– Inciso VI com redação dada pela Emenda Constitucional nº 21, de 14/02/2006.

VII – bens do domínio do Estado e proteção do patrimônio público;

VIII – organização administrativa, judiciária, do Ministério Público, da Defensoria Pública e da Procuradoria Geral do Estado;

IX – normas de direito financeiro.

Art. 20. Compete, exclusivamente, à Assembleia Legislativa:

I – eleger a Mesa e constituir as Comissões;

II – elaborar seu Regimento Interno;

III – dispor sobre a organização de sua Secretaria, funcionamento, polícia, criação, transformação ou extinção dos cargos, empregos e funções de seus serviços e a iniciativa de lei para fixação da respectiva remuneração, observados os parâmetros estabelecidos na lei de diretrizes orçamentárias;

– Inciso III com redação dada pela Emenda Constitucional nº 21, de 14/02/2006.

IV – dar posse ao Governador e ao Vice-Governador eleitos e conceder-lhes licença para ausentar-se do Estado, por mais de quinze dias;

V – apresentar projeto de lei para fixar, para cada exercício financeiro, os subsídios do Governador, do Vice-Governador, dos Secretários de Estado e dos Deputados Estaduais;

– Inciso V com redação dada pela Emenda Constitucional nº 20, de 08/04/2005.

VI – tomar e julgar, anualmente, as contas prestadas pelo Governador e apreciar os relatórios sobre a execução dos Planos de Governo; (NR)

- Expressões "pela Mesa da Assembleia Legislativa" e "e pelo Presidente do Tribunal de Justiça, respectivamente, do Poder Legislativo, do Poder Executivo e do Poder Judiciário", anteriormente constantes deste inciso, declaradas inconstitucionais, em controle concentrado, pelo Supremo Tribunal Federal nos autos da ADI nº 6981.

VII - decidir, quando for o caso, sobre intervenção estadual em Município;

VIII - autorizar o Governador a efetuar ou contrair empréstimos, salvo com Município do Estado, suas entidades descentralizadas e órgãos ou entidades federais;

IX - sustar os atos normativos do Poder Executivo que exorbitem do poder regulamentar;

X - fiscalizar e controlar os atos do Poder Executivo, inclusive os da administração descentralizada;

XI - escolher dois terços dos membros do Tribunal de Contas do Estado, após arguição em sessão pública;

XII - aprovar previamente, após arguição em sessão pública, a escolha dos titulares dos cargos de Conselheiros do Tribunal de Contas, indicados pelo Governador do Estado;

- Inciso XII com redação dada pela Emenda Constitucional nº 12, de 28/06/2001.

XIII - suspender, no todo ou em parte, a execução de lei ou ato normativo declarado inconstitucional em decisão irrecorrível do Tribunal de Justiça;

XIV - convocar Secretários de Estado para prestar, pessoalmente, informações sobre assuntos previamente determinados, no prazo de trinta dias, importando crime de responsabilidade a ausência sem justificativa;

- Inciso XIV com redação original restaurada. Emenda Constitucional nº 9, de 19/05/2000, declarada inconstitucional, em controle concentrado, pelo Supremo Tribunal Federal nos autos da ADI nº 5289.

XV - convocar o Procurador-Geral de Justiça, o Procurador-Geral do Estado e o Defensor Público-Geral, para prestar informações sobre assuntos previamente determinados, no prazo de trinta dias, sujeitando-se às penas da lei, na ausência sem justificativa;

XVI - requisitar informações dos Secretários de Estado sobre assunto relacionado com sua pasta ou instituição, importando crime de responsabilidade não só a recusa ou o não atendimento, no prazo de trinta dias, senão também o fornecimento de informações falsas; (NR)

- Inciso XVI com redação original parcialmente restaurada. Expressão "e do Procurador Geral de Justiça", anteriormente constante deste inciso, declarada inconstitucional, em controle concentrado, pelo Supremo Tribunal Federal nos autos da ADI nº 5289. Emenda Constitucional nº 9, de 19/05/2000, e artigo 3º da Emenda Constitucional nº 24, de 23/01/2008, declarados inconstitucionais, em controle concentrado, pelo Supremo Tribunal Federal nos autos da ADI nº 5289.

- Vide ADI nº 4052.

XVII - declarar a perda do mandato do Governador;

XVIII - autorizar referendo e convocar plebiscito, exceto nos casos previstos nesta Constituição;

XIX - autorizar ou aprovar convênios, acordos ou contratos de que resultem para o Estado encargos não previstos na lei orçamentária;

XX - mudar temporariamente sua sede;

XXI - zelar pela preservação de sua competência legislativa em face da atribuição normativa de outros Poderes;

XXII - solicitar intervenção federal, se necessário, para assegurar o livre exercício de suas funções;

XXIII - destituir o Procurador-Geral de Justiça, por deliberação da maioria absoluta de seus membros;

XXIV - solicitar ao Governador, na forma do Regimento Interno, informações sobre atos de sua competência privativa, bem como ao Presidente do Tribunal de Justiça, informações de natureza eminentemente administrativa;

- Inciso XXIV com redação dada pela Emenda Constitucional nº 41, de 17/09/2015.

XXV - receber a denúncia e promover o respectivo processo, no caso de crime de responsabilidade do Governador do Estado;

XXVI - apreciar, anualmente, as contas do Tribunal de Contas.

SEÇÃO IV
DO PROCESSO LEGISLATIVO

Art. 21. O processo legislativo compreende a elaboração de:

I - emenda à Constituição;

II – lei complementar;

III – lei ordinária;

IV – decreto legislativo;

V – resolução.

Art. 22. A Constituição poderá ser emendada mediante proposta:

I – de um terço, no mínimo, dos membros da Assembleia Legislativa;

II – do Governador do Estado;

III – de mais de um terço das Câmaras Municipais do Estado, manifestando-se, cada uma delas, pela maioria relativa de seus membros;

IV – de cidadãos, mediante iniciativa popular assinada, no mínimo, por um por cento dos eleitores.

§ 1º A Constituição não poderá ser emendada na vigência de estado de defesa ou de estado de sítio.

§ 2º A proposta será discutida e votada em dois turnos, considerando-se aprovada quando obtiver, em ambas as votações, o voto favorável de três quintos dos membros da Assembleia Legislativa.

§ 3º A emenda à Constituição será promulgada pela Mesa da Assembleia Legislativa, com o respectivo número de ordem.

§ 4º A matéria constante de proposta de emenda rejeitada não poderá ser objeto de nova proposta na mesma sessão legislativa.

Art. 23. As leis complementares serão aprovadas pela maioria absoluta dos membros da Assembleia Legislativa, observados os demais termos da votação das leis ordinárias.

Parágrafo único. Para os fins deste artigo, consideram-se complementares:

1 – a Lei de Organização Judiciária;

2 – a Lei Orgânica do Ministério Público;

3 – a Lei Orgânica da Procuradoria Geral do Estado;

4 – a Lei Orgânica da Defensoria Pública;

5 – a Lei Orgânica da Polícia Civil;

6 – a Lei Orgânica da Polícia Militar;

7 – a Lei Orgânica do Tribunal de Contas;

8 – a Lei Orgânica das Entidades Descentralizadas;

9 – a Lei Orgânica do Fisco Estadual;

10 – os Estatutos dos Servidores Civis e dos Militares;

11 – o Código de Educação;

12 – o Código de Saúde;

13 – o Código de Saneamento Básico;

14 – o Código de Proteção ao Meio Ambiente;

15 – o Código Estadual de Proteção contra Incêndios e Emergências;

16 – a Lei sobre Normas Técnicas de Elaboração Legislativa;

17 – a Lei que institui regiões metropolitanas, aglomerações urbanas e microrregiões;

18 – a Lei que impuser requisitos para a criação, a incorporação, a fusão e o desmembramento de Municípios ou para a sua classificação como estância de qualquer natureza.

Art. 24. A iniciativa das leis complementares e ordinárias cabe a qualquer membro ou Comissão da Assembleia Legislativa, ao Governador do Estado, ao Tribunal de Justiça, ao Procurador-Geral de Justiça e aos cidadãos, na forma e nos casos previstos nesta Constituição.

§ 1º Compete, exclusivamente, à Assembleia Legislativa a iniciativa das leis que disponham sobre:

1 – criação, incorporação, fusão e desmembramento de Municípios;

2 – regras de criação, organização e supressão de distritos nos Municípios.

– Itens 1 e 2 com redação dada pela Emenda Constitucional nº 2, de 21/02/1995.

3 – subsídios do Governador, do Vice-Governador e dos Secretários de Estado, observado o que dispõem os artigos 37, XI, 39, § 4º, 150, II, 153, III, e 153, § 2º, I, da Constituição Federal.

– Item 3 acrescentado pela Emenda Constitucional nº 21, de 14/02/2006.

4 – ~~declaração de utilidade pública de entidades de direito privado.~~

– Item 4 declarado inconstitucional, em controle concentrado, pelo Supremo Tribunal Federal, nos autos da ADI nº 4052.

§ 2º Compete, exclusivamente, ao Governador do Estado a iniciativa das leis que disponham sobre:

1 – criação e extinção de cargos, funções ou empregos públicos na administração direta e autárquica, bem como a fixação da respectiva remuneração;

2 - criação e extinção das Secretarias de Estado e órgãos da administração pública, observado o disposto no artigo 47, XIX;

- Item 2 com redação dada pela Emenda Constitucional nº 21, de 14/02/2006.

3 - organização da Procuradoria Geral do Estado e da Defensoria Pública do Estado, observadas as normas gerais da União;

4 - servidores públicos do Estado, seu regime jurídico, provimento de cargos, estabilidade e aposentadoria;

5 - militares, seu regime jurídico, provimento de cargos, promoções, estabilidade, remuneração, reforma e transferência para inatividade, bem como fixação ou alteração do efetivo da Polícia Militar;

- Itens 4 e 5 com redação dada pela Emenda Constitucional nº 21, de 14/02/2006.

6 - ~~criação, alteração ou supressão de cartórios notariais e de registros públicos.~~

- *Item 6 declarado inconstitucional, em controle concentrado, pelo Supremo Tribunal Federal nos autos da ADI nº 4223.*

§ 3º O exercício direto da soberania popular realizar-se-á da seguinte forma:

1 - a iniciativa popular pode ser exercida pela apresentação de projeto de lei subscrito por, no mínimo, cinco décimos de unidade por cento do eleitorado do Estado, assegurada a defesa do projeto, por representante dos respectivos responsáveis, perante as Comissões pelas quais tramitar;

2 - um por cento do eleitorado do Estado poderá requerer à Assembleia Legislativa a realização de referendo sobre lei;

3 - as questões relevantes aos destinos do Estado poderão ser submetidas a plebiscito, quando pelo menos um por cento do eleitorado o requerer ao Tribunal Regional Eleitoral, ouvida a Assembleia Legislativa;

4 - o eleitorado referido nos itens anteriores deverá estar distribuído em, pelo menos, cinco dentre os quinze maiores Municípios com não menos que dois décimos de unidade por cento de eleitores em cada um deles;

5 - não serão suscetíveis de iniciativa popular matérias de iniciativa exclusiva, definidas nesta Constituição;

6 - o Tribunal Regional Eleitoral, observada a legislação federal pertinente, providenciará a consulta popular prevista nos itens 2 e 3, no prazo de sessenta dias.

§ 4º Compete, exclusivamente, ao Tribunal de Justiça a iniciativa das leis que disponham sobre:

1 - criação e extinção de cargos e a remuneração dos seus serviços auxiliares e dos juízos que lhes forem vinculados, bem como a fixação do subsídio de seus membros e dos juízes, incluído o Tribunal de Justiça Militar;

- Item 1 com redação dada pela Emenda Constitucional nº 21, de 14/02/2006.

2 - organização e divisão judiciárias, bem como criação, alteração ou supressão de ofícios e cartórios judiciários.

§ 5º Não será admitido o aumento da despesa prevista:

1 - nos projetos de iniciativa exclusiva do Governador, ressalvado o disposto no artigo 174, §§ 1º e 2º;

2 - nos projetos sobre organização dos serviços administrativos da Assembleia Legislativa, do Poder Judiciário e do Ministério Público.

§ 6º Dispositivo com eficácia suspensa, por decisão liminar em Ação Direta de Inconstitucionalidade.

- *Em 02/08/2017, o Tribunal de Justiça do Estado de São Paulo, nos autos da Ação Direta de Inconstitucionalidade nº 2073870-54.2017.8.26.0000, concedeu decisão liminar para suspender, com efeito "ex nunc", a eficácia da Emenda Constitucional nº 43, de 10/11/2016, que acrescentou o § 6º.*

Art. 25. Nenhum projeto de lei que implique a criação ou o aumento de despesa pública será sancionado sem que dele conste a indicação dos recursos disponíveis, próprios para atender aos novos encargos.

Parágrafo único. O disposto neste artigo não se aplica a créditos extraordinários.

Art. 26. O Governador poderá solicitar que os projetos de sua iniciativa tramitem em regime de urgência.

Parágrafo único. Se a Assembléia Legislativa não deliberar em até quarenta e cinco dias, o projeto será incluído na ordem do dia até que se ultime sua votação.

- Parágrafo único com redação dada pela Emenda Constitucional nº 22, de 25/05/2006.

Art. 27. O Regimento Interno da Assembleia Legislativa disciplinará os casos de decreto legislativo e de resolução cuja elaboração, redação, alteração e consolidação serão feitas com observância das mesmas normas técnicas relativas às leis.

Art. 28. Aprovado o projeto de lei, na forma regimental, será ele enviado ao Governador que, aquiescendo, o sancionará e promulgará.

§ 1º Se o Governador julgar o projeto, no todo ou em parte, inconstitucional ou contrário ao interesse público, veta-lo-á, total ou parcialmente, dentro de quinze dias úteis, contados da data do recebimento, comunicando, dentro de quarenta e oito horas, ao Presidente da Assembleia Legislativa, o motivo do veto.

§ 2º O veto parcial deverá abranger, por inteiro, o artigo, o parágrafo, o inciso, o item ou alínea.

§ 3º Sendo negada a sanção, as razões do veto serão comunicadas ao Presidente da Assembleia Legislativa e publicadas se em época de recesso parlamentar.

§ 4º Decorrido o prazo, em silêncio, considerar-se-á sancionado o projeto, sendo obrigatória a sua promulgação pelo Presidente da Assembleia Legislativa no prazo de dez dias.

§ 5º A Assembleia Legislativa deliberará sobre a matéria vetada, em único turno de votação e discussão, no prazo de trinta dias de seu recebimento, considerando-se aprovada quando obtiver o voto favorável da maioria absoluta de seus membros.

§ 6º Esgotado, sem deliberação, o prazo estabelecido no § 5º, o veto será incluído na ordem do dia da sessão imediata, até sua votação final.

– § 6º com redação dada pela Emenda Constitucional nº 22, de 25/05/2006.

§ 7º Se o veto for rejeitado, será o projeto enviado para promulgação, ao Governador.

§ 8º Se, na hipótese do § 7º, a lei não for promulgada dentro de quarenta e oito horas pelo Governador, o Presidente da Assembleia Legislativa promulgará e, se este não o fizer, em igual prazo, caberá ao Primeiro Vice-Presidente fazê-lo.

» *V. art. 66, CF.*

Art. 29. A matéria constante de projeto de lei rejeitado somente poderá ser renovada, na mesma sessão legislativa, mediante proposta da maioria absoluta dos membros da Assembleia Legislativa. (NR)

– Expressão "Ressalvados os projetos de iniciativa exclusiva", anteriormente constante deste artigo, declarada inconstitucional, em controle concentrado, pelo Supremo Tribunal Federal nos autos da ADI nº 1546.

SEÇÃO V
DA PROCURADORIA DA ASSEMBLEIA LEGISLATIVA

Art. 30. À Procuradoria da Assembleia Legislativa compete exercer a representação judicial, a consultoria e o assessoramento técnico-jurídico do Poder Legislativo.

Parágrafo único. Lei de iniciativa da Mesa da Assembleia Legislativa organizará a Procuradoria da Assembleia Legislativa, observados os princípios e regras pertinentes da Constituição Federal e desta Constituição, disciplinará sua competência e disporá sobre o ingresso na classe inicial, mediante concurso público de provas e títulos.

SEÇÃO VI
DO TRIBUNAL DE CONTAS

Art. 31. O Tribunal de Contas do Estado, integrado por sete Conselheiros, tem sede na Capital do Estado, quadro próprio de pessoal e jurisdição em todo o território estadual, exercendo, no que couber, as atribuições previstas no artigo 96 da Constituição Federal.

§ 1º Os Conselheiros do Tribunal serão nomeados dentre brasileiros que satisfaçam os seguintes requisitos:

1 – mais de trinta e cinco e menos de sessenta e cinco anos de idade;

2 – idoneidade moral e reputação ilibada;

3 – notórios conhecimentos jurídicos, contábeis, econômicos e financeiros ou de administração pública;

4 – mais de dez anos de exercício de função ou de efetiva atividade profissional que exija conhecimentos mencionados no item anterior.

§ 2º Os Conselheiros do Tribunal serão escolhidos na seguinte ordem, sucessivamente:

1 – dois terços pela Assembleia Legislativa;

2 – um terço pelo Governador do Estado, com aprovação pela Assembleia Legislativa, observadas as regras contidas no inciso I do § 2º do artigo 73 da Constituição Federal.

– § 2º com redação dada pela Emenda Constitucional nº 33, de 01/11/2011.

» *V. art. 73, § 2º, CF.*

§ 3º Os Conselheiros terão as mesmas garantias, prerrogativas, impedimentos e subsídios dos Desembargadores do Tribunal de Justiça do Estado, aplicando-se-lhes, quanto à aposentadoria e pensão, as normas constantes do artigo 40 da Constituição Federal e do artigo 126 desta Constituição.

– § 3º com redação dada pela Emenda Constitucional nº 21, de 14/02/2006.

§ 4º Os Conselheiros, nas suas faltas e impedimentos, serão substituídos na forma determinada em lei, depois de aprovados os substitutos, pela Assembleia Legislativa.

§ 5º Os Substitutos de Conselheiros, quando no efetivo exercício da substituição, terão as mesmas garantias e impedimentos do titular.

§ 6º Os Conselheiros do Tribunal de Contas do Estado farão declaração pública de bens, no ato da posse e no término do exercício do cargo.

» *V. art. 73, CF.*

SEÇÃO VII
DA FISCALIZAÇÃO CONTÁBIL, FINANCEIRA E ORÇAMENTÁRIA

Art. 32. A fiscalização contábil, financeira, orçamentária, operacional e patrimonial do Estado, das entidades da administração direta e indireta e das fundações instituídas ou mantidas pelo Poder Público, quanto à legalidade, legitimidade, economicidade, aplicação de subvenções e renúncia de receitas, será exercida pela Assembleia Legislativa, mediante controle externo, e pelo sistema de controle interno de cada Poder.

Parágrafo único. Prestará contas qualquer pessoa física ou jurídica, de direito público ou de direito privado que utilize, arrecade, guarde, gerencie ou administre dinheiro, bens e valores públicos ou pelos quais o Estado responda, ou que, em nome deste, assuma obrigações de natureza pecuniária.

» *V. art. 70, CF.*

Art. 33. O controle externo, a cargo da Assembleia Legislativa, será exercido com auxílio do Tribunal de Contas do Estado, ao qual compete:

I – apreciar as contas prestadas anualmente pelo Governador do Estado, mediante parecer prévio que deverá ser elaborado em sessenta dias, a contar do seu recebimento;

II – julgar as contas dos administradores e demais responsáveis por dinheiros, bens e valores públicos da administração direta e autarquias, empresas públicas e sociedades de economia mista, incluídas as fundações instituídas ou mantidas pelo Poder Público estadual, e as contas daqueles que derem perda, extravio ou outra irregularidade de que resulte prejuízo ao erário;

III – apreciar, para fins de registro, a legalidade dos atos de admissão de pessoal, a qualquer título, na administração direta e autarquias, empresas públicas e empresas de economia mista, incluídas as fundações instituídas ou mantidas pelo Poder Público, excetuadas as nomeações para cargo de provimento em comissão, bem como a das concessões de aposentadorias, reformas e pensões, ressalvadas as melhorias posteriores que não alterem o fundamento legal do ato concessório;

IV – avaliar a execução das metas previstas no plano plurianual, nas diretrizes orçamentárias e no orçamento anual;

V – realizar, por iniciativa própria, da Assembleia Legislativa, de comissão técnica ou de inquérito, inspeções e auditoria de natureza contábil, financeira, orçamentária, operacional e patrimonial, nas unidades administrativas dos Poderes Legislativo, Executivo e Judiciário, do Ministério Público e demais entidades referidas no inciso II;

VI – fiscalizar as aplicações estaduais em empresas de cujo capital social o Estado participe de forma direta ou indireta, nos termos do respectivo ato constitutivo;

VII – fiscalizar a aplicação de quaisquer recursos repassados ao Estado e pelo Estado, mediante convênio, acordo, ajuste ou outros instrumentos congêneres;

VIII – prestar as informações solicitadas pela Assembleia Legislativa ou por comissão técnica sobre a fiscalização contábil, financeira, orçamentária, operacional e patrimonial e sobre resultados de auditorias e inspeções realizadas;

IX – aplicar aos responsáveis, em caso de ilegalidade de despesa ou irregularidade de contas, as sanções previstas em lei, que estabelecerá, entre outras cominações, multa proporcional ao dano causado ao erário;

X – assinar prazo para que o órgão ou entidade adote as providências necessárias ao exato cumprimento da lei, se verificada a ilegalidade;

XI – sustar, se não atendido, a execução do ato impugnado, comunicando a decisão à Assembleia Legislativa;

XII – representar ao Poder competente sobre irregularidades ou abusos apurados;

XIII – emitir parecer sobre a prestação anual de contas da administração financeira dos Municípios, exceto a dos que tiverem Tribunal próprio;

XIV – comunicar à Assembleia Legislativa qualquer irregularidade verificada nas contas ou na gestão públicas, enviando-lhe cópia dos respectivos documentos.

§ 1º No caso de contrato, o ato de sustação será adotado diretamente pela Assembleia Legislativa que solicitará, de imediato, ao Poder Executivo, as medidas cabíveis.

§ 2º Se a Assembleia Legislativa ou o Poder Executivo, no prazo de noventa dias, não efetivar as medidas previstas no parágrafo anterior, o Tribunal decidirá a respeito.

§ 3º O Tribunal encaminhará à Assembleia Legislativa, trimestral e anualmente, relatório de suas atividades.

» *V. Arts. 70 e 71, CF.*

Art. 34. A Comissão a que se refere o artigo 33, inciso V, diante de indícios de despesas não autorizadas, ainda que sob a forma de investimentos não programados ou de subsídios não aprovados, poderá solicitar à autoridade governamental responsável que, no prazo de cinco dias, preste os esclarecimentos necessários.

§ 1º Não prestados os esclarecimentos, ou considerados esses, insuficientes, a Comissão solicitará ao Tribunal pronunciamento conclusivo sobre a matéria, no prazo de trinta dias.

§ 2º Entendendo o Tribunal irregular a despesa, a Comissão, se julgar que o gasto possa causar dano irreparável ou grave lesão à economia pública, proporá à Assembleia Legislativa sua sustação.

» *V. art. 72, CF.*

Art. 35. Os Poderes Legislativo, Executivo e Judiciário manterão, de forma integrada, sistema de controle interno com a finalidade de:

I – avaliar o cumprimento das metas previstas no plano plurianual, a execução dos programas de governo e dos orçamentos do Estado;

II – comprovar a legalidade e avaliar os resultados quanto à eficácia e eficiência da gestão orçamentária, financeira e patrimonial nos órgãos e entidades da administração estadual, bem como da aplicação de recursos públicos por entidades de direito privado;

III – exercer o controle sobre o deferimento de vantagens e a forma de calcular qualquer parcela integrante do subsídio, vencimento ou salário de seus membros ou servidores;

– Inciso III com redação dada pela Emenda Constitucional nº 21, de 14/02/2006.

IV – exercer o controle das operações de crédito, avais e garantias, bem como dos direitos e haveres do Estado;

V – apoiar o controle externo, no exercício de sua missão institucional.

§ 1º Os responsáveis pelo controle interno, ao tomarem conhecimento de qualquer irregularidade, ilegalidade, ou ofensa aos princípios do artigo 37 da Constituição Federal, dela darão ciência ao Tribunal de Contas do Estado, sob pena de responsabilidade solidária.

§ 2º Qualquer cidadão, partido político, associação ou entidade sindical é parte legítima para, na forma da lei, denunciar irregularidades ao Tribunal de Contas ou à Assembleia Legislativa.

» *V. art. 74, CF.*

Art. 36. O Tribunal de Contas prestará suas contas, anualmente, à Assembleia Legislativa, no prazo de sessenta dias, a contar da abertura da sessão legislativa.

CAPÍTULO III
DO PODER EXECUTIVO

SEÇÃO I
DO GOVERNADOR E VICE-GOVERNADOR DO ESTADO

Art. 37. O Poder Executivo é exercido pelo Governador do Estado, eleito para um mandato de quatro anos, podendo ser reeleito para um único período subsequente, na forma estabelecida na Constituição Federal.

– Artigo 37 com redação dada pela Emenda Constitucional nº 21, de 14/02/2006.

Art. 38. Substituirá o Governador, no caso de impedimento, e suceder-lhe-á, no de vaga, o Vice-Governador.

Parágrafo único. O Vice-Governador, além de outras atribuições que lhe forem conferidas por lei complementar, auxiliará o Governador, sempre que por ele convocado para missões especiais.

Art. 39. A eleição do Governador e do Vice-Governador realizar-se-á no primeiro domingo de outubro, em primeiro turno, e no último domingo de outubro, em segundo turno, se houver, do ano anterior ao do término do mandato de seus antecessores, e a posse ocorrerá em primeiro de janeiro do ano subsequente, observado, quanto ao mais, o disposto no artigo 77 da Constituição Federal.

– Artigo 39 com redação dada pela Emenda Constitucional nº 21, de 14/02/2006.

» *V. arts. 76 ao 83, CF.*

Art. 40. Em caso de impedimento do Governador e do Vice-Governador, ou vacância dos respectivos cargos, serão sucessivamente chamados ao exercício da Governança o Presidente da Assembleia Legislativa e o Presidente do Tribunal de Justiça.

Art. 41. Vagando os cargos de Governador e Vice-Governador, far-se-á eleição noventa dias depois de aberta a última vaga.

§ 1º ~~Ocorrendo a vacância no último ano do período governamental, aplica-se o disposto no artigo anterior.~~

- § 1º declarado inconstitucional, em controle concentrado, pelo Supremo Tribunal Federal nos autos da ADI nº 7137.

» *V. art. 81, § 1º, CF.*

§ 2º Em qualquer dos casos, os sucessores deverão completar o período de governo restante.

Art. 42. Perderá o mandato o Governador que assumir outro cargo ou função na administração pública direta ou indireta, ressalvada a posse em virtude de concurso público e observado o disposto no artigo 38, I, IV e V, da Constituição Federal.

Art. 43. O Governador e o Vice-Governador tomarão posse perante a Assembleia Legislativa, prestando compromisso de cumprir e fazer cumprir a Constituição Federal e a do Estado e de observar as leis.

Parágrafo único. Se, decorridos dez dias da data fixada para a posse, o Governador ou o Vice-Governador, salvo motivo de força maior, não tiver assumido o cargo, este será declarado vago.

Art. 44. O Governador e o Vice-Governador não poderão, sem licença da Assembleia Legislativa, ausentar-se do Estado por período superior a quinze dias, sob pena de perda do cargo.

Parágrafo único. O pedido de licença, amplamente motivado, indicará, especialmente, as razões da viagem, o roteiro e a previsão de gastos.

Art. 45. O Governador deverá residir na Capital do Estado.

» *V. arts. 76 a 83, CF.*

Art. 46. O Governador e o Vice-Governador deverão, no ato da posse e no término do mandato, fazer declaração pública de bens.

SEÇÃO II
DAS ATRIBUIÇÕES DO GOVERNADOR

Art. 47. Compete privativamente ao Governador, além de outras atribuições previstas nesta Constituição:

I - representar o Estado nas suas relações jurídicas, políticas e administrativas;

II - exercer, com o auxílio dos Secretários de Estado, a direção superior da administração estadual;

III - sancionar, promulgar e fazer publicar as leis, bem como expedir decretos e regulamentos para sua fiel execução; (NR)

- Inciso III com redação dada pela Emenda Constitucional nº 24, de 23/01/2008.

- Expressões "no prazo nelas estabelecido, não inferior a trinta nem superior a cento e oitenta dias" e "ressalvados os casos em que, nesse prazo, houver interposição de ação direta de inconstitucionalidade contra a lei publicada", anteriormente constantes deste dispositivo, declaradas inconstitucionais, em controle concentrado, pelo Supremo Tribunal Federal nos autos da ADI nº 4052.

IV - vetar projetos de lei, total ou parcialmente;

V - prover os cargos públicos do Estado, com as restrições da Constituição Federal e desta Constituição, na forma pela qual a lei estabelecer;

VI - nomear e exonerar livremente os Secretários de Estado;

VII - nomear e exonerar os dirigentes de autarquias, observadas as condições estabelecidas nesta Constituição;

VIII - decretar e fazer executar intervenção nos Municípios, na forma da Constituição Federal e desta Constituição;

IX - prestar contas da administração do Estado à Assembleia Legislativa, na forma desta Constituição;

X - apresentar à Assembleia Legislativa, na sua sessão inaugural, mensagem sobre a situação do Estado, solicitando medidas de interesse do Governo;

XI - iniciar o processo legislativo, na forma e nos casos previstos nesta Constituição;

XII - fixar ou alterar, por decreto, os quadros, vencimentos e vantagens do pessoal das fundações instituídas ou mantidas pelo Estado, nos termos da lei;

XIII - indicar diretores de sociedade de economia mista e empresas públicas;

XIV - praticar os demais atos de administração, nos limites da competência do Executivo;

XV - subscrever ou adquirir ações, realizar ou aumentar capital, desde que haja recursos hábeis, de sociedade de economia mista ou de empresa pública, bem como dispor, a qualquer título, no todo ou em parte, de ações ou capital que tenha subscrito, adquirido, realizado ou aumentado, mediante autorização da Assembleia Legislativa;

XVI – delegar, por decreto, a autoridade do Executivo, funções administrativas que não sejam de sua exclusiva competência;

XVII – enviar à Assembleia Legislativa projetos de lei relativos ao plano plurianual, diretrizes orçamentárias, orçamento anual, dívida pública e operações de crédito;

XVIII – enviar à Assembleia Legislativa projeto de lei sobre o regime de concessão ou permissão de serviços públicos;

XIX – dispor, mediante decreto, sobre:

a) organização e funcionamento da administração estadual, quando não implicar aumento de despesa, nem criação ou extinção de órgãos públicos;

b) extinção de funções ou cargos públicos, quando vagos.

– Inciso XIX acrescentado pela Emenda Constitucional nº 21, de 14/02/2006.

Parágrafo único. A representação a que se refere o inciso I poderá ser delegada por lei, de iniciativa do Governador, a outra autoridade.

SEÇÃO III

DA RESPONSABILIDADE DO GOVERNADOR

Art. 48. ~~Declarado inconstitucional, em controle concentrado, pelo Supremo Tribunal Federal.~~

~~Parágrafo único. Declarado inconstitucional, em controle concentrado, pelo Supremo Tribunal Federal.~~

– Artigo 48 e seu parágrafo único foram declarados inconstitucionais pelo Supremo Tribunal Federal nos autos da ADI nº 2220/2000, julgada em 16/11/2011.

Art. 49. Admitida a acusação contra o Governador, por dois terços da Assembleia Legislativa, será ele submetido a julgamento perante o Superior Tribunal de Justiça, nas infrações penais comuns.

– A expressão "ou, nos crimes de responsabilidade, perante Tribunal Especial", que encerrava o dispositivo, foi declarada inconstitucional pelo Supremo Tribunal Federal nos autos da ADI nº 2220/2000, julgada em 16/11/2011.

§ 1º (~~O Tribunal Especial a que refere este artigo será constituído por sete Deputados e sete Desembargadores, sorteados pelo Presidente do Tribunal de Justiça, que também o presidirá.~~)

§ 2º (~~Compete, ainda, privativamente, ao Tribunal Especial referido neste artigo processar e julgar o Vice-Governador nos crimes de responsabilidade, e os Secretários de Estado, nos crimes da mesma natureza conexos com aqueles, ou com os praticados pelo Governador, bem como o Procurador-Geral de Justiça e o Procurador Geral do Estado~~)

– §§ 1º e 2º foram declarados inconstitucionais pelo Supremo Tribunal Federal nos autos da ADI nº 2220/2000, julgada em 16/11/2011.

§ 3º O Governador ficará suspenso de suas funções:

1 – nas infrações penais comuns, recebida a denúncia ou queixa-crime pelo Superior Tribunal de Justiça;

2 – (~~Nos crimes de responsabilidade, após a instauração do processo pela Assembléia Legislativa.~~)

– Item 2 do § 3º foi declarado inconstitucional pelo Supremo Tribunal Federal nos autos da ADI nº 2220/2000, julgada em 16/11/2011.

§ 4º Se, decorrido o prazo de cento e oitenta dias, o julgamento não estiver concluído, cessará o afastamento do Governador, sem prejuízo do prosseguimento do processo.

§ 5º (~~Enquanto não sobrevier a sentença condenatória transitada em julgado, nas infrações penais comuns, o Governador não estará sujeito a prisão.~~)

§ 6º (~~O Governador, na vigência de seu mandato, não pode ser responsabilizado por atos estranhos ao exercício de suas funções~~)

– §§ 5º e 6º foram declarados inconstitucionais pelo Supremo Tribunal Federal nos autos da ADI nº 1021/1994, julgada em 19/10/1995.

Art. 50. (~~Qualquer cidadão, partido político, associação ou entidade sindical poderá denunciar o Governador, o Vice-Governador e os Secretários de Estado, por crime de responsabilidade, perante a Assembleia Legislativa~~).

– Artigo 50 foi declarado inconstitucional pelo Supremo Tribunal Federal nos autos da ADI nº 2220/2000, julgada em 16/11/2011.

» *V. arts. 85 e 86, CF.*

SEÇÃO IV
DOS SECRETÁRIOS DE ESTADO

Art. 51. Os Secretários de Estado serão escolhidos entre brasileiros maiores de vinte e um anos e no exercício dos direitos políticos.

Art. 52. Os Secretários de Estado, auxiliares diretos e da confiança do Governador, serão responsáveis pelos atos que praticarem ou referendarem no exercício do cargo, bem como por retardar ou deixar de praticar, indevidamente, ato de ofício.

- Artigo 52 com redação dada pela Emenda Constitucional nº 24, de 23/01/2008.

§ 1° Os Secretários de Estado responderão, no prazo estabelecido pelo inciso XVI do artigo 20, os requerimentos de informação formulados por Deputados e encaminhados pelo Presidente da Assembleia após apreciação da Mesa. (NR)

- *§ 1° acrescentado pela* Emenda Constitucional nº 24, de 23/01/2008.

- *Expressão "reputando-se não praticado o ato de seu ofício sempre que a resposta for elaborada em desrespeito ao parlamentar ou ao Poder Legislativo, ou que deixar de referir-se especificamente a cada questionamento feito", anteriormente constante deste dispositivo, declarada inconstitucional, em controle concentrado, pelo Supremo Tribunal Federal nos autos da* ADI nº 4052.

§ 2º ~~Para os fins do disposto no § 1º deste artigo, os Secretários de Estado respondem pelos atos dos dirigentes, diretores e superintendentes de órgãos da administração pública direta, indireta e fundacional a eles diretamente subordinados ou vinculados.~~

- *§ 2° declarado inconstitucional, em controle concentrado, pelo Supremo Tribunal Federal nos autos da* ADI nº 4052.

§ 3º ~~Aos diretores de Agência Reguladora aplica-se o disposto no § 1º deste artigo.~~

- *§ 3° declarado inconstitucional, em controle concentrado, pelo Supremo Tribunal Federal nos autos da* ADI nº 4052.

Art. 52-A. Caberá a cada Secretário de Estado, semestralmente, comparecer perante a Comissão Permanente da Assembleia Legislativa a que estejam afetas as atribuições de sua Pasta, para prestação de contas do andamento da gestão, bem como demonstrar e avaliar o desenvolvimento de ações, programas e metas da Secretaria correspondente.

§ 1º Aplica-se o disposto no "caput" deste artigo aos Diretores de Agências Reguladoras.

§ 2º Aplicam-se aos procedimentos previstos neste artigo, no que couber, aqueles já disciplinados em Regimento Interno do Poder Legislativo.

§ 3º O comparecimento do Secretário de Estado, com a finalidade de apresentar, quadrimestralmente, perante Comissão Permanente do Poder Legislativo, a demonstração e a avaliação do cumprimento das metas fiscais por parte do Poder Executivo suprirá a obrigatoriedade constante do "caput" deste artigo.

- § 3º com redação dada pela Emenda Constitucional nº 31, de 21/10/2009.

§ 4º No caso das Universidades Públicas Estaduais e da Fundação de Amparo à Pesquisa do Estado de São Paulo, incumbe, respectivamente, aos próprios Reitores e ao Presidente, efetivar, anualmente e no que couber, o disposto no "caput" deste artigo.

- Artigo 52-A acrescentado pela Emenda Constitucional nº 27 de 15/06/2009.

- § 4º acrescentado pela Emenda Constitucional nº 37, de 05/12/2012.

Art. 53. Os Secretários farão declaração pública de bens, no ato da posse e no término do exercício do cargo, e terão os mesmos impedimentos estabelecidos nesta Constituição para os Deputados, enquanto permanecerem em suas funções.

CAPÍTULO IV
DO PODER JUDICIÁRIO

SEÇÃO I
DISPOSIÇÕES GERAIS

Art. 54. São órgãos do Poder Judiciário do Estado:

I - o Tribunal de Justiça;

II - o Tribunal de Justiça Militar;

III - os Tribunais do Júri;

IV - as Turmas de Recursos;

V - os Juízes de Direito;

VI - as Auditorias Militares;

VII - os Juizados Especiais;

VIII - os Juizados de Pequenas Causas.

- Artigo 54 com redação dada pela Emenda Constitucional nº 8, de 20/05/1999.

Art. 55. Ao Poder Judiciário é assegurada autonomia financeira e administrativa.

Parágrafo único. São assegurados, na forma do artigo 99 da Constituição Federal, ao Poder Judiciário, recursos suficientes para manutenção, expansão e aperfeiçoamento de suas atividades jurisdicionais, visando ao acesso de todos à Justiça.

Art. 56. Dentro dos limites estipulados conjuntamente com os demais Poderes na lei de diretrizes orçamentárias, o Tribunal de Justiça, pelo seu Órgão Especial, elaborará proposta orçamentária do Poder Judiciário, encaminhando-a, por intermédio de seu Presidente, ao Poder Executivo, para inclusão no projeto de lei orçamentária.

– Artigo 56 com redação dada pela Emenda Constitucional nº 8, de 20/05/1999.

Art. 57. À exceção dos créditos de natureza alimentícia, os pagamentos devidos pela Fazenda Estadual ou Municipal e correspondentes autarquias, em virtude de sentença judiciária, far-se-ão exclusivamente na ordem cronológica de apresentação de precatórios e à conta dos respectivos créditos, proibida a designação de casos ou pessoas nas dotações orçamentárias e nos créditos adicionais abertos para esse fim.

§ 1º É obrigatória a inclusão, no orçamento das entidades de direito público, de verba necessária ao pagamento de seus débitos oriundos de sentenças transitadas em julgado, constantes de precatórios judiciários, apresentados até 1º de julho, fazendo-se o pagamento até o final do exercício seguinte, quando terão seus valores atualizados monetariamente.

§ 2º As dotações orçamentárias e os créditos abertos serão consignados diretamente ao Poder Judiciário, cabendo ao Presidente do Tribunal de Justiça proferir a decisão exequenda e determinar o pagamento segundo as possibilidades do depósito, e autorizar, a requerimento do credor, e exclusivamente para o caso de preterimento de seu direito de precedência, o sequestro da quantia necessária à satisfação do débito.

» *V. art. 100, § 6º, CF.*

§ 3º Os débitos de natureza alimentícia compreendem aqueles decorrentes de salários, vencimentos, proventos, pensões e suas complementações, benefícios previdenciários e indenizações por morte ou invalidez, fundadas na responsabilidade civil, em virtude de sentença transitada em julgado.

§ 4º O disposto no "caput" deste artigo, relativamente à expedição dos precatórios, não se aplica aos pagamentos de obrigações definidas em lei como de pequeno valor que a Fazenda Estadual ou Municipal deva fazer em virtude de sentença judicial transitada em julgado.

– §§ 1º ao 4º com redação dada pela Emenda Constitucional nº 21, de 14/02/2006.

§ 5º São vedados a expedição de precatório complementar ou suplementar de valor pago, bem como fracionamento, repartição ou quebra do valor da execução, a fim de que seu pagamento não se faça, em parte, na forma estabelecida no § 4º deste artigo e, em parte, mediante expedição de precatório.

§ 6º A lei poderá fixar valores distintos para o fim previsto no § 4º deste artigo, segundo as diferentes capacidades das entidades de direito público.

§ 7º Incorrerá em crime de responsabilidade o Presidente do Tribunal de Justiça se, por ato comissivo ou omissivo, retardar ou tentar frustrar a liquidação regular de precatório.

– §§ 5º ao 7º acrescentados pela Emenda Constitucional nº 21, de 14/02/2006.

Art. 58. Ao Tribunal de Justiça, mediante ato de seu Presidente, compete nomear, promover, remover, aposentar e colocar em disponibilidade os juízes de sua Jurisdição, ressalvado o disposto no artigo 62, exercendo, pelos seus órgãos competentes, as demais atribuições previstas nesta Constituição.

– Artigo 58 com redação dada pela Emenda Constitucional nº 8, de 20/05/1999.

Parágrafo único. Caberá ainda ao Presidente do Tribunal de Justiça, observadas as disponibilidades orçamentárias, indeferir as férias de quaisquer de seus membros por necessidade de serviço, ou determinar a reassunção imediata de magistrado no exercício de seu cargo, cabendo a este, nas hipóteses aqui previstas, o direito à correspondente indenização das férias no mês subsequente ao indeferimento, ou a anotação para gozo oportuno, a requerimento do interessado.

– Parágrafo único acrescentado pela Emenda Constitucional nº 32, de 09/12/2009.

» *Parágrafo único ver STF – ADI nº 4438/2010.*

Art. 59. A Magistratura é estruturada em carreira, observados os princípios, garantias, prerrogativas e vedações estabelecidas na Constituição Federal, nesta Constituição e no Estatuto da Magistratura.

Parágrafo único. O benefício da pensão por morte deve obedecer o princípio do artigo 40, § 7º, da Constituição Federal.

– Parágrafo único com redação dada pela Emenda Constitucional nº 21, de 14/02/2006.

Art. 60. No Tribunal de Justiça haverá um Órgão Especial, com vinte e cinco Desembargadores, para o exercício das atribuições administrativas e jurisdicionais de competência do Tribunal Pleno, inclusive para uniformizar a jurisprudência divergente entre suas Seções e entre estas e o Plenário.

Art. 61. O acesso dos Desembargadores ao Órgão Especial, respeitadas a situação existente e a representação do quinto constitucional, dar-se-á pelos critérios de antiguidade e eleição, alternadamente.

Parágrafo único. Pelo primeiro critério, a vaga será preenchida pelo Desembargador mais antigo, salvo recusa oportunamente manifestada. Pelo segundo, serão elegíveis pelo Tribunal Pleno.

– Parágrafo único com redação dada pela Emenda Constitucional nº 21, de 14/02/2006.

Art. 62. ~~O Presidente e o 1º Vice-Presidente do Tribunal de Justiça e o Corregedor Geral da Justiça, eleitos, a cada biênio, pela totalidade dos Desembargadores, dentre os integrantes do órgão especial, comporão o Conselho Superior da Magistratura~~.

– "Caput" declarado inconstitucional, em controle concentrado, pelo Supremo Tribunal Federal nos autos da ADI nº 3976.

§ 1º ~~Haverá um Vice-Corregedor Geral da Justiça, para desempenhar funções, em caráter itinerante, em todo o território do Estado~~.

– § 1º declarado inconstitucional, em controle concentrado, pelo Supremo Tribunal Federal nos autos da ADI nº 3976.

§ 2º ~~Cada Seção do Tribunal de Justiça será presidida por um Vice-Presidente~~.

– § 2º declarado inconstitucional, em controle concentrado, pelo Supremo Tribunal Federal nos autos da ADI nº 3976.

Art. 63. Um quinto dos lugares dos Tribunais de Justiça e de Justiça Militar será composto de advogados e de membros do Ministério Público, de notório saber jurídico e reputação ilibada, com mais de dez anos de efetiva atividade profissional ou na carreira, indicados em lista sêxtupla, pela Seção Estadual da Ordem dos Advogados do Brasil ou pelo Ministério Público, conforme a classe a que pertencer o cargo a ser provido.

Parágrafo único. Dentre os nomes indicados, o Órgão Especial do Tribunal de Justiça formará lista tríplice, encaminhando-a ao Governador do Estado que, nos vinte dias subsequentes, escolherá um de seus integrantes para o cargo e o nomeará.

– Artigo 63 com redação dada pela Emenda Constitucional nº 25, de 12/05/2008.

– A expressão "depois de aprovada a escolha pela maioria absoluta da Assembleia Legislativa", que encerra o parágrafo único do artigo 63, foi declarada inconstitucional pelo Supremo Tribunal Federal nos autos da ADI nº 4150/2008, julgada em 25/02/2015.

Art. 64. As decisões administrativas dos Tribunais de segundo grau serão motivadas e tomadas em sessão pública, sendo as de caráter disciplinar tomadas por voto da maioria absoluta dos membros do Tribunal de Justiça, ou de seu Órgão Especial, salvo nos casos de remoção, disponibilidade e aposentadoria de magistrado, por interesse público, que dependerão de voto de dois terços, assegurada ampla defesa.

– Artigo 64 com redação dada pela Emenda Constitucional nº 21, de 14/02/2006.

Art. 65. Aos órgãos do Poder Judiciário do Estado competem a administração e uso dos imóveis e instalações forenses, podendo ser autorizada parte desse uso a órgãos diversos, no interesse do serviço judiciário, como dispuser o Tribunal de Justiça, asseguradas salas privativas, condignas e permanentes aos advogados e membros do Ministério Público e da Defensoria Pública, sob a administração das respectivas entidades.

Art. 66. Os processos cíveis já findos em que houver acordo ou satisfação total da pretensão não constarão das certidões expedidas pelos Cartórios dos Distribuidores, salvo se houver autorização da autoridade judicial competente.

Parágrafo único. As certidões relativas aos atos de que cuida este artigo serão expedidas com isenção de custos e emolumentos, quando se trate de interessado que declare insuficiência de recursos.

Art. 67. As comarcas do Estado serão classificadas em entrâncias, nos termos da Lei de Organização Judiciária.

Art. 68. O ingresso na atividade notarial e registral, tanto de titular como de preposto, depende de concurso público de provas e títulos, não se permitindo que qualquer serventia fique vaga sem abertura de concurso por mais de seis meses.

Parágrafo único. Compete ao Poder Judiciário a realização do concurso de que trata este artigo, observadas as normas da legislação estadual vigente.

SEÇÃO II
DA COMPETÊNCIA DO TRIBUNAL DE JUSTIÇA

– Seção II com redação dada pela Emenda Constitucional nº 21, de 14/02/2006.

Art. 69. Compete privativamente ao Tribunal de Justiça:

– Artigo 69, "caput", com redação dada pela Emenda Constitucional nº 8, de 20/05/1999.

I – pela totalidade de seus membros, eleger os órgãos diretivos, na forma de seu regimento interno;

– Inciso I com redação dada pela Emenda Constitucional nº 21, de 14/02/2006.

II – pelos seus órgãos específicos:

a) elaborar seu regimento interno, com observância das normas de processo e das garantias processuais das partes, dispondo sobre a competência e o funcionamento dos respectivos órgãos jurisdicionais e administrativos;

– Alínea "a" com redação dada pela Emenda Constitucional nº 21, de 14/02/2006.

b) organizar suas secretarias e serviços auxiliares, velando pelo exercício da respectiva atividade correcional;

c) conceder licença, férias e outros afastamentos a seus membros, e aos servidores que lhes forem subordinados;

d) prover, por concurso público de provas, ou provas e títulos, ressalvado o disposto no parágrafo único do artigo 169 da Constituição Federal, os cargos de servidores que integram seus quadros, exceto os de confiança, assim definidos em lei, que serão providos livremente.

Art. 70. Compete privativamente ao Tribunal de Justiça, por deliberação de seu Órgão Especial, propor à Assembleia Legislativa, observado o disposto no artigo 169 da Constituição Federal:

I – a alteração do número de seus membros e dos membros do Tribunal de Justiça Militar;

II – a criação e a extinção de cargos e a remuneração dos seus serviços auxiliares e dos juízos que lhes forem vinculados, bem como a fixação do subsídio de seus membros e dos juízes, incluído o Tribunal de Justiça Militar;

III – a criação ou a extinção do Tribunal de Justiça Militar;

– Incisos I ao III com redação dada pela Emenda Constitucional nº 21, de 14/02/2006.

IV – a alteração da organização e da divisão judiciária.

Art. 71. Revogado.

– Artigo 71 revogado pela Emenda Constitucional nº 21, de 14/02/2006.

Art. 71-A. O Tribunal de Justiça poderá funcionar de forma descentralizada, constituindo Câmaras regionais, a fim de assegurar o pleno acesso do jurisdicionado à justiça em todas as fases do processo.

Parágrafo único. O Tribunal de Justiça instalará a justiça itinerante, com a realização de audiências e demais funções da atividade jurisdicional, nos limites territoriais da respectiva jurisdição, servindo-se de equipamentos públicos e comunitários.

– Artigo 71-A acrescentado pela Emenda Constitucional nº 21, de 14/02/2006.

Art. 72. A Lei de Organização Judiciária poderá criar cargos de Juiz de Direito Substituto em Segundo Grau, a serem classificados em quadro próprio, na mais elevada entrância do primeiro grau e providos mediante concurso de remoção.

§ 1º A designação será feita pelo Tribunal de Justiça para substituir seus membros ou nele auxiliar, quando o acúmulo de feitos evidenciar a necessidade de sua atuação.

– § 1º com redação dada pela Emenda Constitucional nº 21, de 14/02/2006.

§ 2º Em nenhuma hipótese haverá redistribuição ou passagem de processos, salvo para o voto do revisor.

SEÇÃO III
DO TRIBUNAL DE JUSTIÇA

Art. 73. O Tribunal de Justiça, órgão superior do Poder Judiciário do Estado, com jurisdição em todo o seu território e sede na Capital, compõe-se de Desembargadores em número que a lei fixar, providos pelos critérios de antiguidade e de merecimento, em conformidade com o disposto nos artigos 58 e 63 deste Capítulo.

Parágrafo único. O Tribunal de Justiça exercerá, em matéria administrativa de interesse geral do Poder Judiciário, direção e disciplina da Justiça do Estado.

Art. 74. Compete ao Tribunal de Justiça, além das atribuições previstas nesta Constituição, processar e julgar originariamente:

I - nas infrações penais comuns, o Vice-Governador, os Secretários de Estado, os Deputados Estaduais, o Procurador-Geral de Justiça, o Procurador-Geral do Estado e os Prefeitos Municipais; (NR)

- *Expressão "o Defensor Público-Geral", anteriormente constante deste inciso, declarada inconstitucional, em controle concentrado, pelo Supremo Tribunal Federal nos autos da ADI n° 6517, com efeitos "ex nunc".*

II - nas infrações penais comuns e nos crimes de responsabilidade, os juízes do Tribunal de Justiça Militar, os juízes de Direito e os juízes de Direito do juízo militar, os membros do Ministério Público, exceto o Procurador-Geral de Justiça, o Delegado-Geral da Polícia Civil, o Comandante-Geral da Polícia Militar e o Diretor Geral da Polícia Penal; (NR)

- *Inciso II com redação dada pela* Emenda Constitucional n° 51, de 30/06/2022.

III - os mandados de segurança e os "habeas data" contra atos do Governador, da Mesa e da Presidência da Assembleia, do próprio Tribunal ou de algum de seus membros, dos Presidentes dos Tribunais de Contas do Estado e do Município de São Paulo, do Procurador-Geral de Justiça, do Prefeito e do Presidente da Câmara Municipal da Capital;

IV - os "habeas corpus", nos processos cujos recursos forem de sua competência ou quando o coator ou paciente for autoridade diretamente sujeita a sua jurisdição, ressalvada a competência do Tribunal de Justiça Militar, nos processos cujos recursos forem de sua competência;

V - os mandados de injunção, quando a inexistência de norma regulamentadora estadual ou municipal, de qualquer dos Poderes, inclusive da administração indireta, torne inviável o exercício de direitos assegurados nesta Constituição;

VI - a representação de inconstitucionalidade de lei ou ato normativo estadual ou municipal, contestados em face desta Constituição, o pedido de intervenção em Município e ação de inconstitucionalidade por omissão, em face de preceito desta Constituição;

VII - as ações rescisórias de seus julgados e as revisões criminais nos processos de sua competência;

VIII - Revogado.

- Inciso VIII revogado pela Emenda Constitucional nº 21, de 14/02/2006.

IX - os conflitos de atribuição entre as autoridades administrativas e judiciárias do Estado;

X - a reclamação para garantia da autoridade de suas decisões;

XI - a representação de inconstitucionalidade de lei ou ato normativo municipal, contestados em face da Constituição.

- A expressão "Federal", que encerrava o inciso XI, foi julgada inconstitucional pelo Supremo Tribunal Federal nos autos da ADI nº 347/1990, julgada em 20/09/2006.

Art. 75. Compete, também, ao Tribunal de Justiça:

I - provocar a intervenção da União no Estado para garantir o livre exercício do Poder Judiciário, nos termos desta Constituição e da Constituição Federal;

II - requisitar a intervenção do Estado em Município, nas hipóteses previstas em lei.

Art. 76. Compete, outrossim, ao Tribunal de Justiça, processar e julgar, originariamente ou em grau de recurso, as demais causas que lhe forem atribuídas por lei complementar.

§ 1º Cabe-lhe, também, a execução de sentença nas causas de sua competência originária, facultada, em qualquer fase do processo, a delegação de atribuições.

§ 2º Cabe-lhe, ainda, processar e julgar os recursos relativos às causas que a lei especificar, entre aquelas não reservadas à competência privativa do Tribunal de Justiça Militar ou dos órgãos recursais dos Juizados Especiais.

- § 2º com redação dada pela Emenda Constitucional nº 21, de 14/02/2006.

Art. 77. Compete, ademais, ao Tribunal de Justiça, por seus órgãos específicos, exercer controle sobre atos e serviços auxiliares da justiça, abrangidos os notariais e os de registro.

~~SEÇÃO IV~~

~~DOS TRIBUNAIS DE ALÇADA~~

Seção IV revogada pela Emenda Constitucional nº 21, de 14/02/2006

SEÇÃO V
DA JUSTIÇA MILITAR DO ESTADO

– Seção V com redação dada pela Emenda Constitucional nº 21, de 14/02/2006.

Art. 79-A. A Justiça Militar do Estado será constituída, em primeiro grau, pelos juízes de Direito e pelos Conselhos de Justiça e, em segundo grau, pelo Tribunal de Justiça Militar.

– Artigo 79-A acrescentado pela Emenda Constitucional nº 21, de 14/02/2006.

Art. 79-B. Compete à Justiça Militar estadual processar e julgar os militares do Estado, nos crimes militares definidos em lei e as ações judiciais contra atos disciplinares militares, ressalvada a competência do júri quando a vítima for civil, cabendo ainda decidir sobre a perda do posto e da patente dos oficiais e da graduação das praças.

– Artigo 79-B acrescentado pela Emenda Constitucional nº 21, de 14/02/2006.

Art. 80. O Tribunal de Justiça Militar do Estado, com jurisdição em todo o território estadual e com sede na Capital, compor-se-á de sete juízes, divididos em duas câmaras, nomeados em conformidade com as normas da Seção I deste Capítulo, exceto o disposto no artigo 60, e respeitado o artigo 94 da Constituição Federal, sendo quatro militares Coronéis da ativa da Polícia Militar do Estado e três civis.

Art. 81. Compete ao Tribunal de Justiça Militar processar e julgar:

I – originariamente, o Chefe da Casa Militar, o Comandante-Geral da Polícia Militar, nos crimes militares definidos em lei, os mandados de segurança e os "habeas corpus", nos processos cujos recursos forem de sua competência ou quando o coator ou coagido estiverem diretamente sujeitos a sua jurisdição e às revisões criminais de seus julgados e das Auditorias Militares;

II – em grau de recurso, os policiais militares, nos crimes militares definidos em lei, observado o disposto no artigo 79-B.

– Inciso II com redação dada pela Emenda Constitucional nº 21, de 14/02/2006.

§ 1º Compete ainda ao Tribunal exercer a correição geral sobre as atividades de Polícia Judiciária Militar, bem como decidir sobre a perda do posto e da patente dos Oficiais e da graduação das praças.

§ 2º Compete aos juízes de Direito do juízo militar processar e julgar, singularmente, os crimes militares cometidos contra civis e as ações judiciais contra atos disciplinares militares, cabendo ao Conselho de Justiça, sob a presidência do juiz de Direito, processar e julgar os demais crimes militares.

§ 3º Os serviços de correição permanente sobre as atividades de Polícia Judiciária Militar e do Presídio Militar serão realizados pelo juiz de Direito do juízo militar designado pelo Tribunal.

– §§ 2º e 3º com redação dada pela Emenda Constitucional nº 21, de 14/02/2006.

Art. 82. Os juízes do Tribunal de Justiça Militar e os juízes de Direito do juízo militar gozam dos mesmos direitos, vantagens e subsídios e sujeitam-se às mesmas proibições dos Desembargadores do Tribunal de Justiça e dos juízes de Direito, respectivamente.

Parágrafo único. Os juízes de Direito do juízo militar serão promovidos ao Tribunal de Justiça Militar nas vagas de juízes civis, observado o disposto nos artigos 93, III e 94 da Constituição Federal.

– Artigo 82 com redação dada pela Emenda Constitucional nº 21, de 14/02/2006.

SEÇÃO VI
DOS TRIBUNAIS DO JÚRI

Art. 83. Os Tribunais do Júri têm as competências e garantias previstas no artigo 5º, XXXVIII da Constituição Federal. Sua organização obedecerá ao que dispuser a lei federal e, no que couber, a Lei de Organização Judiciária.

SEÇÃO VII
DAS TURMAS DE RECURSOS

Art. 84. As Turmas de Recursos são formadas por juízes de direito titulares da mais elevada entrância de Primeiro Grau, na Capital ou no Interior, observada a sua sede, nos termos da resolução do Tribunal de Justiça, que designará seus integrantes, os quais poderão ser dispensados, quando necessário, do serviço de suas varas.

§ 1º As Turmas de Recursos constituem-se em órgão de segunda instância, cuja competência é vinculada aos Juizados Especiais e de Pequenas Causas.

§ 2º A designação prevista neste artigo deverá ocorrer antes da distribuição dos processos de competência da Turma de Recursos.

SEÇÃO VIII
DOS JUÍZES DE DIREITO

Art. 85. Os juízes de Direito integram a carreira da Magistratura e exercem a jurisdição comum estadual de primeiro grau, nas comarcas e juízos, segundo a competência determinada por lei.

Art. 86. O Tribunal de Justiça, através de seu Órgão Especial, designará juízes de entrância especial com competência exclusiva para questões agrárias.

§ 1º A designação prevista neste artigo só pode ser revogada a pedido do juiz ou por deliberação da maioria absoluta do órgão especial.

§ 2º No exercício dessa jurisdição, o juiz deverá, sempre que necessário à eficiente prestação jurisdicional, deslocar-se até o local do litígio.

§ 3º O Tribunal de Justiça organizará a infraestrutura humana e material necessária ao exercício dessa atividade jurisdicional.

SEÇÃO IX
DOS JUIZADOS ESPECIAIS E DOS JUIZADOS DE PEQUENAS CAUSAS

Art. 87. Os Juizados Especiais das Causas Cíveis de Menor Complexidade e das Infrações Penais de Menor Potencial Ofensivo terão sua composição e competência definidas em lei, obedecidos os princípios previstos no artigo 98, I, da Constituição Federal.

Art. 88. A lei disporá sobre a criação, funcionamento e processo dos Juizados de Pequenas Causas a que se refere o artigo 24, X, da Constituição Federal.

SEÇÃO X
DA JUSTIÇA DE PAZ

Art. 89. A Justiça de Paz compõe-se de cidadãos remunerados, eleitos pelo voto direto, universal e secreto, com mandato de quatro anos, e tem competência para, na forma da lei, celebrar casamentos, verificar, de ofício ou em face de impugnação apresentada, o processo de habilitação e exercer atribuições conciliatórias, sem caráter jurisdicional, além de outras previstas na legislação.

SEÇÃO XI
DA DECLARAÇÃO DE INCONSTITUCIONALIDADE E DA AÇÃO DIRETA DE INCONSTITUCIONALIDADE

Art. 90. São partes legítimas para propor ação de inconstitucionalidade de lei ou ato normativo estaduais ou municipais, contestados em face desta Constituição ou por omissão de medida necessária para tornar efetiva norma ou princípio desta Constituição, no âmbito de seu interesse:

I – o Governador do Estado e a Mesa da Assembleia Legislativa;

II – o Prefeito e a Mesa da Câmara Municipal;

III – o Procurador-Geral de Justiça;

IV – o Conselho da Seção Estadual da Ordem dos Advogados do Brasil;

V – as entidades sindicais ou de classe, de atuação estadual ou municipal, demonstrando seu interesse jurídico no caso;

VI – os partidos políticos com representação na Assembleia Legislativa, ou, em se tratando de lei ou ato normativo municipais, na respectiva Câmara.

§ 1º O Procurador-Geral de Justiça será sempre ouvido nas ações diretas de inconstitucionalidade.

§ 2º Quando o Tribunal apreciar a inconstitucionalidade, em tese, de norma legal ou ato normativo, citará, previamente, o Procurador-Geral do Estado, a quem caberá defender, no que couber, o ato ou o texto impugnado.

§ 3º ~~Declarada a inconstitucionalidade, a decisão será comunicada à Assembleia Legislativa ou à Câmara Municipal interessada, para a suspensão da execução, no todo ou em parte, da lei ou do ato normativo.~~

– § 3º foi declarado inconstitucional pelo Supremo Tribunal Federal nos autos do Recurso Extraordinário nº 199293/1996, julgado em 19/05/2004, e teve a sua execução suspensa pela Resolução nº 46/2005, de 28/06/2005, do Senado Federal.

§ 4º Declarada a inconstitucionalidade por omissão de medida para tornar efetiva norma desta Constituição, a decisão será comunicada ao Poder competente para a adoção das providências necessárias à prática do ato que lhe compete ou início do processo legislativo, e, em se tratando de órgão administrativo, para a sua ação em trinta dias, sob pena de responsabilidade.

§ 5º Somente pelo voto da maioria absoluta de seus membros ou de seu órgão especial poderá o Tribunal de Justiça declarar a inconstitucionalidade de lei ou ato normativo estadual ou municipal, como objeto de ação direta.

§ 6º Nas declarações incidentais, a decisão dos Tribunais dar-se-á pelo órgão jurisdicional colegiado competente para exame da matéria.

CAPÍTULO V
DAS FUNÇÕES ESSENCIAIS À JUSTIÇA

SEÇÃO I
DO MINISTÉRIO PÚBLICO

Art. 91. O Ministério Público é instituição permanente, essencial à função jurisdicional do Estado, incumbindo-lhe a defesa da ordem jurídica, do regime democrático e dos interesses sociais e individuais indisponíveis.

Parágrafo único. São princípios institucionais do Ministério Público a unidade, a indivisibilidade e a independência funcional.

Art. 92. Ao Ministério Público é assegurada autonomia administrativa e funcional, cabendo-lhe, na forma de sua lei complementar:

I – praticar atos próprios de gestão;

II – praticar atos e decidir sobre a situação funcional do pessoal ativo e inativo da carreira e dos serviços auxiliares, organizados em quadros próprios;

III – adquirir bens e serviços e efetuar a respectiva contabilização;

IV – propor à Assembleia Legislativa a criação e a extinção de seus cargos e serviços auxiliares, bem como a fixação dos subsídios de seus membros, observados os parâmetros estabelecidos na lei de diretrizes orçamentárias e no artigo 169 da Constituição Federal;

V – prover os cargos iniciais de carreira e dos serviços auxiliares, bem como nos casos de promoção, remoção e demais formas de provimento derivado;

VI – organizar suas secretarias e os serviços auxiliares das Promotorias de Justiça;

VII – compor os órgãos da Administração Superior;

VIII – elaborar seus regimentos internos;

IX – exercer outras competências dela decorrentes.

§ 1º O Ministério Público instalará as Promotorias de Justiça e serviços auxiliares em prédios sob sua administração.

§ 2º As decisões do Ministério Público, fundadas em sua autonomia funcional e administrativa, obedecidas as formalidades legais, têm eficácia plena e executoriedade imediata, ressalvada a competência constitucional dos Poderes do Estado.

Art. 93. O Ministério Público elaborará sua proposta orçamentária dentro dos limites estabelecidos na Lei de Diretrizes Orçamentárias, encaminhando-a, por intermédio do Procurador-Geral de Justiça, ao Poder Executivo, para inclusão no projeto de lei orçamentária.

§ 1º Os recursos correspondentes às dotações orçamentárias próprias e globais do Ministério Público serão entregues, na forma do artigo 171, sem vinculação a qualquer tipo de despesa.

§ 2º Os recursos próprios, não originários do Tesouro Estadual, serão utilizados em programas vinculados aos fins da Instituição, vedada outra destinação.

§ 3º A fiscalização contábil, financeira, orçamentária, operacional e patrimonial do Ministério Público, quanto à legalidade, legitimidade e economicidade, aplicação de dotações e recursos próprios e renúncia de receitas, será exercida pela Assembleia Legislativa, mediante controle externo, e pelo sistema de controle interno estabelecido na sua lei complementar e, no que couber, no artigo 35 desta Constituição.

Art. 94. Lei complementar, cuja iniciativa é facultada ao Procurador-Geral de Justiça, disporá sobre:

I – normas específicas de organização, atribuições e Estatuto do Ministério Público, observados, entre outros, os seguintes princípios:

a) ingresso na carreira mediante concurso público de provas e títulos, assegurada a participação da Ordem dos Advogados do Brasil em sua realização, exigindo-se, do bacharel em direito, no mínimo, três anos de atividade jurídica e observando-se, nas nomeações, a ordem de classificação;

– Alínea "a" com redação dada pela Emenda Constitucional nº 21, de 14/02/2006.

b) promoção voluntária, por antiguidade e merecimento, alternadamente, de entrância a entrância, e da entrância mais elevada para o cargo de Procurador de Justiça, aplicando-se, por assemelhação, o disposto no artigo 93, III, da Constituição Federal;

c) subsídios fixados com diferença não excedente a dez por cento de uma para outra entrância, e da entrância mais elevada para o cargo de Procurador-Geral de Justiça, cujo subsídio, em espécie, a qualquer título, não poderá ultrapassar o teto fixado nos artigos 37, XI, da Constituição Federal e 115, XII, desta Constituição;

d) aposentadoria, observado o disposto no artigo 40 da Constituição Federal e no artigo 126 desta Constituição;

e) o benefício da pensão por morte deve obedecer o princípio do artigo 40, § 7º, da Constituição Federal;

– Alíneas "c" a "e" com redação dada pela Emenda Constitucional nº 21, de 14/02/2006.

II – elaboração de lista tríplice, entre integrantes da carreira, para escolha do Procurador-Geral de Justiça pelo Governador do Estado, para mandato de dois anos, permitida uma recondução;

III – destituição do Procurador-Geral de Justiça por deliberação da maioria absoluta da Assembleia Legislativa;

– Inciso III com redação dada pela Emenda Constitucional nº 12, de 28/06/2001.

IV – controle externo da atividade policial;

V – procedimentos administrativos de sua competência;

VI – regime jurídico dos membros do Ministério Público, integrantes de quadro especial, que oficiam junto aos Tribunais de Contas;

VII – demais matérias necessárias ao cumprimento de seus fins institucionais.

§ 1º Decorrido o prazo previsto em lei, sem nomeação do Procurador-Geral de Justiça, será investido no cargo o integrante mais votado da lista tríplice prevista no inciso II deste artigo.

§ 2º O Procurador-Geral de Justiça fará declaração pública de bens, no ato da posse e no término do mandato.

Art. 95. Os membros do Ministério Público têm as seguintes garantias:

I – vitaliciedade, após dois anos de exercício, não podendo perder o cargo senão por sentença judicial transitada em julgado;

II – inamovibilidade, salvo por motivo de interesse público, mediante decisão do órgão colegiado competente do Ministério Público, pelo voto da maioria absoluta de seus membros, assegurada a ampla defesa;

III – irredutibilidade de subsídio, observado, quanto à remuneração, o disposto na Constituição Federal.

– Incisos II e III com redação dada pela Emenda Constitucional nº 21, de 14/02/2006.

Parágrafo único. O ato de remoção e de disponibilidade de membro do Ministério Público, por interesse público, fundar-se-á em decisão por voto de dois terços do órgão colegiado competente, assegurada ampla defesa.

Art. 96. Os membros do Ministério Público sujeitam-se, entre outras, às seguintes proibições:

I – receber, a qualquer título e sob qualquer pretexto, honorários, percentagens ou custas processuais;

II – exercer a advocacia;

III – participar de sociedade comercial, na forma da lei;

IV – exercer, ainda que em disponibilidade, qualquer outra função pública, salvo uma de magistério, se houver compatibilidade de horário;

V – exercer atividade político-partidária;

– Inciso V com redação dada pela Emenda Constitucional nº 21, de 14/02/2006.

VI – receber, a qualquer título ou pretexto, auxílios ou contribuições de pessoas físicas, entidades públicas ou privadas, ressalvadas as exceções previstas em lei;

VII – exercer a advocacia no juízo ou tribunal perante o qual atuava, antes de decorridos três anos do afastamento do cargo por aposentadoria ou exoneração.

– Incisos VI e VII acrescentados pela Emenda Constitucional nº 21, de 14/02/2006.

» *V. art. 128, 5º, II, CF.*

Art. 97. Incumbe ao Ministério Público, além de outras funções:

I – exercer a fiscalização dos estabelecimentos prisionais e dos que abriguem idosos, menores, incapazes ou portadores de deficiências, sem prejuízo da correição judicial;

II – deliberar sobre sua participação em organismos estatais de defesa do meio ambiente, do consumidor, de política penal e penitenciária e outros afetos a sua área de atuação;

III – receber petições, reclamações, representações ou queixas de qualquer pessoa ou entidade representativa de classe, por desrespeito aos direitos assegurados na Constituição Federal e nesta Constituição, as quais serão encaminhadas a quem de direito, e respondidas no prazo improrrogável de trinta dias.

Parágrafo único. Para promover o inquérito civil e os procedimentos administrativos de sua competência, o Ministério Público poderá, nos termos de sua lei complementar:

1 – requisitar dos órgãos da administração direta ou indireta, os meios necessários à sua conclusão;

2 – propor à autoridade administrativa competente a instauração de sindicância para a apuração de falta disciplinar ou ilícito administrativo.

SEÇÃO II
DA PROCURADORIA GERAL DO ESTADO

Art. 98. A Procuradoria Geral do Estado é instituição de natureza permanente, essencial à administração da justiça e à Administração Pública Estadual, vinculada diretamente ao Governador, responsável pela advocacia do Estado, sendo orientada pelos princípios da legalidade e da indisponibilidade do interesse público.

– Artigo 98, "caput", com redação dada pela Emenda Constitucional nº 19, de 14/04/2004.

§ 1º Lei orgânica da Procuradoria Geral do Estado disciplinará sua competência e a dos órgãos que a compõem e disporá sobre o regime jurídico dos integrantes da carreira de Procurador do Estado, respeitado o disposto nos artigos 132 e 135 da Constituição Federal.

§ 2º Os Procuradores do Estado, organizados em carreira, na qual o ingresso dependerá de concurso público de provas e títulos, com a participação da Ordem dos Advogados do Brasil em todas as suas fases, exercerão a representação judicial e a consultoria jurídica na forma do "caput" deste artigo.

§ 3º Aos procuradores referidos neste artigo é assegurada estabilidade após três anos de efetivo exercício, mediante avaliação de desempenho perante os órgãos próprios, após relatório circunstanciado das corregedorias.

– §§ 1º ao 3º com redação dada pela Emenda Constitucional nº 21, de 14/02/2006.

Art. 99. São funções institucionais da Procuradoria Geral do Estado:

I – representar judicial e extrajudicialmente o Estado e suas autarquias, inclusive as de regime especial, exceto as universidades públicas estaduais;

II – exercer as atividades de consultoria e assessoramento jurídico do Poder Executivo e das entidades autárquicas a que se refere o inciso anterior;

– Incisos I e II com redação dada pela Emenda Constitucional nº 19, de 14/04/2004.

III – representar a Fazenda do Estado perante o Tribunal de Contas;

IV – exercer as funções de consultoria jurídica e de fiscalização da Junta Comercial do Estado;

V – prestar assessoramento jurídico e técnico-legislativo ao Governador do Estado;

– Inciso V com redação dada pela Emenda Constitucional nº 19, de 14/04/2004.

VI – promover a inscrição, o controle e a cobrança da dívida ativa estadual;

VII – propor ação civil pública representando o Estado;

VIII – prestar assistência jurídica aos Municípios, na forma da lei;

IX – realizar procedimentos administrativos, inclusive disciplinares, não regulados por lei especial;

– Inciso IX com redação dada pela Emenda Constitucional nº 19, de 14/04/2004.

X – exercer outras funções que lhe forem conferidas por lei.

Art. 100. A direção superior da Procuradoria Geral do Estado compete ao Procurador-Geral do Estado, responsável pela orientação jurídica e administrativa da instituição, ao Conselho da Procuradoria Geral do Estado e à Corregedoria-Geral do Estado, na forma da respectiva Lei Orgânica.

Parágrafo único. O Procurador-Geral do Estado será nomeado pelo Governador, em comissão, entre os Procuradores que integram a carreira e terá tratamento, prerrogativas e representação de Secretário de Estado, devendo apresentar declaração pública de bens, no ato da posse e de sua exoneração.

– Parágrafo único com redação dada pela Emenda Constitucional nº 19, de 14/04/2004.

– Parágrafo único foi objeto da ADI nº 2581/2001, perante o Supremo Tribunal Federal, tendo sido a ação julgada improcedente em 16/08/2007, portanto reconhecida a constitucionalidade do dispositivo.

Art. 101. Vinculam-se à Procuradoria Geral do Estado, para fins de atuação uniforme e coordenada, os órgãos jurídicos das universidades públicas estaduais, das empresas públicas, das sociedades de economia mista sob controle do Estado, pela sua Administração centralizada ou descentralizada, e das fundações por ele instituídas ou mantidas.

Parágrafo único. As atividades de representação judicial, consultoria e assessoramento jurídico das universidades públicas estaduais poderão ser realizadas ou supervisionadas, total ou parcialmente, pela Procuradoria Geral do Estado, na forma a ser estabelecida em convênio.

– Artigo 101 com redação dada pela Emenda Constitucional nº 19, de 14/04/2004.

Art. 102. As autoridades e servidores da Administração Estadual ficam obrigados a atender às requisições de certidões, informações, autos de processo administrativo, documentos e diligências formuladas pela Procuradoria Geral do Estado, na forma da lei.

SEÇÃO III
DA DEFENSORIA PÚBLICA

Art. 103. À Defensoria Pública, instituição essencial à função jurisdicional do Estado, compete a orientação jurídica e a defesa dos necessitados, em todos os graus.

§ 1º Lei Orgânica disporá sobre a estrutura, funcionamento e competência da Defensoria Pública, observado o disposto na Constituição Federal e nas normas gerais prescritas por lei complementar federal.

§ 2º À Defensoria Pública é assegurada autonomia funcional e administrativa e a iniciativa de sua proposta orçamentária dentro dos limites estabelecidos na lei de diretrizes orçamentárias e subordinação ao disposto no artigo 99, § 2º, da Constituição Federal.

- §§ 1º e 2º com redação dada pela Emenda Constitucional nº 21, de 14/02/2006.

» *V. arts. 134 e 135, CF.*

SEÇÃO IV
DA ADVOCACIA

Art. 104. O advogado é indispensável à administração da justiça e, nos termos da lei, inviolável por seus atos e manifestações, no exercício da profissão.

Parágrafo único. É obrigatório o patrocínio das partes por advogados, em qualquer juízo ou tribunal, inclusive nos juizados de menores, nos juizados previstos nos incisos VIII e IX do artigo 54 e junto às turmas de recursos, ressalvadas as exceções legais.

Art. 105. O Poder Executivo manterá, no sistema prisional e nos distritos policiais, instalações destinadas ao contato privado do advogado com o cliente preso.

Art. 106. Os membros do Poder Judiciário, as autoridades e os servidores do Estado zelarão para que os direitos e prerrogativas dos advogados sejam respeitados, sob pena de responsabilização na forma da lei.

Art. 107. O advogado que não seja defensor público, quando nomeado para defender autor ou réu pobre, terá os honorários fixados pelo juiz, na forma que a lei estabelecer.

Art. 108. As atividades correicionais nos Cartórios Judiciais contarão, necessariamente, com a presença de um representante da Ordem dos Advogados do Brasil, Seção de São Paulo.

Art. 109. Para efeito do disposto no artigo 3º desta Constituição, o Poder Executivo manterá quadros fixos de defensores públicos em cada juizado e, quando necessário, advogados designados pela Ordem dos Advogados do Brasil - SP, mediante convênio.

- *O Supremo Tribunal Federal, nos autos da ADI nº 4163, conferiu ao artigo 109 interpretação conforme a Constituição para apenas autorizar, sem obrigatoriedade nem exclusividade, a Defensoria a celebrar, a seu critério, convênio com a OAB-SP.*

SEÇÃO V
DO CONSELHO ESTADUAL DE DEFESA DOS DIREITOS DA PESSOA HUMANA

Art. 110. O Conselho Estadual de Defesa dos Direitos da Pessoa Humana será criado por lei com a finalidade de investigar as violações de direitos humanos no território do Estado, de encaminhar as denúncias a quem de direito e de propor soluções gerais a esses problemas.

TÍTULO III
DA ORGANIZAÇÃO DO ESTADO

CAPÍTULO I
DA ADMINISTRAÇÃO PÚBLICA

SEÇÃO I
DISPOSIÇÕES GERAIS

Art. 111. A administração pública direta, indireta ou fundacional, de qualquer dos Poderes do Estado, obedecerá aos princípios de legalidade, impessoalidade, moralidade, publicidade, razoabilidade, finalidade, motivação, interesse público e eficiência.

- Artigo 111 com redação dada pela Emenda Constitucional nº 21, de 14/02/2006.

Art. 111-A. É vedada a nomeação de pessoas que se enquadram nas condições de inelegibilidade nos termos da legislação federal para os cargos de Secretário de Estado, Secretário-Adjunto, Procurador-Geral de Justiça, Procurador-Geral do Estado, Defensor Público-Geral, Superintendentes e Diretores de órgãos da administração pública indireta, fundacional, de agências reguladoras e autarquias, Delegado-Geral de Polícia, Reitores das universidades públicas estaduais e ainda para todos os cargos de livre provimento dos poderes Executivo, Legislativo e Judiciário do Estado.

– Artigo 111-A acrescentado pela Emenda Constitucional nº 34, de 21/03/2012.

Art. 112. As leis e atos administrativos externos deverão ser publicados no órgão oficial do Estado, para que produzam os seus efeitos regulares. A publicação dos atos não normativos poderá ser resumida.

Art. 113. A lei deverá fixar prazos para a prática dos atos administrativos e estabelecer recursos adequados à sua revisão, indicando seus efeitos e forma de processamento.

Art. 114. A administração é obrigada a fornecer a qualquer cidadão, para a defesa de seus direitos e esclarecimentos de situações de seu interesse pessoal, no prazo máximo de dez dias úteis, certidão de atos, contratos, decisões ou pareceres, sob pena de responsabilidade da autoridade ou servidor que negar ou retardar a sua expedição. No mesmo prazo deverá atender às requisições judiciais, se outro não for fixado pela autoridade judiciária.

Art. 115. Para a organização da administração pública direta e indireta, inclusive as fundações instituídas ou mantidas por qualquer dos Poderes do Estado, é obrigatório o cumprimento das seguintes normas:

» *V. art. 37, CF.*

I – os cargos, empregos e funções públicas são acessíveis aos brasileiros que preenchem os requisitos estabelecidos em lei, assim como aos estrangeiros, na forma da lei;

– Inciso I com redação dada pela Emenda Constitucional nº 21, de 14/02/2006.

II – a investidura em cargo ou emprego público depende de aprovação prévia, em concurso público de provas ou de provas e títulos, ressalvadas as nomeações para cargo em comissão, declarado em lei, de livre nomeação e exoneração;

III – o prazo de validade do concurso público será de até dois anos, prorrogável uma vez, por igual período. A nomeação do candidato aprovado obedecerá à ordem de classificação;

IV – durante o prazo improrrogável previsto no edital de convocação, o aprovado em concurso público de provas ou de provas e títulos será convocado com prioridade sobre novos concursados para assumir cargo ou emprego, na carreira;

V – as funções de confiança, exercidas exclusivamente por servidores ocupantes de cargo efetivo, e os cargos em comissão, a serem preenchidos por servidores de carreira nos casos, condições e percentuais mínimos previstos em lei, destinam-se apenas às atribuições de direção, chefia e assessoramento;

– Inciso V com redação dada pela Emenda Constitucional nº 21, de 14/02/2006.

VI – é garantido ao servidor público civil o direito à livre associação sindical, obedecido o disposto no artigo 8º da Constituição Federal;

VII – o servidor e empregado público gozarão de estabilidade no cargo ou emprego desde o registro de sua candidatura para o exercício de cargo de representação sindical ou no caso previsto no inciso XXIII deste artigo, até um ano após o término do mandato, se eleito, salvo se cometer falta grave definida em lei;

VIII – o direito de greve será exercido nos termos e nos limites definidos em lei específica;

– Inciso VIII com redação dada pela Emenda Constitucional nº 21, de 14/02/2006.

IX – a lei reservará percentual dos cargos e empregos públicos para os portadores de deficiências, garantindo as adaptações necessárias para a sua participação nos concursos públicos e definirá os critérios de sua admissão;

X – a lei estabelecerá os casos de contratação por tempo determinado, para atender a necessidade temporária de excepcional interesse público;

XI – a revisão geral anual da remuneração dos servidores públicos, sem distinção de índices entre servidores públicos civis e militares, far-se-á sempre na mesma data e por lei específica, observada a iniciativa privativa em cada caso;

– *Inciso XI com redação dada pela* Emenda Constitucional nº 21, de 14/02/2006.

XII – em conformidade com o artigo 37, XI, da Constituição Federal, a remuneração e o subsídio dos ocupantes de cargos, funções e empregos públicos da administração direta, autárquica e fundacional, os proventos, pensões ou outra espécie remuneratória, percebidos cumulativamente ou não, incluídas as vantagens pessoais ou de qualquer outra natureza, não poderão exceder o subsídio mensal do Governador no âmbito do Poder Executivo, o subsídio dos Deputados Estaduais no âmbito do Poder Legislativo e o subsídio dos Desembargadores do Tribunal de Justiça, limitado a noventa inteiros e vinte e cinco centésimos por cento do subsídio mensal, em espécie, dos Ministros do Supremo Tribunal Federal, no âmbito do Poder Judiciário, aplicável este limite aos membros do Ministério Público, aos Procuradores e aos Defensores Públicos; (NR)

- Inciso XII com redação dada pela Emenda Constitucional nº 21, de 14/02/2006, restaurada.

- Emenda Constitucional nº 46, de 08/06/2018, declarada inconstitucional, em controle concentrado, pelo Tribunal de Justiça do Estado de São Paulo, nos autos da ADI 2116917-44.2018.8.26.0000, com efeitos "ex tunc".

XIII - até que se atinja o limite a que se refere o inciso anterior, é vedada a redução de salários que implique a supressão das vantagens de caráter individual, adquiridas em razão de tempo de serviço, previstas no artigo 129 desta Constituição. Atingido o referido limite, a redução se aplicará independentemente da natureza das vantagens auferidas pelo servidor;

XIV - os vencimentos dos cargos do Poder Legislativo e do Poder Judiciário não poderão ser superiores aos pagos pelo Poder Executivo;

XV - é vedada a vinculação ou equiparação de quaisquer espécies remuneratórias para o efeito de remuneração de pessoal do serviço público, observado o disposto na Constituição Federal;

- Inciso XV com redação dada pela Emenda Constitucional nº 21, de 14/02/2006.

XVI - os acréscimos pecuniários percebidos por servidor público não serão computados nem acumulados para fins de concessão de acréscimos ulteriores sob o mesmo título ou idêntico fundamento;

XVII - o subsídio e os vencimentos dos ocupantes de cargos e empregos públicos são irredutíveis, observado o disposto na Constituição Federal;

- Inciso XVII com redação dada pela Emenda Constitucional nº 21, de 14/02/2006.

XVIII - é vedada a acumulação remunerada de cargos públicos, exceto quando houver compatibilidade de horários:

a) de dois cargos de professor;

b) de um cargo de professor com outro técnico ou científico;

c) a de dois cargos ou empregos privativos de profissionais de saúde, com profissões regulamentadas;

- Alínea "c" com redação dada pela Emenda Constitucional nº 21, de 14/02/2006.

XIX - a proibição de acumular estende-se a empregos e funções e abrange autarquias, fundações, empresas públicas, sociedades de economia mista, suas subsidiárias, e sociedades controladas, direta ou indiretamente, pelo Poder Público;

- Inciso XIX com redação dada pela Emenda Constitucional nº 21, de 14/02/2006.

XX - a administração fazendária e seus agentes fiscais de rendas, aos quais compete exercer, privativamente, a fiscalização de tributos estaduais, terão, dentro de suas áreas de competência e jurisdição, precedência sobre os demais setores administrativos, na forma da lei;

XX-A - a administração tributária, atividade essencial ao funcionamento do Estado, exercida por servidores de carreiras específicas, terá recursos prioritários para a realização de suas atividades e atuará de forma integrada com as administrações tributárias da União, de outros Estados, do Distrito Federal e dos Municípios, inclusive com o compartilhamento de cadastros e de informações fiscais, na forma da lei ou convênio;

- Inciso XX-A acrescentado pela Emenda Constitucional nº 21, de 14/02/2006.

XXI - a criação, transformação, fusão, cisão, incorporação, privatização ou extinção das sociedades de economia mista, autarquias, fundações e empresas públicas depende de prévia aprovação da Assembleia Legislativa;

XXII - depende de autorização legislativa, em cada caso, a criação de subsidiárias das entidades mencionadas no inciso anterior, assim como a participação de qualquer delas em empresa privada;

XXIII - fica instituída a obrigatoriedade de um Diretor Representante e de um Conselho de Representantes, eleitos pelos servidores e empregados públicos, nas autarquias, sociedades de economia mista e fundações instituídas ou mantidas pelo Poder Público, cabendo à lei definir os limites de sua competência e atuação;

XXIV - é obrigatória a declaração pública de bens, antes da posse e depois do desligamento, de todo o dirigente de empresa pública, sociedade de economia mista, autarquia e fundação instituída ou mantida pelo Poder Público;

XXV - os órgãos da administração direta e indireta ficam obrigados a constituir Comissão Interna de Prevenção de Acidentes - CIPA - e, quando assim o exigirem suas atividades, Comissão de Controle Ambiental, visando à proteção da vida, do meio ambiente e das condições de trabalho dos seus servidores, na forma da lei;

XXVI – ao servidor público que tiver sua capacidade de trabalho reduzida em decorrência de acidente de trabalho ou doença do trabalho será garantida a transferência para locais ou atividades compatíveis com sua situação;

XXVII – é vedada a estipulação de limite de idade para ingresso por concurso público na administração direta, empresa pública, sociedade de economia mista, autarquia e fundações instituídas ou mantidas pelo Poder Público, respeitando-se apenas o limite constitucional para aposentadoria compulsória;

XXVIII – os recursos provenientes dos descontos compulsórios dos servidores públicos, bem como a contrapartida do Estado, destinados à formação de fundo próprio de previdência, deverão ser postos, mensalmente, à disposição da entidade estadual responsável pela prestação do benefício, na forma que a lei dispuser;

XXIX – a administração pública direta e indireta, as universidades públicas e as entidades de pesquisa técnica e científica oficiais ou subvencionadas pelo Estado prestarão ao Ministério Público o apoio especializado ao desempenho das funções da Curadoria de Proteção de Acidentes do Trabalho, da Curadoria de Defesa do Meio Ambiente e de outros interesses coletivos e difusos.

§ 1º A publicidade dos atos, programas, obras, serviços e campanhas da administração pública direta, indireta, fundações e órgãos controlados pelo Poder Público deverá ter caráter educacional, informativo e de orientação social, dela não podendo constar nomes, símbolos e imagens que caracterizem promoção pessoal de autoridades ou servidores públicos.

§ 2º É vedada ao Poder Público, direta ou indiretamente, a publicidade de qualquer natureza fora do território do Estado, para fins de propaganda governamental, exceto às empresas que enfrentam concorrência de mercado e divulgação destinada a promover o turismo estadual.

– § 2º com redação dada pela Emenda Constitucional nº 29 de 21/10/2009.

§ 3º A inobservância do disposto nos incisos II, III e IV deste artigo implicará a nulidade do ato e a punição da autoridade responsável, nos termos da lei.

§ 4º As pessoas jurídicas de direito público e as de direito privado, prestadoras de serviços públicos, responderão pelos danos que seus agentes, nessa qualidade, causarem a terceiros, assegurado o direito de regresso contra o responsável nos casos de dolo ou culpa.

§ 5º As entidades da administração direta e indireta, inclusive fundações instituídas ou mantidas pelo Poder Público, o Ministério Público, bem como os Poderes Legislativo e Judiciário, publicarão, até o dia trinta de abril de cada ano, seu quadro de cargos e funções, preenchidos e vagos, referentes ao exercício anterior.

§ 6º É vedada a percepção simultânea de proventos de aposentadoria decorrentes dos artigos 40, 42 e 142 da Constituição Federal e dos artigos 126 e 138 desta Constituição com a remuneração de cargo, emprego ou função pública, ressalvados os cargos acumuláveis na forma desta Constituição, os cargos eletivos e os cargos em comissão declarados em lei de livre nomeação e exoneração.

§ 7º Não serão computadas, para efeito dos limites remuneratórios de que trata o inciso XII do "caput" deste artigo, as parcelas de caráter indenizatório previstas em lei.

§ 8º Para os fins do disposto no inciso XII deste artigo e no inciso XI do artigo 37 da Constituição Federal, poderá ser fixado no âmbito do Estado, mediante emenda à presente Constituição, como limite único, o subsídio mensal dos Desembargadores do Tribunal de Justiça, limitado a noventa inteiros e vinte e cinco centésimos por cento do subsídio mensal dos Ministros do Supremo Tribunal Federal, não se aplicando o disposto neste parágrafo aos subsídios dos Deputados Estaduais.

§ 9º O servidor público titular de cargo efetivo poderá ser readaptado para exercício de cargo cujas atribuições e responsabilidades sejam compatíveis com a limitação que tenha sofrido em sua capacidade física ou mental enquanto permanecer nessa condição, desde que possua a habilitação e o nível de escolaridade exigidos para o cargo de destino, mantida a remuneração do cargo de origem. (NR)

– *§ 9º acrescentado pela* Emenda Constitucional nº 49, de 06/03/2020.

§ 10 A aposentadoria concedida com a utilização de tempo de contribuição decorrente de cargo, emprego ou função pública, inclusive do Regime Geral de Previdência Social, acarretará o rompimento do vínculo que gerou o referido tempo de contribuição. (NR)

– *§10 acrescentado pela* Emenda Constitucional nº 49, de 06/03/2020.

Art. 116. Os vencimentos, vantagens ou qualquer parcela remuneratória, pagos com atraso, deverão ser corrigidos monetariamente, de acordo com os índices oficiais aplicáveis à espécie.

SEÇÃO II
DAS OBRAS, SERVIÇOS PÚBLICOS, COMPRAS E ALIENAÇÕES

Art. 117. Ressalvados os casos especificados na legislação, as obras, serviços, compras e alienações serão contratados mediante processo de licitação pública, que assegure igualdade de condições a todos os concorrentes, com cláusulas que estabeleçam obrigações de pagamento, mantidas as condições efetivas da proposta, nos termos da lei, o qual somente permitirá as exigências de qualificação técnica e econômica indispensáveis à garantia do cumprimento das obrigações.

Parágrafo único. É vedada à administração pública direta e indireta, inclusive fundações instituídas ou mantidas pelo Poder Público, a contratação de serviços e obras de empresas que não atendam às normas relativas à saúde e segurança no trabalho.

Art. 118. As licitações de obras e serviços públicos deverão ser precedidas da indicação do local onde serão executados e do respectivo projeto técnico completo, que permita a definição precisa de seu objeto e previsão de recursos orçamentários, sob pena de invalidade da licitação.

Parágrafo único. Na elaboração do projeto mencionado neste artigo, deverão ser atendidas as exigências de proteção do patrimônio histórico-cultural e do meio ambiente, observando-se o disposto no § 2º do artigo 192 desta Constituição.

Art. 119. Os serviços concedidos ou permitidos ficarão sempre sujeitos à regulamentação e fiscalização do Poder Público e poderão ser retomados quando não atendam satisfatoriamente aos seus fins ou às condições do contrato.

Parágrafo único. Os serviços de que trata este artigo não serão subsidiados pelo Poder Público, em qualquer medida, quando prestados por particulares.

Art. 120. Os serviços públicos serão remunerados por tarifa previamente fixada pelo órgão executivo competente, na forma que a lei estabelecer.

Art. 121. Órgãos competentes publicarão, com a periodicidade necessária, os preços médios de mercado de bens e serviços, os quais servirão de base para as licitações realizadas pela administração direta e indireta, inclusive fundações instituídas ou mantidas pelo Poder Público.

Art. 122. Os serviços públicos, de natureza industrial ou domiciliar, serão prestados aos usuários por métodos que visem à melhor qualidade e maior eficiência e à modicidade das tarifas.

Parágrafo único. Cabe ao Estado explorar diretamente, ou mediante concessão, na forma da lei, os serviços de gás canalizado em seu território, incluído o fornecimento direto a partir de gasodutos de transporte, de maneira a atender às necessidades dos setores industrial, domiciliar, comercial, automotivo e outros.

- Parágrafo único com redação dada pela Emenda Constitucional nº 6, de 18/12/1998.

Art. 123. Revogado.

- Artigo 123 revogado pela Emenda Constitucional nº 21, de 14/02/2006.

CAPÍTULO II
DOS SERVIDORES PÚBLICOS DO ESTADO

SEÇÃO I
DOS SERVIDORES PÚBLICOS CIVIS

Art. 124. Os servidores da administração pública direta, das autarquias e das fundações instituídas ou mantidas pelo Poder Público terão regime jurídico único e planos de carreira.

§ 1º A lei assegurará aos servidores da administração direta isonomia de vencimentos para cargos de atribuições iguais ou assemelhados do mesmo Poder, ou entre servidores dos Poderes Legislativo, Executivo e Judiciário, ressalvadas as vantagens de caráter individual e as relativas à natureza ou ao local de trabalho.

§ 2º No caso do parágrafo anterior, não haverá alteração nos vencimentos dos demais cargos da carreira a que pertence aquele cujos vencimentos foram alterados por força da isonomia.

§ 3º Aplica-se aos servidores a que se refere o "caput" deste artigo e disposto no artigo 7º, IV, VI, VII, VIII, IX, XII, XIII, XV, XVI, XVII, XVIII, XIX, XX, XXII, XXIII e XXX da Constituição Federal.

§ 4º Lei estadual poderá estabelecer a relação entre a maior e a menor remuneração dos servidores públicos, obedecido, em qualquer caso, o disposto no artigo 37, XI, da Constituição Federal e no artigo 115, XII, desta Constituição.

– § 4º acrescentado pela Emenda Constitucional nº 21, de 14/02/2006.

§ 5º É vedada a incorporação de vantagens de caráter temporário ou vinculadas ao exercício de função de confiança ou de cargo em comissão à remuneração do cargo efetivo. (NR)

– *§ 5º acrescentado pela* Emenda Constitucional nº 49, de 06/03/2020.

Art. 125. O exercício do mandato eletivo por servidor público far-se-á com observância do artigo 38 da Constituição Federal.

§ 1º Fica assegurado ao servidor público, eleito para ocupar cargo em sindicato de categoria, o direito de afastar-se de suas funções, durante o tempo em que durar o mandato, recebendo seus vencimentos e vantagens, nos termos da lei.

§ 2º O tempo de mandato eletivo será computado para fins de aposentadoria especial.

Art. 126. O Regime Próprio de Previdência Social dos servidores titulares de cargos efetivos terá caráter contributivo e solidário, mediante contribuição do Estado de São Paulo, de servidores ativos, de aposentados e de pensionistas, observados critérios que preservem o equilíbrio financeiro e atuarial. (NR)

– *"Caput" com redação dada pela* Emenda Constitucional nº 49, de 06/03/2020.

» *V. art. 40, CF.*

§ 1º Os servidores abrangidos pelo regime de previdência de que trata este artigo serão aposentados:

1 – por incapacidade permanente para o trabalho, no cargo em que estiver investido, quando insuscetível de readaptação, hipótese em que será obrigatório realizar avaliações periódicas para verificar a continuidade das condições que ensejaram a concessão da aposentadoria, na forma da lei; (NR)

– *Item 1 com redação dada pela* Emenda Constitucional nº 49, de 06/03/2020.

2 – compulsoriamente, nos termos do artigo 40, § 1º, inciso II, da Constituição Federal; (NR)

– *Item 2 com redação dada pela* Emenda Constitucional nº 49, de 06/03/2020.

3 – voluntariamente, aos 62 (sessenta e dois) anos de idade, se mulher, e aos 65 (sessenta e cinco) anos de idade, se homem, observados o tempo de contribuição e os demais requisitos estabelecidos em lei complementar. (NR)

– *Item 3 com redação dada pela* Emenda Constitucional nº 49, de 06/03/2020.

a) Revogada.

– *Alínea "a" revogada pela* Emenda Constitucional nº 49, de 06/03/2020.

b) Revogada.

– *Alínea "b" revogada pela* Emenda Constitucional nº 49, de 06/03/2020.

§ 2º Os proventos de aposentadoria não poderão ser inferiores ao valor mínimo a que se refere o § 2º do artigo 201 da Constituição Federal ou superiores ao limite máximo estabelecido para o Regime Geral de Previdência Social, quanto aos servidores abrangidos pelos §§ 14, 15 e 16. (NR)

– *§ 2º com redação dada pela* Emenda Constitucional nº 49, de 06/03/2020.

§ 3º As regras para cálculo de proventos de aposentadoria serão disciplinadas por lei. (NR)

– *§ 3º com redação dada pela* Emenda Constitucional nº 49, de 06/03/2020.

§ 4º É vedada a adoção de requisitos ou critérios diferenciados para concessão de benefícios no regime próprio previsto no "caput", ressalvados, nos termos definidos em lei complementar, os casos de aposentadoria de servidores: (NR)

– *§ 4º com redação dada pela* Emenda Constitucional nº 49, de 06/03/2020.

1 – com deficiência; (NR)

– *Item 1 com redação dada pela* Emenda Constitucional nº 49, de 06/03/2020.

2 – integrantes das carreiras de Policial Civil, Polícia Técnico Científica, Agente de Segurança Penitenciária e Agente de Escolta e Vigilância Penitenciária; (NR)

– *Item 2 com redação dada pela* Emenda Constitucional nº 49, de 06/03/2020.

3 – que exerçam atividades com efetiva exposição a agentes nocivos químicos, físicos e biológicos prejudiciais à saúde, ou à associação desses agentes, não se permitindo a caracterização por categoria profissional ou ocupação. (NR)

– *Item 3 com redação dada pela* Emenda Constitucional nº 49, de 06/03/2020.

§ 5º Os ocupantes do cargo de professor terão a idade mínima reduzida em 5 (cinco) anos em relação àquelas previstas no item 3 do § 1º, desde que comprovem tempo de efetivo exercício das funções de magistério na educação infantil, no ensino fundamental ou no médio, nos termos fixados em lei complementar. (NR)

- § 5° com redação dada pela Emenda Constitucional nº 49, de 06/03/2020.

§ 6º Declarado inconstitucional, em controle concentrado, pelo Supremo Tribunal Federal.

- § 6º foi declarado inconstitucional pelo Supremo Tribunal Federal nos autos da ADI nº 755/1992, julgada em 01/07/1996.

§ 6°-A Ressalvadas as aposentadorias decorrentes dos cargos acumuláveis na forma da Constituição Federal, é vedada a percepção de mais de uma aposentadoria à conta de Regime Próprio de Previdência Social, aplicando-se outras vedações, regras e condições para a acumulação de benefícios previdenciários estabelecidas no Regime Geral de Previdência Social. (NR)

- § 6°-A com redação dada pela Emenda Constitucional nº 49, de 06/03/2020.

§ 7° A pensão por morte dos servidores de que trata o item 2 do § 4°, será concedida de forma diferenciada, nos termos da lei. (NR)

- § 7° com redação dada pela Emenda Constitucional nº 49, de 06/03/2020.

1 - Revogado.

- Item 1 revogado pela Emenda Constitucional nº 49, de 06/03/2020.

2 - Revogado.

- Item 2 revogado pela Emenda Constitucional nº 49, de 06/03/2020.

§ 8º Declarado inconstitucional, em controle concentrado, pelo Supremo Tribunal Federal.

- § 8º acrescentado pela Emenda Constitucional nº 1, de 20/12/1990, foi declarado inconstitucional pelo Supremo Tribunal Federal nos autos da ADI nº 582/1991, julgada em 17/06/1999.

§ 8º-A. É assegurado o reajustamento dos benefícios para preservar-lhes, em caráter permanente, o valor real, conforme critérios estabelecidos em lei.

§ 9° O tempo de contribuição federal, estadual, distrital ou municipal será contado para fins de aposentadoria, observado o disposto nos §§ 9° e 9°-A do artigo 201 da Constituição Federal, e o tempo de serviço correspondente será contado para fins de disponibilidade. (NR)

- § 9° com redação dada pela Emenda Constitucional nº 49, de 06/03/2020.

§ 10. A lei não poderá estabelecer qualquer forma de contagem de tempo de contribuição fictício.

§ 11. Aplica-se o limite fixado no artigo 115, XII, desta Constituição e do artigo 37, XI, da Constituição Federal à soma total dos proventos de inatividade, inclusive quando decorrentes da acumulação de cargos ou empregos públicos, bem como de outras atividades sujeitas a contribuição para o regime geral de previdência social, e ao montante resultante da adição de proventos de inatividade com remuneração de cargo acumulável na forma desta Constituição, cargo em comissão declarado em lei de livre nomeação e exoneração, e de cargo eletivo.

§ 12 Além do disposto neste artigo, serão observados no Regime Próprio de Previdência Social, no que couber, os requisitos e os critérios fixados para o Regime Geral de Previdência Social. (NR)

- § 12 com redação dada pela Emenda Constitucional nº 49, de 06/03/2020.

§ 13 Ao agente público ocupante exclusivamente de cargo em comissão declarado em lei de livre nomeação e exoneração, de outro cargo temporário - inclusive aos detentores de mandato eletivo - ou de emprego público, aplica-se o Regime Geral de Previdência Social. (NR)

- § 13 com redação dada pela Emenda Constitucional nº 49, de 06/03/2020.

§ 14. O Estado, desde que institua regime de previdência complementar para os seus respectivos servidores titulares de cargo efetivo, poderá fixar, para o valor das aposentadorias e pensões a serem concedidas pelo regime de que trata este artigo, o limite máximo estabelecido para os benefícios do regime geral de previdência social de que trata o artigo 201 da Constituição Federal.

§ 15 O Regime de Previdência Complementar de que trata o § 14 oferecerá plano de benefícios somente na modalidade contribuição definida, observará o disposto no artigo 202 da Constituição Federal e será efetivado por intermédio de entidade fechada de previdência complementar. (NR)

- § 15 com redação dada pela Emenda Constitucional nº 49, de 06/03/2020.

§ 16. Somente mediante sua prévia e expressa opção, o disposto nos §§ 14 e 15 poderá ser aplicado ao servidor que tiver ingressado no serviço público até a data da publicação do ato de instituição do correspondente regime de previdência complementar.

§ 17. Todos os valores de remuneração considerados para o cálculo do benefício previsto no § 3º serão devidamente atualizados, na forma da lei.

§ 18. Incidirá contribuição sobre os proventos de aposentadorias e pensões concedidas pelo regime de que trata este artigo que superem o limite máximo estabelecido para os benefícios do regime geral de previdência social de que trata o artigo 201 da Constituição Federal, com percentual igual ao estabelecido para os servidores titulares de cargos efetivos.

§ 19 Observados os critérios a serem estabelecidos em lei, o servidor titular de cargo efetivo que tenha completado as exigências para a aposentadoria voluntária e que opte por permanecer em atividade poderá fazer jus a um abono de permanência equivalente, no máximo, ao valor da sua contribuição previdenciária, até completar a idade para aposentadoria compulsória. (NR)

– *§ 19 com redação dada pela* Emenda Constitucional nº 49, de 06/03/2020.

§ 20 Fica vedada a existência de mais de um Regime Próprio de Previdência Social para os servidores titulares de cargos efetivos e de mais de um órgão ou entidade gestora desse regime, abrangidos todos os Poderes, os órgãos e as entidades autárquicas e fundacionais, que serão responsáveis pelo seu financiamento, observados os critérios, os parâmetros e a natureza jurídica definidos em lei complementar federal. (NR)

– *§ 20 com redação dada pela* Emenda Constitucional nº 49, de 06/03/2020.

§ 21 O rol de benefícios do Regime Próprio de Previdência Social fica limitado às aposentadorias e à pensão por morte. (NR)

– *§ 21 com redação dada pela* Emenda Constitucional nº 49, de 06/03/2020.

§ 22. O servidor, após noventa dias decorridos da apresentação do pedido de aposentadoria voluntária, instruído com prova de ter cumprido os requisitos necessários à obtenção do direito, poderá cessar o exercício da função pública, independentemente de qualquer formalidade.

– §§ 8º-A ao 22 acrescentados pela Emenda Constitucional nº 21, de 14/02/2006.

Art. 127. Aplica-se aos servidores públicos estaduais, para efeito de estabilidade, o disposto no artigo 41 da Constituição Federal.

Art. 128. As vantagens de qualquer natureza só poderão ser instituídas por lei e quando atendam efetivamente ao interesse público e às exigências do serviço.

Art. 129. Ao servidor público estadual é assegurado o percebimento do adicional por tempo de serviço, concedido no mínimo por quinquênio, e vedada a sua limitação, bem como a sexta-parte dos vencimentos integrais, concedida aos vinte anos de efetivo exercício, que se incorporarão aos vencimentos para todos os efeitos, observado o disposto no artigo 115, XVI, desta Constituição.

Parágrafo único. O disposto no "caput" não se aplica aos servidores remunerados por subsídio, na forma da lei. (NR)

– *Parágrafo único acrescentado pela* Emenda Constitucional nº 49, de 06/03/2020.

Art. 130. Ao servidor será assegurado o direito de remoção para igual cargo ou função, no lugar de residência do cônjuge, se este também for servidor e houver vaga, nos termos da lei.

Parágrafo único. O disposto neste artigo aplica-se também ao servidor cônjuge de titular de mandato eletivo estadual ou municipal.

Art. 131. O Estado responsabilizará os seus servidores por alcance e outros danos causados à administração, ou por pagamentos efetuados em desacordo com as normas legais, sujeitando-os ao sequestro e perdimento dos bens, nos termos da lei.

Art. 132. Os servidores titulares de cargos efetivos do Estado, incluídas suas autarquias e fundações, desde que tenham completado cinco anos de efetivo exercício, terão computado, para efeito de aposentadoria, nos termos da lei, o tempo de contribuição ao regime geral de previdência social decorrente de atividade de natureza privada, rural ou urbana, hipótese em que os diversos sistemas de previdência social se compensarão financeiramente, segundo os critérios estabelecidos em lei.

– Artigo 132 com redação dada pela Emenda Constitucional nº 21, de 14/02/2006.

Art. 133. Revogado.

– *Artigo 133 revogado pela* Emenda Constitucional nº 49, de 06/03/2020, *assegurada a concessão das incorporações que, na data da promulgação da Emenda Constitucional nº 103, de 12/11/2019, tenham cumprido os requisitos temporais e normativos previstos na legislação então vigente.*

Art. 134. O servidor, durante o exercício do mandato de vereador, será inamovível.

Art. 135. Ao servidor público titular de cargo efetivo do Estado será contado, como efetivo exercício, para efeito de aposentadoria e disponibilidade, o tempo de contribuição decorrente de serviço prestado em cartório não oficializado, mediante certidão expedida pela Corregedoria-Geral da Justiça.

– Artigo 135 com redação dada pela Emenda Constitucional nº 21, de 14/02/2006.

Art. 136. O servidor público civil demitido por ato administrativo, se absolvido pela Justiça, na ação referente ao ato que deu causa à demissão, será reintegrado ao serviço público, com todos os direitos adquiridos.

Art. 137. A lei assegurará à servidora gestante mudança de função, nos casos em que for recomendado, sem prejuízo de seus vencimentos ou salários e demais vantagens do cargo ou função-atividade.

SEÇÃO II
DOS SERVIDORES PÚBLICOS MILITARES

Art. 138. São servidores públicos militares estaduais os integrantes da Polícia Militar do Estado.

§ 1º Aplica-se, no que couber, aos servidores a que se refere este artigo, o disposto no artigo 42 da Constituição Federal.

§ 2º Naquilo que não colidir com a legislação específica, aplica-se aos servidores mencionados neste artigo o disposto na seção anterior.

§ 3º O servidor público militar demitido por ato administrativo, se absolvido pela Justiça, na ação referente ao ato que deu causa à demissão, será reintegrado à Corporação com todos os direitos restabelecidos.

§ 4º O oficial da Polícia Militar só perderá o posto e a patente se for julgado indigno do Oficialato ou com ele incompatível, por decisão do Tribunal de Justiça Militar do Estado.

§ 5º O oficial condenado na Justiça comum ou militar à pena privativa de liberdade superior a dois anos, por sentença transitada em julgado, será submetido ao julgamento previsto no parágrafo anterior.

§ 6º O direito do servidor militar de ser transferido para a reserva ou ser reformado será assegurado, ainda que respondendo a inquérito ou processo em qualquer jurisdição, nos casos previstos em lei específica.

CAPÍTULO III
DA SEGURANÇA PÚBLICA

SEÇÃO I
DISPOSIÇÕES GERAIS

Art. 139. A Segurança Pública, dever do Estado, direito e responsabilidade de todos, é exercida para a preservação da ordem pública e incolumidade das pessoas e do patrimônio.

§ 1º O Estado manterá a Segurança Pública por meio de sua polícia, subordinada ao Governador do Estado.

§ 2° A polícia do Estado será integrada pela Polícia Civil, Polícia Penal, Polícia Militar e Corpo de Bombeiros. (NR)

- § 2° com redação dada pela Emenda Constitucional nº 51, de 30/06/2022.

§ 3º A Polícia Militar, integrada pelo Corpo de Bombeiros é força auxiliar, reserva do Exército.

SEÇÃO II
DA POLÍCIA CIVIL

Art. 140. À Polícia Civil, órgão permanente, dirigida por delegados de polícia de carreira, bacharéis em Direito, incumbe, ressalvada a competência da União, as funções de polícia judiciária e a apuração de infrações penais, exceto as militares.

§ 1º O Delegado-Geral da Polícia Civil, integrante da última classe da carreira, será nomeado pelo Governador do Estado e deverá fazer declaração pública de bens no ato da posse e da sua exoneração.

§ 2° Aos integrantes da carreira de delegado de polícia fica assegurada, nos termos do disposto no art. 241 da Constituição Federal, isonomia de vencimentos.

- § 2° com redação original restaurada. Emenda Constitucional nº 35, de 03/04/2012, *declarada inconstitucional, em controle concentrado, pelo Supremo Tribunal Federal nos autos da* ADI nº 5522.

- Referência ao artigo 241 da Constituição Federal de 1988, em sua redação original.

§ 3° A remoção de integrante da carreira de delegado de polícia somente poderá ocorrer mediante pedido do interessado ou manifestação favorável do Colegiado Superior da Polícia Civil, nos termos da lei.

- § 3° com redação original restaurada. Emenda Constitucional nº 35, de 03/04/2012, *declarada inconstitucional, em controle concentrado, pelo Supremo Tribunal Federal nos autos da* ADI nº 5522.

§ 4° Lei Orgânica e Estatuto disciplinarão a organização, o funcionamento, os direitos, deveres, vantagens e regime de trabalho da Polícia Civil e de seus integrantes, servidores especiais, assegurado na estruturação das carreiras o mesmo tratamento dispensado, para efeito de escalonamento e promoção, aos delegados de polícia, respeitadas as leis federais concernentes.

- § 4° com redação original restaurada. Emenda Constitucional nº 35, de 03/04/2012, *declarada inconstitu-*

cional, em controle concentrado, pelo Supremo Tribunal Federal nos autos da ADI nº 5522.

§ 5º Lei específica definirá a organização, funcionamento e atribuições da Superintendência da Polícia Técnico-Científica, que será dirigida, alternadamente, por perito criminal e médico legista, sendo integrada pelos seguintes órgãos:

I – Instituto de Criminalística;

II – Instituto Médico Legal.

– § 5º com redação original restaurada. Emenda Constitucional nº 35, de 03/04/2012, *declarada inconstitucional, em controle concentrado, pelo Supremo Tribunal Federal nos autos da* ADI nº 5522.

§ 6º A remoção de integrante da carreira de delegado de polícia somente poderá ocorrer mediante pedido do interessado ou manifestação favorável do Colegiado Superior da Polícia Civil, nos termos da lei.

§ 7º Lei Orgânica e Estatuto disciplinarão a organização, o funcionamento, os direitos, deveres, vantagens e regime de trabalho da Polícia Civil e de seus integrantes, servidores especiais, assegurado na estruturação das carreiras o mesmo tratamento dispensado, para efeito de escalonamento e promoção, aos delegados de polícia, respeitadas as leis federais concernentes.

§ 8º Lei específica definirá a organização, funcionamento e atribuições da Superintendência da Polícia Técnico-Científica, que será dirigida, alternadamente, por perito criminal e médico legista, sendo integrada pelos seguintes órgãos:

I – Instituto de Criminalística;

II – Instituto Médico Legal.

– §§ 3º, 4º e 5º renumerados para §§ 6º, 7º e 8º pela Emenda Constitucional nº 35, de 03/04/2012.

– Artigo 140, § 8º, ver STF – ADI nº 2861/2003.

SEÇÃO III
DA POLÍCIA MILITAR

Art. 141. À Polícia Militar, órgão permanente, incumbe, além das atribuições definidas em lei, a polícia ostensiva e a preservação da ordem pública.

§ 1º O Comandante-Geral da Polícia Militar será nomeado pelo Governador do Estado dentre oficiais da ativa, ocupantes do último posto do Quadro de Oficiais Policiais Militares, conforme dispuser a lei, devendo fazer declaração pública de bens no ato da posse e de sua exoneração.

§ 2º Lei Orgânica e Estatuto disciplinarão a organização, o funcionamento, direitos, deveres, vantagens e regime de trabalho da Polícia Militar e de seus integrantes, servidores militares estaduais, respeitadas as leis federais concernentes.

§ 3º A criação e manutenção da Casa Militar e Assessorias Militares somente poderão ser efetivadas nos termos em que a lei estabelecer.

§ 4º O Chefe da Casa Militar será escolhido pelo Governador do Estado entre oficiais da ativa, ocupantes do último posto do Quadro de Oficiais Policiais Militares.

Art. 142. Ao Corpo de Bombeiros, além das atribuições definidas em lei, incumbe a execução de atividades de defesa civil, tendo seu quadro próprio e funcionamento definidos na legislação prevista no § 2º do artigo anterior.

SEÇÃO IV
DA POLÍTICA PENITENCIÁRIA E
DA POLÍCIA PENAL (NR)

– Denominação da Seção IV com redação dada pela Emenda Constitucional nº 51, de 30/06/2022.

Art. 143. A legislação penitenciária estadual assegurará o respeito às regras mínimas da Organização das Nações Unidas para o tratamento de reclusos, a defesa técnica nas infrações disciplinares e definirá a composição e competência do Conselho Estadual de Política Penitenciária.

Art. 143-A. À Polícia Penal, órgão permanente, dirigida por servidor de carreira, cabe a segurança dos estabelecimentos penais. (NR)

– "Caput" acrescentado pela Emenda Constitucional nº 51, de 30/06/2022.

§ 1º O preenchimento do quadro de servidores da Polícia Penal será feito, exclusivamente, por meio de concurso público e da transformação dos cargos isolados, dos cargos de carreira dos atuais agentes penitenciários e dos cargos públicos equivalentes. (NR)

– § 1º acrescentado pela Emenda Constitucional nº 51, de 30/06/2022.

§ 2º Lei orgânica e estatuto disciplinarão a organização, atribuições, funcionamento, direitos, deveres, vantagens e regime de trabalho da Polícia Penal e de seus integrantes, respeitadas as leis federais concernentes. (NR)

– § 2º acrescentado pela Emenda Constitucional nº 51, de 30/06/2022.

§ 3º O Diretor Geral da Polícia Penal será nomeado pelo Governador do Estado dentre os ocupantes do serviço ativo da carreira policial penal do Estado de São Paulo, conforme dispuser a lei, devendo fazer declaração pública de bens no ato da posse e de sua exoneração. (NR)

– *§ 3º acrescentado pela* Emenda Constitucional nº 51, de 30/06/2022

TÍTULO IV
DOS MUNICÍPIOS E REGIÕES

CAPÍTULO I
DOS MUNICÍPIOS

SEÇÃO I
DISPOSIÇÕES GERAIS

Art. 144. Os Municípios, com autonomia política, legislativa, administrativa e financeira se auto-organizarão por Lei Orgânica, atendidos os princípios estabelecidos na Constituição Federal e nesta Constituição.

Art. 145. A criação, a fusão, a incorporação e o desmembramento de Municípios far-se-ão por lei estadual, dentro do período determinado por lei complementar federal, e dependerão de consulta prévia, mediante plebiscito, às populações dos Municípios envolvidos, após divulgação dos Estudos de Viabilidade Municipal, apresentados e publicados na forma da lei, nos termos do artigo 18, § 4º, da Constituição Federal.

– Artigo 145, "caput", com redação dada pela Emenda Constitucional nº 21, de 14/02/2006.

Parágrafo único. O território dos Municípios poderá ser dividido em distritos, mediante lei municipal, atendidos os requisitos previstos em lei complementar, garantida a participação popular.

» *V. art. 18, CF.*

Art. 145-A. A alteração da denominação de Municípios, quando não resultar do disposto no artigo 145, far-se-á por lei estadual e dependerá de consulta prévia, mediante plebiscito, à população do respectivo Município.

§ 1º O plebiscito será realizado pelo Tribunal Regional Eleitoral, mediante solicitação da Câmara Municipal, instruída com representação subscrita por, no mínimo, 1% (um por cento) dos eleitores domiciliados no respectivo Município e informação do órgão técnico competente sobre a inexistência de topônimo correlato no Estado ou em outra unidade da Federação.

§ 2º Caso o resultado do plebiscito seja favorável à alteração proposta, o Tribunal Regional Eleitoral o encaminhará à Assembleia Legislativa para a elaboração da lei estadual mencionada no "caput".

– Artigo 145-A acrescentado pela Emenda Constitucional nº 30, de 21/10/2009.

Art. 146. A classificação de Municípios Turísticos, assim considerados as Estâncias e os Municípios de Interesse Turístico, far-se-á por lei estadual e dependerá da observância de condições e requisitos mínimos estabelecidos em lei complementar e da manifestação do órgão técnico competente.

– Artigo 146 com redação dada pela Emenda Constitucional nº 40, de 09/04/2015.

§ 1º O Poder Executivo deverá encaminhar à Assembleia Legislativa, a cada três anos, projeto de Lei Revisional dos Municípios Turísticos, a ser disciplinado na lei complementar prevista no 'caput' deste artigo.

§ 2º O Estado manterá, na forma que a lei estabelecer, um Fundo de Melhoria dos Municípios Turísticos, com o objetivo de desenvolver programas de melhoria e preservação ambiental, urbanização, serviços e equipamentos turísticos.

§ 3º O Fundo de Melhoria dos Municípios Turísticos terá dotação orçamentária anual correspondente a 11% (onze por cento) da totalidade da arrecadação dos impostos municipais das Estâncias no exercício imediatamente anterior, limitada ao valor inicial da última dotação atualizado pela variação anual nominal da receita de impostos estaduais estimada na subsequente proposta orçamentária.

§ 4º Os critérios para a distribuição, transferência e aplicação dos recursos do Fundo de Melhoria dos Municípios Turísticos serão estabelecidos em lei, garantida a destinação de 20% (vinte por cento) para os Municípios de Interesse Turístico.

– Artigo 146 com redação dada pela Emenda Constitucional nº 40, de 09/04/2015.

Art. 147. Os Municípios poderão, por meio de lei municipal, constituir guarda municipal, destinada à proteção de seus bens, serviços e instalações, obedecidos os preceitos da lei federal.

Art. 148. Lei estadual estabelecerá condições que facilitem e estimulem a criação de Corpos de Bombeiros Voluntários nos Municípios respeitada a legislação federal.

SEÇÃO II
DA INTERVENÇÃO

Art. 149. O Estado não intervirá no Município, salvo quando:

I – deixar de ser paga, sem motivo de força maior, por dois anos consecutivos, a dívida fundada;

II – não forem prestadas contas devidas, na forma da lei;

III – não tiver sido aplicado o mínimo exigido da receita municipal na manutenção e desenvolvimento do ensino e nas ações e serviços públicos de saúde;

– Inciso III com redação dada pela Emenda Constitucional nº 21, de 14/02/2006.

IV – o Tribunal de Justiça der provimento a representação para a observância de princípios constantes nesta Constituição, ou para prover a execução de lei, de ordem ou de decisão judicial.

§ 1º O decreto de intervenção, que especificará a amplitude, prazo e condições de execução e, se couber, nomeará o interventor, será submetido à apreciação da Assembleia Legislativa, no prazo de vinte e quatro horas.

§ 2º Estando a Assembleia Legislativa em recesso, far-se-á convocação extraordinária, no mesmo prazo de vinte e quatro horas, para apreciar a Mensagem do Governador do Estado.

§ 3º No caso do inciso IV, dispensada a apreciação pela Assembleia Legislativa, o decreto limitar-se-á a suspender a execução do ato impugnado, se esta medida bastar ao restabelecimento da normalidade, comunicando o Governador do Estado seus efeitos ao Presidente do Tribunal de Justiça.

§ 4º Cessados os motivos da intervenção, as autoridades afastadas de seus cargos a estes voltarão, salvo impedimento legal, sem prejuízo da apuração administrativa, civil ou criminal decorrente de seus atos.

§ 5º O interventor prestará contas de seus atos ao Governador do Estado e aos órgãos de fiscalização a que estão sujeitas as autoridades afastadas.

» *V. arts. 35 e 36, CF.*

SEÇÃO III
DA FISCALIZAÇÃO CONTÁBIL, FINANCEIRA, ORÇAMENTÁRIA, OPERACIONAL E PATRIMONIAL

Art. 150. A fiscalização contábil, financeira, orçamentária, operacional e patrimonial do Município e de todas as entidades da administração direta e indireta, quanto à legalidade, legitimidade, economicidade, finalidade, motivação, moralidade, publicidade e interesse público, aplicação de subvenções e renúncia de receitas, será exercida pela Câmara Municipal, mediante controle externo, e pelos sistemas de controle interno de cada Poder, na forma da respectiva lei orgânica, em conformidade com o disposto no artigo 31 da Constituição Federal.

Art. 151. O Tribunal de Contas do Município de São Paulo será composto por cinco Conselheiros e obedecerá, no que couber, aos princípios da Constituição Federal e desta Constituição.

Parágrafo único – Aplicam-se aos Conselheiros do Tribunal de Contas do Município de São Paulo as normas pertinentes aos Conselheiros do Tribunal de Contas do Estado.

– O Supremo Tribunal Federal, nos autos da ADI nº 346 e da ADI nº 4.776, julgou improcedente a ação para reconhecer a constitucionalidade da norma, com a observação de que o teto remuneratório, sem vinculação, portanto, dos Conselheiros do Tribunal de Contas do Município de São Paulo, é aquele observado pela Magistratura do Estado de São Paulo.

CAPÍTULO II
DA ORGANIZAÇÃO REGIONAL

SEÇÃO I
DOS OBJETIVOS, DIRETRIZES E PRIORIDADES

Art. 152. A organização regional do Estado tem por objetivo promover:

I – o planejamento regional para o desenvolvimento sócio-econômico e melhoria da qualidade de vida;

II – a cooperação dos diferentes níveis de governo, mediante a descentralização, articulação e integração de seus órgãos e entidades da administração direta e indireta com atuação na região, visando ao máximo aproveitamento dos recursos públicos a ela destinados;

III – a utilização racional do território, dos recursos naturais, culturais e a proteção do meio ambiente, mediante o controle da implantação dos empreendimentos públicos e privados na região;

IV – a integração do planejamento e da execução de funções públicas de interesse comum aos entes públicos atuantes na região;

V – a redução das desigualdades sociais e regionais.

Parágrafo único. O Poder Executivo coordenará e compatibilizará os planos e sistemas de caráter regional.

SEÇÃO II
DAS ENTIDADES REGIONAIS

Art. 153. O território estadual poderá ser dividido, total ou parcialmente, em unidades regionais constituídas por agrupamentos de Municípios limítrofes, mediante lei complementar, para integrar a organização, o planejamento e a execução de funções públicas de interesse comum, atendidas as respectivas peculiaridades.

§ 1º Considera-se região metropolitana o agrupamento de Municípios limítrofes que assuma destacada expressão nacional, em razão de elevada densidade demográfica, significativa conurbação e de funções urbanas e regionais com alto grau de diversidade, especialização e integração sócio-econômica, exigindo planejamento integrado e ação conjunta permanente dos entes públicos nela atuantes.

§ 2º Considera-se aglomeração urbana o agrupamento de Municípios limítrofes que apresente relação de integração funcional de natureza econômico-social e urbanização contínua entre dois ou mais Municípios ou manifesta tendência nesse sentido, que exija planejamento integrado e recomende ação coordenada dos entes públicos nela atuantes.

§ 3º Considera-se microrregião o agrupamento de Municípios limítrofes que apresente, entre si, relações de interação funcional de natureza físico-territorial, econômico-social e administrativa, exigindo planejamento integrado com vistas a criar condições adequadas para o desenvolvimento e integração regional.

Art. 154. Visando a promover o planejamento regional, a organização e execução das funções públicas de interesse comum, o Estado criará, mediante lei complementar, para cada unidade regional, um conselho de caráter normativo e deliberativo, bem como disporá sobre a organização, a articulação, a coordenação e, conforme o caso, a fusão de entidades ou órgãos públicos atuantes na região, assegurada, nestes e naquele, a participação paritária do conjunto dos Municípios, com relação ao Estado.

§ 1º Em regiões metropolitanas, o conselho a que alude o "caput" deste artigo integrará entidade pública de caráter territorial, vinculando-se a ele os respectivos órgãos de direção e execução, bem como as entidades regionais e setoriais executoras das funções públicas de interesse comum, no que respeita ao planejamento e às medidas para sua implementação.

§ 2º É assegurada, nos termos da lei complementar, a participação da população no processo de planejamento e tomada de decisões, bem como na fiscalização da realização de serviços ou funções públicas em nível regional.

§ 3º A participação dos municípios nos conselhos deliberativos e normativos regionais, previstos no "caput" deste artigo, será disciplinada em lei complementar.

Art. 155. Os Municípios deverão compatibilizar, no que couber, seus planos, programas, orçamentos, investimentos e ações às metas, diretrizes e objetivos estabelecidos nos planos e programas estaduais, regionais e setoriais de desenvolvimento econômico-social e de ordenação territorial, quando expressamente estabelecidos pelo conselho a que se refere o artigo 154.

Parágrafo único. O Estado, no que couber, compatibilizará os planos e programas estaduais, regionais e setoriais de desenvolvimento, com o plano diretor dos Municípios e as prioridades da população local.

Art. 156. Os planos plurianuais do Estado estabelecerão, de forma regionalizada, as diretrizes, objetivos e metas da Administração Estadual.

Art. 157. O Estado e os Municípios destinarão recursos financeiros específicos, nos respectivos planos plurianuais e orçamentos, para o desenvolvimento de funções públicas de interesse comum, observado o disposto no artigo 174 desta Constituição.

Art. 158. Em região metropolitana ou aglomeração urbana, o planejamento do transporte coletivo de caráter regional será efetuado pelo Estado, em conjunto com os municípios integrantes das respectivas entidades regionais.

Parágrafo único. Caberá ao Estado a operação do transporte coletivo de caráter regional, diretamente ou mediante concessão ou permissão.

TÍTULO V
DA TRIBUTAÇÃO, DAS FINANÇAS E DOS ORÇAMENTOS

CAPÍTULO I
DO SISTEMA TRIBUTÁRIO ESTADUAL

SEÇÃO I
DOS PRINCÍPIOS GERAIS

Art. 159. A receita pública será constituída por tributos, preços e outros ingressos.

Parágrafo único. Os preços públicos serão fixados pelo Executivo, observadas as normas gerais de Direito Financeiro e as leis atinentes à espécie.

Art. 160. Compete ao Estado instituir:

I – os impostos previstos nesta Constituição e outros que venham a ser de sua competência;

II – taxas em razão do exercício do poder de polícia, ou pela utilização, efetiva ou potencial, de serviços públicos de sua atribuição, específicos e divisíveis, prestados ao contribuinte, ou postos a sua disposição;

III – contribuição de melhoria, decorrente de obras públicas;

IV – contribuição, cobrada de seus servidores, para o custeio, em benefício destes, do regime previdenciário e de assistência social, na forma do artigo 149, § 1º, da Constituição Federal.

§ 1º Sempre que possível, os impostos terão caráter pessoal e serão graduados segundo a capacidade econômica do contribuinte, facultado à administração tributária, especialmente para conferir efetividade a esses objetivos, identificar, respeitados os direitos individuais e nos termos da lei, o patrimônio, os rendimentos e as atividades econômicas do contribuinte.

§ 2º As taxas não poderão ter base de cálculo própria de impostos.

Art. 161. O Estado proporá e defenderá a isenção de impostos sobre produtos componentes da cesta básica.

Parágrafo único. Observadas as restrições da legislação federal, a lei definirá, para efeito de redução ou isenção da carga tributária, os produtos que integrarão a cesta básica, para atendimento da população de baixa renda.

Art. 162. O Estado coordenará e unificará serviços de fiscalização e arrecadação de tributos, bem como poderá delegar à União, a outros Estados e Municípios, e deles receber encargos de administração tributária.

SEÇÃO II
DAS LIMITAÇÕES DO PODER DE TRIBUTAR

Art. 163. Sem prejuízo de outras garantias asseguradas ao contribuinte, é vedado ao Estado:

I – exigir ou aumentar tributo sem lei que o estabeleça;

II – instituir tratamento desigual entre contribuintes que se encontrem em situação equivalente, proibida qualquer distinção em razão de ocupação profissional ou função por eles exercida, independentemente da denominação jurídica dos rendimentos, títulos ou direitos;

III – cobrar tributos:

a) em relação a fatos geradores ocorridos antes do início da vigência da lei que os houver instituído ou aumentado;

b) no mesmo exercício financeiro em que haja sido publicada a lei que os instituiu ou aumentou;

c) antes de decorridos noventa dias da data em que haja sido publicada a lei que os instituiu ou aumentou, observado o disposto na alínea "b";

– Alínea "c" acrescentada pela Emenda Constitucional nº 21, de 14/02/2006.

IV – utilizar tributo com efeito de confisco;

V – estabelecer limitações ao tráfego de pessoas ou bens, por meio de tributo, ressalvada a cobrança de pedágio pela utilização de vias conservadas pelo Poder Público Estadual;

VI – instituir impostos sobre:

a) patrimônio, renda ou serviços, da União, dos Estados, do Distrito Federal e dos Municípios;

b) templos de qualquer culto;

c) patrimônio, renda ou serviços dos partidos políticos, inclusive suas fundações, das entidades sindicais dos trabalhadores, das instituições de educação e de assistência social sem fins lucrativos, atendidos os requisitos de lei;

d) livros, jornais, periódicos e o papel destinado à sua impressão;

VII – respeitado o disposto no artigo 150 da Constituição Federal, bem assim na legislação complementar específica, instituir tributo que não seja uniforme em todo o território estadual, ou que implique distinção ou preferência em relação a Município em detrimento de outro, admitida a concessão de incentivos fiscais destinados a promover o equilíbrio do desenvolvimento sócio-econômico entre as diferentes regiões do Estado;

VIII – instituir isenções de tributos da competência dos Municípios.

§ 1º A proibição do inciso VI, "a", é extensiva às autarquias e às fundações instituídas ou mantidas pelo Poder Público, no que se refere ao patrimônio, à renda e aos serviços, vinculados aos seus fins essenciais ou deles decorrentes.

§ 2º As proibições do inciso VI, "a", e do parágrafo anterior não se aplicam ao patrimônio, à renda e aos serviços, relacionados com exploração de atividades econômicas regidas pelas normas aplicáveis a empreendimentos privados, ou em que haja contraprestação ou pagamento de preços ou tarifas pelo usuário.

§ 3º A contribuição de que trata o artigo 160, IV, só poderá ser exigida após decorridos noventa dias da publicação da lei que a houver instituído ou modificado, não se lhe aplicando o disposto no inciso III, "b", deste artigo.

§ 4º As proibições expressas no inciso VI, alíneas "b" e "c", compreendem somente o patrimônio, a renda e os serviços, relacionados com as finalidades essenciais das entidades nelas mencionadas.

§ 5º A lei determinará medidas para que os consumidores sejam esclarecidos acerca dos impostos que incidam sobre mercadorias e serviços.

§ 6º Qualquer subsídio ou isenção, redução de base de cálculo, concessão de crédito presumido, anistia ou remissão, relativos a impostos, taxas ou contribuições, só poderão ser concedidos mediante lei estadual específica, que regule exclusivamente as matérias acima enumeradas ou o correspondente tributo ou contribuição, sem prejuízo do disposto no artigo 155, § 2º, XII, "g", da Constituição Federal.

- § 6º com redação dada pela Emenda Constitucional nº 21, de 14/02/2006.

§ 7º Para os efeitos do inciso V, não se compreende como limitação ao tráfego de bens a apreensão de mercadorias, quando desacompanhadas de documentação fiscal idônea, hipótese em que ficarão retidas até a comprovação da legitimidade de sua posse pelo proprietário.

- § 7º foi objeto da ADI nº 395/1990, perante o Supremo Tribunal Federal, tendo sido a ação julgada improcedente em 17/05/2007, portanto reconhecida a constitucionalidade do dispositivo.

§ 8º A vedação do inciso III, "c", não se aplica à fixação da base de cálculo do imposto previsto no artigo 165, I, "c".

- § 8º acrescentado pela Emenda Constitucional nº 21, de 14/02/2006.

Art. 164. É vedada a cobrança de taxas:

I - pelo exercício do direito de petição ao Poder Público em defesa de direitos ou contra ilegalidade ou abuso de poder;

II - para a obtenção de certidões em repartições públicas, para defesa de direitos e esclarecimentos de interesse pessoal.

SEÇÃO III
DOS IMPOSTOS DO ESTADO

Art. 165. Compete ao Estado instituir:

I - impostos sobre:

a) transmissão "causa mortis" e doação de quaisquer bens ou direitos;

b) operações relativas à circulação de mercadorias e sobre prestações de serviços de transporte interestadual, intermunicipal e de comunicação, ainda que as operações e as prestações se iniciem no exterior;

c) propriedade de veículos automotores;

II - adicional de até cinco por cento do que for pago à União por pessoas físicas ou jurídicas domiciliadas no território do Estado de São Paulo, a título do imposto previsto no artigo 153, III, da Constituição Federal, incidentes sobre lucros, ganhos e rendimentos de capital.

§ 1º O imposto previsto no inciso I, "a":

1 - incide sobre:

a) bens imóveis situados neste Estado e direitos a eles relativos;

b) bens móveis, títulos e créditos, cujo inventário ou arrolamento for processado neste Estado;

c) bens móveis, títulos e créditos, cujo doador estiver domiciliado neste Estado;

2 - terá suas alíquotas limitadas aos percentuais máximos fixados pelo Senado Federal.

§ 2º O imposto previsto no inciso I, "b", atenderá ao seguinte:

1 - será não cumulativo, compensando-se o que for devido em cada operação relativa à circulação de mercadorias ou prestação de serviços com o montante cobrado nas anteriores pelo mesmo ou em outro Estado ou pelo Distrito Federal;

2 - a isenção ou não incidência, salvo determinação em contrário da legislação:

a) não implicará crédito para compensação com o montante devido nas operações ou prestações seguintes;

b) acarretará a anulação do crédito relativo às operações anteriores;

3 - poderá ser seletivo, em função da essencialidade das mercadorias e dos serviços;

4 – terá as suas alíquotas fixadas nos termos do artigo 155, § 2º, IV, V e VI, da Constituição Federal;

5 – em relação às operações e prestações que destinem bens e serviços a consumidor final localizado em outro Estado, adotar-se-á:

a) a alíquota interestadual, quando o destinatário for contribuinte do imposto;

b) a alíquota interna, quando o destinatário não for contribuinte dele;

6 – na hipótese da alínea "a" do item anterior, caberá a este Estado, quando nele estiver localizado o destinatário, o imposto correspondente à diferença entre a alíquota interna e a interestadual;

7 – incidirá também:

a) sobre a entrada de bem ou mercadoria importados do exterior por pessoa física ou jurídica, ainda que não seja contribuinte habitual do imposto, qualquer que seja a sua finalidade, assim como o serviço prestado no exterior, cabendo o imposto a este Estado, quando nele estiver situado o estabelecimento destinatário da mercadoria, bem ou serviço;

– Alínea "a" com redação dada pela Emenda Constitucional nº 21, de 14/02/2006.

b) sobre o valor total da operação, quando mercadorias forem fornecidas com serviços não compreendidos na competência tributária dos Municípios;

8 – não incidirá:

a) sobre operações que destinem mercadorias para o exterior, nem sobre serviços prestados a destinatários no exterior, assegurada a manutenção e o aproveitamento do montante do imposto cobrado nas operações e prestações anteriores;

– Alínea "a" com redação dada pela Emenda Constitucional nº 21, de 14/02/2006.

b) sobre operações que destinem a outros Estados petróleo, incluindo lubrificantes, combustíveis líquidos e gasosos dele derivados e energia elétrica;

c) sobre o ouro, nas hipóteses definidas no artigo 153, § 5º, da Constituição Federal;

d) nas prestações de serviço de comunicação nas modalidades de radiodifusão sonora e de sons e imagens de recepção livre e gratuita;

– Alínea "d" acrescentada pela Emenda Constitucional nº 21, de 14/02/2006.

9 – não compreenderá, em sua base de cálculo, o montante do imposto sobre produtos industrializados, quando a operação, realizada entre contribuintes e relativa a produto destinado à industrialização ou à comercialização, configure fato gerador dos dois impostos;

§ 3º O produto das multas provenientes do adicional do imposto de renda será aplicado obrigatoriamente na construção de casas populares.

§ 4º O imposto previsto no inciso I, "c":

1 – terá alíquotas mínimas fixadas pelo Senado Federal;

2 – poderá ter alíquotas diferenciadas em função do tipo e utilização.

– § 4º acrescentado pela Emenda Constitucional nº 21, de 14/02/2006.

Art. 166. Lei de iniciativa do Poder Executivo isentará do imposto as transmissões "causa mortis" de imóvel de pequeno valor, utilizado como residência do beneficiário da herança.

Parágrafo único. A lei a que se refere o "caput" deste artigo estabelecerá as bases do valor referido, de conformidade com os índices oficiais fixados pelo Governo Federal.

SEÇÃO IV

DA REPARTIÇÃO DAS RECEITAS TRIBUTÁRIAS

» *V. arts. 157 a 161, CF.*

Art. 167. O Estado destinará aos Municípios:

I – cinquenta por cento do produto da arrecadação do imposto sobre a propriedade de veículos automotores licenciados em seus respectivos territórios;

II – vinte e cinco por cento do produto da arrecadação do imposto sobre operações relativas à circulação de mercadorias e sobre prestação de serviços de transporte interestadual e intermunicipal e de comunicação;

III – vinte e cinco por cento dos recursos que receber nos termos do artigo 159, II, da Constituição Federal;

IV – vinte e cinco por cento do produto da arrecadação da contribuição de intervenção no domínio econômico que couber ao Estado, nos termos do § 4º do artigo 159 da Constituição Federal e na forma da lei a que se refere o inciso III do mesmo artigo.

- Inciso IV acrescentado pela Emenda Constitucional nº 21, de 14/02/2006.

§ 1º As parcelas de receita pertencentes aos Municípios, mencionadas no inciso II, serão creditadas conforme os seguintes critérios:

1 - 65% (sessenta e cinco por cento), no mínimo, na proporção do valor adicionado nas operações relativas à circulação de mercadorias e nas prestações de serviços, realizadas em seus territórios; (NR)

- Item 1 com redação dada pela Emenda Constitucional nº 53, de 19/12/2023, com efeitos a partir do ano-base 2023 (valores apurados em 2024 e repassados em 2025).

2 - até 35% (trinta e cinco por cento), de acordo com o que dispuser lei estadual, observada, obrigatoriamente, a distribuição de, no mínimo, 10 (dez) pontos percentuais com base em indicadores de melhoria nos resultados de aprendizagem e de aumento da equidade, considerado o nível socioeconômico dos educandos. (NR)

- Item 2 com redação dada pela Emenda Constitucional nº 53, de 19/12/2023, com efeitos a partir do ano-base 2023 (valores apurados em 2024 e repassados em 2025).

§ 2º As parcelas de receita pertencentes aos Municípios mencionados no inciso III serão creditadas conforme os critérios estabelecidos no § 1º.

§ 3º Cabe à lei dispor sobre o acompanhamento, pelos beneficiários, do cálculo das quotas e da liberação das participações previstas neste artigo.

Art. 168. É vedada a retenção ou qualquer restrição à entrega e ao emprego dos recursos atribuídos nesta seção aos Municípios, neles compreendidos adicionais e acréscimos relativos a impostos.

Parágrafo único. A proibição contida no "caput" não impede o Estado de condicionar a entrega de recursos ao pagamento de seus créditos, inclusive de suas autarquias, e ao cumprimento do disposto no artigo 198, § 2º, III, e § 3º, da Constituição Federal.

- Parágrafo único com redação dada pela Emenda Constitucional nº 21, de 14/02/2006.

CAPÍTULO II
DAS FINANÇAS

Art. 169. A despesa de pessoal ativo e inativo ficará sujeita aos limites estabelecidos na lei complementar a que se refere o artigo 169 da Constituição Federal.

Parágrafo único. A concessão de qualquer vantagem ou aumento de remuneração, a criação de cargos ou a alteração de estrutura de carreiras, bem como a admissão de pessoal, a qualquer título, pelos órgãos e entidades da administração direta ou indireta, inclusive fundações instituídas ou mantidas pelo Poder Público, só poderão ser feitas:

1 - se houver prévia dotação orçamentária suficiente para atender às projeções de despesa de pessoal e aos acréscimos dela decorrentes;

2 - se houver autorização específica na lei de diretrizes orçamentárias, ressalvadas as empresas públicas e as sociedades de economia mista.

Art. 170. O Poder Executivo publicará e enviará ao Legislativo, até trinta dias após o encerramento de cada bimestre, relatório resumido da execução orçamentária.

§ 1º Até dez dias antes do encerramento do prazo de que trata este artigo, as autoridades nele referidas remeterão ao Poder Executivo as informações necessárias.

§ 2º Os Poderes Judiciário e Legislativo, bem como o Tribunal de Contas e o Ministério Público, publicarão seus relatórios, nos termos deste artigo.

Art. 171. Os recursos correspondentes às dotações orçamentárias, compreendidos os créditos suplementares e especiais, destinados aos órgãos dos Poderes Legislativo e Judiciário, do Ministério Público e da Defensoria Pública, ser-lhes-ão entregues até o dia 20 de cada mês, em duodécimos, na forma da lei complementar a que se refere o artigo 165, § 9º, da Constituição Federal.

- Artigo 171 com redação dada pela Emenda Constitucional nº 21, de 14/02/2006.

Art. 172. Os recursos financeiros, provenientes da exploração de gás natural, que couberem ao Estado por força do disposto no § 1º do artigo 20 da Constituição Federal, serão aplicados preferencialmente na construção, desenvolvimento e manutenção do sistema estadual de gás canalizado.

Art. 173. São agentes financeiros do Tesouro Estadual os hoje denominados Banco do Estado de São Paulo S/A e Caixa Econômica do Estado de São Paulo S/A.

CAPÍTULO III
DOS ORÇAMENTOS

Art. 174. Leis de iniciativa do Poder Executivo estabelecerão, com observância dos preceitos correspondentes da Constituição Federal:

I – o plano plurianual;

II – as diretrizes orçamentárias;

III – os orçamentos anuais.

§ 1º A lei que instituir o plano plurianual estabelecerá as diretrizes, objetivos e metas da administração pública estadual para as despesas de capital e outras delas decorrentes e para as relativas aos programas de duração continuada.

§ 2º A lei de diretrizes orçamentárias compreenderá as metas e prioridades da administração pública estadual, incluindo as despesas de capital para o exercício financeiro subsequente, orientará a elaboração da lei orçamentária anual, disporá sobre as alterações na legislação tributária e estabelecerá a política de aplicação das agências financeiras oficiais de fomento.

§ 3º Os planos e programas estaduais previstos nesta Constituição serão elaborados em consonância com o plano plurianual.

§ 4º A lei orçamentária anual compreenderá:

1 – o orçamento fiscal referente aos Poderes do Estado, seus fundos, órgãos e entidades da administração direta e indireta, inclusive fundações instituídas ou mantidas pelo Poder Público;

2 – o orçamento de investimentos das empresas em que o Estado, direta ou indiretamente, detenha a maioria do capital social com direito a voto;

3 – o orçamento de seguridade social, abrangendo todas as entidades e órgãos a ela vinculados, da administração direta e indireta, bem como os fundos e fundações instituídas ou mantidas pelo Poder Público;

4 – o orçamento da verba necessária ao pagamento de débitos oriundos de sentenças transitadas em julgado, constantes dos precatórios judiciais apresentados até 1º de julho, a serem consignados diretamente ao Poder Judiciário, ressalvados os créditos de natureza alimentícia e as obrigações definidas em lei como de pequeno valor.

– Item 4 acrescentado pela Emenda Constitucional nº 21, de 14/02/2006.

§ 5º A matéria do projeto das leis a que se refere o "caput" deste artigo será organizada e compatibilizada em todos os seus aspectos setoriais e regionais pelo órgão central de planejamento do Estado.

§ 6º O projeto de lei orçamentária será acompanhado de demonstrativo dos efeitos decorrentes de isenções, anistias, remissões, subsídios e benefícios de natureza financeira, tributária e creditícia.

§ 7º Os orçamentos previstos no § 4º, itens 1 e 2, deste artigo, compatibilizados com o plano plurianual, terão, entre suas funções, a de reduzir desigualdades inter-regionais.

§ 8º A lei orçamentária anual não conterá dispositivo estranho à previsão da receita e à fixação da despesa, não se incluindo na proibição a autorização para abertura de créditos suplementares e contratação de operações de crédito, ainda que por antecipação de receita, nos termos da lei.

§ 9º O Governador enviará à Assembleia Legislativa:

1 – até 15 de agosto do primeiro ano do mandato do Governador eleito, o projeto de lei dispondo sobre o plano plurianual;

2 – até 30 de abril, anualmente, o projeto de lei de diretrizes orçamentárias; e

3 – até 30 de setembro, de cada ano, o projeto de lei da proposta orçamentária para o exercício subsequente.

– § 9º com redação dada pela Emenda Constitucional nº 24, de 23/01/2008.

Art. 175. Os projetos de lei relativos ao plano plurianual, às diretrizes orçamentárias, ao orçamento anual e aos créditos adicionais, bem como suas emendas, serão apreciados pela Assembleia Legislativa.

§ 1º As emendas ao projeto de lei do orçamento anual ou aos projetos que o modifiquem serão admitidas desde que:

1 – sejam compatíveis com o plano plurianual e com a lei de diretrizes orçamentárias;

2 – indiquem os recursos necessários, admitidos apenas os provenientes de anulação de despesa, excluídas as que incidam sobre:

a) dotações para pessoal e seus encargos;

b) serviço da dívida;

c) transferências tributárias constitucionais para Municípios.

3 – sejam relacionadas:

a) com correção de erros ou omissões;

b) com os dispositivos do texto do projeto de lei.

§ 2º As emendas ao projeto de lei de diretrizes orçamentárias não poderão ser aprovadas quando incompatíveis com o plano plurianual.

§ 3º O Governador poderá enviar mensagem ao Legislativo para propor modificações nos projetos a que se refere este artigo, enquanto não iniciada, na Comissão competente, a votação da parte cuja alteração é proposta.

§ 4º Aplicam-se aos projetos mencionados neste artigo, no que não contrariar o disposto nesta seção, as demais normas relativas ao processo legislativo.

§ 5º Os recursos que, em decorrência de veto, emenda ou rejeição do projeto de lei orçamentária anual, ficarem sem despesas correspondentes, poderão ser utilizados, conforme o caso, mediante créditos especiais ou suplementares, com prévia e específica autorização legislativa.

§ 6° As emendas individuais ao projeto de lei orçamentária serão de 0,45% (quarenta e cinco centésimos por cento) da receita corrente líquida prevista no projeto encaminhado pelo Poder Executivo, sendo que, no mínimo, a metade do percentual será destinada a ações e serviços públicos de saúde. (NR)

– § 6° com redação dada pela Emenda Constitucional nº 52, de 12/12/2022, com efeitos a partir da execução orçamentária do exercício financeiro subsequente.

§ 7° A execução do montante destinado a ações e serviços públicos de saúde previsto no § 6° deste artigo, inclusive custeio, será computada para fins do cumprimento do item 1 do parágrafo único do artigo 222, vedada a destinação para pagamento de pessoal ou encargos sociais. (NR)

– § 7° acrescentado pela Emenda Constitucional nº 45, de 18/12/2017, com efeitos a partir da execução orçamentária do exercício financeiro subsequente.

§ 8° É obrigatória a execução orçamentária e financeira das programações a que se refere o § 6° deste artigo, em montante de 0,45% (quarenta e cinco centésimos por cento) da receita corrente líquida realizada no exercício anterior, conforme os critérios definidos na lei de diretrizes orçamentárias. (NR)

– § 8° com redação dada pela Emenda Constitucional nº 52, de 12/12/2022, com efeitos a partir da execução orçamentária do exercício financeiro subsequente.

§ 9° Os restos a pagar poderão ser considerados para fins de cumprimento da execução financeira prevista no § 8° deste artigo, em montante estabelecido na lei de diretrizes orçamentárias. (NR)

– § 9° acrescentado pela Emenda Constitucional nº 45, de 18/12/2017, com efeitos a partir da execução orçamentária do exercício financeiro subsequente.

§ 10 Se for verificado que a reestimativa da receita e da despesa poderá resultar no não cumprimento da meta de resultado fiscal estabelecida na lei de diretrizes orçamentárias, o montante previsto no § 8° deste artigo poderá ser reduzido em até a mesma proporção da limitação incidente sobre o conjunto das despesas discricionárias. (NR)

– § 10 acrescentado pela Emenda Constitucional nº 45, de 18/12/2017, com efeitos a partir da execução orçamentária do exercício financeiro subsequente.

Art. 175-A. As emendas individuais impositivas apresentadas ao projeto de lei orçamentária anual poderão alocar recursos aos Municípios por meio de: (NR)

– "Caput" acrescentado pela Emenda Constitucional nº 50, de 18/05/2021, em vigor a partir de 01/01/2022.

I – transferência especial; ou (NR)

– Inciso I acrescentado pela Emenda Constitucional nº 50, de 18/05/2021, em vigor a partir de 01/01/2022.

II – transferência com finalidade definida. (NR)

– Inciso II acrescentado pela Emenda Constitucional nº 50, de 18/05/2021, em vigor a partir de 01/01/2022.

§ 1° Os recursos transferidos na forma do "caput" deste artigo não integrarão a receita do Município para fins de repartição e para o cálculo dos limites da despesa com pessoal ativo e inativo, bem como de seu endividamento, vedada, em qualquer caso, a aplicação dos recursos a que se refere o "caput" deste artigo no pagamento de: (NR)

– § 1° acrescentado pela Emenda Constitucional nº 50, de 18/05/2021, em vigor a partir de 01/01/2022.

1 – despesas com pessoal e encargos sociais relativas a ativos e inativos, e com pensionistas; e (NR)

– Item 1 acrescentado pela Emenda Constitucional nº 50, de 18/05/2021, em vigor a partir de 01/01/2022.

2 – encargos referentes ao serviço da dívida. (NR)

– Item 2 acrescentado pela Emenda Constitucional nº 50, de 18/05/2021, em vigor a partir de 01/01/2022.

§ 2° Na transferência especial a que se refere o inciso I deste artigo, os recursos: (NR)

– § 2° acrescentado pela Emenda Constitucional nº 50, de 18/05/2021, em vigor a partir de 01/01/2022.

1 – serão repassados diretamente ao Município beneficiado, independentemente de celebração de convênio ou de instrumento congênere; (NR)

– Item 1 acrescentado pela Emenda Constitucional nº 50, de 18/05/2021, *em vigor a partir de 01/01/2022.*

2 – pertencerão ao Município no ato da efetiva transferência financeira; e (NR)

– Item 2 acrescentado pela Emenda Constitucional nº 50, de 18/05/2021, *em vigor a partir de 01/01/2022.*

3 – serão aplicadas em programações finalísticas das áreas de competência do Poder Executivo do Município beneficiado, observado o disposto no § 5º deste artigo. (NR)

– Item 3 acrescentado pela Emenda Constitucional nº 50, de 18/05/2021, *em vigor a partir de 01/01/2022.*

§ 3º O Município beneficiado pela transferência especial a que se refere o inciso I do caput deste artigo poderá firmar contratos de cooperação técnica para fins de subsidiar o acompanhamento da execução orçamentária na aplicação dos recursos. (NR)

– § 3º acrescentado pela Emenda Constitucional nº 50, de 18/05/2021, *em vigor a partir de 01/01/2022.*

§ 4º Na transferência com finalidade definida a que se refere o inciso II do caput deste artigo, os recursos serão: (NR)

– § 4º acrescentado pela Emenda Constitucional nº 50, de 18/05/2021, *em vigor a partir de 01/01/2022.*

1 – vinculados à programação estabelecida na emenda parlamentar; e (NR)

– Item 1 acrescentado pela Emenda Constitucional nº 50, de 18/05/2021, *em vigor a partir de 01/01/2022.*

2 – aplicados nas áreas de competência constitucional dos Estados. (NR)

– Item 2 acrescentado pela Emenda Constitucional nº 50, de 18/05/2021, *em vigor a partir de 01/01/2022.*

§ 5º Pelo menos 70% (setenta por cento) das transferências especiais de que trata o inciso I do caput deste artigo deverão ser aplicadas em despesas de capital, observada a restrição a que se refere o § 1º deste artigo. (NR)

– § 5º acrescentado pela Emenda Constitucional nº 50, de 18/05/2021, *em vigor a partir de 01/01/2022.*

Art. 176. São vedados:

I – o início de programas, projetos e atividades não incluídos na lei orçamentária anual;

II – a realização de despesas ou assunção de obrigações diretas que excedam os créditos orçamentários ou adicionais;

III – a realização de operações de crédito que excedam o montante das despesas de capital, ressalvadas as autorizadas mediante créditos suplementares ou especiais com fim preciso, aprovados pelo Poder Legislativo, por maioria absoluta;

IV – a vinculação de receita de impostos a órgão, fundo ou despesa, ressalvadas as permissões previstas no artigo 167, IV, da Constituição Federal e a destinação de recursos para a pesquisa científica e tecnológica, conforme dispõe o artigo 218, § 5º, da Constituição Federal;

V – a abertura de crédito suplementar ou especial sem prévia autorização legislativa e sem indicação dos recursos correspondentes;

VI – a transposição, o remanejamento ou a transferência de recursos de uma categoria de programação para outra ou de um órgão para outro, sem prévia autorização legislativa;

VII – a concessão ou utilização de créditos ilimitados;

VIII – a utilização, sem autorização legislativa específica, de recursos dos orçamentos fiscal e da seguridade social para suprir necessidade ou cobrir "déficit" de empresas, fundações e fundos, inclusive dos mencionados no artigo 165, § 5º, da Constituição Federal.

IX – a instituição de fundos de qualquer natureza, sem prévia autorização legislativa.

§ 1º Nenhum investimento cuja execução ultrapasse um exercício financeiro poderá ser iniciado sem prévia inclusão no plano plurianual, ou sem lei que autorize a inclusão, sob pena de crime de responsabilidade.

§ 2º Os créditos especiais e extraordinários terão vigência no exercício financeiro em que forem autorizados, salvo se o ato de autorização for promulgado nos últimos quatro meses daquele exercício, caso em que, reabertos nos limites de seus saldos, serão incorporados ao orçamento do exercício financeiro subsequente.

» *V. arts. 165 e 166, CF.*

TÍTULO VI
DA ORDEM ECONÔMICA

CAPÍTULO I
DOS PRINCÍPIOS GERAIS DA ATIVIDADE ECONÔMICA

Art. 177. O Estado estimulará a descentralização geográfica das atividades de produção de bens e serviços, visando ao desenvolvimento equilibrado das regiões.

Art. 178. O Estado dispensará às microempresas, às empresas de pequeno porte constituídas sob as leis brasileiras e que tenham sede e administração no país, aos micro e pequenos produtores rurais, assim definidos em lei, tratamento jurídico diferenciado, visando a incentivá-los pela simplificação de suas obrigações administrativas, tributárias e creditícias, ou pela eliminação ou redução destas, por meio de lei.

- Artigo 178, "caput", com redação dada pela Emenda Constitucional nº 21, de 14/02/2006.

Parágrafo único. As microempresas e empresas de pequeno porte constituem categorias econômicas diferenciadas apenas quanto às atividades industriais, comerciais, de prestação de serviços e de produção rural a que se destinam.

Art. 179. A lei apoiará e estimulará o cooperativismo e outras formas de associativismo.

CAPÍTULO II
DO DESENVOLVIMENTO URBANO

Art. 180. No estabelecimento de diretrizes e normas relativas ao desenvolvimento urbano, o Estado e os Municípios assegurarão:

I – o pleno desenvolvimento das funções sociais da cidade e a garantia do bem-estar de seus habitantes;

II – a participação das respectivas entidades comunitárias no estudo, encaminhamento e solução dos problemas, planos, programas e projetos que lhes sejam concernentes;

III – a preservação, proteção e recuperação do meio ambiente urbano e cultural;

IV – a criação e manutenção de áreas de especial interesse histórico, urbanístico, ambiental, turístico e de utilização pública;

V – a observância das normas urbanísticas, de segurança, higiene e qualidade de vida;

VI – a restrição à utilização de áreas de riscos geológicos;

VII – ~~as áreas definidas em projetos de loteamento como áreas verdes ou institucionais não poderão ter sua destinação, fim e objetivos originariamente alterados, exceto quando a alteração da destinação tiver como finalidade a regularização de:~~

~~a) loteamentos, cujas áreas verdes ou institucionais estejam total ou parcialmente ocupadas por núcleos habitacionais de interesse social destinados à população de baixa renda, e cuja situação esteja consolidada ou seja de difícil reversão;~~

~~b) equipamentos públicos implantados com uso diverso da destinação, fim e objetivos originariamente previstos quando da aprovação do loteamento;~~

~~c) imóveis ocupados por organizações religiosas para suas atividades finalísticas.~~

– *Inciso VII e alíneas declarados inconstitucionais, em controle concentrado, pelo Supremo Tribunal Federal nos autos da* ADI nº 6602.

§ 1º ~~As exceções contempladas nas alíneas "a" e "b" do inciso VII deste artigo serão admitidas desde que a situação das áreas objeto de regularização esteja consolidada até dezembro de 2004, e mediante a realização de compensação, que se dará com a disponibilização de outras áreas livres ou que contenham equipamentos públicos já implantados nas proximidades das áreas objeto de compensação.~~

§ 2º ~~A compensação de que trata o parágrafo anterior poderá ser dispensada, por ato fundamentado da autoridade municipal competente, desde que nas proximidades da área pública cuja destinação será alterada existam outras áreas públicas que atendam as necessidades da população.~~

§ 3º ~~A exceção contemplada na alínea 'c' do inciso VII deste artigo será permitida desde que a situação das áreas públicas objeto de alteração da destinação esteja consolidada até dezembro de 2004, e mediante a devida compensação ao Poder Executivo Municipal, conforme diretrizes estabelecidas em lei municipal específica.~~

– Parágrafos todos declarados inconstitucionais *em controle concentrado, pelo Supremo Tribunal Federal nos autos da* ADI nº 6602.

Art. 181. Lei municipal estabelecerá em conformidade com as diretrizes do plano diretor, normas sobre zoneamento, loteamento, parcelamento, uso e ocupação do solo, índices urbanísticos, proteção ambiental e demais limitações administrativas pertinentes.

§ 1º Os planos diretores, obrigatórios a todos os Municípios, deverão considerar a totalidade de seu território municipal.

» *V. art. 182, CF.*

§ 2º Os Municípios observarão, quando for o caso, os parâmetros urbanísticos de interesse regional, fixados em lei estadual, prevalecendo, quando houver conflito, a norma de caráter mais restritivo, respeitadas as respectivas autonomias.

§ 3º Os Municípios estabelecerão, observadas as diretrizes fixadas para as regiões metropolitanas, microrregiões e aglomerações urbanas, critérios para regularização e urbanização, assentamentos e loteamentos irregulares.

§ 4º É vedado aos Municípios, nas suas legislações edilícias, a exigência de apresentação da planta interna para edificações unifamiliares. No caso de reformas, é vedado a exigência de qualquer tipo de autorização administrativa e apresentação da planta interna para todas as edificações residenciais, desde que assistidas por profissionais habilitados.

– § 4º acrescentado pela Emenda Constitucional nº 16, de 25/11/2002.

Art. 182. Incumbe ao Estado e aos Municípios promover programas de construção de moradias populares, de melhoria das condições habitacionais e de saneamento básico.

Art. 183. Ao Estado, em consonância com seus objetivos de desenvolvimento econômico e social, cabe estabelecer, mediante lei, diretrizes para localização e integração das atividades industriais, considerando os aspectos ambientais, locacionais, sociais, econômicos e estratégicos, e atendendo ao melhor aproveitamento das condições naturais urbanas e de organização especial.

Parágrafo único. Competem aos Municípios, de acordo com as respectivas diretrizes de desenvolvimento urbano, a criação e a regulamentação de zonas industriais, obedecidos os critérios estabelecidos pelo Estado, mediante lei, e respeitadas as normas relacionadas ao uso e ocupação do solo e ao meio ambiente urbano e natural.

CAPÍTULO III
DA POLÍTICA AGRÍCOLA, AGRÁRIA E FUNDIÁRIA

Art. 184. Caberá ao Estado, com a cooperação dos Municípios:

I – orientar o desenvolvimento rural, mediante zoneamento agrícola inclusive;

II – propiciar o aumento da produção e da produtividade, bem como a ocupação estável do campo;

III – manter estrutura de assistência técnica e extensão rural;

IV – orientar a utilização racional de recursos naturais de forma sustentada, compatível com a preservação do meio ambiente, especialmente quanto à proteção e conservação do solo e da água;

V – manter um sistema de defesa sanitária animal e vegetal;

VI – criar sistema de inspeção e fiscalização de insumos agropecuários;

VII – criar sistema de inspeção, fiscalização, normatização, padronização e classificação de produtos de origem animal e vegetal;

VIII – manter e incentivar a pesquisa agropecuária;

IX – criar programas especiais para fornecimento de energia, de forma favorecida, com o objetivo de amparar e estimular a irrigação;

X – criar programas específicos de crédito, de forma favorecida, para custeio e aquisição de insumos, objetivando incentivar a produção de alimentos básicos e da horticultura.

§ 1º Para a consecução dos objetivos assinalados neste artigo, o Estado organizará sistema integrado de órgãos públicos e promoverá a elaboração e execução de planos de desenvolvimento agropecuários, agrários e fundiários.

§ 2º O Estado, mediante lei, criará um Conselho de Desenvolvimento Rural, com objetivo de propor diretrizes à sua política agrícola, garantida a participação de representantes da comunidade agrícola, tecnológica e agronômica, organismos governamentais, de setores empresariais e de trabalhadores.

Art. 185. O Estado compatibilizará a sua ação na área agrícola e agrária para garantir as diretrizes e metas do Programa Nacional de Reforma Agrária.

Art. 186. A ação dos órgãos oficiais atenderá, de forma preferencial, aos imóveis que cumpram a função social da propriedade, e especialmente aos mini e pequenos produtores rurais e aos beneficiários de projeto de reforma agrária.

Art. 187. A concessão real de uso de terras públicas far-se-á por meio de contrato, onde constarão, obrigatoriamente, além de outras que forem estabelecidas pelas partes, cláusulas definidoras:

I – da exploração das terras, de modo direto, pessoal ou familiar, para cultivo ou qualquer outro tipo de exploração que atenda ao plano público de política agrária, sob pena de reversão ao concedente;

II – da obrigatoriedade de residência dos beneficiários na localidade de situação das terras;

III – da indivisibilidade e da intransferibilidade das terras, a qualquer título, sem autorização expressa e prévia do concedente;

IV – da manutenção das reservas florestais obrigatórias e observância das restrições ambientais do uso do imóvel, nos termos da lei.

Art. 188. O Estado apoiará e estimulará o cooperativismo e o associativismo como instrumento de desenvolvimento sócio-econômico, bem como estimulará formas de produção, consumo, serviços, créditos e educação co-associadas, em especial nos assentamentos para fins de reforma agrária.

Art. 189. Caberá ao Poder Público, na forma da lei, organizar o abastecimento alimentar, assegurando condições para a produção e distribuição de alimentos básicos.

Art. 190. (~~O transporte de trabalhadores urbanos e rurais deverá ser feito por ônibus, atendidas as normas de segurança estabelecidas em lei.~~)

– Artigo 190 foi declarado inconstitucional pelo Supremo Tribunal Federal nos autos da ADI nº 403/1990, julgada em 01/07/2002.

CAPÍTULO IV
DO MEIO AMBIENTE, DOS RECURSOS NATURAIS E DO SANEAMENTO

SEÇÃO I
DO MEIO AMBIENTE

Art. 191. O Estado e os Municípios providenciarão, com a participação da coletividade, a preservação, conservação, defesa, recuperação e melhoria do meio ambiente natural, artificial e do trabalho, atendidas as peculiaridades regionais e locais e em harmonia com o desenvolvimento social e econômico.

Art. 192. A execução de obras, atividades, processos produtivos e empreendimentos e a exploração de recursos naturais de qualquer espécie, quer pelo setor público, quer pelo privado, serão admitidas se houver resguardo do meio ambiente ecologicamente equilibrado.

§ 1º A outorga de licença ambiental, por órgão ou entidade governamental competente, integrante de sistema unificado para esse efeito, será feita com observância dos critérios gerais fixados em lei, além de normas e padrões estabelecidos pelo Poder Público e em conformidade com o planejamento e zoneamento ambientais.

§ 2º A licença ambiental, renovável na forma da lei, para a execução e a exploração mencionadas no "caput" deste artigo, quando potencialmente causadoras de significativa degradação do meio ambiente, será sempre precedida, conforme critérios que a legislação especificar, da aprovação do Estudo Prévio de Impacto Ambiental e respectivo relatório a que se dará prévia publicidade, garantida a realização de audiências públicas.

Art. 193. O Estado, mediante lei, criará um sistema de administração da qualidade ambiental, proteção, controle e desenvolvimento do meio ambiente e uso adequado dos recursos naturais, para organizar, coordenar e integrar as ações de órgãos e entidades da administração pública direta e indireta, assegurada a participação da coletividade, com o fim de:

I – propor uma política estadual de proteção ao meio ambiente;

II – adotar medidas, nas diferentes áreas de ação pública e junto ao setor privado, para manter e promover o equilíbrio ecológico e a melhoria da qualidade ambiental, prevenindo a degradação em todas as suas formas e impedindo ou mitigando impactos ambientais negativos e recuperando o meio ambiente degradado;

III – definir, implantar e administrar espaços territoriais e seus componentes representativos de todos os ecossistemas originais a serem protegidos, sendo a alteração e supressão, incluindo os já existentes, permitidas somente por lei;

IV – realizar periodicamente auditorias nos sistemas de controle de poluição e de atividades potencialmente poluidoras;

V – informar a população sobre os níveis de poluição, a qualidade do meio ambiente, as situações de risco de acidentes, a presença de substâncias potencialmente nocivas à saúde, na água potável e nos alimentos, bem como os resultados das monitoragens e auditorias a que se refere o inciso IV deste artigo;

VI – incentivar a pesquisa, o desenvolvimento e a capacitação tecnológica para a resolução dos problemas ambientais e promover a informação sobre essas questões;

VII – estimular e incentivar a pesquisa, o desenvolvimento e a utilização de fontes de energias alternativas, não poluentes, bem como de tecnologias brandas e materiais poupadores de energia;

VIII – fiscalizar as entidades dedicadas à pesquisa e manipulação genética;

IX – preservar e restaurar os processos ecológicos essenciais das espécies e dos ecossistemas;

X – proteger a flora e a fauna, nesta compreendidos todos os animais silvestres, exóticos e domésticos, vedadas as práticas que coloquem em risco sua função ecológica e que provoquem extinção de espécies ou submetam os animais à crueldade, fiscalizando a extração, produção, criação, métodos de abate, transporte, comercialização e consumo de seus espécimes e subprodutos;

XI – controlar e fiscalizar a produção, armazenamento, transporte, comercialização, utilização e destino final de substâncias, bem como o uso de técnicas, métodos e instalações que comportem risco efetivo ou potencial para a qualidade de vida e meio ambiente, incluindo o de trabalho;

XII – promover a captação e orientar a aplicação de recursos financeiros destinados ao desenvolvimento de todas as atividades relacionadas com a proteção e conservação do meio ambiente;

XIII – disciplinar a restrição à participação em concorrências públicas e ao acesso a benefícios fiscais e créditos oficiais às pessoas físicas e jurídicas condenadas por atos de degradação do meio ambiente;

XIV – promover medidas judiciais e administrativas de responsabilização dos causadores de poluição ou de degradação ambiental;

XV – promover a educação ambiental e a conscientização pública para a preservação, conservação e recuperação do meio ambiente;

XVI – promover e manter o inventário e o mapeamento da cobertura vegetal nativa, visando à adoção de medidas especiais de proteção, bem como promover o reflorestamento, em especial, às margens de rios e lagos, visando à sua perenidade;

XVII – estimular e contribuir para a recuperação da vegetação em áreas urbanas, com plantio de árvores, preferencialmente frutíferas, objetivando especialmente a consecução de índices mínimos de cobertura vegetal;

XVIII – incentivar e auxiliar tecnicamente as associações de proteção ao meio ambiente constituídas na forma da lei, respeitando a sua autonomia e independência de atuação;

XIX – instituir programas especiais mediante a integração de todos os seus órgãos, incluindo os de crédito, objetivando incentivar os proprietários rurais a executarem as práticas de conservação do solo e da água, de preservação e reposição das matas ciliares e replantio de espécies nativas;

XX – controlar e fiscalizar obras, atividades, processos produtivos e empreendimentos que, direta ou indiretamente, possam causar degradação do meio ambiente, adotando medidas preventivas ou corretivas e aplicando as sanções administrativas pertinentes;

XXI – realizar o planejamento e o zoneamento ambientais, considerando as características regionais e locais, e articular os respectivos planos, programas e ações;

Parágrafo único. O sistema mencionado no "caput" deste artigo será coordenado por órgão da administração direta que será integrado por:

a) Conselho Estadual do Meio Ambiente, órgão normativo e recursal, cujas atribuições e composição serão definidas em lei;

b) órgãos executivos incumbidos da realização das atividades de desenvolvimento ambiental.

Art. 194. Aquele que explorar recursos naturais fica obrigado a recuperar o meio ambiente degradado, de acordo com a solução técnica exigida pelo órgão público competente, na forma da lei.

Parágrafo único. É obrigatória, na forma da lei, a recuperação, pelo responsável, da vegetação adequada nas áreas protegidas, sem prejuízo das demais sanções cabíveis.

Art. 195. As condutas e atividades lesivas ao meio ambiente sujeitarão os infratores, pessoas físicas ou jurídicas, a sanções penais e administrativas, com aplicação de multas diárias e progressivas no caso de continuidade da infração ou reincidência, incluídas a redução do nível de atividade e a interdição, independentemente da obrigação dos infratores de reparação aos danos causados.

Parágrafo único. O sistema de proteção e desenvolvimento do meio ambiente será integrado pela Polícia Militar, mediante suas unidades de policiamento florestal e de mananciais, incumbidas da prevenção e repressão das infrações cometidas contra o meio ambiente, sem prejuízo dos corpos de fiscalização dos demais órgãos especializados.

Art. 196. A Mata Atlântica, a Serra do Mar, a Zona Costeira, o Complexo Estuarino Lagunar entre Iguape e Cananeia, os Vales dos Rios Paraíba, Ribeira, Tietê e Paranapanema e as unidades de conservação do Estado, são espaços territoriais especialmente protegidos e sua utilização far-se-á na forma da lei, dependendo de prévia autorização e dentro de condições que assegurem a preservação do meio ambiente.

Art. 197. São áreas de proteção permanente:

I - os manguezais;

II - as nascentes, os mananciais e matas ciliares;

III - as áreas que abriguem exemplares raros da fauna e da flora, bem como aquelas que sirvam como local de pouso ou reprodução de migratórios;

IV - as áreas estuarinas;

V - as paisagens notáveis;

VI - as cavidades naturais subterrâneas.

Art. 198. O Estado estabelecerá, mediante lei, os espaços definidos no inciso V do artigo anterior, a serem implantados como especialmente protegidos, bem como as restrições ao uso e ocupação desses espaços, considerando os seguintes princípios:

I - preservação e proteção da integridade de amostras de toda a diversidade de ecossistemas;

II - proteção do processo evolutivo das espécies;

III - preservação e proteção dos recursos naturais.

Art. 199. O Poder Público estimulará a criação e manutenção de unidades privadas de conservação.

Art. 200. O Poder Público Estadual, mediante lei, criará mecanismos de compensação financeira para Municípios que sofrerem restrições por força de instituição de espaços territoriais especialmente protegidos pelo Estado.

Art. 201. O Estado apoiará a formação de consórcios entre os Municípios, objetivando a solução de problemas comuns relativos à proteção ambiental, em particular à preservação dos recursos hídricos e ao uso equilibrado dos recursos naturais.

Art. 202. As áreas declaradas de utilidade pública, para fins de desapropriação, objetivando a implantação de unidades de conservação ambiental, serão consideradas espaços territoriais especialmente protegidos, não sendo nelas permitidas atividades que degradem o meio ambiente ou que, por qualquer forma, possam comprometer a integridade das condições ambientais que motivaram a expropriação.

Art. 203. São indisponíveis as terras devolutas estaduais, apuradas em ações discriminatórias e arrecadadas pelo Poder Público, inseridas em unidades de preservação ou necessárias à proteção dos ecossistemas naturais.

Art. 204. Fica proibida a caça, sob qualquer pretexto, em todo o Estado.

- O Supremo Tribunal Federal, nos autos da ADI nº 350, conferiu interpretação conforme à expressão "sob qualquer pretexto" para não se incluírem nessa vedação a destruição para fins de controle e a coleta para fins científicos, conforme previstas, respectivamente, nos artigos 3º, §2º, e 14 da Lei Federal nº 5.197/1967.

SEÇÃO II
DOS RECURSOS HÍDRICOS

Art. 205. O Estado instituirá, por lei, sistema integrado de gerenciamento dos recursos hídricos, congregando órgãos estaduais e municipais e a sociedade civil, e assegurará meios financeiros e institucionais para:

I - a utilização racional das águas superficiais e subterrâneas e sua prioridade para abastecimento às populações;

II - o aproveitamento múltiplo dos recursos hídricos e o rateio dos custos das respectivas obras, na forma da lei;

III - a proteção das águas contra ações que possam comprometer o seu uso atual e futuro;

IV - a defesa contra eventos críticos, que ofereçam riscos à saúde e segurança públicas e prejuízos econômicos ou sociais;

V - a celebração de convênios com os Municípios, para a gestão, por estes, das águas de interesse exclusivamente local;

VI - a gestão descentralizada, participativa e integrada em relação aos demais recursos naturais e às peculiaridades da respectiva bacia hidrográfica;

VII - o desenvolvimento do transporte hidroviário e seu aproveitamento econômico.

Art. 206. As águas subterrâneas, reservas estratégicas para o desenvolvimento econômico-social e valiosas para o suprimento de água às populações, deverão ter programa permanente de conservação e proteção contra poluição e superexplotação, com diretrizes em lei.

Art. 207. O Poder Público, mediante mecanismos próprios, definidos em lei, contribuirá para o desenvolvimento dos Municípios em cujos territórios se localizarem reservatórios hídricos e naqueles que recebam o impacto deles.

Art. 208. Fica vedado o lançamento de efluentes e esgotos urbanos e industriais, sem o devido tratamento, em qualquer corpo de água.

Art. 209. O Estado adotará medidas para controle da erosão, estabelecendo-se normas de conservação do solo em áreas agrícolas e urbanas.

Art. 210. Para proteger e conservar as águas e prevenir seus efeitos adversos, o Estado incentivará a adoção, pelos Municípios, de medidas no sentido:

I – da instituição de áreas de preservação das águas utilizáveis para abastecimento às populações e da implantação, conservação e recuperação de matas ciliares;

II – do zoneamento de áreas inundáveis, com restrições a usos incompatíveis nas sujeitas a inundações frequentes e da manutenção da capacidade de infiltração do solo;

III – da implantação de sistemas de alerta e defesa civil, para garantir a segurança e a saúde públicas, quando de eventos hidrológicos indesejáveis;

IV – do condicionamento, à aprovação prévia por organismos estaduais de controle ambiental e de gestão de recursos hídricos, na forma da lei, dos atos de outorga de direitos que possam influir na qualidade ou quantidade das águas superficiais e subterrâneas;

V – da instituição de programas permanentes de racionalização do uso das águas destinadas ao abastecimento público e industrial e à irrigação, assim como de combate às inundações e à erosão.

Parágrafo único. A lei estabelecerá incentivos para os Municípios que aplicarem, prioritariamente, o produto da participação no resultado da exploração dos potenciais energéticos em seu território, ou da compensação financeira, nas ações previstas neste artigo e no tratamento de águas residuárias.

Art. 211. Para garantir as ações previstas no artigo 205, a utilização dos recursos hídricos será cobrada segundo as peculiaridades de cada bacia hidrográfica, na forma da lei, e o produto aplicado nos serviços e obras referidos no item 1, do parágrafo único, deste artigo.

Parágrafo único. O produto da participação do Estado no resultado da exploração de potenciais hidroenergéticos em seu território, ou da compensação financeira, será aplicado, prioritariamente:

1 – em serviços e obras hidráulicas e de saneamento de interesse comum, previstos nos planos estaduais de recursos hídricos e de saneamento básico;

2 – na compensação, na forma da lei, aos Municípios afetados por inundações decorrentes de reservatórios de água implantados pelo Estado, ou que tenham restrições ao seu desenvolvimento em razão de leis de proteção de mananciais.

Art. 212. Na articulação com a União, quando da exploração dos serviços e instalações de energia elétrica, e do aproveitamento energético dos cursos de água em seu território, o Estado levará em conta os usos múltiplos e o controle das águas, a drenagem, a correta utilização das várzeas, a flora e a fauna aquáticas e a preservação do meio ambiente.

Art. 213. A proteção da quantidade e da qualidade das águas será obrigatoriamente levada em conta quando da elaboração de normas legais relativas a florestas, caça, pesca, fauna, conservação da natureza, defesa do solo e demais recursos naturais e ao meio ambiente.

SEÇÃO III
DOS RECURSOS MINERAIS

Art. 214. Compete ao Estado:

I – elaborar e propor o planejamento estratégico do conhecimento geológico de seu território, executando programa permanente de levantamentos geológicos básicos, no atendimento de necessidades do desenvolvimento econômico e social, em conformidade com a política estadual do meio ambiente;

II – aplicar o conhecimento geológico ao planejamento regional, às questões ambientais, de erosão do solo, de estabilidade de encostas, de construção de obras civis e à pesquisa e exploração de recursos minerais e de água subterrânea;

III – proporcionar o atendimento técnico nas aplicações do conhecimento geológico às necessidades das Prefeituras do Estado;

IV – fomentar as atividades de mineração, de interesse sócio-econômico-financeiro para o Estado, em particular de cooperativas, pequenos e médios mineradores, assegurando o suprimento de recursos minerais necessários ao atendimento da agricultura, da indústria de transformação e da construção civil do Estado, de maneira estável e harmônica com as demais formas de ocupação do solo e atendimento à legislação ambiental;

V – executar e incentivar o desenvolvimento tecnológico aplicado à pesquisa, exploração racional e beneficiamento de recursos minerais.

SEÇÃO IV
DO SANEAMENTO

Art. 215. A lei estabelecerá a política das ações e obras de saneamento básico no Estado, respeitando os seguintes princípios:

I – criação e desenvolvimento de mecanismos institucionais e financeiros, destinados a assegurar os benefícios do saneamento à totalidade da população;

II – prestação de assistência técnica e financeira aos Municípios, para o desenvolvimento dos seus serviços;

III – orientação técnica para os programas visando ao tratamento de despejos urbanos e industriais e de resíduos sólidos, e fomento à implantação de soluções comuns, mediante planos regionais de ação integrada.

Art. 216. O Estado instituirá, por lei, plano plurianual de saneamento estabelecendo as diretrizes e os programas para as ações nesse campo.

§ 1º O plano, objeto deste artigo deverá respeitar as peculiaridades regionais e locais e as características das bacias hidrográficas e dos respectivos recursos hídricos.

§ 2º O Estado assegurará condições para a correta operação, necessária ampliação e eficiente administração dos serviços de saneamento básico prestados por concessionária sob seu controle acionário.

§ 3º As ações de saneamento deverão prever a utilização racional da água, do solo e do ar, de modo compatível com a preservação e melhoria da qualidade da saúde pública e do meio ambiente e com a eficiência dos serviços públicos de saneamento.

TÍTULO VII
DA ORDEM SOCIAL

CAPÍTULO I
DISPOSIÇÃO GERAL

Art. 217. Ao Estado cumpre assegurar o bem-estar social, garantindo o pleno acesso aos bens e serviços essenciais ao desenvolvimento individual e coletivo.

CAPÍTULO II
DA SEGURIDADE SOCIAL

SEÇÃO I
DISPOSIÇÃO GERAL

Art. 218. O Estado garantirá, em seu território, o planejamento e desenvolvimento de ações que viabilizem, no âmbito de sua competência, os princípios de seguridade social previstos nos artigos 194 e 195 da Constituição Federal.

SEÇÃO II
DA SAÚDE

Art. 219. A saúde é direito de todos e dever do Estado.

Parágrafo único. Os Poderes Públicos Estadual e Municipal garantirão o direito à saúde mediante:

1 – políticas sociais, econômicas e ambientais que visem ao bem-estar físico, mental e social do indivíduo e da coletividade e à redução do risco de doenças e outros agravos;

2 – acesso universal e igualitário às ações e ao serviço de saúde, em todos os níveis;

3 – direito à obtenção de informações e esclarecimentos de interesse da saúde individual e coletiva, assim como as atividades desenvolvidas pelo sistema;

4 – atendimento integral do indivíduo, abrangendo a promoção, preservação e recuperação de sua saúde.

Art. 220. As ações e os serviços de saúde são de relevância pública, cabendo ao Poder Público dispor, nos termos da lei, sobre sua regulamentação, fiscalização e controle.

§ 1º As ações e os serviços de preservação da saúde abrangem o ambiente natural, os locais públicos e de trabalho.

§ 2º As ações e serviços de saúde serão realizados, preferencialmente, de forma direta, pelo Poder Público ou através de terceiros, e pela iniciativa privada.

§ 3º A assistência à saúde é livre à iniciativa privada.

§ 4º A participação do setor privado no sistema único de saúde efetivar-se-á segundo suas diretrizes, mediante convênio ou contrato de direito público, tendo preferência as entidades filantrópicas e as sem fins lucrativos.

§ 5º As pessoas físicas e as pessoas jurídicas de direito privado, quando participarem do sistema único de saúde, ficam sujeitas às suas diretrizes e às normas administrativas incidentes sobre o objeto de convênio ou de contrato.

§ 6º É vedada a destinação de recursos públicos para auxílio ou subvenções às instituições privadas com fins lucrativos.

Art. 221. Os Conselhos Estaduais e Municipais de Saúde, que terão sua composição, organização e competência fixadas em lei, garantem a participação de representantes da comunidade, em especial, dos trabalhadores, entidades e prestadores de serviços da área de saúde, além do Poder Público, na elaboração e controle das políticas de saúde, bem como na formulação, fiscalização e acompanhamento do sistema único de saúde.

Art. 222. As ações e os serviços de saúde executados e desenvolvidos pelos órgãos e instituições públicas estaduais e municipais, da administração direta, indireta e fundacional, constituem o sistema único de saúde, nos termos da Constituição Federal, que se organizará ao nível do Estado, de acordo com as seguintes diretrizes e bases:

I – descentralização com direção única no âmbito estadual e no de cada Município, sob a direção de um profissional de saúde;

II – municipalização dos recursos, serviços e ações de saúde, com estabelecimento em lei dos critérios de repasse das verbas oriundas das esferas federal e estadual;

III – integração das ações e serviços com base na regionalização e hierarquização do atendimento individual e coletivo, adequado às diversas realidades epidemiológicas;

IV – universalização da assistência de igual qualidade com instalação e acesso a todos os níveis, dos serviços de saúde à população urbana e rural;

V – gratuidade dos serviços prestados, vedada a cobrança de despesas e taxas sob qualquer título.

Parágrafo único. O Poder Público Estadual e os Municípios aplicarão, anualmente, em ações e serviços públicos de saúde recursos mínimos derivados da aplicação de percentuais calculados sobre:

1 – no caso do Estado, o produto da arrecadação dos impostos a que se refere o artigo 165 da Constituição Estadual e dos recursos de que tratam os artigos 157 e 159, I, "a", e II, da Constituição Federal, deduzidas as parcelas que forem transferidas aos Municípios;

2 – no caso dos Municípios, o produto da arrecadação dos impostos a que se refere o artigo 156 da Constituição Federal e dos recursos de que tratam os artigos 158, I e II, e 159, I, "b", da Constituição Federal e artigo 167 da Constituição Estadual.

– Parágrafo único acrescentado pela Emenda Constitucional nº 21, de 14/02/2006.

Art. 223. Compete ao sistema único de saúde, nos termos da lei, além de outras atribuições:

I – a assistência integral à saúde, respeitadas as necessidades específicas de todos os segmentos da população;

II – a identificação e o controle dos fatores determinantes e condicionantes da saúde individual e coletiva, mediante, especialmente, ações referentes à:

a) vigilância sanitária;

b) vigilância epidemiológica;

c) saúde do trabalhador;

d) saúde do idoso;

e) saúde da mulher;

f) saúde da criança e do adolescente;

g) saúde dos portadores de deficiências;

III – a implementação dos planos estaduais de saúde e de alimentação e nutrição, em termos de prioridades e estratégias regionais, em consonância com os Planos Nacionais;

IV – a participação na formulação da política e na execução das ações de saneamento básico;

V – a organização, fiscalização e controle da produção e distribuição dos componentes farmacêuticos básicos, medicamentos, produtos químicos, biotecnológicos, imunobiológicos, hemoderivados e outros de interesse para a saúde, facilitando à população o acesso a eles;

VI – a colaboração na proteção do meio ambiente, incluindo do trabalho, atuando em relação ao processo produtivo para garantir:

a) o acesso dos trabalhadores às informações referentes a atividades que comportem riscos à saúde e a métodos de controle, bem como aos resultados das avaliações realizadas;

b) a adoção de medidas preventivas de acidentes e de doenças do trabalho;

VII – a participação no controle e fiscalização da produção, armazenamento, transporte, guarda e utilização de substâncias de produtos psicoativos, tóxicos e teratogênicos;

VIII – a adoção de política de recursos humanos em saúde e na capacitação, formação e valorização de profissionais da área, no sentido de propiciar melhor adequação às necessidades específicas do Estado e de suas regiões e ainda àqueles segmentos da população cujas particularidades requerem atenção especial, de forma a aprimorar a prestação de assistência integral;

IX – a implantação de atendimento integral aos portadores de deficiências, de caráter regionalizado, descentralizado e hierarquizado em níveis de complexidade crescente, abrangendo desde a atenção primária, secundária e terciária de saúde, até o fornecimento de todos os equipamentos necessários à sua integração social;

X – a garantia do direito à auto-regulação da fertilidade como livre decisão do homem, da mulher ou do casal, tanto para exercer a procriação como para evitá-la, provendo por meios educacionais, científicos e assistenciais para assegurá-lo, vedada qualquer forma coercitiva ou de indução por parte de instituições públicas ou privadas;

XI – a revisão do Código Sanitário Estadual a cada cinco anos;

XII – a fiscalização e controle do equipamento e aparelhagem utilizados no sistema de saúde, na forma da lei.

Art. 224. Cabe à rede pública de saúde, pelo seu corpo clínico especializado, prestar o atendimento médico para a prática do aborto nos casos excludentes de antijuridicidade, previstos na legislação penal.

Art. 225. O Estado criará banco de órgãos, tecidos e substâncias humanas.

§ 1º A lei disporá sobre as condições e requisitos que facilitem a remoção de órgão, tecidos e substâncias humanas, para fins de transplante, obedecendo-se à ordem cronológica da lista de receptores e respeitando-se, rigorosamente, as urgências médicas, pesquisa e tratamento bem como, a coleta, processamento e transfusão de sangue e seus derivados, sendo vedado todo tipo de comercialização.

§ 2º A notificação, em caráter de emergência, em todos os casos de morte encefálica comprovada, tanto para hospital público, como para a rede privada, nos limites do Estado, é obrigatória.

§ 3º Cabe ao Poder Público providenciar recursos e condições para receber as notificações que deverão ser feitas em caráter de emergência, para atender ao disposto nos §§ 1º e 2º.

Art. 226. É vedada a nomeação ou designação, para cargo ou função de chefia ou assessoramento na área de Saúde, em qualquer nível, de pessoa que participe de direção, gerência ou administração de entidades que mantenham contratos ou convênios com o sistema único de saúde, a nível estadual, ou sejam por ele credenciadas.

Art. 227. O Estado incentivará e auxiliará os Órgãos Públicos e entidades filantrópicas de estudos, pesquisa e combate ao câncer, constituídos na forma da lei, respeitando a sua autonomia e independência de atuação científica.

Art. 228. O Estado regulamentará, em seu território, todo processo de coleta e percurso de sangue.

Art. 229. Compete à autoridade estadual, de ofício ou mediante denúncia de risco à saúde, proceder à avaliação das fontes de risco no ambiente de trabalho e determinar a adoção das devidas providências para que cessem os motivos que lhe deram causa.

§ 1º Ao sindicato de trabalhadores, ou a representante que designar, é garantido requerer a interdição de máquina, de setor de serviço ou de todo o ambiente de trabalho, quando houver exposição a risco iminente para a vida ou a saúde dos empregados.

§ 2º Em condições de risco grave ou iminente no local de trabalho, será lícito ao empregado interromper suas atividades, sem prejuízo de quaisquer direitos, até a eliminação do risco.

§ 3º O Estado atuará para garantir a saúde e a segurança dos empregados nos ambientes de trabalho.

§ 4º É assegurada a cooperação dos sindicatos de trabalhadores nas ações de vigilância sanitária desenvolvidas no local de trabalho.

Art. 230. O Estado garantirá o funcionamento de unidades terapêuticas para recuperação de usuários de substâncias que geram dependência física ou psíquica, resguardado o direito de livre adesão dos pacientes, salvo ordem judicial.

Art. 231. Assegurar-se-á ao paciente, internado em hospitais da rede pública ou privada, a faculdade de ser assistido, religiosa e espiritualmente, por ministro de culto religioso.

SEÇÃO III
DA PROMOÇÃO SOCIAL

Art. 232. As ações do Poder Público, por meio de programas e projetos na área de promoção social, serão organizadas, elaboradas, executadas e acompanhadas com base nos seguintes princípios:

I – participação da comunidade;

II – descentralização administrativa, respeitada a legislação federal, cabendo a coordenação e execução de programas às esferas estadual e municipal, considerados os Municípios e as comunidades como instâncias básicas para o atendimento e realização dos programas;

III – integração das ações dos órgãos e entidades da administração em geral, compatibilizando programas e recursos e evitando a duplicidade de atendimento entre as esferas estadual e municipal.

Parágrafo único. É facultado ao Poder Público vincular a programa de apoio à inclusão e promoção social até cinco décimos por cento de sua receita tributária, vedada a aplicação desses recursos no pagamento de:

1 – despesas com pessoal e encargos sociais;

2 – serviço da dívida;

3 – qualquer outra despesa corrente não vinculada diretamente aos investimentos ou ações apoiados.

– Parágrafo único acrescentado pela Emenda Constitucional nº 21, de 14/02/2006.

Art. 233. As ações governamentais e os programas de assistência social, pela sua natureza emergencial e compensatória, não deverão prevalecer sobre a formulação e aplicação de políticas sociais básicas nas áreas de saúde, educação, abastecimento, transporte e alimentação.

Art. 234. O Estado subvencionará os programas desenvolvidos pelas entidades assistenciais filantrópicas e sem fins lucrativos, com especial atenção às que se dediquem à assistência aos portadores de deficiências, conforme critérios definidos em lei, desde que cumpridas as exigências de fins dos serviços de assistência social a serem prestados.

Parágrafo único. Compete ao Estado a fiscalização dos serviços prestados pelas entidades citadas no "caput" deste artigo.

Art. 235. ~~É **VEDADA** a distribuição de recursos públicos, na área de assistência social, diretamente ou por indicação e sugestão ao órgão competente, por ocupantes de cargos eletivos~~.

– Artigo 235 revogado pela Emenda Constitucional nº 44, de 18/12/2017.

Art. 236. O Estado criará o Conselho Estadual de Promoção Social, cuja composição, funções e regulamentos serão definidos em lei.

CAPÍTULO III
DA EDUCAÇÃO, DA CULTURA E DOS ESPORTES E LAZER

SEÇÃO I
DA EDUCAÇÃO

Art. 237. A educação, ministrada com base nos princípios estabelecidos no artigo 205 e seguintes da Constituição Federal e inspirada nos princípios de liberdade e solidariedade humana, tem por fim:

I – a compreensão dos direitos e deveres da pessoa humana, do cidadão, do Estado, da família e dos demais grupos que compõem a comunidade;

II – o respeito à dignidade e às liberdades fundamentais da pessoa humana;

III – o fortalecimento da unidade nacional e da solidariedade internacional;

IV – o desenvolvimento integral da personalidade humana e a sua participação na obra do bem comum;

V – o preparo do indivíduo e da sociedade para o domínio dos conhecimentos científicos e tecnológicos que lhes permitam utilizar as possibilidades e vencer as dificuldades do meio, preservando-o;

VI – a preservação, difusão e expansão do patrimônio cultural;

VII – a condenação a qualquer tratamento desigual por motivo de convicção filosófica, política ou religiosa, bem como a quaisquer preconceitos de classe, raça ou sexo;

VIII – o desenvolvimento da capacidade de elaboração e reflexão crítica da realidade.

Art. 238. A lei organizará o Sistema de Ensino do Estado de São Paulo, levando em conta o princípio da descentralização.

Art. 239. O Poder Público organizará o Sistema Estadual de Ensino, abrangendo todos os níveis e modalidades, incluindo a especial, estabelecendo normas gerais de funcionamento para as escolas públicas estaduais e municipais, bem como para as particulares.

§ 1º Os Municípios organizarão, igualmente, seus sistemas de ensino.

§ 2º O Poder Público oferecerá atendimento especializado aos portadores de deficiências, preferencialmente na rede regular de ensino.

§ 3º As escolas particulares estarão sujeitas à fiscalização, controle e avaliação, na forma da lei.

§ 4º O Poder Público adequará as escolas e tomará as medidas necessárias quando da construção de novos prédios, visando promover a acessibilidade das pessoas com deficiência ou com mobilidade reduzida, mediante a supressão de barreiras e obstáculos nos espaços e mobiliários.

– § 4º acrescentado pela Emenda Constitucional nº 39, de 27/01/2014.

Art. 240. Os Municípios responsabilizar-se-ão prioritariamente pelo ensino fundamental, inclusive para os que a ele não tiveram acesso na idade própria, e pré-escolar, só podendo atuar nos níveis mais elevados quando a demanda naqueles níveis estiver plena e satisfatoriamente atendida, do ponto de vista qualitativo e quantitativo.

Art. 241. O Plano Estadual de Educação, estabelecido em lei, é de responsabilidade do Poder Público Estadual, tendo sua elaboração coordenada pelo Executivo, consultados os órgãos descentralizados do Sistema Estadual de Ensino, a comunidade educacional, e considerados os diagnósticos e necessidades apontados nos Planos Municipais de Educação.

Art. 242. O Conselho Estadual de Educação é órgão normativo, consultivo e deliberativo do sistema de ensino do Estado de São Paulo, com suas atribuições, organização e composição definidas em lei.

Art. 243. Os critérios para criação de Conselhos Regionais e Municipais de Educação, sua composição e atribuições, bem como as normas para seu funcionamento, serão estabelecidos e regulamentados por lei.

Art. 244. O ensino religioso, de matrícula facultativa, constituirá disciplina dos horários normais das escolas públicas de ensino fundamental.

Art. 245. Nos três níveis de ensino, será estimulada a prática de esportes individuais e coletivos, como complemento à formação integral do indivíduo.

Parágrafo único. A prática referida no "caput", sempre que possível, será levada em conta em face das necessidades dos portadores de deficiências.

Art. 246. É vedada a cessão de uso de próprios públicos estaduais, para o funcionamento de estabelecimentos de ensino privado de qualquer natureza.

Art. 247. A educação da criança de zero a seis anos, integrada ao sistema de ensino, respeitará as características próprias dessa faixa etária.

Art. 248. O órgão próprio de educação do Estado será responsável pela definição de normas, autorização de funcionamento, supervisão e fiscalização das creches e pré-escolas públicas e privadas no Estado.

Parágrafo único. Aos Municípios, cujos sistemas de ensino estejam organizados, será delegada competência para autorizar o funcionamento e supervisionar as instituições de educação das crianças de zero a seis anos de idade.

Art. 249. O ensino fundamental, com oito anos de duração é obrigatório para todas as crianças, a partir dos sete anos de idade, visando a propiciar formação básica e comum indispensável a todos.

§ 1º É dever do Poder Público o provimento, em todo o território paulista, de vagas em número suficiente para atender à demanda do ensino fundamental obrigatório e gratuito.

§ 2º A atuação da administração pública estadual no ensino público fundamental dar-se-á por meio de rede própria ou em cooperação técnica e financeira com os Municípios, nos termos do artigo 30, VI, da Constituição Federal, assegurando a existência de escolas com corpo técnico qualificado e elevado padrão de qualidade, devendo ser definidas com os Municípios formas de colaboração, de modo a assegurar a universalização do ensino obrigatório.

– § 2º com redação dada pela Emenda Constitucional nº 21, de 14/02/2006.

§ 3º O ensino fundamental público e gratuito será também garantido aos jovens e adultos que, na idade própria, a ele não tiveram acesso, e terá organização adequada às características dos alunos.

§ 4º Caberá ao Poder Público prover o ensino fundamental diurno e noturno, regular e supletivo, adequado às condições de vida do educando que já tenha ingressado no mercado de trabalho.

§ 5º É permitida a matrícula no ensino fundamental, a partir dos seis anos de idade, desde que plenamente atendida a demanda das crianças de sete anos de idade.

Art. 250. O Poder Público responsabilizar-se-á pela manutenção e expansão do ensino médio, público e gratuito, inclusive para os jovens e adultos que, na idade própria, a ele não tiveram acesso, tomando providências para universalizá-lo.

§ 1º O Estado proverá o atendimento do ensino médio em curso diurno e noturno, regular e supletivo, aos jovens e adultos, especialmente trabalhadores, de forma compatível com suas condições de vida.

§ 2º Além de outras modalidades que a lei vier a estabelecer no ensino médio, fica assegurada a especificidade do curso de formação do magistério para a pré-escola e das quatro primeiras séries do ensino fundamental, inclusive com formação de docentes para atuarem na educação de portadores de deficiências.

Art. 251. A lei assegurará a valorização dos profissionais de ensino, mediante fixação de planos de carreira para o magistério público, com piso salarial profissional, carga horária compatível com o exercício das funções e ingresso exclusivamente por concurso público de provas e títulos.

Art. 252. O Estado manterá seu próprio sistema de ensino superior, articulado com os demais níveis.

Parágrafo único. O sistema de ensino superior do Estado de São Paulo incluirá universidades e outros estabelecimentos.

Art. 253. A organização do sistema de ensino superior do Estado será orientada para a ampliação do número de vagas oferecidas no ensino público diurno e noturno, respeitadas as condições para a manutenção da qualidade de ensino e do desenvolvimento da pesquisa.

Parágrafo único. As universidades públicas estaduais deverão manter cursos noturnos que, no conjunto de suas unidades, correspondam a um terço pelo menos, do total das vagas por elas oferecidas.

Art. 254. A autonomia da universidade será exercida, respeitando, nos termos do seu estatuto, a necessária democratização do ensino e a responsabilidade pública da instituição, observados os seguintes princípios:

I – utilização dos recursos de forma a ampliar o atendimento à demanda social, tanto mediante cursos regulares, quanto atividades de extensão;

II – representação e participação de todos os segmentos da comunidade interna nos órgãos decisórios e na escolha de dirigentes, na forma de seus estatutos.

§ 1º A lei criará formas de participação da sociedade, por meio de instâncias públicas externas à universidade, na avaliação do desempenho da gestão dos recursos.

– Parágrafo único transformado em § 1º pela Emenda Constitucional nº 21, de 14/02/2006.

§ 2º É facultado às universidades admitir professores, técnicos e cientistas estrangeiros, na forma da lei.

§ 3º O disposto neste artigo aplica-se às instituições de pesquisa científica e tecnológica.

– §§ 2º e 3º acrescentados pela Emenda Constitucional nº 21, de 14/02/2006.

Art. 255. O Estado aplicará, anualmente, na manutenção e no desenvolvimento do ensino público, no mínimo, trinta por cento da receita resultante de impostos, incluindo recursos provenientes de transferências.

Parágrafo único. A lei definirá as despesas que se caracterizem como manutenção e desenvolvimento do ensino.

Art. 256. O Estado e os Municípios publicarão, até trinta dias após o encerramento de cada trimestre, informações completas sobre receitas arrecadadas e transferências de recursos destinados à educação, nesse período e discriminadas por nível de ensino.

Art. 257. A distribuição dos recursos públicos assegurará prioridade ao atendimento das necessidades do ensino fundamental.

Parágrafo único. Parcela dos recursos públicos destinados à educação deverá ser utilizada em programas integrados de aperfeiçoamento e atualização para os educadores em exercício no ensino público.

Art. 258. O Poder Público poderá, mediante convênio, destinar parcela dos recursos de que trata o artigo 255 a instituições filantrópicas, definidas em lei, para a manutenção e o desenvolvimento de atendimento educacional, especializado e gratuito a educandos portadores de necessidades especiais.

– Artigo 258 com redação dada pela Emenda Constitucional nº 13, de 04/12/2001.

SEÇÃO II
DA CULTURA

Art. 259. O Estado garantirá a todos o pleno exercício dos direitos culturais e o acesso às fontes da cultura, e apoiará e incentivará a valorização e a difusão de suas manifestações.

Art. 260. Constituem patrimônio cultural estadual os bens de natureza material e imaterial, tomados individualmente ou em conjunto, portadores de referências à identidade, à ação e à memória dos diferentes grupos formadores da sociedade nos quais se incluem:

I – as formas de expressão;

II – as criações científicas, artísticas e tecnológicas;

III – as obras, objetos, documentos, edificações e demais espaços destinados às manifestações artístico-culturais;

IV – os conjuntos urbanos e sítios de valor histórico, paisagístico, artístico, arqueológico, paleontológico, ecológico e científico.

Art. 261. O Poder Público pesquisará, identificará, protegerá e valorizará o patrimônio cultural paulista, através do Conselho de Defesa do Patrimônio Histórico, Arqueológico, Artístico e Turístico do Estado de São Paulo – CONDEPHAAT, na forma que a lei estabelecer.

Art. 262. O Poder Público incentivará a livre manifestação cultural mediante:

I – criação, manutenção e abertura de espaços públicos devidamente equipados e capazes de garantir a produção, divulgação e apresentação das manifestações culturais e artísticas;

II – desenvolvimento de intercâmbio cultural e artístico com os Municípios, integração de programas culturais e apoio à instalação de casas de cultura e de bibliotecas públicas;

III – acesso aos acervos das bibliotecas, museus, arquivos e congêneres;

IV – promoção do aperfeiçoamento e valorização dos profissionais da cultura;

V – planejamento e gestão do conjunto das ações, garantida a participação de representantes da comunidade;

VI – compromisso do Estado de resguardar e defender a integridade, pluralidade, independência e autenticidade das culturas brasileiras, em seu território;

VII – cumprimento, por parte do Estado, de uma política cultural não intervencionista, visando à participação de todos na vida cultural;

VIII – preservação dos documentos, obras e demais registros de valor histórico ou científico.

Art. 263. A lei estimulará, mediante mecanismos específicos, os empreendimentos privados que se voltem à preservação e à restauração do patrimônio cultural do Estado, bem como incentivará os proprietários de bens culturais tombados, que atendam às recomendações de preservação do patrimônio cultural.

Art. 263-A. É facultado ao Poder Público vincular a fundo estadual de fomento à cultura até cinco décimos por cento de sua receita tributária líquida, para o financiamento de programas e projetos culturais, vedada a aplicação desses recursos no pagamento de:

I – despesas com pessoal e encargos sociais;

II – serviço da dívida;

III – qualquer outra despesa corrente não vinculada diretamente aos investimentos ou ações apoiados.

– Artigo 263-A acrescentado pela Emenda Constitucional nº 21, de 14/02/2006.

SEÇÃO III
DOS ESPORTES E LAZER

Art. 264. O Estado apoiará e incentivará as práticas esportivas formais e não formais, como direito de todos.

Art. 265. O Poder Público apoiará e incentivará o lazer como forma de integração social.

Art. 266. As ações do Poder Público e a destinação de recursos orçamentários para o setor darão prioridade:

I – ao esporte educacional, ao esporte comunitário e, na forma da lei, ao esporte de alto rendimento;

II – ao lazer popular;

III – à construção e manutenção de espaços devidamente equipados para as práticas esportivas e o lazer;

IV – à promoção, estímulo e orientação à prática e difusão da Educação Física;

V – à adequação dos locais já existentes e previsão de medidas necessárias quando da construção de novos espaços, tendo em vista a prática de esportes e atividades de lazer por parte dos portadores de deficiências, idosos e gestantes, de maneira integrada aos demais cidadãos.

Parágrafo único. O Poder Público estimulará e apoiará as entidades e associações da comunidade dedicadas às práticas esportivas.

Art. 267. O Poder Público incrementará a prática esportiva às crianças, aos idosos e aos portadores de deficiências.

CAPÍTULO IV
DA CIÊNCIA E TECNOLOGIA

Art. 268. O Estado promoverá e incentivará o desenvolvimento científico, a pesquisa e a capacitação tecnológica.

§ 1º A pesquisa científica receberá tratamento prioritário do Estado, diretamente ou por meio de seus agentes financiadores de fomento, tendo em vista o bem público e o progresso da ciência.

§ 2º A pesquisa tecnológica voltar-se-á preponderantemente para a solução dos problemas sociais e ambientais e para o desenvolvimento do sistema produtivo, procurando harmonizá-lo com os direitos fundamentais e sociais dos cidadãos.

Art. 269. O Estado manterá Conselho Estadual de Ciência e Tecnologia com o objetivo de formular, acompanhar, avaliar e reformular a política estadual científica e tecnológica e coordenar os diferentes programas de pesquisa.

§ 1º A política a ser definida pelo Conselho Estadual de Ciência e Tecnologia deverá orientar-se pelas seguintes diretrizes:

1 - desenvolvimento do sistema produtivo estadual;

2 - aproveitamento racional dos recursos naturais, preservação e recuperação do meio ambiente;

3 - aperfeiçoamento das atividades dos órgãos e entidades responsáveis pela pesquisa científica e tecnológica;

4 - garantia de acesso da população aos benefícios do desenvolvimento científico e tecnológico;

5 - atenção especial às empresas nacionais, notadamente às médias, pequenas e microempresas.

§ 2º A estrutura, organização, composição e competência desse Conselho serão definidas em lei.

Art. 270. O Poder Público apoiará e estimulará, mediante mecanismos definidos em lei, instituições e empresas que invistam em pesquisa e criação de tecnologia, observado o disposto no artigo 218, § 4º, da Constituição Federal.

Art. 271. O Estado destinará o mínimo de um por cento de sua receita tributária à Fundação de Amparo à Pesquisa do Estado de São Paulo, como renda de sua privativa administração, para aplicação em desenvolvimento científico e tecnológico.

Parágrafo único. A dotação fixada no "caput", excluída a parcela de transferência aos Municípios, de acordo com o artigo 158, IV, da Constituição Federal, será transferida mensalmente, devendo o percentual ser calculado sobre a arrecadação do mês de referência e ser pago no mês subsequente.

Art. 272. O patrimônio físico, cultural e científico dos museus, institutos e centros de pesquisa da administração direta, indireta e fundacional são inalienáveis e intransferíveis, sem audiência da comunidade científica e aprovação prévia do Poder Legislativo.

Parágrafo único. O disposto neste artigo não se aplica à doação de equipamentos e insumos para a pesquisa, quando feita por entidade pública de fomento ao ensino e à pesquisa científica e tecnológica, para outra entidade pública da área de ensino e pesquisa em ciência e tecnologia.

CAPÍTULO V
DA COMUNICAÇÃO SOCIAL

Art. 273. A ação do Estado, no campo da comunicação, fundar-se-á sobre os seguintes princípios:

I - democratização do acesso às informações;

II - pluralismo e multiplicidade das fontes de informação;

III - visão pedagógica da comunicação dos órgãos e entidades públicas.

Art. 274. Os órgãos de comunicação social pertencentes ao Estado, as fundações instituídas ou mantidas pelo Poder Público ou a quaisquer entidades sujeitas, direta ou indiretamente, ao seu controle econômico, serão utilizados de modo a assegurar a possibilidade de expressão e confronto das diversas correntes de opinião.

CAPÍTULO VI
DA DEFESA DO CONSUMIDOR

Art. 275. O Estado promoverá a defesa do consumidor mediante adoção de política governamental própria e de medidas de orientação e fiscalização, definidas em lei.

Parágrafo único. A lei definirá também os direitos básicos dos consumidores e os mecanismos de estímulo à auto-organização da defesa do consumidor, de assistência judiciária e policial especializada e de controle de qualidade dos serviços públicos.

Art. 276. O Sistema Estadual de Defesa do Consumidor, integrado por órgãos públicos das áreas de saúde, alimentação, abastecimento, assistência judiciária, crédito, habitação, segurança e educação, com atribuições de tutela e promoção dos consumidores de bens e serviços, terá como órgão consultivo e deliberativo o Conselho Estadual de Defesa do Consumidor, com atribuições e composição definidas em lei.

CAPÍTULO VII
DA PROTEÇÃO ESPECIAL

SEÇÃO I
DA FAMÍLIA, DA CRIANÇA, DO ADOLESCENTE, DO JOVEM, DO IDOSO E DOS PORTADORES DE DEFICIÊNCIAS

– Seção I com redação dada pela Emenda Constitucional nº 38 de 16/10/2013.

Art. 277. Cabe ao Poder Público, bem como à família, assegurar à criança, ao adolescente, ao jovem, ao idoso e aos portadores de deficiências, com absoluta prioridade, o direito à vida, à saúde, à alimentação, à educação, ao lazer, à profissionalização, à cultura, à dignidade, ao respeito, à liberdade e à convivência familiar e comunitária, além de colocá-los a salvo de toda forma de negligência, discriminação, exploração, violência, crueldade e agressão.

– Artigo 277, "caput", com redação dada pela Emenda Constitucional nº 38 de 16/10/2013.

Parágrafo único. O direito à proteção especial, conforme a lei, abrangerá, entre outros, os seguintes aspectos:

1 – garantia à criança e ao adolescente de conhecimento formal do ato infracional que lhe seja atribuído, de igualdade na relação processual, representação legal, acompanhamento psicológico e social e defesa técnica por profissionais habilitados;

2 – obrigação de empresas e instituições, que recebam do Estado recursos financeiros para a realização de programas, projetos e atividades culturais, educacionais, de lazer e outros afins, de preverem o acesso e a participação de portadores de deficiências.

Art. 278. O Poder Público promoverá programas especiais, admitindo a participação de entidades não governamentais e tendo como propósito:

I – assistência social e material às famílias de baixa renda dos egressos de hospitais psiquiátricos do Estado, até sua reintegração na sociedade;

II – concessão de incentivo às empresas para adequação de seus equipamentos, instalações e rotinas de trabalho aos portadores de deficiências;

III – garantia às pessoas idosas de condições de vida apropriadas, frequência e participação em todos os equipamentos, serviços e programas culturais, educacionais, esportivos, recreativos e de lazer, defendendo sua dignidade e visando à sua integração à sociedade;

IV – integração social de portadores de deficiências, mediante treinamento para o trabalho, convivência e facilitação do acesso aos bens e serviços coletivos;

V – criação e manutenção de serviços de prevenção, orientação, recebimento e encaminhamento de denúncias referentes à violência;

VI – instalação e manutenção de núcleos de atendimento especial e casas destinadas ao acolhimento provisório de crianças, adolescentes, idosos, portadores de deficiências e vítimas de violência, incluindo a criação de serviços jurídicos de apoio às vítimas, integrados a atendimento psicológico e social;

VII – nos internamentos de crianças com até doze anos nos hospitais vinculados aos órgãos da administração direta ou indireta, é assegurada a permanência da mãe, também nas enfermarias, na forma da lei;

VIII – prestação de orientação e informação sobre a sexualidade humana e conceitos básicos da instituição da família, sempre que possível, de forma integrada aos conteúdos curriculares do ensino fundamental e médio;

IX – criação e manutenção de serviços e programas de prevenção e orientação contra entorpecentes, álcool e drogas afins, bem como de encaminhamento de denúncias e atendimento especializado, referentes à criança, ao adolescente, ao adulto e ao idoso dependentes.

Art. 279. Os Poderes Públicos estadual e municipal assegurarão condições de prevenção de deficiências, com prioridade para a assistência pré-natal e à infância, bem como integração social de portadores de deficiências, mediante treinamento para o trabalho e para a convivência, mediante:

I – criação de centros profissionalizantes para treinamento, habilitação e reabilitação profissional de portadores de deficiências, oferecendo os meios adequados para esse fim aos que não tenham condições de frequentar a rede regular de ensino;

II – implantação de sistema "Braille" em estabelecimentos da rede oficial de ensino, em cidade pólo regional, de forma a atender às necessidades educacionais e sociais dos portadores de deficiências.

Parágrafo único. As empresas que adaptarem seus equipamentos para o trabalho de portadores de deficiências poderão receber incentivos, na forma da lei.

Art. 280. É assegurado, na forma da lei, aos portadores de deficiências e aos idosos, acesso adequado aos logradouros e edifícios de uso público, bem como aos veículos de transporte coletivo urbano.

Art. 281. O Estado propiciará, por meio de financiamentos, aos portadores de deficiências, a aquisição dos equipamentos que se destinam a uso pessoal e que permitam a correção, diminuição e superação de suas limitações, segundo condições a serem estabelecidas em lei.

SEÇÃO II
DOS ÍNDIOS

Art. 282. O Estado fará respeitar os direitos, bens materiais, crenças, tradições e todas as demais garantias conferidas aos índios na Constituição Federal.

§ 1º Compete ao Ministério Público a defesa judicial dos direitos e interesses das populações indígenas, bem como intervir em todos os atos do processo em que os índios sejam partes.

§ 2º A Defensoria Pública prestará assistência jurídica aos índios do Estado, suas comunidades e organizações.

§ 3º O Estado protegerá as terras, as tradições, usos e costumes dos grupos indígenas integrantes do patrimônio cultural e ambiental estadual.

Art. 283. A lei disporá sobre formas de proteção do meio ambiente nas áreas contíguas às reservas e áreas tradicionalmente ocupadas por grupos indígenas, observado o disposto no artigo 231 da Constituição Federal.

TÍTULO VIII
DISPOSIÇÕES CONSTITUCIONAIS GERAIS

Art. 284. O Estado comemorará, anualmente, no período de 3 a 9 de julho, a Revolução Constitucionalista de 1932.

Art. 285. Fica assegurado a todos livre e amplo acesso às praias do litoral paulista.

§ 1º Sempre que, de qualquer forma, for impedido ou dificultado esse acesso, o Ministério Público tomará imediata providência para a garantia desse direito.

§ 2º O Estado poderá utilizar-se da desapropriação para abertura de acesso a que se refere o "caput".

Art. 286. Fica assegurada a criação de creches nos presídios femininos e, às mães presidiárias, a adequada assistência aos seus filhos durante o período de amamentação.

Art. 287. (~~A lei disporá sobre a instituição de indenização compensatória a ser paga, em caso de exoneração ou dispensa aos servidores públicos ocupantes de cargos e funções de confiança ou cargo em comissão, bem como aos que a lei declarar de livre exoneração.~~)

Parágrafo único. (~~A indenização referida no "caput" não se aplica aos servidores públicos que, exonerados ou dispensados do cargo ou função de confiança ou de livre exoneração, retornem à sua função atividade ou ao seu cargo efetivo.~~)

– Artigo 287 e seu parágrafo único foram declarados inconstitucionais pelo Supremo Tribunal Federal nos autos da ADI nº 326/1990, julgada em 13/10/1994.

Art. 288. É assegurada a participação dos servidores públicos nos colegiados e diretorias dos órgãos públicos em que seus interesses profissionais, de assistência médica e previdenciários sejam objeto de discussão e deliberação, na forma da lei.

Art. 289. O Estado criará crédito educativo, por meio de suas entidades financeiras, para favorecer os estudantes de baixa renda, na forma que dispuser a lei.

Art. 290. Toda e qualquer pensão paga pelo Estado, a qualquer título, não poderá ser de valor inferior ao do salário mínimo vigente no País.

Art. 291. Todos terão o direito de, em caso de condenação criminal, obter das repartições policiais e judiciais competentes, após reabilitação, bem como no caso de inquéritos policiais arquivados, certidões e informações de folha corrida, sem menção aos antecedentes, salvo em caso de requisição judicial, do Ministério Público, ou para fins de concurso público.

Parágrafo único. Observar-se-á o disposto neste artigo quando o interesse for de terceiros.

Art. 292. O Poder Executivo elaborará plano de desenvolvimento orgânico e integrado, com a participação dos Municípios interessados, abrangendo toda a zona costeira do Estado.

Art. 293. Os Municípios atendidos pela Companhia de Saneamento Básico do Estado de São Paulo poderão criar e organizar seus serviços autônomos de água e esgoto.

Parágrafo único. (~~A indenização devida à Companhia de Saneamento Básico do Estado de São Paulo será ressarcida após levantamento de auditoria conjunta entre a Secretaria da Fazenda do Estado e o Município, no prazo de até 25 anos.~~)

– Paragráfo único foi declarado inconstitucional pelo Supremo Tribunal Federal nos autos da ADI nº 1746/1997, julgada em 18/09/2014.

Art. 294. Fica assegurada a participação da sociedade civil nos conselhos estaduais previstos nesta Constituição, com composição e competência definidas em lei.

Art. 295. O Estado manterá um sistema unificado visando à localização, informação e referências de pessoas desaparecidas.

Art. 296. É vedada a concessão de incentivos e isenções fiscais às empresas que comprovadamente não atendam às normas de preservação ambiental e às relativas à saúde e à segurança do trabalho.

Art. 297. São também aplicáveis no Estado, no que couber, os artigos das Emendas à Constituição Federal que não integram o corpo do texto constitucional, bem como as alterações efetuadas no texto da Constituição Federal que causem implicações no âmbito estadual, ainda que não contempladas expressamente pela Constituição do Estado.

– Artigo 297 acrescentado pela Emenda Constitucional nº 21, de 14/02/2006.

ATO DAS DISPOSIÇÕES CONSTITUCIONAIS TRANSITÓRIAS

Art. 1º Os Deputados integrantes da atual legislatura, iniciada em 15 de março de 1987, exercerão seus mandatos até 15 de março de 1991, data em que se iniciará a legislatura seguinte.

Parágrafo único. Os Deputados eleitos para a legislatura seguinte à atual exercerão seus mandatos até 14 de março de 1995.

– Paragráfo único com redação dada pela Emenda Constitucional nº 3, de 11/11/1996.

Art. 1º-A. Os Deputados integrantes da legislatura iniciada em 15 de março de 2019 exercerão seus mandatos até 14 de março de 2023. (NR)

– "Caput" acrescentado pela Emenda Constitucional nº 47, de 14/03/2019.

Parágrafo único – A legislatura subsequente começará em 15 de março de 2023, e se encerrará em 31 de janeiro de 2027, iniciando-se a imediatamente posterior, assim como as que se seguirão a ela, em 1º de fevereiro, nos termos do § 2º do artigo 9º desta Constituição. (NR)

– Parágrafo único acrescentado pela Emenda Constitucional nº 47, de 14/03/2019.

Art. 2º O atual Governador do Estado, empossado em 15 de março de 1987, exercerá seu mandato até 15 de março de 1991, data em que tomará posse o Governador eleito para o período seguinte.

Parágrafo único. O Governador eleito para o período seguinte ao atual exercerá seu mandato até 1º de janeiro de 1995.

Art. 3º A revisão constitucional será iniciada imediatamente após o término da prevista no artigo 3º do Ato das Disposições Constitucionais Transitórias da Constituição Federal e aprovada pelo voto da maioria absoluta dos membros da Assembleia Legislativa.

Art. 4º O Regimento Interno da Assembleia Legislativa estabelecerá normas procedimentais com rito especial e sumaríssimo, com o fim de adequar esta Constituição ou suas leis complementares à legislação federal.

Art. 5º A Capital do Estado poderá ser transferida mediante lei, desde que estudos técnicos demonstrem a conveniência dessa mudança e após plebiscito, com resultado favorável, pelo eleitorado do Estado.

Art. 6º Até 28 de junho de 1990, as empresas públicas, sociedades de economia mista e as fundações instituídas ou mantidas pelo Poder Público estadual incorporarão aos seus estatutos as normas desta Constituição que digam respeito às suas atividades e serviços.

Art. 7º As quatro primeiras vagas de Conselheiros do Tribunal de Contas do Estado, ocorridas a partir da data da publicação desta Constituição, serão preenchidas na conformidade do disposto no artigo 31, § 2º, item 2, desta Constituição.

Parágrafo único. Após o preenchimento das vagas, na forma prevista neste artigo, serão obedecidos o critério e a ordem fixados pelo artigo 31, §§ 1º e 2º, desta Constituição.

– O Supremo Tribunal Federal conferiu interpretação conforme a Constituição ao parágrafo único do artigo 7º do ADCT nos autos da ADI nº 374/1990, julgada em 22/03/2012.

Art. 8º Os Poderes Legislativo, Executivo e Judiciário, no prazo de cento e oitenta dias, proporão uma forma de integração dos seus controles internos em conformidade com o artigo 35 desta Constituição.

Art. 9º Enquanto não forem criados os serviços auxiliares a que se refere o artigo 92, IV, desta Constituição, o Ministério Público terá assegurados, em caráter temporário, os meios necessários ao desempenho das funções a que se refere o artigo 97.

Art. 10. Dentro de cento e oitenta dias, a contar da promulgação desta Constituição, o Poder Executivo encaminhará à Assembleia Legislativa o projeto de Lei Orgânica a que se refere o artigo 103, parágrafo único. Enquanto não entrar em funcionamento a Defensoria Pública, suas atribuições poderão ser exercidas pela Procuradoria de Assistência Judiciária da Procuradoria Geral do Estado ou por advogados contratados ou conveniados com o Poder Público.

Art. 11. Aos procuradores do Estado, no prazo de sessenta dias da promulgação da Lei Orgânica da Defensoria Pública, será facultada opção, de forma irretratável, pela permanência no quadro da Procuradoria Geral do Estado, ou no quadro de carreira de Defensor Público, garantidas as vantagens, níveis e proibições.

Art. 11-A. A assunção das funções dos órgãos jurídicos das autarquias, inclusive as de regime especial, pela Procuradoria Geral do Estado fica condicionada à adequação da estrutura organizacional desta, sem prejuízo da possibilidade de imediata designação de Procuradores do Estado para a execução de tarefas específicas do interesse das entidades autárquicas, por ato do Procurador-Geral do Estado, mediante prévia solicitação do respectivo Superintendente.

§ 1º Os cargos e as funções-atividades de Procurador de Autarquia, inclusive as de regime especial, exceto as universidades públicas estaduais, ficarão extintos, na vacância, na forma a ser estabelecida em lei, assegurado aos seus atuais titulares e ocupantes o exercício das atribuições respectivas, bem como a ascensão funcional, nos termos da legislação em vigor.

§ 2º Enquanto não efetivada por completo a assunção dos órgãos jurídicos das autarquias pela Procuradoria Geral do Estado, a eles continuará aplicável o disposto no artigo 101, "caput", desta Constituição, permanecendo os Procuradores de Autarquia que os integram sujeitos às disposições legais atinentes a direitos e deveres, garantias e prerrogativas, proibições e impedimentos dos Procuradores do Estado.

– Artigo 11-A acrescentado pela Emenda Constitucional nº 19, de 14/04/2004.

Art. 12. Os créditos a que se refere o artigo 57, §§ 3º e 4º, bem como os saldos devedores dos precatórios judiciários, incluindo-se o remanescente de juros e correção monetária pendentes de pagamento na data da promulgação desta Constituição, serão pagos em moeda corrente com atualização até a data do efetivo depósito, da seguinte forma:

I – no exercício de 1990, serão pagos os precatórios judiciários protocolados até 01/07/83;

II – no exercício de 1991, os protocolados no período de 02/07/83 a 01/07/85;

III – no exercício de 1992, os protocolados no período de 02/07/85 a 01/07/87;

IV – no exercício de 1993, os protocolados no período de 02/07/87 a 01/07/89;

V – no exercício de 1994, os protocolados no período de 02/07/89 a 01/07/91;

VI – no exercício de 1995, os protocolados no período de 02/07/91 a 01/07/93;

VII – no exercício de 1996, os protocolados no período de 02/07/93 a 01/07/94;

VIII – no exercício de 1997, os protocolados no período de 02/07/94 a 01/07/96.

§ 1º Os precatórios judiciários referentes aos créditos de natureza não alimentar, sujeitos ao preceito estabelecido no artigo 33 do Ato das Disposições Constitucionais Transitórias da Constituição Federal estão excluídos da forma de pagamento disposta neste artigo.

§ 2º A forma de pagamento a que se refere este artigo não desobriga as entidades a efetuarem o pagamento na forma do artigo 100 da Constituição Federal e artigo 57, §§ 1º e 2º, desta Constituição.

Art. 12-A. Ressalvados os créditos definidos em lei como de pequeno valor, os de natureza alimentícia, os de que trata o artigo 33 do Ato das Disposições Constitucionais Transitórias da Constituição Federal e suas complementações e os que já tiverem os seus respectivos recursos liberados ou depositados em juízo, os precatórios pendentes na data de promulgação da Emenda à Constituição Federal nº 30, de 13 de setembro de 2000, e os que decorram de ações iniciais ajuizadas até 31 de dezembro de 1999 serão liquidados pelo seu valor real, em moeda corrente, acrescido dos juros legais, em prestações anuais, iguais e sucessivas, no prazo máximo de dez anos, permitida a cessão de créditos.

§ 1º É permitida a decomposição de parcelas, a critério do credor.

§ 2º As prestações anuais a que se refere o "caput" deste artigo terão, se não liquidadas até o final do exercício a que se referem, poder liberatório do pagamento de tributos da entidade devedora.

§ 3º O prazo referido no "caput" deste artigo fica reduzido para dois anos, nos casos de precatórios judiciais originários de desapropriação de imóvel residencial do credor, desde que comprovadamente único à época da imissão na posse.

§ 4º O Presidente do Tribunal competente deverá, vencido o prazo ou em caso de omissão no orçamento, ou preterição ao direito de precedência, a requerimento do credor, requisitar ou determinar o sequestro de recursos financeiros da entidade executada, suficientes à satisfação da prestação.

- Artigo 12-A acrescentado pela Emenda Constitucional nº 21, de 14/02/2006.

Art. 13. O Tribunal de Justiça, no prazo de cento e oitenta dias contados da promulgação desta Constituição, encaminhará projeto de lei fixando a forma e os termos para criação de Tribunais de Alçada Regionais, a que se refere o artigo 71.

Art. 14. A competência das Turmas de Recursos a que se refere o artigo 84 entrará em vigor à medida que forem designados seus juízes. Tais designações terão seu início dentro de seis meses, pela Comarca da Capital.

Art. 15. O Tribunal de Justiça, dentro do prazo de noventa dias, após a promulgação desta Constituição, encaminhará projeto de lei à Assembleia Legislativa, dispondo sobre a organização, competência e instalação dos Juizados Especiais a que se refere o artigo 87.

§ 1º São mantidos os Juizados Especiais de Pequenas Causas criados com base na Lei Federal nº 7.244, de 7 de novembro de 1984, e na Lei Estadual nº 5.143, de 28 de maio de 1986, bem como suas instâncias recursais.

§ 2º O projeto a que se refere o "caput" deste artigo deverá prever a instalação, na Capital, de Juizados Especiais em número suficiente e localização adequada ao atendimento da população dos bairros periféricos.

Art. 16. Até a elaboração da lei que criar e organizar a Justiça de Paz, ficam mantidos os atuais juízes e suplentes de juiz de casamentos, até a posse de novos titulares, assegurando-lhes os direitos e atribuições conferidos aos juízes de paz de que tratam os artigos 98, II, da Constituição Federal, artigo 30 do Ato das Disposições Constitucionais Transitórias e artigo 89 desta Constituição.

Art. 17. ~~Lei a ser editada no prazo de quatro meses após a promulgação desta Constituição, disporá sobre normas para criação dos cartórios extra judiciais, levando-se em consideração sua distribuição geográfica, a densidade populacional e a demanda do serviço.~~

§ 1º ~~O Poder Executivo providenciará no sentido de que, no prazo de seis meses após a publicação da lei mencionada no "caput" deste artigo, seja dado cumprimento a ela, instalando-se os cartórios.~~

§ 2º ~~Os cartórios extrajudiciais localizar-se-ão, obrigatoriamente, na circunscrição onde tenham atribuições.~~

Artigo 17 declarado inconstitucional, em controle concentrado, pelo Supremo Tribunal Federal nos autos da ADI nº 4223.

Art. 18. Os servidores civis da administração direta, autárquica e das fundações instituídas ou mantidas pelo Poder Público em exercício na data da promulgação desta Constituição, que não tenham sido admitidos na forma regulada pelo artigo 37 da Constituição Federal, são considerados estáveis no serviço público, desde que contassem, em 5 de outubro de 1988, cinco anos continuados, em serviço.

§ 1º O tempo de serviço dos servidores referidos neste artigo será contado como título, quando se submeterem a concurso para fins de efetivação, na forma da lei.

§ 2º O disposto neste artigo não se aplica aos ocupantes de cargos, funções e empregos de confiança ou em comissão, nem aos que a lei declare de livre exoneração, cujo tempo de serviço não será computado para os fins do "caput" deste artigo, exceto se se tratar de servidor.

§ 3º O disposto neste artigo não se aplica aos professores de nível superior, nos termos da lei.

§ 4º Para os integrantes das carreiras docentes do magistério público estadual não se considera, para os fins previstos no "caput", a interrupção ou descontinuidade de exercício por prazo igual ou inferior a noventa dias, exceto nos casos de dispensa ou exoneração solicitadas pelo servidor.

Art. 19. Para os efeitos do disposto no artigo 133, é assegurado ao servidor o cômputo de tempo de exercício anterior à data da promulgação desta Constituição.

Art. 20. O pagamento do adicional por tempo de serviço e da sexta parte, na forma prevista no artigo 129, será devido a partir do primeiro dia do mês seguinte ao da publicação desta Constituição, vedada sua acumulação com vantagem já percebida por esses títulos.

Art. 21. Dentro de cento e oitenta dias, proceder-se-á à revisão dos direitos dos servidores públicos inativos e pensionistas e à atualização dos proventos e pensões a eles devidos, a fim de ajustá-los ao disposto no artigo 126, § 4º, desta Constituição e ao que dispõe a Constituição Federal, retroagindo seus efeitos a 5 de outubro de 1988.

Art. 22. Os atuais Supervisores de Ensino do Quadro do Magistério, aposentados, que exerciam cargos ou funções idênticas às do antigo Inspetor de Ensino Médio, sob a égide da Lei nº 9.717, de 31 de janeiro de 1967 ou do Decreto nº 49.532, de 26 de abril de 1968, em regime especial de trabalho ou de dedicação exclusiva, terão assegurado o direito à contagem do período exercido, para fim de incorporação.

Art. 23. Aos servidores extranumerários estáveis do Estado, ficam asseguradas todas as vantagens pecuniárias concedidas aos que, exercendo idênticas funções, foram beneficiados pelas disposições da Constituição Federal de 1967.

Art. 24. Os exercentes da função-atividade de Orientador Trabalhista e Orientador Trabalhista Encarregado, originários do quadro da Secretaria de Relações do Trabalho, os Assistentes de Atendimento Jurídico da Fundação Estadual de Amparo ao Trabalhador Preso, bem como os servidores públicos que sejam advogados e que prestam serviços na Procuradoria de Assistência Judiciária da Procuradoria Geral do Estado, serão aproveitados na Defensoria Pública, desde que estáveis em 5 de outubro de 1988.

Parágrafo único. Os servidores referidos no "caput" deste artigo serão aproveitados em função-atividade ou cargo idêntico ou correlato ao que exerciam anteriormente.

Art. 25. Ao servidor ocupante de cargo em comissão ou designado para responder pelas atribuições de cargo vago retribuído mediante "pro-labore", ou em substituição de Direção, Chefia ou Encarregatura, com direito à aposentadoria, que contar, no mínimo cinco anos contínuos ou dez intercalados em cargo de provimento dessa natureza, fica assegurada a aposentadoria com proventos correspondentes ao cargo que tiver exercido ou que estiver exercendo, desde que esteja em efetivo exercício há pelo menos um ano, na data da promulgação desta Constituição.

Art. 26. Os vencimentos do servidor público estadual que teve transformado o seu cargo ou função anteriormente à data da promulgação desta Constituição, corresponderão, no mínimo, àqueles atribuídos ao cargo ou função de cujo exercício decorreu a transformação.

Parágrafo único. Aplica-se aos proventos dos aposentados o disposto no "caput" do presente artigo.

Art. 27. Aplica-se o disposto no artigo 8º e seus parágrafos do Ato das Disposições Constitucionais Transitórias da Constituição Federal aos servidores públicos civis da administração direta, autárquica, fundacional e aos empregados das empresas públicas ou sociedade de economia mista, sob controle estatal.

Art. 28. Será contado para todos os fins, como de efetivo exercício, na carreira em que se encontrem, o tempo de serviço dos ex-integrantes das carreiras da antiga Guarda Civil, Força Pública, Polícia Marítima, Aérea e de Fronteiras e outras carreiras policiais extintas.

Art. 29. Fica assegurada promoção na inatividade aos ex-integrantes da Força Pública, Guarda Civil, Polícia Marítima, Aérea e de Fronteiras que se encontravam no serviço ativo em 9 de abril de 1970, hoje na ativa ou inatividade, vinculados às Polícias Civil e Militar, mediante requerimento feito até noventa dias após promulgada esta Constituição que não tenham sido contemplados, de maneira isonômica, pelo artigo seguinte e pelas Leis nº 418/85, 4.794/85, 5.455/86 e 6.471/89.

Art. 30. Aos integrantes inativos da Polícia Militar do Estado, a partir de 15 de março de 1968, em virtude de invalidez, a pedido, após trinta anos ou mais de serviço, ou por haver atingido a idade limite para permanência no serviço ativo e que não foram beneficiados por lei posterior àquela data, fica assegurado, a partir da promulgação desta Constituição, o apostilamento do título ao posto ou graduação imediatamente superior ao que possuíam quando da transferência para a inatividade, com vencimentos e vantagens integrais, observando-se o disposto no artigo 40, §§ 4º e 5º, da Constituição Federal, inclusive.

Parágrafo único. Os componentes da extinta Força Pública do Estado, que em 8 de abril de 1970 se encontravam em atividade na graduação de subtenente, terão seus títulos apostilados no posto superior ao que se encontram na data da promulgação desta Constituição, restringindo-se o benefício exclusivamente aos segundos-tenentes.

Art. 31. O concurso público, prorrogado uma vez, por período inferior ao prazo de validade previsto no edital de convocação, e em vigor em 5 de outubro de 1988, terá automaticamente ajustado o período de sua validade, de acordo com os termos do inciso III do artigo 37 da Constituição Federal.

Art. 32. As normas de prevenção de acidentes e doenças do trabalho integrarão, obrigatoriamente, o Código Sanitário do Estado, sendo o seu descumprimento passível das correspondentes sanções administrativas.

Art. 33. O Poder Público promoverá, no prazo de três anos, a identificação prévia de áreas e o ajuizamento de ações discriminatórias, visando a separar as terras devolutas das particulares, e manterá cadastro atualizado dos seus recursos fundiários.

Art. 34. Até que lei complementar disponha sobre a matéria, na forma do artigo 145 desta Constituição, a criação de Municípios fica condicionada à observância dos seguintes requisitos:

I - população mínima de dois mil e quinhentos habitantes e eleitorado não inferior a dez por cento da população;

II - centro urbano já constituído, com um mínimo de duzentas casas;

III - a área da nova unidade municipal deve ser distrito ou subdistrito há mais de três anos e ter condições apropriadas para a instalação da Prefeitura e da Câmara Municipal;

IV - a área deve apresentar solução de continuidade de pelo menos cinco quilômetros, entre o seu perímetro urbano e a do Município de origem, excetuando-se, neste caso, os distritos e subdistritos integrantes de áreas metropolitanas;

V - a área não pode interromper a continuidade territorial do Município de origem;

VI - o nome do novo Município não pode repetir outro já existente no País, bem como conter a designação de datas e nomes de pessoas vivas.

§ 1º Ressalvadas as Regiões Metropolitanas, a área da nova unidade municipal independe de ser distrito ou subdistrito quando pertencer a mais de um Município, preservada a continuidade territorial.

§ 2º O desmembramento de Município ou Municípios, para a criação de nova unidade municipal, não lhes poderá acarretar a perda dos requisitos estabelecidos neste artigo.

§ 3º Somente será considerada aprovada a emancipação quando o resultado favorável do plebiscito obtiver a maioria dos votos válidos, tendo votado a maioria absoluta dos eleitores.

§ 4º As eleições para Prefeito, Vice-Prefeito e Vereadores serão designadas dentro de noventa dias, a partir da publicação da lei emancipadora, salvo se faltarem menos de dois anos para as eleições municipais gerais, hipótese em que serão realizadas com estas.

§ 5º O término do primeiro mandato dar-se-á em 31 de dezembro de 1992.

Art. 35. Com a finalidade de regularizar-se a situação imobiliária do Município de Barão de Antonina, fica o Estado autorizado a conceder títulos de legitimação de posse, comprovada, administrativamente, apenas a morada permanente, por si ou sucessores, pelo prazo de dez anos, aos ocupantes das terras devolutas localizadas naquele Município, bem como para a própria Prefeitura Municipal, comprovada para esta, apenas, a efetiva ocupação, relativamente aos imóveis, áreas e logradouros públicos.

Art. 36. O Estado criará, na forma da lei, por prazo não inferior a dez anos, os Fundos de Desenvolvimento Econômico e Social do Vale do Ribeira e do Pontal do Paranapanema.

Art. 37. Os fundos existentes na data da promulgação desta Constituição extinguir-se-ão, se não forem ratificados pela Assembleia Legislativa no prazo de um ano.

Art. 38. Os conselhos, fundos, entidades e órgãos previstos nesta Constituição, não existentes na data da sua promulgação, serão criados mediante lei de iniciativa do Poder Executivo, que terá o prazo de cento e oitenta dias para remeter à Assembleia Legislativa o projeto. No mesmo prazo, remeterá os projetos de adaptação dos já existentes e que dependam de lei para esse fim.

Art. 39. Até a entrada em vigor da lei complementar a que se refere o artigo 165, § 9º da Constituição Federal, serão obedecidas as seguintes normas:

I - o projeto de lei de diretrizes orçamentárias do Estado será encaminhado até oito meses antes do encerramento do exercício financeiro e devolvido para sanção até o encerramento do primeiro período da sessão legislativa;

II - o projeto de lei orçamentária anual do Estado será encaminhado até três meses antes do encerramento do exercício financeiro e devolvido para sanção até o encerramento da sessão legislativa.

Art. 40. Enquanto não forem disciplinados por lei o plano plurianual e as diretrizes orçamentárias, não se aplica à lei de orçamento o disposto no artigo 175, § 1º, item 1, desta Constituição.

Art. 41. Declarado inconstitucional, em controle concentrado, pelo Supremo Tribunal Federal.

- Artigo 41 foi declarado inconstitucional pelo Supremo Tribunal Federal nos autos da ADI nº 403/1990, julgada em 01/07/2002.

Art. 42. O Estado, no exercício da competência prevista no artigo 24, incisos VI, VII e VIII, da Constituição Federal, no que couber, elaborará, atendendo suas peculiaridades, o Código de Proteção ao Meio Ambiente, no prazo de cento e oitenta dias.

Art. 43. Fica o Poder Público, no prazo de dois anos, obrigado a iniciar obras de adequação, atendendo ao disposto no artigo 205 desta Constituição.

Art. 44. Ficam mantidas as unidades de conservação atualmente existentes, promovendo o Estado a sua demarcação, regularização dominial e efetiva implantação no prazo de cinco anos, consignando nos próximos orçamentos as verbas para tanto necessárias.

Art. 45. O Poder Público, dentro de cento e oitenta dias demarcará as áreas urbanizadas na Serra do Mar, com vistas a definir as responsabilidades do Estado e dos Municípios, em que se enquadram essas áreas, a fim de assegurar a preservação do meio ambiente e ao disposto no artigo 12, § 2º, do Ato das Disposições Constitucionais Transitórias da Constituição Federal.

Art. 46. No prazo de três anos, a contar da promulgação desta Constituição, ficam os Poderes Públicos Estadual e Municipal obrigados a tomar medidas eficazes para impedir o bombeamento de águas servidas, dejetos e de outras substâncias poluentes para a represa Billings.

Parágrafo único. Qualquer que seja a solução a ser adotada, fica o Estado obrigado a consultar permanentemente os Poderes Públicos dos Municípios afetados.

Art. 47. O Poder Executivo implantará no prazo de um ano, a contar da data da promulgação desta Constituição, na Secretaria de Estado da Saúde, banco de órgãos, tecidos e substâncias humanas.

Art. 48. A Assembleia Legislativa, no prazo de um ano, contado da promulgação desta Constituição, elaborará lei complementar específica, disciplinando o Sistema Previdenciário do Estado.

Art. 49. Nos dez primeiros anos da promulgação desta Constituição, o Poder Público desenvolverá esforços, com a mobilização de todos os setores organizados da sociedade e com a aplicação de, pelo menos, cinquenta por cento dos recursos a que se refere o artigo 255 desta Constituição, para eliminar o analfabetismo e universalizar o ensino fundamental, com qualidade satisfatória.

Art. 50. Até o ano 2000, bienalmente, o Estado e os Municípios promoverão e publicarão censos que aferirão os índices de analfabetismo e sua relação com a universalização do ensino fundamental, de conformidade com o preceito estabelecido no artigo 60, do Ato das Disposições Constitucionais Transitórias da Constituição Federal.

Art. 51. No prazo de cento e vinte dias, a contar da promulgação desta Constituição, o Poder Público estadual deverá definir a situação escolar dos alunos matriculados em escolas de 1º e 2º graus da rede particular que, nos últimos cinco anos, tiveram suas atividades suspensas ou encerradas por desrespeito a disposições legais, obedecida a legislação aplicável à espécie.

Art. 52. Nos termos do artigo 253 desta Constituição e do artigo 60, parágrafo único do Ato das Disposições Constitucionais Transitórias da Constituição Federal, o Poder Público Estadual implantará ensino superior público e gratuito nas regiões de maior densidade populacional, no prazo de até três anos, estendendo as unidades das universidades públicas estaduais e diversificando os cursos de acordo com as necessidades sócio-econômicas dessas regiões.

Parágrafo único. A expansão do ensino superior público a que se refere o "caput" poderá ser viabilizada na criação de universidades estaduais, garantido o padrão de qualidade.

Art. 53. O disposto no parágrafo único do artigo 253 deverá ser implantado no prazo de dois anos.

Art. 54. A lei, no prazo de cento e oitenta dias após a promulgação do Código do Consumidor, a que se refere o artigo 48 do Ato das Disposições Constitucionais Transitórias da Constituição Federal, estabelecerá normas para proteção ao consumidor.

Art. 55. A lei disporá sobre a adaptação dos logradouros públicos, dos edifícios de uso público e dos veículos de transporte coletivo, a fim de garantir acesso adequado aos portadores de deficiências.

Art. 56. No prazo de cinco anos, a contar da promulgação desta Constituição, os sistemas de ensino municipal e estadual tomarão todas as providências necessárias à efetivação dos dispositivos nela previstos, relativos à formação e reabilitação dos portadores de deficiências, em especial e quanto aos recursos financeiros, humanos, técnicos e materiais.

Parágrafo único. Os sistemas mencionados neste artigo, no mesmo prazo, igualmente, garantirão recursos financeiros, humanos, técnicos e materiais, destinados a campanhas educativas de prevenção de deficiências.

Art. 57. Aos participantes ativos da Revolução Constitucionalista de 1932 serão assegurados os seguintes direitos:

I - pensão especial, sendo inacumulável com quaisquer rendimentos recebidos dos cofres públicos, exceto os benefícios previdenciários, ressalvado o direito de opção;

II - em caso de morte, pensão à viúva, companheira ou dependente, na forma do inciso anterior.

Parágrafo único. A concessão da pensão especial a que se refere o inciso I, substitui, para todos os efeitos legais, qualquer outra pensão já concedida aos ex-combatentes.

Art. 58. Salvo disposições em contrário, os Poderes Legislativo, Executivo e Judiciário deverão propor os projetos que objetivam dar cumprimento às determinações desta Constituição, bem como, no que couber, da Constituição Federal, até a data de 28 de junho de 1990, para apreciação pela Assembleia Legislativa.

Art. 59. A Imprensa Oficial do Estado promoverá a edição do texto integral desta Constituição que, gratuitamente, será colocado à disposição de todos os interessados.

Art. 60. O Estado entregará aos Municípios vinte e cinco por cento do montante de recursos recebidos da União com base no artigo 91 do Ato das Disposições Constitucionais Transitórias da Constituição Federal, respeitando-se, ainda, o disposto nos §§ 2º a 4º do mesmo artigo.

- Artigo 60 acrescentado pela Emenda Constitucional nº 21, de 14/02/2006.

Art. 61. Fica instituído, para vigorar até o ano de 2010, no âmbito do Poder Executivo Estadual, o Fundo de Combate e Erradicação da Pobreza, a ser regulado por lei complementar com o objetivo de proporcionar aos residentes no Estado de São Paulo o acesso a níveis dignos de sobrevivência, cujos recursos serão aplicados em ações complementares de nutrição, habitação, educação, saúde, reforço de renda familiar e outros programas de relevante interesse social voltados para a melhoria da qualidade de vida.

§ 1º Compõem o Fundo de Combate e Erradicação da Pobreza:

1 - a parcela do produto da arrecadação correspondente a um adicional de até dois pontos percentuais da alíquota do Imposto sobre Operações Relativas à Circulação de Mercadorias e sobre Operações de Serviço de Transporte Interestadual e Intermunicipal e de Comunicação - ICMS, ou do imposto que vier a substituí-lo, sobre produtos e serviços supérfluos definidos em lei complementar federal;

2 - dotações orçamentárias;

3 - doações, de qualquer natureza, de pessoas físicas ou jurídicas do País ou do exterior;

4 - outras doações, de qualquer natureza, a serem definidas da regulamentação do próprio fundo.

§ 2º Para o financiamento do Fundo poderá ser instituído um adicional de até dois pontos percentuais na alíquota do Imposto sobre Operações Relativas à Circulação de Mercadorias e sobre Serviços de Transporte Interestadual e Intermunicipal e de Comunicação - ICMS incidente sobre produtos e serviços supérfluos e nas condições definidas em lei complementar federal, não se aplicando, sobre este percentual, o disposto no artigo 158, IV, da Constituição Federal.

§ 3º O Fundo previsto neste artigo terá Conselho Consultivo e de Acompanhamento que conte com a participação da sociedade civil, nos termos da lei.

- Artigo 61 acrescentado pela Emenda Constitucional nº 21, de 14/02/2006.

Art. 62. Na ausência da lei complementar a que se refere o artigo 198, § 3º, da Constituição Federal, deverá ser observado para o cumprimento do parágrafo único do artigo 222 da Constituição Estadual o disposto no artigo 77 do Ato das Disposições Constitucionais Transitórias da Constituição Federal.

- Artigo 62 acrescentado pela Emenda Constitucional nº 21, de 14/02/2006.

LEI Nº 11.377, DE 14 DE ABRIL DE 2003

Define as obrigações de pequeno valor, previstas no § 3º do Artigo 100 da Constituição Federal, e os precatórios judiciais excepcionados pelo "caput" do Artigo 78 do Ato das Disposições Constitucionais Transitórias e dá outras providências

Art. 1º São consideradas de pequeno valor, para os fins do disposto no § 3º do Artigo 100 da Constituição Federal, as obrigações que a Fazenda do Estado de São Paulo, Autarquias, Fundações e Universidades estaduais devam quitar em decorrência de decisão final, da qual não penda recurso ou defesa, inclusive da conta de liquidação, cujo valor seja igual ou inferior a 1.135,2885 Unidades Fiscais do Estado de São Paulo - UFESPs, independente da natureza do crédito.

» V. Lei 17.205, de 07 de novembro de 2019.

§ 1º Considera-se valor da obrigação, para os fins do disposto no "caput", o total apurado em conta de liquidação homologada ou aprovada no processo de origem, atualizado até a data de expedição do ofício judicial requisitando o pagamento.

§ 2º As obrigações de que trata este artigo terão os respectivos valores atualizados monetariamente e acrescidos os juros legais de 6% (seis por cento) ao ano, utilizado o critério "pro rata tempore", até a data do efetivo pagamento, que se fará no prazo máximo de 90 (noventa) dias, a contar do recebimento da requisição, na forma a ser estabelecida em decreto.

Art. 2º Serão considerados também de pequeno valor os precatórios judiciários que a Fazenda do Estado de São Paulo, Autarquias, Fundações e Universidades estaduais devam quitar, nos termos do § 1º do Artigo 100 da Constituição Federal, em relação aos quais não penda recurso ou defesa, cujo valor seja igual ou inferior a 1.135,2885 Unidades Fiscais do Estado de São Paulo - UFESPs.

§ 1º Para os fins do disposto no "caput", considera-se valor do precatório a importância expressa no ofício requisitório, ou a do respectivo saldo, atualizada até a data da publicação desta lei.

§ 2º Os precatórios de que trata este artigo serão relacionados em ordem cronológica apartada dos demais e liquidados em até 90 (noventa) dias, a contar da publicação desta lei, assegurada preferência aos relativos a créditos de natureza alimentícia.

Art. 3º O disposto no artigo anterior poderá ser aplicado, no que couber, a precatórios em relação aos quais penda defesa ou recurso, mediante requerimento das partes exequentes nos autos do processo, após o trânsito em julgado, e desde que o valor, nesse momento, seja igual ou inferior a 1.135,2885 Unidades Fiscais do Estado de São Paulo - UFESPs, caso em que a liquidação será feita em até 90 (noventa) dias, a contar da intimação da entidade devedora.

Art. 4º É vedado o fracionamento, repartição ou quebra do valor global da execução, de modo que o pagamento se faça, em parte, na forma estabelecida no «caput» do Artigo 1º desta lei e, em parte, com a expedição de precatório.

§ 1º É facultada às partes exequentes a renúncia ao crédito, no que exceder ao valor estabelecido no "caput" dos Artigos 1º ou 2º, para que possam optar pelo pagamento na forma desta lei, sempre considerado o valor global da execução.

§ 2º A opção pelo recebimento do crédito na forma prevista nesta lei, a ser exercida nos autos do processo, implica a renúncia do restante dos créditos porventura existentes e que sejam oriundos do mesmo processo.

Art. 5º Os valores dos precatórios a serem liquidados na forma do Artigo 78 do Ato das Disposições Constitucionais Transitórias, serão atualizados monetariamente e acrescidos de juros legais de 6% (seis por cento) ao ano, até o efetivo pagamento de cada anualidade, com final quitação na décima e última parcela.

Parágrafo único. Nos casos em que haja determinação judicial transitada em julgado para o cômputo de juros compensatórios ou de juros acima do limite legal, estes serão calculados até a data do pagamento da primeira parcela.

Art. 6º A redução do prazo a que alude o § 3º do Artigo 78 do Ato das Disposições Constitucionais Transitórias está condicionada à comprovação em juízo de que o imóvel desapropriado era residencial do credor e único à época da imissão na posse, produzindo efeitos a partir da intimação da entidade devedora estadual pela Presidência do Tribunal de Justiça do Estado de São Paulo.

Art. 7º A cessão de créditos decorrentes de precatórios cujos valores sejam parcelados na forma do Artigo 78 do Ato das Disposições Constitucionais Transitórias produzirá efeitos somente depois de comunicada ao juízo da execução, no processo de origem, e intimada a entidade devedora.

Art. 8º O efeito liberatório do pagamento de tributos estaduais, que venha a ser atribuído às prestações não liquidadas, nos termos do § 2º do Artigo 78 do Ato das Disposições Constitucionais Transitórias, dependerá de requerimento expresso do credor ao juízo da execução, no processo de origem, e produzirá efeitos a partir da intimação da entidade devedora pela Presidência do Tribunal que houver requisitado o pagamento.

Art. 9º Observada a ordem cronológica de pagamento em cada classe, os créditos decorrentes de decisões judiciais serão ordenados nas seguintes classes, distintas e autônomas:

I – créditos decorrentes de obrigações de pequeno valor;

II – precatórios relativos a crédito de natureza alimentícia de pequeno valor;

III – precatórios relativos a créditos de natureza não alimentícia de pequeno valor;

IV – precatórios relativos a créditos de natureza alimentícia;

V – precatórios relativos a créditos de natureza não alimentícia parcelados na forma do Artigo 78 do Ato das Disposições Constitucionais Transitórias;

VI – precatórios relativos a créditos de natureza não alimentícia não incluídos nos incisos anteriores.

Art. 10. Esta lei entra em vigor na data da sua publicação.

LEI Nº 17.205, DE 07 DE NOVEMBRO DE 2019

Estabelece, para fins de requisição direta à Fazenda do Estado de São Paulo, Autarquias, Fundações e Universidades estaduais, o limite para atendimento como obrigações de pequeno valor, nos termos do § 3º do artigo 100 da Constituição Federal

O GOVERNADOR DO ESTADO DE SÃO PAULO:

Faço saber que a Assembleia Legislativa decreta e eu promulgo a seguinte lei:

Artigo 1º. Nos termos e para os fins de requisição direta à Fazenda do Estado de São Paulo, Autarquias, Fundações e Universidades estaduais, como disposto no § 3º do artigo 100 da Constituição Federal, serão consideradas, como obrigações de pequeno valor, as condenações judiciais em relação às quais não penda recurso nem qualquer outra medida de defesa, cujo valor individual do credor, na data da sua conta de liquidação, independentemente da natureza do crédito, seja igual ou inferior a 440,214851 Unidades Fiscais do Estado de São Paulo – UFESPs, da mesma data, vedado o fracionamento ou quebra do valor da execução para fins de enquadramento de parcela nessa modalidade de requisição.

Parágrafo único – Mediante renúncia, irrevogável e irretratável, ao valor que exceder o limite definido no "caput" deste artigo, fica facultada aos credores a opção pela requisição direta de seus créditos, na forma desta lei.

Art. 2º. Esta lei entrará em vigor na data da sua publicação, produzindo efeitos imediatos e revogando as disposições em contrário.

Palácio dos Bandeirantes, 07 de novembro de 2019.

JOÃO DORIA

Henrique de Campos Meirelles

Secretário da Fazenda e Planejamento

Antonio Carlos Rizeque Malufe

Secretário Executivo, respondendo pelo expediente da Casa Civil

Publicada na Assessoria Técnica da Casa Civil, em 07 de novembro de 2019.

DIREITO ADMINISTRATIVO

LEI Nº 6.544, DE 22 DE NOVEMBRO DE 1989

Dispõe sobre o estatuto jurídico das licitações e contratos pertinentes a obras, serviços, compras, alienações, concessões e locações no âmbito da Administração Centralizada e Autárquica.

ÍNDICE

CAPÍTULO I
DAS OBRAS, SERVIÇOS, COMPRAS E ALIENAÇÕES

SEÇÃO I
DAS DISPOSIÇÕES GERAIS

Art. 1º Esta lei dispõe sobre o estatuto jurídico das licitações e contratos pertinentes a obras, serviços, compras, alienações, concessões e locações no âmbito da Administração Centralizada e Autárquica do Estado.

Art. 2º As obras, serviços, compras, alienações e locações da Administração serão necessariamente precedidos de licitação, ressalvadas as hipóteses previstas nesta lei.

Art. 3º A licitação destina-se a selecionar a proposta mais vantajosa para a Administração e será processada e julgada em estrita conformidade com os princípios básicos da igualdade, da publicidade, da probidade administrativa, da vinculação ao instrumento convocatório, do julgamento objetivo, do interesse público e dos que lhe são correlatos.

§ 1º É vedado incluir, nos atos de convocação, cláusulas ou condições que:

1. comprometam, restrinjam ou frustrem o caráter competitivo do procedimento licitatório;

2. estabeleçam preferências ou distinções em razão da naturalidade, da sede ou do domicílio dos licitantes, ressalvado o disposto no § 3º.

§ 2º Observadas condições satisfatórias de desempenho e de qualidade, de prazo de entrega e de garantia, será assegurada preferência aos bens e serviços produzidos no País.

§ 3º Na aquisição de bens e serviços pela Administração direta e indireta, inclusive fundações instituídas ou mantidas pelo Poder Público, será assegurado, em igualdade de condições, tratamento preferencial à empresa brasileira de capital nacional tal como definida no inciso II do Artigo 171 da Constituição da República.

§ 4º A preferência a que se refere o paragrafo anterior prevalecerá sobre a prevista no § 2º.

§ 5º A licitação não será sigilosa, sendo públicos e acessíveis ao público os atos de seu procedimento, salvo quanto ao conteúdo das propostas, até a respectiva abertura.

– Artigo 3º com redação dada pela Lei nº 7.397, de 08/07/1991.

Art. 4º Para os fins desta lei, considera-se:

I – obra – toda construção, reforma ou ampliação realizada por execução direta ou indireta;

II – serviço – toda a atividade realizada direta ou indiretamente, tais como demolição, fabricação, conserto, instalação, montagem, operação, conservação, reparação, manutenção, transporte, comunicação ou trabalhos técnicos profissionais;

III – serviço de engenharia – toda atividade compreendida na legislação federal regulamentadora das profissões de engenheiro, arquiteto e engenheiro agrônomo;

IV – compra – toda aquisição remunerada de bens para fornecimento de uma só vez ou parceladamente;

V – alienação – toda transferência de domínio de bens a terceiros;

VI – locação – todo contrato em que terceiros se obriguem a ceder à Administração, por tempo determinado, o uso e gozo de coisa não fungível, mediante retribuição;

VII – execução direta – a que é feita pelos próprios órgãos da Administração centralizada ou autárquica;

VIII – execução indireta – a que a Administração centralizada ou autárquica contrata com terceiros, sob qualquer das seguintes modalidades:

a) empreitada por preço global – quando se contrata a execução da obra ou do serviço por preço certo e total;

b) empreitada por preço unitário – quando se contrata a execução da obra ou do serviço por preço certo de unidades determinadas;

c) administração contratada – quando se contrata a execução de obra ou serviço mediante reembolso das despesas e pagamento da remuneração ajustada para os trabalhos de administração;

d) tarefa – quando se ajusta mão-de-obra para pequenos trabalhos por preço certo, com ou sem fornecimento de materiais;

IX – projeto básico – o conjunto de elementos que defina a obra ou serviço, ou o complexo de obras ou serviços que compõem empreendimento, e que possibilite a estimativa de seu custo final e prazo de execução;

X – projeto executivo – o conjunto de elementos necessários e suficientes à execução completa da obra ou serviço;

XI – contratante – o Estado ou Autarquia signatários do contrato;

XII – contratado – a pessoa física ou jurídica signatária do contrato firmado com o Estado ou Autarquia.

XIII – microempresa – a empresa que auferir, durante o ano, receita bruta igual ou inferior ao valor de R$ 83.700,00 (oitenta e três mil e setecentos reais);

XIV – empresa de pequeno porte a empresa que auferir, durante o ano, receita bruta superior ao valor de R$ 83.700,00 (oitenta e três mil e setecentos reais) e igual ou inferior a R$ 720.000,00 (setecentos e vinte mil reais).

– Incisos XIII e XIV acrescentados pela Lei nº 10.601, de 19/06/2000.

Parágrafo único. A receita bruta anual a que se referem os incisos XIII e IV deste artigo será a auferida no período de 1º de janeiro a 31 de dezembro, ou, caso a empresa não tenha exercido atividade no período completo do ano, a calculada á razão de um duodécimo do valor, por mês ou fração.

– Parágrafo único acrescentado pela Lei nº 10.601, de 19/06/2000.

SEÇÃO II
DAS OBRAS E SERVIÇOS

Art. 5º Nenhuma obra ou serviço será objeto de licitação sem projeto básico aprovado pela autoridade competente, nem de contrato sem a existência de recursos orçamentários, sob pena de nulidade dos atos e de responsabilidade de quem lhes deu causa.

Parágrafo único. O disposto neste artigo aplica-se aos casos de dispensa e de inexigibilidade de licitação, salvo nas hipóteses previstas nos incisos III e IV do Artigo 24.

Art. 6º A execução da obra ou serviço será sempre programada em sua totalidade, com previsão de seus custos atual e final, levando-se em consideração os prazos de execução.

§ 1º É vedado o parcelamento da execução da obra ou do serviço, salvo insuficiência de recursos ou comprovado motivo de ordem técnica.

§ 2º Na execução parcelada, cada etapa ou conjunto de etapas da obra ou do serviço será objeto de licitação distinta, salvo na hipótese do inciso V do Artigo 24.

§ 3º A autorização da despesa, em qualquer caso, será feita para o custo final da obra ou serviço projetado.

Art. 7º Não poderá participar, direta ou indiretamente, da licitação ou da execução de obra ou do serviço e do fornecimento de bens a eles necessários:

I – o autor do projeto, básico ou executivo, pessoa física ou jurídica;

II – empresa, isoladamente ou em consórcio, responsável pela elaboração do projeto básico ou executivo ou da qual o autor seja dirigente, gerente, acionista ou detentor de mais de 5% (cinco por cento) do capital com direito a voto ou controlador, responsável técnico ou subcontratado; e

III – servidor ou dirigente de órgão ou entidade contratante ou responsável pela licitação.

§ 1º É permitida a participação do autor do projeto ou da empresa a que se refere o inciso II deste artigo, na licitação de obra ou serviço, ou na execução, como consultor ou técnico, nas funções de fiscalização, supervisão ou gerenciamento, exclusivamente a serviço da administração interessada.

§ 2º O disposto neste artigo não impede a licitação ou contratação de obra ou serviço que inclua a elaboração de projeto executivo como encargo do contratado ou pelo preço previamente fixado pela administração.

§ 3º Considera-se participação indireta, para fins do disposto neste artigo, a existência de qualquer vínculo de natureza técnica comercial, financeira ou trabalhista entre o autor do projeto, pessoa física ou jurídica, e o licitante ou responsável pelos serviços, fornecimentos e obras, incluindo-se os fornecimentos de bens e serviços a estes necessários.

§ 4º O disposto no parágrafo anterior aplica-se aos membros da comissão de licitação.

– Artigo 7º com redação dada pela Lei nº 9.371, de 25/09/1996.

Art. 8º As obras e serviços poderão ser executados nos seguintes regimes:

I – execução direta;

II – execução indireta, mediante:

a) empreitada por preço global;

b) empreitada por preço unitário;

c) administração contratada; e

d) tarefa.

Art. 9º As obras e serviços destinados aos mesmos fins terão projetos padronizados por tipos, categorias ou classes, exceto quando o projeto-padrão não atender às condições peculiares do local ou às exigências específicas do empreendimento.

Art. 10. Nos projetos básicos e projetos executivos serão considerados principalmente os seguintes requisitos:

I – segurança;

II – funcionalidade e adequação ao interesse público;

III – preservação do meio ambiente natural e construído;

IV – economia na execução, conservação e operação;

V – possibilidade de emprego de mão-de-obra, materiais, matérias-primas e tecnologia existentes no local para execução, conservação e operação;

VI – facilidade na execução, conservação e operação, sem prejuízo da durabilidade da obra ou do serviço;

VII – adoção das normas técnicas adequadas.

Art. 11. A prestação de serviços de alimentação de cadeias, presídios, manicômios, hospitais, escolas e similares fica sujeita a normas regulamentares, específicas de cada Secretaria de Estado, observadas as peculiaridades locais e os seguintes requisitos;

I – obediência aos princípios da licitação;

II – preço por unidade de refeição;

III – ajuste para fornecimento periódico sujeito a revisão, de acordo com a legislação vigente, quando superior a 3 (três) meses;

IV – cardápio padronizado e alimentação balanceada, sempre que possível, de acordo com os gêneros usuais na localidade;

V – adoção de refeições industrializadas, onde houver instalações para sua manipulação, desde que adequadas a seus fins e vantajosas para a Administração.

SEÇÃO III
DOS SERVIÇOS TÉCNICOS PROFISSIONAIS ESPECIALIZADOS

Art. 12. Para os fins desta lei, consideram-se serviços técnicos profissionais especializados os trabalhos relativos a:

I – estudos técnicos, planejamentos, pesquisas e projetos básicos ou executivos;

II – levantamentos técnicos, cadastrais e cartográficos;

III – pareceres, perícias e avaliação em geral;

IV – assessorias ou consultorias técnicas e auditorias financeiras;

V – fiscalização, supervisão e gerenciamento de obras ou serviços;

VI – patrocínio ou defesa de causas judiciais ou administrativas;

VII – treinamento e aperfeiçoamento de pessoal; e

VIII – serviços relativos à informática.

Art. 13. A elaboração de projetos poderá ser objeto de concurso com estipulação de prêmios, observado o disposto no § 2º deste artigo.

§ 1º A autoridade competente para contratar poderá constituir comissão, permanente ou especial, para escolha de profissional ou empresa de notória especialização ou para a realização de concurso.

§ 2º A Administração só pagará ou premiará projeto, desde que o autor ceda os direitos patrimoniais a ele relativos e possa utilizá-los de acordo com o previsto no regulamento do concurso ou no ajuste para sua elaboração.

§ 3º Quando o projeto disser respeito a obra imaterial, de caráter tecnológico, insuscetível de privilégio, a cessão dos direitos incluirá o fornecimento de todos os dados, documentos e elementos de informação pertinentes à tecnologia de concepção, desenvolvimento, fixação em suporte físico de qualquer natureza e aplicação da obra.

SEÇÃO IV
DAS COMPRAS

Art. 14. Nenhuma compra será feita sem a adequada especificação de seu objeto e a indicação dos recursos financeiras para seu pagamento, sob pena de nulidade dos atos e de responsabilidade de quem lhes der causa.

Art. 15. As compras, sempre que possível e conveniente, deverão:

I – atender ao princípio da padronização que imponha compatibilidade de especificações técnicas e de desempenho, observadas, quando for o caso, as condições de manutenção e assistência técnica;

II – ser processadas através de sistema de registro de preços, precedido de ampla pesquisa de mercado:

III – submeter-se às condições de aquisição e pagamento semelhantes às do setor privado.

§ 1º Os preços registrados serão periodicamente publicados no Diário Oficial do Estado, para orientação da Administração.

§ 2º O sistema de registro de preços será regulamentado por decreto.

Art. 16. As compras de materiais e gêneros serão feitas pelas Secretarias, Autarquias e pela Procuradoria Geral do Estado e, em situações especiais, de forma centralizada, pela Secretaria da Administração e Modernização do Serviço Público, conforme disciplinação em decreto.

Art. 17. As compras de materiais sujeitos ao controle do Ministério do Exército, destinados à Polícia Militar do Estado, serão realizadas pelo órgão competente da Corporação.

Art. 18. As compras de gêneros alimentícios perecíveis, em localidades dotadas de centro de abastecimento, poderão ser realizadas com base no preço do dia e na forma estabelecida em regulamento.

Art. 19. Os impressos, mobiliários, máquinas e artigos de escritório para uso da Administração serão padronizados, quando possível.

SEÇÃO V
DAS ALIENAÇÕES

Art. 20. A alienação de bens da Administração centralizada ou autárquica, subordinada à existência de interesse público devidamente justificado, será sempre precedida de avaliação e obedecerá as seguintes normas:

I – quando imóveis, dependerá de autorização legislativa, avaliação prévia e concorrência, dispensada esta nos seguintes casos:

a) dação em pagamento;

b) doação;

c) permuta;

d) investidura;

II – quando móveis, dependerá de avaliação prévia e de licitação, dispensada esta nos seguintes casos:

a) doação, permitida exclusivamente para fins de interesse social, vedada a destinação a entidades ou instituições que não tenham sede e foro no Estado de São Paulo, bem como as Prefeituras de Municípios de outros Estados da Federação;

b) permuta;

c) venda de ações, que poderão ser negociadas em Bolsa, observada a legislação específica;

d) venda de outros títulos, na forma da legislação pertinente.

§ 1º A Administração, preferentemente à venda ou doação de bens imóveis, contratará concessão de direito real de uso, mediante prévia autorização legislativa e concorrência. A concorrência poderá ser dispensada quando o uso se destinar a concessionários de serviço público, a entidades assistenciais, ou verificar-se relevante interesse público na concessão, devidamente justificado.

§ 2º Entende-se por investidura, para os fins desta lei, a alienação aos proprietários de imóveis lindeiros, por preço nunca inferior ao da avaliação, de área remanescente ou resultante de obra pública, área esta que se torne inaproveitável isoladamente.

§ 3º A doação será efetuada mediante a apresentação, pela entidade beneficiada, dos documentos indicados em regulamento.

§ 4º A doação com encargo poderá ser licitada e de seu instrumento constarão, obrigatoriamente, os encargos, prazo de seu cumprimento e cláusula de reversão, sob pena de nulidade do contrato.

Art. 21. A alienação de imóveis da Fazenda do Estado de São Paulo, suas autarquias e fundações será feita mediante concorrência, observadas as demais disposições da legislação federal e as seguintes condições:

I – o preço mínimo inicial de venda será fixado com base no valor de mercado estabelecido em avaliação específica, cuja validade será de 12 (doze) meses, observadas as normas aplicáveis da Associação Brasileira de Normas Técnicas – ABNT;

II – a concorrência poderá ser realizada em 2 (duas) fases:

a) na primeira fase, as propostas serão entregues à Comissão de Licitação em envelopes fechados e serão abertas no início da sessão de abertura dos envelopes;

b) a segunda fase ocorrerá imediatamente após o encerramento da abertura dos envelopes e consistirá na formulação de lances sucessivos a viva voz entre os licitantes cujas propostas apresentem uma diferença igual ou inferior a 10% (dez por cento) em relação à maior oferta apurada na primeira fase;

III – os licitantes apresentarão propostas ou lances distintos para cada imóvel;

IV – o licitante que apresentar a maior proposta pagará, imediatamente após o encerramento das fases de que trata o inciso II, conforme o caso, o sinal correspondente a, no mínimo, 10% (dez por cento) do valor da arrematação, complementando o preço no prazo e nas condições previstas no edital, sob pena de perder o valor do sinal.

§ 1º A alienação de imóveis poderá ser realizada por lote, se essa modalidade implicar, conforme demonstrado em parecer técnico:

1. maior valorização dos bens;

2. maior liquidez para os imóveis cuja alienação isolada seja difícil ou não recomendada;

3. outras situações decorrentes das práticas normais do mercado ou em que se observem condições mais vantajosas para a administração pública, devidamente fundamentadas.

§ 2º Os procedimentos licitatórios de que trata este artigo poderão ser realizados integralmente por meio de recursos de tecnologia da informação, com a utilização de sistemas próprios ou disponibilizados por terceiros, mediante acordo ou contrato.

§ 3º A fase de habilitação limitar-se-á à comprovação do recolhimento de garantia nunca inferior a 5% (cinco por cento) da avaliação.

§ 4º A avaliação específica de que trata o inciso I do "caput" deste artigo será realizada por pessoa física ou jurídica contratada anteriormente ao procedimento licitatório, inclusive por meio de processo de credenciamento.

§ 5º O Poder Executivo regulamentará os critérios de análise e aceitação das avaliações mencionadas no § 4º deste artigo, podendo, caso julgue necessário, proceder a mais de uma avaliação por imóvel.

§ 6º Para fins de alienação de imóveis cujas áreas sejam inferiores ao lote urbano mínimo ou módulo fiscal, o valor de venda poderá ser calculado mediante o uso do valor venal de referência constante do cadastro municipal ou dos valores médios da terra nua e das benfeitorias divulgados pela Secretaria de Agricultura e Abastecimento do Estado de São Paulo ou por outro órgão de reconhecida idoneidade." (NR)

- *Artigo 21 com redação dada pela* Lei nº 17.293, de 15/10/2020.

CAPÍTULO II
DA LICITAÇÃO

SEÇÃO I
DAS MODALIDADES, LIMITES, DISPENSA E INEXIGIBILIDADE

Art. 22. São modalidades de licitação:

I – concorrência, em que se admite a participação de quaisquer interessados, que satisfaçam as condições do edital, publicado resumidamente por 3 (três) dias consecutivos no Diário Oficial do Estado e uma ou mais vezes em jornal diário da Capital do Estado, indicando o local onde os interessados obterão o texto integral e todas as informações necessárias, sempre convocados com antecedência mínima de 30 (trinta) dias corridos. A Administração, ainda, conforme o vulto da concorrência poderá utilizar-se de outros meios de divulgação;

II – tomada de preços, entre interessados previamente cadastrados, obedecida a necessária qualificação, convocados com antecedência mínima de 15 (quinze) dias corridos, por edital resumido publicado por uma vez no Diário Oficial do Estado e afixado em lugar acessível aos licitantes, feita comunicação às entidades de classe que os representam;

III – convite, entre pelo menos 3 (três) interessados do ramo pertinente ao objeto da licitação, cadastrados ou não, convocados por escrito pela Administração, com antecedência mínima de 3 (três) dias úteis;

IV – concurso, destinado à escolha de trabalho técnico ou artístico, mediante a instituição de prêmio aos vencedores, do qual poderão participar quaisquer interessados, convocados com antecedência mínima de 30 (trinta) dias corridos, por edital resumido, publicado no Diário Oficial;

V – leilão, destinado à venda de bens inservíveis para a Administração, ou de produtos legalmente apreendidos, a quem oferecer maior lance, igual ou superior ao valor da avaliação. A convocação será feita com antecedência mínima de 15 (quinze) dias corridos por edital resumido, publicado no Diário Oficial e em jornal diário local.

§ 1º A concorrência é a modalidade de licitação cabível na compra ou alienação de bens imóveis e nas concessões de direito real de uso, de serviço ou de obra pública, bem como nas licitações internacionais, qualquer que seja o valor de seu objeto.

§ 2º Nos casos em que couber convite, a Administração poderá utilizar a tomada de preços e, em qualquer caso, a concorrência.

§ 3º Os editais e convites serão expedidos pelo órgão incumbido da licitação e enviados diretamente à imprensa e aos interessados, conforme o caso.

Art. 23. As modalidades de licitação, a que se referem os incisos I a III do artigo anterior, serão determinadas em função dos seguintes limites, tendo em vista o valor estimado da contratação:

I – para obras e serviços de engenharia:

a) concorrência – acima de Cz$ 134.178.000,00;

b) tomada de preços – até Cz$ 134.178.000,00;

c) convite – até Cz$ 13.417.000,00;

II – para compras e serviços não especificados no inciso anterior:

a) concorrência – acima de Cz$ 89.452.000,00;

b) tomada de preços – até Cz$ 89.452.000,00;

c) convite – até Cz$ 3.130.000,00.

Art. 24. É dispensável a licitação:

I – para obras e serviços de engenharia até Cz$ 894.000,00;

II – para outros serviços e compras até Cz$ 134.000,00 e para alienações, nos casos previstos nesta lei;

III – nos casos de guerra, grave perturbação da ordem ou calamidade pública;

IV – nos casos de emergência, quando caracterizada a urgência de atendimento de situação que possa ocasionar prejuízo ou comprometer a segurança de pessoas, obras, serviços, equipamentos e outros bens, públicos ou particulares;

V – quando houver comprovada necessidade e conveniência administrativa na contratação direta, para complementação de obra, serviço ou fornecimento anterior, observado o limite previsto no § 1º do artigo 62;

VI – quando não acudirem interessados à licitação, e esta não puder ser repetida sem prejuízo para a Administração, mantidas neste caso as condições preestabelecidas;

VII – quando a operação envolver concessionário de serviço público e o objeto do contrato seja pertinente ao da concessão;

VIII – quando as propostas apresentadas consignarem preços manifestamente superiores aos praticados no mercado ou forem incompatíveis com os fixados pelos órgãos estatais incumbidos do controle oficial de preços, casos em que, observado o parágrafo único do artigo 43, será admitida a adjudicação direta dos bens ou serviços, por valor não superior ao constante do registro de preços;

IX – quando a operação envolver exclusivamente pessoas jurídicas de direito público interno, ou entidades paraestatais ou, ainda, aquelas sujeitas ao seu controle majoritário, exceto se houver empresas privadas que possam prestar ou fornecer os mesmos bens ou serviços, hipóteses em que todas ficarão sujeitas à licitação;

X – para a aquisição de materiais, equipamentos ou gêneros padronizados ou uniformizados, por órgão oficial, quando não for possível estabelecer critério objetivo para o julgamento das propostas.

XI – para a compra ou locação de imóvel destinado ao atendimento das finalidades precípuas da administração, cujas necessidades de instalação e localização condicionem a sua escolha, desde que o preço seja compatível com o valor de mercado, segundo avaliação prévia;

XII – para aquisição ou restauração de obras de arte e objetos históricos, de autenticidade certificada, desde que compatíveis ou inerentes às finalidades do órgão ou entidade;

XIII – na contratação de remanescente de obra, serviço ou fornecimento, em consequência de rescisão contratual, desde que atendida a ordem de classificação de licitação anterior e aceitas as mesmas condições oferecidas pelo licitante vencedor, inclusive quanto ao preço, devidamente corrigido.

Parágrafo único. Não se aplica a exceção prevista no final do inciso IX deste artigo, no caso de fornecimento de bens ou prestação de serviços à própria Administração, por órgãos que a integrem, ou entidades paraestatais, criadas para esse fim específico, bem assim no caso de fornecimento de bens e serviços sujeitos a preço fixo ou tarifa, estipulados pelo Poder Público.

– Incisos IV e V e § 3º do artigo 25 transformados em Incisos XI a XIII, com redação dada pela Lei nº 9.001, de 26/12/1994

Art. 25. É inexigível a licitação quando houver inviabilidade de competição, em especial:

I – para aquisição de materiais, equipamentos ou gêneros que só possam ser fornecidos por produtor, empresa ou representante comercial exclusivo, vedada a preferência de marca, devendo a comprovação de exclusividade ser feita através de atestado fornecido pelo órgão de registro do comércio do local em que se realizaria a licitação ou a obra ou serviço, pelo Sindicato, Federação ou Confederação Patronal, ou, ainda, pelas entidades equivalentes;

II – para a contratação de serviços técnicos enumerados no Artigo 12 desta lei, de natureza singular, com profissionais ou empresas de notória especialização, vedada a inexigibilidade para serviços de publicidade e divulgação;

III – para contratação de profissionais de qualquer setor artístico, diretamente ou através de empresário exclusivo, desde que consagrado pela crítica especializada ou pela opinião pública.

§ 1º Considera-se de notória especialização o profissional ou empresa cujo conceito no campo de sua especialidade, decorrente de desempenho anterior, estudos, experiências, publicações, organização, aparelhamento, equipe técnica, ou de outros requisitos relacionados com suas atividades, permita inferir o que o seu trabalho é essencial e indiscutivelmente o mais adequado à plena satisfação do objeto do contrato.

§ 2º Na hipótese deste artigo e em qualquer dos casos de dispensa, se comprovado superfaturamento, respondem solidariamente pelo dano causado à Fazenda Pública o fornecedor ou prestador de serviço e o agente público responsável, sem prejuízo de outras sanções legais cabíveis.

– Artigo 25 com redação dada pela Lei nº 9.001, de 26/12/1994.

Art. 26. As dispensas previstas nos incisos III a X do Artigo 24, a situação de inexigibilidade referida nos incisos I, II e III do Artigo 25, necessariamente justificadas, e o parcelamento previsto no § 1º, do Artigo 6º, deverão ser comunicados por escrito, dentro de 5 (cinco) dias úteis, à autoridade superior, para ratificação, em igual prazo, como condição de eficácia dos atos.

Parágrafo único. As comunicações a que se referem o "caput" deste artigo deverão ter cópias encaminhadas ao Tribunal de Contas do Estado, no prazo de 10 (dez) dias úteis após a ratificação da autoridade superior.

- Parágrafo único acrescentado pela Lei nº 9.127, de 08/03/1995.

SEÇÃO II
DA HABILITAÇÃO

Art. 27. Para a habilitação nas licitações, exigir-se-á dos interessados, exclusivamente, documentação relativa a:

I - personalidade jurídica;

II - capacidade técnica;

III - idoneidade financeira;

IV - regularidade fiscal;

V - cumprimento, pelos interessados na realização de obras, serviços ou vendas para o Estado, dos encargos previdenciários, das normas relativas à saúde e à segurança no trabalho de seus empregados.

VI - comprovação, pelos interessados na realização de obras, serviços ou vendas para o Estado, da observância das vedações estabelecidas no Artigo 7º inciso XXXIII, da Constituição Federal.

- Inciso VI acrescentado pela Lei nº 9.797, de 07/10/1997.

§ 1º A documentação relativa à personalidade jurídica, conforme o caso, consistirá em:

1. cédula de identidade;

2. registro comercial, no caso de empresa individual;

3. ato constitutivo, estatuto ou contrato social em vigor, devidamente registrados, em se tratando de sociedades comerciais, e, no caso de sociedades por ações, acompanhados da ata regularmente arquivada da assembléia da última eleição da Diretoria;

4. inscrição do ato constitutivo, no caso de sociedades civis, acompanhada de prova de diretoria em exercício;

5. decreto de autorização, devidamente arquivado, em se tratando de empresa ou sociedade estrangeira em funcionamento no País.

§ 2º A documentação relativa à capacidade técnica, conforme o caso, consistirá em:

1. registro ou inscrição na entidade profissional competente;

2. atestados de desempenho anterior de atividade pertinente e compatível, em quantidades e prazos, com o objeto da licitação, fornecidos por pessoas de direito público ou privado, indicando local, natureza, volume, quantidade, prazo e outros dados característicos da obra, serviço ou fornecimento;

3. indicação das instalações e do aparelhamento técnico adequado e disponível para a realização do objeto da licitação;

4. relação da equipe técnica e administrativa da empresa, acompanhada do respectivo currículo;

5. prova de atendimento de requisitos previstos em lei especial, quando for o caso.

§ 3º A documentação relativa à idoneidade financeira, conforme o caso, consistirá em:

1. demonstrações contábeis do último exercício que comprovem a boa situação financeira da empresa;

2. certidão negativa de pedido de falência ou concordata, ou execução patrimonial, expedida pelo distribuidor da sede da pessoa jurídica ou domicílio da pessoa física.

§ 4º a documentação relativa à regularidade fiscal, conforme o casos consistirá em:

1. prova de inscrição no Cadastro de Pessoas Físicas (CPF) ou no Cadastro Geral de Contribuintes (CGC).

2. prova de quitação de tributos com a Fazenda federal, estadual e municipal.

§ 5º A documentação relativa ao cumprimento dos encargos previdenciários consistirá em:

1. prova de situação regular perante o Fundo de Garantia por Tempo de Serviço (F.G.T.S);

2. prova de situação regular perante o Programa de Integração Social (PIS);

3. prova de situação regular perante o Instituto de Administração Financeira da Previdência e Assistência Social (IAPAS).

§ 6º A documentação relativa à comprovação do disposto no inciso VI consistirá de prova de situação regular perante o Ministério do Trabalho.

§ 7º As empresas estrangeiras que não funcionem no Pais comprovarão as exigências dos parágrafos anteriores mediante documentos equivalentes, autenticados pelos respectivos Consulados e traduzidos por tradutor juramentado.

§ 8º Nas concorrências internacionais, para obras e serviços, as empresas estrangeiras que não funcionem no País deverão consorciar-se com empresas nacionais ou terem representação legal no Brasil, com poderes expressos para receber citação e responder administrativa ou judicialmente, hipótese em que será exigido, ainda, um índice de nacionalização do objeto do contrato, de percentual a critério da autoridade contratante.

§ 9º Os documentos referidos nos parágrafos anteriores poderão ser apresentados em original, por qualquer processo de cópia autenticada, ou publicação em órgão da imprensa oficial.

§ 10. A documentação de que trata este artigo poderá ser dispensada nos casos de convite.

§ 11. O certificado de registro cadastral, a que se refere o § 1º do artigo 33 desta lei, substitui os documentos enumerados neste artigo, obrigada a parte a declarar, sob as penalidades cabíveis, a superveniência de fato impeditivo da habilitação.

§ 12. Havendo interesse público, empresas em regime concordata poderão participar da licitação para compra de entrega imediata.

§ 13. Não se exigirá prestação de garantia para a habilitação de que trata esse artigo, nem prévio recolhimento de taxas ou emolumentos, salvo os referentes a fornecimento do capital, quando solicitado, com os seus elementos constitutivos.

§ 14. Para gozar da preferência a que se refere o § 3º do Artigo 3º, as empresas brasileiras de capital nacional deverão apresentar prova de que a maioria de seu capital votante e o exercício de fato e de direito, do poder decisório para gerir suas atividades, está sob a titularidade direta ou indireta de pessoas físicas domiciliadas e residentes no Pais ou de entidades de direito público interno.

- § 13 acrescentado pela Lei nº 7.397, de 08/07/1991, renumerado para § 14 pela Lei Lei nº 9.797, de 07/10/1997.

- §§ 6º ao 13 renumerados pela Lei nº 9.797, de 07/10/1997.

Art. 27-A. As microempresas e as empresas de pequeno porte de que tratam os incisos XIII e XIV do artigo 42 desta lei ficam dispensadas, para a habilitação em licitações na modalidade tomada de preços, da apresentação dos documentos previstos no item 1 do § 3º e no item 2 do § 4º, ambos do artigo anterior, devendo, entretanto, apresentar declaração escrita, firmada por seu representante legal, de que se encontram em situação regular perante a Fazenda Federal, a Fazenda Estadual e a Fazenda Municipal.

- Artigo 27-A acrescentado pela Lei nº 10.601, de 19/06/2000.

Art. 28. Nas compras para entrega futura, obras e serviços de grande vulto ou complexidade, a Administração poderá estabelecer, no instrumento convocatório da licitação, exigência de capital mínimo registrado e realizado, ou de patrimônio líquido mínimo, como dado objetivo de comprovação da idoneidade financeira das empresas licitantes e para efeito de garantia do adimplemento do contrato a ser ulteriormente celebrado.

§ 1º O Poder Executivo definirá, em ato próprio, o grau de complexidade e o volume da operação a que se refere este artigo, bem assim os limites máximos exigíveis, a fim de que não se frustre a competitividade do procedimento licitatório.

§ 2º O capital mínimo ou o valor do patrimônio líquido, a que se refere o "caput" deste artigo, não poderá exceder a 100% (cem por cento) do valor estimado da contratação.

§ 3º Em cada licitação poderá ser exigida, ainda, a relação de compromissos assumidos pelo interessado, que importem diminuição de capacidade operativa ou absorção de disponibilidade financeira.

Art. 29. Quando permitida na licitação a participação de empresas em consórcio, observar-se-ão as seguintes normas:

I - comprovação do compromisso público, ou particular, de constituição de consórcio, subscrito pelos consorciados;

II - indicação da empresa responsável pelo consórcio, que deverá atender as condições de liderança obrigatoriamente fixadas no edital;

III - apresentação dos documentos exigidos no artigo 27, por parte de cada consorciada;

IV - impedimento de participação de empresa consorciada na mesma licitação, através de mais de um consórcio ou isoladamente.

§ 1º No consórcio de empresas nacionais e estrangeiras a liderança caberá, obrigatoriamente, a empresa nacional, observado o disposto no inciso II deste artigo.

§ 2º O licitante vencedor fica obrigado a promover, antes da celebração do contrato, a constituição e registro do consórcio nos termos do compromisso referido no inciso I deste artigo.

Art. 30. O sistema instituído por esta lei não impede a pré-qualificação de licitantes nas concorrências de grande vulto e alta complexidade técnica.

Parágrafo único. A utilização do sistema previsto neste artigo, por parte dos órgãos ou entidades da Administração Estadual, está subordinada aos critérios fixados em regulamento próprio, pelo Poder Executivo.

SEÇÃO III
DOS REGISTROS CADASTRAIS

Art. 31. Para os fins desta lei, os órgãos da Administração centralizada e as autarquias que realizem frequentemente licitações manterão registros cadastrais para efeito de habilitação, atualizados pelo menos uma vez por ano.

Parágrafo único. É facultada a utilização de registros cadastrais de outros órgãos ou entidades estaduais.

Art. 31-A - Para a finalidade específica de aquisição de bens, a Administração Centralizada manterá Cadastro Geral de Fornecedores, na forma a ser disciplinada em regulamento.

§ 1º O pedido de inscrição no Cadastro de que trata este artigo poderá ser entregue em qualquer órgão da Administração, que realize licitações, devendo ser encaminhado ao órgão competente para julgamento.

§ 2º O órgão competente para proceder ao julgamento do pedido de inscrição, bem como para expedir o certificado de registro cadastral, poderá delegar essa atribuição a órgãos da Administração, que realizem licitações.

- Artigo 31-A acrescentado pela Lei nº 8.063, de 15/10/1992.

Art. 32. Ao requerer inscrição nos cadastros de que tratam os Artigos 31 e 31-A, o interessado fornecerá os elementos necessários à satisfação das exigências do Artigo 27.

- Artigo 32 com redação dada pela Lei nº 8.063, de 15/10/1992.

Art. 33. Os inscritos nos cadastros a que se referem os Artigos 31 e 31-A serão classificados por categorias, tendo-se em vista sua especialização, subdivididos em grupos, segundo a capacidade técnica e financeira, avaliada pelos elementos constantes da documentação relacionada no Artigo 27.

§ 1º Aos inscritos nos cadastros será fornecido certificado, renovável sempre que se atualizarem os registros.

§ 2º A atuação do licitante no cumprimento de obrigações assumidas e as penalidades que lhe forem aplicadas serão anotadas nos registros cadastrais.

- Artigo 33 com redação dada pela Lei nº 8.063, de 15/10/1992.

Art. 34. A qualquer tempo poderá ser alterado, suspenso ou cancelado o registro do inscrito que deixar de satisfazer as exigências do artigo 27 desta lei, ou as estabelecidas para a classificação cadastral.

SEÇÃO IV
DO PROCEDIMENTO E JULGAMENTO

Art. 35. O procedimento da licitação será iniciado com a abertura de processo administrativo, devidamente autuado, protocolado e numerado, contendo a autorização respectiva e a indicação sucinta de seu objeto, a ele juntados oportunamente:

I - edital ou convite e respectivos anexos, quando for o caso;

II - comprovante das publicações do edital resumido, da comunicação às entidades de classe ou da entrega do convite;

III - ato de designação da Comissão Julgadora ou do responsável pelo convite;

IV - documentação destinada à habilitação e original das propostas;

V - atas, relatórios e deliberação da Comissão Julgadora;

VI - pareceres técnicos ou jurídicos emitidos sobre a licitação;

VII - julgamento, com classificação das propostas e adjudicação do objeto da licitação;

VIII - homologação do procedimento licitatório pela autoridade superior;

IX - recursos eventualmente apresentados pelos interessados e respectivas manifestações e decisões;

X - despacho de anulação ou de revogação da licitação quando for o caso;

XI – termo de contrato ou instrumento equivalente, conforme o caso;

XII – outros comprovantes de publicações;

XIII – demais documentos relativos à licitação.

Parágrafo único. As minutas dos editais de licitação, bem como dos contratos, acordos, convênios ou ajustes devem ser previamente examinados pelo órgão jurídico competente.

Art. 36. O edital conterá, no preâmbulo, o número de ordem em série anual, o nome da repartição interessada, a finalidade da licitação, a menção de que será regida por esta lei, o local, dia e hora para recebimento da documentação e proposta, bem como para início da abertura dos envelopes, e indicará o seguinte:

I – objeto e tipo da licitação, em descrição sucinta e clara;

II – prazo e condições de execução e de entrega do objeto da licitação;

III – prestação de garantia, quando exigida, e sanções para o caso de inadimplemento;

IV – condições de pagamento, e, quando for o caso, de reajustamento de preços;

V – condições de recebimento do objeto da licitação;

VI – condições para participação na licitação e forma de apresentação das propostas;

VII – critério para julgamento, assegurado, em igualdade de condições, tratamento preferencial às empresas brasileiras de capital nacional, nos termos do Artigo 123 da Constituição do Estado;

– Inciso VII com redação dada pela Lei nº 7.397, de 08/07/1991.

VIII – local e horário em que serão fornecidos elementos, informações e esclarecimentos relativos à licitação;

IX – outras indicações específicas ou peculiares da licitação.

§ 1º O original do edital deverá ser datado e assinado pela autoridade que o expedir, permanecendo no processo da licitação, dele extraindo-se as cópias integrais ou resumidas, para sua divulgação.

§ 2º O convite deverá atender, no que couber, ao disposto neste artigo.

Art. 37. A realização da licitação deverá observar um prazo mínimo, a contar da primeira ou única publicação do edital, que será de 30 (trinta) dias corridos para a concorrência e concurso, de 15 (quinze) dias corridos para tomada de preços e leilão e de 3 (três) dias úteis para convite.

Art. 38. A administração não pode descumprir as normas e condições do edital, a que se acha estritamente vinculada.

§ 1º Decairá do direito de impugnar, perante a Administração, os termos do edital de licitação aquele que, tendo-o aceito sem objeção, venha a apontar, depois do julgamento, falhas ou irregularidades que o viciariam, hipótese em que tal impugnação não terá efeito de recurso.

§ 2º A inabilitação do licitante importa preclusão do seu direito de participar das fases subsequentes.

Art. 39. Nas concorrências de âmbito internacional, o edital deverá ajustar-se às diretrizes da política monetária, do comércio exterior, e atender às exigências dos órgãos federais competentes.

Art. 40. A licitação poderá ser processada e julgada observadas as seguintes etapas consecutivas:

I – realização de sessão pública em dia, hora e local designados para recebimento dos envelopes contendo as propostas e os documentos relativos à habilitação, bem como da declaração dando ciência de que o licitante cumpre plenamente os requisitos de habilitação;

II – abertura dos envelopes contendo as propostas dos concorrentes;

III – verificação da conformidade e compatibilidade de cada proposta com os requisitos e as especificações do edital ou convite e, conforme o caso, com os preços correntes no mercado ou os fixados pela Administração ou pelo órgão oficial competente ou, ainda, com os preços constantes do sistema de registro de preços, quando houver, promovendo-se a desclassificação das propostas desconformes ou incompatíveis;

IV – julgamento e classificação das propostas, de acordo com os critérios de avaliação do ato convocatório;

V – devolução dos envelopes fechados aos concorrentes desclassificados, com a respectiva documentação de habilitação, desde que não tenha havido recurso ou após a sua denegação;

VI – abertura dos envelopes e apreciação da documentação relativa à habilitação dos concorrentes cujas propostas tenham sido classificadas até os 3 (três) primeiros lugares;

VII – deliberação da Comissão de Licitação sobre a habilitação dos 3 (três) primeiros classificados;

VIII – se for o caso, abertura dos envelopes e apreciação da documentação relativa à habilitação de tantos concorrentes classificados quantos forem os inabilitados no julgamento previsto no inciso VII deste artigo;

IX – deliberação final da autoridade competente quanto à homologação do procedimento licitatório e adjudicação do objeto da licitação ao licitante vencedor, no prazo de 10 (dez) dias úteis após o julgamento.

§ 1º As licitações do tipo melhor técnica e técnica e preço terão início com a abertura das propostas técnicas, as quais serão analisadas e julgadas pela Comissão de Licitação.

§ 2º A autoridade competente poderá, por decisão fundamentada, determinar que o processamento da licitação obedeça a ordem prevista na legislação federal.

§ 3º Todos os documentos e propostas serão rubricados pelos licitantes presentes e pela Comissão.

§ 4º É facultado à Comissão ou autoridade superior, em qualquer fase da licitação, promover diligência destinada a esclarecer ou complementar a instrução do processo licitatório, vedada a criação de exigência não prevista no edital.

§ 5º Para os efeitos do disposto no inciso VI deste artigo, admitir-se-á o saneamento de falhas, desde que, a critério da Comissão de Licitação, os elementos faltantes possam ser apresentados no prazo máximo de 3 (três) dias, sob pena de inabilitação do licitante e aplicação da multa prevista no edital.

§ 6º Os erros materiais irrelevantes serão objeto de saneamento, mediante ato motivado da Comissão de Licitação.

§ 7º É vedada a participação de uma única pessoa como representante de mais de um licitante.

§ 8º O disposto neste artigo aplica-se à concorrência e, no que couber, às demais modalidades de licitação.

§ 9º Não cabe desistência de proposta durante o processo licitatório, salvo por motivo justo decorrente de fato superveniente e aceito pela Comissão ou pelo pregoeiro.

§ 10. Ultrapassada a fase de habilitação dos concorrentes e abertas as propostas, não cabe desclassificá-los por motivo relacionado com a habilitação, salvo em razão de fatos supervenientes ou só conhecidos após o julgamento.

§ 11. Poderá a autoridade competente, até a assinatura do contrato, excluir o licitante ou o adjudicatário, por despacho motivado, se, após a fase de habilitação, tiver ciência de fato ou circunstância, anterior ou posterior ao julgamento da licitação, que revele inidoneidade ou falta de capacidade técnica ou financeira.

§ 12. O licitante que ensejar o retardamento do certame, não mantiver a proposta ou fizer declaração falsa, inclusive aquela prevista no inciso I deste artigo, garantido o direito prévio de citação e ampla defesa, ficará impedido de licitar e contratar com a Administração, pelo prazo de até 5 (cinco) anos, enquanto perdurarem os motivos determinantes da punição ou até que seja promovida a reabilitação perante a própria autoridade que aplicou a penalidade, sem prejuízo das multas previstas em edital e no contrato e das demais cominações legais.

§ 13. As licitações processadas por meio de sistema eletrônico observarão procedimento próprio quanto ao recebimento de documentação e propostas, sessões de apreciação e julgamento e arquivamento dos documentos.

– Artigo 40 com redação dada pela Lei nº 13.121, de 07/07/2008.

Art. 41. No julgamento das propostas levar-se-ão em conta, conforme o caso, no interesse do serviço público, as condições de:

I – qualidade;

II – rendimento;

III – preço;

IV – pagamento;

V – prazos;

VI – outras previstas no edital ou no convite.

§ 1º No exame do preço serão consideradas todas as circunstâncias de que resulte vantagem para a Administração.

§ 2º Será obrigatória a justificação escrita da Comissão Julgadora ou do responsável pelo convite, sempre que não for escolhida a proposta de menor preço.

§ 3º Não se poderá levar em conta qualquer oferta de vantagem não prevista no edital ou no convite, nem preço ou vantagem baseados nas ofertas dos demais licitantes.

§ 4º Não se admitirá proposta que apresente preços unitários simbólicos, irrisórias ou de valor zero, ainda que o ato convocatório da licitação não tenha estabelecido limites mínimos.

Art. 42. O julgamento das propostas será objetivo, devendo a Comissão Julgadora, ou o responsável pelo convite realizá-lo em conformidade com os tipos de licitação, os critérios previamente estabelecidos no ato convocatório e de acordo com os fatores exclusivamente nele referidos.

Parágrafo único. Para os efeitos deste artigo, constituem tipos de licitação:

1 - a de menor preço;

2 - a de melhor técnica;

3 - a de técnica e preço;

4 - a de preço-base, em que a Administração fixa um valor inicial e estabelece, em função dele, limites mínimo e máximo de preços, especificados no ato convocatório.

Art. 43. serão desclassificadas:

I - as propostas que não atendam às exigências do edital ou convite;

II - as propostas manifestamente inexequíveis.

Parágrafo único. Quando todas as propostas forem desclassificadas, a Administração poderá fixar aos licitantes o prazo de 8 (oito) dias úteis para apresentação de outras escoimadas das causas referidas neste artigo.

Art. 44. A Administração poderá revogar a licitação por interesse público, devendo anulá-la por ilegalidade, sempre em decisão fundamentada, de ofício ou mediante provocação.

§ 1º A anulação do procedimento licitatório, por motivo de ilegalidade, não gera obrigação de indenizar, ressalvado o disposto do parágrafo único do Artigo 54.

§ 2º A revogação do procedimento licitatório, por interesse público, impõe à Administração a obrigação de indenizar somente as despesas havidas pelo licitante para participar do certame.

§ 3º A licitação será revogada, sem direito a qualquer indenização, quando as propostas apresentadas consignarem preços manifestamente superiores aos praticados no mercado.

§ 4º A nulidade do procedimento licitatório induz a do contrato.

Art. 45. A Administração não poderá celebrar o contrato, sob pena de nulidade, com preterição da ordem de classificação das propostas ou com terceiros estranhos ao procedimento licitatório.

Art. 46. A habilitação preliminar, a inscrição em registro cadastral, sua alteração ou cancelamento, e as modalidades de licitação serão julgadas por comissão, permanente ou especial, de no mínimo. 3 (três) membros.

§ 1º No caso de convite, a Comissão Julgadora poderá ser substituída por servidor designado pela autoridade competente.

§ 2º A Comissão para julgamento dos pedidos de inscrição em registro cadastral, sua alteração ou cancelamento, será integrada por profissionais legalmente habilitados no caso de obras, serviços ou aquisição de equipamentos.

§ 3º Enquanto não nomeada a Comissão Julgadora, incumbirá à autoridade que expediu o edital prestar os esclarecimentos que forem solicitados.

§ 4º A investidura dos membros das Comissões Permanentes não excederá a 2 (dois) anos, vedada a recondução para a mesma Comissão, no período subsequente.

Art. 47. O Concurso, a que se refere o artigo 13, deve ser precedido de regulamento próprio a ser obtido pelos interessados no local indicado no edital.

§ 1º O regulamento deverá indicar:

1. a qualificação exigida dos participantes;

2. as diretrizes e a forma de apresentação do trabalho;

3. as condições de realização do concurso e os prêmios a serem concedidos.

Art. 48. O leilão, a que se refere o parágrafo único do Artigo 21, pode ser cometido a leiloeiro oficial ou a servidor designado pela Administração, procedendo-se na forma da legislação pertinente.

§ 1º Todo bem a ser leiloado será previamente avaliado pela Administração, para base do preço inicial de venda.

§ 2º Os bens arrematados serão pagos à vista, ou no percentual estabelecido no edital, e imediatamente entregues ao arrematante, após a assinatura da respectiva até lavrada no local do leilão.

§ 3º O edital de leilão deve ser amplamente divulgado, principalmente no município em que se vai realizar.

CAPÍTULO III
DOS CONTRATOS

SEÇÃO I
DISPOSIÇÕES PRELIMINARES

Art. 49. Os contratos administrativos de que trata esta lei regulam-se pelas cláusulas e pelos preceitos de direito público, aplicando-se-lhes, supletivamente, as disposições de direito privado.

§ 1º Os contratos devem estabelecer com clareza e precisão as condições para sua execução, expressas em cláusulas que definam os direitos, obrigações e responsabilidades das partes, em conformidade com os termos da licitação e da proposta a que se vinculam.

§ 2º Os contratos que inexijam ou dispensem licitação devem atender aos termos do ato que os autorizou e da proposta, quando for o caso.

Art. 50. São cláusulas necessárias em todo contrato as que estabeleçam:

I – o objeto de seus elementos característicos;

II – o regime de execução ou a forma de fornecimento;

III – o preço e as condições de pagamento e, quando for o caso, os critérios de reajustamento;

IV – os prazos de início, de etapas de execução, de conclusão, de entrega, de observação e de recebimento definitivo conforme o caso;

V – o valor e os recursos para atender às despesas;

VI – as garantias oferecidas para assegurar sua plena execução, quando exigidas;

VII – as responsabilidades das partes, penalidades e valor das multas;

VIII – os casos de rescisão;

IX – o reconhecimento dos direitos da Administração, em caso de rescisão administrativa, previstos no artigo 78;

X – as condições de importação, a data e a taxa de câmbio para conversão, quando for o caso.

Parágrafo único. Nos contratos com pessoas físicas ou jurídicas domiciliadas no estrangeiro deverá constar, também, cláusula que declare competente o foro da Capital do Estado para dirimir qualquer questão contratual.

Art. 51. A critério da autoridade competente, em cada caso poderá ser exigida prestação de garantia para as contratações de obras, serviços e compras.

§ 1º Caberá ao contratado optar por uma das seguintes modalidades:

1. caução em dinheiro, em títulos da dívida pública do Estado ou fidejussória;

2. fiança bancária;

3. seguro-garantia.

§ 2º As garantias a que se referem os itens 1 e 2 do parágrafo anterior, quando exigidas, não excederão de 5% (cinco por cento) do valor do contrato.

§ 3º A garantia prestada pelo contratado será liberada ou restituída após a execução do contrato, ou, facultativamente, na proporção de seu cumprimento.

§ 4º Nos casos de contrato, que importe entrega de bens pela Administração, dos quais o contratado ficará depositário, a garantia deverá corresponder ao valor desses bens, independentemente do limite referido no § 2º.

Art. 52. Os contratos regidos por esta lei não podem ter vigência superior a 5 (cinco) anos, contados da data da assinatura do respectivo instrumento.

§ 1º Os prazos de início, de etapas de execução, de conclusão e de entrega, admitem prorrogação a critério da Administração, mantidas as demais cláusulas do contrato, desde que ocorra algum dos seguintes motivos:

1. alteração do projeto ou especificações, pela Administração;

2. superveniência de fato excepcional e imprevisível, estranho à vontade das panes, que altere fundamentalmente as condições de execução do contrato;

3. interrupção da execução do contrato ou diminuição do rítmo de trabalho, por ordem e no interesse da Administração;

4. aumento das quantidades inicialmente previstas no contrato, nos limites permitidos por esta lei (§ 1º do artigo 62);

5. impedimento de execução do contrato, por fato ou ato de terceiro, reconhecido pela Administração em documento contemporâneo a sua ocorrência;

6. omissão ou atraso de providências a cargo da Administração, do qual resulte diretamente impedimento ou retardamento na execução do contrato.

§ 2º Toda prorrogação de prazo deverá ser justificada por escrito e previamente autorizada pela autoridade competente.

§ 3º O limite de 5 (cinco) anos, a que se refere este artigo, não se aplica aos contratos de concessão de direito real de uso, concessão de obra pública ou de serviço público, bem assim aos de locação de bem imóvel para o serviço público.

Art. 53. O regime jurídico dos contratos administrativos instituído por esta lei, confere a Administração, em relação a eles, a prerrogativa de:

I - modificá-los, unilateralmente, para melhor adequação às finalidades de interesse público;

II - extinguí-los, unilateralmente, nos casos especificados no inciso I do artigo 77;

III - fiscalizar-lhes a execução;

IV - aplicar sanções previstas nesta lei.

Art. 54. A declaração de nulidade do contrato administrativo opera com retroação, impedindo os efeitos jurídicos que ele, ordinariamente, deveria produzir, além de desconstituir os já produzidos.

Parágrafo único. A nulidade não exonera a Administração do dever de indenizar o contratado, pelo que este houver executado até a data em que ela for declarada, contarão que não lhe seja imputável, promovendo-se a responsabilidade de quem lhe deu causa.

SEÇÃO II
DA FORMALIZAÇÃO DOS CONTRATOS

Art. 55. Os contratos e seus aditamentos serão lavrados nas repartições interessadas, sob a forma de termo, em livro próprio ou no processo da respectiva licitação ou da inexigibilidade ou dispensa, salvo os relativos a direitos reais sobre imóveis, que se formalizam por escritura pública.

Parágrafo único. É nulo e de nenhum efeito o contrato verbal com a Administração, salvo o de pequenas compras de pronto pagamento.

Art. 56. É vedado atribuir efeitos financeiros retroativos aos contratos regidos por esta lei, bem assim as suas alterações sob pena de invalidade do ato e responsabilidade de quem lhe deu causa.

Art. 57. Todo contrato deve mencionar, no preâmbulo os nomes das partes e seus representantes, a finalidade, o ato que autorizou a sua lavratura, o número do processo da licitação, da inexigibilidade ou da dispensa, a sujeição às normas desta lei e as cláusulas contratuais.

Art. 58. O termo de contrato é obrigatório no caso de concorrência e nos em que o valor da avença exceder a Cz$ 17.890.000,00 (dezessete milhões, oitocentos e noventa mil cruzados) e facultativamente nos demais, em que a Administração poderá substituí-lo por outros instrumentos hábeis, tais como: "carta contrato", "nota de empenho de despesa", "autorização de compra" ou "ordem de execução de serviços".

§ 1º Será fornecida aos interessados, sempre que possível, a minuta do futuro contrato.

§ 2º Nos casos de "carta contrato", "nota de empenho de despesa", "autorização de compra", "ordem de execução de serviço", ou outros instrumentos hábeis, aplica-se, no que couber, o disposto no artigo 50.

§ 3º É dispensável o «termo de contrato» e facultada a substituição prevista neste artigo, a critério da Administração e independentemente de seu valor, nas hipóteses de compras com entrega imediata e integral dos bens adquiridos, das quais não resultem obrigações futuras, inclusive assistência técnica.

Art. 59. É permitido a qualquer licitante o conhecimento dos termos do contrato celebrado e a qualquer interessado a obtenção de cópia autenticada, mediante o pagamento dos emolumentos devidos.

Art. 60. O "termo de contrato" e demais instrumentos hábeis, bem como seus eventuais aditamentos, serão publicados no Diário Oficial do Estado, na íntegra ou extrato, dentro de 20 (vinte) dias, contados da assinatura.

Art. 61. A Administração convocará regularmente o interessado para assinar o termo de contrato, aceitar ou retirar o instrumento equivalente, dentro do prazo e condições estabelecidos, sob pena de decair ele do direito a contratação, sem prejuízo das sanções previstas no artigo 81.

§ 1º O prazo da convocação poderá ser prorrogado, uma vez, por igual período, quando solicitado durante o seu transcurso pela parte, e desde que ocorra justo motivo.

§ 2º É facultado à Administração, quando o convocado do não assinar o «termo de contrato», não aceitar ou não retirar o instrumento equivalente, no prazo e condições estabelecidos convocar licitantes remanescentes, na ordem de classificação, para fazê-lo em igual prazo e nas mesmas condições propostas pelo 1º classificado, inclusive quanto aos preços, ou revogar a licitação, independentemente da cominação prevista vista no artigo 79.

§ 3º Decorridos 60 (sessenta) dias da data da abertura das propostas sem convocação para a contratação, ficam os licitantes liberados dos compromissos assumidos, salvo se a validade das propostas ultrapassar esse prazo.

SEÇÃO III
DA ALTERAÇÃO DOS CONTRATOS

Art. 62. Os contratos regidos por esta lei poderão ser alterados nos seguintes casos:

I – unilateralmente, pela Administração:

a) quando houver modificação do projeto ou das especificações para melhor adequação técnica aos seus objetivos;

b) quando necessária a modificação do valor contratual em decorrência de acréscimo ou diminuição quantitativa de seu objeto, nos limites permitidos por esta lei;

II – bilateralmente, por mútuo acordo das partes:

a) quando necessária a modificação do regime de execução ou do modo de fornecimento, em face de verificação técnica da inaplicabilidade nos termos contratuais originários;

b) quando necessária a modificação da forma de pagamento por imposição de circunstâncias supervenientes, mantido o valor inicial;

c) quando conveniente a substituição da garantia de execução;

d) para restabelecer o equilíbrio econômico-financeiro do contrato.

§ 1º O contratante fica obrigado a aceitar, nas mesmas mas condições contratuais, os acréscimos ou supressões que se fizerem nas obras, serviços ou compras, até 25% (vinte e cinco por cento) do valor inicial do contrato, e, no caso particular de reforma de obras ou equipamentos, até o limite de 50% (cinquenta por cento) para os seus acréscimos, excluída sempre desse cálculo a parcela de eventual reajustamento.

§ 2º Se no contrato não houverem sido contratados preços unitários para obras ou serviços, esses serão fixados mediante acordo entre as partes, respeitados os limites dos no parágrafo anterior.

§ 3º No caso de supressão de obras ou serviços, se o contratado já houver adquirido os materiais e os houver depositado no local dos trabalhos, deverão eles ser pagos pela Administração pelos preços de aquisição regularmente comprovados.

§ 4º No caso de acréscimos de obras, serviços ou compras, os aditamentos contratuais não poderão ultrapassar os limites previstos no § 1º deste artigo.

§ 5º Quaisquer tributos ou encargos legais, criados, alterados ou extintos, após assinatura do contrato, de comprovada repercussão nos preços contratados, implicarão na revisão destes para mais ou para menos, conforme o caso.

§ 6º Em havendo alteração unilateral do contrato que aumente os encargos do contratado, a Administração deverá restabelecer, por aditamento, o equilíbrio econômico-financeiro inicial.

§ 7º Toda e qualquer alteração deverá ser justificada por escrito e previamenre autorizada pela autoridade competente, devendo ser formalizada por termo de aditamento, que poderá ser único, lavrado no processo originário até o final da obra, serviço ou compra.

§ 8º No caso de reajustamento de preços, é facultada a substituição do termo de aditamento pela demonstração dos respectivos cálculos.

SEÇÃO IV
DA EXECUÇÃO DOS CONTRATOS

Art. 63. O contrato deverá ser executado fielmente pelas partes, de acordo com as cláusulas avençadas e as normas desta lei, respondendo cada qual pelas consequências de sua inexecução total ou parcial.

Art. 64. A execução do contrato deverá ser acompanhada e fiscalizada por um representante da Administração, especialmente designado.

Parágrafo único. O representante da Administração anotará em registro próprio todas as ocorrências relacionadas com a execução do contrato, determinando o que for necessário à regularização das faltas ou defeitos observados. As decisões e providências que ultrapassem a sua competência deverão ser solicitadas a seus superiores, em tempo hábil para a adoção das medidas convenientes.

Art. 65. O contratado deverá manter no local da obra ou serviço, preposto, aceito pela administração, para representá-lo na execução do contrato.

Art. 66. O contratado é obrigado a reparar, corrigir, remover, reconstruir ou substituir, às suas expensas, no total ou em parte, o objeto do contrato em que se verificarem vícios, defeitos ou incorreções resultantes da execução ou de materiais empregados.

Art. 67. O contratado é responsável pelos danos causados diretamente à Administração ou a terceiros, decorrente de culpa ou dolo na execução do contrato, não excluindo ou reduzindo essa responsabilidade a fiscalização ou o acompanhamento pelo órgão interessado.

Art. 68. O contratado é responsável pelos encargos trabalhistas, previdenciários, fiscais e comerciais, resultantes da execução do contrato.

§ 1º A inadimplência do contratado, com referência aos encargos indicados neste artigo, não transfere à Administração Pública a responsabilidade de seu pagamento, nem poderá onerar o objeto do contrato ou restringir a regularização e o uso das obras e edificações, inclusive perante o Registro de Imóveis.

§ 2º A Administração poderá exigir, também, seguro para garantia de pessoas e bens, devendo essa exigência constar do edital da licitação ou do convite.

Art. 69. O contratado, na execução do ajuste, sem prejuízo das responsabilidades contratuais e legais, poderá subcontratar parte da obra, serviço ou fornecimento na forma do pactuado na cláusula própria ou, independentemente dessa previsão, nos limites fixados, caso a caso, pela Administração.

Art. 70. Executado o contrato, o seu objeto será recebido:

I – em se tratando de obras e serviços:

a) provisoriamente, pelo responsável por seu acompanhamento e fiscalização, mediante termo circunstanciado, assinado pelas partes, dentro de 15 (quinze) dias corridos da comunicação escrita do contratado;

b) definitivamente, por servidor ou comissão designada pela autoridade competente, mediante termo circunstanciado, assinado pelas partes, após o decurso de prazo de observação, ou de vistoria que comprove a adequação do objeto aos termos contratuais, observado o disposto no Artigo 72;

II – em se tratando de compras:

a) provisoriamente, para efeito de posterior verificação da conformidade do material ou gênero com a especificação;

b) definitivamente, após a verificação da qualidade e quantidade do material ou gênero e consequente aceitação.

§ 1º Nos casos de aquisição de equipamentos de grande vulto, o recebimento far-se-á mediante termo circunstanciado e, nos demais, mediante recibo.

§ 2º O recebimento provisório ou definitivo não exclui a responsabilidade civil pela solidez e segurança da obra, nem a ética profissional, pela perfeita execução do contrato.

§ 3º O prazo a que se refere a alínea "b", do inciso I, deste artigo, não poderá ser superior a 120 (cento e vinte) dias corridos, salvo em casos excepcionais, devidamente justificados e previstos no edital.

Art. 71. Poderá ser dispensado o recebimento provisório nos seguintes casos:

I – gêneros perecíveis, alimentação preparada e outros materiais, a critério da Administração;

II – serviços profissionais;

III – obras e serviços de valor até Cz$ 3.130.000,00, desde que não se componham de aparelhos, equipamentos e instalações sujeitos à verificação de funcionamento e produtividade.

Parágrafo único. Nos caso deste artigo, o recebimento será feito mediante recibo.

Art. 72. Salvo disposição em contrário, constante do edital, convite ou de ato normativo, os ensaios, testes e demais provas exigidas por normas técnicas oficiais, para boa execução do objeto do contrato, correm por conta do contratado.

Art. 73. A Administração rejeitará, no todo ou em parte, obra, serviço ou fornecimento, se em desacordo com o contrato.

Art. 74. A Administração deverá corrigir monetariamente na forma da legislação aplicável, os pagamentos efetuados em desacordo com o prazo estabelecido em cláusula contratual própria, tornando-se passível de responsabilização aquele que der causa a atraso imotivado.

SEÇÃO V
DA INEXECUÇÃO E DA RESCISÃO DOS CONTRATOS

Art. 75. A inexecução total ou parcial do contrato enseja a sua rescisão, com as consequências contratuais e as previstas em lei.

Art. 76. Constituem motivo para rescisão do contrato:

I – O não cumprimento de cláusulas contratuais, especificações projetos ou prazos;

II – O cumprimento irregular de cláusulas contratuais, especificações, projetos ou prazos;

III – a lentidão no seu cumprimento, levando a Administração a presumir a não conclusão da obra ou do fornecimento, nos prazos estipulados;

IV – o atraso injustificado no início da obra, serviço ou fornecimento;

V – a paralisação da obra, do serviço ou do fornecimento sem justa causa e prévia comunicação à Administração;

VI – a subcontratação total, a cessão ou transferência, total ou parcial, do objeto do contrato, bem como a fusão, cisão ou incorporação que afetem a boa execução deste;

VII – a subcontratação parcial de seu objeto ou a associação do contratado com outrem, exceto se admitida no edital e no contrato, ou mediante prévia aprovação por escrito, da Administração;

VIII – o desatendimento das determinações regulares da autoridade designada para acompanhar e fiscalizar a sua execução assim como as de seus superiores;

IX – o cometimento reiterado de faltas na sua execução anotado na forma do parágrafo único do artigo 64;

X – a decretação de falência, o pedido de concordata ou a instauração de insolvência civil;

XI – a dissolução da sociedade ou o falecimento do contratado;

XII – a alteração social ou a modificação da finalidade ou da estrutura da empresa, que, a juízo da Administração, prejudique a execução do contrato;

XIII – o protesto de títulos ou a emissão de cheques sem suficiente provisão, que caracterizem a insolvência do contratado;

XIV – razões de interesse do serviço público;

XV – a supressão, por parte da Administração, de obras, serviços ou compras, acarretando modificação do valor inicial do contrato, além dos limites permitidos nesta lei (artigo 62, § 1º);

XVI – a suspensão de sua execução, por ordem escrita da Administração, salvo em caso de calamidade pública, grave perturbação da ordem interna ou guerra;

XVII – o atraso superior a 90 (noventa) dias dos pagamentos devidos pela Administração, decorrentes de obras, serviços ou fornecimento já recebidos, salvo em caso de calamidade pública, grave perturbação da ordem interna ou guerra;

XVIII – a não liberação, por parte da Administração, de área, local ou objeto para a execução de obras, serviço ou fornecimento, nos prazos contratuais;

XIX – a ocorrência de caso fortuito ou de força maior, regularmente comprovada, impeditiva da execução do contrato;

XX – o não cumprimento das normas relativas à saúde e à segurança no trabalho dos empregados da empresa contratada previstos na legislação federal, estadual ou municipal ou de dispositivos relativos à matéria constantes de acordo, convenção ou dissídio coletivo.

Art. 77. A rescisão do contrato poderá ser:

I – determinada por ato unilateral e escrito da Administração, nos casos enumerados nos incisos I a XIII do artigo anterior;

II – amigável, por acordo entre as partes, reduzido a termo no processo de licitação;

III – judicial, nos termos da legislação processual.

§ 1º A rescisão administrativa ou amigável deverá ser precedida de autorização escrita e fundamentada da autoridade competente.

§ 2º Nos casos dos incisos XIV a XVIII do artigo anterior será o contratado ressarcido dos prejuízos regularmente comprovados que houver sofrido, inclusive o pagamento do custo da desmobilização tendo, ainda, direito a:

1. devolução da garantia;
2. pagamentos devidos pela execução do contrato até a data da rescisão.

Art. 78. A rescisão de que trata o inciso I do artigo anterior acarreta as seguintes consequências, sem prejuízo das sanções previstas nesta lei:

I – assunção imediata do objeto do contrato, no estado e local em que se encontrar, por ato próprio da Administração;

II – ocupação e utilização do local, instalações, equipamentos material e pessoal empregados na execução do contrato, necessários à sua continuidade, a serem devolvidos ou ressarcidos posteriormente mediante avaliação;

III – perda ou execução da garantia contratual, para ressarcimento dos prejuízos causados à Administração;

IV – retenção dos créditos decorrentes do contrato, até o limite dos prejuízos causados à Administração.

§ 1º A aplicação das medidas previstas nos incisos I e II fica a critério da Administração, que poderá dar continuidade à obra ou serviço por execução direta ou indireta.

§ 2º É permitido à Administração, no caso de concordata do contratado, manter o contrato, assumindo o controle das atividades necessárias à sua execução.

§ 3º Nas hipóteses do inciso II deste artigo o ato deverá ser precedido de autorização expressa do Secretário de Estado competente.

CAPÍTULO IV
DAS PENALIDADES

Art. 79. A recusa injusta do adjudicatário em assinar o contrato, aceitar ou retirar o instrumento equivalente, dentro do prazo estabelecido pela Administração, caracteriza o descumprimento total da obrigação assumida, sujeitando-o à multa prevista no instrumento convocatório.

Parágrafo único. O disposto neste artigo não se aplica aos licitantes convocados nos termos dos Artigos 25, § 3º, e 61, § 2º, que não aceitarem a contratação nas mesmas condições propostas pelo primeiro adjudicatário, inclusive quanto a prazo e preço.

Art. 80. O atraso injustificado na execução do contrato sujeitará o contratado à multa de mora, fixada na forma prevista no instrumento convocatório ou no contrato.

§ 1º A multa a que alude este artigo não impede que a Administração rescinda unilateralmente o contrato e aplique as outras sanções previstas nesta lei.

§ 2º A multa será descontada dos pagamentos ou da garantia do respectivo contrato, ou, quando for o caso, cobrada judicialmente.

Art. 81. Pela inexecução total ou parcial do ajuste, a Administração poderá, garantida a prévia defesa, aplicar ao contratado as seguintes sanções:

I - advertência;

II - multa, na forma prevista no instrumento convocatório ou no contrato;

III - suspensão temporária de participação em licitação e impedimento de contratar com a Administração por prazo não superior a 2 (dois) anos;

IV - declaração de inidoneidade para licitar ou contratar com a Administração, enquanto perdurarem os motivos da punição ou até que seja promovida a reabilitação, perante a própria autoridade que aplicou a penalidade.

§ 1º Se a multa for superior ao valor da garantia prestada, além da perda desta, responderá o contratado pela sua diferença, que será descontada dos pagamentos eventualmente devidos pela Administração ou cobrada judicialmente.

§ 2º As sanções previstas nos incisos I e III deste artigo poderão ser aplicadas juntamente com a do inciso II, facultada a defesa prévia do interessado, no respectivo processo, no prazo de 5 (cinco) dias úteis.

§ 3º A sanção estabelecida no inciso IV é de competência exclusiva do Governador do Estado, podendo ser também aplicada juntamente com a do inciso II, facultada a defesa prévia do interessado no respectivo processo, em qualquer hipótese, no prazo de 10 (dez) dias úteis da abertura de vista.

Art. 82. As sanções previstas nos incisos III e IV do artigo anterior poderão ser aplicadas às empresas ou profissionais que:

I - praticarem, por meio doloso, fraude fiscal, no recolhimento de quaisquer tributos;

II - praticarem atos ilícitos, visando a frustrar os objetivos da licitação;

III - demonstrarem não possuir idoneidade para contratar com a Administração, em virtude de atos ilícitos praticados.

CAPÍTULO V
DOS RECURSOS

Art. 83. Dos atos da Administração decorrentes da aplicação desta lei, cabem:

I - recurso, no prazo de 5 (cinco) dias úteis a contar da intimação do ato ou da lavratura da ata, nos casos de:

a) habilitação ou inabilitação do licitante;

b) julgamento das propostas e adjudicação;

c) anulação ou revogação da licitação;

d) indeferimento do pedido de inscrição em registro cadastral, sua alteração ou cancelamento;

e) rescisão do contrato, a que se refere o inciso I do artigo 77, aplicação das penas de advertência, suspensão temporária ou multa;

II - representação, no prazo de 5 (cinco) dias úteis da intimação da decisão relacionada com o objeto da licitação ou contrato, de que não caiba recurso hierárquico;

III - pedido de reconsideração de decisão do Governador do Estado, no caso do § 3º do artigo 81, no prazo de 10 (dez) dias úteis da intimação do ato.

§ 1º A intimação dos atos referidos no inciso I, alíneas "b", "c" e "e" deste artigo, excluídos os de advertência e multas de mora, e no inciso III, será feita mediante publicação no Diário Oficial do Estado.

§ 2º O recurso previsto na alínea "a" do inciso I deste artigo terá efeito suspensivo. A autoridade competente poderá, motivadamente e havendo razões de interesse público, atribuir ao recurso interposto eficácia suspensiva, nos casos previstos nas alíneas "b" e "e" do inciso I deste artigo.

§ 3º Interpostos os recursos previstos nas alíneas "a" e "b", os demais licitantes serão devidamente cientificados, mediante publicação no Diário Oficial do Estado, para que ofereçam, querendo, impugnação no prazo de 5 (cinco) dias úteis contados dessa publicação.

§ 4º O recurso será dirigido à autoridade superior, por intermédio da que praticou o ato recorrido, a qual poderá reconsiderar sua decisão no prazo de 5 (cinco) dias úteis, ou nesse mesmo prazo fazê-lo subir, devidamente informado, devendo ser decidido no prazo de 15 (quinze) dias contados de seu recebimento.

CAPÍTULO VI
DAS DISPOSIÇÕES FINAIS E TRANSITÓRIAS

Art. 84. Na contagem dos prazos-estabelecidos nesta lei, excluir-se-á o dia do inicio e incluir-se-á o do vencimento.

Parágrafo único. Só se iniciam e vencem os prazos referidos neste artigo em dia de expediente no órgão ou na entidade.

Art. 85. Quando o objeto do contrato interessar a mais de uma entidade pública, caberá ao órgão contratante, perante a entidade interessada, responder pela sua boa execução, fiscalização e pagamento.

Parágrafo único. Fica facultado à entidade interessada o acompanhamento da execução do contrato.

Art. 86. O controle das despesas decorrentes dos contratos e demais instrumentos regidos por esta lei será feito pelo Tribunal de Contas do Estado, na forma da legislação pertinente, ficando os órgãos interessados da Administração centralizada e autárquica responsáveis pela demonstração da legalidade e regularidade da despesa, nos termos da Constituição do Estado.

Parágrafo único. Qualquer licitante ou contratante poderá representar ao Tribunal de Contas contra irregularidades na aplicação desta lei, para fins do disposto neste artigo.

Art. 87. Salvo os casos expressamente mencionados, o regulamento fixará a competência das autoridades para a prática dos atos previstos nesta lei.

Art. 88. As Secretarias de Estado e Autarquias poderão expedir normas peculiares a suas obras, serviços, compras, alienações e locações. observadas as disposições desta lei.

Art. 89. Os convênios e consórcios celebrados pela Administração centralizada e autárquica do Estado com entidades públicas ou particulares regem-se pelo disposto nesta lei, no que couber.

Art. 90. As obras, os serviços, as compras, as alienações e as locações realizadas pelos órgãos dos Poderes Legislativo e Judiciário, do Tribunal de Contas, do Ministério Público, da Defensoria Pública e das universidades públicas estaduais regem-se pelas normas desta lei, no que couber.

Art. 91. As sociedades de economia mista e empresas públicas estaduais, as funções mantidas pelo Estado e demais entidades controladas direta ou indiretamente pelo Estado editarão regulamentos próprios, adaptados às suas peculiaridades com procedimentos seletivos simplificados e observância dos princípios básicos da licitação, inclusive as vedações contidas no parágrafo único do artigo 85 do Decreto-lei Federal n. 2.300, de 21 de novembro de 1986, e alterações posteriores.

Parágrafo único. Os regulamentos a que se refere este artigo, após a aprovação pelo Governador do Estado, deverão ser publicados no Diário Oficial do Estado.

Art. 92. Os valores fixados nos artigos 21, parágrafo único, 23, 24, incisos I e II, 58 e 71, inciso III, desta lei, serão automaticamente corrigidos a partir do primeiro dia útil de cada trimestre civil, a iniciar-se pelo 3º trimestre de 1988.

Parágrafo único. A Administração publicará no Diário Oficial do Estado os novos valores a que se refere este artigo.

Art. 93. As modificações no regime jurídico das licitações e contratos administrativos estaduais introduzidas por esta lei não se aplicam aos procedimentos licitatórios e aos contratos instaurados e assinados anteriormente à sua vigência, a exceção do estabelecido no parágrafo único deste artigo.

Parágrafo único. Vetado.

Art. 94. Esta lei entrará em vigor na data de sua publicação.

Art. 95. Revogam-se as disposições em contrário e, especialmente, a Lei n. 89, de 27 de dezembro de 1972 e suas alterações.

LEI Nº 7.835, DE 08 DE MAIO DE 1992

Dispõe sobre o regime de concessão de obras públicas, de concessão e permissão de serviços públicos e dá providências correlatas.

ÍNDICE

CAPÍTULO I
DAS DISPOSIÇÕES PRELIMINARES

Art. 1º A concessão de obras públicas e a concessão e a permissão de serviços públicos reger-se-ão por esta lei e pelo disposto nos regulamentos, editais de licitação e respectivos contratos ou atos de permissão

Art. 2º Para os fins desta lei, considera-se:

I – Poder Concedente: o Estado, titular da obra ou do serviço público objeto da concessão ou permissão;

II – concessão de obra pública: a delegação contratual, à empresa individual ou coletiva ou a consórcio de empresas, da construção, reforma, ampliação ou conservação e da exploração pelo concessionário, por sua conta a risco e por prazo certo, de obra pública destinada ao uso do povo, remunerada basicamente pela cobrança de tarifas dos usuários;

III – concessão de serviço público: a delegação contratual, à empresa individual ou coletiva ou a consórcio de empresas, da prestação de serviço público, por sua conta e risco e por prazo certo, remunerada basicamente pela cobrança de tarifas dos usuários;

IV – permissão de serviço público: a delegação unilateral, discricionária e precária, à empresa individual ou coletiva ou a consórcio de empresas, da prestação de serviço de utilidade pública, por sua conta e risco, remunerada por tarifa cobrada dos usuários, feita em situações excepcionais, caracterizadas pela urgência.

Art. 3º A concessão de obra e de serviço publico, subordinada à existência de interesse público previamente justificado, será sempre precedida de licitação, na modalidade de concorrência.

Parágrafo único. O Governador do Estado, mediante ato próprio ou por delegação, definirá o objeto, a área de atuação, o prazo e as diretrizes que deverão ser observados no edital de licitação e no contrato, inclusive as situações de eventual ocorrência de subconcessão de serviços.

Art. 4º A concorrência obedecerá às normas da legislação sobre licitações e contratos e somente será dispensável:

I – nos casos de guerra, grave perturbação da ordem ou calamidade pública;

II – nos casos de emergência, quando caracterizada a urgência de atendimento de situação que possa ocasionar prejuízo ou comprometer a segurança de pessoas, obras, serviços, equipamentos e outros bens, públicos ou particulares;

III – quando não acudirem interessados à licitação e esta não puder ser repetida sem prejuízo para a Administração, mantidas neste caso as condições preestabelecidas.

§ 1º A concorrência será inexigível quando comprovadamente inexistir qualquer possibilidade de competição.

§ 2º Nas hipóteses previstas nos incisos I e II deste artigo, a delegação deverá ser feita por meio de permissão de serviço público.

Art. 5º O edital de licitação deverá prever que o julgamento seja feito em função do preço proposto pelo concorrente, salvo quando relevantes razões de interesse público, devidamente justificadas, recomendem a utilização de outro critério objetivo, dentre os demais critérios fixados no Artigo 42 da Lei n. 6.544, de 22 de novembro de 1989.

Art. 6º O Poder Concedente colocará à disposição dos licitantes os estudos, de que dispuser, sobre a viabilidade do serviço ou da obra objeto da concessão.

CAPÍTULO II
DO CONTRATO DE CONCESSÃO DE SERVIÇO

Art. 7º A concessão de serviço público será formalizada mediante contrato, ao qual se aplicarão as normas da legislação sobre licitações e contratos e as demais regras pertinentes desta lei.

Art. 8º São cláusulas essenciais no contrato as relativas a:

I – objeto, área de prestação do serviço e prazo;

II – modo, forma e condições da prestação do serviço, com a indicação, quando for o caso, de padrões de qualidade e de metas e prazos para seu aperfeiçoamento;

III – obrigação de execução das obras necessárias à prestação de serviço, com fixação dos respectivos prazos de início e conclusão e com especificação, quando for o caso, da forma e condições de seu pagamento pelo Poder Concedente;

IV – direitos e deveres dos usuários e condições para que estes obtenham e possam utilizar o serviço;

V – critérios para fixação e alteração da tarifa, com previsão da periodicidade e dos parâmetros de cálculo dos reajustamentos, bem como especificação de outras fontes acessórias de receita, quando for o caso;

VI – mecanismos e critérios para o ressarcimento do concessionário em caso de redução ou estabilização da tarifa por motivo de interesse público relevante;

VII – valor dos recursos a serem aplicados e suas fontes de origem;

VIII – constituição de provisões para eventuais depreciações;

IX – garantias para a adequada execução do contrato;

X – casos de extinção da concessão;

XI – hipóteses em que será cabível a reversão dos bens aplicados no serviço;

XII – forma de fiscalização do serviço;

XIII – obrigatoriedade, forma e prazo de prestação de contas pelo concessionário;

XIV – exigência da publicação de demonstrações financeiras periódicas, na forma estabelecida pelo Poder Público, e das planilhas de cálculo do custo do serviço;

XV – responsabilidade das partes, penalidades a que se sujeita o concessionário e indicação das autoridades competentes para aplicá-las;

XVI – penalidades aplicáveis aos usuários pelo não cumprimento de obrigações legais ou regulamentares pertinentes à utilização do serviço;

XVII – indenizações devidas e critérios para o seu cálculo, quando for o caso;

XVIII – critérios para fixação de valores provisórios para indenização, nos casos de encampação ou resgate;

XIX – eventual outorga de poderes ao concessionário para promover as desapropriações ou constituir as servidões administrativas necessárias à execução do serviço concedido, com definição expressa de sua responsabilidade pelas indenizações cabíveis;

XX – possibilidade de prorrogação do prazo da concessão, desde que prevista no edital de licitação;

XXI – foro competente e modo amigável para solução das divergências contratuais;

XXII – outras cláusulas peculiares ao objeto da concessão.

Art. 9º Incumbe ao concessionário a execução direta e pessoal do serviço concedido, cabendo-lhe responder, independentemente de dolo ou culpa, por todos os prejuízos causados ao Poder Público, aos usuários e a terceiros, sem que a fiscalização exercida pelo órgão compentente exclua ou atenue essa responsabilidade.

§ 1º É vedada a subconcessão total ou parcial do serviço salvo quando feita por entidade da Administração Descentralizada, observado o disposto nos Artigos 3º, 4º, 5º e 6º desta lei e sua previsão ficar justificada já no edital de licitação e no contrato.

§ 2º Sem prejuízo da responsabilidade a que se refere este artigo, o concessionário poderá contratar terceiros para o desenvolvimento de atividades acessórias ou complementares, desde que isso não implique transferência da prestação do serviço público concedido, oneração de seu custo ou detrimento de sua qualidade.

§ 3º As contratações feitas pelo concessionário, nos termos do disposto no parágrafo anterior, serão regidas pelo direito privado, não se estabelecendo nenhuma relação jurídica entre os terceiros contratados e o Poder Concedente.

Art. 10. O prazo do contrato de concessão, fixado no edital de licitação, deverá atender, em cada caso, ao interesse público e às necessidades ditadas pelo valor do investimento.

Parágrafo único. Será admitida a prorrogação do contrato de concessão, desde que prevista no edital, tendo em vista sempre as exigências de continuidade na prestação do serviço.

CAPÍTULO III
DA REMUNERAÇÃO DO CONCESSIONÁRIO E DA POLÍTICA TARIFÁRIA

Art. 11. A tarifa, cobrada diretamente dos usuários, é o componente da remuneração devida ao concessionário, devendo ser fixada segundo critérios que propiciem harmonia entre a exigência de prestação e de manutenção de serviço adequado e a justa remuneração da empresa concessionária.

Parágrafo único. O Poder Concedente poderá estabelecer ainda, em favor do concessionário, de acordo com as peculiaridades do serviço, outras fontes acessórias de receita, na forma prevista no edital, as quais deverão ser consideradas de modo a assegurar a modicidade da tarifa.

Art. 12. A tarifa será atualizada segundo critérios e prazos fixados no edital.

Parágrafo único. Eventuais distorções decorrentes da atualização de que trata este artigo serão corrigidas, em casos excepcionais, mediante revisão da tarifa, levando-se em conta a variação do custo do serviço e a receita oriunda de fontes acessórias.

Art. 13. O cálculo do custo será efetuado com base em planilha aprovada pela Secretaria de Estado a que se vincula o serviço, por meio de seus órgãos técnicos ou entidades autárquicas.

§ 1º As planilhas de custos deverão conter os parâmetros, os coeficientes técnicos e a metodologia de cálculo usualmente aceitos, em função do tipo de serviço delegado.

§ 2º Sempre que as circunstâncias e o interesse público recomendarem, a elaboração das planilhas de custo será objeto de parecer de auditoria independente.

§ 3º Fica assegurado ao concessionário o direito de acompanhar os trabalhos previstos neste artigo.

Art. 14. ~~É lícito ao Poder Concedente, por motivo de interesse público relevante, estabilizar ou reduzir o valor das tarifas, de forma a garantir sua modicidade ao usuário, desde que assegure ao concessionário a manutenção do equilíbrio econômico-financeiro do contrato.~~ *Revogado pela* Lei nº 17.293, de 15/10/2020.

CAPÍTULO IV
DOS DIREITOS E DEVERES DO PODER CONCEDENTE

Art. 15. Incumbe ao Poder Concedente:

I – regulamentar o serviço concedido e fiscalizar permanentemente a sua prestação;

II – modificar unilateralmente as disposições regulamentares do serviço, para melhor adequação ao interesse público, respeitado o equilíbrio econômico-financeiro do contrato;

III – cumprir e fazer cumprir as disposições regulamentares do serviço e as cláusulas do contrato;

IV – fixar e rever as tarifas;

V – estimular a eficiência do serviço e a modicidade das tarifas;

VI – zelar pela boa qualidade do serviço, receber e apurar queixas e reclamações dos usuários;

VII – estimular a competitividade e a livre concorrência quando pertinentes, para racionalizar, melhorar e ampliar a disponibilidade do serviço;

VIII – estimular a associação dos usuários para a defesa de seus interesses relativos ao serviço, inclusive para sua fiscalização;

IX – declarar de utilidade pública os bens necessários à execução do serviço ou obra pública, promovendo as desapropriações, diretamente ou mediante outorga de poderes ao concessionário, caso em que será deste a responsabilidade pelas indenizações cabíveis;

X – intervir na prestação do serviço, retomá-lo e extinguir a concessão, nos casos e nas condições previstos em lei e no contrato;

XI – aplicar as penalidades legais e contratuais.

CAPÍTULO V
DOS DIREITOS E DEVERES DO CONCESSIONÁRIO

Art. 16. Incumbe ao concessionário:

I – prestar serviço adequado a todos os usuários;

II – cumprir e fazer cumprir as disposições regulamentares do serviço e as cláusulas contratuais;

III – cobrar as tarifas, conforme fixadas pelo Poder Concedente;

IV – zelar pela integridade dos bens vinculados à prestação do serviço;

V – usar o domínio público necessário à execução do serviço, observando a sua afetação e a legislação pertinente

VI – manter em dia o inventário e o registro dos bens vinculados à concessão;

VII – promover as desapropriações, na forma autorizadas pelo Poder Concedente;

VIII – manter regularmente escriturados os seus livros e registros contábeis e organizados os arquivos, documentos e anotações, de forma a possibilitar a inspeção, a qualquer momento, pelos encarregados da fiscalização;

IX – franquear o acesso dos encarregados da fiscalização em qualquer época, aos locais, obras, instalações e equipamentos compreendidos na concessão;

X – prestar ao Poder Público contas da gestão do serviço.

Art. 17. Para os fins do disposto no inciso I do artigo anterior, serviço adequado é o que atende ao interesse público e corresponde às exigências de qualidade, continuidade, regularidade, eficiência, atualidade, generalidade, modicidade, cortesia e segurança.

Parágrafo único. Entende-se por atualidade do serviço o uso de métodos, instalações e equipamentos que correspondam a padrões de modernidade e avanço tecnológico bem como a sua ampliação, na medida das necessidades dos usuários.

CAPÍTULO VI
DOS DIREITOS E DEVERES DOS USUÁRIOS

Art. 18. São direitos e deveres dos usuários:

I – receber serviço adequado;

II – receber do Poder Público e do concessionário informações adequadas e claras, solicitadas para a defesa de interesses individuais ou coletivos;

III – levar ao conhecimento do Poder Público e do concessionário as irregularidades de que tenham conhecimento referentes ao serviço prestado;

IV – denunciar às autoridades competentes os atos ilícitos praticados pelo concessionário, na prestação do serviço público;

V – cumprir as obrigações legais ou regulamentares pertinentes à utilização do serviço.

CAPÍTULO VII
DA EXTINÇÃO DA CONCESSÃO

Art. 19. Extingue-se a concessão por:

I – término do prazo;

II – anulação;

III – caducidade;

IV – rescisão amigável ou judicial;

V – encampação ou resgate;

VI – falência ou extinção da empresa concessionária e falecimento ou incapacidade do titular, no caso de empresa individual.

Art. 20. Extinta a concessão, por qualquer motivo retornam ao Poder Concedente os direitos e privilégios delegados, com reversão dos bens vinculados à prestação do serviço.

§ 1º Na hipótese prevista neste artigo, o Poder Concedente assumirá imediatamente o serviço e poderá ocupar e utilizar os locais, instalações, equipamentos, materiais e recursos humanos vinculados à sua prestação.

§ 2º O Poder Concedente procederá aos levantamentos, avaliações e liquidações necessários, no prazo de 90 (noventa) dias contados da assunção do serviço, salvo na hipótese de término do prazo contratual, quando essas providências deverão ser adotadas com antecedência.

§ 3º A reversão, ao término do prazo contratual, será feita sem indenização, salvo quando ocorrer a hipótese de implementação do capital ainda não amortizado, deduzida a depreciação dos bens, proveniente de seu desgaste ou de sua obsolescência.

Art. 21. A inexecução total ou parcial ou contrato acarretará a aplicação das sanções contratuais ou a declaração de caducidade, com rescisão unilateral do contrato.

Art. 22. A caducidade poderá ser declarada, mediante procedimento sumário que assegure ao concessionário o direito de defesa, nos seguintes casos:

I – inadequação ou deficiência da prestação do serviço;

II – perda ou comprometimento das condições econômicas, financeiras, técnicas ou operacionais necessárias ao desenvolvimento do contrato;

III – descumprimento de obrigações legais, regulamentares ou contratuais;

IV – paralisação do serviço, sem justa causa;

V – inadimplemento de obrigações financeiras garantidas na forma dos Artigos 29, 30 e 31 desta lei.

Art. 23. Declarada a caducidade, caberá ao Poder Concedente:

I – assumir a execução do objeto do contrato, no local e no estado em que se encontrar;

II – ocupar e utilizar os locais, instalações, equipamentos, materiais e recursos humanos empregados na execução do serviço, necessários à sua continuidade;

III – reter e executar a garantia contratual, para ressarcimento dos prejuízos sofridos pelo Poder Público;

IV – promover, no caso do inciso V do Artigo 22, atendidas as prescrições legais, a transferência da execução do serviço a concessionário que assuma as obrigações financeiras;

V – aplicar penalidades.

§ 1º Na hipótese prevista neste artigo, o concessionário somente fará jus à indenização correspondente aos bens que reverterem ao Poder Concedente e cujo valor não tenha sido alcançado por depreciação ou amortização do ativo, descontado o valor dos danos causados e, quando convier, das obrigações financeiras não satisfeitas.

§ 2º Declarada a caducidade, não resultará para o Poder Concedente qualquer espécie de responsabilidade em relação aos encargos, ônus, obrigações e compromissos com terceiros ou empregados do concessionário.

Art. 24. Encampação ou resgate é a rescisão unilateral do contrato, com a imediata retomada do serviço pelo Poder Concedente, antes do término do prazo da concessão, por motivos de interesse público ou conveniência administrativa, devidamente justificados.

Parágrafo único. O ato de encampação é privativo do Chefe do Executivo e sua efetivação deve ser seguida de justa indenização, sendo obrigatória a antecipação de valores provisórios, nos termos estabelecidos no contrato.

Art. 25. O contrato de concessão poderá ser rescindido por iniciativa do concessionário, mediante ação judicial específica, no caso de descumprimento pelo Poder Concedente de obrigações legais, regulamentares ou contratuais, respeitado o direito às indenizações.

Art. 26. O término antecipado da concessão, resultante de rescisão amigável, será obrigatoriamente precedido de justificação que demonstre o interesse público do distrato, devendo o respectivo instrumento conter regras claras e pormenorizadas sobre a composição patrimonial decorrente do ajuste.

CAPÍTULO VIII
DA INTERVENÇÃO

Art. 27. A intervenção será cabível, em caráter excepcional, com o fim exclusivo de assegurar regularidade e adequação na execução do serviço, bem como o fiel cumprimento das normas contratuais, regulamentares e legais pertinentes.

§ 1º A intervenção far-se-á por ato motivado do Poder Concedente, que conterá a designação do interventor, o prazo da intervenção, os objetivos e limites da medida.

§ 2º Terminado o período de intervenção, que não poderá ser superior a 180 (cento e oitenta) dias, o interventor proporá ao Poder Público a devolução do serviço ao concessionário ou a extinção da concessão.

§ 3º Caberá intervenção, como medida preliminar à declaração de caducidade, especialmente nos casos de inadimplemento de obrigações financeiras garantidas na forma dos Artigos 29, 30 e 31 desta lei.

Art. 28. Declarada a intervenção, o Poder Concedente deverá, no prazo de quinze dias, instaurar procedimento administrativo para comprovar as causas determinantes da medida e apurar responsabilidades, assegurado direito de ampla defesa.

§ 1º Se ficar comprovado que a intervenção não observou os pressupostos legais e regulamentares ou os princípios da Administração Pública, será declarada a sua invalidade, devendo o serviço ser imediatamente devolvido ao concessionário, sem prejuízo de seu direito à indenização.

§ 2º O procedimento administrativo a que se refere o "caput" deste artigo deverá ser concluído no prazo de até 90 (noventa) dias, sob pena de considerar-se inválida a intervenção, aplicando-se o disposto no parágrafo anterior.

CAPÍTULO IX
DAS GARANTIAS DE FINANCIAMENTO E DE DESEMPENHO

Art. 29. O concessionário poderá oferecer, mediante anuência do Poder Concedente, os créditos e as receitas a que fizer jus em razão do contrato de concessão, como garantia de financiamento obtido para investimento nos serviços correspondentes.

Art. 30. Poderão ser estabelecidas outras garantias nos contratos de financiamento, mediante anuência do Poder Concedente, desde que não haja prejuízo à prestação do serviço e que a medida atenda à lei e aos princípios constitucionais da Administração Pública.

Art. 31. O edital de licitação poderá prever a instituição de fundo financeiro ou de seguro-garantia de obrigação contratual, objetivando assegurar a plena execução do contrato pelas partes.

CAPÍTULO X
DA CONCESSÃO DE OBRA PÚBLICA

Art. 32. O disposto nesta lei aplica-se à concessão de obra pública, atendidas suas peculiaridades e observados os seguintes preceitos:

I – o Poder Concedente poderá, a seu critério, conforme ficar expressamente previsto no contrato de concessão, autorizar o concessionário a contratar terceiros para a execução parcial dos trabalhos de construção, reforma, ampliação ou conservação da obra concedida, bem como exigir-lhe garantia de desempenho tendo em vista o fiel cumprimento das obrigações assumidas;

II – além da tarifa, o concessionário de obra pública poderá ser remunerado, nos termos previstos no edital e no contrato, dentre outras fontes, pela renda proveniente de contribuição de melhoria instituída pelo Poder Público, pela renda derivada da exploração, direta ou indireta, de áreas de serviço, lazer ou repouso, na faixa de domínio da obra pública ou em zona integrada ao patrimônio público por desapropriação extensiva ou qualquer outra forma, bem como pela receita decorrente de projetos associados;

III – no caso de investimento de recursos públicos na obra dada em concessão, o contrato deverá prever mecanismos que permitam ampla fiscalização de sua adequada utilização.

Parágrafo único. O valor e a forma de pagamento da contribuição de melhoria, a que se refere o inciso II, serão graduados segundo a capacidade econômica do contribuinte, facultado à Administração, especialmente para conferir efetividade a esses objetivos, identificar, respeitados os direitos individuais e nos termos da lei, o patrimônio, os rendimentos e as atividades econômicas do contribuinte.

CAPÍTULO XI
DA PERMISSÃO DE SERVIÇO

Art. 33. A permissão de serviço público será formalizada mediante ato apropriado, ao qual se aplicarão, subsidiariamente, as normas da legislação sobre licitações e contratos e, no que couber, as disposições desta lei relativas às concessões.

Art. 34. A perissão de serviço público somente poderá subsistir enquanto perdurar a situação de urgência que a tenha justificado.

Parágrafo único. O Poder Concedente poderá, mediante ato justificado e vinculado ao efetivo atendimento do interesse público, revogar a qualquer tempo a permissão, sem que o permissionário tenha direito a qualquer indenização, vedada, nessa hipótese, a reverão de bens.

CAPÍTULO XII
DISPOSIÇÕES FINAIS

Art. 35. Sem prejuízo dos demais meios e instrumentos de controle e fiscalização, ao Poder Concedente caberá designar comissão especial para realizar auditoria contábil e financeira no concessionário ou permissionário, com o objetivo de apurar qualquer matéria de interesse público, previamente definida.

Art. 36. O regulamento específico da concessão deverá prever a constituição de uma comissão de acompanhamento e fiscalização, no prazo de 90 (noventa) dias, com caráter opinativo, composta por representantes, em igual número, do Poder Legislativo, do Poder Executivo e dos usuários.

Art. 37. O Estado, mediante convênios, poderá coordenar com os Municípios a outorga de concessão de serviço ou obra pública de interesse local ou regional.

Art. 38. O Poder Executivo submeterá à Assembléia Legislativa, fazendo constar da lei de diretrizes orçamentárias as metas e prioridades nos diversos campos da Administração Pública, quanto às concessões de obras e serviços públicos.

Art. 39. Esta lei e suas Disposições Transitórias entrarão em vigor na data de sua publicação.

DISPOSIÇÕES TRANSITÓRIAS

Art. 1º A partir da data da publicação desta lei ficam extintas todas as concessões outorgadas sem licitação, cujos serviços e obras não tenham sido iniciados, ressalvados os casos de dispensa ou inexigibilidade fundados na legislação então vigente.

Art. 2º Não se aplicam as disposições desta lei às concessões e permissões outorgadas anteriormente à sua vigência.

– Artigo 2º com redação dada pela Lei nº 9.056, de 29/12/1994.

LEI COMPLEMENTAR Nº 709, DE 14 DE JANEIRO DE 1993

Dispõe sobre a Lei Orgânica do Tribunal de Contas do Estado.

ÍNDICE

TÍTULO I
DISPOSIÇÕES PRELIMINARES

CAPÍTULO I
DÁ COMPETÊNCIA E DAS ATRIBUIÇÕES

SEÇÃO I
DA COMPETÊNCIA

Art. 1º O Tribunal de Contas do Estado de São Paulo, órgão destinado à fiscalização contábil, financeira, orçamentária, operacional e patrimonial do Estado e de seus Municípios, auxiliar do Poder Legislativo no controle externo, tem sua sede na cidade de São Paulo e jurisdição em todo o território estadual.

Art. 2º Ao Tribunal de Contas do Estado de São Paulo, nos termos da Constituição Estadual e na forma estabelecida nesta lei, compete:

I – apreciar e emitir parecer sobre as contas prestadas anualmente pelo Governador do Estado;

II – apreciar e emitir parecer sobre a prestação anual de contas da administração financeira dos Municípios, excetuada a do Município de São Paulo;

III – julgar, no âmbito do Estado e dos Municípios, as contas dos gestores e demais responsáveis por bens e valores públicos da administração direta e autarquias, empresas públicas e sociedades de economia mista, inclusive fundações instituídas ou mantidas pelo Poder Público, e as contas daqueles que derem causa a perda, extravio ou outra irregularidade de que resulte dano ao erário;

IV – acompanhar a arrecadação da receita dos Poderes Públicos sobre os quais tenha jurisdição;

V – apreciar, no âmbito do Estado e dos Municípios, para fins de registro, a legalidade dos atos de admissão de pessoal, a qualquer título, na administração direta e autarquias, empresas públicas, sociedades de economia mista e fundações instituídas ou mantidas pelo Poder Público, excetuadas as nomeações para cargo de provimento em comissão;

VI – apreciar, para fins de registro, a legalidade dos atos concessórios de aposentadoria, reforma ou pensão, ressalvada melhoria posterior que não altere o fundamento legal da concessão;

VII – avaliar a execução das metas previstas no plano plurianual, nas diretrizes orçamentárias e no orçamento anual;

VIII – realizar, por iniciativa própria, da Assembléia Legislativa, de comissão técnica ou de inquérito, inspeções e auditoria de natureza contábil, financeira, orçamentária, operacional e patrimonial, nos órgãos dos Poderes Legislativo, Executivo e Judiciário, do Ministério Público e demais entidades referidas no inciso III deste artigo;

IX – fiscalizar as aplicações em empresas de cujo capital social o Poder Público estadual ou municipal participe;

X – fiscalizar a aplicação de quaisquer recursos repassados pelo Estado, mediante convênio, acordo, ajuste ou instrumento congênere;

XI – prestar as informações solicitadas pela Assembléia Legislativa ou por comissão técnica sobre a fiscalização contábil, financeira, orçamentária, operacional e patrimonial, bem como sobre resultados de auditorias e inspeções realizadas;

XII – aplicar aos responsáveis, em caso de ilegalidade de despesa ou irregularidade de contas, as sanções previstas em lei;

XIII – assinar prazo para que o órgão ou entidade adote as providências necessárias ao exato cumprimento da lei, se verificada a ilegalidade;

XIV – sustar, se não atendido nos termos do inciso anterior, a execução do ato impugnado, comunicando a decisão à Assembléia Legislativa ou à Câmara Municipal competente;

XV – comunicar á Assembléia Legislativa ou à Câmara Municipal competente qualquer irregularidade verificada nas contas ou na gestão públicas, enviando-lhes cópia dos respectivos documentos;

XVI – encaminhar à Assembléia Legislativa ou à Câmara Municipal, conforme o caso, para sustação, os contratos em que se tenha verificado ilegalidade;

XVII – julgar convênios, aplicação de auxílios, subvenções ou contribuições concedidos pelo Estado e pelos Municípios a entidades particulares de caráter assistencial ou que exerçam atividades de relevante interesse público;

XVIII – julgar renúncia de receitas, contratos, ajustes, acordos e atos jurídicos congêneres;

XIX – julgar as contas, relativas à aplicação pelos municípios, dos recursos recebidos do Estado ou por seu intermédio, independentemente da competência estabelecida no inciso II deste artigo;

XX – autorizar a liberação de fiança ou caução, ou dos bens dados em garantia, do responsável por bens e valores públicos;

XXI – verificar o ato que libere, restitua ou substitua caução ou fiança dada em garantia da execução de contrato ou ato jurídico congênere;

XXII – decidir os recursos interpostos contra as suas decisões e os pedidos de revisão e rescisão;

XXIII - expedir atos e instruções normativas, sobre matéria de suas atribuições e sobre a organização de processos que lhe devam ser submetidos, obrigando a seu cumprimento, sob pena de responsabilidade;

XXIV - decidir sobre denúncia que lhe seja encaminhada por qualquer cidadão, partido político, associação ou sindicato;

XXV - decidir sobre consulta que lhe seja formulada acerca de dúvida suscitada na aplicação de dispositivos legais e regulamentares concernentes à matéria de sua competência, na forma estabelecida no Regimento Interno:

XXVI - expedir instruções gerais ou especiais, relativas á fiscalização contábil, financeira, orçamentária operacional e patrimonial, exercida através do controle externo;

XXVII - representar ao Poder competente do Estado ou de Município sobre irregularidade ou abuso verificado do em atividade contábil, financeira, orçamentária, operacional e patrimonial e nos processos de tomada de contas;

XXVIII - emitir parecer conclusivo, no prazo de 30 (trinta) dias, por solicitação de comissão técnica ou de inquérito da Assembléia Legislativa, em obediência ao disposto no artigo 34 § 1º da Constituição do Estado; e

XXIX - aplicar aos ordenadores de despesa, aos gestores e aos responsáveis por bens e valores públicos as multas e demais sanções previstas nesta lei.

SEÇÃO II
DAS ATRIBUIÇÕES

Art. 3º São atribuições do Tribunal de Contas:

I - eleger o Presidente, o Vice-Presidente e o Corregedor;

II - elaborar seu Regimento Interno e organizar os serviços auxiliares, provendo-lhes os cargos na forma estabelecida em lei;

III - propor à Assembléia Legislativa a criação ou a extinção de cargos de seus serviços auxiliares e a fixação dos respectivos vencimentos;

IV - conceder os direitos previstos pela Constituição e pela lei, aos seus membros e ao pessoal de sua Secretaria;

V - decidir sobre a exoneração e a demissão do pessoal de sua Secretaria;

VI - aprovar sua proposta orçamentária, bem como as referentes a créditos adicionais;

VII - elaborar a programação financeira de suas dotações orçamentárias para inclusão na programação geral da despesa;

VIII - enviar à Assembléia Legislativa relatório circunstanciado da apreciação que fez de suas próprias contas; e

IX - encaminhar à Assembléia Legislativa, trimestral e anualmente, relatório de suas atividades.

CAPÍTULO II
DA COMPOSIÇÃO E DA ORGANIZAÇÃO

SEÇÃO I
DA COMPOSIÇÃO

Art. 4º O Tribunal de Contas do Estado de São Paulo, compõe-se de 7 (sete) Conselheiros, nomeados de conformidade com a Constituição do Estado.

SEÇÃO II
DA ORGANIZAÇÃO

Art. 5º Junto ao Tribunal de Contas, funcionarão a Procuradoria da Fazenda do Estado e o Ministério Público, nos moldes estabelecidos em lei é segundo as regras do Regimento Interno.

Art. 6º O Tribunal de Contas poderá funcionar desconcentradamente, por unidades regionais, consoante disposto no Regimento Interno.

Art. 7º O Tribunal de Contas disporá, na forma do Regimento Interno, de serviços de natureza técnica e administrativa.

SUBSEÇÃO I
DO PLENÁRIO E DAS CÂMARAS

Art. 8º O Plenário do Tribunal de contas, dirigido por seu Presidente, terá a competência e o funcionamento regulados pelo Regimento Interno.

Parágrafo único. As sessões do Tribunal de Contas serão sempre públicas, salvo aquelas destinadas a tratar de assuntos de natureza administrativa interna ou quando a preservação de direitos individuais e o interesse público o exigirem.

Art. 9º O Tribunal de Contas poderá dividir-se em Câmaras, mediante deliberação da maioria de seus Conselheiros titulares.

SUBSEÇÃO II
DA PRESIDÊNCIA, DA VICE-PRESIDÊNCIA
E DA CORREGEDORIA

Art. 10. Os Conselheiros elegerão, entre os seus pares, o Presidente, o Vice-Presidente e o Corregedor do Tribunal de Contas, para o mandato de 1 (um) ano, permitida a reeleição.

Parágrafo único. A eleição será realizada em sessão plenária, especialmente convocada na forma do Regimento Interno.

Art. 11. O Vice-Presidente auxiliará o Presidente no exercício de suas funções, substitui-lo-á nas faltas e impedimentos e o sucederá em caso de vacância até o final do mandato.

Art. 12. As atribuições do Presidente, do Vice-Presidente e do Corregedor serão estabelecidas no Regimento Interno.

SUBSEÇÃO III
DA SECRETARIA-DIRETORIA GERAL

Art. 13. À Secretaria-Diretoria Geral, cuja organização, atribuições e normas de funcionamento são as estabelecidas no Regimento Interno, incumbe a prestação de apoio técnico e a execução dos serviços administrativos do Tribunal de Contas.

Parágrafo único. A Secretaria disporá de Quadro próprio de pessoal, com a estrutura orgânica fixada por lei.

CAPÍTULO III
DA JURISDIÇÃO

Art. 14. O Tribunal de Contas tem jurisdição própria e privativa sobre as pessoas e matérias sujeitas à sua competência, a qual abrange todos os responsáveis, bem como seus fiadores, herdeiros e sucessores, e qualquer pessoa física ou jurídica, de direito público ou de direito privado, que utilize, arrecade, guarde, gerencie ou administre bens e valores públicos ou pelos quais o Poder Público responda, ou que, em nome deste assuma obrigações de qualquer natureza.

Parágrafo único. Os sucessores dos gestores ou responsáveis a que se refere este artigo responderão somente até o limite do valor do patrimônio transferido.

Art. 15. Estão sujeitos à jurisdição do Tribunal de Contas e se por decisão deste podem liberar-se de sua responsabilidade:

I – os ordenadores de despesa, administradores, gestores e demais responsáveis por bens e valores públicos;

II – qualquer pessoa física ou jurídica de direito público ou de direito privado que houver arrecadado ou recebido depósito, auxilio, subvenção, e contribuição do Estado ou Município, ou tenha sob sua guarda e administração bens ou valores públicos;

III – o servidor público civil ou militar que der causa a perda, extravio ou dano de bens e valores públicos, ou pelos quais este responda;

IV – qualquer pessoa ou entidade mantida, ainda que parcialmente, pelos cofres públicos;

V – os responsáveis por entidades jurídicas de direito privado que recebam contribuições parafiscais e prestem serviço de interesse público ou social;

VI – quem receber benefício dos Poderes Públicos por antecipação ou adiantamento; e

VII – todos quantos, por disposição legal, lhe devam prestar contas, incluídos os diretores de empresas, sociedades de economia mista ou fundações instituídas ou mantidas pelo Poder Público e responsáveis por fundos especiais de despesa.

Parágrafo único. O Tribunal de Contas, em suas decisões, levará em conta a responsabilidade solidária ou individual dos ordenadores

ou gestores de despesa e dos que as efetuarem em desacordo com a ordenação ou com as normas legais ou regulamentares, bem como os que tiverem sob sua guarda bens ou valores públicos, ou forem responsáveis pelo controle interno.

CAPÍTULO IV
DOS CONSELHEIROS

SEÇÃO I
DAS PRERROGATIVAS E DAS VEDAÇÕES

» *V. LC 979/2005 – Criação do cargo de Auditor do Tribunal de Contas.*

Art. 16. O Conselheiro terá as mesmas garantias, prerrogativas, impedimentos, vencimentos e vantagens do Desembargador do Tribunal de Justiça do Estado e somente poderá se aposentar com as vantagens do cargo quando o tiver exercido efetivamente por mais de 5 (cinco) anos.

Art. 17. Não poderá exercer, concomitantemente, o cargo de Conselheiro, substituto de Conselheiro ou integrar a lista de substitutos de Conselheiro, parente consanguíneo ou afim, na linha ascendente ou descendente e na linha colateral, até o segundo grau.

Art. 18. A incompatibilidade resolve-se:

I – antes da posse, contra o último nomeado, ou o de menos idade, se nomeado na mesma data;

II – depois da posse, contra o causador da incompatibilidade, ou/se a ambos imputável, contra o que tiver menor tempo de exercício no cargo.

Parágrafo único. Verificada a incompatibilidade, será declarada sem efeito a nomeação.

Art. 19. O Conselheiro fará declaração pública de bens, no ato da posse e no término do exercício do cargo.

SEÇÃO II
DA SUBSTITUIÇÃO DE CONSELHEIRO

» *V. LC 979/2005 – Criação do cargo de Auditor do Tribunal de Contas – revogação tácita dos artigos 20 a 22 desta lei.*

Art. 20. O Conselheiro, em suas ausências, impedimentos, férias ou outros afastamentos legais, será substituído, mediante convocação do Presidente, pelos integrantes da lista de Substitutos de Conselheiro de que trata o artigo 22 desta lei.

Parágrafo único. Em caso de vacância de cargo de Conselheiro, o Presidente convocará Substituto de Conselheiro para exercer as funções do cargo até novo provimento.

Art. 21. Os Substitutos de Conselheiro, quando no exercício da substituição, terão as mesmas garantias, direitos e impedimentos do titular.

Art. 22. O Tribunal de Contas, de 2 (dois) em 2 (dois), enviará à Assembléia Legislativa, no decorrer da segunda quinzena de março, lista de Substitutos de Conselheiro que conterá 14 (catorze) nomes, acompanhada dos respectivos "curriculum vitae", que atendam aos requisitos exigidos no § 1º do artigo 31 da Constituição do Estado.

§ 1º Dos nomes que integrarão a lista a que se refere este artigo, serão indicados 7 (sete) pela Assembléia Legislativa, e os outros 7 (sete), pelo Tribunal de Contas

§ 2º Rejeitados, total ou parcialmente, os nomes da lista, o Tribunal de Contas e a Assembléia Legislativa, dentro de 15 (quinze) dias, renova-la-ão na primeira hipótese , e procederão, na segunda, à indicação de outros tantos quantos sejam necessários para completá-la, observada a regra do parágrafo anterior.

§ 3º Prevalecerá a lista anterior, enquanto não aprovada a de que cuida este artigo.

TÍTULO II

DO JULGAMENTO E DA FISCALIZAÇÃO

CAPÍTULO I

DAS CONTAS DO GOVERNADOR DO ESTADO E DAS CONTAS

DA ADMINISTRAÇÃO FINANCEIRA DOS MUNICÍPIOS

Art. 23. O Tribunal de Contas emitirá parecer prévio , no prazo fixado pela Constituição, sobre as contas que o Governador do Estado apresentar, anualmente, a Assembléia Legislativa.

§ 1º As contas abrangerão a totalidade do exercício financeiro, compreendendo as atividades do Executivo, do Legislativo, do Judiciário, do Ministério Público e do próprio Tribunal de Contas.

§ 2º O Governador remeterá o balanço das contas, peças acessórias e relatório circunstanciado do Secretário da Fazenda à Assembléia Legislativa e, concomitantemente, cópia ao Tribunal de Contas.

§ 3º O prazo a que se refere este artigo será contado da data do recebimento da cópia das contas pelo Tribunal de Contas.

§ 4º O parecer de que trata este artigo consistirá em uma apreciação geral e fundamentada sobre o exercício financeiro e a execução do orçamento, indicando, se for o caso, as irregularidades, as parcelas impugnadas, as ressalvas e as recomendações.

Art. 24. O Tribunal de Contas emitirá parecer, até o último dia do ano seguinte ao do seu recebimento, sobre a prestação anual de contas da administração financeira dos Municípios.

§ 1º O balanço das contas será remetido ao Tribunal de Contas até 31 de março de cada ano, juntamente com as peças acessórias e relatório circunstanciado do Executivo e Legislativo Municipal.

§ 2º Se as contas não forem enviadas na forma e prazo indicados no parágrafo anterior, o Tribunal de Contas comunicará o fato ao Legislativo Municipal, para os fins de direito.

§ 3º o parecer de que trata este artigo atenderá ao disposto no § 4º do artigo anterior.

§ 4º O parecer prévio emitido pelo Tribunal de Contas só deixará de prevalecer por decisão de 2/3 (dois terços) dos membros da Câmara Municipal.

CAPÍTULO II
DAS FUNÇÕES DA AUDITORIA

Art. 25. No exercício das funções de auditoria contábil, financeira, orçamentária, operacional e patrimonial dos Poderes Públicos estaduais e municipais, o Tribunal de Contas, através de inspeções e verificações, acompanhará a execução orçamentária e patrimonial dos órgãos da administração direta e autarquias, empresas públicas, sociedades de economia mista e fundações instituídas ou mantidas direta ou indiretamente pelos Poderes supracitados, inclusive a aplicação de subvenções e renúncia de receitas quanto à legalidade, legitimidade e economicidade , devendo:

I – examinar a escrituração contábil e a documentação a ela correspondente;

II – acompanhar as fases da despesa, inclusive verificando a regularidade do empenho, licitação e contrato quando necessário;

III – acompanhar a arrecadação da receita, bem como as operações de crédito, a emissão de títulos, além de verificar os depósitos em caução, fiança, ou dos bens dados em garantia;

IV – verificar a regularidade da execução da programação financeira;

V – examinar os créditos adicionais, as despesas de exercícios encerrados e os "Restos a Pagar".

§ 1º Nenhum processo, documento ou informação poderá ser subtraído as inspeções do Tribunal de Contas, a qualquer pretexto, sob pena de responsabilidade.

§ 2º Vetado.

Art. 26. Para cumprimento de suas funções, o Tribunal de Contas poderá utilizar-se dos elementos apurados pelas unidades internas de controle da administração direta e autarquias, empresas públicas, sociedades de economia mista e fundações instituídas ou mantidas pelo Poder Público estadual ou municipal.

CAPÍTULO III
TOMADA DE CONTAS

SEÇÃO I
DISPOSIÇÕES GERAIS

Art. 27. O processo de tomada de contas abrange os ordenadores de despesa, gestores e demais responsáveis por bens e valores públicos da administração direta e autarquias, empresas públicas, sociedades de economia mista e fundações instituídas ou mantidas pelo Poder Público estadual ou municipal, sendo instruído no setor competente daqueles órgãos, que o encaminhará ao Tribunal de Contas para julgamento.

Parágrafo único. O Tribunal de Contas acompanhará, mediante auditoria, inspeções e exames, a realização das despesas a que se refere o processo de tomada de contas de que cuida o "caput" deste artigo.

Art. 28. A decisão em processo de tomada ou prestação de contas pode ser preliminar, final ou terminativa.

§ 1º Preliminar e a decisão pela qual o Relator ou o Tribunal de Contas, antes de se pronunciar quanto ao mérito das contas, resolve sobrestar o julgamento, ordenar a notificação ou a audiência dos responsáveis ou, ainda, determinar outras diligências necessárias a instrução do processo.

§ 2º Final e a decisão pela qual o Tribunal de Contas julga regulares, com regulares ressalvas ou irregulares as contas.

§ 3º Terminativa é a decisão pela qual o Tribunal de Contas ordena o trancamento das contas que forem consideradas iliquidáveis, nos termos desta lei.

Art. 29. O Relator presidirá a instrução do processo, determinando, de ofício ou por solicitação do órgão de instrução, o sobrestamento ou julgamento, a notificação, a audiência dos responsáveis, ou providência considerada necessária ao saneamento dos autos, fixando prazo para o atendimento das diligências.

Parágrafo único. A notificação a que se refere este artigo poderá ser dispensada, se dos autos constar que o responsável já se pronunciou sobre o assunto ou dele tem conhecimento.

Art. 30. Verificada irregularidade nas contas, o Relator ou o Tribunal de Contas adotará as medidas cabíveis, especialmente:

I – definindo a responsabilidade individual ou solidária pelo ato de gestão impugnado;

II – se houver débito, ordenando a notificação do responsável para, no prazo estabelecido no Regimento Interno, apresentar defesa ou recolher a importância devida; e

III – se não houver débito, determinando a notificação do responsável para, no prazo estabelecido no Regimento Interno, apresentar razões ou justificativas.

§ 1º O responsável, cuja defesa for rejeitada pelo Tribunal de Contas, será notificado para, em novo e improrrogável prazo estabelecido de conformidade com o Regimento Interno, recolher a importância devida, sem prejuízo das demais aplicáveis.

§ 2º O recolhimento de importância impugnada, em qualquer fase processual, deverá estar atualizado monetariamente.

Art. 31. Os juros de mora a que forem condenados os responsáveis, bem como a atualização monetária, contar-se-ão sempre da data da mora ou omissão.

Parágrafo único. Quando representados por importância mínima em relação ao valor das contas, os juros de mora ou as diferenças de conta poderão ser desprezados, a juízo de Conselheiro Julgador Singular, das Câmaras ou do Tribunal Pleno.

SEÇÃO II
DO JULGAMENTO DAS CONTAS

Art. 32. Ao julgar as contas, o Tribunal de Contas decidirá se são regulares, regulares com ressalva ou irregulares, definindo, conforme o caso, a responsabilidade patrimonial dos gestores, ordenadores de despesa e demais responsáveis por bens e valores públicos.

Parágrafo único. Diante de indícios de ilícito penal, o Tribunal de Contas determinará a remessa de peças ao Ministério Público, para adoção das providências cabíveis.

Art. 33. As contas serão julgadas:

I – regulares, quando expressarem, de forma clara e objetiva, a exatidão dos demonstrativos contábeis, a legalidade, a legitimidade e a economicidade dos atos de gestão do responsável;

II – regulares com ressalva, quando evidenciarem impropriedade ou qualquer outra falta de natureza formal, de que não resulte dano ao erário; e

III – irregulares, quando comprovada qualquer das seguintes ocorrências:

a) omissão no dever de prestar contas;

b) infração a norma legal ou regulamentar;

c) dano ao erário, decorrente de ato de gestão ilegítimo ou antieconômico;

d) desfalque, desvio de bens ou valores públicos.

§ 1º O Tribunal de Contas poderá julgar irregulares as contas, no caso de reincidência no descumprimento de determinação de que o responsável tenha tido ciência, feitas em processo de tomada ou prestação de contas.

§ 2º Nas hipóteses das alíneas "c" e "d" do inciso III deste artigo, o Tribunal de Contas poderá fixar responsabilidade solidária.

Art. 34. Quando julgar as contas regulares, o Tribunal de Contas dará quitação plena ao responsável.

Art. 35. Quando julgar as contas regulares com ressalva, o Tribunal de Contas dará quitação ao responsável e lhe determinará, ou a quem lhe haja sucedido, a adoção de medidas necessárias a correção das impropriedades ou faltas identificadas, de modo a prevenir a ocorrência de outras semelhantes.

Art. 36. Quando julgar as contas irregulares, havendo débito, o Tribunal de Contas condenará o responsável ao recolhimento da divida atualizada monetariamente, acrescida dos juros de mora devidos, podendo ainda, aplicar-lhe multa.

Parágrafo único. Não havendo débito, mas comprovada qualquer das ocorrências previstas no artigo 33, inciso III e alíneas, o Tribunal de Contas aplicará ao responsável a multa prevista no artigo 104 desta lei.

Art. 37. Quando se verificar que determinada conta não foi prestada, que ocorreu desfalque, desvio de bens ou valores públicos ou outra irregularidade de que resulte dano ao erário, as autoridades administrativas, sob pena de responsabilidade e sem prejuízo dos procedimentos disciplinares, deverão tomar imediatas providências para assegurar o respectivo ressarcimento e instaurar, desde logo a tomada de contas, comunicando o fato ao Tribunal de Contas, no prazo de 3 (três) dias.

Art. 38. A tomada de contas será objeto de pronunciamento expresso dos responsáveis pelos órgãos da administração direta e autarquias, empresas públicas, sociedades de economia mista e fundações, instituídas ou mantidas pelo Poder Público estadual ou municipal, antes de seu encaminhamento ao Tribunal de Contas, para os fins constitucionais e legais.

Parágrafo único. Antes do pronunciamento dos responsáveis de que trata este artigo, a tomada de contas dos ordenadores de despesa, recebedores, tesoureiros, pagadores ou assemelhados deverá ter sua regularidade certificada pelo controle interno do órgão ou unidade a que estiver vinculado.

Art. 39. Responderá pelos prejuízos que causar ao erário o ordenador de despesa, o responsável pela guarda de bens e valores públicos ou aquele que autorizar ou der causa direta ao gasto irregular.

SEÇÃO III
DAS CONTAS ILIQUIDÁVEIS

Art. 40. As contas serão consideradas iliquidáveis quando caso fortuito ou de força maior, comprovadamente alheio a vontade do responsável, tornar materialmente impossível o julgamento de mérito.

Art. 41. O Tribunal de Contas ordenará o trancamento das contas que forem consideradas iliquidáveis e consequente arquivamento do processo.

§ 1º Dentro do prazo de 5 (cinco) anos, contados da publicação da decisão terminativa no Diário Oficial, o Tribunal de Contas poderá, a vista de novos elementos que considere suficientes, autorizar a reabertura do processo e determinar que se utilize a respectiva tomada ou prestação de contas que tenham sido consideradas iliquidáveis.

§ 2º Transcorrido o prazo referido no parágrafo anterior sem que tenha havido nova decisão, o responsável terá suas contas consideradas encerradas, com baixa na responsabilidade.

SEÇÃO IV
DOS ADIANTAMENTOS

Art. 42. Os responsáveis pelas unidades de despesa deverão, mensalmente, comunicar ao Tribunal de Contas as entregas de numerário levantado sob o regime de adiantamento, relacionando o servidor que o recebeu e a quantia recebida.

Art. 43. O processo de prestação de contas relativas a adiantamento feito a servidor público da administração direta e autarquias, empresas públicas, sociedades de economia mista e fundações instituídas ou mantidas pelo Poder Público estadual ou municipal, deverá ser constituído de comprovantes originais de despesa, cuja autorização, por quem de direito, deverá constar expressamente dos autos.

§ 1º Em caso excepcional, poderá admitir-se por outra forma a comprovação ou justificação da despesa a que se refere este artigo.

§ 2º No processo de prestação de contas, do prazo de aplicação para o qual foi concedido o adiantamento.

§ 3º Aceitar-se-á, em caso excepcional, devidamente justificado, comprovante que se refira a outro período.

Art. 44. A prestação de contas de adiantamento, relativa a operações policiais de caráter reservado far-se-á semestralmente, em um só processo, dentro de 60 (sessenta) dias contados do recebimento do último adiantamento do semestre, através de balancete assinado pelo responsável, conferido pela autoridade superior, se for o caso, e aprovado pelo Secretário de Estado da Segurança Pública.

Art. 45. No exame dos processos referidos no artigo anterior, poderá o Tribunal de Contas solicitar ao servidor ou a seu superior, informações complementares, de maneira a verificar se o emprego das importâncias obedeceu à classificação a que se subordinam e despenderam-se, efetivamente, em operações policiais de caráter reservado, sem prejuízo de verificação "in loco" dos documentos comprobatórios, na forma a ser estabelecida no Regimento Interno.

Art. 46. As despesas processadas no regime de adiantamento, para atender gastos com representação de gabinete e operações policiais de caráter reservado, constituirão processo autônomo, de prestação de contas, independente da tomada de contas do ordenador de despesa, em cujo processo serão incluídas as demais despesas processadas neste regime.

§ 1º As despesas feitas por adiantamento, desde que não impugnadas pelo ordenador, serão escrituradas e incluídas por ele na sua tomada de contas.

§ 2º Quando impugnadas, deverá o ordenador determinar imediatas providências para a apuração da responsabilidade e adoção das providências cabíveis, sem prejuízo do julgamento do Tribunal de Contas.

Art. 47. O Tribunal de Contas poderá, nos casos previstos no "caput" do artigo anterior, por meio de instruções:

I – dispensar o encaminhamento dos documentos originais de determinadas despesas, sendo que, em se tratando de gastos com representação, somente se disserem respeito aos Chefes dos Poderes Legislativo, Executivo e Judiciário;

II – estabelecer a verificação "in loco" dos documentos comprobatórios; e

III – regular a forma e o prazo de encerramento de processos de tomada de contas.

Art. 48. O ordenador de despesa não e responsável por prejuízos causados ao erário, decorrentes de atos praticados por subordinado que exorbitar das ordens recebidas.

Parágrafo único. O processo resultante de despesas feitas em regime de adiantamento para atender aos gastos referidos no "caput" do artigo 46 desta lei será julgado pelo Tribunal de Contas, independentemente do processo de tomada de contas do ordenador de despesa.

Art. 49. O Secretário de Estado que autorizar gastos por meio de verba de representação, ou todos aqueles que se utilizarem de numerário a esse título equiparam-se , para fins de responsabilização, ao ordenador de despesa.

Art. 50. O ordenador de despesa será quitado e o responsável liberado do adiantamento, quando da apreciação do respectivo processo de tomada de contas da Unidade de Despesa, salvo nos casos a que se refere o "caput" do artigo 46 desta lei.

TÍTULO III
DOS RECURSOS

CAPÍTULO I
DISPOSIÇÕES GERAIS

Art. 51. Em todos os processos submetidos ao Tribunal de Contas será assegurada ampla defesa ao responsável ou interessado.

Art. 52. São admissíveis os seguintes recursos:

I - recurso ordinário;

II - pedido de reconsideração;

III - agravo;

IV - embargos de declaração; e

V - pedido de reexame.

Art. 53. Poderão interpor recurso, o interessado no processo, a Procuradoria da Fazenda do Estado, o Ministério Público e o terceiro prejudicado.

Art. 54. Salvo hipótese de má-fé, o interessado não será prejudicado pela interposição de um recurso por outro, desde que respeite o prazo do recurso cabível.

Parágrafo único. O recorrente poderá, a qualquer tempo, e sem a anuência dos demais interessados, desistir do recurso.

Art. 55. Nos recursos que envolvam despesas, patrimônio ou interesse direto do Estado, a Procuradoria da Fazenda do Estado e o Ministério Público terão, para suas manifestações, o prazo de 10 (dez) dias.

CAPÍTULO II
DO RECURSO ORDINÁRIO

Art. 56. Admitir-se-á recurso ordinário, que terá efeito suspensivo, das decisões finais do Conselheiro Julgador Singular e das Câmaras.

Art. 57. O recurso ordinário, será interposto no prazo de 15 (quinze) dias, contados da publicação no Diário Oficial, da decisão objeto do recurso.

§ 1º O recurso ordinário será formulado em petição em que constem os fundamentos de fato e de direito e o pedido de nova decisão será dirigido ao Presidente do Tribunal que designará o Relator.

§ 2º O recurso ordinário, após devidamente instruído, será julgado:

1 - pelas Câmaras, se interposto contra decisão ou despacho terminativo do feito do Conselheiro Julgador Singular;

2 - pelo Tribunal Pleno, se interposto contra decisão das Câmaras.

§ 3º Se o recurso ordinário for interposto pela Procuradoria da Fazenda do Estado ou pelo Ministério Público, os demais interessados serão notificados para, querendo, impugná-lo no prazo de 15 (quinze) dias.

CAPÍTULO III
DO PEDIDO DE RECONSIDERAÇÃO

Art. 58. Da decisão de competência originária do Tribunal Pleno, caberá pedido de reconsideração, com efeito suspensivo.

Art. 59. O pedido de reconsideração, que poderá ser formulado uma única vez, será interposto no prazo de 15 (quinze) dias, contado da publicação da decisão no Diário Oficial.

Art. 60. O pedido de reconsideração será apresentado ao Conselheiro Relator do feito e, após devidamente instruído, será apreciado pelo Plenário.

Art. 61. Aplicam-se ao pedido de reconsideração as normas previstas para o recurso ordinário, no que couber.

CAPÍTULO IV
DO AGRAVO

Art. 62. Admitir-se-á agravo, sem efeito suspensivo, em processo de natureza jurisdicional, de decisão preliminar ou despacho do Presidente ou do Conselheiro Relator.

Art. 63. O agravo será interposto dentro de 5 (cinco) dias, contados da publicação no Diário Oficial ou ciência da parte da decisão ou do despacho objeto do recurso.

Art. 64. O agravo terá por fundamento:

I - ilegalidade ou imperfeita aplicação da lei;

II - errônea ou imperfeita apreciação da prova dos autos;

III – contradição com a jurisprudência do Tribunal de Contas; ou

IV – inoportunidade de providência determinada pela decisão preliminar ou despacho, quando a questão principal requerer por sua natureza, solução diversa.

Art. 65. Interposto agravo, em petição fundamentada, poderá o Presidente ou Conselheiro, dentro de 5 (cinco) dias, reformar a decisão ou despacho; não o fazendo, será o recurso submetido a julgamento da respectiva Câmara ou do Tribunal Pleno.

CAPÍTULO V
DOS EMBARGOS DE DECLARAÇÃO

Art. 66. Nos julgamentos de competência de Conselheiro Julgador Singular, das Câmaras e do Tribunal Pleno, cabem embargos de declaração quando a decisão:

I – contiver obscuridade, duvida ou contradição; ou

II – omitir ponto sobre o qual deveria pronunciar-se.

Art. 67. Os embargos de declaração serão opostos dentro de 5 (cinco) dias, contados da publicação da decisão, no Diário Oficial, em petição dirigida ao Conselheiro Julgador Singular ou Relator, na qual será indicado o ponto obscuro, duvidoso, contraditório ou omisso.

Art. 68. O Conselheiro Julgador Singular decidirá dos embargos dentro de 15 (quinze) dias.

Parágrafo único. No caso de decisão colegiada, o Relator encaminhará os embargos para julgamento, até a segunda sessão seguinte a sua apresentação, proferindo o voto.

Art. 69. Os embargos de declaração suspendem o prazo para a interposição de outros recursos.

CAPÍTULO VI
DO PEDIDO DE REEXAME

Art. 70. Do parecer prévio, emitido sobre as contas do Governador ou sobre a prestação anual de contas da administração financeira dos Municípios, somente caberá pedido de reexame, que terão efeito suspensivo.

Parágrafo único. O pedido a que se refere este artigo será apresentado ao Conselheiro Relator do feito e, após instruído na forma do Regimento Interno, será apreciado pelo Tribunal Pleno.

Art. 71. O pedido de reexame poderá ser formulado, somente uma vez, pelo responsável ou interessado, ou pelo Ministério Público, dentro do prazo de 30 (trinta) dias, contados da publicação do Parecer no Diário Oficial.

TÍTULO IV
DAS AÇÕES DE REVISÃO E DE RESCISÃO DE JULGADO

CAPÍTULO I
DA REVISÃO

Art. 72. Das decisões passadas em julgado em processo de tomada de contas caberá pedido de revisão.

Parágrafo único. Não será admissível a reiteração do pedido, salvo se fundada em novas provas, obedecidos o prazo e condições fixados nos artigos subsequentes.

Art. 73. A revisão somente terá por fundamento:

I – erro de cálculo nas contas;

II – omissão ou erro de classificação de qualquer verba;

III – falsidade de documentos em que se tenha fundado a decisão;

IV – superveniência de documentos novos, com eficácia sobre a prova produzida.

Parágrafo único. A falsidade de documento demonstrar-se-á por meio de decisão definitiva proferida em Juízo Cível ou Criminal, conforme o caso, ou será deduzida e provada no processo de revisão, garantido pleno direito de defesa.

Art. 74. O pedido de revisão será apresentado ao Presidente do Tribunal de Contas, em petição fundamentada e documentada pelo dirigente, ordenador ou responsável, ou por seus herdeiros, sucessores ou fiadores, pela Procuradoria da Fazenda do Estado ou pelo Ministério Público.

§ 1º O pedido será indeferido pelo Presidente, quando não atender as prescrições desta lei.

§ 2º Deferido, será o pedido processado, facultando-se a produção de novas provas.

§ 3º Ao final, o pedido será julgado pelo Tribunal Pleno, que manterá a decisão anterior ou, reformando-a no todo ou em parte, determinará as providências cabíveis.

Art. 75. O prazo para o pedido de revisão de 5 (cinco) anos, contados do trânsito em julgado da decisão.

CAPÍTULO II
DA RESCISÃO DE JULGADO

Art. 76. O Governador do Estado, o Presidente da Assembléia Legislativa, os Presidentes dos Tribunais, gestores ou dirigentes de órgãos da administração direta e autarquias, empresas públicas, sociedades de economia e fundações instituídas ou mantidas pelo Poder Publica estadual ou municipal, a Procuradoria da Fazenda do Estado e o Ministério Público poderão requerer ao Tribunal de Contas rescisão de julgado, excluídos os casos em que seja cabível a revisão, quando:

I – tiver sido proferido contra literal disposição de lei;

II – se houver fundado em falsidade não alegada na época do julgamento;

III – ocorrer superveniência de documentos novos, com eficácia sobre a prova produzida ou a decisão exarada.

Parágrafo único. A falsidade de documento será articulada e provada nos termos do parágrafo único, do artigo 73 desta lei.

Art. 77. A rescisão será julgada pelo Tribunal Pleno, podendo ser requerida, uma só vez, até 5 (cinco) anos depois da publicação do julgado rescindendo.

§ 1º O pedido de rescisão de julgado será considerado pedido autônomo e não suspenderá a execução do julgado rescindendo.

§ 2º Só diante de julgamento favorável do Tribunal poderá ser revisto, administrativamente, o ato que deu causa ao pedido de rescisão.

TÍTULO V
DA UNIFORMIZAÇÃO DE JURISPRUDÊNCIA, DOS INCIDENTES DE INCONSTITUCIONALIDADE, DOS PREJULGADOS E DA SÚMULA DE JURISPRUDÊNCIA

CAPÍTULO I
DA UNIFORMIZAÇÃO DE JURISPRUDÊNCIA

Art. 78. Qualquer Conselheiro, antes de proferir seu voto na Câmara, poderá solicitar o pronunciamento prévio do Tribunal de Contas acerca de interpretação de direito, quando, no julgamento recorrido, a interpretação for diversa da que lhe haja dado outra Câmara.

Parágrafo único. A parte poderá, igualmente, em petição apartada, oferecida no prazo de recurso, requerer que o julgamento se faça com observância do disposto neste artigo, juntando, desde logo, certidão do acórdão divergente ou indicando o repertório oficial de jurisprudência do Tribunal de Contas onde se encontre publicado.

Art. 79. O Regimento Interno estabelecerá as normas procedimentais concernentes à uniformização da jurisprudência de que cuida este Capítulo.

Art. 80. Da decisão plenária sobre a divergência caberá apenas o recurso de embargo de declaração.

CAPÍTULO II
DOS INCIDENTES DE INCONSTITUCIONALIDADE

Art. 81. Se por ocasião do julgamento de qualquer feito pela Câmara, esta verificar a inconstitucionalidade de alguma lei ou ato do Poder Público, os autos serão remetidos a discussão em Sessão do Tribunal Pleno para pronunciamento preliminar sobre a matéria.

§ 1º Na primeira Sessão Plenária o relator do feito exporá o caso, procedendo-se em seguida a deliberação sobre a matéria.

§ 2º Proferido o julgamento pelo Tribunal Pleno e publicada a respectiva deliberação, serão os autos devolvidos à Câmara, para apreciar o caso de acordo com a decisão prejudicial.

CAPÍTULO III
DOS PREJULGADOS

Art. 82. Por iniciativa do Presidente do Tribunal de Contas ou de suas Câmaras ou, ainda, a requerimento de qualquer Conselheiro, poderá o Tribunal Pleno pronunciar-se sobre a interpretação de qualquer norma jurídica ou procedimento da administração, se reconhecer que sobre estes ocorre divergência de interpretação de Câmaras e Julgadores Singulares.

Parágrafo único. Sendo a medida de iniciativa do Presidente do Tribunal, será ele o relator da matéria.

Art. 83. O Regimento Interno disporá sobre procedimento da matéria.

CAPÍTULO IV
DAS SÚMULAS

Art. 84. Será inscrita na Súmula a jurisprudência que o Tribunal tenha por predominante e firme, embora com voto vencido.

§ 1º A inscrição de enunciado na Súmula será decidida pelo Plenário, por proposta de qualquer dos Conselheiros.

§ 2º O processamento da inscrição será definido no Regimento Interno.

TÍTULO VI
DA EXECUÇÃO DAS DECISÕES

CAPÍTULO I
DISPOSIÇÕES GERAIS

Art. 85. As decisões do Tribunal de Contas de que resulte imputação de débito ou multa terão eficácia de título executivo.

Art. 86. Por decisão passada em julgado, o responsável condenado em alcance, sujeito a restituição ou ao recolhimento de multa, será notificado a pagar dentro de 30 (trinta) dias.

Art. 87. Não coberto o alcance nem restituída a quantia ou recolhida a multa, expedir-se-á ordem ao órgão competente para que, dentro de 30 (trinta) dias, providência o recolhimento ao erário da totalidade da caução, fiança ou de quanto baste para a solução do débito.

Parágrafo único. Recolhida a importância, será desde logo apresentado ao Tribunal de Contas o respectivo comprovante para expedição da provisão de quitação, a qual declarará o modo e motivo do pagamento.

Art. 88. Quando a caução ou fiança for insuficiente para cobrir o montante do alcance, restituição ou pagamento, ou quando não a tiver prestado o responsável, extrair-se-á cópia da decisão e das peças do processo julgadas necessárias, as quais serão remetidas dentro de 15 (quinze) dias, por intermédio da Procuradoria da Fazenda do Estado, ao Procurador Geral do Estado, para cobrança judicial da dívida.

Art. 89. Na hipótese de o responsável julgado em alcance não estar afiançado, não possuir bens sobre os quais possa recair a execução ou quando for de interesse devidamente justificado da Fazenda Pública, poderá o Tribunal de Contas, a requerimento deste ou da Procuradoria da Fazenda do Estado, autorizar o desconto do débito em parcelas que não excedam a 50% (cinquenta por cento) dos seus vencimentos.

CAPÍTULO II
DA COMUNICAÇÃO DOS ATOS

Art. 90. A intimação dos atos e decisões do Tribunal de Contas presume-se perfeita com a publicação no Diário Oficial, salvo as exceções previstas em lei.

Art. 91. A notificação, em processo de tomada de contas, convidando o responsável, sob as penas da lei, a prestar informações, a exibir documentos, novos ou a defender-se, bem como a intimação de que foi condenado em alcance ou multa serão feitas:

I – pessoalmente;

II – com hora certa;

III – por via postal ou telegráfica;

IV – por edital.

Art. 92. A intimação e a notificação pessoal consistirão na entrega de carta ao responsável, pelo Oficial de Comunicações ou servidor designado, o qual, depois de declarar do que se trata e de convidar o interessado a lançar, querendo, o seu ciente na cópia que lhe será exibida, lavrará certidão circunstanciada do ato, com a indicação do dia, local e hora.

Art. 93. Quando, por três vezes, o Oficial de Comunicações, houver procurado o responsável em sua repartição, entidade ou órgão, sem o encontrar, deverá, se suspeitar que se oculta ou não quer recebê-lo, cientificar outro servidor da mesma dependência, preferentemente de categoria superior a do responsável, de que, no dia imediato, em hora que designar, voltará para efetuar a intimação ou notificação, ficando esse servidor, sob pena de responsabilidade, obrigado a dar conhecimento do ocorrido ao responsável.

Parágrafo único. Se no dia e hora designados o responsável não estiver presente ou se recusar a receber o Oficial de Comunicações, a intimação ou notificação serão tidas por feitas mediante a entrega ao servidor referido neste artigo, ou, se não for encontrado, a qualquer outro da mesma dependência, da carta de ofício com a declaração do que se trata e a recomendação expressa de, sob pena de responsabilidade, entregá-la desde logo e de mão própria ao destinatário, do que lavrará o Oficial circunstanciada certidão.

Art. 94. O responsável, afastado em decorrência de impedimento legal, deixará o endereço em que poderá ser encontrado, ou indicará procurador bastante no território do Estado, para o efeito de eventual intimação ou notificação.

Art. 95. A intimação e a notificação por via postal ou telegráfica serão feitas por carta de ofício, contendo a exposição clara do fato e, quando for o caso, a indicação do prazo em que devem ser obedecidas, expedindo-se a carta como correspondência expressa, registrada ou telegráfica com recibo de volta, cuja data será tida como sendo a do ato.

Art. 96. Ter-se-á como feita pessoalmente ao responsável a intimação, ou a notificação:

I – quando confirmada por recibo de volta, postal ou telegráfico, assinado pelo responsável ou pelo servidor habitual ou legalmente encarregado de receber a correspondência, ou, conforme o caso, por pessoa da família ou por serviçal do responsável;

II – quando, por não querer ou não poder o responsável admitir a presença do Oficial de Comunicações, lhe for transmitida por intermédio de seu auxiliar imediato, que tenha por função receber e introduzir interessados.

Art. 97. Far-se-á a intimação ou notificação por edital:

I – quando o responsável encontrar-se em lugar incerto ou inacessível;

II – a juízo do Presidente, do Conselheiro Relator ou Conselheiro Julgador Singular, quando feita de outra forma e não obedecida, o Tribunal de Contas achar conveniente insistir no pronunciamento do responsável.

Art. 98. Constituem requisitos da Intimação, ou da notificação por edital:

I - a certidão do Oficial de Comunicações, ou a nota da repartição postal-telegráfica confirmando que o responsável se acha em lugar incerto ou inacessível;

II - conforme o caso, a declaração da repartição, entidade ou órgão, de que o responsável dela se afastou sem deixar endereço ou procurador bastante no território do Estado;

III - o prazo dentro do qual o responsável deverá atender a determinação, contado da última publicação;

IV - a publicação no Diário Oficial, no prazo máximo de 15 (quinze) dias, por 3 (três) vezes pelo menos.

Parágrafo único. Transcorrido o prazo do edital, contado da última publicação, considerar-se-á perfeita a intimação ou notificação.

Art. 99. Nas hipóteses de intimação ou notificação por edital, será dada ciência do fato ao Secretário de Estado, ou dirigente de entidade, ou órgão a que o responsável estiver subordinado, ou perante o qual responda.

Art. 100. O Tribunal de Contas poderá ordenar, sempre que conveniente, que outras decisões sejam levadas ao conhecimento dos interessados, mediante intimação ou notificação na forma deste Capítulo.

CAPÍTULO III
DAS MULTAS E SANÇÕES

Art. 101. O Tribunal de Contas poderá aplicar aos ordenadores, aos gestores e aos demais responsáveis por bens e valores públicos, as multas e sanções previstas neste Capítulo.

Art. 102. Quando o ordenador, gestor ou o responsável for julgado em débito, poderá ainda o Tribunal de Contas aplicar-lhe multa de até 100% (cem por cento) do valor atualizado do dano causado ao erário.

Art. 103. As entidades referidas no inciso XVII do artigo 2º desta lei, que não comprovarem, perante o Tribunal de Contas, a aplicação dos auxílios, subvenções ou contribuições recebidas do Estado ou dos Municípios ficam sujeitas às penas de devolução da importância objeto da glosa e suspensão de novos recebimentos, sem prejuízo das sanções legais cabíveis.

Art. 104. O Tribunal de Contas poderá aplicar multa de até 2.000 (duas mil) vezes o valor da Unidade Fiscal do Estado de São Paulo (UFESP) ou outro valor unitário que venha a substituí-la, aos responsáveis por:

I - contas julgadas irregulares de que não resulte débito;

II - ato praticado com infração à norma legal ou regulamentar;

III - não atendimento, no prazo fixado, sem causa justificada, de diligência do Conselheiro Relator ou do Conselheiro Julgador Singular, ou de decisão do Tribunal de Contas;

IV - obstrução ao livre exercício das inspeções e auditorias determinada;

V - sonegação de processo, documento ou informação, em inspeções ou auditorias realizadas pelo Tribunal de Contas; e

VI - reincidência no descumprimento de determinação ou Instruções do Tribunal de Contas.

§ 1º Ficará sujeito à multa prevista neste artigo aquele que deixar de dar cumprimento à decisão do Tribunal de Contas, salvo motivo justificado.

§ 2º No caso de extinção da UFESP, enquanto não for fixado por lei outro valor unitário para substituí-lo, o Tribunal de Contas estabelecerá parâmetro a ser utilizado para o cálculo da multa prevista neste artigo.

Art. 105. O débito decorrente de multa aplicada pelo Tribunal de Contas, quando pago após o vencimento, será atualizado monetariamente na data do efetivo pagamento.

Art. 106. Sem prejuízo das sanções previstas neste Capítulo e das penalidades administrativas, aplicáveis pelas autoridades competentes, por irregularidades verificadas pelo Tribunal de Contas, sempre que este, por maioria absoluta de seus membros, considerar grave a infração cometida, o responsável ficará inabilitado, por um período que variará de 5 (cinco) a 8 (oito) anos, para o exercício de cargo em comissão ou função de confiança no âmbito da Administração Pública.

Art. 107. O Tribunal de Contas poderá solicitar aos dirigentes das entidades que lhe sejam jurisdicionadas as medidas necessárias ao arresto de bens dos responsáveis julgados em débito, devendo ser ouvido quanto à liberação dos bens arrestados e a sua restituição.

Art. 108. O Tribunal Pleno poderá declarar por maioria absoluta de seus membros, inidôneo para contratar com a Administração Pública, pelo prazo de até 5 (cinco) anos, o licitante que, através de meios ardilosos e com o intuito de alcançar vantagem ilícita para si ou para ou trem, fraudar licitação ou contratação administrativa.

Art. 109. No início ou no curso de qualquer apuração, o Tribunal de Contas, de ofício, determinará, cautelarmente, o afastamento temporário do responsável, se existirem indícios suficientes de que, prosseguindo no exercício de suas funções, possa retardar ou dificultar a realização de auditoria ou inspeção, causar novos danos ao erário ou inviabilizar o seu ressarcimento.

§ 1º Estará solidariamente responsável a autoridade competente que, no prazo determinado pelo Tribunal de Contas, deixar de atender à determinação prevista no "caput" deste artigo.

§ 2º Nas mesmas circunstâncias do "caput" deste artigo e do parágrafo anterior, poderá o Tribunal de Contas, sem prejuízo da medida prevista no artigo 106 desta lei, decretar por prazo não superior a 1 (um) ano a indisponibilidade de bens do responsável, tantos quantos considerados bastantes para garantir o ressarcimento dos danos em apuração.

TÍTULO VII
DO DIREITO DE DENÚNCIA

Art. 110. Qualquer cidadão, partido político, associação ou sindicato é parte legítima para denunciar ir regularidades ou ilegalidades perante o Tribunal de Contas.

Art. 111. A denúncia, sobre matéria de competência do Tribunal de Contas, deverá referir-se a administrador ou responsável sujeito a sua jurisdição, conter o nome legível, a qualificação e o endereço do denunciante e estar acompanhado de prova ou indício concernente ao fato denunciado ou à existência de ilegalidade ou irregularidade.

Parágrafo único. O Regimento Interno disporá sobre a tramitação do processo de denúncia.

Art. 112. A denúncia será apurada em caráter sigiloso, até que se comprove a sua procedência, e somente poderá ser arquivada após efetuadas as diligências pertinentes, mediante despacho fundamentado do Conselheiro designado

Parágrafo único. Reconhecida a existência de dolo ou má-fé do denunciante, o processo será remetido ao Ministério Público para as medidas legais cabíveis.

TÍTULO VIII
DAS DISPOSIÇÕES FINAIS

Art. 113. A título de racionalização administrativa e economia processual, e a fim de evitar que o custo de cobrança devidamente atualizada seja manifestamente superior ao valor do ressarcimento, o Tribunal de Contas poderá determinar, desde logo, o arquivamento do processo, sem cancelamento do débito, a cujo pagamento continuará obrigado o devedor.

Art. 114. O Tribunal de Contas do Estado adaptará o seu Regimento Interno, de forma a assegurar a Assembléia Legislativa, sempre que possível, condições de aplicabilidade do artigo 33, § 1º, da Constituição do Estado.

Art. 115. A "Revista do Tribunal de Contas do Estado de São Paulo" é considerada publicação oficial do Tribunal.

Art. 116. Na falta de lei ou regulamento estadual, aplicar-se-á, supletivamente, às matérias disciplinadas por esta lei, a legislação federal pertinente.

Art. 117. O Regimento Interno do Tribunal de Contas somente poderá ser aprovado e alterado pela maioria a absoluta de seus Conselheiros.

Art. 118. Vetado.

Art. 119. Esta lei entrará em vigor na data de sua publicação, revogadas as disposições em contrário em especial a Lei nº 10.319, de 16 de dezembro de 1968.

LEI COMPLEMENTAR Nº 846, DE 04 DE JUNHO DE 1998

Dispõe sobre a qualificação de entidades como organizações sociais e dá outras providências.

ÍNDICE

CAPÍTULO I
DAS ORGANIZAÇÕES SOCIAIS

SEÇÃO I
DA QUALIFICAÇÃO

Art. 1º O Poder Executivo poderá qualificar como organizações sociais pessoas jurídicas de direito privado, sem fins lucrativos, cujas atividades sejam dirigidas à saúde, à cultura, ao esporte, ao atendimento ou promoção dos direitos das pessoas com deficiência, ao atendimento ou promoção dos direitos de crianças e adolescentes, à proteção e conservação do meio ambiente e à promoção de investimentos, de competitividade e de desenvolvimento, atendidos os requisitos previstos nesta lei complementar.

Parágrafo único. As pessoas jurídicas de direito privado a que se refere o "caput" deste artigo serão submetidas ao controle externo da Assembleia Legislativa, que o exercerá com o auxílio do Tribunal de Contas do Estado, ficando o controle interno a cargo do Poder Executivo.

- Artigo 1º com redação dada pela Lei Complementar nº 1.243, de 30/05/2014.

Art. 2º São requisitos específicos para que as entidades privadas referidas no artigo anterior habilitem-se à qualificação como organização social:

1 - comprovar o registro de seu ato constitutivo, dispondo sobre:

a) natureza social de seus objetivos;

b) finalidade não-lucrativa, com a obrigatoriedade de investimento de seus excedentes financeiros no desenvolvimento das próprias atividades;

c) previsão expressa de ter a entidade, como órgãos de deliberação superior e de direção, um Conselho de Administração e uma Diretoria, definidos nos termos do Estatuto, assegurado àquele composição e atribuições normativas e de controle básicos previstos nesta lei complementar;

d) previsão de participação, no órgão colegiado de deliberação superior, de membros da comunidade, de notória capacidade profissional e idoneidade moral;

e) composição e atribuições da Diretoria da entidade;

f) obrigatoriedade de publicação anual, no Diário Oficial do Estado, dos relatórios financeiros e do relatório de execução do contrato de gestão;

g) em caso de associação civil, a aceitação de novos associados, na forma do estatuto;

h) proibição de distribuição de bens ou de parcela do patrimônio liquido em qualquer hipótese, inclusive em razão de desligamento, retirada ou falecimento de associado ou membro da entidade;

i) previsão de incorporação integral do patrimônio, dos legados ou das doações que lhe foram destinados, bem como dos excedentes financeiros decorrentes de suas atividades, em caso de extinção ou desqualificação da entidade, ao patrimônio de outra organização social qualificada no âmbito do Estado, da mesma área de atuação, ou ao patrimônio do Estado, na proporção dos recursos e bens por este alocados;

II – ter a entidade recebido aprovação em parecer favorável, quanto á conveniência e oportunidade de sua qualificação como organização social, do Secretário de Estado da área correspondente e do Secretário da Administração e Modernização do Serviço Público.

Parágrafo único. Somente serão qualificadas como organização social, as entidades que, efetivamente, comprovarem possuir serviços próprios de assistência a saúde, há mais de 5 (cinco) anos.

SEÇÃO II
DO CONSELHO DE ADMINISTRAÇÃO

Art. 3º O Conselho de Administração deve estar estruturado nos termos do respectivo estatuto, observados, para os fins de atendimento dos requisitos de qualificação, os seguintes critérios básicos:

I – ser composto por:

a) até 55 % (cinquenta e cinco por cento) no caso de associação civil, de membros eleitos dentre os membros ou os associados;

b) 35% (trinta e cinco por cento) de membros eleitos pelos demais integrantes do Conselho, dentre pessoas de notória capacidade profissional e reconhecida idoneidade moral;

c) 10% (dez por cento) de membros eleitos pelos empregados da entidade;

II – os membros eleitos ou indicados para compor o Conselho que não poderão ser parentes consanguíneos ou afins ate o 3º grau do Governador, Vice-Governador e Secretários de Estado, terão mandato de quatro anos, admitida uma recondução;

III – o primeiro mandato de metade dos membros eleitos ou indicados deve ser de dois anos, segundo critérios estabelecidos no estatuto;

IV – o dirigente máximo da entidade deve participar das reuniões do Conselho, sem direito a voto;

V – o Conselho deve reunir-se ordinariamente, no mínimo, três vezes a cada ano, e extraordinariamente, a qualquer tempo;

VI – os conselheiros não receberão remuneração pelos serviços que, nesta condição, prestarem à organização social, ressalvada a ajuda de custo por reunião da qual participem; e

VII – os conselheiros eleitos ou indicados para integrar a Diretoria da entidade devem renunciar ao assumirem às correspondentes funções executivas.

Art. 4º Para os fins de atendimento dos requisitos de qualificação, devem ser incluídas entre as atribuições privativas do Conselho de Administração:

I – aprovar a proposta de contrato de gestão da entidade;

II – aprovar a proposta de orçamento da entidade e o programa de investimentos;

III – designar e dispensar os membros da Diretoria;

IV – fixar a remuneração dos membros da Diretoria;

V – aprovar os estatutos, bem como suas alterações e a extinção da entidade por maioria, no mínimo, de 2/3 (dois terços) de seus membros;

VI – aprovar o regimento interno da entidade, que deve dispor, no mínimo, sobre a estrutura, o gerenciamento, os cargos e as competências;

VII – aprovar por maioria, no mínimo, de 2/3 (dois terços) de seus membros, o regulamento próprio contendo os procedimentos que deve adotar para a contratação de obras e serviços, bem como para compras e alienações, e o plano de cargos, salários e benefícios dos empregados da entidade;

VIII – aprovar e encaminhar, ao órgão supervisor da execução do contrato de gestão, os relatórios gerenciais e de atividades da entidade, elaborados pela Diretoria; e

IX – fiscalizar o cumprimento das diretrizes e metas definidas e aprovar os demonstrativos financeiros e contábeis e as contas anuais da entidade, com o auxílio de auditoria externa.

Art. 5º Aos conselheiros, administradores e dirigentes das organizações sociais da saúde é vedado exercer cargo de chefia ou função de confiança no Sistema Único de Saúde – SUS.

SEÇÃO III
DO CONTRATO DE GESTÃO

Art. 6º Para os efeitos desta lei complementar, entende-se por contrato de gestão o instrumento firmado entre o Poder Público e a entidade qualificada como organização social, com vistas à formação de parceria entre as partes para fomento e execução de atividades relativas às áreas a que se refere o "caput" do artigo 1º desta lei complementar.

- Artigo 6º, "caput", com redação dada pela Lei Complementar nº 1.243, de 30/05/2014.

§ 1º É dispensável a licitação para a celebração dos contratos de que trata o «caput» deste artigo.

§ 2º A organização social da saúde deverá observar os princípios do Sistema Único de Saúde, expressos no artigo 198 da Constituição Federal e no artigo 7º da Lei nº 8080, de 19 de setembro de 1990.

§ 3º A celebração dos contratos de que trata o "caput" deste artigo, com dispensa da realização de licitação, será precedida de publicação da minuta do contrato de gestão e de convocação pública das organizações sociais, através do Diário Oficial do Estado, para que todas as interessadas em celebrá-lo possam se apresentar.

§ 4º O Poder Público dará publicidade:

I - da decisão de firmar cada contrato de gestão, indicando as atividades que deverão ser executadas; e

II - das entidades que manifestarem interesse na celebração de cada contrato de gestão.

§ 5º Revogado.

Art. 7º O contrato de gestão a que se refere o artigo 6º desta lei complementar, conforme sua natureza e objeto, discriminará as atribuições, responsabilidades e obrigações do Poder Público e do órgão ou entidade contratada e será publicado na íntegra no Diário Oficial.

- Artigo 7º, "caput", com redação dada pela Lei Complementar nº 1.243, de 30/05/2014.

Parágrafo único. O contrato de gestão deve ser submetido, após aprovação do Conselho de Administração, ao Secretário de Estado da área competente.

Art. 8º Na elaboração do contrato de gestão devem ser observados os princípios inscritos no artigo 37 da Constituição Federal e no artigo 111 da Constituição Estadual e, também, os seguintes preceitos:

I - especificação do programa de trabalho proposto pela organização social, estipulação das metas a serem atingidas e respectivos prazos de execução, bem como previsão expressa dos critérios objetivos de avaliação de desempenho a serem utilizados, mediante indicadores de qualidade e produtividade;

II - estipulação dos limites e critérios para a despesa com a remuneração e vantagens de qualquer natureza a serem percebidas pelos dirigentes e empregados das organizações sociais, no exercício de suas funções;

III - atendimento à disposição do § 2º do artigo 6º desta lei complementar; e

IV - atendimento exclusivo aos usuários do Sistema Único de Saúde - SUS e usuários do Instituto de Assistência Médica ao Servidor Público Estadual - IAMSPE, no caso das organizações sociais da saúde.

- Inciso IV com redação dada pela Lei Complementar nº 1.243, de 30/05/2014.

§ 1º Revogado.

§ 2º Revogado.

- §§ 1º e 2º revogados pela Lei Complementar nº 1.243, de 30/05/2014.

§ 3º O contrato de gestão deverá assegurar tratamento igualitário entre os usuários do Sistema SUS e do IAMSPE e os pacientes particulares ou usuários de planos de saúde privados.

§ 3º Para fins do disposto no inciso IV deste artigo, observar-se-á o seguinte:

1 - o contrato de gestão assegurará tratamento igualitário entre os usuários do Sistema SUS e do IAMSPE;

2 - a unidade de saúde adotará sistemática de controle de atendimento de pacientes filiados a operadores de planos de saúde privados e particulares, ingressantes na qualidade de usuários do Sistema SUS e do IAMSPE.

- § 3º com redação dada pela Lei Complementar nº 1.243, de 30/05/2014.

§ 4º O Secretário de Estado competente deverá definir as demais cláusulas necessárias dos contratos de gestão de que for signatário.

- § 4º com redação dada pela Lei Complementar nº 1.131, de 27/12/2010.

SEÇÃO IV
DA EXECUÇÃO E FISCALIZAÇÃO
DO CONTRATO DE GESTÃO

Art. 9º A execução do contrato de gestão celebrado por organização social será fiscalizada pelas Secretarias de Estado, pela Fundação Centro de Atendimento Socioeducativo ao Adolescente - Fundação Casa - SP e pela Fundação para Conservação e Produção Florestal do Estado de São Paulo, nas áreas correspondentes.

- Artigo 9º, "caput", com redação dada pela Lei Complementar nº 1.243, de 30/05/2014.

§ 1º O contrato de gestão deve prever a possibilidade de o Poder Público requerer a apresentação pela entidade qualificada, ao término de cada exercício ou a qualquer momento, conforme recomende o interesse público, de relatório pertinente à execução do contrato de gestão, contendo comparativo específico das metas propostas com os resultados alcançados, acompanhado da prestação de contas correspondente ao exercício financeiro, assim como suas publicações no Diário Oficial do Estado.

§ 2º Os resultados atingidos com a execução do contrato de gestão serão analisados, periodicamente por comissão de avaliação indicada pelo Secretário de Estado competente, composta por profissionais de notória especialização, que emitirão relatório conclusivo, a ser encaminhado àquela autoridade e aos órgãos de controle interno e externo do Estado.

§ 3 º A comissão de avaliação da execução do contrato de gestão das organizações sociais da saúde, da qual trata o parágrafo anterior, compor-se-á, dentre outros membros, por 2 (dois) integrantes indicados pelo Conselho Estadual de Saúde, reservando-se, também, 2 (duas) vagas para membros integrantes da Comissão de Saúde e Higiene da Assembléia Legislativa e deverá encaminhar, trimestralmente, relatório de suas atividades à Assembléia Legislativa.

Art. 10. Os responsáveis pela fiscalização da execução do contrato de gestão, ao tomarem conhecimento de qualquer irregularidade ou ilegalidade na utilização de recursos ou bens de origem pública por organização social, dela darão ciência ao Tribunal de Contas e ao Ministério Público, para as providências relativas aos respectivos âmbitos de atuação, sob pena de responsabilidade solidária.

Art. 11. Qualquer cidadão, partido político, associação ou entidade sindical é parte legítima para denunciar irregularidades cometidas pelas organizações sociais ao Tribunal de Contas ou á Assembléia Legislativa.

Art. 12. O balanço e demais prestações de contas da organização social devem, necessariamente , ser publicados no Diário Oficial do Estado e analisados pelo Tribunal de Contas do Estado de São Paulo.

SEÇÃO V
DO FOMENTO ÀS ATIVIDADES SOCIAIS

Art. 13. As entidades qualificadas como organizações sociais ficam declaradas como entidades de interesse social e utilidade pública para todos os efeitos legais.

Art. 14. Às organizações sociais serão destinados recursos orçamentários e, eventualmente, bens públicos necessários ao cumprimento do contrato de gestão.

§ 1º Ficam assegurados ás organizações sociais os créditos previstos no orçamento e as respectivas liberações financeiras, de acordo com o cronograma de desembolso previsto no contrato de gestão.

§ 2º Poderá ser adicionada aos créditos orçamentários destinados ao custeio do contrato de gestão, parcela de recursos para fins do disposto no artigo 16 desta lei complementar, desde que haja justificativa expressa da necessidade pela organização social.

§ 3º Os bens de que trata este artigo serão destinados às organizações sociais, consoante cláusula expressa do contrato de gestão.

§ 4º Revogado.

- § 4º revogado pela Lei Complementar nº 1.095, de 18/09/2009.

Art. 15. Os bens móveis públicos permitidos para uso poderão ser substituídos por outros de igual ou maior valor, condicionado a que os novos bens integrem o patrimônio do Estado.

Parágrafo único. A permuta de que trata o "caput" deste artigo dependerá de previa avaliação do bem e expressa autorização do Poder Público.

Art. 16. Fica facultado ao Poder Executivo o afastamento de servidor para as organizações sociais, com ônus para a origem.

§ 1º Não será incorporada aos vencimentos ou á remuneração de origem do servidor afastado qualquer vantagem pecuniária que vier a ser paga pela organização social.

§ 2º Revogado.

- § 2º revogado pela Lei Complementar nº 1.095, de 18/09/2009.

Art. 17. São extensíveis, no âmbito do Estado, os efeitos dos artigos 13 e 14, § 3º, para as entidades qualificadas como organizações sociais pela União, pelos Estados, Distrito Federal e Municípios, quando houver reciprocidade e desde que a legislação local não contrarie as normas gerais emanadas da União sobre a matéria, os preceitos desta lei complementar, bem como os da legislação específica de âmbito estadual.

SEÇÃO VI
DA DESQUALIFICAÇÃO

Art. 18. O Poder Executivo poderá proceder à desqualificação da entidade como organização social quando verificado o descumprimento das disposições contidas no contrato de gestão.

§ 1º A desqualificação será precedida de processo administrativo, assegurado o direito de ampla defesa, respondendo os dirigentes da organização social, individual e solidariamente, pelos danos ou prejuízos decorrentes de sua ação ou omissão.

§ 2º A desqualificação importará reversão dos bens permitidos e do saldo remanescente dos recursos financeiros entregues á utilização da organização social, sem prejuízo das sanções contratuais penais e civis aplicáveis a espécie.

CAPÍTULO II
DAS DISPOSIÇÕES FINAIS E TRANSITÓRIAS

Art. 19. A organização social fará publicar na imprensa e no Diário Oficial do Estado, no prazo máximo de 90 (noventa) dias contados da assinatura do contrato de gestão, regulamento próprio contendo os procedimentos que adotará para a contratação de obras e serviços, bem como para compras com emprego de recursos provenientes do Poder Público.

Art. 20. Os Conselheiros e Diretores das organizações sociais, não poderão exercer outra atividade remunerada com ou sem vínculo empregatício, na mesma entidade.

Art. 21. Nas hipóteses de a entidade pleiteante da habilitação como organização social existir há mais de 5 (cinco) anos, contados da data da publicação desta lei complementar, fica estipulado o prazo de 2 (dois) anos para adaptação das normas do respectivo estatuto ao disposto no artigo 3º, incisos de I a V.

Art. 22. Fica acrescido parágrafo ao artigo 20 da Lei Complementar nº 791, de 9 de março de 1995, do seguinte teor:

"§ 7º A habilitação de entidade como organização social e à decorrente relação de parceria com o Poder Público, para fomento e execução de atividades relativas à área da saúde, nos termos da legislação estadual pertinente, não se aplica o disposto no § 5º deste artigo."

Art. 23. Os requisitos específicos de qualificação das organizações sociais da área de cultura serão estabelecidos em decreto do Poder Executivo, a ser editado no prazo de 60 (sessenta) dias a contar da publicação desta lei complementar.

Art. 23-A - Às entidades criadas por lei pelo Estado não se aplica o disposto nas alíneas "c" e "d" do inciso I do artigo 2º desta lei complementar.

- Artigo 23-A acrescentado pela Lei Complementar nº 1.243, de 30/05/2014.

Art. 24. Esta lei complementar entrará em vigor na data de sua publicação.

LEI Nº 10.177, DE 30 DE DEZEMBRO DE 1998

Regula o processo administrativo no âmbito da Administração Pública Estadual.

ÍNDICE

TÍTULO I
DAS DISPOSIÇÕES PRELIMINARES

Art. 1º Esta lei regula os atos e procedimentos administrativos da Administração Pública centralizada e descentralizada do Estado de São Paulo, que não tenham disciplina legal específica.

Parágrafo único. Considera-se integrante da Administração descentralizada estadual toda pessoa jurídica controlada ou mantida, direta ou indiretamente, pelo Poder Público estadual, seja qual for seu regime jurídico.

Art. 2º As normas desta lei aplicam-se subsidiariamente aos atos e procedimentos administrativos com disciplina legal específica.

Art. 3º Os prazos fixados em normas legais específicas prevalecem sobre os desta lei.

TÍTULO II
DOS PRINCÍPIOS DA ADMINISTRAÇÃO PÚBLICA

Art. 4º A Administração Pública atuará em obediência aos princípios da legalidade, impessoalidade, moralidade, publicidade, razoabilidade, finalidade, interesse público e motivação dos atos administrativos.

Art. 5º A norma administrativa deve ser interpretada e aplicada da forma que melhor garanta a realização do fim público a que se dirige.

Art. 6º Somente a lei poderá:

I – criar condicionamentos aos direitos dos particulares ou impor-lhes deveres de qualquer espécie; e

II – prever infrações ou prescrever sanções.

TÍTULO III
DOS ATOS ADMINISTRATIVOS

CAPÍTULO I
DISPOSIÇÃO PRELIMINAR

Art. 7º A Administração não iniciará qualquer atuação material relacionada com a esfera jurídica dos particulares sem a prévia expedição do ato administrativo que lhe sirva de fundamento, salvo na hipótese de expressa previsão legal.

CAPÍTULO II
DA INVALIDADE DOS ATOS

Art. 8º São inválidos os atos administrativos que desatendam os pressupostos legais e regulamentares de sua edição, ou os princípios da Administração, especialmente nos casos de:

I – incompetência da pessoa jurídica, órgão ou agente de que emane;

II – omissão de formalidades ou procedimentos essenciais;

III – impropriedade do objeto;

IV – inexistência ou impropriedade do motivo de fato ou de direito;

V – desvio de poder;

VI – falta ou insuficiência de motivação.

Parágrafo único. Nos atos discricionários, será razão de invalidade a falta de correlação lógica entre o motivo e o conteúdo do ato, tendo em vista sua finalidade.

Art. 9º A motivação indicará as razões que justifiquem a edição do ato, especialmente a regra de competência, os fundamentos de fato e de direito e a finalidade objetivada.

Parágrafo único. A motivação do ato no procedimento administrativo poderá consistir na remissão a pareceres ou manifestações nele proferidos.

Art. 10. A Administração anulará seus atos inválidos, de ofício ou por provocação de pessoa interessada, salvo quando:

I – ~~ultrapassado o prazo de 10 (dez) anos contado de sua produção~~;

– Inciso I declarado inconstitucional, em controle concentrado, pelo Supremo Tribunal Federal, nos autos da ADI nº 6.019, com modulação de efeitos, para que: 1 – sejam mantidas as anulações já realizadas pela Administração até a publicação da ata do julgamento de mérito da ADI (23/04/2021), desde que tenham observado o prazo de 10 (dez) anos; 2 – seja aplicado o prazo decadencial de 10 (dez) anos aos casos em que, em 23/04/2021, já havia transcorrido mais da metade do tempo fixado na lei declarada inconstitucional (aplicação, por analogia, do art. 2.028 do Código Civil) e; 3 – para os demais atos administrativos já praticados, seja o prazo decadencial de 5 (cinco) anos contado a partir da publicação da ata do julgamento de mérito da ADI (23/04/2021).

II – da irregularidade não resultar qualquer prejuízo;

III – forem passíveis de convalidação.

Art. 11. A Administração poderá convalidar seus atos inválidos, quando a invalidade decorrer de vício de competência ou de ordem formal, desde que:

I – na hipótese de vício de competência, a convalidação seja feita pela autoridade titulada para a prática do ato, e não se trate de competência indelegável;

II – na hipótese de vício formal, este possa ser suprido de modo eficaz.

§ 1º Não será admitida a convalidação quando dela resultar prejuízo à Administração ou a terceiros ou quando se tratar de ato impugnado.

§ 2º A convalidação será sempre formalizada por ato motivado.

CAPÍTULO III
DA FORMALIZAÇÃO DOS ATOS

Art. 12. São atos administrativos:

I – de competência privativa:

a) do Governador do Estado, o Decreto;

b) dos Secretários de Estado, do Procurador Geral do Estado e dos Reitores das Universidades, a Resolução;

c) dos órgãos colegiados, a Deliberação;

II - de competência comum:

a) a todas as autoridades, até o nível de Diretor de Serviço; as autoridades policiais; aos dirigentes das entidades descentralizadas, bem como, quando estabelecido em norma legal específica, a outras autoridades administrativas, a Portaria;

b) a todas as autoridades ou agentes da Administração, os demais atos administrativos, tais como Ofícios, Ordens de Serviço, Instruções e outros.

§ 1º Os atos administrativos, excetuados os decretos, aos quais se refere a Lei Complementar n. 60, de 10 de julho de 1972, e os referidos no Artigo 14 desta lei, serão numerados em séries próprias, com renovação anual, identificando-se pela sua denominação, seguida da sigla do órgão ou entidade que os tenha expedido.

§ 2º Aplica-se na elaboração dos atos administrativos, no que couber, o disposto na Lei Complementar n. 60, de 10 de julho de 1972.

Art. 13. Os atos administrativos produzidos por escrito indicarão a data e o local de sua edição, e conterão a identificação nominal, funcional e a assinatura da autoridade responsável.

Art. 14. Os atos de conteúdo normativo e os de caráter geral serão numerados em séries específicas, seguidamente, sem renovação anual.

Art. 15. Os regulamentos serão editados por decreto, observadas as seguintes regras:

I - nenhum regulamento poderá ser editado sem base em lei, nem prever infrações, sanções, deveres ou condicionamentos de direitos nela não estabelecidos;

II - os decretos serão referendados pelos Secretários de Estado em cuja área de atuação devam incidir, ou pelo Procurador Geral do Estado, quando for o caso;

III - nenhum decreto regulamentar será editado sem exposição de motivos que demonstre o fundamento legal de sua edição, a finalidade das medidas adotadas e a extensão de seus efeitos;

IV - as minutas de regulamento serão obrigatoriamente submetidas ao órgão jurídico competente, antes de sua apreciação pelo Governador do Estado.

CAPÍTULO IV
DA PUBLICIDADE DOS ATOS

Art. 16. Os atos administrativos, inclusive os de caráter geral, entrarão em vigor na data de sua publicação, salvo disposição expressa em contrário.

Art. 17. Salvo norma expressa em contrário, a publicidade dos atos administrativos consistirá em sua publicação no Diário Oficial do Estado, ou, quando for o caso, na citação, notificação ou intimação do interessado.

Parágrafo único. A publicação dos atos sem conteúdo normativo poderá ser resumida.

CAPÍTULO V
DO PRAZO PARA A PRODUÇÃO DOS ATOS

Art. 18. Será de 60 (sessenta) dias, se outra não for a determinação legal, o prazo máximo para a prática de atos administrativos isolados, que não exijam procedimento para sua prolação, ou para a adoção, pela autoridade pública, de outras providências necessárias à aplicação de lei ou decisão administrativa.

Parágrafo único. O prazo fluirá a partir do momento em que, à vista das circunstâncias, tornar-se logicamente possível a produção do ato ou a adoção da medida, permitida prorrogação, quando cabível, mediante proposta justificada.

CAPÍTULO VI
DA DELEGAÇÃO E DA AVOCAÇÃO

Art. 19. Salvo vedação legal, as autoridades superiores poderão delegar a seus subordinados a prática de atos de sua competência ou avocar os de competência destes.

Art. 20. São indelegáveis, entre outras hipóteses decorrentes de normas específicas:

I - a competência para a edição de atos normativos que regulem direitos e deveres dos administrados;

II - as atribuições inerentes ao caráter político da autoridade;

III - as atribuições recebidas por delegação, salvo autorização expressa e na forma por ela determinada;

IV - a totalidade da competência do órgão;

V - as competências essenciais do órgão, que justifiquem sua existência.

Parágrafo único. O órgão colegiado não pode delegar suas funções, mas apenas a execução material de suas deliberações.

TÍTULO IV
DOS PROCEDIMENTOS ADMINISTRATIVOS

CAPÍTULO I
NORMAS GERAIS

SEÇÃO I
DOS PRINCÍPIOS

Art. 21. Os atos da Administração serão precedidos do procedimento adequado à sua validade e à proteção dos direitos e interesses dos particulares.

Art. 22. Nos procedimentos administrativos observar-se-ão, entre outros requisitos de validade, a igualdade entre os administrados e o devido processo legal, especialmente quanto à exigência de publicidade, do contraditório, ampla defesa e, quando for o caso, do despacho ou decisão motivados.

§ 1º Para atendimento dos princípios previstos neste artigo, serão assegurados às partes o direito de emitir manifestação, de oferecer provas e acompanhar sua produção, de obter vista e de recorrer.

§ 2º Somente poderão ser recusadas, mediante decisão fundamentada, as provas propostas pelos interessados quando sejam ilícitas, impertinentes, desnecessárias ou protelatórias.

SEÇÃO II
DO DIREITO DE PETIÇÃO

Art. 23. É assegurado a qualquer pessoa, física ou jurídica, independentemente de pagamento, o direito de petição contra ilegalidade ou abuso de poder e para a defesa de direitos.

Parágrafo único. As entidades associativas, quando expressamente autorizadas por seus estatutos ou por ato especial, e os sindicatos poderão exercer o direito de petição, em defesa dos direitos e interesses coletivos ou individuais de seus membros.

Art. 24. Em nenhuma hipótese, a Administração poderá recusar-se a protocolar a petição, sob pena de responsabilidade do agente.

SEÇÃO III
DA INSTRUÇÃO

Art. 25. Os procedimentos serão impulsionados e instruídos de ofício, atendendo-se à celeridade, economia, simplicidade e utilidade dos trâmites.

Art. 26. O órgão ou entidade da Administração estadual que necessitar de informações de outro, para instrução de procedimento administrativo, poderá requisitá-las diretamente, sem observância da vinculação hierárquica, mediante ofício, do qual uma cópia será juntada aos autos.

Parágrafo único – Os documentos digitalizados juntados aos autos por advogados privados têm a mesma força probante dos originais, ressalvada a alegação motivada e fundamentada de adulteração antes ou durante a tramitação do processo, e a autenticação de cópias de documentos físicos exigidos na forma da lei poderá ser feita pelo órgão administrativo ou pelo advogado constituído para os fins específicos desta lei. (NR)

– *Parágrafo único acrescentado pela* Lei nº 16.931, de 24/01/2019.

Art. 27. Durante a instrução, os autos do procedimento administrativo permanecerão na repartição competente.

Art. 28. Quando a matéria do processo envolver assunto de interesse geral, o órgão competente poderá, mediante despacho motivado, autorizar consulta pública para manifestação de terceiros, antes da decisão do pedido, se não houver prejuízo para a parte interessada.

§ 1º A abertura da consulta pública será objeto de divulgação pelos meios oficiais, a fim de que os autos possam ser examinados pelos interessados, fixando-se prazo para oferecimento de alegações escritas.

§ 2º O comparecimento à consulta pública não confere, por si, a condição de interessado no processo, mas constitui o direito de obter da Administração resposta fundamentada.

Art. 29. Antes da tomada de decisão, a juízo da autoridade, diante da relevância da questão, poderá ser realizada audiência pública para debates sobre a matéria do processo.

Art. 30. Os órgãos e entidades administrativas, em matéria relevante, poderão estabelecer outros meios de participação dos administrados, diretamente ou por meio de organizações e associações legalmente reconhecidas.

Art. 31. Os resultados da consulta e audiência pública e de outros meios de participação dos administrados deverão ser acompanhados da indicação do procedimento adotado.

SEÇÃO IV
DOS PRAZOS

Art. 32. Quando outros não estiverem previstos nesta lei ou em disposições especiais, serão obedecidos os seguintes prazos máximos nos procedimentos administrativos:

I – para autuação, juntada aos autos de quaisquer elementos, publicação e outras providências de mero expediente: 2 (dois) dias;

II – para expedição de notificação ou intimação pessoal: 6 (seis) dias;

III – para elaboração e apresentação de informes sem caráter técnico ou jurídico: 7 (sete) dias;

IV – para elaboração e apresentação de pareceres ou informes de caráter técnico ou jurídico: 20 (vinte) dias, prorrogáveis por 10 (dez) dias quando a diligência requerer o deslocamento do agente para localidade diversa daquela onde tem sua sede de exercício;

V – para decisões no curso do procedimento: 7 (sete) dias;

VI – para manifestações do particular ou providências a seu cargo: 7 (sete) dias;

VII – para decisão final: 20 (vinte) dias;

VIII – para outras providências da Administração: 5 (cinco) dias.

§ 1º O prazo fluirá a partir do momento em que, à vista das circunstâncias, tornar-se logicamente possível a produção do ato ou a adoção da providência.

§ 2º Os prazos previstos neste artigo poderão ser, caso a caso, prorrogados uma vez, por igual período, pela autoridade superior, à vista de representação fundamentada do agente responsável por seu cumprimento.

Art. 33. O prazo máximo para decisão de requerimentos de qualquer espécie apresentados à Administração será de 120 (cento e vinte) dias, se outro não for legalmente estabelecido.

§ 1º Ultrapassado o prazo sem decisão, o interessado poderá considerar rejeitado o requerimento na esfera administrativa, salvo previsão legal ou regulamentar em contrário.

§ 2º Quando a complexidade da questão envolvida não permitir o atendimento do prazo previsto neste artigo, a autoridade cientificará o interessado das providências até então tomadas, sem prejuízo do disposto no parágrafo anterior.

§ 3º O disposto no § 1º deste artigo não desonera a autoridade do dever de apreciar o requerimento.

SEÇÃO V

DA PUBLICIDADE

Art. 34. No curso de qualquer procedimento administrativo, as citações, intimações e notificações, quando feitas pessoalmente ou por carta com aviso de recebimento, observarão as seguintes regras:

I – constitui ônus do requerente informar seu endereço para correspondência, bem como alterações posteriores;

II – considera-se efetivada a intimação ou notificação por carta com sua entrega no endereço fornecido pelo interessado;

III – será obrigatoriamente pessoal a citação do acusado, em procedimento sancionatório, e a intimação do terceiro interessado, em procedimento de invalidação;

IV – na citação, notificação ou intimação pessoal, caso o destinatário se recuse a assinar o comprovante de recebimento, o servidor encarregado certificará a entrega e a recusa;

V – quando o particular estiver representado nos autos por procurador, a este serão dirigidas as notificações e intimações, salvo disposição em contrário.

Parágrafo único. Na hipótese do inciso III, não encontrado o interessado, a citação ou a intimação serão feitas por edital publicado no Diário Oficial do Estado.

Art. 35. Durante a instrução, será concedida vista dos autos ao interessado, mediante simples solicitação, sempre que não prejudicar o curso do procedimento.

Parágrafo único. A concessão de vista será obrigatória, no prazo para manifestação do interessado ou para apresentação de recursos, mediante publicação no Diário Oficial do Estado.

Art. 36. Ao advogado e assegurado o direito de retirar os autos da repartição, mediante recibo, durante o prazo para manifestação de seu constituinte, salvo na hipótese de prazo comum.

CAPÍTULO II

DOS RECURSOS

SEÇÃO I

DA LEGITIMIDADE PARA RECORRER

Art. 37. Todo aquele que for afetado por decisão administrativa poderá dela recorrer, em defesa de interesse ou direito.

Art. 38. À Procuradoria Geral do Estado compete recorrer, de ofício, de decisões que contrariarem Súmula Administrativa ou Despacho Normativo do Governador do Estado, sem prejuízo da possibilidade de deflagrar, de ofício, o procedimento invalidatório pertinente, nas hipóteses em que já tenha decorrido o prazo recursal.

SEÇÃO II
DA COMPETÊNCIA PARA CONHECER DO RECURSO

Art. 39. Quando norma legal não dispuser de outro modo, será competente para conhecer do recurso a autoridade imediatamente superior àquela que praticou o ato.

Art. 40. Salvo disposição legal em contrário, a instância máxima para o recurso administrativo será:

I – na Administração centralizada, o Secretário de Estado ou autoridade a ele equiparada, excetuados os casos em que o ato tenha sido por ele praticado originariamente; e

II – na Administração descentralizada, o dirigente superior da pessoa jurídica.

Parágrafo único. O disposto neste artigo não se aplica ao recurso previsto no Artigo 38.

SEÇÃO III
DAS SITUAÇÕES ESPECIAIS

Art. 41. São irrecorríveis, na esfera administrativa, os atos de mero expediente ou preparatórios de decisões.

Art. 42. Contra decisões tomadas originariamente pelo Governador do Estado ou pelo dirigente superior de pessoa jurídica da Administração descentralizada, caberá pedido de reconsideração, que não poderá ser renovado, observando-se, no que couber, o regime do recurso hierárquico.

Parágrafo único. O pedido de reconsideração só será admitido se contiver novos argumentos, e será sempre dirigido à autoridade que houver expedido o ato ou proferido a decisão.

SEÇÃO IV
DOS REQUISITOS DA PETIÇÃO DE RECURSO

Art. 43. A petição de recurso observará os seguintes requisitos:

I – será dirigida à autoridade recorrida e protocolada no órgão a que esta pertencer;

II – trará a indicação do nome, qualificação e endereço do recorrente;

III – conterá exposição, clara e completa, das razões da inconformidade.

Art. 44. Salvo disposição legal em contrário, o prazo para apresentação de recurso ou pedido de reconsideração será de 15 (quinze) dias contados da publicação ou notificação do ato.

Art. 45. Conhecer-se-á do recurso erroneamente designado, quando de seu conteúdo resultar induvidosa a impugnação do ato.

SEÇÃO V
DOS EFEITOS DOS RECURSOS

Art. 46. O recurso será recebido no efeito meramente devolutivo, salvo quando:

I – houver previsão legal ou regulamentar em contrário; e

II – além de relevante seu fundamento, da execução do ato recorrido, se provido, puder resultar a ineficácia da decisão final.

Parágrafo único. Na hipótese do inciso II, o recorrente poderá requerer, fundamentadamente, em petição anexa ao recurso, a concessão do efeito suspensivo.

SEÇÃO VI
DA TRAMITAÇÃO DOS RECURSOS

Art. 47. A tramitação dos recursos observará as seguintes regras:

I – a petição será juntada aos autos em 2 (dois) dias, contados da data de seu protocolo;

II – quando os autos em que foi produzida a decisão recorrida tiverem de permanecer na repartição de origem para quaisquer outras providências cabíveis, o recurso será autuado em separado, trasladando-se cópias dos elementos necessários;

III – requerida a concessão de efeito suspensivo, a autoridade recorrida apreciará o pedido nos 5 (cinco) dias subsequentes;

IV – havendo outros interessados representados nos autos, serão estes intimados, com prazo comum de 15 (quinze) dias, para oferecimento de contra-razões;

V – com ou sem contra-razões, os autos serão submetidos ao órgão jurídico, para elaboração de parecer, no prazo máximo de 20 (vinte) dias, salvo na hipótese do Artigo 38;

VI – a autoridade recorrida poderá reconsiderar seu ato, nos 7 (sete) dias subsequentes;

VII – mantido o ato, os autos serão encaminhados à autoridade competente para conhecer do recurso, para decisão, em 30 (trinta) dias.

§ 1º As decisões previstas nos incisos III, VI e VII serão encaminhadas, em 2 (dois) dias, à publicação no Diário Oficial do Estado.

§ 2º Da decisão prevista no inciso III, não caberá recurso na esfera administrativa.

Art. 48. Os recursos dirigidos ao Governador do Estado serão, previamente, submetidos à Procuradoria Geral do Estado ou ao órgão de consultoria jurídica da entidade descentralizada, para parecer, a ser apresentado no prazo máximo de 20 (vinte) dias.

SEÇÃO VII
DA DECISÃO E SEUS EFEITOS

Art. 49. A decisão de recurso não poderá, no mesmo procedimento, agravar a restrição produzida pelo ato ao interesse do recorrente, salvo em casos de invalidação.

Art. 50. Ultrapassado, sem decisão, o prazo de 120 (cento e vinte) dias contado do protocolo do recurso que tramite sem efeito suspensivo, o recorrente poderá considerá-lo rejeitado na esfera administrativa.

§ 1º No caso do pedido de reconsideração previsto no Artigo 42, o prazo para a decisão será de 90 (noventa) dias.

§ 2º O disposto neste artigo não desonera a autoridade do dever de apreciar o recurso.

Art. 51. Esgotados os recursos, a decisão final tomada em procedimento administrativo formalmente regular não poderá ser modificada pela Administração, salvo por anulação ou revisão, ou quando o ato, por sua natureza, for revogável.

CAPÍTULO III
DOS PROCEDIMENTOS EM ESPÉCIE

SEÇÃO I
DO PROCEDIMENTO DE OUTORGA

Art. 52. Regem-se pelo disposto nesta Seção os pedidos de reconhecimento, de atribuição ou de liberação do exercício do direito.

Art. 53. A competência para apreciação do requerimento será do dirigente do órgão ou entidade encarregados da matéria versada, salvo previsão legal ou regulamentar em contrário.

Art. 54. O requerimento será dirigido à autoridade competente para sua decisão, devendo indicar:

I – o nome, a qualificação e o endereço do requerente;

II – os fundamentos de fato e de direito do pedido;

III – a providência pretendida;

IV – as provas em poder da Administração que o requerente pretende ver juntadas aos autos.

Parágrafo único. O requerimento será desde logo instruído com a prova documental de que o interessado disponha.

Art. 55. A tramitação dos requerimentos de que trata esta Seção observará as seguintes regras:

I – protocolado o expediente, o órgão que o receber providenciará a autuação e seu encaminhamento à repartição competente, no prazo de 2 (dois) dias;

II – o requerimento será desde logo indeferido, se não atender aos requisitos dos incisos I a IV do artigo anterior, notificando-se o requerente;

III – se o requerimento houver sido dirigido a órgão incompetente, este providenciará seu encaminhamento à unidade adequada, notificando-se o requerente;

IV – a autoridade determinará as providências adequadas à instrução dos autos, ouvindo, em caso de dúvida quanto à matéria jurídica, o órgão de consultoria jurídica;

V – quando os elementos colhidos puderem conduzir ao indeferimento, o requerente será intimado, com prazo de 7 (sete) dias, para manifestação final;

VI – terminada a instrução, a autoridade decidirá, em despacho motivado, nos 20 (vinte) dias subsequentes;

VII – da decisão caberá recurso hierárquico.

Art. 56. Quando duas ou mais pessoas pretenderem da Administração o reconhecimento ou atribuição de direitos que se excluam mutuamente, será instaurado procedimento administrativo para a decisão, com observância das normas do artigo anterior, e das ditadas pelos princípios da igualdade e do contraditório.

SEÇÃO II
DO PROCEDIMENTO DE INVALIDAÇÃO

Art. 57. Rege-se pelo disposto nesta Seção o procedimento para invalidação de ato ou contrato administrativo e, no que couber, de outros ajustes.

Art. 58. O procedimento para invalidação provocada observará as seguintes regras:

I – o requerimento será dirigido à autoridade que praticou o ato ou firmou o contrato, atendidos os requisitos do Artigo 54;

II – recebido o requerimento, será ele submetido ao órgão de consultoria jurídica para emissão de parecer, em 20 (vinte) dias;

III – o órgão jurídico opinará sobre a procedência ou não do pedido, sugerindo, quando for o caso, providências para a instrução dos autos e esclarecendo se a eventual invalidação atingirá terceiros;

IV – quando o parecer apontar a existência de terceiros interessados, a autoridade determinará sua intimação, para, em 15 (quinze) dias, manifestar-se a respeito;

V – concluída a instrução, serão intimadas as partes para, em 7 (sete) dias, apresentarem suas razões finais;

VI – a autoridade, ouvindo o órgão jurídico, decidirá em 20 (vinte) dias, por despacho motivado, do qual serão intimadas as partes;

VII – da decisão, caberá recurso hierárquico.

Art. 59. O procedimento para invalidação ofício observará as seguintes regras:

I – quando se tratar da invalidade de ato ou contrato, a autoridade que o praticou, ou seu superior hierárquico, submeterá o assunto ao órgão de consultoria jurídica;

II – o órgão jurídico opinará sobre a validade do ato ou contrato, sugerindo, quando for o caso, providências para instrução dos autos, e indicará a necessidade ou não da instauração de contraditório, hipótese em que serão aplicadas as disposições dos incisos IV a VII do artigo anterior.

Art. 60. No curso de procedimento de invalidação, a autoridade poderá, de ofício ou em face de requerimento, suspender a execução do ato ou contrat , para evitar prejuízos de reparação onerosa ou impossível.

Art. 61. Invalidado o ato ou contrato, a administração tomará as providências necessárias para desfazer os efeitos produzidos, salvo quanto a terceiros de boa fé, determinando a apuração de eventuais responsabilidades.

SEÇÃO III
DO PROCEDIMENTO SANCIONATÓRIO

Art. 62. Nenhuma sanção administrativa será aplicada à pessoa física ou jurídica pela administração Pública, sem que lhe seja assegurada ampla defesa, em procedimento sancionatório.

Parágrafo único. No curso do procedimento ou, em caso de extrema urgência, antes dele, a Administração poderá adotar as medidas cautelares estritamente indispensáveis à eficácia do ato final.

Art. 63. O procedimento sancionatório observará, salvo legislação específica, as seguintes regras:

I – verificada a ocorrência de infração administrativa, será instaurado o respectivo procedimento para sua apuração;

II – o ato de instauração, expedido pela autoridade competente, indicará os fatos em que se baseia e as normas pertinentes à infração e à sanção aplicável;

III – o acusado será citado ou intimado, com cópia do ato de instauração, para, em 15 (quinze) dias, oferecer sua defesa e indicar as provas que pretende produzir;

IV – caso haja requerimento para produção de provas, a autoridade apreciará sua pertinência, em despacho motivado;

V – o acusado será intimado para:

a) manifestar-se, em 7 (sete) dias, sobre os documentos juntados aos autos pela autoridade, se maior prazo não lhe for assinado em face da complexidade da prova;

b) acompanhar a produção das provas orais, com antecedência mínima de 2 (dois) dias;

c) formular quesitos e indicar assistente técnico, quando necessária prova pericial, em 7 (sete) dias;

d) concluida a instrução, apresentar, em 7 (sete) dias, suas alegações finais;

VI – antes da decisão, será ouvido o órgão de consultoria jurídica;

VII – a decisão, devidamente motivada, será proferida no prazo máximo de 20 (vinte) dias, notificando-se o interessado por publicação no Diário Oficial do Estado;

VIII – da decisão caberá recurso.

Art. 64. O procedimento sancionatório será sigiloso até decisão final, salvo em relação ao acusado, seu procurador ou terceiro que demonstre legítimo interesse.

Parágrafo único. Incidirá em infração disciplinar grave o servidor que, por qualquer forma, divulgar irregularmente informações relativas à acusação, ao acusado ou ao procedimento.

SEÇÃO IV
DO PROCEDIMENTO DE REPARAÇÃO DE DANOS

Art. 65. Aquele que pretender, da Fazenda Pública, ressarcimento por danos causados por agente público, agindo nessa qualidade, poderá requerê-lo administrativamente, observadas as seguintes regras:

I - o requerimento será protocolado na Procuradoria Geral do Estado, até 5 (cinco) anos contados do ato ou fato que houver dado causa ao dano;

II - o protocolo do requerimento suspende, nos termos da legislação pertinente, a prescrição da ação de responsabilidade contra o Estado, pelo período que durar sua tramitação;

III - o requerimento conterá os requisitos do Artigo 54, devendo trazer indicação precisa do montante atualizado da indenização pretendida, e declaração de que o interessado concorda com as condição contidas neste artigo e no subsequente;

IV - o procedimento, dirigido por Procurador do Estado, observará as regras do Artigo 55;

V - a decisão do requerimento caberá ao Procurador Geral do Estado ou ao dirigente da entidade descentralizada, que recorrerão de ofício ao Governador, nas hipóteses previstas em regulamento;

VI - acolhido em definitivo o pedido, total ou parcialmente, será feita, em 15 (quinze) dias,a inscrição, em registro cronológico, do valor atualizado do débito, intimando-se o interessado;

VII - a ausência de manifestação expressa do interessado, em 10 (dez) dias, contados da intimação, implicará em concordância com o valor inscrito; caso não concorde com esse valor, o interessado poderá, no mesmo prazo, apresentar desistência, cancelando-se a inscrição e arquivando-se os autos;

VIII - os débitos inscritos até 1º de julho serão pagos até o último dia útil do exercício seguinte, à conta de dotação orçamentária específica;

IX - o depósito, em conta aberta em favor do interessado, do valor inscrito, atualizado monetariamente até o mês do pagamento, importará em quitação do débito;

X - o interessado, mediante prévia notificação à Administração, poderá considerar indeferido seu requerimento caso o pagamento não se realize na forma e no prazo previstos nos incisos VIII e IX.

§ 1º Quando o interessado utilizar-se da faculdade prevista nos incisos VII, parte final, e X, perderá qualquer efeito o ato que tiver acolhido o pedido, não se podendo invocá-lo como reconhecimento da responsabilidade administrativa.

§ 2º Devidamente autorizado pelo Governador, o Procurador Geral do Estado poderá delegar, no âmbito da Administração centralizada, a competência prevista no inciso V, hipótese em que o delegante tornar-se-á a instância máxima de recurso.

Art. 66. Nas indenizações pagas nos termos do artigo anterior, não incidirão juros, honorários advocatícios ou qualquer outro acréscimo.

Art. 67. Na hipótese de condenação definitiva do Estado ao ressarcimento de danos, deverá o fato ser comunicado ao Procurador Geral do Estado, no prazo de 15 (quinze) dias, pelo órgão encarregado de oficiar no feito, sob pena de responsabilidade. lidade.

Art. 68. Recebida a comunicação, o Procurador Geral do Estado, no prazo de 10 (dez) dias, determinará a instauração de procedimento, cuja tramitação obedecerá o disposto na Seção III para apuração de eventual responsabilidade civil de agente público, por culpa ou dolo.

Parágrafo único. O Procurador Geral do Estado, de ofício, determinará a instauração do procedimento previsto neste artigo, quando na forma do Artigo 65, a Fazenda houver ressarcido extrajudicialmente o particular.

Art. 69. Concluindo-se pela responsabilidade civil do agente, será ele intimado para, em 30 (trinta) dias, recolher aos cofres públicos o valor do prejuízo suportado pela Fazenda, atualizado monetariamente.

Art. 70. Vencido, sem o pagamento, o prazo estipulado no artigo anterior, será proposta, de imediato, a respectiva ação judicial para cobrança do débito.

Art. 71. Aplica-se o disposto nesta Seção às entidades descentralizadas, observada a respectiva estrutura administrativa.

SEÇÃO V
DO PROCEDIMENTO PARA OBTENÇÃO DE CERTIDÃO

Art. 72. É assegurada, nos termos do Artigo 5º, XXXIV, "b", da Constituição Federal, a expedição de certidão sobre atos, contratos, decisões ou pareceres constantes de registros ou autos de procedimentos em poder da Administração Pública, ressalvado o disposto no Artigo 75.

Parágrafo único. As certidões serão expedidas sob a forma de relato ou mediante cópia reprográfica dos elementos pretendidos.

Art. 73. Para o exercício do direito previsto no artigo anterior, o interessado deverá protocolar requerimento no órgão competente, independentemente de qualquer pagamento, especificando os elementos que pretende ver certificados.

Art. 74. O requerimento será apreciado, em 5 (cinco) dias úteis, pela autoridade competente, que determinará a expedição da certidão requerida em prazo não superior a 5 (cinco) dias úteis.

Art. 75. O requerimento será indeferido, em despacho motivado, se a divulgação da informação solicitada colocar em comprovado risco a segurança da sociedade ou do Estado, violar a intimidade de terceiros ou não se enquadrar na hipótese constitucional.

§ 1º Na hipótese deste artigo, a autoridade competente, antes de sua decisão, ouvirá o órgão de consultoria jurídica, que se manifestará em 3 (três) dias úteis.

§ 2º Do indeferimento do pedido de certidão caberá recurso.

Art. 76. A expedição da certidão independerá de qualquer pagamento quando o requerente demonstrar sua necessidade para a defesa de direitos ou esclarecimento de situações de interesse pessoal.

Parágrafo único. Nas demais hipóteses,o interessado deverá recolher o valor correspondente, conforme legislação específica.

SEÇÃO VI
DO PROCEDIMENTO PARA OBTENÇÃO DE INFORMAÇÕES PESSOAIS

Art. 77. Toda pessoa terá direito de acesso aos registros nominais que a seu respeito constem em qualquer espécie de fichário ou registro,informatizado ou não, dos órgãos ou entidades da Administração, inclusive policiais.

Art. 78. O requerimento para obtenção de informações observará as seguintes regras:

I – o interessado apresentará, ao órgão ou entidade do qual pretende as informações, requerimento escrito manifestando o desejo de conhecer tudo o que a seu respeito conste das fichas ou registros existentes;

II – as informações serão fornecidas no prazo máximo de 10 (dez) dias úteis, contados do protocolo do requerimento;

III – as informações serão transmitidas em linguagem clara e indicarão, conforme for requerido pelo interessado:

a) o conteúdo integral do que existir registrado;

b) a fonte das informações e dos registros;

c) o prazo até o qual os registros serão mantidos;

d) as categorias de pessoas que, por suas funções ou por necessidade do serviço, tem, diretamente, acesso aos registros;

e) as categorias de destinatários habilitados a receber comunicação desses registros; e

f) se tais registros são transmitidos a outros órgãos estaduais, e quais são esses órgãos.

Art. 79. Os dados existentes, cujo conhecimento houver sido ocultado ao interessado, quando de sua solicitação de informações, não poderão, em hipótese alguma, ser utilizados em quaisquer procedimentos que vierem a ser contra o mesmo instaurados.

Art. 80. Os órgãos ou entidades da Administração, ao coletar informações, devem esclarecer aos interessados:

I – o caráter obrigatório ou facultativo das respostas;

II – as consequências de qualquer incorreção nas respostas;

III – os órgãos aos quais se destinam as informações; e

IV – a existência do direito de acesso e de retificação das informações.

Parágrafo único. Quando as informações forem colhidas mediante questionários impressos, devem eles conter os esclarecimentos de que trata este artigo.

Art. 81. É proibida a inserção ou conservação em fichário ou registro de dados nominais relativos a opiniões políticas, filosóficas ou religiosas, origem racial, orientação sexual e filiação sindical ou partidária.

Art. 82. É vedada a utilização, sem autorização prévia do interessado, de dados pessoais para outros fins que não aqueles para os quais foram prestados.

SEÇÃO VII
DO PROCEDIMENTO PARA RETIFICAÇÃO DE INFORMAÇÕES PESSOAIS

Art. 83. Qualquer pessoa tem o direito de exigir, da Administração:

I – a eliminação completa de registros de dados falsos a seu respeito, os quais tenham sido obtidos por meios ilícitos, ou se refiram às hipóteses vedadas pelo Artigo 81;

II – a retificação, complementação, esclarecimento ou atualização de dados incorretos, incompletos, dúbios ou desatualizados.

Parágrafo único. Aplicam-se ao procedimento de retificação as regras contidas nos Artigos 54 e 55.

Art. 84. O fichário ou o registro nominal devem ser completados ou corrigidos, de ofício, assim que a entidade ou órgão por eles responsável tome conhecimento da incorreção, desatualização ou caráter incompleto de informações neles contidas.

Art. 85. No caso de informação já fornecida a terceiros, sua alteração será comunicada a estes, desde que requerida pelo interessado, a quem dará cópia da retificação.

SEÇÃO VIII
DO PROCEDIMENTO DE DENÚNCIA

Art. 86. Qualquer pessoa que tiver conhecimento de violação da ordem jurídica, praticada por agentes administrativos, poderá denunciá-la à Administração.

Art. 87. A denúncia conterá a identificação do seu autor, devendo indicar o fato e suas circunstâncias, e, se possível, seus responsáveis ou beneficiários.

Parágrafo único. Quando a denúncia for apresentada verbalmente, a autoridade lavrará termo, assinado pelo denunciante.

Art. 88. Instaurado o procedimento administrativo, a autoridade responsável determinará as providências necessárias à sua instrução, observando-se os prazos legais e as seguintes regras:

I – é obrigatória a manifestação do órgão de consultoria jurídica;

II – o denunciante não é parte no procedimento, podendo, entretanto, ser convocado para depor;

III – o resultado da denúncia será comunicado ao autor, se este assim o solicitar.

Art. 89. Incidirá em infração disciplinar grave a autoridade que não der andamento imediato, rápido e eficiente ao procedimento regulado nesta Seção.

TÍTULO V
DISPOSIÇÕES FINAIS

Art. 90. O descumprimento injustificado, pela Administração, dos prazos previstos nesta lei gera responsabilidade disciplinar, imputável aos agentes públicos encarregados do assunto, não implicando, necessariamente, em nulidade do procedimento.

§ 1º Respondem também os superiores hierárquicos que se omitirem na fiscalização dos serviços de seus subordinados, ou que de algum modo concorram para a infração.

§ 2º Os prazos concedidos aos particulares poderão ser devolvidos, mediante requerimento do interessado, quando óbices injustificados, causados pela Administração, resultarem na impossibilidade de atendimento do prazo fixado.

Art. 91. Os prazos previstos nesta lei são contínuos, salvo disposição expressa em contrário, não se interrompendo aos domingos ou feriados.

Art. 92. Quando norma não dispuser de forma diversa, os prazos serão computados excluindo-se o dia do começo e incluindo-se o do vencimento.

§ 1º Só se iniciam e vencem os prazos em dia de expediente no órgão ou entidade.

§ 2º Considera-se prorrogado o prazo até o primeiro dia útil subsequente se, no dia do vencimento, o expediente for encerrado antes do horário normal.

Art. 93. Esta lei entrará em vigor em 120 (cento e vinte) dias contados da data de sua publicação.

Art. 94. Revogam-se as disposições em contrário, especialmente o Decreto-lei n. 104, de 20 de junho de 1969 e a Lei n. 5.702, de 5 de junho de 1987.

Palácio dos Bandeirantes, 30 de dezembro de 1998.

LEI Nº 10.294, DE 20 DE ABRIL DE 1999

Dispõe sobre a proteção e defesa do usuário do serviço público do Estado.

ÍNDICE

CAPÍTULO I
DAS DISPOSIÇÕES GERAIS

Art. 1º Esta lei estabelece normas básicas de proteção e defesa do usuário dos serviços públicos prestados pelo Estado de São Paulo.

§ 1º As normas desta lei visam à tutela dos direitos do usuário e aplicam-se aos serviços públicos prestados:

a) pela Administração Pública direta, indireta e fundacional;

b) Declarado inconstitucional pelo Tribunal de Justiça de São Paulo;

– Item b do § 1º declarado inconstitucional pelo Tribunal de Justiça de São Paulo em Ação Direta de Inconstitucionalidade, julgada em 27/09/2000. Interposto Recurso Extraordinário, a este foi negado seguimento pelo Supremo Tribunal Federal. Trânsito em julgado em 10/10/2015.

c) por particular, mediante concessão, permissão, autorização ou qualquer outra forma de delegação, por ato administrativo, contrato ou convênio.

§ 2º Esta lei se aplica aos particulares somente no que concerne ao serviço público delegado.

Art. 2º Periodicamente o Poder Executivo publicará e divulgará quadro geral dos serviços públicos prestados pelo Estado de São Paulo, especificado os órgãos ou entidades responsáveis por sua realização.

Parágrafo único. A periodicidade será, no mínimo, anual.

CAPÍTULO II
DOS DIREITOS DOS USUÁRIOS

SEÇÃO I

DOS DIREITOS BÁSICOS

Art. 3º São direitos básicos do usuário:

I – a informação;

II – a qualidade na prestação do serviço;

III – o controle adequado do serviço público.

Parágrafo único. Vetado.

SEÇÃO II
DO DIREITO A INFORMAÇÃO

Art. 4º O usuário tem o direito de obter informações precisas sobre:

I – o horário de funcionamento das unidades administrativas;

II – o tipo de atividade exercida em cada órgão, sua localização exata e a indicação do responsável pelo atendimento ao público;

III – os procedimentos para acesso a exames, formulários e outros dados necessários à prestação do serviço;

IV – a autoridade ou o órgão encarregado de receber queixas, reclamações ou sugestões;

V – a tramitação dos processos administrativos em que figure como interessado;

VI – as decisões proferidas e respectiva motivação, inclusive opiniões divergentes, constantes de processo administrativo em que figure como interessado.

§ 1º O direito à informação será sempre assegurado, salvo nas hipóteses de sigilo previstas na Constituição Federal.

§ 2º A notificação, a intimação ou o aviso relativos à decisão administrativa, que devam ser formalizados por meio de publicação no órgão oficial, somente serão feitos a partir do dia em que o respectivo processo estiver disponível para vista do interessado, na repartição competente.

Art. 5º Para assegurar o direito à informação previsto no Artigo 4º, o prestador de serviço público deve oferecer aos usuários acesso a:

I – atendimento pessoal, por telefone ou outra via eletrônica;

II – informação computadorizada, sempre que possível;

III – banco de dados referentes à estrutura dos prestadores de serviço;

IV – informações demográficas e econômicas acaso existentes, inclusive mediante divulgação pelas redes públicas de comunicação;

V – programa de informações, integrante do Sistema Estadual de Defesa do Usuário de Serviços Públicos – SEDUSP, a que se refere o Artigo 28;

VI – minutas de contratos-padrão redigidas em termos claros, com caracteres ostensivos e legíveis, de fácil compreensão;

VII – sistemas de comunicação visual adequados, com a utilização de cartazes, indicativos, roteiros, folhetos explicativos, crachás, além de outros;

VIII – informações relativas à composição das taxas e tarifas cobradas pela prestação de serviços públicos, recebendo o usuário, em tempo hábil, cobrança por meio de documento contendo os dados necessários à exata compreensão da extensão do serviço prestado;

IX – banco de dados, de interesse público, contendo informações quanto a gastos, licitações e contratações, de modo a permitir acompanhamento e maior controle da utilização dos recursos públicos por parte do contribuinte.

Parágrafo único – Com o fim de garantir o acesso à informação do usuário, o prestador de serviço público deverá observar as disposições da Lei Federal nº 12.257, de 18 de novembro de 2011 – Lei de Acesso à Informação (LAI). (NR)

– *Parágrafo único acrescentado pela* Lei nº 17.430, de 14/10/2021.

SEÇÃO III
DO DIREITO À QUALIDADE DO SERVIÇO

Art. 6º O usuário faz jus á prestação de serviços públicos de boa qualidade.

Art. 7º O direito á qualidade do serviço exige dos agentes públicos e prestadores de serviço público:

I – urbanidade e respeito no atendimento aos usuários do serviço;

II – atendimento por ordem de chegada, assegurada a prioridade a idosos, grávidas, doentes e deficientes físicos;

III – igualdade de tratamento, vedado qualquer tipo de discriminação;

IV – racionalização na prestação de serviços;

V – adequação entre meios e fins, vedada a imposição de exigências, obrigações, restrições e sanções não previstas em lei;

VI – cumprimento de prazos e normas procedimentais;

VII – fixação e observância de horário e normas compatíveis com o bom atendimento do usuário;

VIII – adoção de medidas de proteção á saúde ou segurança dos usuários;

IX – autenticação de documentos pelo próprio agente público, à vista dos originais apresentados pelo usuário, vedada a exigência de reconhecimento de firma, salvo em caso de dúvida de autenticidade;

X – manutenção de instalação limpas, sinalizadas, acessíveis e adequadas ao serviço ou atendimento;

XI – observância dos Códigos de Ética aplicáveis às várias categorias de agentes públicos.

Parágrafo único. O planejamento e o desenvolvimento de programas de capacitação gerencial e tecnológica, na área de recursos humanos, aliados a utilização de equipamentos modernos, são indispensáveis à boa qualidade do serviço público.

Art. 7°-A. A qualidade do serviço público é pautada pelos princípios da efetividade da gestão pública, eficiência administrativa e eficácia dos gastos públicos.

Parágrafo único – Fica determinado que os princípios descritos no "caput" são conceituados da seguinte forma:

1. efetividade da gestão pública: capacidade de atendimento das reais necessidades da população;
2. eficiência administrativa: capacidade de promover os resultados pretendidos com o dispêndio mínimo de recursos;
3. eficácia dos gastos públicos: capacidade de promover os resultados pretendidos com o alcance máximo da meta traçada. (NR)

– *Artigo 7°-A acrescentado pela* Lei n° 17.430, de 14/10/2021.

SEÇÃO IV
DO DIREITO AO CONTROLE ADEQUADO DO SERVIÇO

Art. 8º O usuário tem direito ao controle adequado do serviço.

§ 1º Para assegurar o direito a que se refere este artigo, serão instituídas em todos os órgãos e entidades prestadores de serviços públicos no Estado de São Paulo:

a) Ouvidorias;

b) Comissões de Ética.

§ 2º Serão incluídas nos contratos ou atos, que tenham por objeto a delegação, a qualquer título, dos serviços públicos a que se refere esta lei, cláusulas ou condições específicas que assegurem a aplicação do disposto no § 1º deste artigo.

§ 3º Os prestadores dos serviços públicos a que se referem os §§ 1º, 2º e 3º do artigo 1º desta lei, afixarão em local de ampla visualização, em todas as instalações e estabelecimentos de acesso permitido aos usuários, comunicação visual adequada com a utilização de placas facilmente legíveis sobre números de telefones, outras vias eletrônicas e endereços das respectivas ouvidorias.

– § 3º acrescentado pela Lei nº 12.806, de 01/02/2008.

Art. 9º Compete à Ouvidoria avaliar a procedência de sugestões, reclamações e denúncias e encaminhá-las às autoridades competentes, inclusive à Comissão de Ética, visando à:

I – melhoria dos serviços públicos;

II – correção de erros, omissões, desvios ou abusos na prestação dos serviços públicos;

III – apuração de atos de improbidade e de ilícitos administrativos;

IV – prevenção e correção de atos e procedimentos incompatíveis com os princípios estabelecidos nesta lei;

V – proteção dos direitos dos usuários;

VI – garantia da qualidade dos serviços prestados.

Parágrafo único. As Ouvidorias apresentarão à autoridade superior, que encaminhará ao Governador, relatório semestral de suas atividades, acompanhado de sugestões para o aprimoramento do serviço público.

Art. 10. Cabe às Comissões de Ética conhecer das consultas, denúncias e representações formuladas contra o servidor público, por infringência a princípio ou norma ético-profissional, adotando as providências cabíveis.

CAPÍTULO III
DO PROCESSO ADMINISTRATIVO

SEÇÃO I
DISPOSIÇÕES GERAIS

Art. 11. Os prestadores de serviços públicos responderão pelos danos que seus agentes, nesta qualidade, causarem ao usuário, a terceiros e, quando for o caso, ao Poder Público, assegurado o direito de regresso contra o responsável nos casos de dolo ou culpa.

Art. 12. O processo administrativo para apuração de ato ofensivo às normas desta lei compreende três fases: instauração, instrução e decisão.

Art. 13. Os procedimentos administrativos advindos da presente lei serão impulsionados e instruídos de ofício e observarão os princípios da igualdade, do devido processo legal, do contraditório, da ampla defesa, da celeridade, da economia, da proporcionalidade dos meios aos fins, da razoabilidade e da boa-fé.

Art. 14. Todos os atos administrativos do processo terão forma escrita, com registro em banco de dados próprio, indicando a data e o local de sua emissão e contendo a assinatura do agente público responsável.

Art. 15. Serão observados os seguintes prazos no processo administrativo, quando outros não forem estabelecidos em lei:

I – 2 (dois) dias, para autuação, juntada aos autos de quaisquer elementos e outras providências de simples expediente;

II – 4 (quatro) dias, para efetivação de notificação ou intimação pessoal;

III – 5 (cinco) dias, para elaboração de informe sem caráter técnico;

IV – 15 (quinze) dias, para elaboração de pareceres, perícias e informes técnicos, prorrogáveis por mais 10 (dez) dias a critério da autoridade superior, mediante pedido fundamentado;

V – 5 (cinco) dias, para decisões no curso do processo;

VI – 15 (quinze) dias, a contar do término da instrução, para decisão final;

VII – 10 (dez) dias, para manifestações em geral do usuário ou providências a seu cargo.

SEÇÃO II
DA INSTAURAÇÃO

Art. 16. O processo administrativo será instaurado de ofício ou mediante representação de qualquer usuário de serviço público, bem como dos órgãos ou entidades de defesa do consumidor.

Art. 17. A instauração do processo por iniciativa da Administração far-se-á por ato devidamente fundamentado.

Art. 18. O requerimento será dirigido à Ouvidoria do órgão ou entidade responsável pela infração, devendo conter:

I – a identificação do denunciante ou de quem o represente;

II – o domicílio do denunciante ou local para recebimento de comunicações;

III – informações sobre o fato e sua autoria;

IV – indicação das provas de que tenha conhecimento;

V – data e assinatura do denunciante.

§ 1º O requerimento verbal deverá ser reduzido a termo.

§ 2º Os prestadores de serviço deverão colocar à disposição do usuário formulários simplificados e de fácil compreensão para a apresentação do requerimento previsto no "caput" deste artigo, contendo reclamações e sugestões, ficando facultado ao usuário a sua utilização.

Art. 19. Em nenhuma hipótese será recusado o protocolo de petição, reclamação ou representação formuladas nos termos desta lei, sob pena de responsabilidade do agente.

Art. 20. Será rejeitada, por decisão fundamentada, a representação manifestamente improcedente.

§ 1º Da rejeição caberá recurso no prazo de 10 (dez) dias a contar da intimação do denunciante ou seu representante.

§ 2º O recurso será dirigido à autoridade superior, por intermédio da que praticou o ato recorrido, a qual poderá reconsiderar sua decisão ou fazê-lo subir devidamente informado.

Art. 21. Durante a tramitação do processo e assegurado ao interessado:

I – fazer-se assistir, facultativamente, por advogado, salvo quando obrigatória a representação, por força de lei;

II – ter vista dos autos e obter cópia dos documentos nele contidos;

III – ter ciência da tramitação do processo e das decisões nele proferidas, inclusive da respectiva motivação e das opiniões divergentes;

IV – formular alegações e apresentar documentos, que, juntados aos autos, serão apreciados pelo órgão responsável pela apuração dos fatos.

SEÇÃO III
DA INSTRUÇÃO

Art. 22. Para a instrução do processo, a Administração atuará de ofício, sem prejuizo do direito dos interessados de juntar documentos, requerer diligências e perícias.

Parágrafo único. Os atos de instrução que exijam a atuação do interessado devem realizar-se do modo menos oneroso para este.

Art. 23. Serão assegurados o contraditório e a ampla defesa, admitindo-se toda e qualquer forma de prova, salvo as obtidas por meios ilícitos.

Art. 24. Ao interessado e ao seu procurador é assegurado o direito de retirar os autos da repartição ou unidade administrativa, mediante a assinatura de recibo, durante o prazo para manifestação, salvo na hipótese de prazo comum.

Art. 25. Quando for necessária a prestação de informações ou a apresentação de provas pelos interessados ou terceiros, estes serão intimados para esse fim, com antecedência mínima de 3 (três) dias úteis, mencionando-se data, prazo, forma e condições de atendimento.

Parágrafo único. Quando a intimação for feita ao denunciante para fornecimento de informações ou de documentos necessários a apreciação e apuração da denúncia, o não atendimento implicará no arquivamento do processo, se de outro modo o órgão responsável pelo processo não puder obter os dados solicitados.

Art. 26. Concluída a instrução, os interessados terão o prazo de 10 (dez) dias para manifestação pessoal ou por meio de advogado.

SEÇÃO IV
DA DECISÃO

Art. 27. O órgão responsável pela apuração de infração às normas desta lei deverá proferir a decisão que, conforme o caso, poderá determinar:

I - o arquivamento dos autos;

II - o encaminhamento dos autos aos órgãos competentes para apurar os ilícitos administrativo, civil e criminal, se for o caso;

III - a elaboração de sugestões para melhoria dos serviços públicos, correções de erros, omissões, desvios ou abusos na prestação dos serviços, prevenção e correção de atos e procedimentos incompatíveis com as normas desta lei, bem como proteção dos direitos dos usuários.

CAPÍTULO IV
DAS SANÇÕES

Art. 28. A infração às normas desta lei sujeitará o servidor público às sanções previstas no Estatuto dos Funcionários Públicos Civis do Estado de São Paulo e nos regulamentos das entidades da Administração indireta e fundacional, sem prejuízo de outras de natureza administrativa, civil ou penal.

Parágrafo único. Para as entidades particulares delegatárias de serviço público, a qualquer título, as sanções aplicáveis são as previstas nos respectivos atos de delegação, com base na legislação vigente.

CAPÍTULO V
DO SISTEMA ESTADUAL DE DEFESA DO USUÁRIO DE SERVIÇOS PÚBLICOS - SEDUSP

Art. 29. Fica instituído o Sistema Estadual de Defesa do Usuário de Serviços Públicos - SEDUSP, que terá por objetivo criar e assegurar:

I - canal de comunicação direto entre os prestadores de serviços e os usuários, a fim de aferir o grau de satisfação destes últimos e estimular a apresentação de sugestões;

II - programa integral de informação para assegurar ao usuário o acompanhamento e fiscalização do serviço público;

III - programa de qualidade adequado, que garanta os direitos do usuário;

IV - programa de educação do usuário, compreendendo a elaboração de manuais informativos dos seus direitos, dos procedimentos disponíveis para o seu exercício e dos órgãos e endereços para apresentação de queixas e sugestões;

V - programa de racionalização e melhoria dos serviços públicos;

VI - mecanismos alternativos e informais de solução de conflitos, inclusive contemplando formas de liquidação de obrigações decorrentes de danos na prestação de serviços públicos;

VII - programa de incentivo à participação de associações e órgãos representativos de classes ou categorias profissionais para defesa dos associados;

VIII - programa de treinamento e valorização dos agentes públicos;

IX - programa de avaliação dos serviços públicos prestados.

§ 1º Os dados colhidos pelo canal de comunicações serão utilizados na realimentação do programa de informações, com o objetivo de tornar os serviços mais próximos da expectativa dos usuários.

§ 2º O Sistema Estadual de Defesa do Usuário de Serviços Públicos - SEDUSP divulgará, anualmente, a lista de órgãos públicos contra os quais houve reclamações em relação à sua eficiência, indicando, a seguir, os resultados dos respectivos processos.

Art. 30. Integram o Sistema Estadual de Defesa do Usuário de Serviços Públicos – SEDUSP:

I – as Ouvidorias;

II – as Comissões de Ética;

III – uma Comissão de Centralização das Informações dos Serviços Públicos do Estado de São Paulo, com representação dos usuários, que terá por finalidade sistematizar e controlar todas as informações relativas aos serviços especificados nesta lei, facilitando o acesso aos dados colhidos;

IV – os órgãos encarregados do desenvolvimento de programas de qualidade do serviço público.

Parágrafo único. O Sistema Estadual de Defesa do Usuário de Serviços Públicos – SEDUSP atuará de forma integrada com entidades representativas da sociedade civil.

Art. 31. Esta lei e suas Disposições Transitórias entrarão em vigor na data de sua publicação.

CAPÍTULO VI
DAS DISPOSIÇÕES TRANSITÓRIAS

Art. 1º As Comissões de Ética e as Ouvidorias terão sua composição definida em atos regulamentadores a serem baixados, em suas respectivas esferas administrativas, pelos chefes do Executivo, no prazo de 60 (sessenta) dias a contar da publicação desta lei.

– A expressão "do Ministério Público" foi declarada inconstitucional pelo Tribunal de Justiça de São Paulo em Ação Direta de Inconstitucionalidade, julgada em 27/09/2000. Interposto Recurso Extraordinário, a este foi negado seguimento pelo Supremo Tribunal Federal. Trânsito em julgado em 10/10/2015.

Art. 2º Até que seja instituída a Comissão de Centralização das Informações dos Serviços Públicos do Estado de São Paulo, suas atribuições serão exercidas pela Fundação Sistema Estadual de Análise de Dados – SEADE, criada pela Lei n. 1.866, de 4 de dezembro de 1978.

Art. 3º A primeira publicação do quadro geral de serviços públicos prestados pelo Estado de São Paulo deverá ser feita no prazo de 90 (noventa) dias, contados da vigência desta lei.

Art. 4º A implantação do programa de avaliação do serviço público será imediata, devendo ser apresentado o primeiro relatório no prazo de 6 (seis) meses, contados da vigência desta lei.

LEI Nº 11.598, DE 15 DE DEZEMBRO DE 2003

Estabelece disposições relativas às Organizações da Sociedade Civil de Interesse Público.

Art. 1º Fica instituído, no âmbito do Estado, o Termo de Parceria, instrumento passível de ser firmado entre os entes da Administração Estadual e as entidades qualificadas como Organizações da Sociedade Civil de Interesse Público, destinado à formação de vínculo de cooperação entre as partes, para o fomento e a execução das atividades de interesse público discriminadas no Artigo 3º da Lei federal n. 9.790, de 23 de março de 1999.

Art. 2º O Termo de Parceria firmado de comum acordo entre o Poder Público e as Organizações da Sociedade Civil de Interesse Público, devidamente qualificada nos termos da Lei federal n. 9.790, de 23 de março de 1999, discriminará direitos, responsabilidades e obrigações dos signatários.

Art. 3º São cláusulas obrigatórias do Termo de Parceria:

I – de objeto, que deverá conter a especificação detalhada do programa de trabalho proposto pela Organização da Sociedade Civil de Interesse Público;

II – de estipulação de metas e dos resultados a serem atingidos e os respectivos prazos de execução;

III – de previsão expressa dos critérios objetivos de avaliação de desempenho a serem utilizados, mediante indicadores de resultados;

IV – de previsão de receitas e despesas a serem realizadas em seu cumprimento, estipulando item por item as categorias contábeis usadas pela organização e detalhamento das remunerações e benefícios de pessoal a serem pagos com recursos oriundos ou vinculados ao Termo de Parceria, a seus diretores, empregados ou consultores;

V – de estabelecimento das obrigações da Sociedade Civil de Interesse Público, entre as quais a de apresentar ao Poder Público, ao término de cada exercício, relatório sobre a execução do objeto do Termo de Parceria, contendo comparativo específico de metas propostas com os resultados alcançados, acompanhado de prestação de contas dos gastos e receitas efetivamente realizados, independente das previsões mencionadas no inciso IV;

VI – de publicação na Imprensa Oficial do Estado do resumo do Termo de Parceria, contendo demonstrativo de sua execução física e financeira, conforme modelo simplificado estabelecido na Lei federal n. 9.790, de 23 de março de 1999, contendo os dados principais da documentação obrigatória do inciso V, sob pena de não liberação dos recursos previstos no Termo de Parceria.

Art. 4º A execução do Termo de Parceria será acompanhada e fiscalizada pelo órgão da Administração Estadual signatário do instrumento, que a qualquer momento poderá requisitar informações e a devida prestação de contas.

Art. 5º A prestação de contas, que deverá ser realizada anualmente e ao término do Termo de Parceria, deve ser instruída com os seguintes documentos:

I – relatório anual de execução de atividades;

II – demonstração do resultado do exercício;

III – balanço patrimonial;

IV – demonstração das origens e aplicações dos recursos;

V – demonstração das mutações do patrimônio social;

VI – parecer e relatório de auditoria nos termos do Artigo 13, se for o caso.

Parágrafo único. Para efeito do disposto no "caput" deste artigo, entende-se por prestação de contas a comprovação, por parte da Organização perante o órgão estadual parceiro, da correta aplicação dos recursos públicos recebidos e do adimplemento do objeto do Termo de Parceria, mediante apresentação dos seguintes documentos:

1. relatório sobre a execução do objeto do Termo de Parceria, contendo comparativo entre metas propostas e os resultados alcançados;

2. demonstrativo integral da receita e despesa realizada na execução do Termo de Parceria;

3. parecer e relatório da auditoria, quando necessária;

4. entrega do extrato de execução física e financeira previsto no inciso VI do Artigo 3º.

Art. 6º Os responsáveis pela fiscalização do Termo de Parceria que tomarem conhecimento de qualquer irregularidade ou ilegalidade na utilização de recursos ou bens de origem pública pela organização parceira, deverão representar imediatamente ao Tribunal de Contas e ao Ministério Público, sob pena de responsabilidade solidária.

Parágrafo único. Qualquer cidadão que tomar ciência de malversação de bens ou recursos públicos poderá representar ao Tribunal de Contas e ao Ministério Público, para que estes tomem as medidas administrativas e judiciais cabíveis.

Art. 7º Caso a Organização adquira bem imóvel com recursos provenientes da celebração do Termo de Parceria, será este gravado com cláusula de inalienabilidade.

Art. 8º Antes da celebração do Termo de Parceria, deverá o órgão da administração estadual interessado na assinatura do instrumento verificar se a qualificação de Organização da Sociedade de Interesse Público ainda tem validade, bem como se não existe processo administrativo no Ministério da Justiça solicitando o cancelamento da qualificação da entidade interessada.

Art. 9º Qualquer mudança no estatuto da entidade realizada posteriormente à assinatura do Termo de Parceria deverá ser comunicada imediatamente ao órgão estadual.

Art. 10. Caso o Termo de Parceria termine sem o adimplemento total do objeto ou havendo excedentes financeiros disponíveis com a Organização, poderá o referido Termo ser prorrogado.

Art. 11. A movimentação dos recursos destinados ao cumprimento do Termo de Parceria deverá ser feita em conta corrente específica, a ser aberta em instituição financeira indicada pelo órgão estadual parceiro.

Art. 12. A liberação de recursos para execução do Termo de Parceria deverá ser realizada de acordo com o cronograma apresentado.

Art. 13. A Organização da Sociedade Civil de Interesse Público deverá realizar auditoria independente da aplicação dos recursos objetos do Termo de Parceria, nos casos em que o valor do dispêndio seja igual ou superior a R$ 600.000,00 (seiscentos mil reais).

Art. 14. Aplicam-se, no que couber ao âmbito estadual, as disposições da Lei federal n. 9.790, de 23 de março de 1999 e do Decreto federal n. 3.100, de 30 de junho de 1999.

Art. 15. As despesas decorrentes da implantação desta lei correrão por conta das dotações orçamentárias, suplementadas se necessário.

Art. 16. Esta lei entra em vigor na data de sua publicação, revogando-se as disposições em contrário.

LEI Nº 11.688, DE 19 DE MAIO DE 2004

Institui o Programa de Parcerias Público-Privadas (PPP) e dá outras providências.

ÍNDICE

O GOVERNADOR DO ESTADO DE SÃO PAULO:

Faço saber que a Assembléia Legislativa decreta e eu promulgo a seguinte lei:

CAPÍTULO I
DO PROGRAMA DE PARCERIAS PÚBLICO-PRIVADAS

Art. 1º Fica instituído, no âmbito do Governo do Estado e de sua Administração Pública direta e indireta, o Programa de Parcerias Público-Privadas - PPP, destinado a fomentar, coordenar, regular e fiscalizar a atividade de agentes do setor privado que, na condição de colaboradores, atuem na implementação das políticas públicas voltadas ao desenvolvimento do Estado e ao bem-estar coletivo.

Parágrafo único - O PPP observará as seguintes diretrizes:

1 - eficiência no cumprimento das finalidades do Programa, com estímulo à competitividade na prestação de serviços e à sustentabilidade econômica de cada empreendimento;

2 - respeito aos interesses e direitos dos destinatários dos serviços e dos agentes privados incumbidos de sua execução;

3 - indisponibilidade das funções política, normativa, policial, reguladora, controladora e fiscalizadora do Estado;

4 - universalização do acesso a bens e serviços essenciais;

5 - transparência dos procedimentos e decisões;

6 - responsabilidade fiscal na celebração e execução dos contratos;

7 - responsabilidade social;

8 - responsabilidade ambiental.

Art. 2º O PPP será desenvolvido por meio de adequado planejamento, que definirá as prioridades quanto à implantação, expansão, melhoria, gestão ou exploração de bens, serviços, atividades, infra-estruturas, estabelecimentos ou empreendimentos públicos.

Parágrafo único - A execução dos projetos de parcerias público-privadas deverá ser acompanhada permanentemente para avaliação de sua eficiência, por meio de critérios objetivos previamente definidos.

Art. 3º Fica criado o Conselho Gestor do PPP, vinculado ao Gabinete do Governador, integrado pelos seguintes membros:

I - o Secretário-Chefe da Casa Civil;

II - o Secretário de Economia e Planejamento;

II - o Secretário da Fazenda;

IV - o Secretário da Ciência, Tecnologia, Desenvolvimento Econômico e Turismo;

V - o Procurador Geral do Estado;

VI - até 3 (três) membros de livre escolha do Governador do Estado.

§ 1º Caberá ao Governador indicar, dentre os membros do Conselho, o Presidente e quem, nas suas ausências ou impedimentos, deverá substituí-lo.

§ 2º Poderão substituir os membros a que se referem os incisos I a V deste artigo representantes que venham a ser por eles indicados.

§ 3º Participarão das reuniões do Conselho, com direito a voz, os demais titulares de Secretarias de Estado que tiverem interesse direto em determinada parceria, em razão de vínculo temático entre o objeto desta e o respectivo campo funcional.

§ 4º O Conselho deliberará mediante voto da maioria de seus membros, tendo o Presidente direito ao voto de qualidade.

§ 5º Caberá ao Conselho Gestor:

1 - aprovar projetos de parceria público-privadas, observadas as condições estabelecidas no artigo 4º;

2 - recomendar ao Governador do Estado a inclusão no PPP de projeto aprovado na forma do item 1;

3 - fiscalizar a execução das parcerias público-privadas;

4 - opinar sobre alteração, revisão, rescisão, prorrogação ou renovação dos contratos de parceria público-privadas;

5 - fixar diretrizes para a atuação dos representantes do Estado nos órgãos de administração da Companhia Paulista de Parcerias - CPP;

6 - fazer publicar no Diário Oficial de Estado de São Paulo, as atas de suas reuniões.

§ 6º Ao membro do Conselho é vedado:

1 - exercer o direito de voz e voto em qualquer ato ou matéria objeto do PPP em que tiver interesse pessoal conflitante, cumprindo-lhe cientificar os demais membros do Conselho de seu impedimento e fazer constar em ata a natureza e extensão do conflito de seu interesse;

2 - valer-se de informação sobre processo de parceria ainda não divulgado para obter vantagem, para si ou para terceiros.

§ 7º A participação no Conselho não será remunerada, sendo considerada serviço público relevante.

§ 8º Caberá à Secretaria de Economia e Planejamento, através de unidade específica, executar as atividades operacionais e de coordenação de parcerias público-privadas, assessorar o Conselho Gestor do PPP e divulgar os conceitos e metodologias próprios dos contratos de parceria, apoiada por equipe técnica.

§ 9º O Conselho Gestor remeterá para a Assembléia Legislativa, semestralmente, relatório detalhado

das atividades desenvolvidas no período e de desempenho dos contratos de parceria público-privadas.

§ 10 O Presidente do Conselho Gestor e o Secretário de Economia e Planejamento comparecerão, semestralmente, à Assembléia Legislativa, para, em reunião conjunta das Comissões de Economia e Planejamento, de Serviços e Obras Públicas e de Fiscalização e Controle, prestar esclarecimentos sobre as atividades do órgão e apresentar os resultados de parcerias auferidos no semestre.

Art. 4º - São condições para a inclusão de projetos no PPP:

I - efetivo interesse público, considerando a natureza, relevância e valor de seu objeto, bem como o caráter prioritário da respectiva execução, observadas as diretrizes governamentais;

II - estudo técnico de sua viabilidade, mediante demonstração das metas e resultados a serem atingidos, prazos de execução e de amortização do capital investido, bem como a indicação dos critérios de avaliação ou desempenho a serem utilizados;

III - a viabilidade dos indicadores de resultado a serem adotados, em função de sua capacidade de aferir, de modo permanente e objetivo, o desempenho do ente privado em termos qualitativos e quantitativos, bem como de parâmetros que vinculem o montante da remuneração aos resultados atingidos;

IV - a forma e os prazos de amortização do capital investido pelo contratado;

V - a necessidade, a importância e o valor do serviço ou da obra em relação ao objeto a ser executado.

Parágrafo único - A aprovação do projeto fica condicionada ainda ao seguinte:

1 - elaboração de estimativa do impacto orçamentário-financeiro;

2 - demonstração da origem dos recursos para seu custeio;

3 - comprovação de compatibilidade com a lei orçamentária anual, a lei de diretrizes orçamentárias e o plano plurianual.

CAPÍTULO II
DAS PARCERIAS PÚBLICO-PRIVADAS

Art. 5º Parcerias público-privadas são mecanismos de colaboração entre o Estado e agentes do setor privado, remunerados segundo critérios de desempenho, em prazo compatível com a amortização dos investimentos realizados, podendo ter por objeto:

I - a implantação, ampliação, melhoramento, reforma, manutenção ou gestão de infra-estrutura pública;

II - a prestação de serviço público;

III - a exploração de bem público;

IV - a exploração de direitos de natureza imaterial de titularidade do Estado, tais como marcas, patentes, bancos de dados, métodos e técnicas de gerenciamento e gestão, resguardada a privacidade de informações sigilosas disponíveis para o Estado.

§ 1º Não serão objeto de parcerias público-privadas a mera terceirização de mão-de-obra e as prestações singelas ou isoladas.

§ 2º Os contratos de parceria público-privada deverão prever que, no caso de seu objeto reportar-se a setores regulados, as regras de desempenho das atividades e serviços deverão ficar submetidas àquelas determinadas pela agência reguladora correspondente.

Art. 6º Poderão figurar como contratantes nas parcerias público-privadas os entes estatais a quem a lei, o regulamento ou o estatuto confiram a titularidade dos bens ou serviços objeto da contratação, incluindo autarquias, fundações instituídas ou mantidas pelo Estado, empresas públicas e sociedades de economia mista.

Art. 7º As parcerias público-privadas determinam para os agentes do setor privado:

I - a assunção de obrigações de resultado definidas pelo Poder Público, com liberdade para a escolha dos meios para sua implementação, nos limites previstos no instrumento;

II - a submissão a controle estatal permanente dos resultados;

III - o dever de submeter-se à fiscalização do Poder Público, permitindo o acesso de seus agentes às instalações, informações e documentos inerentes ao contrato, inclusive seus registros contábeis;

IV - a incumbência de promover as desapropriações decretadas pelo Poder Público, quando prevista no contrato.

Parágrafo único - Vetado.

CAPÍTULO III
DOS CONTRATOS DE PARCERIAS PÚBLICO-PRIVADAS

Art. 8º Os contratos de parceria público-privada reger-se-ão pelo disposto nesta lei, na lei federal correspondente, pelas normas gerais do regime de concessão e permissão de serviços públicos, de licitações e contratos administrativos e deverão estabelecer:

I - as metas e os resultados a serem atingidos, cronograma de execução e prazos estimados para seu alcance, bem como os critérios objetivos de avaliação de desempenho a serem utilizados, mediante adoção de indicadores capazes de aferir o resultado;

II - a remuneração pelos bens ou serviços disponibilizados e, observada a natureza do instituto escolhido para viabilizar a parceria, o prazo necessário à amortização dos investimentos;

III - cláusulas que, dependendo da modalidade escolhida, prevejam:

a) a obrigação do contratado de obter recursos financeiros necessários à execução do objeto e de sujeitar-se aos riscos do negócio, bem como as hipóteses de exclusão de sua responsabilidade;

b) possibilidade de término do contrato não só pelo tempo decorrido ou pelo prazo estabelecido, mas também pelo montante financeiro retornado ao contratado em função do investimento realizado;

IV - identificação dos gestores responsáveis pela execução e fiscalização.

§ 1º Compete ao Poder Público declarar de utilidade pública os bens que, por suas características, sejam apropriados ao desenvolvimento de atividades inerentes, acessórias ou complementares ao objeto do contrato, bem como à implementação de projetos associados, podendo promover as requisições e as desapropriações diretamente ou mediante outorga de poderes ao contratado.

§ 2º Não serão objeto de repactuação as parcerias estabelecidas anteriormente a esta lei.

Art. 9º A remuneração do contratado, observada a natureza jurídica do instituto escolhido para viabilizar a parceria, poderá ser feita mediante a utilização isolada ou combinada das seguintes alternativas:

I - tarifas cobradas dos usuários;

II - pagamento com recursos orçamentários;

III - cessão de créditos do Estado, excetuados os relativos a impostos, e das entidades da Administração Estadual;

IV - cessão de direitos relativos à exploração comercial de bens públicos materiais ou imateriais;

V - transferência de bens móveis e imóveis;

VI - títulos da dívida pública, emitidos com observância da legislação aplicável; e

VII - outras receitas alternativas, complementares, acessórias, ou de projetos associados.

Art. 10. Sem prejuízo das sanções previstas na legislação pertinente, o contrato poderá prever, para a hipótese de inadimplemento da obrigação pecuniária a cargo do contratante, o acréscimo de multa de 2% (dois por cento) e juros segundo a taxa que estiver em vigor para a mora no pagamento de impostos devidos à Fazenda Estadual.

Art. 11. Os instrumentos de parceria públicoprivada poderão prever mecanismos amigáveis de solução das divergências contratuais, inclusive por meio de arbitragem, nos termos da legislação em vigor.

Parágrafo único - Na hipótese de arbitramento, os árbitros deverão ser escolhidos dentre os vinculados a instituições especializadas na matéria e de reconhecida idoneidade.

CAPÍTULO IV
DA COMPANHIA PAULISTA DE PARCERIAS

Art. 12. Fica o Poder Executivo autorizado a constituir pessoa jurídica, sob a forma de sociedade por ações, denominada Companhia Paulista de Parcerias - CPP, para o fim específico de:

I - colaborar, apoiar e viabilizar a implementação do Programa de Parcerias Público-Privadas;

II - disponibilizar bens, equipamentos e utilidades para a Administração Estadual, mediante pagamento de adequada contrapartida financeira;

III - gerir os ativos patrimoniais a ela transferidos pelo Estado ou por entidades da administração indireta, ou que tenham sido adquiridos a qualquer título.

Parágrafo único - Vetado.

Art. 13. A CPP terá sede e foro no Município de São Paulo.

Art. 14. A CPP operará mediante o regime de capital social autorizado, que será composto por ações ordinárias ou preferenciais nominativas, sem valor nominal, podendo o Estado integralizá-lo em dinheiro, ou em bens e direitos avaliados na forma da legislação pertinente.

§ 1º Poderão participar do capital da CPP outras entidades da Administração Estadual, desde que o Estado mantenha, no mínimo, a titularidade direta da maioria das ações com direito a voto.

§ 2º Fica o Poder Executivo autorizado a subscrever e integralizar o capital da CPP com os seguintes bens e direitos, na forma do "caput" deste artigo:

1 - imóveis, relacionados nos Anexos I e II a que se referem os artigos 19 e 20 desta lei;

2 - ações ordinárias ou preferenciais de titularidade do Estado e de suas autarquias, no capital de sociedades anônimas, que não sejam necessárias para assegurar o exercício do respectivo poder de controle em caráter incondicional;

3 - títulos da dívida pública, emitidos na forma da legislação aplicável;

4 - outros bens e direitos de titularidade direta ou indireta do Estado, inclusive recursos federais cuja transferência independa de autorização legislativa específica.

§ 3º Para a subscrição e integralização de outros imóveis ao capital da CPP será necessária a prévia autorização legislativa.

Art. 15. Para a consecução de seus objetivos, a CPP poderá:

I - celebrar, de forma isolada ou em conjunto com a Administração direta e indireta do Estado, os contratos que tenham por objeto:

a) a elaboração dos estudos técnicos a que se refere o artigo 4º, inciso II, desta lei;

b) a instituição de parcerias público-privadas;

c) a locação ou promessa de locação, arrendamento, cessão de uso ou outra modalidade onerosa, de instalações e equipamentos ou outros bens, vinculados a projetos de PPP.

II - assumir, total ou parcialmente, direitos e obrigações decorrentes dos contratos de que trata o inciso I deste artigo;

III - contratar a aquisição de instalações e equipamentos, bem como a sua construção ou reforma, pelo regime de empreitada, para pagamento a prazo, que poderá ter início após a conclusão das obras, observada a legislação pertinente;

IV - contratar com a Administração direta e indireta do Estado locação ou promessa de locação, arrendamento, cessão de uso ou outra modalidade onerosa, de instalações e equipamentos ou outros bens integrantes de seu patrimônio;

V - contrair empréstimos e emitir títulos, nos termos da legislação em vigor;

VI - prestar garantias reais, fidejussórias e contratar seguros;

VII - explorar, gravar e alienar onerosamente os bens integrantes de seu patrimônio;

VIII - formar parcerias, integrar consórcios, constituir empresas controladas ou subsidiárias integrais, e participar do capital de outras empresas, públicas ou privadas, sempre que pertinente a operações de interesse do Estado de São Paulo e sob autorização do Conselho Gestor de Parcerias Público-Privadas. (NR)

- ***Inciso VIII com redação dada pela*** Lei nº 17.293, de 15/10/2020.

§ 1º O negócio poderá ficar condicionado à constituição de sociedade de propósito específico, coincidente com o objeto do contrato, sem prejuízo da responsabilidade solidária do contratado pelo cumprimento integral das obrigações que a essa sociedade couberem.

§ 2º É facultativo a CPP constituir Fundo Fiduciário, cujo agente terá poderes para administrar recursos financeiros, por meio de conta vinculada ou, para promover a alienação de bens gravados, segundo condições previamente acordadas, aplicando tais recursos no pagamento de obrigações contratadas ou garantidas a que se refere o "caput" deste artigo, diretamente ao beneficiário da garantia ou a favor de quem financiar o projeto de parceria.

Art. 16. A CPP não poderá receber do Estado transferências voluntárias de recursos para o custeio de despesas operacionais.

Art. 17. A CPP poderá, para a consecução de seus objetivos, celebrar convênios com órgãos e entidades da Administração Estadual e contratar, observada a legislação pertinente, serviços especializados de terceiros. (NR)

- ***Artigo 17 com redação dada pela*** Lei Complementar nº 1.079, de 17/12/2008.

Art. 18. A sociedade será administrada por uma Diretoria, composta de até 3 (três) membros, e por um Conselho de Administração, composto de até 5 (cinco) membros, e terá, em caráter permanente, um Conselho Fiscal.

§ 1º Os membros da Diretoria e do Conselho de Administração serão indicados pelo Governador do Estado.

§ 2º Além dos poderes previstos na legislação societária, e sem prejuízo da observância das políticas e diretrizes definidas por outros órgãos da Administração Estadual com competência específica sobre a matéria, o Conselho de Administração deverá aprovar previamente os termos e condições de cada uma das operações a que se refere o artigo 15.

§ 3º Vetado.

Art. 19. Ficam o Departamento de Estradas de Rodagem do Estado de São Paulo - DER, o Departamento de Águas e Energia Elétrica - DAEE, o Departamento Aeroviário do Estado de São Paulo - DAESP e a Superintendência de Controle de Endemias - SUCEN, bem como a Fundação para o Desenvolvimento da Educação - FDE, autorizados a alienar, mediante doação, à Fazenda do Estado, os imóveis relacionados no Anexo I desta lei.

Art. 20. A Fazenda do Estado fica autorizada a alienar os imóveis relacionados no Anexo II desta lei, inclusive para destiná-los à integralização do capital social da CPP, bem como utilizar o produto de sua alienação para essa finalidade.

Parágrafo único - A autorização prevista no "caput" estende-se aos imóveis que, por aplicação do disposto no artigo 19, passarem à titularidade da Fazenda do Estado.

Art. 21. Os projetos de parceria público-privada serão objeto de consulta pública, com antecedência mínima de 30 (trinta) dias da publicação do edital da respectiva licitação, mediante publicação de aviso na imprensa oficial, em jornais de grande circulação e por meio eletrônico, no qual serão informadas as justificativas para a contratação, a identificação do objeto, o prazo de duração do contrato e seu valor estimado, fixando-se prazo para fornecimento de sugestões, cujo termo dar-se-á pelo menos com 7 (sete) dias de antecedência da data prevista para a publicação do edital.

Art. 22. Os órgãos e entidades do Estado envolvidos no processo de licenciamento ambiental deverão priorizar a tramitação da documentação pertinente a projetos incluídos no Programa de Parceria Público-Privada.

Art. 23. Para atender às despesas decorrentes da execução desta lei, fica o Poder Executivo autorizado a:

I - abrir créditos especiais até o limite de R$ 800.000,00 (oitocentos mil reais), destinados à cobertura das despesas necessárias à constituição e instalação da CPP;

II - proceder à incorporação da CPP no orçamento do Estado; e

III - promover a abertura de créditos adicionais suplementares, até o limite necessário para a integralização das parcelas do capital social da CPP.

Parágrafo único - Os valores dos créditos adicionais a que se refere este artigo serão cobertos na forma prevista no § 1º do artigo 43 da Lei federal nº 4.320, de 17 de março de 1964.

Art. 24. Esta lei entra em vigor na data de sua publicação.

Palácio dos Bandeirantes, 19 de maio de 2004

GERALDO ALCKMIN

LEI COMPLEMENTAR Nº 979, DE 08 DE DEZEMBRO DE 2005

Dispõe sobre a criação de cargos de Auditor do Tribunal de Contas no Quadro da Secretaria desse Tribunal e dá outras providências correlatas.

Art. 1º Ficam criados no Subquadro de Cargos Públicos da Secretaria do Tribunal de Contas, do SQCIII, Tabela I, prevista no inciso I do artigo 9º da Lei Complementar nº 743, de 27 de dezembro de 1993, 7 (sete) cargos de Auditor do Tribunal de Contas, enquadrados na conformidade do Anexo Único que faz parte integrante desta lei complementar.

Art. 2º Observada a ordem de classificação, os Auditores do Tribunal de Contas serão nomeados pelo Governador do Estado e empossados pelo Presidente do Tribunal de Contas, dentre brasileiros bacharéis em Ciências Jurídicas e Sociais, Ciências Contábeis e Atuariais, Ciências Econômicas ou Ciências da Administração, aprovados em concurso público de provas e títulos organizado pelo Tribunal de Contas, que satisfaçam os seguintes requisitos:

I – ter mais de trinta e cinco e menos de sessenta e cinco anos de idade;

II – idoneidade moral e reputação ilibada;

III – notórios conhecimentos jurídicos, contábeis, econômicos e financeiros ou de administração pública; e

IV – contar mais de dez anos de exercício de função ou de efetiva atividade profissional que exija os conhecimentos mencionados no inciso III.

§ 1º Dois anos depois de tomar posse e entrar em exercício, o Auditor do Tribunal de Contas só perderá o cargo por sentença judicial transitada em julgado.

§ 2º Antes de decorrido o prazo referido no § 1º deste artigo, a perda do cargo dependerá de deliberação do próprio Tribunal de Contas.

Art. 3º É vedado ao Auditor do Tribunal de Contas:

I – exercer, ainda que em disponibilidade, outro cargo ou função, salvo uma de magistério;

II – exercer cargo técnico ou de direção de sociedade civil, associação ou fundação, de qualquer natureza ou finalidade, salvo de associação de classe, sem remuneração;

III – exercer comissão remunerada ou não, inclusive em órgãos de controle da administração direta ou indireta, ou em concessionárias do serviço público;

IV – exercer profissão liberal, emprego particular, comércio, ou participar de sociedade comercial, exceto como acionista ou cotista sem ingerência;

V – celebrar contrato com pessoa jurídica de direito público, empresa pública, sociedade de economia mista, fundação, sociedade instituída e mantida pelo poder público ou empresa concessionária de serviço público, salvo quando o contrato obedecer a normas uniformes para todo e qualquer contratante; e

VI – dedicar-se à atividade político-partidária.

Art. 4º Compete ao Auditor do Tribunal de Contas:

I – substituir Conselheiros em suas ausências e impedimentos por motivo de licença, férias ou outro afastamento legal;

II – presidir a instrução dos processos que lhe forem distribuídos, quando não estiver convocado para substituir Conselheiro, relatando-os com proposta de decisão a ser votada pelos integrantes do Plenário ou da Câmara para a qual estiver designado;

III – exercer outras atribuições previstas no Regimento Interno do Tribunal.

Parágrafo único. O Auditor do Tribunal de Contas, quando em substituição a Conselheiro, terá as mesmas garantias e impedimentos do titular e, quando no exercício das demais atribuições da judicatura, as de Juiz Estadual de Direito da última entrância.

Art. 5º Ocorrendo alguma das hipóteses previstas no inciso I do artigo 4º e sempre que se fizer necessário, os Auditores do Tribunal de Contas exercerão a substituição mediante convocação do Presidente do Tribunal de Contas, de acordo com critérios previstos no Regimento Interno do Tribunal.

§ 1º Em caso de vacância de cargo de Conselheiro, o Presidente do Tribunal de Contas, observados os critérios previstos no caput, convocará Auditor do Tribunal de Contas para exercer as funções inerentes ao cargo vago, até novo provimento.

§ 2º Assiste ao Auditor do Tribunal de Contas o direito de perceber, por efeito da substituição e enquanto ela ocorrer, a remuneração devida ao Conselheiro.

Art. 6º Aplicam-se ao Auditor do Tribunal de Contas, no que couber, as normas legais atinentes a direitos e vantagens pecuniárias para os demais servidores do Quadro do Tribunal de Contas.

Art. 7º As despesas resultantes da aplicação desta lei complementar correrão à conta das dotações próprias consignadas no orçamento vigente, suplementadas, se necessário.

Art. 8º Esta lei complementar entra em vigor na data de sua publicação, revogadas as disposições em contrário.

DISPOSIÇÃO TRANSITÓRIA

Artigo único. Até a ocorrência da primeira posse no cargo de Auditor do Tribunal de Contas, os Conselheiros continuarão sendo substituídos nos termos da atual legislação.

Palácio dos Bandeirantes, 8 de dezembro de 2005.

LEI COMPLEMENTAR Nº 1.049, DE 19 DE JUNHO DE 2008

Dispõe sobre medidas de incentivo à inovação tecnológica, à pesquisa científica e tecnológica, ao desenvolvimento tecnológico, à engenharia não-rotineira e à extensão tecnológica em ambiente produtivo, no Estado de São Paulo, e dá outras providências correlatas

ÍNDICE

CAPÍTULO I
DAS DISPOSIÇÕES PRELIMINARES

Art. 1º Esta lei complementar estabelece medidas de incentivo à inovação tecnológica, à pesquisa científica e tecnológica, ao desenvolvimento tecnológico, à engenharia não-rotineira, à informação tecnológica e à extensão tecnológica em ambiente produtivo ou social, visando alcançar a capacitação e o desenvolvimento industrial e tecnológico internacionalmente competitivo do Estado de São Paulo, nos termos dos artigos 268 a 272 da Constituição do Estado, dos artigos 218 e 219 da Constituição da República, e das disposições da Lei Federal n.º 10.973, de 2 de dezembro de 2004.

Art. 2º Para os efeitos desta lei complementar, considera-se:

I - inovação tecnológica: introdução de novidade ou aperfeiçoamento no ambiente produtivo e/ou social que resulte em novos processos, produtos ou serviços, bem como em ganho de qualidade ou produtividade em processos, produtos ou serviços já existentes, visando ampliar a competitividade no mercado, bem como a melhoria das condições de vida da maioria da população, e a sustentabilidade socioambiental;

II - Agência de Inovação e Competitividade: órgão ou entidade de natureza pública ou privada que tenha entre os seus objetivos o fomento à inovação tecnológica, à pesquisa científica e tecnológica, ao desenvolvimento tecnológico, à engenharia não-rotineira, à informação tecnológica e à extensão tecnológica em ambiente produtivo;

III - Instituição Científica e Tecnológica do Estado de São Paulo - ICTESP: órgão ou entidade da administração pública estadual direta ou indireta que tenha por missão institucional executar atividades ligadas à inovação tecnológica, à pesquisa científica e tecnológica, ao desenvolvimento tecnológico, à engenharia não-rotineira e à extensão tecnológica em ambiente produtivo, atuando ou não na formação de recursos humanos;

IV - Núcleo de Inovação Tecnológica: órgão técnico integrante de ICTESP com a finalidade de gerir sua polí-tica de inovação;

V - Sistema Paulista de Parques Tecnológicos: instrumento articulador do conjunto dos parques tecnológicos estabelecidos no Estado, credenciados pela Secretaria de Desenvolvimento;

VI - Rede Paulista de Incubadoras de Empresas de Base Tecnológica: instrumento articulador do conjunto das incubadoras que abrigam predominantemente empresas nascentes intensivas em conhecimento tecnológico, estabelecidas no Estado e credenciadas pela Secretaria de Desenvolvimento;

VII - criação: invenção, modelo de utilidade, desenho industrial, programa de computador, topografia de circuito integrado, nova cultivar ou cultivar essencialmente derivada ou qualquer outro desenvolvimento tecnológico obtidos por um ou mais criadores, que gere ou possa gerar novo processo, produto, serviço ou aperfeiçoamento incremental;

VIII - criação protegida: criação protegida por direitos estabelecidos na Lei Federal n.º 9.279, de 14 de maio de 1996;

IX - criador: pesquisador que seja inventor, obtentor ou autor de criação;

X - pesquisador público: ocupante de cargo ou emprego público de ICTESP, que realize pesquisa básica, aplicada, ou operacional, de caráter científico ou tecnológico, desenvolvimento tecnológico ou engenharia não-rotineira;

XI - inventor independente: pessoa física, não ocupante de cargo ou emprego público, que seja inventor, obtentor ou autor de criação;

XII - engenharia não-rotineira: atividade de engenharia diretamente relacionada a processos de inovação tecnológica;

XIII - extensão tecnológica em ambiente produtivo: atividades que auxiliam empresas e entidades do setor produtivo a encontrar e implementar soluções tecnológicas, mediante competências e conhecimentos disponíveis nas ICTESPs e nas Agências de Inovação e Competitividade.

Art. 3º O Estado, a Fundação de Amparo à Pesquisa do Estado de São Paulo - FAPESP e suas demais agências de fomento poderão estimular e apoiar a constituição de alianças estratégicas e o desenvolvimento de projetos de cooperação envolvendo empresas e ICTESPs voltadas para atividades de pesquisa e desenvolvimento que objetivem a geração de produtos e processos inovadores.

Parágrafo único - O apoio previsto neste artigo poderá contemplar as redes e os projetos internacionais de pesquisa tecnológica, bem como ações de empreendedorismo tecnológico e/ou social e de criação de ambientes de inovação, incluídas as incubadoras e parques tecnológicos.

Art. 4º As ICTESPs poderão, mediante remuneração e por prazo determinado, nos termos de contrato ou convênio, compartilhar seus laboratórios, equipamentos, instrumentos, materiais e demais instalações com empresas ou grupos de produção associada, em atividades voltadas à inovação tecnológica, para a consecução de atividades de incubação, sem prejuízo de sua atividade finalística.

§ 1º O compartilhamento de que trata o "caput" deste artigo obedecerá às prioridades, critérios e requisitos aprovados e divulgados pelo órgão máximo da ICTESP, observadas as respectivas disponibilidades e assegurada a igualdade de oportunidades às empresas e organizações interessadas.

§ 2º Os investimentos feitos em aquisição de novos equipamentos e melhoria dos equipamentos existentes, bem como em melhoria e ampliação das instalações, reverterão ao patrimônio das ICTESPs.

CAPÍTULO II
DO SISTEMA PAULISTA DE INOVAÇÃO TECNOLÓGICA

Art. 5º Fica instituído o Sistema Paulista de Inovação Tecnológica, a ser regulamentado pelo Poder Exe-cutivo, com o objetivo de incentivar o desenvolvimento sustentável do Estado pela inovação tecnológica, estimulando projetos e programas especiais articulados com o setor público e privado.

§ 1º Poderão integrar o Sistema Paulista de Inovação Tecnológica órgãos públicos e entidades públicas e privadas localizadas no Estado, cujas atividades contribuam para o objetivo de que trata o "caput" deste artigo.

§ 2º vetado:

1 - vetado;

2 - vetado;

3 - vetado;

4 - vetado;

5 - vetado.

Art. 6º O Estado apoiará a cooperação entre o Sistema Paulista de Inovação Tecnológica e instituições públicas de pesquisa e de inovação tecnológica da União e dos Municípios para atrair empresas que promovam inovação tecnológica, desenvolvimento científico e tecnológico, incubadoras, parques tecnológicos e outras entidades de pesquisa científica e tecnológica.

CAPÍTULO III
DO ESTÍMULO À PARTICIPAÇÃO DAS ICTESPS NO PROCESSO DE INOVAÇÃO TECNOLÓGICA

Art. 7º As ICTESPs poderão desenvolver projetos de inovação tecnológica em conjunto com instituições públicas e privadas dos diversos segmentos do setor produtivo e da sociedade civil voltados à inovação tecnológica e ao desenvolvimento científico e tecnológico.

Parágrafo único - A criação resultante de projetos desenvolvidos nos termos previstos no "caput" reger-se-á na forma da legislação federal pertinente.

Art. 8º É facultado às ICTESPs celebrar contratos de transferência de tecnologia e de licenciamento para outorga de direito de uso ou de exploração de criação protegida que tenham desenvolvido, mediante prévia manifestação do Núcleo de Inovação Tecnológica.

§ 1º Na ocorrência da hipótese prevista no "caput" deste artigo, as ICTESPs que fizerem parte dos projetos deverão disciplinar o modo de aquiescência quanto à transferência de tecnologia e de licenciamento para outorga de direito de uso ou de exploração de criação protegida por elas desenvolvida.

§ 2º A empresa ou entidade detentora do direito exclusivo de exploração de criação protegida perderá automaticamente esse direito caso não comercialize a criação dentro do prazo e condições definidas no contrato, podendo a ICTESP proceder a novo licenciamento.

§ 3º O licenciamento para exploração de criação cujo objeto interesse à defesa nacional observará o disposto no § 3º do artigo 75 da Lei n.º 9.279, de 14 de maio de 1996.

§ 4º A transferência de tecnologia e o licenciamento para outorga de direito de uso ou de exploração de criação, reconhecidos em ato do Poder Executivo como de relevante interesse público, somente poderão ser efetuados a título não exclusivo.

Art. 9º As ICTESPs, na elaboração e execução dos seus orçamentos, adotarão as medidas cabíveis em relação à administração e gestão de sua política de inovação tecnológica de modo a permitir o recebimento de receitas e o pagamento de despesas decorrentes de suas obrigações, inclusive as despesas para a proteção da propriedade intelectual e os pagamentos devidos aos criadores e eventuais colaboradores, ouvido o Núcleo de Inovação Tecnológica.

§ 1º Os recursos financeiros de que trata o "caput" deste artigo, percebidos pelas ICTESPs, constituem receita própria e deverão ser aplicados, exclusivamente, em objetivos institucionais de pesquisa, desenvolvimento e inovação tecnológica.

§ 2º Os acordos firmados pelas ICTESPs ou suas instituições de apoio com as agências de fomento poderão prever recursos para cobertura de despesas operacionais e administrativas incorridas na execução desses acordos, observados os critérios do regulamento desta lei complementar.

§ 3º As ICTESPs adotarão, no contexto de seu plano institucional, políticas de gestão de recursos humanos e planejamento de força de trabalho, podendo proceder às reposições de servidores ou empregados em cargos ou empregos vagos, sem necessidade de aquiescência de outras instâncias da Administração Pública, na forma da Lei, desde que seja observada a exigência de dotação orçamentária suficiente, bem como o atendimento dos requisitos e limites estabelecidos na Lei Complementar Federal n.º 101, de 4 de maio de 2000.

Art. 10. As ICTESPs, por intermédio da Secretaria de Estado ou do órgão ao qual sejam subordinadas ou vinculadas, manterão o Conselho Estadual de Ciência e Tecnologia - CONCITE informado quanto:

I - à política de propriedade intelectual da instituição;

II - às criações desenvolvidas no âmbito da instituição;

III - às proteções requeridas e concedidas;

IV - aos contratos de licenciamento ou de transferência de tecnologia firmados;

V - ao apoio financeiro, recursos humanos, materiais e infra-estrutura.

§ 1º As informações de que trata este artigo devem ser fornecidas de forma consolidada, anualmente até o dia 31 de dezembro de cada ano, com vistas à sua divulgação.

§ 2º As informações sigilosas, cuja restrição de divulgação esteja prevista em legislação específica, deverão ficar protegidas de divulgação.

§ 3º As informações prestadas nos termos do "caput" deste artigo deverão ser encaminhadas pelo CONCITE, em prazo não superior a 30 dias após seu recebimento, à Comissão de Cultura, Ciência e Tecnologia da Assembléia Legislativa do Estado.

CAPÍTULO IV
DO ESTÍMULO À PARTICIPAÇÃO DO PESQUISADOR PÚBLICO NO PROCESSO DE INOVAÇÃO TECNOLÓGICA

Art. 11. Ao pesquisador público ou aluno devidamente inscrito no programa de pós-graduação de ICTESP, que seja criador, é assegurada, a título de incentivo, participação nos ganhos econômicos auferidos, resultantes da exploração de criação protegida da qual tenha sido o inventor, obtentor ou autor, aplicando-se, no que couber, o disposto no parágrafo único do artigo 93 da Lei Federal n.º 9.279, de 14 de maio de 1996.

§ 1º As importâncias percebidas a título de incentivo na forma deste artigo não se incorporam, a nenhum título, à remuneração ou ao salário do servidor ou empregado, bem como não caracterizam, a nenhum título, vínculo empregatício entre o aluno e a ICTESP.

§ 2º Havendo mais de um pesquisador ou aluno, a parte que lhes couber deverá ser dividida em proporção a ser definida por meio de acordo.

Art. 12. Ao pesquisador público é facultado, mediante autorização governamental, afastar-se do órgão de origem para prestar colaboração ou serviço à outra ICTESP, observadas as finalidades previstas nesta lei complementar.

Parágrafo único - Serão assegurados os direitos e vantagens do cargo ou emprego público no caso de afas-tamento do pesquisador público para prestar colaboração ou serviço à outra ICTESP.

Art. 13. Ao pesquisador público é permitido licenciar-se do cargo efetivo ou emprego público que ocupa para constituir empresa de base tecnológica ou colaborar com empresa cujos objetivos envolvam a aplicação de inovação tecnológica que tenha por base criação de sua autoria.

§ 1º A licença a que se refere este artigo dar-se-á por prazo não superior a 4 (quatro) anos, no forma prevista no "caput" deste artigo, com prejuízo de vencimentos ou salários, observadas as demais condições estabelecidas no artigo 202 da Lei Estadual n.º 10.261, de 28 de outubro de 1968.

§ 2º A licença poderá ser concedida em dois períodos separados por um interstício, a juízo da ICTESP, desde que dentro do período máximo de 5 (cinco) anos.

Art. 14. Ao pesquisador público, por interesse de ICTESP, é permitida a prestação de consultoria técnico-científica aos setores da produção, desde que em atividade compatível com a natureza do cargo efetivo ou emprego público por ele exercido na instituição de origem, e em conformidade com os estatutos e regulamentos da instituição.

CAPÍTULO V
DO ESTÍMULO À PARTICIPAÇÃO DO INVENTOR INDEPENDENTE NO PROCESSO DE INOVAÇÃO TECNOLÓGICA

Art. 15. Aos inventores independentes que comprovem depósito de pedido de patente ou pedido de registro de criação de sua autoria é facultado solicitar a adoção da criação por ICTESP, que decidirá quanto à conveniência e oportunidade da solicitação, visando à elaboração de projeto para seu futuro desenvolvimento, incubação, industrialização e utilização pelo setor produtivo.

§ 1º O Núcleo de Inovação Tecnológica da ICTESP avaliará a invenção, a sua afinidade com a área de atuação da instituição e o interesse no seu desenvolvimento.

§ 2º O Núcleo de Inovação Tecnológica informará ao inventor independente, no prazo máximo de 6 (seis) meses, a decisão quanto à adoção a que se refere o "caput" deste artigo.

§ 3º Adotada a invenção, nos termos do "caput" deste artigo, o inventor independente comprometer-se-á, mediante contrato, a compartilhar com a ICTESP os ganhos econômicos auferidos com a exploração industrial da invenção protegida.

§ 4º Decorrido o prazo de 12 (doze) meses sem que a instituição tenha promovido qualquer ação efetiva, o inventor independente ficará desobrigado do compromisso.

Art. 16. O Estado instituirá mecanismos de suporte aos inventores independentes, para acompanhar e estimular o desenvolvimento de criações e inovações tecnológicas.

Art. 17. Fica instituído o "Prêmio Governo do Estado - Ciência e Tecnologia", que poderá ser outorgado, anualmente, pelo Governador, a trabalhos realizados no âmbito estadual, em reconhecimento a pessoas, empresas e entidades que se destacarem, na forma a ser disciplinada por decreto.

CAPÍTULO VI
DO ESTÍMULO À PARTICIPAÇÃO DE EMPRESAS NO PROCESSO DE INOVAÇÃO TECNOLÓGICA

Art. 18. O Estado, por meio de seus órgãos da administração pública direta ou indireta, incentivará a participação de empresas, grupos de empresa, cooperativas, arranjos produtivos e outras formas de produção no processo de inovação tecnológica, mediante o compartilhamento de recursos humanos, materiais e de infra-estrutura ou a concessão de apoio financeiro, a serem ajustados em acordos específicos.

§ 1º A concessão do apoio financeiro previsto no "caput" deste artigo implica, obrigatoriamente, a assunção de contrapartida pelo beneficiário, na forma estabelecida nos respectivos instrumentos jurídicos.

§ 2º As condições e a duração da participação de que trata este artigo, bem como os critérios para compartilhar resultados futuros, deverão estar definidos nos respectivos instrumentos jurídicos.

Art. 19. O Estado, por meio de seus órgãos da administração pública direta ou indireta, incentivará a participação de empresas no processo de inovação tecnológica, bem como ações de empreendedorismo tecnológico e de criação de ambientes de inovação tecnológica e/ou social, inclusive incubadoras e parques tecnológicos.

Art. 20. Os órgãos e entidades da administração pública estadual, em matéria de interesse público, poderão contratar empresas ou consórcios de empresas, assim como entidades nacionais de direito privado sem fins lucrativos voltadas para atividades de pesquisa, que apresentem reconhecida capacitação tecnológica no setor, para a realização de atividades de pesquisa e desenvolvimento científico e tecnológico, para a solução de problema técnico específico ou obtenção de produto ou processo inovador, observadas as formalidades legais.

CAPÍTULO VII
DA PARTICIPAÇÃO DO ESTADO EM EMPRESAS DE INOVAÇÃO TECNOLÓGICA

Art. 21. O Estado, suas autarquias, fundações e empresas por ele controladas, direta ou indiretamente, poderão participar do capital social de sociedade de propósito específico, visando ao desenvolvimento de projetos científicos ou tecnológicos para a obtenção de produto ou processo inovador de interesse econômico ou social.

Parágrafo único - A propriedade intelectual sobre os resultados obtidos pertencerá às instituições detentoras do capital social, na proporção da respectiva participação, na forma da Lei n.º 10.973, de 2 dezembro de 2004.

Art. 22. O Estado, suas autarquias, fundações e empresas por ele controladas, direta ou indiretamente, poderão participar de sociedades cuja finalidade seja aportar capital ("seed capital") em empresas que explorem criação desenvolvida no âmbito de ICTESP ou cuja finalidade seja aportar capital na própria ICTESP.

CAPÍTULO VIII
DA PARTICIPAÇÃO DO ESTADO EM FUNDOS DE INVESTIMENTO

Art. 23. O Estado, suas autarquias, fundações e as empresas por ele controladas, direta ou indiretamente, poderão participar, na qualidade de cotistas, de fundos mútuos de investimento com registro na Comissão de Valores Mobiliários - CVM, destinados à aplicação em carteira diversificada de valores mobiliários de emissão de empresas cuja atividade principal seja a inovação tecnológica, conforme regulamentação e nos termos da legislação federal vigente.

Parágrafo único - A participação de que trata o "caput" deste artigo deverá observar as condições e os limites de utilização dos recursos públicos previstos na legislação federal pertinente e nas normas complementares editadas pela Comissão de Valores Mobiliários sobre a constituição, o funcionamento e administração dos fundos.

CAPÍTULO IX
DOS PARQUES TECNOLÓGICOS E INCUBADORAS DE EMPRESA DE BASE TECNOLÓGICA

Art. 24. O Estado manterá o Sistema Paulista de Parques Tecnológicos, e a Rede Paulista de Incubadoras de Empresas de Base Tecnológica, como parte de sua estratégia para incentivar os investimentos em inovação tecnológica, pesquisa científica e tecnológica, desenvolvimento tecnológico, engenharia não-rotineira, informação tecnológica e extensão tecnológica em ambiente produtivo que gerem novos negócios, trabalho e renda e ampliem a competitividade da economia paulista.

Parágrafo único - Para os efeitos deste artigo, a Secretaria de Desenvolvimento analisará e decidirá sobre a inclusão e a exclusão de empreendimentos no Sistema Paulista de Parques Tecnológicos do Estado, levando em consideração, além de requisitos a serem estabelecidos em sua regulamentação, a sua importância para o desenvolvimento tecnológico do Estado, o seu modelo de gestão e a sua sustentabilidade econômico-financeira.

Art. 25. O Estado, suas autarquias, fundações e empresas por ele controladas, direta ou indiretamente, poderão participar do capital social de sociedade ou associar-se a pessoa jurídica caracterizada como parque tecnológico, como incubadora de empresas de base tecnológica, e arranjos produtivos pertencentes ao Sistema Paulista de Parques Tecnológicos, e a Rede Paulista de Incubadoras de Empresas de Base Tecnológica de que trata o artigo 24.

CAPÍTULO X
DAS DISPOSIÇÕES FINAIS

Art. 26. O Instituto de Pesquisas Tecnológicas do Estado de São Paulo S.A. - IPT e o Instituto de Pesquisas Energéticas e Nucleares - IPEN, na consecução de seus objetivos institucionais e nos termos dos artigos 21 e 25, ficam autorizados a constituir subsidiárias, as quais poderão associar-se, majoritária ou minoritariamente, a outras empresas.

Art. 27. vetado.

Parágrafo único - vetado.

Art. 28. As despesas resultantes da aplicação desta lei complementar correrão à conta de dotações próprias consignadas nos orçamentos dos respectivos órgãos da administração pública direta e indireta.

Art. 29. O Poder Executivo regulamentará esta lei complementar no prazo de 90 (noventa) dias a contar da data de sua publicação.

Art. 30. Esta lei complementar entra em vigor na data de sua publicação, ficando revogada a Lei n.º 4.894, de 4 de novembro de 1958.

Palácio dos Bandeirantes, aos 19 de junho de 2008.

Alberto Goldman

DECRETO Nº 54.376, DE 26 DE MAIO DE 2009

Disciplina a aplicação, no âmbito da Administração Direta e Autárquica, do disposto na Súmula Vinculante nº 13 do Supremo Tribunal Federal.

JOSÉ SERRA, Governador do Estado de São Paulo, no uso de suas atribuições legais e considerando o disposto na Súmula Vinculante nº 13 do Supremo Tribunal Federal,

Decreta:

Art. 1º Os processos e expedientes destinados à nomeação, pelo Governador do Estado ou por Superintendente de Autarquia, para o exercício de cargo em comissão deverão ser instruídos com declaração negativa do interessado nos moldes, conforme o caso, dos Anexos I ou II, que fazem parte integrante deste decreto.

Art. 2º Os atuais titulares de cargos da natureza a que alude o artigo anterior, no âmbito da Administração Centralizada e Autárquica, deverão, no prazo de 60 (sessenta) dias contados da publicação deste decreto, preencher e entregar, ao órgão de recursos humanos da respectiva Secretaria de Estado ou Autarquia, declaração nos termos, conforme o caso, dos Anexos I ou II deste decreto.

§ 1º Para o fim de que trata o "caput", considerar-se-á como "autoridade nomeante" o Chefe do Poder Executivo ou o Superintendente da respectiva autarquia na data de preenchimento da declaração.

§ 2º O esgotamento do prazo a que alude o "caput" sem a apresentação da correspondente declaração implicará presunção de inexistência de vínculo para os fins previstos neste decreto, sujeitando-se o servidor, na hipótese de omissão, às sanções disciplinares constantes da Lei nº 10.261, de 28 de outubro de 1968 – Estatuto dos Funcionários Públicos Civis do Estado.

Art. 3º Os casos de declaração positiva serão submetidos à autoridade nomeante, aplicando-se, em caso de dúvida, o disposto no artigo 6º deste decreto.

Art. 4º O disposto neste decreto não se aplica à nomeação para os cargos de Secretário de Estado e de Procurador Geral do Estado.

Art. 5º As designações para o exercício de funções de confiança, no âmbito da Administração Centralizada ou Autárquica, sujeitam-se às mesmas restrições, constantes deste decreto, aplicáveis à nomeação de cargos em comissão, devendo o interessado preencher e entregar ao respectivo órgão de recursos humanos declaração nos moldes, conforme o caso, dos Anexos III ou IV, observado o disposto no § 2º do artigo 2º.

Parágrafo único. Para os atuais ocupantes de função de confiança, considerar-se-á como "autoridade designante" aquela com competência para a prática desse ato na data de preenchimento da declaração.

Art. 6º Os casos controversos envolvendo identificação de parentesco para os fins deste decreto deverão ser submetidos à Unidade Central de Recursos Humanos, da Secretaria de Gestão Pública, que poderá solicitar, quando necessário, o pronunciamento da Consultoria Jurídica que serve à Pasta.

Art. 7º O representante da Fazenda do Estado perante empresas em que este detenha a maioria do capital votante ou junto às fundações instituídas e mantidas pelo Poder Público adotará providências visando à aplicação do disposto neste decreto, no que couber, a essas entidades.

Art. 8º Este decreto entra em vigor na data de sua publicação.

LEI COMPLEMENTAR Nº 1.270, DE 25 DE AGOSTO DE 2015

Lei Orgânica da Procuradoria Geral do Estado de São Paulo

ÍNDICE

TÍTULO I
DA COMPETÊNCIA E ORGANIZAÇÃO

CAPÍTULO I
DISPOSIÇÕES PRELIMINARES

Art. 1º Esta lei complementar reorganiza a Procuradoria Geral do Estado, define suas atribuições e as de seus órgãos e dispõe sobre o regime jurídico dos integrantes da carreira de Procurador do Estado.

Art. 2º A Procuradoria Geral do Estado é instituição de natureza permanente, essencial à administração da justiça e à Administração Pública Estadual, vinculada diretamente ao Governador, responsável pela advocacia do Estado, sendo orientada pelos princípios da legalidade, da indisponibilidade do interesse público, da unidade e da eficiência.

CAPÍTULO II
DAS ATRIBUIÇÕES

Art. 3º São atribuições da Procuradoria Geral do Estado, sem prejuízo de outras que lhe forem outorgadas por normas constitucionais e legais:

I – representar judicial e extrajudicialmente o Estado e suas autarquias, inclusive as de regime especial, exceto as universidades públicas;

II – exercer, com exclusividade, as atividades de consultoria e assessoramento jurídico do Poder Executivo e das entidades autárquicas a que se refere o inciso I deste artigo;

III – representar, com exclusividade, a Fazenda do Estado perante o Tribunal de Contas;

IV – prestar assessoramento jurídico e técnico-legislativo ao Governador;

V – promover, com exclusividade, a inscrição, o controle e a cobrança da dívida ativa estadual;

VI – propor ou responder as ações judiciais, de qualquer natureza, que tenham por objeto a defesa do erário ou do interesse público, bem como nelas intervir, na forma da lei;

VII – prestar assistência jurídica aos Municípios, na forma do artigo 25, inciso III, desta lei complementar;

VIII – realizar procedimentos administrativos, inclusive disciplinares, não regulados por lei especial;

IX – acompanhar inquéritos policiais sobre crimes funcionais, fiscais ou contra a Administração Pública e atuar como assistente da acusação nas respectivas ações penais, quando for o caso;

X – patrocinar as ações diretas de inconstitucionalidade, as ações declaratórias de constitucionalidade e as arguições de descumprimento de preceito fundamental propostas pelo Governador, acompanhando e intervindo naquelas que envolvam interesse do Estado;

XI – definir, previamente, a forma de cumprimento de decisões judiciais;

XII – propor a extensão administrativa da eficácia de decisões judiciais reiteradas;

XIII – promover a uniformização da jurisprudência administrativa e da interpretação das normas, tanto na Administração Direta como na Indireta;

XIV – manifestar-se sobre as divergências jurídicas entre órgãos da Administração Direta ou Indireta;

XV – opinar previamente à formalização dos contratos administrativos, convênios, termos de ajustamento de conduta, consórcios públicos ou atos negociais similares celebrados pelo Estado e suas autarquias, observado o disposto no artigo 45 desta lei complementar;

XVI – representar o Estado e suas autarquias nas assembleias gerais das sociedades de que sejam acionistas;

XVII – promover a discriminação de terras e a regularização fundiária no Estado;

XVIII – representar ao Governador sobre providências de ordem jurídica reclamadas pelo interesse público e pela boa aplicação das normas vigentes;

XIX – coordenar, para fins de atuação uniforme, os órgãos jurídicos das universidades públicas, das empresas públicas, das sociedades de economia mista sob controle do Estado, pela sua administração centralizada ou descentralizada, e das fundações por ele instituídas ou mantidas, observado o disposto no § 8º deste artigo;

XX – gerir e administrar os fundos especiais de despesa que lhe são afetos;

XXI – integrar o Tribunal de Impostos e Taxas, observada a legislação pertinente.

§ 1º A Procuradoria Geral do Estado, em caráter excepcional e em razão de relevante interesse público, poderá contratar jurista para a emissão de parecer sobre matéria específica, mediante prévia motivação do Procurador Geral do Estado e oitiva do Conselho.

§ 2º A representação extrajudicial atribuída à Procuradoria Geral do Estado não exclui o exercício das competências próprias do Governador, Secretários de Estado e dirigentes de autarquias, na celebração de contratos e de outros instrumentos jurídicos.

§ 3º Na formulação de propostas a que se refere o inciso XII deste artigo, que tratem de matéria tributária, será colhida a prévia manifestação da Secretaria da Fazenda.

§ 4º As propostas de edição e reexame de súmulas, para os fins do disposto no inciso XIII deste artigo, serão formuladas ao Procurador Geral pelos órgãos superiores ou de coordenação setorial da Procuradoria Geral do Estado, pelos Secretários de Estado e pelos dirigentes das entidades da administração descentralizada.

§ 5º As súmulas aprovadas pelo Procurador Geral passarão a vigorar após homologação pelo Governador e publicação no Diário Oficial do Estado.

§ 6º Nenhuma decisão da Administração Pública Direta ou Indireta poderá ser exarada em divergência com as súmulas.

§ 7º As autoridades e servidores da Administração Estadual ficam obrigados a atender às requisições de certidões, informações, autos de processo administrativo, documentos e diligências formuladas pela Procuradoria Geral do Estado, dispensando às respectivas requisições tratamento prioritário.

§ 8º A supervisão e a realização, total ou parcial, das atividades de representação judicial, consultoria e assessoramento jurídico das universidades públicas pela Procuradoria Geral do Estado ficam condicionadas à celebração de convênio entre o Estado e a universidade interessada.

Art. 4º A Procuradoria Geral do Estado, observado o disposto no inciso X do artigo 7º, poderá reconhecer a procedência de pedidos formulados em ações judiciais, deixar de propô-las, desistir das já propostas ou transigir em relação ao objeto litigioso, bem como deixar de interpor recursos ou desistir dos já interpostos.

CAPÍTULO III
DA ORGANIZAÇÃO

Art. 5º A Procuradoria Geral do Estado, cujas atribuições se exercem em três áreas de atuação – Consultoria Geral, Contencioso Geral e Contencioso Tributário-Fiscal – é integrada pelos seguintes órgãos:

I – Superiores:

a) Gabinete do Procurador Geral;

b) Conselho da Procuradoria Geral do Estado;

c) Corregedoria da Procuradoria Geral do Estado;

II – de Coordenação Setorial:

a) Subprocuradoria Geral do Contencioso Geral;

b) Subprocuradoria Geral do Contencioso Tributário-Fiscal;

c) Subprocuradoria Geral da Consultoria Geral;

III – Auxiliares:

a) Centro de Estudos – CE;

b) Câmara de Integração e Orientação Técnica – CIOT;

c) Câmara de Conciliação da Administração Estadual – CCAE;

d) Centro de Estágios.

IV – de Apoio:

a) Centro de Engenharia, Cadastro Imobiliário e Geoprocessamento – CECIG;

b) Centro de Tecnologia da Informação – CTI;

V – de Administração: Coordenadoria de Administração – CA;

VI – Complementares:

a) Conselho da Advocacia da Administração Pública Estadual;

b) Ouvidoria da Procuradoria Geral do Estado.

§ 1º A Procuradoria Geral do Estado terá quadro de pessoal próprio, com cargos diretivos e de assessoramento, de provimento em comissão, e cargos de provimento efetivo, estruturados em carreira que atenda às necessidades institucionais.

§ 2º Os órgãos de Coordenação Setorial contarão com estrutura administrativa para execução de sua atividade fim e disporão das seguintes assistências e órgãos de execução:

1 – Subprocuradoria Geral do Contencioso Geral:

a) Assistência de Defesa do Meio Ambiente, Assistência de Políticas Públicas, Assistência de Pessoal e Assistência de Arbitragens;

b) Procuradorias Especializadas: Procuradoria do Contencioso Judicial, Procuradoria do Contencioso Ambiental e Imobiliário, Procuradoria do Contencioso de Pessoal e Procuradoria de Execuções;

2 – Subprocuradoria Geral do Contencioso Tributário-Fiscal:

a) Assistências: Assistência de Recuperação de Ativos e Assistência de Leilões Judiciais;

b) Procuradorias Especializadas: Procuradoria Fiscal e Procuradoria da Dívida Ativa;

3 – Subprocuradoria Geral da Consultoria Geral:

a) Assistências: Assistência de Procedimentos Especiais, Assistência de Gestão de Imóveis, Assistência Jurídica aos Municípios e Assistência de Apoio Operacional da PGE;

b) Procuradorias Especializadas: Procuradoria Administrativa, Procuradoria da Fazenda junto ao Tribunal de Contas, Procuradoria de Procedimentos Disciplinares e Procuradoria de Assuntos Tributários;

c) Consultorias Jurídicas e Procuradoria da Junta Comercial.

§ 3º As Procuradorias Regionais e a Procuradoria do Estado de São Paulo em Brasília integram as Áreas do Contencioso Geral e do Contencioso Tributário-Fiscal.

CAPÍTULO IV
DOS ÓRGÃOS SUPERIORES

SEÇÃO I
DO PROCURADOR GERAL DO ESTADO

Art. 6º O Procurador Geral do Estado, responsável pela orientação jurídica e administrativa da instituição, será nomeado pelo Governador, em comissão, entre os Procuradores em atividade confirmados na carreira, e terá tratamento, prerrogativas e representação de Secretário de Estado, devendo apresentar declaração pública de bens, no ato da posse e da exoneração.

Art. 7º Além das competências previstas na Constituição Estadual e em lei, cabe ao Procurador Geral:

I – fixar a orientação jurídica e administrativa da instituição;

II – planejar o desenvolvimento institucional e a atuação funcional da Procuradoria Geral do Estado, definir objetivos estratégicos, diretrizes e programas de metas, bem como providenciar os meios e os recursos necessários à sua consecução;

III – superintender, orientar e coordenar as atividades da Procuradoria Geral do Estado, atuando em colaboração com os demais órgãos superiores;

IV – encarregar-se do relacionamento institucional da Procuradoria Geral do Estado, perante a Administração Estadual e fora dela;

V – representar o Estado na celebração de convênios e celebrar termos de cooperação com órgãos da Advocacia Pública dos demais entes federativos, para a cooperação mútua no desempenho das atribuições do Procurador do Estado, notadamente nas ações judiciais movidas fora deste Estado, observadas as normas regulamentares;

VI - submeter ao Governador lista tríplice, formada pelo Conselho, para nomeação do Procurador do Estado Corregedor Geral;

VII - submeter ao Conselho o encaminhamento ao Governador de proposta de destituição do Procurador do Estado Corregedor Geral, nas hipóteses do artigo 15, inciso XXVII, desta lei complementar;

VIII - propor ao Governador a declaração de nulidade de atos administrativos da Administração Direta e Indireta;

IX - representar ao órgão competente sobre a inconstitucionalidade de leis e emendas constitucionais ou ilegalidade de atos administrativos de qualquer natureza;

X - desistir, transigir, firmar compromisso e confessar nas ações de interesse da Fazenda do Estado;

XI - receber citações e notificações nas ações propostas contra o Estado e suas autarquias;

XII - definir parâmetros, nos casos não previstos em lei, para o não ajuizamento, desistência, transação, compromisso e confissão nas ações judiciais de interesse do Estado e de suas autarquias, bem como para a dispensa de inscrição na dívida ativa;

XIII - exercer, com o apoio de seu Gabinete, assessoramento jurídico e técnico-legislativo ao Governador;

XIV - propor a estrutura, a organização e as atribuições da Procuradoria Geral do Estado, bem como a criação e a extinção de seus cargos e funções, ouvido o Conselho;

XV - promover a lotação dos cargos da Procuradoria Geral do Estado e a classificação de seus ocupantes, bem como conceder-lhes exoneração, afastamento, permuta, direitos e vantagens;

XVI - designar Procuradores do Estado para o exercício das funções de confiança previstas nos artigos 65, 69, incisos I e IV, e 72 desta lei complementar;

XVII - determinar a instauração de sindicância ou processo administrativo disciplinar contra integrantes da carreira de Procurador do Estado, bem como aplicar-lhes as sanções disciplinares;

XVIII - presidir o Conselho da Procuradoria Geral do Estado e dar cumprimento às suas deliberações, nos termos desta lei complementar;

XIX - homologar a lista de classificação referente ao concurso para ingresso na carreira de Procurador do Estado;

XX - presidir o Conselho da Advocacia da Administração Pública e dar cumprimento às suas deliberações;

XXI - elaborar a proposta orçamentária da Procuradoria Geral do Estado, em conformidade com a lei de diretrizes orçamentárias, e remetê-la à autoridade competente, para inclusão no projeto de lei orçamentária anual, assim como aplicar as respectivas dotações;

XXII - definir a posição processual do Estado e de suas autarquias nas ações populares e civis públicas;

XXIII - propor ao Governador a extensão administrativa da eficácia de decisões judiciais reiteradas;

XXIV - aprovar e submeter à homologação do Governador súmulas de uniformização da jurisprudência administrativa;

XXV - editar atos normativos e referendar leis e decretos que se relacionem à Procuradoria Geral do Estado;

XXVI - designar o Presidente da Comissão de Concurso de Ingresso, ouvido o Conselho;

XXVII - expor previamente ao Conselho a proposta orçamentária e o Plano Anual de Diretrizes e Metas da Procuradoria Geral do Estado;

XXVIII - comparecer, semestralmente, perante a comissão permanente da Assembleia Legislativa a que estejam afetas as suas atribuições para prestar contas do andamento da gestão, bem como demonstrar e avaliar o desenvolvimento de ações, programas e metas da Procuradoria Geral do Estado referentes ao ano anterior.

§ 1º O Procurador Geral poderá delegar as atribuições previstas nos incisos X, XI e XXII deste artigo, observando-se que, na hipótese do inciso XXII, a atribuição poderá apenas ser delegada aos Subprocuradores Gerais.

§ 2º O Procurador Geral poderá avocar o exame de qualquer matéria compreendida na competência funcional dos Subprocuradores Gerais, ou rever atos e decisões destes.

SEÇÃO II
DO GABINETE DO PROCURADOR GERAL

Art. 8º O Gabinete do Procurador Geral, órgão incumbido de auxiliá-lo no exercício de suas funções, será constituído por um Procurador Geral Adjunto, um Procurador do Estado Chefe de Gabinete, por Procuradores do Estado Assessores e por pessoal de apoio técnico e administrativo.

§ 1º O Procurador Geral Adjunto e o Procurador do Estado Chefe de Gabinete serão nomeados pelo Governador, em comissão, por indicação do Procurador Geral, dentre Procuradores do Estado em atividade confirmados na carreira, que não registrem punição de natureza disciplinar nos últimos 5 (cinco) anos, devendo apresentar declaração pública de bens, no ato da posse e da exoneração.

§ 2º Compete ao Procurador Geral Adjunto:

1 - substituir o Procurador Geral em suas ausências temporárias e impedimentos;

2 - colaborar com o Procurador Geral no exercício de suas atribuições institucionais;

3 - promover, com o auxílio da Câmara de Integração e Orientação Técnica, que presidirá, a integração e articulação entre as Áreas do Contencioso e da Consultoria Geral, para efeito de atuação conjunta e harmônica;

4 - coordenar e orientar a participação dos Procuradores do Estado em órgãos colegiados da Administração Estadual, externos à Procuradoria Geral do Estado.

§ 3º Além de competências próprias previstas em lei, o Procurador do Estado Chefe de Gabinete terá as seguintes atribuições:

1 - coordenar as atividades desempenhadas pelo Serviço de Informação ao Cidadão - SIC da Procuradoria Geral do Estado;

2 - coordenar as atividades desempenhadas pela Ouvidoria da Procuradoria Geral do Estado;

3 - supervisionar as atividades desempenhadas pelo Grupo Setorial de Planejamento, Orçamento e Finanças Públicas da Procuradoria Geral do Estado;

4 - outras atribuições que lhe forem conferidas por resolução do Procurador Geral.

Art. 9º Integram o Gabinete do Procurador Geral:

I - Assessoria Jurídica do Gabinete, para assuntos de interesse geral, especialmente o assessoramento jurídico do Governador, de órgãos que lhe sejam diretamente vinculados e do Fundo de Solidariedade do Estado de São Paulo - FUSSESP, inclusive a elaboração de minutas de informação em mandados de injunção e mandados de segurança impetrados contra atos das respectivas autoridades, sem prejuízo de outros assuntos que lhe sejam submetidos pelo Procurador Geral;

II - Assessoria Técnico-Legislativa, para o assessoramento jurídico ao exercício das funções legislativas e normativas que a Constituição do Estado outorga ao Governador;

III - Assessoria de Empresas e de Fundações;

IV - Assessoria de Precatórios Judiciais;

V - Assessoria de Contencioso Judicial;

VI - Assessoria de Coordenação de Regionais, para auxílio em assuntos gerais relacionados à atuação das Procuradorias Regionais.

§ 1º As atividades das Assessorias poderão ser realizadas por equipes especializadas, sob a coordenação de um Procurador do Estado Assessor Chefe designado pelo Procurador Geral.

§ 2º As atribuições das equipes especializadas que integram as Assessorias e das suas respectivas coordenações serão detalhadas em ato do Procurador Geral.

§ 3º A Assessoria de Precatórios Judiciais e a Assessoria de Coordenação de Regionais vinculam-se ao Procurador Geral Adjunto.

Art. 10. O Grupo Setorial de Planejamento, Orçamento e Finanças Públicas funcionará junto ao Gabinete do Procurador Geral, com composição e atribuições decorrentes de legislação própria.

Parágrafo único. O Gabinete do Procurador Geral contará com Assessoria de Comunicação e Imprensa e unidades de apoio técnico e administrativo.

SEÇÃO III
DO CONSELHO DA PROCURADORIA GERAL DO ESTADO

Art. 11. O Conselho da Procuradoria Geral do Estado será integrado pelo Procurador Geral, que o presidirá, pelo Corregedor Geral, pelos Subprocuradores Gerais, pelo Procurador do Estado Chefe do Centro de Estudos, na condição de membros natos, e por 8 (oito) membros eleitos entre Procuradores do Estado em atividade, sendo 1 (um) representante para cada nível da carreira e mais 1 (um) representante para cada área de atuação.

Art. 12. A eleição dos membros do Conselho a que se refere o artigo 11 desta lei complementar será disciplinada por decreto.

§ 1º O mandato dos membros eleitos do Conselho será de 2 (dois) anos, vedada a recondução.

§ 2º Os Conselheiros eleitos farão jus a gratificação "pro labore" enquanto estiverem no efetivo exercício do mandato, não se sujeitando à remoção de que trata o artigo 103, inciso II, alínea "a", desta lei complementar.

Art. 13. Todos os membros do Conselho terão direito a voto, cabendo ao Presidente, também, o de desempate.

Art. 14. Os membros do Conselho serão substituídos, em suas faltas e impedimentos, da seguinte forma:

I - o Procurador Geral, pelo Procurador Geral Adjunto;

II - o Procurador do Estado Corregedor Geral, pelo Procurador do Estado Corregedor Geral Adjunto;

III - os Subprocuradores Gerais, pelos Subprocuradores Gerais Adjuntos;

IV - o Procurador do Estado Chefe do Centro de Estudos, por um de seus Assistentes;

V - os Conselheiros eleitos, pelos respectivos suplentes.

Art. 15. Compete ao Conselho da Procuradoria Geral do Estado:

I - elaborar lista tríplice a ser encaminhada ao Governador para escolha do Procurador do Estado Corregedor Geral;

II - referendar a escolha do Procurador do Estado Chefe do Centro de Estudos e dos membros do Conselho Curador a que se refere o § 1º do artigo 49 desta lei complementar;

III - decidir, pelo voto de 2/3 (dois terços) de seus membros, pela convocação de Procurador ou servidor da Procuradoria Geral do Estado para prestar esclarecimentos sobre sua atuação funcional;

IV - deliberar, mediante proposta do Procurador Geral, sobre a abertura de concurso de remoção;

V - organizar e dirigir os concursos de ingresso e de promoção na carreira de Procurador do Estado e realizar o concurso de remoção, processando e julgando reclamações e recursos a eles pertinentes;

VI - fixar os critérios de merecimento para fins de promoção;

VII - elaborar lista de classificação do concurso de ingresso para homologação pelo Procurador Geral e publicação;

VIII - convocar os Procuradores do Estado empossados para a escolha de vagas, de acordo com a ordem de classificação no concurso de ingresso;

IX - decidir sobre a confirmação na carreira de Procurador do Estado, nos termos do artigo 91 desta lei complementar;

X - deliberar sobre a remoção de ofício e a remoção compulsória;

XI - manifestar-se previamente e em caráter vinculante sobre pedidos de afastamento de integrantes da carreira e suas renovações anuais, ressalvados os casos previstos nesta lei complementar;

XII - determinar, sem prejuízo da competência do Procurador Geral e do Corregedor Geral, a instauração de sindicâncias e de processos administrativos disciplinares contra integrantes da carreira de Procurador do Estado;

XIII - opinar sobre aplicação de penalidade disciplinar a Procurador do Estado, bem como nos recursos correspondentes;

XIV - referendar proposta do Procurador Geral para criação de novas unidades, subunidades ou órgãos da Procuradoria Geral do Estado, bem como para alteração da sede ou dos limites territoriais das Procuradorias Regionais;

XV - referendar proposta do Procurador Geral para fixação ou alteração do número de Procuradores do Estado destinados a cada um dos órgãos de execução das Áreas do Contencioso e da Consultoria Geral;

XVI - fixar, mediante proposta do Procurador Geral, os requisitos para a classificação em órgãos de execução da Procuradoria Geral do Estado, bem como para o desempenho de atribuições e funções de confiança previstas nesta lei complementar;

XVII - deliberar sobre a criação e a fixação de vagas de estagiários;

XVIII - manifestar-se obrigatoriamente nas propostas de alteração de estrutura, organização e atribuições da Procuradoria Geral do Estado e regime jurídico dos Procuradores do Estado;

XIX - opinar sobre a proposta de orçamento anual da Procuradoria Geral do Estado, na forma e nos prazos estabelecidos em seu regimento;

XX - fixar o número de Corregedores Auxiliares, observado o disposto nesta lei complementar;

XXI - opinar sobre medidas propostas pela Corregedoria da Procuradoria Geral do Estado;

XXII - pronunciar-se sobre qualquer matéria que lhe seja encaminhada pelo Procurador Geral;

XXIII - representar ao Procurador Geral sobre providências reclamadas pelo interesse público, concernentes à Procuradoria Geral do Estado;

XXIV - propor ao Procurador Geral a adoção de medidas concernentes ao aperfeiçoamento, estrutura e funcionamento da Instituição;

XXV – tutelar as prerrogativas funcionais, desagravando do Procurador do Estado ofendido no exercício de seu cargo e oficiando as autoridades competentes;

XXVI – examinar relatórios de correição e de levantamentos estatísticos elaborados pela Corregedoria Geral;

XXVII – decidir, pelo voto de 2/3 (dois terços) de seus membros, pelo encaminhamento ao Governador de proposta do Procurador Geral visando à destituição do Corregedor Geral em caso de abuso de poder, conduta incompatível ou grave omissão dos deveres do cargo, assegurada ampla defesa;

XXVIII – manifestar-se sobre proposta de contratação de jurista, formulada pelo Procurador Geral, nos termos do artigo 3º, § 1º, desta lei complementar;

XXIX – elaborar seu regimento interno.

§ 1º As sessões do Conselho, com periodicidade estabelecida em regulamento, serão públicas, ressalvadas as hipóteses legais de sigilo, e instaladas com a presença da maioria absoluta de seus membros.

§ 2º As deliberações do Conselho serão motivadas, publicadas por extrato e tomadas pela maioria dos membros presentes à sessão, salvo expressa previsão em sentido contrário.

§ 3º Aos Procuradores do Estado será assegurada a manifestação nas sessões do Conselho, na forma definida em seu regimento interno.

SEÇÃO IV
DA CORREGEDORIA DA PROCURADORIA GERAL DO ESTADO

Art. 16. A Corregedoria da Procuradoria Geral do Estado será constituída por um Procurador do Estado Corregedor Geral, um Procurador do Estado Corregedor Geral Adjunto e por Procuradores do Estado Corregedores Auxiliares.

§ 1º O Corregedor Geral será nomeado pelo Governador, para mandato de 2 (dois) anos, permitida uma recondução, dentre os integrantes dos dois últimos níveis da carreira de Procurador do Estado, que não registrem punição de natureza disciplinar nos últimos 5 (cinco) anos, indicados em lista tríplice formada pelos membros do Conselho, após votação secreta e uninominal.

§ 2º Compete ao Governador a destituição do Corregedor Geral, observado o disposto no artigo 15, inciso XXVII, desta lei complementar.

§ 3º O Corregedor Geral Adjunto e os Corregedores Auxiliares serão indicados pelo Corregedor Geral e designados pelo Procurador Geral, entre os Procuradores do Estado com mais de 5 (cinco) anos de efetivo exercício na carreira que não registrem punição de natureza disciplinar nos últimos 5 (cinco) anos.

§ 4º Ao Corregedor Geral Adjunto compete substituir o Corregedor Geral em suas faltas e impedimentos e colaborar na condução das atividades administrativas afetas à Corregedoria.

§ 5º O número de Corregedores Auxiliares será fixado pelo Conselho da Procuradoria Geral do Estado, proporcionalmente ao número de integrantes da carreira em efetivo exercício, provenientes das três áreas de atuação da Procuradoria Geral do Estado.

§ 6º O Corregedor Geral Adjunto e os Corregedores Auxiliares desempenharão suas funções com prejuízo das atribuições do cargo de Procurador do Estado.

Art. 17. A Corregedoria da Procuradoria Geral do Estado é o órgão orientador e fiscalizador das atividades funcionais e da conduta de seus membros, incumbindo-lhe, dentre outras atribuições:

I – fiscalizar e orientar as atividades dos órgãos da Procuradoria Geral do Estado e dos integrantes da carreira, no exercício de suas funções;

II – apreciar as representações que lhe forem encaminhadas relativamente à atuação da Procuradoria Geral do Estado e dos integrantes da carreira;

III – realizar correições nos órgãos da Procuradoria Geral do Estado e nos órgãos jurídicos das autarquias referidas no artigo 3º, inciso I, desta lei complementar, propondo ao Procurador Geral e ao Conselho medidas necessárias à racionalização e eficiência dos serviços;

IV – organizar e divulgar os dados estatísticos das atividades desenvolvidas pelos diversos órgãos da Procuradoria Geral do Estado, propondo a criação de cargos ou sua redistribuição;

V – fornecer subsídios para a avaliação periódica dos Procuradores do Estado e verificar o atendimento aos padrões de desempenho profissional estabelecidos;

VI – requisitar cópias de peças e trabalhos, certidões e informações, relativos às atividades desenvolvidas pelos integrantes da carreira;

VII – realizar, com exclusividade, procedimentos disciplinares contra integrantes da carreira de Procurador do Estado;

VIII – encaminhar ao Procurador Geral proposta de regulamento do estágio probatório dos integrantes da carreira;

IX – acompanhar o estágio probatório dos Procuradores do Estado e, quando necessário, prestar ao Conselho informações acerca da respectiva conduta e do desempenho profissional;

X – submeter ao Conselho da Procuradoria Geral do Estado proposta de confirmação ou de exoneração do Procurador do Estado em estágio probatório;

XI – indicar ao Procurador Geral as necessidades materiais ou de pessoal nos serviços afetos à Procuradoria Geral do Estado.

Art. 18. Compete ao Corregedor Geral, dentre outras atribuições:

I – instaurar de ofício, por determinação do Procurador Geral ou do Conselho, apurações preliminares, sindicâncias e processos administrativos disciplinares contra Procuradores do Estado e servidores da Procuradoria Geral do Estado, nas infrações conexas, e designar o Corregedor Auxiliar encarregado da sua realização;

II – determinar e superintender a organização de informações relativas à atividade funcional dos Procuradores do Estado;

III – expedir atos visando à regularidade e ao aperfeiçoamento dos serviços da Procuradoria Geral do Estado.

CAPÍTULO V
DOS ÓRGÃOS DE COORDENAÇÃO SETORIAL

SEÇÃO I
DAS SUBPROCURADORIAS GERAIS

Art. 19. A Subprocuradoria Geral do Contencioso Geral, a Subprocuradoria Geral do Contencioso Tributário-Fiscal e a Subprocuradoria Geral da Consultoria Geral serão constituídas pelos Subprocuradores Gerais, Subprocuradores Gerais Adjuntos, Procuradores do Estado Assistentes e por pessoal de apoio técnico e administrativo.

Parágrafo único. Os Subprocuradores Gerais serão nomeados pelo Governador, em comissão, por indicação do Procurador Geral, dentre os Procuradores do Estado com mais de 5 (cinco) anos de efetivo exercício na carreira e que não registrem punição de natureza disciplinar nos últimos 5 (cinco) anos, devendo apresentar declaração pública de bens, no ato da posse e da exoneração.

Art. 20. Compete ao Subprocurador Geral do Contencioso Geral e ao Subprocurador Geral do Contencioso Tributário-Fiscal:

I – coordenar, supervisionar e regulamentar a atuação em juízo do Estado e de suas autarquias, definindo orientações e estratégias gerais que deverão ser seguidas pelos respectivos órgãos de execução;

II – indicar ao Procurador Geral os respectivos Subprocuradores Gerais Adjuntos, seus Assistentes, os Procuradores do Estado Chefes das Procuradorias Especializadas das suas respectivas áreas de atuação, bem como os das Procuradorias Regionais;

III – promover a alocação de recursos necessários ao funcionamento das unidades que lhes sejam vinculadas;

IV – adotar medidas que visem ao aperfeiçoamento e à uniformização da atuação das unidades que lhes sejam vinculadas;

V – propor ao Procurador Geral a criação de Procuradorias Especializadas do Contencioso Geral, do Contencioso Tributário-Fiscal e de Procuradorias Regionais, sua extinção ou remanejamento;

VI – propor ao Procurador Geral a divisão em subunidades das Procuradorias Especializadas, da Procuradoria do Estado de São Paulo em Brasília e das Procuradorias Regionais;

VII – fixar critérios para distribuição do trabalho entre os Procuradores do Estado classificados nas suas respectivas áreas de atuação, que resultem na atribuição de tarefas de maior complexidade e repercussão, visando à especialização profissional e à otimização dos recursos humanos disponíveis;

VIII – autorizar o não ajuizamento, desistência, transação, compromisso e confissão nas ações judiciais de interesse do Estado e de suas autarquias, conforme os parâmetros estabelecidos por ato do Procurador Geral;

IX – fixar os critérios de atuação dos Procuradores do Estado junto aos juizados especiais federal e estadual da Fazenda Pública, com vistas à conciliação das partes processuais, observados os parâmetros estabelecidos por ato do Procurador Geral;

X – fixar os critérios de distribuição das ações judiciais ajuizadas fora do território do Estado de São Paulo;

XI – cooperar com as Procuradorias Gerais de outros entes federativos para a defesa dos interesses do Estado de São Paulo;

XII – autorizar a sustação de cobranças ou o parcelamento de débitos, antes ou depois do ajuizamento, e o cancelamento ou a dispensa de inscrição na dívida ativa, conforme os parâmetros estabelecidos por ato do Procurador Geral;

XIII – autorizar a adjudicação ou a arrematação de bens e decidir sobre sua destinação;

XIV – manter contato com autoridades da Administração Estadual, em assuntos de interesse da respectiva área de atuação, dando ciência ao Procurador Geral;

XV – instituir sistema de gerenciamento de dados relativos à qualidade e à produtividade da atuação dos respectivos órgãos de execução;

XVI – decidir sobre qualquer outra matéria de interesse exclusivo das suas respectivas áreas de atuação, ressalvada a competência privativa do Procurador Geral.

§ 1º As atribuições previstas neste artigo poderão ser delegadas.

§ 2º O Subprocurador Geral da Consultoria Geral deverá ser ouvido previamente à definição do conteúdo da argumentação do Estado em juízo, quando se tratar de matéria que possa ter especial repercussão na sua área de atuação.

Art. 21. Compete ao Subprocurador Geral da Consultoria Geral:

I – coordenar, supervisionar e regulamentar a atuação extrajudicial do Estado e de suas autarquias, definindo orientações destinadas aos órgãos de execução vinculados à Área da Consultoria Geral;

II – indicar ao Procurador Geral o Subprocurador Geral Adjunto, seus Assistentes e os Procuradores do Estado Chefes das Procuradorias Especializadas da Área da Consultoria Geral, das Consultorias Jurídicas e da Procuradoria da Junta Comercial;

III – designar os Procuradores do Estado classificados nas Consultorias Jurídicas, observado o disposto no artigo 74, parágrafo único, desta lei complementar;

IV – promover a alocação de recursos necessários ao funcionamento das unidades que lhes sejam vinculadas;

V – adotar medidas que visem ao aperfeiçoamento e à uniformização da atuação das unidades e dos órgãos da Área da Consultoria Geral;

VI – propor ao Procurador Geral a criação de Procuradorias Especializadas e de Consultorias Jurídicas, e a extinção ou remanejamento das existentes;

VII – propor ao Procurador Geral a divisão em subunidades das Procuradorias Especializadas e das Consultorias Jurídicas;

VIII – fixar critérios para distribuição do trabalho entre os Procuradores do Estado classificados nas suas respectivas áreas de atuação, que resultem na atribuição de tarefas de maior complexidade e repercussão, visando preferencialmente à especialização profissional e à otimização dos recursos humanos disponíveis;

IX – aprovar pareceres e fixar orientações jurídicas, submetendo ao Procurador Geral as matérias de relevância ou que possam ter repercussão para toda a Administração Estadual;

X – manter contatos com autoridades da Administração Estadual, em assuntos de interesse da área, dando ciência ao Procurador Geral;

XI – instituir sistema de gerenciamento de dados relativos à qualidade e à produtividade da atuação dos órgãos de execução vinculados à Área da Consultoria Geral;

XII – decidir sobre qualquer outra matéria de interesse da Área da Consultoria Geral, ressalvada a competência privativa do Procurador Geral.

§ 1º As atribuições previstas neste artigo poderão ser delegadas.

§ 2º O Subprocurador Geral do Contencioso Geral e o Subprocurador Geral do Contencioso Tributário-Fiscal deverão ser ouvidos previamente à aprovação a que se refere o inciso IX deste artigo, quando se tratar de matéria que possa ter especial repercussão nas suas respectivas áreas de atuação. Artigo 22 – Compete aos Subprocuradores Gerais Adjuntos:

I – coletar dados e informações para orientar os Subprocuradores Gerais na fixação de orientações destinadas aos respectivos órgãos de execução;

II – informar ao Subprocurador Geral a necessidade de aperfeiçoamento e uniformização da atuação das unidades vinculadas à respectiva Subprocuradoria Geral;

III – diagnosticar as tarefas de maior complexidade e repercussão e auxiliar na fixação de critérios para distribuição do trabalho, nos termos do disposto no inciso VII do artigo 20 e no inciso VIII do artigo 21, ambos desta lei complementar;

IV – monitorar sistema de gerenciamento de dados relativos à qualidade e à produtividade da atuação dos respectivos órgãos de execução;

V – colaborar na condução das atividades administrativas afetas à respectiva Subprocuradoria Geral;

VI – substituir os Subprocuradores Gerais em suas faltas e impedimentos;

VII – outras atribuições delegadas pelo Subprocurador Geral.

Art. 23. Compete às Assistências a seguir relacionadas, integrantes da Subprocuradoria Geral do Contencioso Geral:

I – à Assistência de Defesa do Meio Ambiente:

a) realizar a interlocução da Procuradoria Geral do Estado com os demais órgãos da Administração Estadual e com outros órgãos e entidades em matéria ambiental;

b) coordenar a atuação dos órgãos do Contencioso Geral em questões relacionadas à defesa do meio ambiente;

c) prestar orientação e apoio técnico aos Procuradores do Estado incumbidos de atuar na defesa do meio ambiente, com vistas à especialização e à uniformização de teses e procedimentos;

II – à Assistência de Políticas Públicas:

a) a institucionalização de canais de comunicação entre os órgãos da Administração e os da Procuradoria Geral do Estado para a transmissão recíproca de informações técnicas, de maneira célere e segura, a respeito das ações judiciais;

b) coordenar a atuação dos órgãos do Contencioso Geral perante o Poder Judiciário em questões relacionadas a políticas públicas;

c) prestar orientação e apoio técnico aos órgãos do Contencioso Geral em questões relacionadas a políticas públicas, com vistas à especialização na matéria e uniformização de teses e procedimentos;

d) agir preventivamente na solução de litígios, propondo a criação de grupos de estudo ou de trabalho para o desenvolvimento de temas específicos e sugerindo alteração de procedimentos para aprimoramento da atuação em juízo;

e) opinar sobre a celebração de acordos em ações coletivas que versem sobre políticas públicas e sobre a formalização de termos de ajustamento de conduta no âmbito de inquéritos civis, sem prejuízo da manifestação da Subprocuradoria Geral da Consultoria Geral;

III – à Assistência de Pessoal:

a) realizar a interlocução da Procuradoria Geral do Estado com os demais órgãos da Administração Estadual e com outros órgãos e entidades em matéria concernente a servidor público;

b) coordenar a atuação dos órgãos do Contencioso Geral nas questões relacionadas à matéria de servidor público;

c) prestar orientação e apoio técnico aos Procuradores do Estado em matéria de servidor público, com vistas à especialização e à uniformização de teses e procedimentos;

IV – à Assistência de Arbitragens:

a) atuar em todos os procedimentos arbitrais de interesse da Fazenda Pública;

b) promover a interlocução da Procuradoria Geral do Estado com os demais órgãos e entidades da Administração Estadual para subsidiar a defesa da Fazenda Pública nas arbitragens instauradas;

c) coordenar a atuação das empresas e fundações nas arbitragens de interesse desses entes, quando não for o caso de representação direta pela Procuradoria Geral do Estado;

d) opinar a respeito do juízo de conveniência de a Fazenda Pública submeter-se à arbitragem, prévia ou posteriormente ao conflito;

e) emitir orientações genéricas ou específicas a respeito das questões relacionadas à arbitragem.

Art. 24. Compete às Assistências a seguir relacionadas, integrantes da Subprocuradoria Geral do Contencioso Tributário-Fiscal:

I – à Assistência de Recuperação de Ativos:

a) coordenar a recuperação de dívidas inscritas de maior potencial econômico;

b) traçar metas de arrecadação para as unidades incumbidas da cobrança da dívida ativa e indicar os procedimentos e orientações para seu alcance, com a aprovação do Subprocurador Geral do Contencioso Tributário-Fiscal;

c) outras atribuições fixadas pelo Subprocurador Geral do Contencioso Tributário-Fiscal;

II – à Assistência de Leilões Judiciais, coordenar as atividades relacionadas aos leilões judiciais.

§ 1º Insere-se nas atribuições da Subprocuradoria Geral do Contencioso Tributário-Fiscal a elaboração de minutas de informações em mandados de segurança e de injunção envolvendo matéria tributária impetrados contra autoridades fazendárias, ressalvada a competência da Procuradoria de Assuntos Tributários.

§ 2º A competência de que trata o § 1º deste artigo poderá ser delegada.

Art. 25. Compete às Assistências a seguir relacionadas, integrantes da Subprocuradoria Geral da Consultoria Geral:

I – à Assistência de Procedimentos Especiais:

a) controlar os expedientes oriundos do Tribunal de Contas e realizar os procedimentos administrativos não disciplinares deles decorrentes, no âmbito das atribuições da Procuradoria Geral do Estado;

b) realizar procedimentos administrativos não disciplinares, conforme atribuição legal ou regulamentar, especialmente o de reparação de danos previsto na Lei nº 10.177, de 30 de novembro de 1998;

c) realizar outros procedimentos administrativos não disciplinares por expressa determinação do Procurador Geral ou do Subprocurador Geral da Consultoria Geral;

II – à Assistência de Gestão de Imóveis:

a) realizar a interlocução da Procuradoria Geral do Estado com os demais órgãos da Administração Estadual e com outros órgãos e entidades em matéria imobiliária, sem prejuízo das atribuições das unidades da Área da Consultoria Geral;

b) coordenar e orientar a atuação das unidades da Área da Consultoria Geral para a execução da política patrimonial imobiliária do Estado;

c) prestar orientação e apoio técnico aos Procuradores do Estado da Área da Consultoria Geral incumbidos de atuar em matéria imobiliária, com vistas à uniformização de teses e procedimentos;

d) responder consultas jurídicas que envolvam matéria imobiliária, mediante solicitação da Subprocuradoria Geral da Consultoria Geral;

III – à Assistência Jurídica aos Municípios, prestar assistência jurídica em assuntos de natureza extrajudicial às Prefeituras e às Câmaras Municipais;

IV – à Assistência de Apoio Operacional:

a) emitir manifestação sobre matéria que lhe foi submetida pelo Subprocurador Geral da Consultoria Geral;

b) opinar em procedimentos disciplinares, inclusive nos respectivos recursos;

c) manifestar-se sobre minutas de atos convocatórios de licitação, de contratos, convênios e demais instrumentos de ajuste de interesse da Procuradoria Geral do Estado, cabendolhe opinar sobre recursos interpostos em certames licitatórios;

d) elaborar minuta de informações em mandado de segurança impetrado contra ato do Procurador Geral, exceto nas ações que versem sobre matéria fiscal e tributária.

Art. 26. As atividades das Assistências a que se referem os artigos 23, 24 e 25 desta lei complementar poderão ser organizadas em equipes especializadas, sob a coordenação de um Procurador do Estado Assistente, designado por ato do Procurador Geral.

Parágrafo único. As atribuições das equipes especializadas que integram as Assistências e de suas respectivas coordenações serão fixadas por ato do Procurador Geral.

SEÇÃO II
DOS ÓRGÃOS DE EXECUÇÃO

SUBSEÇÃO I
DISPOSIÇÕES GERAIS

Art. 27. Os órgãos de execução de que trata este capítulo serão integrados por um Procurador do Estado Chefe, respectivamente, com as seguintes atribuições:

I – orientar, coordenar e superintender a atuação dos Procuradores do Estado e os serviços administrativos;

II – aplicar os critérios fixados pelo Subprocurador Geral da respectiva área de atuação, para distribuição do trabalho entre os Procuradores do Estado;

III – desenvolver estratégias para atuação diferenciada em assuntos ou ações judiciais de elevado valor ou de maior interesse para a Administração Estadual;

IV – zelar pela qualidade técnica, presteza e eficiência do trabalho produzido pelos Procuradores do Estado, aprovando pareceres jurídicos ou assinando em conjunto peças processuais consideradas relevantes;

V – avaliar periodicamente o desempenho profissional de cada Procurador do Estado, comunicando o resultado à Corregedoria Geral, podendo propor ao Procurador Geral a anotação de elogio em prontuário;

VI – manter sistema de controle de resultados qualitativos e quantitativos para o trabalho executado nas Áreas do Contencioso e da Consultoria Geral, com o fornecimento de dados gerenciais que permitam o aprimoramento da atuação jurídica do Estado e de suas autarquias;

VII – decidir sobre questões administrativas, no âmbito de sua competência.

Parágrafo único. Os Procuradores do Estado Chefes serão auxiliados por Procuradores do Estado Assistentes.

Art. 28. As Procuradorias Especializadas, as Procuradorias Regionais, a Procuradoria do Estado de São Paulo em Brasília e as Consultorias Jurídicas poderão ser divididas em subunidades para melhor organização dos serviços.

§ 1º A divisão em subunidades considerará aspectos quantitativos, territoriais e relativos à sua natureza, complexidade, importância estratégica, valor econômico envolvido e grau de dificuldade na execução, no que se refere à distribuição dos serviços.

§ 2º No âmbito da subunidade, o Procurador do Estado designado para a respectiva chefia exercerá as competências previstas no artigo 27 desta lei complementar, no que couber.

Art. 29. Os parâmetros de acompanhamento de recursos pelas Procuradorias Especializadas e pelas Procuradorias Regionais serão definidos por resolução do Procurador Geral.

Art. 30. As Procuradorias Regionais poderão ser reorganizadas por decreto, vedado o aumento de despesa, observandose a divisão administrativa do Estado, salvo se relevantes razões de interesse público justificarem composição diversa.

SUBSEÇÃO II
DOS ÓRGÃOS DE EXECUÇÃO DA ÁREA DO CONTENCIOSO GERAL

DA PROCURADORIA DO CONTENCIOSO JUDICIAL

Art. 31. É atribuição da Procuradoria do Contencioso Judicial a representação do Estado e de suas autarquias em processos ou em ações de qualquer natureza e objeto, exceto naqueles de competência privativa de outras Procuradorias. Da Procuradoria do Contencioso Ambiental e Imobiliário

Art. 32. São atribuições da Procuradoria do Contencioso Ambiental e Imobiliário:

I – nas Comarcas da Região Metropolitana de São Paulo – RMSP:

a) representar o Estado e suas autarquias em processos ou ações de qualquer natureza, cujo objeto principal, incidente ou acessório, verse sobre direitos reais ou possessórios, patrimônio imobiliário, proteção do meio ambiente e águas de domínio do Estado;

b) promover ações discriminatórias de terras devolutas do Estado e de legitimação de posse, providenciar a expedição de títulos de domínio e a incorporação ao patrimônio do Estado das que se encontrarem vagas ou livres de posse legítima, e propor sua destinação, na forma de lei;

c) promover, por via amigável ou judicial, as desapropriações de interesse do Estado e de suas autarquias;

II – fornecer aos demais órgãos da Procuradoria Geral do Estado os subsídios que lhe forem solicitados em questões relativas ao patrimônio imobiliário e ambiental do Estado e de suas autarquias;

III – realizar e desenvolver outras atividades de apoio ao Procurador Geral nos assuntos de natureza normativa relacionados com o patrimônio imobiliário e ambiental.

DA PROCURADORIA DO CONTENCIOSO DE PESSOAL

Art. 33. É atribuição da Procuradoria do Contencioso de Pessoal representar o Estado e suas autarquias em processos ou ações de qualquer natureza, cujo objeto principal, incidente ou acessório, verse sobre matéria concernente a servidores públicos.

DA PROCURADORIA DE EXECUÇÕES

Art. 34. É atribuição da Procuradoria de Execuções a representação judicial do Estado e de suas autarquias nos processos em fase de liquidação e de execução de sentença, até atendimento final ao requisitório judicial.

§ 1º A competência da Procuradoria de Execuções abrange as ações que tramitam nas unidades subordinadas à Subprocuradoria Geral do Contencioso Geral.

§ 2º O Subprocurador Geral do Contencioso Geral poderá limitar a competência prevista no "caput" deste artigo, atendendo à necessidade da organização dos serviços.

SUBSEÇÃO III
DOS ÓRGÃOS DE EXECUÇÃO DA ÁREA
DO CONTENCIOSO TRIBUTÁRIO-FISCAL
DA PROCURADORIA FISCAL

Art. 35. São atribuições da Procuradoria Fiscal:

I – promover a cobrança da dívida ativa ajuizada do Estado e de suas autarquias;

II – representar o Estado nos processos de inventário, arrolamento, divórcio, falência, recuperação judicial, bem como em quaisquer outros nos quais houver interesse do Estado em matéria tributária;

III – defender os interesses do Estado e de suas autarquias nas ações e processos de qualquer natureza, inclusive mandados de segurança, relativos à matéria tributária;

IV – representar o Estado e suas autarquias em processos ou ações que versem sobre matéria financeira relacionada com a arrecadação tributária;

V – atuar, como assistente de acusação, nas hipóteses de crimes contra a ordem tributária, se for o caso.

DA PROCURADORIA DA DÍVIDA ATIVA

Art. 36. São atribuições da Procuradoria da Dívida Ativa:

I – promover o controle da dívida ativa do Estado e de suas autarquias;

II – realizar os atos de inscrição na dívida ativa, zelando pela sua celeridade e segurança;

III – promover a cobrança da dívida ativa não ajuizada do Estado e de suas autarquias;

IV – gerenciar dados e informações sobre a inscrição e a cobrança da Dívida Ativa.

Parágrafo único. As atribuições previstas neste artigo poderão ser delegadas às Procuradorias Regionais, conforme disciplina fixada pelo Subprocurador Geral do Contencioso Tributário-Fiscal.

SUBSEÇÃO IV
DAS PROCURADORIAS REGIONAIS

Art. 37. São atribuições das Procuradorias Regionais:

I – exercer as atribuições definidas nos artigos 31 a 35 desta lei complementar nas respectivas Comarcas;

II – executar serviços de natureza especial que lhes forem atribuídos pelo Procurador Geral;

III – exercer outras atribuições definidas em lei ou normas regulamentares;

IV – desenvolver as atividades do Centro de Estudos na respectiva unidade, na forma do disposto nos artigos 46, parágrafo único, e 47, parágrafo único, desta lei complementar.

SUBSEÇÃO V
DA PROCURADORIA DO ESTADO DE
SÃO PAULO EM BRASÍLIA

Art. 38. A Procuradoria do Estado de São Paulo em Brasília atuará nos processos judiciais e administrativos de interesse do Estado e de suas autarquias, em tramitação nos órgãos e tribunais sediados na Capital Federal.

SUBSEÇÃO VI
DOS ÓRGÃOS DE EXECUÇÃO DA ÁREA
DA CONSULTORIA GERAL
DA PROCURADORIA ADMINISTRATIVA

Art. 39. São atribuições da Procuradoria Administrativa, entre outras:

I – manifestar-se sobre matéria jurídica de especial interesse da Administração Pública Estadual, em virtude de sua repercussão ou complexidade;

II – acompanhar a atividade jurídico-consultiva da Administração, propondo, quando for o caso, a uniformização da interpretação e da aplicação de dispositivos constitucionais, legais e regulamentares;

III – manifestar-se sobre propostas de extensão administrativa de decisões judiciais;

IV – manifestar-se sobre propostas de edição ou de reexame de súmulas de uniformização da jurisprudência administrativa do Estado.

DA PROCURADORIA DA FAZENDA JUNTO AO TRIBUNAL DE CONTAS

Art. 40. São atribuições da Procuradoria da Fazenda junto ao Tribunal de Contas, entre outras:

I - representar e defender, com exclusividade, os interesses da Fazenda do Estado perante o Tribunal de Contas;

II - requerer as medidas previstas na Lei Orgânica do Tribunal de Contas quando verificar a ocorrência de ilegalidade de ato determinativo de despesas, inclusive na hipótese de contratos, em relação aos quais não tenha havido manifestação anterior da Procuradoria Geral do Estado ou a manifestação tenha sido contrária ao ato;

III - opinar verbalmente, ou por escrito, a requerimento próprio, por deliberação do Plenário, das Câmaras ou mediante despacho da Presidência ou de qualquer Conselheiro, nos processos sujeitos a fiscalização e julgamento do Tribunal, desde que presente interesse estadual;

IV - participar das sessões do Tribunal Pleno e das Câmaras, manifestando-se nos termos legais e regimentais;

V - levar ao conhecimento dos órgãos da Administração Direta e Indireta do Estado e do Tribunal de Contas, para os fins de direito, a ocorrência de qualquer crime, ilegalidade ou irregularidade de que venha a ter ciência;

VI - remeter à autoridade competente para execução cópia autêntica dos atos de imposição de multa e das decisões condenatórias de responsáveis em alcance ou de restituição de quantias em processo de tomada de contas;

VII - velar, supletivamente, pela execução das decisões do Tribunal de Contas;

VIII - interpor os recursos cabíveis e requerer a revisão e rescisão de julgados;

IX - opinar nas matérias de interesse do erário sujeitas à jurisdição e à competência do Tribunal de Contas;

X - representar ao Subprocurador Geral da Consultoria Geral a respeito de mudança de entendimento ou reiterada divergência entre a orientação jurídica da Procuradoria Geral do Estado e as decisões daquela Corte.

Parágrafo único. A atuação dos Procuradores do Estado junto ao Tribunal de Contas observará as orientações fixadas pelo Procurador Geral e pelo Subprocurador Geral da Consultoria Geral.

DA PROCURADORIA DA JUNTA COMERCIAL

Art. 41. São atribuições da Procuradoria da Junta Comercial exercer as funções de assessoria e consultoria jurídicas e de fiscalização da Junta Comercial do Estado, cabendo-lhe, ainda, oficiar em juízo, em matéria e questão relativa à prática de atos de registro público de empresas e de atividades afins.

Parágrafo único. Aplica-se à Procuradoria da Junta Comercial o disposto nos artigos 44 e 45 desta lei complementar.

DA PROCURADORIA DE PROCEDIMENTOS DISCIPLINARES

Art. 42. São atribuições da Procuradoria de Procedimentos Disciplinares:

I - realizar, desde a portaria inicial até o relatório conclusivo, os procedimentos disciplinares não regulados por lei especial, em face de servidores da Administração Direta e Autárquica, independentemente de seu regime jurídico;

II - realizar, excepcionalmente, apurações disciplinares, mediante determinação do Procurador Geral;

III - estudar, elaborar e propor:

a) instruções de caráter geral e súmulas para uniformização da jurisprudência administrativa do Estado em matéria de procedimentos disciplinares;

b) medidas para o aprimoramento da celeridade, eficácia e segurança dos procedimentos disciplinares;

IV - acompanhar, quando for o caso, inquéritos e processos criminais que envolvam servidores do Estado;

V - requisitar informações a outros órgãos ou entidades da Administração, que serão prestadas no prazo que for assinado, sob pena de responsabilidade do agente que der causa ao atraso;

VI - prestar orientação técnica em matéria disciplinar às unidades administrativas.

DA PROCURADORIA DE ASSUNTOS TRIBUTÁRIOS

Art. 43. Compete à Procuradoria de Assuntos Tributários prestar consultoria e assessoramento jurídico em matéria fiscal e em matéria tributária, em especial:

I – emitir parecer jurídico por determinação do Procurador Geral ou dos Subprocuradores Gerais e por solicitação do Secretário da Fazenda;

II – examinar anteprojetos de lei e minutas de decreto, por determinação do Procurador Geral ou por solicitação do Secretário da Fazenda;

III – representar objetivando a propositura de ação de controle abstrato de constitucionalidade de lei ou de ato normativo, bem como elaborar informações e manifestações relativas a essas ações;

IV – elaborar minutas de informações em mandados de segurança e em mandados de injunção impetrados contra ato do Governador do Estado, do Procurador Geral e do Secretário da Fazenda.

Parágrafo único. A competência de que trata o inciso IV deste artigo poderá ser delegada por ato do Subprocurador-Geral da Consultoria Geral.

DAS CONSULTORIAS JURÍDICAS

Art. 44. São atribuições das Consultorias Jurídicas:

I – exercer as atividades de consultoria e assessoramento jurídico em assuntos de interesse dos órgãos e das entidades atendidos, incluindo a participação em reuniões, realização de estudos, formulação de propostas e elaboração de instrumentos jurídicos;

II – opinar em procedimentos disciplinares quando provocadas pela autoridade competente e obrigatoriamente nos casos em que houver recurso;

III – manifestar-se sobre minutas de atos convocatórios de licitação, contratos, convênios e demais instrumentos de ajuste de interesse da Administração Estadual, cabendo-lhes, a critério da autoridade competente, opinar sobre recursos interpostos em certames licitatórios;

IV – manifestar-se sobre a constitucionalidade e a legalidade de atos administrativos e de anteprojetos de lei de interesse dos órgãos e entidades atendidos;

V – prestar assessoramento aos órgãos vinculados às respectivas Pastas, em procedimentos administrativos em tramitação junto ao Ministério Público e ao Tribunal de Contas, sempre que necessário à tutela dos interesses da Administração Estadual;

VI – elaborar minutas de informações em mandados de segurança e em mandados de injunção impetrados contra ato de autoridade administrativa dos órgãos e entidades atendidos, no âmbito de sua competência;

VII – encaminhar, prioritariamente, expedientes relativos a ações judiciais, mantendo controle até sua devolução ao órgão requisitante;

VIII – examinar e encaminhar os autos de processos relativos à cobrança de débitos ao órgão de execução competente;

IX – propor ao Subprocurador Geral da Consultoria Geral a fixação de diretrizes e a uniformização de entendimento jurídico entre os órgãos consultivos.

§ 1º As Secretarias de Estado, a Polícia Civil, a Polícia Militar e as autarquias serão atendidas por Consultorias Jurídicas específicas.

§ 2º Caberá aos órgãos e entidades a que se refere o § 1º deste artigo providenciar local adequado para o funcionamento das respectivas Consultorias Jurídicas, fornecendo-lhes o suporte administrativo necessário, e definir as autoridades competentes para o encaminhamento dos expedientes que lhes forem destinados.

Art. 45. Será obrigatória a manifestação prévia das Consultorias Jurídicas nos expedientes que versem sobre:

I – licitação, contratos administrativos e convênios;

II – anteprojetos de lei e minutas de decretos regulamentares;

III – procedimentos disciplinares no âmbito da Administração Direta e Autárquica, ressalvado o disposto no inciso II do "caput" do artigo 44 desta lei complementar;

IV – edição de súmulas para uniformização da jurisprudência administrativa e extensão administrativa de decisões judiciais reiteradas.

Parágrafo único. O Procurador Geral poderá dispensar a manifestação das Consultorias Jurídicas:

1 – nas hipóteses do inciso I deste artigo, quando houver minutas-padrão de editais de licitação, de contratos, de convênios, e respectivos procedimentos, pré-aprovados pela Procuradoria Geral do Estado;

2 – nas hipóteses do inciso II deste artigo, em relação a determinadas matérias, em atendimento a requerimento fundamentado da autoridade competente.

CAPÍTULO VI
DOS ÓRGÃOS AUXILIARES

SEÇÃO I
DO CENTRO DE ESTUDOS

Art. 46. Ao Centro de Estudos, órgão auxiliar da Procuradoria Geral do Estado, compete promover o aprimoramento profissional e cultural dos Procuradores do Estado, do pessoal técnico e administrativo e dos estagiários e a melhoria das condições de trabalho, e especialmente:

I – auxiliar na realização do concurso de ingresso na carreira de Procurador do Estado;

II – elaborar, em caráter permanente, estudos, avaliações e propostas para aperfeiçoamento dos concursos de ingresso e de promoção e dos critérios de recrutamento dos Procuradores do Estado e de aferição de merecimento;

III – organizar o curso de adaptação à carreira de que trata o artigo 90, § 1º, item 1, desta lei complementar, e contribuir para a adaptação funcional do Procurador do Estado em estágio probatório;

IV – organizar e promover cursos, seminários, estágios, treinamentos e atividades correlatas, visando ao aperfeiçoamento dos Procuradores do Estado, estagiários e servidores da Instituição;

V – organizar e promover cursos de pós-graduação, por meio da Escola Superior da Procuradoria Geral do Estado – ESPGE, admitida a participação de terceiros interessados, nos termos da regulamentação;

VI – fomentar a criação de grupos de estudo para discussão de assuntos de interesse institucional e prestar-lhes suporte administrativo;

VII – promover a divulgação de matéria doutrinária, legislativa e jurisprudencial de interesse da Instituição;

VIII – editar revistas de estudos jurídicos e boletins periódicos;

IX – efetivar a organização sistemática de pareceres e de trabalhos forenses, bem como da legislação, doutrina e jurisprudência, relacionados com as atividades e os fins da Administração Pública;

X – elaborar estudos e pesquisas bibliográficas por solicitação de órgãos da Procuradoria Geral do Estado;

XI – manter o acervo da Biblioteca Central e registros relativos às Bibliotecas Setoriais;

XII – colaborar com a organização e a conservação dos documentos e arquivos da Procuradoria Geral do Estado;

XIII – propor ao Procurador Geral a adoção de programas para o melhoramento e a modernização da infraestrutura dos órgãos da Procuradoria Geral, com utilização de recursos próprios;

XIV – prestar suporte administrativo à Câmara de Integração e Orientação Técnica.

Parágrafo único. O Centro de Estudos poderá descentralizar suas atividades, a fim de facilitar e incentivar a participação e integração de todos os Procuradores do Estado.

Art. 47. O Centro de Estudos será dirigido por um Procurador do Estado Chefe, designado pelo Procurador Geral e referendado pelo Conselho da Procuradoria Geral do Estado, auxiliado por Procuradores do Estado Assistentes, nas atividades concernentes a:

I – divulgação;

II – aperfeiçoamento e ajuda financeira;

III – Escola Superior da Procuradoria Geral do Estado – ESPGE;

IV – atividades regionais.

Parágrafo único. O Centro de Estudos contará com a colaboração de um Procurador do Estado classificado em cadauma das Procuradorias Regionais e da Procuradoria do Estado de São Paulo em Brasília para, sem prejuízo de suas atribuições, representá-lo nas unidades descentralizadas.

Art. 48. A ESPGE tem por finalidade a especialização da advocacia estatal e a difusão do conhecimento jurídico entre profissionais de escolaridade superior, com a promoção da respectiva titulação de seus alunos, nos termos da legislação vigente.

Art. 49. A ESPGE será integrada por um Conselho Curador, de caráter normativo e deliberativo, constituído pelos seguintes membros:

I – Procurador do Estado Chefe do Centro de Estudos, como membro nato, que o presidirá;

II – Procurador do Estado Assistente, Coordenador Geral da ESPGE, como membro nato;

III – 5 (cinco) integrantes do corpo docente da ESPGE, dentre eles, no mínimo, 3 (três) Procuradores do Estado em atividade;

IV – 2 (dois) representantes da comunidade científica, de notório saber jurídico;

V – 1 (um) representante do corpo discente, eleito por seus pares, para um mandato de 2 (dois) anos, vedada a reeleição.

§ 1º Os representantes a que se referem os incisos III e IV deste artigo serão escolhidos pelo Procurador Geral e referendados pelo Conselho da Procuradoria Geral do Estado para mandato de 2 (dois) anos, permitida uma única recondução.

§ 2º Caberá ao Conselho Curador aprovar seu regimento interno e também o da ESPGE.

Art. 50. O Centro de Estudos disporá de Fundo Especial de Despesa para consecução de suas finalidades, na forma da lei, constituído de recursos provenientes de dotações orçamentárias consignadas anualmente no orçamento do Estado e de receitas que lhe forem legalmente atribuídas, mais as seguintes:

I – doações, auxílios, contribuições, subvenções, patrocínios ou investimentos recebidos de instituições públicas ou entidades privadas;

II – renda de bens patrimoniais;

III – valores arrecadados a título de inscrição no concurso de ingresso na Procuradoria Geral do Estado;

IV – valores auferidos com a realização de cursos, seminários, treinamentos, estágios e publicações;

V – rendimentos financeiros decorrentes da aplicação de saldos disponíveis.

Art. 51. Para os fins a que se refere o artigo 46 e para a gestão dos recursos referidos no artigo 50, contará o Centro de Estudos com o apoio da Coordenadoria de Administração da Procuradoria Geral do Estado e, ainda, com unidades definidas em decreto para as seguintes atividades:

I – protocolo e registro de documentos;

II – serviços de administração;

III – material e patrimônio;

IV – biblioteca;

V – apoio às atividades de:

a) publicação e divulgação;

b) formação e aperfeiçoamento;

c) programas de ajuda financeira a Procuradores do Estado e servidores da PGE.

Art. 52. Para a consecução de seus objetivos, o Centro de Estudos poderá representar a Procuradoria Geral do Estado na celebração de termos de cooperação com institutos educacionais, universidades e instituições e entidades públicas ou privadas nacionais ou estrangeiras.

SEÇÃO II
DA CÂMARA DE INTEGRAÇÃO E ORIENTAÇÃO TÉCNICA – CIOT

Art. 53. A Câmara de Integração e Orientação Técnica – CIOT – tem por finalidade integrar os órgãos de coordenação setorial para fins de racionalização, uniformização e orientação técnica das atividades dos órgãos de execução.

§ 1º A CIOT será composta pelos Subprocuradores Gerais, pelo Procurador do Estado Assessor de Coordenação de Regionais e pelo Procurador do Estado Chefe da Procuradoria Administrativa, sob a presidência do Procurador Geral Adjunto.

§ 2º A critério dos membros da CIOT, poderão ser convidados Procuradores do Estado e demais servidores da Administração para participar de suas reuniões.

§ 3º O funcionamento e as atribuições da CIOT serão definidos em resolução do Procurador Geral.

§ 4º As deliberações da CIOT serão submetidas a homologação do Procurador Geral, que determinará as providências para sua efetivação.

SEÇÃO III
DA CÂMARA DE CONCILIAÇÃO DA ADMINISTRAÇÃO ESTADUAL – CCAE

Art. 54. À Câmara de Conciliação da Administração Estadual – CCAE compete buscar solução de controvérsias de natureza jurídica entre entidades da Administração Estadual, em sede administrativa, por meio de conciliação.

§ 1º Compete ao Procurador Geral Adjunto a coordenação dos trabalhos da CCAE, com o auxílio de Procuradores do Estado conciliadores, designados por ato do Procurador Geral.

§ 2º A critério dos membros da CCAE, poderão ser convidados Procuradores do Estado e demais servidores da Administração para participar de suas atividades.

§ 3º O funcionamento da CCAE será definido em resolução do Procurador Geral.

Art. 55. O conciliador e os representantes dos órgãos e das entidades em conflito deverão, utilizando-se dos meios legais e observados os princípios da Administração Pública, envidar esforços para que a conciliação se realize.

Art. 56. Realizada a conciliação, será lavrado o respectivo termo e submetido à homologação do Procurador Geral.

Parágrafo único. O termo de conciliação homologado será encaminhado à CCAE.

Art. 57. A CCAE poderá solicitar a manifestação da Procuradoria Administrativa sobre questão jurídica para dirimir a controvérsia, que será submetida ao

Procurador Geral, por intermédio do Subprocurador Geral da Consultoria Geral.

SEÇÃO IV
DO CENTRO DE ESTÁGIOS

Art. 58. Ao Centro de Estágios, coordenado pelo Procurador do Estado Chefe de Gabinete, compete:

I - propor:

a) as áreas de formação profissional admissíveis para estágio;

b) o número de estagiários de cada área a serem admitidos nos diversos órgãos da Procuradoria Geral do Estado;

c) normas gerais e específicas para os estágios;

II - selecionar os candidatos, inclusive por meio de entidades conveniadas;

III - credenciar e descredenciar os estagiários, exercendo atividade correcional geral.

CAPÍTULO VII
DA COMISSÃO DE CONCURSO DE INGRESSO

Art. 59. A Comissão de Concurso de Ingresso, colegiado de natureza transitória, incumbida de processar o concurso de ingresso na carreira de Procurador do Estado, será presidida por um membro da carreira em efetivo exercício designado pelo Procurador Geral, e integrada, obrigatoriamente, pelo Procurador do Estado Chefe do Centro de Estudos e por um representante da Ordem dos Advogados do Brasil - OAB, Secção de São Paulo, com participação em todas as suas fases.

§ 1º O Conselho da Procuradoria Geral do Estado indicará os membros para integrar a Comissão, escolhidos entre:

1 - preferencialmente, procuradores do Estado da ativa ou aposentados com titulação acadêmica, especialização ou atuação reconhecida em uma das matérias examinadas;

2 - outros profissionais do Direito com titulação acadêmica correspondente, no mínimo, ao grau de doutor.

§ 2º O Presidente da Comissão poderá solicitar aos órgãos da Procuradoria Geral do Estado o apoio necessário à realização do certame.

CAPÍTULO VIII
DOS ÓRGÃOS DE APOIO

SEÇÃO I
DA COORDENAÇÃO DOS ÓRGÃOS DE APOIO

Art. 60. Os órgãos de apoio serão coordenados por Procurador do Estado confirmado na carreira, designado pelo Procurador Geral.

SEÇÃO II
DO CENTRO DE ENGENHARIA, CADASTRO IMOBILIÁRIO E GEOPROCESSAMENTO - CECIG

Art. 61. O Centro de Engenharia, Cadastro Imobiliário e Geoprocessamento - CECIG, e os Serviços de Engenharia e Cadastro Imobiliário das Procuradorias Regionais são os órgãos responsáveis pelos trabalhos técnicos de engenharia necessários aos serviços da Procuradoria Geral do Estado.

Art. 62. São atribuições dos órgãos a que se refere o artigo 61 desta lei complementar:

I - inventariar, levantar, demarcar, avaliar e cadastrar os próprios estaduais, ilhas, lagos, lagoas, rios e respectivos terrenos marginais de domínio do Estado;

II - levantar e avaliar qualquer bem imóvel, quando solicitado pela Administração;

III - organizar e atualizar cadastro geral de próprios estaduais e de imóveis em processo de incorporação, a qualquer título, especialmente por desapropriação ou ação discriminatória;

IV - auxiliar os Procuradores do Estado nas ações judiciais e indicar representante para atuar como assistente técnico, quando solicitado.

Parágrafo único. As atividades indicadas nos incisos I a III deste artigo poderão ser executadas por entidade ou órgão da Administração Estadual, facultado o acompanhamento pelos órgãos a que se refere o artigo 61 desta lei complementar.

SEÇÃO III
DO CENTRO DE TECNOLOGIA DA INFORMAÇÃO - CTI

Art. 63. Compete ao Centro de Tecnologia da Informação - CTI, desenvolver e orientar a implantação ou integração de sistemas eletrônicos de informação, de interesse para as atividades da Procuradoria Geral do Estado.

Parágrafo único. A estrutura e o funcionamento do órgão previsto no "caput" deste artigo serão fixados por decreto.

CAPÍTULO IX
DA COORDENADORIA DE ADMINISTRAÇÃO - CA

Art. 64. Compete à Coordenadoria de Administração - CA, a execução da gestão orçamentária e financeira da Procuradoria Geral do Estado e o atendimento nas questões relativas às áreas de:

I - patrimônio;

II - infraestrutura material;

III - pessoal e recursos humanos;

IV - transportes;

V - comunicações administrativas.

Parágrafo único. Caberá, ainda, à CA a orientação e supervisão das unidades subsetoriais a ela vinculadas em relação às atividades previstas neste artigo, conforme estrutura definida em decreto.

Art. 65. O Coordenador de Administração será designado entre Procuradores do Estado confirmados na carreira e auxiliado por Procuradores do Estado Assistentes e pessoal técnico e administrativo.

Art. 66. São unidades da Coordenadoria de Administração:

I - Departamento de Orçamento e Finanças;

II - Departamento de Recursos Humanos;

III - Departamento de Suprimentos e Atividades Complementares;

IV - Grupo de Apoio Técnico.

§ 1º Compete ao Departamento de Orçamento e Finanças planejar, gerenciar, coordenar e executar as atividades relacionadas com os Sistemas de Administração Financeira e Orçamentária.

§ 2º Compete ao Departamento de Recursos Humanos planejar, gerenciar, coordenar e executar as atividades inerentes à administração de recursos humanos.

§ 3º Compete ao Departamento de Suprimentos e Atividades Complementares planejar, gerenciar, coordenar e executar os serviços de administração de material e patrimônio, transportes internos motorizados, manutenção, comunicações administrativas e outras atividades auxiliares.

§ 4º Compete ao Grupo de Apoio Técnico prestar suporte nas áreas de atuação do Coordenador da Administração.

CAPÍTULO X
DOS ÓRGÃOS COMPLEMENTARES

SEÇÃO I
DO CONSELHO DA ADVOCACIA DA ADMINISTRAÇÃO PÚBLICA ESTADUAL

Art. 67. O Conselho da Advocacia da Administração Pública Estadual, constituído para orientar a atuação uniforme e coordenada dos órgãos jurídicos da administração direta e indireta, observado o disposto no artigo 3º, inciso XIX, desta lei complementar, será presidido pelo Procurador Geral e composto pelos seguintes membros:

I - Procurador Geral Adjunto;

II - Subprocuradores Gerais;

III - 5 (cinco) representantes dos órgãos jurídicos das empresas públicas, das sociedades de economia mista sob controle do Estado e das fundações por ele instituídas ou mantidas, escolhidos na forma do regulamento, para mandato de 1 (um) ano, permitida uma única recondução;

IV - Procurador do Estado Assessor Chefe da Assessoria de Empresas e Fundações.

Parágrafo único. As universidades públicas poderão indicar conjuntamente um representante de seus órgãos jurídicos para compor o Conselho de que trata o "caput" deste artigo.

Art. 68. São atribuições do Conselho da Advocacia da Administração Pública Estadual:

I - manifestar-se previamente sobre as propostas de edição de súmulas de uniformização de jurisprudência administrativa e de extensão administrativa da eficácia de decisões judiciais reiteradas referentes à Administração Indireta;

II - sugerir medidas para o aprimoramento da legislação estadual ou de sua execução;

III - propor medidas que visem ao aperfeiçoamento e à uniformização de atuação dos órgãos jurídicos da Administração Estadual;

IV - propor medidas destinadas à correção dos atos praticados em desconformidade com a orientação jurídica ou as diretrizes fixadas para toda a Administração Estadual e à apuração de responsabilidades, quando for o caso.

SEÇÃO II
DA OUVIDORIA

Art. 69. A Ouvidoria da Procuradoria Geral do Estado é o órgão responsável pelo exercício das competências previstas na legislação estadual, em atendimento à proteção e à defesa do usuário dos serviços públicos prestados pela Procuradoria Geral do Estado, com estrutura e atribuições estabelecidas em decreto, observado o seguinte:

I – o Ouvidor da Procuradoria Geral do Estado será designado por ato do Procurador Geral entre Procuradores do Estado com mais de 5 (cinco) anos de efetivo exercício na carreira e que não registrem punição de natureza disciplinar nos últimos 5 (cinco) anos, indicados em lista tríplice formada pelos membros do Conselho, após votação secreta e uninominal;

II – o mandato do Ouvidor será de 2 (dois) anos, permitida uma recondução;

III – o Ouvidor será auxiliado por Procuradores do Estado Subouvidores e substituído por suplente nos seus impedimentos;

IV – os Procuradores do Estado Subouvidores serão indicados pelo Ouvidor e designados por ato do Procurador Geral, devendo atuar sem prejuízo das atribuições normais.

Parágrafo único. A Ouvidoria apresentará ao Conselho da Procuradoria Geral do Estado relatório semestral das atividades do órgão, sugestões e propostas para o aprimoramento do serviço público.

TÍTULO II
DA CARREIRA DE PROCURADOR DO ESTADO

CAPÍTULO I
DOS NÍVEIS

Art. 70. Os cargos de provimento efetivo da carreira de Procurador do Estado são organizados em níveis, observada a seguinte estrutura:

I – Procurador do Estado Nível I;

II – Procurador do Estado Nível II;

III – Procurador do Estado Nível III;

IV – Procurador do Estado Nível IV;

V – Procurador do Estado Nível V.

CAPÍTULO II
DOS CARGOS EM COMISSÃO

Art. 71. São cargos de provimento em comissão privativos de Procurador do Estado:

I – Procurador Geral do Estado;

II – Procurador do Estado Corregedor Geral;

III – Procurador Geral do Estado Adjunto;

IV – Procurador do Estado Chefe de Gabinete;

V – Subprocurador Geral do Estado.

Parágrafo único. A nomeação para os cargos de que trata este artigo atenderá aos requisitos previstos nesta lei complementar.

CAPÍTULO III
DAS FUNÇÕES

Art. 72. Constituem funções de confiança privativas de Procurador do Estado:

I – Subprocurador Geral Adjunto;

II – Procurador do Estado Assessor, Procurador do Estado Assessor Chefe, Procurador do Estado Chefe, e Procurador do Estado Ouvidor Geral;

III – Procurador do Estado Assistente, Procurador do Estado Corregedor Geral Adjunto, Procurador do Estado Coordenador Geral de Administração, Procurador do Estado Coordenador dos Órgãos de Apoio;

IV – Procurador do Estado Corregedor Auxiliar;

V – Procurador do Estado Chefe de Subunidade.

§ 1º Para o exercício das funções previstas neste artigo, serão designados Procuradores do Estado confirmados na carreira, por ato do Procurador Geral, observado o disposto nesta lei complementar.

§ 2º As funções de confiança de Procurador do Estado Assessor e de Procurador do Estado Assistente não poderão exceder a 10% (dez por cento) do número total de cargos efetivos da carreira de Procurador do Estado.

Art. 73. Caberá ao Conselho da Procuradoria Geral do Estado deliberar sobre a fixação das atribuições das funções de confiança previstas nesta lei complementar, mediante proposta do Procurador Geral.

CAPÍTULO IV
DA LOTAÇÃO E DA CLASSIFICAÇÃO

Art. 74. Os Procuradores do Estado serão lotados na Procuradoria Geral do Estado e classificados nos órgãos de execução pelo Procurador Geral.

Parágrafo único. Para efeito do disposto no "caput" deste artigo, as consultorias jurídicas previstas no artigo 44 desta lei complementar, sediadas no mesmo município, serão consideradas, em seu conjunto, um único órgão de execução.

Art. 75. Caberá ao Conselho deliberar sobre o número de Procuradores do Estado destinados a cada um dos órgãos da Procuradoria Geral do Estado e os requisitos necessários para a respectiva classificação, mediante proposta do Procurador Geral.

CAPÍTULO V
DO CONCURSO DE INGRESSO

Art. 76. O ingresso na carreira de Procurador do Estado se dará mediante aprovação prévia em concurso público de provas e títulos, e será realizado quando houver, no mínimo, 20 (vinte) cargos vagos a serem preenchidos, mediante autorização do Governador do Estado.

§ 1º O concurso compreenderá provas escritas e prova oral, ambas com caráter eliminatório, e avaliação de títulos.

§ 2º Na avaliação de títulos somente serão computáveis:

1 – título de doutor em direito conferido por Faculdade de Direito oficial ou reconhecida, ou por Escola de Direito estrangeira de reconhecido valor;

2 – título de docente, por concurso, em Faculdade de Direito oficial ou reconhecida;

3 – diploma ou certificado de conclusão de curso de especialização, mestrado, extensão universitária ou equivalente, com duração mínima de 2 (dois) anos, ministrado por Faculdade de Direito oficial ou reconhecida, ou por Escola de Direito estrangeira de reconhecido valor;

4 – obra jurídica editada;

5 – exercício, por mais de 1 (um) ano, de cargo, emprego ou função de natureza jurídica em entidades da administração direta e indireta, inclusive fundações;

6 – estágio, como estudante de Direito, na Procuradoria Geral do Estado com duração de ao menos 1 (um) ano;

Art. 77. O ingresso na carreira se dará no cargo de Procurador do Estado Nível I.

Art. 78. O Conselho indicará os membros que comporão a Comissão de Concurso de Ingresso, observado o disposto no artigo 59 desta lei complementar.

Art. 79. O edital conterá as matérias sobre as quais versarão as provas, respectivos programas e critérios de avaliação dos títulos, assim como o número de cargos vagos existentes.

Art. 80. São requisitos para inscrição:

I – ser brasileiro nato ou naturalizado;

II – haver recolhido ao Fundo Especial de Despesa do Centro de Estudos a taxa de inscrição fixada no edital.

§ 1º O edital poderá estabelecer outros requisitos para inscrição ou aprovação no concurso de ingresso, especialmente nota mínima para aprovação em cada matéria, bem com o limite máximo de candidatos aprovados na segunda prova escrita, obedecendo-se a classificação em ordem decrescente do total de pontos obtidos na primeira prova.

§ 2º O Conselho fixará o valor da taxa d e inscrição e fará constar do edital o prazo de validade do concurso e a possibilidade de aproveitamento de candidatos habilitados, observada a ordem de classificação, em número não superior ao dobro das vagas existentes na data da abertura do certame.

Art. 81. A lista de classificação será elaborada pelo Conselho e encaminhada ao Procurador Geral para homologação e publicação.

CAPÍTULO VI
DA NOMEAÇÃO

Art. 82. Os cargos iniciais da carreira de Procurador do Estado serão providos em caráter efetivo, por nomeação, obedecida a ordem de classificação no concurso público de que trata o capítulo anterior.

CAPÍTULO VII
DA POSSE E DO COMPROMISSO

Art. 83. Os Procuradores serão empossados pelo Procurador Geral, em sessão solene do Conselho da Procuradoria Geral do Estado, mediante assinatura de termo de compromisso em que o empossado prometa cumprir fielmente os deveres do cargo.

Parágrafo único. É de 30 (trinta) dias, contados da publicação do decreto de nomeação, o prazo para a posse de Procurador do Estado, prorrogável por igual período a critério do Procurador Geral, sob pena de insubsistência do ato de provimento.

Art. 84. São condições para a posse:

I – ter aptidão física e psíquica, comprovada por laudo médico oficial, nos termos da legislação pertinente;

II – estar quite com o serviço militar ou o serviço alternativo atribuído pelas Forças Armadas, na forma da lei;

III – estar quite com a Justiça Eleitoral e em gozo dos direitos políticos;

IV – estar inscrito na Ordem dos Advogados do Brasil – OAB, na condição de Advogado;

V – ter boa conduta, comprovada por declaração do próprio interessado de que:

a) não teve condenação criminal definitiva;

b) não teve aplicação de pena de demissão nos últimos 5 (cinco) anos ou de demissão a bem do serviço público nos últimos 10 (dez) anos;

VI – apresentar declaração de bens.

CAPÍTULO VIII
DA CLASSIFICAÇÃO E DO EXERCÍCIO

Art. 85. O Procurador do Estado deverá entrar em exercício no prazo de 30 (trinta) dias a contar da posse, prorrogável por igual período, a critério do Procurador Geral, sob pena de exoneração.

§ 1º O Procurador do Estado empossado será provisoriamente classificado no Gabinete do Procurador Geral, à disposição do Centro de Estudos, iniciando o exercício do cargo pela frequência às atividades que lhe forem programadas pelo referido órgão.

§ 2º A duração das atividades a que se refere o § 1º deste artigo será determinada por ato do Procurador Geral.

Art. 86. O Conselho da Procuradoria Geral do Estado convocará os Procuradores empossados para a escolha de vagas, por ordem de classificação no concurso de ingresso.

§ 1º Para efeito do disposto no "caput" deste artigo, não serão disponibilizadas vagas na Procuradoria Administrativa e na Procuradoria de Assuntos Tributários.

§ 2º O Procurador do Estado que não atender à convocação a que se refere o "caput" deste artigo perderá o direito à escolha da vaga.

Art. 87. O Procurador Geral classificará os empossados nos órgãos de execução da Procuradoria Geral do Estado, de conformidade com a escolha a que se refere o artigo 86 desta lei complementar, ou de ofício, na hipótese do § 2º do mesmo artigo.

Art. 88. Em caso de mudança de sede de exercício, será concedido período de trânsito de até 8 (oito) dias, a contar da publicação do ato que determinar a nova classificação.

Art. 89. Nas hipóteses de reingresso na carreira, o Procurador do Estado terá o prazo de 10 (dez) dias para entrar em exercício, a contar da publicação do ato de classificação.

CAPÍTULO IX
DO ESTÁGIO PROBATÓRIO

Art. 90. Os 3 (três) primeiros anos de exercício no cargo de Procurador do Estado servirão para verificação do preenchimento dos requisitos mínimos necessários à sua confirmação na carreira.

§ 1º Constituem requisitos de que trata este artigo:

1 – certificado de frequência no curso de adaptação à carreira;

2 – conduta profissional compatível com o exercício do cargo.

§ 2º Nas hipóteses dos incisos I a III do artigo 115 desta lei complementar, os requisitos para confirmação na carreira deverão ser cumpridos após cessado o afastamento.

Art. 91. A verificação do cumprimento dos re-quisitos de que trata o artigo 90 desta lei complementar será feita pela Corregedoria da Procuradoria Geral do Estado, que remeterá ao Conselho, até 120 (cento e vinte) dias antes do término do estágio, relatório circunstanciado sobre a conduta e o desempenho profissional do Procurador do Estado, concluindo, fundamentadamente, sobre sua confirmação ou exoneração.

Parágrafo único. O Conselho abrirá o prazo de 10 (dez) dias para defesa do interessado, caso o parecer da Corregedoria seja pela exoneração, e decidirá pelo voto da maioria absoluta dos seus membros.

Art. 92. O Procurador Geral expedirá o ato de exoneração do Procurador de Estado em estágio probatório quando:

I – o Conselho manifestar-se contrariamente à confirmação;

II – o interessado não houver concluído o curso de adaptação à carreira.

CAPÍTULO X
DO REGIME DE TRABALHO

Art. 93. Os Procuradores do Estado sujeitam-se a Jornada Integral de Trabalho, caracterizada pela exigência da prestação de 40 (quarenta) horas semanais de trabalho, com dedicação exclusiva, vedado o exercício da advocacia fora do âmbito das atribuições previstas nesta lei complementar.

CAPÍTULO XI
DA PROMOÇÃO

Art. 94. A promoção consiste na elevação do cargo do Procurador do Estado para nível imediatamente superior na carreira.

Art. 95. A promoção será processada anualmente pelo Conselho da Procuradoria Geral do Estado, segundo os critérios alternativos de antiguidade e de merecimento, em proporções iguais.

§ 1º Poderá concorrer à promoção o Procurador do Estado que no dia 31 de dezembro do ano a que corresponder a promoção tenha cumprido o interstício a que se refere o artigo 97 desta lei complementar.

§ 2º A promoção produzirá efeitos a partir do dia 1º de janeiro do ano seguinte ao que corresponder à promoção.

§ 3º A abertura do concurso de promoção dar-se-á, anualmente, no mês de janeiro.

§ 4º Obedecido o interstício e as demais exigências estabelecidas em decreto, poderão ser beneficiados com a promoção 15% (quinze por cento) do contingente integrante de cada um dos níveis dos cargos de Procurador do Estado, em atividade, existente na data da abertura do processo de promoção.

§ 5º Quando o contingente integrante do nível for igual ou inferior a 6 (seis) Procuradores do Estado, poderá ser beneficiado com a promoção 1 (um) Procurador, desde que atendidas as exigências legais.

§ 6º Na vacância, os cargos dos níveis II a V retornarão ao nível inicial da carreira.

Art. 96. A participação no concurso de promoção depende de inscrição do interessado.

Art. 97. Somente poderá concorrer à promoção o integrante da carreira de Procurador do Estado que contar, no mínimo, 3 (três) anos de efetivo exercício no respectivo nível.

§ 1º Serão computados para os fins do disposto no "caput" deste artigo os afastamentos previstos no artigo 78 do Estatuto dos Funcionários Públicos Civis do Estado de São Paulo, e o período de licença para tratamento de saúde não excedente a 90 (noventa) dias, por interstício.

§ 2º Para efeito de promoção por antiguidade, também serão computados os afastamentos previstos nos artigos 79, 80 e 82 do Estatuto dos Funcionários Públicos Civis do Estado, e 125, § 1º, da Constituição Estadual.

§ 3º Não se aplica o disposto no "caput" deste artigo se não houver Procurador do Estado que preencha tal requisito.

Art. 98. Não podem concorrer à promoção por merecimento:

I – os membros efetivos do Conselho;

II – o Procurador do Estado que tenha reingressado na carreira há menos de 6 (seis) meses, exceto no caso de reintegração;

III – o Procurador do Estado que tenha sofrido punição em procedimento administrativo disciplinar nos 3 (três) anos anteriores à data da abertura do concurso.

Art. 99. A antiguidade será apurada pelo tempo de efetivo exercício no nível.

§ 1º O Procurador Geral fará publicar no Diário Oficial do Estado, em janeiro de cada ano, a lista de antiguidade dos Procuradores do Estado por nível da carreira, contando em dias o tempo de serviço no nível, na carreira e no serviço público estadual.

§ 2º As reclamações contra a lista de antiguidade deverão ser apresentadas no prazo de 5 (cinco) dias da respectiva publicação.

§ 3º O empate na classificação por antiguidade resolver-se-á favoravelmente ao candidato que tiver:

1 – maior tempo de serviço na carreira;

2 – maior tempo de serviço público estadual;

3 – maior idade;

4 – mais encargos de família.

Art. 100. O mérito, para efeito de promoção, será aferido segundo critérios estabelecidos em deliberação do Conselho da Procuradoria Geral do Estado, que observará a competência profissional, eficiência no exercício da função pública, dedicação, pontualidade e zelo no cumprimento das obrigações funcionais, aprimoramento da cultura jurídica e serviços relevantes para a instituição.

§ 1º Os elementos indispensáveis à avaliação do mérito serão considerados a partir das condições existentes na precedente promoção por antiguidade ou por merecimento, inclusive no que se refere ao resultado das avaliações periódicas de desempenho profissional.

§ 2º O integral cumprimento de mandato de membro do Conselho da Procuradoria Geral do Estado terá peso qualificado na aferição de merecimento para efeito de concurso de promoção.

§ 3º O disposto no § 2º deste artigo aplica-se também aos membros natos do Conselho, desde que o tenham integrado durante, pelo menos, 2 (dois) anos.

Art. 101. O Conselho designará Comissão de Promoção, composta por Procuradores do Estado confirmados na carreira,assegurada a representação paritária das áreas de atuação, com os objetivos de auxiliar na avaliação do merecimento, segundo os critérios definidos em deliberação, e de fornecer subsídios para a elaboração da respectiva lista de classificação.

§ 1º O Conselho fará publicar a lista de classificação por merecimento no Diário Oficial do Estado, contando-se da publicação o prazo de 5 (cinco) dias para recurso.

§ 2º O recurso será decidido pelo Conselho, por maioria simples, ouvida a Comissão de Promoção.

Art. 102. O Conselho elaborará e encaminhará ao Procurador Geral, para as providências cabíveis, a lista consolidada de classificação dos candidatos por ambos os critérios, indicando em separado aqueles que alcançaram o direito à promoção, de acordo com o número de vagas.

CAPÍTULO XII
DAS REMOÇÕES

Art. 103. A classificação dos integrantes da carreira de Procurador do Estado somente poderá ser alterada:

I - por iniciativa do Procurador do Estado nos seguintes casos:

a) concurso de remoção;

b) permuta, a critério do Procurador Geral, ouvidos os Subprocuradores Gerais;

c) união de cônjuges ou companheiros, inclusive na hipótese de união estável homoafetiva;

II - em razão do interesse público, mediante deliberação motivada de 2/3 (dois terços) dos membros do Conselho, nos seguintes casos:

a) de ofício;

b) compulsoriamente, após a conclusão de procedimento disciplinar.

§ 1º É vedada a inscrição em concurso de remoção de Procurador do Estado afastado da carreira.

§ 2º A remoção por concurso consiste em procedimento realizado pelo Conselho da Procuradoria Geral do Estado, no qual se assegure a divulgação das vagas a serem preenchidas e a possibilidade de escolha pelos interessados, observado o critério de antiguidade, nos termos do edital de abertura do certame.

§ 3º A abertura do concurso a que se refere o § 2º deste artigo será deliberada pelo Conselho da Procuradoria Geral do Estado, mediante proposta do Procurador Geral, da qual constará a relação de vagas, podendo haver a reserva de até ¼ (um quarto) destas para provimento por futuros integrantes da carreira aprovados no respectivo concurso de ingresso.

§ 4º A remoção por permuta não será admitida se o Procurador do Estado interessado estiver afastado da carreira ou não possa assumir as funções no novo órgão de classificação no prazo de 30 (trinta) dias, salvo as hipóteses de afastamento legal pelo período de até 6 (seis) meses.

§ 5º A remoção a que se refere a alínea "c" do inciso I deste artigo dependerá da existência de vaga e da conveniência do serviço, não sendo admitida se demonstrado prejuízo para o órgão de classificação.

Art. 104. A classificação de integrantes da Área da Consultoria Geral na Procuradoria Administrativa se dará sem observância do disposto no artigo 103 desta lei complementar, após oitiva do Subprocurador Geral da Área da Consultoria Geral e da manifestação do Procurador do Estado interessado.

Parágrafo único. A classificação de integrantes das demais áreas de atuação na Procuradoria Administrativa observará o disposto no artigo 103, inciso II, "a", desta lei complementar.

CAPÍTULO XIII
DO REINGRESSO

Art. 105. O reingresso na carreira de Procurador do Estado se dará somente por reintegração, reversão ou aproveitamento.

Art. 106. Reintegração é o reingresso do Procurador do Estado em decorrência de decisão judicial transitada em julgado.

Art. 107. Reversão é o reingresso do Procurador do Estado aposentado por invalidez quando insubsistentes as razões que determinaram o ato de aposentação.

§ 1º A reversão somente poderá efetivar-se quando, em inspeção médica, ficar comprovada a capacidade para o exercício do cargo.

§ 2º Na reversão de ofício poderá ser suspenso o pagamento dos respectivos proventos caso o inativo, injustificadamente, não se apresente para a realização da inspeção de saúde.

§ 3º Constatada a insubsistência das condições que impuseram a inativação, será deflagrado procedimento de invalidação do ato de aposentação.

§ 4º Anulado o ato de aposentadoria, o servidor que não assumir o exercício no prazo legal deverá ter instaurado contra si processo administrativo disciplinar, por inassiduidade ou abandono de cargo, conforme o caso.

§ 5º A reversão se fará em cargo vago, elevado ao mesmo nível em que se encontrava o aposentado no momento de sua aposentadoria, sendo o tempo de afastamento por tal motivo considerado apenas para efeito de nova aposentadoria.

Art. 108. Aproveitamento é o reingresso do Procurador do Estado em disponibilidade.

§ 1º O aproveitamento será obrigatório na primeira vaga e se efetivará mediante elevação do cargo vago ao mesmo nível em que se encontrava o interessado no momento da declaração de disponibilidade.

§ 2º Em nenhum caso poderá se efetivar o aproveitamento sem que, mediante inspeção médica, fique provada a capacidade para o exercício do cargo.

§ 3º Será tornado sem efeito o ato de aproveitamento e cessada a disponibilidade do Procurador do Estado que não comparecer à inspeção de saúde ou não assumir o exercício no prazo legal.

§ 4º Será aposentado no cargo que ocupava o Procurador do Estado em disponibilidade que, em inspeção de saúde, for julgado incapaz para o seu exercício.

CAPÍTULO XIV
DA EXONERAÇÃO, DA DEMISSÃO E DA APOSENTADORIA

Art. 109. A exoneração será concedida ao Procurador do Estado mediante requerimento, com efeito retroativo à data do protocolo.

Art. 110. A demissão do Procurador do Estado só poderá ocorrer em decorrência de processo administrativo disciplinar, assegurada a ampla defesa, na forma dos artigos 147 e seguintes desta lei complementar.

Art. 111. O Procurador do Estado aposentado não perderá seus direitos, vantagens e prerrogativas, ficando-lhe assegurados aqueles atribuídos aos Procuradores do Estado em atividade, salvo os incompatíveis com a sua condição de inativo.

TÍTULO III
DOS DIREITOS, DAS GARANTIAS E DAS PRERROGATIVAS DO PROCURADOR DO ESTADO

CAPÍTULO I
DAS FÉRIAS, LICENÇAS E AFASTAMENTOS

Art. 112. O Procurador do Estado terá direito ao gozo de 30 (trinta) dias de férias anuais, podendo ser divididas em períodos de 15 (quinze) dias.

Parágrafo único. É proibida a acumulação de férias, salvo por absoluta necessidade de serviço e pelo máximo de 2 (dois) anos consecutivos.

Art. 113. Sem prejuízo dos vencimentos e vantagens pecuniárias, conceder-se-á licença:

I – para tratamento de saúde;

II – por motivo de doença do cônjuge, companheiro(a), inclusive na hipótese de união estável homoafetiva, parentes consanguíneos e afins, em linha reta, até o 2º grau;

III – maternidade;

IV – paternidade;

V – adoção;

VI – prêmio;

VII – para casamento;

VIII – por luto, em virtude de falecimento do cônjuge, companheiro(a), inclusive na hipótese de união estável homoafetiva, filhos, enteados, pais, padrasto ou madrasta e irmãos, até 8 (oito) dias;

IX – por luto, em virtude de falecimento dos avós, netos e sogros, até 2 (dois) dias;

X – por acidente de trabalho ou doença profissional;

XI – compulsoriamente, como medida profilática, nos termos do Estatuto dos Funcionários Públicos Civis do Estado;

XII – em outros casos previstos em lei.

Art. 114. O Procurador do Estado, após 5 (cinco) anos de efetivo exercício, poderá requerer licença, com prejuízo dos vencimentos e vantagens pecuniárias, para tratar de assuntos particulares, pelo prazo de 2 (dois) anos, podendo ser negada se inconveniente ao interesse do serviço.

Parágrafo único. Não será concedida nova licença antes de decorridos 10 (dez) anos do término da anterior.

Art. 115. Os afastamentos de qualquer natureza somente serão concedidos mediante prévia aprovação do Conselho da Procuradoria Geral do Estado, sob pena de nulidade do ato, exceto para exercer:

I - mandato eletivo;

II - mandato em entidade de classe de Procurador do Estado;

III - cargo de Ministro de Estado, de Secretário de Estado ou equivalentes.

Parágrafo único. É vedado o afastamento durante o estágio probatório, exceto para a participação em certames científicos de duração inferior a 1 (uma) semana e nas hipóteses mencionadas nos incisos I, II e III deste artigo.

Art. 116. Após 5 (cinco) anos ininterruptos de serviço público, em que não haja sofrido penalidade disciplinar, é assegurado o direito a licença-prêmio de 90 (noventa) dias, de que trata o inciso VI do artigo 113 desta lei complementar, observando-se os demais termos e condições do Estatuto dos Funcionários Públicos Civis do Estado.

Art. 117. São considerados como de efetivo exercício, para todos os efeitos legais, os dias em que o Procurador do Estado não estiver exercendo suas funções em razão de:

I - licenças previstas no artigo 113, sendo que as previstas nos incisos I e II deverão observar o disposto no artigo 97, § 1º, desta lei complementar;

II - férias;

III - período de trânsito;

IV - afastamentos previstos nos artigos 115 e 143, inciso I, ambos desta lei complementar.

CAPÍTULO II
DAS PRERROGATIVAS E DAS GARANTIAS

Art. 118. São prerrogativas e garantias do Procurador do Estado, além das previstas em lei, notadamente a que dispõe sobre o Estatuto da Advocacia e a Ordem dos Advogados do Brasil - OAB:

I - não ser constrangido, por qualquer modo ou forma, a agir em desconformidade com a sua consciência ético-profissional;

II - requisitar auxílio e colaboração das autoridades públicas para o exercício de suas atribuições;

III - requisitar das autoridades competentes certidões, informações, autos de processo administrativo, documentos e diligências necessários ao desempenho de suas funções nos prazos e condições fixadas em decreto;

IV - utilizar-se dos meios de comunicação estaduais quando o interesse do serviço o exigir;

V - postular em juízo ou fora deste sem instrumento de mandato e com dispensa de emolumentos e custas;

VI - ter garantida a irredutibilidade de vencimentos, nos termos da Constituição Federal;

VII - obter, sem custo, a carteira funcional;

VIII - obter, mediante reembolso, o custeio da anuidade da Ordem dos Advogados do Brasil - OAB;

IX - dispor de instalações condignas e compatíveis com o exercício de suas funções;

X - ter acesso a dados e informações relativos à sua pessoa existentes nos órgãos da Procuradoria Geral do Estado, com direito à retificação e à complementação dos mesmos, se o caso;

XI - computar como tempo de serviço público estadual, para todos os fins, exceto aposentadoria, o tempo de estágio na Procuradoria Geral do Estado de São Paulo;

XII - ter garantida a inviolabilidade por seus atos e manifestações no exercício de suas funções, observado o disposto no inciso III do artigo 122 desta lei complementar;

XIII - ter garantida a inamovibilidade em relação ao órgão de execução em que estiver classificado, ressalvadas as hipóteses de remoção, nos termos dos artigos 103 e 104 desta lei complementar.

Art. 119. Em caso de infração penal imputada a Procurador do Estado, a autoridade policial, dela tomando conhecimento, comunicará o fato ao Procurador Geral.

Art. 120. A prisão de Procurador do Estado, em qualquer circunstância, será imediatamente comunicada ao Procurador Geral, sob pena de responsabilidade, e será cumprida nos termos da lei que dispõe sobre o Estatuto da Advocacia e a Ordem dos Advogados do Brasil - OAB.

TÍTULO IV
DOS DEVERES, PROIBIÇÕES E IMPEDIMENTOS

CAPÍTULO I
DOS DEVERES E DAS PROIBIÇÕES

Art. 121. São deveres do Procurador do Estado, entre outros previstos em lei:

I - defender a ordem jurídica, pugnar pela boa aplicação das leis vigentes e pela celeridade da administração da justiça;

II - desempenhar com zelo e presteza, dentro dos prazos, os serviços a seu cargo e os que, na forma da lei, lhe forem atribuídos pelo Procurador Geral;

III - proceder na vida pública e privada de forma que dignifique a função pública;

IV - zelar pelos bens confiados à sua guarda;

V - observar, nos casos indicados em lei, sigilo quanto à matéria dos procedimentos judiciais e administrativos em que atuar, sendo pessoalmente responsável por toda manifestação, em qualquer meio de divulgação, a respeito de matéria judicial ou administrativa a seu cargo;

VI - residir na sede de exercício, salvo autorização do Procurador Geral;

VII - manter assiduidade;

VIII - representar sobre irregularidades que afetem o bom desempenho de suas atribuições;

IX - sugerir providências tendentes ao aperfeiçoamento dos serviços;

X - manter atualizados os seus dados pessoais e curriculares.

Art. 122. Além das proibições decorrentes do exercício de cargo público, ao Procurador do Estado é vedado:

I - aceitar cargo, emprego ou função pública fora dos casos autorizados em lei;

II - exercer a advocacia fora do âmbito das atribuições institucionais;

III - empregar em qualquer expediente oficial, ou intervenção oral, expressão ou termo incompatíveis com o dever de urbanidade, tal como definido pelo Código de Ética e Disciplina da Ordem dos Advogados do Brasil - OAB;

IV - valer-se da qualidade de Procurador do Estado para obter qualquer vantagem;

V - exercer o magistério em desacordo com a Constituição Federal, observadas as diretrizes fixadas pelo Procurador Geral e pelo Corregedor Geral.

CAPÍTULO II
DOS IMPEDIMENTOS E DAS SUSPEIÇÕES

Art. 123. É defeso ao Procurador do Estado exercer suas funções em processo judicial ou administrativo:

I - em que seja parte ou de qualquer forma interessado;

II - em que haja atuado como advogado de qualquer das partes;

III - em que seja parte ou tenha interesse cônjuge ou companheiro, parente consanguíneo ou afim, em linha reta ou colateral, até o terceiro grau;

IV - nos casos previstos na legislação processual e na lei que dispõe sobre o Estatuto da Advocacia e a Ordem dos Advogados do Brasil - OAB.

Art. 124. O Procurador do Estado não poderá participar de Comissão ou Banca de Concurso, intervir no seu julgamento e votar sobre organização de lista para promoção, quando concorrer parente consanguíneo ou afim, em linha reta ou colateral, até o terceiro grau, bem como seu cônjuge ou companheiro.

Art. 125. Não poderão servir sob a chefia imediata de Procurador do Estado o seu cônjuge ou companheiro e parentes consanguíneos ou afins, em linha reta ou colateral, até o terceiro grau.

Art. 126. O Procurador do Estado dar-se-á por suspeito quando:

I - houver interesse moral;

II - houver proferido parecer favorável à pretensão deduzida em juízo pela parte adversa;

III - ocorrer qualquer dos demais casos previstos na legislação processual.

Art. 127. Nas hipóteses previstas neste capítulo, o Procurador do Estado comunicará ao seu superior hierárquico imediato, em expediente próprio, os motivos do impedimento ou da suspeição, para que este os acolha ou rejeite.

Parágrafo único. Aplicam-se ao Procurador Geral as disposições deste capítulo, observado o seguinte:

1 - nos casos de procedimento disciplinar, será observado o disposto no artigo 168 desta lei complementar;

2 - nos demais casos, o Procurador Geral, em ato fundamentado, encaminhará a matéria ao seu substituto legal ou a submeterá ao Governador.

TÍTULO V
DO REGIME DISCIPLINAR

CAPÍTULO I
DAS ATIVIDADES CORRECIONAIS

Art. 128. Além de vistorias e de inspeções, a atividade funcional dos integrantes da carreira de Procurador do Estado está sujeita a:

I - correição permanente;

II - correição ordinária;

III - correição extraordinária.

Art. 129. Correição permanente é a realizada pelos chefes dos órgãos de execução da Procuradoria Geral do Estado, sem prejuízo da competência da Corregedoria.

§ 1º Fica assegurado ao responsável pela correição permanente o livre acesso aos arquivos existentes na respectiva unidade, que contenham os trabalhos executados pelo Procurador do Estado.

§ 2º Compete ao Procurador do Estado Chefe informar ao Corregedor Geral os dados relevantes extraídos das correições permanentes, quando for o caso.

Art. 130. Correição ordinária é a realizada bienalmente pelo Corregedor Geral e pelos Corregedores Auxiliares em todos os órgãos da Procuradoria Geral do Estado para verificar a regularidade e a eficiência dos serviços, bem como a atuação do Procurador do Estado em exercício na respectiva unidade.

Parágrafo único. A periodicidade prevista neste artigo poderá ser reduzida em relação a qualquer órgão da Procuradoria Geral do Estado, a critério do Corregedor Geral.

Art. 131. Correição extraordinária é a realizada pelo Corregedor Geral e pelos Corregedores Auxiliares, de ofício ou por determinação do Procurador Geral.

Art. 132. Qualquer pessoa poderá representar ao Corregedor Geral sobre abusos, erros ou omissões cometidos por integrantes da carreira de Procurador do Estado.

Art. 133. Concluída a correição, o Corregedor Geral apresentará ao Procurador Geral relatório circunstanciado dos fatos apurados e das providências adotadas, propondo as que excedam às suas atribuições.

CAPÍTULO II
DAS INFRAÇÕES, PENALIDADES E PRESCRIÇÃO

Art. 134. Os Procuradores do Estado são passíveis das seguintes sanções disciplinares:

I - repreensão;

II - suspensão;

III - multa;

IV - demissão;

V - demissão a bem do serviço público;

VI - cassação de aposentadoria ou disponibilidade.

Art. 135. As sanções previstas no artigo 134 desta lei complementar serão aplicadas:

I - a de repreensão, em casos de indisciplina ou falta de cumprimento dos deveres;

II - a de suspensão, que não excederá a 90 (noventa) dias, será aplicada em caso de falta grave ou de reincidência;

III - a de multa será aplicada na forma e nos casos expressamente previstos em lei ou regulamento;

IV - a de demissão, nos casos de:

a) abandono de cargo, consistente na interrupção do exercício pelo Procurador do Estado por mais de 30 (trinta) dias consecutivos;

b) inassiduidade, por ausência ao serviço, sem causa justificável, por mais de 45 (quarenta e cinco) dias, interpoladamente, no período de 12 (doze) meses;

c) procedimento irregular de natureza grave;

d) ineficiência no serviço;

e) aplicação indevida de recursos públicos;

f) exercício da advocacia fora do âmbito das atribuições institucionais;

V - a de demissão a bem do serviço público, nos casos de:

a) lesão dolosa aos cofres públicos, dilapidação do patrimônio estadual ou de bens confiados à sua guarda;

b) aceitação ilegal de cargo, emprego ou função pública;

c) exercício da advocacia contra o Estado de São Paulo e suas autarquias;

d) prática de ato com abuso de poder ou violação de dever para com a Administração Pública;

e) prática de ato definido como crime contra a Administração Pública, a fé pública e a Fazenda Estadual, ou previsto nas leis relativas à segurança e à defesa nacional;

f) prática de outros atos definidos como crime apenados com reclusão ou crime inafiançável e imprescritível, nos termos da Constituição Federal;

g) prática de ato definido em lei como crime contra o Sistema Financeiro, ou de lavagem ou ocultação de bens, direitos ou valores;

h) prática de ato definido em lei como de improbidade;

VI – cassação de aposentadoria ou disponibilidade, nos casos de infração punível com demissão ou demissão a bem do serviço público, praticada durante o exercício de cargo.

§ 1º A pena de suspensão acarreta a perda dos direitos e das vantagens decorrentes do exercício do cargo, não podendo ter início durante os períodos de férias ou de licença do infrator.

§ 2º A autoridade que aplicar a pena de suspensão poderá convertê-la em multa, na base de 50% (cinquenta por cento) por dia de vencimento ou remuneração, devendo o Procurador do Estado, neste caso, permanecer em exercício.

§ 3º Considera-se reincidência, para os efeitos desta lei complementar, a prática de nova infração, dentro de 5 (cinco) anos, contados do cumprimento da sanção disciplinar.

Art. 136. Na aplicação das penas disciplinares, considerar-se-ão os antecedentes do infrator, a natureza e a gravidade da infração, as circunstâncias em que foi praticada e os danos que dela resultaram ao serviço público.

Art. 137. As penas serão impostas pela autoridade competente, após prévia manifestação do Conselho da Procuradoria Geral do Estado no processo administrativo disciplinar ou sindicância, conforme o caso, devendo constar do assentamento individual do punido.

Art. 138. Para aplicação das penalidades previstas no artigo 134 desta lei complementar, são competentes:

I – o Governador;

II – o Procurador Geral.

Art. 139. Extingue-se a punibilidade pela prescrição:

I – em 2 (dois) anos, da infração punível com repreensão, suspensão ou multa;

II – em 5 (cinco) anos, da infração punível com demissão, demissão a bem do serviço público e cassação de aposentadoria ou disponibilidade;

III – no prazo da prescrição em abstrato da pena criminal, se for superior a 5 (cinco) anos, na hipótese de a infração ser prevista em lei como infração penal.

Art. 140. A prescrição começa a correr:

I – do dia em que a falta for cometida;

II – do dia em que tenha cessado a continuação ou a permanência, nas faltas continuadas ou permanentes.

§ 1º Interrompe a prescrição a portaria que instaura sindicância ou a que instaura processo administrativo.

§ 2º O lapso prescricional corresponde:

1 – na hipótese de desclassificação da infração, ao da pena efetivamente aplicada;

2 – na hipótese de mitigação ou atenuação, ao da pena em tese cabível.

§ 3º A prescrição não corre:

1 – enquanto sobrestado o procedimento administrativo para aguardar decisão judicial, na forma do artigo 141, § 1º, item 3, desta lei complementar;

2 – enquanto insubsistente o vínculo funcional que venha a ser restabelecido.

§ 4º A decisão que reconhecer a existência de prescrição deverá determinar desde logo, quando for o caso, as providências necessárias à apuração da responsabilidade pela sua ocorrência.

CAPÍTULO III
DO PROCEDIMENTO DISCIPLINAR

SEÇÃO I
DAS DISPOSIÇÕES GERAIS

Art. 141. As infrações disciplinares imputadas a Procurador do Estado serão apuradas mediante os seguintes procedimentos, assegurados o contraditório e a ampla defesa:

I – sindicância, quando a falta disciplinar, por sua natureza, possa determinar as penas de repreensão, suspensão ou multa;

II – processo administrativo, quando a falta disciplinar, por sua natureza, possa determinar as penas de demissão, de demissão a bem do serviço público e de cassação de aposentadoria ou disponibilidade.

§ 1º Os procedimentos disciplinares de que trata esteartigo:

1 – serão realizados exclusivamente pela Corregedoria da Procuradoria Geral do Estado e presididos pelo Corregedor Geral ou por Corregedor Auxiliar por ele designado;

2 – terão caráter sigiloso, exceto a decisão final e a que julgar recurso ou revisão, que serão publicadas no Diário Oficial do Estado, dentro do prazo de 8 (oito) dias, e averbadas no registro funcional do Procurador do Estado;

3 - não poderão ser sobrestados, salvo para aguardar decisão judicial, mediante despacho motivado da autoridade competente para aplicar a pena, observado o disposto no artigo 140, § 3º, item 1, desta lei complementar.

§ 2º Quando não houver elementos suficientes para a caracterização da infração ou da sua autoria, será instaurada apuração preliminar, de natureza investigativa.

Art. 142. Os procedimentos disciplinares de que trata o artigo 141 desta lei complementar serão instaurados por determinação:

I - do Procurador Geral;

II - do Corregedor Geral;

III - do Conselho da Procuradoria Geral do Estado.

Art. 143. Determinada a instauração de sindicância ou de processo administrativo disciplinar, ou no seu curso, havendo conveniência para a instrução ou para o serviço, poderá o Corregedor Geral, por despacho fundamentado, ordenar as seguintes providências:

I - afastamento preventivo do Procurador do Estado, quando o recomendar a moralidade administrativa ou a apuração do fato, sem prejuízo de vencimentos ou vantagens, até 180 (cento e oitenta) dias, prorrogáveis uma única vez por igual período;

II - designação do Procurador do Estado acusado para o exercício de atividades exclusivamente burocráticas até decisão final do procedimento;

III - comparecimento obrigatório, em periodicidade a ser estabelecida, para tomar ciência dos atos do procedimento.

§ 1º A autoridade que determinar a instauração ou presidir a sindicância ou o processo administrativo poderá representar ao Corregedor Geral, para propor a aplicação das medidas previstas neste artigo, bem como sua cessação ou alteração.

§ 2º O Corregedor Geral poderá, a qualquer momento, por despacho fundamentado, fazer cessar ou alterar as medidas previstas neste artigo.

Art. 144. O período de afastamento preventivo computa-se como de efetivo exercício, não sendo descontado da pena de suspensão eventualmente aplicada.

Art. 145. Nas hipóteses previstas no artigo 135, inciso I, e após a portaria de instauração da sindicância a que se refere o artigo 146, ambos desta lei complementar, o Corregedor Geral proporá ao Procurador do Estado acusado a suspensão do procedimento pelo prazo de 1 (um) ano, desde que não tenha sido apenado por outra infração disciplinar nos últimos 5 (cinco) anos.

§ 1º O Corregedor Geral especificará as condições da suspensão, em especial a apresentação de relatórios trimestrais de atividades e a frequência regular sem faltas injustificadas.

§ 2º A suspensão será revogada se o beneficiário vier a ser processado por outra falta disciplinar ou se descumprir as condições estabelecidas no § 1º deste artigo, prosseguindo-se,nestes casos, os procedimentos disciplinares cabíveis.

§ 3º Expirado o prazo da suspensão e tendo sido cumpridas suas condições, o Corregedor Geral encaminhará os autos ao Procurador Geral para a declaração da extinção da punibilidade.

§ 4º Não será concedido novo benefício idêntico durante o dobro do prazo da anterior suspensão, contado da declaração de extinção da punibilidade, na forma do § 3º deste artigo.

§ 5º Durante o período da suspensão não correrá prazo prescricional, ficando vedado ao Procurador do Estado acusado ocupar cargo em comissão ou exercer função de confiança.

SEÇÃO II
DA SINDICÂNCIA

Art. 146. Aplicam-se à sindicância as regras previstas nesta lei complementar para o processo administrativo disciplinar, com as seguintes modificações:

I - a autoridade sindicante e cada acusado poderão arrolar até 3 (três) testemunhas;

II - a sindicância deverá estar concluída em 60 (sessenta) dias.

SEÇÃO III
DO PROCESSO ADMINISTRATIVO DISCIPLINAR

Art. 147. O processo administrativo disciplinar será instaurado mediante portaria do Corregedor Geral, no prazo de 8 (oito) dias contados do recebimento da determinação a que se refere o artigo 142 desta lei complementar.

§ 1º A portaria deverá conter o nome e a identificação do acusado, a infração que lhe é atribuída, com descrição dos fatos, indicação das normas infringidas e a penalidade mais elevada em tese cabível.

§ 2º As publicações relativas a processo administrativo disciplinar mencionarão o respectivo número, omitindo o nome do acusado, que será identificado pelas iniciais, exceto na citação por edital e nas hipóteses mencionadas no artigo 141, § 1º, item 2, desta lei complementar.

§ 3º As citações e intimações no processo administrativo disciplinar serão feitas no prazo de 10 (dez) dias e as notificações das partes e dos interessados no prazo de 48 (quarenta e oito) horas antes da realização do ato processual objeto da respectiva comunicação.

Art. 148. A autoridade processante será secretariada por servidor da Procuradoria Geral do Estado, exceto nas audiências e nos atos promovidos fora da Capital, quando poderá ser indicado servidor devidamente compromissado para tal fim.

Art. 149. Aplicam-se à autoridade processante e ao secretário as hipóteses de impedimento e suspeição previstas nesta lei complementar.

Parágrafo único. Não poderá ser encarregado da apuração Procurador do Estado em estágio probatório.

Art. 150. O Corregedor Auxiliar ou o servidor designado para os fins do artigo 148 desta lei complementar deverá comunicar, desde logo, ao Corregedor Geral impedimento ou suspeição que houver.

Art. 151. Autuada a portaria e demais peças preexistentes, designará a autoridade processante dia e hora para audiência de interrogatório, determinando a citação do acusado e a notificação do denunciante, se houver.

Art. 152. O acusado será citado pessoalmente e poderá constituir advogado, que será intimado por publicação no Diário Oficial do Estado para os atos do processo.

§ 1º O mandado de citação deverá conter:

1 - cópia da portaria;

2 - data, hora e local do interrogatório, que poderá ser acompanhado pelo advogado do acusado;

3 - data, hora e local da oitiva do denunciante, se houver, que poderá ser acompanhada pelo advogado do acusado;

4 - cientificação de que o acusado será defendido por advogado dativo, caso não constitua advogado próprio;

5 - informação de que o acusado poderá arrolar testemunhas e requerer provas, no prazo de 3 (três) dias após a data designada para seu interrogatório;

6 - advertência de que o processo será extinto se o acusado pedir exoneração até o interrogatório, quando se tratar exclusivamente de abandono de cargo, bem como de inassiduidade.

§ 2º A citação do acusado será feita pessoalmente, por intermédio do respectivo superior hierárquico, ou via postal, com aviso de recebimento.

§ 3º Não sendo encontrado ou furtando-se à citação, o acusado será citado por edital, publicado uma única vez no Diário Oficial, no mínimo 10 (dez) dias antes do interrogatório.

§ 4º Não comparecendo o acusado, será declarada sua revelia, designando-se para promover-lhe a defesa um advogadodativo, salvo se o indiciado constituir advogado, o que poderá fazer a qualquer tempo.

§ 5º O advogado será intimado por publicação no Diário Oficial do Estado, de que conste seu nome e número de inscrição na Ordem dos Advogados do Brasil - OAB, bem como os dados necessários à identificação do procedimento.

Art. 153. Havendo denunciante, este deverá prestar declarações, no interregno entre a data da citação e a fixada para o interrogatório do acusado, sendo notificado para tal fim.

§ 1º A oitiva do denunciante deverá ser acompanhada pelo advogado do acusado, próprio ou dativo.

§ 2º O acusado não assistirá à inquirição do denunciante, podendo, antes de ser interrogado, ter ciência das declarações que aquele houver prestado.

Art. 154. A autoridade processante indeferirá os requerimentos impertinentes ou meramente protelatórios, fundamentando a decisão, da qual se intimará o acusado.

Art. 155. Comparecendo ou não o acusado ao interrogatório, inicia-se o prazo de 3 (três) dias para requerer a produção de provas, ou apresentá-las.

§ 1º O presidente e cada acusado poderão arrolar até 5 (cinco) testemunhas.

§ 2º A prova de antecedentes do acusado será feita exclusivamente por documentos, até as alegações finais.

§ 3º Até a data do interrogatório, será designada a audiência de instrução.

Art. 156. Na audiência de instrução, serão ouvidas, pela ordem, as testemunhas arroladas pela autoridade processante e pelo acusado.

Parágrafo único. Tratando-se de servidor público, seu comparecimento poderá ser solicitado ao respectivo superior imediato com as indicações necessárias.

Art. 157. A testemunha não poderá se eximir de depor, salvo se for ascendente, descendente, cônjuge, ainda que legalmente separado, companheiro, irmão, sogro e cunhado, pai, mãe ou filho adotivo do acusado, exceto quando não for possível, por outro modo, obter-se ou integrar-se a prova do fato e de suas circunstâncias.

§ 1º Se o parentesco das pessoas referidas for com o denunciante, ficam elas proibidas de depor, observada a exceção deste artigo.

§ 2º O servidor que se recusar a depor, sem justa causa, terá suspenso o pagamento de seu vencimento ou remuneração pela autoridade competente, até que satisfaça essa exigência, mediante comunicação da autoridade processante.

§ 3º O servidor que tiver de depor como testemunha fora da sede de seu exercício, terá direito a transporte e ao recebimento de diárias na forma da legislação em vigor, podendo ainda ser expedida carta precatória para esse efeito à autoridade do domicílio do depoente.

§ 4º São proibidas de depor as pessoas que, em razão de função, ministério, ofício ou profissão, devam guardar segredo, salvo se, desobrigadas pela parte interessada, quiserem testemunhar.

Art. 158. A testemunha que morar em comarca diversa poderá ser inquirida pela autoridade do lugar de sua residência, expedindo-se, para esse fim, carta precatória, com prazo razoável, intimada a defesa.

§ 1º Deverá constar da carta precatória a síntese da imputação e os esclarecimentos pretendidos, bem como a advertência sobre a necessidade da presença de advogado.

§ 2º A expedição da carta precatória não suspenderá a instrução do procedimento.

§ 3º Findo o prazo marcado, o procedimento poderá prosseguir até final decisão; a todo tempo, a precatória, uma vez devolvida, será juntada aos autos.

Art. 159. As testemunhas arroladas pelo acusado comparecerão à audiência designada, independentemente de notificação.

§ 1º Deverá ser notificada a testemunha cujo depoimento for relevante e que não comparecer espontaneamente.

§ 2º Se a testemunha não for localizada, a defesa poderá substituí-la, se quiser, levando na mesma data designada para a audiência outra testemunha, independentemente de notificação.

Art. 160. Havendo mais de um acusado os prazos serão comuns e em dobro.

Art. 161. Em qualquer fase do processo administrativo disciplinar, poderá a autoridade processante, de ofício ou a requerimento da defesa, ordenar diligências que entenda convenientes.

§ 1º As informações necessárias à instrução do processo serão solicitadas diretamente, sem observância de vinculação hierárquica, mediante ofício, do qual cópia será juntada aos autos.

§ 2º As informações a que se refere o § 1º deste artigo poderão ser obtidas por meio eletrônico oficial, devendo ser juntada via impressa aos autos.

§ 3º Sendo necessário o concurso de técnicos ou de peritos oficiais, a autoridade processante os requisitará, observadas as hipóteses de impedimento e suspeição previstas nesta lei complementar.

Art. 162. Durante a instrução, os autos do processo administrativo disciplinar permanecerão na repartição competente.

§ 1º Será concedida ao acusado vista dos autos, mediante simples solicitação, desde que não prejudique o curso do procedimento, bem como extração de cópias, por meio de requerimento e com especificação das peças processuais de seu interesse.

§ 2º A concessão de vista será obrigatória, no prazo para manifestação do acusado ou para apresentação de recursos, mediante publicação no Diário Oficial do Estado.

§ 3º Não corre o prazo senão depois da publicação a que se refere o § 2º deste artigo e desde que os autos estejam efetivamente disponíveis para vista.

§ 4º Ao advogado é assegurado o direito de retirar os autos da repartição, mediante recibo, durante o prazo para manifestação de seu representado, salvo na hipótese de prazo comum, quando existirem nos autos documentos originais de difícil restauração ou ocorrer circunstância relevante que justifique a permanência dos autos na repartição, reconhecida pela autoridade processante em despacho motivado.

Art. 163. Serão indeferidos pela autoridade processante, mediante decisão fundamentada, os requerimentos desnecessários ao esclarecimento do fato e as provas ilícitas, impertinentes, desnecessárias ou protelatórias.

Art. 164. Quando, no curso do procedimento, surgirem fatos novos imputáveis ao acusado, poderá ser promovida a instauração de novo procedimento para sua apuração ou, caso conveniente, aditada a portaria, reabrindo-se oportunidade de defesa.

Art. 165. Encerrada a fase probatória, dar-se-á vista dos autos à defesa, que poderá apresentar alegações finais, no prazo de 7 (sete) dias.

Parágrafo único. Não apresentadas no prazo as alegações finais, a autoridade processante designará advogado dativo, assinando-lhe novo prazo.

Art. 166. O relatório deverá ser apresentado no prazo de 10 (dez) dias, contados da apresentação das alegações finais.

§ 1º O relatório deverá descrever, em relação a cada acusado, separadamente, as irregularidades imputadas, as provas colhidas e as razões de defesa, propondo a absolvição ou a punição, indicando, neste caso, a pena que entender cabível.

§ 2º O relatório deverá conter, também, a sugestão de quaisquer outras providências de interesse do serviço público.

Art. 167. Concluído o procedimento com a elaboração do relatório opinativo, os autos serão enviados pelo Corregedor Geral, no prazo de 48 (quarenta e oito) horas, ao Conselho da Procuradoria Geral do Estado, para deliberação.

Parágrafo único. O Conselho poderá:

1 - determinar ou propor novas diligências;

2 - reconhecer a existência de defeitos ou de nulidades e determinar ou propor as providências para o saneamento, quando for o caso;

3 - propor o arquivamento, a absolvição ou a condenação;

4 - propor a aplicação de penalidade;

5 - determinar ou propor qualquer providência de interesse da Administração.

Art. 168. Encerrada a apreciação do procedimento, o Conselho emitirá parecer conclusivo e encaminhará os autos ao Procurador Geral que, em 10 (dez) dias, os decidirá ou, nas hipóteses de impedimento e suspeição previstas nesta lei complementar, os encaminhará ao Governador para decisão.

Art. 169. A conclusão do processo administrativo disciplinar poderá indicar fundamentadamente a remoção compulsória do indiciado.

Art. 170. Terão forma processual resumida, quando possível, todos os termos lavrados pelo secretário, quais sejam: autuação, juntada, conclusão, intimação, data de recebimento, bem como certidões e compromissos.

§ 1º Toda e qualquer juntada aos autos se fará na ordem cronológica da apresentação, rubricando o presidente as folhas acrescidas.

§ 2º Todos os atos ou decisões, cujo original não conste do processo, nele deverão figurar por cópia.

Art. 171. Constará sempre dos autos da sindicância ou do processo a folha de serviço atualizada do indiciado.

Art. 172. Quando ao Procurador do Estado se imputar crime, praticado na esfera administrativa, a autoridade que determinou a instauração do processo administrativo providenciará para que se instaure, simultaneamente, o inquérito policial.

Parágrafo único. Quando se tratar de crime praticado fora da esfera administrativa, a autoridade policial cientificará a autoridade administrativa.

Art. 173. As autoridades responsáveis pela condução do processo administrativo e do inquérito policial se auxiliarão, para que os mesmos se concluam dentro dos prazos respectivos.

Art. 174. Quando o ato atribuído ao Procurador do Estado for considerado criminoso, serão remetidas à autoridade competente cópias autenticadas das peças essenciais do processo.

Art. 175. Não será declarada a nulidade de nenhum ato processual que não houver influenciado na apuração da verdade substancial ou diretamente na decisão do processo administrativo disciplinar ou sindicância.

Art. 176. Dos atos, termos e documentos principais do processo administrativo disciplinar extrair-se-ão cópias para a formação de autos suplementares.

Art. 177. Ao término do processo administrativo, os autos serão arquivados na Corregedoria da Procuradoria Geral do Estado.

Art. 178. Decorridos 5 (cinco) anos de efetivo exercício, contados da data do cumprimento da sanção disciplinar, sem cometimento de nova infração, não mais poderá aquela ser considerada em prejuízo do acusado, inclusive para efeito de reincidência.

Parágrafo único. A demissão e a demissão a bem do serviço público acarretam a incompatibilidade para nova investidura em cargo, função ou emprego público, pelo prazo de 5 (cinco) e 10 (dez) anos, respectivamente.

Art. 179. O prazo para a conclusão do processo administrativo disciplinar é de 90 (noventa) dias contados da data da citação do acusado.

SEÇÃO IV
DO PROCESSO POR ABANDONO DO CARGO E POR INASSIDUIDADE

Art. 180. Verificada a ocorrência de faltas ao serviço que caracterizem abandono de cargo, bem como inassiduidade, o superior imediato comunicará o fato à autoridade competente para determinar a instauração de processo disciplinar, instruindo a representação com cópia da ficha funcional do Procurador do Estado e com atestados de frequência.

Art. 181. Não será instaurado processo para apurar abandono de cargo, bem como inassiduidade, se o Procurador do Estado tiver pedido exoneração.

Art. 182. Extingue-se o processo instaurado exclusivamente para apurar abandono de cargo, bem como inassiduidade, se o indiciado pedir exoneração até a data designada para o interrogatório, ou por ocasião deste.

Art. 183. A defesa só poderá versar sobre força maior, coação ilegal ou motivo legalmente justificável.

SEÇÃO V
DOS RECURSOS

Art. 184. Da decisão que aplicar a penalidade caberá:

I – recurso hierárquico, quando aplicada a pena pelo Procurador Geral do Estado;

II – pedido de reconsideração, quando aplicada a pena pelo Governador.

§ 1º O recurso, cabível uma única vez, da decisão que aplicar penalidade, será interposto pelo acusado no prazo de 30 (trinta) dias, contados da publicação da decisão impugnada no Diário Oficial do Estado ou da intimação pessoal do Procurador do Estado, quando for o caso.

§ 2º Do recurso deverá constar, além do nome e da qualificação do recorrente, a exposição das razões de inconformismo.

§ 3º O Procurador Geral terá prazo de 10 (dez) dias para, motivadamente, manter ou reformar sua decisão, ouvido o Conselho da Procuradoria Geral do Estado.

§ 4º Mantida a decisão, ou reformada parcialmente, será imediatamente encaminhada a reexame pelo superior hierárquico.

§ 5º A pena imposta não poderá ser agravada pela decisão do recurso.

§ 6º O recurso será apreciado pela autoridade competente ainda que incorretamente denominado ou endereçado.

Art. 185. Os recursos de que trata esta lei complementar não têm efeito suspensivo; os que forem providos darão lugar às retificações necessárias, retroagindo seus efeitos à data do ato punitivo.

CAPÍTULO IV
DA REVISÃO

Art. 186. Admitir-se-á, a qualquer tempo, a revisão de punição disciplinar de que não caiba mais recurso, se surgirem fatos ou circunstâncias ainda não apreciados, ou vícios insanáveis de procedimento, que possam justificar redução ou anulação da pena aplicada.

§ 1º A simples alegação da injustiça da decisão não constitui fundamento do pedido.

§ 2º Não será admitida reiteração de pedido pelo mesmo fundamento.

§ 3º Os pedidos formulados em desacordo com este artigo serão indeferidos.

§ 4º O ônus da prova cabe ao requerente.

Art. 187. A pena imposta não poderá ser agravada pela revisão.

Art. 188. A instauração de processo revisional poderá ser requerida fundamentadamente pelo interessado ou, se falecidoou incapaz, por seu curador, cônjuge, companheiro, ascendente, descendente ou irmão, sempre por intermédio de advogado.

Parágrafo único. O pedido será instruído com as provas que o requerente possuir ou com a indicação daquelas que pretenda produzir.

Art. 189. A autoridade que aplicou a penalidade, ou que a tiver confirmado em grau de recurso, será competente para o exame da admissibilidade do pedido de revisão, bem como, caso deferido o processamento, para a sua decisão final.

Art. 190. Deferido o processamento da revisão, o pedido será encaminhado ao Corregedor Geral que designará Corregedor Auxiliar que não tenha funcionado no procedimento disciplinar de que resultou a punição do requerente.

Art. 191. O Corregedor Auxiliar determinará seu apensamento ao procedimento disciplinar original e notificará o requerente para, no prazo de 8 (oito) dias, oferecer rol de testemunhas, ou requerer outras provas que pretenda produzir.

Parágrafo único. No processamento da revisão serão observadas as normas previstas nesta lei complementar para o processo administrativo disciplinar.

Art. 192. Encerrada a instrução, será aberta vista ao requerente para, no prazo de 3 (três) dias, apresentar alegações finais.

Art. 193. Decorrido o prazo de que trata o artigo 192 desta lei complementar, e dentro de 30 (trinta) dias, o Corregedor Auxiliar elaborará relatório conclusivo sobre a procedência ou não do pedido e enviará os autos ao Corregedor Geral, que os remeterá ao Conselho para deliberação.

Parágrafo único. Após a manifestação do Conselho, os autos serão remetidos ao Procurador Geral para:

1 – decidir sobre o pedido, no prazo de 20 (vinte) dias, sem prejuízo das diligências que entender necessárias para melhor esclarecimento dos fatos;

2 – opinar conclusivamente e submeter ao Governador do Estado, quando esse houver proferido a decisão final no procedimento disciplinar objeto da revisão.

Art. 194. A decisão que julgar procedente a revisão poderá alterar a classificação da infração, absolver o punido, modificar a pena ou anular o processo, restabelecendo os direitos atingidos pela decisão reformada.

TÍTULO VI
DO FUNDO ESPECIAL DA PROCURADORIA GERAL DO ESTADO DE SÃO PAULO

Art. 195. Fica criado, no âmbito da Procuradoria Geral do Estado de São Paulo, o Fundo Especial da Procuradoria Geral do Estado de São Paulo – FUNPROGESP.

Art. 196. O FUNPROGESP tem por finalidade complementar os recursos financeiros indispensáveis ao aparelhamento da Procuradoria Geral do Estado, destinando-se esses recursos, preferencialmente, às despesas com investimento em inovação tecnológica.

Art. 197. O FUNPROGESP terá como gestor o Procurador Geral, que designará órgão da Procuradoria Geral do Estado incumbido de organizar a contabilidade financeira e o plano de aplicação dos recursos.

Art. 198. Constituem receitas do FUNPROGESP:

I – dotações orçamentárias próprias;

II – recursos provenientes das receitas de outros fundos;

III – recursos provenientes de aluguéis ou de permissões de uso de espaços livres para terceiros, onde funcionem os órgãos da Procuradoria Geral do Estado;

IV – recursos provenientes do produto de alienação de equipamentos, veículos, outros materiais permanentes ou material inservível ou dispensável;

V – rendimentos financeiros dos recursos do próprio fundo;

VI – outros recursos que lhe forem expressamente atribuídos por lei.

Art. 199. Os bens adquiridos por intermédio do FUNPROGESP serão incorporados ao patrimônio da Procuradoria Geral do Estado.

Art. 200. O FUNPROGESP terá escrituração contábil própria, observadas as legislações federal e estadual, bem como as normas emanadas do Tribunal de Contas do Estado de São Paulo.

Parágrafo único. A prestação de contas de aplicação e da gestão financeira do FUNPROGESP será consolidada na Procuradoria Geral do Estado, por ocasião do encerramento do correspondente exercício.

Art. 201. O Procurador Geral, mediante resolução, editará os atos complementares necessários ao funcionamento do FUNPROGESP.

TÍTULO VII
DAS DISPOSIÇÕES FINAIS

Art. 202. Os vencimentos e as vantagens pecuniárias dos integrantes da carreira de Procurador do Estado e dos ocupantes dos cargos em comissão e das funções de confiança referidos, respectivamente, nos artigos 70, 71 e 72 desta lei complementar, serão fixados em lei complementar, de iniciativa do Governador.

Art. 203. Ficam acrescidos os §§ 1º, 2º e 3º ao artigo 3º da Lei Complementar nº 724, de 15 de julho de 1993, com a seguinte redação:

"Artigo 3º [...]

[...]

§ 1º Quando necessário o deslocamento de sua sede de exercício, o Procurador do Estado fará jus ao recebimento de diária, na forma fixada por ato do Procurador Geral, equivalente ao percentual de até 1/30 (um trinta avos) dos vencimentos do Procurador do Estado Nível I.

§ 2º Em situações excepcionais, poderá o Procurador Geral estabelecer condições para o pagamento antecipado de diárias.

§ 3º O Procurador do Estado que, em virtude de promoção, remoção ou designação, passar a ter exercício em nova sede, ali passando a residir em caráter permanente, terá direito, a título de ajuda de custo para as despesas de sua instalação, ao equivalente a 30 (trinta) diárias integrais.".

Art. 204. Passa a vigorar com a seguinte redação o § 2º do artigo 55, da Lei Complementar nº 93, de 28 de maio de 1974, com a redação que lhe conferiu o artigo 13, da Lei Complementar nº 907, de 21 de dezembro de 2001:

"Artigo 55. [...]

[...]

§ 2º Do total depositado nos termos deste artigo, serão destinados:

1 - até 3% (três por cento) para pagamento de Prêmio de Incentivo à Produtividade e Qualidade (PIPQ) aos servidores em exercício na Procuradoria Geral do Estado;

2 - 2% (dois por cento) ao Fundo Especial de Despesas do Centro de Estudos, visando ao aperfeiçoamento intelectual dos integrantes da carreira de Procurador do Estado, formação e aperfeiçoamento funcional dos servidores em exercício na Procuradoria Geral do Estado e à contratação de jurista para emitir parecer de interesse da Instituição;

3 - 4% (quatro por cento) ao Fundo Especial da Procuradoria Geral do Estado - FUNPROGESP.".

Art. 205. Aplicam-se subsidiariamente aos ocupantes de cargos de Procurador do Estado as disposições do Estatuto dos Funcionários Públicos Civis do Estado, no que não colidirem com esta lei complementar.

Art. 206. Ficam criados, na Tabela I do Subquadro de Cargos Públicos (SQC-III), do quadro da Procuradoria Geral do Estado, 170 (cento e setenta) cargos de provimento efetivo de Procurador do Estado nível I, enquadrados na referência 1, da Escala de Vencimentos de que trata o artigo 2º da Lei Complementar nº 724, de 15 de julho de 1993, alterada pelo artigo 1º da Lei nº 8.826, de 11 de julho de 1994.

Art. 207. As despesas decorrentes da aplicação desta lei complementar correrão à conta das dotações próprias consignadas no orçamento vigente, suplementadas se necessário.

Art. 208. Esta lei complementar e suas disposições transitórias entram em vigor na data da sua publicação, ficando revogado o artigo 3º da Lei Complementar nº 1.077, de 11 de dezembro de 2008.

TÍTULO VIII
DAS DISPOSIÇÕES TRANSITÓRIAS

Art. 1º Os cargos, de provimento em comissão, de Procurador do Estado Assessor Chefe, de Procurador do Estado Assessor, de Procurador do Estado Assistente e de Procurador do Estado Chefe do Quadro da Procuradoria Geral do Estado e da Casa Civil serão extintos 30 (trinta) dias após a entrada em vigor da lei complementar mencionada no artigo 202 das disposições finais desta lei complementar, fixando-se, a partir da extinção dos cargos prevista neste artigo, o cargo de Procurador do Estado Nível V, como paradigma para cálculo de direitos referenciados aos mencionados cargos extintos.

Art. 2º A partir da extinção dos cargos de provimento em comissão de Procurador do Estado Assessor Chefe, Procurador do Estado Assessor e Procurador do Estado Assistente prevista no artigo 1º destas Disposições Transitórias, os cargos dessas denominações, assim como os de Procurador do Estado Chefe que, por força de disposições legais anteriores, estiveram providos em caráter efetivo, ficarão com a denominação alterada para Procurador do Estado Nível V.

Parágrafo único. O disposto neste artigo aplica-se aos Procuradores do Estado aposentados em cargos das mesmas denominações.

Art. 3º Fica mantido o regime de trabalho dos integrantes da carreira de Procurador do Estado que na data da publicação desta lei complementar estejam sujeitos à Jornada Parcial de Trabalho, caracterizada pela exigência da prestação de 30 (trinta) horas semanais de trabalho, não se lhes aplicando o disposto no inciso VIII do artigo 118 desta lei complementar.

Art. 4º Enquanto não completada a assunção dos órgãos jurídicos das autarquias pela Procuradoria Geral do Estado, a eles continuará aplicável o disposto no artigo 101, "caput", da Constituição Estadual, permanecendo os Procuradores de autarquia que os integram sujeitos às disposições atinentes a direitos e deveres, garantias e prerrogativas, proibições e impedimentos previstos nesta lei complementar.

LEI Nº 17.293, DE 15 DE OUTUBRO DE 2020

Estabelece medidas voltadas ao ajuste fiscal e ao equilíbrio das contas públicas e dá providências correlatas.

ÍNDICE

O GOVERNADOR DO ESTADO DE SÃO PAULO:

Faço saber que a Assembleia Legislativa decreta e eu promulgo a seguinte lei:

SEÇÃO I
DA EXTINÇÃO DE ENTIDADES DESCENTRALIZADAS

Art. 1º Fica o Poder Executivo autorizado a promover a extinção das seguintes entidades descentralizadas:

I – Fundação Parque Zoológico de São Paulo, cuja instituição foi autorizada pela Lei nº 5.116, de 31 de dezembro de 1958;

II – Companhia de Desenvolvimento Habitacional e Urbano de São Paulo – CDHU, cuja constituição foi autorizada pela Lei nº 905, de 18 de dezembro de 1975;

III – Empresa Metropolitana de Transportes Urbanos de São Paulo – EMTU/SP, cuja constituição foi autorizada pela Lei nº 1.492, de 13 de dezembro de 1977.

Art. 2º Ficam extintas as seguintes entidades descentralizadas:

I – Superintendência de Controle de Endemias – SUCEN, entidade autárquica criada pelo Decreto-Lei nº 232, de 17 de abril de 1970;

II – Departamento Aeroviário do Estado de São Paulo – DAESP, entidade autárquica criada pela Lei nº 10.385, de 24 de agosto de 1970;

§ 1º O prazo para a efetivação das extinções referidas neste artigo será de até 180 (cento e oitenta) dias, contados da data da publicação desta lei.

– *Vide* Decreto nº 65.594, de 25/03/2021, *que prorrogou o prazo previsto neste parágrafo por 180 dias.*

– *Vide* Decreto nº 66.015, de 15/09/2021, *que prorrogou o prazo previsto neste parágrafo por 180 dias.*

§ 2º O Poder Executivo poderá, mediante decreto, caso haja justificativa fundada no interesse público e na necessidade da Administração:

1. prorrogar o prazo previsto no § 1º, por iguais períodos, até duas vezes;

2. declarar a entidade extinta antes de findo o prazo estabelecido no § 1º.

Art. 3º Fica o Poder Executivo autorizado a:

I – sub-rogar para entidades e órgãos da Administração Pública Estadual os contratos administrativos dos quais são partes as entidades descentralizadas referidas nos artigos 1º e 2º desta lei, a fim de manter a continuidade da utilização de bens essenciais e a prestação do serviço público;

II – transferir a totalidade de seus ativos, tangíveis e intangíveis, e passivos, conhecidos ou não, as atribuições, obrigações, acervo, bens e os recursos orçamentários e financeiros das entidades descentralizadas referidas nos artigos 1º e 2º desta lei, no que couber, a entidades e órgãos da Administração Pública Estadual, a serem definidos pelo Poder Executivo, mediante decreto.

Parágrafo único – As entidades e os órgãos da Administração Pública Estadual referidos nos artigos 1º e 2º desta lei deverão informar, prévia e detalhadamente, o acervo de processos judiciais e administrativos existentes à Procuradoria Geral do Estado, e a esta franquear o apoio material necessário para assunção da representação jurídica, observado, no que couber, os termos do artigo 4º desta lei.

Art. 4º Fica o Poder Executivo autorizado a sub-rogar, total ou parcialmente, a critério da administração, a órgãos e entidades da Administração Pública Estadual, sem descontinuidade, contratos de trabalho das entidades descentralizadas referidas nos artigos 1º e 2º desta lei, vigentes até o momento da extinção da entidade.

§ 1º O Poder Executivo disciplinará, mediante decreto, a sub-rogação dos contratos de trabalho mencionados no "caput" deste artigo, que somente poderá contemplar os empregados públicos:

1. admitidos por concurso público, cujas atividades tenham sido absorvidas por órgãos ou entidades da Administração Pública Estadual e absolutamente necessários à continuidade do serviço público;

2. considerados estáveis na forma da redação original do artigo 41 da Constituição Federal e do artigo 19 do Ato das Disposições Constitucionais Transitórias da Constituição Federal.

§ 2º Os empregos públicos sub-rogados na forma deste artigo comporão quadro especial e serão extintos na vacância, mantidas a denominação, as atribuições e a remuneração.

§ 3º Os empregados públicos do quadro especial poderão, ainda, ser realocados em órgãos e entidades da Administração Direta e Indireta em que haja necessidade ou déficit de pessoal, respeitados o grau de escolaridade, a formação e outros requisitos eventualmente exigidos pela legislação em vigor.

Art. 5º Fica autorizada a alienação, pelo Estado de São Paulo:

I – dos bens imóveis incorporados ao seu patrimônio em razão da extinção das entidades descentralizadas a que se referem os artigos 1º e 2º desta lei;

II – dos bens imóveis cujo uso tenha sido outorgado às entidades descentralizadas a que se referem os artigos 1º e 2º desta lei.

SEÇÃO II
DO INSTITUTO DE ASSISTÊNCIA MÉDICA AO SERVIDOR PÚBLICO ESTADUAL DE SÃO PAULO – IAMSPE

Art. 6º Ficam alterados ou acrescentados, com a redação que se segue, os dispositivos adiante indicados do Decreto-lei nº 257, de 29 de maio de 1970:

I – no artigo 3º, o inciso II e o parágrafo único:

"II – os viúvos e companheiros dos funcionários e servidores referidos no inciso anterior."(NR)

Parágrafo único – Os viúvos, companheiros e os inativos poderão solicitar a qualquer tempo, respectivamente, do falecimento do contribuinte e de sua aposentadoria, o cancelamento da inscrição como contribuinte." (NR)

II – no artigo 4º, o inciso II:

"II – os viúvos e companheiros das pessoas mencionadas nos incisos anteriores, desde que o cônjuge ou companheiro falecido estivesse inscrito como contribuinte facultativo." (NR)

III – no artigo 7º, os §§ 4º e 8º:

"§ 4º Poderão se inscrever, facultativamente, como agregados, os pais, o padrasto e a madrasta, mediante a contribuição adicional e individual estabelecida no artigo 20."(NR)

....

"§ 8º O contribuinte poderá incluir ou excluir beneficiários a qualquer tempo, respeitado o período mínimo de permanência de 24 (vinte e quatro) meses após a inclusão." (NR)

IV – o artigo 8º:

"Artigo 8º – Consideram-se beneficiários do contribuinte falecido os previstos nos incisos II a IV do artigo 7º, em quaisquer condições." (NR)

V – no artigo 20, o "caput" e os §§ 1º, 2º e 3º:

"Artigo 20 – A receita do IAMSPE será constituída pela contribuição de 2 ou 3% (dois ou três por cento), a depender da faixa etária conforme tabela constante no § 2º, do servidor ou empregado público civil, dos ocupantes exclusivamente de cargos em comissão, de função-atividade de livre provimento, de empregado público em confiança, e similares, do agente político, ativos ou inativos, bem como dos pensionistas dos contribuintes (viúvos e companheiros), apurada mensalmente sobre a retribuição total mensal.

§ 1º Ao contribuinte que fizer a inscrição de beneficiários será acrescida a contribuição de 0,5% (meio por cento) ou 1,0% (um por cento) por beneficiário, incidente conforme tabela constante no § 2º, sobre a retribuição total mensal.

§ 2º As contribuições observarão os percentuais abaixo:

VÍNCULO	FAIXA ETÁRIA	% CONTRIBUIÇÃO
Contribuinte	< 59 anos	2%
Contribuinte	>= 59 anos	3%
Beneficiário	< 59 anos	0,5%
Beneficiário	>= 59 anos	1%
Agregado	< 59 anos	2%
Agregado	>= 59 anos	3%

§ 3º Para fins da apuração mensal das contribuições, considera-se retribuição total mensal todas as parcelas percebidas a qualquer título, inclusive acréscimo de um terço de férias, décimo-terceiro salário e bonificações e participação nos resultados, excetuadas as relativas a salário-família, salário-esposa, diárias de viagens, reembolso de regime de quilometragem, diária de alimentação, ajuda de custo para alimentação, auxílio-transporte, adicional de transporte, ajuda de custo e auxílio-funeral." (NR)

SEÇÃO III
DA ALIENAÇÃO DE IMÓVEIS

Art. 7º O artigo 21 da Lei nº 6.544, de 22 de novembro de 1989, passa a vigorar com a seguinte redação:

"Artigo 21 – A alienação de imóveis da Fazenda do Estado de São Paulo, suas autarquias e fundações será feita mediante concorrência, observadas as demais disposições da legislação federal e as seguintes condições:

I – o preço mínimo inicial de venda será fixado com base no valor de mercado estabelecido em avaliação específica, cuja validade será de 12 (doze) meses, observadas as normas aplicáveis da Associação Brasileira de Normas Técnicas – ABNT;

II – a concorrência poderá ser realizada em 2 (duas) fases:

a) na primeira fase, as propostas serão entregues à Comissão de Licitação em envelopes fechados e serão abertas no início da sessão de abertura dos envelopes;

b) a segunda fase ocorrerá imediatamente após o encerramento da abertura dos envelopes e consistirá na formulação de lances sucessivos a viva voz entre os licitantes cujas propostas apresentem uma diferença igual ou inferior a 10% (dez por cento) em relação à maior oferta apurada na primeira fase;

III – os licitantes apresentarão propostas ou lances distintos para cada imóvel;

IV – o licitante que apresentar a maior proposta pagará, imediatamente após o encerramento das fases de que trata o inciso II, conforme o caso, o sinal correspondente a, no mínimo, 10% (dez por cento) do valor da arrematação, complementando o preço no prazo e nas condições previstas no edital, sob pena de perder o valor do sinal.

§ 1° A alienação de imóveis poderá ser realizada por lote, se essa modalidade implicar, conforme demonstrado em parecer técnico:

1. maior valorização dos bens;

2. maior liquidez para os imóveis cuja alienação isolada seja difícil ou não recomendada;

3. outras situações decorrentes das práticas normais do mercado ou em que se observem condições mais vantajosas para a administração pública, devidamente fundamentadas.

§ 2° Os procedimentos licitatórios de que trata este artigo poderão ser realizados integralmente por meio de recursos de tecnologia da informação, com a utilização de sistemas próprios ou disponibilizados por terceiros, mediante acordo ou contrato.

§ 3° A fase de habilitação limitar-se-á à comprovação do recolhimento de garantia nunca inferior a 5% (cinco por cento) da avaliação.

§ 4° A avaliação específica de que trata o inciso I do "caput" deste artigo será realizada por pessoa física ou jurídica contratada anteriormente ao procedimento licitatório, inclusive por meio de processo de credenciamento.

§ 5° O Poder Executivo regulamentará os critérios de análise e aceitação das avaliações mencionadas no § 4° deste artigo, podendo, caso julgue necessário, proceder a mais de uma avaliação por imóvel.

§ 6° Para fins de alienação de imóveis cujas áreas sejam inferiores ao lote urbano mínimo ou módulo fiscal, o valor de venda poderá ser calculado mediante o uso do valor venal de referência constante do cadastro municipal ou dos valores médios da terra nua e das benfeitorias divulgados pela Secretaria de Agricultura e Abastecimento do Estado de São Paulo ou por outro órgão de reconhecida idoneidade." (NR)

Art. 8° O "caput" do artigo 11 da Lei n° 16.338, de 14 de dezembro de 2016, passa a vigorar com a seguinte redação, acrescido dos incisos III e IV:

"Artigo 11 – Ficam o Estado e suas autarquias autorizados, na forma dos incisos IV e V do artigo 19 da Constituição Estadual, a alienar ou ceder direitos possessórios ou reais, bem como conceder o uso de imóveis:

....

III – cuja área de terreno seja igual ou inferior a 50 (cinquenta) hectares, no caso de imóvel rural;

IV – de quaisquer dimensões:

a) para realização de permutas, dação em pagamento para utilização em programas e ações de interesse público, ou como contraprestação pecuniária ou aporte de recursos em parcerias público-privadas;

b) recebidos como redução de capital social, pagamento de dividendos ou por meio de aporte de recursos para cobertura de insuficiência financeira;

c) incorporados ao seu patrimônio em razão da extinção de entidades da administração indireta;

d) localizados na área de influência de concessões de serviço público, concessões de uso e concessões de obra, com o objetivo de fomentar a exploração de receitas não tarifárias nos respectivos projetos." (NR)

Art. 9° A alienação, a cessão de direitos possessórios ou reais e a concessão de uso de bens imóveis, previstas no artigo 11 da Lei n° 16.338, de 14 de dezembro de 2016, deverão ser precedidas de autorização do Chefe do Poder Executivo, admitida sua delegação, ou do dirigente máximo da entidade autárquica.

§ 1° A alienação, a cessão de direitos reais ou possessórios e a concessão de uso de bens imóveis devem ser objeto de prévia avaliação.

§ 2° A doação deverá prever obrigatoriamente a finalidade a que se destina, os encargos eventualmente aplicáveis, o prazo de seu cumprimento e a cláusula de reversão.

§ 3° Nos casos de doação para entes públicos, será dispensada a avaliação, podendo ser considerados outros valores oficiais de referência para fins contábeis.

Art. 10. Fica a Fazenda do Estado de São Paulo autorizada a alienar os imóveis:

I – recebidos mediante doação do:

a) Departamento de Estradas de Rodagem – DER, indicados no Anexo I desta lei;

b) Departamento de Águas e Energia Elétrica – DAEE, indicados no Anexo II desta lei;

II – indicados no Anexo III desta lei.

Parágrafo único – Aplica-se aos imóveis referidos no "caput" deste artigo o disposto nos artigos 3° a 8° da Lei n° 16.338, de 14 de dezembro de 2016.

SEÇÃO IV
DAS CARTEIRAS DOS ADVOGADOS E DAS SERVENTIAS

Art. 11. O artigo 10 da Lei nº 16.877, de 19 de dezembro de 2018, passa a vigorar com a seguinte redação:

"Artigo 10 – Constitui obrigação do titular de Serventia não Oficializada da Justiça, o recolhimento das contribuições previstas nos artigos 43 e 45 da Lei nº 10.393, de 16 de dezembro de 1970, diretamente para a Secretaria da Fazenda e Planejamento, até o 15º (décimo quinto) dia do mês seguinte ao vencimento." (NR)

Art. 12. Os dispositivos adiante mencionados ficam acrescentados na seguinte conformidade:

I – na Lei nº 16.877, de 19 de dezembro de 2018:

a) o § 2º no artigo 15, renumerando-se o parágrafo único para § 1º:

"§ 2º As despesas administrativas para manutenção dos benefícios da Carteira poderão ser custeadas com recursos do respectivo Fundo." (NR)

b) o § 2º no artigo 16, renumerando-se o parágrafo único para § 1º:

"§ 2º As despesas administrativas para manutenção dos benefícios da Carteira poderão ser custeadas com recursos do respectivo Fundo." (NR)

II – na Lei nº 10.393, de 16 de dezembro de 1970, o § 3º no artigo 20:

"§ 3º Fica vedada a concessão do benefício aos titulares de Serventias não Oficializadas da Justiça do Estado, no caso de haver débito de contribuições a que se refere o artigo 10 da Lei nº 16.877, de 19 de dezembro de 2018" (NR)

Art. 13. O § 2º do artigo 20 da Lei nº 10.393, de 16 de dezembro de 1970, passa a vigorar com a redação que segue:

"Artigo 20 – ....

§ 2º Para recebimento do benefício da licença para tratamento de saúde prevista no inciso V deste artigo, a perícia médica deverá ser renovada a cada 180 (cento e oitenta) dias, se a sua concessão for superior a este prazo." (NR)

SEÇÃO V
DA UTILIZAÇÃO DO SUPERÁVIT FINANCEIRO DECORRENTE DE RECEITAS PRÓPRIAS E DA DESTINAÇÃO DE RECURSOS DOS FUNDOS ESPECIAIS

Art. 14. O superávit financeiro apurado em balanço patrimonial das autarquias, inclusive as de regime especial, e das fundações será transferido ao final de cada exercício à Conta Única do Tesouro Estadual, sem prejuízo do disposto no artigo 76-A do Ato das Disposições Constitucionais Transitórias da Constituição Federal, para o pagamento de aposentadorias e pensões do Regime Próprio de Previdência Social do Estado.

§ 1º Fica dispensada a deliberação dos órgãos colegiados das entidades de que trata o "caput" deste artigo, caso existam, relativamente à transferência determinada por este artigo.

§ 2º A transferência dos recursos prevista no "caput" deverá ser realizada em até 10 (dez) dias após a publicação do Balanço Geral do Estado.

§ 3º O disposto neste artigo não se aplica às Universidades Públicas Estaduais e à Fundação de Amparo à Pesquisa do Estado de São Paulo – FAPESP.

§ 4º O disposto neste artigo não se aplica à Caixa Beneficente da Polícia Militar – CBPM.

Art. 15. O superávit financeiro apurado em balanço patrimonial dos recursos previstos no artigo 168 da Constituição Federal será transferido à Conta Única do Tesouro Estadual, para o pagamento de aposentadorias e pensões do Regime Próprio de Previdência Social do Estado.

Parágrafo único – A critério dos órgãos dos Poderes Legislativo e Judiciário, do Ministério Público e da Defensoria Pública, a transferência prevista no "caput" poderá ser substituída pela compensação do superávit financeiro com duodécimos do exercício seguinte àquele em que se observar o referido superávit.

Art. 16. Todos os fundos especiais de despesa e fundos especiais de financiamento e investimento do Poder Executivo poderão destinar as receitas arrecadadas, sem prejuízo das destinações estabelecidas nas respectivas leis de instituição, para despesas de qualquer natureza relacionadas com o Poder, órgão ou entidade responsável por sua gestão, inclusive despesas de pessoal e encargos sociais.

§ 1º O disposto no "caput" não se aplica ao montante das receitas vinculadas cuja destinação legal esteja prevista na Constituição Federal, Constituição Estadual ou legislação federal, permitida a aplicação dos demais recursos do fundo na forma prevista neste artigo.

§ 2º Fica dispensada a deliberação dos órgãos colegiados dos fundos de que trata o "caput" deste artigo, caso existam, relativamente à destinação autorizada por este artigo.

Art. 17. O superávit financeiro apurado em balanço ao final de cada exercício dos fundos do Poder Executivo será transferido à Conta Única do Tesouro Estadual para o pagamento de aposentadorias e pensões do Regime Próprio de Previdência Social do Estado.

§ 1° A transferência dos recursos prevista no "caput" deverá ser realizada em até 10 (dez) dias após a publicação do Balanço Geral do Estado.

§ 2° O disposto no "caput" não se aplica ao montante das receitas vinculadas cuja destinação legal esteja prevista na Constituição Federal, Constituição Estadual ou legislação federal, permitida a transferência dos demais recursos do fundo na forma prevista neste artigo.

§ 3° Fica dispensada a deliberação dos órgãos colegiados dos fundos de que trata o "caput" deste artigo, caso existam, relativamente à transferência determinada por este artigo.

§ 4° O disposto neste artigo não se aplica ao Fundo Especial de Despesa da Polícia Militar do Estado de São Paulo – FEPOM e ao Fundo Estadual de Segurança Contra Incêndios e Emergências – FESIE.

Art. 18. Ficam extintos os seguintes fundos:

I – Fundo Especial de Despesa – Conjunto Hospitalar de Sorocaba, ratificado pela Lei n° 7.001, de 27 de dezembro de 1990;

II – Fundo Especial de Despesa – Hospital Santa Tereza de Ribeirão Preto, ratificado pela Lei n° 7.001, de 27 de dezembro de 1990;

III – Fundo Especial de Despesa – Centro de Atenção Psiquiátrico "Arquiteto Januário José Exemplari", ratificado pela Lei n° 7.001, de 27 de dezembro de 1990;

IV – Fundo Especial de Despesa – Centro de Atenção Integral à Saúde de Santa Rita do Passa Quatro, ratificado pela Lei n° 7.001, de 27 de dezembro de 1990;

V – Fundo Especial de Despesa do Centro Atenção Integral Saúde "Clemente Ferreira", previsto na Lei n° 5.224, de 13 de janeiro de 1959;

VI – Fundo Especial de Despesa – Centro de Atenção Integral Saúde Mental 'Philippe Pinel, ratificado pela Lei n° 7.001, de 27 de dezembro de 1990;

VII – Fundo Especial de Despesa – Coordenadoria de Operações, vinculado à Secretaria de Desenvolvimento Econômico, ratificado pela Lei n° 7.001, de 27 de dezembro de 1990;

VIII – Fundo Especial de Despesa – Departamento de Administração da Secretaria de Cultura, criado pela Lei n° 10.704, de 28 de dezembro de 2000, com vinculação alterada pelo Decreto n° 55.403, de 8 de fevereiro de 2010;

IX – Fundo Especial de Custeio de Perícias FEP criado pela Lei n° 16.428, de 29 de maio de 2017;

X – Fundo Especial de Despesa – Gabinete do Secretário de Desenvolvimento Social, ratificado pela Lei n° 7.001, de 27 de dezembro de 1990, criado pelo Decreto n° 28.081, de 7 de janeiro de 1988;

XI – Fundo Especial de Despesa – Gabinete do Secretário de Esportes, ratificado pela Lei n° 7.001, de 27 de dezembro de 1990;

XII – Fundo Especial de Despesa – Gabinete do Secretário (antigo Turismo), ratificado pela Lei n° 7.001, de 27 de dezembro de 1990;

XIII – Fundo Estadual de Incentivo ao Desenvolvimento Social – FIDES, criado pela Lei n° 9.363, de 23 de julho de 1996;

XIV – Fundo Estadual de Incentivo ao Desenvolvimento Econômico – FIDEC, criado pela Lei n° 9.363, de 23 de julho de 1996.

§ 1° O superávit financeiro apurado no balanço de encerramento do fundo será transferido à Conta Única do Tesouro Estadual com livre destinação.

§ 2° As receitas vinculadas dos fundos extintos cuja destinação legal esteja prevista na Constituição Federal, Constituição Estadual ou legislação federal serão controladas por meio de classificação orçamentária que evidencie a fonte e a destinação do recurso.

§ 3° Fica dispensada a deliberação dos órgãos colegiados dos fundos de que trata o "caput" deste artigo, caso existam, relativamente à transferência determinada no § 1° deste artigo.

Art. 19. Os recursos decorrentes do disposto nesta Seção poderão ser utilizados para as despesas autorizadas na Lei Orçamentária Anual ou para abertura de créditos suplementares, especiais ou extraordinários, permitidos a transposição, o remanejamento e a transferência.

Art. 20. O descumprimento do disposto nos artigos 14, 16 e 17 será apurado pela Corregedoria Geral da Administração.

SEÇÃO VI
DO IMPOSTO SOBRE A PROPRIEDADE DE VEÍCULOS AUTOMOTORES – IPVA

Art. 21. Fica inserido o artigo 13-A e passam a vigorar, com a redação que se segue, os dispositivos adiante indicados da Lei n° 13.296, de 23 de dezembro de 2008:

I – o inciso III do artigo 13:

"III – de um único veículo, de propriedade de pessoa com deficiência física severa ou profunda que permita a condução de veículo automotor especificamente adaptado e customizado para sua situação individual." (NR)

II – o artigo 13-A:

"Artigo 13-A – Fica o Poder Executivo autorizado a conceder, na forma e condições estabelecidas pela Secretaria da Fazenda e Planejamento, isenção de IPVA para um único veículo de propriedade de pessoa com deficiência física, visual, mental, intelectual, severa ou profunda, ou autista, que impossibilite a condução do veículo.

§ 1º O veículo objeto da isenção deverá ser:

1. conduzido por condutor autorizado pelo beneficiário ou por seu tutor ou curador;

2. vetado;

3. vistoriado anualmente pelo DETRAN/SP, na forma disposta em regulamento.

§ 2º Para fins do item 1 do § 1º deste artigo, na forma e condições estabelecidas pela Secretaria da Fazenda e Planejamento:

1. poderão ser indicados até 3 (três) condutores autorizados, sendo permitida sua substituição;

2. vetado.

§ 3º Detectada fraude na obtenção da isenção, o valor do imposto, com os acréscimos legais, relativo a todos os exercícios isentados será cobrado do beneficiário ou da pessoa que tenha apresentado declaração falsa em qualquer documento utilizado no processo de concessão do benefício.

§ 4º As isenções concedidas, especialmente aquelas que forem objeto de denúncia de fraude, serão auditadas na forma e condições estabelecidas pela Secretaria da Fazenda e Planejamento.

§ 5º O proprietário de veículo adquirido anteriormente a publicação desta lei com benefício da isenção do IPVA deverá, para manutenção do benefício, efetuar o recadastramento do veículo para atendimento ao disposto nos §§ 1º e 2º neste artigo." (NR)

III – o artigo 17:

"Artigo 17 – O contribuinte ou o responsável efetuará anualmente o pagamento do imposto, na forma estabelecida pelo Poder Executivo." (NR);

IV – o artigo 18:

"Artigo 18 – Verificado que o contribuinte ou responsável deixou de recolher o imposto no prazo legal, no todo ou em parte, a autoridade administrativa tributária procederá à cobrança do imposto ou da diferença apurada.

Parágrafo único – Diferença, para os efeitos deste artigo, é o valor do imposto e seus acréscimos legais, que restarem devidos após imputação efetuada mediante distribuição proporcional do valor recolhido entre os componentes do débito." (NR);

V – o artigo 27:

"Artigo 27 – O imposto não recolhido no prazo determinado nesta lei estará sujeito a multa de mora calculada sobre o valor do imposto e correspondente a 0,33% (trinta e três centésimos por cento) por dia de atraso, computada a partir do primeiro dia após o vencimento do prazo para recolhimento do débito, até o limite de 20% (vinte por cento)." (NR);

– O Tribunal de Justiça do Estado de São Paulo, nos autos da ADI nº 2012280-37.2021.8.26.0000, declarou a inconstitucionalidade parcial do artigo 21, sem redução de texto, para que seja observado o princípio da anterioridade anual e nonagesimal, com efeito ex tunc.

– O Tribunal de Justiça do Estado de São Paulo, nos autos da ADI nº 2006601-56.2021.8.26.0000, declarou a inconstitucionalidade parcial do artigo 21, sem redução de texto, para que seja observado o princípio da anterioridade anual e nonagesimal, com efeito ex tunc.

SEÇÃO VII
DO IMPOSTO SOBRE OPERAÇÕES RELATIVAS À CIRCULAÇÃO DE MERCADORIAS E SOBRE PRESTAÇÕES DE SERVIÇOS DE TRANSPORTE INTERESTADUAL E INTERMUNICIPAL E DE COMUNICAÇÃO – ICMS

Art. 22. Revogado.

– Artigo 22 revogado pela Lei nº 17.627, de 07/02/2023.

Art. 23. A partir da publicação desta lei, os novos benefícios fiscais e financeiros-fiscais somente serão concedidos após manifestação do Poder Legislativo.

§ 1º No prazo de 15 (quinze) dias contados da publicação, no Diário Oficial do Estado, de decreto do Poder Executivo ratificando os convênios aprovados pelo Conselho Nacional de Política Fazendária – CONFAZ, a Assembleia Legislativa manifestar-se-á sobre a sua implementação no âmbito do Estado de São Paulo.

§ 2º Havendo concordância do Poder Legislativo ou, em caso de ausência de manifestação no prazo assinalado no § 1º deste artigo, o Poder Executivo fica autorizado a implementar os convênios aprovados, desde que haja previsão da despesa na Lei Orçamentária Anual e sejam atendidos os requisitos da Lei Complementar federal nº 101, de 4 de maio de 2000.

Art. 24. Fica acrescentado, com a redação que se segue, o artigo 66-H à Lei nº 6.374, de 1º de março de 1989:

"Artigo 66-H – O complemento do imposto retido antecipadamente deverá ser pago pelo contribuinte substituído, observada a sua regulamentação pelo Poder Executivo, quando:

I – o valor da operação ou prestação final com a mercadoria ou serviço for maior que a base de cálculo da retenção;

II – da superveniente majoração da carga tributária incidente sobre a operação ou prestação final com a mercadoria ou serviço.

Parágrafo único – Fica o Poder Executivo autorizado a instituir regime optativo de tributação da substituição tributária, para segmentos varejistas, com dispensa de pagamento do valor correspondente à complementação do imposto retido antecipadamente, nas hipóteses em que o preço praticado na operação a consumidor final for superior à base de cálculo utilizada para o cálculo do débito de responsabilidade por substituição tributária, compensando-se com a restituição do imposto assegurada ao contribuinte." (NR).

SEÇÃO VIII
DA SECURITIZAÇÃO DE RECEBÍVEIS

Art. 25. Ficam alteradas as redações dos artigos 1°, 2° e "caput" do artigo 8° e incluídos os artigos 9°-A, 9°-B e 9°-C na Lei n° 13.723, de 29 de setembro de 2009, na forma indicada a seguir:

"Artigo 1° – Fica o Poder Executivo autorizado a ceder, a título oneroso, à Companhia Paulista de Securitização – CPSEC, à Companhia Paulista de Parcerias – CPP – ou a fundo de investimento constituído de acordo com as normas da Comissão de Valores Mobiliários – CVM direitos creditórios originários de créditos tributários e não tributários, inscritos ou não em dívida ativa.

§ 1° A cessão compreende apenas o direito autônomo ao recebimento do crédito e somente poderá recair sobre o produto de créditos tributários cujo fato gerador já tenha ocorrido e de créditos não tributários vencidos.

§ 2° Na hipótese de cessão a fundo de investimento, este deverá ser instituído e administrado pelo agente financeiro do Tesouro.

§ 3° A autorização de que trata o "caput" deste artigo abrange os direitos creditórios originários de parcelamentos inscritos ou não em dívida ativa, já existentes e os que vierem a ser originados posteriormente à data de publicação desta lei."(NR)

"Artigo 2° – A cessão dos direitos creditórios disposta no artigo 1° não compreende a parcela de que trata o artigo 55 da Lei Complementar n° 93, de 28 de maio de 1974, e deverá:

I – preservar a natureza do crédito de que se tenha originado o direito cedido, mantendo as garantias e os privilégios desse crédito;

II – manter inalterados os critérios de atualização ou correção de valores e os montantes representados pelo principal, os juros e as multas, assim como as condições de pagamento e as datas de vencimento, os prazos e os demais termos avençados originalmente entre a Fazenda do Estado ou o órgão da administração pública e o devedor ou contribuinte;

III – assegurar à Fazenda do Estado ou ao órgão da administração pública a prerrogativa de cobrança judicial e extrajudicial dos créditos de que se tenham originado os direitos cedidos;

IV – realizar-se mediante operação definitiva, isentando o Estado de qualquer tipo de responsabilidade, compromisso, garantia ou dívida com o cessionário e o investidor, de modo que a obrigação de pagamento dos direitos creditórios cedidos permaneça, a todo tempo, com o devedor ou contribuinte;

V – abranger apenas o direito autônomo ao recebimento do fluxo financeiro do crédito, assim como recair somente sobre o produto de créditos já constituídos e reconhecidos pelo devedor ou contribuinte, mediante formalização de parcelamento;

VI – ser autorizada pelo chefe do Poder Executivo ou por autoridade administrativa a quem se faça a delegação dessa competência;

VII – realizar-se até 90 (noventa) dias antes da data de encerramento do mandato do chefe do Poder Executivo, ressalvado o caso em que o integral pagamento pela cessão dos direitos creditórios ocorra após essa data."(NR)

....

"Artigo 8° – Fica o Poder Executivo autorizado a constituir sociedade de propósito específico, sob a forma de sociedade por ações, com a maioria absoluta do capital votante detida pelo Estado, vinculada à Secretaria da Fazenda e Planejamento, tendo por objeto social a estruturação e implementação de operações que envolvam a emissão e distribuição de valores mobiliários ou outra forma de obtenção de recursos junto ao mercado de capitais."(NR)

....

"Artigo 9°-A – Ficam as entidades da Administração Direta e Indireta do Estado autorizadas a ceder créditos ou direitos creditórios originários de relações contratuais ou legais, inclusive quando inscritos em dívida ativa:

I – a título oneroso, à Companhia Paulista de Securitização – CPSEC, à Companhia Paulista de Parcerias – CPP ou a fundo de investimento constituído de acordo com as normas da Comissão de Valores Mobiliários – CVM; ou

II – a título não oneroso, para a CPP, para a estruturação de garantias para projetos do Estado de São Paulo."(NR)

"Artigo 9°-B – A Companhia Paulista de Securitização – CPSEC – poderá ser contratada por entidades da Administração Direta e Indireta do Estado de São Paulo para estruturar e implementar operações de securitização de interesse da Administração, ficando autorizada a, nestes casos, firmar instrumentos jurídicos específicos, observadas as autorizações necessárias."(NR)

"Artigo 9°-C – A Companhia Paulista de Securitização – CPSEC – poderá ser contratada por Municípios do Estado de São Paulo para estruturar e implementar operações lastreadas ou garantidas pelos direitos creditórios dos Municípios, ficando autorizada a, nestes casos, firmar instrumentos de cessão, observada a legislação local.

Parágrafo único – As cessões de direitos creditórios realizadas pelo Estado em data anterior à publicação desta lei permanecerão regidas pela Lei nº 13.723, de 29 de setembro de 2009, e demais disposições legais e contratuais específicas vigentes à época da realização."(NR)

SEÇÃO IX
DO PROGRAMA DE DEMISSÃO INCENTIVADA– PDI

Art. 26. Fica o Poder Executivo autorizado a instituir o Programa de Demissão Incentivada – PDI, de caráter permanente, para os servidores públicos considerados estáveis nos termos da redação original do artigo 41 da Constituição Federal e do artigo 19 do Ato das Disposições Constitucionais Transitórias, que sejam filiados ao Regime Geral de Previdência Social – RGPS.

§ 1° O PDI de que trata este artigo aplica-se às Secretarias de Estado, à Procuradoria Geral do Estado e às Autarquias, inclusive às de regime especial.

§ 2° No caso das universidades públicas estaduais, o disposto nesta lei somente se aplicará se houver declaração formal prévia da entidade quanto à sua adesão ao Programa, a ser publicada no Diário Oficial do Estado.

§ 3° Em cada uma das edições do PDI, o Poder Executivo deverá editar regulamento próprio com a indicação, dentre outros, dos seguintes parâmetros:

1. disponibilidade orçamentária e financeira;
2. critérios de classificação e seleção dos interessados em decorrência do disposto no item 1 deste parágrafo;
3. órgãos e entidades abrangidos;
4. funções-atividades e empregos públicos permanentes elegíveis, com priorização daqueles cujos serviços sejam passíveis de execução indireta mediante terceirização, os considerados desnecessários ou aqueles que não mais sejam exercidos pelo órgão ou entidade;
5. priorização, se for o caso, de empregados que já se encontram aposentados pelo Regime Geral de Previdência Social;

Art. 27. A adesão ao PDI será formalizada mediante requerimento do interessado.

Parágrafo único – O desligamento do servidor fica condicionado à sua aptidão no exame médico demissional.

Art. 28. Não poderá aderir ao PDI o servidor reintegrado ao emprego por decisão judicial não transitada em julgado, ou que estiver com contrato de trabalho suspenso em decorrência de aposentadoria por invalidez ou auxílio-doença.

Art. 29. O cumprimento de sanção disciplinar e o gozo de licença sem vencimentos ou licença-maternidade não impedem a adesão do servidor ao PDI.

Parágrafo único – Os efeitos do deferimento do requerimento de adesão, de que trata este artigo, ficam condicionados ao cumprimento integral da sanção ou ao término da licença, ou de eventual estabilidade provisória no prazo de 180 (cento e oitenta) dias contados da data de encerramento do prazo de adesão.

Art. 30. O servidor que estiver respondendo a procedimento disciplinar terá o seu pedido de adesão ao PDI processado após o julgamento final, se não for aplicada a dispensa por justa causa.

Parágrafo único – Na hipótese de aplicação de penalidade diversa da referida no "caput" deste artigo deverá ser observado o procedimento previsto no artigo 29 desta lei.

Art. 31. Deferida a adesão ao PDI, o órgão ou entidade onde o servidor estiver em exercício adotará as providências necessárias à rescisão do contrato de trabalho "a pedido", com o pagamento das verbas rescisórias devidas para tal modalidade de extinção do contrato de trabalho.

§ 1º O servidor que aderir ao PDI deverá permanecer em efetivo exercício até a data da rescisão do respectivo contrato de trabalho.

§ 2º O ato de rescisão do contrato de trabalho será publicado no Diário Oficial do Estado, em até 10 (dez) dias.

Art. 32. O servidor que tiver seu requerimento de adesão ao PDI deferido fará jus, a título de incentivo financeiro, a indenização correspondente alternativamente a:

I – 65% (sessenta e cinco por cento) da última remuneração mensal, multiplicada pelo fator que corresponde à quantidade de anos completos e ininterruptos trabalhados, limitando-se o fator a 35 (trinta e cinco), a ser pago em até 90 (noventa) dias após a rescisão do contrato de trabalho; ou

II – 80% (oitenta por cento) da última remuneração mensal, multiplicada pelo fator que corresponde à quantidade de anos completos e ininterruptos trabalhados, limitando-se o fator a 35 (trinta e cinco), a ser paga em até 36 (trinta e seis) parcelas mensais fixas e sem atualização monetária

§ 1º Para fins do disposto neste artigo:

1. considera-se remuneração global mensal a que o servidor faça jus no dia anterior à data da rescisão do contrato de trabalho;

2. o tempo de serviço público prestado ao Estado de São Paulo será calculado em número inteiro de anos, considerado cada período de 365 (trezentos e sessenta e cinco) dias, contínuos ou não, apurado até o dia anterior à data da rescisão do contrato de trabalho.

§ 2º Ressalvadas as vantagens pecuniárias incorporadas ao salário, serão excluídas da remuneração global mensal, a que se refere este artigo, as verbas de natureza indenizatória e outros valores pagos em caráter eventual.

Art. 33. O titular da indenização prevista no inciso II do artigo 32 desta lei deverá confirmar seus dados cadastrais anualmente, nos termos estabelecidos em decreto, sob pena de suspensão do seu pagamento.

Parágrafo único – Sem prejuízo do disposto no "caput" deste artigo, o titular da indenização poderá indicar, somente para o caso de seu falecimento, pessoas físicas que devem receber o valor da indenização pelo período restante, na qualidade de beneficiários, conforme limites e condições estabelecidas em decreto.

Art. 34. O servidor que tiver seu contrato de trabalho rescindido em decorrência de adesão ao PDI de que trata esta lei não poderá ser nomeado ou admitido sem concurso público para cargo, emprego ou função estadual.

Parágrafo único – O tempo de serviço relativo ao período em que manteve contrato de trabalho que deu origem à indenização do PDI de que trata esta lei não poderá ser utilizado para fins de concessão de qualquer vantagem.

SEÇÃO X
DA REGULAÇÃO E FISCALIZAÇÃO DE SERVIÇOS PÚBLICOS

Art. 35. Fica o Poder Executivo autorizado a delegar:

I – à Agência Reguladora de Serviços Públicos Delegados de Transporte do Estado de São Paulo – ARTESP, criada pela Lei Complementar nº 914, de 14 de janeiro de 2002, as funções de regulação e fiscalização de todas as modalidades de serviços públicos de transporte autorizados, permitidos ou concedidos a entidades de direito privado, inclusive aqueles submetidos à esfera institucional da Secretaria de Estado dos Transportes Metropolitanos;

II – à Agência Reguladora de Saneamento e Energia do Estado de São Paulo – ARSESP, criada pela Lei Complementar nº 1.025, de 07 de dezembro de 2007, cuja denominação passa a ser Agência Reguladora de Serviços Públicos do Estado de São Paulo – ARSESP, as funções de regulação e fiscalização de outros serviços delegados pelo Poder Executivo.

§ 1º As competências, atribuições, objetivos e demais dispositivos constantes das leis complementares referenciadas nos incisos I e II do "caput" deste artigo aplicar-se-ão, no que couber, aos serviços delegados por meio desta lei.

§ 2º A delegação da regulação e fiscalização dos serviços concedidos sob a modalidade de concessão patrocinada ou concessão administrativa, disciplinados pela Lei federal nº 11.079, de 30 de dezembro de 2004, observará os limites e condições estabelecidos em decreto de delegação específico.

Art. 36. Nos processos de competência das agências reguladoras que contenham matéria que possa gerar encargo, ônus financeiro ou obrigação ao Estado, o Poder Concedente será cientificado para apresentar as suas razões que contribuam para melhor análise do tema.

§ 1º Na forma, prazo e condições a serem estabelecidos pelo Poder Executivo em decreto regulamentar, a manifestação a que alude o "caput":

1. será prévia à deliberação das diretorias colegiadas;

2. observará a execução ordinária dos contratos;

3. respeitará a autonomia própria das agências reguladoras e não terá caráter vinculante.

§ 2° O desatendimento do disposto neste artigo:

1. é causa de invalidade da deliberação;

2. sujeitará o agente às sanções legais cabíveis.

§ 3° Os reajustes anuais nos contratos regulados pelas agências reguladoras não dependerão de qualquer manifestação prévia do Poder Concedente.

§ 4° Nos casos de delegação referidos no § 2° do artigo 35 desta lei deverão ser observados ainda os limites e condições estabelecidos no decreto de delegação específico.

SEÇÃO XI
DA CONCESSÃO DE SERVIÇOS OU USO DE ÁREAS

Art. 37. Fica a Fazenda do Estado autorizada a conceder a exploração de serviços ou o uso, total ou parcial, das seguintes áreas inerentes à educação ambiental, recreação, lazer, esporte, cultura, turismo, com serviços associados, a seguir indicados:

I – Parque Villa Lobos, criado pelos Decretos n° 28.335, de 15 de abril de 1988 e n° 28.336, de 15 de abril, de 1988, cadastrado no SGI sob o n°. 24735, com dimensões do terreno de 723.675,45 m², conforme descrição constante das matrículas n°. 108.015, n° 25.380, n° 67.616 e n° 103.890, todas do 10° Oficial de Registro de Imóveis da Comarca da Capital do Estado de São Paulo;

II – Parque Cândido Portinari, criado pelo Decreto n° 60.009, de 26 de dezembro de 2013, cadastrado no SGI sob o n° 24452, com dimensões do terreno de 121.667 m², conforme Matrícula n° 67.616 do 10° Oficial de Registro de Imóveis da Comarca da Capital do Estado de São Paulo;

III – Parque Fernando Costa – Água Branca, criado pelos Decretos n° 4.351, de 20 de janeiro de 1928 e n° 10.113-A, de 12 de abril de 1939, cadastrado no SGI sob o n° 3166, com dimensões do terreno de 136.765 m², conforme descrição constante da Transcrição n° 621 de 28 de abril de 1928 do 5° Oficial de Registro de Imóveis da Comarca da Capital do Estado de São Paulo, transcrição 19.987 de 03 de fevereiro de 1943 do 11° Tabelião da Capital e constante de parte da Transcrição n° 16.293 de 24 de janeiro de 1940, todas do 2° Oficial de Registro de Imóveis da Comarca da Capital do Estado de São Paulo;

IV – Parque Estadual do Belém Manoel Pitta, localizado na Avenida Celso Garcia, n° 2.231, esquina com a Rua Ulisses Cruz, Brás, nesta Capital, antigo quadrilátero do Tatuapé, criado pela Lei n° 10.760, de 23 de janeiro de 2001 e pelo Decreto n° 55.293, de 29 de dezembro de 2009, cadastrado no SGI sob o n°.19440, com dimensões do terreno de 210.000 m², conforme Transcrição de origem n° 21.480 de 27 de dezembro de 1898 e Transcrição 25.231 de 04 de janeiro de 1901, todas do 1° Oficial de Registro de Imóveis da Comarca da Capital do Estado de São Paulo;

V – Parque Estadual Chácara da Baronesa, criado pela Lei n° 10.861, de 31 de agosto de 2001, cadastrado no SGI sob o n°. 49149, com dimensões do terreno de 340.990 m², conforme descrição constante da Matrícula n° 6.195 do 1° Oficial de Registro de Imóveis da Comarca de Santo André, Estado de São Paulo;

VI – Parque da Juventude, Dom Paulo Evaristo Arns, criado pelo Decreto n° 48.710, de 9 de junho de 2004, cadastrado no SGI sob n° 21563, com dimensões do terreno de 214.008 m², conforme descrição constante do Decreto n° 48.710, de 9 de junho de 2004;

VII – Parque Ecológico do Guarapiranga, situado no Município de São Paulo, às margens da represa de Guarapiranga, criado pelo Decreto n° 30.442, 20 de setembro de 1989, cadastrado no SGI sob n°. 18784, com dimensões do terreno de 3.300.000,00 m², conforme descrição constante do processo SMA-345/89;

VIII – Complexo Olímpico da Água Branca, Conjunto Desportivo Baby Barioni, cadastrado no SGI sob o n°. 24.698, com dimensões do terreno de 23.243m², conforme Transcrição n° 32.010, de 14 de janeiro de 1953, do 2° Oficial de Registro de Imóveis da Comarca da Capital do Estado de São Paulo, e Transcrição n° 44.304 de 23 de novembro de 1.906 do 1° Oficial de Registro de Imóveis da Comarca da Capital do Estado de São Paulo;

IX – Casarão de Melo Franco, cadastrado no SGI sob n° 64.821, com dimensões do terreno de 2.000 m², conforme descrição constante da Matrícula n° 45.774 do 13° Oficial de Registro de Imóveis da Comarca da Capital do Estado de São Paulo.

X – Casa das Retortas, de que trata o Decreto n° 53.974, de 28 de janeiro de 2009, cadastrado no SGI n° 57.219, com área de 19.865,02 m², localizado em São Paulo – SP, no Bairro do Brás, na Rua do Gasômetro, n° 100, conforme descrição constante da matrícula n° 17.438, do 3° Cartório de Registro de Imóveis da Capital do Estado de São Paulo. (NR)

– *Inciso X acrescentado pela* Lei n° 17.386, de 14/07/2021.

§ 1° A autorização de que trata o "caput" deste artigo abrange as áreas estaduais contíguas que venham a ser incorporadas aos parques urbanos de lazer relacionados neste artigo.

§ 2ºA concessão poderá ser formalizada mesmo se imperfeita a descrição e a regularização dominial dos imóveis, podendo ser atribuído aos concessionários os trabalhos técnicos para tais finalidades.

Art. 38. O prazo da concessão de uso será fixado no edital de licitação e no contrato, não podendo superar 35 (trinta e cinco) anos.

§ 1º O prazo a ser estabelecido com base no "caput" deste artigo deverá considerar o período de tempo necessário para amortização de todos os investimentos e custos envolvidos com a concessão.

§ 2º O prazo da concessão poderá ser prorrogado como método de recomposição do equilíbrio econômico-financeiro do contrato, ainda que resultando em prazo superior ao previsto no "caput" deste artigo.

Art. 39. A concessão de uso ou de exploração de serviços será precedida de procedimento licitatório, na modalidade concorrência, e terá por finalidades a manutenção e a conservação das áreas e a modernização dos espaços, podendo ainda prever, quando compatível, a construção de novas edificações, a reforma de equipamentos e prédios existentes, a melhoria dos serviços prestados, bem como a exploração das atividades e dos serviços associados relacionados no "caput" do artigo 37 desta lei.

Art. 40. O edital de licitação e o contrato de concessão de uso deverão conter cláusulas que estipulem:

I – a efetiva utilização da área para as atividades descritas nesta lei;

II – a obrigação da concessionária de realizar investimentos mínimos;

III – a obrigação de pagamento, pela concessionária, pela outorga de uso concedida, conforme critérios fixados pelo edital e contrato, salvo se apurada a inviabilidade de outorga;

IV – a obrigação da concessionária observar a legislação incidente, inclusive no que se refere aos objetivos dos respectivos parques e às normas de proteção ao meio ambiente, de preservação do patrimônio histórico e cultural e de uso e ocupação do solo;

V – as hipóteses de extinção da concessão;

VI – a obrigação da concessionária se reunir com os conselhos de orientação dos parques do Estado de São Paulo.

SEÇÃO XII
DA TRANSAÇÃO DE CRÉDITOS DE NATUREZA TRIBUTÁRIA OU NÃO TRIBUTÁRIA

Art. 41. A Procuradoria Geral do Estado poderá celebrar transação resolutiva de litígios nos termos e condições estabelecidos nesta lei.

§ 1º A transação de débitos de natureza tributária será realizada nos termos do artigo 171 da Lei federal nº 5.172, de 25 de outubro de 1966 (Código Tributário Nacional).

§ 2º A Procuradoria Geral do Estado publicará em meio eletrônico os termos, as partes e os valores das transações deferidas, resguardado o sigilo em relação à situação econômica ou financeira do contribuinte, nos termos do artigo 198, da Lei federal nº 5.172, de 25 de outubro de 1966.

§ 3º Deverão constar da publicação referida no § 2º deste artigo todos os bens e direitos garantidores das transações deferidas.

Art. 42. A transação terá por objeto obrigação tributária ou não tributária de pagar, aplicando-se:

I – à dívida ativa inscrita pela Procuradoria Geral do Estado, nos termos do artigo 36 da Lei Complementar nº 1.270, de 25 de agosto de 2015;

II – no que couber, às dívidas ativas inscritas de autarquias e de fundações estaduais, cujas inscrição, cobrança ou representação incumbam à Procuradoria Geral do Estado, por força de lei ou de convênio;

III – às execuções fiscais e às ações antiexacionais, principais ou incidentais, que questionem a obrigação a ser transacionada, parcial ou integralmente.

Parágrafo único – A dívida inscrita não ajuizada poderá ser incluída em transação de dívida ajuizada, a requerimento do devedor.

Art. 43. A transação poderá ser:

I – por adesão, nas hipóteses em que o devedor ou a parte adversa aderir aos termos e condições estabelecidos em edital publicado pela Procuradoria Geral do Estado;

II – por proposta individual, de iniciativa do devedor.

Parágrafo único – A transação aplicada à cobrança da dívida ativa poderá ser por adesão ou individual de iniciativa da Procuradoria Geral do Estado.

Art. 44. A proposta de transação, por qualquer das duas modalidades, não suspende a exigibilidade dos débitos a serem transacionados nem o andamento das respectivas execuções fiscais.

§ 1° O disposto no "caput" deste artigo não afasta a possibilidade de suspensão do processo por convenção das partes, conforme o disposto no inciso II do "caput" do artigo 313 da Lei federal n° 13.105, de 16 de março de 2015 (Código de Processo Civil).

§ 2° A transação deferida não implica novação dos débitos por ela abrangidos nem autoriza repetição ou restituição de valores pagos.

Art. 45. O devedor interessado em celebrar a transação deverá indicar expressamente os meios de extinção dos débitos nela contemplados e assumir, no mínimo, os compromissos de:

I – não alienar nem onerar bens ou direitos dados em garantia de cumprimento da transação, sem a devida comunicação à Procuradoria Geral do Estado;

II – desistir das impugnações ou dos recursos administrativos que tenham por objeto os débitos incluídos na transação e renunciar aos direitos sobre os quais se fundem as referidas impugnações ou recursos;

III – renunciar aos direitos sobre os quais se fundem ações judiciais, inclusive as coletivas, ou recursos que tenham por objeto os débitos incluídos na transação, por meio de requerimento de extinção do respectivo processo com resolução de mérito, nos termos da lei processual, especialmente conforme a alínea "c" do inciso III do "caput" do artigo 487 da Lei federal n° 13.105, de 16 de março de 2015 (Código de Processo Civil).

§ 1° A celebração da transação implica confissão dos débitos nela contemplados e aceitação plena e irretratável de todas as condições estabelecidas em lei, regulamentos e edital aplicáveis, além daquelas previstas nos respectivos instrumentos, nos termos da lei processual, especialmente nos artigos 389 a 395, da Lei federal n° 13.105, de 16 de março de 2015 (Código de Processo Civil).

§ 2° Quando a transação deferida envolver moratória ou parcelamento, aplica-se, para todos os fins, o disposto na lei tributária, especialmente nos incisos I e VI do "caput" do artigo 151 da Lei federal n° 5.172, de 25 de outubro de 1966 (Código Tributário Nacional).

§ 3° Os débitos abrangidos pela transação somente serão extintos quando integralmente cumpridas as condições previstas no respectivo termo, edital ou regulamento.

§ 4° Os valores depositados em juízo para garantia de ações judiciais incluídas na transação serão integralmente imputados no valor líquido dos débitos, resolvendo-se o saldo devedor por meio de pagamento ou parcelamento na própria transação e o saldo credor por devolução em uma das ações em que os depósitos foram efetuados.

§ 5° Considera-se valor líquido dos débitos o valor a ser transacionado, depois da aplicação de eventuais reduções.

Art. 46. Pelo ente público, a transação limita-se às seguintes transigências, vedada, em qualquer caso, a utilização de direitos, mesmo que líquidos, certos e exigíveis, como os de precatórios ou ordens de pagamento de pequeno valor para liquidação ou parcelamento do débito:

I – descontos nas multas e nos juros de mora incidentes sobre débitos inscritos em dívida ativa, conforme critérios estabelecidos nos termos dos incisos V e VI do artigo 54;

II – prazos e formas de pagamento especiais, incluídos o diferimento de pagamento, o parcelamento e a moratória;

III – substituição ou a alienação de garantias e de constrições.

§ 1° É permitida a utilização de mais de uma das alternativas previstas no "caput" deste artigo para o equacionamento do litígio e extinção do respectivo processo.

§ 2° Os parcelamentos de que trata o inciso II obedecerão aos seguintes prazos:

1. em até 84 (oitenta e quatro) parcelas mensais, nos casos de devedor em recuperação judicial ou extrajudicial e insolvência;

2. em até 60 (sessenta) parcelas mensais nos demais casos.

§ 3° As transigências de que trata este artigo serão aplicadas ao caso concreto a critério da Procuradoria Geral do Estado, observado o disposto no artigo 54.

§ 4° Observado o limite de que trata o inciso VI do artigo 47, os descontos referidos no inciso I deste artigo observarão o grau de recuperabilidade do débito, conforme dispõe o § 4° do artigo 54, limitando-se a 10% (dez por cento) do valor total do débito que esteja classificado no grau máximo de recuperabilidade.

Art. 47. É vedada a transação que:

I – envolva débitos não inscritos em dívida ativa;

II – tenha por objeto redução de multa penal e seus encargos;

III – incida sobre débitos do Imposto sobre Circulação de Mercadorias e Serviços de Transporte Intermunicipal e Interestadual e de Comunicação – ICMS de empresa optante pelo Simples Nacional, ressalvada autorização legal ou do Comitê Gestor;

IV - envolva devedor do Imposto sobre Circulação de Mercadorias e Serviços de Transporte Intermunicipal e Interestadual e de Comunicação - ICMS que, nos últimos 5 (cinco) anos, apresente inadimplemento de 50% (cinquenta por cento) ou mais de suas obrigações vencidas;

V - reduza o montante principal do débito, assim compreendido seu valor originário, sem os acréscimos de que trata o inciso I do artigo 46 desta lei;

VI - implique redução superior a 30% (trinta por cento) do valor total dos débitos a serem transacionados, incluídos todos os consectários legais cabíveis;

VII - conceda prazo de quitação dos débitos superiores aos previstos no § 2° do artigo 46.

VIII - preveja reduções de juros ou multas para dívidas no gozo de benefícios fiscais para pagamento à vista ou a prazo;

IX - envolva o adicional do ICMS destinado ao Fundo Estadual de Combate e Erradicação à Pobreza - FECOEP;

X - tenha por objeto, exclusivamente, ações de repetição de indébito.

§ 1° Na hipótese de transação que envolva pessoa natural, microempresa ou empresa de pequeno porte, a redução máxima de que trata o inciso VI deste artigo será de até 50% (cinquenta por cento).

§ 2° Na transação, poderão ser aceitas quaisquer modalidades de garantia previstas em lei, inclusive garantias reais ou fidejussórias, seguro garantia, cessão fiduciária de direitos creditórios, alienação fiduciária de bens imóveis, bem como créditos líquidos e certos do contribuinte em desfavor do Estado, reconhecidos em decisão transitada em julgado.

§ 3° É vedada a acumulação das reduções eventualmente oferecidas na transação com quaisquer outras aplicáveis aos débitos em cobrança e objeto da transação.

§ 4° É vedada a transação que resulte em crédito para o devedor dos débitos transacionados.

Art. 48. A transação será deferida somente após o pagamento das custas e das despesas processuais devidas nos processos incluídos na transação.

Art. 49. Os honorários fixados em execuções fiscais para cobrança dos débitos transacionados serão recolhidos pelo devedor ou parte adversa e serão reduzidos, obrigatoriamente, na mesma proporção percentual aplicada aos débitos objeto da transação.

§ 1° Os honorários de que trata o "caput" incidirão sobre o valor final do débito transacionado.

§ 2° Nas ações de que trata o inciso III do artigo 42 desta lei, cada parte arcará com os honorários fixados em favor de seus respectivos advogados.

Art. 50. Compete ao Procurador Geral do Estado, ouvido, conforme o caso, o Subprocurador Geral da área correspondente, assinar o termo de transação individual.

§ 1° A transação por adesão será realizada exclusivamente por meio eletrônico.

§ 2° O termo de transação preverá, quando cabível, a anuência das partes para fins da suspensão convencional do processo nos termos da lei processual, especialmente o inciso II do "caput" do artigo 313 da Lei federal n° 13.105, de 16 de março de 2015 (Código de Processo Civil), até a extinção dos créditos nos termos do § 3° do artigo 45 desta lei ou eventual rescisão.

Art. 51. A transação não autoriza a restituição ou a compensação, a qualquer título, de importâncias pagas, compensadas ou incluídas em parcelamentos, à conta dos débitos transacionados.

Art. 52. A Procuradoria Geral do Estado declarará rescindida a transação nas seguintes hipóteses:

I - descumprimento das condições, das cláusulas ou dos compromissos assumidos;

II - constatação de ato tendente ao esvaziamento patrimonial do devedor, como forma de fraudar o cumprimento da transação, ainda que realizado anteriormente à sua celebração;

III - decretação de falência ou de extinção, pela liquidação, da pessoa jurídica transigente;

IV - prática de conduta criminosa na sua formação;

V - ocorrência de dolo, de fraude, de simulação ou de erro essencial quanto à pessoa ou quanto ao objeto do litígio em resolução;

VI - a ocorrência de alguma das hipóteses de rescisão previstas no respectivo termo de transação;

VII - a inobservância de quaisquer disposições desta lei ou do edital;

VIII - qualquer questionamento judicial sobre a matéria transacionada e a própria transação.

§ 1° O devedor será notificado sobre a incidência de hipótese de rescisão da transação e poderá apresentar impugnação no prazo de 30 (trinta) dias.

§ 2° Quando sanável, será admitida a regularização do vício que ensejaria a rescisão durante o prazo concedido para a impugnação, preservada a transação em todos os seus termos.

§ 3º Com a rescisão da transação, os débitos nela contemplados retornarão aos valores e termos originais a eles aplicáveis, inclusive os consectários legais e honorários advocatícios.

§ 4º Os valores pagos na vigência da transação rescindida serão imputados nos débitos originais, nos termos da lei, como se transação não tivesse havido, incluindo os acréscimos legais e processuais cabíveis, sem prejuízo de outras consequências previstas no termo individual ou no edital para adesão.

§ 5º Aos contribuintes com transação rescindida é vedada, pelo prazo de 2 (dois) anos, contado da data de rescisão, a formalização de nova transação, ainda que relativa a débitos distintos.

Art. 53. A Procuradoria Geral do Estado, ouvidos os órgãos e as entidades descentralizadas de origem do débito, fixará os termos e condições gerais aplicáveis às transações do exercício financeiro seguinte.

Art. 54. O Procurador Geral do Estado regulamentará:

I – os procedimentos aplicáveis às transações individuais e por adesão, inclusive quanto à rescisão;

II – a possibilidade de condicionar a transação ao pagamento de entrada, à apresentação de garantia e à manutenção das garantias já existentes;

III – as situações em que a transação somente poderá ser celebrada por adesão, autorizado o não conhecimento de eventuais propostas de transação individual;

IV – o formato e os requisitos da proposta de transação e os documentos que deverão ser apresentados;

V – a vinculação das transigências de que trata o artigo 46 ao grau de recuperabilidade das dívidas objeto da transação, que levará em conta as garantias dos débitos ajuizados, depósitos judiciais existentes, a possibilidade de êxito da Fazenda na demanda, a idade da dívida, a capacidade de solvência do devedor e seu histórico de pagamentos e os custos da cobrança judicial;

VI – os parâmetros para aceitação da transação individual e a concessão de descontos, respeitados o grau de recuperabilidade das dívidas de que trata o inciso V deste artigo;

VII – os editais para as transações por adesão, respeitados, quanto à recuperabilidade da dívida, os critérios de que trata o inciso V este artigo.

§ 1º O Procurador Geral do Estado disciplinará a forma de cancelamento de débitos em transação e que estejam em litígio com causa anteriormente decidida desfavoravelmente à Fazenda, nos termos da lei processual, especialmente dos artigos 1.035 e 1.038 da Lei federal nº 13.105, de 16 de março de 2015 (Código de Processo Civil), do artigo 24 da Lei federal nº 9.868, de 10 de novembro de 1999, e do artigo 103-A da Constituição Federal.

§ 2º Da regulamentação de que trata o "caput" deste artigo deverão constar as competências para processamento e deferimento da transação, por faixas de valores e por matéria.

§ 3º As informações sobre a recuperabilidade da dívida de que trata o inciso V deste artigo são consideradas sigilosas, podendo ser divulgadas, exclusivamente, ao devedor ou seu representante.

§ 4º A recuperabilidade da dívida, por aplicação dos critérios de que trata o inciso V deste artigo, será classificada em quatro categorias.

Art. 55. Para fins do disposto nesta lei, considera-se microempresa ou empresa de pequeno porte a pessoa jurídica cuja receita bruta esteja nos limites fixados nos incisos I e II do "caput" do artigo 3º da Lei Complementar federal nº 123, de 14 de dezembro de 2006, não aplicados os demais critérios legais para opção pelo regime especial.

Art. 56. Aplica-se ao procedimento desta Seção, no que couber, a Lei nº 10.177, de 30 de dezembro de 1998.

– *Vide* Lei nº 17.843, de 07/11/2023.

SEÇÃO XIII

DOS PROCESSOS JUDICIAIS

Art. 57. Fica o Poder Executivo, por meio dos órgãos competentes da Procuradoria Geral do Estado, autorizado a reconhecer a procedência do pedido, a abster-se de contestar e de recorrer e a desistir dos recursos já interpostos, quando, inexistente outro fundamento relevante, a pretensão deduzida ou a decisão judicial estiver de acordo com:

I – matéria objeto de jurisprudência consolidada nos tribunais;

II – acórdão transitado em julgado proferido em sede de:

a) controle concentrado ou difuso de constitucionalidade pelo Supremo Tribunal Federal;

b) recursos repetitivos extraordinário ou especial, nos termos do artigo 1.036 da Lei federal nº 13.105, de 16 de março de 2015 (Código de Processo Civil);

c) recurso extraordinário com repercussão geral reconhecida pelo Supremo Tribunal Federal, nos termos do artigo 102, § 3°, da Constituição Federal;

d) recurso de revista repetitivo, processado nos termos do artigo 896-C da Consolidação das Leis do Trabalho, aprovada pelo Decreto-lei federal n° 5.452, de 1° de maio de 1943;

e) incidente de assunção de competência, processado nos termos do artigo 947 da Lei federal n° 13.105, de 16 de março de 2015 (Código de Processo Civil);

f) incidente de resolução de demandas repetitivas, processado nos termos do artigo 976 e seguintes da Lei federal n° 13.105, de 16 de março de 2015 (Código de Processo Civil);

III – súmula vinculante do Supremo Tribunal Federal;

IV – súmula do Superior Tribunal de Justiça ou do Tribunal Superior do Trabalho.

§ 1° O disposto no "caput" deste artigo também se aplica nas situações em que o benefício almejado com a ação ou com o recurso for inferior aos custos do processo.

§ 2° O Procurador Geral do Estado regulamentará o exercício da autorização prevista nesta lei e identificará as hipóteses de aplicação da referida autorização considerando a existência de justificado interesse processual ou estratégico.

§ 3° Nas hipóteses de que trata este artigo, o Procurador do Estado que atuar no feito deverá, expressamente, inclusive para fins do disposto no § 4° do artigo 496 da Lei federal n° 13.105, de 16 de março de 2015 (Código de Processo Civil):

1. no prazo da contestação, reconhecer a procedência do pedido, inclusive em embargos à execução fiscal e exceções de pré-executividade;

2. desistir do pedido ou renunciar ao prazo recursal, quando intimado da decisão judicial;

3. caso o processo se encontre em tribunal, desistir do recurso.

SEÇÃO XIV
DAS DISPOSIÇÕES FINAIS

Art. 58. Os dispositivos adiante indicados passam a vigorar com a seguinte redação:

I – o artigo 25 e o "caput" e o item 2 do § 2° do artigo 26-A do Decreto-lei n° 260, de 29 de maio de 1970:

"Artigo 25 – A idade-limite de permanência na reserva é de 70 (setenta) anos." (NR).

....

"Artigo 26-A – O militar do Estado transferido para a reserva poderá ser designado para exercer, especificamente, funções administrativas, técnicas ou especializadas nas Organizações Policiais-Militares, enquanto não atingir a idade-limite de permanência na reserva.

....

2. diária, com valor a ser fixado por meio de decreto." (NR)

II – Declarado inconstitucional, em controle concentrado, pelo Tribunal de Justiça do Estado de São Paulo.

– Inciso II declarado inconstitucional, em controle concentrado, pelo Tribunal de Justiça do Estado de São Paulo nos autos da ADI n° 2012280-37.2021.8.26.0000.

III – Declarado inconstitucional, em controle concentrado, pelo Tribunal de Justiça do Estado de São Paulo.

– Inciso III declarado inconstitucional, em controle concentrado, pelo Tribunal de Justiça do Estado de São Paulo nos autos da ADI n° 2012280-37.2021.8.26.0000.

IV – o inciso V do artigo 4° da Lei Complementar n° 914, de 14 de janeiro de 2002:

"Artigo 4° -

....

....

V – gerenciar os contratos de prestação de serviços públicos de transporte, inclusive do transporte de passageiros." (NR)

Art. 59. O integrante da Polícia Civil aposentado voluntariamente poderá ser designado para exercer, especificamente, funções administrativas, técnicas ou especializadas nas Organizações Policiais-Civis, enquanto não atingir a idade-limite de aposentadoria compulsória.

Parágrafo único – O disposto no artigo 26-A do Decreto-lei n° 260, de 29 de maio de 1970 aplica-se, no que couber, às designações referidas no "caput" deste artigo, na forma do regulamento.

Art. 60. O Capítulo IV – Disposições Finais e Transitórias da Lei Complementar n° 1.010, de 1° de junho de 2007, passa a vigorar acrescido do Artigo 44-A, com a seguinte redação:

"Artigo 44-A – Enquanto não for editada a lei específica que regulará o Sistema de Proteção Social dos Militares a que se refere o artigo 24-E do Decreto-lei n° 667, de 2 de julho de 1969, com as alterações inseridas pela Lei federal n° 13.954, de 16 de dezembro de 2019, será mantida na SPPREV a gestão da pensão e da inatividade militar." (NR)

Art. 61. Os valores dos subitens do item 9 e o item 11 do Capítulo IV do Anexo I da Lei nº 15.266, de 26 de dezembro de 2013, ficam alterados para 3,300 e 4,531, respectivamente.

Art. 62. O § 2º do artigo 5º da Lei nº 12.685, de 28 de agosto de 2007, passa a vigorar com a seguinte redação:

"Artigo 4º -

....

....

"§ 2º Serão cancelados os créditos que não forem utilizados no prazo de 12 (doze) meses, contados da data em que tiverem sido disponibilizados pela Secretaria da Fazenda e Planejamento." (NR)

Art. 63. O inciso VIII do artigo 15 da Lei nº 11.688, de 19 de maio de 2004, passa a vigorar com a seguinte redação:

"Artigo 15º -

....

....

VIII - formar parcerias, integrar consórcios, constituir empresas controladas ou subsidiárias integrais, e participar do capital de outras empresas, públicas ou privadas, sempre que pertinente a operações de interesse do Estado de São Paulo e sob autorização do Conselho Gestor de Parcerias Público-Privadas." (NR)

Art. 64. Fica extinto o Instituto Florestal, unidade administrativa da Secretaria de Infraestrutura e Meio Ambiente, observadas ainda as seguintes diretrizes:

I - transferência das atribuições do Instituto Florestal:

a) à unidade administrativa referida no inciso II, relativamente às atividades de pesquisa;

b) referentes às demais atividades à Fundação Florestal;

II - unificação, em uma única unidade administrativa, dos Institutos de Botânica e Geológico;

III - as funções administrativas da unidade referida no inciso II serão exercidas pelas unidades próprias da Secretaria de Infraestrutura e Meio Ambiente.

§ 1º Os cargos em comissão e funções de confiança, ocupados ou vagos, alocados ao Instituto Florestal e às áreas administrativas dos Institutos de Botânica e Geológico serão remanejados para banco de cargos administrado pela Secretaria de Projetos, Orçamento e Gestão.

§ 2º O prazo para implantação das medidas referidas neste artigo será de até 180 (cento e oitenta) dias, contados da data da publicação desta lei.

Art. 65. Fica o Poder Executivo autorizado a utilizar os recursos oriundos do Fundo de Participação dos Estados para prestação de garantia ou contragarantia em operações de crédito e em contratos de concessão.

Art. 66. As disposições constantes dos artigos 3º, 4º e 5º desta lei aplicam-se aos processos de liquidação, dissolução e extinção de que tratam o artigo 9º da Lei nº 13.286, de 18 de dezembro de 2008, a Lei nº 17.056, de 5 de junho de 2019, e a Lei nº 17.148, de 13 de setembro de 2019.

Art. 67. Fica incluído no Anexo I da Lei nº 15.266, de 26 de dezembro de 2013, o Capítulo VIII, na forma do Anexo IV desta lei.

Art. 68. Ficam revogados:

I - o artigo 4º da Lei nº 5.116, de 31 de dezembro de 1958;

II - os §§ 5º, 6º e 7º do artigo 7º do Decreto-lei nº 257, de 29 de maio de 1970;

III - o § 4º do artigo 22 da Lei nº 10.393, de 16 de dezembro de 1970;

IV - o § 4º do artigo 7º da Lei nº 5.208, de 1º de julho de 1986;

V - o § 3º do artigo 66-B da Lei nº 6.374, de 1º de março de 1989;

VI - o artigo 14 da Lei nº 7.835, de 8 de maio de 1992;

VII - o § 1º do artigo 1º da Lei Complementar nº 914, de 14 de janeiro de 2002;

VIII - a alínea "b" do inciso VI do artigo 14 da Lei Complementar nº 1.025, de 7 de dezembro de 2007;

IX - o inciso III e os §§ 1º e 2º do artigo 9º e os itens 2, 3, 4 e 5 do § 1º-A do artigo 13, da Lei nº 13.296, de 23 de dezembro de 2008;

X - o artigo 14 da Lei nº 14.016, de 12 de abril de 2010;

XI - o item 3 do § 1º do artigo 1º da Lei nº 14.653, de 22 de dezembro de 2011;

XII - o inciso IV do artigo 2º da Lei nº 16.260, de 29 de junho de 2016;

XIII - o § 1º do artigo 2º da Lei nº 17.107, de 4 de julho de 2019.

Art. 69. Esta lei entra em vigor na data de sua publicação.

SEÇÃO XV
DAS DISPOSIÇÕES TRANSITÓRIAS

Art. 1º Fica assegurada a permanência no regime de previdência complementar a que se refere a Lei nº 14.653, de 22 de dezembro de 2011, aos servidores ocupantes, exclusivamente, de cargo em comissão declarado em lei de livre nomeação e exoneração, de cargo temporário ou de emprego junto à Administração direta, suas autarquias e fundações, à Assembleia Legislativa, ao Tribunal de Contas, às Universidades, ao Poder Judiciário, ao Ministério Público, à Defensoria Pública e à Polícia Militar, que, na data de publicação desta lei, sejam participantes ou assistidos.

Art. 2º A transferência dos recursos previstos nos artigos 14 e 17, no valor equivalente ao apurado no balanço patrimonial de 2019, deverá ser realizada em até 10 (dez) dias após a publicação desta lei, observado o disposto no artigo 20.

Art. 3º Permanecerão inscritos no IAMSPE os agregados que se encontram incluídos pelos contribuintes até a data de publicação desta lei, mediante a contribuição adicional e individual de 2 ou 3% (dois ou três por cento), a depender da faixa etária, conforme tabela constante no § 2º do artigo 20 do Decreto-lei nº 257, de 29 de maio de 1970, sobre a remuneração do contribuinte.

Art. 4º O montante equivalente ao superávit financeiro apurado ao final do exercício de 2019 dos fundos dos Poderes Legislativo e Judiciário, Ministério Público, Tribunal de Contas do Estado e Defensoria Pública poderá ser utilizado para aplicação nas finalidades previstas no "caput" do artigo 16 desta lei.

Art. 5º Os empregados públicos da Administração Direta e Indireta do Estado de São Paulo, mediante solicitação dentro do prazo de 180 (cento e oitenta) dias a partir da publicação desta lei, poderão solicitar sua inscrição como contribuinte facultativo do Instituto de Assistência Médica ao Servidor Público Estadual de São Paulo – IAMSPE.

Parágrafo único – Os contribuintes facultativos de que trata o "caput" deste artigo poderão inscrever beneficiários, observado o disposto no artigo 7º do Decreto-lei nº 257, de 29 de maio de 1970.

Palácio dos Bandeirantes, 15 de outubro de 2020

JOÃO DORIA

DECRETO Nº 68.156, DE 09 DE DEZEMBRO DE 2023

Regulamenta a Lei nº 10.294, de 20 de abril de 1999, que dispõe sobre a proteção e defesa do usuário do serviço público do Estado e dá providências correlatas.

ÍNDICE

O GOVERNADOR DO ESTADO DE SÃO PAULO, no uso de suas atribuições legais,

Decreta:

CAPÍTULO I
DISPOSIÇÕES GERAIS

Art. 1º Este decreto regulamenta os procedimentos para a participação, a proteção e a defesa dos direitos do usuário de serviços públicos da Administração Pública estadual, previstos na Lei nº 10.294, de 20 de abril de 1999.

Art. 2º O disposto neste decreto aplica-se:

I – aos órgãos da Administração Pública direta, às autarquias, às fundações instituídas e mantidas pelo poder público, às empresas públicas e às sociedades de economia mista que recebam recursos do Tesouro do Estado para custeio total ou parcial de despesas de pessoal e encargos sociais ou para o custeio em geral;

II – às sociedades de economia mista não dependentes de recursos do Tesouro do Estado, no que se referir prestação de serviços à população e às atividades administrativas exercidas pelas entidades, nos termos do inciso II do artigo 2º da Lei federal nº 13.460, de 26 de junho de 2017;

III – ao particular delegatário de serviços públicos, no que couber.

Art. 3º Para fins do disposto neste decreto, consideram-se:

I – manifestações do usuário:

a) reclamação: demonstração de insatisfação relativa à prestação de serviço público e à conduta de agentes públicos na prestação e na fiscalização desse serviço;

b) denúncia: relato que indica a prática de irregularidade ou de ilícito cuja solução dependa da atuação das unidades apuratórias competentes;

c) elogio: demonstração de reconhecimento ou de satisfação sobre o serviço público oferecido ou o atendimento recebido;

d) sugestão: apresentação de ideia ou formulação de proposta de aprimoramento de serviços públicos prestados por órgãos e entidades da administração pública estadual;

e) solicitação de providências: pedido para adoção de providências por parte dos órgãos e das entidades da administração pública estadual;

II – decisão administrativa final: ato administrativo por meio do qual o órgão ou a entidade da administração pública se posiciona sobre a manifestação, com apresentação de solução ou comunicação quanto à sua impossibilidade.

CAPÍTULO II
DO SISTEMA DE OUVIDORIA DO PODER EXECUTIVO

SEÇÃO I
DA ESTRUTURA E OBJETIVOS

Art. 4° Fica instituído o Sistema de Ouvidoria do Poder Executivo, com a finalidade de desenvolver as atividades de ouvidoria realizadas pelos órgãos e pelas entidades a que se refere o artigo 2° deste decreto, que contará com a seguinte estrutura:

I – como órgão central, a Controladoria Geral do Estado, por meio da Coordenadoria de Ouvidoria e Defesa do Usuário do Serviço Público;

II – como unidades setoriais, as ouvidorias dos órgãos ou entidades a que se refere o artigo 2° deste decreto.

Parágrafo único **–** As atribuições do Sistema Estadual de Defesa do Usuário de Serviços Públicos – SEDUSP, previsto na Lei n° 10.294, de 20 de abril 1999, serão exercidas pelo Sistema de Ouvidoria do Poder Executivo.

Art. 5° Ao Sistema de Ouvidoria do Poder Executivo cabe:

I – coordenar e articular as atividades de ouvidoria a que se refere este decreto;

II – propor e coordenar ações com vistas a:

a) produzir informações estratégicas, a partir da análise de manifestações recebidas e avaliações realizadas por meio dos conselhos de usuários de serviços públicos a que se refere o artigo 29 deste decreto, que indiquem oportunidades de aperfeiçoamentos na prestação de serviços e nas medidas de prevenção e combate à corrupção, à fraude e aos desvios éticos no Poder Executivo;

b) facilitar o acesso do usuário de serviços públicos aos instrumentos de participação na gestão e à defesa de seus direitos;

c) fomentar o exercício do direito constitucional de participação do usuário na administração pública direta e indireta;

III – zelar pela interlocução efetiva entre o usuário de serviços públicos e os órgãos e as entidades da administração pública responsáveis por esses serviços;

IV – acompanhar a implementação e monitorar o cumprimento da Carta de Serviços ao Usuário, de que trata o artigo 7° da Lei federal n° 13.460, de 26 de junho de 2017.

Art. 6° A unidade setorial de ouvidoria do Sistema de Ouvidoria do Poder Executivo será diretamente subordinada ao dirigente máximo do órgão ou da entidade a que se refere o artigo 2° deste decreto.

SEÇÃO II
DO ÓRGÃO CENTRAL DO SISTEMA DE OUVIDORIA DO PODER EXECUTIVO

Art. 7° A Controladoria Geral do Estado, por meio da Coordenadoria de Ouvidoria e Defesa do Usuário do Serviço Público, como órgão central do Sistema de Ouvidoria do Poder Executivo, tem as seguintes atribuições:

I – estabelecer procedimentos para o exercício das competências e das atribuições definidas neste decreto;

II – avaliar e monitorar a atuação das unidades setoriais no tratamento das manifestações recebidas;

III – promover a capacitação e o treinamento relacionados com as atividades de ouvidoria e de proteção e defesa do usuário de serviços públicos;

IV – manter a Plataforma Integrada de Ouvidoria e Acesso à Informação de que trata o artigo 15 deste decreto, de uso obrigatório pelos órgãos e pelas entidades da administração pública a que se refere o inciso I do artigo 2° deste decreto, com vistas ao recebimento, à análise e ao tratamento das manifestações enviadas para as unidades do sistema;

V – atuar em colaboração com a Secretaria de Gestão e Governo Digital na definição de metodologia padrão para aferir o nível de satisfação dos usuários de serviços públicos;

VI – manter base de dados com as manifestações recebidas de usuários;

VII – sistematizar as informações disponibilizadas pelas unidades setoriais do Sistema de Ouvidoria do

Poder Executivo, consolidar e divulgar estatísticas, inclusive aquelas indicativas de nível de satisfação dos usuários com os serviços públicos prestados;

VIII – propor e acompanhar a adoção de medidas para a prevenção e a correção de falhas e omissões na prestação de serviços públicos;

IX – acompanhar a implementação da Carta de Serviços ao Usuário, de que trata o artigo 7º da Lei federal nº 13.460, de 26 de junho de 2017;

X – requisitar informações e documentos necessários ao exercício de suas competências;

XI – coordenar as atividades que exijam ações integradas das unidades setoriais.

Parágrafo único **–** Os prestadores de serviços públicos mencionados nos incisos II e III do artigo 2º deste decreto poderão aderir ao sistema informatizado a que se refere o inciso IV deste artigo.

SEÇÃO III
DAS UNIDADES SETORIAIS DE OUVIDORIA

Art. 8º As unidades setoriais do Sistema de Ouvidoria do Poder Executivo estão sujeitas à orientação normativa e supervisão técnica do órgão central, sem prejuízo da subordinação administrativa ao órgão ou entidade ao qual pertencem.

Art. 9º As unidades setoriais de ouvidoria reger-se-ão pelos princípios constitucionais da administração pública e por:

I – autonomia para o exercício de suas atribuições, observadas as orientações normativas e a supervisão técnica do órgão central do Sistema de Ouvidoria do Poder Executivo;

II – transparência na prestação de informações, com foco na defesa dos direitos dos usuários dos serviços públicos, dos titulares de dados pessoais e dos denunciantes;

III – proteção da informação de modo a assegurar a intimidade, a vida privada, a honra e a imagem do usuário;

IV – imparcialidade e isenção para compreender, analisar e buscar o adequado tratamento das manifestações, bem como formular recomendações;

V – presteza e eficiência no atendimento aos cidadãos, com acessibilidade, acolhimento, resolutividade e preservação da dignidade humana.

Art. 10. As unidades setoriais de ouvidoria do Sistema de Ouvidoria do Poder Executivo têm as seguintes atribuições:

I – promover a defesa dos direitos dos usuários de serviços públicos, nos termos da Lei federal nº 13.460, de 26 de junho de 2017, e da Lei nº 10.294, de 20 de abril de 1999;

II – facilitar o acesso do usuário aos meios para acionamento da ouvidoria;

III – receber, analisar e responder às manifestações, encaminhadas por usuários ou reencaminhadas por outras ouvidorias;

IV – processar as informações obtidas por meio das manifestações recebidas e das pesquisas de satisfação realizadas, com a finalidade de subsidiar a avaliação dos serviços prestados, para o cumprimento dos compromissos e dos padrões de qualidade de atendimento da Carta de Serviços ao Usuário, de que trata o artigo 7º da Lei federal nº 13.460, de 26 de junho de 2017;

V – incentivar a transparência, o acesso à informação e a participação social;

VI – produzir e analisar dados e informações sobre as atividades realizadas, bem como propor e monitorar a adoção de medidas para a correção e a prevenção de falhas e omissões na prestação de serviços públicos, no seu âmbito de atuação;

VII – exercer, quando couber, ações de interlocução entre os usuários de serviços e órgãos e entidades, visando ampliar a resolutividade das manifestações recebidas e melhorar a efetividade dos serviços públicos;

VIII – fomentar e acompanhar a elaboração e atualização periódica da Carta de Serviços ao Usuário, bem como apresentar recomendações sobre seu conteúdo e divulgação;

IX – remeter ao órgão central do Sistema, quando solicitado ou para atender procedimento instituído, dados e informações sobre as atividades de ouvidoria realizadas.

Parágrafo único **–** Não se aplicam às denúncias as ações de interlocução a que se refere o inciso VII deste artigo.

Art. 11. Às unidades setoriais do Sistema, para a consecução de suas atribuições, são assegurados:

I – o acesso a todos os setores do órgão ou da entidade a que estão vinculadas;

II – a obtenção de documentos e informações diretamente de quem os detenha, no órgão ou entidade que constitui seu âmbito de atuação;

III – a participação, nos seus respectivos órgãos e entidades, em reuniões e eventos nos órgãos ou entidades relacionados à sua área de atuação e segmento de ouvidorias.

Parágrafo único – Ao dirigente máximo do órgão ou entidade cabe disponibilizar os recursos necessários ao adequado funcionamento da respectiva unidade setorial do Sistema de Ouvidoria do Poder Executivo.

Art. 12. O acesso às unidades setoriais de ouvidorias é um direito dos cidadãos e usuários dos serviços públicos, devendo todos os integrantes da Administração Pública:

I – facilitar, priorizar e auxiliar o encaminhamento das demandas provenientes das unidades setoriais de ouvidorias, no âmbito de seus respectivos órgãos e entidades;

II – informar as unidades setoriais de ouvidoria sobre alterações de procedimentos que interfiram no interesse dos usuários dos serviços públicos, mantendo sua atualidade;

III – instar as unidades setoriais de ouvidoria, sempre que necessário, a se manifestarem em atividades que interfiram nos interesses dos usuários dos serviços públicos.

SEÇÃO IV
DOS OUVIDORES

Art. 13. O Ouvidor tem as seguintes competências:

I – dirigir a ouvidoria garantindo o atendimento aos seus princípios e o exercício de suas atribuições precípuas, previstos respectivamente nos artigos 4° e 13 da Lei federal n° 13.460, de 26 de junho de 2017;

II – representar a ouvidoria interna e externamente ao órgão ou entidade em que atua;

III – aplicar os atos normativos e orientações exarados pelo órgão central do Sistema de Ouvidoria do Poder Executivo;

IV – controlar o cumprimento dos prazos previstos neste decreto;

V – verificar o cumprimento dos requisitos e competências necessários para composição da equipe de ouvidoria, estimulando o treinamento e aperfeiçoamento contínuo dos servidores;

VI – elaborar relatórios gerenciais das manifestações recebidas pela Ouvidoria nos prazos previstos na legislação aplicável e quando solicitados pelo dirigente máximo do órgão ou entidade, ou pelo órgão central do Sistema de Ouvidoria do Poder Executivo.

Art. 14. O Ouvidor será servidor ou empregado público de reputação ilibada, designado para exercício da função por ato do dirigente máximo da entidade em que atue, e representará os cidadãos e usuários dos serviços públicos nela prestados.

§ 1° O Ouvidor é subordinado hierárquico direto do dirigente máximo do órgão ou entidade em que atue, e exercerá suas funções com as garantias mencionadas neste decreto.

§ 2° Ao Ouvidor é garantida a autonomia na elaboração de pareceres, atos e relatórios.

§ 3° O Ouvidor poderá, nos termos da legislação aplicável, acumular a função de responsável pelo Serviço de Informações ao Cidadão – SIC e, quando couber, a de Encarregado de Dados Pessoais de que trata o artigo 6° e seguintes do Decreto n° 65.347, de 9 de dezembro de 2020, ou, em circunstâncias excepcionais e mediante prévia autorização do órgão central do Sistema de Ouvidoria do Poder Executivo, outra função, por ato do dirigente máximo do órgão ou entidade a que estiver vinculado.

§ 4° Ato do Controlador Geral do Estado poderá disciplinar os requisitos e critérios para a escolha do Ouvidor, bem como fixar período de permanência na função.

§ 5° A designação dos ouvidores setoriais e sua cessação deverão ser imediatamente comunicadas à Controladoria Geral do Estado, por meio da Coordenadoria de Ouvidoria e Defesa do Usuário do Serviço Público.

§ 6° Nos impedimentos e ausências do Ouvidor designado, o dirigente máximo do órgão ou entidade deverá designar o servidor ou empregado público responsável pelo expediente de ouvidoria.

§ 7° O Ouvidor deverá zelar pela integralidade dos registros das manifestações, documentos e informações gerados em decorrência das atividades da ouvidoria, sendo vedada a exclusão, alteração ou eliminação destes, observada a legislação aplicável.

CAPÍTULO III
DOS PROCEDIMENTOS

SEÇÃO I
DO RECEBIMENTO, DA ANÁLISE E DA RESPOSTA DE MANIFESTAÇÕES

Art. 15. Fica instituída a Plataforma Integrada de Ouvidoria e Acesso à Informação a que se refere o inciso IV do artigo 7° deste decreto, sistema informatizado por meio do qual as manifestações serão preferencialmente apresentadas.

§ 1° Caberá à Controladoria Geral do Estado implantar e manter a Plataforma de que trata o "caput" deste artigo, bem como editar normas complementares necessárias ao seu funcionamento.

§ 2º Os órgãos e as entidades a que se refere o inciso I do artigo 2º deste decreto disponibilizarão o acesso à Plataforma Integrada de Ouvidoria e Acesso à Informação de que trata o "caput" deste artigo em seus respectivos sítios eletrônicos oficiais, de forma destacada.

§ 3º Na hipótese de recebimento da manifestação por outros meios, a unidade setorial do Sistema de Ouvidoria do Poder Executivo promoverá a sua inserção na Plataforma de que trata o "caput" deste artigo.

§ 4º A unidade setorial de ouvidoria que receber manifestação sobre matéria estranha às suas atribuições encaminhará o assunto, por meio de sistema, sempre que possível, à unidade setorial de ouvidoria responsável pelas providências requeridas.

Art. 16. As unidades setoriais de ouvidorias que compõem o Sistema de Ouvidoria do Poder Executivo responderão às manifestações em linguagem clara, objetiva, simples e compreensível.

Art. 17. As unidades setoriais do Sistema de Ouvidoria do Poder Executivo elaborarão e apresentarão resposta conclusiva às manifestações recebidas no prazo de (30) trinta dias, contado da data de seu recebimento, prorrogável por igual período mediante justificativa expressa, e notificarão o usuário de serviço público sobre a decisão administrativa.

Art. 18. Recebida a manifestação, as unidades setoriais de ouvidoria procederão à sua análise prévia e, se necessário, encaminhá-la-á às áreas responsáveis pela adoção de providências, no prazo de 10 (dez) dias.

§ 1º Quando as informações apresentadas pelo usuário de serviços públicos forem insuficientes para a análise da manifestação, as unidades setoriais de ouvidorias solicitarão ao usuário a sua complementação, que deverá ser atendida no prazo de 10 (dez) dias, contado da data do recebimento da solicitação.

§ 2º Não serão admitidos pedidos de complementação sucessivos, exceto se referentes a situação surgida com a nova documentação ou com as informações apresentadas.

§ 3º A solicitação de complementação de informações suspenderá o prazo previsto no artigo 17 deste decreto, que será retomado a partir da data de resposta do usuário.

§ 4º A falta de complementação da informação pelo usuário de serviços públicos no prazo estabelecido no § 1º deste artigo acarretará o arquivamento da manifestação, sem a produção de resposta conclusiva.

Art. 19. As unidades setoriais de ouvidoria poderão solicitar informações e esclarecimentos às áreas dos órgãos e das entidades da administração pública às quais pertencem, responsáveis pela tomada de providências, que deverão responder no prazo de até 10 (dez) dias, contado da data de recebimento da solicitação, prorrogável uma vez por igual período, mediante justificativa.

Art. 20. As unidades setoriais de ouvidoria encaminharão:

I – o elogio recebido ao agente público que prestou o atendimento ou ao responsável pela prestação do serviço público e à sua chefia imediata;

II – a reclamação recebida à autoridade responsável pela prestação do atendimento ou do serviço público que providenciará resposta com informação objetiva acerca do fato apontado;

III – a sugestão ou solicitação recebida à autoridade responsável pela prestação do atendimento ou do serviço público, à qual caberá manifestar-se acerca da possibilidade de adoção da providência sugerida.

Art. 21. A denúncia recebida pelas unidades setoriais de ouvidoria será conhecida se contiver elementos mínimos descritivos de irregularidade ou indícios que permitam a Administração Pública chegar a tais elementos.

§ 1º A análise prévia de denúncia não se confunde com juízo de admissibilidade da área de apuração competente, sendo vedada às unidades setoriais de ouvidoria a realização de diligências junto aos agentes e às áreas supostamente envolvidos nos fatos relatados.

§ 2º A resposta conclusiva da denúncia conterá informação sobre:

1. o seu encaminhamento às unidades apuratórias competentes e sobre os procedimentos a serem adotados;

2. o seu arquivamento, na hipótese de a denúncia não ser conhecida, exceto na hipótese prevista no parágrafo único do artigo 25 deste decreto.

Art. 22. As ouvidorias que compõem o Sistema de Ouvidoria do Poder Executivo poderão coletar informações junto aos usuários de serviços públicos com a finalidade de avaliar a prestação desses serviços e de auxiliar na detecção e na correção de irregularidades.

Parágrafo único – As informações que constituírem comunicações de irregularidade, ainda que de origem anônima, serão enviadas à área de apuração competente, desde que existam indícios mínimos de relevância, autoria e materialidade.

Art. 23. É vedada a recusa do recebimento de manifestações formuladas nos termos deste decreto, sob pena de responsabilidade do agente público.

Art. 24. Os procedimentos de que trata este decreto são gratuitos.

SEÇÃO II
DA PROTEÇÃO DOS DADOS

Art. 25. A identidade do manifestante é informação protegida nos termos do artigo 31 da Lei federal n° 12.527, de 18 de novembro de 2011, sendo as ouvidorias responsáveis por:

I – somente disponibilizar dados cadastrais dos manifestantes, no tratamento de reclamações, solicitações e sugestões, quando forem necessários para a solução da demanda;

II – adotar, desde o recebimento de denúncias, medidas para a proteção das informações recebidas, em especial para a salvaguarda à identidade e aos elementos de identificação do denunciante, elaborando extrato do teor da manifestação para envio às unidades apuratórias competentes, sempre que necessário.

Parágrafo único **–** Será dado, no que couber, o mesmo tratamento da denúncia, ao requerimento de que trata o artigo 18 da Lei n° 10.294, de 20 de abril de 1999, que der entrada na unidade de ouvidoria.

CAPÍTULO IV
DA CARTA DE SERVIÇOS AO USUÁRIO

Art. 26. Os órgãos e as entidades públicos de que trata este decreto, que prestam atendimento aos usuários dos serviços públicos, direta ou indiretamente, deverão elaborar e divulgar Carta de Serviços ao Usuário, no âmbito de sua esfera de competência.

§ 1° A Carta de Serviços ao Usuário tem por objetivo informar aos usuários dos serviços prestados pelo órgão ou pela entidade do Poder Executivo as formas de acesso a esses serviços e os compromissos e padrões de qualidade do atendimento ao público.

§ 2° Deverão constar da Carta de Serviços ao Usuário informações claras e precisas, apresentando, no mínimo, informações relacionadas:

1. aos serviços oferecidos;

2. aos requisitos e aos documentos necessários para acessar os serviços;

3. às etapas para processamento dos serviços;

4. ao prazo para a prestação dos serviços;

5. à forma de prestação dos serviços;

6. à forma de comunicação com o solicitante dos serviços;

7. aos locais e às formas de acessar os serviços.

§ 3° Além das informações referidas no § 2° deste artigo, a Carta de Serviços ao Usuário deverá, para detalhar o padrão de qualidade do atendimento, estabelecer:

1. os usuários que farão jus à prioridade no atendimento;

2. o tempo de espera para o atendimento;

3. o prazo para a realização dos serviços;

4. os mecanismos de comunicação com os usuários;

5. os procedimentos para receber, atender, gerir e responder às sugestões e reclamações;

6. as etapas, presentes e futuras, esperadas para a realização dos serviços, incluídas a estimativas de prazos;

7. os mecanismos para a consulta pelos usuários acerca das etapas, cumpridas e pendentes, para a realização do serviço solicitado;

8. o tratamento a ser dispensado aos usuários quando do atendimento;

9. os elementos básicos para o sistema de sinalização visual das ouvidorias;

10. as condições mínimas a serem observadas referentes à acessibilidade, à limpeza e ao conforto;

11. os procedimentos para atendimento quando o sistema informatizado se encontrar indisponível;

12. outras informações julgadas de interesse dos usuários.

CAPÍTULO V
DA AVALIAÇÃO DOS SERVIÇOS PÚBLICOS

Art. 27. Os órgãos e entidades públicos abrangidos por este decreto deverão avaliar os serviços prestados, nos seguintes aspectos:

I – satisfação do usuário com os serviços prestados;

II – qualidade do atendimento prestado ao usuário;

III – cumprimento dos compromissos e prazos definidos para a prestação dos serviços;

IV – quantidade de manifestações de usuários;

V – medidas adotadas para melhoria e aperfeiçoamento da prestação dos serviços.

§ 1° A avaliação a que se refere o "caput" deste artigo será:

1. realizada por pesquisa de satisfação, cujo resultado deverá ser publicado anual e integralmente no sítio eletrônico oficial do órgão ou entidade, com manifestação conclusiva e recomendações do respectivo dirigente máximo do órgão ou entidade, em especial quanto ao cumprimento dos compromissos e dos padrões de qualidade de atendimento divulgados na Carta de Serviços ao Usuário;

2. encaminhada por meio eletrônico para a Controladoria Geral do Estado.

§ 2º A Controladoria Geral do Estado deverá, anualmente, divulgar no Portal da Transparência, até 30 (trinta) dias após a publicação dos resultados das pesquisas a que se refere o § 1º deste artigo, ranking das entidades e órgãos com base na satisfação dos usuários.

Art. 28. Os órgãos e entidades públicos que contratarem empresas para a pesquisa de satisfação devem observar as disposições do Decreto nº 63.061, de 15 de dezembro de 2017.

CAPÍTULO VI
DO CONSELHO DE USUÁRIOS DE SERVIÇOS PÚBLICOS

Art. 29. Sem prejuízo de outros meios de participação dos usuários no acompanhamento da prestação e na avaliação dos serviços públicos, cada órgão ou entidade a que se refere o artigo 2º deste decreto criará um Conselho de Usuários de Serviços Públicos.

Art. 30. Os conselhos de usuários de serviços públicos são órgãos de natureza consultiva, com as seguintes atribuições:

I – acompanhar e participar da avaliação da qualidade e da efetividade da prestação dos serviços públicos;

II – propor melhorias na prestação dos serviços públicos e contribuir para a definição de diretrizes para o adequado atendimento ao usuário;

III – acompanhar e auxiliar na avaliação da atuação das ouvidorias do Sistema de Ouvidoria do Poder Executivo.

Art. 31. Os conselhos de usuários de serviços públicos serão compostos por usuários dos serviços públicos, selecionados dentre aqueles que se candidatarem mediante chamamento público, com ampla publicidade, que será conduzido pelo órgão responsável pela supervisão da execução do serviço público a ser avaliado.

§ 1º O órgão responsável pela supervisão do serviço poderá adotar critérios adicionais de seleção, que garantam a representatividade dos usuários inscritos no chamamento público a que se refere o "caput" deste artigo.

§ 2º A participação nos conselhos de usuários de serviços públicos será considerada prestação de serviço público relevante, não remunerada.

Art. 32. Os conselheiros farão avaliações individualizadas dos serviços, que serão consolidadas eletronicamente, a fim de subsidiar as ações do Sistema de Ouvidoria do Poder Executivo.

§ 1º A convocação dos conselheiros para as avaliações individualizadas dos serviços, nos termos do disposto no "caput" deste artigo deverá ser realizada, no mínimo, a cada (12) doze meses.

§ 2º O exercício das atribuições dos membros dos conselhos de usuários de serviços públicos ocorrerá por meio plataforma virtual, na forma estabelecida em ato da Controladoria Geral do Estado.

§ 3º O disposto neste decreto não exclui mecanismos acessórios que garantam o acesso ao processo de avaliação dos serviços públicos por grupos amostrais digitalmente não inseridos.

Art. 33. Ato da Controladoria Geral do Estado estabelecerá as diretrizes para as ações de estímulo à participação dos usuários nos conselhos de usuários de serviços públicos.

CAPÍTULO VII
DO PORTAL DA TRANSPARÊNCIA ESTADUAL

Art. 34. O Portal da Transparência Estadual tem por finalidade a centralização e divulgação de dados relevantes referentes à transparência na gestão e ao controle social do Poder Executivo.

Parágrafo único – O Portal é administrado pela Controladoria Geral do Estado, devendo os órgãos e entidades da Administração direta e indireta prestar todas as informações necessárias à sua alimentação e manutenção.

Art. 35. O Portal da Transparência Estadual deverá conter, no mínimo, as seguintes informações:

I – série histórica, abrangendo ao menos 3 (três) exercícios, das receitas do Estado, com consulta por órgão ou receita por natureza nos diversos níveis de desdobramento, bem como da previsão do ano vigente com as informações da realização mês a mês, observado o mesmo nível de consulta;

II – despesas liquidadas referentes a compras de bens de consumo e contratação de terceiros, consolidadas por órgão;

III – demonstrativo mensal das despesas com pagamento de diárias do exercício vigente;

IV – receitas realizadas por órgão, especificadas por fonte até o nível de alínea;

V – investimentos realizados por órgão e natureza, especificando bens de capital e obras;

VI – transferências de recursos públicos estaduais a Municípios, entidades, cidadãos ou por ação de governo;

VII – despesas liquidadas por órgão e programa de trabalho, detalhado por natureza de pessoal e encargos, outras despesas correntes e investimentos;

VIII – empresas e pessoas físicas proibidas de contratar com o Poder Público;

IX – relação de agentes públicos dos órgãos e entidades da administração direta, indireta e fundacional;

X – tabela de remuneração mensal dos agentes públicos dos órgãos e entidades da Administração direta, indireta e fundacional;

XI – quadros demonstrativos da Lei Complementar federal nº 101, de 4 de maio de 2000;

XII – manual de navegação, glossário, perguntas frequentes, denúncia eletrônica e "fale conosco" por e-mail, carta e telefone.

Parágrafo único – A Controladoria Geral do Estado, para cumprir este decreto, poderá se utilizar de outras informações que possam ser agregadas, sem prejuízo da continuidade de espaços virtuais já existentes.

Art. 36. O Portal da Transparência Estadual deve ser acessível, utilizar linguagem e recursos que propiciem compreensão das informações nele inseridas, bem como permitir a exportação dos dados para plataformas tecnológicas compatíveis.

Parágrafo único – A exportação dos dados deverá ser feita em conformidade com o estabelecido no Decreto nº 55.559, de 12 de março de 2010.

Art. 37. Os órgãos e entidades da Administração Pública que mantêm informações no Portal da Transparência Estadual deverão seguir as diretrizes e orientações estabelecidas pela Controladoria Geral do Estado.

CAPÍTULO VIII
DISPOSIÇÕES FINAIS

Art. 38. O Controlador Geral do Estado poderá, mediante resolução:

I – detalhar as atribuições e competências de que trata este decreto;

II – baixar as normas complementares que se fizerem necessárias ao adequado cumprimento deste decreto.

Art. 39. Os órgãos e as entidades da Administração pública que, na data da publicação deste decreto, possuírem sistemas informatizados próprios de recebimento e tratamento de manifestações adotarão as providências necessárias para a integração obrigatória à Plataforma Integrada de Ouvidoria e Acesso à Informação do Poder Executivo, na forma estabelecida em ato do Controlador Geral do Estado.

Art. 40. Este decreto entra em vigor na data de sua publicação, ficando revogadas as disposições em contrário, em especial:

I – o Decreto nº 50.656, de 30 de março de 2006;

II – o Decreto nº 57.500, de 8 de novembro de 2011, exceto os artigos 52 a 54;

III – o Decreto nº 60.399, 29 de abril de 2014;

IV – o Decreto nº 61.175, de 18 de março de 2015, excetos os artigos 18 a 22 e 29 a 39.

Palácio dos Bandeirantes, 9 de dezembro de 2023.

TARCÍSIO DE FREITAS

DIREITO TRIBUTÁRIO

LEI Nº 6.374, DE 01 DE MARÇO DE 1989

Dispõe sobre a instituição do ICMS.

ÍNDICE

TÍTULO I
DO IMPOSTO

CAPÍTULO I
DA INCIDÊNCIA

Art. 1º O Imposto sobre Operações Relativas a Circulação de Mercadorias e sobre Prestações de Serviços de Transporte Interestadual e Intermunicipal e de Comunicação – ICMS incide sobre:

I – operação relativa à circulação de mercadorias inclusive o fornecimento de alimentação, bebidas das e outras mercadorias em qualquer estabelecimento;

– O TJSP, na ADIN 136.498-0/9-00, julgou procedente a ação para declarar a inconstitucionalidade, sem redução do texto, excluindo as interpretações das quais decorra a incidência do ICMS nas operações de venda de bens salvados de sinistro, dos artigos 1º, caput e inciso I, e, 2º caput e inciso I e § 3º, da Lei Estadual nº 6374, de 1989, ou resulte a inclusão das seguradoras como contribuintes desse tributo, relativamente ao artigo 7º, da mesma lei, e confirmando-se medida liminar, tornando definitiva sua eficácia, observado o disposto no artigo 90, § 3º da Constituição Estadual.

II – prestação de serviços de transporte interestadual e intermunicipal, por qualquer via;

III – prestação onerosa de serviços de comunicação, por qualquer meio, inclusive a geração, a emissão, a recepção, a transmissão, a retransmissão, a repetição e a ampliação de comunicação de qualquer natureza;

IV – fornecimento de mercadorias com prestação de serviços:

a) não compreendidos na competência tributária dos municípios;

b) compreendidos na competência tributária dos municípios, mas que, por indicação expressa de lei complementar, sujeitem-se à incidência do imposto de competência estadual;

– Artigo 1º, "caput", e incisos I a IV com redação dada pela Lei nº 10.619, de 19/07/2000.

V – entrada de mercadorias ou bem, importados do exterior por pessoa física ou jurídica, qualquer que seja a sua finalidade;

– Inciso V com redação dada pela Lei nº 11.001, de 21/12/2001.

VI – serviço prestado no exterior ou cuja prestação se tenha iniciado no exterior;

VII – entrada, no território paulista, de petróleo, inclusive lubrificantes e combustíveis líquidos e gasosos dele derivados, e de energia elétrica, quando do não destinados à comercialização ou à industrialização, decorrentes de operações interestaduais;

VIII – a venda do bem ao arrendatário, na operação de arrendamento mercantil.

– Incisos VI a VIII com redação dada pela Lei nº 10.619, de 19/07/2000.

Parágrafo único – O disposto no inciso V aplica- se, também, em relação ao bem destinado a consumo ou ativo permanente do importador. (NR)

– Parágrafo único acrescentado pela Lei nº 11.001, de 21/12/2001, com reaproveitamento da numeração de dispositivo revogado.

– O Supremo Tribunal Federal, nos autos da ADI nº 5576, conferiu ao artigo 1º interpretação conforme, de modo a impedir a incidência do ICMS sobre o licenciamento ou cessão do direito de uso de programas de computador, modulando os efeitos para atribuir eficácia ex nunc a partir de 03/03/2021.

Art. 2º Ocorre o fato gerador do imposto:

I – na saída de mercadoria, a qualquer título, de estabelecimento de contribuinte, ainda que para outro estabelecimento do mesmo titular;

– O TJSP, na ADIN 136.498-0/9-00, julgou procedente a ação para declarar a inconstitucionalidade, sem redução do texto, excluindo as interpretações das quais decorra a incidência do ICMS nas operações de venda de bens salvados de sinistro, dos artigos 1º, caput e inciso I, e, 2º caput e inciso I e § 3º, da Lei Estadual nº 6374, de 1989, ou resulte a inclusão das seguradoras como contribuintes desse tributo, relativamente ao artigo 7º, da mesma lei, e confirmando-se medida liminar, tornando definitiva sua eficácia, observado o disposto no artigo 90, § 3º da Constituição Estadual.

II – no fornecimento de alimentação, bebidas e outras mercadorias por qualquer estabelecimento, incluídos os serviços que lhe sejam inerentes;

III – no fornecimento de mercadoria com prestação de serviços:

a) não compreendidos na competência tributária dos municípios;

b) compreendidos na competência tributária dos municípios, mas que, por indicação expressa de lei complementar, sujeitem-se à incidência do imposto de competência estadual;

– Artigo 2º, "caput", e incisos I a III com redação dada pela Lei nº 10.619, de 19/07/2000.

IV – no desembaraço de mercadoria ou bem importados do exterior, observado o disposto no § 6º;

– Inciso IV com redação dada pela Lei nº 11.001, de 21/12/2001.

V – na aquisição, em licitação promovida pelo Poder Público, de mercadoria ou bem importados do exterior e apreendidos ou abandonados;

VI – na entrada no território deste Estado de bem ou mercadoria oriundo de outro Estado ou do Distrito Federal, adquirido por contribuinte do imposto, e destinados ao seu uso, consumo ou à integração ao seu ativo imobilizado; (NR)

– Inciso VI com redação dada pela Lei nº 17.470, de 13/12/2021, em vigor em 90 (noventa) dias a contar da data de sua publicação, observado o disposto no artigo 150, III, "b", da Constituição Federal.

VII – na entrada no território paulista de lubrificantes e combustíveis líquidos e gasosos derivados de petróleo e de energia elétrica oriundos de outro Estado ou Distrito Federal, quando não destinados à comercialização ou à industrialização;

VIII – na transmissão de propriedade de mercadoria ou de título que a represente, quando esta não transitar pelo estabelecimento do transmitente;

IX – na saída ou na transmissão de propriedade a terceiro de mercadoria depositada em armazém geral ou em depósito fechado;

X – no início da prestação de serviços de transporte interestadual e intermunicipal, de qualquer natureza;

XI – no ato final do transporte iniciado no exterior;

XII – na prestação onerosa de serviços de comunicação, feita por qualquer meio, inclusive na geração, emissão, recepção, transmissão, retransmissão, repetição e ampliação de comunicação de qualquer natureza;

XIII – no recebimento, pelo destinatário, de serviço viço prestado ou iniciado no exterior;

XIV – na utilização, por contribuinte, de serviço de transporte cuja prestação se tenha iniciado em outro Estado ou no Distrito Federal e não esteja vinculada a operação ou prestação subsequente; (NR)

– Inciso XIV com redação dada pela Lei nº 17.470, de 13/12/2021, em vigor em 90 (noventa) dias a contar da data de sua publicação, observado o disposto no artigo 150, III, "b", da Constituição Federal.

XV – por ocasião da venda do bem arrendado, na operação de arrendamento mercantil.

– Incisos V a XV com redação dada pela Lei nº 10.619, de 19/07/2000.

XVI – ~~nas operações e prestações iniciadas em outra unidade da federação que destinem bens e serviços a consumidor final não contribuinte do imposto localizado neste Estado~~;

– Inciso XVI revogado pela Lei nº 17.470, de 13/12/2021, em vigor em 90 (noventa) dias a contar da data de sua publicação, observado o disposto no artigo 150, III, "b", da Constituição Federal.

XVII – no início da prestação de serviço de transporte interestadual de qualquer natureza, nas prestações não vinculadas a operação ou prestação subsequente cujo tomador não seja contribuinte do imposto domiciliado ou estabelecido no Estado de destino ou no Distrito Federal; (NR)

– Inciso XVII acrescentado pela Lei nº 17.470, de 13/12/2021, em vigor em 90 (noventa) dias a contar da data de sua publicação, observado o disposto no artigo 150, III, "b", da Constituição Federal.

XVIII – na saída de bem ou mercadoria de estabelecimento de contribuinte, destinado a consumidor final não contribuinte do imposto, domiciliado ou estabelecido em outro Estado ou no Distrito Federal. (NR)

– Inciso XVIII acrescentado pela Lei nº 17.470, de 13/12/2021, em vigor em 90 (noventa) dias a contar da data de sua publicação, observado o disposto no artigo 150, III, "b", da Constituição Federal.

§ 1º Na hipótese do inciso IV, após o desembaraço aduaneiro, a entrega, pelo depositário, da mercadoria ou bem importados do exterior somente se fará se autorizada pelo órgão responsável pelo seu desembaraço, autorização esta dada à vista do comprovante de pagamento do imposto incidente no ato do despacho aduaneiro, salvo disposição em contrário prevista na legislação.

§ 2º Na hipótese do inciso XII, caso o serviço seja prestado mediante pagamento em ficha, cartão ou assemelhados, ou, por qualquer outro instrumento liberatório do serviço, ainda que por débito em conta corrente ou meio eletrônico de dados, considera-se ocorrido o fato gerador quando do fornecimento ou disponibilidade desses instrumentos pelo prestador, ou quando do seu pagamento, se tal pagamento se fizer em momento anterior.

§ 3º O imposto incide também sobre a ulterior transmissão de propriedade de mercadoria que, tendo transitado pelo estabelecimento transmitente, deste tenha saído sem pagamento do imposto em decorrência de operações não tributadas.

– §§ 1º a 3º com redação dada pela Lei nº 10.619, de 19/07/2000.

– O TJSP, na ADIN 136.498-0/9-00, julgou procedente a ação para declarar a inconstitucionalidade, sem redução do texto, excluindo as interpretações das quais decorra a incidência do ICMS nas operações de venda de bens salvados de sinistro, dos artigos 1º, caput e inciso I, e, 2º caput e inciso I e § 3º, da Lei Estadual nº 6374, de 1989, ou resulte a inclusão das seguradoras como contribuintes desse tributo, relativamente ao artigo 7º, da mesma lei, e confirmando-se medida liminar, tornando definitiva sua eficácia, observado o disposto no artigo 90, § 3º da Constituição Estadual.

§ 3º-A – Poderá ser exigido o pagamento antecipado do imposto, conforme disposto no regulamento, relativamente a operações, prestações, atividades ou categorias de contribuintes, na forma estabelecida pelo Poder Executivo.

– § 3º-A acrescentado pela Lei nº 12.785, de 20/12/2007.

§ 4º São irrelevantes para a caracterização do fato gerador:

1 – a natureza jurídica das operações de que resultem as situações previstas neste artigo;

2 – o título jurídico pelo qual a mercadoria, saída ou consumida no estabelecimento, tenha estado na posse do respectivo titular;

3 – o título jurídico pelo qual o bem, utilizado para a prestação do serviço, tenha estado na posse do prestador;

4 – a validade jurídica do ato praticado;

5 – os efeitos dos fatos efetivamente ocorridos.

§ 5º Nas hipóteses dos incisos VI e XIV, a obrigação do contribuinte consistirá, afinal, em pagar o imposto correspondente a diferença entre a alíquota interna e a interestadual.

– §§ 4º a 5º com redação dada pela Lei nº 10.619, de 19/07/2000.

§ 6º Na hipótese de entrega da mercadoria ou bem importados do exterior antes da formalização do desembaraço aduaneiro, considera-se ocorrido o fato gerador no momento da entrega, oportunidade em que o contribuinte deverá comprovar, salvo disposição em contrário, o pagamento do imposto.

– § 6º acrescentado pela a Lei nº 11.001, de 21/12/2001.

§ 7º ~~Na hipótese do inciso XVI deste artigo, caberá ao remetente ou prestador a responsabilidade pelo recolhimento do imposto correspondente à diferença entre a alíquota interna e a interestadual.~~

§ 7° revogado pela Lei n° 17.470, de 13/12/2021, em vigor em 90 (noventa) dias a contar da data de sua publicação, observado o disposto no artigo 150, III, "b", da Constituição Federal.

Art. 3º Para os efeitos desta lei, considera-se:

I – saída do estabelecimento, a mercadoria constante do estoque na data do encerramento de suas atividades;

II – saída do estabelecimento de quem promova o abate, a carne e todo o produto da matança do gado abatido em matadouro público ou particular não pertencente ao abatedor;

III – saída do estabelecimento do depositante localizado em território paulista, a mercadoria depositada em armazém geral deste Estado e entregue, real ou simbolicamente, a estabelecimento diverso daquele que a tenha remetido para depósito, ainda que a mercadoria não haja transitado pelo estabelecimento;

IV – saída do estabelecimento do importador, do arrematante ou do adquirente em licitação promovida pelo Poder Público, neste Estado, a mercadoria saída de repartição aduaneira com destino a estabelecimento diverso daquele que a tenha importado, arrematado ou adquirido.

§ 1º O disposto no inciso III aplica-se também a depósito fechado do próprio contribuinte, localizado neste Estado.

§ 2º Para os efeitos do inciso IV, não se considera como diverso outro estabelecimento de que seja titular o importador, o arrematante ou o adquirente, desde que situado neste Estado.

CAPÍTULO II
DOS BENEFÍCIOS FISCAIS

SEÇÃO I
DA NÃO-INCIDÊNCIA

Art. 4º O imposto não incide sobre:

I – a saída de mercadoria com destino a armazém geral situado neste Estado, para depósito em nome do remetente;

II – a saída de mercadoria com destino a depósito fechado do próprio contribuinte localizado neste Estado;

III – a saída de mercadoria dos estabelecimentos referidos nos incisos I e II em retorno ao estabelecimento depositante;

IV – a saída de mercadoria, pertencente a terceiro, de estabelecimento de empresa de transporte ou de depósito, por conta e ordem desta, ressalvada a aplicação do disposto no inciso X do artigo 2º;

V – a saída e o correspondente retorno, promovidos por pessoa jurídica indicada no inciso VI do artigo 150 da Constituição Federal, de equipamentos e materiais utilizados exclusivamente nas operações vinculadas às suas atividades ou finalidades essenciais;

VI – a saída de bem do ativo permanente;

VII – a saída com destino a outro estabelecimento do mesmo titular de material de uso ou consumo;

VIII – a saída de máquinas, equipamentos, ferramentas ou objetos de uso do contribuinte, bem como de suas partes e peças, com destino a outro estabelecimento para lubrificação, limpeza, revisão, conserto, restauração ou recondicionamento ou em razão de empréstimo ou locação, desde que os referidos bens voltem ao estabelecimento de origem;

IX – a saída, em retorno ao estabelecimento de origem, de bem mencionado no inciso anterior, ressalvadas as hipóteses de fornecimento de mercadoria previstas no inciso III do artigo 2º.

Parágrafo único – Nas operações de fornecimento de energia elétrica a unidades consumidoras sujeitas à tarifa binômia, decorrentes da celebração de contratos com a concessionária de energia elétrica, não será exigido o recolhimento do imposto relativamente ao valor que corresponde à parcela referente à demanda de potência não utilizada pelo consumidor. (NR)

– *Parágrafo único acrescentado pela* Lei nº 16.886, de 21/12/2018.

SEÇÃO II
DAS ISENÇÕES E DEMAIS BENEFÍCIOS

Art. 5º As isenções ou quaisquer outros incentivos ou benefícios fiscais serão concedidos ou revogados nos termos das deliberações dos Estados e do Distrito Federal, na forma prevista na alínea "g" do inciso XII do § 2º do artigo 155 da Constituição Federal.

– *Vide* Lei nº 16.887, de 21/12/2018.

§ 1º Vetado.

§ 2º Vetado.

§ 3º Revogado.

– § 3º revogado pela Lei nº 8.991, de 23/12/1994.

§ 4º Atendido o disposto no "caput" fica isenta:

1 – A saída de veículo automotor com adaptação e características especiais indispensáveis ao uso do adquirente paraplégico ou portador de deficiência física, impossibilitado de utilizar modelos comuns, excluído o acessório opcional que não seja equipamento original do veículo;

2 – A saída interna ou interestadual, do estabelecimento industrial e do estabelecimento de concessionária de automóvel de passageiro, novo, com motor até 127 HP de potência bruta (SAE), quando destinado a motorista profissional, desde que, cumulativa e comprovadamente o adquirente:

a) exerça a atividade de condutor autônomo de automóvel de passageiros, na categoria de aluguel (táxi), em veículo de sua propriedade;

b) utilize o veículo na atividade de condutor autônomo de automóvel de passageiros na categoria de aluguel (táxi);

c) não tenha adquirido, nos últimos 3 (três) anos, veículos com isenção de impostos.

– § 4º acrescentado pela Lei nº 8.991, de 23/12/1994.

§ 5º Atendido ao disposto no "caput", fica reduzida a base de cálculo do imposto incidente nas operações internas com os produtos a seguir indicados, de forma que a carga tributária final resulte no percentual de 7% (sete por cento):

1 – arroz, farinha de mandioca, feijão, charque, pão francês ou de sal e sal de cozinha;

2 – linguiça, mortadela, salsicha, sardinha enlatada e vinagre (Conv. ICMS-128/94).

– § 5º acrescentado pela Lei nº 12.785, de 20/12/2007.

§ 6º Atendido o disposto no "caput" deste artigo, fica reduzida a base de cálculo do imposto incidente nas operações internas com os produtos a seguir indicados, de forma que a carga tributária final resulte no percentual de 7% (sete por cento):

1 – trigo em grão;

2 – farinha de trigo;

3 – mistura pré-preparada de farinha de trigo para panificação, desde que cumulativamente:

a) seja classificada na posição 1901.20 da NBM/SH;

b) a presença de farinha de trigo em sua composição seja de, no mínimo, 95% (noventa e cinco por cento);

4 – massas alimentícias não cozidas, nem recheadas ou preparadas de outro modo, desde que classificadas na posição 1902.11 ou 1902.19 da NBM/SH;

5 – biscoitos e bolachas derivados do trigo, dos tipos "cream cracker", "água e sal", "maisena", "maria" e outros de consumo popular, desde que cumulativamente:

a) sejam classificados na posição 1905.31 da NBM/SH;

b) não sejam adicionados de cacau, recheados, cobertos ou amanteigados, independentemente de sua denominação comercial.

§ 7º Nas aquisições interestaduais, fica limitado o crédito fiscal ao correspondente a 7% (sete por cento) do valor da operação com os produtos mencionados no § 6º.

- §§ 6º e 7º acrescentados pela Lei nº 12.790, de 27/12/2007.

SEÇÃO III
DAS DISPOSIÇÕES COMUNS

Art. 6º Quando o benefício fiscal depender de requisito a ser preenchido e não sendo este satisfeito, o imposto será considerado devido a partir do momento em que tenha ocorrido a operação ou a prestação.

§ 1º O recolhimento do imposto far-se-á com multa e demais acréscimos legais, que serão devidos a partir do vencimento do prazo em que o imposto deveria ter sido recolhido, caso a operação ou prestação não fosse efetuada com o benefício fiscal, observadas, quanto ao termo inicial de incidência, as respectivas normas reguladoras da matéria.

§ 2º A outorga de benefício não dispensa o contribuinte do cumprimento de obrigações acessórias.

TÍTULO II
DA SUJEIÇÃO PASSIVA

CAPÍTULO I
DO CONTRIBUINTE

Art. 7º Contribuinte do imposto é qualquer pessoa, natural ou jurídica, que de modo habitual ou em volume que caracterize intuito comercial, realize operações relativas à circulação de mercadorias ou preste serviços de transporte interestadual ou intermunicipal ou de comunicação.

§ 1° É também contribuinte a pessoa natural ou jurídica que, mesmo sem habitualidade ou intuito comercial: (NR)

- Parágrafo único com redação dada pela Lei n° 11.001, de 21/12/2001.

- Parágrafo único transformado em § 1° pela Lei n° 17.470, de 13/12/2021, em vigor em 90 (noventa) dias a contar da data de sua publicação, observado o disposto no artigo 150, III, "b", da Constituição Federal.

1 - importe mercadoria ou bem do exterior, qualquer que seja a sua finalidade;

- Parágrafo único e item 1 com redação dada pela Lei nº 11.001, de 21/12/2001.

2 - seja destinatária de serviço prestado no exterior ou cuja prestação se tenha iniciado no exterior;

3 - adquira em licitação mercadoria ou bem importados do exterior e apreendidos ou abandonados;

4 - adquira energia elétrica ou petróleo, inclusive lubrificantes e combustíveis líquidos ou gasosos dele derivados, oriundos de outro Estado, quando não destinados à comercialização ou a industrialização.

- Itens 2 a 4 com redação dada pela Lei nº 9.399, de 21/11/1996.

5 - administre ou seja sócia de fato de sociedade empresarial constituída por interpostas pessoas.

- Item 5 acrescentado pela Lei nº 13.918, de 22/12/2009.

§ 2° É ainda contribuinte do imposto nas operações ou prestações que destinem mercadorias, bens e serviços a consumidor final domiciliado ou estabelecido em outro Estado ou no Distrito Federal, em relação à diferença entre a alíquota interna do Estado de destino ou do Distrito Federal e a alíquota interestadual: (NR)

- § 2° acrescentado pela Lei n° 17.470, de 13/12/2021, com reaproveitamento da numeração de dispositivo revogado, em vigor em 90 (noventa) dias a contar da data de sua publicação, observado o disposto no artigo 150, III, "b", da Constituição Federal.

1 - o destinatário da mercadoria, bem ou serviço, na hipótese de ser contribuinte do imposto; (NR)

- Item 1 acrescentado pela Lei n° 17.470, de 13/12/2021, em vigor em 90 (noventa) dias a contar da data de sua publicação, observado o disposto no artigo 150, III, "b", da Constituição Federal.

2 - o remetente da mercadoria ou bem ou o prestador de serviço, na hipótese de o destinatário não ser contribuinte do imposto. (NR)

- Item 2 acrescentado pela Lei n° 17.470, de 13/12/2021, em vigor em 90 (noventa) dias a contar da data de sua publicação, observado o disposto no artigo 150, III, "b", da Constituição Federal.

- O Tribunal de Justiça do Estado de São Paulo, nos autos da ADI n° 136.498-0/9-00 (n° 9032709-28.2006.8.26.0000), julgou procedente a ação para declarar a inconstitucionalidade, sem redução do texto, excluindo dos artigos 1°, "caput" e inciso I, e 2°, "caput" e inciso I e § 3°, da Lei n° 6.374/1989, as interpretações das quais decorra a incidência do ICMS nas operações de venda de bens salvados de sinistro ou, relativamente ao artigo 7° da mesma lei, que resultem na inclusão das seguradoras como contribuintes desse tributo, confirmando-se a medida liminar e tornando-se definitiva sua eficácia, observado o disposto no artigo 90, § 3°, da Constituição Estadual.

CAPÍTULO II
DO SUBSTITUTO

Art. 8º São sujeitos passivos por substituição, no que se refere ao imposto devido pelas operações ou prestações com mercadorias e serviços adiante nominados:

I - O destinatário da mercadoria - comerciante, industrial, cooperativa ou qualquer outro contribuinte, exceto produtor ou extrator de minério - quando devidamente indicado na documentação correspondente, relativamente ao imposto devido na saída promovida por produtor ou extrator de minério;

II - o remetente da mercadoria - comerciante, industrial, produtor, cooperativa ou qualquer outro contribuinte, pessoa de direito público ou privado relativamente ao imposto devido nas subsequentes operações realizadas por representante, mandatário, comissário, gestor de negócio ou adquirente da respectiva mercadoria, quando estes, a critério do fisco, estejam dispensados de inscrição na repartição fiscal;

- Artigo 8º, "caput", e incisos I e II com redação dada pela Lei nº 9.176, de 02/10/1995.

III - quanto a combustível ou lubrificante, derivado ou não de petróleo, relativamente ao imposto devido nas operações antecedentes ou subsequentes:

- Inciso III, "caput", com redação dada pela Lei nº 10.619, de 19/07/2000.

a) o fabricante, o importador ou o distribuidor de combustíveis, este como definido na legislação federal;

- Alínea "a" com redação dada pela Lei nº 10.136, de 23/12/1998.

b) o fabricante ou o importador de lubrificante ou o arrematante desse produto importado do exterior e apreendido;

c) o revendedor de lubrificante situado em outro Estado ou no Distrito Federal que promova saída da mercadoria a estabelecimento deste Estado, quando devidamente credenciado pelo Fisco paulista;

- Alíneas "b" e "c" com redação dada pela Lei nº 9.176, de 02/10/1995.

IV - quanto a álcool carburante: o fabricante, o distribuidor, o importador ou o estabelecimento fabricante de combustível derivado de petróleo, relativamente ao imposto devido nas operações antecedentes ou subsequentes;

- Inciso IV com redação dada pela Lei nº 13.918 de 22/12/2009.

V - quanto a aditivos, agentes de limpeza, anticorrosivos desengraxantes, desinfetantes, fluidos, graxas, removedores, aguarrás mineral e óleos de têmpera, protetivos e para transformadores, ainda que não derivados de petróleo, para uso em aparelhos, equipamentos, máquinas, motores e veículos, relativamente ao imposto devido nas operações subsequentes até sua entrega ao consumidor:

a) o fabricante, o distribuidor, o importador ou o arrematante de produto importado do Exterior e apreendido;

- Inciso V e alínea "a" com redação dada pela Lei nº 9.355, de 30/05/1996.

b) qualquer estabelecimento situado em outro Estado ou no Distrito Federal que promova saída da mercadoria a contribuinte deste Estado, quando devidamente credenciado pelo Fisco paulista;

- Alínea "b" com redação dada pela Lei nº 9.176, de 02/10/1995.

VI - quanto a energia elétrica: a empresa geradora, a distribuidora ou qualquer outra que comercializar energia elétrica, relativamente ao imposto devido nas operações antecedentes, concomitantes ou subsequentes;

- Inciso VI com redação dada pela Lei nº 13.918 de 22/12/2009.

VII - quanto a fumo ou seus sucedâneos manufaturados, relativamente ao imposto devido nas operações subsequentes até o consumo final;

a) o fabricante, o importador ou o arrematante do produto importado do exterior e apreendido;

b) qualquer estabelecimento situado em outro Estado ou no Distrito Federal que promova saída da mercadoria a contribuinte paulista;

VIII - quanto a cimento, de qualquer tipo, relativamente ao imposto devido nas operações subsequentes até o consumo final:

a) o fabricante, o importador ou o arrematante do produto importado do exterior e apreendido:

b) o distribuidor, depósito ou atacadista situado em outro Estado ou no Distrito Federal que promova saída da mercadoria a estabelecimento paulista;

- Incisos VII e VIII com redação dada pela Lei nº 9.176, de 02/10/1995.

IX – quanto a refrigerante, cerveja, inclusive chope, água ou gelo, relativamente ao imposto devido nas operações subsequentes até o consumo final, observado o disposto no § 2º.

- Inciso IX, "caput", com redação dada pela Lei nº 12.294, de 06/03/2006.

a) o fabricante, inclusive o engarrafador de água, o importador ou o arrematante, de produto importado do exterior e apreendido;

b) o distribuidor, depósito ou atacadista situado em outro Estado ou no Distrito Federal que promova saída da mercadoria a estabelecimento paulista;

- Alíneas "a" e "b" com redação dada pela Lei nº 9.176, de 02/10/1995.

X – quanto a sorvete, de qualquer espécie, e preparados para fabricação de sorvete em máquina para venda direta a consumidor, relativamente ao imposto devido nas operações subsequentes até o consumo final:

- Inciso X , "caput" com redação dada pela Lei nº 12.681, de 24/07/2007.

a) o fabricante ou importador;

b) o distribuidor, depósito ou atacadista situado em outro Estado ou no Distrito Federal que promova saída da mercadoria a estabelecimento paulista;

- Alíneas "a" e "b" com redação dada pela Lei nº 9.176, de 02/10/1995.

XI – quanto a amêndoa, avelã, castanha, noz, pêra ou maçã, estrangeira, que não tiver sofrido qualquer processo de industrialização, relativamente ao imposto devido nas operações subsequentes até o consumo final:

a) o importador;

b) o atacadista, a cooperativa ou o arrematante da mercadoria importada do exterior e apreendida;

- Inciso XI com redação dada pela Lei nº 9.176, de 02/10/1995.

XII – quanto a veículos automotores, relativamente ao imposto devido nas saídas subsequentes:

- Inciso XII, "caput", com redação dada pela Lei nº 10.136, de 23/12/1998.

a) o fabricante, o importador ou o arrematante do produto importador do exterior e apreendido;

b) qualquer estabelecimento situado em outro Estado ou no Distrito Federal que promova saída da mercadoria a contribuinte paulista;

- Alíneas "a" e "b" com redação dada pela Lei nº 9.176, de 02/10/1995.

XIII – quanto a pneumáticos, câmaras-de-ar e protetores de borracha, relativamente ao imposto devido nas operações subsequentes até o consumo final:

a) o fabricante, o importador ou o arrematante do produto importado do exterior e apreendido;

b) qualquer estabelecimento situado em outro Estado ou no Distrito Federal que promova saída da mercadoria a contribuinte paulista;

c) o fabricante de veículo automotor situado neste ou em outro Estado ou Distrito Federal que, tendo recebido a mercadoria, não aplicá-la em processo produtivo;

XIV – quanto a produtos farmacêuticos, relativamente ao imposto devido nas operações subsequentes até o consumo final:

a) o fabricante, o importador ou o arrematante do produto importado do exterior e apreendido;

b) o distribuidor, depósito ou atacadista situado em outro Estado ou no Distrito Federal que promova saída da mercadoria a estabelecimento paulista:

XV – quanto a produtos da indústria química, relativamente ao imposto devido nas operações subsequentes até o consumo final:

a) o fabricante, o importador ou o arrematante do produto importador do exterior e apreendido;

b) o distribuidor, depósito ou atacadista situado em outro Estado ou no Distrito Federal que promova saída da mercadoria a estabelecimento paulista;

XVI – quanto a papel usado e apara de papel, sucata de metal, casco de vidro, retalho, fragmento e resíduo de plástico, de borracha ou de tecido: o contribuinte que realize as operações a seguir indicadas, relativamente ao imposto devido nas anteriores saídas promovidas por quaisquer estabelecimentos;

a) saída de mercadorias fabricadas com esses insumos;

b) saída dessas mercadorias com destino a outro Estado, ao Distrito Federal ou ao Exterior;

XVII – quanto a produto agropecuário e seus insumos ou mineral: o contribuinte que realize qualquer das operações a seguir indicadas relativamente ao imposto devido nas anteriores saídas:

a) saída com destino a outro Estado, ao Distrito Federal ou ao exterior;

b) saída com destino a estabelecimento industrial:

c) saída com destino a estabelecimento comercial;

d) saída com destino a consumidor ou a usuário final;

e) saída de estabelecimento que o tenha recebido de outro do mesmo titular, indicado como substituto nas alíneas precedentes;

f) industrialização;

XVIII – quanto à mercadoria remetida para industrialização: o contribuinte autor da encomenda, relativamente ao imposto devido nas sucessivas saídas da mercadoria remetida para industrialização, até o respectivo retorno ao seu estabelecimento;

XIX – quanto à mercadoria remetida por produtor ou extrator de minérios à cooperativa de que faça parte: a cooperativa, relativamente ao imposto devido nessa saida;

XX – quanto a serviço de transporte realizado por mais de uma empresa: a que promova a cobrança integral do preço;

XXI – quanto a serviço de transporte de carga iniciado em território paulista, realizado por transportador autônomo, qualquer que seja o seu domicílio, ou por empresa transportadora estabelecida fora do território paulista e não inscrita no cadastro de contribuintes deste Estado: o tomador do serviço, quando contribuinte do imposto neste Estado:

– Incisos XIII a XXI com redação dada pela Lei nº 9.176, de 02/10/1995.

XXII – quanto a serviço de transporte de bem, mercadoria ou valor prestado por empresa transportadora estabelecida em território paulista: o tomador do serviço, desde que remetente ou destinatário da mercadoria transportada e contribuinte do imposto neste Estado;

– Inciso XXII com redação dada pela Lei nº 10.619, de 19/07/2000.

XXIII – o tomador de serviço – comerciante, industrial cooperativa ou qualquer outro contribuinte, pessoa de direito público ou privado – relativamente ao imposto devido na prestação de serviço realizada pelo prestador;

XXIV – o industrial, o comerciante ou prestador de serviço, relativamente ao imposto devido pelas anteriores saídas de mercadorias ou prestações de serviço, promovidas pos quaisquer outros contribuintes.

– Incisos XXIII e XXIV com redação dada pela Lei nº 9.176, de 02/10/1995.

XXV – o destinatário paulista de mercadoria ou bem importados do exterior por importador de outro Estado ou do Distrito Federal e entrados fisicamente neste Estado, pelo imposto incidente no desembaraço aduaneiro e em operação subsequente da qual decorrer a aquisição da mercadoria ou bem, ressalvado o disposto no § 14.

– Inciso XXV acrescentado pela Lei nº 10.619, de 19/07/2000.

XXVI – quanto a bebidas alcoólicas, relativamente ao imposto devido nas operações subsequentes até o consumo final:

a) o fabricante, o importador ou o arrematante do produto importado do exterior e apreendido;

b) qualquer estabelecimento situado em outro Estado ou no Distrito Federal que promova saída da mercadoria a estabelecimento paulista;

XXVII – quanto a produtos da indústria alimentícia, relativamente ao imposto devido nas operações subsequentes até o consumo final:

a) o fabricante, o importador ou o arrematante do produto importado do exterior e apreendido;

b) qualquer estabelecimento situado em outro Estado ou no Distrito Federal que promova saída da mercadoria a estabelecimento paulista;

XXVIII – quanto à ração animal, relativamente ao imposto devido nas operações subsequentes até o consumo final:

a) o fabricante, o importador ou o arrematante do produto importado do exterior e apreendido;

b) qualquer estabelecimento situado em outro Estado ou no Distrito Federal que promova saída da mercadoria a estabelecimento paulista;

XXIX – quanto a produtos de perfumaria, relativamente ao imposto devido nas operações subsequentes até o consumo final:

a) o fabricante, o importador ou o arrematante do produto importado do exterior e apreendido;

b) qualquer estabelecimento situado em outro Estado ou no Distrito Federal que promova saída da mercadoria a estabelecimento paulista;

XXX – quanto a produtos de higiene pessoal, relativamente ao imposto devido nas operações subsequentes até o consumo final:

a) o fabricante, o importador ou o arrematante do produto importado do exterior e apreendido;

b) qualquer estabelecimento situado em outro Estado ou no Distrito Federal que promova saída da mercadoria a estabelecimento paulista;

XXXI – quanto a produtos de limpeza, relativamente ao imposto devido nas operações subsequentes até o consumo final:

a) o fabricante, o importador ou o arrematante do produto importado do exterior e apreendido;

b) qualquer estabelecimento situado em outro Estado ou no Distrito Federal que promova saída da mercadoria a estabelecimento paulista;

XXXII – quanto a produtos fonográficos, relativamente ao imposto devido nas operações subsequentes até o consumo final:

a) o fabricante, o importador ou o arrematante do produto importado do exterior e apreendido;

b) qualquer estabelecimento situado em outro Estado ou no Distrito Federal que promova saída da mercadoria a estabelecimento paulista;

XXXIII – quanto a materiais de construção e congêneres, relativamente ao imposto devido nas operações subsequentes até o consumo final:

a) o fabricante, o importador ou o arrematante do produto importado do exterior e apreendido;

b) qualquer estabelecimento situado em outro Estado ou no Distrito Federal que promova saída da mercadoria a estabelecimento paulista;

XXXIV – quanto a autopeças, relativamente ao imposto devido nas operações subsequentes até o consumo final:

a) o fabricante, o importador ou o arrematante do produto importado do exterior e apreendido;

b) qualquer estabelecimento situado em outro Estado ou no Distrito Federal que promova saída da mercadoria a estabelecimento paulista;

c) o fabricante de veículo automotor, situado neste ou em outro Estado ou no Distrito Federal que, tendo recebido a mercadoria, não aplicá-la em processo produtivo;

XXXV – quanto a pilhas e baterias, relativamente ao imposto devido nas operações subsequentes até o consumo final:

a) o fabricante, o importador ou o arrematante do produto importado do exterior e apreendido;

b) qualquer estabelecimento situado em outro Estado ou no Distrito Federal que promova saída da mercadoria a estabelecimento paulista;

XXXVI – quanto a lâmpadas elétricas, relativamente ao imposto devido nas operações subsequentes até o consumo final:

a) o fabricante, o importador ou o arrematante do produto importado do exterior e apreendido;

b) qualquer estabelecimento situado em outro Estado ou no Distrito Federal que promova saída da mercadoria a estabelecimento paulista;

XXXVII – quanto a papel, relativamente ao imposto devido nas operações subsequentes até o consumo final:

a) o fabricante, o importador ou o arrematante do produto importado do exterior e apreendido;

b) qualquer estabelecimento situado em outro Estado ou no Distrito Federal que promova saída da mercadoria a estabelecimento paulista;

– incisos XXVI a XXXVII acrescentados pela Lei nº 12.681, de 24/07/2007.

XXXVIII – quanto a produtos de papelaria, relativamente ao imposto devido nas operações subsequentes até o consumo final:

a) o fabricante, o importador ou o arrematante do produto importado do exterior e apreendido;

b) qualquer estabelecimento situado em outro Estado ou no Distrito Federal, que promova saída da mercadoria a estabelecimento paulista.

XXXIX – quanto a produtos de colchoaria, relativamente ao imposto devido nas operações subsequentes até o consumo final:

a) o fabricante, o importador ou o arrematante do produto importado do exterior e apreendido;

b) qualquer estabelecimento situado em outro Estado ou no Distrito Federal, que promova saída da mercadoria a estabelecimento paulista.

XL – quanto a ferramentas, relativamente ao imposto devido nas operações subsequentes até o consumo final:

a) o fabricante, o importador ou o arrematante do produto importado do exterior e apreendido;

b) qualquer estabelecimento situado em outro Estado ou no Distrito Federal, que promova saída da mercadoria a estabelecimento paulista.

XLI – quanto a produtos eletrônicos, eletroeletrônicos e eletrodomésticos, relativamente ao imposto devido nas operações subsequentes até o consumo final:

a) o fabricante, o importador ou o arrematante do produto importado do exterior e apreendido;

b) qualquer estabelecimento situado em outro Estado ou no Distrito Federal, que promova saída da mercadoria a estabelecimento paulista.

XLII – quanto a máquinas e aparelhos mecânicos, elétricos, eletromecânicos e automáticos, relativamente ao imposto devido nas operações subsequentes até o consumo final:

a) o fabricante, o importador ou o arrematante do produto importado do exterior e apreendido;

b) qualquer estabelecimento situado em outro Estado ou no Distrito Federal, que promova saída da mercadoria a estabelecimento paulista.

XLIII – quanto a materiais elétricos, relativamente ao imposto devido nas operações subsequentes até o consumo final:

a) o fabricante, o importador ou o arrematante do produto importado do exterior e apreendido;

b) qualquer estabelecimento situado em outro Estado ou no Distrito Federal, que promova saída da mercadoria a estabelecimento paulista.

XLIV – quanto a artefatos de uso doméstico, relativamente ao imposto devido nas operações subsequentes até o consumo final:

a) o fabricante, o importador ou o arrematante do produto importado do exterior e apreendido;

b) qualquer estabelecimento situado em outro Estado ou no Distrito Federal, que promova saída da mercadoria a estabelecimento paulista.

XLV – quanto a bicicletas, relativamente ao imposto devido nas operações subsequentes até o consumo final:

a) o fabricante, o importador ou o arrematante do produto importado do exterior e apreendido;

b) qualquer estabelecimento situado em outro Estado ou no Distrito Federal, que promova saída da mercadoria a estabelecimento paulista.

XLVI – quanto a brinquedos, relativamente ao imposto devido nas operações subsequentes até o consumo final:

a) o fabricante, o importador ou o arrematante do produto importado do exterior e apreendido;

b) qualquer estabelecimento situado em outro Estado ou no Distrito Federal, que promova saída da mercadoria a estabelecimento paulista.

XLVII – quanto a instrumentos musicais, relativamente ao imposto devido nas operações subsequentes até o consumo final:

a) o fabricante, o importador ou o arrematante do produto importado do exterior e apreendido;

b) qualquer estabelecimento situado em outro Estado ou no Distrito Federal, que promova saída da mercadoria a estabelecimento paulista.

– incisos XXXVIII a XLVII acrescentados pela Lei nº 13.291, de 22/12/2008.

§ 1º A sujeição passiva prevista no inciso II:

1 – aplica-se também na saida promovida por contribuinte de outro Estado com destino a contribuinte paulista regularmente inscrito, que deva entregar a mercadoria à pessoa indicada naquele inciso;

2 – poderá ser efetivada mediante Termo de Acordo, facultada a exigência de prestação de fiança ou de outra forma da garantia.

– § 1º com redação dada pela Lei nº 9.176, de 02/10/1995.

§ 2º Para efeito do disposto no inciso IX, equiparam-se a refrigerantes as bebidas hidroeletrolíticas (isotônicas) e energéticas, classificadas nas posições 2106.90 e 2202.90 da Nomenclatura Brasileira de Mercadorias – Sistema Harmonizado – NBM/SH;

– § 2º com redação dada pela Lei nº 12.294, de 06/03/2006.

§ 3º A sujeição passiva prevista no inciso X abrange também os acessórios como cobertura, xarope, casquinha, copo, copinho, taça e pazinha, saídos do estabelecimento fabricante ou importador quando acompanharem, integrarem ou acondicionarem o sorvete.

§ 4º A sujeição passiva prevista no inciso XII:

1 – abrange os acessórios colocados no veículo pelo sujeito passivo;

2 – não se aplica:

a) às remessas em que as mercadorias devam retornar ao estabelecimento remetente;

b) aos acessórios colocados pelo revendedor do veículo.

§ 5º A sujeição passiva prevista no inciso XIII não se aplica:

1 – às remessas em que as mercadorias devam retornar ao estabelecimento remetente;

2 – aos pneus e câmaras-de-ar de bicicletas.

§ 6º A sujeição passiva prevista no inciso XIX fica atribuída ao estabelecimento destinatário nos casos em que a cooperativa mencionada remeta a mercadoria a outro estabelecimento dela mesma ou a estabelecimento de cooperativa central ou de federação de cooperativas de que faça parte, bem como de cooperativa central para a respectiva federação de cooperativas.

§ 7º A sujeição passiva por substituição e atribuída às mesmas pessoas indicadas neste artigo situadas em outro Estado ou no Distrito Federal em relação às operações ou prestações que venham a ocorrer no território paulista com mercadoria ou serviço proveniente dessas unidades da Federação, desde que, para esse efeito, haja o prévio e expresso ajuste.

– §§ 3º a 7º com redação dada pela Lei nº 9.176, de 02/10/1995.

§ 8º Tratando-se de mercadoria ou serviço proveniente da outro Estado ou do Distrito Federal:

1 – sendo inaplicável a sujeição passiva por substituição, a responsabilidade pela retenção e pelo pagamento do imposto relativo à substituição é do destinatário estabelecido em território paulista, exceto o estabelecimento varejista;

– § 8º e item 1 com redação dada pela Lei nº 9.176, de 02/10/1995.

2 – em relação a combustível líquido ou gasoso ou lubrificante, derivados de petróleo, e à energia elétrica, destinados a adquirente paulista para consumo o imposto será devido a este Estado, devendo ser recolhido e pago pelo remetente.

– Item 2 com redação dada pela Lei nº 10.619, de 19/07/2000.

§ 9º A sujeição passiva por substituição com retenção antecipada do imposto nos casos previstos neste artigo abrange, também, o imposto exigível do destinatário em razão do recebimento ou da entrada de mercadoria, quando forem definidos como fatos geradores do imposto.

§ 10. A sujeição passiva por substituição em relação às operações anteriores previstas neste artigo:

1 – prevalece, também, sendo o caso, nas seguintes hipóteses:

a) saída da mercadoria com destino a consumidor ou a usuário firmou, ainda, a pessoa de direito público ou privado não contribuinte;

b) saída da mercadoria ou prestação de serviço amparadas por não-incidência ou isenção:

c) saída ou qualquer evento que impossibilite a ocorrência das operações ou prestações indicadas neste artigo:

2 – em relação a cada situação, mercadoria ou serviço depende de normas complementares a sua execução, fixadas em regulamento.

§ 11. O disposto no item 2 do parágrafo anterior também se aplica em relação aos incisos XX a XXIV.

§ 12. O pagamento decorrente do disposto na alínea "b" do item I do parágrafo anterior poderá ser dispensado nos casos em que a legislação admita a manutenção do crédito.

§ 13. Salvo as hipóteses expressas e previamente ajustadas em acordos, não se admitirá a imposição por outro Estado ou pelo Distrito Federal de regime de substituição ou de seus efeitos a operações ou prestações que venham a ocorrer no território paulista com mercadoria ou serviço provenientes de outro Estado ou do Distrito Federal.

– §§ 9º a 13 com redação dada pela Lei nº 9.176, de 02/10/1995.

§ 14. A responsabilidade prevista no inciso XXV não se aplicará se o importador efetuar o pagamento, a este Estado, dos impostos ali referidos.

– § 14 acrescentado pela pela Lei nº 10.619, de 19/07/2000.

§ 15. O Poder Executivo poderá:

1 – atribuir a condição de sujeito passivo por substituição tributária ao contribuinte que receber a mercadoria diretamente dos contribuintes indicados nos incisos deste artigo, desde que verificada a ocorrência de:

a) prejuízos à livre concorrência em razão da atribuição da responsabilidade por sujeição passiva por substituição tributária;

b) acumulação de valores a serem restituídos em razão da retenção antecipada do imposto por substituição tributária.

2 – utilizar levantamento de preços ao consumidor final segmentados por canais de distribuição, na forma a ser regulamentada em decreto.

§ 16 – A definição dos produtos sujeitos ao regime de substituição tributária será precedida de consultas à Federação das Indústrias do Estado de São Paulo – FIESP, à Federação do Comércio do Estado de São Paulo – FECOMERCIO, à Associação Comercial de São Paulo – ACSP, à Associação Paulista de Supermercados – APAS e a outras entidades representativas dos setores econômicos afetados, a critério da Secretaria da Fazenda, e levará em conta fatores como a concentração de produção, dispersão de comercialização, particularidades das cadeias de produção e distribuição e tratamento auferido em outras unidades da Federação.

– §§ 15 e § 16 acrescentados pela Lei nº 13.291, de 22/12/2008.

§ 17 – O Poder Executivo poderá atribuir a condição de sujeito passivo por substituição tributária a que se refere o inciso IV à cooperativa de produtores ou à empresa comercializadora de etanol, tal como definida e autorizada por órgão federal competente.

– § 17 acrescentado pela pela Lei nº 13.918, de 22/12/2009.

CAPÍTULO III
DO RESPONSÁVEL

Art. 9º São responsáveis pelo pagamento do imposto devido:

I – o armazém geral e o depositário a qualquer título:

a) na saída de mercadoria depositada por contribuinte de outro Estado ou do Distrito Federal;

b) na transmissão de propriedade de mercadoria depositada por contribuinte de outro Estado ou do Distrito Federal;

c) no recebimento ou na saída de mercadoria sem documentação fiscal, solidariamente;

II – o transportador:

a) em relação à mercadoria proveniente de outro Estado ou do Distrito Federal para entrega a destinatário incerto em território paulista;

b) solidariamente, em relação à mercadoria negociada durante o transporte;

c) solidariamente, em relação à mercadoria aceita para despacho ou transporte sem documentação fiscal;

d) solidariamente, em relação à mercadoria entregue a destinatário diverso do indicado na documentação fiscal;

III – o arrematante, em relação à saída de mercadoria objeto de arrematação judicial;

IV – o leiloeiro, em relação à saída de mercadoria objeto de alienação em leilão;

V – solidariamente, o contribuinte que promova a saída de mercadoria sem documentação fiscal, relativamente às operações subsequentes;

VI – solidariamente, aquele que não efetive a exportação de mercadoria ou serviço recebido para esse fim, ainda que decorrente de perda ou reintrodução no mercado interno;

VII – solidariamente, as empresas concessionárias ou permissionárias de portos e aeroportos alfandegados e de recintos alfandegados de zona primária e de zona secundária, definidos pela legislação federal, ou outro depositário a qualquer título ou outra pessoa que promova:

a) a remessa de mercadoria para o exterior sem documentação fiscal;

– Inciso VII e alínea "a" com redação dada pela Lei nº 10.619, de 19/07/2000.

b) a entrega ou remessa de mercadoria ou bem originários do exterior com destino ao mercado interno sem a apresentação da documentação fiscal ou a observância de outros requisitos regulamentares;

– Alínea "b" com redação dada pela Lei nº 13.918, de 22/12/2009.

c) a entrega ou remessa de mercadoria ou bem originários do exterior sem as correspondentes autorizações:

1 – do órgão responsável pelo desembaraço;

2 – da Secretaria da Fazenda;

– Alínea "c" com redação dada pela Lei nº 13.918, de 22/12/2009.

d) a entrega ou remessa de mercadoria ou bem originários do exterior com destino a estabelecimento ou pessoa diversos daqueles que a tenham importado, arrematado ou adquirido em licitação promovida pelo Poder Público.

– Alínea "d" acrescentada pela Lei nº 12.294, de 06/03/2006.

VIII – solidariamente, a pessoa que realize intermediação de serviços:

a) com destino ao exterior, sem a documentação fiscal;

b) iniciados ou prestados no exterior, sem a documentação fiscal ou que tenham sido destinados à pessoa diversa daquela que a tenha contratado;

IX – solidariamente, o representante, o mandatário, o comissário e o gestor de negócio, em relação à operação ou prestação feita por seu intermédio;

X – a pessoa que, tendo recebido mercadoria ou serviço beneficiados com isenção ou não-incidência, sob determinados requisitos, não lhes dê a correta destinação ou lhes desvirtue a finalidade;

XI – solidariamente, as pessoas que tenham interesse comum na situação que dê origem à obrigação principal;

XII – solidariamente, todo aquele que efetivamente concorra para a sonegação do imposto.

Parágrafo único. Presume-se ter interesse comum, para os efeitos do disposto no inciso XI, o adquirente da mercadoria ou o tomador do serviço em operação ou prestação realizadas sem documentação fiscal.

XIII – solidariamente, as pessoas prestadoras de serviços de intermediação comercial em ambiente virtual, com utilização de tecnologias de informação, inclusive por meio de leilões eletrônicos, em relação às operações ou prestações sobre as quais tenham deixado de prestar informações solicitadas pelo fisco;

XIV – solidariamente, as pessoas prestadoras de serviços de tecnologia de informação, tendo por objeto o gerenciamento e controle de operações comerciais realizadas em ambiente virtual, inclusive dos respectivos meios de pagamento, em relação às operações ou prestações sobre as quais tenham deixado de prestar informações solicitadas pelo fisco;

XV – solidariamente, as pessoas prestadoras de serviços de intermediação comercial de operações que envolvam remetentes de mercadorias em situação cadastral irregular perante à Secretaria da Fazenda.

– Incisos XIII a XV acrescentados pela Lei nº 13.918, de 22/12/2009.

Parágrafo único. Presume-se ter interesse comum, para os efeitos do disposto no inciso XI, o adquirente da mercadoria ou o tomador do serviço em operação ou prestação realizadas sem documentação fiscal.

Art. 10. São também responsáveis:

I – solidariamente, a pessoa natural ou jurídica, pelo débito fiscal do alienante, quando venha a adquirir fundo de comércio ou estabelecimento comercial, industrial ou profissional, na hipótese de cessação por parte deste da exploração do comércio, indústria ou atividade;

II – solidariamente, a pessoa natural ou jurídica, pelo débito fiscal do alienante, até a data do ato, quando adquirir fundo de comércio ou estabelecimento comercial, industrial ou profissional e continuar a respectiva exploração, sob a mesma ou outra denominação ou razão social, ou sob firma ou nome individual, na hipótese do alienante prosseguir na exploração ou iniciar, dentro de 6 (seis) meses, a contar da data da alienação, nova atividade no mesmo ou em outro ramo de comércio, indústria ou profissão;

III – a pessoa jurídica que resulte de fusão, transformação ou incorporação, pelo débito fiscal da pessoa jurídica fusionada, transformada ou incorporada;

IV – solidariamente, a pessoa jurídica que tenha absorvido patrimônio de outra em razão de cisão, total ou parcial, pelo débito fiscal da pessoa jurídica cindida, até a data do ato;

V – o espólio, pelo débito fiscal do "de cujus", até data da abertura da sucessão;

VI – o sócio remanescente ou seu espólio, pelo débito fiscal da pessoa jurídica extinta, caso continue a respectiva atividade , sob a mesma ou outra razão social ou sob firma individual;

VII – solidariamente, o sócio, no caso de liquidação de sociedade de pessoas, pelo débito fiscal da sociedade;

VIII – solidariamente, o tutor ou o curador, pelo débito fiscal de seu tutelado ou curatelado;

XI – solidariamente, todo aquele que tiver fabricado, fornecido, instalado, cedido, alterado ou prestado serviço de manutenção a equipamentos ou dispositivos eletrônicos de controle fiscal, bem como as respectivas partes e peças, capacitando-os a fraudar o registro de operações ou prestações, pelo débito fiscal decorrente de sua utilização pelo contribuinte;

XII – solidariamente, todo aquele que tiver desenvolvido, licenciado, cedido, fornecido, instalado, alterado ou prestado serviço de manutenção a programas aplicativos ou ao "software" básico do equipamento emissor de cupom fiscal – ECF, capacitando-os a fraudar o registro de operações ou prestações, pelo débito fiscal decorrente de sua utilização pelo contribuinte;

XIII – solidariamente, a pessoa natural, na condição de sócio ou administrador, de fato ou de direito, de pessoa jurídica, pelo débito fiscal desta última quando:

a) tiver praticado ato com excesso de poder ou infração de contrato social ou estatuto;

b) tiver praticado ato ou negócio, em infração à lei, com a finalidade de dissimular a ocorrência do fato gerador do tributo ou a natureza dos elementos constitutivos da obrigação tributária, especialmente nas hipóteses de interposição fraudulenta de sociedade ou de pessoas e de estruturação fraudulenta de operações mercantis, financeiras ou de serviços;

c) tiver praticado ato com abuso da personalidade jurídica, caracterizado pelo desvio de finalidade ou confusão patrimonial;

d) o estabelecimento da pessoa jurídica tiver sido irregularmente encerrado ou desativado;

e) tiver concorrido para a inadimplência fraudulenta da pessoa jurídica, decorrente da contabilização irregular de bens, direitos ou valores ou da transferência destes para empresas coligadas, controladas, sócios ou interpostas pessoas;

f) em descumprimento a notificação, tiver deixado de identificar ou identificado incorretamente os controladores ou beneficiários de empresas de investimento sediadas no exterior, que figurem no quadro societário ou acionário de pessoa jurídica em que tenham sido constatados indícios da prática de ilícitos fiscais;

g) tiver promovido a ocultação ou alienação de bens e direitos da pessoa jurídica, com o propósito de obstar ou dificultar a cobrança do crédito tributário;

h) tiver contribuído para a pessoa jurídica incorrer em práticas lesivas ao equilíbrio concorrencial, em razão do descumprimento da obrigação principal, ou o aproveitamento de crédito fiscal indevido.

XIV – solidariamente, a pessoa natural ou jurídica que tiver participado, de modo ativo, de organização ou associação constituída para a prática de fraude fiscal estruturada, realizada em proveito de terceiras empresas, beneficiárias de esquemas de evasão de tributos, pelos respectivos débitos fiscais.

– Incisos XI a XIV acrescentados pela Lei nº 13.918, de 22/12/2009.

Art. 11. A solidariedade referida nos artigos 9º e 10 desta lei, não comporta benefício de ordem, salvo se o contribuinte apresentar garantias ou oferecer em penhora bens suficientes ao total pagamento do débito.

– Artigo 11 com redação dada pela Lei nº 13.918, de 22/12/2009.

CAPÍTULO IV
DO ESTABELECIMENTO

Art. 12. Para efeito desta lei, estabelecimento é o local, privado ou público, construido ou não, mesmo que pertencente a terceiro, onde o contribuinte exerça toda ou parte de sua atividade, em caráter permanente ou temporário, ainda que se destine a simples depósito ou armazenagem de mercadorias ou bens relacionados com o exercício dessa atividade.

§ 1º Na impossibilidade de determinação do estabelecimento nos termos deste artigo, considera-se como tal o local em que tenha sido efetuada a operação ou prestação ou encontrada a mercadoria.

– Artigo 12 e § 1º com redação dada pela Lei nº 10.619, de 19/07/2000.

§ 2º Considera-se estabelecimento autônomo:

1 – o veículo utilizado na venda de mercadoria sem destinatário certo;

2 – o veículo utilizado na captura de pescado.

– § 2º e itens 1 e 2 com redação dada pela Lei nº 10.619, de 19/07/2000.

3 – a área e a atividade de revenda de combustíveis e outros derivados de petróleo, conforme definidas na legislação federal.

– Item 3 acrescentado pela Lei nº 11.929, de 12/04/2005.

§ 3º Considera-se extensão do estabelecimento o escritório onde o contribuinte exerce atividades de gestão empresarial ou de processamento eletrônico de suas operações ou prestações.

– § 3º acrescentado pela Lei nº 13.918, de 22/12/2009.

§ 4º O regulamento poderá considerar como estabelecimento outro local relacionado com a atividade desenvolvida pelo contribuinte.

– § 3º renumerado para § 4º pela Lei nº 13.918, de 22/12/2009.

Art. 13. Lei ou regulamento poderá considerar estabelecimento autônomo, em relação ao estabelecimento beneficiador, industrial, comercial ou cooperativo, ainda que do mesmo titular, cada local de produção agropecuária ou extrativa , vegetal ou mineral, de geração, inclusive de energia, de captura pesqueira ou de prestação de serviços situados na mesma área ou em áreas descontínuas.

Art. 14. Para os efeitos desta lei é considerado:

I – depósito fechado, o estabelecimento que o contribuinte mantenha exclusivamente para armazenamento de suas mercadorias;

II – comercial, o local fora do estabelecimento produtor em que o titular deste comercialize seus produtos;

III – comercial ou industrial:

a) o estabelecimento produtor cujo titular seja pessoa jurídica;

b) o estabelecimento de produtor que esteja autorizado pelo fisco à observância das disposições a que estão sujeitos os estabelecimentos de comerciantes e de industriais.

Parágrafo único. Considera-se comerciante ambulante a pessoa natural que exerça, pessoalmente, por sua própria conta e a seus riscos, atividade comercial, sem estabelecimento fixo, conforme dispuser o regulamento.

Art. 15. É de responsabilidade do respectivo titular a obrigação tributária atribuída pela legislação ao estabelecimento.

§ 1º Para efeito de cumprimento de obrigação tributária:

1 – entende-se autônomo cada estabelecimento do mesmo titular;

2 – são considerados em conjunto todos os estabelecimentos do mesmo titular, relativamente à responsabilidade por débito do imposto, correção monetária, multas e acréscimos de qualquer natureza.

– Parágrafo único transformado em § 1º pela Lei nº 10.619, de 19/07/2000.

§ 2º Revogado.

– § 2º revogado pela Lei nº 10.699, de 19/12/2000, produzindo efeitos a partir de 01/01/2001.

CAPÍTULO V
DA INSCRIÇÃO

Art. 16. Devem inscrever-se no cadastro de contribuintes, mantido pela Secretaria da Fazenda, antes do início de suas atividades:

I – as pessoas de que trata o "caput" do artigo 7º;

II – a empresa de armazém geral, de armazém frigorífico, de silo e de outros armazéns de depósito de mercadorias;

III – o representante comercial e o mandatário mercantil;

IV – aquele que em propriedade alheia produza e promova saída de mercadoria em seu próprio nome;

V – aquele que preste, mediante utilização de bem pertencente a terceiro, serviços de transporte interestadual e intermunicipal e de comunicação;

VI – as demais pessoas naturais ou jurídicas de direito público ou privado, que pratiquem habitualmente, em nome próprio ou de terceiro, operações relativas à circulação de mercadoria e ao serviço de transporte interestadual e intermunicipal e de comunicação.

– Artigo 16, "caput", e incisos I a VI com redação dada pela Lei nº 12.294, de 06/03/2006.

§ 1º A inscrição:

1 – conforme disciplina estabelecida pela Secretaria da Fazenda:

a) deverá ser solicitada, mediante declaração prestada pelo interessado;

b) poderá ser efetuada de ofício, no interesse da Administração Tributária;

c) poderá ser concedida por prazo certo ou indeterminado;

d) terá sua situação cadastral alterada de ofício, a qualquer tempo.

– § 1º, item 1 e alíneas "a" a "d" com redação dada pela Lei nº 12.294, de 06/03/2006.

e) poderá ter a sua renovação exigida a qualquer tempo, quando se fizer necessário aferir a regularidade dos dados cadastrais anteriormente declarados ao fisco e, especialmente, quando for constatada a ocorrência de débito fiscal ou a participação do contribuinte em ilícitos com repercussão na esfera tributária.

– Alínea "e" acrescentada pela Lei nº 13.918, de 22/12/2009.

2 – será denegada, se constatada a falsidade de dados declarados ao fisco e nas hipóteses previstas em regulamento.

– Item 2 com redação dada pela Lei nº 12.294, de 06/03/2006.

§ 2º A Secretaria da Fazenda poderá dispensar inscrição de estabelecimento ou de pessoas incluídas neste artigo, bem como autorizar a inscrição quando não for obrigatória.

§ 3º Caso o estabelecimento seja imóvel situado no território de mais de um município, o domicílio fiscal será aquele em que se localize sua sede ou, na impossibilidade de determinação desta, no município onde estiver localizada a maior área territorial do estabelecimento.

§ 4º A falta de regularidade da inscrição no cadastro a que se refere o "caput" inabilita o contribuinte à pratica de operações ou prestações de que trata esta lei, nas hipóteses previstas em regulamento.

- §§ 2º a 4º com redação dada pela Lei nº 12.294, de 06/03/2006.

§ 5º A Secretaria da Fazenda poderá utilizar informações constantes de cadastros de outros órgãos públicos ou concessionários de serviços públicos.

- § 5º acrescentado pela Lei nº 13.918, de 22/12/2009.

Art. 17. A Secretaria da Fazenda poderá exigir do interessado, antes de deferir o pedido de inscrição:

I - o preenchimento de requisitos específicos, conforme o tipo societário adotado, a atividade econômica a ser desenvolvida, o porte econômico do negócio e o regime de tributação;

II - a apresentação dos documentos adiante indicados, além de outros previstos na legislação, conforme a atividade econômica a ser praticada, que permitam a comprovação:

a) da localização do estabelecimento;

b) da identidade e da residência dos sócios ou diretores;

c) da capacidade financeira dos sócios ou diretores para o exercício da atividade pretendida;

III - a apresentação dos documentos submetidos ao Registro Público de Empresas Mercantis ou ao Registro Civil de Pessoas Jurídicas e ao Cadastro Nacional de Pessoa Jurídica do Ministério da Fazenda - CNPJ.

Art. 18. A Secretaria da Fazenda poderá, conforme disposto em regulamento, exigir a prestação de garantia ao cumprimento das obrigações tributárias em razão:

I - de antecedentes fiscais que desabonem as pessoas físicas ou jurídicas envolvidas, assim como suas coligadas ou controladas, ou ainda seus sócios;

II - de débitos fiscais definitivamente constituídos em nome da empresa, de coligadas ou controladas, bem como de seus sócios;

III - do tipo da atividade econômica desenvolvida pelo estabelecimento.

§ 1º A garantia prevista neste artigo será prestada na forma permitida em direito, conforme disciplina estabelecida pela Secretaria da Fazenda.

§ 2º Em substituição ou em complemento à garantia prevista neste artigo, poderá a Secretaria da Fazenda aplicar ao contribuinte regime especial para o cumprimento das obrigações tributárias.

§ 3º Concedida a inscrição, a superveniência de qualquer dos fatos mencionados neste artigo ensejará a exigência da garantia prevista neste artigo, sujeitando-se o contribuinte à suspensão ou cassação da eficácia de sua inscrição, caso não a ofereça no prazo fixado.

Art. 19. Qualquer alteração dos dados declarados para obtenção da inscrição, bem como a transferência, a venda, a suspensão e o encerramento de atividade do estabelecimento:

I - será efetuada, observados os prazos e a forma estabelecidos em regulamento, mediante comunicação do contribuinte;

II - poderá ser efetuada de ofício pela Secretaria da Fazenda, no interesse da Administração Tributária.

- Artigos 17 a 19 com redação dada pela Lei nº 12.294, de 06/03/2006.

Art. 20. A eficácia da inscrição poderá ser cassada ou suspensa a qualquer momento nas seguintes situações:

I - inatividade do estabelecimento para o qual foi obtida a inscrição;

II - prática de atos ilícitos que tenham repercussão no âmbito tributário;

III - identificação incorreta, falta ou recusa de identificação dos controladores e/ou beneficiários de empresas de investimento sediadas no exterior, que figurem no quadro societário ou acionário de empresa envolvida em ilícitos fiscais;

IV - inadimplência fraudulenta;

V - práticas sonegatórias que levem ao desequilíbrio concorrencial;

VI - falta de prestação de garantia ao cumprimento das obrigações tributárias, quando exigida nos termos do artigo 18;

VII - outras hipóteses previstas em regulamento.

§ 1º A inatividade do estabelecimento, referida no inciso I, será:

1 - constatada, se comprovada por meio da realização de diligência fiscal;

2 – presumida, se decorrente da falta de entrega de informações econômico-fiscais pelo contribuinte.

§ 2º Incluem-se entre os atos referidos no inciso II:

1 – participação em organização ou associação constituída para a prática de fraude fiscal estruturada, assim entendido aquela formada com a finalidade de implementar esquema de evasão fiscal mediante artifícios envolvendo a dissimulação de atos, negócios ou pessoas, e com potencial de lesividade ao erário;

2 – embaraço à fiscalização, como tal entendida a falta injustificada de apresentação de livros, documentos e arquivos digitais a que estiver obrigado o contribuinte, bem como o não fornecimento ou o fornecimento incorreto de informações sobre mercadorias e serviços, bens, negócios ou atividades, próprias ou de terceiros que tenham interesse comum em situação que dê origem a obrigação tributária;

3 – resistência à fiscalização, como tal entendida a restrição ou negativa de acesso ao estabelecimento ou qualquer de suas dependências, ao domicílio fiscal ou a qualquer outro local onde o contribuinte exerça sua atividade ou onde se encontrem mercadorias, bens, documentos ou arquivos digitais de sua posse ou propriedade, relacionados com situação que dê origem a obrigação tributária;

4 – receptação de mercadoria roubada ou furtada;

5 – produção, comercialização ou estocagem de mercadoria falsificada ou adulterada;

6 – utilização como insumo, comercialização ou estocagem de mercadoria objeto de contrabando ou descaminho.

§ 3º Para o efeito do inciso III, considera-se:

1 – empresa de investimento sediada no exterior (offshore), aquela que tem por objeto a inversão de investimentos financeiros fora de seu país de origem, onde é beneficiada por supressão ou minimização de carga tributária e por reduzida interferência regulatória do governo local;

2 – controlador e/ou beneficiário, a pessoa física que efetivamente detém o controle da empresa de investimento (beneficial owner), independentemente do nome de terceiros que eventualmente figurem como titulares em documentos públicos.

– Artigo 20, "caput", e §§ 1º a 3º com redação dada pela Lei nº 12.294, de 06/03/2006.

§ 4º Para o efeito do inciso IV, considera-se inadimplência fraudulenta a falta de recolhimento de:

1 – débito tributário vencido, quando o contribuinte detém disponibilidade financeira comprovada, ainda que por coligadas, controladas ou seus sócios;

2 – débito tributário decorrente de retenção por substituição tributária.

– § 4º com redação dada pela Lei nº 13.918, de 22/12/2009.

§ 5º Para o efeito do inciso V, fica caracterizada a prática sonegatória que leve ao desequilíbrio concorrencial, quando comprovado que o contribuinte tenha:

1 – rebaixado artificialmente os preços de venda de mercadoria ou de serviço ou se aproveitado de crédito fiscal indevido;

2 – conseguido ampliar a participação relativa em seu segmento econômico, em detrimento de seus concorrentes, em decorrência de um dos procedimentos descritos no item 1.

– § 5º com redação dada pela Lei nº 12.294, de 06/03/2006.

Art. 21. A inscrição no cadastro de contribuintes será nula a partir da data de sua concessão ou de sua alteração, nas situações em que, mediante procedimento administrativo, for constatada:

I – simulação de existência do estabelecimento ou da empresa;

II – simulação do quadro societário da empresa;

III – inexistência de estabelecimento para o qual foi efetuada a inscrição ou indicação incorreta de sua localização;

IV – indicação de dados cadastrais falsos.

§ 1º Considera-se simulada a existência do estabelecimento, ainda que inscrito, ou da empresa quando:

1 – a atividade relativa a seu objeto social, segundo declaração do contribuinte, não tiver sido ali efetivamente exercida, ou;

2 – não tiverem ocorrido as operações e prestações de serviços declaradas nos registros contábeis.

§ 2º Considera-se simulado o quadro societário para o qual sejam indicadas pessoas interpostas.

Art. 22. A documentação fiscal do contribuinte deve conter o seu número de inscrição.

Art. 22-A. Sempre que um contribuinte, por si ou seus prepostos, ajustar a realização de operação ou prestação com outro contribuinte, fica obrigado a comprovar a sua regularidade perante o fisco, de acordo com o item 4, do § 1º, do artigo 36, e também a exigir o mesmo procedimento da outra parte, quer esta figure como remetente da mercadoria ou prestador do serviço, quer como destinatário ou tomador, respectivamente.

- Artigo 22-A, "caput", com redação dada pela Lei nº 12.294, de 06/03/2006.

Parágrafo único. A obrigação instituída neste artigo também se aplica à pessoa que promover intermediação comercial, que deverá comprovar a regularidade fiscal das pessoas jurídicas que forem parte do negócio por ela intermediado.

- Parágrafo único acrescentado pela Lei nº 13.918, de 22/12/2009.

TÍTULO III
DAS OBRIGAÇÕES TRIBUTÁRIAS

CAPÍTULO I
DA OBRIGAÇÃO PRINCIPAL

SEÇÃO I
DO LOCAL DA OPERAÇÃO E DA PRESTAÇÃO

Art. 23. O local da operação ou da prestação, para efeito de cobrança do imposto e definição do responsável, é:

I - tratando-se de mercadoria ou bem:

a) onde se encontrem, no momento da ocorrência do fato gerador;

b) onde se encontrem, quando em situação fiscal irregular pela falta de documentação fiscal ou quando acompanhados de documentação inábil;

c) o de desembarque do produto, na hipótese de captura de peixe, crustáceos e moluscos;

d) o da extração do ouro, ainda que em outro Estado ou no Distrito Federal, relativamente a operação em que deixe de ser considerado ativo financeiro ou instrumento cambial;

e) este Estado, caso aqui esteja localizado o adquirente, inclusive consumidor final, nas operações interestaduais com energia elétrica e petróleo, lubrificantes e combustíveis dele derivados, quando não destinados à industrialização ou a comercialização;

f) o da situação do estabelecimento onde ocorra a entrada física da mercadoria ou bem, importados do exterior e desembaraçados;

g) o do domicílio do adquirente não estabelecido, tratando-se de mercadoria ou bem importados do exterior e desembaraçados;

h) aquele onde seja realizada a licitação, no caso de arrematação de mercadoria ou bem importados do exterior e apreendidos ou abandonados;

i) o da situação do estabelecimento que transfira a propriedade da mercadoria por ele adquirida no País ou do título que a represente, quando esta não tiver transitado pelo estabelecimento, ressalvado o disposto no § 2º;

j) o da situação do estabelecimento transmitente no caso de ulterior transmissão de propriedade de mercadoria que tenha saído do estabelecimento em operação não tributada;

l) o da situação do estabelecimento depositante localizado em território paulista, no caso de posterior saída de armazém geral ou de depósito fechado do próprio contribuinte, neste Estado;

II - tratando-se de prestação de serviço de transporte:

a) onde tenha início a prestação;

b) onde se encontre o transportador, quando em situação fiscal irregular pela falta de documentação fiscal ou quando acompanhada de documentação inábil;

c) o do estabelecimento destinatário do serviço, neste Estado, no caso de utilização de serviço cuja prestação se tenha iniciado em outro Estado ou no Distrito Federal e não esteja vinculada a operação ou prestação subsequente alcançada pela incidência do imposto;

- Artigo 23, "caput" e incisos I a II com redação dada pela Lei nº 10.619, de 19/07/2000.

III - tratando-se de prestação onerosa de serviço de comunicação:

a) o da prestação do serviço de radiodifusão sonora e de som e imagem, assim entendido o da geração, emissão, transmissão e retransmissão, repetição, ampliação e recepção;

b) o do estabelecimento da concessionária ou permissionária que forneça ficha, cartão, assemelhados ou qualquer outro instrumento liberatório do serviço, ainda que por débito em conta corrente ou meio eletrônico de dados;

c) o do estabelecimento destinatário do serviço, neste Estado, no caso de utilização de serviço cuja prestação se tenha iniciado em outro Estado ou no Distrito Federal e não esteja vinculada a operação ou a prestação subsequente alcançada pela incidência do imposto;

- Inciso III e alíneas "a" a "c" com redação dada pela Lei nº 10.619, de 19/07/2000.

d) o do estabelecimento ou domicílio do tomador do serviço, quando prestado por meio de satélite;

- Alínea "d" acrescentada pela Lei nº 10.699, de 19/12/2000, produzindo efeitos a partir de 01/08/2000.

e) onde seja cobrado o serviço, nos demais casos;

- Alínea "d" renomeada para alínea "e" pela Lei nº 10.699, de 19/12/2000.

IV – tratando-se de serviço prestado ou iniciado no exterior, o do estabelecimento ou do domicílio do destinatário.

- Inciso IV com redação dada pela Lei nº 10.619, de 19/07/2000.

V – tratando-se de operação ou prestação decorrente de transação realizada, parcial ou totalmente, em ambiente virtual, e na impossibilidade de se precisar o local da sua ocorrência, nos termos dos demais incisos deste artigo, qualquer estabelecimento da empresa ou a residência da pessoa física, neste Estado.

- Inciso V acrescentado pela Lei nº 13.918, de 22/12/2009.

VI – tratando-se de operações ou prestações interestaduais destinadas a consumidor final, em relação à diferença entre a alíquota interna do Estado de destino ou do Distrito Federal e a alíquota interestadual: (NR)

- Inciso VI acrescentado pela Lei nº 17.470, de 13/12/2021, em vigor em 90 (noventa) dias a contar da data de sua publicação, observado o disposto no artigo 150, III, "b", da Constituição Federal.

a) o do estabelecimento do destinatário, quando o destinatário ou tomador for contribuinte do imposto; (NR)

- Alínea "a" acrescentada pela Lei nº 17.470, de 13/12/2021, em vigor em 90 (noventa) dias a contar da data de sua publicação, observado o disposto no artigo 150, III, "b", da Constituição Federal.

b) o do estabelecimento do remetente ou onde tiver início a prestação, quando o destinatário ou tomador não for contribuinte do imposto. (NR)

- Alínea "b" acrescentada pela Lei nº 17.470, de 13/12/2021, em vigor em 90 (noventa) dias a contar da data de sua publicação, observado o disposto no artigo 150, III, "b", da Constituição Federal.

§ 1º Para efeito da alínea "d" do inciso I, o ouro, quando definido como ativo financeiro ou instrumento cambial, deve ter sua origem identificada.

§ 2º Na hipótese da alínea "i" do inciso I, quando a mercadoria estiver em regime de depósito em unidade da Federação diversa da do transmitente, o local da operação e o da situação da mercadoria no momento da ocorrência do fato gerador.

§ 3º Presume-se interna a operação quando o contribuinte não comprovar a saída da mercadoria do território paulista com destino a outro Estado ou ao Distrito Federal, ou a sua efetiva exportação.

- §§ 1º a 3º com redação dada pela Lei nº 10.619, de 19/07/2000.

§ 4º Na hipótese do inciso III:

1. tratando-se de serviços não medidos que envolvam outras unidades da Federação e cujo preço seja cobrado por períodos definidos, o imposto devido será recolhido em partes iguais às unidades da Federação onde estiverem localizados o prestador e o tomador do serviço;

- § 4º e item 1 com redação dada pela Lei nº 10.699, de 19/12/2000, produzindo efeitos a partir de 01/08/2000.

2. para efeito do disposto na alínea "e", salvo disposição expressa em contrário, será considerado como local de cobrança do serviço o que estiver diretamente vinculado à prestação realizada, assim entendido o local da prestação do serviço ou o local do estabelecimento ou domicílio do prestador, do tomador ou do destinatário.

- Item 2 com redação dada pela Lei nº 11.001, de 21/12/2001.

§ 5º Na hipótese da alínea "b" do inciso VI deste artigo, quando o destino final da mercadoria, bem ou do serviço se der em Estado diferente daquele em que estiver domiciliado ou estabelecido o adquirente ou o tomador, o imposto correspondente à diferença entre a alíquota interna e a interestadual será devido ao Estado no qual efetivamente ocorrer a entrada física da mercadoria ou bem ou o fim da prestação do serviço. (NR)

- § 5º acrescentado pela Lei nº 17.470, de 13/12/2021, em vigor em 90 (noventa) dias a contar da data de sua publicação, observado o disposto no artigo 150, III, "b", da Constituição Federal.

SEÇÃO II
DO CÁLCULO DO IMPOSTO

SUBSEÇÃO I
DA BASE DE CÁLCULO

Art. 24. Ressalvados os casos expressamente previstos, a base de cálculo do imposto nas hipóteses do artigo 2º é:

I – quanto às saídas de mercadorias aludidas nos incisos I, VIII e IX o valor da operação;

II – quanto ao fornecimento aludido no inciso II o valor total da operação, compreendendo as mercadorias e os serviços;

III – quanto aos fornecimentos aludidos no inciso III:

a) na hipótese da alínea "a", o valor total da operação;

b) na hipótese da alínea "b", o preço corrente da mercadoria fornecida ou empregada;

– Artigo 24, "caput", e incisos I a III com redação dada pela Lei nº 10.619, de 19/07/2000.

IV – quanto ao desembaraço aludido no inciso IV, o valor constante do documento de importação, acrescido do valor dos Impostos de Importação, sobre Produtos Industrializados e sobre Operações de Câmbio, bem como de quaisquer outros impostos, taxas, contribuições e despesas aduaneiras;

– Inciso IV com redação dada pela Lei nº 11.001, de 21/12/2001.

V – quanto ás aquisições aludidas no inciso V, o valor da arrematação acrescido do valor dos Impostos de Importação e sobre Produtos Industrializados e de todas as despesas cobradas ou debitadas ao adquirente;

VI – quanto às entradas aludidas no inciso VI, o valor sujeito ao imposto neste Estado; (NR)

– Inciso VI com redação dada pela Lei nº 17.470, de 13/12/2021, em vigor em 90 (noventa) dias a contar da data de sua publicação, observado o disposto no artigo 150, III, "b", da Constituição Federal.

VII – quanto às entradas aludidas no inciso VII, o valor da operação de que decorrer a entrada;

VIII – quanto aos serviços aludidos nos incisos X, XI e XII, o respectivo preço;

IX – quanto ao serviço aludido no inciso XIII, o valor da prestação do serviço, acrescido, se for o caso, de todos os encargos relacionados com a sua utilização;

X – quanto à utilização de serviço aludida no inciso XIV, o valor sujeito ao imposto neste Estado; (NR)

– Inciso X com redação dada pela Lei nº 17.470, de 13/12/2021, em vigor em 90 (noventa) dias a contar da data de sua publicação, observado o disposto no artigo 150, III, "b", da Constituição Federal.

XI – quanto ao serviço aludido no inciso XVII, o valor sujeito ao imposto no Estado de origem; (NR)

– Inciso XI acrescentado pela Lei nº 17.470, de 13/12/2021, em vigor em 90 (noventa) dias a contar da data de sua publicação, observado o disposto no artigo 150, III, "b", da Constituição Federal.

XII – quanto à saída aludida no inciso XVIII, o valor sujeito ao imposto no Estado de origem. (NR)

– Inciso XII acrescentado pela Lei nº 17.470, de 13/12/2021, em vigor em 90 (noventa) dias a contar da data de sua publicação, observado o disposto no artigo 150, III, "b", da Constituição Federal.

§ 1º Incluem-se na base de cálculo:

1 – seguros, juros e demais importâncias pagas, recebidas ou debitadas, bem como descontos concedidos sob condição;

2 – frete, se cobrado em separado, relativo a transporte intramunicipal, intermunicipal ou interestadual, realizado pelo próprio remetente ou por sua conta e ordem;

3 – o montante do Imposto sobre Produtos Industrializados, salvo quando a operação, realizada entre contribuintes e relativa a produto destinado à industrialização ou à comercialização, configurar fato gerador de ambos os impostos;

4 – a importância cobrada a título de montagem e instalação, nas operações com máquina, aparelho equipamento, conjunto industrial e outro produto, de qualquer natureza, quando o estabelecimento remetente ou outro do mesmo titular tenha assumido contratualmente a obrigação de entregá-lo montado para uso.

§ 2º Nas operações ou prestações interestaduais entre estabelecimentos de contribuintes diferentes, quando houver reajuste do valor depois da remessa ou da prestação, a diferença ficará sujeita ao imposto no estabelecimento de origem.

§ 3º Na hipótese do artigo 60, a base de cálculo do imposto é o valor da mercadoria ou da prestação, acrescido de percentual de margem de valor agregado, aplicando-se a regra do artigo 28.

§ 4º Quando o frete for cobrado por estabelecimento pertencente ao mesmo titular da mercadoria ou por outro estabelecimento de empresa que com aquele mantenha relação de interdependência, em valor que exceda os níveis normais de preços em vigor, no mercado local, para serviço semelhante, constantes de tabe-

TRIBUTÁRIO

las elaboradas pelos órgãos competentes, o valor excedente será havido como parte do preço da mercadoria.

§ 5º Para os efeitos do parágrafo anterior, consideram-se interdependentes duas empresas quando:

1 – uma delas, por si, seus sócios ou acionistas, respectivos cônjuges e filhos menores, for titular de mais de 50% (cinquenta por cento) do capital da outra, ou uma delas locar ou transferir à outra, a qualquer título, veículo destinado ao transporte de mercadorias;

2 – uma mesma pessoa fizer parte de ambas, na qualidade de diretor, ou sócio com funções de gerência, ainda que exercidas sob outra denominação.

§ 6º Na hipótese do inciso IV, o valor da importação expresso em moeda estrangeira será convertido em moeda nacional pela mesma taxa de câmbio utilizada no cálculo do Imposto de Importação, sem qualquer acréscimo ou devolução posterior se houver variação da taxa de câmbio até o pagamento efetivo do preço.

§ 7º No caso do parágrafo anterior, o valor fixado pela autoridade aduaneira para base de cálculo do Imposto de Importação, nos termos da lei aplicável, substituirá o preço declarado.

– §§ 1º a 7º com redação dada pela Lei nº 10.619, de 19/07/2000.

§ 8º Na hipótese dos incisos VI, X, XI e XII deste artigo, o imposto devido será o valor correspondente à diferença entre a alíquota interna do Estado de destino ou do Distrito Federal e a interestadual, utilizando-se, para efeitos: (NR)

– § 8º acrescentado pela Lei nº 17.470, de 13/12/2021, com reaproveitamento da numeração de dispositivo revogado, em vigor em 90 (noventa) dias a contar da data de sua publicação, observado o disposto no artigo 150, III, "b", da Constituição Federal.

1 – dos incisos VI e X: (NR)

– Item 1 acrescentado pela Lei nº 17.470, de 13/12/2021, com reaproveitamento da numeração de dispositivo revogado, em vigor em 90 (noventa) dias a contar da data de sua publicação, observado o disposto no artigo 150, III, "b", da Constituição Federal.

a) a alíquota prevista para a operação ou prestação interestadual, para estabelecer a base de cálculo da operação ou da prestação no Estado de origem ou no Distrito Federal; (NR)

– Alínea "a" acrescentada pela Lei nº 17.470, de 13/12/2021, em vigor em 90 (noventa) dias a contar da data de sua publicação, observado o disposto no artigo 150, III, "b", da Constituição Federal.

b) a alíquota prevista para a operação ou prestação interna, para estabelecer a base de cálculo da operação ou prestação neste Estado; (NR)

– Alínea "b" acrescentada pela Lei nº 17.470, de 13/12/2021, em vigor em 90 (noventa) dias a contar da data de sua publicação, observado o disposto no artigo 150, III, "b", da Constituição Federal.

2 – dos incisos XI e XII, a alíquota prevista para a operação ou prestação interna no Estado de destino ou no Distrito Federal para estabelecer a base de cálculo da operação ou da prestação. (NR)

– Item 2 acrescentado pela Lei nº 17.470, de 13/12/2021, com reaproveitamento da numeração de dispositivo revogado, em vigor em 90 (noventa) dias a contar da data de sua publicação, observado o disposto no artigo 150, III, "b", da Constituição Federal.

Art. 25. Na falta do valor a que se refere os incisos I e VII do artigo anterior, ressalvado o disposto no artigo 26, a base de cálculo é:

I – o preço corrente da mercadoria, ou de sua similar, no mercado atacadista do local da operação, ou, na sua falta no mercado atacadista regional, caso o remetente seja produtor, extrator ou gerador, inclusive de energia;

II – o preço FOB estabelecimento industrial à vista, caso o remetente seja industrial;

III – o preço FOB estabelecimento comercial à vista, nas vendas a outros comerciantes ou industriais, caso o remetente seja comerciante.

§ 1º Para a aplicação dos incisos II e III adotar-se-á sucessivamente:

1 – o preço efetivamente cobrado pelo estabelecimento remetente na operação mais recente;

2 – caso o remetente não tenha efetuado venda de mercadoria, o preço corrente da mercadoria ou de seu similar no mercado atacadista local da operação, ou na falta deste, no mercado atacadista regional.

§ 2º Na hipótese do inciso III, se o estabelecimento remetente não efetuar vendas a outros comerciantes ou industriais ou, em qualquer caso, se não houver mercadoria similar, a base de cálculo será equivalente a 75% (setenta e cinco por cento) do preço de venda corrente no varejo.

§ 3º Na saída para estabelecimento situado neste Estado, pertencente ao mesmo titular, em substituição aos preços previstos nos incisos I a III, poderá o estabelecimento remetente atribuir à operação outro valor, desde que não inferior ao custo das mercadorias.

- Artigo 25 com redação dada pela Lei nº 10.619, de 19/07/2000.

Art. 26. Na saída de mercadoria para estabelecimento localizado em outro Estado ou Distrito Federal, pertencente ao mesmo titular, a base de cálculo é:

I - o valor correspondente à entrada mais recente da mercadoria;

II - o custo da mercadoria produzida, assim entendido a soma do custo da matéria-prima, material secundário, mão-de-obra e acondicionamento;

III - tratando-se de mercadorias não industrializadas, o seu preço corrente no mercado atacadista do estabelecimento remetente.

- Artigo 26 com redação dada pela Lei nº 10.619, de 19/07/2000.

Art. 27. Nas prestações sem preço determinado, a base de cálculo é o valor corrente do serviço, no local da prestação.

- Artigo 27 com redação dada pela Lei nº 10.619, de 19/07/2000.

Art. 28. No caso de sujeição passiva por substituição, com responsabilidade atribuída em relação às operações ou prestações subsequentes, a base de cálculo será o preço final a consumidor, único ou máximo, autorizado ou fixado por autoridade competente.

Parágrafo único. Tratando-se de veículo automotor novo importado ao preço máximo ou único de venda deverão ser acrescidos os valores relativos aos acessórios a que se refere o item 1 do § 4º do artigo 8º.

- Artigo 28 com redação dada pela Lei nº 12.681, de 24/07/2007.

Art. 28-A. Na falta de preço final a consumidor, único ou máximo, autorizado ou fixado por autoridade competente, a base de cálculo do imposto para fins de substituição tributária em relação às operações ou prestações subsequentes será:

I - o valor da operação ou prestação praticado pelo sujeito passivo por substituição tributária ou pelo contribuinte substituído intermediário, incluídos os valores correspondentes a frete, carreto, seguro, impostos e outros encargos transferíveis ao adquirente, acrescido do valor resultante da aplicação de percentual de margem de valor agregado estabelecido conforme disposto no artigo 28-C;

II - o valor da operação praticada pelo remetente, na hipótese prevista no item 2 do § 8º do artigo 8º;

III - o valor da operação, como tal entendido, o preço de aquisição pelo destinatário, na saída efetuada por transportador revendedor retalhista - TRR, situado em outro Estado ou no Distrito Federal, diretamente para consumidor deste Estado, de combustíveis ou lubrificantes;

IV - o valor praticado pelo sujeito passivo por substituição tributária, nunca inferior ao que serviu de base de cálculo para pagamento dos Impostos de Importação e sobre Produtos Industrializados, incluídos os valores correspondentes a frete, carreto, seguro, impostos e outros encargos transferíveis ao adquirente, bem como dos acessórios instalados no veículo, acrescido do valor resultante da aplicação de percentual estabelecido com observância do disposto no artigo 28-C, em relação a veículo automotor novo importado;

V - a soma do preço de aquisição da mercadoria com os valores correspondentes a frete, carreto, seguro, impostos e outros encargos assumidos pelo adquirente, acrescida do valor resultante da aplicação, sobre o referido montante, de percentual de margem de valor agregado estabelecido com observância do disposto no artigo 28-C, na hipótese prevista no item 1 do § 8º do artigo 8º;

VI - o valor fixado para venda a consumidor final indicado em catálogos ou listas de preço emitidos pelo remetente ou, na sua falta, o valor fixado no Termo de Acordo referido no item 2 do § 1º do artigo 8º, na hipótese prevista no inciso II desse artigo;

VII - o preço total cobrado do tomador do serviço, na hipótese do inciso XX do artigo 8º;

VIII - o preço final a consumidor sugerido pelo fabricante ou importador, desde que:

a) a entidade representativa do fabricante ou importador apresente pedido formal, nos termos de disciplina estabelecida pela Secretaria da Fazenda, devidamente documentado por cópias de notas fiscais e demais elementos que possam comprovar o preço praticado;

b) na hipótese de deferimento do pedido referido na alínea "a", o preço sugerido será aplicável somente após ser editada a legislação correspondente.

- Artigo 28-A com redação dada pela Lei nº 12.681, de 24/07/2007.

Art. 28-B. Em substituição ao disposto no artigo 28-A, a legislação poderá fixar como base de cálculo do imposto em relação às operações ou prestações subsequentes a média ponderada dos preços a consumidor final usualmente praticados no mercado considerado, apurada por levantamento de preços, ainda que por amostragem ou por meio de dados fornecidos por entidades representativas dos respectivos setores.

§ 1º O levantamento de preços a que se refere este artigo:

1. deverá apurar, no mínimo, o preço de venda à vista no varejo, incluindo o frete, seguro e demais despesas cobradas do adquirente;

2. não deverá considerar os preços de promoção, bem como aqueles submetidos a qualquer tipo de comercialização privilegiada;

3. poderá ser promovido pela Secretaria da Fazenda ou, a seu critério, por entidade representativa do setor que realiza operações ou prestações sujeitas à substituição tributária;

4. poderá ser adotado pela Secretaria da Fazenda com base em pesquisas já realizadas por instituto de pesquisa de mercado de reputação idônea.

§ 2º Na hipótese de o levantamento de preços ser promovido por entidade representativa de setor, este deverá ser realizado por instituto de pesquisa de mercado de reputação idônea, desvinculado da referida entidade, devendo ser encaminhado à Secretaria da Fazenda para efeitos de subsidiar a fixação da base de cálculo do imposto, acompanhado:

1. de relatório detalhado sobre a metodologia utilizada;

2. de provas que demonstrem a prática dos preços pesquisados pelo mercado.

§ 3º Para os fins estabelecidos neste artigo, a Administração Tributária poderá utilizar os dados fornecidos por contribuintes de um determinado setor da economia, em atendimento a obrigações acessórias, fixadas na forma da legislação.

Art. 28-C. Para fins de estabelecimento do percentual de margem de valor agregado a que se refere o artigo 28-A, o levantamento de preços previsto no artigo 28-B deverá apurar também:

I – o preço de venda à vista no estabelecimento fabricante ou importador, incluindo o IPI, frete, seguro e demais despesas cobradas do destinatário, excluído o valor do ICMS relativo à substituição tributária;

II – o preço à vista no estabelecimento atacadista, incluindo o frete, seguro e demais despesas cobradas do destinatário, excluindo o valor do ICMS relativo à substituição tributária.

§ 1º O percentual de margem de valor agregado será fixado com base nos preços obtidos pelo levantamento, estabelecendo-se a relação percentual entre os valores apurados relativamente:

1. ao item 1 do § 1º do artigo 28-B e o inciso I;

2. ao item 1 do § 1º do artigo 28-B e o inciso II.

§ 2º Poderão ser adotados percentuais de margem de valor agregado ou preço final a consumidor fixados com observância do disposto em lei complementar relativa à matéria, em acordo celebrado pelo Estado de São Paulo com outras unidades da Federação.

– Artigos 28-B e 28-C acrescentados pela Lei nº 12.681, de 24/07/2007.

Art. 29. Revogado.

– Artigo 29 revogado pela Lei nº 10.619, de 19/07/2000.

Art. 29-A. Tratando-se de fumo e seus sucedâneos manufaturados, a retenção antecipada do imposto se aplica, também, quando o sujeito passivo por substituição tributária auferir, ainda que sob outro título, valores decorrentes de reajuste de preço.

– Artigo 29-A com redação dada pela Lei nº 12.681, de 24/07/2007.

Art. 29-B. Revogado.

– Artigo 29-B revogado pela Lei 12.681/07, de 24/07/2007.

Art. 30. O valor mínimo das operações ou prestações poderá ser fixado em pauta expedida pela Secretaria da Fazenda.

§ 1º A pauta poderá ser modificada a qualquer tempo, para inclusão ou exclusão de mercadoria ou serviço.

§ 2º A pauta poderá ser aplicada em uma ou mais regiões do Estado, tendo em conta categorias, grupos ou setores de atividades econômicas e ter seu valor atualizado sempre que necessário.

§ 3º Havendo discordância em relação ao valor fixado, caberá ao contribuinte comprovar a exatidão do valor por ele declarado, que prevalecerá como base de cálculo.

§ 4º Nas operações ou prestações interestaduais a aplicação do disposto neste artigo dependerá de celebração de acordo entre os envolvidos, Estados ou Distrito Federal, para estabelecer os critérios de fixação dos valores.

Art. 31. O valor da operação ou da prestação poderá ser arbitrado pela autoridade fiscal, nos termos de disciplina estabelecida pelo Poder Executivo, sem prejuízo da aplicação das penalidades cabíveis, em especial nas seguintes hipóteses:

- Artigo 31 , "caput" , com redação dada pela Lei nº 13.918, de 22/12/2009.

I - não exibição, ao fisco, dos elementos necessários à comprovação do preço, incluídos os casos de perda ou extravio de livros ou documentos fiscais;

II - fundada suspeita de que os documentos fiscais não reflitam o preço real da operação ou prestação;

III - declaração, nos documentos fiscais, de valores notoriamente inferiores ao preço corrente da mercadoria ou do serviço;

IV - transporte, posse ou detenção de mercadoria desacompanhada de documento fiscal.

Parágrafo único. A contestação do valor arbitrado será feita no processo iniciado pelo lançamento de ofício efetuado pela autoridade fiscal.

- Parágrafo único acrescentado pela Lei nº 10.619, de 19/07/2000.

Art. 32. O valor da operação ou da prestação deve ser calculado em moeda nacional, procedendo-se à data em que ocorra o fato gerador do imposto:

I - a conversão do valor expresso em moeda estrangeira, mediante aplicação da taxa cambial do dia, exceto em relação a mercadoria ou bem importados do exterior;

- Inciso I com redação dada pela Lei nº 10.619, de 19/07/2000.

II - a apuração do valor expresso em título reajustável, mediante aplicação do valor nominal do dia;

III - a atualização do valor vinculado à indexação de qualquer natureza, mediante aplicação do índice vigente no dia.

Art. 33. O montante do imposto, inclusive nas hipóteses dos incisos IV, VI, XIV, XVII e XVIII do artigo 2°, integra sua própria base de cálculo, constituindo o respectivo destaque mera indicação para fins de controle. (NR)

- Artigo 33 com redação dada pela Lei n° 17.470, de 13/12/2021, *em vigor em 90 (noventa) dias a contar da data de sua publicação, observado o disposto no artigo 150, III, "b", da Constituição Federal.*

SUBSEÇÃO II
DA ALÍQUOTA

Art. 34. As alíquotas do imposto, salvo as exceções previstas neste artigo, são:

I - 18% (dezoito por cento), nas operações ou prestações internas ou naquelas que se tenham iniciado no exterior - efeitos a partir de 1º de janeiro de 2009.

- Inciso I com redação dada pela Lei nº 13.230, de 27/11/2008, produzindo efeitos a partir de 01/01/2009.

II - 12% (doze por cento), nas operações ou prestações interestaduais que destinarem mercadorias ou serviços a pessoa localizada nos Estados das regiões Sul e Sudeste; (NR)

- Inciso II com redação dada pela Lei n° 15.856, de 02/07/2015, *em vigor a partir de 01/01/2016.*

III - 7% (sete por cento), nas operações ou prestações interestaduais que destinarem mercadorias ou serviços a pessoa localizada nos Estados das regiões Norte, Nordeste e Centro-Oeste e no Estado do Espírito Santo;

- Inciso III com redação dada pela Lei nº 15.856, de 02/07/2015.

IV - nas prestações interestaduais de transporte aéreo de passageiro, carga e mala postal, em que o destinatário do serviço seja contribuinte do imposto 4% (quatro por cento).

- Inciso IV acrescentado pela Lei nº 10.619, de 19/07/2000.

§ 1º Nas operações ou prestações adiante indicadas, ainda que se tenham iniciado no exterior, são as seguintes as alíquotas:

1 - 25% (vinte e cinco por cento), em se tratando de operações com mercadorias ou bens arrolados no § 5º:

2 - 12% (doze por cento), nas prestações de serviços de transporte;

3 - Revogado.

- Item 3 revogado pela Lei nº 12.785, de 20/12/2007.

4 - (vetado) com energia elétrica:

a) 12% (doze por cento), em relação à conta residencial que apresente consumo mensal de até 200 (duzentos) kWh;

b) ~~25 % (vinte e cinco por cento), em relação à conta residencial que apresente consumo mensal acima de 200 (duzentos) kWh~~;

– Alínea "b" declarada inconstitucional, em controle concentrado, pelo Supremo Tribunal Federal nos autos da ADI nº 7112, com eficácia pro futuro, a contar de 1º/01/2024, ressalvadas as ações pertinentes a essa controvérsia já ajuizadas até 05/02/2021.

c) 12% (doze por cento), quando utilizada no transporte público eletrificado de passageiros;

d) 12% (doze por cento), nas operações com energia elétrica utilizada em propriedade rural, assim considerada a que efetivamente mantenha exploração agrícola e pastoril e esteja inscrita no cadastro de contribuintes da Secretaria da Fazenda;

5 – 12% (doze por cento), nas saídas de pedra e areia;

6. 12% (doze por cento), nas operações com:

a) ave, coelho ou gado bovino, suíno, caprino ou ovino em pé e produto comestível resultante do seu abate, em estado natural, resfriado ou congelado;

b) farinha de trigo, bem como mistura pré-preparada de farinha de trigo classificada no código 1901.20.9900 da Nomenclatura Brasileira de Mercadorias – Sistema Harmonizado – NBM/SH. alimentícias não cozidas, nem recheadas ou preparadas de outro modo.

– Item 6 com redação dada pela Lei nº 9.399, de 21/11/1996.

» *Vide Artigo 3º da Lei nº 9.399, de 21/11/1996.*

c) pão não abrangido pela alínea "a" do item 3 e desde que classificado na subposição 1905.10, 1905.20 ou no código 1905.90.9900 e pão torrado, torradas ou produtos semelhantes torrados na subposição 1905.40, todos da Nomenclatura Brasileira de Mercadorias – Sistema Harmonizado NBM/SH;

– Alínea "c" acrescentada pela Lei nº 10.708, de 29/12/2000.

d) dentifrício, classificado no código 3306.10.00, escovas de dentes e para dentadura, exceto elétricas, classificadas no código 9603.21.00, todos da Nomenclatura Brasileira de Mercadorias – Sistema Harmonizado – NBM/SH.

– Alínea "d" acrescentada pela Lei nº 12.221, de 09/01/2006.

7. Revogado.

– Item 7 revogado pela Lei nº 12.785, de 20/12/2007.

8. ~~25% (vinte e cinco por cento), nas prestações de serviços de comunicação.~~

– Item 8 com execução suspensa pela Resolução do Senado Federal nº 7, de 21/06/2007.

– Item 8 declarado inconstitucional, em controle concentrado, pelo Supremo Tribunal Federal nos autos da ADI nº 7112, com eficácia pro futuro, a contar de 1º/01/2024, ressalvadas as ações pertinentes a essa controvérsia já ajuizadas até 05/02/2021.

9. 12 % (doze por cento) no fornecimento aludido no inciso III do Artigo 2º, bem como nas saídas de refeições realizadas por empresas preparadoras de refeições coletivas, excetuado, em qualquer dessas hipóteses, o fornecimento ou a saída de bebidas.

– Item 9 acrescentado pela Lei nº 8.198, de 15/12/1992.

10. 12% (doze por cento), nas operações com:

a) óleo diesel;

b) álcool etílico hidratado carburante;

– Item 10 com redação dada pela Lei nº 11.593, de 04/12/2003.

11. Revogado.

– Item 11 revogado pela Lei nº 12.785, de 20/12/2007.

12. 12% (doze por cento) nas operações com os veículos automotores, quando tais operações sejam realizadas sob o regime jurídico-tributário da sujeição passiva por substituição com retenção do imposto relativo às operações subsequentes, observado o disposto no § 6º.

– Item 12 acrescentado pela Lei nº 8.991, de 23/12/1994, produzindo efeitos a partir de 01/10/1995.

» *Vide Artigo 1º da Lei nº 10.231, de 12/03/1999.*

» *Vide Artigo 1º da Lei nº 10.327, de 15/06/1999.*

13. 12% (doze por cento) nas operações com ferros e aços não planos comuns, especificados no § 7º deste artigo;

– Item 13 acrescentado pela Lei nº 9.329, de 26/12/1995.

14. 7% (sete por cento) nas operações com preservativos classificados no código 4014.10.0000.

– Item 14 acrescentado pela Lei nº 9.399, de 21/11/1996.

15. 12% (doze por cento) nas operações com os produtos abaixo, classificados segundo a Nomenclatura Brasileira de Mercadorias – Sistema Harmonizado NBM/SH:

a) argamassa – 3214.90.00;

b) tijolos cerâmicos, não esmaltados nem vitrificados – 6904.10.00;

c) tijoleiras (peças ocas para tetos e pavimentos) e tapa-vigas (complementos da tijoleira) de cerâmica não esmaltada nem vitrificada - 6904.90.00;

d) telhas cerâmicas, não esmaltadas nem vitrificadas - 6905.10.00;

e) telhas e lages planas pré-fabricadas 6810.19.00.

- Alínea "e" com redação dada pela Lei nº 9.973, de 15/05/1998.

f) painéis de lajes - 6810.99.00;

g) pré-lajes e pré-moldados - 6810.99.00;

h) blocos de concreto - 6810.11.00;

i) postes 6810.99.00;

- Alínea "i" com redação dada pela Lei nº 9.903, de 30/12/1997.

j) chapas onduladas de fibrocimento - 6811.10.00;

l) outras chapas de fibrocimento - 6811.10.00;

m) painéis e pranchas de fibrocimentos 6811.20.00;

n) calhas e cumeeiras de fibrocimentos 6811.20.00;

o) rufos, espigões e outros de fibrocimentos 6811.20.00;

p) abas, cantoneiras e outros de fibrocimento 6811.20.00;

q) tanques e reservatórios de fibrocimento 6811.90.00;

r) tampas de reservatórios de fibrocimento 6811.90.00;

s) armações treliçadas para lajes - 7308.40.00;

- Item 15 acrescentado pela Lei nº 9.794, de 30/09/1997.

t) pias, lavatórios, colunas para lavatórios, banheiras, bidês, sanitários e caixas de descarga, mictórios e aparelhos fixos semelhantes para uso sanitário, de porcelana ou cerâmica, 6910.10.00 e 6910.90.00;

u) ladrilhos e placas de cerâmica, exclusivamente para pavimentação ou revestimento, 6907 e 6908;

- Alíneas "t" e "u" acrecentadas pela Lei nº 12.220, de 09/01/2006.

v) tubo, calha ou algeroz e acessório para canalização, de cerâmica, 6906.00.00;

x) revestimento de pavimento de polímeros de cloreto de vinila, 3918.10.00.

- Alíneas "v" e "x" acrecentadas pela Lei nº 12.221, de 09/01/2006.

16. 7% (sete por cento) nas operações com ovo integral pasteurizados, ovo integral pasteurizado desidratado, clara pasteurizada desidratada ou resfriada e gema pasteurizada desidratada ou resfriada.

- Item 16 acrescentado pela Lei nº 9.794, de 30/09/1997.

17 - 7% (sete por cento) nas operações com embalagens para ovo "in natura", do tipo bandeja ou estojo, com capacidade para acondicionamento de até 30 (trinta) unidades;

- Item 17 com redação dada pela Lei nº 10.619, de 19/07/2000.

18. 12% (doze por cento) nas operações com painéis de madeira industrializada, classificados nos códigos 4410.19.00, 4411.11.00, 4411.19.00, 4411.21.00, 4411.29.00 da Nomenclaturara Brasileira de Mercadorias - Sistema Harmonizado - NBM/SH.

- Item 18 acrecentado pela Lei nº 10.134, de 23/12/1998.

19. 12% (doze por cento), nas saídas internas dos produtos indicados, classificados segundo a Nomenclatura Brasileira de Mercadonas - Sistema Harmonizado-NBM/SH:

- Item 19, "caput", com redação dada pela Lei nº 10.708, de 29/12/2000.

a) assentos da posição 9401, exceto os classificados no código 9401.20.00;

- Alínea "a" com redação dada pela Lei nº 11.001, de 21/12/2001.

b) móveis 9403;

c) suportes elásticos para cama 9404-10;

d) colchões .... 9404.2.

- Alíneas "b" a "d" com redação dada pela pela Lei nº 10.708, de 29/12/2000.

20. 12% (doze por cento), nas saídas internas dos produtos indicados, classificados segundo a Nomenclatura Brasileira de Mercadorias - Sistema Harmonizado - NBM/SH:

a) chapas, folhas, películas, tiras e lâminas de plásticos - 3921.90.1 e 3921.90.90;

b) papel e cartão revestidos - Impregnados 4811. 31.20.

- Item 20 acrescentado pela Lei nº 10.532, de 30/03/2000.

21. 12% (doze por cento) nas operações com produtos abaixo classificados segundo a Nomenclatura Brasileira de Mercadonas - Sistema Harmonizado NBM/SH:

a) elevadores e monta cargas 8428.10;

b) escadas e tapetes rolantes 8428.40;

c) partes de elevadores.. 8431.31;

d) seringas descartáveis.. 90183119;

e) agulhas descartáveis.. 90183219.

- Item 21 acrescentado pela Lei nº 10.708, de 29/12/2000.

22 - 12% (doze por cento), nas operações com as soluções parenterais abaixo indicadas, todas classificadas no código 3004.90.99 da Nomenclatura Brasileira de Mercadorias - Sistema Harmonizado - NBM/SH:

a) solução de glicose a 1,5%, 5%, 10%, 25%, 50% ou a 70%;

b) solução de cloreto de sódio a 0,9%, 10%, 17,7% ou a 20%;

c) solução glicofisiológica;

d) solução de ringer, inclusive com lactato de sódio;

e) manitol a 20%;

f) diálise peritoneal a 1,5% ou a 7%;

g) água para injeção;

h) bicarbonato de sódio a 8,4% ou a 10%;

i) dextran 40, com glicose ou com fisiológico;

j) cloreto de potássio a 10%, 15% ou a 19,1%;

l) fosfato de potássio 2mEq/ml;

m) sulfato de magnésio 1mEq/ml, a 10% ou a 50%;

n) fosfato monossódico + dissódico;

o) glicerina;

p) sorbitol a 3%;

q) aminoácido;

r) dipeptiven;

s) frutose;

t) haes-steril;

u) hisocel;

v) hisoplex;

x) lipídeos.

- Item 22 acrescentado pela Lei nº 11.266, de 19/11/2002.

23 - 12% (doze por cento), nas operações com implementos e tratores agrícolas, máquinas, aparelhos e equipamentos industriais e produtos da indústria de processamento eletrônico de dados, desde que não abrangidos pelas disposições do artigo 4º da Lei federal nº 8.248, de 23 de outubro de 1991, em 13 de dezembro de 2000, e suas alterações posteriores, observadas a relação dos produtos alcançados e a disciplina de controle estabelecidos pelo Poder Executivo.

- Item 23 acrescentado pela Lei nº 12.785, de 20/12/2007.

24 - 12% (doze por cento), nas operações com medicamentos genéricos, conforme definido por lei federal;

25 - 20% (vinte por cento), nas operações com bebidas alcoólicas classificadas na posição 22.03;

26 - 30% (trinta por cento), nas operações com fumo e seus sucedâneos manufaturados, classificados no capítulo 24.

- Itens 24 a 26 acrescentados pela Lei nº 16.005, de 24/11/2015.

27 - 12% (doze por cento), nas operações com querosene de aviação destinadas a empresas de transporte aéreo regular de passageiros ou de carga. (NR)

- Item 27 acrescentado pela Lei n° 17.100, de 03/07/2019, em vigor a partir de 01/06/2019, com efeitos a partir de sua regulamentação.

§ 2º Para os efeitos do inciso I e do § 1º, prevalecem, conforme o caso:

1 - a alíquota fixada pelo Senado Federal:

a) a máxima, se inferior à prevista neste artigo;

b) a mínima, se superior à prevista neste artigo;

2 - as alíquotas estabelecidas em convênio pelos Estados e pelo Distrito Federal.

§ 3º Revogado.

§ 3º revogado pela Lei nº 15.856, de 02/77/2015.

§ 4º O imposto incidente sobre os serviços prestados no exterior deve ser calculado mediante a aplicação da alíquota prevista no inciso I.

§ 5º A alíquota prevista no item 1 do § 1º aplica-se, segundo a Nomenclatura Brasileira de Mercadorias, às operações com as seguintes mercadorias ou bens:

1 - bebidas alcoólicas classificadas nas posições 22.04, 22.05 e 22.08, exceto os códigos 22.08.40.0200 e 22.08.40.0300;

2 - Revogado.

- Item 2 revogado pela Lei nº 16.005, de 24/11/2015.

3 - perfumes e cosméticos classificados nas posições 33.03, 33.04, 33.05 e 33.07, exceto as posições 33.05.10 e 33.07.20, os códigos 33.07.0100 e 33.07.90.0500, e as preparações anti-solares e os bronzeadores, ambos da posição 3304;

- Item 3 com redação dada pela Lei nº 9.399, de 21/11/1996.

4 - peleteria e suas obras e peleteria artificial classificadas nos códigos 43.03.10.9900 e 43.03.90.9900, (vetado);

5 - motocicletas de cilindrada superior a 250 centímetros cúbicos, classificadas nos códigos 87.11.30 a 87.11.50;

6 - asas-delta, balões e dirigíveis classificados nos códigos 88.01.10.0200 e 88.01.90.0100;

7 - embarcações de esporte e de recreio classificadas na posição 89.03;

8 - armas e munições, suas partes e acessórios classificados no capítulo 93;

9 - fogos de artifício classificados na posição 36.40.10.

10 - trituradores domésticos de lixo, classificado na posição 8509.30;

11 - aparelhos de sauna elétricos, classificado no código 8516.79.0800;

12 - aparelhos transmissores e receptores (walkie talkie), classificados no código 85.25.20.0104;

13 - binóculos, classificados na posição 9005.10;

14 - jogos eletrônicos de vídeo (vídeo-jogo), classificados no código 9504.10.0100;

15 - bolas e tacos de bilhar, classificados no código 9504.20.0202;

16 - cartas para jogar, classificadas na posição 9504.40;

17 - confetes e serpentinas, classificados no código 9505.90.0100;

18 - raquetes de tênis, classificados na posição 9506.51;

19 - bolas de tênis, classificados na posição 9506.61;

20 - esquis aquáticos, classificados no código 95.06.29.0200;

21 - tacos para golfe, classificados na posição 95.06.31;

22 - bolas para golfe, classificadas na posição 9506.32;

23 - cachimbos, classificados na posição 9614.20;

24 - piteiras, classificadas na subposição 9614.90.

- Item 24 com redação dada pela Lei nº 12.294, de 06/03/2006.

25 - álcool etílico anidro carburante, gasolina e querosene de aviação, exceto na hipótese prevista no item 27 do § 1° deste artigo; (NR)

- Item 25 com redação dada pela Lei nº 17.100, de 03/07/2019, em vigor a partir de 01/06/2019, com efeitos a partir de sua regulamentação.

26 - solvente, assim considerado todo e qualquer hidrocarboneto líquido derivado de frações resultantes do processamento de petróleo, frações de refinarias e de indústrias petroquímicas, independente da designação que lhe seja dada, com exceção de qualquer tipo de gasolina, de gás liquefeito de petróleo - GLP, de óleo diesel, de nafta destinada à indústria petroquímica, ou de querosene de avião, especificados pelo órgão federal competente;

- Item 26 com redação dada pela Lei nº 13.918, de 22/12/2009, produzindo efeitos após decorrido o prazo previsto nas alíneas "b" e "c" do inciso III do artigo 150 da Constituição Federal.

§ 6º A aplicação da alíquota prevista no item 12 do § 1º independerá da sujeição ao regime jurídico-tributário da sujeição passiva por substituição com retenção antecipada do imposto nas seguintes situações:

1 - em relação aos veículos classificados nos códigos 8701.20.0200, 8701.20.9900, 8702.10.0100, 8702.10.0200, 8702.10.9900, 8704.21.0100, 8704.22.0100, 8704.23.0100, 8704.31.0100, 8704.32.0100, 8704.32.9900, 8706.00.0100 e 8706.00.0200 da Nomenclatura Brasileira de Mercadorias - Sistema Harmonizado - NBM/SH e no código 8704.90.00 da Nomenclatura Comum do Mercosul - NCM;

- Item 1 com redação dada pela Lei n° 17.473, de 16/12/2021, com efeitos a partir de 1° de janeiro de 2022.

2 - no recebimento do veículo importado do exterior por contribuinte do imposto, para o fim de comercialização ou integração no ativo imobilizado do importador;

3 - na operação realizada pelo fabricante ou importador que destine o veículo diretamente a consumidor ou usuário final, inclusive quando destinado ao ativo imobilizado.

- § 6º acrescentado pela Lei nº 8.991, de 23/12/1994, produzindo efeitos a partir de 01/10/1995.

4 - em operação posterior àquela contemplada pela retenção do imposto ocorrida no ciclo de comercialização do veículo novo.

- Item 4 acrescentado pela Lei nº 11.001, de 21/12/2001.

§ 7º a alíquota prevista no item 13 do § 1º deste artigo aplica-se segundo a Nomenclatura Brasileira de Mercadorias - Sistema Harmonizado NBM/SH, às operações com:

1. fio-máquina de ferro ou aços não ligados:

a) dentados, com nervuras, sulcos ou relevos, obtidos durante a laminagem - 7.213.10.00;

b) outros, de aços para tornar - 7213.20.00;

2. barras e ferro ou aços não ligados, simplesmente forjadas, laminadas, estiradas ou extrudadas, a quente, incluídas as que tenham sido submetidas a torção após laminagem:

a) dentadas, com nervuras, sulcos, ou relevos, obtidos durante a laminagem, ou torcidas após a laminagem - 7214.20.00;

b) outras: de seção transversal retangular 7214.91.00, de seção circular - 7214.9910, outras 7214.99.90;

3. perfis de ferro ou aços não ligados:

a) perfis um "U", "I" ou "H ", simplesmente laminados, estirados ou extrudados, a quente, de altura inferior a 80mm - 7216.10.00;

b) perfis em "L" simplesmente laminados, estirados ou extrudados, a quente, de altura inferior a 80mm-7216.21.00;

c) perfis em "T" simplesmente laminados, estirados ou extrudados, a quente, e altura inferior a 80mm - 7216.22.00;

d) perfis em "U" simplesmente laminados, estirados ou extrudados, a quente, de altura igual ou superior a 80mm - 7216.31.00;

e) perfis em "I" simplesmente laminados, estirados ou extrudados, a quente, de altura igual ou superior a 80mm - 7216.32.00;

4. fios de ferro ou aços não ligados: outros, não revestidos, mesmo polidos - 7217.10.90;

5. armações de ferro prontas, para estrutura de concreto armado ou argamassa armada - 7308.40.00;

6. grades e redes, soldadas nos pontos de interseção, e fios com, pelo menos, 3mm na maior dimensão do corte transversal e com malhas de 100cm ou mais, de superfície de aço, não revestidas, para estruturas ou obras de concreto armado ou argamassa armada - 7314.20.00;

- § 7º e itens 1 a 6 com redação dada pela Lei nº 9.794, de 30/09/1997.

7. outras grades e redes, soldadas nos pontos de interseção:

a) galvanizadas 7314.31.00;

b) de aço, não revestidas, para estruturas ou obras de concreto armado ou argamassa armada 7314.39.00;

8. outras telas metálicas, grades e redes:

a) galvanizadas 7314.41.00;

b) recobertas de plásticos 73.14.42.00;

- Itens 7 e 8 com redação dada pela Lei nº 10.708, de 29/12/2000.

9. arames:

a) galvanizados 7217.20.90;

b) plastificados 7217.90.00;

c) farpados 7313.00.00;

10. grampos de fio curvado 7317.00.20;

11. pregos 7317.00.90;

12. gabião .... 7326.20.00.

- Itens 9 a 12 acrescentados pela Lei nº 10.708, de 29/12/2000.

§ 8º Para aplicação da alíquota prevista na alínea "a" do item 3 do § 1º, pão francês ou de sal é aquele de consumo popular, obtido pela cocção (cozimento) de massa preparada com farinha de trigo, fermento biológico, água e sal, não podendo ter ingrediente que venha a modificar o tipo, característica ou classificação, produzido no peso de até 1000 gramas.

- § 8º acrescentado pela Lei nº 10.619, de 19/07/2000.

§ 9º Na hipótese prevista no ítem 26 do § 5º, o Poder Executivo poderá adotar medidas compensatórias para evitar que haja aumento da carga tributária para os contribuintes que utilizam o solvente como matéria-prima ou material secundário em seu processo de fabricação.

- § 9º acrescentado pela Lei nº 13.918, de 22/12/2009, produzindo efeitos após decorrido o prazo previsto nas alíneas "b" e "c" do inciso III do artigo 150 da Constituição Federal.

§ 10 A alíquota prevista no item 27 do § 1° aplica-se somente às operações destinadas a empresas de transporte aéreo regular de passageiros ou de carga que, por meio de operações próprias ou contratos comerciais firmados com terceiros, atendam as condições e prazos para sua implementação estabelecidos em ato do Poder Executivo que especificará, entre outros requisitos, o número mínimo de voos regionais que devem ser operados por essas empresas. (NR)

- § 10 acrescentado pela Lei nº 17.100, de 03/07/2019, em vigor a partir de 01/06/2019, com efeitos a partir de sua regulamentação.

SUBSEÇÃO III
DO LANÇAMENTO

Art. 35. O lançamento do imposto é feito nos documentos e nos livros fiscais com a descrição da operação ou prestação, na forma prevista em regulamento.

Parágrafo único. Essa atividade é de exclusiva responsabilidade do contribuinte, ficando sujeita a posterior homologação pela autoridade administrativa.

SUBSEÇÃO IV
DA NÃO-CUMULATIVIDADE

Art. 36. O Imposto sobre Operações Relativas à Circulação de Mercadorias e sobre Prestação de Serviços de Transporte Interestadual e Intermunicipal e de Comunicação é não-cumulativo, compensando-se o imposto que seja devido em cada operação ou prestação com o anteriormente cobrado por este, outro Estado ou pelo Distrito Federal, relativamente a mercadoria entrada ou a prestação de serviço recebida, acompanhada de documento fiscal hábil, emitido por contribuinte em situação regular perante o fisco.

§ 1º Para os efeitos deste artigo, considera-se:

1 - imposto devido, o resultante da aplicação da alíquota sobre a base de cálculo de cada operação ou prestação sujeita à cobrança de tributo;

2 - imposto anteriormente cobrado, a importância calculada os termos do item precedente e destacada em documento fiscal hábil;

3 - documento fiscal hábil, o que atenda a todas as exigências da legislação pertinente, seja emitido por contribuinte em situação regular perante o fisco e esteja acompanhado, quando exigido, de comprovante do recolhimento do imposto;

4 - situação regular perante o fisco, a do contribuinte que, à data da operação ou prestação, esteja inscrito no cadastro de contribuintes, se encontre em atividade no local indicado, possibilite a comprovação da autenticidade dos demais dados cadastrais apontados ao fisco e não esteja enquadrado nas hipóteses previstas nos artigos 20 e 21.

- Item 4 com redação dada pela Lei nº 12.294, de 06/03/2006.

§ 2º O Poder Executivo poderá estabelecer outras condições e requisitos para apropriação de créditos do imposto, mediante a implantação de sistemas ou mecanismos adequados de controle e de segurança dos documentos fiscais, que permitam combater a sonegação e resguardar os direitos dos contribuintes.

§ 3º Não se considera cobrado, ainda que destacado em documento fiscal, o montante do imposto que corresponder a vantagem econômica decorrente da concessão de qualquer subsídio, redução da base de cálculo, crédito presumido ou outro incentivo ou benefício fiscal em desacordo com o disposto no Artigo 155, § 2º, inciso XII, alínea "g", da Constituição Federal.

- § 3º com redação dada pela Lei nº 9.359, de 18/06/1996.

§ 4º O crédito decorrente de entrada de mercadoria destinada à integração do ativo permanente, observado o disposto no artigo 40:

1. será apropriado à razão de um quarenta e oito avos por mês, devendo a primeira fração ser apropriada no mês em que ocorrer a entrada no estabelecimento;

2. para seu cálculo, terá o quociente de um quarenta e oito avos proporcionalmente aumentado ou diminuído, "pro rata die", caso o período de apuração seja superior ou inferior a um mês.

- § 4º acrescentado pela Lei nº 10.699, de 19/12/2000, produzindo efeitos a partir dos fatos geradores que ocorrerem a partir de 01/01/2001.

Art. 37. A isenção ou a não-incidência, salvo determinação em contrário:

I - não implica crédito para compensação com o montante devido nas operações ou prestações seguintes;

II - acarreta a anulação do crédito relativo às operações ou prestações anteriores.

Art. 38. Para a compensação, é assegurado ao contribuinte, salvo disposição em contrário, o direito de creditar-se do imposto anteriormente cobrado, nos termos do item 2 do § 1º do artigo 36, relativamente a mercadoria entrada, real ou simbolicamente, em seu estabelecimento ou a serviço a ele prestado, em razão de operações ou prestações regulares e tributadas.

§ 1º O direito ao crédito do imposto condiciona-se à escrituração do respectivo documento fiscal e ao cumprimento dos demais requisitos exigidos pela legislação.

§ 2º O crédito deve ser escriturado por seu valor nominal.

- § 2º com redação dada pela Lei nº 10.619, de 19/07/2000.

§ 3º O direito ao crédito extingue-se após 5 (cinco) anos, contados da data de emissão do documento fiscal.

§ 4º O estabelecimento que receba mercadoria devolvida por particular, produtor ou qualquer pessoa natural ou jurídica não considerada contribuinte ou não obrigada à emissão de documento fiscal, pode creditar-se do imposto pago por ocasião da saída da mercadoria, segundo o disposto em regulamento.

§ 5º Salvo hipótese expressamente prevista em regulamento, é vedada a apropriação do crédito do imposto destacado em documento fiscal que indique como destinatário estabelecimento diverso daquele que o venha a escriturar.

§ 6º Revogado.

- § 6º revogado pela Lei nº 12.785, de 20/12/2007.

§ 7º Nas hipóteses dos incisos XVII e XVIII do artigo 2º, o crédito relativo às operações e prestações anteriores deve ser deduzido apenas do débito correspondente ao imposto devido a este Estado. (NR)

- *§ 7º acrescentado pela Lei nº 17.470, de 13/12/2021, em vigor em 90 (noventa) dias a contar da data de sua publicação, observado o disposto no artigo 150, III, "b", da Constituição Federal.*

Art. 38-A. Em substituição ao sistema de crédito previsto no artigo 38, poderá ser facultado ao contribuinte a compensação de importância resultante da aplicação de porcentagem fixa.

- Artigo 38-A acrescentado pela Lei nº 13.918, de 22/12/2009.

Art. 39. Na hipótese do artigo 60, não ocorrendo o fato gerador, pode o contribuinte creditar-se da importância recolhida a título de imposto.

Art. 40. É vedado o crédito do imposto relativo a mercadoria entrada ou adquirida e, conforme o caso, a serviço tomado:

I – alheios à atividade do estabelecimento;

II – para integração no produto ou consumo em processo de industrialização ou produção rural de produto cuja saída não seja tributada ou esteja isenta do imposto;

III – para comercialização ou prestação de serviço, quando a saída ou a prestação subseqüentes não sejam tributadas ou estejam isentas do imposto;

IV – que exceder ao montante devido, por erro ou inobservância da correta base de cálculo, determinada em lei complementar ou na legislação deste Estado.

- Artigo 40, "caput", e incisos I a IV com redação dada pela Lei nº 10.619, de 19/07/2000.

§ 1º Além da aplicação, no que couber, das hipóteses previstas no "caput", é também vedado o crédito relativo:

1. à mercadoria destinada a integração no ativo permanente se:

a) previsivelmente, sua utilização relacionar-se exclusivamente com mercadoria ou serviço objeto de operações ou prestações isentas ou não tributadas ou não sujeitas ao imposto;

b) vier a perecer ou deteriorar-se, for objeto de furto, roubo ou extravio, ou for alienada, antes de decorrido o prazo previsto no § 4º do artigo 36, a partir da data da ocorrência do fato, em relação a parcela restante do crédito;

2. à mercadoria destinada a uso ou consumo no estabelecimento, se, previsivelmente, sua utilização relacionar-se, exclusivamente, com mercadoria ou serviço objeto de operações ou prestações isentas, não tributadas ou não sujeitas ao imposto.

- § 1º com redação dada pela Lei nº 10.699, de 19/12/2000, produzindo efeitos a partir dos fatos geradores que ocorrerem a partir de 01/01/2001.

§ 2º Uma vez provado que a mercadoria ou o serviço mencionados neste artigo tenham ficado sujeitos ao imposto por ocasião de posterior operação ou prestação ou, ainda, que tenham sido empregados em processo de industrialização do qual resulte produto cuja saída se sujeite ao imposto, pode o estabelecimento creditar-se do imposto relativo ao serviço tornado ou à respectiva entrada, na proporção quantitativa da operação ou prestação tributadas.

§ 3º O contribuinte que tiver adquirido produtos agropecuários com isenção ou não tributação poderá creditar-se do imposto incidente em opera ção anterior à isenta ou não tributada, desde que a saída que promover seja onerada pelo imposto.

- §§ 2º e 3º com redação dada pela Lei nº 10.619, de 19/07/2000.

§ 4º Para os efeitos da vedação prevista no "caput", a revenda de combustíveis e outros derivados de petróleo, conforme definida em legislação federal, classifica-se no disposto no inciso I, quando realizada como atividade adicional.

- § 4º acrescentado pela Lei 11.929, de 12/04/2005, com a redação dada pelo texto promulgado em 12/12/2005.

Art. 41. O contribuinte deve proceder ao estorno do imposto de que se tenha creditado, sempre que o serviço tornado ou a mercadoria entrada no estabelecimento:

I - venha a perecer, deteriorar-se ou ser objeto de roubo, furto ou extravio;

II - seja objeto de saída ou prestação de serviço não tributada ou isenta, sendo esta circunstância imprevisível à data da entrada ou da prestação;

III - seja utilizada, integrada ou consumida em processo de industrialização ou produção rural de produto cuja saída não seja tributada ou esteja isenta do imposto;

IV - venha a ser utilizada em fim alheio à atividade do estabelecimento;

- Artigo 41, "caput", e incisos I a IV com redação dada pela Lei nº 10.619, de 19/07/2000.

V - Revogado.

- Inciso V revogado pela Lei nº 10.699, de 19/12/2000, produzindo efeitos a partir dos fatos geradores ocorridos a partir de 01/01/2001.

VI - para industrialização ou comercialização, seja utilizada ou consumida no próprio estabelecimento.

- Inciso VI com redação dada pela Lei nº 10.619, de 19/07/2000.

Parágrafo único. Havendo mais de uma operação ou prestação e sendo impossível determinar a qual delas corresponde a mercadoria ou o serviço, o imposto a estornar deve ser calculado mediante a aplicação da alíquota vigente na data do estorno sobre o preço mais recente da aquisição ou prestação.

- Parágrafo único com redação dada pela Lei nº 10.619, de 19/07/2000.

Art. 42. A vedação e o estorno de crédito previsto nos artigos 40 e 41 estendem-se ao imposto incidente sobre serviços de transporte e de comunicação relacionados com mercadoria que venha a ter qualquer das destinações mencionadas nos aludidos dispositivos.

Art. 43. Não se exigirá o estorno do crédito:

I - em relação ao imposto correspondente a entrada de mercadoria ou serviço objeto de operação ou prestação que os destine ao exterior;

II - na operação de transferência interna de bem do ativo permanente ou de material de uso ou consumo.

- Artigo 43 com redação dada pela Lei nº 10.619, de 19/07/2000.

Art. 44. O Poder Executivo poderá conceder e vedar crédito do imposto, bem como dispensar e exigir seu estorno, segundo o que for estabelecido em acordo celebrado com outros Estados ou com o Distrito Federal, observado, quando for o caso, o disposto em lei complementar federal.

Art. 45. É vedada a restituição por qualquer forma do valor do imposto que tenha sido utilizado como crédito pelo estabelecimento destinatário, bem como do saído de créditos existentes na data do encerramento das atividades do estabelecimentos.

Parágrafo único. Excetua-se do disposto neste artigo a devolução do tributo, total ou parcial, devidamente autorizada Federal, na forma prevista na legislação pertinente.

Art. 46. Ressalvadas as hipóteses expressamente previstas em regulamento, é vedada a transferência de crédito de um para outro estabelecimento.

SUBSEÇÃO V
DOS REGIME DE APURAÇÃO E DO PAGAMENTO DO IMPOSTO

Art. 47. O valor do imposto a recolher corresponde à diferença, em cada período de apuração, entre o imposto devido sobre as operações ou prestações tributadas e o cobrado relativamente às anteriores.

Parágrafo único. O regulamento poderá determinar:

1 - que a apuração e o recolhimento sejam feitos:

a) por mercadoria ou serviço dentro de determinado período

b) por mercadoria ou serviço, em função de cada operação ou prestação;

2 – a implantação de outro sistema de recolhimento do imposto, que se mostre mais eficiente para combater a sonegação.

3 – a aplicação de percentual fixo sobre a receita bruta aferida, quando o contribuinte realizar operações com mercadorias ou prestações com serviços tributados por alíquotas internas diferenciadas.

– Item 3 acrescentado pela Lei nº 10.619, de 19/07/2000.

Art. 48. O estabelecimento de contribuinte obrigado à escrituração fiscal deve apurar o valor do imposto a recolher de conformidade com os seguintes regimes:

I – regime periódico de apuração;

II – regime de estimativa.

Parágrafo único. O período de apuração dos regimes referidos neste artigo será fixado em regulamento.

– Parágrafo único com redação dada pela Lei nº 9.329, de 26/12/1995.

Art. 49. O estabelecimento enquadrado no regime periódico de apuração, no último dia do período e na forma prevista em regulamento, deve apurar nos livros fiscais próprios:

I – os valores das operações de saída de mercadoria e das prestações de serviço e o correspondente débito do imposto;

II – os valores das operações de entrada de mercadoria e das prestações de serviços tomados e o correspondente crédito do imposto;

III – os valores de outros débitos ou créditos do imposto;

IV – os valores de estornos de débitos e de créditos de imposto;

V – o valor do imposto a recolher; ou

VI – o valor do saldo credor a transportar para o período seguinte.

§ 1º Os valores referidos nos incisos V e VI devem ser declarados ao fisco.

§ 2º O montante mencionado no inciso V deve ser recolhido na forma e nos prazos fixados em regulamento.

§ 3º Nos casos em que incumba ao destinatário o pagamento do imposto relativo à entrada de mercadoria em seu estabelecimento ou ao recebimento de serviço, o regulamento poderá dispor que o recolhimento se faça independentemente do resultado da apuração do imposto no período correspondente.

§ 4º O recolhimento do imposto retido por contribuinte, na qualidade de sujeito passivo por substituição, deve ser efetuado independentemente do resultado da apuração relativa às operações ou prestações realizadas pelo estabelecimento no período, conforme disposto em regulamento.

§ 5º O regulamento poderá estabelecer que o saldo credor do imposto de que trata o inciso VI, em substituição ao transporte do valor para o período seguinte, possa ser utilizado para liquidação de débito fiscal, não vencido, relativo a saldo devedor apurado de período anterior, do mesmo mês.

– § 5º acrescentado pela Lei nº 9.359, de 18/06/1996, retroagindo seus efeitos a 01/02/1994.

Art. 50. O valor do imposto a recolher pelo estabelecimento enquadrado no regime de estimativa deve ser determinado pelo fisco.

§ 1º O imposto deve ser estimado para período certo e prevalece enquanto não revisto pelo fisco.

§ 2º O estabelecimento será enquadrado no regime de estimativa segundo critérios fixados em regulamento, que poderá levar em conta categorias, grupos ou setores de atividades econômicas.

§ 3º Os valores das operações ou das prestações e o montante do imposto a recolher no período considerado serão estimados em função dos dados declarados pelo contribuinte e de outros de que o fisco disponha e devem guardar estrita relação e proporção com eles.

§ 4º O montante do imposto a recolher, estimado na forma do parágrafo anterior, deve ser dividido em parcelas, iguais ou não, conforme dispuser o regulamento.

§ 5º As parcelas poderão ser fixadas em número determinado de UFESP ou com a utilização de outro critério de atualização monetária.

Art. 51. Feito o enquadramento no regime de estimativa, o contribuinte deve ser notificado do montante do imposto estimado para o período e do valor de cada parcela.

Art. 52. O estabelecimento enquadrado no regime de estimativa fará a apuração de que trata o Artigo 49, no ultimo dia do período, observada a forma prevista em regulamento.

§ 1º Os valores do imposto e das operações de entradas e saídas de mercadorias e dos serviços prestados ou tornados relacionados com as infrações, cujos débitos exigidos em auto de infração tenham sido recolhidos no curso do respectivo período, devem ser considerados na apuração de que trata este artigo.

§ 2º A diferença de imposto, verificada entre o montante determinado pelo fisco e o apurado nos termos do Artigo 49:

1 - se favorável ao fisco, deve ser recolhida independentemente de qualquer iniciativa fiscal;

2 - se favorável ao contribuinte, poderá ser deduzida de recolhimentos futuros, observados os requisitos estabelecidos em regulamento, independentemente da iniciativa do contribuinte.

§ 3º Na data em que for interrompida a aplicação do regime de estimativa, o contribuinte fará a apuração de que trata o Artigo 49, hipótese em que a diferença do imposto, verificada entre o montante determinado pelo fisco e o apurado, deve ser:

1 - se favorável ao fisco, recolhida, nos casos de desenquadramento do regime de estimativa ou de cessação de atividade;

2 - se favorável ao contribuinte:

a) compensada, nos casos de desenquadramento;

b) restituída, nos casos de cessação de atividade, mediante requerimento.

§ 4º Qualquer compensação ou restituição de que trata este artigo não impede a realização ou revisão de levantamento fiscal.

- Artigo 52 com redação dada pela Lei nº 9.329, de 26/12/1995.

Art. 53. O fisco pode, a qualquer tempo e a seu critério:

I - rever os valores estimados e reajustar as parcelas subseqüentes à revisão, mesmo no curso do período considerado;

II - promover o desenquadramento de qualquer estabelecimento do regime de estimativa.

Art. 54. As reclamações e recursos relacionados com o enquadramento no regime de estimativa não têm efeito suspensivo, salvo se prestada garantia.

Art. 55. Tratando-se de contribuinte não obrigado a manter escrituração fiscal, bem como nos casos expressamente previstos, o montante do imposto a recolher corresponde à diferença entre o imposto devido sobre a operação ou prestação tributada e o cobrado na imediatamente anterior, efetuada com a mesma mercadoria ou serviço.

Art. 56. Nas hipóteses previstas na legislação, a pessoa inscrita no Cadastro de Contribuintes deve declarar em guia de informação, conforme modelo aprovado pela Secretaria da Fazenda, os valores das operações ou prestações, do imposto a recolher ou, em sendo a hipótese, do saldo credor a transportar para o período seguinte.

- Artigo 56 com redação dada pela Lei nº 10.619, de 19/07/2000.

Art. 57. O imposto a recolher, declarado em guia de informação, é exigível independentemente da lavratura de auto de infração ou de notificação.

Art. 58. Na falta da declaração de que trata o artigo 56, o fisco deve transcrever os dados do livro fiscal próprio, cientificando o contribuinte, no mesmo ato.

Art. 59. O regulamento estabelecerá o local, a forma e os prazos para o recolhimento do imposto, admitida distinção em função de categorias, grupos ou setores de atividades econômicas.

Art. 60. Poderá ser exigido o recolhimento antecipado do imposto devido pela operação ou prestação subseqüentes, com a fixação do valor desta, se for o caso, nas seguintes situações, dentre outras:

I - entrada em território paulista de mercadoria ou recebimento e serviços originários de outro Estado ou do Distrito Federal;

II - entrada de mercadoria em estabelecimento de contribuinte ou recebimento de serviço;

III - em razão de operações ou prestações efetuadas por contribuinte que só opere em períodos determinados, tais como, durante finados, festas natalinas, juninas, carnavalescas e outras, em estabelecimentos provisórios instalados, inclusive em lugares destinados à recreação, esporte, exposição e outras atividades semelhantes;

IV - em decorrência de regime especial.

Art. 60-A. Nas operações interestaduais destinadas a contribuinte paulista, beneficiadas ou incentivadas em desacordo com o disposto na alínea "g" do inciso XII do § 2º do artigo 155 da Constituição Federal, o Poder Executivo poderá exigir o recolhimento, no momento da entrada da mercadoria em território paulista, do imposto correspondente ao valor do benefício ou incentivo.

- Artigo 60-A acrecentado pela Lei 13.918, de 22/12/2009.

Art. 61. Na entrega de mercadoria proveniente de outro Estado ou do Distrito Federal, a ser realizada em território paulista, sem destinatário certo, o imposto deve ser calculado sobre o valor estimado da operação e antecipadamente recolhido no primeiro município paulista por onde transite a mercadoria, deduzido o valor do imposto pago na origem, na forma prevista em regulamento.

Parágrafo único. Presume-se destinada a entrega neste Estado a mercadoria proveniente de outro Estado ou do Distrito Federal sem documentação comprobatória de seu destino.

Art. 62. O imposto devido, declarado e não pago deve ser inscrito na Dívida Ativa, após 60 (sessenta) dias contados do vencimento.

§ 1º No decurso desse prazo de 60 (sessenta) dias, o imposto pode ser recolhido independentemente de autorização fiscal.

§ 2º Após o decurso desse prazo, o recolhimento depende de prévia autorização fiscal.

- Artigo 62 com redação dada pela Lei nº 13.918, de 22/12/2009.

Art. 63. O recolhimento efetuado com inobservância do disposto no artigo anterior não anula ou invalida a exigência do débito fiscal, qualquer que seja a fase em que se encontre a cobrança, podendo a importância recolhida ser, a critério do fisco, objeto de restituição pela via administrativa, de utilização como crédito do imposto ou de imputação de pagamento desse ou de outro débito do imposto

Art. 64. Aplica-se o disposto nos artigos 57, 62 e 63:

I – ao imposto apurado pelo contribuinte e transcrito pelo fisco na forma do artigo 58;

II – a parcela devida por contribuinte enquadrado no regime de estimativa.

Art. 65. A cobrança e o recolhimento efetuados nos termos dos artigos 62 a 64 não elidem o direito da Fazenda do Estado de proceder a ulterior revisão fiscal.

Art. 65-A. O saldo devedor ou credor apurado em cada estabelecimento localizado neste Estado, na forma prevista nesta subseção, será compensado entre os estabelecimentos pertencentes ao mesmo titular, localizados em território paulista, conforme dispuser o regulamento.

- Artigo 65-A acrescentado pela Lei nº 10.699, de 19/12/2000, produzindo efeitos a partir de 01/01/2001.

Parágrafo único. O disposto no "caput" não se aplica à parcela dos saldos, credor e devedor, apurada com a revenda de combustíveis e outros derivados de petróleo, conforme definida em legislação federal.

- Parágrafo único acrescentado pela Lei 11.929, de 12/04/2005, com a redação dada pelo texto promulgado em 12/12/2005.

Art. 66. O recolhimento do imposto deve ser feito mediante guia preenchida pelo contribuinte, conforme modelo aprovado pela Secretaria da Fazenda.

Parágrafo único. A Secretaria da Fazenda pode determinar que o recolhimento se faça por meio de guia por ela fornecida ou por outro sistema, ficando-lhe facultado cobrar retribuição pelo custo.

SEÇÃO III
DAS DISPOSIÇÕES GERAIS RELATIVAS A SUJEIÇÃO PASSIVA POR SUBSTITUIÇÃO EM RELAÇÃO ÀS SUBSEQUENTES OPERAÇÕES

- Seção III acrescentada pela Lei nº 9.176, de 02/10/1995.

Art. 66-A. A sujeição passiva por substituição em relação às operações subsequentes compreende, também, o transporte efetuado por terceiro, desde que o respectivo preço esteja incluído na base de cálculo.

Parágrafo único. O disposto neste artigo não se aplica as operações interestaduais em que o tomador do serviço de transporte seja destinatário da mercadoria.

- Artigo 66-A acrescentado pela Lei nº 9.176, de 02/10/1995.

Art. 66-B. Fica assegurada a restituição do imposto pago antecipadamente em razão da substituição tributária:

I – caso não se efetive o fato gerador presumido na sujeição passiva;

II – caso se comprove que na operação final com mercadoria ou serviço ficou configurada obrigação tributária de valor inferior a presumida.

§ 1º O pedido de restituição, sem prejuízo de outras provas exigidas pelo fisco, será instruído com cópia da documentação Fiscal da operação ou prestação realizada, que comprove o direito a restituição.

§ 2º O Poder Executivo disporá sobre os pedidos de restituição que serão processados prioritariamente, quer quanto a sua instrução, quer quanto à sua apreciação, podendo, também, prever outras formas para devolução do valor, desde que adotadas para opção de contribuinte.

- Artigo 66-B, "caput", e §§ 1º e 2º acrescentados pela Lei nº 9.176, de 02/10/1995.

§ 3º O disposto no inciso II do "caput" deste artigo aplica-se apenas na hipótese de a base de cálculo do imposto devido por substituição tributária ter sido fixada nos termos do "caput" do artigo 28.

- § 3º acrescentado pela Lei nº 13.291, de 22/12/2008.

Art. 66-C. A sujeição passiva por substituição não exclui a responsabilidade supletiva do contribuinte pela liquidação total do crédito tributário, observado o procedimento estabelecido em regulamento, sem prejuízo da penalidade cabível por falta de pagamento do imposto.

Art. 66-D. O imposto devido por substituição tributária:

I - será calculado mediante aplicação da alíquota interna;

II - corresponderá à diferença a maior entre o imposto devido pela operação ou prestação do contribuinte e aquela devido pela operação ou prestação própria do responsável.

Art. 66-E. Em relação ao imposto devido por substituição tributária, aproveita ao responsável tributário o regime jurídico aplicável ao substituído, no que concerne a isenções, alíquota e base de cálculo.

Art. 66-F. Na regulamentação do regime jurídico-tributário de sujeição passiva por substituição com retenção do imposto, o Poder Executivo, além das demais normas, que não poderão ampliar a aplicação do regime, disporá sobre:

I - hipóteses de sua não aplicação, total ou parcial, inclusive em relação a determinada saída do sujeito passivo por substituição;

II - suspensão de sua aplicação, no todo ou em relação a contribuinte substituto que descumprir as obrigações da legislação;

III - momento da retenção do imposto;

IV - redução do percentual da margem do lucro a que se refere o Artigo 28, quando constatada que a margem efetivamente praticada e inferior à prevista.

Art. 66-G. A legislação paulista relativa ao regime jurídico-tributário de sujeigio passiva por substituição com retenção do imposto será observada também por contribuinte estabelecido em outro Estado ou no Distrito Federal, quando, na condição de responsável, efetuar retenção do imposto em favor deste Estado.

- Artigos 66-C a 66-G acrescentados pela Lei nº 9.176, de 02/10/1995.

Art. 66-H. O complemento do imposto retido antecipadamente deverá ser pago pelo contribuinte substituído, observada a sua regulamentação pelo Poder Executivo, quando: (NR)

- *"Caput" acrescentado pela* Lei nº 17.293, de 15/10/2020.

I - o valor da operação ou prestação final com a mercadoria ou serviço for maior que a base de cálculo da retenção; (NR)

- *Inciso I acrescentado pela* Lei nº 17.293, de 15/10/2020.

II - da superveniente majoração da carga tributária incidente sobre a operação ou prestação final com a mercadoria ou serviço. (NR)

- *Inciso II acrescentado pela* Lei nº 17.293, de 15/10/2020.

Parágrafo único - Fica o Poder Executivo autorizado a instituir regime optativo de tributação da substituição tributária, para segmentos varejistas, com dispensa de pagamento do valor correspondente à complementação do imposto retido antecipadamente, nas hipóteses em que o preço praticado na operação a consumidor final for superior à base de cálculo utilizada para o cálculo do débito de responsabilidade por substituição tributária, compensando-se com a restituição do imposto assegurada ao contribuinte. (NR)

- *Parágrafo único acrescentado pela* Lei nº 17.293, de 15/10/2020.

CAPÍTULO II
DAS OBRIGAÇÕES ACESSÓRIAS

Art. 67. As pessoas sujeitas à inscrição no cadastro de contribuintes, conforme as operações ou prestações que realizem, ainda que não tributadas ou isentas do imposto, devem, relativamente a cada um de seus estabelecimentos, emitir documentos fiscais, manter escrituração fiscal destinada ao registro das operações ou prestações efetuadas e atender as demais exigências decorrentes de qualquer outro sistema adotado pela Administração Tributária.

§ 1º Os modelos de documentos e livros fiscais, a forma e os prazos de sua emissão e escrituração, bem como disposições sobre sua dispensa ou obrigatoriedade de mantença, serão estabelecidos em regulamento ou em normas complementares.

§ 2º A Secretaria da Fazenda pode determinar:

1 - o uso de impresso de documento fiscal ou de outro impresso fiscal por ela fornecido, ficando-lhe facultado cobrar retribuição pelo custo;

2 - a adoção e utilização, por parte dos contribuintes, de dispositivos de controle, inclusive eletrônicos, que visem monitorar ou registrar as suas atividades de produção, armazenamento, transporte e suas operações ou prestações, no interesse da fiscalização do imposto.

- § 2º com redação dada pela Lei nº 13.918, de 22/12/2009.

§ 3º O valor do imposto deve constar em destaque no documento fiscal emitido nas operações ou prestações entre contribuintes.

§ 4º nos casos em que a operação ou prestação esteja desonerada em decorrência de isenção ou não-incidência ou em que tenha sido atribuída à outra pessoa a responsabilidade pelo pagamento do imposto, a circunstância deve ser mencionada no documento fiscal, indicando-se o dispositivo pertinente da legislação, sendo vedado o destaque referido no parágrafo anterior.

§ 5º Os documentos, os impressos de documentos, os livros das escritas fiscal, contábil e comercial, os programas e os arquivos digitais são de exibição obrigatória ao fisco, devendo ser conservados durante o prazo estabelecido na legislação tributária.

- § 5º com redação dada pela Lei nº 13.918, de 22/12/2009.

§ 6º Não tem aplicação qualquer disposição legal excludente da obrigação de exibir ou limitativa do direito do fisco de examinar mercadorias, livros, documentos, papeis, efeitos comerciais ou fiscais, programas e arquivos magnéticos dos contribuintes.

§ 7º Escritório de contabilidade poderá manter sob sua guarda livros e documentos, fiscais e contábeis, utilizados por seus clientes, devendo a exibição destes à fiscalização ser efetivada no local por esta indicada.

- § 7º com redação dada pela Lei nº 13.918, de 22/12/2009.

§ 8º Para fins do disposto neste artigo, presumem-se de natureza comercial, quaisquer livros, documentos, papéis, efeitos comerciais ou fiscais, programas e arquivos armazenados em meio magnético ou em qualquer outro meio, pertencentes ao contribuinte.

- § 8º acrescentado pela Lei nº 10.619, de 19/07/2000.

§ 9º O livro razão contábil e respectivos auxiliares serão escriturados pelo contribuinte, em relação às operações e prestações ocorridas neste Estado, independentemente da localização de sua matriz, devendo refletir a escrituração do livro diário.

- § 9º acrescentado pela Lei nº 13.918, de 22/12/2009.

Art. 68. Considera-se desacompanhada de documento fiscal a mercadoria ou prestação acobertada por documento inábil, assim entendido, também, o que não seja o exigido para a respectiva operação ou prestação ou não esteja provido de selo de controle, quando exigido pela legislação.

- Artigo 68 com redação dada pela Lei nº 10.619, de 19/07/2000.

Art. 69. O contribuinte do imposto deve cumprir as obrigações acessórias que tenham por objeto prestações, positivas ou negativas, previstas na legislação.

Parágrafo único. O disposto neste artigo, salvo disposição em contrário, aplica-se às demais pessoas inscritas ou obrigadas à inscrição no cadastro de contribuintes.

Art. 70. O estabelecimento gráfico, quando confeccione impressos para fins fiscais, deles deve fazer constar a sua firma ou denominação, endereço e número de inscrição, bem como a data e a quantidade de cada impressão.

Parágrafo único. O disposto neste artigo aplica-se, também, ao contribuinte que confeccione seus próprios impressos para fins fiscais.

CAPÍTULO III
DO REGIME ESPECIAL

Art. 71. Em casos especiais e com o objetivo de facilitar ou de compelir à observância da legislação tributária, as autoridades que o regulamento designar podem determinar, a requerimento do interessado ou de ofício, a adoção de regime especial para o cumprimento das obrigações fiscais.

§ 1º O regime especial de ofício, em hipótese de infração contumaz à legislação ou de habitual inadimplência do contribuinte, reconhecida em despacho fundamentado da autoridade administrativa, em cada caso, pode determinar, ainda:

1 - o recolhimento antecipado ou simultâneo do imposto devido, em decorrência de cada operação ou prestação realizada, mediante guia, assegurada a não cumulatividade do imposto;

2 - a prestação de informação relativa ao cumprimento do regime especial de ofício.

§ 2º Na hipótese prevista no item 1 do parágrafo anterior, admitir-se-á o recolhimento englobado, por destinatário e/ou por períodos.

- §§ 1º e 2º acrescentados pela Lei nº 10.619, de 19/07/2000.

TÍTULO IV
DA ADMINISTRAÇÃO TRIBUTÁRIA

Art. 72. A administração tributária tem por atribuição fazer cumprir a legislação relativa aos tributos de competência estadual, devendo adotar, na sua consecução, procedimentos que estimulem o atendimento voluntário da obrigação legal, reduzam a inadimplência e reprimam a sonegação, tais como a educação fiscal, a orientação de contribuintes, a divulgação da legislação tributária, a fiscalização e a aplicação de penalidades.

§ 1º A fiscalização compete, privativamente, aos Agentes Fiscais de Rendas que, no exercício de suas funções, deverão, obrigatoriamente, exibir ao contribuinte documento de identidade funcional fornecido pela Secretaria da Fazenda. ;

§ 2º Em observância aos princípios da eficiência administrativa e da razoabilidade, o Auto de Infração e Imposição de Multas pode deixar de ser lavrado nos termos de disciplina estabelecida pela Secretaria da Fazenda.

- Artigo 72 com redação dada pela Lei nº 13.918, de 22/12/2009.

Art. 73. As atividades da Secretaria da Fazenda e de seus Agentes Fiscais, dentro de sua área de competência e jurisdição terão precedência sobre os demais setores da Administração Pública.

Art. 74. O movimento real tributável realizado pelo estabelecimento em determinado período poderá ser apurado por meio de levantamento fiscal, em que poderão ser considerados, isolados ou conjuntamente, os valores das mercadorias entradas, das mercadorias saídas, dos estoques inicial e final, dos serviços recebidos e dos prestados, das despesas, dos outros encargos e do lucro do estabelecimento, bem como de outros elementos informativos. ;

- Artigo 74 , "caput" , com redação dada pela Lei nº 13.918, de 22/12/2009.

§ 1º No levantamento fiscal podem ser usados quaisquer meios indiciários, bem como aplicados coeficientes médios de lucro bruto ou de valor acrescido e de preços unitários, consideradas a atividade econômica, a localização e a categoria do estabelecimento.

§ 2º O levantamento fiscal pode ser renovado sempre que sejam apurados dados não considerados quando de sua elaboração.

§ 3º A diferença apurada por meio de levantamento fiscal é considerada decorrente de operação ou prestação tributada.

§ 4º O imposto devido sobre a diferença apurada em levantamento fiscal deverá ser calculado mediante aplicação da alíquota prevista no inciso I do artigo 34, salvo se o contribuinte tiver praticado qualquer operação ou prestação de serviços sujeita a alíquota maior, no período de levantamento, hipótese em que deverá ser considerada esta alíquota, independentemente do regime de tributação a que estiver sujeita a mercadoria.

- § 4º com redação dada pela Lei nº 13.918, de 22/12/2009.

§ 5º O movimento real tributável poderá ser arbitrado, conforme disciplina estabelecida pelo Poder Executivo, nas hipóteses em que não forem encontrados ou apresentados elementos necessários a sua comprovação.

- § 5º acrescentado pela Lei nº 13.918, de 22/12/2009.

Art. 74-A. Presume-se a ocorrência de omissão de operações e prestações de serviços tributáveis, realizadas sem o pagamento do imposto, nas seguintes hipóteses:

I - existência de saldo credor de caixa;

II - constatação de suprimentos a caixa não comprovados;

III - manutenção, no passivo, de obrigações já pagas ou inexistentes;

IV - constatação de ativos ocultos;

V - existência de entrada de mercadorias não registradas;

VI - declaração de vendas pelo contribuinte em valores inferiores às informações fornecidas por instituições financeiras e administradoras de cartões de crédito ou débito;

VII - falta de escrituração de pagamentos efetuados;

VIII - existência de valores creditados em conta de depósito ou de investimento mantida junto a instituição financeira, em relação aos quais o titular, regularmente notificado a prestar informações, não comprove, mediante documentação hábil e idônea, a origem dos recursos utilizados nessas operações;

IX – constatação de outros indícios que levem em consideração as disposições do artigo 74, observado o disposto em regulamento.

§ 1º Para fins da apuração do imposto identificado nos termos deste artigo, aplicam-se, no que couberem, as disposições do artigo 74 desta lei.

§ 2º Diante da presunção de que trata este artigo, caberá ao contribuinte o ônus da prova da não ocorrência dos fatos geradores ou do pagamento do imposto.

– Artigo 74-A acrescentado pela Lei nº 13.918, de 22/12/2009.

Art. 75. Não podem embaraçar a ação fiscalizadora e, mediante notificação escrita, são obrigados a exibir os impressos, os documentos, os livros, os programas e os arquivos magnéticos relacionados com o imposto e a prestar informações solicitadas pelo fisco:

I – as pessoas inscritas ou obrigadas à inscrição no cadastro de contribuintes ou que tomem parte nas operações ou prestações sujeitas ao imposto;

II – os que, embora não contribuintes, prestem serviços à pessoas sujeitas à inscrição no cadastro de contribuintes do imposto;

III – os serventuários da Justiça;

IV – os funcionários públicos e os servidores do Estado, os servidores de empresas públicas, de sociedades em que o Estado seja acionista majoritário, de sociedades de economia mista ou de fundações;

V – as empresas de transporte de âmbito municipal e os proprietários de veículos que façam do transporte profissão lucrativa e que não sejam contribuintes do imposto;

VI – os bancos, as instituições financeiras, os estabelecimentos de crédito em geral, as empresas seguradoras e as empresas de "leasing" ou arrendamento mercantil;

VII – os síndicos, os comissários e os inventariantes;

VIII – os leiloeiros, os corretores, os despachantes e os liquidantes;

IX – as empresas de administração de bens.

X – as empresas administradoras de cartões de crédito ou débito, relativamente às operações ou prestações de serviço realizadas por contribuinte do imposto;

XI – as empresas de informática que desenvolvem programas aplicativos para usuário de Equipamento Emissor de Cupom Fiscal – ECF.

– Incisos X e XI acrescentados pela Lei nº 12.294, de 06/03/2006.

XII – qualquer pessoa que realize atividades relacionadas à administração de rodovias, ferrovias, hidrovias, portos, aeroportos ou ainda de controle e movimentação de carga de veículos, inclusive os responsáveis pela cobrança de pedágio, de rastreamento de veículos e cargas, de gerenciamento de risco de transporte e de planejamento logístico;

XIII – os prestadores de serviços de intermediação comercial em ambiente virtual, com utilização de tecnologias de informação, inclusive por meio de leilões eletrônicos;

XIV – os prestadores de serviços de tecnologia de informação, tendo por objeto o gerenciamento e controle de operações comerciais realizadas em meio eletrônico, inclusive dos respectivos meios de pagamento;

XV – os prestadores de serviços de logística para a entrega de mercadorias oriundas de transações comerciais em ambiente virtual;

XVI – as pessoas responsáveis por atribuir, registrar ou gerenciar cadastros de domínios de sítios na rede mundial de computadores.

– Incisos XII a XVI acrescentados pela Lei nº 13.918, de 22/12/2009.

§ 1º A obrigação prevista neste artigo, ressalvada a exigência de prévia autorização judicial, não abrange a prestação de informações quanto a fatos sobre os quais o informante esteja legalmente obrigado a observar segredo em razão de cargo, ofício, função, ministério, atividade ou profissão.

§ 2º A pessoa que estiver portando mercadorias, com indícios de tê-la adquirido em estabelecimento comercial ou industrial em momento imediatamente anterior, poderá ser instada pela fiscalização a apresentar o documento fiscal emitido pelo estabelecimento, conforme dispuser o regulamento.

Art. 76. As empresas seguradoras, as empresas de "leasing" ou de arrendamento mercantil, os bancos, as instituições financeiras e outros estabelecimentos de crédito são obrigados a franquear à fiscalização o exame de contratos, duplicatas e triplicatas, promissórias rurais ou outros documentos que se relacionem com o imposto.

Art. 76-A. Está sujeito ao exercício regular da fiscalização tributária o escritório onde o contribuinte desenvolve atividades de gestão empresarial ou de processamento eletrônico de suas operações ou prestações, ainda que não inscrito.

§ 1º A restrição ou negativa de acesso do Agente Fiscal de Rendas ao escritório do contribuinte caracteriza resistência à fiscalização.

§ 2º Aplica-se o disposto neste artigo ao escritório de administrador, sócio ou ex-sócio de empresa ou empresas de contribuinte, na hipótese de indícios ou de fundada suspeita da existência, no local, de documentos e informações, em meio digital ou não, que se relacionem ao imposto.

- Artigo 76-A acrescentado pela Lei nº 13.918, de 22/12/2009.

Art. 77. Ficam sujeitos à apreensão os bens e mercadorias que constituam prova material de infração à legislação tributária.

§ 1º A apreensão pode ser feita, ainda, nos seguintes casos:

1 - quando transportadas ou encontradas mercadorias sem as vias dos documentos fiscais ou de qualquer outro documento exigido pela legislação, que devam acompanhá-las, inclusive na hipótese do § 2º do artigo 75, ou quando encontradas em local diverso do indicado na documentação fiscal;

2 - quando haja evidência de fraude, relativamente aos documentos que as acompanhem no seu transporte;

3 - quando estejam em poder de contribuinte que não prove a regularidade de sua inscrição no cadastro de contribuintes;

4 - quando estejam em poder de contribuinte habitualmente inadimplente com o recolhimento do imposto, conforme disposto em regulamento.

§ 2º Havendo prova ou suspeita fundada de que o bem ou mercadoria que objetive a comprovação da infração se encontre em residência particular ou em outro local a que a fiscalização não tenha livre acesso, devem ser promovidas buscas e apreensões judiciais, sem prejuízo das medidas necessarias para evitar sua remoção sem anuência do fisco.

Art. 78. Podem ainda ser apreendidos livros, documentos, impressos, papéis, programas e arquivos magnéticos com a finalidade de comprovar infração a legislação tributária.

Parágrafo único. Da apreensão administrativa deve ser lavrado termo, assinado pelo detentor ou, na sua ausência ou recusa, por duas testemunhas e, ainda, sendo o caso, pelo depositário designado pela autoridade que faça a apreensão.

- Artigo 79 transformado em parágrafo único do artigo 78 pela Lei nº 10.619, de 19/07/2000.

Art. 79. Tratando-se de programa e arquivo magnético, residentes ou não no equipamento eletrônico de processamento de dados, a seleção e eventual cópia deles, para fins de procedimento fiscal, bem como eventual deslacração que anteceder essas atividades, far-se-ão na presença do titular do estabelecimento ou seu preposto e/ou diante de testemunhas qualificadas.

- Artigo 79 com redação dada pela Lei nº 10.619, de 19/07/2000.

Art. 80. Os bens ou mercadorias apreendidos devem ser depositados, a juízo da autoridade fiscal:

I - em mãos do próprio detentor;

II - em estabelecimento de contribuinte idôneo que concorde em manter os bens ou mercadorias depositados, sem ônus para o Estado;

III - em repartição pública;

IV - em depósito de terceiro, previamente contratado pela Secretaria da Fazenda, que poderá encarregarse das remoções determinadas pela autoridade fiscal.

§ 1º Será garantida a preservação da integridade dos bens e mercadorias apreendidos pelo fisco, conforme disciplina estabelecida pela Secretaria da Fazenda, com observância do seguinte:

1 - os bens ou mercadorias serão removidos, armazenados e segurados de modo a garantir sua preservação física;

2 - os custos ou despesas correspondentes à remoção, armazenamento e seguro correrão por conta:

a) do contribuinte;

b) da Secretaria da Fazenda se, ao final do processo administrativo ou judicial, não ficar comprovada a infração.

§ 2º O veículo transportador não será retido, ressalvada a restrição da sua circulação pelo tempo necessário às providências de apreensão, remoção, armazenagem e seguro dos bens e mercadorias, nos termos regulamentares.

§ 3º A critério da autoridade fiscal, os bens e mercadorias apreendidos poderão ser removidos e armazenados em outro local ou devolvidos ao contribuinte antes do pagamento das despesas decorrentes das remoções e depósitos anteriores, quando devidas.

– Artigo 80 com redação dada pela Lei nº 13.918, de 22/12/2009.

Art. 81. A devolução do bem, livro, documento, impresso, papel, programa e arquivo magnético apreendidos somente pode ser feita se, a critério do fisco, não prejudicar a comprovação da infração.

§ 1º Quando o livro, documento, impresso, papel, programa e arquivo magnético devam permanecer retidos, a autoridade fiscal pode determinar, a pedido do interessado, que deles se extraia, total ou parcialmente, cópia autêntica para entrega ao contribuinte, retendo os originais, sendo facultada a cobrança de retribuição pelo custo.

§ 2º A devolução de mercadoria somente pode ser autorizada se o interessado, dentro de 5 (cinco) dias contados da apreensão, exibir elementos que comprovem o pagamento do imposto devido ou, conforme o caso, a regularidade da situação do contribuinte ou da mercadoria perante o fisco, após o pagamento das despesas de apreensão.

§ 3º Sendo a mercadoria de rápida deterioração, o prazo deve ser de 48 (quarenta e oito) horas, salvo se outro, menor, for fixado no termo de apreensão, à vista do estado ou natureza da mercadoria.

§ 4º O risco do perecimento natural ou da perda de valor da coisa apreendida e do proprietário ou do detentor no momento da apreensão.

Art. 82. Findo o prazo previsto para a devolução da mercadoria, deve ser iniciado o procedimento destinado a leva-lá à venda em leilão público para pagamento do imposto, da multa, juros, correção monetária e da despesa de apreensão.

Parágrafo único. A mercadoria, após avaliada pela repartição fiscal, deve ser distribuída a casas ou instituições de beneficência:

1 – se de rápida deterioração, após o decurso do prazo previsto no § 3º do artigo anterior;

2 – se o valor da avaliação for inferior ao do custo do leilão, acrescido das despesas de apreensão, remoção, depósito e seguro.

– Item 2 do parágrafo único com redação dada pela Lei nº 13.918, de 22/12/2009.

Art. 83. A liberação da mercadoria apreendida pode ser promovida até o momento da realização do leilão ou da distribuição, desde que o interessado deposite importância equivalente a totalidade do débito.

§ 1º Se o interessado na liberação for contribuinte com estabelecimento fixo localizado neste Estado, o depósito pode ser substituído por garantia idônea, real ou fidejussória.

§ 2º A mercadoria somente pode ser devolvida ou liberada mediante recibo passado pela pessoa cujo nome figure no termo de apreensão como seu proprietário ou detentor, ressalvados os casos de mandato escrito e de prova inequívoca da propriedade feita por outrem.

Art. 84. A importância depositada para liberação da mercadoria apreendida ou o produto de sua venda em leilão deve ficar em poder do fisco até o termino do processo administrativo; findo este, da referida importância deve ser deduzido o valor total do débito, devolvendo-se o saldo, se houver, ao interessado com seu valor atualizado; se o saldo for devedor, prosseguir-se-á na cobrança.

Parágrafo único. No valor total do débito incluem-se os impostos e demais encargos legais, bem como as despesas de remoção, depósito, seguro e outras havidas em função da apreensão da mercadoria.

– Parágrafo único acrescentado pela Lei nº 13.918, de 22/12/2009.

Art. 84-A. A autoridade fiscal pode desconsiderar atos ou negócios jurídicos praticados com a finalidade de dissimular a ocorrência do fato gerador do tributo ou a natureza dos elementos constitutivos da obrigação tributária.

– Artigo 84-A acrescentado pela Lei nº 11.001, de 21/12/2001.

Art. 84-B. No interesse da arrecadação tributária, da preservação do emprego, do investimento privado, do desenvolvimento econômico do Estado e competitividade da economia paulista, bem como para garantia da livre concorrência, o Poder Executivo poderá adotar cumulativamente as seguintes medidas:

I – ações preventivas e de fiscalização que visem minimizar a repercussão dos efeitos dos atos ilegais praticados por outras unidades federadas;

II – incentivos compensatórios pontuais;

– O STF, na ADI 4635, concedeu medida cautelar para suspender qualquer interpretação que, fundada nos arts. 84-B, II, e 112, ambos da Lei paulista nº 6.374/89, torne possível a edição de atos normativos, por parte do Estado de São Paulo e de seu Governador, que outorguem benefícios fiscais ou financeiros, bem assim incentivos compensatórios pontuais, dos quais resulte redução ou eliminação, direta ou indireta, do respectivo ônus tributário, em matéria de ICMS, sem que tais medidas sejam precedidas da necessária celebração de convênio no âmbito do CONFAZ.

III – outras medidas legislativas infralegais.

– Artigo 84-B acrescentado pela Lei nº 13.918, de 22/12/2009.

TÍTULO V
DAS PENALIDADES

Art. 85. O descumprimento das obrigações principal e acessórias, instituídas pela legislação do Imposto sobre Operações Relativas à Circulação de Mercadorias e sobre Prestação de Serviços de Transporte Interestadual e Intermunicipal e de Comunicação, fica sujeito às seguintes penalidades:

I – infrações relativas ao pagamento do imposto:

a) falta de pagamento do imposto, apurada por meio de levantamento fiscal – multa equivalente a 80% (oitenta por cento) do valor do imposto;

b) falta de pagamento do imposto, quando o documento fiscal relativo à respectiva operação ou prestação tenha sido emitido mas não escriturado regularmente no livro fiscal próprio – multa equivalente a 75% (setenta e cinco por cento) do valor do imposto;

c) falta de pagamento do imposto nas seguintes hipóteses: emissão e/ou escrituração de documento fiscal de operação ou prestação tributada como não tributada ou isenta, erro na aplicação da alíquota, na determinação da base de cálculo ou erro na apuração do valor do imposto, desde que, neste caso, o documento tenha sido emitido e escriturado regularmente – multa equivalente a 50% (cinqüenta por cento) do valor do imposto;

d) falta de pagamento do imposto, decorrente de entrega de guia de informação com indicação do valor do imposto a recolher em importância inferior ao escriturado no livro fiscal destinado à apuração do imposto – multa equivalente a 100% (cem por cento) do valor do imposto não declarado;

e) falta de pagamento do imposto, quando a respectiva operação ou prestação esteja escriturada regularmente no livro fiscal próprio e, nos termos da legislação, ao recolhimento do tributo deva ser efetuado por guia especial – multa equivalente a 50% (cinqüenta por cento) do valor do imposto;

f) falta de pagamento do imposto, em hipótese em que, indicada zona franca como destino da mercadoria, por qualquer motivo, não tenha sido provado o seu ingresso, não tenha chegado ao destino ou tenha sido reintroduzida no mercado interno do país – multa equivalente a 100% (cem por cento) do valor do imposto;

g) falta de pagamento do imposto, quando indicado outro Estado ou Distrito Federal como destino da mercadoria, não tenha esta saído do território paulista – multa equivalente a 50% (cinqüenta por cento) do valor total da operação;

h) falta de pagamento do imposto, quando indicada operação de exportação, não tenha esta se realizado – multa equivalente a 50% (cinqüenta por cento) do valor da operação;

i) falta de pagamento do imposto, decorrente do uso de máquina registradora, terminal ponto de venda – PDV, equipamento emissor de cupom fiscal – ECF ou qualquer outro equipamento não homologado ou não autorizado pelo fisco – multa equivalente a 100% (cem por cento) do valor do imposto;

j) falta de pagamento do imposto, decorrente do uso de máquina registradora, terminal ponto de venda – PDV, equipamento emissor de cupom fiscal – ECF ou qualquer outro equipamento, com adulteração do "software" básico ou da memória fiscal – MF, troca irregular da placa que contém o "software" básico ou a memória fiscal, ou interligação a equipamento de processamento eletrônico de dados sem autorização legal – multa equivalente a 100% (cem por cento) do valor do imposto;

– Alíneas "i" e "j" com redação dada pela Lei nº 16.497, de 18/07/2017, entrando em vigor na data da publicação de sua regulamentação.

l) falta de pagamento do imposto, em hipótese não prevista nas demais alíneas deste inciso – multa equivalente a 100% (cem por cento) do valor do imposto;

– Alínea "l" com redação dada pela Lei Complementar nº 16.497, de 18/07/2017, entrando em vigor na data da publicação de sua regulamentação.

m) falta de pagamento do imposto, decorrente do uso de equipamento emissor de cupom fiscal - ECF que tenha sido objeto de troca irregular da placa que contém o "software" básico, a memória fiscal - MF ou a memória da fita-detalhe - MFD - multa equivalente a 100% (cem por cento) do valor do imposto;

n) falta de pagamento do imposto, decorrente do uso de equipamento emissor de cupom fiscal - ECF acionado por programa aplicativo que possibilite a gravação da operação ou prestação em dispositivo de armazenamento digital controlado pelo contribuinte, sendo inobservada a concomitância da captura do item de venda ou serviço com a visualização, registro e impressão do cupom fiscal - multa equivalente a 100% (cem por cento) do valor do imposto, sem prejuízo da aplicação da penalidade pelo uso do equipamento;

- Alíneas "m" e "n" com redação dada pela Lei nº 16.497, de 18/07/2017, entrando em vigor na data da publicação de sua regulamentação.

II - infrações relativas ao crédito do imposto:

a) Revogada;

- Alínea "a" revogada pela Lei nº 16.497, de 18/07/2017, entrando em vigor na data da publicação de sua regulamentação.

b) crédito do imposto, decorrente de escrituração não fundada em documento e sem a correspondente entrada de mercadoria no estabelecimento ou sem a aquisição de propriedade de mercadoria ou, ainda, sem o recebimento de prestação de serviço - multa equivalente a 40% (quarenta por cento) do valor escriturado como o da operação ou prestação, sem prejuízo do recolhimento da importância creditada e da anulação da respectiva escrituração;

c) crédito do imposto, decorrente de escrituração de documento que não atenda às condições previstas no item 3 do § 1º do artigo 36 desta lei, independentemente de ter havido, ou não, a correspondente entrada de mercadoria no estabelecimento ou a aquisição de sua propriedade ou, ainda, o correspondente recebimento da prestação de serviço - multa equivalente a 35% (trinta e cinco por cento) do valor indicado no documento como o da operação ou prestação, sem prejuízo do recolhimento da importância creditada;

- Alínea "c" com redação dada pela Lei nº 16.497, de 18/07/2017, entrando em vigor na data da publicação de sua regulamentação.

d) crédito do imposto, decorrente de escrituração de documento que não corresponda à entrada de mercadoria no estabelecimento ou à aquisição de propriedade de mercadoria ou, ainda, a serviço tornado - multa equivalente a 30% (trinta por cento) do valor indicado no documento como o da operação ou prestação, sem prejuízo do recolhimento da importância creditada e da anulação da respectiva escrituração;

e) crédito do imposto, decorrente de sua apropriação em momento anterior ao da entrada da mercadoria no estabelecimento ou ao do recebimento do serviço - multa equivalente a 10% (dez por cento) do valor da operação ou prestação, sem prejuízo do pagamento da correção monetária e dos demais acréscimos legais, em relação à parcela do imposto que teve retardado o seu recolhimento;

f) transferência ou recebimento de crédito do imposto entre estabelecimentos ou a sua utilização pelo estabelecimento detentor, em hipótese não permitida, ou sem autorização ou visto fiscal, bem como sem observância de outros requisitos previstos na legislação - multa equivalente a 50% (cinquenta por cento) do valor do crédito transferido, recebido ou utilizado irregularmente, sem prejuízo do recolhimento da importância transferida, recebida ou utilizada;

- Alínea "f" com redação dada pela Lei nº 13.918, de 22/12/2009.

g) transferência ou recebimento entre estabelecimentos ou utilização de crédito acumulado do imposto apropriado em desacordo com a legislação - multa equivalente a 60% (sessenta por cento) do valor do crédito transferido, recebido ou utilizado irregularmente, sem prejuízo do recolhimento da importância transferida, recebida ou utilizada;

- Alínea "g" com redação dada pela Lei nº 13.918, de 22/12/2009.

h) crédito do imposto recebido em transferência de contribuinte estabelecido em outra unidade da Federação, sem que haja acordo firmado com aquela unidade federada, sem autorização ou visto fiscal, ou com não observância de outros requisitos previstos na legislação - multa equivalente a 50% (cinqüenta por cento) do valor do crédito recebido, sem prejuízo do recolhimento da importância creditada;

i) crédito do imposto recebido em transferência decorrente de escrituração de documento que não atenda às condições previstas no item 3 do § 1º do artigo 36 - multa equivalente a 100% (cem por cento) do valor do crédito recebido, sem prejuizo do recolhimento da importância creditada;

- Alíneas "h" e "i" acrescentadas pela Lei nº 10.619, de 19/07/2000.

j) crédito indevido do imposto, em hipótese não prevista nas alíneas anteriores, incluída a de falta de estorno - multa equivalente a 100% (cem por cento) do valor do crédito indevidamente escriturado ou não estornado, sem prejuízo do recolhimento da respectiva importância;

- Alínea "h" renomeada para alínea "j" pela Lei nº 10.619, de 19/07/2000.

III - infrações relativas à documentação fiscal na entrega, remessa, transporte, recebimento, estocagem ou depósito de mercadoria ou, ainda, quando couber, na prestação de serviço:

a) entrega, remessa, transporte, recebimento, estocagem ou depósito de mercadoria desacompanhada de documentação fiscal - multa equivalente a 35% (trinta e cinco por cento) do valor da operação, aplicável ao contribuinte que tenha promovido a entrega, remessa ou recebimento, estocagem ou depósito da mercadoria; 15% (quinze por cento) do valor da operação, aplicável ao transportador; sendo o transportador o próprio remetente ou destinatário - multa equivalente a 50% (cinquenta por cento) do valor da operação;

- Alínea "a" com redação dada pela Lei nº 16.497, de 18/07/2017, entrando em vigor na data da publicação de sua regulamentação.

b) remessa ou entrega de mercadoria a destinatário diverso do indicado no documento fiscal - multa equivalente a 40% (quarenta por cento) do valor da operação, aplicável tanto ao contribuinte que tenha promovido a remessa ou entrega como ao que tenha recebido a mercadoria; 20% (vinte por cento) do valor da operação, aplicável ao transportador; sendo o transportador o próprio remetente ou destinatário - multa equivalente a 60% (sessenta por cento) do valor da operação);

c) recebimento de mercadoria ou de serviço sem documentação fiscal, cujo valor seja apurado por meio de levantamento fiscal - multa equivalente a 30% (trinta por cento) do valor da mercadoria ou do serviço;

d) entrega ou remessa de mercadoria depositada por terceiro à pessoa ou estabelecimento diverso do depositante, quando este não tenha emitido o documento fiscal correspondente multa equivalente a 20% (vinte por cento) do valor da mercadoria entregue ou remetida, aplicável ao depositário;

e) prestação ou recebimento de serviço desacompanhado de documentação fiscal - multa equivalente a 50% (cinqüenta por cento) do valor da prestação, aplicável ao contribuinte que tenha prestado o serviço ou que o tenha recebido;

f) prestação de serviço à pessoa diversa da indicada no documento fiscal - multa equivalente a 40% (quarenta por cento) do valor da prestação, aplicável tanto ao prestador do serviço como ao contribuinte que o tenha recebido;

g) entrega, pelo depositário estabelecido em recinto alfandegado, de mercadoria ou bem importados do exterior, sem a observância de requisitos regulamentares - multa equivalente a 50% (cinquenta por cento) do valor da operação de importação.

- Alínea "g" acrescentado pela Lei nº 13.918, de 22/12/2009.

IV - infrações relativas a documentos fiscais e impressos fiscais:

a) falta de emissão de documento fiscal - multa equivalente a 50% (cinqüenta por cento) do valor da operação ou prestação;

b) emissão de documento fiscal que consigne declaração falsa quanto ao estabelecimento de origem ou de destino da mercadoria ou do serviço; emissão de documento fiscal que não corresponda à saída de mercadoria, à transmissão de propriedade da mercadoria, à entrada de mercadoria no estabelecimento ou, ainda, à prestação ou a recebimento de serviço multa equivalente a 30% (trinta por cento) do valor da operação ou prestação indicado no documento fiscal;

c) adulteração, vício ou falsificação de documento fiscal; utilização de documento falso, de documento fiscal em que o respectivo impresso tenha sido confeccionado sem autorização fiscal ou que tenha sido confeccionado por estabelecimento gráfico diverso do indicado, para propiciar, ainda que a terceiro, qualquer vantagem indevida - multa equivalente a 100% (cem por cento) do valor indicado no documento;

d) utilização de documento fiscal com numeração e seriação em duplicidade ou emissão ou recebimento de documento fiscal que consigne valores diferentes nas respectivas vias - multa equivalente a 100% (cem por cento) do valor total da operação ou prestação;

e) emissão ou recebimento de documento fiscal que consigne importância inferior ao valor da operação ou da prestação - multa equivalente a 100% (cem por cento) do montante da diferença entre o valor real da operação ou prestação e o declarado ao fisco;

f) reutilização em outra operação ou prestação de documento fiscal - multa equivalente a 100% (cem por cento) do valor da operação ou da prestação ou, a falta deste, do valor indicado no documento exibido;

g) destaque de valor do imposto em documento referente a operação ou prestação não sujeita ao pagamento do tributo multa equivalente a 30% (trinta por cento) do valor da operação ou prestação indicado no documento fiscal; quando o valor do imposto destacado irregularmente tenha sido lançado para pagamento no livro fiscal próprio – multa equivalente a 1 % (um por cento) do valor da operação ou prestação constante do documento;

h) emissão de documento fiscal com inobservância de requisito regulamentar ou falta de obtenção de visto em documento fiscal – multa equivalente a 1% (um por cento) do valor da operação ou prestação relacionada com o documento;

i) emissão ou preenchimento de qualquer outro documento com inobservância de requisito regulamentar ou falta de obtenção de visto fiscal, quando exigido – multa equivalente a 1% (um por cento) do valor da operação ou da prestação relacionada com o documento;

j) extravio, perda, inutilização, permanência fora do estabelecimento em local não autorizado de documento fiscal ou a sua não exibição a autoridade fiscalizadora – multa equivalente ao valor de 15 (quinze) UFESPs por documento;

l) confecção para si ou para terceiro, bem como encomenda para confecção de impresso de documento fiscal sem autorização fiscal – multa equivalente ao valor de 70 (setenta) UFESPs, aplicável tanto ao impressor como ao encomendante;

– Alínea "l" com redação dada pela Lei nº 13.918, de 22/12/2009.

m) fornecimento, posse ou detenção de falso documento fiscal, de documento fiscal em que o respectivo impresso tenha sido confeccionado sem autorização fiscal ou que tenha sido confeccionado por estabelecimento gráfico diverso do indicado – multa equivalente ao valor de 20 (vinte) UFESPs por documento;

n) extravio, perda, inutilização, permanência fora do estabelecimento em local não autorizado de impresso de documento fiscal ou a sua não exibição à autoridade fiscalizadora – multa equivalente ao valor de 15 (quinze) UFESPs por impresso de documento fiscal;

o) confecção, para si ou para terceiro, ou encomenda para confecção, de falso impresso de documento fiscal, ou de impresso de documento fiscal em duplicidade – multa equivalente ao valor de 20 (vinte) UFESPs por impresso de documento fiscal;

p) fornecimento, posse ou detenção de falso impresso de documento fiscal ou impresso de documento fiscal que indique estabelecimento gráfico diverso do que o tenha confeccionado – multa equivalente ao valor de 20 (vinte) UFESPs por impresso de documento fiscal;

q) emitir comprovante com indicação "controle interno", "sem valor comercial", "operação não sujeita ao ICMS" ou qualquer outra expressão análoga, em operação sujeita ao imposto – multa equivalente a 100% (cem por cento) do valor da operação ou prestação, sem prejuízo da interdição de uso, até que seja substituído ou regularizado;

– Alínea "q" com redação dada pela Lei nº 13.918, de 22/12/2009.

r) deixar de emitir diariamente, no início do expediente, cupom de leitura dos totalizadores fiscais (leitura "X") dos equipamentos – multa equivalente ao valor de 6 (seis) UFESPs, por equipamento e por dia, limitada a 100 (cem) UFESPs por equipamento no ano;

s) deixar de emitir diariamente e/ou deixar de arquivar em ordem cronológica, o cupom de leitura dos totalizadores fiscais, com redução a zero dos totalizadores parciais (redução "Z"), de todos os equipamentos autorizados – multa equivalente ao valor de 8 (oito) UFESPs, por equipamento e por dia, limitada a 500 (quinhentas) UFESPs por equipamento no ano;

– Alíneas "r" e "s" acrescentadas pela Lei nº 10.619, de 19/07/2000.

t) deixar de emitir e/ou apresentar à fiscalização, quando solicitado, leitura da memória fiscal – MF ou memória da fita-detalhe – MFD do equipamento emissor de cupom fiscal, em papel ou em arquivo digital, ao final de cada período de apuração – multa equivalente ao valor de 15 (quinze) UFESPs, por documento;

– Alínea "t" com redação dada pela Lei nº 13.918, de 22/12/2009.

u) romper fita-detalhe, quando esta for de emissão obrigatória – multa equivalente ao valor de 30 (trinta) UFESPs, por segmento fracionado;

v) deixar de emitir o Mapa-Resumo de Caixa, Mapa Resumo de PDV ou Mapa Resumo de ECF, quando exigido pela legislação – multa equivalente ao valor de 20 (vinte) UFESPs, por documento, limitada a 300 (trezentas) UFESPs por ano;

x) deixar de apresentar ao fisco, quando requerido, bobinas de fita-detalhe ou listagem atualizada de todas as mercadorias comercializadas, em que constem o código da mercadoria, a descrição, a situação tributária e o valor unitário – multa equivalente ao valor de 50 (cinqüenta) UFESPs, por bobina ou listagem;

– Alíneas "u", "v" e "x" acrescentadas pela Lei nº 10.619, de 19/07/2000.

y) extraviar, danificar, tornar ilegível, apagar ou não tomar os devidos cuidados para a conservação de fita-detalhe do equipamento emissor de cupom fiscal - ECF, dos componentes eletrônicos de memória fiscal - MF ou da memória de fita-detalhe - MFD, após a cessação de uso do equipamento - multa de 2 (duas) UFESPs por documento ou 500 (quinhentas) UFESPs no caso de MF ou MFD, para cada componente;

z) falta de registro eletrônico de documento fiscal - REDF ou de transmissão de documento fiscal ou de autorização de uso de documento fiscal, quando exigidos pela legislação - multa equivalente a 50% (cinquenta por cento) do valor da operação ou prestação indicada no documento fiscal, nunca inferior a 15 (quinze) UFESPs por documento; no caso de solicitação após transcurso do prazo regulamentar, multa equivalente a 1% (um por cento) do valor da operação ou prestação constante do documento, nunca inferior a 6 (seis) UFESPs, por documento ou impresso;

z1) falta de solicitação de cancelamento de documento fiscal eletrônico, quando exigido pela legislação, ou solicitação de cancelamento desses documentos após transcurso do prazo regulamentar - multa equivalente a 10% (dez por cento) do valor da operação ou prestação constante do documento, nunca inferior a 15 (quinze) UFESPs, por documento ou impresso; no caso de solicitação após transcurso do prazo regulamentar, multa equivalente a 1% (um por cento) do valor da operação ou prestação constante do documento, nunca inferior a 6 (seis) UFESPs, por documento ou impresso;

z2) falta de solicitação de inutilização de número de documento fiscal eletrônico, quando exigido pela legislação, ou solicitação de sua inutilização após o transcurso do prazo regulamentar - multa equivalente ao valor de 15 (quinze) UFESPs por número de documento fiscal; no caso de solicitação após transcurso do prazo regulamentar, multa equivalente a 6 (seis) UFESPs, por número de documento;

z3) falta de inutilização de impresso de documento fiscal, quando exigido pela legislação, ou falta de comunicação de sua inutilização, bem como inutilização ou comunicação de inutilização desses documentos após transcurso do prazo regulamentar - multa equivalente ao valor de 15 (quinze) UFESPs por documento ou impresso; no caso de solicitação após transcurso do prazo regulamentar, multa equivalente ao valor de 6 (seis) UFESPs, por impresso;

z4) emissão ou impressão de documento fiscal com valor ou destinatário diverso do contido no correspondente documento fiscal eletrônico - multa equivalente a 100% (cem por cento) do valor total da operação ou prestação;

z5) emissão ou impressão de documento fiscal com informações divergentes das contidas no correspondente documento fiscal eletrônico, em hipóteses não abrangidas pela alínea "z4" deste artigo - multa equivalente ao valor de 20 (vinte) UFESPs por documento;

- Alíneas "y" a "z5" acrescentadas pela Lei nº 13.918, de 22/12/2009.

V - infrações relativas a livros fiscais, contábeis e registros magnéticos:

- Inciso V , "caput", com redação dada pela Lei nº 13.918, de 22/12/2009.

a) falta de escrituração de documento relativo à entrada de mercadoria no estabelecimento ou à aquisição de sua propriedade ou, ainda, ao recebimento de serviço, quando já escrituradas as operações ou prestações do período a que se refiram - multa equivalente a 10% (dez por cento) do valor da operação ou prestação constante do documento;

b) falta de escrituração de documento relativo à aquisição ou entrada de mercadoria ou à utilização de serviço, praticada por estabelecimento enquadrado no regime de estimativa ou por estabelecimento enquadrado em regime tributário simplificado, atribuído a microempresa ou empresa de pequeno porte, com o objetivo de ocultar seu movimento real, quando já escrituradas as operações ou prestações do período a que se refiram - multa equivalente a 50% (cinqüenta por cento) do valor da operação ou prestação constante do documento;

- Alínea "b" com redação dada pela Lei nº 10.619, de 19/07/2000.

c) falta de escrituração de documento relativo à saída de mercadoria ou à prestação de serviço, cuja operação ou prestação não esteja sujeita ao pagamento do imposto - multa equivalente a 5% (cinto por cento) do valor da operação ou prestação constante do documento; ou de 20% (vinte por cento) se sujeitas ao pagamento do imposto em operação ou prestação posterior;

d) falta de registro em meio magnético de documento fiscal quando já registradas as operações ou prestações do período - multa equivalente a 10% (dez por cento) do valor da operação ou prestação constante do documento;

e) falta de elaboração de documento auxiliar de escrituração fiscal ou sua não exibição ao fisco - multa equivalente a 1% (um por cento) do valor das operações ou prestações que dele devem constar;

f) adulteração, vício ou falsificação de livro fiscal - multa equivalente a 100% (cento por cento) do valor da operação ou prestação a que se refira a irregularidade;

g) atraso de escrituração: do livro fiscal destinado à escrituração das operações de entrada de mercadoria ou recebimento de serviço e/ou do livro fiscal destinado à escrituração das operações de saída de mercadoria ou de prestação de serviço - multa equivalente a 1% (um por cento) do valor das operações ou prestações não escrituradas, em relação a cada livro; do livro fiscal destinado à escrituração do inventário de mercadorias - multa equivalente a 1% (um por cento) do valor do estoque não escriturado;

h) atraso de escrituração de livro fiscal não mencionado na alínea anterior - multa equivalente ao valor de 6 (seis) UFESPs por livro, por mês ou fração;

i) atraso de registro em meio magnético - multa equivalente a 1% (um por cento) do valor das operações ou prestações não registradas;

j) falta de livro fiscal ou sua utilização sem prévia autenticação da repartição competente - multa equivalente ao valor de 6 (seis) UFESPs por livro, por mês ou fração, contado da data a partir da qual tenha sido obrigatória a manutenção do livro ou da data da utilização irregular;

l) encerramento de livro fiscal escriturado por processamento de dados, sem autenticação da repartição competente - multa equivalente ao valor de 6 (seis) UFESPs por livro, por mês ou fração, contado da data a partir da qual tenha sido obrigatória sua autenticação;

l) Revogada.

- Alínea "l" revogada pela Lei 10.619, de 19/07/2000.

m) extravio, perda, inutilização ou não exibição à autoridade fiscalizadora de livro fiscal ou contábil - multa equivalente a 1% (um por cento) do valor das operações e prestações que nele devam constar; não existindo operações ou prestações - multa equivalente ao valor de 70 (setenta) UFESPs, por livro;

- Alínea "m" com redação dada pela Lei nº 13.918, de 22/12/2009.

m1) permanência de livro fiscal ou contábil fora do estabelecimento ou em local não autorizado - multa equivalente ao valor de 15 (quinze) UFESPs por livro;

- Alínea "m1" acrescentada pela Lei nº 13.918, de 22/12/2009.

n) falta de autorização fiscal para reconstituição de escrita - multa equivalente a 1% (um por cento) do valor das operações ou prestações a que se refira a reconstituição de escrita;

o) utilização, em equipamento de processamento de dados de programa para a emissão de documento fiscal ou escrituração de livro fiscal com vício, fraude ou simulação - multa equivalente a 80% (oitenta por cento) do valor da operação ou prestação a que se refira a irregularidade, não inferior ao valor de 100 (cem) UFESPs;

p) irregularidade de escrituração não prevista nas alíneas anteriores - multa equivalente a 1% (um por cento) do valor das operações ou prestações a que se refira a irregularidade;

q) transmissão à Secretaria da Fazenda, por meio de arquivo digital, de informações de documentos fiscais divergentes daquelas constantes no documento fiscal entregue ao consumidor ou a este disponibilizado em meio digital pelo contribuinte - multa equivalente a 100% (cem por cento) do valor da operação ou prestação;

r) transmitir informação em meio digital contendo dados falsos quanto à aquisição de energia elétrica em ambiente de contratação livre, multa equivalente a 100% (cem por cento) do valor das aquisições de energia elétrica no respectivo período, nunca inferior ao valor de 100 (cem) UFESPs.

- Alíneas "q" e "r" acrescentadas dada pela Lei nº 13.918, de 22/12/2009.

VI - infrações relativas à inscrição no cadastro de contribuintes, à alteração cadastral e a outras informações:

a) falta de inscrição no cadastro de contribuintes - multa equivalente ao valor de 70 (setenta) UFESPs por mês de atividade ou fração, sem prejuízo da aplicação das demais penalidades previstas;

b) falta de comunicação de suspensão de atividade do estabelecimento - multa equivalente ao valor de 70 (setenta) UFESPs;

c) falta de comunicação de encerramento de atividade do estabelecimento - multa equivalente a 5% (cinco por cento) do valor das mercadorias existentes em estoque na data da ocorrência do fato não comunicado, nunca inferior ao valor correspondente a 70 (setenta) UFESPs; inexistindo estoque de mercadoria ou em se tratando de estabelecimento prestador de serviço - multa equivalente ao valor de 70 (setenta) UFESPs;

d) falta de comunicação de mudança de estabelecimento para outro endereço - multa equivalente a 3% (três por cento) do valor das mercadorias remetidas do antigo para o novo endereço, nunca inferior ao valor correspondente a 70 (setenta) UFESPs; inexistindo remessa de mercadoria ou em se tratando de estabelecimento prestador de serviço - multa equivalente ao valor de 70 (setenta) UFESPs;

e) falta de informação necessária à alteração do Código de Atividade Econômica do estabelecimento - multa equivalente ao valor de 70 (setenta) UFESPs; caso dessa omissão resulte falta ou atraso no recolhimento do imposto, a multa deve ser equivalente ao valor de 140 (cento e quarenta) UFESPs, sem prejuízo de exigência da correção monetária incidente sobre o imposto e dos demais acréscimos legais, inclusive multa;

f) falta de comunicação de qualquer modificação ocorrida relativamente aos dados constantes do formulário de inscrição - multa equivalente ao valor de 70 (setenta) UFESPs;

g) não prestação de informação solicitada pela fiscalização - multa equivalente ao valor de 70 (setenta) UFESPs;

h) deixar de comunicar a cessação de uso de máquina registradora, de terminal ponto de venda - PDV, de equipamento emissor de cupom fiscal - ECF ou de qualquer outro documento, bem como transferílo para outro estabelecimento, ainda que da mesma empresa, sem prévia autorização do fisco - multa equivalente ao valor de 70 (setenta) UFESPs, por equipamento;

- Alíneas "a" a "h" com redação dada pela Lei nº 13.918, de 22/12/2009.

i) falta de indicação ou indicação incorreta, inexata ou incompleta, conforme dispuser o regulamento do imposto, de dados cadastrais relativos à identificação do contribuinte que realize operações ou prestações em ambiente virtual - multa equivalente a 1000 (mil) UFESPs.

- Alínea "i" acrescentada pela Lei nº 13.918, de 22/12/2009.

VII - infrações relativas à apresentação de informação econômico-fiscal e a guia de recolhimento do imposto:

a) falta de entrega de guia de informação - multa de 2% (dois por cento) do valor das operações de saídas ou das prestações de serviço realizadas no período, nunca inferior ao valor correspondente a 350 (trezentas e cinquenta) UFESPs; entrega até o décimo quinto dia após o transcurso do prazo regulamentar - multa equivalente ao valor de 70 (setenta) UFESPs; entrega após o décimo quinto dia - multa de 1% (um por cento) do valor das operações de saídas ou das prestações de serviço realizadas no período, nunca inferior ao valor correspondente a 140 (cento e quarenta) UFESPs; não existindo operações de saída ou de prestações de serviço - multa equivalente ao valor de 200 (duzentas) UFESPs na falta de entrega ou de 70 (setenta) UFESPs na entrega após o transcurso do prazo regulamentar; em qualquer caso, as multas serão aplicadas por guia não entregue;

- Alínea "a" com redação dada pela Lei nº 13.918, de 22/12/2009.

b) omissão ou indicação incorreta de dado ou informação econômico-fiscal em guia de informação ou em guia de recolhimento do imposto - multa equivalente ao valor de 50 (cinqüenta) UFESPs por guia;

c) apresentação indevida de guia de informação, estando o estabelecimento enquadrado no regime de estimativa multa equivalente a 5% (cinco por cento) do valor das saídas de mercadorias ou das prestações de serviço indicadas na guia de informação; a multa não deve ser inferior ao valor correspondente a 8 (oito) UFESPs nem superior ao de 80 (oitenta) UFESPs inexistindo saída de mercadoria ou prestação de serviço - multa equivalente ao valor de 8 (oito) UFESPs; a multa deve ser aplicada, em qualquer caso, por guia de informação entregue;

d) falta de entrega de informação fiscal, comunicação, relação e listagem exigidas pela legislação, na forma e nos prazos regulamentares - multa equivalente a 1% (um por cento) do valor das saídas de mercadorias ou das prestações de serviço efetuadas pelo contribuinte no período relativo ao documento não entregue; a multa não deve ser inferior ao valor correspondente a 8 (oito) UFESPs nem superior ao de 50 (cinqüenta) UFESPs em relação a cada documento; inexistindo saída de mercadoria ou prestação de serviço – multa equivalente ao valor de 8 (oito) UFESPs;

e) indicação falsa de dado ou de informação sobre operações ou prestações realizadas, para fins de apuração do valor adicionado, necessário para o cálculo da parcela da participação dos Municípios na arrecadação do imposto – multa de valor equivalente a 50 (cinqüenta) UFESPs, por documento.

– Alínea "e" acrescentada pela Lei nº 10.619, de 19/07/2000.

f) não fornecimento ou fornecimento incompleto de informações econômico-fiscais relativas a operações ou prestações de terceiros realizadas em ambiente virtual ou mediante a utilização de cartões de crédito ou débito – multa equivalente a 2% (dois por cento) do valor das operações ou prestações no período contemplado na notificação fiscal, não inferior a 5.000 (cinco mil) UFESPs.

– Alínea "f" acrescentada pela Lei nº 13.918, de 22/12/2009.

VIII – infrações relativas a sistema eletrônico de processamento de dados e ao uso e intervenção em máquina registradora, terminal ponto de venda – PDV, equipamento emissor de cupom fiscal – ECF ou qualquer outro equipamento:

a) uso de sistema eletrônico de processamento de dados para emissão de documento fiscal ou escrituração de livro fiscal, sem prévia autorização do fisco – multa equivalente a 2% (dois por cento) do valor das operações ou prestações do período se não atendidas as especificações da legislação para uso do sistema, ou equivalente a 0,5% (cinco décimos por cento) se atendidas, não inferiores, em qualquer das hipóteses, a 100 (cem) UFESPs;

b) falta de comunicação de alteração de uso de sistema eletrônico de processamento de dados multa de valor equivalente a 100 (cem) UFESPs;

c) uso para fins fiscais de máquina registradora, terminal ponto de venda – PDV, equipamento emissor de cupom fiscal – ECF ou de qualquer outro equipamento, bem como alteração de uso, sem prévia autorização do fisco, quando esta autorização for exigida – multa equivalente ao valor de 150 (cento e cinqüenta) UFESPs por equipamento;

d) uso, no recinto de atendimento ao público, de qualquer equipamento que emita comprovante não fiscal, sem a devida autorização do fisco – multa de valor equivalente a 150 (cento e cinqüenta) UFESPs por equipamento;

e) utilização para fins fiscais de máquina registradora, terminal ponto de venda – PDV, equipamento emissor de cupom fiscal – ECF ou qualquer outro equipamento sem lacre ou com o respectivo lacre violado ou, ainda, com lacre que não seja o legalmente exigido – multa equivalente ao valor de 6 (seis) UFESPs, por equipamento e por dia de utilização; na hipótese de não se poder determinar o número de dias em que o equipamento foi utilizado, a multa será de 200 (duzentas) UFESPs por equipamento;

f) utilização para fins fiscais de máquina registradoras, terminal ponto de venda – PDV, equipamento emissor de cupom fiscal – ECF ou qualquer outro equipamento desprovido de qualquer outro requisito regulamentar – multa equivalente ao valor de 6 (seis) UFESPs, por equipamento e por dia de utilização; na hipótese de não se poder determinar o número de dias em que o equipamento foi utilizado, a multa será de 200 (duzentas) UFESPs por ; equipamento;

– Inciso VIII e alíneas "a" a "f" com redação dada pela Lei nº 10.619, de 19/07/2000.

g) alterar, inibir, reduzir ou zerar totalizador de equipamento emissor de cupom fiscal – ECF, em casos não previstos na legislação – multa equivalente ao valor de 500 (quinhentas) UFESPs por equipamento, aplicável tanto ao usuário como ao interventor e ao fabricante que tiver delegado funções de intervenção técnica;

– Alínea "g" com redação dada pela Lei nº 13.918, de 22/12/2009.

h) intervenção em máquina registradora, em terminal ponto de venda – PDV, em equipamento emissor de cupom fiscal – ECF ou em qualquer outro equipamento por empresa não credenciada ou não autorizada para a marca e modelo do equipamento ou, caso ela o seja, por preposto não autorizado na forma regulamentar – multa equivalente ao valor de 100 (cem) UFESPs, aplicável tanto ao usuário como ao interventor;

i) permanência fora do estabelecimento em local não autorizado, extravio, perda ou inutilização de lacre ainda não utilizado de máquina registradora de terminal ponto de venda – PDV, equipamento emissor de cupom fiscal – ECF ou qualquer outro equipamento, ou não exibição de tal lacre à autoridade iscalizadora – multa equivalente ao valor de 30 (trinta) UFESPs por lacre, aplicável ao credenciado;

j) deixar de utilizar equipamento emissor de cupom fiscal – ECF, estando obrigado ao seu uso multa de valor equivalente a 2% (dois por cento) do valor das operações ou prestações, não inferior a 100 (cem) UFESPs;

l) sendo usuário de equipamento emissor de cupom fiscal – ECF, não possuir ou não disponibilizar ao fisco o programa aplicativo necessário para obtenção da leitura da memória fiscal para o meio magnético, caso o equipamento não disponha deste recurso mediante teclado ou outro dispositivo – multa de valor equivalente a 50 (cinqüenta) UFESPs, por equipamento;

m) interligar máquinas registradoras ou equipamento emissor de cupom fiscal – ECF-MR não interligado ("stand alone"), entre si ou a equipamento eletrônico de processamento de dados, sem a devida autorização fiscal ou sem o parecer técnico de homologação do equipamento – multa de valor equivalente a 200 (duzentas) UFESPs, por equipamento;

n) emitir cupom fiscal por meio de máquinas registradoras interligadas entre si ou a equipamento eletrônico de processamento de dados, terminal ponto de venda – PDV, equipamento emissor de cupom fiscal – ECF ou qualquer outro equipamento que não identifique corretamente o código e a descrição da mercadoria e/ou serviço, o valor da operação ou prestação e a respectiva situação tributária multa de valor equivalente a 6 (seis) UFESPs, por documento, até o limite do maior total mensal de imposto lançado a débito nos 12 (doze) meses anteriores ao da constatação da infração;

o) utilizar máquina registradora, terminal ponto de venda – PDV, equipamento emissor de cupom fiscal – ECF ou qualquer outro equipamento sem identificação do estabelecimento no cupom fiscal ou com identificação ilegível – multa de valor equivalente a 20 (vinte) UFESPs, por equipamento;

– Alíneas "h" a "o" com redação dada pela Lei nº 10.619, de 19/07/2000.

p) remover a memória que contém o "software" básico, a memória fiscal – MF ou a memória de fitadetalhe – MFD, em desacordo com o previsto na legislação – multa de valor equivalente a 500 (quinhentas) UFESPs, por equipamento; multa igualmente aplicável ao interventor e ao fabricante que tiver delegado funções de lacração;

– Alínea "p" com redação dada pela Lei nº 13.918, de 22/12/2009.

q) alterar o "hardware" ou "software" de máquina registradora, terminal ponto de venda PDV, de equipamento emissor de cupom fiscal ECF ou qualquer outro equipamento, em desacordo com o disposto na legislação ou no parecer de homologação do equipamento – multa de valor equivalente a 500 (quinhentas) UFESPs, por equipamento; multa aplicável igualmente ao interventor;

– Alínea "q" com redação dada pela Lei nº 10.619, de 19/07/2000.

r) utilizar máquina registradora, terminal ponto de venda – PDV, equipamento emissor de cupom fiscal – ECF ou qualquer outro equipamento com conector ("jumper"), dispositivo ou "software" capaz de inibir, anular ou reduzir qualquer operação já totalizada – multa equivalente ao valor de 100% (cem por cento) do valor do imposto arbitrado;

– Alínea "r" com redação dada pela Lei nº 16.497, de 18/07/2017, entrando em vigor na data da publicação de sua regulamentação.

s) fornecimento de lacre de máquina registradora, de terminal ponto de venda – PDV, equipamento emissor de cupom fiscal – ECF ou qualquer outro equipamento sem habilitação ou em desacordo com requisito regulamentar, bem como o seu recebimento – multa equivalente ao valor de 20 (vinte) UFESPs por lacre, aplicável tanto ao fabricante como ao recebedor;

t) falta de emissão, por meio de equipamento emissor de cupom fiscal – ECF, do comprovante de pagamento relativo à operação ou prestação, efetuado por meio de cartão de crédito, ou de débito automático em conta corrente, por contribuinte obrigado ao uso do ECF – multa de valor equivalente a 6 (seis) UFESPs por documento, até o limite do maior total mensal do imposto lançado a débito nos 12 (doze) meses anteriores ao da constatação da infração;

u) deixar de atender notificação, no prazo indicado pela fiscalização, para apresentação de informação em meio magnético – multa equivalente ao valor de 10 (dez) UFESPs por dia de atraso, até o máximo de 300 (trezentas) UFESPs;

v) fornecimento de informação, em meio magnético em padrão ou forma que não atenda às especificações estabelecidas pela legislação, ainda que acompanhada de documentação completa do sistema, que permita o tratamento das informações pelo fisco - multa de valor equivalente a 1% (um por cento) das operações ou prestações do período, não inferior ao valor equivalente a 100 (cem) UFESPs;

x) não fornecimento de informação em meio magnético ou a entrega em condições que impossibilitem sua leitura e tratamento e/ou com dados incompletos ou não relativos as operações ou prestações do período - multa equivalente a 2% (dois por cento) do valor das operações ou prestações do respectivo período, não inferior ao valor equivalente a 100 (cem) UFESPs;

z) não fornecimento de informação em meio magnético ou a entrega em condições que impossibilitem sua leitura e tratamento e/ou com dados incompletos, correspondente ao controle de estoque e/ou registro de inventário - multa equivalente a 1% (um por cento) do valor do estoque no final do período, não inferior ao valor equivalente a 100 (cem) UFESPs;

- Alíneas "q" a "z" com redação dada pela Lei nº 10.619, de 19/07/2000.

z1) utilizar programa aplicativo com capacidade de inibir ou sobrepor-se ao controle do "software" básico do equipamento emissor de cupom fiscal - ECF, de forma a obstar a concomitância da captura do item de venda ou serviço com a visualização, registro e impressão do cupom fiscal ou a possibilitar a impressão de cupom fiscal não levado a registro na memória da fita-detalhe - MFD - multa no valor de 500 (quinhentas) UFESPs por cópia instalada, sem prejuízo da cobrança do imposto e da aplicação de penalidade por falta de emissão de documento fiscal;

- Alínea "z1" com redação dada pela Lei nº 13.918, de 22/12/2009.

z2) deixar de utilizar equipamento que permita o acompanhamento do trânsito de cargas , quando exigido - multa equivalente a 10% (dez por cento) do valor da carga;

z3) deixar de utilizar equipamento que permita o acompanhamento do trânsito de veículos, quando exigido - multa equivalente a 500 (quinhentas) UFESPs por veículo;

z4) deixar de franquear o acesso ou impossibilitar a intervenção em equipamento emissor de cupom fiscal - ECF a fabricante ou interventor, quando a estes tenha sido atribuída, mediante ato da Secretaria da Fazenda, a incumbência de efetuar verificações ou intervenções - multa de 150 (cento e cinquenta) UFESPs por equipamento.

- Alíneas "z2" a "z4" acrescentadas pela Lei nº 13.918, de 22/12/2009.

IX - infrações relativas à intervenção técnica em equipamento emissor de cupom fiscal - ECF:

a) intervir em equipamento de controle fiscal sem a emissão e/ou entrega de atestado de intervenção ao Posto Fiscal da circunscrição do contribuinte usuário - multa equivalente ao valor de 100 (cem) UFESPs, por intervenção realizada;

b) realizar intervenção em equipamento de controle fiscal sem emitir, no início e após o serviço, os cupons de leitura dos totalizadores que devam ser anexados aos respectivos atestados - multa equivalente ao valor de 60 (sessenta) UFESPs, por equipamento;

c) inicializar equipamento de controle fiscal não autorizado pelo fisco - multa equivalente ao valor de 100 (cem) UFESPs;

- Inciso IX e alíneas "a" a "c" acrescentadas pela Lei nº 10.619, de 19/07/2000.

d) deixar de inicializar a memória fiscal - MF ou a memória da fita-detalhe - MFD, com a gravação da razão social, das inscrições federal e estadual, bem como dos demais requisitos previstos na legislação, na saída do revendedor ou do fabricante para o usuário final do equipamento - multa equivalente ao valor de 100 (cem) UFESPs, por equipamento;

- Alínea "d" com redação dada pela Lei nº 13.918, de 22/12/2009.

e) confeccionar e utilizar formulário destinado à emissão de atestado de intervenção em máquina registradora, terminal ponto de venda - PDV, equipamento emissor de cupom fiscal - ECF ou qualquer outro equipamento, sem autorização do fisco - multa equivalente ao valor de 10 (dez) UFESPs, por formulário, até o limite de 500 (quinhentas) UFESPs;

f) deixar de comunicar ao fisco qualquer mudança nos dados cadastrais do estabelecimento interventor credenciado - multa equivalente ao valor de 20 (vinte) UFESPs, por comunicação omitida;

g) lacrar e/ou atestar o funcionamento de equipamento de controle fiscal em desacordo com as exigências previstas na legislação - multa de valor equivalente a 100 (cem) UFESPs, por equipamento;

h) deixar de entregar ao fisco o estoque de lacres e formulários de atestados de intervenção não utilizados, em caso de cessação de atividade, descredenciamento ou qualquer outro evento – multa de valor equivalente a 30 (trinta) UFESPs, por lacre ou documento;

– Alíneas "e" a "h" acrescentadas pela Lei nº 10.619, de 19/07/2000.

i) deixar de acompanhar o fisco em intervenção técnica de equipamentos de seu próprio cliente – multa equivalente ao valor de 100 (cem) UFESPs, por convocação;

j) deixar de substituir versão de "software" básico, quando determinado pela legislação – multa equivalente ao valor de 6 (seis) UFESPs diárias, por equipamento, contados a partir do termo final do prazo previsto para substituição, aplicável também ao usuário e ao fabricante que tenha delegado as funções de lacração;

k) emitir Atestado de Intervenção sem ter efetuado intervenção em equipamento de controle fiscal – multa equivalente a 100 (cem) UFESPs, por atestado emitido;

l) fornecer ou instalar memória fiscal – MF ou memória de fita-detalhe – MFD diversa daquela produzida pelo fabricante do equipamento emissor de cupom fiscal – ECF – multa equivalente a 200 (duzentas) UFESPs, por dispositivo eletrônico instalado;

m) fornecer, prestar manutenção ou instalar programa aplicativo interagente com o equipamento emissor de cupom fiscal – ECF, que tenha capacidade de inibir ou sobrepor-se ao controle do "software" básico, de forma a obstar a concomitância da captura do item de venda ou serviço com a visualização, registro e impressão do cupom fiscal – multa equivalente ao valor de 500 (quinhentas) UFESPs, por cópia instalada.

– Alíneas "i" a "m" acrescentadas pela Lei nº 13.918, de 22/12/2009.

X – infrações relativas ao desenvolvimento de "softwares" aplicativos para equipamento emissor de cupom fiscal – ECF:

– Inciso X acrescentado pela Lei nº 10.619, de 19/07/2000.

a) desenvolver, licenciar, ceder, fornecer, alterar, prestar manutenção ou instalar programa aplicativo interagente com o equipamento emissor de cupom fiscal – ECF, que tenha capacidade de inibir ou sobrepor-se ao controle do "software" básico, de forma a obstar a concomitância da captura do item de venda ou serviço com a visualização, registro e impressão do cupom fiscal, trazendo, como consequência, redução das operações tributáveis – multa equivalente ao valor de 500 (quinhentas) UFESPs, por cópia instalada;

b) desenvolver, licenciar, ceder, fornecer, alterar, prestar manutenção ou instalar programa aplicativo interagente com o equipamento emissor de cupom fiscal – ECF, que tenha capacidade de inibir ou sobrepor-se ao controle do "software" básico, de forma a obstar a concomitância da captura do item de venda ou serviço com a visualização, registro e impressão do cupom fiscal, trazendo, como consequência, prejuízo aos controles fiscais, ainda que não resulte em redução das operações tributáveis – multa equivalente ao valor de 300 (trezentas) UFESPs, por cópia instalada;

– Alíneas "a" e "b" com redação dada pela Lei nº 13.918, de 22/12/2009.

c) desenvolver, licenciar, ceder, fornecer, alterar, instalar ou prestar manutenção a programa aplicativo, com capacidade de gerar arquivo relativo a documentos emitidos, para fins de transmissão e registro eletrônico no sistema da Secretaria da Fazenda, que não correspondam a operações ou prestações de fato realizadas – multa no valor de 500 (quinhentas) UFESPs por cópia instalada;

d) deixar de apresentar, quando exigido pela Secretaria da Fazenda, cópia de "software" aplicativo – multa no valor de 200 (duzentas) UFESPs por versão;

e) deixar de efetuar a substituição de programa aplicativo incompatível com a legislação pertinente, exceto quando impedido pelo usuário – multa no valor de 150 (cento e cinquenta) UFESPs por cópia;

f) deixar de efetuar o cadastro de desenvolvedor de Programa Aplicativo Fiscal – Emissor de Cupom Fiscal – PAF-ECF – multa no valor de 200 (duzentas) UFESPs;

g) deixar de efetuar o cadastro de Programa Aplicativo Fiscal – Emissor de Cupom Fiscal – PAF-ECF, ou qualquer de suas versões – multa no valor de 200 (duzentas) UFESPs por versão do PAF-ECF não cadastrado;

h) deixar de prestar informações relativas aos usuários de programas aplicativos desenvolvidos – multa de 10 (dez) UFESPs por usuário não informado.

– Alíneas "c" a "h" acrescentadas pela Lei nº 13.918, de 22/12/2009.

XI – outras infrações:

a) diferença apurada por meio de levantamento fiscal relativa a operação ou prestação não sujeita ao pagamento do imposto – multa equivalente a 15% (quinze por cento) do valor da operação ou prestação;

– Inciso XI acrescentado pela Lei nº 10.619, de 19/07/2000.

b) confecção de livro fiscal ou de impressos sem prévia autorização do fisco, nos casos em que seja exigida tal providência - multa no valor de 150 (cento e cinquenta) UFESPs, aplicável ao impressor;

c) omissão ao público, no estabelecimento, de indicação dos documentos a que está obrigado a emitir - multa equivalente ao valor de 70 (setenta) UFESPs; na primeira reincidência, ao valor de 140 (cento e quarenta) UFESPs; na segunda reincidência, ao valor de 210 (duzentas e dez) UFESPs; nas demais, ao valor de 500 (quinhentas) UFESPs; a multa será aplicada, em qualquer caso, por indicação não efetuada;

d) violação de dispositivo de segurança, inclusive lacre utilizado pelo fisco para controle de mercadorias, bens, móveis, livros, documentos, impressos e quaisquer outros papéis - multa equivalente ao valor de 200 (duzentas) UFESPs por dispositivo ou lacre violado;

- Alíneas "b", "c" e "d" com redação dada pela Lei nº 13.918, de 22/12/2009.

e) não exibição à autoridade fiscalizadora de documentos comerciais, trabalhistas ou previdenciários, bem como de documentos que dêem suporte aos lançamentos efetuados nos livros contábeis - multa equivalente ao valor de 15 (quinze) UFESPs por documento, caso seja possível sua quantificação, ou de 500 (quinhentas) UFESPs nas demais hipóteses;

f) falta de prestação de informação sobre a confirmação da operação ou prestação de serviços - multa equivalente a 10% (dez por cento) do valor da operação ou prestação constante do documento, nunca inferior a 15 (quinze) UFESPs, por documento;

g) não adoção ou não utilização de dispositivo de controle eletrônico destinado a monitoramento ou registro de suas atividades - multa equivalente ao valor de 1000 (mil) UFESPs por dispositivo;

h) deixar o depositário estabelecido em recinto alfandegado de informar a entrega de mercadoria ou bem importados do exterior - multa equivalente a 10% (dez por cento) do valor da operação, nunca inferior a 15 (quinze) UFESPs.

- Alíneas "e" a "h" acrescentadas pela Lei nº 13.918, de 22/12/2009.

§ 1º A aplicação das penalidades previstas neste artigo deve ser feita sem prejuízo da exigência do imposto em auto de infração e das providências necessárias à instauração da ação penal cabível, inclusive por crime de desobediência.

§ 2º As multas previstas no inciso III, na alínea "a" do inciso IV e nas alíneas "a", "b", "d" e "e" do inciso V devem ser aplicadas com redução de 50% (cinqüenta por cento), quando as infrações se referirem à operações ou à prestações amparadas por não-incidência ou isenção.

§ 3º não deve ser aplicada cumulativamente a penalidade a que se refere:

- § 3º, "caput", com redação dada pela Lei nº 11.001, de 21/12/2001.

1 - a alínea "l" do inciso I - nas hipóteses das alíneas "b", "c", "d", "e" e "g" do inciso II, das alíneas "a", "b", "c" e "e" do inciso III, das alíneas "a", "b", "c", "d" e "e" do inciso IV e das alíneas "f" e "o" do inciso V;

- Item 1 com redação dada pela Lei nº 16.497, de 18/07/2017, entrando em vigor na data da publicação de sua regulamentação.

2 - a alínea "a" do inciso IV - nas hipóteses da alínea "a" do inciso I e das alíneas "a", "b", "c" e "e" do inciso III;

3 - a alínea "e" do inciso VIII - na hipótese da alínea "f" do mesmo inciso.

- Itens 2 e 4 com redação dada pela Lei nº 11.001, de 21/12/2001.

§ 4º Aplicam-se, no que couber, as penalidades previstas no inciso IV, a outros documentos emitidos por maquina registradora ou por terminal ponto de venda - PDV, equipamento emissor de cupom fiscal - ECF ou qualquer outro equipamento mecânico ou eletrônico, como fita detalhe e listagem analítica, que para tal fim são equiparados:

1 - às vias do documento fiscal destinadas à exibição ao fisco, em função de cada operação ou prestação nele registrada;

2 - uma vez totalizados, ao conjunto de dados dos respectivos Cupons Fiscais.

- § 4º com redação dada pela Lei nº 9.399, de 21/11/1996.

§ 5º Ressalvados os casos expressamente previstos, a imposição de multa para uma infração não exclui a aplicação de penalidade fixada para outra, acaso verificada, nem a adoção de demais medidas fiscais cabíveis.

§ 6º Não havendo outra importância expressamente determinada, as infrações à legislação do Imposto sobre Operações Relativas à Circulação de Mercadoria e sobre Prestação de Serviços de Transporte Interestadual e Intermunicipal e de Comunicação – ICMS devem ser punidas com multa de valor equivalente a 100 (cem) UFESPs.

§ 7º A multa não pode ser inferior ao valor equivalente a 70 (setenta) UFESPs.

§ 8º As multas baseadas em UFESPs – Unidades Fiscais do Estado de São Paulo:

1 – devem ser calculadas considerando-se o valor da UFESP vigente na data da lavratura do auto de infração;

2 – devem ser convertidas em reais na data da lavratura do auto de infração;

3 – se não recolhidas no prazo estabelecido na legislação, sobre o valor em reais incidirão juros de mora nos termos previstos no inciso II do artigo 96;

§ 9º As multas previstas neste artigo, excetuadas as expressas em UFESP, devem ser calculadas sobre os respectivos valores básicos atualizados observando-se o disposto no artigo 96 desta lei;

§ 10 – O valor das multas deve ser arredondado, com desprezo de importância correspondente a fração da unidade monetária.

– §§ 6º ao § 10 com redação dada pela Lei nº 13.918, de 22/12/2009.

§ 11 – A infração prevista na alínea "z4" do inciso IV deste artigo, somente será aplicada na hipótese da situação infracional não implicar aplicação de penalidade de valor mais gravoso.

– § 11 acrescentado pela Lei nº 13.918, de 22/12/2009.

Art. 85-A. As multas a serem aplicadas nos casos em que não há exigência do imposto serão limitadas a 1% (um por cento) do valor total das operações de saídas e prestações de serviços realizadas pelo estabelecimento infrator nos 12 (doze) meses anteriores ao da lavratura do auto de infração.

§ 1º Caso o estabelecimento infrator não tenha estado em atividade no período indicado no "caput" deste artigo, será considerada a soma de até 12 (doze) meses imediatamente anteriores em que houve atividade, consecutivos ou não.

§ 2º Não se aplica o disposto neste artigo nas hipóteses de:

1. dolo, fraude ou simulação;

2. não fornecimento ao fisco das informações econômico-fiscais exigidas pela legislação, relativas a operações ou prestações;

3. fornecimento incompleto das informações econômico-fiscais exigidas pela legislação, relativas a operações ou prestações, não regularizado mesmo após a notificação do fisco para complementação.

§ 3º O limite previsto no "caput" deste artigo será observado em relação a cada infração cometida.

– Artigo 85-A acrescentado pela Lei nº 16.497, de 18/07/2017, entrando em vigor na data da publicação de sua regulamentação.

Art. 85-B. Atendidas as condições previstas neste artigo, que ensejam causa de diminuição da penalidade, as infrações constantes do artigo 85 desta lei ficarão sujeitas às seguintes multas, sem prejuízo do disposto nos artigos 85-A e 95 desta lei:

I – em havendo exigência do imposto relacionado com a infração – multa equivalente a 35% (trinta e cinco por cento) do valor do imposto;

II – nas demais hipóteses – multa equivalente à prevista no artigo 85 desta lei, com redução de 50% (cinquenta por cento).

§ 1º A aplicação do disposto neste artigo fica sujeita, cumulativamente, ao seguinte:

1. deverá, no prazo da apresentação da defesa, haver expressa confissão irretratável do débito fiscal e renúncia ao contencioso administrativo tributário, nos termos de disciplina estabelecida em regulamento;

2. a diminuição de penalidade não poderá ser aplicada, simultaneamente, a mais de uma infração do mesmo tipo;

3. caso a diminuição da penalidade já esteja sendo aplicada a uma infração, somente poderá ser aplicada a uma segunda infração do mesmo tipo se a penalidade relativa à primeira for objeto de extinção ou parcelamento celebrado e que esteja sendo regularmente cumprido;

4. consideram-se infrações do mesmo tipo aquelas descritas numa mesma alínea dos incisos do artigo 85 desta lei.

§ 2º Para fins de aplicação do disposto nos itens 2 a 4 do § 1º deste artigo, serão consideradas exclusivamente as infrações objeto de auto de infração lavrado a partir da data de início da vigência desta lei.

§ 3° A multa não poderá resultar em valor inferior a 70 (setenta) UFESPs, não se aplicando o disposto no § 8° do artigo 95 e no § 5° do artigo 101 desta lei. (NR)

– § 3° com redação dada pela Lei nº 17.784, de 02/10/2023.

- Artigo 85-B acrescentado pela Lei nº 16.497, de 18/07/2017, entrando em vigor na data da publicação de sua regulamentação.

Art. 85-C. Decorrido o prazo estabelecido no item 1 do § 1° do artigo 85-B desta lei e atendidas as condições previstas neste artigo, as infrações constantes do artigo 85 desta lei ficarão sujeitas às seguintes multas, sem prejuízo do disposto nos artigos 95 e 101 desta lei: (NR)

- *"Caput" acrescentado pela* Lei n° 17.784, de 02/10/2023.

I – em havendo exigência do imposto relacionado com a infração - multa equivalente a 50% (cinquenta por cento) do valor do imposto; (NR)

- *Inciso I acrescentado pela* Lei n° 17.784, de 02/10/2023.

II – nas demais hipóteses, multa equivalente à prevista no artigo 85 desta lei, com redução de 30% (trinta por cento). (NR)

- *Inciso II acrescentado pela* Lei n° 17.784, de 02/10/2023.

§ 1° A aplicação do disposto neste artigo fica sujeita, cumulativamente, ao seguinte: (NR)

- *§ 1° acrescentado pela* Lei n° 17.784, de 02/10/2023.

1 – deverá ser requerida no prazo de 30 (trinta) dias, contados da intimação do julgamento da defesa ou recurso, antes de sua inscrição na Dívida Ativa, nos termos de disciplina estabelecida em regulamento; (NR)

- *Item 1 acrescentado pela* Lei n° 17.784, de 02/10/2023.

2 – deverá haver expressa renúncia ao direito de litigar no processo administrativo tributário e desistência do litígio pelo autuado, nos termos de disciplina estabelecida em regulamento; (NR)

- *Item 2 acrescentado pela* Lei n° 17.784, de 02/10/2023.

3 – o débito fiscal seja objeto de extinção ou de parcelamento em até 60 parcelas, nos termos previstos na legislação, no prazo de 30 (trinta) dias, contados do término do prazo indicado no item 1 deste parágrafo; (NR)

- *Item 3 acrescentado pela* Lei n° 17.784, de 02/10/2023.

4 – não haja imputação de dolo, fraude ou simulação. (NR)

- *Item 4 acrescentado pela* Lei n° 17.784, de 02/10/2023.

§ 2° O rompimento do parcelamento referido no item 3 do § 1° deste artigo, nos termos previstos na legislação: (NR)

- *§ 2° acrescentado pela* Lei n° 17.784, de 02/10/2023.

1 – implica imediato cancelamento da aplicação do disposto neste artigo em relação ao débito remanescente, reincorporando-se a multa aplicada nos termos do artigo 85 desta lei e tornando o débito imediatamente exigível, com os acréscimos legais previstos na legislação; (NR)

- *Item 1 acrescentado pela* Lei n° 17.784, de 02/10/2023.

2 – acarretará a inscrição e o ajuizamento da execução fiscal do débito fiscal. (NR)

- *Item 2 acrescentado pela* Lei n° 17.784, de 02/10/2023.

§ 3° Às multas previstas neste artigo não se aplica o disposto no § 8° do artigo 95 desta lei. (NR)

- *§ 3° acrescentado pela* Lei n° 17.784, de 02/10/2023.

Art. 86. O pagamento da multa não exime o infrator da obrigação de reparar os danos resultantes da infração, nem o libera do cumprimento de exigência prevista na legislação.

Art. 87. O valor do imposto declarado ou transcrito pelo fisco, nos termos dos artigos 56 e 58 desta lei, quando não recolhido no prazo estabelecido na legislação, fica sujeito a multa moratória, calculada sobre o valor do imposto ou da parcela, de:

I – 2% (dois por cento), até o 30º (trigésimo) dia contado da data em que deveria ter sido feito o recolhimento;

II – 5% (cinco por cento), do 31º (trigésimo primeiro) ao 60º (sexagésimo) dia contado da data em que deveria ter sido feito o recolhimento;

III – 10% (dez por cento), a partir do 60º (sexagésimo) dia contado da data em que deveria ter sido feito o recolhimento.

IV – 20% (vinte por cento), a partir da data em que tiver sido inscrito na Dívida Ativa.

- Artigo 87, "caput", com redação dada pela Lei nº 13.918, de 22/12/2009.

§ 1º A multa prevista neste artigo, na hipótese de parcelamento de débito fiscal, será calculada até a data em que for protocolado o respectivo pedido, sendo devida a multa do inciso I também na hipótese em que o pedido de parcelamento seja protocolado na data em que deveria ter sido feito o recolhimento ou em data anterior.

- § 1º com redação dada pela Lei nº 16.497, de 18/07/2017, entrando em vigor na data da publicação de sua regulamentação.

§ 2º O disposto neste artigo aplica-se aos demais débitos fiscais relativos ao imposto, enquanto não exigidos por meio de auto de infração.

– § 2º com redação dada pela Lei nº 13.918, de 22/12/2009.

Art. 88. O contribuinte que procurar a repartição fiscal, antes de qualquer procedimento do fisco, para sanar irregularidade relacionada com o cumprimento de obrigação pertinente ao imposto fica a salvo das penalidades previstas no artigo 85, desde que a irregularidade seja sanada no prazo cominado.

§ 1º Tratando-se de infração que implique falta de pagamento do imposto, aplicam-se as disposições do artigo anterior.

§ 2º Para efeito de excluir a espontaneidade da iniciativa do infrator, considera-se iniciado o procedimento fiscal:

1 – com a notificação, intimação, lavratura de termo de início de fiscalização ou de auto de infração;

2 – com a lavratura de termo de apreensão de mercadoria, documento ou livro ou de notificação para sua apresentação.

§ 3º O início do procedimento alcança todo aquele que esteja envolvido na infração apurada pela ação fiscal.

§ 4º A critério da Secretaria da Fazenda, o contribuinte poderá ser comunicado sobre divergências ou inconsistências identificadas entre as informações por ele prestadas ao fisco e as informações prestadas por terceiros, recebidas ou coletadas pelo fisco no exercício regular de sua atividade, hipótese em que ficará a salvo das penalidades previstas no artigo 85 desta lei, desde que sane a irregularidade no prazo indicado na comunicação.

– § 4º acrescentado pela Lei nº 13.918, de 22/12/2009.

TÍTULO VI
DO PROCESSO FISCAL

Art. 89. Revogado.

Art. 90. Revogado.

Art. 91. Revogado.

– Artigos 89 a 91 revogados pela Lei nº 10.941, de 25/10/2001, com efeitos a partir de 01/05/2002.

Art. 92. Salvo disposição em contrário, as multas aplicadas nos termos do artigo 85 podem ser reduzidas ou relevadas pelos órgãos julgadores administrativos, desde que as infrações tenham sido praticadas sem dolo, fraude ou simulação e não impliquem falta de pagamento do imposto.

§ 1º Na hipótese de redução, deve ser observado o limite mínimo previsto no § 7º do artigo 85.

§ 2º Não poderão ser relevadas, na reincidência, as penalidades previstas na alínea "a" do inciso VII e na alínea "x" do inciso VIII do artigo 85.

– § 2º com redação dada pela Lei nº 10.619, de 19/07/2000.

§ 3º Para efeitos deste artigo, serão, também, examinados o porte econômico e os antecedentes fiscais do contribuinte.

Art. 93. Revogado.

Art. 94. Revogado.

– Artigos 93 e 94 revogados pela Lei nº 10.941, de 25/10/2001.

TÍTULO VII
DO PAGAMENTO DO DÉBITO FISCAL

Art. 95. Pode o autuado pagar a multa aplicada nos termos do artigo 85 desta lei, com desconto de:

I – 70% (setenta por cento), dentro do prazo de 30 (trinta) dias, contados da notificação da lavratura do auto de infração; (NR)

– *Inciso I com redação dada pela* Lei nº 17.784, de 02/10/2023.

II – 55% (cinquenta e cinco por cento) até o prazo de 30 (trinta) dias, contados da intimação do julgamento da defesa; (NR)

– *Inciso II com redação dada pela* Lei nº 17.784, de 02/10/2023.

III – 40% (quarenta por cento) até o prazo de 30 (trinta) dias, contados da intimação do julgamento do recurso apresentado pelo contribuinte; (NR)

– *Inciso III com redação dada pela* Lei nº 17.784, de 02/10/2023.

IV – antes de sua inscrição na Dívida Ativa, de: (NR)

– *Inciso IV com redação dada pela* Lei nº 17.784, de 02/10/2023.

a) 30% (trinta por cento), após 30 (trinta) dias contados da intimação do julgamento do recurso apresentado pelo contribuinte; (NR)

- Alínea "a" acrescentada pela Lei nº 17.784, de 02/10/2023.

b) 40% (quarenta por cento), após o prazo de 30 (trinta) dias contados da intimação do julgamento da defesa, quando não apresentado recurso pelo contribuinte; (NR)

- Alínea "b" acrescentada pela Lei nº 17.784, de 02/10/2023.

c) 55% (cinquenta e cinco por cento), quando não apresentada a defesa, o pagamento ocorrer após 30 (trinta) dias contados da notificação da lavratura do auto de infração. (NR);

- Alínea "c" acrescentada pela Lei nº 17.784, de 02/10/2023.

V – Revogado.

- Inciso V e alíneas "a" a "c" revogados pela Lei nº 17.784, de 02/10/2023.

§ 1º Condiciona-se o benefício ao integral pagamento do débito.

§ 2º O pagamento efetuado nos termos deste artigo implica renúncia à defesa ou aos recursos previstos na legislação.

§ 3º Na hipótese de pagamento nos termos do inciso I do "caput" deste artigo, o prazo nele previsto não deve ser computado para efeito de incidência dos juros de mora e da atualização monetária. (NR)

- § 3º com redação dada pela Lei nº 17.784, de 02/10/2023.

§ 4º Para o cálculo da redução prevista neste artigo será considerado o valor da multa e dos respectivos acréscimos previstos na legislação, calculados até a data do recolhimento.

§ 5º Equipara-se à não apresentação de defesa ou recurso a sua apresentação e desistência antes do julgamento, conforme o caso.

§ 6º Para fins de aplicação dos descontos deste artigo, o julgamento de recurso de ofício será considerado como fase integrante do julgamento:

1 – da defesa, quando não houver interposição concomitante de recurso pelo contribuinte;

2 – do recurso, quando houver interposição concomitante de recurso pelo contribuinte.

§ 7º Os pagamentos efetuados pelo contribuinte, enquanto pendente o resultado de recurso apresentado pela Secretaria da Fazenda, extinguem proporcionalmente a parte do crédito tributário a que se referem.

§ 8º Tratando-se de penalidade aplicada sobre o valor do imposto, a aplicação dos descontos previstos neste artigo não poderá resultar em penalidade inferior a 25% (vinte e cinco por cento) do valor do imposto.

- Artigo 95 com redação dada pela Lei nº 13.918, de 22/12/2009.

Art. 96. O montante do imposto ou da multa, aplicada nos termos do artigo 85 desta lei, fica sujeito a juros de mora, que incidem:

I – relativamente ao imposto:

a) a partir do dia seguinte ao do vencimento, caso se trate de imposto declarado ou transcrito pelo fisco nos termos dos artigos 56 e 58 desta lei, de parcela devida por contribuinte enquadrado no regime de estimativa e de imposto exigido em auto de infração, nas hipóteses das alíneas "b", "c", "d", "e", "f", "g", "h", "i", "j" e "l" do inciso I do artigo 85 desta lei;

b) a partir do dia seguinte ao último do período abrangido pelo levantamento, caso se trate de imposto exigido em auto de infração na hipótese da alínea "a" do inciso I do artigo 85 desta lei;

c) a partir do mês em que, desconsiderada a importância creditada, o saldo tornar-se devedor, caso se trate de imposto exigido em auto de infração, nas hipóteses das alíneas "b", "c", "d", "h", "i" e "j" do inciso II do artigo 85 desta lei;

d) a partir do dia seguinte àquele em que ocorra a falta de pagamento, nas demais hipóteses;

II – relativamente à multa aplicada nos termos do artigo 85 desta lei, a partir do segundo mês subsequente ao da notificação da lavratura do auto de infração.

§ 1º A taxa de juros de mora é equivalente:

1. por mês, à taxa referencial do Sistema Especial de Liquidação e de Custódia – SELIC para títulos federais, acumulada mensalmente;

2. a 1% (um por cento) para fração de mês, assim entendido qualquer período de tempo inferior a um mês;

§ 2º Ocorrendo a extinção, substituição ou modificação da taxa prevista no item 1 do § 1º, o Poder Executivo adotará outro indicador oficial que reflita o custo do crédito no mercado financeiro.

§ 3º O valor dos juros deve ser fixado e exigido na data do pagamento do débito fiscal, incluindo-se esse dia.

§ 4º Na hipótese de auto de infração, pode o regulamento dispor que a fixação do valor dos juros se faça em mais de um momento.

§ 5º A Secretaria da Fazenda divulgará, mensalmente, a taxa a que se refere este artigo.

- Artigo 96 com redação dada pela Lei nº 16.497, de 18/07/2017, entrando em vigor na data da publicação de sua regulamentação.

Art. 97. Revogado.

Art. 98. Revogado.

- Artigos 97 e 98 revogados pela Lei nº 13.918, de 22/12/2009.

Art. 99. Pode o contribuinte, em qualquer fase do processo administrativo ou judicial, depositar em dinheiro a importância questionada, operando-se a interrupção da incidência da correção monetária e dos juros de mora, a partir do mês seguinte àquele em que seja efetuado o deposito.

§ 1º Entende-se por importância questionada a exigida no respectivo processo, corrigida monetariamente com base nos coeficientes a que alude o § 1º do artigo 97, vigorantes, no mês em que ocorra o depósito, e a dos juros de mora.

§ 2º O depósito deve ser efetuado em instituição financeira oficial, integrada no sistema de crédito do Estado, em conta especial vinculada, incidindo sobre o seu valor correção monetária e juros, isolada ou englobadamente, nos termos da legislação federal pertinente.

§ 3º Cancelada ou reduzida a exigência fiscal, dentro de 90 (noventa) dias contados da decisão final, deve ser autorizada liberação integral ou parcial do depósito, destinando-se ao contribuinte, neste caso, parte dos rendimentos do depósito, na proporção da importância liberada e convertendo-se a remanescente em renda do Estado.

Art. 100. Os débitos fiscais podem ser recolhidos parceladamente respeitadas as seguintes condições, sem prejuízo de outras estabelecidas pelo Poder Executivo:

I - o parcelamento do débito fiscal não dispensa o pagamento de custas, emolumentos judiciais e honorários advocatícios;

II - o número máximo de parcelamentos, de parcelas e o seu valor mínimo serão fixados em ato do Secretário da Fazenda, podendo ser estabelecidas distinções setoriais, regionais ou conjunturais, bem como entre débitos não inscritos e inscritos na dívida ativa;

III - em se tratando de débito fiscal inscrito, a decisão sobre o pedido de parcelamento caberá à Procuradoria Geral do Estado;

IV - no pagamento do débito fiscal parcelado, o acréscimo financeiro incidente sobre as parcelas vincendas será aquele fixado para o mês da efetiva liquidação;

V - a declaração de débito fiscal no pedido de parcelamento é de exclusiva responsabilidade do contribuinte, não implicando a concessão do parcelamento reconhecimento do declarado, nem renúncia ao direito de apurar sua exatidão e exigir diferenças, com aplicação das sanções legais cabíveis;

§ 1º Considera-se débito fiscal a soma do imposto, das multas e demais acréscimos previstos na legislação, calculados até a data do deferimento do pedido.

§ 2º O Poder Executivo, no interesse e conveniência da administração tributária, poderá:

1 - dispor sobre a restrição ou não concessão de parcelamento para débitos decorrentes de determinadas operações, prestações ou para determinadas categorias de contribuintes;

2 - estabelecer a exigência de garantias e requisitos especiais para a concessão do parcelamento.

§ 3º Consolidado o débito fiscal, o valor total e o de cada parcela poderão ser expressos em UFESPs, e sobre esse montante incidirá acréscimo financeiro sempre superior ao praticado no mercado, fixado por ato do Secretário da Fazenda.

§ 4º O pedido de parcelamento implica confissão irretratável do débito fiscal, expressa renúncia a qualquer defesa ou recurso administrativo e desistência dos já interpostos.

§ 5º O Poder Executivo disporá sobre a celebração e o rompimento de acordo para pagamento parcelado.

§ 6º Em se tratando de débito fiscal inscrito e ajuizado, a execução fiscal somente terá seu curso sustado após assinado o termo de acordo, recolhida a primeira parcela e garantido o Juízo, ainda que o parcelamento tenha sido deferido antes da garantia processual.

§ 7º Ato do Secretário da Fazenda disciplinará os acréscimos financeiros, sempre superiores aos praticados no mercado, aplicáveis ao recolhimento de parcelas em atraso.

§ 8º O parcelamento será considerado rompido na hipótese de atraso de pagamento superior a 90 (noventa) dias.

- Artigo 100 com redação dada pela Lei nº 13.918, de 22/12/2009.

Art. 101. A multa aplicada nos termos do artigo 85 desta lei, quando o parcelamento for requerido pelo autuado nos prazos do artigo 95 desta lei, será reduzida conforme segue: (NR)

- *"Caput" com redação dada pela* Lei nº 17.784, de 02/10/2023.

I – na hipótese prevista no inciso I do artigo 95 desta lei, tratando-se de débito parcelado em: (NR)

- *Inciso I com redação dada pela* Lei nº 17.784, de 02/10/2023.

a) até 36 meses, em 55% (cinquenta e cinco por cento); (NR)

- *Alínea "a" com redação dada pela* Lei nº 17.784, de 02/10/2023.

b) 37 meses ou mais, em 40% (quarenta por cento); (NR)

- *Alínea "b" com redação dada pela* Lei nº 17.784, de 02/10/2023.

- *Alínea "e" acrescentada pela* Lei nº 13.918, de 22/12/2009.

c) a e) Revogadas.

- *Alíneas "c" a "e" revogadas pela* Lei nº 17.784, de 02/10/2023.

II – nas hipóteses previstas no inciso II e na alínea "c" do inciso IV do artigo 95 desta lei, tratando-se de débito parcelado em: (NR)

- *Inciso II com redação dada pela* Lei nº 17.784, de 02/10/2023.

a) até 36 meses, em 40% (quarenta por cento); (NR)

- *Alínea "a" com redação dada pela* Lei nº 17.784, de 02/10/2023.

b) 37 meses ou mais, em 30% (trinta por cento); (NR)

- *Alínea "b" com redação dada pela* Lei nº 17.784, de 02/10/2023.

c) a e) Revogadas.

- *Alíneas "c" a "e" revogadas pela* Lei nº 17.784, de 02/10/2023.

III – nas hipóteses previstas no inciso III e na alínea "b" do inciso IV do artigo 95 desta lei, tratando-se de débito parcelado em: (NR)

- *Inciso III com redação dada pela* Lei nº 17.784, de 02/10/2023.

a) até 36 meses, em 30% (trinta por cento); (NR)

- *Alínea "a" com redação dada pela* Lei nº 17.784, de 02/10/2023.

b) 37 meses ou mais, em 20% (vinte por cento); (NR)

- *Alínea "b" com redação dada pela* Lei nº 17.784, de 02/10/2023.

c) a e) Revogadas.

- *Alínea "c" a "e" revogadas pela* Lei nº 17.784, de 02/10/2023.

IV – na hipótese prevista na alínea "a" do inciso IV do artigo 95 desta lei, tratando-se de débito parcelado em: (NR)

- *Inciso IV com redação dada pela* Lei nº 17.784, de 02/10/2023.

a) até 36 meses, em 20% (vinte por cento); (NR)

- *Alínea "a" com redação dada pela* Lei nº 17.784, de 02/10/2023.

b) 37 meses ou mais, 10% (dez por cento). (NR)

- *Alínea "b" com redação dada pela* Lei nº 17.784, de 02/10/2023.

c) a e) Revogadas.

- *Alíneas "c" a "e" revogadas pela* Lei nº 17.784, de 02/10/2023.

V, a) a e) Revogados.

- *Inciso V e alíneas "a" a "e" revogados pela* Lei nº 17.784, de 02/10/2023.

Parágrafo único – Revogado.

- *Parágrafo único revogado pela* Lei nº 11.001, de 21/12/2001.

§ 1º A multa moratória será aplicada nos termos do artigo 87 desta lei.

§ 2º Ocorrendo o rompimento do acordo, a redução da multa autorizada nos termos deste artigo será reincorporada ao saldo devedor, observado o seguinte:

1 – o percentual de redução a ser incorporado incidirá apenas sobre o montante das parcelas remanescentes em aberto;

2 – sobre o saldo em aberto será aplicado o disposto nos §§ 1º e 2º do artigo 103 desta lei.

§ 3º O saldo devedor do parcelamento sujeita-se à incidência de juros de mora e demais acréscimos legais, até a sua efetiva liquidação.

§ 4º Para o cálculo da redução prevista neste artigo será considerado o valor da multa e dos respectivos acréscimos previstos na legislação, calculados até a data do recolhimento.

§ 5º Tratando-se de penalidade aplicada sobre o valor do imposto, a aplicação dos descontos previstos neste artigo não poderá resultar em quantia inferior a 25% (vinte e cinco por cento) do valor do imposto.

- Artigo 101 com redação dada pela Lei nº 13.918, de 22/12/2009.

§ 6º Poderá ser aplicado o desconto previsto no artigo 95, na forma prevista em regulamento, quando o autuado: (NR)

- *§ 6º acrescentado pela* Lei nº 17.784, de 02/10/2023.

1 - cumprir regularmente o recolhimento de 50% (cinquenta por cento) das parcelas do acordo de parcelamento, hipótese em que o desconto aplicar-se-á às parcelas remanescentes; (NR)

- *Item 1 acrescentado pela* Lei nº 17.784, de 02/10/2023.

2 - antecipar o recolhimento de todas as parcelas vincendas, hipótese em que o desconto aplicar-se-á ao saldo remanescente. (NR)

- *Item 2 acrescentado pela* Lei nº 17.784, de 02/10/2023.

Art. 102. O débito fiscal pode ser liquidado mediante utilização de crédito do imposto, nas condições estabelecidas em regulamento.

§ 1º Para os efeitos deste artigo, considera-se débito fiscal a soma do imposto, das multas, da correção monetária e dos juros de mora previstos nesta lei.

§ 2º O pedido de liquidação implica confissão irretratável do débito fiscal, expressa renúncia à qualquer defesa ou recurso administrativo e desistência dos já interpostos.

§ 3º Não poderão ser utilizados, para os fins previstos no "caput", os créditos do imposto provenientes de operações de revenda de combustíveis e outros derivados de petróleo, conforme definidos em legislação federal.

- § 3º acrescentado pela Lei 11.929 de 12/04/2005, com a redação dada pelo texto promulgado em 12/12/2005.

§ 4º O débito fiscal exigido por auto de infração poderá ser liquidado mediante a utilização de crédito acumulado ou de ressarcimento do imposto, inclusive nas hipóteses de retenção antecipada por substituição tributária ou créditos do produtor rural, próprio ou adquirido de terceiros, nos termos e condições estabelecidos em ato do Secretário da Fazenda e Planejamento. (NR)

- *§ 4º acrescentado pela* Lei nº 17.784, de 02/10/2023.

Art. 103. Verificado o recolhimento do débito fiscal com inobservância das disposições estabelecidas nos artigos 87, 96 e 97, será o devedor notificado a recolher a diferença, apurada de ofício, dentro de 10 (dez) dias, inscrevendo-se o débito na Dívida Ativa em caso de inadimplemento.

§ 1º Diferença é o valor de imposto e/ou da multa que restar devido após a imputação de que trata o parágrafo seguinte, acrescido de correção monetária e, quando for o caso, dos juros de mora, da multa moratória e dos honorários advocatícios.

§ 2º A imputação deve ser efetivada mediante distribuição proporcional do valor recolhido dentre os componentes do débito, assim entendidos, o imposto e/ou a multa, a correção monetária, os juros de mora, a multa de mora e os honorários advocatícios devidos na data do recolhimento incompleto.

TÍTULO VIII
DA CONSULTA

Art. 104. Todo aquele que tenha legítimo interesse pode formular consulta sobre interpretação e aplicação da legislação tributária estadual, nas condições estabelecidas em regulamento.

§ 1º A apresentação da consulta pelo contribuinte ou responsável, inclusive pelo substituto, impede, até o término do prazo fixado na resposta, o início de qualquer procedimento fiscal destinado à apuração de infração relacionada com a matéria consultada.

§ 2º A consulta, se o imposto for considerado devido, não elide a incidência da correção monetária e dos demais acréscimos legais, dispensada a exigência dos juros de mora e da multa de mora, se formulada no prazo previsto para o recolhimento normal do imposto e se o interessado adotar o entendimento contido na resposta, no prazo que lhe for assinalado.

Art. 105. Não produzirá qualquer efeito a consulta formulada:

I - sobre fato praticado por estabelecimento, em relação ao qual tiver sido:

a) lavrado auto de infração;

b) lavrado termo de apreensão de mercadorias, de livros ou de documentos;

c) lavrado termo de início de verificação fiscal;

d) expedida notificação, inclusive nos termos do artigo 103;

II – sobre matéria objeto de ato normativo;

III – sobre matéria que tiver sido objeto de decisão proferida em processo administrativo já findo, de interesse do consulente;

IV – sobre matéria objeto de consulta anteriormente feita pelo consulente e respondida pelo órgão competente;

V – em desacordo com as normas da legislação pertinente à consulta.

Parágrafo único. O termo a que se refere a alínea "c" do inciso I deixará de ser impediente de consulta depois de decorridos 90 (noventa) dias contados da data da sua lavratura ou de sua prorrogação determinada pela autoridade competente, conforme dispuser o regulamento.

Art. 106. A resposta aproveita exclusivamente ao consulente, nos exatos termos da matéria de fato descrita na consulta.

Parágrafo único. A observância, pelo consulente, da resposta dada à consulta, exime-o de qualquer penalidade e exonera-o do pagamento do imposto considerado não devido, enquanto prevalecer o entendimento nela consubstanciado.

Art. 107. A resposta dada à consulta pode ser modificada ou revogada a qualquer tempo.

Parágrafo único. A revogação ou modificação produzirá efeitos a partir da ciência do consulente ou a partir da vigência de ato normativo.

TÍTULO IX
DAS DISPOSIÇÕES FINAIS

Art. 108. Salvo disposição expressa em contrário, os prazos fixados nesta lei contam-se em dias corridos, excluindo-se o dia do início e incluindo-se o do vencimento.

§ 1º A contagem dos prazos só se inicia e o seu vencimento somente ocorre em dia de expediente normal da repartição, assim entendido o que é exercido no horário habitual.

– Parágrafo único transformado em § 1º pela Lei nº 12.294, de 06/03/2006.

§ 2º O disposto no § 1º não se aplica aos prazos para cumprimento de obrigações, principal ou acessórias, que independam do funcionamento regular de repartições fiscais, tal como o recolhimento do imposto junto ao sistema bancário.

– § 2º acrescentado pela Lei nº 12.294, de 06/03/2006.

Art. 108-A. Para fins do disposto nesta lei, as referências ao termo "magnético" abrangem também os termos "eletrônico" e "digital.

– Artigo 108-A acrescentado pela Lei nº 13.918, de 22/12/2009.

Art. 109. Em substituição à sistemática de atualização monetária prevista nos artigos anteriores, o Poder Executivo poderá dispor que o débito fiscal seja convertido em quantidade determinada de Unidades Fiscais do Estado de São Paulo – UFESPs – no momento da sua apuração, constatação ou fixação, fazendo-se a reconversão em moeda corrente pelo valor desse mesmo referencial na data do efetivo pagamento.

Parágrafo único. Poderá ser estabelecido prazo intermediário em que o recolhimento se faça pelo valor nominal do débito.

– Artigo 109-A – Revogado.

– Artigo 109-A revogado pela Lei nº 10.619, de 19/07/2000.

Art. 110. Será desconsiderada pelo fisco eventual diferença ocorrida na apuração ou no recolhimento do imposto, multa, correção monetária e demais acréscimos legais, desde que de valor inferior a NCz$ 0,99 (noventa e nove centavos de cruzado novo).

Parágrafo único. O valor previsto neste artigo poderá ser atualizado pelo Poder Executivo.

Art. 111. Fica autorizado:

I – o Poder Executivo a celebrar convênio com a União, os Estados, o Distrito Federal e os Municípios, com o objetivo de assegurar a melhoria da arrecadação e da fiscalização tributária e o permanente combate à sonegação;

II – a Secretaria da Fazenda a celebrar convênio com os órgãos das administrações tributárias da União, dos Estados, do Distrito Federal e dos Municípios, para compartilhamento de cadastros, de informações fiscais e para atuação conjunta.

– Artigo 111 com redação dada pela Lei nº 12.294, de 06/03/2006.

Art. 112. Sempre que outro Estado ou o Distrito Federal conceder benefícios fiscais ou financeiros, dos quais resulte redução ou eliminação, direta ou indireta, do respectivo ônus tributário, com inobservância de disposições da legislação federal que regula a celebração de acordos exigidos para tal fim e sem que haja aplicação das sanções nela prevista, o Poder Executivo poderá adotar as medidas necessárias à proteção da economia do Estado.

– O STF, na ADI 4635, concedeu medida cautelar para suspender qualquer interpretação que, fundada nos arts. 84-B, II, e 112, ambos da Lei paulista nº 6.374/89, torne possível a edição de atos normativos, por parte do Estado de São Paulo e de seu Governador, que outorguem benefícios fiscais ou financeiros, bem assim incentivos compensatórios pontuais, dos quais resulte redução ou eliminação, direta ou indireta, do respectivo ônus tributário, em matéria de ICMS, sem que tais medidas sejam precedidas da necessária celebração de convênio no âmbito do CONFAZ.

Art. 113. Fica criada a Unidade Fiscal do Estado de São Paulo – UFESP no valor de NCz$ 6,17 (seis cruzados novos e dezessete centavos), em 1º de janeiro de 1989, atualizável monetariamente pelo Índice de Preço ao Consumidor – IPC.

§ 1º Ocorrendo a extinção do IPC, o Poder Executivo fixará outro índice oficial que o substitua, para atualização monetária da UFESP.

§ 2º A partir de 1º de fevereiro de 1989, as referências da legislação tributária do Estado de São Paulo à Obrigação do Tesouro Nacional – OTN passam a ser entendidas como à Unidade Fiscal do Estado de São Paulo – UFESP.

§ 3º A atualização monetária dos valores relativos a créditos tributários anteriores à vigência desta lei continuará a ser feita segundo os Índices das Obrigações do Tesouro Nacional – OTN até 31 de janeiro de 1989, e após essa data, segundo a variação das UFESPs.

§ 4º A Secretaria da Fazenda do Estado poderá promover a atualização diária da UFESP, que não poderá superar o índice de variação mensal.

– O STF julgou parcialmente procedente a ADI 442, para conferir interpretação conforme ao artigo 113, de modo que o valor da UFESP não exceda o valor do índice de correção dos tributos federais.

Art. 114. Permanecem em vigor as disposições da legislação relativa ao Imposto de Circulação de Mercadorias, que não conflitem e nem sejam incompatíveis com as desta lei, nos termos do § 5º do artigo 34 das Disposições Transitórias da Constituição Federal, sem prejuízo da aplicação do disposto no § 3º do artigo 41 dessas Disposições Transitórias.

Parágrafo único. A legislação tributária estadual relativa à microempresa, inclusive a Lei n. 6.267, de 15 de dezembro de 1988, continua a vigorar em relação ao imposto instituído por esta lei.

Art. 114-A. Permanecem em vigor as disposições da legislação que concernem ao Imposto sobre Operações Relativas à Circulação de Mercadorias e sobre Prestações de Serviços de Transporte Interestadual e Intermunicipal e de Comunicação – ICMS, que não sejam incompatíveis com as da Lei Complementar n. 87, de 13 de setembro de 1996, especialmente em relação à substituição tributária, fatos geradores, base de cálculo e sujeito passivo.

– Artigo 114-A acrescentado pela Lei nº 9.399, de 21/11/1996.

Art. 115. Esta lei e suas Disposições Transitórias entrarão em vigor na data de sua publicação, produzindo efeitos 30 (trinta) dias após, exceto as disposições do artigo 113 e, de suas Disposições Transitórias, dos artigos 4º, 5º e 6º, que terão eficácia imediata.

TÍTULO X
DAS DISPOSIÇÕES TRANSITÓRIAS

Art. 1º Enquanto não fixadas pelo Senado Federal, as alíquotas de que trata o inciso II do artigo 34 são:

I – nas operações ou prestações de exportação: 13% (treze por cento);

II – nas operações ou prestações interestaduais: 17% (dezessete por cento).

§ 1º Nas operações ou prestações interestaduais que destinem mercadorias ou serviços a contribuintes, as alíquotas são:

1 – quando o destinatário esteja localizado nos Estados de Minas Gerais, Rio de Janeiro, Paraná, Santa Catarina ou Rio Grande do Sul – 12% (doze por cento);

2 – quando o destinatário esteja localizado num dos demais Estados ou no Distrito Federal – 9% (nove por cento).

§ 2º Nas saídas de produtos semi-elaborados para o exterior serão observadas as reduções de base de cálculo, as concessões de créditos presumidos e as isenções aprovadas pelos Estados e pelo Distrito Federal, nos termos da alínea "g" do inciso XII do § 2º do artigo 155 da Constituição Federal e do § 8º do artigo 34 de suas Disposições Transitórias.

Art. 2º As alíquotas previstas no artigo anterior serão automaticamente substituídas pelas que forem fixadas por ato do Senado Federal, a partir de sua vigência.

Art. 3º Observadas as disposições desta lei, é assegurado ao contribuinte, em relação a cada estabelecimento, o direito de:

I – creditar-se do Imposto de Circulação de Mercadorias incidente sobre operações realizadas anteriormente à eficácia desta lei, relativamente a mercadorias entradas no estabelecimento adquirente a partir da data em que esta lei produziu efeitos;

II – utilizar o saldo credor do Imposto de Circulação de Mercadorias existente no dia anterior à data que esta lei produzir efeitos, para compensação com o imposto instituído.

Art. 4º Ficam cancelados os débitos fiscais, relativos ao Imposto de Circulação de Mercadorias e respectivas multas de qualquer natureza, de valor originário igual ou inferior a NCz$ 0,50 (cinqüenta centavos de cruzado novo), bem como os respectivos acréscimos e juros, que se enquadrem em uma das seguintes hipóteses, seja qual foi a fase da cobrança:

I – débitos declarados em Guias de informação e Apuração do ICM, inclusive os transcritos por iniciativa fiscal, desde que correspondentes a operações realizadas até 31 de dezembro de 1987;

II – débitos decorrentes de parcela mensal devida por contribuintes submetidos ao regime de estimativa, desde que vencidos até 31 de dezembro de 1987;

III – débitos exigidos em Autos de Infração e Imposição de Multa lavrados até 31 de dezembro de 1987;

IV – débitos compreendidos nos incisos anteriores, objeto de acordo pata pagamento parcelado.

§ 1º O disposto neste artigo não se aplica em pendência de decisão administrativa ou judicial que puder eventualmente restabelecer a exigência de valor superior ao indicado no "caput".

§ 2º Será considerado valor originário do débito fiscal:

1 – o valor do imposto indicado em cada Guia de Informação e Apuração do ICM, referente a contribuinte sujeito ao regime de apuração mensal;

2 – o valor do imposto devido mensalmente por contribuinte submetido ao regime de estimativa;

3 – o valor da diferença do imposto indicado em cada Guia de Informação e Apuração do ICM, referente a contribuinte submetido ao regime de estimativa;

4 – a soma dos valores do imposto e da multa exigidos em cada Auto de Infração e Imposição de Multa;

5 – os saldos remanescentes do imposto e da multa de qualquer natureza, nas hipóteses do inciso IV do artigo anterior.

§ 3º As disposições deste artigo não autorizam a restituição de importância já recolhida.

Art. 5º Os débitos do Imposto de Circulação de Mercadorias não abrangidos pelo artigo anterior, relativos a operações ocorridas até 31 de dezembro de 1987, corrigidos monetariamente, poderão ser pagos:

I – integralmente até o dia 31 de março de 1989, com dispensa de multas, juros e acréscimos;

II – em até 3 (três) parcelas mensais e sucessivas, com abatimento de 75% (setenta e cinco por cento) de multa, juros e acréscimos;

III – em até 6 (seis) parcelas mensais e sucessivas, com abatimento de 50% (cinqüenta por cento) de multas, juros e acréscimos;

IV – em até 9 (nove) parcelas mensais e sucessivas, com abatimento de 25% (vinte e cinco por cento) de multas, juros e acréscimos.

§ 1º Somente gozarão do benefício previsto neste artigo os contribuintes que comprovarem o recolhimento ou o parcelamento da totalidade do tributo declarado ou apurado pelo fisco, correspondente ao exercício de 1988.

§ 2º Os parcelamentos de que tratam os incisos II a IV serão requeridos pelos contribuintes a Secretaria da Fazenda, (vetado), devendo a primeira parcela ser recolhida até 31 de março de 1989.

§ 3º A apresentação do requerimento implica confissão irretratável do débito fiscal e expressa renúncia a qualquer defesa ou recurso administrativo, bem como desistência dos já interpostos.

§ 4º O não pagamento, na data aprazada, de qualquer das parcelas ou do imposto devido pelas operações ocorridas no exercício de 1989, acarretará a resolução do acordo.

§ 5º Aos acordos de parcelamentos anteriormente firmados aplica-se o disposto neste artigo, no que couber, em relação ao saldo devedor na data da publicação desta lei.

Art. 6º Os débitos fiscais vencidos ou apurados até 31 de dezembro de 1987 poderão ser liquidados mediante dação em pagamento, à Fazenda do Estado, de bens imóveis livres de qualquer ônus e localizados no território do Estado, com a dispensa de multas, juros e demais acréscimos legais, desde que o devedor o requeira ate 15 de março de 1989.

§ 1º Considera-se débito fiscal, para efeito deste artigo:

1 - a soma de imposto e da correção monetária incidente até a data da protocolização do pedido;

2 - o saldo remanescente de acordo para pagamento parcelado.

§ 2º A apresentação do requerimento implica confissão irretratável do débito fiscal e expressa renúncia a qualquer defesa ou recurso administrativo ou judicial, bem como desistência dos já interpostos.

§ 3º A avaliação do imóvel será realizada, isolada ou conjuntamente, pelo Banco do Estado de São Paulo S.A. e pelo Banco de Desenvolvimento do Estado de São Paulo S.A.

§ 4º O pedido somente será deferido se:

1 - o imóvel oferecer condições de utilização por órgão estadual da Administração Pública direta e desde que demonstrada sua necessidade, a juízo da respectiva Secretaria de Estado;

2 - se configurar a possibilidade de o requerente vir a efetuar com regularidade o pagamento dos débitos fiscais supervenientes.

§ 5º A dação em pagamento condiciona-se ao recolhimento, em dinheiro e de uma só vez, das importâncias correspondentes a:

1 - honorários advocatícios, custas e demais despesas judiciais, se for o caso, em se tratando de débito inscrito na Dívida Ativa;

2 - correção monetária incidente durante o período entre a data da protocolização do pedido e a do seu deferimento.

§ 6º Compete ao Secretário da Fazenda decidir os pedidos formulados com base neste artigo.

§ 7º Deferido o pedido, providenciar-se-á a sustação da cobrança administrativa e judicial, até a lavratura da escritura, que deverá ocorrer em prazo não superior a 60 (sessenta) dias.

§ 8º Correrão à conta do devedor todas as despesas relativas à dação em pagamento.

Art. 7º Vetado.

Art. 8º O recolhimento a que se refere o § 7º do artigo 2º desta lei deverá ser realizado pelo contribuinte remetente ou prestador localizado em outra unidade da federação na seguinte proporção:

I - para o ano de 2016: 40% (quarenta por cento) do valor correspondente à diferença entre a alíquota interna e a interestadual;

II - para o ano de 2017: 60% (sessenta por cento) do valor correspondente à diferença entre a alíquota interna e a interestadual;

III - para o ano de 2018: 80% (oitenta por cento) do valor correspondente à diferença entre a alíquota interna e a interestadual;

IV - a partir do ano de 2019: 100% (cem por cento) do valor correspondente à diferença entre a alíquota interna e a interestadual.

Art. 9º No caso de operações ou prestações que destinarem bens e serviços a não contribuinte localizado em outra unidade da federação, caberá a este Estado, até o ano de 2018, além do imposto calculado mediante utilização da alíquota interestadual, parte do valor correspondente à diferença entre esta e a alíquota interna da unidade da federação destinatária, na seguinte proporção:

I - para o ano de 2016: 60% (sessenta por cento);

II - para o ano de 2017: 40% (quarenta por cento);

III - para o ano de 2018: 20% (vinte por cento).

- Artigos 8º e 9º acrescentados pela Lei nº 15.856, de 02/07/2015.

LEI Nº 10.705, DE 28 DE DEZEMBRO DE 2000

Dispõe sobre a instituição do Imposto sobre Transmissão "Causa Mortis" e Doação de Quaisquer Bens ou Direitos – ITCMD.

ÍNDICE

Art. 1º Fica instituído o Imposto sobre Transmissão "Causa Mortis" e Doação de Quaisquer Bens ou Direitos – ITCMD, previsto no artigo 155, I, da Constituição Federal, na redação da Emenda Constitucional nº 3, de 1993.

CAPÍTULO I
DA INCIDÊNCIA

Art. 2º O imposto incide sobre a transmissão de qualquer bem ou direito havido:

I – por sucessão legitima ou testamentária, inclusive a sucessão provisória;

II – por doação.

§ 1º Nas transmissões referidas neste artigo, ocorrem tantos fatos geradores distintos quantos forem os herdeiros, legatários ou donatários.

§ 2º Compreende-se no inciso I deste artigo a transmissão de bem ou direito por qualquer título sucessório, inclusive o fideicomisso.

§ 3º A legitima dos herdeiros, ainda que gravada, e a doação com encargo sujeitam-se ao imposto como se não o fossem.

§ 4º No caso de aparecimento do ausente, fica assegurada a restituição do imposto recolhido pela sucessão provisória.

§ 5º Estão compreendidos na incidência do imposto os bens que, na divisão de patrimônio comum, na partilha ou adjudicação, forem atribuídos a um dos cônjuges, a um dos conviventes, ou a qualquer herdeiro, acima da respectiva meação ou quinhão.

Art. 3º Também sujeita-se ao imposto a transmissão de:

I – qualquer título ou direito representativo do patrimônio ou capital de sociedade e companhia, tais como ação, quota, quinhão, participação civil ou comercial, nacional ou estrangeira, bem como, direito societário, debênture, dividendo e crédito de qualquer natureza;

II – dinheiro, haver monetário em moeda nacional ou estrangeira e título que o represente, depósito bancário e crédito em conta corrente, depósito em caderneta de poupança e a prazo fixo, quota ou participação em fundo mútuo de ações, de renda fixa, de curto prazo, e qualquer outra aplicação financeira e de risco, seja qual for o prazo e a forma de garantia;

III – bem incorpóreo em geral, inclusive título e crédito que o represente, qualquer direito ou ação que tenha de ser exercido e direitos autorais.

§ 1º A transmissão de propriedade ou domínio útil de bem imóvel e de direito a ele relativo, situado no Estado, sujeita-se ao imposto, ainda que o respectivo inventário ou arrolamento seja processado em outro Estado, no Distrito Federal ou no exterior; e, no caso de doação, ainda que doador, donatário ou ambos não tenham domicílio ou residência neste Estado.

§ 2º O bem móvel, o título e o direito em geral, inclusive os que se encontrem em outro Estado ou no Distrito Federal, também ficam sujeitos ao imposto de que trata esta lei, no caso de o inventário ou arrolamento processar-se neste Estado ou nele tiver domicílio o doador.

Art. 4º O imposto é devido nas hipóteses abaixo especificadas, sempre que o doador residir ou tiver domicílio no exterior, e, no caso de morte, se o "de cujus" possuía bens, era residente ou teve seu inventário processado fora do país:

I – sendo corpóreo o bem transmitido:

a) quando se encontrar no território do Estado;

b) quando se encontrar no exterior e o herdeiro, legatário ou donatário tiver domicilio neste Estado;

II – sendo incorpóreo o bem transmitido:

a) quando o ato de sua transferência ou liquidação ocorrer neste Estado;

b) quando o ato referido na alínea anterior ocorrer no exterior e o herdeiro, legatário ou donatário tiver domicílio neste Estado.

Art. 5º O imposto não incide:

I – na renúncia pura e simples de herança ou legado;

II – sobre o fruto e rendimento do bem do espólio havidos apos o falecimento do autor da herança ou legado;

III – sobre a importância deixada ao testamenteiro, a título de prêmio ou remuneração, até o limite legal.

CAPÍTULO II
DAS ISENÇÕES

Art. 6º Fica isenta do imposto:

I – a transmissão "causa mortis":

a) de imóvel de residência, urbano ou rural, cujo valor não ultrapassar 5.000 (cinco mil) Unidades Fiscais do Estado de São Paulo – UFESPs e os familiares beneficiados nele residam e não tenham outro imóvel;

b) de imóvel cujo valor não ultrapassar 2.500 (duas mil e quinhentas) UFESPs, desde que seja o único transmitido;

c) de ferramenta e equipamento agrícola de uso manual, roupas, aparelho de uso doméstico e demais bens móveis de pequeno valor que guarneçam os imóveis referidos nas alíneas anteriores, cujo valor total não ultrapassar 1.500 (mil e quinhentas) UFESPs;

d) de depósitos bancários e aplicações financeiras, cujo valor total não ultrapassar 1.000 (mil) UFESPs;

e) de quantia devida pelo empregador ao empregado, por Institutos de Seguro Social e Previdência, oficiais ou privados, verbas e prestações de caráter alimentar decorrentes de decisão judicial em processo próprio e o montante de contas individuais do Fundo de Garantia do Tempo de Serviço e do Fundo de Participações PIS-PASEP, não recebido em vida pelo respectivo titular;

f) na extinção do usufruto, quando o nu-proprietário tiver sido o instituidor;

II – a transmissão por doação:

a) cujo valor não ultrapassar 2.500 (duas mil e quinhentas) UFESPs;

b) de bem imóvel vinculado a programa de habitação de interesse social;

– Alinea b com redação dada pela Lei nº 16.050, de 15/12/2015.

c) de bem imóvel doado por particular para o Poder Público.

§ 1º Para fins de reconhecimento das isenções previstas nas alíneas "a", "b" e "c" do inciso I, e na alínea "a" do inciso II, poderá ser exigida a apresentação de declaração, conforme dispuser o regulamento.

§ 2º Ficam também isentas as transmissões "causa mortis" e sobre doação de quaisquer bens ou direitos a entidades cujos objetivos sociais sejam vinculados à promoção dos direitos humanos, da cultura ou à preservação do meio ambiente, observado o seguinte:

1 – o reconhecimento dessa condição deverá ser feito, de forma cumulativa, pela Secretaria da Fazenda e, conforme a natureza da entidade, pela Secretaria da Justiça e da Defesa da Cidadania, pela Secretaria

da Cultura ou pela Secretaria do Meio Ambiente, de acordo com disciplina a ser estabelecida pelo Poder Executivo;

2 - deverão ser observados os requisitos do Artigo 14 do Código Tributário Nacional e os demais previstos na legislação tributária.

§ 3º Vetado.

- Artigo 6º com redação dada pela Lei nº 10.992, de 21/12/2001, produzindo efeitos a partir de 01/01/2002.

CAPÍTULO III
DOS CONTRIBUINTES E RESPONSÁVEIS

Art. 7º São contribuintes do imposto:

I - na transmissão "causa mortis": o herdeiro ou o legatário;

II - no fideicomisso: o fiduciário;

III - na doação: o donatário;

IV - na cessão de herança ou de bem ou direito a título não oneroso: o cessionário.

Parágrafo único. No caso do inciso III, se o donatário não residir nem for domiciliado no Estado, o contribuinte será o doador.

Art. 8º Nos casos de impossibilidade de exigência do cumprimento da obrigações principal pelo contribuinte, respondem solidariamente com este nos atos em que intervierem ou pelas omissões de que forem responsáveis:

I - o tabelião, escrivão e demais serventuários de ofício, em relação aos atos tributáveis praticados por eles ou perante eles, em razão de seu ofício;

II - a empresa, instituição financeira e bancária e todo aquele a quem couber a responsabilidade do registro ou a prática de ato que implique na transferência missão de bem móvel ou imóvel e respectivo direito ou ação;

III - o doador, o cedente de bem ou direito, e, no caso do parágrafo único do artigo anterior, o donatário;

IV - qualquer pessoa física ou jurídica que detiver ver o bem transmitido ou estiver na sua posse, na forma desta lei;

V - os pais, pelos tributos devidos pelos seus filhos menores;

VI - os tutores e curadores, pelos tributos devidos pelos seus tutelados ou curatelados;

VII - os administradores de bens de terceiros, pelos tributos devidos por estes;

VIII - o inventariante, pelos tributos devidos pelo espólio.

CAPÍTULO IV
DA BASE DE CÁLCULO

Art. 9º A base de cálculo do imposto é o valor venal do bem ou direito transmitido, expresso em moeda nacional ou em UFESPs (Unidades Fiscais do Estado de São Paulo).

§ 1º Para os fins de que trata esta lei, considera-se valor venal o valor de mercado do bem ou direito na data da abertura da sucessão ou da realização do ato ou contrato de doação.

§ 2º Nos casos a seguir, a base de cálculo é equivalente a:

1. 1/3 (um terço) do valor do bem, na transmissão não onerosa do domínio útil;

2. 2/3 (dois tergos) do valor do bem, na transmissão não onerosa do domínio direto;

3.1/3 (um terço) do valor do bem, na instituição do usufruto, por ato não oneroso;

4. 2/3 (dois terços) do valor do bem, na transmissão não onerosa da nua-propriedade.

§ 3º Na hipótese de sucessivas doações entre os mesmos doador e donatário, serão consideradas todas as transmissões realizadas a esse título, dentro de cada ano civil, devendo o imposto ser recalculado a cada nova doação, adicionando-se à base de cálculo os valores dos bens anteriormente transmitidos e deduzindo-se os valores dos impostos já recolhidos.

§ 4º Para a apuração da base de cálculo poderá ser exigida a apresentação de declaração, conforme dispuser o regulamento.

- §§ 3º e 4º acrescentados pela Lei nº 10.992, de 21/12/2001, produzindo efeitos a partir de 01/01/2002.

Art. 10. O valor do bem ou direito na transmissão "causa mortis" e o atribuído na avaliação judicial e homologado pelo Juiz.

§ 1º Se não couber ou for prescindível a avaliação, o valor será o declarado pelo inventariante, desde que haja expressa anuência da Fazenda, observadas as disposições do artigo 9º, ou o proposto por esta e aceito pelos herdeiros, seguido, em ambos os casos, da homologação judicial.

§ 2º Na hipótese de avaliação judicial ou administrativa, será considerado o valor do bem ou direito na data da sua realização.

§ 3º As disposições deste artigo aplicam-se, no que couber, ás demais partilhas ou divisões de bens sujeitas a processo judicial das quais resultem atos tributáveis.

Art. 11. Não concordando a Fazenda com valor declarado ou atribuído a bem ou direito do espólio, instaurar-se-á o respectivo procedimento administrativo de arbitramento da base de cálculo, para fins de lançamento e notificação do contribuinte, que poderá impugna-lo.

§ 1º Fica assegurado ao interessado o direito de requerer avaliação judicial, incumbindo-lhe, neste caso, o pagamento das despesas.

§ 2º As disposições deste artigo aplicam-se, no que couber, as demais partilhas ou divisões de bens sujeitas a processo judicial das quais resultem atos tributáveis.

Art. 12. No cálculo do imposto, não serão abatidas quaisquer dívidas que onerem o bem transmitido, nem as do espólio.

Art. 13. No caso de imóvel, o valor da base de cálculo não será inferior:

I – em se tratando de imóvel urbano ou direito a ele relativo, ao fixado para o lançamento do Imposto sobre a Propriedade Predial e Territorial Urbana IPTU;

II – em se tratando de imóvel rural ou direito a ele relativo, ao valor total do imóvel declarado pelo contribuinte para efeito de lançamento do Imposto sobre a Propriedade Territorial Rural – ITR.

Art. 14. No caso de bem móvel ou direito não abrangido pelo disposto nos artigos 9º, 10 e 13, a base de cálculo e o valor corrente de mercado do bem, título, crédito ou direito, na data da transmissão ou do ato translativo.

§ 1º A falta do valor de que trata este artigo, admitir-se-á o que for declarado pelo interessado, ressalvada a revisão do lançamento pela autoridade competente, nos termos do artigo 11.

§ 2º O valor das ações representativas do capital de sociedades é determinado segundo a sua cotação média alcançada na Bolsa de Valores, na data da transmissão, ou na imediatamente anterior, quando não houver pregão ou quando a mesma não tiver sido negociada naquele dia, regredindo-se, se for o caso, até o máximo de 180 (cento e oitenta) dias.

§ 3º Nos casos em que a ação, quota, participação ou qualquer título representativo do capital social não for objeto de negociação ou não tiver sido negociado nos últimos 180 (cento e oitenta) dias, admitir-se-á o respectivo valor patrimonial.

– §§ 2º e 3º com redação dada Lei nº 10.992, de 21/12/2001, produzindo efeitos a partir de 01/01/2002.

Art. 15. O valor da base de cálculo é considerado na data da abertura da sucessão, do contrato de doação ou da avaliação, devendo ser atualizado monetariamente, a partir do dia seguinte, segundo a variação da Unidade Fiscal do Estado de São Paulo – UFESP, até a data prevista na legislação tributária para o recolhimento do imposto.

§ 1º O valor venal de determinado bem ou direito que houver sido fixado em data distinta daquela em que ocorreu o fato gerador deverá ser expresso em UFESPs.

§ 2º Para os fins do disposto no parágrafo anterior, será observado o valor da UFESP vigente na data da fixação do valor venal.

§ 3º Não havendo correção monetária da UFESP, aplicar-se-á o índice adotado à época para cálculo da inflação, nos prazos já estabelecidos neste artigo.

– Artigo 15 com redação dada Lei nº 10.992, de 21/12/2001, produzindo efeitos a partir de 01/01/2002.

CAPÍTULO V
DA ALÍQUOTA

Art. 16. O imposto é calculado aplicando-se a alíquota de 4% (quatro por cento) sobre o valor fixado para a base de cálculo.

Parágrafo único. O imposto devido é resultante da soma total da quantia apurada na respectiva operação de aplicação dos porcentuais sobre cada uma das parcelas em que vier a ser decomposta a base de cálculo.

– Artigo 16 com redação dada Lei nº 10.992, de 21/12/2001, produzindo efeitos a partir de 01/01/2002.

CAPÍTULO VI
DO RECOLHIMENTO DO IMPOSTO

Art. 17. Na transmissão "causa mortis", o imposto será pago até o prazo de 30 (trinta) dias após a decisão homologatória do cálculo ou do despacho que determinar seu pagamento, observado o disposto no artigo 15 desta lei.

§ 1º O prazo de recolhimento do imposto não poderá ser superior a 180 (cento e oitenta) dias da abertura da sucessão, sob pena de sujeitar-se o débito à taxa de juros prevista no artigo 20, acrescido das penalidades cabíveis, ressalvado, por motivo justo, o caso de dilação desse prazo pela autoridade judicial.

- Parágrafo único transformado em § 1º pela Lei nº 10.992, de 21/12/2001.

§ 2º Sobre o valor do imposto devido, desde que recolhido no prazo de 90 (noventa) dias, a contar da abertura da sucessão, o Poder Executivo poderá conceder desconto, a ser fixado por decreto.

- § 2º acrescentado pela Lei nº 10.992, de 21/12/2001, produzindo efeitos a partir de 01/01/2002.

Art. 18. Na doação, o imposto será recolhido antes da celebração do ato ou contrato correspondente.

§ 1º Na partilha de bem ou divisão de patrimônio comum, quando devido, o imposto será pago no prazo de 15 (quinze) dias do trânsito em julgado da sentença ou antes da lavratura da escritura pública.

§ 2º Os tabeliães e serventuários, responsáveis pela lavratura de atos que importem em doação de bens, ficam obrigados a exigir dos contratantes a apresentação da respectiva guia de recolhimento do imposto, cujos dados devem constar do instrumento de transmissão.

§ 3º No contrato de doação por instrumento particular, os contratantes também ficam obrigados a efetuar o recolhimento antes da celebração e mencionar, em seu contexto, a data, valor e demais dados da guia respectiva.

§ 4º A doação ajustada verbalmente, aplicam-se, no que couber, as disposições deste artigo, devendo os contratantes, na forma estabelecida em regulamento, fazer constar da guia de recolhimento dados suficientes para identificar o ato jurídico efetivado.

§ 5º Todo aquele que praticar, registrar ou intervier em ato ou contrato, relativo à doação de bem, está obrigado a exigir dos contratantes a apresentação da respectiva guia de recolhimento do imposto.

Art. 19. Quando não recolhido nos prazos previstos na legislação tributária, o débito do imposto fica sujeito à incidência de multa, no percentual de 0,33% (trinta e três centésimos por cento) por dia de atraso, limitado a 20% (vinte por cento).

- Artigo 19 com redação dada Lei nº 10.992, de 21/12/2001, produzindo efeitos a partir de 01/01/2002.

Art. 20. Quando não pago no prazo, o débito do imposto fica sujeito à incidência de juros de mora, calculados de conformidade com as disposições contidas nos parágrafos deste artigo.

§ 1º A taxa de juros de mora é equivalente:

1. por mês, à taxa referencial do Sistema Especial de Liquidação e de Custódia (SELIC) para títulos federais, acumulada mensalmente;

2. por fração, a 1% (um por cento).

§ 2º Considera-se, para efeito deste artigo:

1. mês, o período iniciado no dia 1º e findo no respectivo dia útil;

2. fração, qualquer período de tempo inferior a um mês, ainda que igual a um dia.

§ 3º Em nenhuma hipótese, a taxa de juros prevista neste artigo poderá ser inferior a 1% (um por cento) ao mês.

§ 4º Ocorrendo a extinção, substituição ou modificação da taxa a que se refere o § 1º, o Poder Executivo adotará outro indicador oficial que reflita o custo do crédito no mercado financeiro.

§ 5º O valor dos juros deve ser fixado e exigido na data do pagamento do débito, incluindo-se esse dia.

§ 6º A Secretaria da Fazenda divulgará, mensalmente, a taxa a que se refere este artigo.

CAPÍTULO VII
DAS PENALIDADES

Art. 21. O descumprimento das obrigações principal e acessórias, instituídas pela legislação do Imposto sobre Transmissão "Causa Mortis" e Doação de Quaisquer Bens ou Direitos - ITCMD, fica sujeito às seguintes penalidades:

I - no inventário e arrolamento que não for requerido dentro do prazo de 60 (sessenta) dias da abertura da sucessão, o imposto será calculado com acréscimo de multa equivalente a 10% (dez por cento) do valor do imposto; se o atraso exceder a 180 (cento e oitenta) dias, a multa será de 20% (vinte por cento);

II - na exigência de imposto mediante lançamento de ofício, em decorrência de omissão do contribuinte, responsável, serventuário de justiça, tabelião ou terceiro, o infrator fica sujeito à multa correspondente a uma vez o valor do imposto não recolhido;

III - apurando-se que o valor atribuído à doação, em documento particular ou público, tenha sido inferior ao praticado no mercado, aplicar-se-á aos contratantes multa equivalente a uma vez a diferença do imposto não recolhido, sem prejuízo do pagamento desta e dos acréscimos cabíveis;

IV – o descumprimento de obrigação acessória, estabelecida nesta lei ou em regulamento, sujeita o infrator a multa de 10 (dez) UFESPs.

Art. 22. O débito decorrente de multa fica também sujeito à incidência dos juros de mora, quando não pago no prazo fixado em auto de infração ou notificação, observadas, no respectivo cálculo, as disposições estabelecidas nos parágrafos do artigo 20, podendo o regulamento dispor que a fixação do valor dos juros se faça em mais de um momento.

Art. 23. Apurada qualquer infração à legislação do imposto instituído por esta lei, será lavrado auto de infração e de imposição de multa.

§ 1º A lavratura de auto de infração e a imposição de multa são atos da competência privativa dos Agentes Fiscais de Rendas.

§ 2º Aplica-se, no que couber, ao procedimento decorrente de autuação e imposição de multa, a disciplina processual estabelecida na legislação do Imposto sobre Operações Relativas a Circulação de Mercadorias e Sobre Prestação de Serviços de Transporte Interestadual e Intermunicipal e de Comunicação – ICMS.

Art. 24. Poderá o autuado pagar a multa fixada no auto de infração e imposição de multa com desconto de:

I – 50% (cinquenta por cento), dentro do prazo de 30 (trinta) dias, contados da notificação da sua lavratura;

II – 30% (trinta por cento), até 30 (trinta) dias contados da intimação da decisão de primeira instância administrativa;

III – 20% (vinte por cento), antes de sua inscrição na dívida ativa.

Parágrafo único. O pagamento efetuado nos termos deste artigo:

1. implica renúncia à defesa ou recursos previstos na legislação;

2. não dispensa, nem elide a aplicação dos juros de mora devidos.

CAPÍTULO VIII
DA ADMINISTRAÇÃO TRIBUTÁRIA

Art. 25. Não serão lavrados, registrados ou averbados pelo tabelião, escrivão e oficial de Registro de Imóveis, atos e termos de seu cargo, sem a prova do pagamento do imposto.

Art. 26. O serventuário da Justiça é obrigado a facultar aos encarregados da fiscalização, em cartório, o exame de livros, autos e papéis que interessem a arrecadação e fiscalização do imposto.

Art. 27. O oficial do Registro Civil remeterá, mensalmente, à repartição fiscal da sede da comarca, relação completa, em forma de mapa, de todos os óbitos registrados no cartório, com a declaração da existência ou não de bens a inventariar.

Parágrafo único. Poderá a Secretaria da Fazenda estabelecer forma diversa para cumprimento da obrigação prevista neste artigo.

Art. 28. Compete à Procuradoria Geral do Estado intervir e ser ouvida nos inventários, arrolamentos e outros feitos processados neste Estado, no interesse da arrecadação do imposto de que trata esta lei.

Art. 29. Em harmonia com o disposto no artigo anterior, cabe aos Agentes Fiscais de Rendas investigar a existência de heranças e doações sujeitas ao imposto, podendo, para esse fim, solicitar o exame de livros e informações dos cartdrios e demais repartições.

Art. 30. A Fazenda do Estado também será ouvida no processo de liquidação de sociedade, motivada por falecimento de sócio.

Art. 31. A precatória proveniente de outro Estado ou do Distrito Federal, para avaliação de bens aqui situados, não será devolvida sem o pagamento do imposto acaso devido.

Art. 31-A. O procedimento administrativo de consulta sobre interpretação e aplicação da legislação tributária do imposto instituído por esta lei observará, no que couber, as normas pertinentes ao Imposto sobre Operações Relativas à Circulação de Mercadorias e sobre Prestação de Serviços de Transporte Interestadual e Intermunicipal e de Comunicação – ICMS.

– Artigo 31-A acrescentado pela Lei nº 10.992, de 21/12/2001, produzindo efeitos a partir de 01/01/2002.

CAPÍTULO IX
DAS DISPOSIÇÕES FINAIS

Art. 32. Na transmissão "causa mortis", o débito fiscal poderá ser recolhido em até 12 (doze) prestações mensais e consecutivas, a critério dos Procuradores Chefes das Procuradorias Fiscal e Regionais, no âmbito de suas respectivas competências, se não houver no monte importância suficiente em dinheiro, título ou ação negociável, para o pagamento do débito fiscal.

- Artigo 32 com redação dada Lei nº 10.992, de 21/12/2001, produzindo efeitos a partir de 01/01/2002.

§ 1º Considera-se débito fiscal a soma do imposto, das multas, da atualização monetária, dos juros de mora e dos acréscimos previstos na legislação.

§ 2º O débito fiscal será consolidado nos termos do parágrafo anterior na data do deferimento do parcelamento.

§ 3º As prestações mensais serão calculadas, na data do vencimento, com o acréscimo financeiro aplicável ao parcelamento do ICMS.

§ 4º A primeira prestação será paga na data da assinatura do acordo, vencendo-se as seguintes no mesmo dia dos meses subsequentes.

Art. 33. Em caso de doação, o Coordenador da Administração Tributária poderá conceder parcelamento do imposto até o limite de 12 (doze) prestações mensais, observadas as prescrições contidas nos parágrafos do artigo anterior.

Art. 33-A. Ao Poder Executivo é facultado editar normas complementares relacionadas ao cumprimento das obrigações principal e acessórias.

- Artigo 33-A acrescentado pela Lei nº 10.992, de 21/12/2001, produzindo efeitos a partir de 01/01/2002.

Art. 34. Fica dispensado o recolhimento de imposto que, relativamente a cada contribuinte, resultar inferior a 1 (uma) UFESP (Unidade Fiscal do Estado de São Paulo).

Art. 35. Esta lei entra em vigor em 1º de janeiro de 2001, ficando revogadas, nessa data, as Leis nº 9.591, de 30 de dezembro de 1966, e nº 3.199, de 23 de dezembro de 1981.

LEI Nº 12.799, DE 11 DE JANEIRO DE 2008

Dispõe sobre o Cadastro Informativo dos Créditos não Quitados de órgãos e entidades estaduais - CADIN ESTADUAL.

Art. 1º Fica criado o Cadastro Informativo dos Créditos não Quitados de órgãos e entidades estaduais - CADIN ESTADUAL, nos termos desta lei.

Parágrafo único. O CADIN ESTADUAL visa criar um cadastro único, possibilitando à Administração acompanhar o beneficiário de crédito do setor público que se encontra na situação simultânea de favorecido e inadimplente.

Art. 2º O CADIN ESTADUAL conterá relação das pessoas físicas e jurídicas que:

I - sejam responsáveis por obrigações pecuniárias vencidas e não pagas, em relação a órgãos e entidades da Administração direta e indireta, incluídas as empresas controladas pelo Estado;

II - não tenham prestado contas exigíveis em razão de disposição legal, cláusula de convênio, acordo ou contrato, ou que as tenham tido como rejeitadas.

Art. 3º A inclusão no CADIN ESTADUAL far-se-á 75 (setenta e cinco) dias após comunicação expressa ao devedor da existência do débito passível de registro, pelas seguintes autoridades:

I - Secretário de Estado, no caso de inadimplência diretamente relacionada à Pasta;

II - Dirigente máximo, no caso de inadimplência relacionada à respectiva autarquia ou fundação;

III - Diretor Presidente, no caso de inadimplência relacionada à respectiva empresa.

§ 1º A atribuição prevista no "caput" deste artigo poderá ser delegada a servidor ou empregado que mantenha vínculo com a Secretaria, autarquia, fundação ou empresa, mediante ato publicado no Diário Oficial do Estado.

§ 2º A comunicação ao devedor será feita por via postal ou telegráfica, no endereço indicado no instrumento que deu origem ao débito, considerando-se entregue 15 (quinze) dias após a data da expedição.

§ 3º Comprovada a regularização da pendência que deu causa à inclusão, o órgão ou entidade responsável pelo registro procederá, no prazo máximo de 5 (cinco) dias úteis, à respectiva baixa.

§ 4º A inclusão no CADIN ESTADUAL, sem a expedição da comunicação de que trata o § 2º, ou a falta de baixa do registro, nas condições e no prazo previstos no § 3º, sujeitará o responsável às penalidades previstas na legislação vigente.

§ 5º Vetado.

- *Vide* Lei nº 17.843, de 07/11/2023.

Art. 4º O CADIN ESTADUAL conterá as seguintes informações:

I - nome e número de inscrição no Cadastro Nacional da Pessoa Jurídica - CNPJ ou no Cadastro de Pessoas Físicas - CPF do responsável pelas obrigações de que trata o artigo 2º desta lei;

II - data da inclusão;

III - nome e número de inscrição no CNPJ, endereço e telefone do credor ou do órgão responsável pela inclusão.

Art. 5º Os órgãos e entidades da Administração direta e indireta manterão registros detalhados das pendências incluídas no CADIN ESTADUAL, devendo facultar irrestrito exame pelos devedores aos próprios dados, nos termos do regulamento.

Art. 6º É obrigatória consulta prévia ao CADIN ESTADUAL, pelos órgãos e entidades da Administração direta e indireta, para:

I – celebração de convênios, acordos, ajustes ou contratos que envolvam o desembolso, a qualquer título, de recursos financeiros;

II – repasses de valores de convênios ou pagamentos referentes a contratos;

III – concessão de auxílios e subvenções;

IV – concessão de incentivos fiscais e financeiros.

§ 1º A existência de registro no CADIN ESTADUAL constituirá impedimento à realização dos atos a que se referem os incisos I a IV deste artigo.

§ 2º O disposto neste artigo não se aplica à concessão de auxílios a Municípios atingidos por calamidade pública reconhecida pelo Governo do Estado e às transferências voluntárias de que trata o § 3º do artigo 25 da Lei Complementar federal nº 101, de 4 de maio de 2000.

Art. 7º A inexistência de registro no CADIN ESTADUAL não configura reconhecimento de regularidade de situação, nem dispensa a apresentação dos documentos exigidos em lei, decreto e demais atos normativos.

Art. 8º O registro do devedor no CADIN ESTADUAL ficará suspenso na hipótese de suspensão da exigibilidade da pendência objeto do registro, nos termos da lei.

§ 1º A suspensão do registro não acarreta a exclusão do CADIN ESTADUAL.

§ 2º Enquanto perdurar a suspensão, não se aplica o impedimento previsto no § 1º do artigo 6º desta lei.

Art. 9º A inclusão ou exclusão de pendências no CADIN ESTADUAL, sem a observância das formalidades ou das hipóteses previstas nesta lei, sujeitará o responsável às penalidades estabelecidas na legislação pertinente.

Parágrafo único. Será excluído do CADIN ESTADUAL o devedor que parcelar e cumprir as obrigações assumidas em acordo firmado com o Governo do Estado de São Paulo.

Art. 10. A Secretaria da Fazenda será o órgão gestor do CADIN ESTADUAL, podendo expedir normas complementares para a fiel execução desta lei.

Parágrafo único. O Departamento de Controle e Avaliação – DCA, da Secretaria da Fazenda, fiscalizará os procedimentos de inclusão e exclusão dos registros no CADIN ESTADUAL.

Art. 11. Ficam cancelados os débitos cujo valor originário, sem qualquer atualização ou acréscimo, desde que vencidos até 30 de julho de 2007, não inscritos na Dívida Ativa, seja igual ou inferior a 50 (cinquenta) Unidades Fiscais do Estado de São Paulo – UFESPs, relativos a:

I – imposto sobre transmissão "causa mortis", anterior à Lei nº 10.705, de 28 de dezembro de 2000;

II – taxa sobre doação, anterior à Lei nº 10.705, de 28 de dezembro de 2000;

III – taxa de qualquer espécie e origem;

IV – multa administrativa de natureza não tributária de qualquer origem;

V – multas pessoais ou contratuais, de qualquer espécie ou origem;

VI – reposição de vencimentos de servidores de qualquer categoria funcional;

VII – ressarcimento ou restituição de qualquer espécie ou origem;

VIII – custas judiciaise despesas processuais;

IX – multas impostas em processos criminais.

Parágrafo único. As providências destinadas ao cancelamento dos débitos identificados no "caput" serão adotadas pelas secretarias e órgãos de origem dos débitos.

Art. 12. As despesas decorrentes da execução desta lei correrão à conta das dotações orçamentárias próprias, suplementadas se necessário.

Art. 13. O Poder Executivo regulamentará esta lei no prazo de 60 (sessenta dias), contados da data de sua publicação.

Art. 14. Esta lei entra em vigor na data de sua publicação.

DISPOSIÇÃO TRANSITÓRIA

Artigo único. Tratando-se de débitos relativos às Prefeituras Municipais, o disposto nesta lei somente incidirá 365 (trezentos e sessenta e cinco) dias após a sua entrada em vigor.

– Disposição transitória acrescentada pela Lei nº 13.027, de 28/05/2008.

DECRETO Nº 53.455, DE 19 DE SETEMBRO DE 2008

Regulamenta a Lei nº 12.799, de 11 de janeiro de 2008, que dispõe sobre o Cadastro Informativo dos Créditos não Quitados de órgãos e entidades estaduais – CADIN ESTADUAL, e dá providências correlatas.

ÍNDICE

CAPÍTULO I
DA CRIAÇÃO DO CADIN ESTADUAL

Art. 1º O Cadastro Informativo dos Créditos não Quitados de órgãos e entidades estaduais – CADIN ESTADUAL, criado pela Lei estadual nº 12.799, de 11 de janeiro de 2008, fica regulamentado nos termos deste decreto.

CAPÍTULO II
DA COMUNICAÇÃO

Art. 2º Constatada a inadimplência, as pendências passíveis de registro serão informadas à Secretaria da Fazenda, por meio eletrônico, para as providências previstas no artigo 3º, § 2º, da Lei nº 12.799, de 11 de janeiro de 2008, pelas seguintes autoridades:

I – Secretário de Estado, no caso de inadimplência diretamente relacionada à Pasta;

II – dirigente máximo, no caso de inadimplência relacionada à respectiva autarquia ou fundação;

III – Diretor Presidente, no caso de inadimplência relacionada à respectiva empresa.

§ 1º A atribuição prevista no "caput" deste artigo poderá ser delegada a servidores ou empregados que mantenham vínculo com a Secretaria, autarquia, fundação ou empresa, mediante ato publicado no Diário Oficial do Estado.

§ 2º As autoridades, servidores, e empregados dos órgãos e entidades da Administração direta e indireta do Estado efetuarão seu cadastramento para acesso e operação no sistema informatizado CADIN ESTADUAL, nos termos da resolução a ser editada pela Secretaria da Fazenda.

Art. 3º A comunicação ao devedor será feita por via postal, pela Secretaria da Fazenda, considerando-se entregue 15 (quinze) dias após a data da expedição.

Parágrafo único. O Comunicado a que se refere o "caput" deste artigo conterá as seguintes informações:

1. número do comunicado;
2. razão social ou nome do responsável pelas obrigações pendentes;
3. número de inscrição no Cadastro Nacional da Pessoa Jurídica – CNPJ ou número no Cadastro de Pessoas Físicas – CPF do responsável pelas obrigações pendentes;
4. data de expedição do Comunicado;

5. nome do órgão ou entidade da Administração Direta e Indireta de origem das obrigações pendentes;

6. pendência(s) e quantidade de pendências;

7. local para a regularização da pendência.

CAPÍTULO III
DO REGISTRO DAS PENDÊNCIAS

Art. 4º O CADIN ESTADUAL conterá relação das pessoas físicas e jurídicas que:

I – sejam responsáveis por obrigações pecuniárias vencidas e não pagas, em relação a órgãos e entidades da Administração Direta e Indireta, incluídas as empresas controladas pelo Estado;

II – não tenham prestado contas exigíveis em razão de disposição legal, cláusula de convênio, acordo ou contrato, ou que as tenham tido como rejeitadas.

Art. 5º A inclusão no CADIN ESTADUAL far-se-á 75 (setenta e cinco) dias após comunicação expressa ao devedor da existência do débito passível de registro, no termos dos artigos 2º e 3º deste decreto.

CAPÍTULO IV
DO ACESSO ÀS INFORMAÇÕES REGISTRADAS NO CADIN ESTADUAL

Art. 6º Os dados constantes no CADIN ESTADUAL poderão ser consultados por meio do endereço eletrônico "https://www.fazenda.sp.gov.br/cadin_estadual".

Parágrafo único. O CADIN ESTADUAL disponibilizará as seguintes informações:

1. razão social ou nome do responsável pelas obrigações pendentes;

2. número de inscrição no Cadastro Nacional da Pessoa Jurídica – CNPJ ou número no Cadastro de Pessoas Físicas – CPF do responsável pelas obrigações pendentes;

3. nome do órgão ou entidade da Administração Direta e Indireta do Estado responsável pela inclusão;

4. data de inclusão no CADIN ESTADUAL;

5. quantidade de pendências;

6. local para a regularização da(s) pendência(s).

CAPÍTULO V
DA CONSULTA AO CADIN ESTADUAL

Art. 7º É obrigatória consulta prévia ao CADIN ESTADUAL, pelos órgãos e entidades da Administração direta e indireta, incluídas as empresas controladas pelo Estado, para:

I – celebração de convênios, acordos, ajustes ou contratos que envolvam o desembolso, a qualquer título, de recursos financeiros;

II – repasses de valores de convênios ou pagamentos referentes a contratos;

III – concessão de auxílios e subvenções;

IV – concessão de incentivos fiscais e financeiros;

V – liberação de créditos oriundos do Projeto da Nota Fiscal Paulista.

§ 1º A existência de registro no CADIN ESTADUAL constituirá impedimento à realização dos atos a que se referem os incisos I a V deste artigo.

§ 2º O disposto neste artigo não se aplica à concessão de auxílios a Municípios atingidos por calamidade pública reconhecida pelo Governo do Estado e às transferências voluntárias de que trata o § 3º do artigo 25 da Lei Complementar federal nº 101, de 4 de maio de 2000.

CAPÍTULO VI
DA MANUTENÇÃO E REGULARIZAÇÃO DAS PENDÊNCIAS NO CADIN ESTADUAL

Art. 8º A regularização das pendências deverá ser realizada junto ao órgão ou entidade, no endereço indicado no Comunicado.

Parágrafo único. A unidade indicada no Comunicado deverá estabelecer rotina de atendimento ao devedor, possibilitando o fornecimento de todas as informações relativas às suas pendências, bem como a disponibilização dos meios para a sua regularização.

Art. 9º Comprovada a regularização da pendência que deu causa ao registro, o órgão ou entidade responsável deverá efetuar a sua baixa definitiva no prazo de 5 (cinco) dias úteis.

Art. 10. Os órgãos e entidades da Administração direta e indireta, incluídas as empresas controladas pelo Estado, manterão registros detalhados e atualizados de suas pendências inscritas no CADIN ESTADUAL.

CAPÍTULO VII
DA SUSPENSÃO DOS REGISTROS NO CADIN ESTADUAL

Art. 11. O registro no CADIN ESTADUAL ficará suspenso nas condições pré-estabelecidas pelo órgão ou entidade responsável pela inclusão, mediante justificativa.

§ 1º Para ter o registro suspenso, deverá ser apresentado ao órgão ou entidade responsável pela inclusão, os documentos que demonstrem as causas de suspensão da exigibilidade da pendência;

§ 2º A suspensão indevida do registro, motivada pelo devedor, tornará nulo todos os atos realizados durante o período de suspensão, além das demais cominações administrativas e penais cabíveis.

Art. 12. A suspensão do registro não acarreta a sua exclusão no CADIN ESTADUAL.

§ 1º O órgão ou entidade que suspender o registro deverá tomar medidas necessárias para reativá-lo, quando a pendência for novamente exigível;

§ 2º Enquanto perdurar a suspensão, não se aplicam os impedimentos previstos no artigo 7º deste decreto.

DISPOSIÇÕES FINAIS

Art. 13. A Secretaria da Fazenda será o órgão gestor do CADIN ESTADUAL, podendo expedir normas complementares para a fiel execução deste decreto, dentre as quais o estabelecimento do valor acumulado mínimo de débitos, por natureza, para encaminhamento do Comunicado previsto no artigo 3º deste decreto.

Art. 14. A inclusão das pendências no CADIN ESTADUAL, de acordo com a natureza das obrigações, será estabelecida em resolução do Secretário da Fazenda.

Art. 15. As despesas financeiras resultantes da aplicação deste decreto correrão por conta das dotações próprias consignadas no orçamento da Secretaria da Fazenda, suplementadas se necessário.

Art. 16. Este decreto entra em vigor na data de sua publicação, produzindo efeitos a partir da publicação de resolução do Secretário da Fazenda tornando pública a disponibilização do sistema informatizado Cadastro Informativo dos Créditos não Quitados de órgãos e entidades estaduais – CADIN ESTADUAL.

LEI Nº 13.296, DE 23 DE DEZEMBRO DE 2008

Estabelece o tratamento tributário do Imposto sobre a Propriedade de Veículos Automotores – IPVA.

ÍNDICE

SEÇÃO I
DISPOSIÇÕES PRELIMINARES

Art. 1º Fica estabelecido, por esta lei, o tratamento tributário do Imposto sobre a Propriedade de Veículos Automotores – IPVA.

Parágrafo único. Considera-se veículo automotor aquele dotado de mecanismo de propulsão própria e que sirva para o transporte de pessoas ou coisas ou para a tração de veículos utilizados para o transporte de pessoas ou coisas.

SEÇÃO II
DO FATO GERADOR

Art. 2º O Imposto sobre a Propriedade de Veículos Automotores – IPVA, devido anualmente, tem como fato gerador a propriedade de veículo automotor.

Art. 3º Considera-se ocorrido o fato gerador do imposto:

I – no dia 1º de janeiro de cada ano, em se tratando de veículo usado;

II – na data de sua primeira aquisição pelo consumidor, em se tratando de veículo novo;

III – na data de seu desembaraço aduaneiro, em se tratando de veículo importado diretamente do exterior pelo consumidor;

IV – na data da incorporação do veículo novo ao ativo permanente do fabricante, do revendedor ou do importador;

V – na data em que deixar de ser preenchido requisito que tiver dado causa à imunidade, isenção ou dispensa de pagamento;

VI – na data da arrematação, em se tratando de veículo novo adquirido em leilão;

VII – na data em que estiver autorizada sua utilização, em se tratando de veículo não fabricado em série;

VIII – na data de saída constante da Nota Fiscal de venda da carroceria, quando já acoplada ao chassi do veículo objeto de encarroçamento;

IX – na data em que o proprietário ou o responsável pelo pagamento do imposto deveria ter fornecido os dados necessários à inscrição no Cadastro de Contribuintes do IPVA deste Estado, em se tratando de veículo procedente de outro Estado ou do Distrito Federal;

X – relativamente a veículo de propriedade de empresa locadora:

a) no dia 1º de janeiro de cada ano, em se tratando de veículo usado já inscrito no Cadastro de Contribuintes do IPVA deste Estado;

– Vide artigo 6° da Lei nº 17.302, de 11/12/2020, *que estabelece que o fato gerador do imposto de que trata esta alínea ocorrerá, no exercício de 2021, no 91° (nonagésimo primeiro) dia contado da data de publicação daquela lei.*

b) na data em que vier a ser locado ou colocado à disposição para locação no território deste Estado, em se tratando de veículo usado registrado anteriormente em outro Estado;

c) na data de sua aquisição para integrar a frota destinada à locação neste Estado, em se tratando de veículo novo.

Parágrafo único. O disposto no inciso X deste artigo aplica-se às empresas locadoras de veículos qualquer que seja o seu domicílio, sem prejuízo da aplicação das disposições dos incisos II a IX, no que couber.

Art. 4º O imposto será devido no local do domicílio ou da residência do proprietário do veículo neste Estado.

§ 1º Para os efeitos desta lei, considerar-se-á domicílio:

1 – se o proprietário for pessoa natural:

a) a sua residência habitual;

b) se a residência habitual for incerta ou desconhecida, o centro habitual de sua atividade onde o veículo esteja sendo utilizado;

2 – se o proprietário for pessoa jurídica de direito privado:

a) o estabelecimento situado no território deste Estado, quanto aos veículos automotores que a ele estejam vinculados na data da ocorrência do fato gerador;

b) o estabelecimento onde o veículo estiver disponível para entrega ao locatário na data da ocorrência do fato gerador, na hipótese de contrato de locação avulsa;

c) o local do domicílio do locatário ao qual estiver vinculado o veículo na data da ocorrência do fato gerador, na hipótese de locação de veículo para integrar sua frota;

3 – qualquer de suas repartições no território deste Estado, se o proprietário ou locatário for pessoa jurídica de direito público.

§ 2º No caso de pessoa natural com múltiplas residências, presume-se como domicílio tributário para fins de pagamento do IPVA:

1 – o local onde, cumulativamente, possua residência e exerça profissão;

2 – caso possua residência e exerça profissão em mais de um local, o endereço constante da Declaração de Imposto de Renda.

§ 3º Na impossibilidade de se precisar o domicílio tributário da pessoa natural nos termos dos §§ 1º e 2º deste artigo, a autoridade administrativa poderá fixá-lo tomando por base o endereço que vier a ser apurado em órgãos públicos, nos cadastros de domicílio eleitoral e nos cadastros de empresa seguradora e concessionária de serviço público, dentre outros.

§ 4º No caso de pessoas jurídicas de direito privado, não sendo possível determinar a vinculação do veículo na data da ocorrência do fato gerador, nos termos do item 2 do § 1º deste artigo, presume-se como domicílio o local do estabelecimento onde haja indícios de utilização do veículo com predominância sobre os demais estabelecimentos da mesma pessoa jurídica.

§ 5º Presume-se domiciliado no Estado de São Paulo o proprietário cujo veículo estiver registrado no órgão competente deste Estado.

§ 6º Em se tratando de veículo de propriedade de empresa de arrendamento mercantil (leasing), o imposto será devido no local do domicílio ou residência do arrendatário, nos termos deste artigo.

§ 7º Para os efeitos da alínea "b" do item 2 do § 1º deste artigo, equipara-se a estabelecimento da empresa locadora neste Estado, o lugar de situação dos veículos mantidos ou colocados à disposição para locação.

SEÇÃO III
DO CONTRIBUINTE E DO RESPONSÁVEL

Art. 5º Contribuinte do imposto é o proprietário do veículo.

Parágrafo único. No caso de pessoa jurídica, considera-se contribuinte:

1 – cada um dos seus estabelecimentos para fins de cumprimento das obrigações contidas nesta lei;

2 – o conjunto dos estabelecimentos para fins de garantia do cumprimento das obrigações.

Art. 6º São responsáveis pelo pagamento do imposto e acréscimos legais:

I – o adquirente, em relação ao veículo adquirido sem o pagamento do imposto e acréscimos legais do exercício ou exercícios anteriores;

II – o proprietário de veículo automotor que o alienar e não fornecer os dados necessários à alteração no Cadastro de Contribuintes do IPVA no prazo de 30 (trinta) dias, em relação aos fatos geradores ocorridos entre o momento da alienação e o do conhecimento desta pela autoridade responsável;

III – o leiloeiro, em relação ao veículo adquirido ou arrematado em leilão e entregue sem comprovação do pagamento do IPVA e acréscimos legais pendentes sobre o mesmo, correspondente ao exercício ou exercícios anteriores;

IV – o inventariante, pelos débitos devidos pelo espólio;

V – o tutor ou o curador, pelos débitos de seu tutelado ou curatelado;

VI – a pessoa jurídica que resultar da fusão, incorporação ou cisão de outra ou em outra pessoa jurídica;

VII – o agente público que autorizar ou efetuar o registro, licenciamento ou a transferência de propriedade de veículo automotor neste Estado, sem a comprovação do pagamento ou do reconhecimento da imunidade, da concessão da isenção ou dispensa do pagamento do imposto;

VIII – a pessoa jurídica de direito privado, bem como o sócio, diretor, gerente ou administrador, que tomar em locação veículo para uso neste Estado, em relação aos fatos geradores ocorridos nos exercícios em que o veículo estiver sob locação;

IX – o agente público responsável pela contratação de locação de veículo, para uso neste Estado por pessoa jurídica de direito público, em relação aos fatos geradores ocorridos nos exercícios em que o veículo estiver sob locação;

X – o sócio, diretor, gerente, administrador ou responsável pela empresa locadora, em relação aos veículos locados ou colocados à disposição para locação neste Estado;

XI – o titular do domínio ou o possuidor a qualquer título;

XII – todo aquele que efetivamente concorrer para a sonegação do imposto.

§ 1º No caso de veículo abrangido pela imunidade, isenção ou dispensa do pagamento do imposto, o agente público ou o leiloeiro deverá exigir a respectiva comprovação.

§ 2º A responsabilidade prevista nos incisos I, II, III, VII, VIII, IX, X, XI e XII deste artigo é solidária e não comporta benefício de ordem.

§ 3º Para eximir-se da responsabilidade prevista nos incisos VIII e IX deste artigo, a pessoa jurídica ou o agente público deverá exigir comprovação de regular inscrição da empresa locadora no Cadastro de Contribuintes do IPVA, bem como do pagamento do imposto devido a este Estado, relativamente aos veículos objetos da locação.

SEÇÃO IV
DA BASE DE CÁLCULO DO IMPOSTO

Art. 7º A base de cálculo do imposto é:

I – na hipótese dos incisos I, V, IX e X, alíneas "a" e "b", do artigo 3º desta lei, o valor de mercado do veículo usado constante da tabela de que trata o § 1º deste artigo;

II – na hipótese do inciso II e X, alínea "c", do artigo 3º desta lei, o valor total constante do documento fiscal de aquisição do veículo pelo consumidor;

III – na hipótese do inciso III do artigo 3º desta lei, o valor constante do documento de importação, acrescido dos valores dos tributos devidos em razão da importação, ainda que não recolhidos pelo importador;

IV – na hipótese do inciso IV do artigo 3º desta lei:

a) para o fabricante, o valor médio das operações com veículos do mesmo tipo que tenha comercializado no mês anterior ao da ocorrência do fato gerador;

b) para o revendedor, o valor da operação de aquisição do veículo, constante do documento fiscal de aquisição;

c) para o importador, o valor a que se refere o inciso III deste artigo.

V – na hipótese do inciso VI do artigo 3º desta lei, o valor da arrematação, acrescido das despesas cobradas ou debitadas do arrematante e dos valores dos tributos incidentes sobre a operação, ainda que não recolhidos;

VI – na hipótese dos incisos VII e VIII do artigo 3º desta lei, a soma dos valores atualizados de aquisição de suas partes e peças e outras despesas, também atualizadas, que incorrerem na sua montagem.

§ 1º Para efeito do disposto no inciso I deste artigo, o Poder Executivo divulgará o valor de mercado por meio de tabela, considerando na sua elaboração a marca, o modelo, a espécie e o ano de fabricação.

§ 2º A tabela a que se refere o § 1º deste artigo, deverá ser divulgada para vigorar no exercício seguinte, e na fixação dos valores serão observados os preços médios de mercado vigentes no mês de setembro.

§ 3º Havendo veículo cujo modelo não tenha sido comercializado no mês de setembro, adotar-se-á o valor de outro do mesmo padrão.

§ 4º O Poder Executivo poderá adotar como base de cálculo:

1 – para o veículo com mais de 10 (dez) anos e até 20 (vinte) anos de fabricação, valor equivalente a 90% (noventa por cento) da base de cálculo correspondente à do veículo fabricado no ano imediatamente posterior;

2 – para o veículo com mais de 20 (vinte) anos de fabricação, a mesma base de cálculo do veículo com 20 anos de fabricação;

3 – para os veículos usados referidos nos incisos VII e VIII do artigo 3º desta lei, o valor de registro do veículo novo, depreciado à taxa de 10% (dez por cento) em relação à base de cálculo utilizada no ano imediatamente anterior.

§ 5º O Poder Executivo poderá firmar convênios ou contratar serviços com entidades especializadas para a pesquisa dos valores médios de mercado dos veículos usados.

§ 6º Para determinação da base de cálculo é irrelevante o estado de conservação do veículo.

§ 7º Na falta do documento referido no inciso III deste artigo, será considerado, para a fixação da base de cálculo, o valor constante do documento expedido pelo órgão federal competente para a cobrança do tributo devido pela importação, acrescido dos demais impostos incidentes.

§ 8º A atualização de que trata o inciso VI deste artigo far-se-á pela variação da Unidade Fiscal do Estado de São Paulo – UFESP, mediante multiplicação do valor constante dos documentos de aquisição das partes, peças e despesas de montagem, pelo coeficiente obtido com a divisão do valor nominal da UFESP, no mês da data de ocorrência do fato gerador, pelo valor da mesma unidade no mês de aquisição das partes, peças e despesas de montagem.

§ 9º Nas situações em que for constatada notória redução nos preços médios de mercado vigentes entre o mês de setembro e o mês de dezembro, poderá o Poder Executivo, excepcionalmente, autorizar a redução da base de cálculo.

Art. 8º O Poder Executivo poderá arbitrar a base de cálculo:

I – na impossibilidade de determinação dos valores, nos termos do artigo 7º desta lei;

II – na verificação de incompatibilidade entre o valor de aquisição do veículo e o valor de mercado.

SEÇÃO V
DAS ALÍQUOTAS

Art. 9º A alíquota do imposto, aplicada sobre a base de cálculo atribuída ao veículo, será de:

I – 1,5% (um inteiro e cinquenta centésimos por cento) para veículos de carga, tipo caminhão;

II – 2% (dois por cento) para:

a) ônibus e micro-ônibus;

b) caminhonetes cabine simples;

c) motocicletas, ciclomotores, motonetas, triciclos e quadriciclos;

d) máquinas de terraplenagem, empilhadeiras, guindastes, locomotivas, tratores e similares;

III – 4% (quatro por cento) para qualquer veículo automotor não incluído nos incisos I e II deste artigo.

§ 1º A alíquota dos veículos automotores a que se refere o inciso III deste artigo, destinados à locação, de propriedade de empresas locadoras, ou cuja posse estas detenham em decorrência de contrato de arrendamento mercantil, desde que registrados neste Estado, será reduzida a 1% (um por cento).

§ 2º Considera-se empresa locadora de veículos, para os efeitos do § 1º, a pessoa jurídica cuja atividade de locação de veículos represente no mínimo 50% (cinquenta por cento) de sua receita bruta, mediante reconhecimento, segundo disciplina estabelecida pelo Poder Executivo.

§ 3º Será aplicada, excepcionalmente, a alíquota de 3% (três por cento) para veículos fabricados até 31 de dezembro de 2008 que utilizarem motor especificado para funcionar exclusivamente a gasolina, quando adaptado para funcionar de maneira combinada com gás natural veicular ou gás natural comprimido, ficando convalidados os procedimentos anteriormente adotados. (NR)

- Artigo 9° com redação dada pela Lei n° 17.473, de 16/12/2021, com efeitos a partir de 01/01/2022.

SEÇÃO VI
DO CÁLCULO DO IMPOSTO

Art. 10. O valor do imposto será obtido mediante a multiplicação da alíquota pela base de cálculo.

Art. 11. Nos casos de que tratam os incisos II a X, alíneas "b" e "c" do artigo 3º desta lei, o imposto será calculado de forma proporcional ao número de meses restantes do ano civil.

Parágrafo único. Para efeito de contagem do número de meses restantes do ano civil, será incluído o mês da ocorrência do fato gerador.

SEÇÃO VII
DA IMUNIDADE, DA ISENÇÃO E DA DISPENSA DO PAGAMENTO DO IMPOSTO

- Vide Artigo 5°, parágrafo único, da Lei n° 17.473, de 16/12/2021.

Art. 12. O Poder Executivo disciplinará procedimento para o reconhecimento das imunidades, para a concessão das isenções e para a dispensa do pagamento do imposto.

Art. 13. É isenta do IPVA a propriedade:

I - de máquinas utilizadas essencialmente para fins agrícolas;

II - de veículo ferroviário;

III - ~~de um único veículo, de propriedade de pessoa com deficiência física, visual, mental severa ou profunda, ou autista~~;

- Inciso III revogado pela Lei n° 17.473, de 16/12/2021, com efeitos a partir de 01/01/2022.

IV - de um único veículo utilizado no transporte público de passageiros na categoria aluguel (táxi), de propriedade de motorista profissional autônomo, por ele utilizado em sua atividade profissional;

V - de veículo de propriedade de Embaixada, Representação Consular, de Embaixador e de Representante Consular, bem como de funcionário de carreira diplomática ou de serviço consular, quando façam jus a tratamento diplomático, e desde que o respectivo país de origem conceda reciprocidade de tratamento;

VI - de ônibus ou microônibus empregados exclusivamente no transporte público de passageiros, urbano ou metropolitano, devidamente autorizados pelos órgãos competentes;

VII - de máquina de terraplanagem, empilhadeira, guindaste e demais máquinas utilizadas na construção civil ou por estabelecimentos industriais ou comerciais, para monte e desmonte de cargas;

VIII - de veículo com mais de 20 (vinte) anos de fabricação.

IX - de um único veículo utilizado no transporte escolar, de propriedade de motorista profissional autônomo, por ele utilizado em sua atividade profissional. (NR)

- Inciso IX acrescentado pela Lei n° 17.623, de 07/02/2023, com efeitos a partir do exercício imediatamente seguinte.

§ 1º As isenções previstas neste artigo, quando não concedidas em caráter geral, serão efetivadas, em cada caso, por despacho da autoridade administrativa, em requerimento com o qual o interessado faça prova do preenchimento das condições e do cumprimento dos requisitos para sua concessão.

- § 1°-A revogado pela Lei n° 17.473, de 16/12/2021, com efeitos a partir de 01/01/2022.

§ 2º As isenções previstas nos incisos III a VI deste artigo aplicam-se:

1 - somente aos veículos em situação regular, na data da ocorrência do fato gerador, quanto às obrigações relativas ao registro e licenciamento;

2 - às hipóteses de arrendamento mercantil.

§ 3º No caso do inciso VI deste artigo, em se tratando de proprietário pessoa física, fica limitada a isenção a um único veículo, de propriedade de motorista autônomo regularmente registrado no órgão competente e habilitado para condução do veículo objeto do benefício.

§ 4° A isenção prevista no inciso IX deste artigo é limitada a 1 (um) veículo por beneficiário, devidamente habilitado para dirigir este tipo de veículo, desde que seja portador de concessão ou permissão do órgão municipal competente e comprovadamente registrado no Departamento Estadual de Trânsito - DETRAN-SP. (NR)

- § 4° acrescentado pela Lei n° 17.623, de 07/02/2023, com efeitos a partir do exercício imediatamente seguinte.

Art. 13-A. Fica assegurado o direito à isenção do IPVA para um único veículo de propriedade de pessoa portadora de transtorno do espectro do autismo em grau moderado, grave ou gravíssimo, ou com deficiência física, sensorial, intelectual ou mental, moderada, grave ou gravíssima, ou de seu representante legal, na forma e nas condições estabelecidas pelo Poder Executivo.

§ 1º A concessão do direito de que trata o "caput" deste artigo fica condicionada à comprovação do grau moderado, grave ou gravíssimo de deficiência ou de transtorno do espectro do autismo, aferido em avaliação biopsicossocial, realizada, para esse fim, por equipe multiprofissional e interdisciplinar, de acordo com instrumentos previstos em ato do Poder Executivo, devendo a avaliação considerar:

1 – os impedimentos nas funções e nas estruturas do corpo;

2 – os fatores socioambientais, psicológicos e pessoais;

3 – a limitação no desempenho de atividades; e

4 – a restrição de participação.

§ 2º O direito previsto no "caput" deste artigo poderá ser concedido às pessoas com grau leve de deficiência ou de transtorno do espectro do autismo que se encontrem, nos termos do regulamento, em situação de excepcional restrição à participação social, aferida nos termos do § 1º deste artigo.

§ 3º Enquanto não estiver regulamentada a avaliação biopsicossocial, na concessão da isenção prevista neste artigo, será considerada a avaliação da deficiência nos termos e nas condições estabelecidas em ato do Poder Executivo.

§ 4º A isenção aplica-se:

1 – a veículo:

a) novo, cujo preço de venda ao consumidor sugerido pelo fabricante, incluídos os tributos incidentes, não seja superior ao previsto em convênio para a isenção do Imposto sobre Operações Relativas à Circulação de Mercadorias e sobre Prestações de Serviços de Transporte Interestadual e Intermunicipal e de Comunicação - ICMS nas saídas destinadas a pessoas com deficiência, observado o limite de valor da isenção concedida ao ICMS;

b) usado, cujo valor de mercado constante da tabela de que trata o § 1º do artigo 7º desta lei não seja superior ao previsto no convênio mencionado na alínea "a" deste item, observado o limite de valor da isenção concedida ao ICMS;

2 – somente aos veículos em situação regular, na data da ocorrência do fato gerador, quanto às obrigações relativas ao registro e licenciamento;

3 – às hipóteses de arrendamento mercantil.

§ 5º O veículo objeto da isenção deverá ser conduzido pelo beneficiário, por seu tutor ou curador, ou por terceiro devidamente autorizado por um deles, na forma e condições estabelecidas em ato do Poder Executivo.

§ 6º Detectada fraude na obtenção da isenção, o valor do imposto, com os respectivos acréscimos legais e relativo a todos os exercícios isentados, será cobrado do beneficiário ou da pessoa que tenha apresentado declaração falsa em qualquer documento utilizado no processo de concessão da isenção.

§ 7º As isenções concedidas, especialmente aquelas que forem objeto de denúncia de fraude, serão auditadas na forma e condições estabelecidas em ato do Poder Executivo. (NR)

– *Artigo 13-A com redação dada pela* Lei nº 17.473, de 16/12/2021, *com efeitos a partir de 01/01/2022.*

Art. 14. Fica dispensado o pagamento do imposto, a partir do mês da ocorrência do evento, na hipótese de privação dos direitos de propriedade do veículo por furto ou roubo, quando ocorrido no território do Estado de São Paulo, na seguinte conformidade:

I – o imposto pago será restituído proporcionalmente ao período, incluído o mês da ocorrência em que ficar comprovada a privação da propriedade do veículo;

II – a restituição ou compensação será efetuada a partir do exercício subsequente ao da ocorrência.

§ 1º A dispensa prevista neste artigo não desonera o contribuinte do pagamento do imposto incidente sobre fato gerador ocorrido anteriormente ao evento, ainda que no mesmo exercício.

§ 2º O Poder Executivo poderá dispensar o pagamento do imposto incidente a partir do exercício seguinte ao da data da ocorrência do evento nas hipóteses de perda total do veículo por furto ou roubo ocorridos fora do território paulista, por sinistro ou por outros motivos, previstos em regulamento, que descaracterizem o domínio ou a posse.

§ 3º Os procedimentos concernentes à dispensa, à restituição e à compensação serão disciplinados por ato do Poder Executivo.

Art. 15. Poderá ser dispensado o pagamento do imposto relativo ao veículo de propriedade de empresa locadora:

I – a partir do mês seguinte ao da transferência para operação do veículo em outro Estado, em caráter não esporádico, desde que seja comprovado o pagamento proporcional aos meses restantes do ano civil em favor do Estado de destino, se assim estiver previsto na legislação do referido Estado;

II – quando, na hipótese prevista na alínea "b" do inciso X do artigo 3º desta lei, tratar-se de veículo destinado à locação avulsa, e a permanência neste Estado seja temporária, conforme disposição regulamentar, observado o disposto no artigo 33 desta lei.

Parágrafo único. O imposto pago será restituído proporcionalmente em relação ao período em que se configurar a hipótese prevista no inciso I deste artigo.

Art. 16. Verificado que o beneficiário não preenchia ou deixou de preencher as condições exigidas para a imunidade, isenção ou dispensa, o imposto deverá ser recolhido no prazo de 30 (trinta) dias contados da data da ocorrência do evento, observado o disposto no parágrafo único do artigo 11, e a base de cálculo do imposto será definida em conformidade com os artigos 7º ou 8º, todos desta lei.

SEÇÃO VIII
DO LANÇAMENTO DO IMPOSTO

Art. 17. O contribuinte ou o responsável efetuará anualmente o pagamento do imposto, na forma estabelecida pelo Poder Executivo. (NR)

- *Artigo 17 com redação dada pela* Lei nº 17.293, de 15/10/2020.

- *O Tribunal de Justiça do Estado de São Paulo, nos autos da* ADI nº 2006601-56.2021.8.26.0000, *declarou a inconstitucionalidade parcial do artigo 21 da* Lei nº 17.293, de 15/10/2020, *sem redução de texto, para que seja observado o princípio da anterioridade anual e nonagesimal, com efeito ex tunc.*

Art. 18. Verificado que o contribuinte ou responsável deixou de recolher o imposto no prazo legal, no todo ou em parte, a autoridade administrativa tributária procederá à cobrança do imposto ou da diferença apurada.

Parágrafo único – Diferença, para os efeitos deste artigo, é o valor do imposto e seus acréscimos legais, que restarem devidos após imputação efetuada mediante distribuição proporcional do valor recolhido entre os componentes do débito. (NR)

- *Artigo 18 com redação dada pela* Lei nº 17.293, de 15/10/2020.

- *O Tribunal de Justiça do Estado de São Paulo, nos autos da* ADI nº 2006601-56.2021.8.26.0000, *declarou a inconstitucionalidade parcial do artigo 21 da* Lei nº 17.293, de 15/10/2020, *sem redução de texto, para que seja observado o princípio da anterioridade anual e nonagesimal, com efeito ex tunc.*

Art. 19. Verificada infração a qualquer dispositivo da legislação do imposto, será lavrado Auto de Infração e Imposição de Multa por Agente Fiscal de Rendas, admitida a chancela por meio eletrônico.

Parágrafo único. Para efeito deste artigo, quando a infração estiver acompanhada de redução ou supressão do pagamento do imposto, este poderá ser exigido por meio de Auto de Infração e Imposição de Multa.

Art. 20. Enquanto não extinto o direito de constituir o crédito tributário, o lançamento poderá ser revisto de ofício pela autoridade administrativa, quando verificado erro ou fato não conhecido ou não provado.

SEÇÃO IX
DO RECOLHIMENTO DO IMPOSTO

Art. 21. O imposto do veículo usado será devido anualmente na data da ocorrência do fato gerador e deverá ser pago à vista no mês de fevereiro ou em parcelas mensais, iguais e consecutivas, vencível a primeira no mês de janeiro e as demais nos meses subsequentes, desde que a primeira seja recolhida integralmente no respectivo vencimento e o valor de cada parcela seja equivalente a, no mínimo, 2 (duas) UFESPs do mês do recolhimento.

§ 1º O imposto relativo ao veículo de carga usado, categoria caminhão, poderá ser pago à vista no mês de abril ou em parcelas mensais e iguais, vencível a primeira no mês de março, desde que a primeira seja recolhida integralmente no respectivo vencimento e o valor de cada parcela seja equivalente a, no mínimo, 2 (duas) UFESPs do mês do recolhimento.

- *"Caput" e § 1º com redação dada pela* Lei nº 17.473, de 16/12/2021, *com efeitos a partir de 01/01/2022.*

§ 2º A opção pelo pagamento parcelado dar-se-á pelo recolhimento voluntário da primeira parcela no mês de janeiro, para os casos previstos no "caput", e no mês de março, para os casos previstos no § 1º deste artigo.

§ 3º Sobre o valor do imposto recolhido integralmente em parcela única ou parceladamente poderão ser concedidos descontos conforme disciplina a ser fixada pelo Poder Executivo.

§ 4º Os dias de vencimento do imposto e o número de parcelas, que não será inferior a 3 (três) e superior a 5 (cinco), serão fixados pelo Poder Executivo.

§ 5º Será considerado rompido o parcelamento sempre que não for observada a data de vencimento e o pagamento integral de qualquer uma das parcelas após a primeira, sujeitando-se o contribuinte ou o responsável aos acréscimos legais e à disciplina estabelecida no artigo 18 desta lei. (NR)

- §§ 3° ao 5° com redação dada pela Lei n° 17.473, de 16/12/2021, com efeitos a partir de 01/01/2022.

§ 6º O imposto devido por empresa locadora, nos termos da alínea "b" do inciso X do artigo 3º desta lei, será pago integralmente no prazo de 30 (trinta) dias, contados da data do fato gerador.

Art. 22. O recolhimento do imposto, relativamente a veículo novo, deverá ser efetuado integralmente no prazo de 30 (trinta) dias contados:

I – da data da emissão da Nota Fiscal referente à sua aquisição;

II – da data de seu desembaraço aduaneiro, em se tratando de veículo importado diretamente pelo consumidor;

III – da data de sua incorporação ao ativo permanente, em se tratando de veículo colocado em uso por aquele que o fabricou ou por revendedores;

IV – da data de sua autorização para uso, em se tratando de veículo não fabricado em série;

V – da data de saída constante da Nota Fiscal de venda da carroceria, em se tratando de veículo objeto de encarroçamento, nos casos em que o chassi tenha sido adquirido separadamente.

§ 1º Sobre o valor do imposto recolhido integralmente até o 5º (quinto) dia útil posterior à data da emissão da Nota Fiscal referente à aquisição do veículo novo, ou à data em que o mesmo tenha sido incorporado ao ativo permanente, poderá ser concedido desconto a ser fixado pelo Poder Executivo.

§ 2° O imposto relativo a veículo novo poderá ser pago em parcelas mensais, iguais e consecutivas, desde que a primeira seja paga no prazo previsto no "caput" deste artigo, vencendo as demais no mesmo dia dos meses subsequentes ao do vencimento da primeira. (NR)

- § 2° com redação dada pela Lei n° 17.473, de 16/12/2021, com efeitos a partir de 01/01/2022.

§ 3° O número de parcelas a que se refere o § 2° deste artigo, que não será inferior a 3 (três) e superior a 5 (cinco), será definido pelo Poder Executivo. (NR)

- § 3° acrescentado pela Lei n° 17.473, de 16/12/2021, com efeitos a partir de 01/01/2022.

Art. 23. No caso de veículo alienado em hasta pública, o débito vencido e não pago deverá ser deduzido do montante arrecadado na venda e recolhido até o 3º (terceiro) dia útil após a realização do leilão.

Art. 24. Será exigido o recolhimento integral do imposto referente ao exercício, ressalvado o disposto no artigo 14 desta lei, bem como do débito em atraso, no momento da exclusão do veículo do Cadastro de Contribuintes do IPVA.

Parágrafo único. O disposto neste artigo aplica-se, também, na hipótese de transferência do registro do veículo para outro Estado.

Art. 25. Nenhum veículo será registrado ou licenciado perante as repartições competentes sem a prova do pagamento do imposto ou de que é imune, isento ou de que está dispensado o seu pagamento.

Parágrafo único. O disposto neste artigo aplica-se, igualmente, aos casos de renovação, averbação, cancelamento e a quaisquer outros atos que impliquem alteração no registro do veículo.

Art. 26. Não se exigirá, nos casos de inscrição no Cadastro de Contribuintes do IPVA, novo pagamento do imposto já solvido em outra unidade da federação, observado sempre o respectivo exercício fiscal, ressalvadas as hipóteses em que:

I – deveria ter sido integralmente pago ao Fisco deste Estado;

II – seja devido proporcionalmente a este Estado por empresa locadora, nos termos das alíneas "b" e "c" do inciso X do artigo 3º e do artigo 11, desta lei.

§ 1º Os efeitos da insolvência ou do pagamento do imposto transmitem-se ao novo proprietário do veículo para fins de registro ou alteração de assentamentos perante o órgão de trânsito e o Cadastro de Contribuintes do IPVA.

§ 2º Se não comprovar o pagamento do imposto a outra unidade federada, o proprietário deverá, para proceder à transferência, recolher o imposto proporcionalmente ao número de meses restantes do exercício fiscal, calculado a partir do mês em que deveria ter se inscrito no Cadastro de Contribuintes do IPVA deste Estado, conforme o disposto no artigo 11 desta lei.

SEÇÃO X
DOS ACRÉSCIMOS MORATÓRIOS E DOS JUROS

Art. 27. O imposto não recolhido no prazo determinado nesta lei estará sujeito a multa de mora calculada sobre o valor do imposto e correspondente a 0,33% (trinta e três centésimos por cento) por dia de atraso, computada a partir do primeiro dia após o vencimento do prazo para recolhimento do débito, até o limite de 20% (vinte por cento). (NR)

- Artigo 27 com redação dada pela Lei nº 17.293, de 15/10/2020.

- O Tribunal de Justiça do Estado de São Paulo, nos autos da ADI nº 2006601-56.2021.8.26.0000, *declarou a inconstitucionalidade parcial do artigo 21 da* Lei nº 17.293, de 15/10/2020, *sem redução de texto, para que seja observado o princípio da anterioridade anual e nonagesimal, com efeito ex tunc.*

Art. 28. O montante do imposto recolhido a destempo fica ainda sujeito a juros equivalentes, por mês, à taxa referencial do Sistema Especial de Liquidação e Custódia - SELIC, para títulos federais, acumulada mensalmente.

§ 1º Os juros equivalerão a 1% (um por cento) para fração de mês, assim entendido qualquer período de tempo inferior a um mês.

§ 2º Ocorrendo a extinção, substituição ou modificação da taxa de juros prevista neste artigo, o Poder Executivo adotará outro indicador oficial que reflita o custo do crédito no mercado financeiro.

§ 3º Em nenhuma hipótese a taxa de juros será inferior a 1% (um por cento) ao mês.

§ 4º O Poder Executivo divulgará, mensalmente, a taxa a que se refere esse artigo.

§ 5º Os juros serão calculados sobre os acréscimos moratórios e também sobre os valores das penalidades.

Art. 29. Os encargos previstos nos artigos 27 e 28 desta lei são decorrência natural da mora e serão exigidos independentemente de lançamento de ofício.

SEÇÃO XI
DO CADASTRO DE CONTRIBUINTES DO IPVA

Art. 30. O Poder Executivo organizará e manterá o Cadastro de Contribuintes do IPVA, podendo utilizar as informações relativas ao veículo ou ao proprietário constantes de registros de outros órgãos públicos.

Art. 31. A Secretaria da Fazenda estabelecerá disciplina para a inscrição no Cadastro de Contribuintes do IPVA podendo:

I - estabelecer disciplinas distintas e simplificadas por classes de contribuinte;

II - dispensar a inscrição de veículos específicos, sem interesse para a fiscalização e a arrecadação do imposto.

Parágrafo único. No caso de veículo objeto de arrendamento mercantil ou de alienação fiduciária em garantia, o Cadastro de Contribuintes do IPVA deverá conter a identificação do arrendante e do arrendatário ou do devedor fiduciante e do credor fiduciário.

SEÇÃO XII
DAS OBRIGAÇÕES ACESSÓRIAS

Art. 32. Fica obrigado a fornecer os dados necessários à inscrição no Cadastro de Contribuintes do IPVA:

I - todo proprietário de veículo automotor residente ou domiciliado neste Estado, nos termos desta lei;

II - o proprietário de veículo registrado anteriormente em outro Estado, quando adquiri-lo ou transferir o seu domicílio ou residência para este Estado.

Art. 33. Também está obrigada a fornecer os dados necessários à inscrição no Cadastro de Contribuintes do IPVA a empresa locadora de veículos que operar neste Estado, em relação a todos os veículos que vierem a ser locados ou colocados à disposição para locação neste Estado, inclusive aos veículos a que se refere o inciso II do artigo 15 desta lei.

Art. 34. Quaisquer alterações ocorridas em relação ao proprietário ou ao veículo serão comunicadas às autoridades responsáveis pelo Cadastro de Contribuintes do IPVA.

Parágrafo único. Cabe ao alienante e ao adquirente a obrigação de comunicar a alienação do veículo.

Art. 35. O Departamento Estadual de Trânsito - DETRAN e a Secretaria da Fazenda deverão compatibilizar seus cadastros com a finalidade de atingir maior eficiência administrativa e facilitar o cumprimento das obrigações acessórias.

Parágrafo único. A Secretaria da Fazenda poderá firmar convênios com os órgãos e entidades componentes do Sistema Nacional de Trânsito para a troca de informações, no interesse da administração do imposto.

Art. 36. Todo aquele a quem forem solicitadas informações de interesse da fiscalização está obrigado a prestá-las.

Parágrafo único. Os contribuintes e terceiros que tenham informações sobre fatos relacionados ao imposto não poderão embaraçar a ação fiscalizadora e, mediante notificação, serão obrigados a exibir documentos, guias, impressos ou arquivos magnéticos relacionados à administração e à arrecadação.

Art. 37. São obrigados a fornecer ao fisco, na forma estabelecida pelo Poder Executivo:

I - os fabricantes, revendedores de veículos e os importadores, informações sobre veículos novos vendidos e respectivos adquirentes;

II – os revendedores, informações sobre operações com veículos usados;

III – as empresas locadoras, informações sobre os veículos locados ou colocados à disposição para locação neste Estado;

IV – os leiloeiros que realizarem leilões de veículo automotor, relação dos veículos objetos do leilão, bem como valores das transferências e o nome e endereço dos alienantes e dos adquirentes;

V – os despachantes que auxiliarem no registro ou transferência de veículos, relação desses veículos, bem como os valores das transferências e o nome e endereço do alienante e do adquirente;

VI – os notários, informações sobre as transações com veículos perante eles realizadas, sem ônus para as partes do negócio;

VII – as seguradoras de veículos, informações sobre os veículos segurados ou indenizados;

VIII – as empresas de arrendamento mercantil, informações sobre os veículos arrendados e seus respectivos arrendatários;

IX – as instituições financeiras, informações sobre os veículos financiados e os respectivos adquirentes;

X – os autódromos, oficinas de manutenção e quaisquer pessoas, físicas ou jurídicas, que cedam ou aluguem espaços para estacionamento, ou que prestem serviços de guarda ou manutenção de veículos automotores, informações sobre os veículos que se encontram ou se encontraram estacionados em suas dependências ou sob sua guarda.

Art. 38. As autoridades responsáveis pelo registro e manutenção de cadastros de veículos ficam obrigadas a fornecer ao fisco a relação de veículos constantes de seu cadastro, transferências registradas e valores das transferências, bem como a informar o nome e endereço dos alienantes e adquirentes.

SEÇÃO XIII
DAS PENALIDADES

Art. 39. Constituem condutas passíveis de imposição de multa:

I – fraudar o recolhimento do imposto, no todo ou em parte: multa de uma vez o valor do imposto não recolhido, nunca inferior a 100 (cem) UFESPs;

II – deixar de exibir no prazo estabelecido, quando notificado, quaisquer documentos exigidos pelo fisco: multa correspondente a 30 (trinta) UFESPs por documento, até o limite de 150 (cento e cinquenta) UFESPs por veículo;

III – deixar de prestar informações quando obrigado, ou fazê-lo de forma inexata ou incompleta: multa correspondente a 30 (trinta) UFESPs por veículo;

IV – proceder de modo a possibilitar a redução ou supressão do tributo devido por terceiro: multa de uma vez o valor do imposto não recolhido, nunca inferior a 100 (cem) UFESPs;

V – deixar de fornecer documentos ou informações necessários à inscrição ou alteração do Cadastro de Contribuintes do IPVA: multa, por exercício, correspondente a 50% (cinquenta por cento) do valor do imposto, nunca inferior a 10 (dez) UFESPs;

VI – induzir o fisco a proceder à inscrição ou alteração indevidas no Cadastro de Contribuintes do IPVA: multa, por exercício, correspondente a uma vez o valor do imposto, nunca inferior a 50 (cinquenta) UFESPs;

VII – deixar, a locadora de veículos, de cumprir a obrigação acessória prevista no artigo 33 desta lei: multa, por exercício, equivalente a 100 (cem) UFESPs por veículo;

VIII – cometer qualquer outra infração a dispositivo da legislação relativa ao imposto, sem penalidade específica: multa correspondente a 10 (dez) UFESPs.

§ 1º As multas previstas neste artigo:

1 – não excluem o pagamento do imposto, quando devido;

2 – são aplicáveis distinta e integralmente, na hipótese de concurso de infrações.

§ 2º Para cálculo das multas baseadas em UFESP, deve ser considerado o seu valor na data da lavratura do Auto de Infração e Imposição de Multa, não se aplicando o disposto no artigo 3º da Lei nº 10.175, de 30 de dezembro de1998.

SEÇÃO XIV
DA REPARTIÇÃO DA RECEITA

Art. 40. Do produto da arrecadação do imposto, descontadas outras destinações instituídas por lei federal, 50% (cinquenta por cento) constituirá receita do Município onde estiver domiciliado, nos termos do artigo 4º desta lei, o proprietário do veículo, incluídos os valores correspondentes aos juros e aos acréscimos moratórios.

Art. 41. A parcela pertencente ao Estado será repassada pelo estabelecimento bancário na forma e prazo estabelecidos pelo Poder Executivo.

§ 1º A parcela pertencente ao Município será creditada na forma da legislação federal relativa à matéria, e dos convênios porventura firmados entre as prefeituras e a instituição bancária arrecadadora.

§ 2º Nas hipóteses de restituição do imposto, a parcela proporcional será deduzida da receita do Município.

SEÇÃO XV
DO PROCEDIMENTO ADMINISTRATIVO TRIBUTÁRIO

Art. 42. O procedimento administrativo tributário referente ao IPVA iniciar-se-á com a notificação do lançamento ou do Auto de Infração e Imposição de Multa.

Parágrafo único. Aplica-se ao procedimento iniciado por meio de Auto de Infração e Imposição de Multa a disciplina que dispõe sobre o processo administrativo tributário estadual.

Art. 43. As incorreções ou omissões existentes na notificação do lançamento de ofício, inclusive as decorrentes de cálculo, não acarretam a sua nulidade, desde que presentes elementos suficientes para determinar, com segurança, a natureza da infração e a pessoa do infrator.

Parágrafo único. As incorreções ou omissões de que trata este artigo poderão ser corrigidas pela autoridade fiscal, cientificando-se o sujeito passivo da correção, por escrito, e devolvendo-lhe o prazo do artigo 44 desta lei.

Art. 44. O interessado poderá, por escrito, apresentar defesa ou contestação ao lançamento efetuado, no prazo de 30 (trinta) dias contados da data da notificação.

Art. 45. A defesa ou contestação será apresentada na repartição fiscal competente indicada na notificação, e deverá conter:

I - a autoridade a quem é dirigida;

II - a qualificação do interessado e a identificação do signatário;

III - as razões de fato e de direito sobre as quais se fundamenta.

Parágrafo único. A defesa ou contestação deverá ser instruída com documentos, demonstrativos e demais elementos materiais destinados a comprovar as alegações feitas.

Art. 46. Da decisão proferida, será o interessado cientificado na forma estabelecida pelo Poder Executivo.

§ 1º Não acolhida a defesa ou contestação, no todo ou em parte, o interessado poderá, uma única vez, apresentar recurso dirigido à autoridade imediatamente superior àquela que houver proferido a decisão recorrida, no prazo de 30 (trinta) dias a contar da cientificação da decisão ou da publicação.

§ 2º O recurso será apresentado por meio de requerimento contendo nome e qualificação do recorrente, a identificação do processo e o pedido de nova decisão, com os respectivos fundamentos de fato e de direito.

Art. 47. Mantida a decisão recorrida, será o interessado cientificado a recolher o valor integral do débito fiscal no prazo de 30 (trinta) dias.

Art. 48. Serão encaminhados para inscrição na dívida ativa:

I - o débito lançado e não contestado tempestivamente;

II - o débito definitivamente julgado e não recolhido no prazo previsto no artigo 47 desta lei.

SEÇÃO XVI
DAS DISPOSIÇÕES FINAIS

Art. 49. Aplica-se ao IPVA, no que couber, a legislação do ICMS referente às normas sobre administração tributária, especialmente os dispositivos da Lei nº. 6.374, de 1º de março de 1989, no que refere:

I - ao procedimento administrativo de consulta sobre interpretação e aplicação da legislação tributária;

II - ao pagamento com desconto da multa fixada no Auto de Infração e Imposição de Multa;

III - ao parcelamento de débitos fiscais.

Art. 49-A. Fica o Secretário da Fazenda e Planejamento autorizado a prorrogar ou suspender os prazos de recolhimento do IPVA, como medida emergencial e temporária diante da ocorrência de situações excepcionais que impossibilitem o recolhimento do imposto no prazo previsto nesta lei. (NR)

- Artigo 49-A acrescentado pela Lei nº 17.267, de 09/07/2020.

- Vide artigo 2º da Lei nº 17.267, de 09/07/2020, *que estende a autorização prevista no artigo 49-A da Lei nº 13.296, de 23/12/2008 a veículos novos.*

Art. 50. As disposições desta lei relativas às empresas locadoras serão aplicáveis aos veículos de propriedade de empresas de arrendamento mercantil ("leasing") quando o arrendatário for empresa locadora.

Art. 51. No caso de a UFESP deixar de existir como índice de referência, será aplicado o índice que vier a substituí-la.

Art. 52. Ficam cancelados os débitos fiscais do IPVA, devidos a este Estado e relativos a veículo automotor terrestre, decorrentes de fatos geradores ocorridos até 31 de dezembro de 2008 e durante o período em que o veículo permaneceu registrado em órgão de trânsito de outra unidade federada, desde que o proprietário, com domicílio neste Estado, cumulativamente:

I – tratando-se de pessoa física, comprove, em conformidade com o disposto no artigo 4º desta lei:

a) em relação à totalidade de veículos de sua propriedade em 1º de janeiro de 2009, que estes foram objeto de registro no órgão de trânsito do Estado de São Paulo ou que, alternativamente, já tenha iniciado o procedimento para o referido registro até 31 de março de 2009;

b) em relação à totalidade dos veículos adquiridos após 1º de janeiro de 2009, que estes se encontram registrados no órgão de trânsito do Estado de São Paulo;

II – tratando-se de pessoa jurídica, comprove, em conformidade com o disposto no artigo 4º desta lei:

a) em relação à totalidade de veículos de sua propriedade em 1º de janeiro de 2009, que estes foram objeto de registro no órgão de trânsito do Estado de São Paulo até 30 de junho de 2008;

b) em relação à totalidade dos veículos adquiridos após 1º de julho de 2008, que estes se encontram registrados no órgão de trânsito do Estado de São Paulo;

III – apresente requerimento à Secretaria da Fazenda, até 29 de maio de 2009, solicitando o cancelamento dos débitos fiscais nos termos deste artigo, contendo:

a) relação completa dos veículos com débitos fiscais, ainda que não tenham sido reclamados por meio de Notificação de Lançamento ou de Auto de Infração e Imposição de Multa;

b) comprovante do recolhimento integral do IPVA do exercício de 2009, em favor do Estado de São Paulo, relativo aos veículos mencionados nos incisos I e II.

§ 1º Para fins do cancelamento previsto neste artigo, considera-se débito fiscal a soma do imposto, das multas e dos demais acréscimos legais correspondentes a cada fato gerador.

§ 2º O cancelamento de que trata este artigo abrange o débito fiscal relativo a veículo cuja propriedade foi transferida a terceiros em data anterior a 1º de janeiro de 2009, correspondente aos fatos geradores em idêntica situação e sob a responsabilidade do proprietário indicado no "caput", desde que observadas, no que couber, as condições previstas neste artigo.

§ 3º A extinção das execuções fiscais relativas aos débitos fiscais cancelados nos termos deste artigo será requerida pelo interessado, ficando dispensado o recolhimento das custas judiciais e honorários advocatícios.

§ 4º O disposto neste artigo não autoriza a restituição ou compensação de importância já recolhida ou depositada em juízo, relativamente à situação em que haja decisão transitada em julgado.

§ 5º Na hipótese em que pelo menos 80% (oitenta por cento) dos veículos de propriedade de pessoa jurídica tenha sido objeto do registro a que se refere a alínea "a" do inciso II, até a data ali indicada, será admitida, excepcionalmente, a aplicação do cancelamento de débitos previsto neste artigo, desde que o restante dos veículos da pessoa jurídica seja registrado no órgão de trânsito do Estado de São Paulo até 30 de janeiro de 2009, observadas as demais condições estabelecidas neste artigo.

§ 6º O Poder Executivo estabelecerá disciplina para os procedimentos de cancelamento de débitos de IPVA de que trata este artigo.

Art. 52-A. Ficam cancelados os débitos de IPVA, não inscritos em dívida ativa, em decorrência de inconsistências cadastrais, relativamente a fatos geradores ocorridos até 31 de dezembro de 2010.

– Artigo 52-A acrescentado pela Lei nº 16.029, de 03/12/2015, produzindo efeitos a partir de sua regulamentação, feita pelo Decreto nº 61.696, de 04/12/2015.

Art. 52-B. Em se tratando de veículos cujo primeiro dígito do código que identifica a marca, o modelo e a versão seja 2 (dois), ficam convalidados os procedimentos administrativos relativos à aplicação da alíquota do Imposto sobre a Propriedade de Veículos Automotores – IPVA adotados para fatos geradores ocorridos até 1º de janeiro de 2015.

– Artigo 52-B acrescentado pela Lei nº 16.029, de 03/12/2015, produzindo efeitos a partir de sua regulamentação, feita pelo Decreto nº 61.696, de 04/12/2015.

Art. 52-C. Em se tratando de veículos cujo primeiro dígito do código que identifica a marca, o modelo e a versão seja 8 (oito), motor-casa, ou 9 (nove), chassi-plataforma, ficam convalidados os procedimentos administrativos relativos à aplicação da alíquota do Imposto sobre a Propriedade de Veículos Automotores – IPVA adotados para os veículos fabricados até 31 de dezembro de 2015.

– Artigo 52-C acrescentado pela Lei nº 16.498, de 18/07/2017, produzindo efeitos a partir de sua regulamentação.

Art. 53. O Poder Executivo regulamentará o disposto nesta lei.

Art. 54. Fica revogada a Lei nº 6.606, de 20 de dezembro de 1989.

Art. 55. Esta lei e suas Disposições Transitórias entram em vigor na data de sua publicação, produzindo efeitos a partir de 1º de janeiro de 2009.

Parágrafo único. O disposto no § 4º do artigo 7º somente produzirá efeitos a partir de 1º de janeiro de 2010.

SEÇÃO XVII
DISPOSIÇÕES TRANSITÓRIAS

Art. 1º A base de cálculo utilizada para o cálculo do imposto dos veículos usados referente ao exercício de 2009 será aquela divulgada pelo Poder Executivo de acordo com os critérios fixados na Lei nº 6.606, de 20 de dezembro de 1989.

Art. 2º O Poder Executivo poderá estabelecer prazos especiais para que os contribuintes e responsáveis promovam as adaptações necessárias à observância do disposto nesta lei.

Art. 3º Enquanto não for instituído o Cadastro de Contribuintes do IPVA a que se referem os artigos 30 e 31 desta lei, serão utilizadas as informações constantes do cadastro de veículos do Departamento Estadual de Trânsito – DETRAN.

LEI Nº 13.457, DE 18 DE MARÇO DE 2009

Dispõe sobre o processo administrativo tributário, decorrente de lançamento de ofício e dá outras providências.

ÍNDICE

TÍTULO I
NORMAS GERAIS DO PROCESSO

CAPÍTULO I
PRINCÍPIOS E DISPOSIÇÕES GERAIS

Art. 1º Esta lei regula o processo administrativo tributário, decorrente de lançamento de ofício, para solução de litígios relativos aos tributos estaduais e respectivas penalidades.

SEÇÃO I
DOS PRINCÍPIOS

Art. 2º O processo administrativo tributário obedecerá, entre outros requisitos de validade, os princípios da publicidade, da economia, da motivação e da celeridade, assegurados o contraditório e a ampla defesa, com os meios e recursos a ela inerentes.

§ 1º Aqueles que de qualquer forma participam do processo devem comportar-se de acordo com a boa-fé, zelando pelo andar do processo e cooperando entre si para que se obtenha, em tempo razoável, decisão de mérito justa e efetiva.

§ 2º Será proferida decisão administrativa no prazo máximo de 360 (trezentos e sessenta) dias a contar do protocolo de petições, impugnações, defesas ou recursos administrativos.

» Vide artigo 1º das Disposições Transitórias da Lei nº 16.498, de 18/07/2017.

§ 3º Os pedidos de diligência suspendem o prazo mencionado no parágrafo anterior.

– §§ 1º, 2º e 3º acrescentados pela Lei nº 16.498, de 18/07/2017.

SEÇÃO II
DOS ATOS PROCESSUAIS

SUBSEÇÃO I
DA FORMA

Art. 3º Os atos processuais não dependem de forma determinada, a não ser quando a legislação tributária expressamente a exigir, considerando-se válidos os atos que, realizados de outro modo, alcancem sua finalidade.

SUBSEÇÃO II
DO LUGAR

Art. 4º Os atos processuais serão praticados, em regra, na sede da repartição pública competente, durante o expediente normal.

§ 1º No interesse da instrução do processo e da celeridade processual, poderá ser facultada a prática de atos processuais em local e horário que não o referido no "caput" deste artigo, por ato normativo expedido pela Administração ou por previsão de órgão de julgamento.

§ 2º Os atos processuais poderão ser praticados por meio eletrônico, nos termos do artigo 74 desta lei e conforme dispuser a legislação.

SUBSEÇÃO III
DOS PRAZOS

Art. 5º Os atos processuais serão realizados nos prazos estabelecidos nesta lei ou na legislação tributária.

Parágrafo único. O prazo para a prática de ato processual a cargo da parte será de 5 (cinco) dias quando este não for fixado na lei, no regulamento ou pela autoridade julgadora.

Art. 6º Os prazos serão contínuos, excluindo-se, na sua contagem, o dia de início e incluindo-se o de vencimento.

§ 1º Os prazos fluem a partir do primeiro dia útil após a intimação, salvo disposição em contrário.

§ 2º Sempre que o vencimento ocorrer em dia em que não houver expediente normal na repartição em que corra o processo ou deva ser praticado o ato, os prazos serão prorrogados até o primeiro dia útil subsequente.

§ 3º A parte poderá renunciar ao prazo estabelecido para a prática do ato processual, desde que o faça de maneira expressa.

– § 3º acrescentado pela Lei nº 16.498, de 18/07/2017.

Art. 7º Decorrido o prazo, extingue-se automaticamente o direito de praticar o ato, salvo se o interessado provar que não o realizou por justa causa.

Parágrafo único. Reputa-se justa causa o evento imprevisto, alheio à vontade da parte, e que a impediu de praticar o ato por si ou por mandatário.

SUBSEÇÃO IV
DAS INTIMAÇÕES

Art. 8º As intimações dos atos processuais serão efetuadas de ofício e deverão conter o nome e a qualificação do intimado, a identificação do auto de infração e do processo, a indicação de sua finalidade, bem como do prazo e do local para o seu atendimento.

Art. 9º As intimações de que trata o artigo 8º desta lei serão realizadas por meio de publicação no Diário Oficial do Estado, contendo o nome do autuado e do procurador devidamente constituído nos autos.

§ 1º As intimações poderão ser feitas por meio eletrônico, na forma do estabelecido no Título III desta lei e conforme dispuser a legislação.

§ 2º Valendo-se de critérios de oportunidade e conveniência, a Administração Pública poderá implementar as intimações de modo pessoal, que será feita mediante ciência do interessado ou de seu representante habilitado, ou por intermédio de carta registrada, com aviso de recebimento, expedida para o endereço indicado pelo interessado.

§ 3º Em se tratando de pessoa física ou firma individual sem advogado constituído nos autos, as intimações permanecerão sendo realizadas mediante ciência do interessado ou por carta registrada com aviso de recebimento, enquanto não ocorrer sua adesão ao processo eletrônico, nos termos do Título III desta lei.

§ 4º Considerar-se-á feita a intimação:

1 - se por edital, no quinto dia útil posterior ao da data de sua publicação;

2 - se por meio eletrônico, na forma do Título III desta lei;

3 - se pessoal, na data da respectiva ciência;

4 - se por carta registrada, na data constante do aviso de recebimento.

SUBSEÇÃO V
DAS NULIDADES

Art. 10. A nulidade de qualquer ato só prejudica os posteriores que dele dependam diretamente.

Parágrafo único. Quando a lei prescrever determinada forma, sob pena de nulidade, a decretação desta não pode ser requerida por quem lhe deu causa.

Art. 10-A. Ao pronunciar a nulidade, o órgão de julgamento declarará que atos são atingidos e ordenará as providências necessárias a fim de que sejam repetidos ou retificados.

§ 1º O ato não será repetido nem sua falta será suprida quando não prejudicar a parte.

§ 2º Quando puder decidir o mérito a favor da parte a quem aproveite a decretação da nulidade, o órgão de julgamento não a pronunciará nem mandará repetir o ato ou suprir-lhe a falta, desde que tenha havido manifestação do interessado e da Representação Fiscal sobre o mérito.

- Artigo 10-A acrescentado pela Lei nº 16.498, de 18/07/2017.

Art. 10-B. O erro de forma do processo acarreta unicamente a anulação dos atos que não possam ser aproveitados, devendo ser praticados os que forem necessários a fim de se observarem as prescrições legais.

Parágrafo único. Dar-se-á o aproveitamento dos atos praticados desde que não resulte em prejuízo à defesa de qualquer parte.

- Artigo 10-B acrescentado pela Lei nº 16.498, de 18/07/2017.

Art. 11. As incorreções ou omissões do auto de infração não acarretarão sua nulidade, quando nele constarem elementos suficientes para se determinar com segurança a natureza da infração e a pessoa do infrator.

Art. 12. Os erros existentes no auto de infração poderão ser corrigidos pelo autuante, com anuência de seu superior imediato, ou por este, enquanto não apresentada defesa, cientificando-se o autuado e devolvendo-se-lhe o prazo para apresentação da defesa ou pagamento do débito fiscal com o desconto previsto em lei.

Parágrafo único. Apresentada a defesa, as correções possíveis somente poderão ser efetuadas pelo órgão de julgamento ou por determinação deste.

Art. 13. Estando o processo em fase de julgamento, os erros de fato e os de capitulação da infração ou da penalidade serão corrigidos pelo órgão de julgamento, de ofício ou em razão de defesa ou recurso, não sendo causa de decretação de nulidade.

§ 1º Quando da correção resultar penalidade de valor equivalente ou menos gravoso, será ressalvada ao interessado, expressamente, a possibilidade de efetuar o pagamento do débito fiscal no prazo de 30 (trinta) dias, contados da intimação, com desconto igual ao que poderia ter usufruído no decurso do prazo previsto para a apresentação da defesa.

§ 2º A redução do débito fiscal exigido por meio de auto de infração, efetuada em decorrência de prova produzida nos autos, não caracteriza erro de fato.

Art. 14. O órgão de julgamento mandará suprir as irregularidades existentes no auto de infração, quando não puder efetuar a correção de ofício.

§ 1º As irregularidades que tiverem causado prejuízo à defesa, devidamente identificado e justificado, só acarretarão a nulidade dos atos que não puderem ser supridos ou retificados.

§ 2º Saneadas as irregularidades pela autoridade competente e tendo havido prejuízo à defesa, será devolvido ao autuado o prazo de 30 (trinta) dias para pagamento do débito fiscal com o desconto previsto à época da lavratura do auto de infração, ou para apresentação da defesa, relativamente aos itens retificados.

Art. 15. A decisão de qualquer instância administrativa que contiver erro de fato será passível de retificação, devendo o processo ser submetido à apreciação do respectivo órgão de julgamento.

§ 1º O pedido de retificação deverá ser interposto no prazo de 30 (trinta) dias contados da intimação da decisão retificanda, com a demonstração precisa do erro de fato apontado, não implicando suspensão ou interrupção de prazo para a interposição dos demais recursos previstos nesta lei.

§ 2º Compete ao Delegado Tributário de Julgamento e ao Presidente do Tribunal de Impostos e Taxas o exame de admissibilidade do pedido de retificação interposto, respectivamente, em face das decisões proferidas no âmbito das Delegacias Tributárias de Julgamento e das decisões proferidas no âmbito do Tribunal, determinando, se for o caso, o seu processamento.

§ 3º O pedido de retificação será distribuído para julgamento na forma estabelecida pelo regulamento ou regimento interno do tribunal.

SEÇÃO III
DAS PARTES E DOS SEUS PROCURADORES

Art. 16. Todo aquele que, de qualquer modo e em qualquer qualidade, atuar no processo, deve proceder com lealdade e boa-fé, sendo-lhe vedado empregar, oralmente ou por escrito, expressões injuriosas.

Parágrafo único. Incumbe à autoridade judicante cassar a palavra daquele que, embora advertido, insistir no uso de expressões injuriosas, ou mandar riscálas, quando escritas, de ofício ou a requerimento do ofendido.

Art. 17. Será concedida vista dos autos ao interessado ou representante habilitado, no recinto da repartição onde se encontrar o processo.

§ 1º A vista, que independe de pedido escrito, será aberta por termo lavrado nos autos, subscrito pelo servidor competente e pelo interessado ou representante habilitado.

§ 2º Sempre que solicitada, será fornecida, mediante pagamento de taxa, cópia do processo ao autuado ou a seu representante habilitado.

§ 3º Durante a fluência do prazo para apresentação de defesa ou interposição de recurso, ou quando o órgão de julgamento outorgar prazo para manifestação da parte, os autos do processo poderão ser retirados pelo advogado constituído pelo interessado para vista fora da repartição, observadas as normas estabelecidas pela Secretaria da Fazenda.

§ 4º Não será concedida vista dos autos se os mesmos estiverem com autoridade judicante designada para proferir a decisão, ou vista dos autos fora da repartição quando estiver aguardando a inclusão em pauta para julgamento.

SEÇÃO IV
DAS PROVAS

Art. 18. Todos os meios legais, bem como os moralmente legítimos obtidos de forma lícita, são hábeis para provar a verdade dos fatos controvertidos.

Art. 19. As provas deverão ser apresentadas juntamente com o auto de infração e com a defesa, salvo por motivo de força maior ou ocorrência de fato superveniente.

§ 1º É lícito às partes, em qualquer tempo, juntar aos autos documentos novos, apenas quando destinados a fazer prova de fatos supervenientes ou para contrapô-los aos que foram produzidos nos autos.

§ 2º Nas situações excepcionadas no "caput" e no § 1º deste artigo, que devem ser cabalmente demonstradas, será ouvida a parte contrária.

– Artigo 19 com redação dada pela Lei nº 16.498, de 18/07/2017.

Art. 20. Não dependem de prova os fatos:

I – afirmados por uma parte e confessados pela parte contrária;

II – admitidos, no processo, como incontroversos.

III – notórios; e

IV – em cujo favor milita presunção legal de existência ou de veracidade.

– Incisos III e IV acrescentados pela Lei nº 16.498, de 18/07/2017.

Art. 21. A transcrição de documento eletrônico apresentada à guisa de instrução do auto de infração terá o mesmo valor probante do documento eletrônico transcrito, desde que, cumulativamente:

I – seu conteúdo reflita com exatidão os dados que constituem o respectivo documento em forma eletrônica;

II – o fisco tenha executado procedimentos técnicos tendentes a assegurar a integridade da informação digital contida no documento em forma eletrônica.

§ 1º Para os efeitos deste artigo, considera-se transcrição o processo do qual resulte a visualização, em impresso, do documento eletrônico.

§ 2º Ter-se-á como comprovada a integridade do documento eletrônico quando houver sido efetuada sua vinculação a um ou mais códigos digitais gerados por aplicativo especialmente projetado para a autenticação de dados informatizados, garantindo que, necessariamente, se modifique a configuração do código autenticador na hipótese de ocorrer qualquer alteração, intencional ou não, no conteúdo do referido documento.

Art. 22. Em se tratando de infrações caracterizadas em documentos recebidos, emitidos ou escriturados pelo sujeito passivo, admitir-se-á como elemento de prova, em substituição aos referidos documentos, demonstrativo no qual as operações, prestações ou eventos estejam individualmente discriminados, sempre que, alternativamente, o referido demonstrativo tenha sido elaborado pelo fisco:

I – mediante transcrição de documentos eletrônicos gerados pelo sujeito passivo, por ele entregues ou apreendidos pelo fisco, desde que esteja comprovada a integridade dos correspondentes documentos eletrônicos, nos termos do artigo anterior;

II – com base em documentos eletrônicos criados pelo sujeito passivo, por ele entregues ou apreendidos pelo fisco, desde que esteja comprovada a integridade dos correspondentes documentos eletrônicos, nos termos do artigo anterior;

III – esteja acompanhado de originais ou cópias dos respectivos documentos em quantidade suficiente para comprovar, de forma inequívoca, ainda que em relação a um único evento, a ocorrência da infração.

§ 1º O sujeito passivo poderá contraditar o demonstrativo elaborado pelo fisco nos termos deste artigo, fazendo-o de forma objetiva, com indicação precisa do erro ou incorreção encontrados e com apresentação da correspondente comprovação, sob pena de se terem por exatos os dados nele constantes.

§ 2º Os documentos recebidos, emitidos ou escriturados pelo sujeito passivo, nos quais estejam caracterizados elementos de prova de infrações, poderão lhe ser restituídos, devendo ser conservados enquanto não se tornar definitiva a decisão administrativa ou judicial, observado ainda o prazo mínimo de 5 (cinco) anos, sob pena de se reputarem verdadeiras as respectivas acusações.

SEÇÃO V
DA COMPETÊNCIA DOS ÓRGÃOS DE JULGAMENTO

Art. 23. A competência dos órgãos de julgamento independe do domicílio do peticionário ou do autuado ou do lugar em que foi constatada a infração.

Art. 24. Para a fixação da competência dos órgãos de julgamento em razão da alçada, bem como do recurso cabível nos termos desta lei, entende-se por débito fiscal os valores correspondentes ao tributo, multa, atualização monetária e juros de mora, devidos na data da lavratura do auto de infração.

Art. 25. Os órgãos de julgamento determinarão a realização de diligências necessárias à instrução do processo.

§ 1º Encontrando-se o processo em fase de julgamento, somente por decisão do órgão julgador poderá ser determinada diligência para esclarecimento de matéria de fato.

§ 2º A exibição e o envio de dados e de documentos resultantes das diligências de que trata o "caput" deste artigo poderão ser realizados por meio eletrônico, na forma do regulamento.

Art. 26. Os órgãos de julgamento apreciarão livremente as provas, devendo, entretanto, indicar expressamente os motivos de seu convencimento.

Art. 27. Somente nos casos expressamente previstos em lei poderá o órgão de julgamento relevar ou reduzir multas.

Art. 28. No julgamento é vedado afastar a aplicação de lei sob alegação de inconstitucionalidade, ressalvadas as hipóteses em que a inconstitucionalidade tenha sido proclamada:

I – em ação direta de inconstitucionalidade;

II – por decisão definitiva do Supremo Tribunal Federal, em via incidental, desde que o Senado Federal tenha suspendido a execução do ato normativo.

III – em enunciado de Súmula Vinculante;

– Inciso III acrescentado pela Lei nº 16.498, de 18/07/2017.

Art. 29. Não será processado no contencioso administrativo pedido que:

I – seja intempestivo;

II – seja apresentado por pessoa manifestamente ilegítima ou que deixe de fazer prova de sua capacidade para ser parte no processo administrativo tributário ou para representar o sujeito passivo;

III – não preencha os requisitos previstos para sua interposição.

Art. 30. Não impede a lavratura do auto de infração a propositura pelo autuado de ação judicial por qualquer modalidade processual, com o mesmo objeto, ainda que haja ocorrência de depósito ou garantia.

§ 1º A propositura de ação judicial importa renúncia ao direito de litigar no processo administrativo tributário e desistência do litígio pelo autuado, devendo os autos ser encaminhados diretamente à Procuradoria Geral do Estado, na fase processual em que se encontrarem.

§ 2º O curso do processo administrativo tributário, quando houver matéria distinta da constante do processo judicial, terá prosseguimento em relação à matéria diferenciada, conforme dispuser o regulamento.

§ 3º Estando o crédito tributário com a exigibilidade suspensa, nos termos do artigo 151, inciso II, da Lei federal nº 5.172, de 25 de outubro de 1966, a autuação será lavrada para prevenir os efeitos da decadência, porém sem a incidência de penalidades.

SEÇÃO VI
DOS IMPEDIMENTOS

Art. 31. É vedado o exercício da função de julgar àquele que, relativamente ao processo em julgamento:

I – tenha atuado no exercício da fiscalização direta do tributo, como Representante Fiscal ou Julgador de primeira instância administrativa;

II – tenha atuado na qualidade de mandatário ou perito;

III – tenha conhecido em outro grau de jurisdição, tendo proferido decisão;

IV – tenha interesse econômico ou financeiro, por si, por seu cônjuge ou companheiro, ou por parente consanguíneo ou afim, em linha reta ou na colateral até o terceiro grau, inclusive;

V – tenha vínculo, como sócio ou empregado, com a sociedade de advogados ou de contabilistas ou de economistas, ou de empresa de assessoria fiscal ou tributária, a que esteja vinculado o mandatário constituído por quem figure como interessado no processo;

VI – seja sócio ou membro de direção ou de administração de pessoa jurídica interessada no processo;

VII – seja herdeiro presuntivo, donatário ou empregador do interessado;

VIII – figure como parte instituição de ensino com a qual tenha relação de emprego ou decorrente de contrato de prestação de serviços;

IX – figure como parte cliente do escritório de advocacia de seu cônjuge, companheiro ou parente, consanguíneo ou afim, em linha reta ou colateral, até o terceiro grau, inclusive, mesmo que patrocinado por advogado de outro escritório; e

X – promova ação contra o interessado ou seu advogado.

§ 1º O interessado e a Fazenda Pública deverão arguir o impedimento, em petição devidamente fundamentada e instruída, na primeira oportunidade em que lhes couber falar nos autos.

§ 2º O incidente será decidido em preliminar pelo órgão de julgamento, ouvindo-se o arguido, se necessário.

§ 3º A autoridade judicante poderá declarar-se impedida por motivo de foro íntimo.

– Artigo 31 com redação dada pela Lei nº 16.498, de 18/07/2017.

SEÇÃO VII
DO DEPÓSITO ADMINISTRATIVO

Art. 32. O autuado poderá fazer cessar, no todo ou em parte, a aplicação dos acréscimos de mora e de atualização monetária, desde que efetue o depósito da importância questionada em qualquer fase do processo administrativo tributário, conforme o disposto na legislação.

§ 1º Entende-se por importância questionada a exigida no respectivo auto de infração, com os acréscimos devidos até a data do depósito nos termos da legislação pertinente.

§ 2º As quantias depositadas receberão os mesmos acréscimos adotados para atualização das cadernetas de poupança.

§ 3º A quantia depositada referente à exigência fiscal cancelada ou reduzida por decisão administrativa definitiva será devolvida ao contribuinte na proporção do cancelamento ou da redução.

§ 4º Mantido o auto de infração, ainda que parcialmente, em decisão administrativa definitiva, a quantia depositada será convertida em renda do Estado na forma do que restou decidido.

§ 5º Os acréscimos de que trata o § 2º deste artigo correrão até o mês do efetivo recebimento dos valores pelo autuado.

CAPÍTULO II
DO PROCEDIMENTO NA DELEGACIA TRIBUTÁRIA DE JULGAMENTO

Art. 33. O processo administrativo tributário regulado por esta lei tem por origem a apresentação de defesa, em face de auto de infração lavrado por Agente Fiscal de Rendas.

Art. 34. O auto de infração conterá, obrigatoriamente:

I – a identificação da repartição fiscal competente e o registro do dia, hora e local da lavratura;

II – a identificação do autuado;

III – a descrição do fato gerador da obrigação correspondente e das circunstâncias em que ocorreu;

IV – a determinação da matéria tributável e o cálculo do montante do tributo devido e da penalidade cabível;

V – a indicação dos dispositivos normativos infringidos e dos relativos às penalidades cabíveis;

VI – a indicação do prazo para cumprimento da exigência fiscal ou para apresentação da defesa;

VII – o nome legível e a assinatura do Agente Fiscal de Rendas autuante, dispensada esta quando grafada por meio eletrônico, nas situações expressamente previstas pela Secretaria da Fazenda.

§ 1º O auto de infração deve ser instruído com documentos, demonstrativos e demais elementos materiais comprobatórios da infração.

§ 2º Ao autuado será entregue uma via do auto de infração, mediante recibo, valendo como notificação, juntamente com cópia dos demonstrativos e demais documentos que o instruem, salvo daqueles cujos originais estejam em sua posse.

§ 3º Fundado em critérios de conveniência e oportunidade, o fisco poderá notificar o autuado da lavratura do auto de infração por meio de carta registrada com aviso de recebimento ou, na sua impossibilidade, mediante publicação de edital no Diário Oficial do Estado, observadas, no que couber, as normas do artigo 9º desta lei.

§ 4º Na hipótese do § 3º deste artigo, uma via do auto de infração e dos demonstrativos e documentos que o instruem serão expedidos para qualquer um dos endereços indicados pelo autuado ou, na hipótese de notificação via edital, ficarão sob a guarda da repartição fiscal à qual o autuado esteja vinculado.

§ 5º A lavratura do auto de infração e a sua instrução com demonstrativos e documentos poderão ser implementados em meio eletrônico, conforme previsto em regulamento.

Art. 35. Lavrado o auto de infração, terão início, na forma estabelecida em regulamento, os procedimentos de cobrança administrativa, devendo o autuado ser notificado a recolher o débito fiscal, com o desconto de lei, quando houver, ou a apresentar defesa, por escrito, no prazo de 30 (trinta) dias.

§ 1º Decorrido o prazo previsto no "caput" deste artigo sem que haja o recolhimento ou acordo de parcelamento do débito fiscal ou a apresentação de defesa, o auto de infração será encaminhado à Delegacia Regional Tributária da circunscrição do autuado para a sua ratificação pelo Delegado Regional Tributário.

§ 2º Após a ratificação do auto de infração, e encerrados os procedimentos de cobrança administrativa sem o devido recolhimento ou acordo de parcelamento, o débito fiscal será inscrito na dívida ativa.

§ 3º Em caso de apresentação de defesa parcial, e não sendo recolhido ou parcelado o débito fiscal correspondente à exigência não impugnada, será formado processo em apartado para os fins previstos nos parágrafos anteriores, consignando-se essa circunstância mediante termo no processo original.

§ 4º Considera-se parcial a defesa na qual o interessado não conteste, de forma expressa, um ou mais itens de acusação.

Art. 36. Apresentada a defesa, o órgão autuante manifestar-se-á no prazo de 30 (trinta) dias, findo o qual, com ou sem a manifestação, o processo será encaminhado à Delegacia Tributária de Julgamento.

Parágrafo único. Por ato normativo do Coordenador da Administração Tributária, exceções a essa regra poderão ser estabelecidas, tendo em vista a conveniência de não haver manifestação do órgão autuante.

Art. 37. A defesa será apresentada na repartição pública competente, nela devendo constar:

I – a autoridade a quem é dirigida;

II – a qualificação do autuado e a identificação do signatário;

III – as razões de fato e de direito sobre as quais se fundamenta.

§ 1º A defesa deverá ser instruída com os documentos, demonstrativos e demais elementos materiais destinados a comprovar as alegações feitas, inclusive laudos e pareceres técnicos que o autuado entender necessários para o pleno esclarecimento da matéria controvertida.

§ 2º A defesa de que trata o "caput" deste artigo poderá ser feita por meio eletrônico, conforme dispuser o regulamento.

§ 3º O julgamento da defesa será realizado nas Delegacias Tributárias de Julgamento, independentemente da circunscrição de vinculação do contribuinte.

Art. 38. A decisão, devidamente fundamentada, será proferida por escrito, aplicando a legislação aos fatos apurados.

Parágrafo único. A decisão poderá ser disponibilizada por meio eletrônico, na forma do regulamento.

Art. 39. Da decisão contrária à Fazenda Pública do Estado no julgamento da defesa, em que o débito fiscal exigido na data da lavratura do auto de infração corresponda a até 20.000 (vinte mil) Unidades Fiscais do Estado de São Paulo - UFESPs, haverá recurso de ofício para o Delegado Tributário de Julgamento.

- Artigo 39, "caput", com redação dada pela Lei nº 16.498, de 18/07/2017.

§ 1º O recurso de ofício poderá ser dispensado nas situações estabelecidas no regulamento.

§ 2º Apresentado o recurso de ofício, a Representação Fiscal manifestar-se-á no prazo de 60 (sessenta) dias, findo o qual, com ou sem a manifestação, o processo será encaminhado à Delegacia Tributária de Julgamento para intimar o contribuinte para contrarrazões, no prazo de 30 (trinta) dias.

§ 3º O recurso de ofício será decidido por Delegado Tributário de Julgamento, independentemente de qual seja a Unidade de Julgamento que proferiu a decisão recorrida.

» Vide artigo 3º das Disposições Transitórias da Lei nº 16.498, de 18/07/2017.

Art. 40. Da decisão favorável à Fazenda Pública do Estado no julgamento da defesa, em que o débito fiscal exigido na data da lavratura do auto de infração corresponda a até 20.000 (vinte mil) Unidades Fiscais do Estado de São Paulo - UFESPs, poderá o autuado interpor recurso voluntário, dirigido ao Delegado Tributário de Julgamento.

- Artigo 40, "caput", com redação dada pela Lei nº 16.498, de 18/07/2017.

§ 1º O recurso voluntário será apresentado no prazo de 30 (trinta) dias, por requerimento contendo nome e qualificação do recorrente, a identificação do processo e o pedido de nova decisão, com os respectivos fundamentos de fato e de direito.

§ 2º Admitido o recurso voluntário pelo Delegado Tributário de Julgamento, será o processo encaminhado à Representação Fiscal para contrarrazões, no prazo de 60 (sessenta) dias, findo o qual, com ou sem a manifestação, o processo será devolvido à Delegacia Tributária de Julgamento.

§ 3º Exceções à regra do § 2º deste artigo poderão ser estabelecidas por ato normativo do Coordenador da Administração Tributária, tendo em vista a conveniência de colher a manifestação do autuante.

§ 4º O recurso voluntário será decidido por Delegado Tributário de Julgamento, independentemente de qual seja a Unidade de Julgamento que proferiu a decisão recorrida.

§ 5º O recurso voluntário poderá ser interposto por meio eletrônico, conforme dispuser o regulamento.

» Vide artigo 3º das Disposições Transitórias da Lei nº 16.498, de 18/07/2017.

Art. 41. Na hipótese de cabimento de recurso de ofício e recurso voluntário contra a mesma decisão, ambos serão julgados em conjunto pelo Delegado Tributário de Julgamento, observando-se os seguintes procedimentos:

I - o processo será encaminhado à Representação Fiscal para os procedimentos do § 2º do artigo 39 desta lei, intimando-se o autuado para, no prazo de 30 (trinta) dias contados da intimação, apresentar contrarrazões e, em querendo, interpor recurso voluntário.

II - havendo interposição de recurso voluntário pelo contribuinte, a Representação Fiscal poderá ofertar contrarrazões, observado o disposto no § 2º do artigo 40 desta lei.

CAPÍTULO III
DO PROCEDIMENTO NO TRIBUNAL DE IMPOSTOS E TAXAS

SEÇÃO I
DAS DISPOSIÇÕES GERAIS

Art. 42. Poderão ser interpostos perante o Tribunal de Impostos e Taxas os seguintes recursos:

I - recurso de ofício de que trata o artigo 46 desta lei;

II - recurso ordinário;

III - recurso especial.

§ 1º A parte que aceitar expressa ou tacitamente a decisão não poderá recorrer.

§ 2º Considera-se aceitação tácita a prática de ato incompatível com a intenção de recorrer.

Art. 43. Salvo disposição em contrário, o prazo para interposição de recurso será de 30 (trinta) dias, contados da intimação da decisão recorrível.

Parágrafo único. Computar-se-á em dobro o prazo para recorrer, quando a parte vencida for a Fazenda Pública do Estado.

Art. 44. Considerar-se-ão intimadas as partes da inclusão do processo em pauta com sua disponibilização na rede mundial de computadores com, no mínimo, 5 (cinco) dias de antecedência da data da sessão de julgamento, na forma do Título III desta lei, podendo o interessado fazer sustentação oral perante o Tribunal de Impostos e Taxas, na forma estabelecida em regulamento, devendo ater-se à matéria de natureza própria do recurso.

- Artigo 44 com redação dada pela Lei nº 16.498, de 18/07/2017.

Art. 45. Será indeferido o processamento do recurso que:

I - seja intempestivo;

II - seja apresentado por parte ilegítima ou irregularmente representada;

III - contrarie súmula do Tribunal de Impostos e Taxas;

IV - verse exclusivamente sobre questões não compreendidas na competência do Tribunal de Impostos e Taxas;

V - não preencha os requisitos exigidos nesta lei para o seu processamento.

SEÇÃO II

DO RECURSO DE OFÍCIO E DO RECURSO ORDINÁRIO

Art. 46. Da decisão contrária à Fazenda Pública do Estado no julgamento da defesa, em que o débito fiscal exigido na data da lavratura do auto de infração for superior a 20.000 (vinte mil) Unidades Fiscais do Estado de São Paulo - UFESPs, haverá recurso de ofício para o Tribunal de Impostos e Taxas.

- Artigo 46, "caput", com redação dada pela Lei nº 16.498, de 18/07/2017.

§ 1º O recurso de ofício poderá ser dispensado nas situações estabelecidas no regulamento.

§ 2º Apresentado o recurso de ofício, a Representação Fiscal manifestar-se-á no prazo de 60 (sessenta) dias, findo o qual, com ou sem a manifestação, o processo será encaminhado à Delegacia Tributária de Julgamento para intimar o contribuinte para contrarrazões, no prazo de 30 (trinta) dias.

§ 3º Expirado o prazo para contrarrazões ao recurso de ofício, será o processo encaminhado ao Tribunal de Impostos e Taxas para distribuição a juiz designado relator, que terá 30 (trinta) dias para encaminhá-lo para decisão pela Câmara de Julgamento.

» V. art. 4º, inciso I, da Lei nº 16.125, de 18/01/2016.

» Vide art. 3º das Disposições Transitórias da Lei nº 16.498, de 18/07/2017.

Art. 47. Da decisão favorável à Fazenda Pública do Estado no julgamento da defesa, em que o débito fiscal exigido na data da lavratura do auto de infração seja superior a 20.000 (vinte mil) Unidades Fiscais do Estado de São Paulo - UFESPs, poderá o autuado, no prazo de 30 (trinta) dias, interpor recurso ordinário para o Tribunal de Impostos e Taxas.

- Artigo 47, "caput", com redação dada pela Lei nº 16.498, de 18/07/2017.

§ 1º O recurso ordinário será interposto por petição contendo nome e qualificação do recorrente, a identificação do processo e o pedido de nova decisão, com os respectivos fundamentos de fato e de direito.

§ 2º O juízo de admissibilidade do recurso ordinário cabe ao Delegado Tributário de Julgamento.

§ 3º Se admitido, o recurso ordinário interposto pelo autuado será encaminhado, como regra, à Representação Fiscal, para que responda e produza parecer no prazo de 60 (sessenta) dias, findo o qual, com ou sem a manifestação, o processo será encaminhado ao Tribunal de Impostos e Taxas para distribuição a juiz designado relator, que terá 30 (trinta) dias para encaminhá-lo para decisão pela Câmara de Julgamento.

§ 4º Exceções à regra do § 3º deste artigo serão estabelecidas por ato normativo do Coordenador da Administração Tributária, tendo em vista, inclusive, a conveniência de haver, também, manifestação do autuante.

§ 5º O recurso ordinário devolverá ao Tribunal de Impostos e Taxas o conhecimento da matéria de fato e de direito impugnada.

§ 6º O recurso ordinário poderá ser interposto por meio eletrônico, conforme dispuser o regulamento.

» Vide artigo 3º das Disposições Transitórias da Lei nº 16.498, de 18/07/2017.

Art. 48. Na hipótese de cabimento de recurso de ofício e recurso ordinário contra a mesma decisão, ambos serão julgados em conjunto pelo Tribunal de Impostos e Taxas, observando-se os seguintes procedimentos:

I - o processo será encaminhado à Representação Fiscal para os procedimentos do § 2º do artigo 46 desta lei, intimando-se o autuado para, no prazo de 30 (trinta), apresentar contrarrazões e, em querendo, interpor recurso ordinário;

II – havendo interposição de recurso ordinário pelo contribuinte, a Representação Fiscal poderá ofertar contrarrazões, observado o disposto no § 3º do artigo 47 desta lei.

SEÇÃO III
DO RECURSO ESPECIAL

Art. 49. Cabe recurso especial, interposto tanto pelo autuado como pela Fazenda Pública do Estado, fundado em dissídio entre a interpretação da legislação adotada pelo acórdão recorrido e a adotada em outro acórdão não reformado, proferido por qualquer das Câmaras do Tribunal de Impostos e Taxas.

§ 1º O recurso especial, dirigido ao Presidente do Tribunal, será interposto por petição contendo o nome e a qualificação do recorrente, a identificação do processo, o pedido de nova decisão, com os respectivos fundamentos, a indicação da decisão paradigmática, bem como a demonstração precisa da divergência, na forma estabelecida em regulamento, sem o que não será admitido o recurso.

§ 2º Cabe ao recorrente providenciar a instrução do processo com cópias das decisões indicadas, por divergência demonstrada.

§ 3º O juízo de admissibilidade do recurso especial compete ao Presidente do Tribunal de Impostos e Taxas.

§ 4º Admitido o recurso especial, será intimada a parte contrária para contrarrazões.

§ 5º Para contra-arrazoar o recurso especial, o prazo é de 30 (trinta) dias, contados da intimação da interposição do recurso.

§ 6º Computar-se-á em dobro o prazo para contra-arrazoar, quando a parte recorrida for a Fazenda Pública do Estado.

§ 7º Na hipótese de ambas as partes terem condições para recorrer, o prazo será deferido primeiramente à Fazenda Pública do Estado e posteriormente ao autuado, quando, então, poderá contra-arrazoar eventual recurso interposto e, em querendo, interpor recurso especial no mesmo prazo, caso em que o processo retornará à Fazenda Pública para contrarrazões.

§ 8º Findos os prazos previstos nos §§ 5º e 6º deste artigo, com ou sem apresentação de contrarrazões, o processo será distribuído a juiz designado relator, que terá 30 (trinta) dias para encaminhá-lo para decisão pela Câmara Superior.

§ 9º O recurso especial poderá ser interposto por meio eletrônico, conforme dispuser o regulamento.

» Vide artigo 4º, inciso II, da Lei nº 16.125, de 18/01/2016.

§ 10 – Não será admitido recurso especial que contrarie decisão tomada em sessão temática da Câmara Superior do Tribunal, exceto na hipótese de a referida decisão adotar interpretação da legislação tributária divergente da jurisprudência dominante dos Tribunais Superiores do Poder Judiciário, na forma estabelecida em regulamento.

– § 10 acrescentado pela Lei nº 16.498, de 18/07/2017.

SEÇÃO IV
DA REFORMA DOS JULGADOS ADMINISTRATIVOS

Art. 50. Cabe reforma da decisão contrária à Fazenda Pública do Estado, da qual não caiba a interposição de recurso, quando a decisão reformanda:

I – afastar a aplicação da lei por inconstitucionalidade, observado o disposto no artigo 28 desta lei;

II – adotar interpretação da legislação tributária divergente da adotada pela jurisprudência firmada nos tribunais judiciários.

» Vide artigo 4º, inciso III, da Lei nº 16.125, de 18/01/2016.

Art. 51. A apresentação do pedido de reforma, no prazo de 60 (sessenta) dias, cabe à Diretoria da Representação Fiscal, mediante petição fundamentada dirigida ao Presidente do Tribunal de Impostos e Taxas, o qual exercerá o juízo de admissibilidade.

§ 1º Admitido o pedido de reforma, será intimada a parte contrária para que responda no prazo de 30 (trinta) dias.

§ 2º Findo esse prazo, com ou sem apresentação de resposta, o processo será distribuído a juiz designado relator, que terá 30 (trinta) dias para encaminhá-lo à Câmara Superior para decisão.

§ 3º O pedido de reforma poderá ser apresentado por meio eletrônico, conforme dispuser o regulamento.

SEÇÃO V
DAS SÚMULAS

Art. 52. A jurisprudência firmada pelo Tribunal de Impostos e Taxas poderá ser objeto de súmula, que terá caráter vinculante, a partir de sua publicação, no âmbito dos órgãos de julgamento das Delegacias

Tributárias de Julgamento e do Tribunal de Impostos e Taxas, a ser proposta pelo Diretor da Representação Fiscal ou pelo Presidente do Tribunal de Impostos e Taxas e acolhida pela Câmara Superior, em deliberação tomada por votos de, pelo menos, 2/3 (dois terços) do número total de juízes que a integram.

§ 1º A proposta de súmula, após ser acolhida pela Câmara Superior, deverá ser encaminhada ao Coordenador da Administração Tributária para referendo.

§ 2º A súmula poderá ser revista ou cancelada, obedecido ao disposto no "caput" e no § 1º deste artigo.

§ 3º O Presidente do Tribunal de Impostos e Taxas deverá convocar sessão para julgamento de proposta de súmula no mínimo uma vez por ano, desde que haja proposta de súmula apresentada no período.

- Artigo 52 com redação dada pela Lei nº 16.498, de 18/07/2017.

TÍTULO II
OS ÓRGÃOS DE JULGAMENTO E A REPRESENTAÇÃO FISCAL

CAPÍTULO I
DOS ÓRGÃOS DE JULGAMENTO

SEÇÃO I
DAS DELEGACIAS TRIBUTÁRIAS DE JULGAMENTO

Art. 53. O julgamento da defesa, do recurso de ofício de que trata o artigo 39 desta lei e do recurso voluntário será realizado em juízo singular, por servidores integrantes dos cargos de Julgador Tributário e de Agente Fiscal de Rendas lotados em órgãos subordinados às Delegacias Tributárias de Julgamento, da estrutura da Coordenadoria da Administração Tributária da Secretaria da Fazenda, observado o disposto nesta lei.

§ 1º Na sede de cada Delegacia Tributária de Julgamento será instalada uma Unidade de Julgamento.

§ 2º A critério da Administração, poderá ser instalada Unidade de Julgamento em município onde houver sede de Delegacia Regional Tributária.

SEÇÃO II
DO TRIBUNAL DE IMPOSTOS E TAXAS

Art. 54. O Tribunal de Impostos e Taxas – TIT, órgão da estrutura da Coordenadoria da Administração Tributária da Secretaria da Fazenda, criado pelo Decreto nº 7.184, de 5 de junho de 1935, com sede na Capital do Estado e jurisdição em todo o seu território, tem independência quanto a sua função judicante, sendo de suas atribuições:

I – julgar os recursos previstos no artigo 42 desta lei;

II – julgar o pedido de reforma dos julgados administrativos;

III – acompanhar os trabalhos desenvolvidos pelos órgãos de julgamento das Delegacias Tributárias de Julgamento, promovendo a interação procedimental e jurisprudencial entre eles;

IV – promover o cumprimento das metas de desempenho estabelecidas para maior celeridade da tramitação processual, no âmbito das Delegacias Tributárias de Julgamento e do Tribunal;

V – representar ao Coordenador da Administração Tributária, propondo a adoção de medidas tendentes ao aperfeiçoamento da legislação tributária e que objetivem, principalmente, a justiça fiscal e a conciliação dos interesses dos contribuintes com os da Fazenda Pública do Estado.

Parágrafo único. As Delegacias Tributárias de Julgamento são vinculadas ao Tribunal, para que, sob gestão única, haja a interação jurisprudencial e procedimental entre elas, como estabelecido nesta lei.

Art. 55. O TIT compõe-se de:

I – Presidência e Vice-Presidência;

II – Câmara Superior;

III – Câmaras Julgadoras;

IV – Secretaria.

Art. 56. O Presidente e o Vice-Presidente do TIT, bem como os Presidentes e Vice-Presidentes das Câmaras Julgadoras, serão designados por ato do Coordenador da Administração Tributária, referendado pelo Secretário da Fazenda.

Art. 56-A. O Presidente do Tribunal de Impostos e Taxas determinará o número de sessões ordinárias das Câmaras do Tribunal, fixando-lhes dia e horário para realização.

Parágrafo único. Poderá o Presidente do Tribunal de Impostos e Taxas convocar, por motivo de conveniência e oportunidade, sessões extraordinárias das Câmaras do Tribunal, fixando-lhes dia e horário para realização.

- Artigo 56-A acrescentado pela Lei nº 16.498, de 18/07/2017.

Art. 57. A Câmara Superior será composta por 16 (dezesseis) juízes, sendo 8 (oito) juízes servidores públicos e 8 (oito) juízes contribuintes, nomeados na forma desta lei.

§ 1º As sessões da Câmara Superior serão presididas pelo Presidente do TIT e na sua ausência pelo Vice-Presidente.

§ 2º A Câmara Superior será composta por juízes distintos daqueles que compõem as demais câmaras.

§ 3º Os juízes da Câmara Superior serão escolhidos dentre os que tenham integrado o Tribunal por ao menos 2 (dois) mandatos.

§ 4º Para efeitos da exigência de prazo do § 3º, considera-se equiparada a atuação de Representantes Fiscais junto às Câmaras do Tribunal de Impostos e Taxas, por ao menos 2 (dois) mandatos, à do juiz que tenha integrado o Tribunal por igual período.

§ 5º Por meio de ato do Secretário da Fazenda, mediante proposta do Coordenador da Administração Tributária, a composição da Câmara Superior poderá ser ampliada para até 24 (vinte e quatro) juízes, sendo 12 (doze) juízes servidores públicos e 12 (doze) juízes contribuintes, nomeados na forma desta lei.

– §§ 4º e 5º acrescentados pela Lei nº 16.498, de 18/07/2017.

Art. 57-A. O Presidente do Tribunal de Impostos e Taxas poderá determinar a realização de sessões temáticas na Câmara Superior do Tribunal, na forma estabelecida em regulamento.

Parágrafo único. Os recursos voluntários, de ofício, ordinários e especiais, pedidos de retificação ou reformas de julgado que versem sobre o tema a ser enfrentado na sessão temática ficarão suspensos por deliberação do Presidente do Tribunal de Impostos e Taxas.

– Artigo 57-A acrescentado pela Lei nº 16.498, de 18/07/2017.

Art. 58. Cabe à Câmara Superior elaborar e modificar o Regimento Interno do TIT, "ad referendum" do Coordenador da Administração Tributária, bem como dirimir dúvidas na sua interpretação.

Art. 59. As Câmaras Julgadoras, em número de até 20 (vinte), a ser estabelecido em regulamento, serão compostas, cada uma delas, de 2 (dois) juízes servidores públicos e 2 (dois) juízes contribuintes, nomeados na forma desta lei.

Art. 60. A substituição e o preenchimento de vagas nas Câmaras serão disciplinados na forma do regulamento.

Art. 61. As decisões das Câmaras serão tomadas por maioria de votos dos juízes presentes. Em caso de empate, prevalecerá o voto de qualidade do Presidente da Câmara.

§ 1º As sessões da Câmara Superior e das Câmaras Julgadoras serão realizadas com a presença mínima nas respectivas sessões de pelo menos 3/4 (três quartos) do número total de juízes que as integram.

§ 2º Nos termos do artigo 27 desta lei, as Câmaras Julgadoras poderão relevar ou reduzir multas apenas se houver voto, neste sentido, de pelo menos 3 (três) dos juízes presentes.

– Artigo 61 com redação dada pela Lei nº 16.498, de 18/07/2017.

Art. 62. Na sessão de julgamento, qualquer juiz ou a Representação Fiscal poderá solicitar vista dos autos, uma única vez, pelo prazo máximo de 15 (quinze) dias.

§ 1º O pedido de vista poderá ser admitido somente na primeira sessão de julgamento e não impedirá que votem os juízes que se tenham por habilitado a fazê-lo.

§ 2º Quando houver mais de um pedido de vista, os autos serão mantidos na Secretaria, correndo para todos o prazo previsto no "caput" deste artigo.

§ 3º O disposto no parágrafo anterior não se aplica quando houver pedido de vista da representação fiscal e de apenas um juiz, podendo este retirar os autos da Secretaria.

Art. 63. Os juízes exercerão o mandato por período de 2 (dois) anos, que terá início em 1º de janeiro e término em 31 de dezembro dos anos correspondentes ao início e término do período da nomeação.

§ 1º As nomeações dos juízes serão processadas antes do final do período anterior, sendo permitida a recondução.

§ 2º A distribuição dos juízes pelas Câmaras, no início de cada período, e as alterações em seu decurso serão feitas pelo Coordenador da Administração Tributária.

Art. 64. Os juízes servidores públicos, todos portadores de título universitário, serão nomeados pelo Governador do Estado, dentre servidores da Secretaria da Fazenda e Procuradores do Estado, especializados em questões tributárias, indicados pelo Secretário da Fazenda.

Parágrafo único. O número de Procuradores do Estado, escolhidos dentre os integrantes da Procuradoria Geral do Estado, será de 1/6 (um sexto) do número total dos juízes servidores públicos.

Art. 65. Os juízes contribuintes, todos portadores de título universitário, de reputação ilibada e reconhecida especialização em matéria tributária, com mais de 5 (cinco) anos de efetiva atividade profissional no campo do Direito, inclusive no magistério e na magistratura, serão nomeados pelo Governador do Estado, dentre os indicados pelas entidades jurídicas ou de representação dos contribuintes.

Parágrafo único. É vedada a nomeação para juiz contribuinte de servidor que esteja no exercício de função ou cargo público.

Art. 66. Os juízes servidores públicos servirão sob compromisso prestado no cargo, e os demais prestarão compromisso perante o Coordenador da Administração Tributária, sendo por este empossados.

Art. 67. Será considerada sem efeito a nomeação para juiz do TIT daquele que não tenha tomado posse dentro do prazo de 30 (trinta) dias, contados da data da publicação da respectiva nomeação no Diário Oficial do Estado.

Art. 68. Enquanto exercerem o mandato, os juízes nomeados não poderão postular perante os órgãos de julgamento referidos nesta lei.

Art. 68-A. Os juízes e o órgão de julgamento deverão, preferencialmente, obedecer à ordem cronológica para relatar e proferir acórdão.

Parágrafo único. Estão excluídas do "caput" as seguintes hipóteses:

1. o julgamento de processos em bloco para aplicação de tese jurídica firmada em julgamento em sessões temáticas;

2. o julgamento de processos cujas teses tenham sido objeto de Súmula Vinculante ou súmulas do Tribunal de Impostos e Taxas;

3. os processos nos quais haja interesse público quanto à prioridade de sua tramitação, conforme definido pela Administração Tributária; e

4. o processo que exija urgência no julgamento, assim reconhecida por decisão fundamentada.

- Artigo 68-A acrescentado pela Lei nº 16.498, de 18/07/2017.

Art. 69. Perderá o mandato o juiz que:

I - usar, de qualquer forma, meios ilícitos para procrastinar o exame e julgamento de processos, ou que, no exercício do mandato, proceder com dolo ou fraude, praticar qualquer ato de favorecimento ou deixar de cumprir as disposições legais e regimentais a ele cometidas, sem prejuízo das sanções penais e administrativas, as últimas aplicáveis apenas aos servidores públicos;

II - retiver processos em seu poder além dos prazos estabelecidos para relatar, proferir voto ou para vista, sem motivo justificável;

III - recusar, omitir ou retardar, sem justo motivo, o recebimento de processos para relatoria;

IV - faltar a mais de 3 (três) sessões consecutivas ou 10 (dez) interpoladas, no mesmo exercício, salvo por motivo de moléstia, férias, licença e, se servidor público, por serviço autorizado fora da sede;

V - renunciar mediante pedido dirigido ao Coordenador da Administração Tributária e por este acolhido;

VI - aposentar-se, em se tratando de juiz servidor público;

VII - deixar de cumprir, sem motivo justificado, a meta mínima de produção semestral estabelecida por resolução do Secretário da Fazenda.

Parágrafo único. A perda do mandato será declarada pelo Coordenador da Administração Tributária.

Art. 70. O juiz do Tribunal de Impostos e Taxas e o Representante Fiscal que atuem no Tribunal de Impostos e Taxas farão jus à ajuda de custo mensal, a título indenizatório, pelo exercício da função.

§ 1º Os valores relativos à ajuda de custo mensal a que se refere o "caput" deste artigo serão fixados em Unidade Fiscal do Estado de São Paulo - UFESP.

§ 2º Para o juiz do Tribunal de Impostos e Taxas, a ajuda de custo corresponderá ao somatório de duas parcelas, sendo a primeira resultante do produto do valor fixado por sessão de julgamento pelo número de sessões de que efetivamente tenha participado e a segunda parcela resultante do produto do valor fixado por processo relatado e julgado pela quantidade de processos julgados em que o juiz tenha atuado como relator e participado do respectivo julgamento, na seguinte conformidade:

1. o valor fixado por sessão de julgamento da Câmara Superior será de 4,00 (quatro) UFESPs e por sessão de julgamento das Câmaras Julgadoras será de 3,00 (três) UFESPs;

2. em cada mês de apuração, o valor fixado por processo relatado e julgado é único, aplicado à quantidade total de processos relatados e julgados pelo juiz, e determinado conforme as seguintes regras:

a) para o juiz com dedicação exclusiva:

a.1) total de até 17 (dezessete) processos: 3,36 (três inteiros e trinta e seis centésimos) UFESPs;

a.2) total de 18 (dezoito) até 24 (vinte e quatro) processos: 4,00 (quatro) UFESPs;

a.3) total de 25 (vinte e cinco) ou mais processos: 6,00 (seis) UFESPs;

b) para o juiz sem dedicação exclusiva:

b.1) total de até 8 (oito) processos: 3,36 (três inteiros e trinta e seis centésimos) UFESPs;

b.2) total de 9 (nove) até 12 (doze) processos: 8,00 (oito) UFESPs;

b.3) total de 13 (treze) ou mais processos: 12,00 (doze) UFESPs;

3. para efeitos de apuração da ajuda de custo, entende-se por processo julgado aquele em que o acórdão se pronuncia sobre o mérito, mantendo, reduzindo ou cancelando o crédito tributário, sendo equiparada à decisão de mérito aquela que anular integralmente a decisão recorrida;

4. ainda para efeitos de apuração da ajuda de custo, será equiparado a processo relatado e julgado pelo juiz todo processo cujo voto condutor do acórdão tiver sido proferido pelo juiz, em preferência ou em vista;

5. em cada mês de apuração, para efeitos de cálculo da ajuda de custo do Presidente da Câmara Superior, será atribuída a média aritmética simples da quantidade de processos relatados e julgados pela Câmara Superior ou a quantidade total de processos relatados e julgados pelo Presidente, o que for maior.

§ 3º Para o Representante Fiscal que atue no Tribunal de Impostos e Taxas, a ajuda de custo corresponderá ao somatório de duas parcelas, sendo a primeira resultante do produto do valor fixado por sessão de julgamento pelo número de sessões de que efetivamente tenha participado e a segunda parcela resultante do produto do valor fixado por processo julgado pela quantidade total de processos julgados nas sessões de que efetivamente tenha participado, na seguinte conformidade:

1. o valor fixado por sessão de julgamento da Câmara Superior será de 4,00 (quatro) UFESPs e por sessão de julgamento das Câmaras Julgadoras será de 3,00 (três) UFESPs;

2. em cada mês de apuração, o valor fixado por processo julgado é único, aplicado ao somatório total de processos julgados na respectiva Câmara, nas sessões de que o Representante Fiscal tenha efetivamente participado e será determinado em função desse somatório total, conforme segue:

a) para o Representante Fiscal titular de Câmara Julgadora:

a.1) total de até 35 (trinta e cinco) processos: 0,84 (oitenta e quatro centésimos) UFESPs;

a.2) total de 36 (trinta e seis) a 48 (quarenta e oito) processos: 2,00 (duas) UFESPs;

a.3) total de 49 (quarenta e nove) ou mais processos: 3,00 (três) UFESPs;

b) para o Representante Fiscal titular de Câmara Superior:

b.1) total de até 143 (cento e quarenta e três) processos: 0,21 (vinte e um centésimos) UFESPs;

b.2) total de 144 (cento e quarenta e quatro) a 192 (cento e noventa e dois) processos: 0,50 (cinquenta centésimos) UFESPs;

b.3) total de 193 (cento e noventa e três) ou mais processos: 0,75 (setenta e cinco centésimos) UFESPs;

3. o Representante Fiscal que acumule titularidade em duas Câmaras perceberá ajuda de custo pela atuação em cada Câmara, porém, em relação à atuação na Câmara adicional, fará jus apenas à parcela resultante do produto do valor fixado por sessão de julgamento pelo número de sessões de que efetivamente tenha participado;

4. o Representante Fiscal sem titularidade em nenhuma Câmara, que eventualmente atuar em substituição, perceberá ajuda de custo pela atuação em cada Câmara e, no cálculo da ajuda de custo, serão atribuídos os valores da alínea "a" ou "b" do item 2, conforme a Câmara em que for feita cada substituição. Neste caso, se a quantidade de substituições num mesmo período de apuração exceder a 8 (oito) sessões de julgamento, em relação às sessões excedentes o Representante Fiscal fará jus apenas à parcela resultante do produto do valor fixado por sessão de julgamento do item 1 pela quantidade de sessões excedentes.

§ 4º O Diretor da Representação Fiscal atribuirá, em ato específico, a titularidade de um Representante Fiscal por Câmara Julgadora e de até dois Representantes Fiscais para a Câmara Superior. Se algum Representante Fiscal acumular titularidade, deverá ser indicada qual a Câmara principal e a adicional, para efeitos do cálculo da ajuda de custo, em conformidade com o previsto no item 3 do § 3º.

§ 5º Em cada mês de apuração, o valor total da ajuda de custo de que trata os §§ 2º e 3º deste artigo não poderá exceder a 200,00 (duzentas) UFESPs.

§ 6º ~~A ajuda de custo de que trata este artigo, quando percebida por juiz que seja servidor público ou por Representante Fiscal, não será considerada para fins de determinação do limite a que se refere o inciso XII do artigo 115 da Constituição Estadual.~~

– § 6º declarado inconstitucional, em controle concentrado, pelo Tribunal de Justiça do Estado de São Paulo, nos autos da ADI nº 2042880-46.2018.8.26.0000, em 30/01/2019, com efeito "ex tunc", ressalvada a ir-

repetibilidade dos valores recebidos de boa-fé até a data do julgamento.

§ 7º Não mais se aplica aos juízes do Tribunal de Impostos e Taxas o disposto no Decreto-lei nº 152, de 18 de setembro de 1969, tendo em vista a ajuda de custo mensal instituída nos termos deste artigo.

- Artigo 70 com redação dada pela Lei nº 16.498, de 18/07/2017, produzindo efeitos a partir de 03/05/2017.

Art. 71. O regulamento disciplinará o exercício, em tempo integral, por servidor público, das atividades de juiz do TIT.

CAPÍTULO II
DA REPRESENTAÇÃO FISCAL

Art. 72. A Representação Fiscal, órgão subordinado diretamente à Coordenadoria da Administração Tributária, tem por atribuições:

I - defender a legislação e os interesses da Fazenda Pública do Estado, no que se refere aos créditos tributários originários de auto de infração, no processo administrativo tributário;

II - propor ao Coordenador da Administração Tributária a previsão de metas de desempenho, que objetivem maior celeridade processual em função do número de processos por julgar, do valor do crédito tributário reclamado ou da gravidade da infração capitulada;

III - promover diligências para saneamento ou aperfeiçoamento da instrução do processo, quando necessário;

IV - manifestar-se sobre diligência realizada por determinação de Delegado Tributário de Julgamento, Câmara do Tribunal de Impostos e Taxas ou promovida pela própria Representação Fiscal, no prazo de 30 (trinta) dias;

- Inciso IV com redação dada pela Lei nº 16.498, de 18/07/2017.

V - interpor, pela Fazenda Pública do Estado, os recursos cabíveis;

VI - apresentar pedido de reforma do julgado administrativo;

VII - elaborar parecer em recurso de ofício;

VIII - contra-arrazoar o recurso interposto pelo autuado, produzindo parecer fundamentado sobre a procedência da reclamação tributária;

IX - zelar pela fiel execução das leis, dos decretos, regulamentos e atos normativos, emanados das autoridades competentes;

X - verificar o cumprimento das metas de desempenho previstas, mediante a análise dos relatórios de produtividade referentes a processos julgados;

XI - propor ao Presidente do TIT a adoção de medidas julgadas necessárias ao bom andamento dos trabalhos;

XII - comparecer às sessões das câmaras do TIT, de acordo com a oportunidade e conveniência da Administração, a critério do Diretor da Representação Fiscal, e tomar parte dos debates;

XIII - requerer vista do processo.

§ 1º Poderão ser estabelecidas exceções às regras dos incisos IV a VIII deste artigo por ato normativo do Coordenador da Administração Tributária, mediante proposta do Diretor da Representação Fiscal, com a dispensa das providências a que se referem esses dispositivos.

§ 2º A competência da Diretoria da Representação Fiscal para a prática dos atos de sua atribuição independe de circunscrição.

Art. 73. Os Representantes Fiscais serão designados pelo Coordenador da Administração Tributária dentre os integrantes da classe de Agente Fiscal de Rendas.

Parágrafo único. Um dos Representantes Fiscais será designado, cumulativamente, Diretor da Representação Fiscal.

TÍTULO III
DA INFORMATIZAÇÃO DO PROCESSO ADMINISTRATIVO TRIBUTÁRIO

CAPÍTULO I
DISPOSIÇÕES GERAIS

Art. 74. O uso de meio eletrônico na tramitação dos processos administrativos tributários para a comunicação de atos e a transmissão de peças processuais será admitido nos termos desta lei.

Parágrafo único. Para os fins desta lei, considera-se:

1 - meio eletrônico: qualquer forma de armazenamento ou tráfego de documentos e arquivos digitais;

2 - transmissão eletrônica: toda forma de comunicação à distância com a utilização de redes de comunicação, preferencialmente a rede mundial de computadores;

3 - assinatura eletrônica: as seguintes formas de identificação inequívoca do signatário:

a) assinatura digital baseada em certificado digital emitido por Autoridade Certificadora credenciada, na forma de lei específica;

b) assinatura constante de cadastro do usuário na Secretaria da Fazenda, conforme disciplinado em regulamento.

Art. 75. O envio de petições, de recursos e a prática de atos processuais em geral por meio eletrônico serão admitidos mediante uso de assinatura eletrônica, na forma do item 3 do parágrafo único do artigo 74 desta lei, sendo obrigatório o credenciamento prévio na Secretaria da Fazenda, conforme disciplinado em regulamento.

§ 1º O credenciamento a que se refere o "caput" deste artigo será realizado mediante procedimento no qual esteja assegurada a adequada identificação presencial do interessado.

§ 2º Ao credenciado será atribuído registro e meio de acesso ao sistema, de modo a preservar o sigilo, a identificação e a autenticidade de suas comunicações.

Art. 76. Consideram-se realizados os atos processuais por meio eletrônico no dia e hora do seu envio ao sistema da Secretaria da Fazenda, do que deverá ser fornecido protocolo eletrônico.

Parágrafo único. Quando a petição eletrônica for enviada para atender prazo processual, serão consideradas tempestivas as transmitidas até as 24 (vinte e quatro) horas do seu último dia.

CAPÍTULO II
DA COMUNICAÇÃO ELETRÔNICA DOS ATOS PROCESSUAIS

Art. 77. A Secretaria da Fazenda poderá criar Diário eletrônico, disponibilizado em sítio da rede mundial de computadores, para publicação de atos administrativos, bem como comunicações em geral.

§ 1º O sítio e o conteúdo das publicações de que trata este artigo deverão ser assinados digitalmente com base em certificado emitido por Autoridade Certificadora credenciada na forma da lei específica.

§ 2º A publicação eletrônica na forma deste artigo substitui qualquer outro meio e publicação oficial, para quaisquer efeitos legais, à exceção dos casos que, por lei, exigem intimação ou vista pessoal.

§ 3º Considera-se como data da publicação o primeiro dia útil seguinte ao da disponibilização da informação no Diário eletrônico.

§ 4º Os prazos processuais terão início no primeiro dia útil que se seguir ao considerado como data da publicação.

§ 5º A criação do Diário eletrônico deverá ser acompanhada de ampla divulgação, e o ato administrativo correspondente será publicado durante 30 (trinta) dias no Diário Oficial do Estado.

Art. 78. As intimações serão feitas por meio eletrônico em portal próprio aos que se cadastrarem na forma do artigo 74, parágrafo único, item 3, alínea "b", desta lei, dispensando-se a publicação no órgão oficial, inclusive a intimação eletrônica.

§ 1º Considerar-se-á realizada a intimação no dia em que o intimando efetivar a consulta eletrônica ao teor da intimação, certificando-se nos autos a sua realização.

§ 2º A intimação será considerada realizada no primeiro dia útil seguinte da consulta eletrônica, quando esta se realizar em dia não útil.

§ 3º A consulta a que se referem os §§ 1º e 2º deste artigo deverá ser feita em até 10 (dez) dias corridos contados da data do envio da intimação, sob pena de considerar-se a intimação automaticamente realizada na data do término desse prazo.

§ 4º Em caráter informativo, poderá ser efetivada remessa de correspondência eletrônica, comunicando o envio da intimação e a abertura automática do prazo processual nos termos do § 3º deste artigo, aos que manifestarem interesse por esse serviço.

§ 5º Nos casos urgentes em que a intimação feita na forma deste artigo possa causar prejuízo a quaisquer das partes ou nos casos em que for evidenciada qualquer tentativa de burla ao sistema, o ato processual deverá ser realizado por outro meio que atinja a sua finalidade, conforme determinado pelo órgão julgador.

§ 6º As intimações feitas na forma deste artigo serão consideradas pessoais para todos os efeitos legais.

Art. 79. Todas as comunicações oficiais que transitem entre órgãos da Secretaria da Fazenda serão feitas preferencialmente por meio eletrônico.

CAPÍTULO III
DO PROCESSO ELETRÔNICO

Art. 80. A Secretaria da Fazenda desenvolverá sistemas eletrônicos de processamento de processos administrativos tributários por meio de autos total ou parcialmente digitais, utilizando, preferencialmente, a rede mundial de computadores e acesso por meio de redes internas e externas.

Parágrafo único. Todos os atos processuais do processo eletrônico serão assinados eletronicamente na forma estabelecida em regulamento.

Art. 81. No processo eletrônico, todas as intimações e notificações serão feitas por meio eletrônico, na forma desta lei.

§ 1º As intimações, notificações e remessas que viabilizem o acesso à íntegra do processo correspondente serão consideradas vista pessoal do interessado para todos os efeitos legais.

§ 2º Quando, por motivo técnico, for inviável o uso do meio eletrônico para a realização de intimação ou notificação, esses atos processuais poderão ser praticados segundo as regras ordinárias, digitalizando-se o documento físico, que deverá ser posteriormente destruído.

Art. 82. A apresentação e a juntada da defesa, dos recursos e das petições em geral, todos em formato digital, nos autos de processo eletrônico, podem ser feitas diretamente pelos contribuintes, sem necessidade da intervenção de órgãos da Secretaria da Fazenda, hipótese em que a autuação deverá se dar de forma automática, fornecendo-se recibo eletrônico de protocolo.

§ 1º Quando o ato processual tiver que ser praticado em determinado prazo, por meio de petição eletrônica, serão considerados tempestivos os efetivados até as 24 (vinte e quatro) horas do último dia.

§ 2º No caso do § 1º deste artigo, se o Sistema da Secretaria da Fazenda se tornar indisponível por motivo técnico, o prazo fica automaticamente prorrogado para o primeiro dia útil seguinte à resolução do problema.

§ 3º Os órgãos da Secretaria da Fazenda deverão manter equipamentos de digitalização e de acesso à rede mundial de computadores à disposição dos interessados para protocolo eletrônico de peças processuais.

Art. 83. Os documentos produzidos eletronicamente e juntados ao processo eletrônico com garantia da origem e de seu signatário, na forma estabelecida em regulamento, serão considerados originais para todos os efeitos legais.

§ 1º Os extratos digitais e os documentos digitalizados e juntados aos autos pelos órgãos da Secretaria da Fazenda, pelos órgãos da Justiça e seus auxiliares, pelo Ministério Público e seus auxiliares, pelas Procuradorias das Fazendas Públicas, pelas autoridades policiais, pelas repartições públicas em geral e por advogados públicos e privados têm a mesma força probante dos originais, ressalvada a alegação motivada e fundamentada de adulteração antes ou durante o processo de digitalização.

§ 2º Os originais dos documentos digitalizados a que se refere o § 1º deste artigo deverão ser preservados pelo seu detentor até a data em que proferida decisão irrecorrível, podendo ser requerida a sua juntada aos autos pelas partes e pelos órgãos de julgamento, a qualquer tempo.

§ 3º Os documentos cuja digitalização seja tecnicamente inviável devido ao grande volume ou por motivo de ilegibilidade deverão ser apresentados ao órgão da Secretaria da Fazenda competente no prazo de 10 (dez) dias contados do envio de petição eletrônica comunicando o fato, os quais serão devolvidos à parte após decisão irrecorrível.

§ 4º Os documentos digitalizados juntados em processo eletrônico somente estarão disponíveis para acesso por meio da rede externa para as respectivas partes processuais.

§ 5º Tratando-se de cópia digital de documento relevante à instrução do processo, o órgão julgador poderá determinar o seu depósito em órgão da Secretaria da Fazenda, na forma do regulamento.

Art. 84. A conservação dos autos do processo poderá ser efetuada total ou parcialmente por meio eletrônico.

§ 1º Os autos dos processos eletrônicos deverão ser protegidos por meio de sistemas de segurança de acesso e armazenados em meio que garanta a preservação e integridade dos dados, sendo dispensada a formação de autos suplementares.

§ 2º Os autos de processos eletrônicos que tiverem de ser remetidos a outros órgãos que não disponham de sistema compatível deverão, além de outros requisitos estabelecidos em regulamento:

1 - ser impressos em papel;

2 - ser autuados, mencionando-se a natureza do feito, o número de seu registro, os nomes das partes e a data do seu início, procedendo-se do mesmo modo quanto aos volumes que tiverem sido formados;

3 - ter todas as folhas dos autos numeradas e rubricadas pelo responsável pela autuação;

4 - ter os termos de juntada, vista, conclusão e outros semelhantes registrados em notas datadas e rubricadas pelo responsável pela autuação.

§ 3º No caso do § 2º deste artigo, o responsável pela autuação certificará os autores ou a origem dos documentos produzidos nos autos, acrescentando a forma pela qual o banco de dados poderá ser acessado para aferir a autenticidade das peças e das respectivas assinaturas digitais.

§ 4º Feita a autuação na forma do disposto no § 2º deste artigo, o processo seguirá a tramitação estabelecida para os processos físicos.

§ 5º A digitalização de autos em mídia não digital, em tramitação ou já arquivados, será precedida de publicação de editais de intimações ou da intimação pessoal das partes e de seus procuradores, para que, no prazo preclusivo de 30 (trinta) dias, manifestem-se sobre o desejo de manterem a guarda de algum dos documentos originais.

Art. 85. O órgão julgador poderá determinar que sejam realizados por meio eletrônico a exibição e o envio de dados e de documentos necessários à instrução do processo.

Parágrafo único. O acesso aos dados e documentos de que trata este artigo dar-se-á por qualquer meio tecnológico disponível, preferencialmente o de menor custo, considerada sua eficiência.

TÍTULO IV
DISPOSIÇÕES FINAIS E TRANSITÓRIAS

Art. 86. Durante os primeiros 180 (cento e oitenta) dias de vigência desta lei, as disposições contidas no Título III da presente lei não serão aplicadas ao contribuinte que, por escrito, optar expressamente por sua não utilização.

Art. 87. A Administração Tributária não executará procedimento fiscal e não lavrará auto de infração quando os custos claramente superarem a expectativa da correspondente receita, nos termos de instruções expedidas pela Secretaria da Fazenda.

Art. 88. O recolhimento integral do valor do débito fiscal, desde que certificado pelo fisco, extingue o processo em relação à correspondente exigência.

§ 1º Para os efeitos deste artigo, considera-se débito fiscal o valor do tributo, da multa, da atualização monetária e dos juros de mora, calculados até a data do recolhimento.

§ 2º Sendo parcial ou insuficiente o recolhimento, o valor recolhido será objeto de imputação em pagamento, mediante a distribuição proporcional entre os componentes do débito, quando de sua liquidação.

Art. 89. Nenhum auto de infração ou processo dele decorrente poderá ser arquivado sem despacho fundamentado da autoridade competente.

Art. 90. Das decisões proferidas por autoridades administrativas, em matéria estranha à competência dos órgãos de julgamento de que trata esta lei, caberá recurso, uma única vez, dentro do prazo de 30 (trinta) dias a contar da notificação do despacho, para a autoridade imediatamente superior à que houver proferido a decisão.

Art. 91. Os atos processuais terão sua forma, prazo e exercício regidos pela legislação processual em vigor na data em que se tenha iniciado a fluência do prazo para sua prática.

Art. 92. A Administração, mediante a edição de atos normativos, poderá estabelecer outras disposições complementares aplicáveis ao processo administrativo tributário de que trata esta lei.

Art. 93. Não se compreendem na competência das Delegacias Tributárias de Julgamento nem do TIT as questões relativas a:

I – pedidos de compensação ou de restituição de tributos e demais receitas;

II – pedidos de reconhecimento de imunidade, isenção, não incidência e utilização de benefícios fiscais e regimes especiais;

III – autorização para aproveitamento ou transferência de créditos.

Parágrafo único. A atribuição para decidir questões relativas a pedidos de compensação ou restituição de tributos e demais receitas poderá ser conferida a órgãos de julgamento no âmbito da Delegacia Tributária de Julgamento, por ato do Poder Executivo.

Art. 94. A Secretaria do Tribunal terá o prazo de 180 (cento e oitenta) dias para providenciar que as decisões proferidas a partir da publicação desta lei por todas as Câmaras de Julgamento do Tribunal sejam publicadas, na íntegra, em sítio na rede mundial de computadores.

Art. 95. As despesas oriundas da presente lei correrão à conta das dotações próprias consignadas no orçamento vigente da Secretaria da Fazenda.

Art. 96. Esta lei entra em vigor na data de sua publicação, produzindo efeitos a partir de sua regulamentação.

Art. 97. Fica revogada a Lei nº 10.941, de 25 de outubro de 2001.

DIREITO AMBIENTAL

LEI Nº 7.663, DE 30 DE DEZEMBRO DE 1991

Estabelece normas de orientação à Política Estadual de Recursos Hídricos bem como ao Sistema Integrado de Gerenciamento de Recursos Hídricos.

- **Atualizado até a Lei nº 16.337, de 14 de dezembro de 2016**

ÍNDICE

TÍTULO I
DA POLÍTICA ESTADUAL DE RECURSOS HÍDRICOS

CAPÍTULO I
OBJETIVOS E PRINCÍPIOS

SEÇÃO I
DAS DISPOSIÇÕES PRELIMINARES

Art. 1º A Política Estadual de Recursos Hídricos desenvolver-se-á de acordo com os critérios e princípios adotados por esta Lei.

Art. 2º A Política Estadual de Recursos Hídricos tem por objetivo assegurar que a água, recurso natural essencial à vida, ao desenvolvimento econômico e ao bem-estar social, possa ser controlada e utilizada, em padrões de qualidade satisfatórios, por seus usuários atuais e pelas gerações futuras, em todo território do Estado de São Paulo.

Art. 3º A Política Estadual de Recursos Hídricos atenderá aos seguintes princípios:

I – gerenciamento descentralizado, participativo e integrado, sem dissociação dos aspectos quantitativos e qualitativos e das fases meteórica, superficial e subterrânea do ciclo hidrológico;

II – adoção da bacia hidrográfica como unidade físico-territorial de planejamento e gerenciamento;

III – reconhecimento do recurso hídrico como um bem público, de valor econômico, cuja utilização deve ser cobrada, observados os aspectos de quantidade, qualidade e as peculiaridades das bacias hidrográficas;

IV – rateio do custo das obras de aproveitamento múltiplo de interesse comum ou coletivo, entre os beneficiados;

V – combate e prevenção das causas e dos efeitos adversos da poluição, das inundações, das estiagens, da erosão do solo e do assoreamento dos corpos d'água;

VI – compensação aos municípios afetados por áreas inundadas resultantes da implantação de reservatório e por restrições impostas pelas leis de proteção de recursos hídricos;

VII – compatibilização do gerenciamento dos recursos hídricos com o desenvolvimento regional e com a proteção do meio ambiente.

SEÇÃO II
DAS DIRETRIZES DA POLÍTICA

Art. 4º Por intermédio do Sistema Integrado de Gerenciamento – SIRGH, o Estado assegurará meios financeiros e institucionais para atendimento do disposto nos Artigos 205 a 213 da Constituição Estadual e especialmente para:

I – utilização racional dos recursos hídricos, superficiais e subterrâneos, assegurado o uso prioritário para o abastecimento das populações;

II – maximização dos benefícios econômicos e sociais resultantes do aproveitamento múltiplo dos recursos hídricos;

III – proteção das águas contra ações que possam comprometer o seu uso atual e futuro;

IV – defesa contra eventos hidrológicos críticos, que ofereçam riscos à saúde e à segurança públicas assim como prejuízos econômicos e sociais;

V – desenvolvimento do transporte hidroviário e seu aproveitamento econômico;

VI – desenvolvimento de programas permanentes de conservação e proteção das águas subterrâneas contra poluição e superexploração;

VII – prevenção da erosão do solo nas áreas urbanas e rurais, com vistas à proteção contra a poluição física e o assoreamento dos corpos d'água.

Art. 5º Os municípios, com áreas inundadas por reservatórios ou afetados por seus impactos ou aqueles que vierem a sofrer restrições por força da instituição pelo Estado de leis de proteção de mananciais, de áreas de proteção ambiental ou outros espaços territoriais especialmente protegidos, terão programas de desenvolvimento promovidos pelo Estado.

§ 1º Os programas de desenvolvimento serão formulados e vincular-se-ão ao uso múltiplo dos reservatórios ou ao desenvolvimento regional integrado ou à proteção ambiental.

§ 2º O produto da participação ou a compensação financeira do Estado, no resultado da exploração de potenciais hidroenergéticos em seu território, será aplicado, prioritariamente, nos programas mencionados no "caput" sob as condições estabelecidas em Lei específica e em regulamento.

§ 3º O Estado incentivará a formação de consórcios entre os municípios tendo em vista a realização de programas de desenvolvimento e de proteção ambiental, de âmbito regional.

Art. 6º O Estado promoverá ações integradas nas bacias hidrográficas tendo em vista o tratamento de afluentes e esgotos urbanos, industriais e outros, antes do lançamento nos corpos d'água, com os meios financeiros e institucionais previstos nesta Lei e em seu regulamento.

Art. 7º O Estado realizará programas conjuntos com os municípios, mediante convênios de mútua cooperação, assistência técnica e econômico-financeira, com vistas a:

I – instituição de áreas de proteção e conservação das águas utilizáveis para abastecimento das populações;

II – implantação, conservação e recuperação das áreas de proteção permanente e obrigatória;

III – zoneamento das áreas inundáveis, com restrições a usos incompatíveis nas áreas sujeitas à inundações frequentes e manutenção da capacidade de infiltração do solo;

IV – implantação de sistemas de alerta e defesa civil para garantir a segurança e a saúde públicas quando de eventos hidrológicos indesejáveis;

V – racionalização do uso das águas destinadas ao abastecimento urbano, industrial e à irrigação;

VI – combate e prevenção das inundações e da erosão;

VII – tratamento de águas residuárias, em especial dos esgotos urbanos;

Art. 8º O Estado, observados os dispositivos constitucionais relativos à matéria, articulará com a União, outros Estados vizinhos e municípios, atuação para o aproveitamento e controle dos recursos hídricos em seu território, inclusive para fins de geração de energia elétrica, levando em conta, principalmente:

I – a utilização múltipla dos recursos hídricos, especialmente para fins de abastecimento urbano, irrigação, navegação, agricultura, turismo, recreação, esportes e lazer;

II – o controle de cheias, a prevenção de inundações, a drenagem e a correta utilização das várzeas;

III – a proteção de flora e fauna aquáticas e do meio ambiente.

CAPÍTULO II
DOS INSTRUMENTOS DA POLÍTICA ESTADUAL DE RECURSOS HÍDRICOS

SEÇÃO I
DA OUTORGA DE DIREITOS DE USO DOS RECURSOS HÍDRICOS

Art. 9º A implantação de qualquer empreendimento que demande a utilização de recursos hídricos, superficiais ou subterrâneos, a execução de obras ou serviços que alterem seu regime, qualidade ou quantidade dependerá de prévia manifestação, autorização ou licença dos órgãos e entidades competentes.

Art. 10. Dependerá de cadastramento e da outorga do direito de uso a derivação de água de seu curso ou depósito, superficial ou subterrâneo, para fins de utilização no abastecimento urbano, industrial, agrícola e outros, bem como o lançamento de efluentes nos corpos d'água, obedecida a legislação federal e estadual pertinentes e atendidos os critérios e normas estabelecidos no regulamento.

Parágrafo único – O regulamento desta Lei estabelecerá diretrizes quanto aos prazos para o cadastramento e outorga mencionados no "caput" deste artigo.

SEÇÃO II
DAS INFRAÇÕES E PENALIDADES

Art. 11. Constitui infração às normas de utilização de recursos hídricos superficiais ou subterrâneos:

I – derivar ou utilizar recursos hídricos para qualquer finalidade, sem a respectiva outorga de direito de uso;

II – iniciar a implantação ou implantar empreendimento relacionado com a derivação ou utilização de recursos hídricos, superficiais ou subterrâneos, que implique alterações no regime, quantidade e qualidade dos mesmos, sem autorização dos órgãos ou entidades competentes;

III – deixar expirar o prazo de validade das outorgas sem solicitar a devida prorrogação ou revalidação;

IV – utilizar-se dos recursos hídricos ou executar obras ou serviços relacionados com os mesmos em desacordo com as condições estabelecidas na outorga;

V – executar a perfuração de poços profundos para a extração de água subterrânea ou operá-los sem a devida autorização;

VI – fraudar as medições dos volumes de água utilizados ou declarar valores diferentes dos medidos;

VII – infringir normas estabelecidas no regulamento desta Lei e nos regulamentos administrativos, compreendendo instruções e procedimentos fixados pelos órgãos ou entidades competentes.

Art. 12. Por infração de qualquer disposição legal ou regulamentar referentes à execução de obras e serviços hidráulicos, derivação ou utilização de recursos hídricos de domínio ou administração do Estado de São Paulo, ou pelo não atendimento das solicitações feitas, o infrator, a critério da autoridade competente, ficará sujeito às seguintes penalidades, independentemente da sua ordem de enumeração:

I – advertência por escrito, na qual serão estabelecidos prazos para correção das irregularidades;

II – multa, simples ou diária, proporcional à gravidade da infração, de 100 (cem) a 1.000 (mil) vezes o valor da Unidade Fiscal do Estado de São Paulo, ou qualquer outro título público que o substituir mediante conservação de valores;

III – intervenção administrativa, por prazo determinado, para execução de serviços e obras necessárias ao efetivo cumprimento das condições de outorga ou para o cumprimento de normas referentes ao uso, controle, conservação e proteção dos recursos hídricos;

IV – embargo definitivo, com revogação da outorga, se for o caso, para repor incontinenti, no seu antigo estado, os recursos hídricos, leitos e margens, nos termos dos Artigos 58 e 59 do Código de Águas ou tamponar os poços de extração de água subterrânea.

§ 1º No caso dos incisos III e IV, independentemente da pena de multa, serão cobradas do infrator as despesas em que incorrer a Administração para tornar efetivas as medidas previstas nos citados incisos, na forma dos Artigos 36, 53, 56 e 58 do Código de Águas, sem prejuízo de responder pela indenização dos danos a que der causa.

§ 2º Sempre que da infração cometida resultar prejuízo a serviço público de abastecimento de água, riscos à saúde ou à vida, perecimento de bens ou animais, ou prejuízos de qualquer natureza a terceiros, a multa a ser aplicada nunca será inferior à metade do valor máximo cominado em abstrato.

§ 3º Das sanções acima caberá recurso à autoridade administrativa competente, nos termos do regulamento desta Lei.

§ 4º Serão fatores atenuantes em qualquer circunstância, na aplicação de penalidades:

1. a inexistência de má-fé;

2. a caracterização da infração como de pequena monta e importância secundária.

Art. 13. As infrações às disposições desta Lei e das normas dela decorrentes serão, a critério da autoridade impositora, classificadas em leves, graves e gravíssimas, levando em conta:

I – as circunstância atenuantes e agravantes;

II – os antecedentes do infrator;

§ 1º As multas simples ou diárias, a critério da autoridade aplicadora, ficam estabelecidas dentro das seguintes faixas:

1 – de 100 (cem) a 200 (duzentas) vezes o valor nominal da UFESP, nas infrações leves;

2 – de 200 (duzentas) a 500 (quinhentas) vezes o mesmo valor, nas infrações graves;

3 – de 500 (quinhentas) a 1000 (mil) vezes o mesmo valor, nas infrações gravíssimas.

§ 2º Em caso de reincidência, a multa será aplicada pelo valor correspondente ao dobro da anteriormente imposta.

SEÇÃO III

DA COBRANÇA PELO USO DOS RECURSOS HÍDRICOS

Art. 14. A utilização dos recursos hídricos será cobrada na forma estabelecida nesta Lei e em seu regulamento, obedecidos os seguintes critérios:

I – cobrança pelo uso ou derivação, considerará a classe de uso preponderante em que for enquadrado o corpo de água onde se localiza o uso ou derivação, a disponibilidade hídrica local, o grau de regularização assegurado por obras hidráulicas, a vazão captada e seu regime de variação, o consumo efetivo e a finalidade a que se destina; e

II – cobrança pela diluição, transporte e assimilação de efluentes de sistemas de esgotos e de outros líquidos, de qualquer natureza, considerará a classe de uso em que for enquadrado o corpo d'água receptor, o grau de regularização assegurado por obras hidráulicas, a carga lançada e seu regime de variação, ponderando-se, dentre outros, os parâmetros orgânicos físico-químicos dos efluentes e a natureza da atividade responsável pelos mesmos.

§ 1º No caso do inciso II, os responsáveis pelos lançamentos não ficam desobrigados do cumprimento das normas e padrões legalmente estabelecidos, relativos ao controle de poluição das águas.

§ 2º Vetado.

§ 3º No caso de uso de recursos hídricos para fins de geração de energia elétrica aplicar-se-á legislação federal específica.

SEÇÃO IV

DO RATEIO DE CUSTOS DAS OBRAS

Art. 15. As obras de uso múltiplo, ou de interesse comum ou coletivo, dos recursos hídricos, terão seus custos rateados, direta ou indiretamente, segundo critérios e normas a serem estabelecidas em regulamento, atendidos os seguintes procedimentos:

I – a concessão ou autorização de obras de regularização de vazão, com potencial de aproveitamento múltiplo, deverá ser precedida de negociação sobre o rateio de custos entre os beneficiados, inclusive as de aproveitamento hidrelétrico, mediante articulação com a União;

II – a construção de obras de interesse comum ou coletivo dependerá de estudos de viabilidade técnica, econômica, social e ambiental, com previsão de formas de retorno dos investimentos públicos ou justificativa circunstanciada da destinação de recursos a fundo perdido;

III – no regulamento desta Lei, serão estabelecidos diretrizes e critérios para financiamento ou concessão de subsídios para realização das obras de que trata este artigo, sendo que os subsídios somente serão concedidos no caso de interesse público relevante e na impossibilidade prática de identificação dos beneficiados, para o consequente rateio de custos.

Parágrafo único – O rateio de custos das obras de que trata este artigo será efetuada segundo critério social e pessoal, e graduado de acordo com a capacidade econômica do contribuinte, facultado aos órgãos e entidades competentes identificar, respeitados os direitos individuais, a origem de seu patrimônio e de seus rendimentos, de modo a que sua participação no rateio não implique a disposição de seus bens.

CAPÍTULO III
DO PLANO ESTADUAL DE RECURSOS HÍDRICOS

Art. 16. O Estado instituirá, por Lei, com atualizações periódicas, o Plano Estadual de Recursos Hídricos – PERH – tomando por base os planos de bacias hidrográficas, nas normas relativas à proteção do meio ambiente, as diretrizes do planejamento e gerenciamento ambientais e conterá, dentre outros, os seguintes elementos:

I – objetivos e diretrizes gerais, em níveis estadual e inter-regional, definidos mediante processo de planejamento interativo que considere outros planos, gerais, regionais e setoriais, devidamente compatibilizado com as propostas de recuperação, proteção e conservação dos recursos hídricos do Estado;

II – diretrizes e critérios gerais para o gerenciamento de recursos hídricos;

III – diretrizes e critérios para a participação financeira do Estado no fomento aos programas regionais relativos aos recursos hídricos, quando couber, definidos mediante articulação técnica, financeira e institucional com a União, Estados vizinhos e entidades internacionais de cooperação;

IV – compatibilização das questões interbacias e consolidação dos programas anuais e plurianuais das bacias hidrográficas, previstas no inciso II do artigo seguinte;

V – programas de desenvolvimento institucional, tecnológico e gerencial, de valorização profissional e da comunicação social, no campo dos recursos hídricos.

Art. 17. Os planos de bacias hidrográficas conterão, dentre outros, os seguintes elementos:

I – diretrizes gerais, a nível regional, capazes de orientar os planos diretores municipais, notadamente nos setores de crescimento urbano, localização industrial, proteção dos mananciais, exploração mineral, irrigação e saneamento, segundo as necessidades de recuperação, proteção e conservação dos recursos hídricos das bacias ou regiões hidrográficas correspondentes;

II – metas de curto, médio e longo prazos para se atingir índices progressivos de recuperação, proteção e conservação dos recursos hídricos da bacia, traduzidos, entre outras, em:

a) planos de utilização prioritária e propostas de enquadramento dos corpos d'água em classe de uso preponderante;

b) programas anuais e plurianuais de recuperação, proteção, conservação e utilização dos recursos hídricos da bacia hidrográfica correspondente, inclusive com especificações dos recursos financeiros necessários;

c) programas de desenvolvimento regionais integrados a que se refere o art. 5º desta lei;

III – programas de âmbito regional, relativos ao inciso V do art. 16, desta Lei, ajustados às condições e peculiaridades da respectiva bacia hidrográfica.

Art. 18. O Plano Estadual de Recursos Hídricos será aprovado por Lei cujo projeto será encaminhado à Assembléia Legislativa até o final do primeiro ano do mandato do Governador do Estado, com prazo de vigência de quatro anos.

Parágrafo único – As diretrizes e necessidades financeiras para elaboração e implantação do Plano Estadual de Recursos Hídricos deverão constar das leis sobre o plano plurianual, diretrizes orçamentárias e orçamento anual do Estado.

Art. 19. Para avaliação da eficácia do Plano Estadual de Recursos Hídricos e dos Planos de Bacias Hidrográficas, o Poder Executivo fará publicar relatório anual sobre a "Situação dos Recursos Hídricos no Estado de São Paulo" e relatórios sobre a "Situação dos Recursos Hídricos das Bacias Hidrográficas", de cada bacia hidrográfica objetivando dar transparência à administração pública e subsídios às ações dos Poderes Executivo e Legislativo de âmbito municipal, estadual e federal.

§ 1º O relatório sobre a "Situação dos Recursos Hídricos no Estado de São Paulo" deverá ser elaborado tomando-se por base o conjunto de relatórios sobre a "Situação dos Recursos Hídricos da Bacia Hidrográfica".

§ 2º Os relatórios definidos no "caput" deste artigo deverão conter no mínimo:

I – a avaliação da qualidade das águas;

II – o balanço entre disponibilidade e demanda;

III – a avaliação do cumprimento dos programas previstos nos vários planos de Bacias Hidrográficas e no de Recursos Hídricos;

IV – a proposição de eventuais ajustes dos programas, cronogramas de obras e serviço e das necessidades financeiras previstas nos vários planos de Bacias Hidrográficas e no de Recursos Hídricos;

V – as decisões tomadas pelo Conselho Estadual e pelos respectivos Comitês de Bacias.

§ 3º Os referidos relatórios deverão ter conteúdo compatível com a finalidade e com os elementos que caracterizam os planos de recursos hídricos.

§ 4º Os relatórios previstos no "caput" desse artigo consolidarão os eventuais ajustes aos planos decididos pelos Comitês de Bacias Hidrográficas e pelo Conselho Estadual de Recursos Hídricos.

§ 5º O regulamento desta Lei estabelecerá os critérios e prazos para elaboração e aprovação dos relatórios definidos no "caput" desse artigo.

Art. 20. Constará do Plano Estadual de Recursos Hídricos a Divisão Hidrográfica do Estado que definirá unidades hidrográficas, com dimensões e características que permitam e justifiquem o gerenciamento descentralizado dos recursos hídricos.

Parágrafo único – O Plano Estadual de Recursos Hídricos e seus regulamentos devem propiciar a compatibilização, consolidação e integração dos planos, programas, normas e procedimentos técnicos e administrativos, a serem formulados ou adotados no processo de gerenciamento descentralizado dos recursos hídricos, segundo as unidades hidrográficas por ele estabelecidas.

TÍTULO II
DA POLÍTICA ESTADUAL DE GERENCIAMENTO DOS RECURSOS HÍDRICOS

CAPÍTULO I
DO SISTEMA INTEGRADO DE GERENCIAMENTO DE RECURSOS HÍDRICOS – SIGRH

SEÇÃO I
DOS OBJETIVOS

Art. 21. O Sistema Integrado de Gerenciamento de Recursos Hídricos – SIGRH, visa a execução da Política Estadual de Recursos Hídricos e a formulação, atualização e aplicação do Plano Estadual de Recursos Hídricos, congregando órgãos estaduais e municipais e a sociedade civil, nos termos do art. 205 da Constituição do Estado.

SEÇÃO II
DOS ÓRGÃOS DE COORDENAÇÃO E DE INTEGRAÇÃO PARTICIPATIVA

Art. 22. Ficam criados, como órgãos colegiados, consultivos e deliberativos, de nível estratégico, com composição, organização, competência e funcionamento definidos em regulamento desta Lei, os seguintes:

I – Conselho Estadual de Recursos Hídricos – CRH, de nível central;

II – Comitês de Bacias Hidrográficas, com atuação em unidades hidrográficas estabelecidas pelo Plano Estadual de Recursos Hídricos.

Art. 23. O Conselho Estadual de Recursos Hídricos, assegurada a participação paritária dos Municípios em relação ao Estado, será composto por:

I – Secretários de Estado, ou seus representantes, cujas atividades se relacionem com o gerenciamento ou uso dos recursos hídricos, a proteção do meio ambiente, o planejamento estratégico e a gestão financeira do Estado;

II – representantes dos municípios contidos nas bacias hidrográficas, eleitos entre seus pares.

§ 1º O CRH será presidido pelo Secretário de Estado em cujo âmbito se dá a outorga do direito de uso dos recursos hídricos, diretamente ou por meio de entidade à ela vinculada.

§ 2º Integrarão o Conselho Estadual de Recursos Hídricos, na forma como dispuser o regulamento desta Lei, representantes de universidades, institutos de ensino superior e de pesquisa, do Ministério Público e da sociedade civil organizada.

Art. 24. Os Comitês de Bacias Hidrográficas, assegurada a participação paritária dos Municípios em relação ao Estado serão compostos por:

I – representantes da Secretaria de Estado ou de órgãos e entidades da administração direta e indireta, cujas atividades se relacionem com o gerenciamento ou uso de recursos hídricos, proteção ao meio ambiente, planejamento estratégico e gestão financeira do Estado, com atuação na bacia hidrográfica correspondente;

II – representantes dos municípios contidos na bacia hidrográfica correspondente;

III – representantes de entidades da sociedade civil, sediadas na bacia hidrográfica, respeitado o limite máximo de um terço do número total de votos, por:

a) universidades, institutos de ensino superior e entidades de pesquisa e desenvolvimento tecnológico;

b) usuários das águas, representados por entidades associativas;

c) associações especializadas em recursos hídricos, entidades de classe e associações comunitárias, e outras associações não governamentais.

§ 1º Os Comitês de Bacias Hidrográficas serão presididos por um de seus membros, eleitos por seus pares.

§ 2º As reuniões dos Comitês de Bacias Hidrográficas serão públicas.

§ 3º Os representantes dos municípios serão escolhidos em reunião plenária de prefeitos ou de seus representantes.

§ 4º Terão direito à voz nas reuniões dos Comitês de Bacias Hidrográficas representantes credenciados pelos Poderes Executivo e Legislativo dos Municípios que compõem a respectiva bacia hidrográfica.

§ 5º Os Comitês de Bacias Hidrográficas poderão criar Câmaras Técnicas, de caráter consultivo, para o tratamento de questões específicas de interesse para o gerenciamento dos recursos hídricos.

Art. 25. Competem ao CRH, dentre outras, as seguintes atribuições:

I – discutir e aprovar propostas de projetos de Lei referentes ao Plano Estadual de Recursos Hídricos, assim como as que devam ser incluídas nos projetos de Lei sobre o plano plurianual, as diretrizes orçamentárias e orçamento anual do Estado;

II – aprovar o relatório sobre a "Situação dos Recursos Hídricos no Estado de São Paulo";

III – exercer funções normativas e deliberativas relativas à formulação, implantação e acompanhamento da Política Estadual de Recursos Hídricos;

IV – vetado;

V – estabelecer critérios e normas relativas ao rateio, entre os beneficiados, dos custos das obras de uso múltiplo dos recursos hídricos ou de interesse comum ou coletivo;

VI – estabelecer diretrizes para a formulação de programas anuais e plurianuais de aplicação de recursos do Fundo Estadual de Recursos Hídricos – FEHIDRO;

VII – efetuar o enquadramento de corpos d'água em classes de uso preponderante, com base nas propostas dos Comitês de Bacias Hidrográficas – CBHs, compatibilizando-as em relação às repercussões interbacias e arbitrando os eventuais conflitos decorrentes;

VIII – decidir, originariamente, os conflitos entre os Comitês de Bacias Hidrográficas, com recurso ao Chefe do Poder Executivo, em último grau, conforme dispuser o regulamento.

Art. 26. Aos Comitês de Bacias Hidrográficas, órgão consultivos e deliberativos de nível regional, competem:

I – aprovar a proposta da bacia hidrográfica, para integrar o Plano Estadual de Recursos Hídricos e suas atualizações;

II – aprovar a proposta de programas anuais e plurianuais de aplicação de recursos financeiros em serviços e obras de interesse para o gerenciamento dos recursos hídricos em particular os referidos no art. 4º desta Lei, quando relacionados com recursos hídricos;

III – aprovar a proposta do plano de utilização, conservação, proteção e recuperação dos recursos hídricos da bacia hidrográfica, em especial o enquadramento dos corpos d'água em classes de uso preponderantes, com o apoio de audiências públicas;

IV – vetado;

V – promover entendimento, cooperação e eventual conciliação entre os usuários dos recursos hídricos;

VI – promover estudos, divulgação e debates, dos programas prioritários de serviços e obras a serem realizados no interesse da coletividade;

VII – apreciar, até 31 de março de cada ano, relatório sobre "A Situação dos Recursos Hídricos da Bacia Hidrográfica".

Art. 27. O Conselho Estadual de Recursos Hídricos – CRH e os Comitês de Bacias Hidrográficas – CBHs, contarão com o apoio do Comitê Coordenador do Plano Estadual de Recursos Hídricos – CORHI, que terá, dentre outras as seguintes atribuições:

I – coordenar a elaboração periódica do Plano Estadual de Recursos Hídricos, incorporando as propostas dos Comitês de Bacias Hidrográficas – CBH, e submetendo-as ao Conselho Estadual de Recursos Hídricos – CRH;

II – coordenar a elaboração de relatórios anuais sobre a situação dos recursos hídricos do Estado de São Paulo, de forma discriminada por bacia hidrográfica;

III – promover a integração entre os componentes do SIGRH, a articulação com os demais sistemas do Estado em matéria correlata, com o setor privado e a sociedade civil;

IV – promover a articulação com o Sistema Nacional de Gerenciamento dos Recursos Hídricos, com os Estados vizinhos e com os Municípios do Estado de São Paulo.

Art. 28. O Comitê Coordenador do Plano Estadual de Recursos Hídricos – CORHI, terá organização estabelecida em regulamento, devendo contar com apoio técnico, jurídico e administrativo dos órgãos e entidades estaduais componentes do SIGRH, com cessão de funcionários, servidores e instalações.

§ 1º Aos órgãos e entidades da administração direta ou indireta do Estado, responsáveis pelo gerenciamento dos recursos hídricos, no que se refere aos aspectos de quantidade e de qualidade, caberá a direção executiva dos estudos técnicos concernentes à elaboração do Plano Estadual de Recursos Hídricos, constituindo-se nas entidades básicas do CORHI para apoio administrativo, técnico e jurídico.

§ 2º Para a hipótese de consecução de recursos financeiros, os órgãos e entidades referidos no § 1º poderão atuar sob a forma de consórcio ou convênio, responsabilizando-se solidariamente em face de terceiros.

§ 3º O apoio do CORHI, aos Comitês de Bacias Hidrográficas, será exercido de forma descentralizada.

§ 4º Os Municípios poderão dar apoio ao CORHI na sua atuação descentralizada.

Art. 29. Nas bacias hidrográficas, onde os problemas relacionados aos recursos hídricos assim o justificarem, por decisão do respectivo Comitê de Bacia Hidrográfica e aprovação do Conselho de Recursos Hídricos, poderá ser criada um entidade jurídica, com estrutura administrativa e financeira própria, denominada Agência de Bacia.

§ 1º A Agência de Bacia exercerá as funções de secretaria executiva do Comitê de Bacia Hidrográfica, e terá as seguintes atribuições:

I – elaborar periodicamente o plano de bacia hidrográfica submetendo-o aos Comitês de Bacia, encaminhando-o posteriormente ao CORHI, como proposta para integrar o Plano Estadual de Recursos Hídricos;

II – elaborar os relatórios anuais sobre a "Situação dos Recursos Hídricos da Bacia Hidrográfica", submetendo-o ao Comitê de Bacia, encaminhando-o posteriormente, como proposta, ao CORHI;

III – gerenciar os recursos financeiros do FEHIDRO pertinentes à bacia hidrográfica, gerados pela cobrança pelo uso da água e os outros definidos no art. 36, em conformidade do CRH e ouvido o CORHI;

IV – promover, na bacia hidrográfica, a articulação entre os componentes do SIGRH, com os outros sistemas do Estado, com o setor produtivo e a sociedade civil.

§ 2º As Agências de Bacias somente serão criadas a partir do início da cobrança pelo uso dos recursos hídricos e terão sua vinculação ao Estado e organização administrativa, além de sua personalidade jurídica, disciplinadas na Lei que autorizar sua criação.

SEÇÃO III
DOS ÓRGÃOS DE OUTORGA DE DIREITO DE USO DAS ÁGUAS,
DE LICENCIAMENTO DE ATIVIDADES POLUIDORAS E DEMAIS
ÓRGÃOS ESTADUAIS PARTICIPANTES

Art. 30. Aos Órgãos da Administração Direta ou Indireta do Estado, responsáveis pelo gerenciamento dos recursos hídricos, no que se refere aos aspectos de quantidade e de qualidade, caberá o exercício das atribuições relativas à outorga do direito de uso e de fiscalização do cumprimento da legislação de uso, controle, proteção e conservação de recursos hídricos assim como o licenciamento de atividades potencialmente poluidoras e a fiscalização do cumprimento da legislação de controle de poluição ambiental.

§ 1º A execução das atividades a que se refere este artigo deverá ser feita de acordo com as diretrizes estabelecidas no Plano Estadual de Recursos Hídricos e mediante compatibilização e integração dos procedimentos técnicos e administrativos dos órgãos e entidades intervenientes.

§ 2º Os demais órgãos da Administração Direta ou Indireta do Estado integrarão o SIGHR, exercendo as atribuições que lhes são determinadas por Lei e participarão da elaboração e implantação dos planos e programas relacionados com as suas respectivas áreas de atuação.

CAPÍTULO II
DOS DIVERSOS TIPOS DE PARTICIPAÇÃO

SEÇÃO I
DA PARTICIPAÇÃO DOS MUNICÍPIOS

Art. 31. O Estado incentivará a formação de consórcios intermunicipais, nas bacias ou regiões hidrográficas críticas, nas quais o gerenciamento de recursos hídricos deve ser feito segundo diretrizes e objetivos especiais e estabelecerá convênios de mútua cooperação e assistência com os mesmos.

Art. 32. O Estado poderá delegar aos Municípios que se organizarem técnica e administrativamente, o gerenciamento de recursos hídricos de interesse exclusivamente local, compreendendo, dentre outros, os de bacias hidrográficas que se situem exclusivamente no território do Município e os aquíferos subterrâneos situados em áreas urbanizadas.

Parágrafo único – O regulamento desta Lei estipulará as condições gerais que deverão ser observadas pelos convênios entre o Estado e os Municípios, tendo como objeto a delegação acima, cabendo ao Presidente do Conselho Estadual de Recursos Hídricos autorizar a celebração dos mesmos.

SEÇÃO II
DA ASSOCIAÇÃO DE USUÁRIOS DOS RECURSOS HÍDRICOS

Art. 33. O Estado incentivará a organização e o funcionamento de associações de usuários como entidades auxiliares no gerenciamento dos recursos hídricos e na implantação, operação e manutenção de obras e serviços, com direitos e obrigações a serem definidos em regulamento.

SEÇÃO III
DA PARTICIPAÇÃO DAS UNIVERSIDADES, DE INSTITUTOS DE ENSINO SUPERIOR E DE ENTIDADES DE PESQUISA E DESENVOLVIMENTO TECNOLÓGICO

Art. 34. Mediante acordos, convênios ou contratos, os órgãos e entidades integrantes do SIGRH contarão com o apoio e cooperação de universidades, instituições de ensino superior e entidades especializadas em pesquisa, desenvolvimento tecnológico públicos e capacitação de recursos humanos, no campo dos recursos hídricos.

CAPÍTULO III DO FUNDO ESTADUAL DE RECURSOS HÍDRICOS - FEHIDRO

SEÇÃO I
DA GESTÃO DO FUNDO

Art. 35. O Fundo Estadual de Recursos Hídricos – FEHIDRO criado para suporte financeiro da Política Estadual de Recursos Hídricos e das ações correspondentes, reger-se-á pelas normas estabelecidas nesta Lei e em seu regulamento.

§ 1º A supervisão do FEHIDRO será feita por um Conselho de Orientação, composto por membros indicados entre os componentes do CRH, observada a paridade entre Estado e Municípios, que se articulará com o Comitê Coordenador do Plano Estadual de Recursos Hídricos – CORHI.

§ 2º O FEHIDRO será administrado, quanto ao aspecto financeiro, por instituição oficial do sistema de crédito.

SEÇÃO II
DOS RECURSOS DO FUNDO

Art. 36. Constituirão recursos do FEHIDRO:

I – recursos do Estado e dos Municípios a ele destinados por disposição legal;

II – transferência da União ou de Estados vizinhos, destinados à execução de planos e programas de recursos hídricos de interesse comum;

III – compensação financeira que o Estado receber em decorrência dos aproveitamentos hidroenergéticos em seu território;

IV – parte da compensação financeira que o Estado receber pela exploração de petróleo, gás natural e recursos minerais em seu território, definida pelo Conselho Estadual de Geologia e Recursos Minerais – COGEMIN, pela aplicação exclusiva em levantamentos, estudos e programas de interesse para o gerenciamento dos recursos hídricos subterrâneos;

V – resultado da cobrança pela utilização de recursos hídricos;

VI – empréstimos, nacionais e internacionais e recursos provenientes da ajuda e cooperação internacional e de acordos intergovernamentais;

VII – retorno das operações de crédito contratadas, com órgãos e entidades da administração direta e indireta do Estado e dos Municípios, consórcios intermunicipais, concessionárias de serviços públicos e empresas privadas;

VIII – produto de operações de crédito e as rendas provenientes da aplicação de seus recursos;

IX – resultados de aplicações de multas cobradas dos infratores da legislação de águas;

AMBIENTAL

X – recursos decorrentes do rateio de custos referentes a obras de aproveitamento múltiplo, de interesse comum ou coletivo;

XI – doações de pessoas físicas ou jurídicas, públicas ou privadas, nacionais, estrangeiras ou multinacionais e recursos eventuais.

Parágrafo único – Serão despendidos até 10% (dez por cento) dos recursos do FEHIDRO com despesas de custeio e pessoal, destinando-se o restante, obrigatoriamente, para a efetiva elaboração de projetos e execução de obras e serviços do Plano Estadual de Recursos Hídricos.

SEÇÃO III
DAS APLICAÇÕES DO FUNDO

Art. 37. A aplicação de recursos do FEHIDRO deverá ser orientada pelo Plano Estadual de Recursos Hídricos, devidamente compatibilizando com o Plano Plurianual, a Lei de Diretrizes Orçamentárias e com o orçamento anual do Estado, observando-se:

I – os planos anuais e plurianuais de aplicação de recursos financeiros seguirão as diretrizes e atenderão os objetivos do Plano Estadual de Recursos Hídricos e os objetivos e metas dos planos e programas estabelecidos por bacias hidrográficas;

II – o produto decorrente da cobrança pela utilização dos recursos hídricos será aplicado em serviços e obras hidráulicas e de saneamento, de interesse comum, previstos no Plano Estadual de Recursos Hídricos e nos planos estaduais de saneamento, neles incluídos os planos de proteção e de controle da poluição das águas, observando-se:

a) prioridade para os serviços e obras de interesse comum, a serem executados na mesma bacia hidrográfica em que foram arrecadados;

b) até 50 (cinquenta) por cento do valor arrecadado em uma bacia hidrográfica poderá ser aplicado em outra, desde que esta aplicação beneficie a bacia onde foi feita a arrecadação e haja aprovação pelo Comitê de Bacia Hidrográfica respectivo;

III – os planos e programas aprovados pelos Comitês de Bacias Hidrográfica – CBHs, a serem executados com recursos obtidos pela cobrança pela utilização dos recursos hídricos nas respectivas bacias hidrográficas, terão caráter vinculante para a aplicação desses recursos;

IV – preferencialmente, aplicações do FEHIDRO serão feitas pela modalidade de empréstimos;

V – poderão ser estipendiados à conta dos recursos do FEHIDRO a formação e o aperfeiçoamento de quadros de pessoal em gerenciamento de recursos hídricos.

§ 1º Para atendimento do estabelecido nos incisos II e III, deste artigo, o FEHIDRO será organizado mediante subcontas, que permitam a gestão autônoma dos recursos financeiros pertinentes a cada bacia hidrográfica.

§ 2º Os programas referidos no art. 5º, desta Lei, quando não se relacionarem diretamente com recursos hídricos, poderão beneficiar-se de recursos do FEHIDRO, em conformidade com o Plano Estadual de Recursos Hídricos.

SEÇÃO IV
DOS BENEFICIÁRIOS

Art. 37-A. Podem habilitar-se à obtenção de recursos do Fundo Estadual de Recursos Hídricos – FEHIDRO, por intermédio de financiamentos reembolsáveis ou não:

I – pessoas jurídicas de direito público, da administração direta e indireta do Estado e dos Municípios de São Paulo;

II – concessionárias e permissionárias de serviços públicos, com atuação nos campos do saneamento, no meio ambiente ou no aproveitamento múltiplo de recursos hídricos;

III – consórcios intermunicipais regularmente constituidos;

IV – entidades privadas sem finalidades lucrativas, usuárias ou não de recursos hídricos, mediante realização de estudos, projetos, serviços, ações e obras enquadradas nos Planos das Bacias Hidrográficas e no Plano Estadual de Recursos Hídricos – PERH, e que preencham os seguintes requisitos:

a) constituição definitiva, há pelo menos 4 (quatro) anos, nos termos da legislação pertinente;

b) deter, dentre suas finalidades principais, a proteção ao meio ambiente ou atuação na área dos recursos hídricos;

c) atuação comprovada no âmbito do Estado ou da Bacia Hidrográfica.

Seção IV e Art. 37-A acrescentados pela Lei nº 10.843, de 05/07/2001.

Art. 37-B. As pessoas jurídicas de direito privado, usuárias de recursos hídricos, poderão habilitar-se a obtenção de recursos do Fundo Estadual de Recursos Hídricos - FEHIDRO, por intermedio de financiamentos reembolsáveis.

Parágrafo único - Os recursos do FEHIDRO repassados a pessoas jurídicas de direito privado, com finalidades lucrativas não poderão incorporar-se definitivamente aos seus patrimônios, sob pena de suspensão dos repasses e devolução dos valores recebidos, acrescidos das cominações legais e negociais.

- Art. 37-B acrescentado pela Lei nº 10.843, de 05/07/2001.

Art. 38. Esta Lei entrará em vigor na data de sua publicação, revogadas as disposições em contrário.

DAS DISPOSIÇÕES TRANSITÓRIAS

Art. 1º O Conselho Estadual de Recursos Hídricos - CRH, e o Comitê Coordenador do Plano Estadual de Recursos Hídricos - CORHI, sucederão aos criados pelo Decreto n. 27.576, de 11 de novembro de 1987, que deverão ser adaptados à esta Lei, em até 90 (noventa) dias contados da sua promulgação, por Decreto do Poder Executivo.

Art. 2º Fica desde já criado o Comitê das Bacias Hidrográficas dos Rios Piracicaba, Capivari e Jundiaí e o Comitê da Bacia Hidrográfica do Alto Tietê, cuja organização será proposta pelo Conselho Estadual de Recursos Hídricos - CRH, em até 120 (cento e vinte) dias da promulgação desta Lei.

Parágrafo único - Na primeira reunião dos Comitês acima referidos, serão aprovados os seus estatutos pelos representantes do Estado e dos Municípios, atendido o estabelecido nos Artigos 24, 26, e 27 desta Lei.

Art. 3º A adaptação a que se refere o art. 1º das Disposições Transitórias e a implantação dos Comitês de Bacias acima referidos serão feitas por intermédio de Grupo Executivo a ser designado pelo Poder Executivo.

Parágrafo único - A implantação dos Comitês de Bacias contará com a participação dos municípios.

Art. 4º Revogado.

- Art. 4º revogado pela Lei nº 9.034, de 27/12/1994.

Art. 5º Vetado.

Art. 6º Os Municípios que sofrem restrições ao seu desenvolvimento em razão da implantação de áreas de proteção ambiental, por decreto, até a promulgação da presente Lei, serão compensados financeiramente pelo Estado, em conformidade com Lei específica, desde que essas áreas tenham como objeto a proteção de recursos hídricos e sejam discriminadas no Plano Estadual de Recursos Hídricos.

Art. 7º Compete ao Departamento de Águas e Energia Elétrica - DAEE - no âmbito do Sistema Integrado de Gerenciamento de Recursos Hídricos - SIGRH, exercer as atribuições que lhe forem conferidas por Lei, especialmente:

I - autorizar a implantação de empreendimento que demandem o uso de recursos hídricos, em conformidade com o disposto no art. 9º desta Lei, sem prejuízo da licença ambiental;

II - cadastrar os usuários e outorgar o direito de uso dos recursos hídricos, na conformidade com o disposto no art. 10 e aplicar as sanções previstas nos Artigos 11 e 12 desta Lei;

- Inciso III revogado pela Lei nº 12.183, de 29/12/2005.

Parágrafo único - Na reorganização do DAEE incluir-se-ão, entre as suas atribuições, estrutura e organização, as unidades técnicas e de serviços necessários ao exercício das funções de apoio ao Conselho Estadual de Recursos Hídricos - CRH e participação no Comitê Coordenador do Plano Estadual de Recursos Hídricos - CORHI nos moldes e nas condições dispostas nos Artigos 5º e 6º do Decreto n. 27.576, de 11 de novembro de 1987.

Art. 8º Revogado.

- Art. 8º revogado pela Lei nº 9.034, de 27/12/1994.

LEI Nº 9.509, DE 20 DE MARÇO DE 1997

Dispõe sobre a Política Estadual do Meio Ambiente, seus fins e mecanismos de formulação e aplicação.

ÍNDICE

CAPÍTULO I
DA POLÍTICA ESTADUAL DO MEIO AMBIENTE

SEÇÃO I
DISPOSIÇÕES PRELIMINARES

Art. 1º Esta lei estabelece a Política Estadual do Meio Ambiente, seus objetivos, mecanismos de formulação e aplicação e constitui o Sistema Estadual de Administração da Qualidade Ambiental, Proteção. Controle e Desenvolvimento do Meio Ambiente e Uso Adequado dos Recursos Naturais – SEAQUA, nos termos do art. 225 da Constituição Federal e o art. 193 da Constituição do Estado.

Art. 2º A Política Estadual do Meio Ambiente tem por objetivo garantir a todos da presente e das futuras gerações, o direito ao meio ambiente ecologicamente equilibrado, bem de uso comum do povo e essencial à sadia qualidade de vida, visando assegurar, no Estado, condições ao desenvolvimento sustentável, com justiça social, aos interesses da seguridade social e à proteção da dignidade da vida humana e, atendidos especialmente os seguintes princípios:

I – adoção de medidas, nas diferentes áreas de ação pública e junto ao setor privado, para manter e promover o equilíbrio ambiental e a melhoria da qualidade ambiental, prevenindo a degradação em todas as suas formas e impedindo ou mitigando impactos ambientais negativos e recuperando o meio ambiente degradado;

II – planejamento e fiscalização do uso dos recursos ambientais;

III – definição, implantação e administração de espaços territoriais e seus componentes, representativos de todos os ecossistemas originais a serem protegidos;

IV – realização do planejamento e zoneamento ambiental, considerando as características regionais e locais, e articulação dos respectivos planos, programas e ações;

V – controle e fiscalização de obras, atividades, processos produtivos e empreendimentos que, direta ou indiretamente, possam causar degradação ao meio ambiente, adotando medidas preventivas ou corretivas e aplicando as sanções administrativas pertinentes;

VI – controle e fiscalização da produção, armazenamento, transporte, comercialização, utilização e do destino final de substancias, bem como do uso de técnicas, métodos e instalações que comportem risco à vida, à qualidade de vida, ao meio ambiente, inclusive do trabalho;

VII – realização periódica de auditorias ambientais nos sistemas de controle de poluição e nas atividades potencialmente poluidoras;

VIII – informação da população sobre os níveis de poluição, a qualidade do meio ambiente, as situações de risco de acidentes, a presença de substâncias nocivas e potencialmente nocivas à saúde e ao meio ambiente, nos alimentos, na água, no solo e no ar, bem como o resultado das auditorias a que se refere o inciso VII deste artigo;

IX – exigência para que todas as atividades e empreendimentos sujeitos ao licenciamento ambiental, adotem técnicas que minimizem o uso de energia e água, bem como o volume e potencial poluidor dos efluentes líquidos, gasosos e sólidos;

X – promoção da educação e conscientização ambiental com o fim de capacitar a população para o exercício da cidadania;

XI – preservação e restauração dos processos ecológicos essenciais das espécies e ecossistemas;

XII – proteção da flora e fauna, nesta compreendidos todos os animais silvestres, exóticos e domésticos, vedadas as práticas que coloquem em risco sua função ecológica, que provoquem a extinção das espécies ou submetam os animais à crueldade, fiscalizando a extração, produção, criação, métodos de abate, transporte, comercialização e consumo de seus espécimes e subprodutos;

XIII – fiscalização das entidades dedicadas à pesquisa e manipulação genética;

XIV – instituição de programas especiais mediante a integração de todos os órgãos públicos, incluindo os de crédito, objetivando incentivar os proprietários e usuários de áreas rurais a executarem as práticas de conservação dos recursos ambientais, especialmente do solo e da água, bem como de preservação e reposição das matas ciliares e replantio de espécies nativas;

XV – estabelecimento de diretrizes para a localização e integração das atividades industriais, considerando os aspectos ambientais, locacionais, sociais, econômicos e estratégicos;

XVI – instituição de diretrizes para o desenvolvimento urbano, inclusive habitação, saneamento básico e transporte:

XVII – imposição ao poluidor de penalidades e da obrigação de recuperar e/ou indenizar os danos causados e, ao usuário, da contribuição pela utilização de recursos ambientais com fins econômicos, através de atos administrativos e de ações na justiça, sem prejuízo das demais penalidades previstas em lei, incumbindo, para tanto, os órgãos competentes, da administração direta, indireta e fundacional da obrigação de promover as medidas judiciais para a responsabilização dos causadores da poluição e degradação ambiental, esgotadas as vias administrativas;

XVIII – restrição à participação das pessoas físicas e jurídicas punidas e/ou condenadas por atos de degradação ambiental em licitações promovidas pelos órgãos da administração direta, indireta ou fundacional do Estado, ou de por eles serem contratadas, bem como ao acesso a benefícios fiscais e créditos oficiais do Estado;

XIX – incentivo à pesquisa, ao desenvolvimento e à capacitação tecnológica para a resolução dos problemas ambientais e promoção da informação sobre estas questões:

XX – promoção e manutenção do inventário e do mapeamento da cobertura vegetal nativa, visando a adoção de medidas especiais de proteção, bem como promoção do reflorestamento em especial, as margens de rios, lagos, represas e das nascentes, visando a sua perenidade;

XXI – estímulo e contribuição para a recuperação da vegetação em áreas urbanas, com plantio de árvores, preferencialmente frutíferas, objetivando especialmente a consecução de índices mínimos de cobertura vegetal; e

XXII – incentivo e auxílio técnico às associações de proteção ao meio ambiente, constituídas na forma da lei, respeitando a sua autonomia e independência de atuação.

Art. 3º Para os fins previstos nesta lei, entende-se por:

I – meio ambiente: o conjunto de condições, leis, influências e interações de ordem física, química e biológica, que permite, abriga e rege a vida em todas as suas formas;

II – degradação da qualidade ambiental: a alteração adversa das características do meio ambiente;

III – poluição: a degradação da qualidade ambiental resultante de atividades que direta ou indiretamente:

a) prejudiquem a saúde, a segurança e o bem-estar da população;

b) criem condições adversas às atividades sociais e econômicas;

c) afetem desfavoravelmente a biota;

d) afetem as condições estéticas ou sanitárias do meio ambiente;

e) lancem matérias ou energia em desacordo com os padrões ambientais estabelecidos; e

f) afetem desfavoravelmente a qualidade de vida;

IV – poluidor: a pessoa física ou jurídica, de direito público ou privado, responsável, direta ou indiretamente, por atividade causadora de degradação ambiental;

V – recursos ambientais: a atmosfera, as águas interiores, superficiais, subterrâneas, meteóricas, os estuários, o mar territorial, o solo, o subsolo, os elementos da biosfera, a fauna e a flora;

VI – espaços territoriais especialmente protegidos: áreas que por força da legislação sofrem restrição de uso, como Unidades de Conservação, Áreas Naturais Tombadas, Áreas de Proteção aos Mananciais e outras previstas na legislação pertinente; e

VII – Unidades de Conservação: Parques, Florestas, Reservas Biológicas, Estações Ecológicas, Áreas de Relevante Interesse Ecológico, Monumentos Naturais, Jardins Botânicos, Jardins Zoológicos e Hortos Florestais, e outras definidas em legislação específica.

SEÇÃO II
DOS OBJETIVOS DA POLÍTICA ESTADUAL DO MEIO AMBIENTE

Art. 4º A Política Estadual do Meio Ambiente visará:

I – à compatibilização do desenvolvimento econômico e social com a preservação da qualidade do meio ambiente e do equilíbrio ecológico;

II – a definição de áreas prioritárias de ação governamental relativa à qualidade ambiental e ao equilíbrio ecológico, com o fim de assegurar a todos o direito ao meio ambiente ecologicamente equilibrado, nos termos do "caput" do art. 225 da Constituição Federal e do art. 191 da Constituição Estadual;

III – ao estabelecimento de critérios e padrões de qualidade ambiental e de normas relativas ao uso e manejo de recursos ambientais;

IV – a preservação e restauração dos recursos ambientais com vistas à sua utilização sustentada e disponibilidade permanente, concorrendo para a manutenção do equilíbrio ecológico propício à vida:

V – a imposição ao poluidor, da obrigação de recuperar e/ou indenizar os danos causados e, ao usuário, da contribuição pela utilização dos recursos ambientais com fins econômicos;

VI – ao desenvolvimento de pesquisas e tecnologias orientadas para o uso sustentado dos recursos ambientais;

VII – a disponibilização de tecnologias de manejo sustentado do meio ambiente; e

VIII – a conscientização pública para a preservação do meio ambiente, através da divulgação de relatórios anuais sobre a qualidade ambiental no Estado, da divulgação de dados e informações ambientais e da promoção de campanhas educativas.

Art. 5º As diretrizes da Política Estadual do Meio Ambiente serão formuladas através de normas e planos, destinados a orientar a ação do Poder Público no que se relaciona com a recuperação e preservação da qualidade ambiental, manutenção do equilíbrio ecológico, desenvolvimento sustentável, melhoria da qualidade de vida, observados os princípios estabelecidos no art. 2º desta lei.

Parágrafo único – As atividades e empreendimentos públicos e privados serão exercidos em consonância com as diretrizes da Política Estadual do Meio Ambiente.

CAPÍTULO II
DO SISTEMA ESTADUAL DE ADMINISTRAÇÃO DA QUALIDADE AMBIENTAL – SEAQUA

SEÇÃO I
DOS OBJETIVOS

Art. 6º O Sistema Estadual de Administração da Qualidade Ambiental, Proteção, Controle e Desenvolvimento do Meio Ambiente e Uso Adequado dos Recursos Naturais – SEAQUA, tem por objetivo organizar, coordenar e integrar as ações de órgãos e entidades da administração direta, indireta e fundacional instituídas pelo poder público, assegurada a participação da coletividade, para a execução da Política Estadual do Meio Ambiente visando à proteção, controle e desenvolvimento do meio ambiente e uso sustentável dos recursos naturais, nos termos do art. 193 da Constituição do Estado.

SEÇÃO II
DOS ÓRGÃOS

Art. 7º Os órgãos e entidades da administração direta, indireta e fundacional do Estado e dos Municípios instituídos pelo Poder Público, responsáveis pela proteção e melhoria da qualidade ambiental, administração de recursos naturais, bem como as voltadas para manutenção e recuperação da qualidade de vida constituirão o Sistema Estadual de Administração da Qualidade Ambiental – SEAQUA, integrante do Sistema Nacional do Meio Ambiente – SISNAMA, que será assim estruturado:

I – Vetado;

II – Órgão Central: a Secretaria de Estado do Meio Ambiente (SMA), com a finalidade de planejar, coordenar, supervisionar, controlar, como órgão estadual, a Política Estadual do Meio Ambiente, bem como as diretrizes governamentais fixadas para a administração da qualidade ambiental;

III – Órgãos Executores: os instituídos pelo Poder Público Estadual com a finalidade de executar e fazer executar, como órgão estadual, a política e diretrizes governamentais fixadas para a administração da qualidade ambiental;

IV – Órgãos Setoriais: os órgãos ou entidades integrantes da administração estadual direta, indireta e fundacional, cujas atividades estejam associadas às de proteção da qualidade ambiental e de vida ou àqueles de disciplinamento de uso dos recursos ambientais e aqueles responsáveis por controlar a produção, comercialização e o emprego de técnicas, métodos e substâncias que comportem risco para a vida, qualidade de vida e o meio ambiente;

V – Órgãos Locais: os órgãos ou entidades municipais, responsáveis pelo controle e fiscalização ambiental nas suas respectivas áreas de atuação.

§ 1º Os Municípios também poderão estabelecer normas supletivas e complementares às normas federais e estaduais relacionadas com a administração da qualidade ambiental, uso dos recursos ambientais, desenvolvimento sustentável e controle da produção, comercialização e o emprego de técnicas, método, substâncias que comportem risco para a vida, qualidade de vida e o meio ambiente.

§ 2º Os órgãos integrantes do SEAQUA, deverão fornecer os resultados das análises efetivadas, relatórios de vistoria, processo de licenciamento ambiental e documentação sob a sua guarda, quando solicitado por cidadão e/ou organização não governamental interessada.

SEÇÃO III
DO CONSELHO ESTADUAL DO MEIO AMBIENTE – CONSEMA

Art. 8º Vetado:

I – Vetado

II – Vetado

III – Vetado

IV – Vetado

V – Vetado

a) – Vetado

b) – Vetado

c) – Vetado

VI – Vetado

VII – Vetado

VIII – Vetado

IX – Vetado

X – Vetado

XI – Vetado

XII – Vetado

XIII – Vetado

§ 1º Vetado

§ 2º Vetado

§ 3º Vetado

Art. 9º Vetado

I – Vetado

II – Vetado

Art. 10. Vetado

I – Vetado

II – Vetado

III – Vetado

IV – Vetado

V – Vetado

VI – Vetado

VII – Vetado

VIII – Vetado

IX – Vetado

X – Vetado

XI – Vetado

§ 1º Vetado

§ 2º Vetado

§ 3º Vetado

§ 4º Vetado

§ 5º Vetado

a) – Vetado

b) – Vetado

§ 6º Vetado

Art. 11. Vetado

§ 1º Vetado

§ 2º Vetado

§ 3º Vetado

§ 4º Vetado

Art. 12. Vetado

SEÇÃO IV
DO ÓRGÃO CENTRAL

Art. 13. Caberá à Secretaria de Estado do Meio Ambiente – SMA, órgão central do SEAQUA, sem prejuízo das demais competências que lhe são legalmente conferidas:

I – coordenar o processo de formulação, aprovação, execução, avaliação e atualização da Política Estadual do Meio Ambiente;

II – efetuar análises das políticas públicas setoriais que tenham impacto no meio ambiente;

III – aprovar os planos, programas e orçamentos dos órgãos executores e coordenar a execução;

IV – articular e coordenar os planos e ações decorrentes da Política Estadual do Meio Ambiente com os órgãos setoriais e locais;

V – gerir as interfaces com os Estados limítrofes e com a União no que concerne a políticas, planos e ações ambientais;

VI – definir a política de informações para gestão ambiental e acompanhar a sua execução;

> LEI N. 9.509, DE 20 DE MARÇO DE 1997
> *Dispõe sobre a Politica Estadual do Meio Ambiente, seus fins e mecanismos de formulação e aplicação*
> Retificação do D.O. de 21-3-97
> Seção IV
> Art. 13..........
> VI – ....
> Onde se lê:........ para gestão.........
> Leia-se:........ para a gestão................

VII – prover o suporte da Secretaria Administrativa e das Câmaras Técnicas do CONSEMA.

§ 1º A aprovação da Política Estadual do Meio Ambiente dependerá de manifestação prévia do CONSEMA.

§ 2º O resultado da análise das políticas públicas que tenham impacto ambiental deverá ser submetido ao Governador, ouvido o CONSEMA.

Art. 14. Vetado:

I – vetado;

II – vetado;

III – vetado;

IV – vetado; e

V – vetado.

SEÇÃO V
DA ATUAÇÃO DO SISTEMA ESTADUAL DE ADMINISTRAÇÃO DA QUALIDADE AMBIENTAL – SEAQUA

Art. 15. A atuação do SEAQUA se efetivará mediante a articulação coordenada dos órgãos e entidades que o constituem, observando, dentre outros:

I – o acesso da opinião pública às informações relativas às agressões ao meio ambiente, às ações de proteção ambiental, e ao uso sustentado dos recursos ambientais e aos processos de licenciamento ambiental, na forma estabelecida pela legislação federal e estadual pertinente e pelo CONSEMA.

II – as normas e padrões municipais editados complementarmente à legislação federal e estadual.

Parágrafo único – As normas e padrões dos Municípios poderão fixar parâmetros de emissão, ejeção e emanação de agentes poluidores, observados os limites federais e estaduais.

Art. 16. Os órgãos e entidades da administração direta, indireta e fundacional do Estado cujas atividades estejam relacionadas às de proteção da qualidade ambiental ou àquelas de disciplinamento e controle do uso dos recursos ambientais, bem como os órgãos e entidades estaduais responsáveis pela execução de programas e projetos e pelo controle e fiscalização de atividades capazes de provocar degradação ambiental, prestarão ao CONSEMA informações sobre seus planos de ação e programas em execução, consubstanciados em relatórios anuais, sem prejuízo de relatórios parciais para atendimento de solicitações específicas.

§ 1º A Secretaria de Estado do Meio Ambiente publicará no Diário Oficial do Estado até o dia 31 de março de cada ano a consolidação dos relatórios mencionados neste artigo em um "Relatório Anual da Qualidade Ambiental" no Estado de São Paulo, do qual constarão, também, as avaliações e recomendações, notadamente, quanto a revisão de prioridades, programas e ações, recursos financeiros, tecnologias e participação comunitária no âmbito do SEAQUA.

§ 2º O Relatório Anual, referido no parágrafo anterior deverá ser enviado ao CONSEMA, para as providências de sua alçada e apreciação.

Art. 17. O CONSEMA poderá solicitar informações e pareceres dos órgãos da administração pública direta, indireta e fundacional do Estado e das administrações municipais, que deverão ser prestados no prazo máximo de 15 (quinze) dias úteis.

Art. 18. As informações requeridas aos órgãos e entidades integrantes do SEAQUA, por pessoa física ou jurídica que comprove legítimo interesse, serão prestadas no prazo estabelecido no art. 8º da Lei Federal n. 7.347, de 24 de julho de 1985.

Parágrafo único – As informações prestadas nos termos do "caput" deste artigo deverão preservar o sigilo industrial e evitar a concorrência desleal.

CAPÍTULO III
DO LICENCIAMENTO DAS ATIVIDADES

Art. 19. A construção, instalação, ampliação e funcionamento de estabelecimentos e atividades utilizadoras de recursos ambientais, consideradas efetiva ou potencialmente poluidoras, bem como os empreendimentos capazes, sob qualquer forma, de causar degradação ambiental, dependerão de prévio licenciamento, no órgão estadual competente, integrante do SEAQUA, sem prejuízo de outras licenças legalmente exigíveis.

§ 1º Vetado.

§ 2º O EIA/RIMA será realizado por técnicos habilitados, e o coordenador dos trabalhos de cada equipe de especialistas é obrigado a registrar o termo de Responsabilidade Técnica (RT) no Conselho Regional de sua categoria profissional.

§ 3º Respeitada a matéria de sigilo industrial, assim expressamente caracterizada e justificada, a pedido do interessado, o RIMA, devidamente fundamentado, será acessível, assim bem como todos os trabalhos que foram contratados para estudos de viabilidade técnica e econômica, bem como os citados nas notas bibliográficas do EIA e do RIMA, na biblioteca da SMA e de todos os municípios localizados na área de influência do empreendimento, correndo todas as despesas por conta do proponente do projeto.

§ 4º Resguardado o sigilo industrial, os pedidos de licenciamento, em qualquer modalidade, sua renovação e a respectiva concessão da licença, serão objeto de publicação resumida, paga pelo interessado, no Diário Oficial do Estado e em um periódico de grande circulação, regional ou local, conforme modelo aprovado pelo CONSEMA.

§ 5º O CONSEMA convocará Audiência Pública para debater processo de licenciamento ambiental sempre que julgar necessário ou quando requerido por:

a) órgãos da administração direta, indireta e fundacional da União, Estados e Municípios;

b) organizações não governamentais, legalmente constituídas, para a defesa dos interesses difusos relacionados à proteção ao meio ambiente e dos recursos naturais; c) por 50 (cinquenta) ou mais cidadãos, devidamente identificados;

d) partidos políticos, Deputados Estaduais, Deputados Federais e Senadores eleitos em São Paulo;

e) organizações sindicais legalmente constituídas.

Art. 20. O poder público, no exercício de sua competência de controle, expedirá as seguintes licenças:

I – Licença Prévia (LP), na fase preliminar do planejamento da atividade, contendo requisitos básicos a serem atendidos na fase de localização, instalação e operação, observados os planos municipais, estaduais e federais de uso do solo e desenvolvimento;

II – Licença de Instalação (LI), autorizando o inicio da implantação, de acordo com as especificações constantes do Projeto Executivo aprovado; e

III – Licença de Operação (LO), autorizando após as verificações necessárias, o inicio da atividade licenciada e o funcionamento de seus equipamentos de controle de poluição, de acordo com o previsto nas Licenças Previa e de Instalação.

Art. 21. Iniciadas as atividades de implantação e operação, antes da expedição das respectivas licenças, os dirigentes dos órgãos responsáveis pela expedição do licenciamento deverão, sob pena de responsabilidade funcional grave, sem prejuízo da imposição de outras penalidades, implementar medidas administrativas de interdição, que, se não forem de pronto acatadas, deverão ser imediatamente seguidas de medidas judiciais impetradas pelo órgão jurídico competente, de embargo, e outras providências cautelares, bem como comunicar imediatamente ao CONSEMA, para os fins do inciso V do art. 8º desta lei, além de comunicar o fato às entidades financiadoras do projeto.

Art. 22. Nos casos em que o licenciamento ocorrer no âmbito da Administração Federal, o parecer a ser oferecido pelo SEAQUA será proposto pela SMA e apreciado pelo CONSEMA.

Art. 23. No exercício da ação fiscalizadora, fica assegurada aos agentes de fiscalização a entrada a qualquer dia e hora, e a permanência pelo tempo que se tornar necessário, em estabelecimentos e propriedades públicos ou privadas.

§ 1º Os agentes, quando obstados, poderão requisitar força policial para garantir o exercício de suas atribuições.

§ 2º Quando a fiscalização for realizada por solicitação de entidade sindical, organização não governamental, legalmente constituída, para a defesa dos interesses difusos relacionados à proteção do meio ambiente e dos recursos naturais, partidos políticos e parlamentares, os mesmos poderão acompanhar as atividades de fiscalização ou nomear técnico habilitado para representá-los.

Art. 24. Os órgãos integrantes do SEAQUA, na análise dos projetos submetidos ao seu exame, exigirão que sejam adotadas, pelo interessado, previamente à expedição da Licença de Operação (LO), ou renovação da referida licença, medidas capazes de assegurar que as matérias-primas, insumos e bens produzidos tenham padrão de qualidade que elimine ou reduza o efeito poluente, derivado de seu emprego e utilização, aos níveis legalmente permitidos, e sistema de descarte de efluentes líquidos, gasosos e resíduos sólidos devidamente licenciado pelo órgão competente.

Art. 25. O protocolamento do processo de licenciamento ambiental junto ao órgão competente, deverá ser instruído com o comprovante do recolhimento do "Preço de Análise", cujo valor será fixado em UFESP - Unidade Fiscal do Estado de São Paulo, ou no índice que vier substituí-lo, mantido o valor, em moeda corrente à época da substituição, conforme tipo, porte e complexidade do empreendimento submetido ao processo de licenciamento.

Art. 26. Qualquer órgão ou entidade da administração direta, indireta e fundacional do Estado, integrantes ou não do SEAQUA, que for chamado a emitir parecer ou, por qualquer outra forma, a manifestar-se nos processos de licenciamento de atividades, mesmo nos casos em que o licenciamento competir à administração federal, deverá fazê-lo dentro do prazo de 60 (sessenta) dias, contados da data em que estiver em posse de toda a documentação necessária, sob pena de responsabilidade funcional grave de seus titulares.

CAPÍTULO IV
DOS INCENTIVOS

Art. 27. As entidades e instituições públicas e privadas de financiamento ou gestoras de incentivos, condicionarão a sua concessão à comprovação do licenciamento previsto nesta lei e certidão do CONSEMA declarando o interessado não estar incluso nas restrições previstas no inciso V do art. 8º desta lei.

CAPÍTULO V
DAS PENALIDADES

Art. 28. Constitui infração, para os efeitos desta lei, toda ação ou omissão que importe na inobservância de preceitos estabelecidos ou na desobediência às determinações de caráter normativo dos órgãos das autoridades administrativas competentes.

Art. 29. As infrações às disposições desta lei, de seu regulamento, bem como das normas, padrões e exigências técnicas serão, a critério da autoridade competente, classificadas em leves, graves e gravíssimas, levando-se em conta:

I - a intensidade do dano, efetivo ou potencial;

II - as circunstâncias atenuantes ou agravantes;

III - os antecedentes do infrator; e

IV - a capacidade econômica do infrator.

Parágrafo único - Responderá pela infração quem por qualquer modo a cometer, concorrer para sua prática ou dela se beneficiar.

Art. 30. As infrações de que trata o artigo anterior serão punidas com as seguintes penalidades:

I - advertência;

II – multa de 10 a 10.000 vezes o valor da Unidade Fiscal do Estado de São Paulo – UFESP;

III – interdição temporária ou definitiva;

IV – embargo;

V – demolição:

VI – suspensão de financiamento e benefícios fiscais; e

VII – apreensão ou recolhimento, temporário ou definitivo.

§ 1º A penalidade de multa será imposta observados os seguintes limites:

1. de 10 a 1.000 vezes o valor da UFESP, nas infrações leves;

2. de 1.001 a 5.000 vezes o mesmo valor, nas infrações graves; e

3. de 5.000 a 10.000 vezes o mesmo valor, nas infrações gravíssimas.

§ 2º A multa será recolhida com base no valor da UFESP a data de seu efetivo pagamento.

§ 3º Ocorrendo a extinção da UFESP, adotar-se-á, para os efeitos desta lei, o mesmo índice que a substituir.

§ 4º Nos casos de reincidência, caracterizado pelo cometimento de nova infração da mesma natureza e gravidade, a multa corresponderá ao dobro da anteriormente imposta, cumulativamente.

§ 5º Nos casos de infração continuada, a critério da autoridade competente, poderá ser imposta multa diária de 1 a 10.000 vezes o valor da UFESP.

§ 6º A penalidade de interdição definitiva ou temporária será imposta nos casos de perigo à saúde pública, podendo, também, ser aplicada, a critério da autoridade competente, nos casos de infração continuada e a partir da terceira reincidência.

§ 7º As penalidades de embargo e demolição serão impostas na hipótese de obras ou construções feitas sem licença ou com ela desconformes.

§ 8º A penalidade de recolhimento temporário ou definitivo será aplicada nos casos de perigo à saúde pública ou, a critério da autoridade pública, nos de infração continuada ou a partir da terceira reincidência.

§ 9º A penalidade de suspensão de financiamento e benefícios fiscais será imposta conforme dispõe o inciso V do art. 8º desta lei.

§ 10. As penalidades estabelecidas nos incisos III e IV deste artigo poderão ser impostas cumulativamente com as previstas nos incisos I e II

Art. 31. As multas poderão ter sua exigibilidade suspensa quando o infrator, nos termos e condições aceitas e aprovadas pelas autoridades competentes, se obrigar a adoção de medidas específicas para fazer cessar e corrigir a degradação ambiental.

§ 1º Cumpridas todas as obrigações assumidas pelo infrator, a multa poderá ter redução de até 50% (cinquenta por cento) de seu valor.

§ 2º O infrator não poderá beneficiar-se da redução da multa prevista neste artigo se deixar de cumprir, parcial ou totalmente, qualquer das medidas especificadas nos prazos estabelecidos e nos casos de reincidência.

Art. 32. Independentemente da aplicação das penalidades referidas no art. 30 e da existência de culpa, fica o poluidor obrigado a indenizar ou reparar os danos causados ao meio ambiente e a terceiros, afetados por sua atividade.

Art. 33. As entidades e órgãos do SEAQUA deverão encaminhar direta e imediatamente ao Ministério Público do Estado os elementos necessários para as providências de sua alçada em relação ao poluidor que expuser a perigo a incolumidade humana, animal ou vegetal, a situação de perigo existente ou a estiver tornando mais grave, nos termos da legislação pertinente.

Parágrafo único – A autoridade, funcionário ou servidor que deixar de cumprir a obrigação de que trata este artigo, ou agir para impedir, dificultar ou retardar o seu cumprimento, incorrerá nas mesmas responsabilidades do poluidor. sem prejuízo das demais penalidades administrativas e penais.

CAPÍTULO VI
DAS DISPOSIÇÕES FINAIS

Art. 39. O Poder Executivo regulamentará o disposto nesta lei no prazo de 120 (cento e vinte) dias, a contar de sua publicação, bem como, no mesmo prazo, fixará o valor das multas previstas no art. 30 desta lei.

Art. 40. Esta lei entrará em vigor na data de sua publicação, revogadas as disposições em contrário.

DAS DISPOSIÇÕES TRANSITÓRIAS

Art. 1º Enquanto não for regulamentada a presente lei, continuará vigorando o valor das multas estabelecidas na legislação vigente para os casos da espécie.

Art. 2º Vetado.

LEI Nº 12.300, DE 16 DE MARÇO DE 2006

Institui a Política Estadual de Resíduos Sólidos e define princípios e diretrizes.

ÍNDICE

TÍTULO I
DA POLÍTICA ESTADUAL DE RESÍDUOS SÓLIDOS

CAPÍTULO I
DOS PRINCÍPIOS E OBJETIVOS

Art. 1º Esta lei institui a Política Estadual de Resíduos Sólidos e define princípios e diretrizes, objetivos, instrumentos para a gestão integrada e compartilhada de resíduos sólidos, com vistas à prevenção e ao controle da poluição, à proteção e à recuperação da qualidade do meio ambiente, e à promoção da saúde pública, assegurando o uso adequado dos recursos ambientais no Estado de São Paulo.

Art. 2º São princípios da Política Estadual de Resíduos Sólidos:

I - a visão sistêmica na gestão dos resíduos sólidos que leve em consideração as variáveis ambientais, sociais, culturais, econômicas, tecnológicas e de saúde pública;

II - a gestão integrada e compartilhada dos resíduos sólidos por meio da articulação entre Poder Público, iniciativa privada e demais segmentos da sociedade civil;

III - a cooperação interinstitucional com os órgãos da União e dos Municípios, bem como entre secretarias, órgãos e agências estaduais;

IV - a promoção de padrões sustentáveis de produção e consumo;

V - a prevenção da poluição mediante práticas que promovam a redução ou eliminação de resíduos na fonte geradora;

VI - a minimização dos resíduos por meio de incentivos às práticas ambientalmente adequadas de reutilização, reciclagem, redução e recuperação;

VII - a garantia da sociedade ao direito à informação, pelo gerador, sobre o potencial de degradação ambiental dos produtos e o impacto na saúde pública;

VIII - o acesso da sociedade à educação ambiental;

IX - a adoção do princípio do poluidor-pagador;

X – a responsabilidade dos produtores ou importadores de matérias-primas, de produtos intermediários ou acabados, transportadores, distribuidores, comerciantes, consumidores, catadores, coletores, administradores e proprietários de área de uso público e coletivo e operadores de resíduos sólidos em qualquer das fases de seu gerenciamento;

XI – a atuação em consonância com as políticas estaduais de recursos hídricos, meio ambiente, saneamento, saúde, educação e desenvolvimento urbano;

XII – o reconhecimento do resíduo sólido reutilizável e reciclável como um bem econômico, gerador de trabalho e renda;

Art. 3º São objetivos da Política Estadual de Resíduos Sólidos:

I – o uso sustentável, racional e eficiente dos recursos naturais;

II – a preservação e a melhoria da qualidade do meio ambiente, da saúde pública e a recuperação das áreas degradadas por resíduos sólidos;

III – reduzir a quantidade e a nocividade dos resíduos sólidos, evitar os problemas ambientais e de saúde pública por eles gerados e erradicar os "lixões", "aterros controlados" , "bota-foras" e demais destinações inadequadas;

IV – promover a inclusão social de catadores, nos serviços de coleta seletiva;

V – erradicar o trabalho infantil em resíduos sólidos promovendo a sua integração social e de sua família;

VI – incentivar a cooperação intermunicipal, estimulando a busca de soluções consorciadas e a solução conjunta dos problemas de gestão de resíduos de todas as origens;

VII – fomentar a implantação do sistema de coleta seletiva nos Municípios.

Parágrafo único – Para alcançar os objetivos colimados, caberá ao Poder Público, em parceria com a iniciativa privada:

1. articular, estimular e assegurar as ações de eliminação, redução, reutilização, reciclagem, recuperação, coleta, transporte, tratamento e disposição final dos resíduos sólidos;
2. incentivar a pesquisa, o desenvolvimento, a adoção e a divulgação de novas tecnologias de reciclagem, tratamento e disposição final de resíduos sólidos, inclusive de prevenção à poluição;
3. incentivar a informação sobre o perfil e o impacto ambiental de produtos através da autodeclaração na rotulagem, análise de ciclo de vida e certificação ambiental;
4. promover ações direcionadas à criação de mercados locais e regionais para os materiais recicláveis e reciclados;
5. incentivar ações que visem ao uso racional de embalagens;
6. instituir linhas de crédito e financiamento para a elaboração e implantação de Planos de Gerenciamento de Resíduos Sólidos;
7. instituir programas específicos de incentivo para a implantação de sistemas ambientalmente adequados de tratamento e disposição final de resíduos sólidos;
8. promover a implantação, em parceria com os Municípios, instituições de ensino e pesquisa e organizações não-governamentais, de programa estadual de capacitação de recursos humanos com atuação na área de resíduos sólidos;
9. incentivar a criação e o desenvolvimento de cooperativas e associações de catadores de materiais recicláveis que realizam a coleta e a separação, o beneficiamento e o reaproveitamento de resíduos sólidos reutilizáveis ou recicláveis;
10. promover ações que conscientizem e disciplinem os cidadãos para o adequado uso do sistema de coleta de resíduos sólidos urbanos;
11. assegurar a regularidade, continuidade e universalidade nos sistemas de coleta, transporte, tratamento e disposição de resíduos sólidos urbanos;
12. criar incentivos aos Municípios que se dispuserem a implantar, ou a permitir a implantação, em seus territórios, de instalações licenciadas para tratamento e disposição final de resíduos sólidos, oriundos de quaisquer outros Municípios;
13. implantar Sistema Declaratório Anual para o controle da geração, estocagem, transporte e destinação final de resíduos industriais;
14. promover e exigir a recuperação das áreas degradadas ou contaminadas por gerenciamento inadequado dos resíduos sólidos mediante procedimentos específicos fixados em regulamento;
15. promover a gestão integrada e compartilhada de resíduos sólidos, apoiando a concepção, implementação e gerenciamento dos sistemas de resíduos sólidos com participação social e sustentabilidade.

CAPÍTULO II
DOS INSTRUMENTOS

Art. 4º São instrumentos da Política Estadual de Resíduos Sólidos:

I – o planejamento integrado e compartilhado do gerenciamento dos resíduos sólidos;

II – os Planos Estadual e Regionais de Gerenciamento de Resíduos Sólidos;

III – os Planos dos Geradores;

IV – o Inventário Estadual de Resíduos Sólidos;

V – o Sistema Declaratório Anual de Resíduos Sólidos;

VI – o termo de compromisso e termo de ajustamento de conduta;

VII – os acordos voluntários ou propostos pelo Governo, por setores da economia;

VIII – o licenciamento, a fiscalização e as penalidades;

IX – o monitoramento dos indicadores da qualidade ambiental;

X – o aporte de recursos orçamentários e outros, destinados prioritariamente às práticas de prevenção da poluição, à minimização dos resíduos gerados e à recuperação de áreas degradadas e remediação de áreas contaminadas por resíduos sólidos;

XI – os incentivos fiscais, tributários e creditícios que estimulem as práticas de prevenção da poluição e de minimização dos resíduos gerados e a recuperação de áreas degradadas e remediação de áreas contaminadas por resíduos sólidos;

XII – as medidas fiscais, tributárias, creditícias e administrativas que inibam ou restrinjam a produção de bens e a prestação de serviços com maior impacto ambiental;

XIII – os incentivos à gestão regionalizada dos resíduos sólidos;

XIV – as linhas de financiamento de fundos estaduais;

XV – a divulgação de dados e informações incluindo os programas, as metas, os indicadores e os relatórios ambientais;

XVI – a disseminação de informações sobre as técnicas de prevenção da poluição, de minimização, de tratamento e destinação final de resíduos;

XVII – a educação ambiental;

XVIII – a gradação de metas, em conjunto com os setores produtivos, visando à redução na fonte e à reciclagem de resíduos que causem riscos à saúde pública e ao meio ambiente;

XIX – o incentivo à certificação ambiental de produtos;

XX – o incentivo à autodeclaração ambiental na rotulagem dos produtos;

XXI – o incentivo às auditorias ambientais;

XXII – o incentivo ao seguro ambiental;

XXIII – o incentivo mediante programas específicos para a implantação de unidades de coleta, triagem, beneficiamento e reciclagem de resíduos;

XXIV – o incentivo ao uso de resíduos e materiais reciclados como matéria-prima;

XXV – o incentivo a pesquisa e a implementação de processos que utilizem as tecnologias limpas.

CAPÍTULO III
DAS DEFINIÇÕES

Art. 5º Para os efeitos desta lei, consideram-se:

I – resíduos sólidos: os materiais decorrentes de atividades humanas em sociedade, e que se apresentam nos estados sólido ou semi-sólido, como líquidos não passíveis de tratamento como efluentes, ou ainda os gases contidos;

II – prevenção da poluição ou redução na fonte: a utilização de processos, práticas, materiais, produtos ou energia que evitem ou minimizem a geração de resíduos na fonte e reduzam os riscos para a saúde humana e para o meio ambiente;

III – minimização dos resíduos gerados: a redução, ao menor volume, quantidade e periculosidade possíveis, dos materiais e substâncias, antes de descartá-los no meio ambiente;

IV – gestão compartilhada de resíduos sólidos: a maneira de conceber, implementar e gerenciar sistemas de resíduos, com a participação dos setores da sociedade com a perspectiva do desenvolvimento sustentável;

V – gestão integrada de resíduos sólidos: a maneira de conceber, implementar, administrar os resíduos sólidos considerando uma ampla participação das áreas de governo responsáveis no âmbito estadual e municipal;

VI – unidades receptoras de resíduos: as instalações licenciadas pelas autoridades ambientais para a recepção, segregação, reciclagem, armazenamento para futura reutilização, tratamento ou destinação final de resíduos;

VII – aterro sanitário: local utilizado para disposição final de resíduos urbanos, onde são aplicados critérios de engenharia e normas operacionais especiais para confinar esses resíduos com segurança, do ponto de vista de controle da poluição ambiental e proteção à saúde pública;

VIII – aterro industrial: técnica de disposição final de resíduos sólidos perigosos ou não perigosos, que utiliza princípios específicos de engenharia para seu seguro confinamento, sem causar danos ou riscos à saúde pública e à segurança, e que evita a contaminação de águas superficiais, pluviais e subterrâneas, e minimiza os impactos ambientais;

IX – área contaminada: área, terreno, local, instalação, edificação ou benfeitoria que contém quantidades ou concentrações de matéria em condições que causem ou possam causar danos à saúde humana, ao meio ambiente e a outro bem a proteger;

X – área degradada: área, terreno, local, instalação, edificação ou benfeitoria que por ação humana teve as suas características ambientais deterioradas;

XI – remediação de área contaminada: adoção de medidas para a eliminação ou redução dos riscos em níveis aceitáveis para o uso declarado;

XII – co-processamento de resíduos em fornos de produção de clínquer: técnica de utilização de resíduos sólidos industriais a partir do seu processamento como substituto parcial de matéria-prima ou combustível, no sistema forno de produção de clínquer, na fabricação do cimento;

XIII – reciclagem: prática ou técnica na qual os resíduos podem ser usados com a necessidade de tratamento para alterar as suas características físico-químicas;

XIV – unidades geradoras: as instalações que por processo de transformação de matéria-prima, produzam resíduos sólidos de qualquer natureza;

XV – aterro de resíduos da construção civil e de resíduos inertes: área onde são empregadas técnicas de disposição de resíduos da construção civil classe A, conforme classificação específica, e resíduos inertes no solo, visando à reservação de materiais segregados, de forma a possibilitar o uso futuro dos materiais e/ou futura utilização da área, conforme princípios de engenharia para confiná-los ao menor volume possível, sem causar danos à saúde pública e ao meio ambiente;

XVI – resíduos perigosos: aqueles que em função de suas propriedades químicas, físicas ou biológicas, possam apresentar riscos à saúde pública ou à qualidade do meio ambiente;

XVII – reutilização: prática ou técnica na qual os resíduos podem ser usados na forma em que se encontram sem necessidade de tratamento para alterar as suas características físico-químicas;

XVIII – deposição inadequada de resíduos: todas as formas de depositar, descarregar, enterrar, infiltrar ou acumular resíduos sólidos sem medidas que assegurem a efetiva proteção ao meio ambiente e à saúde pública;

XIX – coleta seletiva: o recolhimento diferenciado de resíduos sólidos, previamente selecionados nas fontes geradoras, com o intuito de encaminhá-los para reciclagem, compostagem, reuso, tratamento ou outras destinações alternativas.

Art. 6º Nos termos desta lei, os resíduos sólidos enquadrar-se-ão nas seguintes categorias:

I – resíduos urbanos: os provenientes de residências, estabelecimentos comerciais e prestadores de serviços, da varrição, de podas e da limpeza de vias, logradouros públicos e sistemas de drenagem urbana passíveis de contratação ou delegação a particular, nos termos de lei municipal;

II – resíduos industriais: os provenientes de atividades de pesquisa e de transformação de matérias-primas e substâncias orgânicas ou inorgânicas em novos produtos, por processos específicos, bem como os provenientes das atividades de mineração e extração, de montagem e manipulação de produtos acabados e aqueles gerados em áreas de utilidade, apoio, depósito e de administração das indústrias e similares, inclusive resíduos provenientes de Estações de Tratamento de Água – ETAs e Estações de Tratamento de Esgosto – ETEs;

III – resíduos de serviços de saúde: os provenientes de qualquer unidade que execute atividades de natureza médico-assistencial humana ou animal; os provenientes de centros de pesquisa, desenvolvimento ou experimentação na área de farmacologia e saúde; medicamentos e imunoterápicos vencidos ou deteriorados; os provenientes de necrotérios, funerárias e serviços de medicina legal; e os provenientes de barreiras sanitárias;

IV – resíduos de atividades rurais: os provenientes da atividade agropecuária, inclusive os resíduos dos insumos utilizados;

V – resíduos provenientes de portos, aeroportos, terminais rodoviários, e ferroviários, postos de fronteira e estruturas similares: os resíduos sólidos de qualquer natureza provenientes de embarcação, aeronave ou meios de transporte terrestre, incluindo os produzidos nas atividades de operação e manutenção, os associados às cargas e aqueles gerados nas instalações físicas ou áreas desses locais;

VI – resíduos da construção civil – os provenientes de construções, reformas, reparos e demolições de obras de construção civil, e os resultantes da preparação e da escavação de terrenos, tais como: tijolos, blocos cerâmicos, concreto em geral, solos, rochas, metais, resinas, colas, tintas, madeiras, compensados, forros e argamassas, gesso, telhas, pavimento asfáltico, vidros, plásticos, tubulações e fiação elétrica, comumente chamados de entulhos de obras, caliça ou metralha.

Parágrafo único – Os resíduos gerados nas operações de emergência ambiental, em acidentes dentro ou fora das unidades geradoras ou receptoras de resíduo, nas operações de remediação de áreas contaminadas e os materiais gerados nas operações de escavação e dragagem deverão ser previamente caracterizados e, em seguida encaminhados para destinação adequada.

Art. 7º Os resíduos sólidos que, por suas características exijam ou possam exigir sistemas especiais para acondicionamento, armazenamento, coleta, transporte, tratamento ou destinação final, de forma a evitar danos ao meio ambiente e à saúde pública, serão definidos pelos órgãos estaduais competentes.

TÍTULO II
DA GESTÃO DOS RESÍDUOS SÓLIDOS

CAPÍTULO I
DAS DISPOSIÇÕES PRELIMINARES

Art. 8º As unidades geradoras e receptoras de resíduos deverão ser projetadas, implantadas e operadas em conformidade com a legislação e com a regulamentação pertinente, devendo ser monitoradas de acordo com projeto previamente aprovado pelo órgão ambiental competente.

Art. 9º As atividades e instalações de transporte de resíduos sólidos deverão ser projetadas, licenciadas, implantadas e operadas em conformidade com a legislação em vigor, devendo a movimentação de resíduos ser monitorada por meio de registros rastreáveis, de acordo com o projeto previamente aprovado pelos órgãos previstos em lei ou regulamentação específica.

Art. 10. As unidades receptoras de resíduos de caráter regional e de uso intermunicipal terão prioridade na obtenção de financiamentos pelos organismos oficiais de fomento.

Art. 11. vetado.

Art. 12. Os governos estadual e municipais, consideradas as suas particularidades, deverão incentivar e promover ações que visem a reduzir a poluição difusa por resíduos sólidos.

Art. 13. A gestão dos resíduos sólidos urbanos será feita pelos Municípios, de forma, preferencialmente, integrada e regionalizada, com a cooperação do Estado e participação dos organismos da sociedade civil, tendo em vista a máxima eficiência e a adequada proteção ambiental e à saúde pública.

Parágrafo único – Nas regiões metropolitanas, as soluções para gestão dos resíduos sólidos deverão seguir o plano metropolitano de resíduos sólidos com participação do Estado, Municípios e da sociedade civil.

Art. 14. São proibidas as seguintes formas de destinação e utilização de resíduos sólidos:

I – lançamento "in natura" a céu aberto;

II – deposição inadequada no solo;

III – queima a céu aberto;

IV – deposição em áreas sob regime de proteção especial e áreas sujeitas a inundação;

V – lançamentos em sistemas de redes de drenagem de águas pluviais, de esgotos, de eletricidade, de telecomunicações e assemelhados;

VI – infiltração no solo sem tratamento prévio e projeto aprovado pelo órgão de controle ambiental estadual competente;

VII – utilização para alimentação animal, em desacordo com a legislação vigente;

VIII – utilização para alimentação humana;

IX – encaminhamento de resíduos de serviços de saúde para disposição final em aterros, sem submetêlos previamente a tratamento específico, que neutralize sua periculosidade.

§ 1º Em situações excepcionais de emergência sanitária e fitossanitária, os órgãos da saúde e de controle ambiental competentes poderão autorizar a queima de resíduos a céu aberto ou outra forma de tratamento que utilize tecnologia alternativa.

§ 2º vetado.

Art. 15. vetado.

Art. 16. Os responsáveis pela degradação ou contaminação de áreas em decorrência de suas atividades econômicas, de acidentes ambientais ou pela disposição de resíduos sólidos, deverão promover a sua recuperação ou remediação em conformidade com procedimentos específicos, estabelecidos em regulamento.

Art. 17. A importação, a exportação e o transporte interestadual de resíduos, no Estado, dependerão de prévia autorização dos órgãos ambientais competentes.

Parágrafo único – Os resíduos sólidos gerados no Estado somente poderão ser enviados para outros Estados da Federação, mediante prévia aprovação do órgão ambiental do Estado receptor.

Art. 18. A Administração Pública optará, preferencialmente, nas suas compras e contratações, pela aquisição de produtos de reduzido impacto ambiental, que sejam não-perigosos, recicláveis e reciclados, devendo especificar essas características na descrição do objeto das licitações, observadas as formalidades legais.

CAPÍTULO II DOS PLANOS DE GERENCIAMENTO DE RESÍDUOS SÓLIDOS

Art. 19. O Plano de Gerenciamento de Resíduos Sólidos, a ser elaborado pelo gerenciador dos resíduos e de acordo com os critérios estabelecidos pelos órgãos de saúde e do meio ambiente, constitui documento obrigatoriamente integrante do processo de licenciamento das atividades e deve contemplar os aspectos referentes à geração, segregação, acondicionamento, armazenamento, coleta, transporte, tratamento e disposição final, bem como a eliminação dos riscos, a proteção à saúde e ao ambiente, devendo contemplar em sua elaboração e implementação:

I – vetado;

II – as diretrizes estabelecidas no Plano Estadual de Recursos Hídricos e no Plano Estadual de Saneamento, quando houver;

III – o cronograma de implantação e programa de monitoramento e avaliação das medidas e das ações implementadas.

Parágrafo único – O programa de monitoramento e demais mecanismos de acompanhamento das metas dos planos de gerenciamento de resíduos previstos nesta lei serão definidos em regulamento.

Art. 20. O Estado apoiará, de modo a ser definido em regulamento, os Municípios que gerenciarem os resíduos urbanos em conformidade com Planos de Gerenciamento de Resíduos Urbanos.

§ 1º Os Planos referidos no "caput" deverão ser apresentados a cada quatro anos e contemplar:

1. a origem, a quantidade e a caracterização dos resíduos gerados, bem como os prazos máximos para sua destinação;

2. a estratégia geral do responsável pela geração, reciclagem, tratamento e disposição dos resíduos sólidos, inclusive os provenientes dos serviços de saúde, com vistas à proteção da saúde pública e do meio ambiente;

3. as medidas que conduzam à otimização de recursos, por meio da cooperação entre os Municípios, assegurada a participação da sociedade civil, com vistas à implantação de soluções conjuntas e ação integrada;

4. a definição e a descrição de medidas e soluções direcionadas:

a) às praticas de prevenção à poluição;

b) à minimização dos resíduos gerados, através da reutilização, reciclagem e recuperação;

c) à compostagem;

d) ao tratamento ambientalmente adequado;

5. os tipos e a setorização da coleta;

6. a forma de transporte, armazenamento e disposição final;

7. as ações preventivas e corretivas a serem praticadas no caso de manuseio incorreto ou de acidentes;

8. as áreas para as futuras instalações de recebimento de resíduos, em consonância com os Planos Diretores e legislação de uso e ocupação do solo;

9. o diagnóstico da situação gerencial atual e a proposta institucional para a futura gestão do sistema;

10. o diagnóstico e as ações sociais, com a avaliação da presença de catadores nos lixões e nas ruas das cidades, bem como as alternativas da sua inclusão social;

11. as fontes de recursos para investimentos, operação do sistema e amortização de financiamentos.

§ 2º O horizonte de planejamento do Plano de Gerenciamento de Resíduos Urbanos deve ser compatível com o período de implantação dos seus programas e projetos, ser periodicamente revisado e compatibilizado com o plano anteriormente vigente.

§ 3º Os Municípios com menos de 10.000 (dez mil) habitantes de população urbana, conforme último censo, poderão apresentar Planos de Gerenciamento de Resíduos Urbanos simplificados, na forma estabelecida em regulamento.

Art. 21. Os gerenciadores de resíduos industriais deverão seguir, na elaboração dos respectivos Planos de Gerenciamento, as gradações de metas estabelecidas pelas suas associações representativas setoriais e pelo órgão ambiental.

§ 1º Para os efeitos deste artigo, entre outros, serão considerados os seguintes setores produtivos:

1. atividade de extração de minerais;
2. indústria metalúrgica;
3. indústria de produtos de minerais não-metálicos;
4. indústria de materiais de transporte;
5. indústria mecânica;
6. indústria de madeira, de mobiliário, e de papel, papelão e celulose;
7. indústria da borracha;
8. indústria de couros, peles e assemelhados e de calçados;
9. indústria química e petroquímica;
10. indústria de produtos farmacêuticos, veterinários e de higiene pessoal;
11. indústria de produtos alimentícios;
12. indústria de bebidas e fumo;
13. indústria têxtil e de vestuário, artefatos de tecidos e de viagem;
14. indústria da construção;
15. indústria de produção de materiais plásticos;
16. indústria de material elétrico, eletrônico e de comunicação;
17. indústria de embalagens.

§ 2º O Plano de Gerenciamento de Resíduos Industriais poderá prever a implantação de Bolsas de Resíduos, objetivando o reaproveitamento e o gerenciamento eficiente dos resíduos sólidos, conforme definido em regulamento.

§ 3º O Plano de Gerenciamento de Resíduos Industriais poderá prever a destinação em centrais integradas de tratamento para múltiplos resíduos.

§ 4º Os órgãos ambientais competentes poderão, na forma estabelecida em regulamento, exigir a apresentação do Plano de Gerenciamento de Resíduos Industriais para efeito de aprovação, avaliação e controle.

Art. 22. Os órgãos do meio ambiente e da saúde definirão os estabelecimentos de saúde que estão obrigados a apresentar o Plano de Gerenciamento de Resíduos.

Art. 23. vetado.

Art. 24. vetado.

CAPÍTULO III
DOS RESÍDUOS URBANOS

Art. 25. Os Municípios são responsáveis pelo planejamento e execução com regularidade e continuidade, dos serviços de limpeza, exercendo a titularidade dos serviços em seus respectivos territórios.

Parágrafo único – A prestação dos serviços mencionados no "caput" deverá adequar-se às peculiaridades e necessidades definidas pelo Município, nos Planos de Gerenciamento de Resíduos Sólidos Urbanos.

Art. 26. A taxa de limpeza urbana é o instrumento que pode ser adotado pelos Municípios para atendimento do custo da implantação e operação dos serviços de limpeza urbana.

§ 1º Com vistas à sustentabilidade dos serviços de limpeza urbana, os Municípios poderão fixar os critérios de mensuração dos serviços, para efeitos de cobrança da taxa de limpeza urbana, com base, entre outros, nos seguintes indicadores:

1. a classificação dos serviços;
2. a correlação com o consumo de outros serviços públicos;
3. a quantidade e frequência dos serviços prestados;
4. a avaliação histórica e estatística da efetividade de cobrança em cada região geográfica homogênea;
5. a autodeclaração do usuário.

§ 2º Poderão ser instituídas taxas e tarifas diferenciadas de serviços especiais, referentes aos resíduos que:

1. contenham substâncias ou componentes potencialmente perigosos à saúde pública e ao meio ambiente;
2. por sua quantidade ou suas características, tornem onerosa a operação do serviço público de co-

AMBIENTAL

leta, transporte, tratamento e disposição final dos resíduos urbanos.

Art. 27. vetado:

I – vetado;

II – vetado;

III – vetado.

Art. 28. Os usuários dos sistemas de limpeza urbana deverão acondicionar os resíduos para coleta de forma adequada, cabendo-lhes observar as normas municipais que estabelecem as regras para a seleção e acondicionamento dos resíduos no próprio local de origem, e que indiquem os locais de entrega e coleta.

§ 1º Cabe ao Poder Público Municipal, por meio dos órgãos competentes, dar ampla publicidade às disposições e aos procedimentos do sistema de limpeza urbana, bem como da forma de triagem e seleção, além dos locais de entrega dos resíduos.

§ 2º A coleta de resíduos urbanos será feita, preferencialmente, de forma seletiva e com inclusão social.

Art. 29. O Estado deve, nos limites de sua competência e atribuições:

I – promover ações objetivando a que os sistemas de coleta, transporte, tratamentos e disposição final de resíduos sólidos sejam estendidos a todos os Municípios e atendam aos princípios de regularidade, continuidade, universalidade em condições sanitárias de segurança;

II – incentivar a implantação, gradativa, nos Municípios da segregação dos resíduos sólidos na origem, visando ao reaproveitamento e à reciclagem;

III – estimular os Municípios a atingirem a autosustentabilidade econômica dos seus sistemas de limpeza urbana, mediante orientação para a criação e implantação de mecanismos de cobrança e arrecadação compatíveis com a capacidade de pagamento da população;

IV – fomentar a elaboração de legislação e atos normativos específicos de limpeza urbana nos Municípios, em consonância com as políticas estadual e federal;

V – criar mecanismos que facilitem o uso e a comercialização dos recicláveis e reciclados em todas as regiões do Estado;

VI – incentivar a formação de consórcios entre Municípios com vistas ao tratamento, processamento de resíduos e comercialização de materiais recicláveis;

VII – fomentar parcerias das indústrias recicladoras com o Poder Público e a iniciativa privada nos programas de coleta seletiva e no apoio à implantação e desenvolvimento de associações ou cooperativas de catadores.

Art. 30. O Estado adotará critérios de elegibilidade para financiamento de projetos, programas e sistemas de resíduos sólidos aos Municípios que contemplem ou estejam de acordo com:

I – as diretrizes e recomendações dos planos regionais e estadual de resíduos sólidos;

II – a sustentabilidade financeira dos empreendimentos através da demonstração dos instrumentos específicos de custeio;

III – a sustentabilidade técnico-operacional por meio de programas continuados de capacitação e educação ambiental;

IV – vetado.

CAPÍTULO IV
DOS RESÍDUOS INDUSTRIAIS

Art. 31. O gerenciamento dos resíduos industriais, especialmente os perigosos, desde a geração até a destinação final, será feito de forma a atender os requisitos de proteção ambiental e de saúde pública, com base no Plano de Gerenciamento de Resíduos Sólidos de que trata esta lei.

Art. 32. Compete aos geradores de resíduos industriais a responsabilidade pelo seu gerenciamento, desde a sua geração até a sua disposição final, incluindo:

I – a separação e coleta interna dos resíduos, de acordo com suas classes e características;

II – o acondicionamento, identificação e transporte interno, quando for o caso;

III – a manutenção de áreas para a sua operação e armazenagem;

IV – a apresentação dos resíduos à coleta externa, quando cabível, de acordo com as normas pertinentes e na forma exigida pelas autoridades competentes;

V – o transporte, tratamento e destinação dos resíduos, na forma exigida pela legislação pertinente.

Art. 33. O emprego de resíduos industriais perigosos, mesmo que tratados, reciclados ou recuperados para utilização como adubo, matéria-prima ou fonte de energia, bem como suas incorporações em materiais, substâncias ou produtos, dependerá de prévia aprovação dos órgãos competentes, mantida, em qualquer caso, a responsabilidade do gerador.

§ 1º O fabricante deverá comprovar que o produto resultante da utilização dos resíduos referidos no "caput" deste artigo não implicará risco adicional à saúde pública e ao meio ambiente.

§ 2º É vedada a incorporação de resíduos industriais perigosos em materiais, substâncias ou produtos, para fins de diluição de substâncias perigosas.

Art. 34. As instalações industriais para o processamento de resíduos são consideradas unidades receptoras de resíduos, estando sujeitas às exigências desta lei.

CAPÍTULO V
DOS RESÍDUOS PERIGOSOS

Art. 35. Os resíduos perigosos que, por suas características, exijam ou possam exigir sistemas especiais para acondicionamento, armazenamento, coleta, transporte, tratamento ou destinação final, de forma a evitar danos ao meio ambiente e à saúde pública, deverão receber tratamento diferenciado durante as operações de segregação, acondicionamento, coleta, armazenamento, transporte, tratamento e disposição final.

Art. 36. O licenciamento, pela autoridade de controle ambiental, de empreendimento ou atividade que gere resíduo perigoso condicionar-se-á à comprovação de capacidade técnica para o seu gerenciamento.

Art. 37. vetado:

I - vetado;

II - vetado;

III - vetado;

IV - vetado;

V - vetado;

VI - vetado.

Art. 38. A coleta e gerenciamento de resíduos perigosos, quando não forem executados pelo próprio gerador, somente poderão ser exercidos por empresas autorizadas pelo órgão de controle ambiental para tal fim.

Art. 39. O transporte dos resíduos perigosos deverá ser feito com emprego de equipamentos adequados, sendo devidamente acondicionados e rotulados em conformidade com as normas nacionais e internacionais pertinentes.

Parágrafo único – Quando houver movimentação de resíduos perigosos para fora da unidade geradora, os geradores, transportadores e as unidades receptoras de resíduos perigosos deverão, obrigatoriamente, utilizar o Manifesto de Transporte de Resíduos, de acordo com critérios estabelecidos pela legislação vigente.

Art. 40. Aquele que executar o transporte de resíduos perigosos deverá verificar, junto aos órgãos de trânsito do Estado e dos Municípios, as rotas preferenciais por onde a carga deverá passar, e informar ao órgão de controle ambiental estadual o roteiro de transporte.

TÍTULO III
DA INFORMAÇÃO

CAPÍTULO I
DA INFORMAÇÃO E DA EDUCAÇÃO AMBIENTAL

Art. 41. O órgão ambiental elaborará e apresentará, anualmente, o Inventário Estadual de Resíduos, que constará de:

I – cadastro de fontes prioritárias, efetiva ou potencialmente, poluidoras, industriais, de transportadoras e locais de disposição de resíduos sólidos, especialmente, os industriais e os perigosos;

II – sistema declaratório;

III – relação de fontes e substâncias consideradas de interesse.

Parágrafo único – O inventário referido no "caput" deverá ser, obrigatoriamente, apresentado à Assembléia Legislativa do Estado.

Art. 42. Fica assegurado ao público em geral, o acesso às informações relativas a resíduos sólidos existentes nos bancos de dados dos órgãos e das entidades da administração direta e indireta do Estado.

Art. 43. Compete ao Poder Público fomentar e promover a educação ambiental sobre resíduos sólidos, inclusive por meio de convênios com entidades públicas e privadas.

Art. 44. Os fabricantes, importadores ou fornecedores de produtos e serviços que gerem resíduo potencialmente nocivos ou perigosos à saúde ou ao ambiente devem informar à comunidade sobre os riscos decorrentes de seu manejo, de maneira ostensiva e adequada.

Art. 45. Os fabricantes e os importadores de produtos que gerem resíduos potencialmente nocivos ao meio ambiente devem informar os consumidores sobre os impactos ambientais deles decorrentes, bem como sobre o seu processo de produção, por meio de rotulagem, em conformidade com os critérios estabelecidos pelo órgão ambiental estadual competente.

CAPÍTULO II
DO SISTEMA DECLARATÓRIO ANUAL

Art. 46. As fontes geradoras, os transportadores e as unidades receptoras de resíduos ficam obrigadas a apresentar, anualmente, declaração formal contendo as quantidades de resíduos gerados, armazenados, transportados e destinados, na forma a ser fixada no regulamento desta lei.

Art. 47. Os geradores e/ou responsáveis pelo gerenciamento de resíduos sólidos perigosos devem informar, anualmente, ou sempre que solicitado pelas autoridades competentes do Estado e do Municípios:

I – a quantidade de resíduos gerados, manipulados, acondicionados, armazenados, coletados, transportados ou tratados, conforme cada caso específico, assim como a natureza dos mesmos e sua disposição final;

II – as medidas adotadas com o objetivo de reduzir a quantidade e a periculosidade dos resíduos e de aperfeiçoar tecnicamente o seu gerenciamento;

III – as instalações de que dispõem e os procedimentos relacionados ao gerenciamento de resíduos;

IV – os dados que forem julgados necessários pelos órgãos competentes.

TÍTULO IV
DAS RESPONSABILIDADES, INFRAÇÕES E PENALIDADES

CAPÍTULO I
DAS RESPONSABILIDADES

Art. 48. Os geradores de resíduos são responsáveis pela gestão dos mesmos.

Parágrafo único – Para os efeitos deste artigo, equipara-se ao gerador o órgão municipal ou a entidade responsável pela coleta, pelo tratamento e pela disposição final dos resíduos urbanos.

Art. 49. No caso de ocorrências envolvendo resíduos que coloquem em risco o ambiente e a saúde pública, a responsabilidade pela execução de medidas corretivas será:

I – do gerador, nos eventos ocorridos em suas instalações;

II – do gerador e do transportador, nos eventos ocorridos durante o transporte de resíduos sólidos;

III – do gerador e do gerenciador de unidades receptoras, nos eventos ocorridos nas instalações destas últimas.

§ 1º Os derramamentos, os vazamentos ou os despejos acidentais de resíduos deverão ser comunicados por qualquer dos responsáveis, imediatamente após o ocorrido, à defesa civil, aos órgãos ambiental e de saúde pública competentes.

§ 2º O gerador do resíduo derramado, vazado ou despejado acidentalmente deverá fornecer, quando solicitado pelo órgão ambiental competente, todas as informações relativas à quantidade e composição do referido material, periculosidade e procedimentos de desintoxicação e de descontaminação.

Art. 50. Os geradores e gerenciadores de unidades receptoras de resíduos sólidos deverão requerer, junto aos órgãos competentes, registro de encerramento de atividades.

Parágrafo único – A formalização do pedido de registro a que se refere o "caput" deste artigo deverá, para as atividades previstas em regulamento, ser acompanhada de relatório conclusivo de auditoria ambiental atestando a qualidade do solo, do ar e das águas na área de impacto do empreendimento.

Art. 51. O gerador de resíduos de qualquer origem ou natureza e seus sucessores respondem pelos danos ambientais, efetivos ou potenciais.

§ 1º Os geradores dos resíduos referidos, seus sucessores, e os gerenciadores das unidades receptoras, em atendimento ao principio do poluidor-pagador, são responsáveis pelos resíduos remanescentes da desativação de sua fonte geradora, bem como pela recuperação das áreas por eles contaminadas.

§ 2º O gerenciador de unidades receptoras responde solidariamente com o gerador, pelos danos de que trata este artigo, quando estes se verificarem em sua instalação.

Art. 52. O gerador de resíduos sólidos de qualquer origem ou natureza, assim como os seus controladores, respondem solidariamente pelos danos ambientais, efetivos ou potenciais, decorrentes de sua atividade, cabendo-lhes proceder, às suas expensas, às atividades de prevenção, recuperação ou remediação, em conformidade com a solução técnica aprovada pelo órgão ambiental competente, dentro dos prazos assinalados, ou, em caso de inadimplemento, ressarcir, integralmente, todas as despesas realizadas pela administração pública para a devida correção ou reparação do dano ambiental.

Art. 53. Os fabricantes, distribuidores ou importadores de produtos que, por suas características, exijam ou possam exigir sistemas especiais para acondicionamento, armazenamento, coleta, transporte, tratamento ou destinação final, de forma a evitar danos ao meio ambiente e à saúde pública, mesmo após o consumo de seus resíduos desses itens, são responsáveis pelo atendimento de exigências estabelecidas pelo órgão ambiental.

Art. 54. As unidades de tratamento de resíduos de serviços de saúde somente poderão ser licenciadas quando localizadas em áreas em que a legislação de uso e ocupação do solo permitir o uso industrial ou quando localizadas dentro de áreas para recepção de resíduos previamente licenciadas.

Art. 55. vetado.

Parágrafo único - vetado.

Art. 56. Compete ao administrador dos portos, aeroportos, terminais rodoviários e ferroviários, o gerenciamento completo dos resíduos sólidos gerados nesses locais.

Art. 57. Na forma desta lei, são responsáveis pelo gerenciamento dos resíduos de construção civil:

I - o proprietário do imóvel e/ou do empreendimento;

II - o construtor ou empresa construtora, bem como qualquer pessoa que tenha poder de decisão na construção ou reforma;

III - as empresas e/ou pessoas que prestem serviços de coleta, transporte, beneficiamento e disposição de resíduos de construção civil.

CAPÍTULO II
DAS INFRAÇÕES E PENALIDADES

Art. 58. Constitui infração, para efeitos desta lei, toda ação ou omissão que importe inobservância dos preceitos por ela estabelecidos.

Art. 59. As infrações às disposições desta lei, do seu regulamento e dos padrões e exigências técnicas dela decorrentes serão sancionadas em conformidade com o disposto nos artigos 28 a 33 da Lei nº 9.509, de 20 de março de 1997, e legislação pertinente.

Art. 60. Os custos resultantes da aplicação da sanção de interdição temporária ou definitiva correrão por conta do infrator.

Art. 61. vetado.

Art. 62. Constatada a infração às disposições desta lei, os órgãos da administração pública encarregados do licenciamento e da fiscalização ambientais poderão diligenciar, junto ao infrator, no sentido de formalizar termo de compromisso de ajustamento de conduta ambiental com força de título executivo extrajudicial, que terá por objetivo cessar, adaptar, recompor, corrigir ou minimizar os efeitos negativos sobre o meio ambiente, independentemente da aplicação das sanções cabíveis.

§ 1º As multas pecuniárias aplicadas poderão ser reduzidas em até 50% (cinquenta por cento) de seu valor, e as demais sanções terão sua exigibilidade suspensa, conforme dispuser o regulamento desta lei.

§ 2º O não-cumprimento total ou parcial do convencionado no termo de ajustamento de conduta ambiental ensejará a execução das obrigações dele decorrentes, sem prejuízo das sanções penais e administrativas aplicáveis à espécie.

CAPÍTULO III
DAS DISPOSIÇÕES FINAIS

Art. 63. O regulamento desta lei estabelecerá:

I - os prazos em que os responsáveis pela elaboração dos Planos de Gerenciamento de Resíduos nela referidos deverão apresentá-los aos órgãos competentes;

II - os mecanismos de cooperação entre as secretarias, órgãos e agências estaduais integrantes do Sistema Estadual de Administração da Qualidade Ambiental - SEAQUA, do Sistema Integral de Gerenciamento de Recursos Hídricos de São Paulo - SIGRH e do Sistema Estadual de Saneamento - SESAN, assim como os de saúde pública, com vistas à execução da Política Estadual de Resíduos Sólidos;

III - as regras que regulam o Sistema Declaratório Anual.

Art. 64. A presente lei não se aplica à gestão de rejeitos radioativos.

Art. 65. O órgão ambiental deverá propor o regulamento desta lei no prazo de 2 (dois) anos.

Art. 66. vetado.

Art. 67. Fica revogada a Lei nº 11.387, de 27 de maio de 2003.

Art. 68. Esta lei entra em vigor na data de sua publicação.

DECRETO Nº 51.453, DE 29 DE DEZEMBRO DE 2006

Cria o Sistema Estadual de Florestas – SIEFLOR e dá providências correlatas.

• *Atualizado até o Decreto nº 68.175, de 09/12/2023*

Considerando a necessidade de dotar o Estado de São Paulo de um sistema apto a conferir eficácia na gestão das florestas públicas e outras áreas naturais protegidas, em face da extrema importância da conservação da mata atlântica tida como patrimônio estadual e nacional, do cerrado e de outras formações vegetais naturais do Estado de São Paulo, bem como sua fauna associada;

Considerando a relevância de se incrementar a pesquisa científica no Estado de São Paulo, especialmente aquela voltada ao conhecimento, manutenção e manejo da biodiversidade, "in situ" e "ex situ"; e

Considerando que a Fundação para a Conservação e a Produção Florestal do Estado de São Paulo, entidade da administração indireta do Estado, tem por atribuição contribuir para a conservação, manejo e ampliação das florestas de produção e de conservação do Estado de São Paulo e que conta com o apoio científico e conhecimento gerado pelo Instituto Florestal, da Secretaria do Meio Ambiente,

Decreta:

Art. 1º Fica instituído o Sistema Estadual de Florestas – SIEFLOR, que será organizado de acordo com o disposto no presente decreto.

Art. 2º O Sistema Estadual de Florestas – SIEFLOR é composto pelas unidades de conservação criadas pelo Estado de São Paulo, bem como por outras áreas com vegetação nativa ou exótica, que estejam sob a administração da Secretaria de Infraestrutura e Meio Ambiente e da Fundação para a Conservação e a Produção Florestal do Estado de São Paulo."; (NR).

– redação dada pelo Decreto nº 65.274, de 26/10/2020

Art. 3º O Sistema Estadual de Florestas – SIEFLOR será gerido por:

I – Conselho Estadual do Meio Ambiente – CONSEMA, órgão consultivo e deliberativo com a atribuição de acompanhar a implementação do sistema;

II – Secretaria de Infraestrutura e Meio Ambiente, órgão central com a finalidade de coordenar o sistema;

III – Secretaria de Infraestrutura e Meio Ambiente e Fundação para a Conservação e a Produção Florestal do Estado de São Paulo, órgão e entidade executores da gestão das áreas;

IV – Secretaria de Infraestrutura e Meio Ambiente, órgão executor da pesquisa ambiental."; (NR).

– redação dada pelo Decreto nº 65.274, de 26/10/2020

Art. 4º Ao SIEFLOR caberá:

I – observar os princípios, objetivos e instrumentos do Sistema Estadual de Administração da Qualidade Ambiental, Proteção, Controle e Desenvolvimento do Meio Ambiente e Uso Adequado dos Recursos Naturais – SEAQUA, instituído pela Lei nº 9.509, de 20 de março de 1997;

II – observar os princípios, objetivos e instrumentos estipulados em acordos e convenções recepcionados pelo Brasil e que envolvam obrigações para o Estado de São Paulo, no âmbito de atuação do SIEFLOR, colaborando para a respectiva implementação;"; (NR)

– redação dada pelo Decreto nº 65.274, de 26/10/2020

III – implementar mecanismos que assegurem a proteção da biodiversidade "in situ" e "ex situ" no território estadual;

IV – divulgar para a sociedade a importância das unidades do Sistema pelos serviços ambientais que prestam e como importantes parcelas representativas dos biomas estaduais e nacionais;

V – inserir as unidades do Sistema, enquanto áreas especialmente protegidas, nos processos de ordenamento territorial, planejamento setorial e de desenvolvimento regional sustentável;

VI – pesquisar e promover a utilização dos princípios e práticas de conservação no processo de desenvolvimento econômico e social, visando à sustentabilidade ambiental;

VII – incentivar a representatividade dos diversos ecossistemas, por meio do estabelecimento de novas áreas naturais protegidas e do incremento territorial das existentes;

VIII – elaborar estratégias de mediação de conflitos de uso dos recursos naturais e ocupação do solo, que beneficiem a manutenção e ampliação das áreas naturais protegidas existentes, com ênfase para a formação de corredores e mosaicos em áreas prioritárias para a conservação da biodiversidade;

IX – pesquisar mecanismos e subsidiar ações para a proteção e recuperação de recursos hídricos, edáficos e paisagísticos;

X – contribuir com a realização e aplicação de resultados de pesquisas científicas e tecnológicas em manejo florestal, gestão das unidades do sistema, proteção da biodiversidade e educação ambiental, por meio da promoção de cursos e palestras, da elaboração de publicações e material didático, e do intercâmbio entre instituições de pesquisa de âmbito nacional e internacional;

XI – implementar programas de monitoramento e avaliação permanente das unidades do Sistema e do próprio SIEFLOR verificando as condições de manejo e eficácia da proteção conferida à biodiversidade dos ecossistemas do Estado de São Paulo;

XII – promover a valorização da biodiversidade, do manejo sustentável bem como a recreação em contato com a natureza e o turismo ecológico;

XIII – pesquisar, promover e estimular a produção de sementes e mudas de espécies vegetais e implementar viveiros e hortos florestais;

XIV – pesquisar, promover e estimular manejo de produtos florestais não madeireiros e a recuperação de áreas naturais degradadas;

XV – garantir a aplicação no SIEFLOR dos recursos provenientes das compensações ambientais havidas por força do art. 36 da Lei federal nº 9.985, de 18 de julho de 2000, que instituiu o SNUC – Sistema Nacional de Unidades de Conservação, observando as diretrizes impostas pelo Decreto federal nº 4.340, de 22 de agosto de 2002, que o regulamentou;

XVI – fortalecer o engajamento dos diferentes atores sociais nos processos de elaboração de políticas de biodiversidade e tomada de decisões sobre criação e gestão de áreas naturais protegidas;

XVII – apoiar a implementação de mecanismos que assegurem a proteção da biodiversidade em áreas particulares;

XVIII – apoiar a implementação de mecanismos que assegurem implantação e o manejo, em bases ecologicamente sustentáveis, de florestas plantadas em áreas privadas;

XIX – colaborar para a implementação de Reservas da Biosfera, Sítios do Patrimônio Mundial e demais Áreas Protegidas Especiais no Estado de São Paulo;

XX – estimular e apoiar a criação de Áreas Protegidas Privadas e Municipais.

Art. 5º Fundação para a Conservação e a Produção Florestal do Estado de São Paulo é a entidade responsável pelas unidades de conservação e pelas demais áreas integrantes do Sistema Estadual de Florestas – SIEFLOR, relacionadas, respectivamente, nos Anexos I e II deste decreto, e terá, além das atribuições previstas no Decreto nº 25.952, de 29 de setembro de 1986, alterado pelo Decreto nº 60.302, de 27 de março de 2014, as seguintes:

I – executar ações para a conservação, manutenção, proteção e fiscalização das áreas indicadas nos Anexos I e II deste decreto, em articulação com a Procuradoria Geral do Estado e com os demais órgãos e entidades responsáveis pela fiscalização e licenciamento, no Estado de São Paulo;

II – buscar a representatividade dos diversos ecossistemas, por meio do estabelecimento de novas áreas naturais protegidas;

III – investir em infraestrutura e equipamentos nas áreas integrantes do SIEFLOR sob sua responsabilidade;

IV – propor mecanismos e instrumentos para remuneração de serviços ambientais prestados nas áreas do SIEFLOR;

V – garantir a aplicação dos recursos provenientes das compensações ambientais nas unidades de conservação sob sua responsabilidade, observadas as normas legais aplicáveis;

VI – desenvolver e executar projetos de recuperação ambiental;

VII – desenvolver e aplicar projetos de uso sustentável de recursos madeireiros e não madeireiros das áreas do SIEFLOR e seu entorno.

– redação dada pelo Decreto nº 65.274, de 26/10/2020

§ 1º A Fundação para a Conservação e a Produção Florestal do Estado de São Paulo encaminhará à Secretaria de Infraestrutura e Meio Ambiente relatórios semestrais com descrição das atividades e ações executadas em atendimento ao disposto no "caput" deste artigo.

– redação dada pelo Decreto nº 65.274, de 26/10/2020

§ 2º – À Fundação para a Conservação e a Produção Florestal do Estado de São Paulo cabe fornecer os meios necessários para a manutenção das instalações físicas da Secretaria de Infraestrutura e Meio Ambiente, incluindo os respectivos laboratórios, campos experimentais, trilhas de coletas botânicas, acervos, coleções "in situ" e "ex situ", localizadas nas áreas relacionadas nos Anexos I e II deste decreto.

– redação dada pelo Decreto nº 65.274, de 26/10/2020

Art. 6º A Secretaria de Infraestrutura e Meio Ambiente, responsável pelas áreas relacionadas no Anexo III deste decreto, tem como atribuições:

I – execução de ações para a conservação, manutenção, proteção e fiscalização das áreas relacionadas no Anexo III deste decreto, em articulação com a Procuradoria Geral do Estado e com os demais órgãos e entidades responsáveis pela fiscalização e licenciamento, no Estado de São Paulo;

II – gestão da pesquisa nas áreas do SIEFLOR, em parceria com a Fundação para a Conservação e a Produção Florestal do Estado de São Paulo, observadas as normas legais e regulamentares aplicáveis;

III – pesquisa científica, ensino e extensão, a produção e a disseminação do conhecimento científico e tecnológico relativo às áreas integrantes do SIEFLOR, considerando, entre outros, os seguintes temas:

a) funções e serviços ambientais dos remanescentes nativos do Estado de São Paulo;

b) mudanças climáticas e suas consequências para a biodiversidade;

c) indicadores de qualidade e sustentabilidade ambiental da biodiversidade;

d) sustentabilidade dos sistemas produtivos agro-silvo-pastoris;

e) manejo e melhoramento genético das florestas de produção;

f) manejo das florestas naturais e demais formas de vegetação para a obtenção de produtos não madeireiros;

g) fauna silvestre;

h) ecossistemas costeiros e marinhos;

IV – pesquisa da produção de sementes e mudas de espécies florestais exóticas e nativas;

V – pesquisa de produtos florestais não madeireiros e madeireiros;

VI – pesquisa para subsidiar ações de:

a) proteção e recuperação de recursos hídricos, edáficos e paisagísticos;

b) gestão de coleções científicas "in situ" e "ex situ", bioprospecção, mudanças climáticas, recursos hídricos e restauração ecológica;

VII – pesquisa para conhecer e conservar a biodiversidade vegetal de cianobactérias e de fungos.

– redação dada pelo Decreto nº 65.274, de 26/10/2020

§ 1º As coleções vivas necessárias às atividades de pesquisa científica e à viabilidade genética das espécies representadas, arboretos e acervos científicos constituem patrimônio científico vinculado à Secretaria de Infraestrutura e Meio Ambiente.

– redação dada pelo Decreto nº 65.274, de 26/10/2020

§ 2º A Secretaria de Infraestrutura e Meio Ambiente terá amplo acesso para desenvolver atividades de ensino, pesquisa científica, tecnológica e de inovação nas áreas integrantes do SIEFLOR, observados o plano de manejo e as regras administrativas da unidade."; (NR)

– redação dada pelo Decreto nº 65.274, de 26/10/2020

Art. 7º O gerenciamento das áreas integrantes do SIEFLOR far-se-á por meio da:

I – coordenação dos seus órgãos executores no processo de elaboração e implantação de planos de manejo participativos;

II – implementação de estratégias que assegurem os processos de geração e manutenção da biodiversidade "in situ" no território estadual;

III – identificação de conflitos de uso dos recursos naturais e ocupação nas áreas protegidas e áreas em seu entorno, contribuindo para possíveis soluções;

IV – integração com ações e políticas de ordenamento territorial e desenvolvimento regional sustentável.

Parágrafo único – A gestão administrativa de parte ou da totalidade de áreas em Unidades de Conservação – SNUC e do Sistema Estadual de Florestas – SIEFLOR, poderá ser outorgada à Coordenadoria de Parque Urbanos – CPU, mediante decreto governamental, desde que destinadas pelo Plano de Manejo à visitação pública e localizadas em zonas urbanas ou periurbanas densamente povoadas.

– Parágrafo único acrescentado pelo art. 8º, DECRETO Nº 60.245, de 14 de março de 2014

Art. 8º Os órgãos e entidades da Administração Pública deverão adotar no prazo de 90 (noventa) dias as providências necessárias para a implementação do quanto estabelecido no presente decreto, em especial, as seguintes:

I – os contratos celebrados pelo Estado de São Paulo, por intermédio da Secretaria do Meio Ambiente, pelo Instituto Florestal, que tenham por objeto a aquisição de bens e a execução de serviços e obras necessários à gestão administrativa das áreas indicadas no art. 1º deste decreto, continuarão sob a responsabilidade orçamentária e financeira do Estado, por intermédio do Fundo Especial de Despesa, até o seu integral cumprimento, devendo ser aditados a fim de que a Fundação para a Conservação e a Produção Florestal do Estado de São Paulo passe a responder, no prazo indicado no "caput" deste artigo, pelo seu acompanhamento;

II – deverão ser sub-rogados à Fundação para a Conservação e a Produção Florestal do Estado de São Paulo todos os direitos e obrigações previstos em contratos, convênios e outras avenças firmados com o Estado de São Paulo, por intermédio do Instituto Florestal, que contemplem a entrada de receita para ações de administração das áreas indicadas no Anexo I deste decreto, observado o prazo indicado no "caput" deste artigo;

III – as receitas indicadas no inciso anterior, inclusive as de compensações ambientais decorrentes do art. 36 da Lei federal nº 9.985, de 17 de julho de 2000, deverão ser transferidas em sua totalidade em rubricas específicas, quando da sub-rogação dos instrumentos respectivos, exceção feita àquelas destinadas a compor o Fundo Especial de Despesa do Instituto Florestal.

Art. 9º A Fundação para a Conservação e a Produção Florestal do Estado de São Paulo será responsável pela execução do Plano de Produção Sustentada – PPS, nas unidades enumeradas e na forma disciplinada em resolução a ser editada pelo Secretário de Infraestrutura e Meio Ambiente, com vistas a garantir a sustentabilidade da gestão das áreas do Sistema Estadual de Florestas – SIEFLOR e o fomento às pesquisas desenvolvidas pela Secretaria de Infraestrutura e Meio Ambiente.

– redação dada pelo Decreto nº 65.274, de 26/10/2020

§ 1º A contratação, execução e acompanhamento dos plantios serão de responsabilidade da Fundação para a Conservação e a Produção Florestal do Estado de São Paulo.

– redação dada pelo Decreto nº 65.274, de 26/10/2020

§ 2º A comercialização, o acompanhamento contratual e o recolhimento da receita financeira dos produtos e subprodutos florestais a que se refere o "caput" deste artigo ficarão a cargo da Fundação para a Conservação e a Produção Florestal do Estado de São Paulo.

– redação dada pelo Decreto nº 65.274, de 26/10/2020

§ 3º Em conformidade com a resolução a que alude o "caput" deste artigo, serão destinadas áreas nas unidades abrangidas pelo Plano de Produção Sustentada – PPS para desenvolvimento de atividades de pesquisa, ensino e inovação tecnológica, especialmente aquelas relacionadas a melhoramento e conservação genética.

– redação dada pelo Decreto nº 65.274, de 26/10/2020

§ 4º A resolução de que trata o "caput" deste artigo estipulará porcentagem da receita financeira decorrente de produtos e subprodutos florestais, a ser destinada ao fomento de pesquisas.

– redação dada pelo Decreto nº 65.274, de 26/10/2020

Art. 9º-A. A Secretaria de Infraestrutura e Meio Ambiente e a Fundação para a Conservação e a Produção Florestal do Estado de São Paulo adotarão as providências pertinentes para:

I – promover o afastamento de servidores, observadas as normas legais e regulamentares em vigor, quando a medida se mostrar necessária ao desempenho das respectivas atribuições;

II – formalizar o uso de bens móveis, inclusive veículos, empregados no desempenho das respectivas atribuições, mediante celebração de instrumentos jurídicos específicos.

– redação dada pelo Decreto nº 65.274, de 26/10/2020

Art. 10. O Secretário de Infraestrutura e Meio Ambiente, mediante resolução, poderá editar medidas complementares necessárias à execução deste decreto.". (NR)

– redação dada pelo Decreto nº 65.274, de 26/10/2020

Art. 11. Este decreto entra em vigor na data de sua publicação.

ANEXO I

1. ESTAÇÃO ECOLÓGICA DE BANANAL;
2. ESTAÇÃO ECOLÓGICA DO BARREIRO RICO;
3. ESTAÇÃO ECOLÓGICA DE BAURU (SEBASTIÃO ALEIXO DA SILVA);
4. ESTAÇÃO ECOLÓGICA DE CAETETUS;
5. ESTAÇÃO ECOLÓGICA DE CHAUÁS;
6. ESTAÇÃO ECOLÓGICA DE IBICATU;
7. ESTAÇÃO ECOLÓGICA DE ITAPETI;
8. ESTAÇÃO ECOLÓGICA DE JURÉIA-ITATINS;
9. ESTAÇÃO ECOLÓGICA DE JATAÍ;
10. ESTAÇÃO ECOLÓGICA DE PAULO DE FARIA;
11. ESTAÇÃO ECOLÓGICA DE RIBEIRÃO PRETO;
12. ESTAÇÃO ECOLÓGICA DE VALINHOS;
13. ESTAÇÃO ECOLÓGICA DE XITUÉ;
14. ESTAÇÃO ECOLÓGICA DE ITAPEVA;
15. ESTAÇÃO ECOLÓGICA ITIRAPINA;
16. ESTAÇÃO ECOLÓGICA DE MOGI-GUAÇU;
17. ESTAÇÃO ECOLÓGICA DE SANTA MARIA;
18. ESTAÇÃO ECOLÓGICA DE PARANAPANEMA;
19. ESTAÇÃO ECOLÓGICA DE SANTA BÁRBARA;
20. ESTAÇÃO ECOLÓGICA DE ANGATUBA;
21. ESTAÇÃO ECOLÓGICA BANHADOS DE IGUAPE;
22. ESTAÇÃO ECOLÓGICA MATA DO JACARÉ;
23. ESTAÇÃO ECOLÓGICA DE ITABERÁ;
24. ESTAÇÃO ECOLÓGICA DE ASSIS;
25. ESTAÇÃO ECOLÓGICA DE AVARÉ;
26. ESTAÇÃO ECOLÓGICA DE MARÍLIA;
27. ESTAÇÃO ECOLÓGICA DO NOROESTE PAULISTA;
28. RESERVA BIOLÓGICA DE MOGI GUAÇU
29. RESERVA BIOLÓGICA DO ALTO DA SERRA DE PARANAPIACABA
30. PARQUE ESTADUAL DO A.R.A.;
31. PARQUE ESTADUAL DO AGUAPEÍ;
32. PARQUE ESTADUAL CAMPINA DO ENCANTADO;
33. PARQUE ESTADUAL DE CAMPOS DO JORDÃO;
34. PARQUE ESTADUAL DA CANTAREIRA;
35. PARQUE ESTADUAL "CARLOS BOTELHO";
36. PARQUE ESTADUAL DE FURNAS DO BOM JESUS;
37. PARQUE ESTADUAL DA ILHA ANCHIETA;
38. PARQUE ESTADUAL DA ILHA DO CARDOSO;
39. PARQUE ESTADUAL DA ILHABELA;
40. PARQUE ESTADUAL INTERVALES;
41. PARQUE ESTADUAL DO ITINGUÇU;
42. PARQUE ESTADUAL CAVERNA DO DIABO;
43. PARQUE ESTADUAL DO JARAGUÁ;
44. PARQUE ESTADUAL DO JUQUERY;
45. PARQUE ESTADUAL DO JURUPARÁ;
46. PARQUE ESTADUAL DOS MANANCIAIS DE CAMPOS DO JORDÃO;
47. PARQUE ESTADUAL MARINHO DA LAJE DE SANTOS;
48. PARQUE ESTADUAL DO MORRO DO DIABO;
49. PARQUE ESTADUAL DE PORTO FERREIRA;
50. PARQUE ESTADUAL DO PRELADO;
51. PARQUE ESTADUAL DO RIO DO PEIXE;
52. PARQUE ESTADUAL DA SERRA DO MAR;
53. PARQUE ESTADUAL TURÍSTICO DO ALTO RIBEIRA;
54. PARQUE ESTADUAL DE VASSUNUNGA;
55. PARQUE ESTADUAL XIXOVÁ-JAPUÍ;
56. PARQUE ESTADUAL DE ÁGUAS DA PRATA;
57. PARQUE ESTADUAL ÁGUAS DA BILINGS;
58. PARQUE ESTADUAL DE ITABERABA;
59. PARQUE ESTADUAL DE ITAPETINGA;
60. PARQUE ESTADUAL NASCENTES DO PARANAPANEMA;
61. PARQUE ESTADUAL RESTINGA DE BERTIOGA;
62. PARQUE ESTADUAL LAGAMAR DE CANANÉIA;
63. PARQUE ESTADUAL DO RIO DO TURVO;
64. MONUMENTO NATURAL ESTADUAL PEDRÁ DO BAÚ;
65. MONUMENTO NATURAL ESTADUAL DA PEDRA GRANDE;
66. REFÚGIO ESTADUAL DE VIDA SILVESTRE DA ILHA DO ABRIGO OU GUARAÚ E GUARARITAMA;
67. REFÚGIO ESTADUAL DE VIDA SILVESTRE AIMORÉS;
68. ÁREA DE PROTEÇÃO AMBIENTAL DO BANHADO;
69. ÁREA DE PROTEÇÃO AMBIENTAL CABREÚVA;
70. ÁREA DE PROTEÇÃO AMBIENTAL CAJAMAR;
71. ÁREA DE PROTEÇÃO AMBIENTAL CAJATI;
72. ÁREA DE PROTEÇÃO AMBIENTAL CAMPOS DO JORDÃO;
73. ÁREA DE PROTEÇÃO AMBIENTAL CORUMBATAÍ, BOTUCATU E TEJUPÁ;

74. ÁREA DE PROTEÇÃO AMBIENTAL HARAS SÃO BERNARDO;
75. ÁREA DE PROTEÇÃO AMBIENTAL IBITINGA;
76. ÁREA DE PROTEÇÃO AMBIENTAL ILHA COMPRIDA;
77. ÁREA DE PROTEÇÃO AMBIENTAL ITUPARARANGA;
78. ÁREA DE PROTEÇÃO AMBIENTAL JUNDIAÍ;
79. ÁREA DE PROTEÇÃO AMBIENTAL MATA DO IGUATEMI;
80. ÁREA DE PROTEÇÃO AMBIENTAL MORRO DE SÃO BENTO;
81. ÁREA DE PROTEÇÃO AMBIENTAL PARQUE E FAZENDA DO CARMO;
82. ÁREA DE PROTEÇÃO AMBIENTAL PIRACICABA E JUQUERI-MIRIM;
83. ÁREA DE PROTEÇÃO AMBIENTAL DO PLANALTO DO TURVO;
84. ÁREA DE PROTEÇÃO AMBIENTAL DOS QUILOMBOS DO MÉDIO RIBEIRA;
85. ÁREA DE PROTEÇÃO AMBIENTAL REPRESA BAIRRO DA USINA;
86. ÁREA DE PROTEÇÃO AMBIENTAL RIO BATALHA;
87. ÁREA DE PROTEÇÃO AMBIENTAL DO RIO PARDINHO E DO RIO VERMELHO;
88. ÁREA DE PROTEÇÃO AMBIENTAL SÃO FRANCISCO XAVIER;
89. ÁREA DE PROTEÇÃO AMBIENTAL SAPUCAÍ-MIRIM;
90. ÁREA DE PROTEÇÃO AMBIENTAL DA SERRA DO MAR;
91. ÁREA DE PROTEÇÃO AMBIENTAL SILVEIRAS;
92. ÁREA DE PROTEÇÃO AMBIENTAL SISTEMA CANTAREIRA;
93. ÁREA DE PROTEÇÃO AMBIENTAL TIETÊ;
94. ÁREA DE PROTEÇÃO AMBIENTAL VÁRZEA DO RIO TIETÊ;
95. ÁREA DE PROTEÇÃO AMBIENTAL MARINHA DO LITORAL NORTE;
96. ÁREA DE PROTEÇÃO AMBIENTAL MARINHA DO LITORAL CENTRO;
97. ÁREA DE PROTEÇÃO AMBIENTAL MARINHA DO LITORAL SUL;
98. ÁREA DE PROTEÇÃO AMBIENTAL SERRA DO ITAPETI;
99. ÁREA DE PROTEÇÃO AMBIENTAL TANQUÃ-RIO PIRACICABA;
100. ÁREA DE PROTEÇÃO AMBIENTAL BARREIRO RICO;
101. ÁREA DE RELEVANTE INTERESSE ECOLÓGICO DA PEDRA BRANCA;
102. ÁREA DE RELEVANTE INTERESSE ECOLÓGICO LEOPOLDO MAGNO COUTINHO;
103. ÁREA DE RELEVANTE INTERESSE ECOLÓGICO ZVS ILHA COMPRIDA;
104. ÁREA DE RELEVANTE INTERESSE ECOLÓGICO DE SÃO SEBASTIÃO;
105. ÁREA DE RELEVANTE INTERESSE ECOLÓGICO DO GUARÁ;
106. FLORESTA ESTADUAL EDMUNDO NAVARRO DE ANDRADE;
107. FLORESTA ESTADUAL DE ASSIS;
108. FLORESTA ESTADUAL DE PEDERNEIRAS;
109. FLORESTA ESTADUAL DO NOROESTE PAULISTA;
110. FLORESTA ESTADUAL SERRA D´ÁGUA;
111. FLORESTA ESTADUAL DE GUARULHOS;
112. RESERVA EXTRATIVISTA DA ILHA DO TUMBA;
113. RESERVA EXTRATIVISTA TAQUARI;
114. RESERVA DE DESENVOLVIMENTO SUSTENTÁVEL DO BARRA DO UNA;
115. RESERVA DE DESENVOLVIMENTO SUSTENTÁVEL DO DESPRAIADO;
116. RESERVA DE DESENVOLVIMENTO SUSTENTÁVEL BARREIRO-ANHEMAS;
117. RESERVA DE DESENVOLVIMENTO SUSTENTÁVEL QUILOMBOS BARRA DO TURVO;
118. RESERVA DE DESENVOLVIMENTO SUSTENTÁVEL DOS PINHEIRINHOS;
119. RESERVA DE DESENVOLVIMENTO SUSTENTÁVEL DE LAVRAS;
120. RESERVA DE DESENVOLVIMENTO SUSTENTÁVEL ITAPANHAPIMA.

ANEXO II

1. ESTAÇÃO EXPERIMENTAL DE ITAPEVA;
2. ESTAÇÃO EXPERIMENTAL ITIRAPINA;
3. ESTAÇÃO EXPERIMENTAL DE LUIZ ANTONIO;
4. ESTAÇÃO EXPERIMENTAL DE MOGI-GUAÇU;
5. ESTAÇÃO EXPERIMENTAL DE SÃO SIMÃO;
6. ESTAÇÃO EXPERIMENTAL DE ARARAQUARA;
7. ESTAÇÃO EXPERIMENTAL DE BAURU;
8. ESTAÇÃO EXPERIMENTAL DE BENTO QUIRINO;
9. ESTAÇÃO EXPERIMENTAL DE BURI;
10. ESTAÇÃO EXPERIMENTAL DE CASA BRANCA;
11. ESTAÇÃO EXPERIMENTAL DE ITAPETINGA;

12. ESTAÇÃO EXPERIMENTAL DE ITARARÉ;
13. ESTAÇÃO EXPERIMENTAL DE JAÚ;
14. ESTAÇÃO EXPERIMENTAL DE MOGI-MIRIM;
15. ESTAÇÃO EXPERIMENTAL DE PARAGUAÇU PAULISTA;
16. ESTAÇÃO EXPERIMENTAL DE SANTA RITA DO PASSA QUATRO;
17. ESTAÇÃO EXPERIMENTAL DE SÃO JOSÉ DO RIO PRETO;
18. ESTAÇÃO EXPERIMENTAL DE TUPI;
19. FLORESTA DE PARANAPANEMA;
20. FLORESTA DE ÁGUAS DE SANTA BÁRBARA;
21. FLORESTA DE ANGATUBA;
22. FLORESTA DE AVARÉ II;
23. FLORESTA DE BATATAIS;
24. FLORESTA DE BEBEDOURO;
25. FLORESTA DE CAJURU;
26. FLORESTA DE MANDURI;
27. FLORESTA DE PIRAJU;
28. FLORESTA BOTUCATU. 29. HORTO FLORESTAL ANDRADE E SILVA (Floresta de Avaré I);
30. HORTO FLORESTAL DE CESÁRIO;
31. HORTO FLORESTAL DE OLIVEIRA COUTINHO;
32. HORTO FLORESTAL DE SANTA ERNESTINA;
33. HORTO FLORESTAL DE SUSSUÍ;
34. VIVEIRO FLORESTAL PINDAMONHANGABA;
35. VIVEIRO FLORESTAL DE TAUBATÉ.

ANEXO III

PLANO DE PRODUÇÃO SUSTENTADA

1. PARQUE ESTADUAL ALBERTO LOFGREN;
2. PARQUE ESTADUAL DAS FONTES DO IPIRANGA

LEI Nº 13.507, DE 23 DE ABRIL DE 2009

Dispõe sobre o Conselho Estadual da Meio Ambiente – CONSEMA, e dá providências correlatas.

Art. 1º O Conselho Estadual do Meio Ambiente - CONSEMA, criado pelo Decreto nº 20.903, de 26 de abril de 1983, na condição de órgão consultivo, normativo e recursal, que integra o Sistema Estadual de Administração da Qualidade Ambiental, Proteção, Controle e Desenvolvimento do Meio Ambiente e Uso Adequado dos Recursos Naturais - SEAQUA, passa a regerse nos termos desta lei.

Art. 2º São atribuições do CONSEMA:

I – estabelecer normas relativas à avaliação, ao controle, à manutenção, à recuperação e à melhoria da qualidade ambiental;

II – opinar sobre a prevenção da poluição e de outras formas de degradação ambiental, sem prejuízo das competências atribuídas aos demais órgãos integrantes do SEAQUA;

III – emitir pronunciamento prévio a respeito da Política Estadual do Meio Ambiente e acompanhar sua execução;

IV – avaliar as políticas públicas com relevante impacto ambiental e propor mecanismos de mitigação e recuperação do meio ambiente;

V – manifestar-se sobre a Avaliação Ambiental Estratégica das políticas, planos e programas ambientais;

VI – apreciar Estudos de Impacto Ambiental – EIA e seus respectivos Relatórios de Impacto sobre o Meio Ambiente – RIMA, por solicitação do Secretário do Meio Ambiente ou por decisão do Plenário, mediante requerimento de um quarto de seus membros;

VII – manifestar-se sobre a instituição de espaços especialmente protegidos e zoneamentos ecológicoeconômicos, bem como sobre a instituição de planos de manejo das unidades de conservação;

VIII – incentivar a criação e o funcionamento institucional dos Conselhos Municipais de Meio Ambiente;

IX – decidir, em instância administrativa, os recursos que lhe forem submetidos para apreciação, na forma estabelecida em regulamento;

X – solicitar informações aos órgãos e às entidades da administração direta, indireta e fundacional do Estado, da União e dos Municípios, cujas atividades estejam relacionadas com a proteção da qualidade ambiental, o disciplinamento e o controle do uso dos recursos ambientais, assim como aos responsáveis pela execução de programas e projetos e pelo controle de fiscalização de atividades capazes de provocar degradação ambiental;

XI – apreciar o Relatório Anual da Qualidade Ambiental do Estado de São Paulo, emitindo manifestação conclusiva, em conformidade com o disposto no § 2º do art. 16 da Lei nº 9.509, de 20 de março de 1997;

XII – conduzir audiências públicas para debates de processos de licenciamento ambiental sujeitos a EIA/RIMA, de criação de unidades de conservação, ou de qualquer outra questão de interesse ambiental, nas hipóteses previstas no § 5º do art. 19 da Lei nº 9.509 de 20 de março de 1997;

XIII – criar ou extinguir Comissões Temáticas e Câmaras Regionais, mediante proposta do Secretário do Meio Ambiente;

XIV – aprovar e alterar seu regimento interno.

Art. 3º O CONSEMA terá a seguinte estrutura:

I – Presidência;

II – Secretaria Executiva;

III – Plenário;

IV – Comissões Temáticas;

V – Câmaras Regionais.

Parágrafo único – Caberá à Secretaria do Meio Ambiente prover suporte administrativo, financeiro e operacional ao Conselho, como unidade integrante do Gabinete do Secretário.

Art. 4º O CONSEMA será presidido pelo Secretário do Meio Ambiente ou por seu substituto legal.

Parágrafo único – O Secretário Executivo do Conselho substituirá o Presidente em suas ausências e impedimentos.

Art. 5º A Secretaria Executiva atuará como unidade de apoio, encarregada de desempenhar atividades administrativas e propiciar os meios necessários para o adequado funcionamento do CONSEMA, dando o encaminhamento adequado às suas deliberações e recomendações.

Parágrafo único – O Secretário Executivo do Conselho, ou seu substituto eventual, será designado pelo Secretário do Meio Ambiente.

Art. 6º O Plenário é o órgão superior de deliberação do CONSEMA e será constituído na forma do art. 7º desta lei.

Parágrafo único – As decisões do CONSEMA serão formalizadas por meio de deliberações, publicadas no Diário Oficial do Estado.

Art. 7º O Plenário do CONSEMA terá composição paritária entre órgãos e entidades governamentais e não governamentais do Estado e será integrado, na forma estabelecida em regulamento, por 36 (trinta e seis) membros e seus respectivos suplentes, na seguinte conformidade:

I – O Secretário do Meio Ambiente, que o presidirá;

II – 17 (dezessete) representantes de órgãos e entidades governamentais;

III – 18 (dezoito) representantes de entidades não governamentais, sendo seis eleitos por entidades ambientalistas.

Parágrafo único – Somente poderão eleger representantes as entidades ambientalistas constituídas há pelo menos 1 (um) ano, nos termos da lei civil, desde que comprovem atuação efetiva na defesa ou preservação do meio ambiente, com regular cadastro junto à Secretaria do Meio Ambiente.

Art. 8º O Governador do Estado nomeará os membros titulares e suplentes do CONSEMA, indicados pelos dirigentes das entidades e dos órgãos representados.

Art. 9º O mandato dos conselheiros será de 2 (dois) anos, sendo permitida uma recondução por igual período.

Art. 10. A função dos conselheiros do CONSEMA não será remunerada, sendo considerada serviço de natureza relevante.

Art. 11. Aos membros do Plenário, representantes de entidades ambientalistas sediadas no interior do Estado, fica assegurado o custeio de despesas de deslocamento para o comparecimento às reuniões ordinárias constantes do calendário ou de convocação extraordinária, na forma que dispuser seu regimento interno.

Parágrafo único – As despesas mencionadas no "caput" deste artigo serão custeadas com recursos próprios da Secretaria do Meio Ambiente.

Art. 12. Cabe às Comissões Temáticas analisar e propor ao Plenário normas e medidas destinadas à gestão da qualidade do meio ambiente.

Parágrafo único – As Comissões Temáticas terão sua composição, suas atribuições e funcionamento definidos no ato de sua criação, na forma a ser disciplinada pelo regimento interno do CONSEMA.

Art. 13. As Câmaras Regionais constituem órgãos colegiados consultivos encarregados da discussão e da elaboração de normas e de políticas ambientais de suas respectivas áreas territoriais de competência, a serem apreciadas pelas Comissões Temáticas ou pelo Plenário.

Parágrafo único – As Câmaras Regionais serão instaladas em regiões do Estado que compreendem uma ou mais Unidades de Gerenciamento de Recursos Hídricos – UGRHI.

Art. 14. O regimento interno do CONSEMA disporá sobre a organização, o funcionamento, as atribuições e outras matérias de interesse do Plenário, das Comissões Temáticas e das Câmaras Regionais.

Art. 15. O Poder Executivo regulamentará esta lei no prazo de 90 (noventa) dias.

Art. 16. Esta lei entra em vigor na data de sua publicação.

LEI Nº 13.798, DE 09 DE NOVEMBRO DE 2009

Institui a Política Estadual de Mudanças Climáticas – PEMC.

ÍNDICE

SEÇÃO I
DISPOSIÇÃO GERAL

Art. 1º Esta lei institui a Política Estadual de Mudanças Climáticas – PEMC, contendo seus princípios, objetivos e instrumentos de aplicação.

SEÇÃO II
DA POLÍTICA ESTADUAL DE MUDANÇAS CLIMÁTICAS E SEUS PRINCÍPIOS

Art. 2º A PEMC tem por objetivo geral estabelecer o compromisso do Estado frente ao desafio das mudanças climáticas globais, dispor sobre as condições para as adaptações necessárias aos impactos derivados das mudanças climáticas, bem como contribuir para reduzir ou estabilizar a concentração dos gases de efeito estufa na atmosfera.

Art. 3º A PEMC atenderá aos seguintes princípios fundamentais:

I – da precaução, pelo qual a ausência de certeza científica não pode ser utilizada como razão para postergar medidas eficazes para prevenir a degradação ambiental quando houver ameaça de danos sérios ou irreversíveis à civilização humana;

II – da prevenção, que consiste na adoção de medidas e políticas públicas capazes de mitigar impactos conhecidos no sistema climático da Terra;

III – do poluidor-pagador, visto que o causador do impacto ambiental deve arcar com o custo decorrente do dano causado ao meio ambiente;

IV – da participação da sociedade civil nos processos consultivos e deliberativos, com amplo acesso à informação, bem como a mecanismos judiciais e administrativos, inclusive no que diz respeito à compensação e reparação de danos ambientais;

V – do desenvolvimento sustentável, pelo qual a proteção ambiental é parte integrante do processo produtivo, de modo a assegurar qualidade de vida para todos os cidadãos e atender equitativamente as necessidades de gerações presentes e futuras;

VI – das responsabilidades comuns, porém diferenciadas, pelo qual os mais desenvolvidos, em um espírito de parceria pró-ativa para a conservação, proteção e restauração da saúde e da integridade do ecossistema terrestre, devem tomar a iniciativa no combate à mudança global do clima e aos seus efeitos negativos, com urgência na ação efetiva;

VII – da ação governamental, importante na manutenção do equilíbrio ecológico, considerado o meio ambiente como um patrimônio público a ser necessariamente protegido, tendo em vista sua fruição coletiva, com racionalidade na utilização do solo, do subsolo, da água e do ar, por meio do acompanhamento, pelo Estado, da qualidade ambiental, além do planejamento e da fiscalização do uso sustentável dos recursos naturais;

VIII – da cooperação, nacional e internacional, entre Estados, entidades e cidadãos de boa-fé, com espírito de parceria para a realização dos princípios e objetivos maiores da Humanidade;

IX – da ampla publicidade, para garantir absoluta transparência no fornecimento de informações públicas sobre os níveis de emissões contaminantes, a qualidade do meio ambiente e os riscos potenciais à saúde, bem como planos de mitigação e adaptação aos impactos climáticos;

X – da educação ambiental, para capacitar a sociedade, desde a escola fundamental, a construir atitudes adequadas para o bem comum, incentivar o estudo, a pesquisa e a implantação de tecnologias orientadas para o uso racional e a proteção dos recursos ambientais.

SEÇÃO III
DAS DEFINIÇÕES

Art. 4º Para os fins previstos nesta lei, considerem-se as seguintes definições:

I – adaptação: iniciativas ou medidas capazes de reduzir a vulnerabilidade de sistemas naturais e da sociedade aos efeitos reais ou esperados das mudanças climáticas;

II – capacidade de adaptação: grau de suscetibilidade de um sistema aos efeitos adversos da mudança do clima, inclusive a variabilidade climática e seus eventos extremos;

III – aquecimento global: intensificação do efeito estufa natural da atmosfera terrestre, em decorrência de ações antrópicas, responsáveis por emissões e pelo aumento da concentração atmosférica de gases que contribuem para o aumento da temperatura média do planeta, provocando fenômenos climáticos adversos;

IV – atmosfera: camada gasosa que envolve a Terra, contendo gases, nuvens, aerossóis e partículas;

V – Avaliação Ambiental Estratégica: análise integrada dos impactos ambientais e socioeconômicos advindos dos empreendimentos humanos, considerando-se a inter-relação e a somatória dos efeitos ocasionados num determinado território, com o objetivo de promover o desenvolvimento sustentável em seus pilares ambiental, social e econômico;

VI – bens e serviços ambientais: produtos e atividades, potencial ou efetivamente utilizados para medir, evitar, limitar, minimizar ou reparar danos à água, atmosfera, solo, biota e humanos, diminuir a poluição e o uso de recursos naturais;

VII – biota: conjunto da flora e fauna, incluídos os microrganismos, característico de uma determinada região e considerado uma unidade do ecossistema;

VIII – clima: descrição estatística em termos da média e da variabilidade das quantidades relevantes do sistema oceano-atmosfera, em períodos de tempo variados, de semanas a milhares de anos;

IX – Comunicação Estadual: documento oficial do Governo sobre políticas e medidas abrangentes para a proteção do sistema climático global, tendo como núcleo o inventário de emissões antrópicas de gases de efeito estufa no território paulista, inclusive as fontes, sumidouros e reservatórios significativos;

X – desenvolvimento sustentável: processo de geração de riquezas que atende às necessidades presentes, sem comprometer a possibilidade de as gerações futuras satisfazerem as suas próprias necessidades, no qual a exploração de recursos, a política de investimentos, a orientação do desenvolvimento tecnológico e as mudanças institucionais encontram-se em harmonia, para elevação do potencial atual e futuro de satisfazer as necessidades e aspirações do ser humano;

XI – ecossistema: comunidade de seres vivos e ambiente onde esta se encontra, ambos tratados como um sistema funcional de relações interativas, com transferência e circulação de energia e matéria;

XII – efeito estufa: propriedade física de gases (vapor d'água, dióxido de carbono e metano, entre outros) de absorver e reemitir radiação infravermelha, de que resulte aquecimento da superfície da baixa atmosfera, processo natural fundamental para manter a vida na Terra;

XIII – efeitos negativos da mudança do clima: alterações no meio ambiente físico ou na biota, resultantes de mudanças climáticas que causem efeitos deletérios sobre a composição, resiliência ou produtividade de ecossistemas naturais, afetem sistemas produtivos de índole socioeconômica e declinem a saúde e o bem estar humanos;

XIV – emissões: liberação de substâncias gasosas na atmosfera, considerando-se uma área específica e um período determinado;

XV – eventos extremos: fenômenos de natureza climática, de ocorrência rara, considerando-se o padrão de distribuição estatística de referência, calculado em um determinado lugar;

XVI – externalidade: impacto, positivo ou negativo, sobre indivíduos ou setores não envolvidos numa determinada atividade econômica;

XVII – fonte: qualquer processo ou atividade que libere gás de efeito estufa na atmosfera, incluindo aerossóis ou elementos precursores;

XVIII – gases de efeito estufa: constituintes gasosos da atmosfera, naturais ou resultantes de processos antrópicos, capazes de absorver e reemitir a radiação solar infravermelha, especialmente o vapor d´água, o dióxido de carbono, o metano e o óxido nitroso, além do hexafluoreto de enxofre, dos hidrofluorcarbonos e dos perfluorcarbonos;

XIX – impactos climáticos potenciais: consequências das mudanças climáticas nos sistemas naturais e humanos, desconsiderada sua capacidade de adaptação;

XX – impactos climáticos residuais: consequências das mudanças climáticas nos sistemas naturais ou humanos, consideradas as adaptações efetuadas;

XXI – inventário: levantamento, em forma apropriada e contábil, das emissões de gases de efeito estufa, gerais e individuais, bem como dos impactos ambientais e outros aspectos relacionados às mudanças climáticas;

XXII – Mecanismo de Desenvolvimento Limpo – MDL: instrumento previsto no Protocolo de Quioto (art. 12), relativo a ações de mitigação de emissões de gases de efeito estufa, com o propósito de auxiliar os países em desenvolvimento, não incluídos no Anexo I do Protocolo, a atingirem o desenvolvimento sustentável, bem como contribuir para o alcance dos objetivos da Convenção do Clima, prevista a geração de créditos por Reduções Certificadas de Emissões – RCEs, a serem utilizados pelos países desenvolvidos para cumprimento de suas metas no âmbito do referido acordo internacional;

XXIII – microclima: estado físico da atmosfera muito próxima da superfície terrestre, região associada à existência de organismos vivos, como plantações e insetos, geralmente relacionada a um curto período de tempo;

XXIV – mitigação: abrandamento dos efeitos de um determinado impacto externo sobre um sistema, aliado a precauções e atitudes para a eliminação dessa interferência, que significa, em termos de clima, a intervenção com objetivo de reduzir alguns fatores antropogênicos que contribuem para sua mudança, inclusive meios planejados para reduzir emissões de gases de efeito estufa, aumentar a remoção desses gases da atmosfera por meio do seu armazenamento em formações geológicas, solos, biomassa e no oceano, ou para alterar a radiação solar que atinge a Terra, por métodos de geoengenharia (gerenciamento direto do balanço energético do planeta);

XXV – mudança climática: alteração no clima, direta ou indiretamente atribuída à atividade humana, que afete a composição da atmosfera e que se some àquela provocada pela variabilidade climática natural, observada ao longo de períodos comparáveis;

XXVI – mudanças globais: modificações no meio ambiente global (alterações no clima, uso da terra, oceanos, águas continentais, composição química da atmosfera, ecossistemas, biomas etc.) que possam afetar a capacidade da Terra para suportar a vida;

XXVII – população tradicional: aquela que vive em estreita relação com o ambiente natural, dependendo dos recursos naturais para a sua reprodução sociocultural, por meio de atividades de baixo impacto ambiental;

XXVIII – previsão climática: descrição probabilística de um evento climático futuro, com base em observações de condições meteorológicas atuais e passadas, ou em modelos quantitativos de processos climáticos;

XXIX – projeção climática: descrição do nível de resposta do sistema climático a cenários futuros de desenvolvimento socioeconômico, tecnológico e político, cujas forçantes radiativas possam advir de fontes naturais ou antrópicas;

XXX – reservatório: componente ou componentes do sistema climático que armazenam um gás de efeito estufa ou um seu precursor;

XXXI – resiliência: capacidade de um organismo ou sistema de recuperar-se ou adaptar-se com facilidade a mudanças ou impactos;

XXXII – sequestro de carbono: processo de aumento da concentração de carbono em outro reservatório que não seja a atmosfera, inclusive práticas de remoção direta de gás carbônico da atmosfera, por meio de mudanças de uso da terra, recomposição florestal, reflorestamento e práticas de agricultura que aumentem a concentração de carbono no solo, a separação e remoção de carbono dos gases de combustão ou pelo processamento de combustíveis fósseis para produção de hidrogênio, além da estocagem por longos períodos em reservatórios subterrâneos vazios de petróleo e gás, carvão e aquíferos salinos;

XXXIII – sistema climático: totalidade da atmosfera, criosfera, hidrosfera, biosfera, geosfera e suas interações, tanto naturais quanto por indução antrópica;

XXXIV – sumidouro: lugar, atividade ou mecanismo que remova um gás de efeito estufa, um aerossol ou um precursor de um gás de efeito estufa da atmosfera;

XXXV – sustentabilidade: capacidade de se manter indefinidamente um certo processo ou estado;

XXXVI – tempo: condição específica da atmosfera em um local e dado momento, medido em termos de variáveis como vento, temperatura, umidade, pressão atmosférica, presença de nuvens e precipitação;

XXXVII – variabilidade climática: variações do estado médio de processos climáticos em escalas temporal e espacial que ultrapassam eventos individuais;

XXXVIII – vazamento: variação líquida mensurável de emissões antrópicas de gases de efeito estufa, que ocorrem fora das fronteiras de um determinado projeto e que a este são atribuídas;

XXXIX – vulnerabilidade: grau de suscetibilidade ou inabilidade de um sistema em se proteger dos efeitos adversos da mudança do clima, incluindo variabilidade climática e eventos extremos, sendo função da magnitude e taxa da variação climática ao qual um sistema é exposto, bem como sua sensibilidade e capacidade de adaptação;

XL – Zoneamento Ecológico-Econômico – ZEE: instrumento básico e referencial para o planejamento ambiental e a gestão do processo de desenvolvimento, capaz de identificar a potencialidade e a vocação de um território, tornando-o base do desenvolvimento sustentável.

SEÇÃO IV
DOS OBJETIVOS

Art. 5º São objetivos específicos da PEMC:

I – assegurar a compatibilização do desenvolvimento socioeconômico com a proteção do sistema climático;

II – fomentar projetos de redução de emissões, sequestro ou sumidouros de gases de efeito estufa, incluindo os do Mecanismo de Desenvolvimento Limpo – MDL;

III – estabelecer formas de transição produtiva que gerem mudanças de comportamento, no sentido de estimular a modificação ambientalmente positiva nos padrões de consumo, nas atividades econômicas, no transporte e no uso do solo urbano e rural, com foco na redução de emissões dos gases de efeito estufa e no aumento da absorção por sumidouros;

IV – realizar ações para aumentar a parcela das fontes renováveis de energia na matriz energética, dentro e fora do Estado;

V – implementar ações de prevenção e adaptação às alterações produzidas pelos impactos das mudanças climáticas, a fim de proteger principalmente os estratos mais vulneráveis da população;

VI – promover a educação ambiental e a conscientização social sobre as mudanças climáticas globais, informar amplamente as observações desse fenômeno, os métodos de quantificação das emissões, inventários, cenários de emissões e impactos ambientais, identificação de vulnerabilidades, medidas de adaptação, ações de prevenção e opções para construir um modelo de desenvolvimento sustentável;

VII – estimular a pesquisa e a disseminação do conhecimento científico e tecnológico para os temas relativos à proteção do sistema climático, tais como impactos, mitigação, vulnerabilidade, adaptação e novas tecnologias, práticas e comportamentos que reduzem a emissão de gases de efeito estufa;

VIII – provocar a participação dos diversos segmentos da sociedade paulista na gestão integrada e compartilhada dos instrumentos desta lei;

IX – definir, e efetivamente aplicar, indicadores e metas de desempenho ambiental nos setores produtivos da economia paulista;

X – valorizar os ativos e reduzir os passivos ambientais no Estado;

XI – preservar e ampliar os estoques de carbono existentes no Estado;

XII – promover a competitividade de bens e serviços ambientais paulistas nos mercados interno e externo;

XIII – criar e ampliar o alcance de instrumentos econômicos, financeiros e fiscais, inclusive o uso do poder de compra do Estado, para os fins desta lei;

XIV – realizar a Comunicação Estadual e a Avaliação Ambiental Estratégica, integrando-as e articulando-as com outras iniciativas em âmbitos nacional, estaduais e municipais;

XV – promover um sistema de planejamento urbano sustentável de baixo impacto ambiental e energético, inclusive a identificação, estudo de suscetibilidade e proteção de áreas de vulnerabilidade indireta quanto à ocupação desordenada do território.

SEÇÃO V
DAS DIRETRIZES

Art. 6º São diretrizes da PEMC:

I – elaborar, atualizar periodicamente e colocar à disposição pública inventários de emissões antrópicas, discriminadas por fontes, e das remoções por meio de sumidouros, dos gases de efeito estufa não controlados pelo Protocolo de Montreal, com emprego de metodologias comparáveis nacional e internacionalmente;

II – formular, implementar, publicar e atualizar regularmente programas regionais que incluam medidas para mitigar a mudança do clima, enfrentar as emissões antrópicas por fontes e remoções por sumidouros de todos os gases de efeito estufa não controlados pelo Protocolo de Montreal, bem como medidas para permitir adaptação adequada à mudança do clima;

III – promover e cooperar para o desenvolvimento, aplicação, difusão e transferência de tecnologias, práticas e processos que controlem, reduzam ou previnam as emissões antrópicas de gases de efeito estufa não controlados pelo Protocolo de Montreal em todos os setores pertinentes, inclusive nos setores de energia, transportes, indústria, agropecuária, silvicultura e administração de resíduos;

IV – promover a gestão sustentável, bem como promover e cooperar na conservação e fortalecimento, conforme o caso, de sumidouros e reservatórios de todos os gases de efeito estufa não controlados pelo Protocolo de Montreal, inclusive a biomassa, as florestas e os oceanos, como também outros ecossistemas terrestres, costeiros e marinhos;

V – cooperar nos preparativos para a prevenção e adaptação aos impactos da mudança do clima, desenvolver e elaborar planos adequados e integrados para a gestão de zonas costeiras, áreas metropolitanas, recursos hídricos e agricultura, bem como para a proteção e recuperação de regiões particularmente afetadas por secas e inundações;

VI – considerar os fatores relacionados com a mudança do clima em políticas e medidas sociais, econômicas e ambientais, bem como empregar métodos adequados, a exemplo das avaliações de impactos, formulados e definidos nacionalmente, com vistas a minimizar os efeitos negativos da mudança do clima na economia, na saúde pública e na qualidade do meio ambiente;

VII – promover e cooperar em pesquisas técnico-científicas, tecnológicas, socioeconômicas e outras, bem como em observações sistemáticas e no desenvolvimento de banco de dados relativos ao sistema climático;

VIII – promover e cooperar no intercâmbio pleno, aberto e imediato de informações científicas, tecnológicas, socioeconômicas e jurídicas relativas ao sistema climático, à mudança do clima e às consequências econômicas e sociais de estratégias de resposta ao desafio das mudanças climáticas globais;

IX – alocar recursos financeiros suficientes na educação, treinamento e conscientização pública em relação à mudança do clima, bem como estimular a ampla participação da sociedade civil nesse processo;

X – mobilizar a Defesa Civil do Estado, em resposta a eventuais desastres naturais, como deslizamentos e inundações, ou para a proteção de áreas de risco, como encostas e fundos de vale;

XI – realizar e reportar, com total transparência, outras ações, projetos e iniciativas, mensuráveis e com cronogramas definidos.

SEÇÃO VI
DA COMUNICAÇÃO ESTADUAL

Art. 7º A Comunicação Estadual será realizada com periodicidade quinquenal, em conformidade com os métodos aprovados pelo Painel Intergovernamental sobre Mudanças Climáticas, contendo o seguinte:

I – inventário de emissões, discriminado por fontes de emissão e absorção por sumidouros de gases de efeito estufa, observada, preferencialmente, a seguinte estrutura de apresentação:

a) um capítulo sobre "Energia", composto pelos setores: "Queima de combustíveis", contemplando os subsetores "Energético" (produção de energia secundária), "Indústrias de transformação e de construção" e "Transporte", além do subsetor "Outros", para os demais casos, e "Emissões fugitivas de combustíveis", contemplando os subsetores "Combustíveis sólidos", "Petróleo e gás natural" e "Outros";

b) um capítulo sobre "Processos industriais", composto pelos setores "Produtos minerais", "Indústria química", "Produção de metais", "Outras produções", "Produção de halocarbonos e hexafluoreto de enxofre", "Consumo de halocarbonos e hexafluoreto de enxofre" e "Outros";

c) um capítulo sobre "Uso de solventes e outros produtos";

d) um capítulo sobre "Agropecuária", composto pelos setores "Fermentação entérica", "Tratamento de dejetos", "Cultivo de arroz", "Solos agrícolas", "Queimadas proibidas", "Queima de resíduos agrícolas" e "Outros";

e) um capítulo sobre "Resíduos", composto pelos setores "Resíduos sólidos", "Efluentes líquidos" e "Efluentes industriais";

II – mapa com avaliação de vulnerabilidades e necessidades de prevenção e adaptação aos impactos causados pela mudança do clima, integrado às ações da Defesa Civil;

III – referência a planos de ação específicos para o enfrentamento do problema das mudanças climáticas globais, em termos de prevenção, mitigação e adaptação.

SEÇÃO VII
DA AVALIAÇÃO AMBIENTAL ESTRATÉGICA

Art. 8º A Avaliação Ambiental Estratégica do processo de desenvolvimento setorial deve ter periodicidade quinquenal e analisar de forma sistemática as consequências ambientais de políticas, planos e programas públicos e privados, frente aos desafios das mudanças climáticas, dentre outros aspectos considerando:

I – o Zoneamento Ecológico-Econômico, revisto a cada 10 (dez) anos, para disciplinar as atividades produtivas, a racional utilização de recursos naturais, o uso e a ocupação do solo paulista, como base para modelos locais de desenvolvimento sustentável;

II – estratégias aplicáveis àquelas zonas e atividades de maior vulnerabilidade às mudanças climáticas, prováveis impactos e medidas de prevenção e adaptação;

III – a definição, quando aplicável, de metas de redução de emissões de gases de efeito estufa, setoriais ou tecnológicas;

IV – os diversos aspectos de transporte sustentável;

V – as peculiaridades locais, a relação entre os municípios, as iniciativas de âmbito metropolitano, os modelos regionais e a ação integrada entre os órgãos públicos;

VI – políticas e medidas para realizar a mitigação de emissões de gases de efeito estufa e ampliação dos sumidouros de carbono;

VII – medidas de prevenção e adaptação aos impactos das mudanças do clima;

VIII – estratégias de redução das emissões e absorção por sumidouros induzidas em outras regiões pelas atividades econômicas paulistas, bem como a difusão, para outras regiões, das boas práticas verificadas no Estado de São Paulo;

IX – a proposição de padrões ambientais de qualidade e outros indicadores de sustentabilidade que, com acompanhamento e periódica revisão, norteiem as políticas e ações correlatas a esta lei;

X – planos de assistência aos municípios para inventário de emissões e sumidouros, ações de mitigação e adaptação aos eventos climáticos extremos.

Parágrafo único – A Secretaria do Meio Ambiente deverá coordenar a definição de indicadores ambientais que permitam avaliar os efeitos da aplicação desta lei e publicar os resultados de seu acompanhamento.

SEÇÃO VIII
DO REGISTRO PÚBLICO DE EMISSÕES

Art. 9º O Estado criará e manterá o Registro Público de Emissões, com o objetivo de estabelecer critérios mensuráveis e o transparente acompanhamento do resultado de medidas de mitigação e absorção de gases de efeito estufa, bem como auxiliar os agentes privados e públicos na definição de estratégias para aumento de eficiência e produtividade.

§ 1º A participação no Registro Público de Emissões se dará de forma voluntária, observadas as seguintes etapas:

1 – formalização da adesão, por meio da assinatura de um protocolo;

2 – capacitação e treinamento para a certificação;

3 – identificação das fontes de emissão de gases de efeito estufa;

4 – reunião de informações e documentação para comprovar as emissões;

5 – cálculo das emissões, conforme metodologia previamente aprovada e publicada pela Companhia Ambiental do Estado de São Paulo – CETESB, válida para o ano-calendário seguinte, harmonizada com os capí-

tulos e setores da Comunicação Estadual, incluindose as emissões indiretas pelo uso de eletricidade, calor de processo e cogeração;

6 – certificação das emissões declaradas, por terceira parte independente e credenciada, nos casos previstos;

7 – declaração das emissões realizadas no ano calendário anterior.

§ 2º O Poder Público definirá, entre outros, os seguintes incentivos para a adesão ao Registro Público:

1 – fomento para reduções de emissões de gases de efeito estufa;

2 – ampliação do prazo de renovação de licenças ambientais;

3 – priorização e menores taxas de juros em financiamentos públicos;

4 – certificação de conformidade;

5 – incentivos fiscais.

§ 3º O Registro Público de Emissões deverá ser realizado de acordo com a seguinte abrangência:

1 – por empreendimento e por conjunto de empreendimentos, no caso de pessoas jurídicas de direito privado;

2 – em sua totalidade, no caso de pessoa jurídica de direito público.

§ 4º A CETESB definirá critérios de linhas de corte que estabeleçam a obrigatoriedade da certificação por terceira parte das emissões informadas ao Registro Público de Emissões.

SEÇÃO IX
DO DISCIPLINAMENTO DO USO DO SOLO

Art. 10. O disciplinamento do uso do solo urbano e rural, dentre outros resultados, buscará:

I – prevenir e evitar a ocupação desordenada de áreas de vulnerabilidade direta e indireta, como o setor costeiro, zonas de encostas e fundos de vale;

II – atenuar os efeitos de desastres de origem climática, prevenir e reduzir os impactos, principalmente sobre áreas de maior vulnerabilidade;

III – promover o transporte sustentável e minimizar o consumo de combustíveis pelo deslocamento de pessoas e bens;

IV – ordenar a agricultura e as atividades extrativas, adaptar a produção a novos padrões de clima e disponibilidade hídrica, diversificar a produção para garantir o suprimento, conter a desertificação, utilizar áreas degradadas sem comprometer ecossistemas naturais, controlar queimadas e incêndios, prevenir a formação de erosões, proteger nascentes e fragmentos florestais, recompondo corredores de biodiversidade;

V – ordenar os múltiplos usos da água, permitindo a proteção de recursos hídricos, a gestão compartilhada e racional da água, além de prevenir ou mitigar efeitos de inundações;

VI – integrar a dimensão climática aos planos de macrodrenagem e recursos hídricos;

VII – incorporar as alterações e formas de proteção do microclima no ordenamento territorial urbano, protegendo a vegetação arbórea nativa;

VIII – delimitar, demarcar e recompor com cobertura vegetal áreas de reserva legal e, principalmente, áreas de preservação permanente, matas ciliares, fragmentos e remanescentes florestais;

IX – identificar e mapear as vulnerabilidades existentes nos territórios municipais, como base para políticas locais de adaptação aos impactos decorrentes das mudanças climáticas;

X – manter atualizado o levantamento de áreas a serem preservadas pelo Estado ou Municípios, necessárias para a manutenção do equilíbrio bioclimático do território paulista;

XI – aumentar a cobertura vegetal das áreas urbanas, promovendo o plantio de espécies adequadas à redução das chamadas ilhas de calor;

XII – promover a descentralização da atividade econômica e dos serviços públicos, com foco na redução da demanda por transporte.

SEÇÃO X
DA PRODUÇÃO, COMÉRCIO E CONSUMO

Art. 11. Cabe ao Poder Público propor e fomentar medidas que privilegiem padrões sustentáveis de produção, comércio e consumo, de maneira a reduzir a demanda de insumos, utilizar materiais menos impactantes e gerar menos resíduos, com a consequente redução das emissões dos gases de efeito estufa.

Art. 12. Para os fins do art. 11 deverão ser consideradas, dentre outras, as iniciativas nas áreas de:

I – licitação sustentável, para adequação do perfil e poder de compra do Poder Público estadual em todas as suas instâncias;

II – responsabilidade pós-consumo, incorporando externalidades ambientais e privilegiando o uso de bens e materiais que tenham reuso ou reciclagem consolidados;

III – conservação de energia, estimulando a eficiência na produção e no uso final das mercadorias;

IV – combustíveis mais limpos e energias renováveis, notadamente a solar, a bioenergia e a eólica;

V – extração mineral, minimizando o consumo de combustíveis fósseis na atividade mineradora, reduzindo o desmatamento, evitando assoreamento de rios pelas cavas, protegendo as encostas de morros e promovendo a recuperação vegetal;

VI – construção civil, promovendo nos projetos próprios ou incentivando em projetos de terceiros a habitação sustentável e de eficiência energética, redução de perdas, normas técnicas que assegurem qualidade e desempenho dos produtos, uso de materiais reciclados e de fontes alternativas e renováveis de energia;

VII – agricultura e atividades extrativas, adaptando a produção a novos padrões de clima e disponibilidade hídrica, reduzindo emissões de gases de efeito estufa por meio da racionalização do uso do solo rural e dos recursos naturais, favorecendo a bioenergia sustentável, diversificando a produção, utilizando as áreas degradadas sem comprometer os cerrados e outros ecossistemas naturais, controlando queimadas e incêndios, prevenindo a formação de erosões, protegendo nascentes e fragmentos florestais, recompondo corredores de biodiversidade;

VIII – pecuária, reduzindo a emissão de metano pela fermentação entérica em animais e a pressão dessas atividades sobre florestas e outros ecossistemas naturais;

IX – transporte, em todas as fases da produção e desta para o consumo, minimizando distâncias e uso de combustível fóssil, privilegiando o transporte coletivo, otimizadores do uso de recursos naturais;

X – eficiência energética nos edifícios públicos;

XI – macrodrenagem e múltiplos usos da água, assegurando a proteção de recursos hídricos, a gestão compartilhada e racional da água, além de prevenir ou mitigar efeitos de inundações;

XII – redução do desmatamento e queimadas, bem como recuperação de florestas e outros ecossistemas naturais que retenham o carbono da atmosfera, de forma direta dentro dos limites do Estado e de forma indireta em outras regiões, inclusive mediante controle e restrição do uso de madeira, carvão vegetal e outros insumos de origem florestal;

XIII – indústria, por meio do estímulo ao desenvolvimento e implementação de tecnologias menos intensivas no consumo de energia e menos poluentes, de processos produtivos que minimizem o consumo de materiais, e da responsabilidade no destino dos resíduos gerados pelo consumo.

Art. 13. O Estado poderá definir padrões de desempenho ambiental de produtos comercializados em seu território, devendo as informações ser prestadas pelos fabricantes ou importadores.

Parágrafo único – Cabe ao Conselho Estadual do Meio Ambiente aprovar os padrões referidos no "caput" deste artigo, após sua definição pela CETESB, que poderá articular-se com outros organismos técnicos mediante convênios e demais instrumentos de cooperação.

Art. 14. O Estado estabelecerá parcerias com entes públicos e privados com o objetivo de capacitar e auxiliar o micro e pequeno empreendedor em projetos de redução de emissão de gases de efeito estufa.

SEÇÃO XI
DO LICENCIAMENTO, PREVENÇÃO E CONTROLE DE IMPACTOS AMBIENTAIS

Art. 15. O licenciamento ambiental de empreendimentos e suas bases de dados deverão incorporar a finalidade climática, compatibilizando-se com a Comunicação Estadual, a Avaliação Ambiental Estratégica e o Registro Público de Emissões.

§ 1º A redução na emissão de gases de efeito estufa deverá ser integrada ao controle da poluição atmosférica e ao gerenciamento da qualidade do ar e das águas, instrumentos pelos quais o Poder Público impõe limites para a emissão de contaminantes locais.

§ 2º O Poder Público orientará a sociedade sobre os fins desta lei por meio de outros instrumentos normativos, normas técnicas e manuais de boas práticas.

SEÇÃO XII
DO TRANSPORTE SUSTENTÁVEL

Art. 16. Políticas públicas deverão priorizar o transporte sustentável, no sentido de minimizar as emissões de gases de efeito estufa, atendendo aos seguintes fins e exigências:

I – prioridade para o transporte não motorizado de pessoas e para o transporte coletivo sobre o transporte motorizado individual;

II – adoção de metas para a implantação de rede metroferroviária, corredores de ônibus, ampliação do serviço de transporte aquaviário urbano e ciclovias para trabalho e lazer, com combinação de modais de transporte;

III – adoção de metas para a ampliação da oferta de transporte público, e estímulo ao desenvolvimento, implantação e utilização de meios de transporte menos poluidores;

IV – implantação do bilhete único, visando a modicidade tarifária em todas as regiões metropolitanas e regiões afins do Estado com a finalidade de incentivar a utilização do transporte público;

V – racionalização e redistribuição da demanda pelo espaço viário, melhora da fluidez no tráfego, redução da frequência e intensidade dos congestionamentos;

VI – estímulo a entrepostos de veículos de carga e outras opções de troca de modais que permitam a redistribuição capilar de produtos;

VII – estímulo à implantação de atividades econômicas geradoras de emprego e serviços públicos em áreas periféricas predominantemente residenciais;

VIII – coordenação com a Avaliação Ambiental Estratégica;

IX – controle e redução de emissões de veículos novos e em circulação;

X – renovação da frota em uso;

XI – informação clara e transparente ao consumidor sobre os veículos, no que se refere às emissões atmosféricas de poluentes locais e gases de efeito estufa e ao consumo de combustível;

XII – definição de padrões de desempenho ambiental de veículos, estabelecimento de indicadores e rotulagem ambiental;

XIII – informação ao público em geral sobre tópicos como:

a) poluição do ar e contribuição para o aumento do efeito estufa;

b) impactos sobre a saúde humana e meio ambiente;

c) efeitos socioeconômicos e sobre a infraestrutura;

d) planos de transporte e ações de mobilidade;

XIV – prioridade na fiscalização de emissões de poluentes e inspeção veicular;

XV – cadastro ambiental de veículos, em conexão com a Inspeção Veicular;

XVI – inventário de emissões, parte da Comunicação Estadual;

XVII – medidas de emergência e de restrição à circulação de veículos, para evitar a ocorrência de episódios críticos de poluição atmosférica, respeitados os usos essenciais definidos em lei;

XVIII – controle de emissões evaporativas em veículos, bem como postos de abastecimento, bases, terminais e estações de transferência de combustíveis;

XIX – planejamento e adoção de medidas inibidoras das condutas de trânsito que agravem as condições ambientais;

XX – medidas que levem à distribuição da ocupação de vias e rodovias, como o escalonamento de horários de utilização de vias públicas;

XXI – combate a medidas e situações que, de qualquer forma, estimulem a permanência de veículos obsoletos e o uso de combustíveis mais poluentes, em termos de emissão de gases de efeito estufa;

XXII – cobrança por atividades emissoras de gases de efeito estufa e pelo uso de vias terrestres;

XXIII – condições para privilegiar modais de transporte mais eficientes e com menor emissão por passageiro ou unidade de carga;

XXIV – proteção da cobertura vegetal existente e incremento da arborização pública e de cortinas de vegetação;

XXV – racionalização do sistema de transporte, com medidas estruturais e de planejamento, tais como:

a) desestímulo ao transporte motorizado individual e à demanda de infraestrutura urbana por veículos particulares, por meio, entre outros, da expansão e integração, inclusive tarifária, de outros modais de viagem, tais como o sistema sobre trilhos, o sistema sobre pneus de média capacidade e o sistema aquaviário;

b) modais ambientalmente preferíveis para o transporte de pessoas e bens;

c) corredores urbanos, anéis viários e outras obras de infraestrutura urbana;

d) coordenação de ações em regiões metropolitanas e harmonização de iniciativas municipais;

e) outras estratégias adequadas de mobilidade;

f) melhoria da comunicação nos sistemas viários e de transporte, com foco na otimização do tráfego, aumento da segurança, diminuição dos impactos ambientais e das condutas abusivas ao trânsito;

XXVI – educação ambiental, debates públicos, campanhas de esclarecimento e conscientização;

XXVII – adequação da matriz energética, dentre outros instrumentos, por meio de:

a) melhoria da qualidade dos combustíveis;

b) transição para fontes menos impactantes;

c) conservação de energia;

d) indução ao uso de sistemas eletrificados de transporte coletivo, especialmente em áreas adensadas;

e) carona solidária e outras formas de uso compartilhado de transporte individual;

f) estímulo a veículos individuais de menor porte, mais eficientes e menos emissores de gases de efeito estufa;

g) estabelecimento e acompanhamento de indicadores de desempenho energético e ambiental;

XXVIII – fomento a pesquisas e desenvolvimento na área do transporte sustentável;

XXIX – revisão das políticas energética e fiscal do Estado para a conservação de energia e o aumento da participação das fontes renováveis na matriz.

SEÇÃO XIII *DO GERENCIAMENTO DE RECURSOS HÍDRICOS, RESÍDUOS E EFLUENTES*

Art. 17. A Política Estadual de Recursos Hídricos, o Sistema Integrado de Gerenciamento de Recursos Hídricos, o Plano Estadual de Recursos Hídricos, os Planos de Bacias Hidrográficas, os Comitês de Bacia Hidrográfica, o Comitê Coordenador do Plano Estadual de Recursos Hídricos e o Conselho Estadual de Recursos Hídricos devem considerar as mudanças climáticas, a definição das áreas de maior vulnerabilidade e as ações de prevenção, mitigação e adaptação estabelecidas nesta lei.

Art. 18. O Plano Diretor de Resíduos Sólidos e as ações no âmbito da Política Estadual de Resíduos Sólidos devem contemplar as mudanças climáticas, a definição das áreas de maior vulnerabilidade e as ações de prevenção, adaptação e mitigação, com ênfase na prevenção, redução, reuso, reciclagem e recuperação do conteúdo energético dos resíduos, nessa ordem.

Art. 19. O Estado incentivará a recuperação de metano gerado pela digestão anaeróbia de sistemas de tratamento de esgotos domésticos, efluentes industriais, resíduos rurais e resíduos sólidos urbanos.

SEÇÃO XIV *DO PLANEJAMENTO EMERGENCIAL CONTRA CATÁSTROFES*

Art. 20. O Poder Executivo estabelecerá um Plano Estratégico para Ações Emergenciais – PEAE, para resposta a eventos climáticos extremos que possam gerar situação de calamidade pública em território paulista, notadamente em áreas de vulnerabilidade direta.

SEÇÃO XV *DA EDUCAÇÃO, CAPACITAÇÃO E INFORMAÇÃO*

Art. 21. Ao Poder Público incumbirá, juntamente com a sociedade civil:

I – desenvolver programas de sensibilização, conscientização, mobilização e disseminação de informações, para que a sociedade civil possa efetivamente contribuir com a proteção do sistema climático, em particular divulgar informações ao consumidor sobre o impacto de emissões de gases de efeito estufa dos produtos e serviços;

II – apoiar e facilitar a realização de estudos, pesquisas e ações de educação e capacitação nos temas relacionados às Mudanças Climáticas, com particular ênfase na execução de inventários de emissões e sumidouros, bem como na identificação das vulnerabilidades decorrentes do aumento médio da temperatura do planeta, para fins de promover medidas de prevenção, adaptação e de mitigação;

III – estimular linhas de pesquisa sobre as mudanças climáticas, impactos, mitigação, vulnerabilidade, adaptação e novas tecnologias de menor emissão de gases de efeito estufa, inclusive mediante convênios públicos com universidades e institutos;

IV – integrar às ações de governo os resultados das pesquisas técnico-científicas;

V – fomentar e articular ações em âmbito municipal, oferecendo assistência técnica em tópicos como transporte sustentável, uso do solo, recuperação florestal, conservação de energia, gerenciamento de resíduos e mitigação de emissões de metano.

SEÇÃO XVI *DOS INSTRUMENTOS ECONÔMICOS*

Art. 22. Para os objetivos desta lei, o Poder Executivo deverá:

I – criar instrumentos econômicos e estimular o crédito financeiro voltado a medidas de mitigação de emissões de gases de efeito estufa e de adaptação aos impactos das mudanças climáticas;

II - estabelecer preços e tarifas públicas, tributos e outras formas de cobrança por atividades emissoras de gases de efeito estufa;

III - desenvolver estímulos econômicos para a manutenção de florestas existentes e desmatamento evitado, compensação voluntária pelo plantio de árvores, recuperação da vegetação e proteção de florestas;

IV - estimular a implantação de projetos que utilizem o Mecanismo de Desenvolvimento Limpo - MDL, a fim de que se beneficiem do "Mercado de Carbono", decorrente do Protocolo de Quioto, e de outros mercados similares, por meio de:

a) mecanismos de caráter institucional e regulatório, bem como auxílio na interlocução com investidores nacionais e estrangeiros, públicos ou privados;

b) estímulo a projetos MDL que auxiliem a recuperação e conservação da biodiversidade paulista;

c) capacitação de empreendedores de projetos MDL em suas várias etapas;

d) disseminação das normas relativas aos critérios e metodologias emanadas do Comitê Executivo do MDL, no que se refere à adicionalidade e outras matérias;

e) auxílio na interlocução junto à Comissão Interministerial de Mudanças Globais do Clima - CIMGC, e outras entidades oficiais;

f) estímulo à obtenção de créditos de carbono originados de projetos MDL, com ênfase nas vantagens competitivas decorrentes da adoção de práticas de sustentabilidade por empreendedores brasileiros.

Art. 23. O Poder Executivo instituirá, mediante decreto, o Programa de Remanescentes Florestais, sob coordenação da Secretaria do Meio Ambiente, com o objetivo de fomentar a delimitação, demarcação e recuperação de matas ciliares e outros tipos de fragmentos florestais, podendo prever, para consecução de suas finalidades, o pagamento por serviços ambientais aos proprietários rurais conservacionistas, bem como incentivos econômicos a políticas voluntárias de redução de desmatamento e proteção ambiental.

Art. 24. Os recursos advindos da comercialização das reduções certificadas de emissões (RCEs) de gases de efeito estufa que forem de titularidade da Administração Pública deverão ser aplicados prioritariamente na recuperação do meio ambiente e na melhoria da qualidade de vida da comunidade moradora do entorno do projeto.

Art. 25. Nos termos do art. 17 desta lei, a aplicação dos recursos do Fundo Estadual de Recursos Hídricos - FEHIDRO deverá contemplar as mudanças climáticas, a definição das áreas de maior vulnerabilidade e as ações de prevenção, mitigação e adaptação.

Art. 26. A aplicação de recursos do Fundo Estadual de Controle e Prevenção da Poluição - FECOP, de que trata o art. 2º da Lei nº 11.160, de 18 de junho de 2002, deverá contemplar as ações e planos específicos de enfrentamento dos efeitos das alterações do clima.

Parágrafo único - Terão prioridade no acesso aos recursos previstos no caput deste artigo:

1 - as regiões mais atingidas por catástrofes naturais relacionadas ao clima;

2 - os municípios com maiores índices de vulnerabilidade a mudanças climáticas;

3 - os setores da economia mais afetados pelas mudanças do clima;

4 - os municípios que aportem contribuições e contrapartidas ao Fundo.

SEÇÃO XVII
DA ARTICULAÇÃO E OPERACIONALIZAÇÃO

Art. 27. Os princípios, objetivos, diretrizes e instrumentos das políticas públicas e programas governamentais deverão ser compatíveis com esta lei, cabendo ao Poder Público e entidades do terceiro setor:

I - desenvolver programas de adaptação às mudanças climáticas e aos eventos climáticos extremos que priorizem as populações mais vulneráveis, a fim de facilitar a interação entre a sociedade civil e o Poder Público paulista para promover a internalização do tema nas esferas de atuação dos atores sociais relevantes, tais como Secretarias de Estado, Autarquias e Fundações estaduais e municipais, Prefeituras, setores empresarial e acadêmico, sociedade civil organizada e meios de comunicação social;

II - estabelecer mecanismos jurídicos para a proteção da saúde humana e ambiental, de defesa do consumidor e de demais interesses difusos relacionados com os objetivos desta lei;

III - realizar acordos setoriais de redução voluntária das emissões de gases de efeito estufa entre o Governo Estadual e entidades empresariais privadas;

IV - fortalecer as instâncias de governo ligadas às ações de proteção do sistema climático e capacitar entidades públicas e privadas para fomentar a adesão às ações relacionadas com esta lei;

V - realizar ampla e frequente consulta à sociedade civil, garantindo também a participação constante e ativa nos fóruns e a articulação com outras políticas e programas, nas esferas nacional ou internacional, isolada ou conjuntamente considerados, que possam contribuir com a proteção do sistema climático;

VI – incentivar e articular iniciativas de âmbito municipal, cooperando com a esfera federal, respeitadas as respectivas competências, com gerenciamento integrado e estratégico;

VII – estimular a cooperação entre governos, organismos internacionais, agências multilaterais, organizações não governamentais internacionais e entidades paulistas no campo das mudanças climáticas globais;

VIII – apoiar a obtenção de financiamentos nacionais e internacionais para aplicação em programas e ações no Estado relacionados às mudanças climáticas;

IX – estimular a participação das entidades paulistas nas Conferências das Partes da Convenção-Quadro das Nações Unidas sobre Mudanças Climáticas e do Protocolo de Quioto;

X – estimular a incorporação da dimensão climática no processo decisório relativo às políticas setoriais que se relacionem com emissões e sequestro de gases de efeito estufa, bem como estimular a adoção de práticas e tecnologias mitigadoras das emissões dos referidos gases, de modo a assegurar a competitividade da economia paulista;

XI – buscar a integração dos objetivos desta lei com iniciativas decorrentes da Convenção de Viena, do Protocolo de Montreal e demais convenções e acordos internacionais correlatos, ratificados pelo Brasil;

XII – promover articulação e intercâmbio entre as esferas estadual e federal, de modo a facilitar a acessibilidade aos dados e informações produzidos por órgãos públicos, necessários à elaboração dos inventários das emissões de gases de efeito estufa pelos municípios.

XIII – apoiar a Defesa Civil dos municípios;

XIV – priorizar a instalação de serviços públicos em regiões periféricas predominantemente residenciais;

Art. 28. Os órgãos integrantes do Sistema Estadual do Meio Ambiente deverão compatibilizar a aplicação dos instrumentos da Política Estadual do Meio Ambiente com os princípios, objetivos, diretrizes e instrumentos da PEMC.

Parágrafo único – O Programa de Mudanças Climáticas do Estado de São Paulo – PROCLIMA, coordenará as ações estaduais sistemáticas de inventário e acompanhará o monitoramento de vulnerabilidades, implementação de medidas de adaptação e a sistematização de informações sobre as emissões de gases de efeito estufa.

Art. 29. O Poder Executivo criará, em prazo não superior a 6 (seis) meses, contados da publicação desta lei, o Conselho Estadual de Mudanças Climáticas, com a finalidade de acompanhar a implantação e fiscalizar a execução da Política Estadual de Mudanças Climáticas.

Parágrafo único – O Conselho Estadual de Mudanças Climáticas terá caráter consultivo e composição tripartite, sendo integrado por representantes do Governo do Estado, dos municípios e da sociedade civil.

Art. 30. A Secretaria de Meio Ambiente fixará as diretrizes para a elaboração da Comunicação Estadual, da Avaliação Ambiental Estratégica e do Registro Público de Emissões.

SEÇÃO XVIII
DAS METAS E PRAZOS

Art. 31. O Estado definirá medidas reais, mensuráveis e verificáveis para reduzir suas emissões antrópicas de gases de efeito estufa, devendo para tanto adotar, dentre outros instrumentos:

I – metas de estabilização ou redução de emissões, individual ou conjuntamente com outras regiões do Brasil e do mundo;

II – metas de eficiência setoriais, tendo por base as emissões de gases de efeito estufa inventariadas para cada setor e parâmetros de eficiência que identifiquem, dentro de cada setor, padrões positivos de referência;

III – mecanismos adicionais de troca de direitos obtidos.

SEÇÃO XIX
DISPOSIÇÕES FINAIS

Art. 32. O Poder Executivo, por intermédio da Secretaria do Meio Ambiente, deverá finalizar e comunicar, até dezembro de 2010, o inventário das emissões por atividades antrópicas dos gases de efeito estufa que definirão as bases para o estabelecimento de metas pelo Estado.

§ 1º O Estado terá a meta de redução global de 20% (vinte por cento) das emissões de dióxido de carbono (CO2), relativas a 2005, em 2020.

§ 2º Ao Poder Executivo será facultado, a cada 5 (cinco) anos, fixar metas indicativas intermediárias, globais ou setoriais, antes de 2020.

Art. 33. O Governo do Estado, assumindo sua tarefa no enfrentamento do desafio das mudanças climáticas globais, compromete-se, dentro dos seguintes prazos, após a publicação desta lei, a:

I - elaborar sua Comunicação em até 1 (um) ano;

II - publicar a metodologia para o Registro Público de Emissões em até 6 (seis) meses;

III - publicar os resultados do Registro Público de Emissões em até 1 (um) ano;

IV - definir os critérios para a Avaliação Ambiental Estratégica e o Zoneamento Econômico-Ecológico em até 6 (seis) meses;

V - implantar a Avaliação Ambiental Estratégica em até 2 (dois) anos;

VI - implantar o Zoneamento Econômico-Ecológico em até 2 (dois) anos;

VII - elaborar o Plano de Transporte Sustentável em até 1 (um) ano;

VIII - organizar o modelo de licitação pública sustentável em até 1 (um) ano;

IX - elaborar um plano participativo de adaptação aos efeitos das mudanças climáticas, contemplando catástrofes de origem climática, em até 2 (dois) anos;

X - tornar públicas, em até 6 (seis) meses, as informações sobre emissões de gases de efeito estufa e outros poluentes dos veículos automotores homologados pelo Programa Nacional de Controle de Emissões Veiculares - PROCONVE comercializados no Estado, facultada a definição de critério de rotulagem ambiental.

Parágrafo único - O Governo do Estado compromete-se a divulgar dentro do prazo de 3 (três) meses após a publicação desta lei, cronograma com detalhamento das etapas para cumprimento dos prazos dos incisos I a X do "caput" deste artigo.

Art. 34. Esta lei entra em vigor na data de sua publicação.

AMBIENTAL

DECRETO Nº 55.087, DE 27 DE NOVEMBRO DE 2009

Regulamenta dispositivos da Lei nº 13.507, de 2009, que dispõe sobre o Conselho Estadual do Meio Ambiente – CONSEMA, e dá providências correlatas.

Art. 1º Este decreto regulamenta dispositivos da Lei nº 13.507, de 23 de abril de 2009, que dispõe sobre o Conselho Estadual do Meio Ambiente – CONSEMA.

Art. 2º São atribuições do CONSEMA:

I – estabelecer normas relativas à avaliação, ao controle, à manutenção, à recuperação e à melhoria da qualidade ambiental;

II – opinar sobre a prevenção da poluição e de outras formas de degradação ambiental, sem prejuízo das competências atribuídas aos demais órgãos integrantes do Sistema Estadual de Administração da Qualidade Ambiental, Proteção, Controle e Desenvolvimento do Meio Ambiente e Uso Adequado dos Recursos Naturais – SEAQUA;

III – emitir pronunciamento prévio a respeito da Política Estadual do Meio Ambiente e acompanhar sua execução;

IV – avaliar as políticas públicas com relevante impacto ambiental e propor mecanismos de mitigação e recuperação do meio ambiente;

V – manifestar-se sobre a Avaliação Ambiental Estratégica das políticas, planos e programas ambientais;

VI – apreciar Estudos de Impacto Ambiental – EIA e seus respectivos Relatórios de Impacto sobre o Meio Ambiente – RIMA, por solicitação do Secretário de Infraestrutura e Meio Ambiente ou por decisão do Plenário, mediante requerimento de um quarto de seus membros;" (NR)

– redação dada pelo Decreto nº 64.122, de 01/03/2019

VII – manifestar-se previamente sobre a instituição de espaços especialmente protegidos e zoneamentos ecológico-econômicos, bem como sobre a instituição de planos de manejo das unidades de conservação;

VIII – incentivar a criação e o funcionamento institucional dos Conselhos Municipais de Meio Ambiente;

IX – decidir, em instância administrativa, os recursos a respeito de matérias que lhe forem submetidos para apreciação;

X – solicitar informações aos órgãos e às entidades da administração direta, indireta e fundacional do Estado, da União e dos Municípios, cujas atividades estejam relacionadas com a proteção da qualidade ambiental, o disciplinamento e o controle do uso dos recursos ambientais, assim como aos responsáveis pela execução de programas e projetos e pelo controle de fiscalização de atividades capazes de provocar degradação ambiental;

XI – apreciar o Relatório Anual da Qualidade Ambiental do Estado de São Paulo, emitindo manifestação conclusiva, em conformidade com o disposto no § 2º do art. 16 da Lei nº 9.509, de 20 de março de 1997;

XII – conduzir audiências públicas para debates de processos de licenciamento ambiental sujeitos a EIA/RIMA, de criação de unidades de conservação, ou de qualquer outra questão de interesse ambiental, nas hipóteses previstas no § 5º do art. 19 da Lei nº 9.509 de 20 de março de 1997;

XIII – criar ou extinguir Comissões Temáticas e Câmaras Regionais, mediante proposta do Secretário de Infraestrutura e Meio Ambiente;"; (NR)

– redação dada pelo Decreto nº 64.122, de 01/03/2019

XIV – aprovar e alterar seu regimento interno.

§ 1º Poderão ter a iniciativa para a proposição, ao Plenário do CONSEMA, das normas elencadas no inciso I deste artigo:

1. os participantes do plenário do CONSEMA, mediante requerimento de um quarto de seus membros;

2. seu Presidente.

§ 2º Os órgãos e entidades vinculadas à Secretaria de Infraestrutura e Meio Ambiente poderão propor a edição de normas pelo CONSEMA mediante representação a seu Secretário-Executivo, que submeterá o tema à apreciação de seu Presidente."; (NR)

– redação dada pelo Decreto nº 64.122, de 01/03/2019

§ 3º O CONSEMA poderá manifestar-se a respeito de normas técnicas expedidas pelos órgãos e entidades estaduais do SEAQUA.

§ 4º Na hipótese do inciso VI deste artigo, o CONSEMA poderá estabelecer critérios específicos para a apreciação do EIA/RIMA, manifestando-se a respeito das condicionantes do licenciamento, bem como das medidas mitigadoras e compensatórias pertinentes ao caso concreto.

Art. 3º Nos procedimentos referentes a auto de infração por desrespeito à legislação ambiental, caberá recurso especial ao CONSEMA desde que presentes os seguintes requisitos, cumulativamente:"; (NR)

– redação dada pelo Decreto nº 64.122, de 01/03/2019

I – decisões proferidas em grau de recurso pelas autoridades ou órgãos do SEAQUA relativas a penalidades de multa de valor superior a 7.500 (sete mil e quinhentas) UFESP's;

II – aplicação da pena de interdição.

§ 1º O recurso especial será interposto no prazo de 10 (dez) dias, contados da data da publicação ou notificação da decisão, e será dirigido à autoridade ou órgão prolator da decisão que, se não a reconsiderar no prazo de 5 (cinco) dias, encaminhará o recurso devidamente instruído ao CONSEMA.

§ 2º O recurso especial deverá ser formulado por petição fundamentada e não será conhecido se interposto fora do prazo.

§ 3º O recurso especial não terá efeito suspensivo, salvo quanto à penalidade de multa.

§ 4º Não caberá recurso das decisões proferidas pelo CONSEMA em grau de recurso especial.

Art. 4º O CONSEMA terá a seguinte estrutura:

I – Presidência;

II – Secretaria Executiva;

III – Plenário;

IV – Comissões Temáticas;

V – Câmaras Regionais.

Art. 5º O CONSEMA será presidido pelo Secretário de Infraestrutura e Meio Ambiente, sendo seu substituto legal o responsável pela Subsecretaria do Meio Ambiente.

– redação dada pelo Decreto nº 64.122, de 01/03/2019

Parágrafo único – O Secretário-Executivo do CONSEMA substituirá o Presidente, nos termos do "caput", em suas ausências e impedimentos."; (NR)

– redação dada pelo Decreto nº 64.122, de 01/03/2019

Art. 6º O Presidente do CONSEMA terá as seguintes competências, além daquelas que decorrem de suas funções ou prerrogativas:

I – representar o CONSEMA;

II – dar posse e exercício aos conselheiros;

III – presidir as reuniões do Plenário;

IV – votar como conselheiro e exercer o voto de qualidade;

V – resolver as questões de ordem nas reuniões do Plenário;

VI – determinar a execução das deliberações do Plenário, por meio do Secretário-Executivo;

VII – convocar ou convidar pessoas ou representantes de entidades para participar das reuniões plenárias do CONSEMA, sem direito a voto;

VIII – tomar medidas de caráter urgente submetendo-as, na reunião imediata, à homologação do Plenário;

IX – submeter Estudos de Impacto Ambiental – EIA e seus respectivos Relatórios de Impacto sobre o Meio Ambiente – RIMA à apreciação do Plenário, nos termos do inciso VI do artigo 2º da Lei nº 13.507, de 23 de abril de 2009, e nos termos deste decreto."; (NR)

– redação dada pelo Decreto nº 64.122, de 01/03/2019

Parágrafo único – O Presidente do CONSEMA poderá delegar as competências previstas neste artigo.

Art. 7º A Secretaria Executiva atuará como unidade de apoio, encarregada de desempenhar atividades administrativas e propiciar os meios necessários para o adequado funcionamento do CONSEMA, dando o encaminhamento adequado às suas deliberações e recomendações.

§ 1º São atribuições da Secretaria Executiva do CONSEMA:

1. agendar e preparar as reuniões do Plenário e das Comissões Temáticas, assim como as audiências públicas previstas no inciso XII do art. 2º deste decreto;

2. preparar a instrução de processos e expedientes que tramitem pelo conselho;

3. acompanhar e manter atualizado o banco de dados da legislação e demais publicações de interesse do conselho;

4. fornecer subsídios para que o conselho possa contribuir para a elaboração legislativa de atos relacionados à sua área de atuação;

5. organizar e manter sistemas de acompanhamento e controle das atividades desenvolvidas pelo Plenário, pelas Comissões Temáticas e pelas Câmaras Regionais;

6. dar suporte ao trabalho das Comissões Temáticas;

7. dar suporte à organização e às atividades das Câmaras Regionais;

8. receber e dar o devido encaminhamento às proposições enviadas pelas Câmaras Regionais.

§ 2º Caberá à Secretaria de Infraestrutura e Meio Ambiente prover suporte administrativo, financeiro e operacional ao Conselho, como unidade integrante do Gabinete do Secretário.

- redação dada pelo Decreto nº 64.122, de 01/03/2019

§ 3º O Secretário de Infraestrutura e Meio Ambiente poderá solicitar o afastamento de empregados à Companhia Ambiental do Estado de São Paulo - CETESB para atuar junto à Secretaria Executiva do CONSEMA, devendo, para tanto, ser atendidas as normas legais aplicáveis à matéria."; (NR)

- redação dada pelo Decreto nº 64.122, de 01/03/2019

Art. 8º A Secretaria Executiva do CONSEMA será dirigida pelo Secretário-Executivo, que se reportará diretamente ao Presidente do Conselho.

Parágrafo único - As funções de Secretário-Executivo do CONSEMA, de seu substituto eventual e dos responsáveis pelos Núcleos previstos no artigo 10 deste decreto, serão exercidas mediante designação do Secretário de Infraestrutura e Meio Ambiente."; (NR)

- redação dada pelo Decreto nº 64.122, de 01/03/2019

Art. 9º São competências do Secretário-Executivo do CONSEMA:

I - assistir ao Presidente do CONSEMA no desempenho de suas funções;

II - providenciar a instrução de expedientes e processos a serem submetidos à consideração do Presidente ou à deliberação do Plenário;

III - propor o desenvolvimento de projetos, programas e atividades de interesse do CONSEMA;

IV - conduzir e secretariar as reuniões do Plenário, lavrando as respectivas atas;

V - convocar e conduzir as audiências públicas previstas no inciso XII do art. 2º deste decreto;

VI - providenciar a divulgação, no Diário Oficial do Estado, das decisões do CONSEMA;

VII - acompanhar os trabalhos das Comissões Temáticas e das Câmaras Regionais;

VIII - coordenar o trabalho dos Núcleos Técnicos da Secretaria Executiva do CONSEMA.

Art. 10. A Secretaria Executiva será integrada por dois Núcleos Técnicos:

I - Núcleo de Apoio Operacional;

II - Núcleo de Documentação e Consulta.

§ 1º São atribuições do Núcleo de Apoio Operacional:

1. estabelecer condições técnico-operacionais para organização e realização de reuniões do Plenário, das Comissões Temáticas e das Audiências Públicas;

2. acompanhar o desenvolvimento das reuniões, dando suporte aos participantes e assessorando a coordenação dos trabalhos;

3. encaminhar e monitorar as pendências decorrentes das reuniões e das audiências públicas;

4. organizar a agenda do CONSEMA e divulgá-la, inclusive por meios eletrônicos;

5. atender à demanda dos conselheiros no exercício de suas atividades, dando-lhes suporte para a consecução de seus trabalhos, inclusive no que tange a providências solicitadas junto aos órgãos integrantes do SEAQUA.

§ 2º São atribuições do Núcleo de Documentação e Consulta:

1. secretariar as reuniões do Plenário e as audiências públicas e redigir convocações, editais, relatórios, atas, despachos, moções e deliberações;

2. preparar e revisar documentos e textos para publicação e divulgação;

3. registrar, sistematizar e arquivar a documentação produzida;

4. organizar e conservar a memória técnico-institucional e a documentação oriunda das atividades do CONSEMA, atender à demanda interna e à consulta pública, inclusive através de meios eletrônicos;

5. fazer publicar e expedir documentação na forma do regimento interno e das deliberações CONSEMA;

6. alimentar a página do Conselho na Internet.

§ 3º Os Núcleos a que se refere este artigo não se caracterizam como unidades administrativas.

Art. 11. O Plenário é o órgão superior de deliberação do CONSEMA e será constituído na forma do art. 12 deste decreto.

§ 1º As decisões do CONSEMA serão tomadas por maioria simples e formalizadas por meio de deliberações, publicadas no Diário Oficial do Estado.

§ 2º As deliberação do CONSEMA com base no inciso I do art. 2º deste decreto terão a denominação de "Deliberação Normativa".

Art. 12. O Plenário do CONSEMA terá composição paritária entre órgãos e entidades governamentais do Estado de São Paulo e não governamentais, com sede neste Estado, e será integrado por 36 (trinta e seis) membros e seus respectivos suplentes, na seguinte conformidade:

I – O Secretário de Infraestrutura e Meio Ambiente, que o presidirá;

– redação dada pelo Decreto nº 64.122, de 01/03/2019

II – 17 (dezessete) representantes de órgãos e entidades governamentais, e seus respectivos suplentes, sendo:

– redação dada pelo Decreto nº 64.122, de 01/03/2019

a) 1 (um) da Subsecretaria do Meio Ambiente;

b) 1 (um) da Subsecretaria de Infraestrutura;

c) 1 (um) da Coordenadoria de Planejamento Ambiental;

d) 1 (um) da Coordenadoria de Fiscalização Ambiental;

e) 1 (um) da Coordenadoria de Educação Ambiental;

f) 1 (um) da Coordenadoria de Parques Urbanos;

g) 1 (um) da Fundação para a Conservação e a Produção Florestal do Estado de São Paulo;

h) 1 (um) da Companhia Ambiental do Estado de São Paulo – CETESB;

i) 1 (um) da Secretaria de Agricultura e Abastecimento;

j) 1 (um) do Comando de Policiamento Ambiental da Secretaria da Segurança Pública;

k) 1 (um) da Secretaria da Saúde;

l) 1 (um) da Secretaria de Logística e Transportes;

m) 1 (um) da Secretaria da Cultura e Economia Criativa;

n) 1 (um) da Secretaria da Habitação;

o) 1 (um) da Secretaria de Desenvolvimento Econômico;

p) 1 (um) da Secretaria de Turismo;

q) 1 (um) da Procuradoria Geral do Estado;

III – 18 (dezoito) representantes de entidades não governamentais, e seus respectivos suplentes, sendo:

– redação dada pelo Decreto nº 64.122, de 01/03/2019

a) 1 (um) da Federação das Indústrias do Estado de São Paulo – FIESP;

b) 1 (um) da Federação da Agricultura e Pecuária do Estado de São Paulo – FAESP";

c) 1 (um) do Ministério Público do Estado de São Paulo;

d) 1 (um) do Conselho Regional de Engenharia e Agronomia do Estado de São Paulo – CREA;

e) 1 da Associação Brasileira de Engenharia Sanitária e Ambiental – ABES;

f) 1 (um) da Ordem dos Advogados do Brasil, seccional São Paulo – OAB/SP;

g) 1 do Conselho de Arquitetura e Urbanismo de São Paulo – CAU;

h) 1 da Associação Nacional dos Órgãos Municipais de Meio Ambiente – ANAMMA;

i) 1 (um) da Associação Paulista de Municípios – APM;

j) 1 (um) da Universidade de São Paulo – USP;

k) 1 (um) da Universidade Estadual de Campinas – UNICAMP;

l) 1 (um) da Universidade Estadual Paulista "Júlio de Mesquita Filho" – UNESP;

m) 6 (seis) eleitos pelas entidades ambientalistas."; (NR).

§ 1º Somente poderão eleger representantes as entidades ambientalistas constituídas há pelo menos 1 (um) ano, nos termos da lei civil, desde que comprovem atuação efetiva na defesa ou preservação do meio ambiente, com regular cadastro junto à Secretaria de Infraestrutura e Meio Ambiente.

– redação dada pelo Decreto nº 64.122, de 01/03/2019

§ 2º Os cadastros de entidades ambientalistas serão organizados e administrados pela Coordenadoria de

Educação Ambiental, da Secretaria de Infraestrutura e Meio Ambiente."; (NR).

- redação dada pelo Decreto nº 64.122, de 01/03/2019

§ 3º Somente poderão eleger representantes os sindicatos dos trabalhadores regularmente cadastrados na Secretaria do Meio Ambiente, conforme regulamento a ser expedido.

§ 4º O Plenário do CONSEMA poderá convidar para participar de suas reuniões:"; (NR)

- redação dada pelo Decreto nº 64.122, de 01/03/2019

1. representantes de órgãos ou entidades públicas ou privadas, cuja participação seja considerada importante em razão da matéria em discussão;

2. pessoas que por seus conhecimentos ou experiências profissionais possam contribuir para a discussão das matérias em exame.

§ 5º Aos convidados mencionados no § 4º deste artigo não caberá o direito a voto, ficando garantido o direito a voz."

- acrescentado pelo Decreto nº 64.122, de 01/03/2019

Art. 13. O Governador do Estado nomeará os membros titulares e suplentes do Plenário do CONSEMA, indicados pelos dirigentes das entidades e dos órgãos representados.

§ 1º O mandato dos conselheiros será de 2 (dois) anos, sendo permitida uma recondução por igual período.

§ 2º Na hipótese de vacância, antes do término do mandato de membro do Plenário do CONSEMA, far-se-á nova designação para o período restante.

§ 3º É facultada, a qualquer tempo, a substituição de membro representante de órgãos e entidades governamentais do Plenário do CONSEMA pelo Governador do Estado.

§ 4º Representante de entidade não governamental somente poderá ser substituído por expressa e formal solicitação da entidade representada, que deverá ser acompanhada da indicação de novo titular ou suplente.

§ 5º Será deliberada pelo Plenário, mediante deliberação de dois terços de seus membros, a eventual exclusão do CONSEMA de membro titular ou suplente que:

1. não comparecer, durante o exercício do mandato, a duas reuniões seguidas ou a quatro alternadas, seja do Plenário seja das Comissões Temáticas, sem justificativa;

2. tiver procedimento incompatível com a dignidade da função, ou auferir vantagens ilícitas ou incompatíveis com o desempenho do mandato, na forma estabelecida pelo regimento interno.

§ 6º A função dos conselheiros do CONSEMA não será remunerada, sendo considerada serviço de natureza relevante.

Art. 14. Aos membros do Plenário do CONSEMA, representantes de entidades ambientalistas sediadas no interior do Estado, fica assegurado o custeio de despesas de deslocamento para o comparecimento às reuniões ordinárias constantes do calendário ou de convocação extraordinária, na forma que dispuser seu regimento interno.

Parágrafo único – As despesas mencionadas no "caput" serão custeadas com recursos próprios da Secretaria de Infraestrutura e Meio Ambiente."; (NR)

- redação dada pelo Decreto nº 64.122, de 01/03/2019

Art. 15. As Comissões Temáticas constituem órgãos auxiliares do Plenário do CONSEMA e terão sua composição e atribuições definidas no ato de sua criação.

§ 1º As Comissões Temáticas serão integradas por membros do Plenário do CONSEMA, podendo ter a participação de convidados, sem direito a voto.

§ 2º As Comissões Temáticas serão criadas e extintas pelo Plenário do CONSEMA, mediante proposta do Secretário de Infraestrutura e Meio Ambiente."; (NR)

- redação dada pelo Decreto nº 64.122, de 01/03/2019

Art. 16. ~~As Câmaras Regionais constituem órgãos colegiados consultivos encarregados da discussão e da elaboração de normas e de políticas ambientais de suas respectivas áreas territoriais de competência, a serem apreciadas pelas Comissões Temáticas ou pelo Plenário do CONSEMA, visando atender às peculiaridades locais ou regionais.~~

~~§ 1º As Câmaras Regionais serão instaladas em regiões do Estado que compreendem uma ou mais Unidades de Gerenciamento de Recursos Hídricos – UGRHI's.~~

~~§ 2º As Câmaras Regionais serão criadas e extintas pelo Plenário do CONSEMA, mediante proposta de seu Presidente.~~

~~§ 3º As Câmaras Regionais serão compostas por representantes de órgãos e entidades do setor público e da sociedade civil de suas respectivas regiões, designados pelo Presidente do CONSEMA, na forma do regimento interno do Conselho.~~

~~§ 4º O número de membros das Câmaras Regionais e sua respectiva composição serão estabelecidos na forma do regimento interno do CONSEMA.~~

~~§ 5º As unidades do SEAQUA localizadas no município sede da Câmara Regional darão todo o suporte necessário ao funcionamento da respectiva Câmara.~~

- revogado pelo art. 3º do Decreto nº 64.122, de 01/03/2019

Art. 17. O regimento interno do CONSEMA disporá sobre a organização, o funcionamento e outras matérias de interesse do Plenário, das Comissões Temáticas e das Câmaras Regionais, observado o disposto no inciso XIX, alínea "a", do art. 47 da Constituição Estadual, introduzido pela Emenda Constitucional nº 21, de 14 de fevereiro de 2006.

Art. 18. Os atuais conselheiros, designados nos termos da legislação anterior, permanecerão no exercício dos seus mandatos até a posse dos novos conselheiros designados nos termos deste decreto.

Art. 19. Todas as normas técnicas editadas pelo CONSEMA ou pelos órgãos e entidades vinculados à Secretaria de Infraestrutura e Meio Ambiente devem atender ao princípio da ampla publicidade.

- redação dada pelo Decreto nº 64.122, de 01/03/2019

Art. 20. O art. 122 do Decreto nº 54.653, de 6 de agosto de 2009, passa a vigorar com a seguinte redação:

"Art. 122. O Conselho Estadual do Meio Ambiente, criado pelo Decreto nº 20.903, de 26 de abril de 1983, na condição de órgão consultivo, normativo e recursal, integrante do Sistema Estadual de Administração da Qualidade Ambiental, Proteção, Controle e Desenvolvimento do Meio Ambiente e Uso Adequado dos Recursos Naturais – SEAQUA, é regido pela Lei nº 13.507, de 23 de abril de 2009, e pelo decreto que dispõe sobre sua regulamentação.".

Art. 21. Este decreto entra em vigor na data de sua publicação, ficando revogadas as disposições em contrário, em especial:

I – os artigos 123 a 127 do Decreto nº 53.027, de 26 de maio de 2008;

II – o parágrafo único do art. 122 do Decreto nº 54.653, de 6 de agosto de 2009.

DECRETO Nº 60.302, DE 27 DE MARÇO DE 2014

Institui o Sistema de Informação e Gestão de Áreas Protegidas e de Interesse Ambiental do Estado de São Paulo – SIGAP e dá providências correlatas.

ÍNDICE

GERALDO ALCKMIN, Governador do Estado de São Paulo, no uso de suas atribuições legais,

Decreta:

CAPÍTULO I *DAS DISPOSIÇÕES PRELIMINARES*

Art. 1º Fica instituído o Sistema de Informação e Gestão de Áreas Protegidas e de Interesse Ambiental do Estado de São Paulo – SIGAP, como instrumento de planejamento, de integração e de publicidade das ações do Poder Público visando assegurar um meio ambiente ecologicamente equilibrado.

Art. 2º O SIGAP será regido pelos seguintes objetivos e diretrizes:

I – integrar, organizar, catalogar e disponibilizar informações a respeito das áreas protegidas e de interesse ambiental existentes no Estado de São Paulo;

II – contribuir para a base de conhecimento ambiental territorial do Estado de São Paulo, a fim de fundamentar, planejar e implementar políticas públicas;

III – coordenar as informações sobre as áreas protegidas e de interesse ambiental, bem como estabelecer diretrizes para o monitoramento da utilização dos recursos naturais protegidos nestas áreas;

IV – garantir a conservação da diversidade biológica e dos recursos genéticos em todo o território estadual e nas águas jurisdicionais;

V – assegurar que no conjunto das Áreas Protegidas e de Interesse Ambiental estejam representadas amostras significativas, e ecologicamente viáveis, das diferentes populações, habitats e ecossistemas do território paulista e suas águas jurisdicionais, salvaguardando o patrimônio biológico existente;

VI – promover o desenvolvimento sustentável das comunidades e populações situadas no entorno e nas unidades de conservação de uso sustentável, aplicando princípios e práticas de conservação da natureza no processo de crescimento socioeconômico regional e valorizando econômica e socialmente a diversidade biológica com vistas a aumentar também o índice de desenvolvimento humano da região;

VII – contribuir para a melhoria da qualidade de vida da população no Estado de São Paulo, por meio da conservação "in situ" e "ex situ" da biodiversidade e do incentivo às ações de desenvolvimento sustentável;

VIII – assegurar a participação das populações locais na criação, implantação e gestão das unidades de conservação;

IX – incentivar as populações locais e as organizações privadas a estabelecerem e contribuírem com a administração e conservação das unidades de conservação, bem assim seus entornos e demais Áreas Protegidas e de Interesse Ambiental, considerando as condições e as necessidades das populações locais;

X – estimular a conservação da diversidade biológica e o uso sustentável de recursos naturais em terras de propriedade pública ou privada;

XI – buscar que sejam respeitados, preservados e mantidos o conhecimento, as inovações e práticas das comunidades locais e populações com estilo de vida tradicionais relevantes à conservação e à utilização sustentável da diversidade biológica;

XII – evitar o isolamento das unidades de conservação, criando condições para que estas participem dos processos socioeconômicos e culturais das regiões onde estão inseridas;

XIII – incentivar a promoção, implantação, implementação e avaliação da educação e interpretação ambiental, assim como a recreação em contato com a natureza e o turismo ecológico;

XIV – buscar parcerias que venham a contribuir na busca pela compatibilização da proteção da biodiversidade com o desenvolvimento sustentável da região nas quais estão inseridas as unidades de conservação, incentivando a participação das organizações locais;

XV – buscar formas para garantir meios de subsistência alternativos às populações tradicionais, cuja subsistência dependa da utilização de recursos naturais existentes no interior de unidades de conservação;

XVI – buscar formas para a repartição justa e equitativa dos benefícios advindos da pesquisa realizada nas unidades de conservação, bem como do uso de seus recursos biológicos e genéticos entre aquele que realizou a pesquisa ou fez uso dos recursos biológicos e genéticos e a unidade de conservação na qual tal processo se realizou;

XVII – identificar e buscar apoio e a cooperação de órgãos com afinidade na matéria, em especial de universidades, organizações não governamentais, organizações privadas e pessoas físicas, para o desenvolvimento de estudos, pesquisas científicas, práticas de educação ambiental, atividades de lazer e de turismo ecológico, monitoramento, manutenção e outras atividades de gestão e manejo de proteção integral, assim como de uso sustentável dos recursos, conforme assim requeiram as diversas categorias de manejo e proteção às áreas protegidas do Estado de São Paulo;

XVIII – assegurar que o processo de criação e gestão das unidades de conservação seja feito de forma integrada com as políticas de administração dos territórios e águas circundantes, considerando as condições e necessidades sociais e econômicas locais;

XIX – proteger as espécies ameaçadas de extinção no âmbito regional, assim como paisagens naturais e de notável beleza cênica;

XX – proteger as características relevantes de natureza geológica, geomorfológica, espeleológica, arqueológica, paleontológica e cultural, assim como proteger recursos hídricos e edáficos;

XXI – apoiar a restauração ecológica de ecossistemas degradados, conforme indicado em projeto oficial e aprovado pelo órgão competente;

XXII – proporcionar meios e incentivos para as atividades de pesquisa científica, estudos e monitoramento ambiental;

XXIII – buscar conferir às unidades de conservação e demais áreas protegidas, nos casos possíveis e respeitadas as normas legais e a conveniência da administração, autonomia administrativa e financeira;

XXIV – garantir uma alocação adequada dos recursos humanos e financeiros necessários para que, uma vez criadas, as unidades de conservação possam ser geridas de forma eficaz e atender aos seus objetivos;

XXV – buscar a proteção, de forma integrada e sempre que se mostrar conveniente e oportuna, de grandes áreas protegidas de diferentes categorias, próximas, justapostas ou contíguas, integrando as diferentes atividades de conservação da natureza, uso sustentável dos recursos naturais e a restauração e recuperação dos ecossistemas nelas contidos;

XXVI – garantir a realização, execução e periódica atualização e revisão de planos de manejo, com base em metodologias que privilegiem ampla participação da sociedade.

XXVII – contribuir com a conservação genética "in situ" e "ex situ" de espécies da fauna e flora.

Art. 3º O gerenciamento das áreas integrantes do SIGAP deve atender às seguintes prioridades:

I – ação coordenada de seus órgãos e entidades executores no processo de elaboração e implantação de planos de manejo;

II – implementação de estratégias que assegurem os processos de geração e manutenção da biodiversidade "in situ" no território estadual;

III – identificação de conflitos de uso dos recursos naturais e ocupações irregulares nas áreas protegidas, contribuindo para possíveis soluções;

IV – integração com ações e políticas de ordenamento territorial e desenvolvimento regional sustentável.

Art. 4º O SIGAP será gerido pelos seguintes órgãos e entidades, com as respectivas atribuições:

I – órgão consultivo, deliberativo e recursal: o Conselho Estadual do Meio Ambiente – CONSEMA, com as atribuições de acompanhar a implantação do SIGAP;

II – órgão central: a Secretaria do Meio Ambiente, com a atribuição de coordenar o SIGAP;

III – órgãos executores:

a) os órgãos da Secretaria do Meio Ambiente, com atribuição de implantar o SIGAP e de gerir de forma direta as áreas que o integram, em especial o Instituto Florestal;

b) Fundação para a Conservação e a Produção Florestal do Estado de São Paulo, com atribuição de fazer a gestão direta das áreas do SIGAP sob sua administração;

IV – órgãos colaboradores: demais órgãos e entidades integrantes do Sistema Estadual de Administração da Qualidade Ambiental – SEAQUA e entidades privadas que, de qualquer modo, contribuam para a execução de ações voltadas ao cumprimento dos objetivos e diretrizes do SIGAP.

CAPÍTULO II
DAS ÁREAS INTEGRANTES DO SIGAP

Art. 5º Para os fins previstos neste decreto, são áreas integrantes do SIGAP:

I – unidades de conservação da natureza, bem assim suas respectivas zonas de amortecimento e corredores ecológicos quando cabível, compreendendo as seguintes unidades de proteção integral e de uso sustentável:

a) Estação Ecológica: área destinada à preservação da natureza e à realização de pesquisas científicas;

b) Reserva Biológica: área destinada à preservação integral da biota e demais atributos naturais existentes em seus limites, sem interferência humana direta ou modificações ambientais, excetuando-se as medidas de recuperação de seus ecossistemas alterados e as ações de manejo necessárias para recuperar e preservar o equilíbrio natural, a diversidade biológica e os processos ecológicos naturais;

c) Parque Estadual: área destinada à preservação de ecossistemas naturais de grande relevância ecológica e beleza cênica, possibilitando a realização de pesquisas científicas e o desenvolvimento de atividades de educação e interpretação ambiental, de recreação em contato com a natureza e de turismo ecológico;

d) Monumento Natural: área destinada à preservação de sítios naturais raros, singulares ou de grande beleza cênica;

e) Refúgio de Vida Silvestre: área destinada à proteção de ambientes naturais onde se asseguram condições para a existência ou reprodução de espécies ou comunidades da flora local e da fauna residente ou migratória;

f) Área de Proteção Ambiental: área em geral extensa, com um certo grau de ocupação humana, dotada de atributos abióticos, bióticos, estéticos ou culturais especialmente importantes para a qualidade de vida e o bem-estar das populações humanas, e tem como objetivos básicos proteger a diversidade biológica, disciplinar o processo de ocupação e assegurar a sustentabilidade do uso dos recursos naturais;

g) Área de Relevante Interesse Ecológico: área em geral de pequena extensão, com pouca ou nenhuma ocupação humana, com características naturais extraordinárias ou que abriga exemplares raros da biota regional, e tem como objetivo manter os ecossistemas naturais de importância regional ou local e regular o uso admissível dessas áreas, de modo a compatibilizá-lo com os objetivos de conservação da natureza;

h) Floresta Estadual: área com cobertura florestal de espécies predominantemente nativas e tem como objetivo básico o uso múltiplo sustentável dos recursos florestais e a pesquisa científica, com ênfase em métodos para exploração sustentável de florestas nativas;

i) Reserva Extrativista: área utilizada por populações extrativistas tradicionais, cuja subsistência baseia-se no extrativismo e, complementarmente, na agricultura de subsistência e na criação de animais de pequeno porte, e tem como objetivos básicos proteger os meios de vida e a cultura dessas populações, e assegurar o uso sustentável dos recursos naturais da unidade;

j) Reserva de Fauna: área natural com populações animais de espécies nativas, terrestres ou aquáticas, residentes ou migratórias, adequadas para estudos técnico-científicos sobre o manejo econômico sustentável de recursos faunísticos;

k) Reserva de Desenvolvimento Sustentável: área natural que abriga populações tradicionais, cuja existência baseia-se em sistemas sustentáveis de exploração dos recursos naturais, desenvolvidos ao longo de gerações e adaptados às condições ecológicas locais e que desempenham um papel fundamental na proteção da natureza e na manutenção da diversidade biológica;

l) Reserva Particular do Patrimônio Natural: área privada, gravada com perpetuidade, com o objetivo de conservar a diversidade biológica;

II – outras áreas protegidas, como tais definidas em legislação específica:

a) Área de Preservação Permanente: área protegida, coberta ou não por vegetação nativa, com a função ambiental de preservar os recursos hídricos, a paisagem, a estabilidade geológica e a biodiversidade, facilitar o fluxo gênico de fauna e flora, proteger o solo e assegurar o bem-estar das populações humanas;

b) Reserva Legal: área localizada no interior de uma propriedade ou posse rural, delimitada nos termos do art. 12 da Lei federal nº 12.651, de 25 de maio de 2012, com a função de assegurar o uso econômico de modo sustentável dos recursos naturais do imóvel rural, auxiliar a conservação e a reabilitação dos processos ecológicos e promover a conservação da biodiversidade, bem como o abrigo e a proteção de fauna silvestre e da flora nativa;

c) Reservas da Biosfera: áreas reconhecidas pela UNESCO em território paulista de acordo com um modelo, adotado internacionalmente, de gestão integrada, participativa e sustentável dos recursos naturais, com os objetivos básicos de preservação da diversidade biológica, o desenvolvimento de atividades de pesquisa, o monitoramento ambiental, a educação ambiental, o desenvolvimento sustentável e a melhoria da qualidade de vida das populações;

d) Áreas Úmidas: reconhecidas nos termos da Convenção sobre as Zonas Úmidas de Importância Internacional – RAMSAR;

e) Área Natural Tombada: inscrita como tal em livro de tombo federal, estadual ou municipal;

f) Áreas do Patrimônio Mundial Natural: reconhecidas nos termos da Convenção do Patrimônio Mundial da UNESCO;

g) Áreas de Cavidades Naturais Subterrâneas: todo e qualquer espaço subterrâneo acessível pelo ser humano, com ou sem abertura identificada, popularmente conhecido como caverna, gruta, lapa, toca, abismo, furna, ou buraco, incluindo seu ambiente, conteúdo mineral e hídrico, a fauna e flora ali encontrados e o corpo rochoso onde os mesmos se inserem, desde que tenham sido formados por processos naturais, independentemente de suas dimensões ou tipo de rocha encaixante, e respectivas áreas de influência previstas na legislação;

III – outras áreas de interesse ambiental:

a) Estradas-Parque: área de infraestrutura de transporte linear, inserida em unidade de Proteção Integral, compreendida em leitos de vias pedonais, estradas ou rodovias, incluindo as respectivas faixas de domínio, cujo entorno, contado a partir do limite mais externo da faixa de domínio, no todo ou em parte, compreende área de atributos naturais de importância cênica, cultural, educativa, recreativa ou de importância para a biodiversidade ou repositório de patrimônio genético, cuja implantação, gestão e operação deverão observar o Decreto nº 53.146, de 20 de junho de 2008;

b) Área sob Atenção Especial do Estado em Estudo para Expansão da Conservação da Biodiversidade – ASPE: perímetro territorial definido em ato do Secretário do Meio Ambiente destinado à realização de estudos visando possível implantação de soluções e instrumentos de política pública ambiental com vistas à manutenção da integridade de ecossistemas locais ameaçados;

c) Paisagem Cultural: porção peculiar do território paulista, representativa do processo de interação do homem com o meio natural, à qual a vida e a ciência humana imprimiram marcas ou atribuíram valores que justifiquem sua preservação;

d) Eco-Museu: área de valor simbólico, constituída por patrimônio material e seu contexto natural, com seu perímetro e funções devidamente definidos, reconhecida e gerida por segmentos autônomos da sociedade, com ou sem parceria do Poder Público;

e) Monumento Geológico: área composta de elementos da geodiversidade que apresentam alto valor científico, cultural, educacional ou turístico que necessitam de proteção especial.

§ 1º As áreas a que se referem as alíneas "a" a "e" do inciso I deste artigo são destinadas à preservação da natureza, de forma a manter os ecossistemas livres de alterações causadas por interferência humana, sendo admitido apenas o uso indireto dos seus recursos naturais, aplicando-lhes os dispositivos da legislação específica vigente, em especial da Lei federal nº 9.985, de 18 de julho de 2000.

§ 2º As áreas a que se referem as alíneas "f" a "l" do inciso I deste artigo são destinadas principalmente à compatibilização da conservação da natureza com o uso sustentável de parcela dos seus recursos naturais, aplicando-lhes os dispositivos da legislação específica vigente, em especial da Lei federal nº 9.985, de 18 de julho de 2000.

§ 3º Uma área com as características descritas no inciso III deste artigo, excetuada as ASPEs, somente passará a integrar o SIGAP mediante a edição de decreto específico, após o atendimento dos seguintes requisitos:

1. indicação das justificativas para sua inclusão no SIGAP e os objetivos perseguidos;

2. indicação do órgão ou da entidade pública responsável por sua gestão;

3. fixação das restrições administrativas pertinentes que recairão sobre a área.

§ 4º As Áreas sob Atenção Especial do Estado em Estudo para Expansão da Conservação da Biodiversidade – ASPE serão instituídas por meio de resolução do Secretário do Meio Ambiente, com amparo nas justificativas de ordem técnica para sua inclusão no SIGAP, não podendo ser estabelecidas quaisquer restrições administrativas do uso nas mesmas, além daquelas já previstas na legislação em vigor.

§ 5º O SIGAP deverá levar em consideração a existência de mosaicos de unidades de conservação.

Art. 6º A criação e expansão das áreas abrangidas pelo SIGAP, especialmente no que se refere à criação de unidades de conservação, instituição de zonas de amortecimento e corredores ecológicos, devem ser pautadas por estudos científicos, reconhecidos pela Secretaria do Meio Ambiente, admitida para tanto a utilização prioritária dos resultados do Programa Biota – FAPESP, especialmente as "Diretrizes para a Conservação e Restauração da Biodiversidade no Estado de São Paulo" (Governo do Estado de São Paulo / Secretaria do Meio Ambiente, FAPESP; 2008).

CAPÍTULO III
DAS UNIDADES DE CONSERVAÇÃO DA NATUREZA

Art. 7º As disposições deste decreto aplicam-se, complementarmente à legislação específica, às unidades de conservação da natureza instituídas pelo Estado de São Paulo no âmbito do Sistema Nacional de Unidades de Conservação – SNUC.

SEÇÃO I
DA CRIAÇÃO, DA ALTERAÇÃO DOS LIMITES E DA DESAFETAÇÃO DAS UNIDADES DE CONSERVAÇÃO

Art. 8º As unidades de conservação estaduais serão criadas e poderão ter seus limites, finalidades e afetação alterados nos termos estabelecidos pela legislação específica, atendidos os procedimentos previstos neste decreto.

Art. 9º A criação de uma unidade de conservação estadual deverá atender aos seguintes procedimentos preparatórios:

I – constatação, por meio de estudos técnicos, da existência de atributos socioambientais que justifiquem a instituição de garantias adequadas de proteção à área, com identificação da localização, dimensão, limites e indicação da categoria para a unidade, que deverão indicar, ainda, eventuais restrições ambientais já incidentes sobre a área em questão;

II – estudo da situação fundiária da área, indicando as providências a serem tomadas para viabilizar a criação da unidade de conservação, levando-se em conta a existência de eventuais processos voltados à instituição de terras quilombolas e demarcação de terras indígenas;

III – fornecimento, por parte do Poder Público, das informações à população local e a outras partes interessadas, de forma adequada e inteligível a respeito da criação da unidade de conservação;

IV – realização de consulta pública em um ou mais Municípios e povoados abrangidos pela área da unidade de conservação a ser criada, sendo facultativa a realização de consulta pública na criação de Estação Ecológica e Reserva Biológica;

V – publicação de resolução do Secretário do Meio Ambiente, com indicação da categoria da unidade de conservação a ser criada, acompanhada de resumo das justificativas para a criação, de memorial descritivo e mapa da área e das questões fundiárias sobre ela incidentes;

VI – manifestação do CONSEMA, com base nas justificativas técnicas apresentadas para a criação, no memorial descritivo, no mapa da área, nas questões fundiárias e nas manifestações da consulta pública, uma vez esgotado o prazo de impugnação de que trata o art. 10 deste decreto, ou após a sua efetiva apreciação pelo Secretário do Meio Ambiente.

Art. 10. No prazo de 15 (quinze) dias, contados a partir da publicação do ato a que se refere o inciso V, do art. 9º, os interessados poderão impugnar a criação da unidade de conservação.

§ 1º A impugnação deverá ser apresentada ao Secretário do Meio Ambiente, fundamentada em justificativa técnica que demonstre incorreções ou vícios no procedimento de criação da unidade de conservação.

§ 2º A impugnação será encaminhada ao órgão ou entidade gestor proponente da criação da unidade de conservação, que terá o prazo de 15 (quinze) dias para apresentar manifestação.

§ 3º A apreciação da impugnação caberá ao Secretário do Meio Ambiente no prazo de 15 (quinze dias), devendo o CONSEMA ter conhecimento deste procedimento antes de se manifestar nos termos do art. 9º, inciso VI, deste decreto.

Art. 11. Concluídos os procedimentos preparatórios a que se refere o art. 8º deste decreto, a proposta de criação da unidade de conservação estadual será submetida ao Governador do Estado.

Art. 12. A ampliação dos limites de uma unidade de conservação existente, sem modificação dos seus limites originais, exceto pelo acréscimo proposto, pode ser feita por instrumento normativo de nível hierárquico igual ao do que criou a unidade de conservação, obedecidos os procedimentos estabelecidos no art. 8º deste decreto.

Art. 13. A desafetação de unidade de conservação somente poderá ser feita mediante lei específica, observado, ainda, que:

I – a respectiva unidade tenha Plano de Manejo aprovado que recomende tal medida;

II – haja consulta pública e oitiva do respectivo conselho e do CONSEMA.

SEÇÃO II
DO PLANO DE MANEJO DAS UNIDADES DE CONSERVAÇÃO

Art. 14. As unidades de conservação devem dispor de Plano de Manejo.

§ 1º O Plano de Manejo deve ser elaborado de modo a propiciar:

1. o estabelecimento de ações específicas de manejo, orientando a gestão da unidade de conservação, conforme a finalidade para a qual foi instituída;

2. o estabelecimento de diretrizes para a implantação da unidade de conservação;

3. a elaboração de plano de fiscalização "in situ" da unidade de conservação;

4. a integração socioeconômica das comunidades do entorno com a unidade de conservação;

5. a participação efetiva da sociedade no planejamento e gestão da unidade de conservação.

§ 2º O Plano de Manejo deve abranger a área da unidade de conservação, sua zona de amortecimento e, eventualmente, os corredores ecológicos, descrevendo-os, incluindo regras, restrições e medidas com o fim de promover sua integração à vida econômica e social das comunidades vizinhas.

§ 3º Na elaboração, atualização e implantação do Plano de Manejo das Reservas Extrativistas, das Reservas de Desenvolvimento Sustentável, das Áreas de Proteção Ambiental e, quando couber, das Florestas Estaduais e das Áreas de Relevante Interesse Ecológico, será assegurada a ampla participação da população residente.

Art. 15. O Plano de Manejo de uma unidade de conservação deve ser elaborado no prazo máximo de 3 (três) anos a partir da data de sua criação.

§ 1º Até que seja elaborado o Plano de Manejo, todas as atividades e obras desenvolvidas nas unidades de conservação de proteção integral devem se limitar àquelas destinadas a garantir a integridade dos recursos que a unidade objetiva proteger, assegurando-se às populações porventura residentes na área as condições e os meios necessários para a satisfação de suas necessidades materiais, sociais e culturais até que sejam removidas do território da unidade de conservação.

§ 2º Em caráter excepcional, devidamente motivado pelo órgão ou entidade estadual responsável pela administração da unidade de conservação, previamente à conclusão e respectiva aprovação dos estudos que devem integrar o Plano de Manejo, poderá ser instituído um Plano de Ação Emergencial que contemple as ações necessárias à gestão, conservação e proteção da unidade de conservação, mediante resolução do Secretário do Meio Ambiente, após aprovação do conselho da unidade de conservação e do CONSEMA.

Art. 16. São proibidas, nas unidades de conservação, quaisquer alterações, atividades ou modalidades de utilização em desacordo com seus objetivos, Plano de Manejo e regulamento.

Art. 17. A aprovação e eventual revisão de Plano de Manejo de unidade de conservação observará as seguintes etapas e procedimentos:

I - elaboração dos estudos, no âmbito do órgão ou entidade gestor, com acompanhamento do conselho da unidade de conservação;

II - elaboração de oficinas participativas com os atores sociais relacionados com a unidade de conservação;

III - manifestação do conselho da unidade de conservação;

IV - manifestação do CONSEMA.

§ 1º O Plano de Manejo deverá ser submetido ao CONSEMA acompanhado de resumo executivo que contenha, de forma sintética, dentre outros dados relevantes:

1. informações gerais sobre a unidade de conservação no que diz respeito aos aspectos ambientais e fundiários;

2. contextualização da unidade de conservação em relação à região onde está estabelecida;

3. aspectos gerais do planejamento da unidade de conservação, com síntese dos programas de manejo, do programa de fiscalização "in situ", do zoneamento e respectivo regramento;

4. proposta, tecnicamente justificada, de delimitação da área, bem como das regras e das restrições a serem estabelecidas para as atividades humanas na zona de amortecimento, no corredor ecológico ou no zoneamento fixado quando da criação da Área de Proteção Ambiental;

5. indicação dos mecanismos de monitoramento e avaliação da implantação do Plano.

§ 2º A aprovação do Plano de Manejo será efetuada por meio de:

1. resolução do Secretário do Meio Ambiente, no caso de Estação Ecológica, Reserva Biológica, Parque Estadual, Monumento Natural, Refúgio de Vida Silvestre, Área de Relevante Interesse Ecológico, Floresta Estadual e Reserva de Fauna;

2. resolução do conselho deliberativo da unidade de conservação, no caso de Reserva Extrativista e Reserva de Desenvolvimento Sustentável.

§ 3º No caso de Área de Proteção Ambiental, quando o zoneamento e regramento da unidade de conservação forem estabelecidos no Plano de Manejo, este deverá ser aprovado por meio de decreto, cuja proposta deve ser encaminhada ao CONSEMA pelo órgão ou entidade gestor da unidade, após manifestação de seu conselho.

§ 4º No caso de Reserva Particular do Patrimônio Natural, o Plano de Manejo da unidade de conservação deverá ser elaborado pelo proprietário da área e aprovado por portaria do Diretor Executivo da Fundação para a Conservação e a Produção Florestal do Estado de São Paulo, prescindindo de manifestação do CONSEMA.

SEÇÃO III
DA ZONA DE AMORTECIMENTO, DO CORREDOR ECOLÓGICO E DO MOSAICO

Art. 18. As unidades de conservação, exceto a Área de Proteção Ambiental e a Reserva Particular do Patrimônio Natural, devem possuir zona de amortecimento e, quando conveniente, corredores ecológicos.

§ 1º Para o estabelecimento das zonas de amortecimento e corredores ecológicos nas unidades de conservação deverão ser observados os procedimentos, os critérios técnicos e as diretrizes indicados em resolução do Secretário do Meio Ambiente.

§ 2º O órgão ou entidade responsável pela administração da unidade de conservação estabelecerá, por meio de Plano de Manejo, regras específicas regulamentando a ocupação e o uso dos recursos da zona de amortecimento e dos corredores ecológicos da unidade de conservação.

§ 3º Os limites e as regras específicas regulamentando a ocupação e o uso dos recursos da zona de amortecimento e dos corredores ecológicos poderão ser estabelecidos no ato de criação da unidade de conservação, ou posteriormente, no Plano de Manejo, com amparo em estudos técnicos que contemplem as questões ambientais e fundiárias incidentes sobre tais áreas, assegurada a realização de consulta pública, passando a integrar o mosaico de unidades de conservação, se existente, para fins de sua gestão.

§ 4º A consulta pública prevista no § 3º deste artigo poderá ser dispensada quando se tratar de criação de Estação Ecológica ou Reserva Biológica, na forma do art. 22, § 4º, da Lei federal nº 9.985, de 18 de julho de 2000.

Art. 19. As áreas que compõem a zona de amortecimento de uma unidade de conservação, bem assim eventual corredor ecológico, deverão ser objeto prioritário quando da instituição de políticas públicas de estímulos econômicos para a preservação do meio ambiente, com vistas à efetiva proteção do entorno da respectiva unidade de conservação.

Art. 20. Quando existir um conjunto de unidades de conservação, de categorias diferentes ou não, próximas, justapostas ou sobrepostas, e outras áreas protegidas públicas ou privadas, constituindo um mosaico, a gestão do conjunto deverá ser feita de forma integrada e participativa, considerando-se os seus distintos objetivos de conservação, de forma a compatibilizar a presença da biodiversidade, a valorização da sociodiversidade e o desenvolvimento sustentável no contexto regional.

Art. 21. O mosaico de unidades de conservação será reconhecido em ato do Secretário do Meio Ambiente, após manifestação dos órgãos ou entidades gestores das unidades de conservação.

SEÇÃO IV

DOS CONSELHOS DAS UNIDADES DE CONSERVAÇÃO

Art. 22. Cada unidade de conservação, com exceção das Reservas Particulares do Patrimônio Natural, contará com um conselho, instituído por resolução do Secretário do Meio Ambiente, atendida a legislação específica que rege o tema.

Parágrafo único – Os conselhos das unidades de conservação terão caráter consultivo, à exceção dos conselhos das Reservas Extrativistas e das Reservas de Desenvolvimento Sustentável, que terão caráter deliberativo.

Art. 23. Os conselhos das unidades de conservação são órgãos colegiados voltados a consolidar e legitimar o processo de planejamento e gestão participativa, devendo pautar suas ações com base nos seguintes princípios:

I – valorização, manutenção, proteção e conservação da unidade de conservação e seus atributos naturais;

II – otimização da inserção da unidade de conservação no espaço regional, auxiliando no ordenamento das atividades antrópicas nas unidades de conservação de uso sustentável e nas zonas de amortecimento;

III – busca de alternativas de desenvolvimento econômico local e regional em bases sustentáveis nas unidades de conservação de uso sustentável e nas zonas de amortecimento;

IV – otimização do aporte de recursos humanos, técnicos e financeiros;

V – divulgação da importância dos serviços ambientais prestados pela unidade de conservação, sensibilizando as comunidades local e regional para a preservação da área protegida;

VI – aplicação de recursos na busca dos objetivos da unidade de conservação, observadas as regras que regem a administração pública;

VII – garantir a participação da população no processo de gestão da unidade de conservação, bem como assegurar acesso às informações a todos os interessados.

Art. 24. Os conselhos dos mosaicos de unidades de conservação têm como principal função atuar como instância de gestão integrada das unidades de conservação que compõem o mosaico.

Art. 25. O CONSEMA, por meio de deliberação normativa, deverá estabelecer, no prazo de 60 (sessenta) dias, diretrizes para o funcionamento dos conselhos dos mosaicos de unidades de conservação, respeitada a legislação específica que rege a matéria.

SEÇÃO V

DOS GESTORES DE UNIDADES DE CONSERVAÇÃO

Art. 26. Compete ao gestor de unidade de conservação:

I – acompanhar e coordenar, junto ao corpo técnico do órgão ou entidade gestora, a elaboração do Plano de Manejo;

II – executar e estabelecer práticas e rotinas administrativas da unidade de conservação;

III – adotar as medidas pertinentes à implantação do Plano de Manejo;

IV – contribuir, no âmbito de suas atribuições, para a publicidade e divulgação do Plano de Manejo;

V – planejar e coordenar as ações de conservação e proteção na unidade de conservação, bem como apoiar ações de proteção na sua zona de amortecimento;

VI – adotar, no âmbito de suas atribuições, ações integradas e regionalizadas de fomento ao uso público dos espaços protegidos, como estratégia de conservação da natureza;

VII – desempenhar ações de fiscalização na área da unidade de conservação, mediante o exercício do poder de polícia;

VIII – representar a entidade ou órgão gestor no conselho consultivo da unidade de conservação e em outros fóruns, bem como em consultas e audiências públicas, quando designado;

IX – manifestar-se no âmbito do processo de licenciamento, quando demandado pelo órgão ou entidade gestora, por meio de parecer técnico, após consulta ao conselho da unidade de conservação;

X – promover ações e medidas visando ao desenvolvimento de atividades de educação ambiental na unidade de conservação;

XI – acompanhar a execução dos recursos provenientes de compensação ambiental;

XII – presidir o conselho da unidade de conservação.

Art. 27. Os gestores de unidades de conservação deverão apresentar Plano de Metas Anual da unidade, que será submetido à apreciação do conselho da unidade, até o dia 30 de outubro de cada ano, no qual deve haver a especificação das ações a serem desenvolvidas no ano subsequente, inclusive com previsão dos custos envolvidos.

§ 1º Após a apreciação pelo conselho da unidade de conservação e a aprovação pelo dirigente do órgão ou entidade responsável pela gestão da unidade, o Plano de Metas Anual deve ser encaminhado ao Secretário do Meio Ambiente para ciência ao CONSEMA.

§ 2º Ao final de cada exercício, o gestor da unidade de conservação deverá apresentar prestação de contas ao conselho da unidade a respeito das ações desenvolvidas, do cumprimento do Plano de Metas Anual e dos valores despendidos, consoante informação prestada pelo órgão ou entidade gestor da unidade de conservação.

SEÇÃO VI
DA FISCALIZAÇÃO EM UNIDADE DE CONSERVAÇÃO

Art. 28. A atividade de fiscalização em unidades de conservação estaduais deve ter como objetivo específico prevenir, coibir e reprimir, dentre outros, os atos, obras ou atividades que:

I – acarretem a coleta ou destruição de espécimes da flora e fauna ou alterações dos ecossistemas;

II – impeçam a regeneração natural de áreas degradadas;

III – levem à perda da biodiversidade;

IV – não tenham sido autorizadas pela entidade ou órgão gestor da unidade de conservação;

V – perturbem a ordem nos locais de visitação pública;

VI – causem a destruição ou dano a materiais, equipamentos e propriedades do Estado;

VII – estejam em desacordo com o Plano de Manejo.

Art. 29. Caberá à Secretaria do Meio Ambiente, à Fundação para a Conservação e a Produção Florestal do Estado de São Paulo e à Polícia Militar do Estado de São Paulo a realização, por meio de Plano de Fiscalização Integrada, das atividades de fiscalização nas unidades de conservação.

§ 1º O Plano de Fiscalização Integrada, a ser editado mediante resolução do Secretário do Meio Ambiente, deve contemplar:

1. ações de monitoramento e fiscalização no interior e nas zonas de amortecimento e corredores ecológicos das unidades de conservação;
2. procedimentos e conceitos essenciais ao exercício da fiscalização ambiental;
3. metodologia para o planejamento, execução e controle das ações conjuntas dos órgãos e entidades envolvidos;
4. banco de dados de informação;
5. programas de treinamento e capacitação de pessoal;
6. utilização de tecnologia avançada e técnicas de inteligência;
7. intercâmbio de informações, por meio do instrumento jurídico pertinente, com, dentre outros, a Polícia Civil, o Ministério Público, o Poder Judiciário, a União e Municípios;
8. envolvimento da sociedade civil, de entidades ambientalistas e das comunidades do entorno das unidades de conservação;

9. estabelecimento de metas com foco no desmatamento zero, na erradicação do extrativismo ilegal e da caça;

10. indicadores ambientais que mensurem a eficácia e a efetividade das ações implantadas;

11. diagnóstico das unidades de conservação no que se refere às atividades de fiscalização;

12. outros instrumentos ou ações que se mostrem necessários ao cumprimento de suas metas.

§ 2º O Plano de Fiscalização Integrada deve ser revisto a cada 4 (quatro) anos.

SEÇÃO VII
DOS EMPREENDIMENTOS DE UTILIDADE PÚBLICA EM UNIDADE DE CONSERVAÇÃO

Art. 30. A instalação de redes de abastecimento de água, esgoto, energia e infraestrutura em geral, em unidades de conservação onde estes equipamentos sejam admitidos, depende de prévia aprovação do órgão ou da entidade responsável por sua administração, sem prejuízo da necessidade do atendimento das demais exigências legais.

Parágrafo único – Aplica-se o disposto no "caput" deste artigo à zona de amortecimento das unidades de conservação do Grupo de Proteção Integral, bem como às áreas de propriedade privada inseridas nos limites destas unidades, ainda pendentes de regularização fundiária, consoante estabelece o art. 46 da Lei federal 9.985, de 18 de julho de 2000.

Art. 31. Os empreendedores, permissionários e concessionários responsáveis por abertura e/ou manutenção de acessos de uso exclusivo necessários aos seus empreendimentos, no interior das unidades de conservação de proteção integral, deverão manter controle diuturno desses acessos para fins de conservação dos atributos ambientais da unidade de conservação.

Art. 32. O órgão ou empresa, pública ou privada, responsável pelo abastecimento de água ou que faça uso de recursos hídricos, beneficiário da proteção proporcionada por uma unidade de conservação, deve contribuir financeiramente para a proteção e implementação da unidade, de acordo com o disposto em regulamentação específica.

Art. 33. O órgão ou empresa, pública ou privada, responsável pela geração e distribuição de energia elétrica, beneficiário da proteção oferecida por uma unidade de conservação, deve contribuir financeiramente para a proteção e implementação da unidade, de acordo com o disposto em regulamentação específica.

CAPÍTULO IV
DO CADASTRO DO SIGAP

Art. 34. A Secretaria do Meio Ambiente organizará e manterá um cadastro estadual das áreas abrangidas pelo Sistema de Informação e Gestão de Áreas Protegidas e de Interesse Ambiental do Estado de São Paulo – SIGAP, que poderá contar com a colaboração dos órgãos e entidades federais, estaduais e municipais competentes, bem como de proprietários particulares.

§ 1º O cadastro estadual deverá conter os dados principais de cada área abrangida pelo SIGAP, incluindo, dentre outras, informações sobre:

1. espécies ameaçadas de extinção;

2. situação fundiária;

3. recursos hídricos;

4. clima;

5. solo;

6. aspectos bióticos;

7. aspectos antrópicos;

8. aspectos socioculturais e antropológicos;

9. infraestrutura disponível para pesquisa e visitação;

10. disposições dos planos diretores municipais aplicáveis;

11. disposições do zoneamento ecológico-econômico aplicáveis.

§ 2º O cadastro estadual manterá interface com:

1. o Cadastro Ambiental Rural – CAR, de que trata a Lei federal nº 12.651, de 25 de maio de 2012, por intermédio do SICAR/SP, instituído pelo Decreto nº 59.261, de 5 de junho de 2013;

2. o Cadastro Nacional das Unidades de Conservação, de que trata o art. 50 da Lei federal nº 9.985, de 18 de julho de 2000.

§ 3º O cadastro estadual do SIGAP:

1. será de conhecimento público e seu acesso será aberto a qualquer interessado, na forma de resolução a ser editada pelo Secretário do Meio Ambiente;

2. deverá ser implementado pela Secretaria do Meio Ambiente, no prazo de até 180 (cento e oitenta) dias após a edição do presente decreto.

Art. 35. Com base no cadastro estadual do SIGAP e no Cadastro Ambiental Rural – CAR, a Secretaria do Meio Ambiente deverá:

I – definir indicadores de qualidade das áreas protegidas, especialmente voltados à análise da biodiversidade abrigada nas unidades de conservação estaduais;

II – apresentar ao CONSEMA, a cada 2 (dois) anos, relatório de avaliação global da situação da conservação da natureza no Estado.

Art. 36. Para fins de conhecimento e divulgação das unidades de conservação, existentes no território paulista, instituídas pela União ou por Municípios, bem como para a definição de políticas públicas integradas, poderão os órgãos e as entidades federais e municipais competentes incluir suas unidades de conservação no cadastro a que se refere o art. 34 deste decreto.

CAPÍTULO V
DO CONSELHO CONSULTIVO DO SIGAP

Art. 37. O SIGAP contará com conselho consultivo, composto por 9 (nove) membros, sendo um terço de representantes do Governo do Estado, um terço de representantes da comunidade científica e um terço de representantes da sociedade civil com notória atuação na área ambiental.

§ 1º Cada conselheiro contará com um suplente, representando o mesmo grupo do titular.

§ 2º Os conselheiros titulares, bem assim seus respectivos suplentes, serão designados pelo Governador, por indicação do Secretário do Meio Ambiente.

§ 3º O mandato dos conselheiros e dos respectivos suplentes será de 2 (dois) anos, permitida apenas uma recondução.

§ 4º O conselho consultivo reunir-se-á com a presença da maioria de seus membros.

§ 5º As decisões serão tomadas por maioria simples de votos dos conselheiros presentes.

§ 6º A função de membro do conselho consultivo não será remunerada, mas será considerada de relevante interesse público.

§ 7º No que se refere às unidades de conservação instituídas pelo Estado de São Paulo, o conselho consultivo do SIGAP terá a atribuição de sugerir, aos órgãos e entidades que o integram, critérios e diretrizes para:

1. a contratação de gestores para as unidades de conservação;

2. a gestão das unidades de conservação;

3. a elaboração dos Planos de Manejo para as unidades de conservação;

4. as pesquisas nas unidades de conservação e nas demais áreas que compõem o SIGAP.

§ 8º O regimento interno do conselho consultivo de SIGAP deverá ser aprovado por decreto do Governador.

CAPÍTULO VI
DOS MECANISMOS FINANCEIROS DE APOIO À GESTÃO DAS UNIDADES DE CONSERVAÇÃO

Art. 38. Sem prejuízo dos recursos orçamentários correntes destinados à gestão das unidades de conservação, os órgãos e entidades públicas estaduais devem buscar ampliar as fontes de receita para a manutenção das unidades de conservação, implantando, dentre outros, os seguintes mecanismos:

I – cobrança pelo uso da água produzida nas unidades de conservação;

II – cobrança de preços públicos pela instalação e manutenção de empreendimentos de utilidade pública, tais como redes de abastecimento de água, esgoto, energia e infraestrutura, inclusive equipamentos de telecomunicações;

III – pagamento por serviços ambientais em unidade de conservação que possa legalmente ser instituída em área privada ou em zona de amortecimento e corredores ecológicos das unidades de conservação.

Parágrafo único – A Secretaria do Meio Ambiente, com o apoio dos órgãos e das entidades públicas estaduais, elaborará estudo, no prazo máximo de 2 (dois) anos, visando ao estabelecimento de mecanismos para a destinação de percentual de arrecadação de recursos provenientes de rodovias em que haja cobrança de pedágio e que atravessem unidades de conservação de proteção integral.

CAPÍTULO VII
DO SISTEMA ESTADUAL DE FLORESTAS – SIEFLOR

Art. 39. O Sistema Estadual de Florestas-SIEFLOR, instituído pelo Decreto nº 51.453, de 29 de dezembro de 2006, e alterado pelo Decreto nº 54.079, de 4 de março de 2009, passa a integrar o Sistema de Informação e Gestão de Áreas Protegidas e de Interesse Ambiental do Estado de São Paulo – SIGAP como um subsistema.

Parágrafo único – Ao SIEFLOR caberá, como subsistema do SIGAP, a gestão direta das áreas protegidas que tenham sido ou venham a ser criadas pelo Estado de São Paulo e estejam sob a administração do Instituto Florestal ou da Fundação para a Conservação e a Produção Florestal do Estado de São Paulo.

Art. 40. A Fundação para a Conservação e a Produção Florestal do Estado de São Paulo, nas áreas do SIEFLOR sob sua administração, terá, além das atribuições previstas no Decreto nº 25.952, de 29 de setembro de 1986, as seguintes:

I – executar ações para a conservação, manutenção, proteção e fiscalização das áreas protegidas, pertencentes ou possuídas pelo Estado ou pela própria Fundação, em articulação com a Procuradoria Geral do Estado e demais órgãos e entidades de fiscalização e licenciamento da Administração Pública estadual;

II – buscar a representatividade dos diversos ecossistemas, por meio do estabelecimento de novas áreas naturais protegidas;

III – investir em infraestrutura e equipamentos nas áreas integrantes do SIGAP sob sua responsabilidade;

IV – propor mecanismos e instrumentos para remuneração de serviços ambientais prestados nas áreas do SIGAP;

V – garantir a aplicação dos recursos provenientes das compensações ambientais nas unidades de conservação sob sua responsabilidade, observadas as normas legais aplicáveis;

VI – desenvolver e executar projetos de recuperação ambiental;

VII – desenvolver, quando legalmente viável, projetos de uso sustentável de recursos madeireiros e não madeireiros provenientes das áreas do SIGAP;

VIII – executar o Plano de Produção Sustentada – PPS, na forma prevista no art. 9º do Decreto nº 51.453, de 29 de dezembro de 2006, alterado pelo Decreto nº 54.079, de 4 de março de 2009;

IX – aprovar o Plano de Metas de que trata o art. 27 deste decreto, submetendo-o ao Secretário do Meio Ambiente.

Parágrafo único – A Fundação para a Conservação e a Produção Florestal do Estado de São Paulo encaminhará à administração superior da Secretaria do Meio Ambiente, para avaliação, relatórios semestrais dando conta das atividades e ações executadas, de modo a possibilitar o respectivo acompanhamento.

Art. 41. O Instituto Florestal, nas áreas do SIEFLOR sob sua administração, terá, além das atribuições previstas no Decreto nº 11.138, de 3 de fevereiro de 1978, as seguintes:

I – executar ações para a conservação, manutenção, proteção e fiscalização das áreas protegidas, pertencentes ou possuídas pelo Estado, em articulação com a Procuradoria Geral do Estado e demais órgãos e entidades de fiscalização e licenciamento da Administração Pública estadual;

II – gerir a pesquisa científica, em conjunto com a Fundação para a Conservação e a Produção Florestal do Estado de São Paulo, nos termos do Decreto nº 51.543, de 29 de dezembro de 2006, alterado pelo Decreto nº 54.079, de 4 de março de 2009;

III – produzir e disseminar conhecimento científico e tecnológico das áreas sob sua gestão, considerando, entre outros, os seguintes temas:

a) as funções e os serviços ambientais dos remanescentes nativos do Estado de São Paulo;

b) as mudanças climáticas e suas consequências para a biodiversidade;

c) os indicadores de qualidade e sustentabilidade ambiental da biodiversidade;

d) a sustentabilidade dos sistemas produtivos agrosilvopastoris;

e) o manejo e o melhoramento genético das florestas de produção;

f) o manejo das florestas naturais e demais formas de vegetação para a obtenção de produtos não madeireiros;

g) a fauna silvestre;

h) os ecossistemas costeiros e marinhos;

IV – realizar pesquisas sobre a produção de sementes e mudas de espécies florestais exóticas e nativas, bem como sobre produtos florestais madeireiros e não madeireiros;

V – subsidiar, com estudos científicos, as ações de proteção e recuperação de recursos hídricos, edáficos e paisagísticos;

VI – auxiliar na executar do Plano de Produção Sustentada – PPS, na forma prevista no art. 9º do Decreto nº 51.453, de 29 de dezembro de 2006, alterado pelo Decreto nº 54.079, de 4 de março de 2009.

CAPÍTULO VIII
DISPOSIÇÕES FINAIS

Art. 42. As pesquisas científicas realizadas em unidades de conservação, bem assim nas demais áreas protegidas sob a administração do Estado de São Paulo, deverão ser disponibilizadas aos órgãos e entidades do SEAQUA e abertas ao conhecimento público, excetuados os estudos que tenham sigilo estabelecido por legislação especial.

Art. 43. Os mapas e as cartas oficiais do Estado de São Paulo devem indicar as unidades de conservação estaduais que compõem o SIGAP.

Parágrafo único – Cabe aos órgãos e entidades que compõem o SEAQUA manter atualizados os dados a que alude o "caput" deste artigo, mediante o envio das informações respectivas ao cadastro estadual do SIGAP, de que trata o art. 34 deste decreto.

Art. 44. Para fins da aplicação da legislação ambiental nas áreas do SIGAP, entende-se por população tradicional os integrantes de grupos culturalmente diferenciados e que se reconhecem como tais, que possuem formas próprias de organização social e que ocupam e usam territórios e recursos naturais como condição para sua reprodução cultural, social, religiosa, ancestral e econômica, utilizando conhecimentos, inovações e práticas gerados e transmitidos pela tradição.

Art. 45. O Estado de São Paulo envidará esforços para firmar convênios com os demais entes federados como forma de cumprir os objetivos do SIGAP.

Art. 46. O CONSEMA receberá, na qualidade de instância recursal, representação feita por quaisquer pessoas tendo por fundamento atos irregulares cometidos por agentes públicos estaduais que atuam na gestão das áreas integrantes do SIGAP.

Art. 47. O CONSEMA deverá definir, em seu regimento interno, regras para a tramitação das representações a que se refere o art. 46 deste decreto.

Art. 48. A Secretaria do Meio Ambiente, no prazo de 180 (cento e oitenta dias) dias a contar da publicação do presente decreto, deverá apresentar plano operacional ao CONSEMA, com cronograma, visando à:

I – delimitação do perímetro de todas as unidades de conservação criadas pelo Estado de São Paulo;

II – realização de censo periódico da população residente no interior de Reservas de Desenvolvimento Sustentável e de Reservas Extrativistas.

Art. 49. A Secretaria do Meio Ambiente deverá apresentar ao CONSEMA, no prazo de 180 (cento e oitenta) dias, proposta de anteprojetos de lei para instituição de programas de pagamento por serviços ambientais destinados à populações das zonas de amortecimento e corredores ecológicos de unidades de conservação.

Art. 50. Caberá ao Secretário do Meio Ambiente, mediante resolução, editar medidas complementares necessárias à aplicação do presente decreto.

Art. 51. Este decreto entra em vigor na data de sua publicação.

RESOLUÇÃO SMA Nº 48, DE 26 DE MAIO DE 2014

Dispõe sobre as condutas infracionais ao meio ambiente e suas respectivas sanções administrativas.

ÍNDICE

Art. 1º Esta Resolução dispõe sobre as condutas infracionais ao meio ambiente e suas respectivas sanções administrativas, em regulamentação à Lei Federal 9.605, de 12.02.1998, ao Decreto Federal 6.514, de 22.07.2008, e ao Decreto Estadual 60.342, de 04.04.2014.

CAPÍTULO I
DAS INFRAÇÕES E SANÇÕES ADMINISTRATIVAS AO MEIO AMBIENTE

Art. 2º Considera-se infração administrativa ambiental toda ação ou omissão que viole as regras jurídicas de uso, gozo, promoção, proteção e recuperação do meio ambiente, conforme o disposto nesta Resolução.

Parágrafo único. O elenco constante desta Resolução não exclui a previsão de outras infrações previstas na legislação.

Art. 3º Considera-se sujeito ativo da infração administrativa ambiental, qualquer pessoa física ou jurídica, de direito público ou privado, que tenha concorrido, por ação ou omissão, para a prática da infração.

§ 1º As penalidades incidirão sobre os autores diretos e indiretos, alcançando, na sua ausência e impossibilidade de identificação, proprietários do imóvel, arrendatários, parceiros, posseiros, gerentes, administradores, diretores, promitentes compradores, bem como, de modo compartilhado, autoridades que se omitirem ou facilitarem na prática do ato, na forma prevista nesta Resolução e demais legislação em vigor.

§ 2º A responsabilidade das pessoas jurídicas não exclui a das pessoas físicas, autoras, co-autoras e partícipes do mesmo fato.

§ 3º O autuado relativamente incapaz será responsabilizado administrativamente, sendo que, em caso de inadimplemento da multa ambiental, constarão na Certidão da Dívida Ativa os responsáveis legais pela sua satisfação pecuniária.

Art. 4º Ficam asseguradas aos agentes públicos designados, para o exercício das atividades de fiscalização, a entrada e a permanência em áreas e estabelecimentos públicos ou privados, em qualquer dia e hora, pelo tempo necessário à constatação e tipificação da infração ambiental, bem como a solicitação de força policial para vencer eventuais resistências.

Art. 5º As infrações ambientais serão punidas, isolada ou cumulativamente, com as seguintes sanções:

I – Advertência;

II – Multa simples;

III – Multa diária;

IV – Apreensão dos animais, produtos e subprodutos da fauna e flora e demais produtos e subprodutos objeto da infração, instrumentos, petrechos, equipamentos ou veículos de qualquer natureza utilizados na infração;

V – Destruição ou inutilização do produto;

VI – Suspensão de venda e fabricação do produto;

VII – Embargo de obra ou atividade e suas respectivas áreas;

VIII – Demolição de obra;

IX – Suspensão parcial ou total da atividade

X – Restritiva de direitos.

Parágrafo único. Se o infrator cometer, simultaneamente, duas ou mais infrações, ser-lhe-ão aplicadas as sanções a elas cominadas.

Art. 6º O cometimento de nova infração ambiental pelo mesmo infrator, no período de 05 (cinco) anos, contados da lavratura do Auto de Infração Ambiental anterior devidamente confirmado por decisão administrativa transitada em julgado, implica:

I – aplicação da multa em triplo, no caso de cometimento da mesma infração ambiental; ou

II – aplicação da multa em dobro, no caso de cometimento de infração ambiental distinta.

§ 1º O trânsito em julgado a que se refere o caput se dará nos momentos processuais do art. 43 do Decreto Estadual 60.342 de 04.04.2014, excetuando-se a hipótese de celebração do Termo de Compromisso de Recuperação Ambiental, na qual será considerado na data da assinatura do referido documento. (Redação do parágrafo dada pela Resolução SMA Nº 83 DE 13/10/2014).

§ 2º A majoração do valor da multa, em razão da reincidência, será apurada no processo da nova autuação, do qual se fará constar, por cópia, o Auto de Infração Ambiental anterior e a decisão administrativa que o confirmou.

Art. 7º Serão consideradas as seguintes circunstâncias agravantes:

I – reincidência, nos termos do art. 6º desta Resolução.

II – ter o agente cometido a infração:

a) para obter vantagem pecuniária;

b) atingindo áreas de unidades de conservação ou áreas sujeitas, por ato do Poder Público, a regime especial de uso;

c) em período de defeso à fauna;

d) no interior do espaço territorial especialmente protegido;

e) com o emprego de métodos cruéis para abate ou captura de animais;

f) mediante fraude;

g) atingindo espécies ameaçadas, listadas em relatórios oficiais das autoridades competentes;

h) facilitada por funcionário público no exercício de suas funções.

§ 1º As circunstancias agravantes previstas no inciso II somente serão consideradas para fins de majoração de multa, quando não integrarem tipo administrativo específico.

§ 2º Independentemente da quantidade de agravantes verificadas, o valor da multa será aplicado em dobro uma única vez.

Art. 8º Para efeito desta Resolução, considera-se:

I – Produto de infração administrativa ambiental: bem auferido pela ação ou omissão tipificada como infração administrativa.

II – Instrumento de infração administrativa ambiental: objeto, petrecho, equipamento, veículo, embarcação, aeronave, animais, entre outros, adaptado ou não, utilizado para a prática da infração administrativa ambiental.

III – Produto florestal: aquele que se encontra no estado bruto ou in natura, conforme disposto em normas específicas.

IV – Subproduto florestal: aquele que passou por processo de beneficiamento, conforme disposto em normas específicas.

V – Madeira sob risco iminente de perecimento: madeiras, acondicionadas em céu aberto ou que não puderem ser guardadas ou depositadas em locais próprios, sob vigilância, ou, ainda, quando inviável o transporte e guarda, atestadas pela autoridade, no documento de apreensão.

VI – Produto perecível: produtos alimentícios, alimentos in natura, produtos semipreparados ou preparados para o consumo que, pela sua natureza ou composição, necessitam de condições especiais de temperatura para a sua conservação.

VII – Produto, parte, objeto e subproduto da fauna silvestre: pedaço ou fração de um elemento de origem animal que tenha ou não sido beneficiado, alterando ou não suas características, forma ou propriedade primária, como, por exemplo: carcaça, carne, víscera, gordura, ovo, asa, pele, pêlo, pena, pluma, osso, chifre, glândula, sangue, veneno, dentre outros.

SEÇÃO I
DA APLICAÇÃO DA PENALIDADE DE ADVERTÊNCIA

Art. 9º A penalidade de advertência poderá ser imposta ao infrator diante das infrações administrativas de menor lesividade ao meio ambiente.

§ 1º Consideram-se infrações administrativas de menor lesividade ao meio ambiente aquelas em que a multa máxima cominada não ultrapasse o valor de R$ 1.000,00, ou que, no caso de multa por unidade de medida, a multa aplicável não exceda o valor referido.

§ 2º Sem prejuízo do disposto no caput, caso a autoridade ambiental autuante constate a existência de irregularidades a serem sanadas por meio de medidas a serem executadas pelo autuado, lavrará o Auto de Infração Ambiental com a indicação da respectiva sanção de advertência.

§ 3º Caso o autuado deixe de sanar as irregularidades no prazo estipulado no Atendimento Ambiental, a autoridade ambiental constará o ocorrido nos autos por meio de despacho motivado e aplicará a sanção de multa relativa à infração praticada, sem prejuízo dos prazos para defesa e recurso estipulados no Decreto 60.342, de 04.04.2014.

§ 4º A sanção de advertência não excluirá a aplicação de outras sanções.

§ 5º No caso em que se verificar que o infrator é reincidente, a sanção de advertência será anulada, aplicando-se a sanção de multa simples.

Art. 10. Fica vedada a aplicação de nova sanção de advertência no período de 3 (três) anos, contados do julgamento da defesa ou do recurso.

Parágrafo único. Inexistindo defesa ou recurso, os 3 (três) anos contar-se-ão da data do Atendimento Ambiental.

SEÇÃO II
DA APLICAÇÃO DA PENALIDADE DE MULTA SIMPLES

Art. 11. A multa simples será sempre imposta quando a infração estiver sendo cometida ou já estiver consumada.

§ 1º A multa terá por base a unidade, hectare, metro cúbico, quilograma, metro de carvão-mdc, estéreo, metro quadrado, dúzia, estipe, cento, milheiros ou outra medida pertinente, de acordo com o objeto jurídico lesado, considerando-se o cálculo proporcional para fração de medida.

§ 2º O valor da multa de que trata esta resolução será corrigido, periodicamente, com base nos índices estabelecidos na legislação pertinente, sendo o mínimo de R$ 50,00 e o máximo de R$ 50.000.000,00.

§ 3º A aferição a que se refere o parágrafo 1º deste artigo poderá ser realizada por meio de amostragem, utilizando-se metodologia específica.

SEÇÃO III
DA APLICAÇÃO DA PENALIDADE DE MULTA DIÁRIA

Art. 12. A multa diária será aplicada sempre que o cometimento da infração se prolongar no tempo.

§ 1º Constatada a situação prevista no caput, a autoridade ambiental autuante lavrará o Auto de Infração Ambiental, indicando o valor da multa/dia, que não poderá ser inferior ao mínimo estabelecido no art. 11, parágrafo 2º, nem superior a 10% do valor da multa simples máxima cominada para a infração.

§ 2º A multa diária deixará de ser aplicada a partir da data em que o autuado apresentar ao órgão ambiental, os documentos que comprovem a regularização da situação que deu causa à lavratura do Auto de Infração Ambiental.

§ 3º Caso a autoridade competente verifique que a situação que deu causa à lavratura do Auto de Infração Ambiental não foi regularizada, a multa diária voltará a ser imposta desde a data em que deixou de ser aplicada, sendo notificado o autuado, sem prejuízo da adoção de outras sanções previstas nesta Resolução.

§ 4º A celebração de termo de compromisso de reparação ou cessação dos danos com o órgão ambiental suspenderá a contagem da multa diária.

SEÇÃO IV
DA APLICAÇÃO DAS PENALIDADES DE APREENSÃO E DESTRUIÇÃO OU INUTILIZAÇÃO DO PRODUTO

Art. 13. A sanção de apreensão de animais, produtos e subprodutos da fauna e flora, produtos e subprodutos objetos da infração, instrumentos, petrechos, equipamentos ou veículos e embarcações de qualquer natureza utilizados na infração reger-se-á pelo disposto no Capítulo II, Seção III desta Resolução, observando-se no que couber a legislação federal sobre o tema.

Parágrafo único. A sanção de destruição ou inutilização dos objetos apreendidos referidos no caput reger-se-á também pelo disposto no Capítulo II, Seção III desta Resolução, observando-se no que couber a legislação federal e estadual que trata do tema.

SEÇÃO V
DA APLICAÇÃO DA PENALIDADE DE SUSPENSÃO DE VENDA E FABRICAÇÃO DE PRODUTO

Art. 14. A penalidade de suspensão de venda e fabricação de produto será aplicada pela autoridade ambiental, quando o produto não estiver obedecendo às determinações legais e regulamentares, após o devido processo legal, garantindo-se o contraditório e a ampla defesa.

SEÇÃO VI
DA APLICAÇÃO DA PENALIDADE DE EMBARGO DE OBRA OU ATIVIDADE

Art. 15. A sanção de embargo será aplicada pela autoridade autuante quando a obra ou atividade não estiver obedecendo às determinações legais ou regulamentares.

Art. 16. O embargo de obra ou atividade deverá ser restrito ao local onde efetivamente se caracterizou a infração ambiental, não alcançando as demais atividades realizadas em áreas não embargadas da propriedade ou posse ou não correlacionadas com a infração.

Art. 17. O descumprimento total ou parcial de embargo, sem prejuízo das demais penalidades, ensejará a aplicação cumulativa das seguintes sanções:

I – Suspensão da atividade que originou a infração e da venda de produtos ou subprodutos criados ou produzidos na área ou local objeto do embargo infringido; e

II – Cancelamento de registros, licenças ou autorizações de funcionamento da atividade econômica junto aos órgãos ambientais e de fiscalização.

§ 1º O órgão ou entidade ambiental promoverá a divulgação dos dados do imóvel rural, da área ou local embargado e do respectivo titular em lista oficial, resguardados os dados protegidos por legislação específica para efeitos do disposto no inciso III do art. 4º da Lei 10.650, de 16.04.2003, especificando o exato local da área embargada e informando que o Auto de Infração Ambiental encontra-se julgado ou pendente de julgamento.

§ 2º A pedido do interessado, o órgão ambiental emitirá certidão em que conste a atividade, a obra e a parte da área do imóvel que são objetos do embargo, conforme o caso.

Art. 18. No caso de áreas irregularmente desmatadas ou queimadas, a autoridade ambiental autuante embargará quaisquer obras ou atividades nelas localizadas ou desenvolvidas, excetuando as atividades de subsistência.

§ 1º A autoridade ambiental autuante colherá todas as provas possíveis de autoria e materialidade, bem como da extensão do dano, apoiando-se em documentos, fotos e dados de localização, incluindo as coordenadas geográficas da área embargada, que deverão constar do respectivo Auto de Infração Ambiental para posterior georreferenciamento.

§ 2º Não se aplicará a penalidade de embargo de obra ou atividade, ou de área, nos casos em que a infração de que trata o caput se der fora da área de preservação permanente, reserva legal ou área especialmente protegida, salvo quando se tratar de desmatamento não autorizado de mata nativa.

Art. 19. O embargo de área irregularmente explorada e objeto do Plano de Manejo Florestal Sustentável não exonera seu detentor da execução de atividades de manutenção ou recuperação da floresta, na forma e prazos fixados no Plano de Manejo Florestal Sustentável e no termo de responsabilidade de manutenção da floresta.

Art. 20. A cessação das penalidades de suspensão e embargo dependerá de decisão da autoridade ambiental competente, após a apresentação, pelo autuado, de documentação que regularize a obra ou atividade, no trâmite do procedimento administrativo.

SEÇÃO VII
DA APLICAÇÃO DA PENALIDADE DE DEMOLIÇÃO

Art. 21. A sanção de demolição de obra poderá ser aplicada pela autoridade ambiental quando:

I – Verificada a construção de obra em área ambientalmente protegida em desacordo com a legislação ambiental, ou

II – Quando a obra ou construção realizada não atenda às condicionantes da legislação ambiental e não seja passível de regularização.

§ 1º A demolição poderá ser feita pela administração ou pelo infrator, em prazo assinalado pela autoridade ambiental, somente após a confirmação do Auto de Infração Ambiental.

§ 2º As despesas para a realização da demolição são de responsabilidade do infrator, que será notificado para realizá-la ou para reembolsar aos cofres públicos os gastos que tenham sido efetuados pela administração, apurados no curso do Auto de Infração Ambiental.

§ 3º Não será aplicada a penalidade de demolição quando, mediante laudo técnico for comprovado que o desfazimento poderá trazer piores impactos ambientais do que sua manutenção, caso em que a autoridade ambiental, mediante decisão fundamentada, deverá, sem prejuízo das demais sanções cabíveis, impor as medidas necessárias à cessação e mitigação do dano ambiental, observada a legislação em vigor.

§ 4º A demolição de obra, edificação ou construção não habitada e utilizada diretamente para a infração ambiental poderá ocorrer excepcionalmente no ato da fiscalização nos casos em que se constatar que a ausência da demolição importa em iminente risco de agravamento do dano ambiental ou de graves riscos à saúde.

§ 5º A demolição poderá ser feita pela autoridade ambiental autuante, por quem este autorizar ou pelo próprio infrator e deverá ser devidamente descrita e documentada, inclusive com fotografias.

SEÇÃO VIII
DAS PENALIDADES RESTRITIVAS DE DIREITO

Art. 22. As penalidades restritivas de direitos previstas no inciso X, do art. 5º desta Resolução, aplicáveis às pessoas físicas ou jurídicas, isoladas ou cumulativamente, com outras sanções decorrentes de infrações administrativas ambientais, são:

I – suspensão de registro, licença ou autorização;

II – cancelamento de registro, licença ou autorização;

III – perda ou restrição de incentivos e benefícios fiscais;

IV – perda ou suspensão da participação em linhas de financiamento em estabelecimentos oficiais de crédito; e

V – proibição de contratar com a administração pública.

Parágrafo único. As sanções previstas nos incisos III ao V somente serão aplicadas após ter sido encerrado o procedimento administrativo, garantindo-se a ampla defesa e o contraditório, por ato próprio do Secretário de Estado do Meio Ambiente.

Art. 23. A autoridade ambiental fixará o período de vigência das sanções previstas no artigo anterior, observando os seguintes prazos:

I – até 03 (três) anos para a sanção prevista no inciso V;

II – até 01 (um) ano para as sanções previstas nos incisos I, III e IV.

Parágrafo único. Em qualquer caso, a extinção da sanção fica condicionada à regularização da conduta que deu origem ao auto de infração.

Art. 24. A sanção administrativa de impedimento de licitar e contratar com o Estado, definida no inciso V, § 8º, do art. 72, da Lei Federal 9.605, de 12.02.1998, será imposta em face das infrações ambientais pelo Secretário de Estado do Meio Ambiente.

SEÇÃO IX
DAS INFRAÇÕES ADMINISTRATIVAS COMETIDAS CONTRA O MEIO AMBIENTE

SUBSEÇÃO I
DAS INFRAÇÕES CONTRA A FAUNA

Art. 25. Matar, perseguir, caçar, apanhar, coletar ou utilizar espécimes da fauna silvestre, nativos ou em rota migratória, sem a devida permissão, licença ou autorização da autoridade competente, ou em desacordo com a obtida.

I – R$ 500,00 por indivíduo de espécie não constante de listas oficiais, estadual e federal, de risco ou ameaça de extinção;

II – R$ 5.000,00, por indivíduo de espécie constante de listas oficiais, estadual ou federal, ameaçada de extinção, inclusive da Convenção de Comércio Internacional das Espécies da Flora e Fauna Selvagens em Perigo de Extinção – CITES.

§ 1º Na impossibilidade de aplicação do critério de unidade por espécime para a fixação da multa, aplicar-se-á o valor de R$ 500,00 por quilograma ou fração.

§ 2º Se da conduta descrita no caput deste artigo não resultar a captura do espécime da fauna silvestre, aplicar-se-á multa de R$ 500,00,

§ 3º Incorre nas mesmas multas:

I – Quem impede a procriação da fauna, sem licença, autorização ou em desacordo com a obtida;

II – Quem modifica, danifica ou destrói ninho, abrigo ou criadouro natural, ou

III – Quem vende, expõe à venda, exporta ou adquire, guarda, tem em cativeiro ou depósito, utiliza ou transporta ovos, larvas ou espécimes da fauna silvestre, nativa ou em rota migratória, bem como produtos e objetos dela oriundos, provenientes de criadouros não autorizados, sem a devida permissão, licença ou autorização da autoridade ambiental competente ou em desacordo com a obtida.

§ 4º No caso de guarda doméstica com finalidade exclusiva de estimação de espécime silvestre não considerada ameaçada de extinção, pode a autoridade competente, considerando as circunstâncias, deixar de aplicar a multa.

§ 5º No caso de guarda de espécime silvestre, deve a autoridade competente deixar de aplicar as sanções previstas nesta Resolução, quando os animais forem entregues espontaneamente ao órgão ambiental competente.

§ 6º Caso a quantidade ou espécie constatada no ato de fiscalização esteja em desacordo com o autorizado pela autoridade ambiental competente, a autoridade ambiental autuante aplicará a multa considerando a totalidade do objeto da fiscalização, que constituem os animais em situação irregular.

§ 7º São espécimes da fauna silvestre nativa, para os efeitos desta Resolução, todos os organismos incluídos no reino animal, pertencentes às espécies nativas, migratórias e quaisquer outras não exóticas, aquáticas ou terrestres, que tenham todo ou parte de seu ciclo original de vida ocorrendo dentro dos limites do território brasileiro ou em águas jurisdicionais brasileiras.

§ 8º A coleta de material destinado a fins científicos somente é considerada infração, nos termos deste artigo, quando se caracterizar, pelo seu resultado, como danosa ao meio ambiente.

§ 9º A coleta de material destinado a fins científicos deverá ser autorizada por órgão ambiental competente.

§ 10. A autoridade julgadora poderá, considerando a natureza dos animais, em razão de seu pequeno porte, aplicar multa de R$ 500,00 a R$ 100.000,00, quando a contagem individual for de difícil execução ou quando, nesta situação, ocorrendo a contagem individual, a multa final restar desproporcional em relação à gravidade da infração e a capacidade econômica do infrator.

Art. 26. Introduzir espécime animal silvestre, nativo ou exótico, no território do Estado de São Paulo, ou fora de sua área de distribuição natural, sem parecer técnico oficial favorável e licença expedida pela autoridade ambiental competente, quando exigível:

Multa de R$ 2.000,00, com acréscimo de:

I – R$ 200,00, por indivíduo de espécie não constante em listas oficiais de espécies em risco ou ameaçadas de extinção;

II – R$ 5.000,00, por indivíduo de espécie constante de listas oficiais, estadual ou federal, de fauna silvestre ameaçada de extinção inclusive da Convenção de Comércio Internacional das Espécies da Flora e Fauna Selvagens em Perigo de Extinção – CITES.

§ 1º Entende-se por introdução de espécime animal silvestre, nativo ou exótico, a entrada de animal no território do Estado de São Paulo, sua guarda e manutenção continuada a qualquer tempo, a soltura de animal fora de sua área de distribuição natural, bem como a reintrodução, revigoramento populacional ou a translocação, sem autorização do Órgão Ambiental competente.

§ 2º Incorre nas mesmas penas:

I – Quem reintroduz na natureza espécime da fauna silvestre sem parecer técnico oficial favorável e licença expedida pela autoridade ambiental competente, quando exigível;

II – Quem permite a reprodução entre espécies diferentes sem autorização do órgão ambiental competente, bem como a introdução na natureza de indivíduos híbridos.

Art. 27. Exportar peles e couros de anfíbios e répteis em bruto, sem autorização da autoridade competente:

Multa de R$ 2.000,00, com acréscimo de:

I – R$ 200,00, por unidade não constante em listas oficiais de espécies em risco ou ameaçadas de extinção, ou

II – R$ 5.000,00, por unidade constante de listas oficiais, estadual e federal, de fauna brasileira ameaçada de extinção, inclusive da Convenção de Comércio Internacional das Espécies da Flora e Fauna Selvagens em Perigo de Extinção - CITES.

Parágrafo único. Caso a quantidade ou espécie constatada no ato de fiscalização esteja em desacordo com o autorizado pelo órgão ambiental, a autoridade ambiental autuante aplicará a multa considerando a totalidade do objeto da fiscalização, que constituem os produtos em situação irregular.

Art. 28. Praticar caça profissional no território do Estado de São Paulo:

Multa de R$ 5.000,00, com acréscimo de:

I - R$ 500,00, por indivíduo capturado, ou

II - R$ 10.000,00, por indivíduo de espécie constante de listas oficiais, estadual ou federal, de fauna ameaçada de extinção, inclusive da Convenção de Comércio Internacional das Espécies da Flora e Fauna Selvagens em Perigo de Extinção - CITES.

Art. 29. Praticar ato de abuso, maus-tratos, ferir ou mutilar animais silvestres, domésticos ou domesticados, nativos ou exóticos:

Multa de R$ 3.000,00 por indivíduo.

§ 1º Incorre nas mesmas sanções quem:

I - realiza experiência dolorosa ou cruel em animal vivo, ainda que para fins didáticos ou científicos, quando existirem recursos alternativos.

II - realiza, promove ou participa, mesmo como expectador, de lutas entre animais da mesma espécie ou de espécie diferente.

§ 2º O valor da multa aplicada será dobrado se ocorrer a morte do animal durante os maus-tratos ou em decorrência de recomendação médico-veterinária para eutanásia.

§ 3º Entende-se por abuso e maus-tratos, animais mantidos em recintos impróprios, debilitados por falta de alimento ou de acompanhamento de profissional habilitado, quer na guarda de um só indivíduo quer na guarda de criadouros autorizados ou zoológicos, entre outros:

I - ofender ou agredir fisicamente os animais, sujeitando-os a qualquer tipo de experiência, prática ou atividade capaz de causar-lhes sofrimento ou dano, bem como as que provoquem condições inaceitáveis de existência;

II - manter animais em local desprovido de asseio ou que lhes impeça a movimentação, o descanso ou os privem de ar e luminosidade;

III - obrigar os animais a trabalhos excessivos ou superiores às suas forças e a todo ato que resulte em sofrimento, para deles obter esforços que não se alcançariam senão com castigo;

IV - não propiciar morte rápida e indolor a todo animal cujo abate seja necessário para consumo;

V - não propiciar morte rápida e indolor a todo animal cuja eutanásia seja recomendada;

VI - enclausurar animais conjuntamente com outros que os molestem;

VII - exercitar cães conduzindo-os presos a veículo motorizado em movimento;

VIII - qualquer forma de divulgação e propaganda que estimule ou sugira qualquer prática de maus-tratos ou crueldade contra os animais;

IX - utilizar, para atividade de tração, animal cego, ferido, enfermo, extenuado ou desferrado, bem como castigá-lo sob qualquer forma ou a qualquer pretexto;

X - fazer o animal trabalhar por mais de 6 (seis) horas ou fazê-lo trabalhar sem respeitar intervalos para descanso, alimentação e água;

XI - fazer o animal descansar atrelado ao veículo, em aclive ou declive, ou sob o sol ou chuva;

XII - fazer o animal trabalhar fraco, ferido ou estando com mais da metade do período de gestação;

XIII - atrelar, no mesmo veículo, animais de diferentes espécies;

XIV - atrelar animais a veículos sem os apetrechos indispensáveis ou com excesso daqueles dispensáveis, considerando-se apetrechos indispensáveis: o arreio completo do tipo peitoral, composto por dois tirantes de couro presos ao balancim ou do tipo qualheira, composto por dois pares de correntes presas ao balancim, mais selote com retranca fixa no animal, correias, tapa-olho, bridão ou freio, par de rédeas e cabresto para condução após desatrelamento do animal.

XV - prender animais atrás dos veículos ou atados a caudas de outros.

XVI - fazer viajar um animal a pé, mais de 10 (dez) quilômetros sem lhe dar descanso, água e alimento;

XVII - conservar animais embarcados por mais de 6 (seis) horas sem água e alimento, devendo as empresas de transporte providenciar as necessárias modificações em seu material, veículos e equipamentos, adequando-as às espécies animais transportadas.

XVIII - conduzir, por qualquer meio de locomoção, animais colocados de cabeça para baixo, de mãos e pés atados, ou de qualquer modo que lhe produza sofrimento ou estresse;

XIX – transportar animais em cestos, gaiolas ou veículos sem as proporções necessárias ao seu tamanho e números de cabeças, e sem que o meio de condução em que estão encerrados esteja protegido por rede metálica ou similar, que impeça a saída de qualquer parte do corpo do animal;

XX – transportar animal fraco, doente, ferido ou que esteja com mais da metade do período gestacional, exceto para atendimento de urgência;

XXI – abandonar animal que esteja sob sua responsabilidade à sua própria sorte.

§ 4º Na impossibilidade de aplicação do critério de unidade por espécime para a fixação da multa, aplicar-se-á o valor de R$ 3.000,00 pela conduta.

Art. 30. Utilizar animais para desenvolvimento, experimento e teste de produtos cosméticos e de higiene pessoal, perfumes e seus componentes.

Multa de:

I – R$ 1.000.000,00 para a instituição:

II – R$ 40.000,00 para o profissional:

Parágrafo único. Consideram-se produtos cosméticos, de higiene pessoal e perfumes as preparações constituídas por substâncias naturais ou sintéticas de uso externo nas diversas partes do corpo humano, tais como pele, sistema capilar, unhas, lábios, órgãos genitais externos, dentes e membranas mucosas da cavidade oral, com o objetivo exclusivo ou principal de limpá-lo, perfumá-lo, alterar sua aparência ou os odores corporais, protegê-lo ou mantê-lo em bom estado, relacionados na Lei Estadual 15.316, de 23.01.2014.

Art. 31. Molestar de forma intencional qualquer espécie de cetáceo, pinípede ou sirênio em águas jurisdicionais do território paulista:

Multa de R$ 2.500,00.

Art. 32. Deixar, o jardim zoológico e os criadouros autorizados, de ter o livro de registro do acervo faunístico ou mantê-lo de forma irregular:

Multa de R$ 500,00, podendo ser majorada até R$ 5.000,00, mediante laudo técnico.

§ 1º o livro de registro deve conter a relação dos animais do acervo faunístico, especificando sexo, marcação individual dos indivíduos (anilha, microchip, tatuagem, brinco, entre outros), comprovação de origem e destino, data de entrada e saída, além do nome científico e popular.

§ 2º Incorre na mesma multa quem:

I – Deixa de manter registro de acervo faunístico e movimentação de plantel em sistemas informatizados de controle de fauna ou fornecer dados inconsistentes ou fraudados;

II – Deixa de enviar o relatório anual do plantel ao órgão ambiental competente.

§ 3º O fornecimento de dados inconsistentes ou fraudados inclui a falta de documentação de entrada e saída de cada espécie do plantel devidamente preenchida pelos técnicos responsáveis.

Art. 33. Deixar, o comerciante, de apresentar declaração de estoque e valores oriundos de comércio de animais silvestres:

Multa de R$ 1.000,00 que observará as condições estabelecidas na autorização para o comércio de animais silvestres outorgada pelo órgão competente.

§ 1º A declaração de estoque e valores oriundos de comércio de animais silvestres deve ser acompanhada de nota fiscal e da marcação individual do espécime.

§ 2º Mediante laudo técnico que ateste a gravidade do dano, o valor inicial da multa poderá ser majorado em até R$ 10.000,00.

Art. 34. Explorar ou fazer uso comercial de imagem de animal silvestre mantido irregularmente em cativeiro ou em situação de abuso ou maus-tratos:

Multa de R$ 5.000,00, majorado até R$ 500.000,00, mediante laudo técnico.

Parágrafo único. O disposto no caput não se aplica ao uso de imagem para fins jornalísticos, informativos, acadêmicos, de pesquisas científicas e educacionais.

Art. 35. Causar degradação em viveiros, açudes ou estação de aquicultura de domínio público:

Multa de R$ 5.000,00, majorado até R$ 500.000,00, mediante laudo técnico.

Art. 36. Pescar em período ou local no qual a pesca seja proibida:

Multa de R$ 700,00, com acréscimo de R$ 20,00, por quilo ou fração do produto da pescaria, ou por espécime quando se tratar de produto de pesca para uso ornamental.

§ 1º Incorre nas mesmas multas quem:

I – Pesca espécies que devam ser preservadas ou espécimes com tamanhos inferiores aos permitidos, conforme estabelecido na legislação pertinente.

II – Pesca quantidades superiores às permitidas ou mediante a utilização de aparelhos, petrechos, técnicas e métodos não permitidos;

III – Transporta, comercializa, beneficia, armazena ou industrializa espécimes provenientes da coleta, apanha e pesca proibida;

IV – transporta, conserva, beneficia, armazena, descaracteriza, industrializa ou comercializa pescados ou produtos originados da pesca, sem comprovante de origem ou autorização do órgão competente; (Redação do inciso dada pela Resolução SMA Nº 83 DE 13/10/2014).

V – Captura, extrai, coleta, transporta, comercializa ou exporta espécimes de espécies ornamentais oriundos da pesca, sem autorização do órgão competente ou em desacordo com a obtida.

VI – Deixar de apresentar declaração de estoque.

§ 2º Caso a quantidade ou espécie constatada no ato de fiscalização esteja em desacordo com o autorizado pelo órgão ambiental, a autoridade ambiental autuante aplicará o Auto de Infração Ambiental considerando a totalidade do objeto da fiscalização, que constitui o pescado em situação irregular.

§ 3º Mediante laudo técnico que ateste a gravidade do dano o valor inicial da multa poderá ser majorado em até R$ 100.000,00.

Art. 37. Pescar mediante a utilização de explosivos, substâncias tóxicas ou substâncias que, em contato com a água, produzam efeitos semelhantes, ou ainda, por outro meio proibido pela autoridade competente:

Multa de R$ 700,00, com acréscimo de R$ 20,00, por quilo ou fração do produto da pescaria, ou por espécime, quando se tratar de produto de pesca para uso ornamental.

Parágrafo único. Mediante laudo técnico que ateste a gravidade do dano o valor inicial da multa poderá ser majorado em até R$ 100.000,00.

Art. 38. Exercer a pesca sem cadastro, autorização ou licença do órgão ambiental competente, com cadastro em desacordo com a atividade autorizada pelo órgão competente ou sem portar a respectiva carteira de pescador:

Multa de R$ 700,00, com acréscimo de R$ 20,00 por quilo, ou fração do produto da pesca, ou por espécime, quando se tratar de produto de pesca para ornamentação.

Art. 39. Importar ou exportar quaisquer espécies aquáticas, em qualquer estágio de desenvolvimento, bem como introduzir espécies nativas, exóticas ou não autóctones em águas jurisdicionais paulistas, sem autorização ou licença do órgão competente, ou em desacordo com a obtida:

Multa de R$ 3.000,00, com acréscimo de R$ 20,00 por quilo ou fração do produto da pescaria, ou por espécime quando se tratar de espécies aquáticas, oriundas de produto de pesca para ornamentação.

§ 1º Incorre na mesma multa quem introduzir espécies nativas ou exóticas em águas jurisdicionais paulistas, sem autorização do órgão competente, ou em desacordo com a obtida.

§ 2º A multa de que trata o caput será aplicada em dobro se houver dano ou destruição de recife de coral.

§ 3º Mediante laudo técnico que ateste a gravidade do dano, o valor inicial da multa poderá ser majorado em até R$ 50.000,00.

Art. 40. Explorar campos naturais de invertebrados aquáticos e algas, bem como recifes de coral, sem autorização do órgão ambiental competente ou em desacordo com a obtida:

Multa de R$ 500,00, com acréscimo de R$ 20,00 por quilo ou espécime do produto.

§ 1º Incorre nas mesmas multas quem:

I – utiliza, comercializa ou armazena invertebrados aquáticos, algas, recifes de coral ou subprodutos destes, sem autorização do órgão competente ou em desacordo com a obtida, e

II – fundeia embarcações ou lança detritos de qualquer natureza sobre bancos de moluscos ou corais, devidamente demarcados em carta náutica.

§ 2º Mediante laudo técnico que ateste a gravidade do dano, o valor inicial da multa poderá ser majorado em até R$ 50.000,00.

Art. 41. A comercialização do produto da pesca de que trata esta Subseção agravará a penalidade da respectiva infração, quando esta incidir sobre espécies sobrexplotadas ou ameaçadas de sobrexplotação, com o acréscimo de:

I – R$ 40,00 por quilo ou fração do produto da pesca de espécie, constante das listas oficiais brasileiras de espécies ameaçadas de sobrexplotação, ou

II – R$ 60,00 por quilo ou fração do produto da pesca de espécie, constante das listas oficiais brasileiras de espécies sobrexplotadas.

Art. 42. Deixar, os comandantes de embarcações destinadas à pesca, de preencher e entregar, ao fim de cada viagem ou semanalmente, os mapas fornecidos pelo órgão competente:

Multa de R$ 1.000,00.

Art. 43. Para os efeitos desta resolução, considera-se pesca toda operação, ação ou ato tendente a extrair, retirar, coletar, apanhar, apreender ou capturar espécimes dos grupos dos peixes, crustáceos, moluscos aquáticos e vegetais hidróbios suscetíveis ou não de aproveitamento econômico.

Parágrafo único. Entende-se por ato tendente à pesca aquele em que o infrator esteja munido, equipado ou armado com petrechos de pesca, na área de pesca ou dirigindo-se a ela.

SUBSEÇÃO II
DAS SANÇÕES APLICÁVEIS ÀS INFRAÇÕES CONTRA A FLORA

Art. 44. Destruir ou danificar florestas ou demais formas de vegetação natural ou utilizá-las com infringência das normas de proteção em área considerada de preservação permanente, sem autorização do órgão competente, quando exigível, ou em desacordo com a obtida:

Multa de R$ 5.000,00 a R$ 50.000,00 por hectare ou fração.

Parágrafo único. Os valores para imposição de multa decorrentes do caput serão diferenciados, para os seguintes tipos de vegetação e estágios sucessionais:

Descrição da vegetação	Valor da Multa em Reais
I – vegetação pioneira ou demais formas de vegetação natural	R$ 5.000,00 (cinco mil reais)/ha
II – vegetação nativa secundária em estágio inicial de regeneração	R$ 15.000,00 (quinze mil reais)/ha
III – vegetação nativa secundária em estágio médio de regeneração	R$ 30.000,00 (trinta mil reais)/ha
IV – vegetação nativa secundária em estágio avançado de regeneração	R$ 50.000,00 (cinquenta mil reais)/ha
V – vegetação nativa primária	R$ 50.000,00 (cinquenta mil reais)/ha

Art. 45. Cortar árvores em área considerada de preservação permanente, ou cuja espécie seja especialmente protegida, sem autorização da autoridade competente, quando exigível:

I – Multa de R$ 500,00 por árvore, metro cúbico ou fração, pelo corte seletivo ou isolado de exemplares arbóreos nativos ou exóticos em área considerada de preservação permanente.

II – Multa de R$ 5.000,00 por hectare ou fração, pelo corte de maciço arbóreo exótico.

Art. 46. Extrair de florestas de domínio público ou consideradas de preservação permanente, sem prévia autorização, pedra, areia, cal ou qualquer espécie de minerais.

Multa de R$ 5.000,00 por hectare ou fração, majorado até R$ 50.000,00, mediante laudo técnico.

Art. 47. Transformar madeira oriunda de floresta ou demais formas de vegetação nativa em carvão, para fins industriais, energéticos ou para qualquer outra exploração, econômica ou não, sem licença ou em desacordo com as determinações legais.

Multa de R$ 500,00, por metro cúbico de carvão – mdc.

Art. 48. Receber ou adquirir, para fins comerciais ou industriais, madeira, lenha, carvão e outros produtos de origem vegetal, sem exigir a exibição de licença do vendedor, outorgada pela autoridade competente, e sem munir-se da via que deverá acompanhar o produto até final beneficiamento.

Multa de R$ 300,00 por unidade, estéreo, quilo, mdc ou metro cúbico aferido pelo método geométrico.

§ 1º Incorre nas mesmas penalidades quem vende, expõe à venda, tem em depósito, transporta ou guarda madeira, lenha, carvão ou outros produtos de origem vegetal, sem licença válida para todo o tempo da viagem ou do armazenamento, outorgada pela autoridade competente ou em desacordo com a obtida.

§ 2º Considera-se licença válida para todo o tempo da viagem ou do armazenamento aquela cuja autenticidade seja confirmada pelos sistemas de controle eletrônico oficiais, inclusive no que diz respeito à quantidade e espécie autorizada para transporte e armazenamento.

§ 3º Nas infrações de transporte, caso a quantidade ou espécie constatada no ato fiscalizatório esteja em desacordo com o autorizado pelo órgão ambiental, a autoridade ambiental autuante promoverá a autuação considerando a totalidade do objeto da fiscalização.

§ 4º Para as demais infrações previstas neste artigo, a autoridade ambiental autuante promoverá a autuação considerando o volume integral de madeira, lenha, carvão ou outros produtos de origem vegetal que não guarde correspondência com aquele autorizado pela autoridade ambiental competente, em razão da quantidade ou espécie.

Art. 49. Impedir ou dificultar a regeneração natural de florestas ou demais formas de vegetação nativa em unidades de conservação ou outras áreas especialmente protegidas, quando couber, área de preservação permanente, reserva legal ou demais locais cuja regeneração tenha sido indicada pela autoridade ambiental competente.

Multa de R$ 5.000,00, por hectare ou fração.

Parágrafo único. O disposto no caput não se aplica para o uso permitido das áreas de preservação permanente.

Art. 50. Destruir ou danificar florestas ou qualquer tipo de vegetação nativa ou de espécies nativas plantadas, objeto de especial preservação, sem autorização ou licença do órgão ambiental competente:

§ 1º Os valores para imposição de multa decorrentes do caput serão diferenciados, para os seguintes tipos de vegetação e estágios sucessionais:

Descrição da vegetação	Valor da Multa em Reais
I – vegetação nativa secundária em estágio inicial de regeneração	R$ 5.500,00 (cinco mil e quinhentos reais)/ha
II – vegetação nativa primária ou secundária em estágio médio ou avançado de regeneração	R$ 7.000,00 (sete mil reais)/ha

§ 2º Para os fins dispostos no caput deste artigo, são consideradas de especial preservação as florestas e demais formas de vegetação nativa que tenham regime jurídico próprio e especial de conservação ou preservação, definidos pela legislação, tais como os biomas da mata atlântica e do cerrado.

Art. 51. Destruir, desmatar, danificar ou explorar floresta ou qualquer tipo de vegetação nativa ou de espécies nativas plantadas, em área de reserva legal ou servidão ambiental, de domínio público ou privado, sem autorização prévia do órgão ambiental competente, quando exigível, ou em desacordo com a concedida:

Multa de R$ 5.000,00, por hectare ou fração.

Art. 52. Executar manejo florestal sem autorização prévia do órgão ambiental competente, sem observar os requisitos técnicos estabelecidos em Plano de Manejo Florestal Sustentável ou em desacordo com a autorização concedida:

Multa de R$ 1.000,00 por hectare ou fração.

Art. 53. Explorar ou danificar floresta ou qualquer tipo de vegetação nativa ou de espécies nativas plantadas, localizada fora de área de reserva legal averbada, de domínio público ou privado, sem aprovação prévia do órgão ambiental competente, ou em desacordo com a concedida:

Multa de R$ 300,00, por hectare ou fração, ou por unidade, estéreo, quilo, mdc ou metro cúbico.

Art. 54. Adquirir, intermediar, transportar ou comercializar produto ou subproduto de origem animal ou vegetal produzido sobre área objeto de embargo:

Multa de R$ R$ 500,00 por quilograma ou unidade.

Parágrafo único. A aplicação do disposto neste artigo dependerá de prévia divulgação dos dados do imóvel rural, da área ou local embargado e do respectivo titular e estará limitada à área onde efetivamente ocorreu o ilícito.

Art. 55. Deixar de efetuar a inscrição no Cadastro Ambiental Rural – CAR, nos termos do art. 29 da Lei Federal 12.651, de 25.05.2012.

Sanção de Advertência e multa diária de R$ 50,00.

§ 1º O autuado será advertido para que, no prazo de cento e oitenta dias, apresente o comprovante de inscrição no Cadastro Ambiental Rural – CAR.

§ 2º Decorrido o prazo estabelecido no parágrafo anterior, caso o autuado não apresente o comprovante de inscrição no Cadastro Ambiental Rural – CAR será cobrada a multa diária de R$ 50,00, desde o dia da lavratura do Auto de Infração Ambiental, até a apresentação do referido comprovante.

§ 3º Durante o período previsto no § 1º, a multa diária será suspensa.

§ 4º As sanções previstas neste artigo não serão aplicadas quando o prazo previsto não for cumprido por culpa imputável exclusivamente ao órgão ambiental.

Art. 56. Destruir, danificar, lesar ou maltratar, por qualquer modo ou meio, árvores ou plantas de ornamentação de logradouro público ou em propriedade privada alheia.

Multa de R$ 500,00 por unidade ou metro quadrado.

Art. 57. Comercializar, portar ou utilizar em floresta ou demais formas de vegetação, motosserra sem licença ou registro da autoridade ambiental competente:

Multa de R$ 1.000,00, por unidade.

Art. 58. Fazer uso de fogo em áreas agropastoris, sem autorização do órgão competente ou em desacordo com a obtida.

Multa de R$ 1.000,00, por hectare ou fração.

Art. 59. Fabricar, vender, transportar ou soltar balões que possam provocar incêndios nas florestas e demais formas de vegetação, em áreas urbanas ou em qualquer tipo de assentamento humano.

Multa de R$ 5.000,00, por unidade.

§ 1º Incorre nas mesmas penas aquele que fabricar, vender ou transportar partes de balões.

§ 2º Entende-se por balões que possam provocar incêndios, qualquer artefato inflado com ar quente ou gás, não tripulado, sem regulamentação ou autorização do órgão competente da aviação civil ou militar, que utilize ou não fogo, com potencial de combustão em caso de contato com qualquer superfície ou estrutura, expondo a risco o meio ambiente.

§ 3º A soltura do balão inicia-se nos atos preparatórios ao seu lançamento, encerrando-se com a sua captura, em qualquer local.

Art. 60. Disseminar doença ou praga ou espécies que possam causar dano à fauna, à flora ou aos ecossistemas:

Multa de R$ 5.000,00 a R$ 5.000.000,00, fundamentada em laudo técnico.

Art. 61. As sanções administrativas previstas nesta Subseção serão aumentadas pela metade quando:

I – ressalvados os casos previstos nos artigos 47 e 58, a infração for consumada mediante uso de fogo ou provocação de incêndio; ou

II – a vegetação destruída, danificada, utilizada ou explorada contiver espécies ameaçadas de extinção, constantes de lista oficial.

SUBSEÇÃO III
DAS INFRAÇÕES COMETIDAS EXCLUSIVAMENTE EM UNIDADES DE CONSERVAÇÃO

Art. 62. Introduzir em unidade de conservação espécies alóctones:

Multa de R$ 2.000,00, majorada até R$ 100.000,00, mediante laudo técnico do órgão gestor da unidade de conservação.

§ 1º Excetuam-se do disposto neste artigo as áreas de proteção ambiental, as florestas estaduais, as reservas extrativistas e as reservas de desenvolvimento sustentável, bem como os animais e plantas necessários à administração e às atividades das demais categorias de unidades de conservação, de acordo com o que se dispuser em regulamento e no plano de manejo da unidade.

§ 2º Nas áreas particulares, localizadas em refúgios de vida silvestre, monumentos naturais e reservas particulares do patrimônio natural podem ser criados animais domésticos e cultivadas plantas considerados compatíveis com as finalidades da unidade, de acordo com o que dispuser o seu plano de manejo.

Art. 63. Violar as limitações administrativas provisórias, impostas às atividades efetiva ou potencialmente causadoras de degradação ambiental nas áreas delimitadas para realização de estudos, com vistas à criação de unidade de conservação:

Multa de R$ 1.500,00, majorada até R$ 1.000.000,00, mediante laudo técnico do órgão gestor da unidade de conservação.

Art. 64. Realizar pesquisa científica, envolvendo ou não coleta de material biológico, em unidade de conservação, sem a devida autorização do órgão ambiental competente, quando esta for exigível.

Multa de R$ 500,00, majorada até R$ 10.000,00, mediante laudo técnico do órgão gestor da unidade de conservação.

§ 1º A multa será aplicada em dobro caso as atividades de pesquisa coloquem em risco demográfico as espécies integrantes dos ecossistemas protegidos.

§ 2º Excetuam-se do disposto neste artigo, as áreas de proteção ambiental e reservas particulares do patrimônio natural, quando as atividades de pesquisa científica não envolverem a coleta de material biológico.

Art. 65. Explorar comercialmente produtos ou subprodutos não madeireiros, ou ainda serviços obtidos ou desenvolvidos a partir de recursos naturais, biológicos, cênicos ou culturais em unidade de conservação, sem autorização ou permissão do órgão gestor da unidade ou em desacordo com a obtida, quando esta for exigível.

Multa de R$ 1.500,00, majorada R$ 100.000,00, mediante laudo técnico do órgão gestor da unidade de conservação.

Parágrafo único. Excetuam-se do disposto neste artigo, as áreas de proteção ambiental e reservas particulares do patrimônio natural.

Art. 66. Explorar ou fazer uso comercial de imagem de unidade de conservação sem autorização do órgão gestor da unidade ou em desacordo com a recebida:

Multa de R$ 5.000,00, majorada até R$ 2.000.000,00, mediante laudo técnico do órgão gestor da unidade de conservação.

Parágrafo único. Excetuam-se do disposto neste artigo, as áreas de proteção ambiental e reservas particulares do patrimônio natural.

Art. 67. Realizar liberação planejada ou cultivo de organismos geneticamente modificados em áreas de proteção ambiental, ou zonas de amortecimento das demais categorias de unidades de conservação, em desacordo com o estabelecido em seus respectivos planos de manejo, regulamentos ou recomendações da Comissão Técnica Nacional de Biossegurança – CTNBio:

Multa de R$ 1.500,00, majorada até R$ 1.000.000,00, mediante laudo técnico.

§ 1º A multa será aumentada ao triplo, se o ato ocorrer no interior de unidade de conservação de proteção integral.

§ 2º A multa será aumentada ao quádruplo, se o organismo geneticamente modificado, liberado ou cultivado irregularmente em unidade de conservação, possuir na área, ancestral direto ou parente silvestre ou se representar risco à biodiversidade.

Art. 68. Realizar quaisquer atividades ou adotar conduta em desacordo com os objetivos da unidade de conservação, o seu plano de manejo e regulamentos:

Multa de R$ 500,00, majorada até R$ 10.000,00, mediante laudo técnico do órgão gestor da unidade de conservação.

Art. 69. Causar dano à unidade de conservação:

Multa de R$ 200,00, majorada até R$ 100.000,00, mediante laudo técnico do órgão gestor da unidade de conservação.

Art. 70. Penetrar em unidade de conservação conduzindo substâncias ou instrumentos próprios para caça, pesca ou para exploração de produtos ou subprodutos florestais e minerais, sem licença da autoridade competente, quando esta for exigível:

Multa de R$ 1.000,00, majorada até R$ 10.000,00 mediante laudo técnico do órgão gestor da unidade de conservação.

§ 1º A caracterização da infração descrita neste artigo, nas Áreas de Proteção Ambiental, dependerá de laudo técnico específico, considerando as restrições existentes na área.

§ 2º Incorre nas mesmas multas quem penetrar em unidade de conservação cuja visitação pública ou permanência sejam vedadas pelas normas aplicáveis ou ocorram em desacordo com a licença da autoridade competente.

Art. 71. As infrações previstas nesta Resolução, exceto as dispostas nesta subseção, quando forem cometidas ou afetarem unidade de conservação ou sua zona de amortecimento, terão os valores de suas respectivas multas aplicadas em dobro, ressalvados os casos em que a determinação de aumento do valor da multa seja superior a este.

Parágrafo único. ~~A aplicação do valor da multa em dobro nas infrações cometidas ou que afetarem Áreas de Proteção Ambiental dependerá de laudo técnico específico, considerando as restrições existentes na área.~~ *(Revogado pela Resolução SMA Nº 83 DE 13/10/2014)*

SUBSEÇÃO IV

DAS INFRAÇÕES AMBIENTAIS ADMINISTRATIVAS

Art. 72. Todas as infrações desta subseção, independentemente da penalidade cominada a cada tipo, devem ser aplicadas com fundamento e motivação alicerçada em decisão da autoridade ambiental autuante.

Art. 73. Obstar ou dificultar a ação do Poder Público, no exercício de atividades de fiscalização ambiental:

Multa de R$ 500,00 a R$ 100.000,00.

Art. 74. Obstar ou dificultar a ação do órgão ambiental, ou de terceiro por ele encarregado, na coleta de dados para a execução de georreferenciamento de imóveis rurais para fins de fiscalização:

Multa de R$ 100,00 a R$ 300,00 por hectare do imóvel.

Art. 75. Descumprir embargo de obra ou atividade e suas respectivas áreas:

Multa de R$ 10.000,00, podendo variar até R$ 1.000.000,00, desde que fundamentado por laudo técnico do órgão ambiental.

Art. 76. Deixar de atender a exigências legais ou regulamentares, quando devidamente notificado pela autoridade ambiental competente, no prazo concedido, visando à regularização, correção ou adoção de medidas de controle para cessar a degradação ambiental:

Multa de R$ 1.000,00, podendo variar até R$ 1.000.000,00, desde que fundamentado por laudo técnico do órgão ambiental.

Art. 77. Incorre nas mesmas multas do artigo anterior quem deixar de apresentar relatórios ou informações ambientais nos prazos exigidos pela legislação ou, quando aplicável, naquele determinado pela autoridade ambiental.

Art. 78. Elaborar ou apresentar informação, estudo, laudo ou relatório ambiental total ou parcialmente falso, enganoso ou omisso, seja nos sistemas oficiais de controle, seja no licenciamento, na concessão florestal ou em qualquer outro procedimento administrativo ambiental:

Multa de R$ 1.500,00, podendo variar até R$ 1.000.000,00, desde que fundamentado pela autoridade ambiental.

CAPÍTULO II
DA REGULAMENTAÇÃO DO PROCEDIMENTO ADMINISTRATIVO

Art. 79. Este capítulo dispõe sobre a regulamentação do procedimento administrativo, conforme Decreto Estadual 60.342, de 04.04.2014.

SEÇÃO I
DA REALIZAÇÃO DO ATENDIMENTO AMBIENTAL

Art. 80. O Atendimento Ambiental é o momento processual instituído pelo Decreto Estadual 60.342, de 04.04.2014 onde serão consolidadas as infrações e penalidades cabíveis, impostas por meio do Auto de Infração Ambiental e mediante análise dos fatos descritos pela autoridade autuante, além da propositura de adoção imediata de medidas visando à finalização do procedimento administrativo.

Art. 81. A presença de apenas 1 (uma) testemunha na lavratura do Auto de Infração Ambiental não constitui vício insanável, podendo ser convalidado no Atendimento Ambiental, com a confirmação do ato nos termos do art. 8º do Decreto Estadual 60.342, de 04.04.2014.

Art. 82. A realização do Atendimento Ambiental se dará da seguinte forma:

I – Esclarecimento ao autuado ou procurador devidamente constituído, do fato gerador da autuação, descrição da infração cometida, indicação dos dispositivos legais e regulamentares infringidos, descrição das sanções aplicadas, bem como o eventual agravamento das mesmas.

II – Breve manifestação do autuado ou representante a respeito dos fatos ocorridos, enquadramento infracional e sanções aplicadas, com a apresentação de documentos elucidativos e comprobatórios de fatos e circunstâncias atenuantes.

III – Análise das alegações do autuado, da documentação apresentada e das circunstâncias atenuantes.

IV – Verificação da existência de vícios processuais nos termos dos artigos 39 a 41 do Decreto Estadual 60.342, de 04.04.2014, bem como adoção das medidas necessárias para convalidação do Auto de Infração Ambiental ou cancelamento do mesmo.

V – Mantido o auto, serão apresentadas as condições necessárias para a finalização do procedimento administrativo, com a consolidação da multa simples e outras sanções aplicadas, além da adoção de medidas para fazer cessar, ou corrigir a degradação ambiental causada, ou ainda medidas para preservação, melhoria e recuperação da qualidade do meio ambiente, estipulando prazos para a execução destas medidas.

VI – Após saneado o feito será lavrada ata, nos termos do art. 11 do Decreto Estadual 60.342, de 04.04.2014.

Art. 83. A consolidação do valor de multa a que se refere o inciso V do artigo anterior, dar-se-á pela avaliação das circunstâncias atenuantes abaixo:

I – Havendo manifesto arrependimento do infrator com a formalização do Termo de Compromisso de Recuperação Ambiental – TCRA, nos termos do art. 26 do Decreto Estadual 60.342, de 04.04.2014, será reduzido em 40% o valor da multa, desde que efetivamente cumprida a obrigação de reparação do dano ambiental.

II – Havendo manifesto arrependimento do infrator com a formalização do Termo de Compromisso de Recuperação Ambiental – TCRA, nos termos do art. 26 do Decreto Estadual 60.342, de 04.04.2014, mas não sendo possível a determinação de medidas específicas para recuperação "in loco", será reduzido em 40% o valor da multa, com base na segunda parte do inciso II, do art. 14, da Lei Federal 9.605, de 12.02.1998, desde que efetivamente cumpridas as obrigações assumidas.

III – Incidindo as seguintes atenuantes, de forma isolada ou cumulativa, será reduzido o valor da multa por:

a) baixo grau de instrução ou escolaridade do agente;

b) bons antecedentes;

c) baixa gravidade dos fatos;

d) hipossuficiência financeira, devidamente comprovada através de documentos ou atestada por agentes públicos;

e) reeducação do infrator concernente à legislação ambiental vigente, de modo a colaborar com os agentes públicos na preservação do meio ambiente e a prevenir novas degradações ambientais, nos termos do art. 14, inciso IV, da Lei Federal 9.605, de 12.02.1998.

§ 1º O desconto a que se referem os incisos I e II deve observar o disposto contido no § 3º do art. 26 do Decreto Estadual 60.342, de 04.04.2014.

§ 2º As atenuantes indicadas no inciso III deste artigo serão aplicadas conforme os parâmetros e critérios a serem definidos, mediante Portaria do Coordenador da Coordenadoria de Fiscalização Ambiental.

Art. 84. O pagamento do valor consolidado da multa simples poderá ser parcelado em até 12 (doze) vezes, caso haja adoção imediata de medidas para a finalização do processo administrativo com assinatura do Termo de Compromisso de Recuperação Ambiental – TCRA, se exigível, exclusivamente na ocasião do Atendimento Ambiental.

Art. 85. Após a decisão resultante do Atendimento Ambiental, não será majorado o valor da multa.

SEÇÃO II
DAS OBRIGAÇÕES A SEREM ASSUMIDAS ATRAVÉS DE TERMO DE COMPROMISSO DE RECUPERAÇÃO AMBIENTAL

Art. 86. O Termo de Compromisso de Recuperação Ambiental – TCRA, firmado nos termos do inciso I do art. 83 desta Resolução, poderá prever a possibilidade de encaminhamento ao órgão competente para regularização da atividade objeto da autuação.

Art. 87. O Termo de Compromisso de Recuperação Ambiental – TCRA, firmado nos termos do inciso II do art. 83 desta Resolução, poderá conter as seguintes obrigações a serem assumidas pelo infrator, de forma isolada ou cumulativa:

I – Medidas de prevenção contra novas degradações ou irregularidades ambientais, por meio da adoção de boas práticas ambientais;

II – Implantação de projeto para recuperação de áreas degradadas ou para proteção e conservação do meio ambiente.

SEÇÃO III
DO PROCEDIMENTO RELATIVO À APREENSÃO E DESTINAÇÃO DE PRODUTOS E INSTRUMENTOS

SUBSEÇÃO I
DA APREENSÃO

Art. 88. Constatada a infração administrativa ambiental, a autoridade ambiental autuante, no uso de seu poder de polícia, apreenderá, por meio de termo próprio, todos os produtos e instrumentos utilizados para a prática da infração.

§ 1º A autoridade ambiental autuante promoverá, de regra, a autuação considerando a totalidade do objeto da fiscalização. Excepcionalmente, para os casos em que o objeto fiscalizado decorra de cumulação de licenças ou autorizações, e sendo possível diferenciá-las para a detecção da irregularidade, a autoridade promoverá a autuação e a apreensão da parte que esteja irregular. Neste caso, a diferenciação da parte irregular do objeto da fiscalização não inibe a apreensão dos instrumentos da infração administrativa.

§ 2º O objeto da apreensão deverá, em regra, ser encaminhado a locais previamente indicados para armazenamento, onde aguardará decisão administrativa, seja através do Atendimento Ambiental ou do julgamento da defesa ou do recurso.

§ 3º Os meios de transporte, considerados instrumentos de infração administrativa ambiental, poderão ser utilizados para transportar o produto objeto da apreensão, bem como os demais instrumentos, ao local de destinação, cuidando a autoridade, para que o agente designado para tal seja habilitado e o veículo esteja em perfeitas condições de tráfego.

Art. 89. Até que haja decisão administrativa acerca da destinação dos bens e animais apreendidos, estes podem ser confiados a fiel depositário, sendo este, preferencialmente, órgãos públicos e entidades de caráter ambiental, beneficente, científico, cultural, educacional, hospitalar e militar.

SUBSEÇÃO II
DA DESTINAÇÃO

Art. 90. A autoridade ambiental competente, diante da decisão administrativa que manteve a apreensão dos instrumentos ou produtos apreendidos, dará a seguinte destinação:

I – Para o caso de produto da infração administrativa ambiental não perecível, incluída a madeira que não esteja sob risco iminente de perecimento:

a) destruição ou inutilização quando:

1. a medida for necessária para evitar o seu uso e aproveitamento indevidos nas situações em que novos transportes e a guarda forem inviáveis, em face das circunstâncias; ou

2. possa expor o meio ambiente a riscos significativos ou comprometer a segurança ou saúde da população e das autoridades envolvidas na fiscalização.

b) doação, por meio de ato regular proferido pelo Coordenador da Coordenadoria de Fiscalização Ambiental, preferencialmente para órgãos públicos e entidades de caráter ambiental, beneficente, científico, cultural, educacional, hospitalar e militar, respeitada a legislação vigente. (Redação da alínea dada pela Resolução SMA Nº 83 DE 13/10/2014).

c) venda, por meio de leilão.

d) utilização pela Administração, nos termos do art. 33 do Decreto Estadual 60.342, de 04.04.2014.

II – Os produtos perecíveis ou sob risco iminente de perecimento serão previamente avaliados pela autoridade ambiental, e deverão ser doados logo após a lavratura do auto de infração ambiental, preferencialmente, para órgãos públicos e entidades de caráter ambiental, beneficente, científico, cultural, educacional, hospitalar e militar, respeitada a legislação vigente.

III – Para o caso de produto e subproduto da fauna, não perecível, este será destruído ou doado a locais citados no inciso II, respeitada a legislação vigente.

IV – Para o caso de instrumento direto utilizado na prática de infração administrativa ambiental, este será:

a) destruído;

b) doado, por meio de ato regular;

c) vendido, por meio de leilão.

d) utilizado pela Administração quando houver necessidade;

Art. 91. A doação como forma de destinação deverá ser priorizada sempre que possível.

Art. 92. No caso de leilão ou doação os custos operacionais de depósito, remoção, transporte, beneficiamento e demais encargos correrão à conta do adquirente ou beneficiário.

Art. 93. No caso de doação, o respectivo termo vedará a transferência a terceiros, podendo, excepcionalmente, ocorrer a transferência por decisão fundamentada da autoridade que reconheça tal medida como a mais adequada à execução dos fins institucionais dos beneficiários.

Art. 94. Todos os recursos auferidos com as destinações de produtos ou instrumentos de infração ambiental deverão ser depositados no Fundo Especial de Despesa para Preservação da Biodiversidade e dos Recursos Naturais.

Art. 95. Poderá ser estabelecido um mecanismo de cadastramento das instituições que poderão ser receptoras das doações dos produtos e instrumentos apreendidos.

Art. 96. Nos casos de ocorrência de autoria desconhecida, havendo a apreensão de produtos ou instrumentos utilizados para a prática da infração ambiental, deve-se proceder a destinação nos termos do inciso IV do art. 90, de forma motivada.

SEÇÃO IV
DO FALECIMENTO DO AUTUADO NO CURSO DO PROCEDIMENTO ADMINISTRATIVO

Art. 97. Ocorrendo o falecimento do autuado durante o curso do procedimento administrativo, no que diz respeito às penalidades, entende-se que, no caso de:

I – advertência, diante da sua natureza pessoal, dar-se-á o arquivamento do feito;

II – multa, tendo sido esta confirmada no trâmite do Auto de Infração Ambiental, os sucessores do autuado respondem pelo pagamento até o limite da herança;

III – apreensão, a autoridade ambiental decidirá sobre a destinação dos bens ou animais apreendidos ou os devolverá aos sucessores do autuado;

IV – suspensão da atividade ou embargo da área, deverá a autoridade ambiental manter a aplicação das penalidades enquanto persistirem os fatos que lhes deram ensejo;

V – restrição de direitos, diante da sua natureza pessoal, dar-se-á o arquivamento do feito.

§ 1º Uma vez noticiado o óbito do autuado e não incidindo hipótese de arquivamento do feito, os autos deverão ser regularizados para correção do sujeito passivo, por meio de um termo de correção, a fim de dar a devida continuidade à aplicação das penalidades.

§ 2º Para a regularização do pólo passivo mencionada no § 1º, é necessária a verificação da existência de bens e herdeiros, adotando-se as seguintes medidas:

I - existindo herdeiros, estes serão notificados a informar sobre a abertura de inventário e nomeação do inventariante, que representará o espólio no procedimento administrativo;

II - não existindo herdeiros conhecidos, a herança jacente será representada por seu curador:

III - se a única penalidade aplicada ao caso for pecuniária, e não constando a existência de bens, dar-se-á o arquivamento do feito.

SEÇÃO V
DO PARCELAMENTO DAS MULTAS

Art. 98. O parcelamento das multas a que se refere o art. 46 do Decreto Estadual 60.342, de 04.04.2014 deverá ter parcelas mínimas de 05 (cinco) UFESP's. (Redação do artigo dada pela Resolução SMA Nº 83 DE 13/10/2014).

Art. 99. A interrupção do pagamento das parcelas ensejará, assim que constatada, a imediata inscrição do valor referente às parcelas não quitadas e vincendas na dívida ativa nos termos do art. 47 do Decreto Estadual 60.342, de 04.04.2014.

CAPÍTULO III
DISPOSIÇÕES FINAIS

Art. 100. As disposições desta Resolução aplicam-se para as autuações ambientais lavradas a partir de sua edição, revogando-se as disposições em contrário.

LEI Nº 16.260, DE 29 DE JUNHO DE 2016

Autoriza a Fazenda do Estado a conceder a exploração de serviços ou o uso, total ou parcial, de áreas em próprios estaduais que especifica e dá outras providências correlatas.

O GOVERNADOR DO ESTADO DE SÃO PAULO:

Faço saber que a Assembleia Legislativa decreta e eu promulgo a seguinte lei:

Art. 1º Fica a Fazenda do Estado autorizada a conceder a exploração dos serviços ou o uso de áreas, ou parte de áreas, inerentes ao ecoturismo e à exploração comercial madeireira ou de subprodutos florestais, pelo prazo de até 30 (trinta) anos, dos próprios estaduais constantes do Anexo desta lei.

§ 1º A exploração comercial de recursos madeireiros ou subprodutos florestais só será admitida:

1 – nas áreas previstas no Plano de Manejo para esse fim;

2 – após decisão favorável do órgão executor, ouvido o Conselho da unidade de conservação;

3 – quando os projetos científicos previstos para as áreas tenham atingido seus objetivos;

4 – com a garantia de preservação de um banco genético, conforme previsto no respectivo Plano de Manejo.

§ 2º Nas hipóteses de que trata o § 1º deste artigo, o concessionário fica obrigado a executar projetos de restauração ou produção florestal sustentável, de acordo com as normas vigentes e aprovados pelos órgãos competentes e pelo gestor da unidade.

Art. 2º São objetivos desta lei:

I – permitir, criar e favorecer condições à exploração do potencial ecoturístico das áreas;

II – permitir a exploração comercial sustentável de produtos florestais, madereiros e não madereiros, das áreas;

III – contribuir com o monitoramento ambiental, manutenção e outras atividades necessárias à gestão das unidades integrantes do Sistema Estadual de Florestas – SIEFLOR;

IV – Revogado.

– *Inciso IV revogado pela* Lei nº 17.293, de 15/10/2020.

V – promover a conservação da diversidade biológica e dos recursos genéticos das áreas;

VI – contribuir para a proteção das espécies ameaçadas de extinção e para o desenvolvimento de ações que as levem à condição de não ameaçadas;

VII – contribuir para a conservação e restauração da diversidade de ecossistemas naturais das áreas;

VIII – promover a utilização dos princípios e práticas de conservação da natureza no processo de melhoria e desenvolvimento das áreas;

IX – contribuir para a proteção das paisagens naturais de notável beleza cênica;

X – contribuir para a proteção das características relevantes de natureza geológica, geomorfológica, espeleológica, arqueológica, paleontológica e cultural;

XI – contribuir na proteção e recuperação dos recursos hídricos e edáficos das áreas;

XII – contribuir na recuperação ou restauração dos ecossistemas degradados das áreas;

XIII – valorizar econômica e socialmente a diversidade biológica;

XIV – criar e favorecer condições e promover a educação ambiental, a recreação e o lazer em contato com a natureza;

XV – proteger os recursos naturais necessários à manutenção do modo de vida de populações tradicionais existentes no interior das áreas concedidas e no seu entorno, respeitando e valorizando seu conhecimento e cultura e promovendo-as social e economicamente;

XVI – favorecer as condições de desenvolvimento social e econômico das comunidades do entorno das áreas.

Art. 3° As concessões a que se refere o artigo 1° desta lei ficam condicionadas ao caráter remunerado e ao interesse público e, no caso de Unidades de Conservação da Natureza, regidas pela Lei Federal n° 9.985, de 18 de julho de 2000, integrantes do Sistema Nacional de Unidades de Conservação da Natureza — SNUC, as concessões ficam também condicionadas ao atendimento mínimo dos seguintes requisitos:

I – existência de Plano de Manejo aprovado;

II – compatibilidade das atividades passíveis de exploração econômica com os objetivos da Unidade de Conservação, conforme disposto no Plano de Manejo;

III – aprovação da concessão e do edital da licitação pelo Órgão Gestor da Unidade de Conservação;

IV – oitiva do Conselho Consultivo do Sistema de Informação e Gestão de Áreas Protegidas e de Interesse Ambiental do Estado de São Paulo – SIGAP, instituído pelo Decreto n° 60.302, de 27 de março de 2014, e do Conselho Consultivo da Unidade, ou, quando for o caso, aprovação do Conselho Deliberativo;

V – exploração, única e exclusiva, de áreas de uso público, de experimentação ou de manejo sustentável, desde que previstas no Plano de Manejo;

VI – compatibilidade das atividades passíveis de exploração econômica com os objetivos de proteção da área a ser concedida;

VII – oitiva do Conselho Estadual do Meio Ambiente – CONSEMA, com prévia realização de audiência pública;

VIII – licitação, na modalidade concorrência.

§ 1° Do edital da licitação deverão constar, na forma desta lei e do respectivo regulamento, no mínimo e quando for o caso:

1 – as obras mínimas a serem realizadas pelo concessionário e os usos possíveis, respeitando, nas hipóteses de unidade de conservação, o Plano de Manejo;

2 – as exigências previstas no § 2° do artigo 1° desta lei;

3 – as atividades a serem realizadas pelo concessionário, como encargos da concessão;

4 – vetado;

5 – a prestação de garantia de execução pela concessionária, no valor equivalente a 5% (cinco por cento) do valor do contrato, para efeito de garantia de adimplemento das obrigações assumidas e condição para celebração do ajuste, que deverá ser mantida ao longo do prazo da concessão;

6 – as formas de favorecer as condições de desenvolvimento social e econômico das populações tradicionais e das comunidades existentes no interior e no entorno das áreas concedidas;

7 – as formas de valorização e utilização da mão de obra e dos produtos locais e regionais;

8 – a obrigatoriedade de dar destinação ambientalmente adequada para todos os resíduos produzidos e de implantação de gestão, visando à eficiência energética e redução do consumo de recursos hídricos nas áreas concedidas;

9 – a obrigação de a concessionária adotar medidas que impeçam a alimentação de animais pelos usuários.

§ 2° Fica vedada a concessão de atividades que impliquem exercício do poder de polícia ou coloquem em risco a integridade dos ecossistemas.

§ 3° É de responsabilidade do concessionário comunicar imediatamente às autoridades competentes quaisquer ocorrências no exercício de suas atividades que coloquem em risco a integridade ambiental da área concedida.

Art. 4° Do contrato de concessão deverão constar encargos, cláusulas, termos e condições, na forma desta lei e do respectivo regulamento, que garantam, no mínimo:

I – utilização das áreas e bens somente para os fins previstos na concessão;

II – impossibilidade de transferência de bens e áreas do Estado e direitos a qualquer título;

III – definição clara dos mecanismos de pagamentos;

IV – prerrogativas inerentes ao exercício do poder de fiscalização da Administração sobre o uso e a integridade ambiental das áreas concedidas e da consecução de seus fins;

V – hipóteses de rescisão da concessão, como nos casos de:

a) inadimplemento de obrigações legais ou contratuais, especialmente no que tange à legislação ambiental incidente sobre as áreas concedidas;

b) transferência do uso dos imóveis e áreas da unidade pelo concessionário a terceiros, inclusive para instalação de antenas;

c) alteração do uso dos imóveis, pelo concessionário, para fins diversos aos previstos no contrato e termo de referência;

VI – as sanções nos casos de rescisão ou de não cumprimento, total ou parcial, do contrato;

VII – vetado;

VIII – mecanismos de promoção do desenvolvimento sustentável das populações tradicionais existentes no interior das áreas concedidas e no seu entorno;

IX – mecanismos de avaliação do cumprimento do escopo da concessão, incluindo parâmetros de preços e indicadores de qualidade dos serviços prestados aos usuários.

§ 1º Para as áreas integrantes de unidade de conservação, o contrato deverá assegurar ainda:

1 – a obediência ao Plano de Manejo e regulamentos da Unidade de Conservação, para a execução de qualquer atividade;

2 – a efetiva utilização das áreas e bens para os fins a que se destinam, considerada como principal finalidade a realização de atividades de uso público da área concedida;

3 – que as atividades realizadas pelo concessionário não afetem os objetivos da Unidade de Conservação ou da área concedida.

Art. 5º O acompanhamento e fiscalização dos contratos objetos desta lei serão executados por comissão qualificada, nos termos do regulamento.

Art. 6º Vetado:

Art. 7º O Poder Executivo regulamentará esta lei no prazo de 180 (cento e oitenta) dias da sua publicação.

Art. 8º Esta lei entra em vigor na data de sua publicação.

Palácio dos Bandeirantes, 29 de junho de 2016.

GERALDO ALCKMIN

RESOLUÇÃO SMA Nº 81, DE 18 DE AGOSTO DE 2017

Dispõe sobre o estabelecimento de nexo causal na fiscalização e autuação do uso irregular de fogo em área agropastoril.

O Secretário de Estado do Meio Ambiente,

Considerando o artigo 58 da Resolução SMA 48, de 26.05.2014;

Considerando o artigo 1º da Lei Estadual 10.547, de 02.05.2000, que veda o uso de fogo como técnica agrícola, à exceção da queima controlada previamente autorizada pela autoridade ambiental;

Considerando o artigo 38, § 3º, da Lei Federal 12.651, de 25.05.2012; e

Considerando o risco inerente da ocorrência de fogo na atividade agropastoril,

Resolve:

Art. 1º Para a autuação e o processamento das infrações de uso de fogo em áreas agropastoris, previstas no artigo 58 da Resolução SMA 48 , de 26.05.2014, deverá ser demonstrado o nexo causal entre a ação ou omissão do proprietário ou responsável pelas áreas e a ocorrência do fogo.

§ 1º O nexo causal pela omissão será estabelecido pela demonstração da ausência de adoção ou adoção insuficiente de medidas preventivas ou de combate ao fogo, tais como:

I – manutenção adequada de aceiros lindeiros às unidades de conservação, áreas de preservação permanente, reservas legais, fragmentos florestais, estradas, rodovias ou aglomeração urbana;

II – monitoramento das áreas críticas e vulneráveis a incêndios;

III – monitoramento da umidade relativa do ar e previsão de ações para o período em que se mostrar baixa;

IV – criação e operacionalização de planos de auxílio mútuo em emergências que descrevam as ações conjuntas ou solidárias de combate ao fogo;

V – combate efetivo ao incêndio por meio de brigadistas devidamente treinados e equipados.

§ 2º A Coordenadoria de Fiscalização Ambiental, ouvido o Comando de Policiamento Ambiental da Polícia Militar do Estado de São Paulo, definirá, por meio de Portaria, os parâmetros para a apuração das medidas preventivas e de combate ao fogo de que trata o § 1º deste artigo.

Art. 2º Esta Resolução entra em vigor na data de sua publicação. (Processo SMA 5.816/2017).

LEI Nº 17.107, DE 04 DE JULHO DE 2019

Autoriza a concessão de uso dos imóveis que especifica, para a exploração do Zoológico de São Paulo, do Zoo Safári, do Jardim Botânico e de atividades de manejo, educação ambiental, recreação, lazer, cultura e ecoturismo, com os serviços associados, e dá providências correlatas.

O GOVERNADOR DO ESTADO DE SÃO PAULO:

Faço saber que a Assembleia Legislativa decreta e eu promulgo a seguinte lei:

Art. 1º Fica a Fazenda do Estado autorizada a conceder o uso, para a exploração do Zoológico de São Paulo, do Zoo Safári, do Jardim Botânico e de atividades de manejo, educação ambiental, recreação, lazer, cultura e ecoturismo, com os serviços associados, dos seguintes imóveis:

I - parte da área do Parque Estadual Fontes do Ipiranga, indicada no Anexo desta lei, devendo ser observado o respectivo plano de manejo;

II - área localizada no município de Araçoiaba da Serra, cadastrada no Sistema de Gerenciamento de Imóveis do Estado sob o nº 2502, medindo 574 (quinhentos e setenta e quatro) hectares e perfeitamente descrita no processo PGE nº 13.256-53, bem como no Decreto nº 46.726, de 26 de abril de 2002.

Parágrafo único - Não se inclui na autorização de que trata o "caput" deste artigo a área atualmente ocupada pelo CECFAU - Centro de Conservação de Fauna Silvestre do Estado de São Paulo.

Art.2º O prazo da concessão de uso será fixado no edital de licitação e no contrato, não podendo superar 35 (trinta e cinco) anos.

§ 1º Revogado.

§ 1º revogado pela Lei nº 17.293, de 15/10/2020.

§ 2º O prazo da concessão poderá ser prorrogado como método de recomposição do equilíbrio econômico-financeiro do contrato.

Art. 3º A concessão de uso será precedida de procedimento licitatório, na modalidade concorrência, e terá por finalidade a manutenção e a conservação da área, a modernização do espaço, a construção de novos atrativos, a reforma de equipamentos e prédios existentes, a melhoria das áreas de exposição de flora e dos recintos de manejo de fauna, bem como a exploração das atividades e dos serviços associados relacionados no "caput" do artigo 1º desta lei, observada a legislação incidente, inclusive, no que se refere a Jardins Zoológicos e Jardins Botânicos classificados na categoria "A" do Conselho Nacional do Meio Ambiente - CONAMA.

§ 1º A concessão de uso será precedida da oitiva do Conselho de Defesa do Parque Estadual Fontes do Ipiranga - CONDEPEFI e, posteriormente, de manifestação do Conselho Estadual do Meio Ambiente - CONSEMA.

§ 2º Caberá ao concessionário providenciar, durante toda a vigência da concessão, as autorizações dos órgãos de defesa do patrimônio material e/ou imaterial que se façam necessárias em virtude de tombamentos impostos à área.

Art. 4º O edital de licitação e o contrato de concessão de uso deverão conter cláusulas que estipulem:

I - a efetiva utilização da área para as atividades descritas nesta lei;

II - a obrigação da concessionária de apresentar cronograma e realizar investimentos para a conservação, manutenção e modernização dos equipamentos, dos prédios, das áreas de exposição de flora e dos recintos de manejo de fauna, em conformidade com as diretrizes de conservação e preservação do meio ambiente e sustentabilidade;

III – a obrigação de pagamento, pela concessionária, de outorga pelo uso concedido, parcela da qual deverá ser destinada à entidade fundacional e ao órgão indicados no § 1º do artigo 2º desta lei, conforme critérios fixados pelo edital e pelo contrato;

IV – a instituição de comissão, composta por representantes da Secretaria de Infraestrutura e Meio Ambiente, do Instituto de Botânica e da Fundação Parque Zoológico de São Paulo, que deverá se reunir periodicamente para acompanhar a execução contratual e sugerir ao Poder Concedente medidas para atingimento dos objetivos estabelecidos nesta lei;

V – as hipóteses de extinção da concessão, dentre elas, a ocorrência de maus tratos ou negligência aos animais abrigados no Zoológico, a ser decidida pelo Poder Concedente, após parecer elaborado pela comissão prevista no inciso IV, condicionada também à insuficiência da aplicação das demais sanções previstas em contrato;

VI – a permanência do Instituto de Botânica na área concedida, preservando sua autonomia técnico-científica, para desenvolver atividades de ensino, pesquisa científica, tecnológica e de inovação em botânica e meio ambiente;

VII – a obrigatoriedade de dar destinação ambientalmente adequada para todos os resíduos produzidos e de implantação de gestão visando à eficiência energética e redução do consumo de recursos hídricos na área concedida;

VIII – Vetado;

IX – as condições de acesso dos pesquisadores às coleções científicas e plantel, respectivamente nas áreas do Jardim Botânico e Jardim Zoológico;

X – o direito do Estado à propriedade intelectual das pesquisas desenvolvidas pelo Instituto de Botânica e Fundação Parque Zoológico;

XI – a permanência da unidade da Polícia Militar na área concedida, enquanto compatível com o interesse público;

XII – a garantia do acesso gratuito a estudantes da educação infantil, ensino fundamental e médio da rede pública de ensino, desde que a visitação seja organizada pela instituição de ensino, conforme critérios fixados pelo edital e pelo contrato.

Parágrafo único – A parcela a que se refere o inciso III deste artigo, quando devida ao Instituto de Botânica, constitui receita do Fundo de Pesquisa instituído pela Lei nº 5.224, de 13 de janeiro de 1959, ratificado pela Lei nº 7.001, de 27 de dezembro de 1990.

Art. 5º Esta lei entra em vigor na data de sua publicação.

Palácio dos Bandeirantes, 04 de julho de 2019.

JOÃO DORIA

DECRETO Nº 64.456, DE 10 DE SETEMBRO DE 2019

Dispõe sobre o procedimento para apuração de infrações ambientais e imposição de sanções, no âmbito do Sistema Estadual de Administração da Qualidade Ambiental, Proteção, Controle e Desenvolvimento do Meio Ambiente e Uso Adequado dos Recursos Naturais – SEAQUA, e dá providências correlatas.

ÍNDICE

JOÃO DORIA, GOVERNADOR DO ESTADO DE SÃO PAULO, no uso de suas atribuições legais,

Decreta:

CAPÍTULO I
DAS INFRAÇÕES ADMINISTRATIVAS COMETIDAS CONTRA O MEIO AMBIENTE

Art. 1º As infrações ambientais e respectivas sanções, para os fins de que trata este decreto, são aquelas previstas na Lei federal nº 9.605, de 12 de fevereiro de 1998, e no Decreto federal nº 6.514, de 22 de julho de 2008.

Parágrafo único – As sanções a que alude o "caput" deste artigo serão aplicadas de acordo com o procedimento administrativo estabelecido neste decreto.

CAPÍTULO II
DO PROCEDIMENTO ADMINISTRATIVO PARA APURAÇÃO DE INFRAÇÕES AMBIENTAIS

SEÇÃO I
DAS DISPOSIÇÕES PRELIMINARES

Art. 2º Este capítulo dispõe sobre o procedimento administrativo para apuração de infrações ambientais, ressalvados os procedimentos específicos adotados pela CETESB – Companhia Ambiental do Estado de São Paulo.

SEÇÃO II
DO AUTO DE INFRAÇÃO AMBIENTAL

Art. 3º A infração ambiental será apurada mediante procedimento administrativo próprio, iniciado por meio de Auto de Infração Ambiental.

§ 1º O Auto de Infração Ambiental conterá:

1. identificação do autuado;

2. descrição das infrações administrativas constatadas;

3. indicação:

a) dos dispositivos legais e regulamentares infringidos;

b) das medidas administrativas adotadas;

c) das sanções cabíveis.

§ 2º A Polícia Militar Ambiental e a Coordenadoria de Fiscalização e Biodiversidade da Secretaria de Infraestrutura e Meio Ambiente serão responsáveis pela lavratura do Auto de Infração Ambiental, imposição de sanções e adoção das demais providências administrativas no âmbito de suas respectivas atribuições.

§ 3º Os atos processuais poderão ser praticados por meio eletrônico, desde a lavratura do Auto de Infração Ambiental, conforme disciplina estabelecida pela Secretaria de Infraestrutura e Meio Ambiente.

Art. 4º Por ocasião da lavratura do Auto de Infração Ambiental, o respectivo agente, no uso de seu poder de polícia, poderá adotar, ainda, as seguintes medidas administrativas:

I – apreensão;

II – embargo de obra ou atividade e suas respectivas áreas;

III – suspensão:

a) de venda ou fabricação de produto;

b) parcial ou total de atividades;

IV – destruição ou inutilização dos produtos, subprodutos e instrumentos da infração;

V – demolição.

Parágrafo único – As medidas de que trata este artigo têm como objetivo prevenir a ocorrência de novas infrações, resguardar a recuperação ambiental e garantir o resultado prático do procedimento administrativo.

Art. 5º O autuado será intimado da lavratura do Auto de Infração Ambiental e notificado sobre o agendamento do Atendimento Ambiental, de que tratam os artigos 8º a 14 deste decreto, por um dos seguintes meios:

I – pessoalmente, por seu representante legal ou preposto, quando presente no ato da lavratura do Auto de Infração Ambiental;

II – por meio eletrônico, na forma disciplinada por resolução do Secretário de Infraestrutura e Meio Ambiente;

III – por carta registrada com aviso de recebimento, se o autuado, representante legal ou preposto não estiver presente no ato da lavratura do Auto de Infração Ambiental;

IV – mediante edital publicado no Diário Oficial do Estado, se o autuado estiver em lugar ignorado, incerto ou inacessível.

§ 1º Na hipótese de que trata o inciso I, se o autuado se recusar a assinar ou a receber o Auto de Infração Ambiental, o agente autuante certificará o ocorrido em termo próprio.

§ 2º A intimação ou notificação por carta será considerada efetivada com a sua entrega no endereço fornecido pelo autuado.

§ 3º As informações sobre o Atendimento Ambiental constarão dos meios de intimação previstos neste artigo.

Art. 6º Antes da realização do Atendimento Ambiental, o Auto de Infração Ambiental será avaliado pelo dirigente da unidade administrativa responsável por sua lavratura quanto à existência de vícios, podendo realizar correções de ordem formal ou declarar sua nulidade, consoante artigos 38 e 39 deste decreto.

Art. 7º O Auto de Infração Ambiental estará acessível em sistema eletrônico de processamento, por meio do qual, observados os prazos e critérios estipulados em resolução do Secretário de Infraestrutura e Meio Ambiente, o autuado poderá:

I – reagendar Atendimento Ambiental presencial, para local, dia e hora distintos daqueles estabelecidos na lavratura do Auto de Infração Ambiental, nos termos do artigo 5º deste decreto, desde que haja disponibilidade por parte do órgão ambiental;

II – proceder ao Atendimento Ambiental digital.

SEÇÃO III
DO ATENDIMENTO AMBIENTAL

Art. 8º O Atendimento Ambiental é a fase do procedimento administrativo destinada à resolução consensual das pendências ambientais do autuado, decorrentes da lavratura do Auto de Infração Ambiental.

Art. 9º O Atendimento Ambiental será presencial ou digital, nos termos estabelecidos em resolução do Secretário de Infraestrutura e Meio Ambiente, observadas as diretrizes deste decreto.

Art. 10 No Atendimento Ambiental serão consolidadas as infrações e medidas administrativas, aplicadas as sanções cabíveis e propostas as medidas de recuperação dos danos ambientais provocados ou de regularização da atividade objeto da autuação, observando-se:

I – a gravidade do fato, tendo em vista os motivos da infração e suas consequências para o meio ambiente;

II – os antecedentes do autuado, quanto ao cumprimento da legislação ambiental, bem como sua situação econômica, no caso de imposição de multa;

III – as circunstâncias agravantes e atenuantes a que se referem a Lei federal nº 9.605, de 12 de fevereiro de 1998, e o Decreto federal nº 6.514, de 22 de julho de 2008.

§ 1º O Secretário de Infraestrutura e Meio Ambiente estabelecerá, por resolução, critérios objetivos para dar cumprimento ao disposto neste artigo.

§ 2º A consolidação das infrações e sanções a que alude o "caput" deste artigo ocorrerá de forma motivada, após prévia análise do Auto de Infração Ambiental, independentemente das sanções aplicadas pelo agente autuante, inclusive no tocante ao valor da multa, que poderá ser modificado, respeitados os limites legais.

Art. 11. O autuado poderá ser representado no Atendimento Ambiental por procurador legalmente constituído, que deverá apresentar o respectivo instrumento de mandato.

Art. 12 Do Atendimento Ambiental será lavrada ata, contendo:

I – o nome, a qualificação, o endereço do autuado e, quando for o caso, de seu representante legal ou preposto, bem como, em se tratando de Atendimento Ambiental presencial, a identificação dos agentes de conciliação que prestaram o atendimento, com as respectivas assinaturas;

II – os argumentos invocados pelo autuado e indicação dos documentos apresentados;

III – a avaliação do Auto de Infração Ambiental, devidamente motivada;

IV – a decisão consolidando as infrações e sanções aplicadas;

V – as medidas propostas para a recuperação dos danos provocados ou regularização da atividade objeto da autuação e os prazos estabelecidos para sua execução;

VI – as consequências do eventual descumprimento das obrigações pactuadas;

VII – as informações sobre a apreensão e destinação dos animais, produtos e subprodutos da fauna e flora, instrumentos, petrechos, equipamentos ou veículos de qualquer natureza utilizados na infração.

§ 1º Os agentes de conciliação mencionados no inciso I deste artigo serão designados mediante portaria da Coordenadoria de Fiscalização e Biodiversidade, observadas as indicações da Polícia Militar Ambiental e dos demais órgãos integrantes do Sistema Estadual de Administração da Qualidade Ambiental, Proteção, Controle e Desenvolvimento do Meio Ambiente e Uso Adequado dos Recursos Naturais – SEAQUA.

§ 2º Os parâmetros e condições para a execução das medidas a que se refere o inciso V deste artigo, bem como para a conversão da sanção de multa simples em serviços de preservação, melhoria e recuperação da qualidade do meio ambiente, de que tratam o § 4º do artigo 72 da Lei federal nº 9.605, de 12 de fevereiro de 1998, e os artigos 139 a 148 do Decreto federal nº 6.514, de 22 de julho de 2008, estarão previstos em resolução do Secretário de Infraestrutura e Meio Ambiente.

§ 3º Os procedimentos para a destinação a que alude o inciso VII deste artigo observarão o disposto em resolução do Secretário de Infraestrutura e Meio Ambiente.

Art. 13. O arrependimento do autuado, manifestado pela adesão e participação nas ações de reeducação definidas em resolução do Secretário de Infraestrutura e Meio Ambiente e, quando couber, pela concordância com as medidas propostas de recuperação do dano ou regularização da atividade objeto da autuação, constitui circunstância que atenua a pena, nos termos do artigo 14, inciso II, da Lei federal nº 9.605, de 12 de fevereiro de 1998, e implicará concessão dos seguintes benefícios:

I – parcelamento da multa em até 36 (trinta e seis) vezes;

II – redução de 40% do valor da multa, condicionada à formalização do Termo de Compromisso de Recuperação Ambiental – TCRA, de acordo com os artigos 34 a 37 deste decreto, quando cabível;

III – conversão de multa simples em serviços de preservação, melhoria e recuperação da qualidade do meio ambiente.

§ 1º O valor referente à redução a que alude o inciso II deste artigo restará insubsistente na hipótese de descumprimento da condição imposta.

§ 2º As medidas a que se refere o "caput" deste artigo serão definidas e firmadas por meio da ata a que se refere o "caput" do artigo 12 e, quando cabível, por meio de Termo de Compromisso de Recuperação Ambiental – TCRA, de acordo com o disposto nos artigos 34 a 37 deste decreto.

§ 3º A concordância do autuado com as medidas dispostas no "caput" deste artigo implicará renúncia ao direito de recorrer administrativamente.

Art. 14. A decisão resultante do Atendimento Ambiental será publicada no Diário Oficial do Estado.

SEÇÃO IV
DA DEFESA ADMINISTRATIVA

Art. 15. Não se verificando a hipótese de que trata o artigo 13 deste decreto, o autuado terá o prazo de 20 (vinte) dias para apresentar defesa contra a decisão resultante do Atendimento Ambiental.

Parágrafo único – Será considerada data da intimação da decisão:

1. a da realização do Atendimento Ambiental, no caso de participação do autuado, de seu representante legal ou preposto;

2. a da sua publicação no Diário Oficial do Estado, na hipótese de não participação do autuado, de seu representante legal ou preposto do Atendimento Ambiental.

Art. 16. A defesa será apresentada por meio eletrônico e conterá a identificação do Auto de Infração Ambiental, a qualificação e o endereço do autuado, os fatos e fundamentos em que se baseiam as razões de seu inconformismo e demais elementos necessários ao exame de suas alegações.

§ 1º Deverão ser anexadas à defesa cópias simples dos documentos relacionados à autuação.

§ 2º Havendo requerimento para produção de provas, a autoridade apreciará sua pertinência em despacho motivado.

§ 3º O acusado será intimado para:

1. manifestar-se, em 7 (sete) dias, sobre os documentos juntados aos autos pela autoridade, se maior prazo não lhe for assinado em face da complexidade da prova;

2. acompanhar a produção das provas orais, com antecedência mínima de 2 (dois) dias;

3. formular quesitos e indicar assistente técnico, quando necessária prova pericial, em 7 (sete) dias;

4. concluída a instrução, apresentar, em 10 (dez) dias, suas alegações finais.

Art. 17. Protocolizada a defesa, ficará suspensa a exigibilidade do pagamento da multa imposta na decisão resultante do Atendimento Ambiental, até a prolação e intimação da decisão final.

Art. 18. A defesa será dirigida ao Presidente da Comissão Regional de Julgamento de Autos de Infração Ambiental da região a que pertence o Município em que foi lavrado o Auto de Infração Ambiental.

§ 1º A Comissão de que trata o "caput" deste artigo será composta por no mínimo 3 (três) membros, sendo 2 (dois) representantes da Polícia Militar Ambiental e 1 (um) representante da Coordenadoria de Fiscalização e Biodiversidade, podendo contar, ainda, com representantes de outros órgãos e entidades integrantes do Sistema Estadual de Administração da Qualidade Ambiental, Proteção, Controle e Desenvolvimento do Meio Ambiente e Uso Adequado dos Recursos Naturais – SEAQUA.

§ 2º A Presidência da Comissão será exercida por um dos representantes da Polícia Militar Ambiental.

§ 3º O funcionamento da Comissão será disciplinado em regimento próprio, a ser expedido mediante resolução do Secretário de Infraestrutura e Meio Ambiente.

§ 4º A designação dos membros da Comissão será feita mediante portaria do Coordenador de Fiscalização e Biodiversidade, atendendo às indicações da Polícia Militar Ambiental e dos demais órgãos integrantes do SEAQUA.

Art. 19. A decisão da Comissão Regional de Julgamento de Autos de Infração Ambiental será proferida no prazo de 30 dias, contados do recebimento da defesa pelo seu Presidente.

SEÇÃO V
DO RECURSO ADMINISTRATIVO

Art. 20. Da decisão da Comissão Regional de Julgamento de Autos de Infração Ambiental caberá recurso no prazo de 20 (vinte) dias, contados a partir da respectiva intimação.

Art. 21. O recurso será apresentado por meio eletrônico e conterá a identificação do Auto de Infração Ambiental, a qualificação e o endereço do autuado, os fatos e fundamentos em que se baseiam as razões de seu inconformismo e demais elementos necessários ao exame de suas alegações.

Art. 22. Protocolizado o recurso, permanecerá suspensa a exigibilidade do pagamento da multa imposta até a prolação e intimação da decisão final.

Art. 23. O recurso será dirigido ao Presidente da Comissão Especial de Julgamento de Autos de Infração Ambiental.

§ 1º A Comissão de que trata o "caput" deste artigo será composta por no mínimo 3 (três) membros, sendo 2 (dois) representantes da Coordenadoria de Fiscalização e Biodiversidade e 1 (um) representante da Polícia Militar Ambiental, podendo contar, ainda, com representantes de outros órgãos e entidades integrantes do SEAQUA.

§ 2º A Presidência da Comissão será exercida por um dos representantes da Coordenadoria de Fiscalização e Biodiversidade.

§ 3º O funcionamento da Comissão será disciplinado em regimento próprio, a ser expedido mediante resolução do Secretário de Infraestrutura e Meio Ambiente.

§ 4º A designação dos membros da Comissão será feita mediante portaria do Coordenador de Fiscalização e Biodiversidade, atendendo às indicações da Polícia Militar Ambiental e dos demais órgãos integrantes do SEAQUA.

Art. 24. A decisão da Comissão Especial de Julgamento de Autos de Infração Ambiental será proferida no prazo de 30 dias, contados do recebimento do recurso pelo seu Presidente.

Art. 25. Da decisão da Comissão Especial de Julgamento de Autos de Infração Ambiental não caberá recurso, ressalvado o disposto na Lei nº 13.507, de 23 de abril de 2009, e no Decreto nº 55.087, de 27 de novembro de 2009.

SEÇÃO VI
DAS DISPOSIÇÕES GERAIS SOBRE
A FASE DE CONTESTAÇÃO

Art. 26. A defesa oferecida e o recurso interposto por procurador do autuado deverão estar acompanhados do respectivo instrumento de mandato.

Art. 27. Consideram-se realizados os atos processuais por meio eletrônico no dia e hora do seu envio ao respectivo sítio da Secretaria de Infraestrutura e Meio Ambiente, do que deverá ser fornecido protocolo eletrônico.

§ 1º Quando a petição eletrônica for enviada para atender prazo processual, serão consideradas tempestivas as transmitidas até as 24 (vinte e quatro) horas do seu último dia.

§ 2º Sempre que o vencimento ocorrer em dia em que não houver expediente normal na repartição em que corra o processo ou deva ser praticado o ato, os prazos serão prorrogados até o primeiro dia útil subsequente.

Art. 28. Aplica-se o disposto no artigo 5º deste decreto à intimação das decisões proferidas nos casos de oferecimento de defesa ou interposição de recurso.

Art. 29. Constitui ônus do autuado informar, por escrito, qualquer alteração do seu endereço para correspondência.

Art. 30. As autoridades incumbidas da apreciação da defesa e do recurso poderão requisitar informações técnicas complementares necessárias à sua decisão.

Parágrafo único – Na hipótese do "caput" deste artigo, observar-se-á o item 1 do § 3º do artigo 16 deste decreto.

Art. 31. As decisões administrativas a serem proferidas deverão ser motivadas, com a indicação dos fatos e fundamentos jurídicos em que se baseiam.

Parágrafo único – A título de motivação, será admitida a remissão a pareceres, informações e decisões anteriores, peças essas que passarão a integrar o ato decisório.

Art. 32. Os prazos mencionados nas Seções IV e V deste decreto serão contados em dias corridos, a partir do primeiro dia útil subsequente ao da intimação da decisão ou recebimento da defesa ou recurso.

Art. 33. A inobservância dos prazos previstos neste decreto para apreciação da defesa ou do recurso não implica nulidade da decisão ou do procedimento administrativo.

SEÇÃO VII
DO TERMO DE COMPROMISSO DE
RECUPERAÇÃO AMBIENTAL

Art. 34. O Termo de Compromisso de Recuperação Ambiental – TCRA constitui instrumento com força de título executivo extrajudicial, destinado à formalização de medidas de reparação de dano ambiental, de regularização de infração, de limitação significativa de degradação causada e de prevenção contra novas degradações.

Parágrafo único – O TCRA poderá ser firmado a qualquer tempo e sua celebração implicará renúncia ao direito de recorrer administrativamente.

Art. 35. O TCRA conterá, obrigatoriamente, os seguintes elementos:

I – nome, qualificação e endereço das partes compromissadas e dos respectivos representantes legais;

II – data de sua assinatura e respectivo prazo de vigência, o qual, à vista da complexidade das obrigações estipuladas, será de, no máximo, 3 (três) anos, admitida a sua prorrogação por igual período;

III – descrição das obrigações a serem cumpridas e, quando couber, cronograma físico de execução e de implantação das obras e serviços, com a indicação das metas a serem atingidas;

IV – multa a ser aplicada em decorrência do descumprimento das obrigações pactuadas, a ser disciplinada por resolução do Secretário de Infraestrutura e Meio Ambiente;

V – foro competente para dirimir litígios entre as partes.

Parágrafo único – O TCRA poderá contemplar medidas de conversão de multa simples em serviços de preservação, melhoria e recuperação da qualidade do meio ambiente, a que se referem o § 4º do artigo 72 da Lei federal nº 9.605, de 12 de fevereiro de 1998, e os artigos 139 a 148 do Decreto federal nº 6.514, de 22 de julho de 2008.

Art. 36. O descumprimento do TCRA implicará:

I – cobrança da multa aplicada nos termos do inciso IV do artigo 35 do presente decreto;

II – execução judicial das obrigações assumidas.

Art. 37. No âmbito da Secretaria de Infraestrutura e Meio Ambiente, são competentes para firmar o TCRA o Coordenador da Coordenadoria de Fiscalização e Biodiversidade, o Diretor do Departamento de Fiscalização, o Diretor do Departamento de Gestão Regional, os Diretores dos Centros Técnicos Regionais, os Diretores dos Núcleos de Gestão de Programas, nos termos do artigo 101 do Decreto nº 64.132, de 11 de março de 2019, e os agentes de conciliação no momento do Atendimento Ambiental, conforme disposto no inciso II do artigo 39 deste decreto.

SEÇÃO VIII
DOS VÍCIOS PROCESSUAIS

Art. 38. O Auto de Infração Ambiental que apresentar vício:

I – de ordem formal sanável, será convalidado de ofício pela autoridade ambiental, mediante despacho motivado, observado o disposto na Lei nº 10.177, de 30 de dezembro de 1998;

II – insanável, nos termos da Lei nº 10.177, de 30 de dezembro de 1998, será declarado nulo pela autoridade ambiental, de ofício ou por provocação do autuado, mediante despacho motivado, que determinará o arquivamento do processo.

§ 1º Sem prejuízo do disposto no inciso II deste artigo, considerar-se-á insanável o vício quando a retificação da autuação exija descrição diversa dos fatos constantes do Auto de Infração Ambiental.

§ 2º Nos casos em que o Auto de Infração Ambiental for declarado nulo e estiver caracterizada conduta ou atividade lesiva ao meio ambiente, será lavrado novo auto, observadas as regras relativas à prescrição.

§ 3º O erro no enquadramento legal da infração não implica vício insanável, podendo ser retificado pela autoridade ambiental, mediante decisão fundamentada.

Art. 39. Para fins do disposto no artigo 38 deste decreto, considera-se autoridade ambiental:

I – antes da realização do Atendimento Ambiental, o dirigente da unidade administrativa responsável pela lavratura do Auto de Infração Ambiental;

II – no momento do Atendimento Ambiental, os agentes de conciliação;

III – as que julgarem a defesa ou o recurso.

§ 1° A decisão anulatória proferida por autoridade ambiental na hipótese do inciso I deste artigo deverá ser homologada por seu superior hierárquico.

§ 2° Não ocorrendo a homologação a que alude o § 1º deste artigo, o Auto de Infração Ambiental será encaminhado ao Atendimento Ambiental.

CAPÍTULO III
DO PRAZO PRESCRICIONAL

Art. 40(*). Revogado pelo Decreto nº 64.563, de 5 de novembro de 2019

Art. 41. Prescreve em 5 (cinco) anos a pretensão da Administração de promover a execução da multa por infração ambiental.

Parágrafo único – A contagem do prazo prescricional previsto no "caput" deste artigo inicia-se:

1. no dia seguinte ao descumprimento dos prazos fixados para parcelamento no Atendimento Ambiental;

2. no dia seguinte ao do decurso dos prazos previstos nos artigos 15 e 20 quando não houver oferecimento de defesa ou interposição de recurso;

3. na data do recebimento da intimação da decisão final sobre o recurso interposto.

CAPÍTULO IV
DO RECOLHIMENTO E DO PROCEDIMENTO DE PARCELAMENTO DAS MULTAS

Art. 42. Os valores correspondentes às multas aplicadas serão recolhidos ao Fundo Especial de Despesa para a Preservação da Biodiversidade e dos Recursos Naturais – FPBRN.

Art. 43. O pagamento da multa não exime o autuado da obrigação de reparar o dano ambiental.

Art. 44. As multas poderão ser parceladas, observados os termos de resolução do Secretário de Infraestrutura e Meio Ambiente:

I – em até 36 (trinta e seis) vezes, mediante requerimento do autuado apresentado no Atendimento Ambiental, observado o disposto no artigo 13 deste decreto;

II – em até 6 (seis) vezes, se não houver comparecimento do autuado, de seu representante legal ou preposto ao Atendimento Ambiental, ou se não houver concordância com as medidas referidas no artigo 13 deste decreto.

Art. 45. O não recolhimento do valor da multa, na forma e nos prazos especificados, implicará a inscrição do respectivo débito na dívida ativa e sua cobrança judicial, sem prejuízo da correspondente inclusão no Cadastro Informativo dos Créditos não Quitados de órgãos e entidades estaduais – CADIN ESTADUAL, a que alude a Lei nº 12.799, de 11 de janeiro de 2008.

Art. 46. As multas estarão sujeitas a atualização monetária, desde sua consolidação definitiva no procedimento administrativo até seu efetivo pagamento, sem prejuízo dos demais encargos legais.

CAPÍTULO V
DISPOSIÇÕES FINAIS

Art. 47. Aplicam-se subsidiariamente a este decreto, no que couber, as disposições do Decreto federal nº 6.514, de 22 de julho de 2008.

Art. 48. O Secretário de Infraestrutura e Meio Ambiente editará normas complementares visando ao cumprimento deste decreto.

Art. 49. Este decreto entra em vigor em 60 (sessenta) dias contados da data de sua publicação, ficando revogadas as disposições em contrário, em especial o Decreto nº 60.342, de 4 de abril de 2014.

Palácio dos Bandeirantes, 10 de setembro de 2019

JOÃO DORIA

RESOLUÇÃO SIMA Nº 5, DE 18 DE JANEIRO DE 2021

Dispõe sobre as condutas infracionais ao meio ambiente e suas respectivas sanções administrativas e dá providências correlatas.

ÍNDICE

O SECRETÁRIO DE ESTADO DE INFRAESTUTURA E MEIO AMBIENTE, no uso de suas atribuições legais,

RESOLVE:

Art. 1º Esta resolução dispõe sobre as condutas infracionais ao meio ambiente e suas respectivas sanções administrativas, em regulamentação à Lei federal nº 9.605, de 12 de fevereiro de 2008, ao Decreto federal nº 6.514, de 22 de julho de 2008, à Lei estadual nº 9.509, de 20 de março de 1997, e ao Decreto estadual nº 64.456, de 10 de setembro de 2019.

CAPÍTULO I
DAS INFRAÇÕES E SANÇÕES ADMINISTRATIVAS AO MEIO AMBIENTE

Art. 2º Considera-se infração administrativa ambiental toda ação ou omissão que viole as regras jurídicas de uso, gozo, promoção, proteção e recuperação do meio ambiente, conforme o disposto nesta resolução.

Parágrafo único – O elenco constante desta resolução não exclui a previsão de outras infrações previstas na legislação.

Art. 3° Considera-se sujeito ativo da infração administrativa ambiental qualquer pessoa física ou jurídica, de direito público ou privado, que tenha concorrido, por ação ou por omissão, para a prática da infração.

§ 1° As penalidades incidirão sobre os autores diretos e indiretos, alcançando, na sua ausência ou na impossibilidade de identificação, os proprietários do imóvel, arrendatários, parceiros, posseiros, gerentes, administradores, diretores, promitentes compradores, bem como, de modo compartilhado, autoridades que se omitirem ou facilitarem a prática do ato, na forma prevista nesta resolução e demais legislação em vigor.

§ 2° A responsabilidade das pessoas jurídicas não exclui a das pessoas físicas autoras, coautoras e partícipes do mesmo fato.

§ 3° O autuado relativamente incapaz será responsabilizado administrativamente, sendo que, em caso de inadimplemento da multa ambiental, constarão na Certidão da Dívida Ativa os responsáveis legais pela sua satisfação pecuniária.

Art. 4° Ficam assegurados aos agentes públicos designados para o exercício das atividades de fiscalização, a entrada e a permanência em áreas e estabelecimentos públicos ou privados, em qualquer dia e horário, pelo tempo necessário à constatação e tipificação da infração ambiental, bem como a solicitação de força policial para vencer eventuais resistências.

Art. 5° As infrações ambientais serão punidas isolada ou cumulativamente com as seguintes sanções:

I - Advertência;

II - Multa simples;

III - Multa diária;

IV - Restritiva de direitos;

V - Apreensão dos animais, produtos e subprodutos da fauna e flora e demais produtos e subprodutos objeto da infração, instrumentos, petrechos, equipamentos ou veículos de qualquer natureza utilizados na infração;

VI - Destruição ou inutilização do produto;

VII - Suspensão de venda e fabricação do produto;

VIII - Embargo de obra ou atividade e suas respectivas áreas;

IX - Demolição de obra;

X - Suspensão parcial ou total da atividade.

§ 1º Se o infrator cometer, simultaneamente, duas ou mais infrações, ser-lhe-ão aplicadas as sanções a elas cominadas.

§ 2º Com o objetivo de fazer cessar o dano ambiental, prevenir a ocorrência de novas infrações, promover a recuperação ambiental e garantir a eficácia do procedimento administrativo ambiental, as sanções previstas nos incisos III, V, VI, VII, VIII, IX e X poderão ser impostas como medida administrativa de natureza cautelar na ocasião da lavratura do Auto de Infração Ambiental, nos termos do artigo 4°, do Decreto estadual n° 64.456, de 10 de setembro de 2019.

Art. 6º O cometimento de nova infração ambiental pelo mesmo infrator, no período de 05 (cinco) anos, contados da lavratura do Auto de Infração Ambiental anterior, devidamente confirmado por decisão administrativa transitada em julgado, implicará em:

I - aplicação da multa em triplo, no caso de cometimento da mesma infração ambiental; ou

II - aplicação da multa em dobro, no caso de cometimento de infração ambiental distinta.

§ 1º O trânsito em julgado a que se refere o caput se dará quando se esgotar a fase recursal, excetuando-se a hipótese de celebração do Termo de Compromisso de Recuperação Ambiental, em que será considerado na data da assinatura do referido documento.

§ 2º A majoração do valor da multa, em razão da reincidência, será apurada no processo da nova autuação, do qual se fará constar o número do Auto de Infração Ambiental anterior.

Art. 7º Serão consideradas agravantes as seguintes circunstâncias:

I - reincidência, nos termos do artigo 6º desta resolução.

II - ter o agente cometido a infração:

a) para obter vantagem pecuniária;

b) atingindo áreas de unidades de conservação ou áreas sujeitas, por ato do Poder Público, a regime especial de uso;

c) em período de defeso à fauna;

d) no interior de espaço territorial especialmente protegido;

e) com o emprego de métodos cruéis para abate ou captura de animais;

f) mediante fraude;

g) atingindo espécies ameaçadas, listadas em relatórios oficiais das autoridades competentes;

h) facilitada por funcionário público no exercício de suas funções;

i) a noite;

j) em domingos ou feriados.

§ 1° As circunstancias agravantes previstas no inciso II somente serão consideradas para fins de majoração de multa quando não integrarem tipo administrativo específico.

§ 2° Para as circunstâncias previstas no inciso II, o valor da multa será aplicado em dobro.

§ 3° Independentemente da quantidade de agravantes verificadas, incluindo a reincidência, o valor da multa será majorado uma única vez, devendo-se sempre optar pela majoração mais gravosa.

Art. 8º Para efeito desta resolução, considera-se:

I – Produto de infração administrativa ambiental: bem auferido pela ação ou omissão tipificada como infração administrativa.

II – Instrumento de infração administrativa ambiental: objeto, petrecho, equipamento, veículo, embarcação, aeronave, animais, entre outros, adaptado ou não, utilizado para a prática da infração administrativa ambiental.

III – Produto florestal: aquele que se encontra no estado bruto ou in natura, conforme disposto em normas específicas.

IV – Subproduto florestal: aquele que passou por processo de beneficiamento, conforme disposto em normas específicas.

V – Madeira sob risco iminente de perecimento: madeiras, acondicionadas em céu aberto ou que não puderem ser guardadas ou depositadas em locais próprios, sob vigilância, ou, ainda, quando inviável o transporte e guarda, atestadas pela autoridade, no documento de apreensão.

VI – Produto perecível: produtos alimentícios, alimentos in natura, produtos semipreparados ou preparados para o consumo que, pela sua natureza ou composição, necessitam de condições especiais de temperatura para a sua conservação.

VII – Produto, parte, objeto e subproduto da fauna silvestre: pedaço ou fração de um elemento de origem animal que tenha ou não sido beneficiado, alterando ou não suas características, forma ou propriedade primária, como por exemplo: carcaça, carne, víscera, gordura, ovo, asa, pele, pelo, pena, pluma, osso, chifre, glândula, sangue, veneno, dentre outros.

SEÇÃO I
DA APLICAÇÃO DA ADVERTÊNCIA

Art. 9º A sanção de advertência poderá ser imposta ao infrator diante das infrações administrativas de menor lesividade ao meio ambiente.

§ 1° Consideram-se infrações administrativas de menor lesividade ao meio ambiente aquelas em que a multa cominada não ultrapasse o valor de R$ 1.000,00 (um mil reais).

§ 2° Sem prejuízo do disposto no caput, caso a autoridade ambiental autuante constate a existência de irregularidades a serem sanadas por meio de medidas a serem executadas pelo autuado, lavrará o Auto de Infração Ambiental com a indicação da respectiva sanção de advertência.

§ 3° Caso o autuado deixe de sanar as irregularidades no prazo estipulado no Atendimento Ambiental, a autoridade ambiental constará o ocorrido nos autos, por meio de despacho motivado, e aplicará a sanção de multa relativa à infração praticada, sem prejuízo dos prazos para defesa e recurso estipulados no Decreto 64.456, de 10 de setembro de 2019.

§ 4° A sanção de advertência não excluirá a aplicação de outras sanções.

§ 5° No caso em que se verificar que o infrator é reincidente, a sanção de advertência será anulada e aplicada a sanção de multa simples.

Art. 10. Fica vedada a aplicação de nova sanção de advertência no período de 3 (três) anos, contados do trânsito em julgado do processo administrativo.

SEÇÃO II
DA APLICAÇÃO DA MULTA SIMPLES

Art. 11. A multa simples será imposta sempre que a infração estiver sendo cometida ou já estiver consumada, excetuados os casos previstos no artigo 9° desta resolução.

§ 1° A multa terá por base a unidade, hectare, metro cúbico, quilograma, metro de carvão – mdc, estéreo, metro quadrado, dúzia, estipe, cento, milheiros ou outra medida pertinente, de acordo com o objeto jurídico lesado, considerando-se o cálculo proporcional para fração de medida.

§ 2° O valor da multa de que trata esta resolução será corrigido, periodicamente, com base nos índices estabelecidos na legislação pertinente, sendo o mínimo de R$ 50,00 (cinquenta reais) e o máximo de R$ 50.000.000,00 (cinquenta milhões de reais).

§ 3° A aferição a que se refere o § 1º deste artigo poderá ser realizada por meio de amostragem, utilizando-se metodologia específica.

SEÇÃO III
DA APLICAÇÃO DA MULTA DIÁRIA

Art. 12. Será aplicada a multa diária pelo descumprimento das sanções estabelecidas no artigo 5°, incisos VI, VII, VIII, IX e X, da presente resolução.

§ 1° O valor da multa diária não poderá ser inferior ao mínimo estabelecido no artigo 11, § 2º, e superior a 10% do valor da multa simples máxima cominada para a infração e será fixado no Auto de Infração Ambiental que imponha, ao menos, uma das sanções mencionadas no caput.

§ 2° Enquanto houver o descumprimento de uma das sanções descritas no caput, a multa diária será devida e cobrada, administrativamente ou judicialmente, pelo Estado de São Paulo, sem prejuízo da adoção de outras medidas cabíveis para sanar o dano ambiental.

§ 3° A multa diária não será devida nos casos em que o autuado celebrar termo de compromisso para a reparação do dano ambiental causado na sessão do Atendimento Ambiental, quando couber.

§ 4° Em não havendo a assinatura do termo de compromisso no Atendimento Ambiental, após o transitado em julgado do processo administrativo, a multa diária será devida desde a data de lavratura do Auto de Infração Ambiental que impôs a referida sanção até a data em que o autuado celebrar termo de compromisso para a reparação do dano ambiental causado ou apresentar documento que comprove o cumprimento das sanções a que se refere o caput do presente artigo.

SEÇÃO IV
DA APREENSÃO E DESTRUIÇÃO OU INUTILIZAÇÃO DO PRODUTO

Art. 13. A sanção de apreensão de animais, produtos e subprodutos da fauna e flora, produtos e subprodutos objetos da infração, instrumentos, petrechos, equipamentos ou veículos e embarcações de qualquer natureza utilizados na infração reger-se-á pelo disposto no Capítulo II, Seção IV desta resolução, observando-se no que couber a legislação federal sobre o tema.

Parágrafo único – A sanção de destruição ou inutilização dos objetos apreendidos referidos no caput reger-se-á também pelo disposto no Capítulo II, Seção IV desta resolução, observando-se no que couber a legislação federal e estadual que trata do tema.

SEÇÃO V
DA SUSPENSÃO DE VENDA E FABRICAÇÃO DE PRODUTO

Art. 14. A sanção de suspensão de venda e fabricação de produto será aplicada pela autoridade ambiental quando o produto não estiver obedecendo às determinações legais e regulamentares, após o devido processo legal, garantindo-se o contraditório e a ampla defesa.

SEÇÃO VI
DO EMBARGO DE OBRA OU ATIVIDADE

Art. 15. A sanção de embargo será aplicada pela autoridade ambiental quando a obra ou atividade não estiver obedecendo às determinações legais ou regulamentares.

Art. 16. O embargo de obra ou atividade deverá ser restrito ao local onde efetivamente se caracterizou a infração ambiental, não alcançando as demais atividades realizadas em áreas não embargadas da propriedade ou posse ou não correlacionadas com a infração.

Art. 17. O descumprimento total ou parcial de embargo, sem prejuízo das demais medidas administrativas e sanções, ensejará a aplicação cumulativa das seguintes sanções:

I – Suspensão da atividade que originou a infração e da venda de produtos ou subprodutos criados ou produzidos na área ou local objeto do embargo infringido; e

II – Cancelamento de registros, licenças ou autorizações de funcionamento da atividade econômica junto aos órgãos ambientais e de fiscalização.

§ 1° O órgão ou entidade ambiental promoverá a divulgação dos dados do imóvel rural, da área ou local embargado e do respectivo titular em lista oficial, resguardados os dados protegidos por legislação específica para efeitos do disposto no inciso III do artigo 4º da Lei nº 10.650, de 16 de abril de 2003, especificando o exato local da área embargada e informando que o Auto de Infração Ambiental se encontra julgado ou pendente de julgamento.

§ 2° A pedido do interessado, o órgão ambiental emitirá certidão em que conste a atividade, a obra e a área do imóvel que são objetos do embargo, conforme o caso.

Art. 18. No caso de áreas irregularmente desmatadas ou queimadas, a autoridade ambiental autuante embargará quaisquer obras ou atividades nelas localizadas ou desenvolvidas, excetuando as atividades de subsistência.

§ 1° A autoridade ambiental autuante colherá todas as provas possíveis de autoria e materialidade, bem como da extensão do dano, apoiando-se em documentos, fotos e dados de localização, incluindo as coordenadas geográficas da área embargada, que deverão constar do respectivo processo administrativo ambiental para posterior georreferenciamento.

§ 2° Não se aplicará a sanção de embargo de obra ou atividade, ou de área, nos casos em que a infração de que trata o caput se der fora da área de preservação permanente, reserva legal ou área especialmente protegida, salvo quando se tratar de desmatamento não autorizado de vegetação nativa.

Art. 19. O embargo de área irregularmente explorada e objeto do Plano de Manejo Florestal Sustentável não exonera seu detentor da execução de atividades de manutenção ou recuperação da floresta, na forma e prazos fixados no Plano de Manejo Florestal Sustentável e no termo de responsabilidade de manutenção da floresta.

Art. 20. A cessação da sanção de suspensão e embargo dependerá de decisão da autoridade ambiental competente, após a apresentação, pelo autuado, de documentação que regularize, no trâmite do processo administrativo, a obra ou atividade.

SEÇÃO VII
DA DEMOLIÇÃO DE OBRA

Art. 21. A sanção de demolição de obra deverá ser aplicada pela autoridade ambiental quando:

I – Verificada a construção de obra em área ambientalmente protegida em desacordo com a legislação ambiental; ou

II – Quando a obra ou construção realizada não atenda às condicionantes da legislação ambiental e não seja passível de regularização.

§ 1° A demolição será de responsabilidade do infrator ou responsável pela área, devendo ser devidamente descrita e documentada, inclusive por meios eletrônicos.

§ 2° Não ocorrendo a situação descrita no §1°, a demolição poderá ser providenciada pela administração pública ou por quem esta autorizar.

§ 3° A demolição de obra, edificação ou construção não habitada, objeto da infração ambiental, poderá ocorrer no ato da fiscalização, nos casos em que se constatar que a ausência da demolição importa em iminente risco de agravamento do dano ambiental ou de graves riscos à saúde.

§ 4° As despesas para a realização da demolição são de responsabilidade do infrator, que será notificado para realizá-la ou para reembolsar aos cofres públicos os gastos que tenham sido efetuados pela administração, apurados no curso do Auto de Infração Ambiental.

§ 5° Não será aplicada a sanção de demolição quando, mediante laudo técnico, for comprovado que o desfazimento poderá trazer piores impactos ambientais do que sua manutenção, caso em que a autoridade ambiental, mediante decisão fundamentada, deverá, sem prejuízo das demais sanções cabíveis, impor as medidas necessárias à cessação e mitigação do dano ambiental, observado a legislação em vigor.

SEÇÃO VIII
– DAS SANÇÕES RESTRITIVAS DE DIREITO

Art. 22. As sanções restritivas de direitos previstas no inciso IV do Artigo 5º desta Resolução, aplicáveis às pessoas físicas ou jurídicas, isoladas ou cumulativamente, com outras sanções decorrentes de infrações administrativas ambientais, são:

I – suspensão de registro, licença ou autorização;

II – cancelamento de registro, licença ou autorização;

III – perda ou restrição de incentivos e benefícios fiscais;

IV – perda ou suspensão da participação em linhas de financiamento em estabelecimentos oficiais de crédito; e

V – proibição de contratar com a administração pública.

§ 1° As sanções previstas nos incisos I e II do caput deste artigo serão aplicadas pela autoridade ambiental responsável pela lavratura do Auto de Infração Ambiental ou pela autoridade ambiental competente no curso do processo administrativo ambiental e terão plena eficácia com a confirmação do mesmo por decisão definitiva, garantindo-se a ampla defesa e o contraditório.

§ 2° As sanções previstas nos incisos III ao V do caput deste artigo serão aplicadas após encerrado o processo administrativo, garantindo-se a ampla defesa e o contraditório, por ato próprio do Secretário de Infraestrutura e Meio Ambiente.

§ 3° No caso de suspensão do acesso e movimentação do Sistema de Controle e Monitoramento da Atividade de Criação Amadora de Pássaros – SISPASS, serão adotados pela autoridade ambiental, conforme gravidade da infração, os seguintes procedimentos:

I – Para infração leve passível de regularização: suspensão da atividade até a regularização da atividade objeto da fiscalização;

II – Para infração grave: suspensão do acesso ao Sistema de Controle e Monitoramento da Atividade de Criação Amadora de Pássaros – SISPASS até a decisão final de confirmação do Auto de Infração Ambiental, quando poderá ocorrer o cancelamento do registro, licença ou autorização do criador amadorista, mediante deliberação do órgão gestor em procedimento próprio.

§ 4° Para efeitos do disposto no §1º deste artigo, entende-se por:

I – Infração leve passível de regularização: deixar de realizar determinada operação em sistema oficial de gestão informatizado, que não implique em perda de rastreabilidade dos animais e não configure ter ocorrido para obtenção de vantagem pecuniária, passível de regularização em sistema de gestão próprio.

II – Infração grave, quando verificada:

a) manutenção em cativeiro de espécimes da fauna silvestre sem origem legal comprovada;

b) adulteração ou falsificação de documentos, informações ou anilhas;

c) obtenção de vantagem pecuniária; ou

d) reincidência no cometimento das infrações consideradas leves.

§ 5° A suspensão prevista no §1º considerará, em regra, o conjunto dos objetos fiscalizados; excepcionalmente, se o conjunto decorrer de cumulação de licenças ou autorizações e se for possível diferenciá-las e segregar o objeto da infração, a suspensão poderá ser parcial, alcançando apenas as atividades em desacordo com a licença ou autorização obtida.

§ 6° As irregularidades de caráter administrativo sanáveis, que não caracterizem infração grave, conforme definição do §4º deste artigo, devem ser objeto de prévia notificação ao interessado, para que sejam corrigidas no prazo de 15 (quinze) dias, sob pena da lavratura de Auto de Infração Ambiental e suspensão do acesso ao SISPASS nos termos do inciso I do §3º deste artigo.

Art. 23. A autoridade ambiental fixará o período de vigência das sanções previstas no artigo anterior, observando os seguintes prazos:

I – até 03 (três) anos para a sanção prevista no inciso V;

II – até 01 (hum) ano para as sanções previstas nos incisos I, II, III e IV.

Parágrafo único – Em qualquer caso, a extinção da sanção fica condicionada à regularização da conduta que deu origem ao Auto de Infração.

Art. 24. A sanção administrativa de impedimento de licitar e contratar com o Estado, definida no inciso V, § 8º, do artigo 72, da Lei Federal nº 9.605, de 12 de fevereiro de 1998, será imposta em face das infrações ambientais pelo Secretário de Infraestrutura e Meio Ambiente.

SEÇÃO IX
DAS INFRAÇÕES ADMINISTRATIVAS
COMETIDAS CONTRA O MEIO AMBIENTE

SUBSEÇÃO I – DAS INFRAÇÕES CONTRA A FAUNA

Art. 25. Matar, perseguir, caçar, apanhar, coletar ou utilizar espécimes da fauna silvestre, nativos ou em rota migratória, sem a devida permissão, licença ou autorização da autoridade competente, ou em desacordo com a obtida.

I – R$ 500,00 (quinhentos reais) por indivíduo de espécie não constante de listas oficiais, estadual e federal, de risco ou ameaça de extinção;

II – R$ 5.000,00 (cinco mil reais), por indivíduo de espécie ameaçada de extinção constante de listas oficiais, estadual ou federal, incluindo as listadas no Anexo I da Convenção de Comércio Internacional das Espécies da Flora e Fauna Selvagens em Perigo de Extinção – CITES.

§ 1° Na impossibilidade de aplicação do critério de unidade por espécime para a fixação da multa, aplicar-se-á o valor de R$ 500,00 (quinhentos reais) por quilograma ou fração.

§ 2° Se da conduta descrita no caput deste artigo não resultar a captura do espécime da fauna silvestre, aplicar-se-á multa de R$ 500,00 (quinhentos reais).

§ 3° Incorre nas mesmas multas:

I – Quem impede a procriação da fauna, sem a devida permissão, licença ou autorização da autoridade ambiental competente ou em desacordo com a obtida;

II – Quem modifica, danifica ou destrói ninho, abrigo ou criadouro natural,sem a devida permissão, licença ou autorização da autoridade ambiental competente ou em desacordo com a obtida;

III – Quem vende, expõe à venda, exporta ou adquire, guarda, tem em cativeiro ou depósito, utiliza ou transporta ovos, larvas ou espécimes da fauna silvestre, nativa ou em rota migratória, bem como produtos e objetos dela oriundos, provenientes de criadouros não autorizados, sem a devida permissão, licença ou autorização da autoridade ambiental competente ou em desacordo com a obtida;

IV – Quem deixa de manter atualizado registro de acervo faunístico e movimentação de plantel em sistemas informatizados oficiais de controle de fauna.

§ 4° No caso de guarda de espécime silvestre, deve a autoridade competente deixar de aplicar as sanções previstas nesta resolução, quando os animais forem entregues espontaneamente ao órgão ambiental competente.

§ 5° Caso a quantidade ou espécie constatada no ato de fiscalização esteja em desacordo com o autorizado pela autoridade ambiental competente, a autoridade ambiental autuante aplicará a multa considerando a totalidade do objeto da fiscalização, que constituem os animais em situação irregular.

§ 6° São espécimes da fauna silvestre nativa, para os efeitos desta resolução, todos os organismos incluídos no reino animal, pertencentes às espécies nativas, migratórias e quaisquer outras não exóticas, aquáticas ou terrestres, que tenham todo ou parte de seu ciclo original de vida ocorrendo dentro dos limites do território brasileiro ou em águas jurisdicionais brasileiras.

§ 7° A coleta de material destinado a fins científicos somente é considerada infração, nos termos deste artigo, quando se caracterizar, pelo seu resultado, como danosa ao meio ambiente.

§ 8° A coleta de material destinado a fins científicos deverá ser autorizada por órgão ambiental competente.

§ 9° A autoridade julgadora poderá, considerando a natureza dos animais, em razão de seu pequeno porte, aplicar multa de R$ 500,00 (quinhentos reais) a R$ 100.000,00 (cem mil reais), quando a contagem individual for de difícil execução ou quando, nesta situação, ocorrendo a contagem individual, a multa final restar desproporcional em relação à gravidade da infração e a capacidade econômica do infrator.

§ 10 Para as condutas infracionais descritas neste artigo, não se aplicará a sanção de advertência prevista no artigo 9° desta resolução.

Art. 26. Introduzir espécime animal silvestre, nativo, exótico ou híbrido, fora de sua área de distribuição natural, sem parecer técnico oficial favorável e licença expedida pela autoridade ambiental competente, quando exigível:

Multa de R$ 2.000,00 (dois mil reais), com acréscimo de:

I – R$ 200,00 (duzentos reais), por indivíduo de espécie não constante em listas oficiais de espécies em risco ou ameaçadas de extinção;

II – R$ 5.000,00 (cinco mil reais), por indivíduo de espécie da fauna silvestre ameaçada de extinção constante de listas oficiais, estadual ou federal, incluindo as listadas no Anexo I da Convenção de Comércio Internacional das Espécies da Flora e Fauna Selvagens em Perigo de Extinção – CITES.

§ 1° Entende-se por introdução de espécime animal silvestre, nativo, exótico ou híbrido, a entrada de animal no território do Estado de São Paulo, sua guarda e manutenção continuada a qualquer tempo, a soltura de animal fora de sua área de distribuição natural, bem como a reintrodução, revigoramento populacional ou a translocação, sem autorização do Órgão Ambiental competente.

§ 2° Incorre nas mesmas penas:

I – Quem reintroduz na natureza espécime da fauna silvestre sem parecer técnico oficial favorável e licença expedida pela autoridade ambiental competente, quando exigível;

II – Quem permite a reprodução entre espécies diferentes sem autorização do órgão ambiental competente.

Art. 27. Exportar peles e couros de anfíbios e répteis em bruto, sem autorização da autoridade competente:

Multa de R$ 2.000,00 (dois mil reais), com acréscimo de:

I – R$ 200,00 (duzentos reais), por unidade não constante em listas oficiais de espécies em risco ou ameaçadas de extinção, ou

II – R$ 5.000,00 (cinco mil reais), por unidade de espécie da fauna brasileira ameaçada de extinção constante de listas oficiais, estadual e federal, incluindo as listadas no Anexo I da Convenção de Comércio Internacional das Espécies da Flora e Fauna Selvagens em Perigo de Extinção – CITES.

Parágrafo único – Caso a quantidade ou espécie constatada no ato de fiscalização esteja em desacordo com o autorizado pelo órgão ambiental, a autoridade ambiental autuante aplicará a multa considerando a totalidade do objeto da fiscalização, que constituem os produtos em situação irregular.

Art. 28. Praticar caça profissional no território do Estado de São Paulo: Multa de R$ 5.000,00 (cinco mil reais), com acréscimo de:

I – R$ 500,00 (quinhentos reais), por indivíduo capturado; ou

II – R$ 10.000,00 (dez mil reais), por indivíduo de espécie de fauna ameaçada de extinção constante de listas oficiais, estadual ou federal, incluindo as listadas no Anexo I da Convenção de Comércio Internacional das Espécies da Flora e Fauna Selvagens em Perigo de Extinção – CITES.

Art. 29. Praticar ato de abuso, maus-tratos, ferir ou mutilar animais silvestres, domésticos ou domesticados, nativos ou exóticos:

Multa de R$ 3.000,00 (três mil reais) por indivíduo.

§ 1º Incorre nas mesmas sanções quem:

I – realiza experiência dolorosa ou cruel em animal vivo, ainda que para fins didáticos ou científicos, quando existirem recursos alternativos.

II – realiza, promove ou participa, mesmo como expectador, de lutas entre animais da mesma espécie ou de espécie diferente.

§ 2º O valor da multa aplicada será dobrado se ocorrer a morte do animal durante os maus- tratos ou em decorrência de recomendação médico-veterinária para eutanásia.

§ 3º Entende-se por abuso e maus-tratos, animais mantidos em recintos impróprios, debilitados por falta de alimento ou de acompanhamento de profissional habilitado, quer na guarda de um só indivíduo quer na guarda de criadouros autorizados ou zoológicos, entre outros:

I – ofender ou agredir fisicamente os animais, sujeitando-os a qualquer tipo de experiência, prática ou atividade capaz de causar-lhes sofrimento ou dano, bem como as que provoquem condições inaceitáveis de existência;

II – manter animais em local desprovido de asseio ou que lhes impeça a movimentação, o descanso ou os privem de ar e luminosidade;

III – obrigar os animais a trabalhos excessivos ou superiores às suas forças e a todo ato que resulte em sofrimento, para deles obter esforços que não se alcançariam senão com castigo;

IV – não propiciar morte rápida e indolor a todo animal cujo abate seja necessário para consumo;

V – não propiciar morte rápida e indolor a todo animal cuja eutanásia seja recomendada;

VI – enclausurar animais conjuntamente com outros que os molestem;

VII – exercitar cães conduzindo-os presos a veículo motorizado em movimento;

VIII – qualquer forma de divulgação e propaganda que estimule ou sugira qualquer prática de maus-tratos ou crueldade contra os animais;

IX – utilizar, para atividade de tração, animal cego, ferido, enfermo, extenuado ou desferrado, bem como castigá-lo sob qualquer forma ou a qualquer pretexto;

X – fazer o animal trabalhar por mais de 6 (seis) horas ou fazê-lo trabalhar sem respeitar intervalos para descanso, alimentação e água;

XI – fazer o animal descansar atrelado ao veículo, em aclive ou declive, ou sob o sol ou chuva;

XII – fazer o animal trabalhar fraco, ferido ou estando com mais da metade do período de gestação;

XIII – atrelar, no mesmo veículo, animais de diferentes espécies;

XIV – atrelar animais a veículos sem os apetrechos indispensáveis ou com excesso daqueles dispensáveis, considerando-se apetrechos indispensáveis: o arreio completo do tipo peitoral, composto por dois tirantes de couro presos ao balancim ou do tipo qualheira, composto por dois pares de correntes presas ao balancim, mais selote com retranca fixa no animal, correias, tapa-olho, bridão ou freio, par de rédeas e cabresto para condução após desatrelamento do animal.

XV – prender animais atrás dos veículos ou atados a caudas de outros.

XVI – fazer viajar um animal a pé, mais de 10 (dez) quilômetros sem lhe dar descanso, água e alimento;

XVII – conservar animais embarcados por mais de 6 (seis) horas sem água e alimento, devendo as empresas de transporte providenciar as necessárias modificações em seu material, veículos e equipamentos, adequando-as às espécies animais transportadas.

XVIII – conduzir, por qualquer meio de locomoção, animais colocados de cabeça para baixo, de mãos e pés atados, ou de qualquer modo que lhe produza sofrimento ou estresse;

XIX – transportar animais em cestos, gaiolas ou veículos sem as proporções necessárias ao seu tamanho e números de cabeças, e sem que o meio de condução em que estão encerrados esteja protegido por rede metálica ou similar, que impeça a saída de qualquer parte do corpo do animal;

XX – transportar animal fraco, doente, ferido ou que esteja com mais da metade do período gestacional, exceto para atendimento de urgência;

XXI – abandonar animal que esteja sob sua responsabilidade à sua própria sorte.

§ 4º Na impossibilidade de aplicação do critério de unidade por espécime para a fixação da multa, aplicar-se-á o valor de R$ 3.000,00 (três mil reais) pela conduta.

Art. 30. Utilizar animais para desenvolvimento, experimento e teste de produtos cosméticos e de higiene pessoal, perfumes e seus componentes.

Multa de:

I – R$ 1.000.000,00 (um milhão de reais) para a instituição. II – R$ 40.000,00 (quarenta mil reais) para o profissional.

Parágrafo único – Consideram-se produtos cosméticos, de higiene pessoal e perfumes as preparações constituídas por substâncias naturais ou sintéticas de uso externo nas diversas partes do corpo humano, tais como pele, sistema capilar, unhas, lábios, órgãos genitais externos, dentes e membranas mucosas da cavidade oral, com o objetivo exclusivo ou principal de limpá-lo, perfumá-lo, alterar sua aparência ou os odores corporais, protegê-lo ou mantê-lo em bom estado, relacionados na Lei Estadual nº 15.316 de 23-01-2014.

Art. 31. Molestar de forma intencional qualquer espécie de cetáceo, pinípede ou sirênio em águas jurisdicionais do território paulista:

Multa de R$ 2.500,00 (dois mil e quinhentos reais).

Art. 32. Deixar, o comerciante, de apresentar declaração de estoque e valores oriundos de comércio de animais silvestres:

Multa de R$ 1.000,00 (mil reais) que observará as condições estabelecidas na autorização para o comércio de animais silvestres outorgada pelo órgão competente.

§ 1º A declaração de estoque e valores oriundos de comércio de animais silvestres deve ser acompanhada de nota fiscal e da marcação individual do espécime.

§ 2º Mediante laudo técnico que ateste a gravidade do dano, o valor inicial da multa poderá ser majorado em até R$ 10.000,00 (dez mil reais).

Art. 33. Explorar ou fazer uso comercial de imagem de animal silvestre mantido irregularmente em cativeiro ou em situação de abuso ou maus-tratos:

Multa de R$ 5.000,00 (cinco mil reais), majorada até R$ 500.000,00 (quinhentos mil reais), mediante laudo técnico.

Parágrafo único – O disposto no caput não se aplica ao uso de imagem para fins jornalísticos, informativos, acadêmicos, de pesquisas científicas e educacionais.

Art. 34. Causar degradação em viveiros, açudes ou estação de aquicultura de domínio público:

Multa de R$ 5.000,00 (cinco mil reais), majorado até R$ 500.000,00 (quinhentos mil reais), mediante laudo técnico.

Art. 35. Pescar em período ou local no qual a pesca seja proibida:

Multa de R$ 1.000,00 (mil reais), com acréscimo de R$ 20,00 (vinte reais), por quilo ou fração do produto da pesca, ou por espécime quando se tratar de produto de pesca para uso ornamental.

§ 1º Incorre nas mesmas multas quem:

I – Pesca espécies que devam ser preservadas ou espécimes com tamanhos inferiores aos permitidos, conforme estabelecido na legislação pertinente.

II – Pesca quantidades superiores às permitidas ou mediante a utilização de aparelhos, petrechos, técnicas e métodos não permitidos;

III – Transporta, comercializa, beneficia, armazena ou industrializa espécimes provenientes da coleta, apanha e pesca proibida;

IV – transporta, conserva, beneficia, armazena, descaracteriza, industrializa ou comercializa pescados ou produtos originados da pesca, sem comprovante de origem ou autorização do órgão competente;

V – Captura, extrai, coleta, transporta, comercializa ou exporta espécimes de espécies ornamentais oriundos da pesca, sem autorização do órgão competente ou em desacordo com a obtida;

VI – Deixar de apresentar declaração de estoque.

§ 2º Caso a quantidade ou espécie constatada no ato de fiscalização esteja em desacordo com o autorizado pelo órgão ambiental, a autoridade ambiental autuante aplicará o Auto de Infração Ambiental considerando a totalidade do objeto da fiscalização, que constitui o pescado em situação irregular.

§ 3º Mediante laudo técnico que ateste a gravidade do dano o valor inicial da multa poderá ser majorado em até R$ 100.000,00 (cem mil reais).

Art. 36. Pescar mediante a utilização de explosivos, substâncias tóxicas ou substâncias que, em contato com a água, produzam efeitos semelhantes, ou ainda, por outro meio proibido pela autoridade competente:

Multa de R$ 1.000,00 (mil reais), com acréscimo de R$ 20,00 (vinte reais), por quilo ou fração do produto da pesca, ou por espécime, quando se tratar de produto de pesca para uso ornamental.

Parágrafo único Mediante laudo técnico que ateste a gravidade do dano o valor inicial da multa poderá ser majorado em até R$ 100.000,00 (cem mil reais).

Art. 37. Exercer a pesca sem cadastro, autorização ou licença do órgão ambiental competente, com cadastro em desacordo com a atividade autorizada pelo órgão competente ou sem portar a respectiva carteira de pescador ou autorização de pesca da embarcação:

Multa de R$ 1.000,00 (mil reais), com acréscimo de R$ 20,00 (vinte reais) por quilo, ou fração do produto da pesca, ou por espécime, quando se tratar de produto de pesca para ornamentação.

Art. 38. Importar ou exportar quaisquer espécies aquáticas, em qualquer estágio de desenvolvimento, bem como introduzir espécies nativas, exóticas, híbridas ou não autóctones, em águas jurisdicionais paulistas, sem autorização ou licença do órgão competente, ou em desacordo com a obtida:

Multa de R$ 3.000,00 (três mil reais), com acréscimo de R$ 20,00 (vinte reais) por quilo ou fração do produto da pesca, ou por espécime quando se tratar de espécies aquáticas, oriundas de produto de pesca para ornamentação.

§ 1° Incorre na mesma multa quem introduzir espécies nativas, exóticas ou híbridas, em águas jurisdicionais paulistas, sem autorização do órgão competente, ou em desacordo com a obtida.

§ 2° A multa de que trata o caput será aplicada em dobro se houver dano ou destruição de recife de coral.

§ 3° Mediante laudo técnico que ateste a gravidade do dano, o valor inicial da multa poderá ser majorado em até R$ 50.000,00 (cinquenta mil reais).

Art. 39. Explorar campos naturais de invertebrados aquáticos e algas, bem como recifes de coral, sem autorização do órgão ambiental competente ou em desacordo com a obtida:

Multa de R$ 500,00 (quinhentos reais), com acréscimo de R$ 20,00 (vinte reais) por quilo ou espécime do produto.

§ 1º Incorre nas mesmas multas quem:

I – utiliza, comercializa, armazena, pesca ou transporta invertebrados aquáticos, algas, recifes de coral ou subprodutos destes, sem autorização do órgão competente ou em desacordo com a obtida, e

II – fundeia embarcações ou lança detritos de qualquer natureza sobre bancos de moluscos ou corais, devidamente demarcados em carta náutica.

§ 2º Mediante laudo técnico que ateste a gravidade do dano, o valor inicial da multa poderá ser majorado em até R$ 50.000,00 (cinquenta mil reais).

Art. 40. A comercialização do produto da pesca de que trata esta Subseção agravará a sanção da respectiva infração, quando esta incidir sobre espécies sobreexplotadas ou ameaçadas de sobreexplotação, com o acréscimo de:

I – R$ 40,00 (quarenta reais) por quilo ou fração do produto da pesca de espécie, constante das listas oficiais brasileiras de espécies ameaçadas de sobrexplotação; ou

II – R$ 60,00 (sessenta reais) por quilo ou fração do produto da pesca de espécie, constante das listas oficiais brasileiras de espécies sobrexplotadas.

Art. 41. Deixar, os comandantes de embarcações destinadas à pesca, de preencher e entregar, ao fim de cada viagem ou semanalmente, os mapas fornecidos pelo órgão competente:

Multa de R$ 1.000,00 (mil reais).

Art. 42. Para os efeitos desta resolução, considera-se pesca toda operação, ação ou ato tendente a extrair, retirar, coletar, apanhar, apreender ou capturar espécimes dos grupos dos peixes, crustáceos, moluscos, invertebrados aquáticos e vegetais hidróbios suscetíveis ou não de aproveitamento econômico.

Parágrafo único – Entende-se por ato tendente à pesca aquele em que o infrator esteja munido, equipado ou armado com petrechos de pesca, na área de pesca ou dirigindo-se a ela.

SUBSEÇÃO II
DAS SANÇÕES APLICÁVEIS ÀS INFRAÇÕES CONTRA A FLORA

Art. 43. Destruir ou danificar florestas ou demais formas de vegetação ou utilizá- las com infringência das normas de proteção em área considerada de preservação permanente, sem autorização do órgão competente, quando exigível, ou em desacordo com a obtida:

Multa de R$ 5.000,00 (cinco mil reais) a R$ 50.000,00 (cinquenta mil reais) por hectare ou fração.

Parágrafo único – Os valores para imposição de multa decorrentes do caput serão diferenciados, para os seguintes tipos de vegetação e estágios sucessionais:

Descrição da vegetação	Valor da Multa em Reais
I - vegetação pioneira ou demais formas de vegetação (incluindo maciço arbóreo exótico)	R$ 5.000,00 (cinco mil reais) / ha
II - vegetação nativa secundária em estágio inicial de regeneração	R$ 15.000,00 (quinze mil reais) / ha
III - vegetação nativa secundária em estágio médio de regeneração	R$ 30.000,00 (trinta mil reais) / ha
IV - vegetação nativa secundária em estágio avançado de regeneração	R$ 50.000,00 (cinquenta mil reais) / ha
V - vegetação nativa primária	R$ 50.000,00 (cinquenta mil reais) / ha

Art. 44. Cortar árvores em área considerada de preservação permanente, ou cuja espécie seja especialmente protegida, sem autorização da autoridade competente, quando exigível:

Multa de R$ 500,00 (quinhentos reais) por árvore ou metro cúbico, pelo corte seletivo ou isolado de exemplares arbóreos nativos ou exóticos em área considerada de preservação permanente ou cuja espécie seja especialmente protegida.

Art. 45. Extrair de florestas de domínio público ou consideradas de preservação permanente, sem prévia autorização, pedra, areia, cal ou qualquer espécie de minerais.

Multa de R$ 5.000,00 (cinco mil reais) por hectare ou fração, majorado até R$ 50.000,00 (cinquenta mil reais), mediante laudo técnico.

Art. 46. Transformar madeira oriunda de floresta ou demais formas de vegetação nativa em carvão, sem licença ou em desacordo com as determinações legais.

Multa de R$ 500,00 (quinhentos reais), por metro cúbico de carvão - mdc.

Art. 47. Receber ou adquirir, para fins comerciais ou industriais, madeira, lenha, carvão e outros produtos de origem vegetal, sem exigir a exibição de licença do vendedor, outorgada pela autoridade competente, e sem munir-se da via que deverá acompanhar o produto até final beneficiamento.

Multa de R$ 300,00 (trezentos reais) por unidade, estéreo, quilo, mdc ou metro cúbico aferido pelo método geométrico.

§ 1° Incorre nas mesmas sanções quem vende, expõe à venda, tem em depósito, transporta, destina ou guarda madeira, lenha, carvão ou outros produtos de origem vegetal, sem licença válida para todo o tempo da viagem ou do armazenamento, outorgada pela autoridade competente ou em desacordo com a obtida.

§ 2° Considera-se licença válida para todo o tempo da viagem ou do armazenamento aquela cuja autenticidade seja confirmada pelos sistemas de controle eletrônico oficiais, inclusive no que diz respeito à quantidade e espécie autorizada para transporte e armazenamento.

§ 3° Nas infrações de transporte, caso a quantidade ou espécie constatada no ato fiscalizatório esteja em desacordo com o autorizado pelo órgão ambiental, a autoridade ambiental autuante promoverá a autuação considerando a totalidade do objeto da fiscalização.

§ 4° Para as demais infrações previstas neste artigo, a autoridade ambiental autuante promoverá a autuação considerando o volume integral de madeira, lenha, carvão ou outros produtos de origem vegetal que não guarde correspondência com aquele autorizado pela autoridade ambiental competente, em razão da quantidade ou espécie.

Art. 48. Impedir ou dificultar a regeneração natural de florestas ou demais formas de vegetação nativa em unidades de conservação ou outras áreas especialmente protegidas, quando couber, área de preservação permanente, reserva legal ou demais locais cuja regeneração tenha sido indicada pela autoridade ambiental competente.

Multa de R$ 5.000,00 (cinco mil reais), por hectare ou fração.

Parágrafo único - O disposto no caput não se aplica para o uso permitido das áreas de preservação permanente.

Art. 49. Destruir ou danificar florestas ou qualquer tipo de vegetação nativa ou de espécies nativas plantadas, objeto de especial preservação, sem autorização ou licença do órgão ambiental competente:

§ 1° Os valores para imposição de multa decorrentes do caput serão diferenciados, para os seguintes tipos de vegetação e estágios sucessionais:

Descrição da vegetação	Valor da Multa em Reais
I – vegetação nativa secundária em estágio inicial de regeneração	R$ 5.500,00 (cinco mil e quinhentos reais) / ha
II – vegetação nativa primária ou secundária em estágio médio ou avançado de regeneração	R$ 7.000,00 (sete mil reais) / ha

§ 2° Para os fins dispostos no caput deste artigo, são consideradas de especial preservação as florestas e demais formas de vegetação nativa que tenham regime jurídico próprio e especial de conservação ou preservação, definidos pela legislação, tais como os biomas da mata atlântica e do cerrado.

§ 3° Fica excetuada de qualquer sanção a supressão da vegetação nativa do sub-bosque dentro de área regularmente explorada com plantio comercial florestal de espécies nativas ou exóticas.

Art. 50. Destruir, desmatar, danificar ou explorar floresta ou qualquer tipo de vegetação nativa ou de espécies nativas plantadas, em área de reserva legal ou servidão ambiental, de domínio público ou privado, sem autorização prévia do órgão ambiental competente, quando exigível, ou em desacordo com a concedida:

Multa de R$ 5.000,00 (cinco mil reais), por hectare ou fração.

Art. 51. Executar manejo florestal sem autorização prévia do órgão ambiental competente, sem observar os requisitos técnicos estabelecidos em Plano de Manejo Florestal Sustentável ou em desacordo com a autorização concedida:

Multa de R$ 1.000,00 (mil reais) por hectare ou fração.

Art. 52. Explorar ou danificar floresta ou qualquer tipo de vegetação nativa ou de espécies nativas plantadas, localizada fora de área de reserva legal averbada, de domínio público ou privado, sem aprovação prévia do órgão ambiental competente, ou em desacordo com a concedida:

Multa de R$ 300,00 (trezentos reais), por unidade, estéreo, quilo, mdc ou metro cúbico.

Art. 53. Adquirir, intermediar, transportar ou comercializar produto ou subproduto de origem animal ou vegetal produzido sobre área objeto de embargo:

Multa de R$ R$ 500,00 (quinhentos reais) por quilograma ou unidade.

Parágrafo único – A aplicação do disposto neste artigo dependerá de prévia divulgação dos dados do imóvel rural, da área ou local embargado e do respectivo titular e estará limitada à área onde efetivamente ocorreu o ilícito.

Art. 54. Destruir, danificar, lesar ou maltratar, por qualquer modo ou meio, árvores ou plantas de ornamentação de logradouro público ou em propriedade privada alheia.

Multa de R$ 500,00 (quinhentos reais) por unidade ou metro quadrado.

Art. 55. Comercializar, portar ou utilizar em floresta ou demais formas de vegetação, motosserra sem licença ou registro da autoridade ambiental competente:

Multa de R$ 1.000,00 (mil reais), por unidade.

Art. 56. Fazer uso de fogo em áreas agropastoris, sem autorização do órgão competente ou em desacordo com a obtida.

Multa de R$ 1.000,00 (mil reais), por hectare ou fração.

Art. 57. Fabricar, vender, transportar ou soltar balões que possam provocar incêndios nas florestas e demais formas de vegetação, em áreas urbanas ou em qualquer tipo de assentamento humano.

Multa de 10.000,00 (dez mil reais), por unidade.

§ 1° Incorre nas mesmas penas aquele que fabricar, vender ou transportar partes de balões.

§ 2° Entende-se por balões que possam provocar incêndios, qualquer artefato inflado com ar quente ou gás, não tripulado, sem regulamentação ou autorização do órgão competente da aviação civil ou militar, que utilize ou não fogo, com potencial de combustão em caso de contato com qualquer superfície ou estrutura, expondo a risco o meio ambiente.

§ 3° Compreende-se a soltura do balão, a participação em quaisquer condutas entre os atos preparatórios ao seu lançamento e sua captura, em qualquer local.

Art. 58. Disseminar doença ou praga ou espécies que possam causar dano à fauna, à flora ou aos ecossistemas:

Multa de R$ 5.000,00 (cinco mil reais) a R$ 5.000.000,00 (cinco milhões de reais), fundamentada em laudo técnico.

Art. 59. As sanções administrativas previstas nesta Subseção serão aumentadas pela metade quando:

I – ressalvados os casos previstos nos artigos 46 e 56, a infração for consumada mediante uso de fogo ou provocação de incêndio; ou

II – a vegetação destruída, danificada, utilizada ou explorada contiver espécies ameaçadas de extinção, constantes de lista oficial.

Art. 60. Para as condutas infracionais definidas nos artigos 43, 48, 49 e 50, não se aplicará a sanção de advertência prevista no artigo 9º desta resolução.

SUBSEÇÃO III
DAS INFRAÇÕES COMETIDAS EXCLUSIVAMENTE EM UNIDADES DE CONSERVAÇÃO

Art. 61. Introduzir em unidade de conservação espécies alóctones:

Multa de R$ 2.000,00 (dois mil reais), majorada até R$ 100.000,00 (cem mil reais), mediante laudo técnico do órgão gestor da unidade de conservação.

§ 1º Excetuam-se do disposto neste artigo as áreas de proteção ambiental, as florestas estaduais, as reservas extrativistas e as reservas de desenvolvimento sustentável, bem como os animais e plantas necessários à administração e às atividades das demais categorias de unidades de conservação, de acordo com o que se dispuser em regulamento e no plano de manejo da unidade.

§ 2º Nas áreas particulares, localizadas em refúgios de vida silvestre, monumentos naturais e reservas particulares do patrimônio natural podem ser criados animais domésticos e cultivadas plantas considerados compatíveis com as finalidades da unidade, de acordo com o que dispuser o seu plano de manejo.

Art. 62. Violar as limitações administrativas provisórias, impostas às atividades efetiva ou potencialmente causadoras de degradação ambiental nas áreas delimitadas para realização de estudos, com vistas à criação de unidade de conservação:

Multa de R$ 1.500,00 (mil e quinhentos reais), majorada até R$ 1.000.000,00 (um milhão de reais), mediante laudo técnico do órgão gestor da unidade de conservação.

Art. 63. Realizar pesquisa científica, envolvendo ou não coleta de material biológico, em unidade de conservação, sem a devida autorização do órgão ambiental competente, quando esta for exigível:

Multa de R$ 500,00 (quinhentos reais), majorada até R$ 10.000,00 (dez mil reais), mediante laudo técnico do órgão gestor da unidade de conservação.

§ 1º A multa será aplicada em dobro caso as atividades de pesquisa coloquem em risco demográfico as espécies integrantes dos ecossistemas protegidos.

§ 2º Excetuam-se do disposto neste artigo, as áreas de proteção ambiental e reservas particulares do patrimônio natural, quando as atividades de pesquisa científica não envolverem a coleta de material biológico.

Art. 64. Explorar comercialmente produtos ou subprodutos não madeireiros, ou ainda serviços obtidos ou desenvolvidos a partir de recursos naturais, biológicos, cênicos ou culturais em unidade de conservação, sem autorização ou permissão do órgão gestor da unidade ou em desacordo com a obtida, quando esta for exigível.

Multa de R$ 1.500,00 (mil e quinhentos reais), majorada até R$ 100.000,00 (cem mil reais), mediante laudo técnico do órgão gestor da unidade de conservação.

Parágrafo único – Excetuam-se do disposto neste artigo, as áreas de proteção ambiental e reservas particulares do patrimônio natural.

Art. 65. Explorar ou fazer uso comercial de imagem de unidade de conservação sem autorização do órgão gestor da unidade ou em desacordo com a recebida:

Multa de R$ 5.000,00 (cinco mil reais), majorada até R$ 2.000.000,00 (dois milhões de reais), mediante laudo técnico do órgão gestor da unidade de conservação.

Parágrafo único – Excetuam-se do disposto neste artigo, as áreas de proteção ambiental e reservas particulares do patrimônio natural.

Art. 66. Realizar liberação planejada ou cultivo de organismos geneticamente modificados em áreas de proteção ambiental, ou zonas de amortecimento das demais categorias de unidades de conservação, em desacordo com o estabelecido em seus respectivos planos de manejo, regulamentos ou recomendações da Comissão Técnica Nacional de Biossegurança – CTNBio:

Multa de R$ 1.500,00 (mil e quinhentos reais), majorada até R$ 1.000.000,00 (um milhão de reais), mediante laudo técnico.

§ 1º A multa será aumentada ao triplo, se o ato ocorrer no interior de unidade de conservação de proteção integral.

§ 2º A multa será aumentada ao quádruplo, se o organismo geneticamente modificado, liberado ou cultivado irregularmente em unidade de conservação, possuir na área, ancestral direto ou parente silvestre ou se representar risco à biodiversidade.

Art. 67. Realizar quaisquer atividades ou adotar conduta em desacordo com os objetivos da unidade de conservação, o seu plano de manejo e regulamentos:

Multa de R$ 500,00 (quinhentos reais), majorada até R$ 10.000,00 (dez mil reais), mediante laudo técnico do órgão gestor da unidade de conservação.

Art. 68. Causar dano à unidade de conservação:

Multa de R$ 2.000,00 (dois mil reais), majorada até R$ 100.000,00 (cem mil reais), mediante laudo técnico do órgão gestor da unidade de conservação.

Art. 69. Penetrar em unidade de conservação conduzindo substâncias ou instrumentos próprios para caça, pesca ou para exploração de produtos ou subprodutos florestais e minerais, sem licença da autoridade competente, quando esta for exigível:

Multa de R$ 2.000,00 (dois mil reais), majorada até R$ 10.000,00 (dez mil reais) mediante laudo técnico do órgão gestor da unidade de conservação.

§ 1° A caracterização da infração descrita neste artigo, nas Áreas de Proteção Ambiental, dependerá de laudo técnico específico, considerando as restrições existentes na área.

§ 2° Incorre nas mesmas multas quem penetrar em unidade de conservação cuja visitação pública ou permanência sejam vedadas pelas normas aplicáveis ou ocorram em desacordo com a licença da autoridade competente.

Art. 70. As infrações previstas nesta resolução, exceto as dispostas nesta subseção, quando forem cometidas ou afetarem unidade de conservação ou sua zona de amortecimento, terão os valores de suas respectivas multas aplicadas em dobro, ressalvados os casos em que houver outra circunstância agravante cuja majoração do valor da multa seja mais gravosa.

SUBSEÇÃO IV

DAS INFRAÇÕES AMBIENTAIS ADMINISTRATIVAS

Art. 71. Todas as infrações desta subseção, independentemente da sanção cominada a cada tipo, devem ser aplicadas com fundamento e motivação alicerçada em decisão da autoridade ambiental autuante.

Art. 72. Obstar ou dificultar a ação do Poder Público, no exercício de atividades de fiscalização ambiental:

Multa de R$ 500,00 (quinhentos reais) a R$ 100.000,00 (cem mil reais).

Parágrafo único – Para a conduta infracional descrita neste artigo, não se aplicará a sanção de advertência prevista no artigo 9° desta resolução.

Art. 73. Obstar ou dificultar a ação do órgão ambiental, ou de terceiro por ele encarregado, na coleta de dados para a execução de georreferenciamento de imóveis rurais para fins de fiscalização:

Multa de R$ 100,00 (cem reais) a R$ 300,00 (trezentos reais) por hectare do imóvel.

Art. 74. Descumprir embargo de obra ou atividade e suas respectivas áreas:

Multa de R$ 10.000,00 (dez mil reais), podendo variar até R$ 1.000.000,00 (um milhão de reais).

Parágrafo único – Para fins de majoração de multa por reincidência, não deve ser considerado o auto de infração ambiental que deu origem ao embargo.

Art. 75. Deixar de atender a exigências legais ou regulamentares, quando devidamente notificado pela autoridade ambiental competente, no prazo concedido, visando à regularização, correção ou adoção de medidas de controle para cessar a degradação ambiental ou irregularidade verificada:

Multa de R$ 2.000,00 (dois mil reais), podendo variar até R$ 1.000.000,00 (um milhão de reais), desde que fundamentado pelo órgão ambiental.

Art. 76. Incorre nas mesmas multas do artigo anterior quem deixar de apresentar relatórios ou informações ambientais nos prazos exigidos pela legislação ou, quando aplicável, naquele determinado pela autoridade ambiental.

Art. 77. Elaborar ou apresentar informação, estudo, laudo ou relatório ambiental total ou parcialmente falso, enganoso ou omisso, seja nos sistemas oficiais de controle, seja no licenciamento, na concessão florestal ou em qualquer outro procedimento administrativo ambiental:

Multa de R$ 10.000,00 (dez mil reais), podendo variar até R$ 1.000.000,00 (um milhão de reais), desde que fundamentado pela autoridade ambiental.

CAPÍTULO II
DA REGULAMENTAÇÃO DO PROCEDIMENTO ADMINISTRATIVO

Art. 78. Este capítulo dispõe sobre a regulamentação do procedimento administrativo, nos termos do Decreto estadual nº 64.456, de 10 de setembro de 2019.

SEÇÃO I

DA REALIZAÇÃO DO ATENDIMENTO AMBIENTAL

Art. 79. O Atendimento Ambiental é a fase do procedimento administrativo definida no Decreto estadual nº 64.456, de 10 de setembro de 2019, na qual serão consolidadas as infrações e medidas administrativas e aplicadas as sanções cabíveis, mediante análise dos fatos descritos pela autoridade ambiental autuante e observadas a gravidade do fato, os antecedentes do autuado e as circunstâncias agravantes e atenuantes, bem como proposta a adoção imediata de medidas visando à finalização do procedimento administrativo.

§ 1° O Atendimento Ambiental será conduzido por agentes de conciliação designados mediante portaria do Coordenador da Coordenadoria de Fiscalização e Biodiversidade, conforme disposto no § 1º do artigo 12 do Decreto estadual nº 64.456, de 10 de setembro de 2019, observando as indicações do Comandante do Policiamento Ambiental.

§ 2° Os agentes que participaram da elaboração do Auto de Infração Ambiental não poderão atuar no Atendimento Ambiental.

Art. 80. O Atendimento Ambiental ocorrerá nos formatos presencial ou digital, conforme definido no artigo 9º do Decreto estadual nº 64.456, de 10 de setembro de 2019.

§ 1° O Atendimento Ambiental presencial será realizado por, no mínimo, 02 (dois) agentes de conciliação.

§ 2° Na impossibilidade motivada da administração pública realizar o Atendimento Ambiental no prazo a que alude o artigo 86, o Atendimento Ambiental presencial poderá ser realizado, excepcionalmente, por um único agente de conciliação.

§ 3º Havendo interesse por parte do autuado e a critério da administração pública, o Atendimento Ambiental presencial poderá ser realizado à distância, por meio de videoconferência ou de outro recurso tecnológico de transmissão de sons e imagens em tempo real.

Art. 81. O Atendimento Ambiental presencial destinado à consolidação de infração que não exija reparação de dano será conduzido, prioritariamente, por agentes de conciliação da Polícia Militar Ambiental.

§ 1º O dirigente da unidade responsável pelo Atendimento Ambiental poderá, observando- se os critérios de oportunidade e conveniência, requerer com antecedência de 05 (cinco) dias a participação de agente de conciliação da Coordenadoria de Fiscalização e Biodiversidade nos atendimentos referidos no caput.

§ 2º Do mesmo modo, poderá a Coordenadoria de Fiscalização e Biodiversidade requerer a participação de um de seus agentes de conciliação nos atendimentos referidos no caput, observados os critérios de oportunidade e conveniência.

Art. 82. O Atendimento Ambiental presencial destinado à consolidação de infração que exija reparação de dano será conduzido por agentes de conciliação da Coordenadoria de Fiscalização de Biodiversidade e da Polícia Militar Ambiental.

Art. 83. O Atendimento Ambiental em formato digital consiste no acesso, pelo autuado ou seu procurador, ao sistema eletrônico de autoatendimento, que conterá as informações do Auto de Infração Ambiental e orientações para resolução consensual das pendências ambientais, bem como prestará as informações solicitadas.

§ 1º A análise e homologação do Atendimento Ambiental em formato digital será realizada por, no mínimo, 01 (um) agente de conciliação.

§ 2º Nas infrações punidas com advertência e multa simples com valor de até R$ 1.000,00 (um mil reais), sem medida de reparação, o Atendimento Ambiental será realizado, prioritariamente, no formato digital, salvo se o autuado demonstrar, de maneira inequívoca, a impossibilidade de participação neste formato.

§ 3º A condução e homologação do Atendimento Ambiental digital por infração que comine sanção de advertência ou de multa simples, nos termos do parágrafo anterior, dar-se-á prioritariamente por agente de conciliação da Polícia Militar Ambiental.

Art. 84. O autuado será intimado da lavratura do Auto de Infração Ambiental e notificado, em termo próprio, sobre o Atendimento Ambiental, seguindo-se a normativa estabelecida pelos artigos 8º a 14 do Decreto estadual nº 64.456, de 10 de setembro de 2019.

Parágrafo único – Será concedido ao autuado no momento da notificação do Atendimento Ambiental o prazo máximo de 05 (cinco) dias para informar no site da Secretaria de Infraestrutura e Meio Ambiente o seu não comparecimento.

Art. 85. O não comparecimento voluntário ou injustificado do autuado ao Atendimento Ambiental ensejará a consolidação da(s) infração(ções) e a imposição da(s) respectiva(s) sanção(s), nos termos do artigo 79.

Art. 86. O Atendimento Ambiental será realizado no prazo de 05 (cinco) a 60 (sessenta) dias, contados da intimação da lavratura do Auto de Infração Ambiental.

Parágrafo único – O autuado poderá realizar o reagendamento do Atendimento Ambiental presencial, por meio de sistema eletrônico, antecipando para até 10 (dez) dias antes da data agendada na lavratura do Auto de Infração Ambiental, desde que haja disponibilidade de data e hora, nos termos do artigo 7º do Decreto estadual nº 64.456, de 10 de setembro de 2019.

Art. 87. A autoridade ambiental, atendidos os critérios de oportunidade e conveniência, buscará priorizar o Atendimento Ambiental e a análise de defesas e recursos das infrações que se caracterizarem pelas seguintes circunstâncias:

I – apreensões de maquinários, veículos, embarcações e bens sob risco iminente de perecimento;

II – embargo de obra ou atividade e suas respectivas áreas;

III – suspensão de venda ou fabricação de produto;

IV – ocorrer em áreas especialmente protegidas;

V – relacionadas à flora, com necessidade de projeto de restauração ecológica;

VI – potencial continuidade do dano ambiental;

VII – multa de valor superior a 7.500 UFESP.

Art. 88. A realização do Atendimento Ambiental contemplará:

I – Esclarecimento ao autuado ou a seu procurador devidamente constituído sobre o fato gerador da autuação, descrição da infração cometida, indicação dos dispositivos legais e regulamentares infringidos, descrição das sanções aplicadas, bem como o eventual agravamento incidente sobre elas.

II – Breve manifestação do autuado ou representante a respeito dos fatos ocorridos, enquadramento infracional e sanções aplicadas, com a apresentação de documentos elucidativos e comprobatórios de fatos e circunstâncias atenuantes.

III – Análise das alegações do autuado, da documentação apresentada e das circunstâncias atenuantes.

IV – Verificação da existência de vícios processuais nos termos dos artigos 38 e 39 do Decreto estadual nº 64.456, de 10 de setembro de 2019, bem como adoção das medidas necessárias para convalidação do Auto de Infração Ambiental ou seu cancelamento.

V – Mantido o Auto de Infração Ambiental, serão apresentadas as condições necessárias para a finalização do procedimento administrativo, com a consolidação da multa simples e outras sanções aplicadas, além da adoção de medidas para fazer cessar ou corrigir a degradação ambiental causada ou ainda medidas para a conversão da sanção de multa simples em serviços de preservação, melhoria e recuperação da qualidade do meio ambiente, estipulando prazos para a execução destas medidas.

VI – Após saneado o feito será lavrada ata, nos termos do artigo 12 do Decreto estadual nº 64.456, de 10 de setembro de 2019.

Parágrafo único – Visando garantir maior efetividade ao caráter educativo do Programa Estadual de Conciliação Ambiental, instituído pela Resolução SMA nº 51, de 05 de junho de 2014, o Atendimento Ambiental deverá promover a orientação e o acesso dos autuados às normativas ambientais e à conduta ambiental legal, de modo a permitir sua colaboração com os agentes públicos na preservação do meio ambiente e na prevenção de novas degradações ambientais, podendo ainda incentivar sua participação em programas e ações desenvolvidos no âmbito da Secretaria de Infraestrutura e Meio Ambiente.

Art. 89. A consolidação do valor da multa, a que se refere o inciso V do artigo anterior, dar-se-á pela avaliação das circunstâncias atenuantes abaixo:

I – havendo manifesto arrependimento do infrator com a formalização do Termo de Compromisso de Recuperação Ambiental (TCRA), nos termos do artigo 34 do Decreto estadual nº 64.456, de 10 de setembro de 2019, será reduzido em 40% o valor da multa.

II – incidindo as seguintes atenuantes, de forma isolada ou cumulativa, será reduzido o valor da multa por:

a) baixo grau de instrução ou escolaridade do infrator;

b) bons antecedentes;

c) baixa gravidade dos fatos;

d) hipossuficiência financeira, devidamente comprovada através de documentos ou atestada por agentes públicos;

e) reeducação do infrator concernente à legislação ambiental vigente, de modo a colaborar com os agentes públicos na preservação do meio ambiente e a prevenir novas degradações ambientais, nos termos do artigo 14, inciso IV, da Lei federal nº 9.605, de 12 de fevereiro de 1998.

§ 1º Os descontos a que se referem os incisos I e II respeitarão o valor mínimo da multa estabelecido no § 2º do artigo 11 desta resolução.

§ 2º As atenuantes indicadas no inciso II deste artigo serão aplicadas conforme os parâmetros e critérios a serem definidos mediante portaria do Coordenador da Coordenadoria de Fiscalização e Biodiversidade.

Art. 90. O pagamento do valor consolidado da multa poderá ser parcelado em até 36 (trinta e seis) vezes, exclusivamente na ocasião do Atendimento Ambiental, caso haja, por parte do infrator, adesão e participação nas ações de reeducação definidas no âmbito do Programa Estadual de Conciliação Ambiental e dispostas conforme alínea "e" do inciso II do artigo 89, quando couber, e adoção imediata de medidas para a finalização do processo administrativo com assinatura do Termo de Compromisso de Recuperação Ambiental (TCRA).

Art. 91. A Ata do Atendimento Ambiental, que conterá os fatos relevantes, será lavrada em meio eletrônico vinculado ao Sistema Integrado de Gestão Ambiental

- SIGAM e ficará disponível, em formato digital, nos autos do processo administrativo.

Art. 92. Após a decisão resultante do Atendimento Ambiental, não será majorado o valor da multa, salvo quando for constatado vício.

SEÇÃO II
DAS OBRIGAÇÕES A SEREM ASSUMIDAS ATRAVÉS DE TERMO DE COMPROMISSO DE RECUPERAÇÃO AMBIENTAL

Art. 93. O Termo de Compromisso de Recuperação Ambiental (TCRA), firmado nos termos do inciso I do artigo 89 desta resolução, poderá prever, além das medidas de reparação do dano ambiental in loco:

I – O encaminhamento ao órgão competente para regularização da atividade objeto da autuação;

II – A adoção de medidas de prevenção contra novas degradações ou irregularidades ambientais, por meio da adoção de boas práticas ambientais;

III – A implantação de projeto para recuperação de áreas degradadas ou para proteção e conservação do meio ambiente.

Art. 94. O descumprimento do Termo de Compromisso de Recuperação Ambiental (TCRA) implicará cobrança de multa correspondente a 20% do valor inicial da multa aplicada no Auto de Infração Ambiental.

SEÇÃO III
DAS COMISSÕES REGIONAL E ESPECIAL DE JULGAMENTO

Art. 95. As Comissões Regional e Especial de Julgamento a que se refere o Decreto estadual nº 64.456, de 10 de setembro de 2019, bem como suas normas, se aplicam às defesas e recursos julgados a partir da sua data de vigência.

Art. 96. As Comissões Regional e Especial de Julgamento podem, independentemente do recolhimento da multa aplicada, mediante ato fundamentado, manter ou minorar o seu valor, respeitados os limites estabelecidos nos artigos infringidos, observando a gravidade dos fatos, os antecedentes, a situação econômica do infrator e a formalização de Termo de Compromisso de Recuperação Ambiental.

Art. 97. As defesas e recursos administrativos serão distribuídos para análise do processo e relatoria do voto a um membro da Comissão Regional ou Especial de Julgamento, respectivamente.

§ 1° Os membros a que alude o caput serão designados por portaria do Coordenador da Coordenadoria de Fiscalização e Biodiversidade, conforme disposto no § 1º do artigo 12 do Decreto 64.456, de 10 de setembro de 2019, observando as indicações do Comandante do Policiamento Ambiental.

§ 2° Na relatoria do voto, deverá constar, resumidamente:

I – a descrição da infração;

II – as sanções aplicadas;

III – as deliberações anteriores, seja no Atendimento Ambiental ou no julgamento da defesa administrativa;

IV – os argumentos apresentados pelo recorrente;

V – a análise dos argumentos;

VI – a decisão devidamente fundamentada.

§ 3° Após finalizada a análise e relatoria, o processo será apreciado em reunião das Comissões de Julgamento, nos termos do § 1º do Artigo 18 e do §1º do Artigo 23 do Decreto estadual nº 64.456, de 10 de setembro de 2019, na qual cada membro proferirá seu voto.

§ 4° Após votação das Comissões de Julgamento, caberá ao seu respectivo Presidente homologar a decisão.

§ 5º Os agentes que participaram da constituição do Auto de Infração não poderão atuar na análise e julgamento das defesas e recursos interpostos no âmbito do respectivo processo administrativo.

Art. 98. A periodicidade das reuniões das Comissões de Julgamento será, no mínimo, mensal.

Art. 99. Da decisão das Comissões de Julgamento, o autuado será notificado por carta registrada, com aviso de recebimento (A.R.), publicação no Diário Oficial do Estado ou por meio eletrônico.

§ 1° Constitui ônus do autuado informar nos autos do processo administrativo, qualquer alteração do seu endereço, físico ou eletrônico, para correspondência.

§ 2° As notificações por meio eletrônico serão regulamentadas mediante portaria do Coordenador da Coordenadoria de Fiscalização e Biodiversidade.

SEÇÃO IV
DA APREENSÃO E DA DESTINAÇÃO

SUBSEÇÃO I
DA APREENSÃO

Art. 100. A autoridade apreenderá, nos autos do processo administrativo ambiental, os animais, os produtos e subprodutos objeto da infração, bem como os instrumentos empregados no cometimento da mesma, incluindo petrechos, ferramentas, implementos, máquinas, equipamentos, veículos incluídos em qualquer das classificações dos artigos 96 e 144, do Código de Trânsito Brasileiro (Lei federal nº 9.503, de 23 de setembro de 1997), embarcações ou aeronaves.

§ 1º Os veículos, embarcações ou aeronaves apreendidas poderão ser empregados no transporte de outros instrumentos da infração, produtos ou subprodutos apreendidos.

§ 2º A autuação considerará, em regra, o conjunto dos objetos fiscalizados. Excepcionalmente, se o conjunto decorrer de cumulação de licenças ou autorizações e se for possível diferenciá-las e segregar o objeto da infração, a autuação considerará só o objeto da infração e os respectivos instrumentos.

SUBSEÇÃO II
DA DESTINAÇÃO DE ANIMAIS

Art. 101. A destinação dos animais silvestres apreendidos será realizada pela autoridade ambiental, observados os seguintes critérios, por ordem de prioridade:

I – Quando a captura for recente e quando a espécie pertencer à fauna nativa do Estado e tiver ocorrência no local, o animal silvestre apreendido capaz de sobrevivência em vida livre será solto imediatamente no habitat.

II – Quando não ocorrerem as condições especificadas no inciso I ou, a critério da autoridade ambiental, a soltura for arriscada, o animal silvestre apreendido será destinado a empreendimentos de fauna silvestre devidamente autorizados pelo órgão ambiental competente ou a qualquer estabelecimento onde possa ser depositado, sob a responsabilidade de técnico habilitado para o manejo de fauna silvestre, até que a soltura seja possível ou outra destinação seja decidida.

III – Em último caso, na impossibilidade de atender os incisos I e II, o animal silvestre apreendido será destinado à guarda doméstica provisória, com comunicação ao órgão gestor da fauna no Estado de São Paulo.

SUBSEÇÃO III
DA DESTINAÇÃO DE BENS PERECÍVEIS OU SOB RISCO IMINENTE DE PERECIMENTO

Art. 102. Os produtos ou subprodutos apreendidos perecíveis ou sob risco iminente de perecimento, incluindo madeira, peles ou couros, serão imediatamente doados pelo dirigente da unidade responsável pela lavratura do auto de infração a órgão público ou organização não-governamental ambientalista, beneficente, científica, cultural, educacional, hospitalar, penal, militar ou social, a critério da autoridade.

Parágrafo único – Será lavrado e apensado ao Boletim de Ocorrência Ambiental, Termo de Destinação dos produtos ou subprodutos doados, incluindo a previsão de ressarcimento em caso de anulação do Auto de Infração Ambiental ou da sanção de apreensão.

SUBSEÇÃO IV
DA GUARDA E DA DESTINAÇÃO DOS INSTRUMENTOS DA INFRAÇÃO

Art. 103. Até a conclusão do processo administrativo, os instrumentos da infração apreendidos ficarão sob a guarda da autoridade ambiental, ou, excepcionalmente, a cargo de depositário por ela nomeado.

Art. 104. A devolução do bem apreendido lícito, somente poderá ser realizada mediante:

I – o pagamento integral da multa consolidada no Atendimento Ambiental, se houver;

II – a celebração de Termo de Compromisso para, em prazo determinado, reparar o dano ambiental causado pela infração ou regularizar a atividade perante o órgão ambiental competente, quando couber, e;

III – a apresentação de fiança bancária ou caução em dinheiro, efetivado por meio de recolhimento de Documento de Arrecadação de Receitas Estaduais – DARE em favor do Estado, em valor suficiente à reparação do dano ambiental causado, quando houver medidas estabelecidas para reparação do dano causado.

§ 1º Não será realizada a devolução a que se refere o caput deste artigo nos casos em que o bem estiver apreendido em cumprimento à decisão judicial, quando não comprovada sua propriedade ou posse legal, quando for ilícito, nos casos de reincidência do infrator, ou quando o instrumento apreendido já houver sido objeto de anterior apreensão pelo órgão ambiental competente.

§ 2º O valor da reparação do dano a que se refere o inciso III deste artigo terá como base de cálculo 2.000 UFESP para cada hectare a ser recuperado.

Art. 105. Encerrado o processo administrativo e não sendo atendidos os critérios para devolução do bem, com a manutenção da sanção de apreensão, os instrumentos da infração apreendidos serão destinados na forma prevista no artigo 134 do Decreto federal nº 6.514, de 22 de julho de 2008.

§ 1º Os instrumentos da infração adequados à prestação de serviços ou obras públicas, incluindo veículos e máquinas, serão destinados preferencialmente ao uso por órgãos da estrutura básica da Secretaria de Estado de Infraestrutura e Meio Ambiente ou por qualquer das entidades a ela vinculadas.

§ 2º O Secretário de Estado de Infraestrutura e Meio Ambiente autorizará ou permitirá o uso dos instrumentos da infração a outro órgão da Administração Pública Estadual ou Municipal, que assumirá a responsabilidade pela manutenção e restituição do bem, quando cabível.

§ 3º Os instrumentos da infração inservíveis para a administração serão vendidos em leilão com destinação do preço ao Fundo Especial de Despesa para Preservação da Biodiversidade e dos Recursos Naturais, salvo na hipótese do §4º deste artigo.

§ 4º O instrumento da infração será destruído ou inutilizado quando:

I – for necessário evitar seu uso ou aproveitamento indevido, incluindo a hipótese de modificação de objeto comum para adaptá-lo à prática de infração ambiental;

II – seu transporte ou guarda for impossível ou excessivamente oneroso;

III – o instrumento da infração expuser o meio ambiente a riscos significativos ou comprometer a segurança ou a saúde humana.

§ 5º Nos casos de ocorrência de autoria desconhecida, o instrumento da infração aprendido também será destinado na forma deste artigo.

SEÇÃO V
DO FALECIMENTO DO AUTUADO NO CURSO DO PROCEDIMENTO ADMINISTRATIVO

Art. 106. Ocorrendo o falecimento do autuado durante o curso do processo administrativo, no que diz respeito às sanções, entende-se que, no caso de:

I – advertência, diante da sua natureza pessoal, dar-se-á o arquivamento do feito;

II – multa, tendo sido esta confirmada no trâmite do Auto de Infração Ambiental, os sucessores do autuado respondem pelo pagamento até o limite da herança;

III – apreensão, a autoridade ambiental decidirá sobre a destinação dos bens ou animais apreendidos ou os devolverá aos sucessores do autuado;

IV – suspensão da atividade ou embargo da área, deverá a autoridade ambiental manter a aplicação das sanções enquanto persistirem os fatos que lhes deram ensejo;

V – restrição de direitos, diante da sua natureza pessoal, dar-se-á o arquivamento do feito.

§ 1º Uma vez noticiado o óbito do autuado e não incidindo hipótese de arquivamento do feito ou havendo dano ambiental a ser reparado, o espólio, ou, na ausência deste, os herdeiros, serão notificados para sucederem o falecido no processo administrativo, a fim de dar a devida continuidade à aplicação das sanções e garantir a reparação do dano ambiental causado.

§ 2º Para a sucessão do autuado, mencionada no §1º, é necessária a verificação da existência de bens e herdeiros, adotando-se as seguintes medidas:

I – existindo sucessores, estes serão notificados a informar sobre a abertura de inventário e nomeação do inventariante, que representará o espólio no processo administrativo;

II – não existindo sucessores conhecidos, a herança jacente será representada por seu curador;

III – se a única sanção aplicada ao caso for pecuniária, e não constando a existência de bens, dar-se-á o arquivamento do feito.

IV – havendo dano ambiental a ser reparado e não existindo sucessores conhecidos, o proprietário do imóvel será notificado para adoção das medidas cabíveis.

SEÇÃO VI
DO PARCELAMENTO DAS MULTAS

Art. 107. O parcelamento das multas a que se refere o artigo 44 do Decreto estadual nº 64.456, de 10 de setembro de 2019, deverá ter parcelas mínimas de 05 (cinco) UFESP's.

Art. 108. A interrupção do pagamento das parcelas ensejará, assim que constatada, a imediata inscrição do valor referente às parcelas não quitadas e vincendas na dívida ativa, nos termos do artigo 45 do Decreto estadual nº 64.456, de 10 de setembro de 2019.

CAPÍTULO III
DISPOSIÇÕES FINAIS

Art. 109. O processo administrativo inicia-se com a lavratura do auto de infração ambiental e encerra-se com o decurso dos prazos estipulados para o exercício do direito de defesa no âmbito administrativo.

Art. 110. Para fins desta Resolução, considera-se Autoridade Ambiental:

I – o Secretário de Infraestrutura e Meio Ambiente, o Coordenador de Fiscalização e Biodiversidade, o Diretor do Departamento de Fiscalização, o Diretor do Departamento de Gestão Regional, o Diretor do Departamento de Fauna, os Diretores dos Centros Técnicos Regionais, os Diretores dos Núcleos de Gestão de Programas;

II – o Comandante do Policiamento Ambiental, os Comandantes dos Batalhões, das Companhias e Pelotões de Polícia Ambiental;

III – os agentes de conciliação, no momento do Atendimento Ambiental e os membros de CRJ e da CEJ, nos autos do processo administrativo;

IV – o responsável pela lavratura do auto de infração ambiental.

Art. 111. As disposições desta resolução aplicam-se a todos os processos administrativos ambientais em andamento, não retroagindo aos atos já praticados até o momento de sua publicação.

Art. 112. Esta resolução entra em vigor 30 (trinta) dias após a sua publicação, revogando-se as disposições em contrário, em especial a Resolução SMA nº 48, de 26 de maio de 2014.

MARCOS RODRIGUES PENIDO

Secretário de Estado de Infraestrutura e Meio Ambiente

DECRETO Nº 65.486, DE 21 DE JANEIRO DE 2021

Regulamenta os procedimentos relativos à compensação ambiental de que trata o artigo 36 da Lei federal nº 9.985, de 18 de julho de 2000, no âmbito do licenciamento ambiental de competência do Estado de São Paulo, dispõe sobre a Câmara de Compensação Ambiental e dá providências correlatas.

- **Atualizado até o DECRETO Nº 65.796, DE 16 DE JUNHO DE 2021.**

JOÃO DORIA, Governador do Estado de São Paulo, no uso de suas atribuições legais,

Decreta:

Art. 1º O licenciamento ambiental de competência do Estado de São Paulo que objetive a implantação de atividade, obra ou empreendimento causador de significativo impacto ambiental, assim considerado com fundamento em estudo de impacto ambiental e respectivo relatório – EIA/RIMA, é regido pelo disposto neste decreto.

Parágrafo único **–** O licenciamento a que se refere o "caput" deste artigo deverá contemplar, obrigatoriamente e como condicionante, a compensação ambiental de que trata o artigo 36 da Lei federal nº 9.985, de 18 de julho de 2000.

Art. 2º Nos procedimentos de licenciamento ambiental de que trata este decreto, caberá à CETESB – Companhia Ambiental do Estado de São Paulo, observada a legislação em vigor:

I – fixar, para a emissão da Licença de Instalação – LI, o valor a ser destinado à compensação ambiental, de acordo com o grau de impacto ambiental aferido a partir da análise do EIA/RIMA;

II – indicar as unidades de conservação diretamente afetadas pelo impacto ambiental decorrente da implantação da atividade, obra ou empreendimento, considerando as propostas apresentadas no EIA/RIMA e ouvido o empreendedor.

Parágrafo único – Na hipótese de não ocorrer a indicação a que se refere o inciso II deste artigo, a Câmara de Compensação Ambiental destinará os recursos para unidades de conservação do grupo de proteção integral instituídas ou em processo de criação pelo Estado ou, excepcionalmente, para unidades do grupo de uso sustentável, de posse e domínio públicos, localizadas no território estadual.

Art. 3º Deverá constar como condicionante da Licença Prévia – LP o dever de o empreendedor firmar Termo de Compromisso de Compensação Ambiental – TCCA, título executivo extrajudicial com discriminação das obrigações necessárias ao cumprimento da compensação ambiental.

§ 1º O TCCA será firmado com o Estado, por intermédio da Secretaria de Infraestrutura e Meio Ambiente, com a interveniência da CETESB – Companhia Ambiental do Estado de São Paulo.

§ 2º O Estado será representado no TCCA pelo Secretário de Infraestrutura e Meio Ambiente, ou por outra autoridade a quem for atribuída referida competência, mediante resolução.

§ 3º Sem prejuízo da aplicação das sanções administrativas e penais cabíveis, o TCCA descumprido será encaminhado à Procuradoria Geral do Estado de São

Paulo para adoção das providências cabíveis, no âmbito de suas atribuições.

Art. 4º O cumprimento da compensação ambiental constante de TCCA constitui condição de obtenção e de validade da Licença de Instalação – LI da atividade, obra ou empreendimento relativos ao EIA/RIMA, e será demonstrado mediante comprovante de depósito do valor integral do montante fixado, na seguinte conformidade:

I – os recursos destinados às unidades de conservação instituídas ou em processo de criação pelo Estado serão depositados:

a) na conta do Fundo Especial de Despesa para a Preservação da Biodiversidade e dos Recursos Naturais – FPBRN a que se refere o artigo 3º do Decreto nº 57.547, de 29 de novembro de 2011; ou

b) em conta poupança de titularidade do empreendedor, vinculada ao Termo de Compromisso de Compensação Ambiental – TCCA, cabendo ao empreendedor executar diretamente as ações constantes de plano de trabalho aprovado pela Câmara de Compensação Ambiental;

II – os recursos destinados às unidades de conservação instituídas ou a serem criadas pela União ou por Município, ou Reservas Particulares do Patrimônio Natural – RPPNs, serão depositados em conta poupança de titularidade do empreendedor, vinculada ao TCCA.

§ 1º Nas hipóteses previstas no inciso II deste artigo, o empreendedor se compromete a transferir os recursos e seus respectivos rendimentos ao ente federativo ou ao proprietário da Reserva Particular do Patrimônio Natural – RPPN.

§ 2º A transferência dos recursos a que alude o § 1º deste artigo dependerá de autorização da Câmara de Compensação Ambiental, bem como da demonstração:

1. de existência de conta escritural ou fundo regularmente instituído pelo ente federativo para o fim específico de recebimento e aplicação dos recursos destinados à compensação ambiental; ou

2. da celebração de instrumento jurídico adequado entre o empreendedor e o ente federativo, ou entre aquele e o proprietário da Reserva Particular do Patrimônio Natural – RPPN, para o fim específico de aplicação dos recursos destinados à compensação ambiental.

Art. 5º A Câmara de Compensação Ambiental atestará o cumprimento do TCCA e informará, no prazo de 5 (cinco) dias úteis, à CETESB – Companhia Ambiental do Estado de São Paulo, para instrução do procedimento de licenciamento ambiental.

Art. 6º A Câmara de Compensação Ambiental, órgão colegiado da Secretaria de Infraestrutura e Meio Ambiente, de que tratam os artigos 123 e 124 do Decreto nº 64.132, de 11 de março de 2019, é regida nos termos deste decreto.

Parágrafo único – O regimento interno da Câmara de Compensação Ambiental será aprovado por resolução do Secretário de Infraestrutura e Meio Ambiente.

Art. 7º Cabe à Câmara de Compensação Ambiental:

I – proceder à análise e propor a aplicação dos recursos provenientes da compensação ambiental de que trata o artigo 36 da Lei federal nº 9.985, de 18 de julho de 2000, regulamentado pelo Decreto federal nº 4.340, de 22 de agosto de 2002

II – indicar, por empreendimento licenciado mediante EIA/

RIMA, as unidades de conservação instituídas ou em processo de criação pelo Estado que serão beneficiadas com os recursos destinados à compensação ambiental, nas hipóteses previstas no parágrafo único do artigo 2º e no artigo 10 deste decreto;

III – estipular o montante destinado à compensação ambiental que beneficiará cada unidade de conservação, considerando o valor total fixado pela CETESB – Companhia Ambiental do Estado de São Paulo;

IV – receber e analisar as propostas de aplicação de recursos de compensação ambiental, encaminhadas pelos órgãos gestores das unidades de conservação;

V – compatibilizar a aplicação dos recursos de compensação ambiental com as prioridades para a gestão das unidades de conservação instituídas pelo Estado, observadas as condições estabelecidas pelo licenciador e as propostas apresentadas nos termos do inciso IV deste artigo;

VI – estabelecer as ações a serem efetivadas com os recursos de compensação ambiental que beneficiarem unidades de conservação instituídas pelo Estado;

VII – elaborar e submeter à aprovação do Secretário de Infraestrutura e Meio Ambiente instrumentos-padrão de:

a) Termo de Compromisso de Compensação Ambiental – TCCA;

b) Termos de Quitação de Compensação Ambiental;

VIII – publicar no Diário Oficial do Estado extrato de TCCA celebrado, no prazo de 20 (vinte) dias úteis contados da data de sua assinatura;

IX – comunicar a celebração do TCCA e o depósito dos valores correspondentes aos entes da federação beneficiários dos recursos de compensação ambiental, com cópia dos instrumentos respectivos;

X – autorizar a transferência dos recursos de compensação ambiental depositados em conta específica do empreendedor, destinados a unidades de conservação instituídas ou a serem criadas pela União ou por Município, ou Reservas Particulares do Patrimônio Natural – RPPNs, observado o disposto no § 2º do artigo 4º deste decreto.

Art. 8º A aplicação dos recursos de compensação ambiental deverá obedecer ao disposto no artigo 36 da Lei federal nº 9.985, de 18 de julho de 2000, bem como à ordem de prioridade estabelecida no artigo 33 do Decreto federal nº 4.340, de 22 de agosto de 2002.

Art. 9º Os recursos de compensação ambiental depositados no Fundo Especial de Despesa para a Preservação da Biodiversidade e dos Recursos Naturais – FPBRN serão discriminados por fonte detalhada de receita que permita o efetivo controle e acompanhamento de sua finalidade.

§ 1º Os recursos de que trata este artigo, observada a deliberação da Câmara de Compensação Ambiental, serão transferidos mediante: (redação dada pelo Decreto nº 65.796/2021)

1. depósito em conta específica que contemple a atualização dos recursos, ao ente estadual responsável pela administração da unidade de conservação beneficiária;

2. alocação de crédito orçamentário e execução financeira pela unidade de despesa do Fundo Especial de Despesa para a Preservação da Biodiversidade e dos Recursos Naturais – FPBRN, ao órgão estadual responsável por:

a) administrar a unidade de conservação beneficiária;

b) realizar, com anuência do ente ou do órgão responsável pela administração da unidade de conservação beneficiária, pesquisa técnico-cientifica aprovada pelo Conselho Científico.". (NR)

§ 2º As transferências de recursos de compensação ambiental deverão observar o cronograma de pagamento das despesas efetivadas pelo ente ou órgão estadual na execução de planos de trabalho aprovados pela Câmara de Compensação Ambiental.

§ 3º Os recursos remanescentes da execução da destinação originalmente estabelecida deverão permanecer em conta específica, até nova deliberação da Câmara de Compensação Ambiental.

§ 4º O ente ou órgão estadual responsável pela administração da unidade de conservação beneficiada deverá apresentar, na forma estabelecida no regimento interno da Câmara de Compensação Ambiental, relatórios e documentos necessários ao acompanhamento da aplicação dos recursos transferidos em conformidade com o §1º deste artigo.

§ 5º O disposto no §2º do artigo 5º do Decreto nº 52.629, de 29 de janeiro de 1971, não se aplica aos recursos de compensação ambiental, a que se refere o "caput" deste artigo.

Art. 10 Os rendimentos dos recursos de compensação ambiental depositados no Fundo Especial de Despesa para a Preservação da Biodiversidade e dos Recursos Naturais – FPBRN serão destinados às unidades de conservação do grupo de proteção integral instituídas ou em processo de criação pelo Estado ou, excepcionalmente, às unidades do grupo de uso sustentável, de posse e domínio públicos, localizadas no território estadual.

Art. 11 A despesa com aquisição, pelo Estado, de bens imóveis destinados à criação ou regularização fundiária de unidades de conservação será executada pela unidade de despesa do Fundo Especial de Despesa para a Preservação da Biodiversidade e dos Recursos Naturais – FPBRN, observada a deliberação da Câmara de Compensação Ambiental.

Art. 12 O Secretário de Infraestrutura e Meio Ambiente editará normas complementares à execução deste decreto.

Art. 13 O artigo 123 do Decreto nº 64.132, de 11 de março de 2019, passa a vigorar com a seguinte redação:

"Artigo 123 – A Câmara de Compensação Ambiental é regida pelo Decreto nº 65.486, de 21 de janeiro de 2021.". (NR)

Art. 14 Este decreto e sua disposição transitória entram em vigor na data de sua publicação, ficando revogadas as disposições em contrário, em especial:

I – o Decreto nº 60.070, de 15 de janeiro de 2014;

II – o Decreto nº 60.919, de 26 de novembro de 2014;

III – o Decreto nº 62.451, de 8 de fevereiro de 2017;

IV – o Decreto nº 62.672, de 4 de julho de 2017.

DISPOSIÇÃO TRANSITÓRIA

Artigo único. Nos casos em que unidades de conservação criadas ou mantidas pela União ou Municípios, no território estadual, tenham sido diretamente impactadas por empreendimento licenciado pela CETESB – Companhia Ambiental do Estado de São Paulo, será autorizada a transferência, para o respectivo ente federado, de recursos de compensação ambiental depositados em conformidade com as normas vigentes à época, desde que demonstradas:

I – a anuência da Câmara de Compensação Ambiental; e

II – a existência de conta escritural ou fundo regularmente instituído pelo ente federativo, para o fim específico de recebimento e aplicação dos recursos de compensação ambiental.

Palácio dos Bandeirantes, 21 de janeiro de 2021

JOÃO DORIA

DECRETO Nº 66.549, DE 07 DE MARÇO DE 2022

Disciplina a aplicação, no âmbito do Estado de São Paulo, da Lei federal nº 14.119, de 13 de janeiro de 2021, institui a Política Estadual de Pagamento por Serviços Ambientais – PEPSA, o Programa Estadual de Pagamento por Serviços Ambientais – PPSA e o Cadastro Estadual de Projetos de Pagamento por Serviços Ambientais, e dá providências correlatas.

ÍNDICE

JOÃO DORIA, Governador do Estado de São Paulo, no uso de suas atribuições legais, com fundamento na Lei federal nº 14.119, de 13 de janeiro de 2021, e nas normas estaduais aplicáveis,

Decreta:

CAPÍTULO I
DA POLÍTICA ESTADUAL E DO PROGRAMA ESTADUAL DE PAGAMENTO POR SERVIÇOS AMBIENTAIS – PEPSA E PPSA

Art. 1º Fica instituída a Política Estadual de Pagamento por Serviços Ambientais – PEPSA, em consonância com a Política Nacional de Pagamentos de Serviços Ambientais, de que trata a Lei federal nº 14.119, de 13 de janeiro de 2021, nos termos deste decreto.

Art. 2º A Política Estadual de Pagamento por Serviços Ambientais – PEPSA será coordenada pela Secretaria de Infraestrutura e Meio Ambiente e integrada às Políticas Estaduais de Mudanças Climáticas, de Recursos Hídricos e de Resíduos Sólidos, ao Programa de Regularização Ambiental – PRA, bem como aos demais programas ambientais do Estado de São Paulo voltados à conservação da biodiversidade e à restauração ecológica.

Parágrafo único **–** Compete à Secretaria de Infraestrutura e Meio Ambiente, na qualidade de coordenadora da Política Estadual de Pagamento por Serviços Ambientais – PEPSA:

1. acompanhar as atividades do Comitê Consultivo do Programa Estadual de Pagamento por Serviços Ambientais de que trata o artigo 5º deste decreto;

2. manter o Cadastro de Estadual de Projetos de Pagamento por Serviços Ambientais, bem como implantar e monitorar o Sistema Eletrônico para Apoio à Gestão de Projetos de PSA – Sistema PSA/SP, previstos nos artigos 20 e 21 deste decreto;

3. propor ao Governador a instituição de novas modalidades de pagamento por serviços ambientais.

Art. 3º Para implementação da política pública a que se refere o artigo 1º deste decreto, fica criado o Programa Estadual de Pagamento por Serviços Ambientais – PPSA, com o objetivo de incentivar as ações que contribuam para a manutenção, a recuperação ou a melhoria dos serviços ecossistêmicos, em especial a captura de carbono, a redução de emissões de gases de efeito estufa e a conservação da biodiversidade, dos recursos hídricos e do solo.

Art. 4º São ações que contribuem para a manutenção, a recuperação ou a melhoria dos serviços ecossistêmicos, de que trata o artigo 3º deste decreto:

I – proteção, conservação e restauração de ecossistemas terrestres, fluviais, lacustres, de transição e marinhos e a promoção dos serviços ecossistêmicos a eles associados em Unidades de Conservação da Natureza e em terras privadas;

II – proteção e conservação de remanescentes de vegetação nativa em áreas rurais, urbanas e periurbanas, especialmente em áreas de elevada importância para a conservação da biodiversidade, da água e do solo;

III – restauração de vegetação nativa, inclusive em áreas sob proteção legal;

IV – recuperação de áreas degradadas;

V – manejo sustentável de florestas multifuncionais e sistemas agrícolas, agroflorestais e agrossilvipastoris que contribuam para a captura e retenção de carbono e para a proteção e conservação da biodiversidade, dos recursos hídricos e do solo;

VI – adoção de Soluções Baseadas na Natureza em áreas rurais, urbanas e periurbanas para a conservação dos recursos hídricos e do solo e para a prevenção de desastres naturais;

VII – fixação de carbono em biomassa e no solo em áreas rurais, urbanas e periurbanas;

VIII – redução de emissões por desmatamento e degradação, captura e retenção de carbono na biomassa e no solo;

IX – formação de corredores ecológicos;

X – conservação de paisagens naturais de grande beleza cênica e relevante interesse cultural;

XI – conservação de fauna silvestre, manutenção de áreas de soltura e monitoramento para a reintrodução de animais silvestres na natureza;

XII – conservação da variabilidade genética de espécies da flora nativa;

XIII – conservação de espécies da flora e da fauna nativas ameaçadas de extinção;

XIV – conservação de espécies nativas provedoras de serviços ecossistêmicos relevantes à segurança alimentar, como polinização e controle biológico de pragas e doenças;

XV – conservação de espécies nativas provedoras de serviços ecossistêmicos relevantes à saúde pública, como o controle de vetores e patógenos;

XVI – controle e erradicação de espécies exóticas com potencial de invasão de ecossistemas naturais;

XVII – prevenção de incêndios em vegetação nativa;

XVIII – ações para a conservação e restauração de ecossistemas urbanos e periurbanos que contribuam para a regulação climática local, combate a ilhas de calor, redução de ruídos e bem estar humano, bem como para a contenção da expansão urbana em áreas sensíveis.

Art. 5º Fica instituído, junto à Secretaria de Infraestrutura e Meio Ambiente, o Comitê Consultivo do Programa Estadual de Pagamento por Serviços Ambientais, órgão colegiado, de caráter permanente e consultivo, que tem por objetivo contribuir para maior oferta de serviços ecossistêmicos, tendo as seguintes atribuições:

I – acompanhar a implementação do Programa Estadual de Pagamento por Serviços Ambientais – PPSA, em especial no que se refere ao atendimento de suas diretrizes, de seus objetivos e resultados;

II – propor à coordenação do Comitê medidas para o aperfeiçoamento do PPSA;

III – emitir orientações sobre o PPSA, sempre que instado pela Coordenação do Comitê.

Art. 6º O Comitê Consultivo do Programa Estadual de Pagamento por Serviços Ambientais será composto por 9 (nove) membros titulares e seus respectivos suplentes, com representantes do Governo do Estado, do setor produtivo e da sociedade civil, sendo:

I – 3 (três) representantes do Governo do Estado:

a) 1 (um) da Secretaria de Infraestrutura e Meio Ambiente, a quem caberá a coordenação dos trabalhos;

b) 1 (um) da Secretaria de Agricultura e Abastecimento;

c) 1 (um) da Secretaria de Desenvolvimento Econômico;

II – 3 (três) representantes do setor produtivo:

a) 1 (um) de entidade representativa da agropecuária;

b) 1 (um) de entidade representativa das indústrias;

c) 1 (um) de entidade representativa do setor de comércio e serviços;

III – 3 (três) representantes da sociedade civil:

a) 2 (dois) de organizações da sociedade civil, de âmbito estadual, que atuem em prol do meio ambiente ou que representem provedores de serviços ambientais;

b) 1 (um) de universidade ou instituto ou instituição de pesquisa, que possua especialista em meio ambiente;

§ 1º Para cada membro titular haverá um membro suplente pertencente ao mesmo órgão ou entidade.

§ 2º Os representantes do Governo do Estado e seus suplentes serão indicados pelos Titulares das respectivas Pastas.

§ 3º Os representantes do setor produtivo, das organizações da sociedade civil e das universidades, institutos ou instituições de pesquisa e os respectivos suplentes serão escolhidos entre seus pares, na forma prevista em Resolução do Secretário de Infraestrutura e Meio Ambiente.

§ 4º Os membros titulares e suplentes do Comitê Consultivo do Programa Estadual de Pagamento por Serviços Ambientais serão designados pelo Secretário de Infraestrutura e Meio Ambiente.

§ 5º A participação no Comitê Consultivo do Programa Estadual de Pagamento por Serviços Ambientais é considerada de relevante interesse público e não será remunerada.

§ 6º Resolução do Secretário de Infraestrutura e Meio Ambiente aprovará o regimento interno e disporá sobre a organização e funcionamento do Comitê Consultivo do Programa Estadual de Pagamento por Serviços Ambientais.

§ 7º As despesas referentes à participação dos membros nas atividades do Comitê Consultivo do Programa Estadual de Pagamento por Serviços Ambientais correrão por conta do órgão ou entidade que representem.

Art. 7º A Política Estadual de Pagamento por Serviços Ambientais – PEPSA e o Programa Estadual de Pagamento por Serviços Ambientais – PPSA observarão as definições, os objetivos, as diretrizes, e demais disposições gerais da Lei federal nº 14.119, de 13 de janeiro de 2021, bem como, no que couber, o disposto nas Leis nº 11.160, de 18 de junho de 2002, nº 13.579, de 13 de julho de 2009, nº 13.798, de 9 de novembro de 2009, nº 15.684, de 14 de janeiro de 2015, nº 15.913, de 2 de outubro de 2015, nº 16.568, de 10 de novembro de 2017, e nº 16.684, de 19 de março de 2018.

CAPÍTULO II
DOS PROJETOS DE PAGAMENTO POR SERVIÇOS AMBIENTAIS

Art. 8º O Programa Estadual de Pagamento por Serviços Ambientais – PPSA será implementado por meio de Projetos de Pagamento por Serviços Ambientais – Projetos de PSA, instituídos por atos normativos específicos dos dirigentes dos órgãos executores.

§ 1º Para os fins deste decreto, consideram-se como órgãos executores os órgãos criados pelo Poder Público Estadual, dotados de atribuições de planejamento e implantação das políticas, planos e programas governamentais ou de projetos estruturantes de desenvolvimento setorial ou territorial, com consequências ambientais, que instituam Projetos de PSA.

§ 2º O ato normativo de que trata o "caput" deste artigo poderá prever o uso obrigatório de minuta-padrão de convênios, termos de colaboração e de fomento, contratos ou de outras espécies de ajustes de pagamento por serviços ambientais pertinentes ao Projeto de PSA que instituir.

Art. 9º Os Projetos de PSA poderão adotar as seguintes modalidades de pagamento por serviços ambientais:

I – pagamento monetário direto;

II – fornecimento, direto ou por ressarcimento, de sementes, mudas, insumos, materiais, equipamentos e serviços para a proteção e restauração de vegetação nativa e recuperação de áreas degradadas;

III – subvenções e incentivos tributários, previstos em lei;

IV – prestação de melhorias sociais a comunidades rurais e urbanas;

V – fornecimento de apoio técnico, operacional e financeiro para a gestão ambiental;

VI – conservação e fiscalização de Unidades de Conservação da Natureza;

VII – equalização parcial ou integral de taxas de juros e alongamento de prazos de carência e de pagamento em financiamentos concedidos no âmbito da Política Estadual de Pagamento por Serviços Ambientais, nos termos da legislação aplicável.

Parágrafo único – Resolução do Secretário de Infraestrutura e Meio Ambiente fixará os parâmetros para utilização de cada modalidade de pagamento por serviços ambientais.

Art. 10. Os Projetos de PSA deverão assegurar a observância dos princípios de publicidade, isonomia e impessoalidade, bem como estabelecer:

I – seus objetivos, os serviços ambientais a serem prestados e as ações a serem consideradas elegíveis para fins de pagamento;

II – a abrangência territorial e critérios de elegibilidade e priorização, considerando a relevância das áreas para a conservação da biodiversidade, dos recursos hídricos e do solo e o potencial para o sequestro de carbono, com preferência para as Zonas de Amortecimento de Unidades de Conservação da Natureza e outras áreas identificadas como prioritárias para a geração de serviços ecossistêmicos;

III – os arranjos para sua implementação, indicando os órgãos ou entidades responsáveis pela execução e acompanhamento do Projeto e eventuais parcerias celebradas para esse fim;

IV – os critérios para valoração e pagamento, observada a necessária proporcionalidade entre o pagamento e os serviços ambientais prestados;

V – os requisitos de participação de pessoas físicas e jurídicas, bem como os critérios para seleção e classificação dos interessados em participar do Projeto de PSA;

VI – as condições e prazos a serem consignados nos convênios, nos termos de colaboração ou de fomento, nos contratos ou em outras espécies de ajustes de pagamento por serviços ambientais;

VII – a forma de verificação do cumprimento dos instrumentos contratuais referidos no inciso VI deste artigo;

VIII – as fontes dos recursos.

Art. 11. A participação de pessoas físicas e jurídicas, como provedores de serviços ambientais, nos Projetos de PSA será condicionada à comprovação do uso ou ocupação regular do imóvel a ser contemplado e a adequação do mesmo em relação à legislação ambiental ou, se for o caso, à assinatura de Termo de Compromisso de Adequação Ambiental no qual deverão ser estabelecidos as obrigações e os prazos para o cumprimento do que dispõe a legislação ambiental;

Art. 12. É vedada aplicação de recursos públicos estaduais para pagamento por serviços ambientais:

I – a pessoas físicas e jurídicas inadimplentes em relação a termo de ajustamento de conduta ou de compromisso firmado com os órgãos competentes com base nas Leis federais nº 7.347, de 24 de julho de 1985 e nº 12.651, de 25 de maio de 2012;

II – referentes a áreas embargadas pelos órgãos do Sisnama, conforme disposições da Lei federal nº 12.651, de 25 de maio de 2012;

III – a pessoas físicas e jurídicas que apresentem pendência no Cadastro Informativo dos Créditos Não Quitados de Órgãos e Entidades Estaduais – Cadin Estadual.

Parágrafo único – Para fins de verificação das condições estabelecidas nos incisos I e II deste artigo, com relação a órgãos ou entidades não pertencentes ao Estado de São Paulo, será admitida declaração do provedor de serviços ambientais, sob as penas da lei.

Art. 13. Os convênios, as parcerias e os contratos celebrados no âmbito dos Projetos de PSA, por órgão ou entidade do Estado de São Paulo, observarão a legislação aplicável, inclusive, conforme o caso concreto, o previsto no Decreto nº 66.173, de 26 de outubro de 2021, o Decreto nº 61.981, de 20 de maio de 2016, e as normas que disciplinam a contratação pela Administração Pública direta, autárquica e fundacional, bem como pelas empresas públicas, sociedades de economia mista e suas subsidiárias.

§ 1º O editais de licitação e de chamamento público deverão especificar, sem prejuízo de outros elementos necessários:

1. a abrangência territorial e o objeto da avença;
2. as datas, os prazos, as condições, o local e a forma de apresentação das propostas;
3. as datas e os critérios de seleção e julgamento das propostas, inclusive no que se refere à metodologia de pontuação e ao peso atribuído a cada um dos critérios estabelecidos, se for o caso;
4. a modalidade ou as modalidades de pagamento por serviços ambientais, a forma e o prazo de pagamento.

§ 2º Deverão constar dos convênios, termos de colaboração e de fomento, contratos e de outras espécies de ajustes que disponham sobre pagamento por serviços ambientais, cláusulas relativas:

1. aos direitos e às obrigações do provedor de serviços ambientais, incluídas a modalidade ou as modalidades de pagamento por serviços ambientais, a forma e o prazo de pagamento, as ações de manutenção, de recuperação e de melhoria ambiental do ecossistema por ele assumidas e os critérios e os indicadores da qualidade dos serviços ambientais prestados;
2. aos direitos e às obrigações do pagador de serviços ambientais, incluídos as formas, as condições e os prazos de realização da fiscalização e do monitoramento;
3. às condições de acesso, pelo poder público, à área objeto do instrumento e aos dados relativos às ações de manutenção, de recuperação e de melhoria ambiental assumidas pelo provedor de serviços ambientais, em condições previamente pactuadas e respeitados os limites do sigilo legal ou constitucionalmente previsto;
4. as formas de rescisão da avença.

Art. 14. O pagamento do provedor de serviços ambientais será condicionado à comprovação do cumprimento do convênio, do termo de colaboração ou de fomento, do contrato ou da outra espécie de ajuste de pagamento por serviços ambientais, cabendo ao órgão executor que instituiu o Projeto de PSA fiscalizar e acompanhar a execução do ajuste na forma prevista no ato normativo de que trata o artigo 8º deste decreto.

§ 1º Para acompanhamento da execução do ajuste, o órgão executor poderá credenciar entidades ou profissionais para realização de atos materiais, como a realização de vistorias "in loco", registros fotográficos, levantamento de dados, entre outros instrumentos, observados os critérios, requisitos e procedimentos estabelecidos em ato normativo editado pelo dirigente superior do órgão executor, que fixará, ainda, a remuneração correspondente.

§ 2º Os serviços ambientais providos podem ser submetidos à validação ou à certificação por entidade técnico-científica independente, na forma de ato normativo editado pelo dirigente superior do órgão executor.

Art. 15. Os convênios, os termos de colaboração ou de fomento, os contratos ou outras espécies de ajuste de pagamento por serviços ambientais que envolvam recursos públicos ou que sejam objeto dos incentivos tributários previstos no inciso III do artigo 9º deste decreto estarão sujeitos à fiscalização pelos órgãos competentes do poder público.

Art. 16. São fontes de recursos para a implementação de Projetos de Pagamento por Serviços Ambientais – Projetos de PSA no âmbito do Programa Estadual de Pagamento por Serviços Ambientais – PPSA, dentre outras legalmente admissíveis:

I – dotações orçamentárias;

II – recursos do Fundo Estadual de Prevenção e Controle da Poluição – FECOP, observados os requisitos e as normas que o regem;

III – recursos do Fundo de Expansão do Agronegócio Paulista – Banco do Agronegócio Familiar – FEAP/BANAGRO, observados os requisitos e as normas que o regem;

IV – recursos do Fundo Estadual de Recursos Hídricos – FEHIDRO destinados pelos Comitês de Bacia Hidrográfica, observados os requisitos e as normas que o regem;

V – recursos de órgãos e empresas, públicos ou privados;

VI – empréstimos e doações de organismos multilaterais;

VII – contribuições voluntárias para a compensação de emissões de Gases de Efeito Estufa – GEE;

VIII – investimentos de fundos climáticos e fundos de impacto;

IX – conversão de multas administrativas;

X – doações e contribuições de usuários de serviços ambientais;

XI – recursos oriundos de Termos de Compromisso de Compensação Ambiental – TCCA;

XII – outros recursos que lhe forem destinados.

CAPÍTULO III
DOS AGENTES DE PROJETOS DE PAGAMENTO POR SERVIÇOS AMBIENTAIS – PSA

Art. 17. Os órgãos executores poderão credenciar profissionais, pessoas jurídicas ou entidades da sociedade civil para atuar como agentes de Projetos de Pagamento por Serviços Ambientais – Projetos de PSA, cuja contratação será facultativa.

§ 1º Os agentes de Projetos de PSA credenciados serão responsáveis pela:

1. divulgação do projeto junto ao público alvo;

2. mobilização de proprietários rurais e comunidades tradicionais;

3. assistência para a elaboração de propostas, manifestações de interesse em participação de Projeto de PSA e projetos técnicos;

4.orientação técnica aos provedores de serviços ambientais de suas respectivas carteiras, após a celebração dos convênios, dos termos de colaboração e de fomento, dos contratos ou de outra espécie de ajuste de pagamento por serviços ambientais.

§ 2º O dirigente superior do órgão executor definirá, em ato normativo, os critérios, requisitos e procedimentos para o credenciamento de agentes de Projeto de PSA, e fixará os valores ou percentuais da respectiva remuneração.

§ 3º O órgão executor não se responsabilizará pelos trabalhos desenvolvidos pelos agentes de Projeto de PSA credenciados.

Art. 18. O provedor de serviços ambientais selecionado para participar do Projeto de PSA deverá informar ao órgão executor se está assistido por agente de Projeto de PSA e, em caso afirmativo, fornecer sua identificação.

Art. 19. O órgão executor responsável pelo Projeto de PSA reterá, do valor a ser pago aos provedores de serviços ambientais, o montante devido ao agente de Projetos de PSA, caso esse procedimento esteja previsto no convênio, no termo de colaboração ou de fomento, no contrato ou em outra espécie de ajuste de

AMBIENTAL

pagamento por serviços ambientais, devendo repassar o respectivo valor ao agente de Projetos de PSA.

§ 1º O pagamento dos agentes de Projeto de PSA credenciados será condicionado ao cumprimento dos convênios, dos termos de colaboração ou de fomento, dos contratos ou de outras espécies de ajuste de pagamento por serviços ambientais, pelos provedores de serviços ambientais por eles assistidos e não poderá exceder a 15% (quinze por cento) do valor de cada instrumento contratual de pagamento por serviços ambientais, ressalvados casos excepcionais lastreados por justificativa técnica e autorizados pelo dirigente superior do órgão executor.

§ 2º Não será efetuado qualquer pagamento ao agente de PSA na hipótese de:

1. o interessado em participar do Projeto de PSA não atender as condições de elegibilidade para projeto para o qual se inscreveu;

2. o interessado em participar do Projeto de PSA não ser selecionado para o projeto para o qual se inscreveu;

3. o provedor de serviços ambientais não cumprir o convênio, termo de colaboração e de fomento, contrato ou a outra espécie de ajuste de pagamento por serviços ambientais.

CAPÍTULO IV
DO CADASTRO E DA GESTÃO DOS PROJETOS DE PAGAMENTO POR SERVIÇOS AMBIENTAIS

Art. 20. Fica criado o Cadastro Estadual de Projetos de Pagamento por Serviços Ambientais, mantido pela Secretaria de Infraestrutura e Meio Ambiente, visando ao acompanhamento e monitoramento dos projetos em andamento no estado de São Paulo.

§ 1º Será obrigatório o registro no Cadastro de Estadual de Projetos de Pagamento por Serviços Ambientais dos Projetos de PSA que contem com a participação de órgãos ou entidades da Administração Pública estadual ou que sejam custeados com recursos públicos estaduais.

§ 2º A Secretaria de Infraestrutura e Meio Ambiente deverá solicitar e incentivar que os Municípios beneficiados nos termos do inciso VIII do artigo 1º da Lei nº 3.201, de 23 de dezembro de 1981, registrem no Cadastro de Estadual de Projetos de Pagamento por Serviços Ambientais dos Projetos de PSA os projetos de PSA que contem com sua participação ou recursos.

§ 3º Será facultativo o registro no Cadastro Estadual de Projetos de Pagamento por Serviços Ambientais dos Projetos de PSA executados pela iniciativa privada ou por organizações da sociedade civil que não se enquadrem nas hipóteses estabelecidas no § 1º deste artigo.

§ 4º Enquanto não for disponibilizado o acesso ao Cadastro Estadual de Projetos de Pagamento por Serviços Ambientais, os órgãos executores deverão encaminhar à Secretaria de Infraestrutura e Meio Ambiente os atos normativos que instituírem Projetos de PSA no âmbito do Programa Estadual de Pagamento por Serviços Ambientais – PPSA para ciência e acompanhamento pelo Comitê Consultivo do Programa.

Art. 21. A Secretaria de Infraestrutura e Meio Ambiente providenciará, em até 180 dias, o Sistema Eletrônico para Apoio à Gestão de Projetos de PSA – Sistema PSA/SP, que deverá ser integrado ao Sistema Informatizado de Apoio à Restauração Ecológica – SARE sempre que houver a previsão de incentivos a ações de restauração, tendo por objetivo apoiar a gestão dos projetos pelos órgãos executores.

§ 1º O Sistema PSA/SP poderá ser utilizado no caso dos Projetos de PSA que contem com a participação de órgãos ou entidades da Administração Pública estadual ou que sejam custeados com recursos públicos estaduais.

§ 2º O Sistema PSA/SP poderá ser disponibilizado às administrações municipais e às organizações da sociedade civil para a gestão de seus Projetos de PSA, mediante formalização do instrumento jurídico pertinente e conforme a disponibilidade do sistema.

Art. 22. O Secretário de Infraestrutura e Meio Ambiente poderá editar normas complementares necessárias ao cumprimento deste decreto.

Art. 23. Este decreto entra em vigor na data de sua publicação, ficando revogadas as disposições em contrário, em especial os artigos 63 a 66 do Decreto nº 55.947, de 24 de junho de 2010.

Palácio dos Bandeirantes, 7 de março de 2022

DIREITO

PESSOAL E PREVIDENCIÁRIO PÚBLICO

LEI Nº 10.261, DE 28 DE OUTUBRO DE 1968

Dispõe sobre o Estatuto dos Funcionários Públicos Civis do Estado

ÍNDICE

TÍTULO I
DISPOSIÇÕES PRELIMINARES

Art. 1º Esta lei institui o regime jurídico dos funcionários públicos civis do Estado.

Parágrafo único - As suas disposições, exceto no que colidirem com a legislação especial, aplicam-se aos funcionários dos 3 Poderes do Estado e aos do Tribunal de Contas do Estado.

Art. 2º As disposições desta lei não se aplicam aos empregados das autarquias, entidades paraestatais e serviços públicos de natureza industrial, ressalvada a situação daqueles que, por lei anterior, já tenham a qualidade de funcionário público.

Parágrafo único - Os direitos, vantagens e regalias dos funcionários públicos só poderão ser estendidos aos empregados das entidades a que se refere este artigo na forma e condições que a lei estabelecer.

Art. 3º Funcionário público, para os fins deste Estatuto, é a pessoa legalmente investida em cargo público.

Art. 4º Cargo público é o conjunto de atribuições e responsabilidades cometidas a um funcionário.

Art. 5º Os cargos públicos são isolados ou de carreira.

Art. 6º Aos cargos públicos serão atribuídos valores determinados por referências numéricas, seguidas de letras em ordem alfabética, indicadoras de graus.

Parágrafo único - O conjunto de referência e grau constitui o padrão do cargo.

Art. 7º Classe é o conjunto de cargos da mesma denominação.

Art. 8º Carreira é o conjunto de classes da mesma natureza de trabalho, escalonadas segundo o nível de complexidade e o grau de responsabilidade.

Art. 9º Quadro é o conjunto de carreiras e de cargos isolados.

Art. 10. É vedado atribuir ao funcionário serviços diversos dos inerentes ao seu cargo, exceto as funções de chefia e direção e as comissões legais.

TÍTULO II
DO PROVIMENTO, DO EXERCÍCIO E DA VACÂNCIA DOS CARGOS PÚBLICOS

CAPÍTULO I
DO PROVIMENTO

Art. 11. Os cargos públicos serão providos por:

I - nomeação;

II - transferência;

III - reintegração;

IV - acesso;

V - reversão;

VI - aproveitamento; e

VII - readmissão.

Art. 12. Não havendo candidato habilitado em concurso, os cargos vagos, isolados ou de carreira, só poderão ser ocupados no regime da legislação trabalhista, até o prazo máximo de 2 (dois) anos, considerando-se findo o contrato após esse período, vedada a recondução.

CAPÍTULO II
DAS NOMEAÇÕES

SEÇÃO I
DAS FORMAS DE NOMEAÇÃO

Art. 13. As nomeações serão feitas:

I - em caráter vitalício, nos casos expressamente previstos na Constituição do Brasil;

II - em comissão, quando se tratar de cargo que em virtude de lei assim deva ser provido; e

III – em caráter efetivo, quando se tratar de cargo de provimento dessa natureza.

SEÇÃO II
DA SELEÇÃO DE PESSOAL

SUBSEÇÃO I
DO CONCURSO

Art. 14. A nomeação para cargo público de provimento efetivo será precedida de concurso público de provas ou de provas e títulos.

Parágrafo único – As provas serão avaliadas na escala de 0 (zero) a 100 (cem) pontos e aos títulos serão atribuídos, no máximo, 50 (cinquenta) pontos.

Art. 15. A realização dos concursos será centralizada num só órgão.

Art. 16. As normas gerais para a realização dos concursos e para a convocação e indicação dos candidatos para o provimento dos cargos serão estabelecidas em regulamento.

Art. 17. Os concursos serão regidos por instruções especiais, expedidas pelo órgão competente.

Art. 18. As instruções especiais determinarão, em função da natureza do cargo:

I – se o concurso será:

1 – de provas ou de provas e títulos; e

2 – por especializações ou por modalidades profissionais, quando couber;

II – as condições para provimento do cargo referentes a:

1 – diplomas ou experiência de trabalho;

2 – capacidade física; e

3 – conduta;

III – o tipo e conteúdo das provas e as categorias de títulos;

IV – a forma de julgamento das provas e dos títulos;

V – os critérios de habilitação e de classificação; e

VI – o prazo de validade do concurso.

Art. 19. As instruções especiais poderão determinar que a execução do concurso, bem como a classificação dos habilitados, seja feita por regiões.

Art. 20. A nomeação obedecerá à ordem de classificação no concurso.

SUBSEÇÃO II
DAS PROVAS DE HABILITAÇÃO

Art. 21. As provas de habilitação serão realizadas pelo órgão encarregado dos concursos, para fins de transferência e de outras formas de provimento que não impliquem em critério competitivo.

Art. 22. As normas gerais para realização das provas de habilitação serão estabelecidas em regulamento, obedecendo, no que couber, ao estabelecido para os concursos.

CAPÍTULO III
DAS SUBSTITUIÇÕES

Art. 23. Haverá substituição no impedimento legal e temporário do ocupante de cargo de chefia ou de direção.

Parágrafo único – Ocorrendo a vacância, o substituto passará a responder pelo expediente da unidade ou órgão correspondente até o provimento do cargo.

Art. 24. A substituição, que recairá sempre em funcionário público, quando não for automática, dependerá da expedição de ato de autoridade competente.

§ 1º O substituto exercerá o cargo enquanto durar o impedimento do respectivo ocupante.

§ 2º O substituto, durante todo o tempo em que exercer a substituição terá direito a perceber o valor do padrão e as vantagens pecuniárias inerentes ao cargo do substituído e mais as vantagens pessoais a que fizer jus.

§ 3º O substituto perderá, durante o tempo da substituição, o vencimento ou a remuneração e demais vantagens pecuniárias inerentes ao seu cargo, se pelo mesmo não optar.

Art. 25. Exclusivamente para atender à necessidade de serviço, os tesoureiros, caixas e outros funcionários que tenham valores sob sua guarda, em caso de impedimento, serão substituídos por funcionários de sua confiança, que indicarem, respondendo a sua fiança pela gestão do substituto.

Parágrafo único – Feita a indicação, por escrito, ao chefe da repartição ou do serviço, este proporá a expedição do ato de designação, aplicando-se ao substituto a partir da data em que assumir as funções do cargo, o disposto nos §§ 1º e 2º do art. 24.

CAPÍTULO IV
DA TRANSFERÊNCIA

Art. 26. O funcionário poderá ser transferido de um para outro cargo de provimento efetivo.

Art. 27. As transferências serão feitas a pedido do funcionário ou "ex-officio", atendidos sempre a conveniência do serviço e os requisitos necessários ao provimento do cargo.

Art. 28. A transferência será feita para cargo do mesmo padrão de vencimento ou de igual remuneração, ressalvados os casos de transferência a pedido, em que o vencimento ou a remuneração poderá ser inferior.

Art. 29. A transferência por permuta se processará a requerimento de ambos os interessados e de acordo com o prescrito neste capítulo.

» Nota: V. Decreto nº 4.633, de 01/10/1974.

CAPÍTULO V
DA REINTEGRAÇÃO

Art. 30. A reintegração é o reingresso no serviço público, decorrente da decisão judicial passada em julgado, com ressarcimento de prejuízos resultantes do afastamento.

Art. 31. A reintegração será feita no cargo anteriormente ocupado e, se este houver sido transformado, no cargo resultante.

§ 1º Se o cargo estiver preenchido, o seu ocupante será exonerado, ou, se ocupava outro cargo, a este será reconduzido, sem direito a indenização.

§ 2º Se o cargo houver sido extinto, a reintegração se fará em cargo equivalente, respeitada a habilitação profissional, ou, não sendo possível, ficará o reintegrado em disponibilidade no cargo que exercia.

Art. 32. Transitada em julgado a sentença, será expedido o decreto de reintegração no prazo máximo de 30 (trinta) dias.

CAPÍTULO VI
DO ACESSO

Art. 33. Acesso é a elevação do funcionário, dentro do respectivo quadro a cargo da mesma natureza de trabalho, de maior grau de responsabilidade e maior complexidade de atribuições, obedecido o interstício na classe e as exigências a serem instituídas em regulamento.

§ 1º Serão reservados para acesso os cargos cujas atribuições exijam experiência prévia do exercício de outro cargo.

§ 2º O acesso será feito mediante aferição do mérito dentre titulares de cargos cujo exercício proporcione a experiência necessária ao desempenho das atribuições dos cargos referidos no parágrafo anterior.

Art. 34. Será de 3 (três) anos de efetivo exercício o interstício para concorrer ao acesso.

CAPÍTULO VII
DA REVERSÃO

Art. 35. Reversão é o ato pelo qual o aposentado reingressa no serviço público a pedido ou ex-officio.

§ 1º A reversão ex-officio será feita quando insubsistentes as razões que determinaram a aposentadoria por invalidez.

§ 2º Não poderá reverter à atividade o aposentado que contar mais de 58 (cinquenta e oito) anos de idade.

§ 3º No caso de reversão ex-officio, será permitido o reingresso além do limite previsto no parágrafo anterior.

§ 4º A reversão só poderá efetivar-se quando, em inspeção médica, ficar comprovada a capacidade para o exercício do cargo.

§ 5º Se o laudo médico não for favorável, poderá ser procedida nova inspeção de saúde, para o mesmo fim, decorridos pelo menos 90 (noventa) dias.

§ 6º Será tornada sem efeito a reversão ex-officio e cassada a aposentadoria do funcionário que reverter e não tomar posse ou não entrar em exercício dentro do prazo legal.

Art. 36. A reversão far-se-á no mesmo cargo.

§ 1º Em casos especiais, a juízo do Governo, poderá o aposentado reverter em outro cargo, de igual padrão de vencimentos, respeitada a habilitação profissional.

§ 2º A reversão a pedido, que será feita a critério da Administração, dependerá também da existência de cargo vago, que deva ser provido mediante promoção por merecimento.

CAPÍTULO VIII
DO APROVEITAMENTO

Art. 37. Aproveitamento é o reingresso no serviço público do funcionário em disponibilidade.

Art. 38. O obrigatório aproveitamento do funcionário em disponibilidade ocorrerá em vagas existentes ou que se verificarem nos quadros do funcionalismo.

§ 1º O aproveitamento dar-se-á, tanto quanto possível, em cargo de natureza e padrão de vencimentos correspondentes ao que ocupava, não podendo ser feito em cargo de padrão superior.

§ 2º Se o aproveitamento se der em cargo de padrão inferior ao provento da disponibilidade, terá o funcionário direito à diferença.

§ 3º Em nenhum caso poderá efetuar-se o aproveitamento sem que, mediante inspeção médica, fique provada a capacidade para o exercício do cargo.

§ 4º Se o laudo médico não for favorável, poderá ser procedida nova inspeção de saúde, para o mesmo fim, decorridos no mínimo 90 (noventa) dias.

§ 5º Será tornado sem efeito o aproveitamento e cassada a disponibilidade do funcionário que, aproveitado, não tomar posse e não entrar em exercício dentro do prazo legal.

§ 6º Será aposentado no cargo anteriormente ocupado, o funcionário em disponibilidade que for julgado incapaz para o serviço público, em inspeção médica.

§ 7º Se o aproveitamento se der em cargo de provimento em comissão, terá o aproveitado assegurado, no novo cargo, a condição de efetividade que tinha no cargo anteriormente ocupado.

- § 7º acrescentado pelo Decreto-Lei nº 76, de 27/05/1969.

CAPÍTULO IX
DA READMISSÃO

Art. 39. Readmissão é o ato pelo qual o ex-funcionário, demitido ou exonerado, reingressa no serviço público, sem direito a ressarcimento de prejuízos, assegurada, apenas, a contagem de tempo de serviço em cargos anteriores, para efeito de aposentadoria e disponibilidade.

§ 1º A readmissão do ex-funcionário demitido será obrigatoriamente precedida de reexame do respectivo processo administrativo, em que fique demonstrado não haver inconveniente, para o serviço público, na decretação da medida.

§ 2º Observado o disposto no parágrafo anterior, se a demissão tiver sido a bem do serviço público, a readmissão não poderá ser decretada antes de decorridos 5 (cinco) anos do ato demissório.

Art. 40. A readmissão será feita no cargo anteriormente exercido pelo ex-funcionário ou, se transformado, no cargo resultante da transformação.

CAPÍTULO X
DA READAPTAÇÃO

Art. 41. Readaptação é a investidura em cargo mais compatível com a capacidade do funcionário e dependerá sempre de inspeção médica.

Art. 42. A readaptação não acarretará diminuição, nem aumento de vencimento ou remuneração e será feita mediante transferência.

CAPÍTULO XI
DA REMOÇÃO

Art. 43. A remoção, que se processará a pedido do funcionário ou ex-officio, só poderá ser feita:

I - de uma para outra repartição, da mesma Secretaria; e

II - de um para outro órgão da mesma repartição.

Parágrafo único - A remoção só poderá ser feita respeitada a lotação de cada repartição.

Art. 44. A remoção por permuta será processada a requerimento de ambos os interessados, com anuência dos respectivos chefes e de acordo com o prescrito neste Capítulo.

Art. 45. O funcionário não poderá ser removido ou transferido ex-officio para cargo que deva exercer fora da localidade de sua residência, no período de 6 (seis) meses antes e até 3 (três) meses após a data das eleições.

Parágrafo único - Essa proibição vigorará no caso de eleições federais, estaduais ou municipais, isolada ou simultaneamente realizadas.

CAPÍTULO XII
DA POSSE

Art. 46. Posse é o ato que investe o cidadão em cargo público.

Art. 47. São requisitos para a posse em cargo público:

I - ser brasileiro;

II - ter completado 18 (dezoito) anos de idade;

III - estar em dia com as obrigações militares;

IV - estar no gozo dos direitos políticos;

V - ter boa conduta;

VI - gozar de boa saúde, comprovada em inspeção realizada por órgão médico oficial do Estado, para provimento de cargo efetivo, ou mediante apresentação de Atestado de Saúde Ocupacional, expedido por médico registrado no Conselho Regional correspondente, para provimento de cargo em comissão;

- Inciso VI com redação dada pela Lei Complementar nº 1.123, de 01/07/2010.

VII - possuir aptidão para o exercício do cargo; e

VIII - ter atendido às condições especiais prescritas para o cargo.

Parágrafo único – A deficiência da capacidade física, comprovadamente estacionária, não será considerada impedimento para a caracterização da capacidade psíquica e somática a que se refere o item VI deste artigo, desde que tal deficiência não impeça o desempenho normal das funções inerentes ao cargo de cujo provimento se trata.

Art. 48. São competentes para dar posse:

I – Os Secretários de Estado, aos diretores gerais, aos diretores ou chefes das repartições e aos funcionários que lhes são diretamente subordinados; e

II – Os diretores gerais e os diretores ou chefes de repartição ou serviço, nos demais casos, de acordo com o que dispuser o regulamento.

Art. 49. A posse verificar-se-á mediante a assinatura de termo em que o funcionário prometa cumprir fielmente os deveres do cargo.

Parágrafo único – O termo será lavrado em livro próprio e assinado pela autoridade que der posse.

Art. 50. A posse poderá ser tomada por procuração quando se tratar de funcionário ausente do Estado, em comissão do Governo ou, em casos especiais, a critério da autoridade competente.

Art. 51. A autoridade que der posse deverá verificar, sob pena de responsabilidade, se foram satisfeitas as condições estabelecidas, em lei ou regulamento, para a investidura no cargo.

Art. 52. A posse deverá verificar-se no prazo de 30 (trinta) dias, contados da data da publicação do ato de provimento do cargo, no órgão oficial.

§ 1º O prazo fixado neste artigo poderá ser prorrogado por mais 30 (trinta) dias, a requerimento do interessado.

§ 2º O prazo inicial para a posse do funcionário em férias ou licença, será contado da data em que voltar ao serviço.

§ 3º Se a posse não se der dentro do prazo, será tornado sem efeito o ato de provimento.

Art. 53. A contagem do prazo a que se refere o artigo anterior poderá ser suspensa nas seguintes hipóteses:

I – por até 120 (cento e vinte) dias, a critério do órgão médico oficial, a partir da data de apresentação do candidato junto ao referido órgão para perícia de sanidade e capacidade física, para fins de ingresso, sempre que a inspeção médica exigir essa providência;

II – por 30 (trinta) dias, mediante a interposição de recurso pelo candidato contra a decisão do órgão médico oficial .

§ 1º o prazo a que se refere o inciso I deste artigo recomeçará a correr sempre que o candidato, sem motivo justificado, deixe de submeter-se aos exames médicos julgados necessários.

§ 2º a interposição de recurso a que se refere o inciso II deste artigo dar-se-á no prazo máximo de 5 (cinco) dias, a contar da data de decisão do órgão médico oficial.

– Art. 53 com redação dada pela Lei Complementar nº 1.123, de 01/07/2010.

Art. 54. O prazo a que se refere o art. 52 para aquele que, antes de tomar posse, for incorporado às Forças Armadas, será contado a partir da data da desincorporação.

Art. 55. o funcionário efetivo, nomeado para cargo em comissão, fica dispensado, no ato da posse, da apresentação do atestado de que trata o inciso VI do art. 47 desta lei.

– Art. 55 com redação dada pela Lei Complementar nº 1.123, de 01/07/2010.

CAPÍTULO XIII
DA FIANÇA

Art. 56 – Revogado pela Lei Complementar nº 575, de 11/11/1988.

CAPÍTULO XIV
DO EXERCÍCIO

Art. 57. O exercício é o ato pelo qual o funcionário assume as atribuições e responsabilidades do cargo.

§ 1º O início, a interrupção e o reinicio do exercício serão registrados no assentamento individual do funcionário.

§ 2º O início do exercício e as alterações que ocorrerem serão comunicados ao órgão competente, pelo chefe da repartição ou serviço em que estiver lotado o funcionário.

Art. 58. Entende-se por lotação, o número de funcionários de carreira e de cargos isolados que devam ter exercício em cada repartição ou serviço.

Art. 59. O chefe da repartição ou de serviço em que for lotado o funcionário é a autoridade competente para dar-lhe exercício.

Parágrafo único – É competente para dar exercício ao funcionário, com sede no Interior do Estado, a autoridade a que o mesmo estiver diretamente subordinado.

Art. 60. O exercício do cargo terá início dentro do prazo de 30 (trinta) dias, contados:

I – da data da posse; e

II – da data da publicação oficial do ato, no caso de remoção.

§ 1º Os prazos previstos neste artigo poderão ser prorrogados por 30 (trinta) dias, a requerimento do interessado e a juízo da autoridade competente.

§ 2º No caso de remoção, o prazo para exercício de funcionário em férias ou em licença, será contado da data em que voltar ao serviço.

§ 3º No interesse do serviço público, os prazos previstos neste artigo poderão ser reduzidos para determinados cargos.

§ 4º O funcionário que não entrar em exercício dentro do prazo será exonerado.

Art. 61. Em caso de mudança de sede, será concedido um período de trânsito, até 8 (oito) dias, a contar do desligamento do funcionário.

Art. 62. O funcionário deverá apresentar ao órgão competente, logo após ter tomado posse e assumido o exercício, os elementos necessários à abertura do assentamento individual.

Art. 63. Revogado.

– Artigo 63 revogado pela Lei Complementar nº 1.361, de 21/10/2021, com efeitos a partir do primeiro dia do mês subsequente à data da sua publicação.

Art. 64. O funcionário deverá ter exercício na repartição em cuja lotação houver claro.

Art. 65. Nenhum funcionário poderá ter exercício em serviço ou repartição diferente daquela em que estiver lotado, salvo nos casos previstos nesta lei, ou mediante autorização do Governador.

Art. 66. Na hipótese de autorização do Governador, o afastamento só será permitido, com ou sem prejuízo de vencimentos, para fim determinado e prazo certo.

Parágrafo único – O afastamento sem prejuízo de vencimentos poderá ser condicionado ao reembolso das despesas efetuadas pelo órgão de origem, na forma a ser estabelecida em regulamento.

Art. 67. O afastamento do funcionário para ter exercício em entidades com as quais o Estado mantenha convênios, reger-se-á pelas normas nestes estabelecidas.

Art. 68. O funcionário poderá ausentar-se do Estado ou deslocar-se da respectiva sede de exercício, para missão ou estudo de interesse do serviço público, mediante autorização expressa do Governador.

Art. 68-A. O funcionário poderá afastar-se do Estado para atuar em organismo internacional de que o Brasil participe ou com o qual coopere, mediante autorização expressa do Governador, com prejuízo dos vencimentos e demais vantagens do cargo.

– Art. 68-A acrescentado pela Lei Complementar nº 1.310, de 04/10/2017.

Art. 69. Os afastamentos de funcionários para participação em congressos e outros certames culturais, técnicos ou científicos, poderão ser autorizados pelo Governador, na forma estabelecida em regulamento.

Art. 70. O servidor preso em flagrante, preventiva ou temporariamente ou pronunciado será considerado afastado do exercício do cargo, com prejuízo da remuneração, até a condenação ou absolvição transitada em julgado.

§ 1º Estando o servidor licenciado, sem prejuízo de sua remuneração, será considerada cessada a licença na data em que o servidor for recolhido à prisão.

§ 2º Se o servidor for, ao final do processo judicial, condenado, o afastamento sem remuneração perdurará até o cumprimento total da pena, em regime fechado ou semi-aberto, salvo na hipótese em que a decisão condenatória determinar a perda do cargo público.

– Art. 70 com redação dada pela Lei Complementar nº 1.012, de 05/04/2007.

Art. 71. As autoridades competentes determinarão o afastamento imediato do trabalho, do funcionário que apresente indícios de lesões orgânicas ou funcionais causadas por raios X ou substâncias radioativas, podendo atribuir-lhe conforme o caso, tarefas sem risco de radiação ou conceder-lhe licença "ex-officio" na forma do art. 194 e seguintes.

Art. 72. O funcionário, quando no desempenho do mandato eletivo federal ou estadual, ficará afastado de seu cargo, com prejuízo do vencimento ou remuneração.

Art. 73. O exercício do mandato de Prefeito, ou o de Vereador, quando remunerado, determinará o afastamento do funcionário, com a faculdade de opção entre os subsídios do mandato e os vencimentos ou a remuneração do cargo, inclusive vantagens pecuniárias, ainda que não incorporadas.

Parágrafo único – O disposto neste artigo aplica-se igualmente à hipótese de nomeação de Prefeito.

Art. 74. Quando não remunerada a vereança, o afastamento somente ocorrerá nos dias de sessão e desde que o horário das sessões da Câmara coincida com o horário normal de trabalho a que estiver sujeito o funcionário.

§ 1º Na hipótese prevista neste artigo, o afastamento se dará sem prejuízo de vencimentos e vantagens, ainda que não incorporadas, do respectivo cargo.

§ 2º É vedada a remoção ou transferência do funcionário durante o exercício do mandato.

Art. 75. O funcionário, devidamente autorizado pelo Governador, poderá afastar-se do cargo para participar de provas de competições desportivas, dentro ou fora do Estado.

§ 1º O afastamento de que trata este artigo, será precedido de requisição justificada do órgão competente.

§ 2º O funcionário será afastado por prazo certo, nas seguintes condições:

I – sem prejuízo do vencimento ou remuneração, quando representar o Brasil, ou o Estado, em competições desportivas oficiais; e

II – com prejuízo do vencimento ou remuneração, em quaisquer outros casos.

CAPÍTULO XV
DA CONTAGEM DE TEMPO DE SERVIÇO

– Suspensa a aplicabilidade pela Administração com base no pronunciamento do Secretário de Estado – Chefe da Casa Civil de 04/08/1971, publicado no DOE de 06/08/1971, pág. 3.

Art. 76. O tempo de serviço público, assim considerado o exclusivamente prestado ao Estado e suas Autarquias, será contado singelamente para todos os fins.

Parágrafo único – O tempo de serviço público prestado à União, outros Estados e Municípios, e suas autarquias, anteriormente ao ingresso do funcionário no serviço público estadual, será contado integralmente para os efeitos de aposentadoria e disponibilidade.

– Art. 76 com redação dada pela Lei Complementar nº 318, de 10/03/1983.

» Nota: O art. 1º da Lei Complementar nº 437, de 23/12/1985, fixou a vigência deste artigo para 21/12/1984.

Art. 77. A apuração do tempo de serviço será feita em dias.

§ 1º Serão computados os dias de efetivo exercício, do registro de frequência ou da folha de pagamento.

§ 2º O número de dias será convertido em anos, considerados sempre estes como de 365 (trezentos e sessenta e cinco) dias.

§ 3º Feita a conversão de que trata o parágrafo anterior, os dias restantes, até 182 (cento e oitenta e dois), não serão computados, arredondando-se para 1 (um) ano, na aposentadoria compulsória ou por invalidez, quando excederem esse número.

Art. 78. Serão considerados de efetivo exercício, para todos os efeitos legais, os dias em que o funcionário estiver afastado do serviço em virtude de:

I – férias;

II – casamento, até 8 (oito) dias;

III – falecimento do cônjuge, filhos, pais e irmãos, até 8 (oito) dias;

IV – falecimento dos avós, netos, sogros, do padrasto ou madrasta, até 2 (dois) dias;

V – serviços obrigatórios por lei;

VI – licença quando acidentado no exercício de suas atribuições ou atacado de doença profissional;

VII – licença à funcionária gestante;

VIII – licenciamento compulsório, nos termos do art. 206;

IX – licença-prêmio;

X – Revogado.

– Inciso X revogado pela Lei Complementar nº 1.361, de 21/10/2021, com efeitos a partir do primeiro dia do mês subsequente à data da sua publicação.

XI – missão ou estudo dentro do Estado, em outros pontos do território nacional ou no estrangeiro, nos termos do art. 68;

XII – nos casos previstos no art. 122;

XIII – afastamento por processo administrativo, se o funcionário for declarado inocente ou se a pena imposta for de repreensão ou multa; e, ainda, os dias que excederem o total da pena de suspensão efetivamente aplicada;

XIV – trânsito, em decorrência de mudança de sede de exercício, desde que não exceda o prazo de 8 (oito) dias; e

XV – provas de competições desportivas, nos termos do item I, do § 2º, do art. 75.

XVI – licença-paternidade, por 5 (cinco) dias; (NR)

– Inciso XVI com redação dada pela Lei Complementar nº 1.054, de 07/07/2008.

XVII – licença para doação de tecidos, de órgãos, de parte de órgãos e de partes do corpo vivo para fins terapêuticos ou de transplantes intervivos, nos termos do inciso X do artigo 181. (NR)

- Inciso XVII acrescentado pela Lei Complementar nº 1.361, de 21/10/2021, com efeitos a partir do primeiro dia do mês subsequente à data da sua publicação..

Art. 79. Os dias em que o funcionário deixar de comparecer ao serviço em virtude de mandato legislativo municipal serão considerados de efetivo exercício para todos os eleitos legais.

- Art. 79, "caput", com redação dada pela Lei Complementar nº 124, de 11/11/1975.

Parágrafo único - No caso de vereança remunerada, os dias de afastamento não serão computados para fins de vencimento ou remuneração, salvo se por eles tiver optado o funcionário.

Art. 80. Será contado para todos os efeitos, salvo para a percepção de vencimento ou remuneração:

I - o afastamento para provas de competições desportivas nos termos do item II do § 2º do art. 75; e

II - as licenças previstas nos arts. 200 e 201.

Art. 81. Os tempos adiante enunciados serão contados:

I - para efeito de concessão de adicional por tempo de serviço, sexta-parte, aposentadoria e disponibilidade:

a) o de afastamento nos termos dos artigos 65 e 66 junto a outros poderes do Estado, a fundações instituídas pelo Estado ou empresas em que o Estado tenha participação majoritária pela sua Administração Centralizada ou Descentralizada, bem como junto a órgãos da Administração Direta da União, de outros Estados e Municípios, e de suas autarquias;

b) o de afastamento nos termos do art. 67;

II - para efeito de disponibilidade e aposentadoria, o de licença para tratamento de saúde.

- Art. 81 com redação dada pela Lei Complementar nº 318, de 10/03/1983.

Art. 82. O tempo de mandato federal e estadual, bem como o municipal, quando remunerado, será contado para fins de aposentadoria e de promoção por antiguidade.

Parágrafo único - O disposto neste artigo aplica-se à hipótese de nomeação de Prefeito.

- Art. 82 com redação dada pela Lei Complementar nº 87, de 25/04/1974.

Art. 83. Para efeito de aposentadoria será contado o tempo em que o funcionário esteve em disponibilidade.

Art. 84. É vedada a acumulação de tempo de serviço concorrente ou simultaneamente prestado, em dois ou mais cargos ou funções, à União, Estados, Municípios ou Autarquias em geral.

Parágrafo único - Em regime de acumulação é vedado contar tempo de um dos cargos para reconhecimento de direito ou vantagens no outro.

Art. 85. Não será computado, para nenhum efeito, o tempo de serviço gratuito.

CAPÍTULO XVI
DA VACÂNCIA

Art. 86. A vacância do cargo decorrerá de:

I - exoneração;

II - demissão;

III - transferência;

IV - acesso;

V - aposentadoria; e

VI - falecimento.

§ 1º Dar-se-á a exoneração:

1 - a pedido do funcionário;

2 - a critério do Governo, quando se tratar de ocupante de cargo em comissão; e

3 - quando o funcionário não entrar em exercício dentro do prazo legal.

§ 2º A demissão será aplicada como penalidade nos casos previstos nesta lei.

TÍTULO III
DA PROMOÇÃO

CAPÍTULO ÚNICO
DA PROMOÇÃO

Art. 87. Promoção é a passagem do funcionário de um grau a outro da mesma classe e se processará obedecidos, alternadamente, os critérios de merecimento e de antiguidade na forma que dispuser o regulamento.

Art. 88. O merecimento do funcionário será apurado em pontos positivos e negativos.

§ 1º Os pontos positivos se referem a condições de eficiência no cargo e ao aperfeiçoamento funcional resultante do aprimoramento dos seus conhecimentos.

§ 2º Os pontos negativos resultam da falta de assiduidade e da indisciplina.

Art. 89. Da apuração do merecimento será dada ciência ao funcionário.

Art. 90. A antiguidade será determinada pelo tempo de efetivo exercício no cargo e no serviço público, apurado em dias.

Art. 91. As promoções serão feitas em junho e dezembro de cada ano, dentro de limites percentuais a serem estabelecidos em regulamento e corresponderão às condições existentes até o último dia do semestre imediatamente anterior.

Art. 92. Os direitos e vantagens que decorrerem da promoção serão contados a partir da publicação do ato, salvo quando publicado fora do prazo legal, caso em que vigorará a contar do último dia do semestre a que corresponder.

Parágrafo único – Ao funcionário que não estiver em efetivo exercício, só se abonarão as vantagens a partir da data da reassunção.

Art. 93. Será declarada sem efeito a promoção indevida, não ficando o funcionário, nesse caso, obrigado a restituições, salvo na hipótese de declaração falsa ou omissão intencional.

Art. 94. Só poderão ser promovidos os servidores que tiverem o interstício de efetivo exercício no grau.

Parágrafo único – O interstício a que se refere este artigo será estabelecido em regulamento.

Art. 95. Dentro de cada quadro, haverá para cada classe, nos respectivos graus, uma lista de classificação, para os critérios de merecimento e antiguidade.

Parágrafo único – Ocorrendo empate terão preferência, sucessivamente:

1 – na classificação por merecimento:

a) os títulos e os comprovantes de conclusão de cursos, relacionados com a função exercida;

b) a assiduidade;

c) a antiguidade no cargo;

d) os encargos de família; e

e) a idade;

2 – na classificação por antiguidade:

a) o tempo no cargo;

b) o tempo de serviço prestado ao Estado;

c) o tempo de serviço público;

d) os encargos de família; e

e) a idade.

Art. 96. O funcionário em exercício de mandato eletivo federal ou estadual ou de mandato de prefeito, somente poderá ser promovido por antiguidade.

Art. 97. Não serão promovidos por merecimento, ainda que classificados dentro dos limites estabelecidos no regulamento, os funcionários que tiverem sofrido qualquer penalidade nos dois anos anteriores à data de vigência da promoção.

Art. 98. O funcionário submetido a processo administrativo poderá ser promovido, ficando, porém, sem efeito a promoção por merecimento no caso de o processo resultar em penalidade.

Art. 99. Para promoção por merecimento é indispensável que o funcionário obtenha número de pontos não inferior à metade do máximo atribuível.

Art. 100. O merecimento do funcionário é adquirido na classe.

Art. 101. Revogado.

– Art. 101 revogado pela Lei Complementar nº 318, de 10/03/1983.

Art. 102. O tempo no cargo será o efetivo exercício, contado na seguinte conformidade:

I – a partir da data em que o funcionário assumir o exercício do cargo, nos casos de nomeação, transferência a pedido, reversão e aproveitamento;

II – como se o funcionário estivesse em exercício, no caso de reintegração;

III – a partir da data em que o funcionário assumir o exercício do cargo do qual foi transferido, no caso de transferência ex-officio; e

IV – a partir da data em que o funcionário assumir o exercício do cargo reclassificado ou transformado.

Art. 103. Será contado como tempo no cargo o efetivo exercício que o funcionário houver prestado no mesmo cargo, sem solução de continuidade, desde que por prazo superior a 6 (seis) meses:

I – como substituto; e

II – no desempenho de função gratificada, em período anterior à criação do respectivo cargo.

Art. 104. As promoções obedecerão à ordem de classificação.

Art. 105. Haverá em cada Secretaria de Estado uma Comissão de Promoção que terá as seguintes atribuições:

I – eleger o respectivo presidente;

II – decidir as reclamações contra a avaliação do mérito, podendo alterar, fundamentalmente, os pontos atribuídos ao reclamante ou a outros funcionários;

III – avaliar o mérito do funcionário quando houver divergência igual ou superior a 20 (vinte) pontos entre os totais atribuídos pelas autoridades avaliadoras;

IV – propor à autoridade competente a penalidade que couber ao responsável pelo atraso na expedição e remessa do Boletim de Promoção, pela falta de qualquer informação ou de elementos solicitados, pelos fatos de que decorram irregularidade ou parcialidade no processamento das promoções;

V – Avaliar os títulos e os certificados de cursos apresentados pelos funcionários; e

VI – dar conhecimento aos interessados mediante afixação na repartição:

1 – das alterações de pontos feitos nos Boletins de Promoção; e

2 – dos pontos atribuídos pelos títulos e certificados de cursos.

Art. 106. No processamento das promoções cabem as seguintes reclamações:

I – da avaliação do mérito; e

II – da classificação final.

§ 1º Da avaliação do mérito podem ser interpostos pedidos de reconsideração e recurso, e, da classificação final, apenas recurso.

§ 2º Terão efeito suspensivo as reclamações relativas à avaliação do mérito.

§ 3º Serão estabelecidos em regulamento as normas e os prazos para o processamento das reclamações de que trata este artigo.

Art. 107. A orientação das promoções do funcionalismo público civil será centralizada, cabendo ao órgão a que for deferida tal competência:

I – expedir normas relativas ao processamento das promoções e elaborar as respectivas escalas de avaliação, com a aprovação do Governador;

II – orientar as autoridades competentes quanto à avaliação das condições de promoção;

III – realizar estudos e pesquisas no sentido de averiguar a eficiência do sistema em vigor, propondo medidas tendentes ao seu aperfeiçoamento; e

IV – opinar em processos sobre assuntos de promoção, sempre que solicitado.

TÍTULO IV
DOS DIREITOS E DAS VANTAGENS DE ORDEM PECUNIÁRIA

CAPÍTULO I
DO VENCIMENTO E DA REMUNERAÇÃO

SEÇÃO I
DISPOSIÇÕES GERAIS

Art. 108. Vencimento é a retribuição paga ao funcionário pelo efetivo exercício do cargo, correspondente ao valor do respectivo padrão fixado em lei, mais as vantagens a ele incorporadas para todos os efeitos legais.

Art. 109. Remuneração é a retribuição paga ao funcionário pelo efetivo exercício do cargo, correspondente a 2/3 (dois terços) do respectivo padrão, mais as quotas ou porcentagens que, por lei, lhe tenham sido atribuídas e as vantagens pecuniárias a ela incorporadas.

Art. 110. O funcionário perderá:

I – o vencimento ou remuneração do dia, quando não comparecer ao serviço; (NR)

– Inciso I com redação dada pela Lei Complementar nº 1.361, de 21/10/2021, com efeitos a partir do primeiro dia do mês subsequente à data da sua publicação.

II – 1/3 (um terço) do vencimento ou remuneração diária, quando comparecer ao serviço dentro da hora seguinte à marcada para o início do expediente ou quando dele retirar-se dentro da última hora.

– Vide artigo 72 da Lei Complementar nº 1.374, de 30/03/2022, com efeitos a partir de 60 (sessenta) dias após a data da sua publicação.

§ 1º Revogado.

– § 1º revogado pela Lei Complementar nº 1.361, de 21/10/2021, com efeitos a partir do primeiro dia do mês subsequente à data da sua publicação.

§ 2º No caso de faltas sucessivas, justificadas ou injustificadas, os dias intercalados — domingos, feriados e aqueles em que não haja expediente — serão computados exclusivamente para efeito de desconto do vencimento ou remuneração.

– Vide artigo 72 da Lei Complementar nº 1.374, de 30/03/2022, com efeitos a partir de 60 (sessenta) dias após a data da sua publicação.

§ 3º Não se aplica o disposto no 'caput' deste artigo às hipóteses de compensação de horas previstas no parágrafo único do artigo 117 desta Lei. (NR)

– § 3º acrescentado pela Lei Complementar nº 1.361, de 21/10/2021, *com efeitos a partir do primeiro dia do mês subsequente à data da sua publicação.*

§ 4º O disposto no inciso II e no § 2º deste artigo não se aplicam aos integrantes do Quadro do Magistério da Secretaria da Educação. (NR)

– § 4º acrescentado pela Lei Complementar nº 1.374, de 30/03/2022, *com efeitos a partir de 60 (sessenta) dias após a data da sua publicação,*

Art. 111. As reposições devidas pelo funcionário e as indenizações por prejuízos que causar à Fazenda Pública Estadual, serão descontadas em parcelas mensais não excedentes da décima parte do vencimento ou remuneração ressalvados os casos especiais previstos neste Estatuto.

Art. 112. Só será admitida procuração para efeito de recebimento de quaisquer importâncias dos cofres estaduais, decorrentes do exercício do cargo, quando o funcionário se encontrar fora da sede ou comprovadamente impossibilitado de locomover-se.

Art. 113. O vencimento, remuneração ou qualquer vantagem pecuniária atribuídos ao funcionário, não poderão ser objeto de arresto, sequestro ou penhora, salvo:

I – quando se tratar de prestação de alimentos, na forma da lei civil; e

II – nos casos previstos no Capítulo II do Título VI deste Estatuto.

Art. 114. É proibido, fora dos casos expressamente consignados neste Estatuto, ceder ou gravar vencimento, remuneração ou qualquer vantagem decorrente do exercício de cargo público.

Art. 115. O vencimento ou remuneração do funcionário não poderá sofrer outros descontos, exceto os obrigatórios e os autorizados por lei.

Art. 116. As consignações em folha, para efeito de desconto de vencimentos ou remuneração, serão disciplinadas em regulamento.

SEÇÃO II
DO HORÁRIO E DO PONTO

Art. 117. O horário de trabalho nas repartições será fixado pelo Governo de acordo com a natureza e as necessidades do serviço.

Parágrafo único – É facultada a instituição de sistema de compensação de horas, a ser disciplinado em regulamento. (NR)

– Parágrafo único acrescentado pela Lei Complementar nº 1.361, de 21/10/2021, com efeitos a partir do primeiro dia do mês subsequente à data da sua publicação.

Art. 118. O período de trabalho, nos casos de comprovada necessidade, poderá ser antecipado ou prorrogado pelo chefe da repartição ou serviço.

Parágrafo único – Serão remuneradas na forma do artigo 136 a antecipação e a prorrogação do período de trabalho não abrangidas pelo sistema de compensação de horas previsto no parágrafo único do artigo 117. (NR)

– Parágrafo único com redação dada pela Lei Complementar nº 1.361, de 21/10/2021, *com efeitos a partir do primeiro dia do mês subsequente à data da sua publicação.*

Art. 119. Nos dias úteis, só por determinação do Governador poderão deixar de funcionar as repartições públicas ou ser suspenso o expediente.

Art. 120. Ponto é o registro pelo qual se verificará, diariamente, a entrada e saída do funcionário em serviço.

§ 1º Para registro do ponto serão usados, de preferência, meios mecânicos.

§ 2º É vedado dispensar o funcionário do registro do ponto, salvo os casos expressamente previstos em lei.

§ 3º A infração do disposto no parágrafo anterior determinará a responsabilidade da autoridade que tiver expedido a ordem, sem prejuízo da ação disciplinar cabível.

Art. 121. Para o funcionário estudante, conforme dispuser o regulamento, poderão ser estabelecidas normas especiais quanto à frequência ao serviço.

Art. 122. O funcionário que comprovar sua contribuição para banco de sangue mantido por órgão estatal ou paraestatal, ou entidade com a qual o Estado mantenha convênio, fica dispensado de comparecer ao serviço no dia da doação.

Art. 123. Apurar-se-á a frequência do seguinte modo:

I – pelo ponto; e

II – pela forma determinada, quanto aos funcionários não sujeitos a ponto.

CAPÍTULO II
DAS VANTAGENS DE ORDEM PECUNIÁRIA

SEÇÃO I
DISPOSIÇÕES GERAIS

Art. 124. Além do valor do padrão do cargo, o funcionário só poderá receber as seguintes vantagens pecuniárias:

I - adicionais por tempo de serviço;

II - gratificações;

III - diárias;

IV - ajudas de custo;

V - salário-família e salário-esposa;

VI - Revogado;

- Inciso VI revogado pelo Decreto-lei de 27/02/1970.

VII - quota-parte de multas e porcentagens fixadas em lei;

VIII - honorários, quando fora do período normal ou extraordinário de trabalho a que estiver sujeito, for designado para realizar investigações ou pesquisas científicas, bem como para exercer as funções de auxiliar ou membro de bancas e comissões de concurso ou prova, ou de professor de cursos de seleção e aperfeiçoamento ou especialização de servidores, legalmente instituídos, observadas as proibições atinentes a regimes especiais de trabalho fixados em lei;

IX - honorários pela prestação de serviço peculiar à profissão que exercer e, em função dela, à Justiça, desde que não a execute dentro do período normal ou extraordinário de trabalho a que estiver sujeito e sejam respeitadas as restrições estabelecidas em lei pela subordinação a regimes especiais de trabalho; e

X - outras vantagens ou concessões pecuniárias previstas em leis especiais ou neste Estatuto.

§ 1º Excetuados os casos expressamente previstos neste artigo, o funcionário não poderá receber, a qualquer título, seja qual for o motivo ou forma de pagamento, nenhuma outra vantagem pecuniária dos órgãos do serviço público, das entidades autárquicas ou paraestatais ou outras organizações públicas, em razão de seu cargo ou função nos quais tenha sido mandado servir.

§ 2º O não cumprimento do que preceitua este artigo importará na demissão do funcionário, por procedimento irregular, e na imediata reposição, pela autoridade ordenadora do pagamento, da importância indevidamente paga.

§ 3º Nenhuma importância relativa às vantagens constantes deste artigo será paga ou devida ao funcionário, seja qual for o seu fundamento, se não houver crédito próprio, orçamentário ou adicional.

Art. 125. As porcentagens ou quotas-partes, atribuídas em virtude de multas ou serviços de fiscalização e inspeção, só serão creditadas ao funcionário após a entrada da importância respectiva, a título definitivo, para os cofres públicos.

Art. 126. O funcionário não fará jus à percepção de quaisquer vantagens pecuniárias, nos casos em que deixar de perceber o vencimento ou remuneração, ressalvado o disposto no parágrafo único do art. 160.

SEÇÃO IL
DOS ADICIONAIS POR TEMPO DE SERVIÇO

Art. 127. O funcionário terá direito, após cada período de 5 (cinco) anos, contínuos, ou não, à percepção de adicional por tempo de serviço, calculado à razão de 5% (cinco por cento) sobre o vencimento ou remuneração, a que se incorpora para todos os efeitos.

Nota: A Lei Complementar nº 792, de 20/3/1995 foi declarada Inconstitucional pelo Supremo Tribunal Federal nos autos da ADI nº 3.167, julgada em 18/06/2007.

Parágrafo único - O adicional por tempo de serviço será concedido pela autoridade competente, na forma que fôr estabelecida em regulamento.

Art. 128. A apuração do quinquênio será feita em dias e o total convertido em anos, considerados estes sempre como de 365 (trezentos e sessenta e cinco) dias.

Art. 129. Vetado.

Art. 130. O funcionário que completar 25 (vinte e cinco) anos de efetivo exercício perceberá mais a sexta-parte do vencimento ou remuneração, a estes incorporada para todos os efeitos.

Art. 131. O funcionário que exercer cumulativamente cargos ou funções, terá direito aos adicionais de que trata esta Seção, isoladamente, referentes a cada cargo ou a função.

Art. 132. O ocupante de cargo em comissão fará jus aos adicionais previstos nesta Seção, calculados sobre o vencimento que perceber no exercício desse cargo, enquanto nele permanecer.

Art. 133. Ao funcionário no exercício de cargo em substituição aplica-se o disposto no artigo anterior.

Art. 134. Para efeito dos adicionais a que se refere esta Seção, será computado o tempo de serviço, na forma estabelecida nos arts. 76 e 78.

SEÇÃO III
DAS GRATIFICAÇÕES

Art. 135. Poderá ser concedida gratificação ao funcionário:

I – pela prestação de serviço extraordinário;

II – pela elaboração ou execução de trabalho técnico ou científico ou de utilidade para o serviço público;

III – a título de representação, quando em função de gabinete, missão ou estudo fora do Estado ou designação para função de confiança do Governador;

IV – quando designado para fazer parte de órgão legal de deliberação coletiva; e

V – outras que forem previstas em lei.

Art. 136. A gratificação pela prestação de serviço extraordinário será paga por hora de trabalho prorrogado ou antecipado com base na remuneração da hora normal de trabalho, acrescida de 50% (cinquenta por cento) do seu valor. (NR)

– "Caput" com redação dada pela Lei Complementar nº 1.361, de 21/10/2021.

Parágrafo único – A prestação de serviço extraordinário não poderá exceder a duas horas diárias de trabalho.

Art. 137. É vedado conceder gratificação por serviço extraordinário, com o objetivo de remunerar outros serviços ou encargos.

§ 1º O funcionário que receber importância relativa a serviço extraordinário que não prestou, será obrigado a restituí-la de uma só vez, ficando ainda sujeito à punição disciplinar.

§ 2º Será responsabilizada a autoridade que infringir o disposto no caput deste artigo.

Art. 138. Será punido com pena de suspensão e, na reincidência, com a de demissão, a bem do serviço público, o funcionário:

I – que atestar falsamente a prestação de serviço extraordinário; e

II – que se recusar, sem justo motivo, à prestação de serviço extraordinário.

Art. 139. O funcionário que exercer cargo de direção não poderá perceber gratificação por serviço extraordinário.

§ 1º O disposto neste artigo não se aplica durante o período em que subordinado de titular de cargo nele mencionado venha a perceber, em consequência do acréscimo da gratificação por serviço extraordinário, quantia que iguale ou ultrapasse o valor do padrão do cargo de direção.

§ 2º Aos titulares de cargos de direção, para efeito do parágrafo anterior, apenas será paga gratificação por serviço extraordinário correspondente à quantia a esse título percebida pelo subordinado de padrão mais elevado.

Art. 140. A gratificação pela elaboração ou execução de trabalho técnico ou científico, ou de utilidade para o serviço, será arbitrada pelo Governador, após sua conclusão.

Art. 141. A gratificação a título de representação, quando o funcionário for designado para serviço ou estudo fora do Estado, será arbitrada pelo Governador, ou por autoridade que a lei determinar, podendo ser percebida cumulativamente com a diária.

Art. 142. A gratificação relativa ao exercício em órgão legal de deliberação coletiva, será fixada pelo Governador.

Art. 143. A gratificação de representação de gabinete, fixada em regulamento, não poderá ser percebida cumulativamente com a referida no inciso I do art. 135.

SEÇÃO IV
DAS DIÁRIAS

Art. 144. Ao funcionário que se deslocar temporariamente da respectiva sede, no desempenho de suas atribuições, ou em missão ou estudo, desde que relacionados com o cargo que exerce, poderá ser concedida, além do transporte, uma diária a título de indenização das despesas de alimentação e pousada.

§ 1º Não será concedida diária ao funcionário removido ou transferido, durante o período de trânsito.

§ 2º Não caberá a concessão de diária quando o deslocamento de funcionário constituir exigência permanente do cargo ou função.

§ 3º Entende-se por sede o município onde o funcionário tem exercício.

§ 4º O disposto no "caput" deste artigo não se aplica aos casos de missão ou estudo fora do País.

§ 5º As diárias relativas aos deslocamentos de funcionários para outros Estados e Distrito Federal, serão fixadas por decreto.

Art. 145. O valor das diárias será fixado em decreto.

– Art. 145 com redação dada pela Lei Complementar nº 556, de 15/07/1988.

Art. 146. A tabela de diárias, bem como as autoridades que as concederem, deverão constar de decreto.

Art. 147. O funcionário que indevidamente receber diária, será obrigado a restituí-la de uma só vez, ficando ainda sujeito à punição disciplinar.

Art. 148. É vedado conceder diárias com o objetivo de remunerar outros encargos ou serviços.

Parágrafo único – Será responsabilizada a autoridade que infringir o disposto neste artigo.

SEÇÃO V
DAS AJUDAS DE CUSTO

Art. 149. A juízo da Administração, poderá ser concedida ajuda de custo ao funcionário que no interesse do serviço passar a ter exercício em nova sede.

§ 1º A ajuda de custo destina-se a indenizar o funcionário das despesas de viagem e de nova instalação.

§ 2º O transporte do funcionário e de sua família compreende passagem e bagagem e correrá por conta do Governo.

Art. 150. A ajuda de custo, desde que em território do País, será arbitrada pelos Secretários de Estado, não podendo exceder importância correspondente a 3 (três) vezes o valor do padrão do cargo.

Parágrafo único – O regulamento fixará o critério para o arbitramento, tendo em vista o número de pessoas que acompanham o funcionário, as condições de vida na nova sede, a distância a ser percorrida, o tempo de viagem e os recursos orçamentários disponíveis.

Art. 151. Não será concedida ajuda de custo:

I – ao funcionário que se afastar da sede ou a ela voltar, em virtude de mandato eletivo; e

II – ao que for afastado junto a outras Administrações.

Parágrafo único – O funcionário que recebeu ajuda de custo, se for obrigado a mudar de sede dentro do período de 2 (dois) anos poderá receber, apenas, 2/3 (dois terços) do benefício que lhe caberia.

Art. 152. Quando o funcionário for incumbido de serviço que o obrigue a permanecer fora da sede por mais de 30 (trinta) dias, poderá receber ajuda de custo sem prejuízos das diárias que lhe couberem.

Parágrafo único – A importância dessa ajuda de custo será fixada na forma do art. 150, não podendo exceder a quantia relativa a 1 (uma) vez o valor do padrão do cargo.

Art. 153. Restituirá a ajuda de custo que tiver recebido:

I – o funcionário que não seguir para a nova sede dentro dos prazos fixados, salvo motivo independente de sua vontade, devidamente comprovado sem prejuízo da pena disciplinar cabível;

II – o funcionário que, antes de concluir o serviço que lhe foi cometido, regressar da nova sede, pedir exoneração ou abandonar o cargo.

§ 1º A restituição poderá ser feita parceladamente, a juízo da autoridade que houver concedido a ajuda de custo, salvo no caso de recebimento indevido, em que a importância por devolver será descontada integralmente do vencimento ou remuneração, sem prejuízo da pena disciplinar cabível.

§ 2º A responsabilidade pela restituição de que trata este artigo, atinge exclusivamente a pessoa do funcionário.

§ 3º Se o regresso do funcionário for determinado pela autoridade competente ou por motivo de força maior devidamente comprovado, não ficará ele obrigado a restituir a ajuda de custo.

Art. 154. Caberá também ajuda de custo ao funcionário designado para serviço ou estudo no estrangeiro.

Parágrafo único – A ajuda de custo de que trata este artigo será arbitrada pelo Governador.

SEÇÃO VI
DO SALÁRIO-FAMÍLIA E DO SALÁRIO-ESPOSA

Art. 155. O salário-família será concedido ao funcionário ou ao inativo por:

I – filho menor de 18 (dezoito) anos; e

II – filho inválido de qualquer idade.

Parágrafo único – Consideram-se dependentes, desde que vivam total ou parcialmente às expensas do funcionário, os filhos de qualquer condição, os enteados e os adotivos, equiparando-se a estes os tutelados sem meios próprios de subsistência.

Art. 156. A invalidez que caracteriza a dependência é a incapacidade total e permanente para o trabalho.

Art. 157. Quando o pai e a mãe tiverem ambos a condição de funcionário público ou de inativo e viverem em comum, o salário-família será concedido a um deles.

Parágrafo único – Se não viverem em comum, será concedido ao que tiver os dependentes sob sua guarda, ou a ambos, de acordo com a distribuição de dependentes.

Art. 158. Ao pai e à mãe equiparam-se o padrasto e a madrasta e, na falta destes, os representantes legais dos incapazes.

Art. 158-A. Fica assegurada, nas mesmas bases e condições, ao cônjuge supérstite ou ao responsável legal pelos filhos do casal, a percepção do salário-família a que tinha direito o funcionário ou inativo falecidos.

- Art. 158-A acrescentado pela Lei Complementar nº 177, de 28/04/1978.

Art. 159. A concessão e a supressão do salário-família serão processadas na forma estabelecida em lei.

Art. 160. Não será pago o salário-família nos casos em que o funcionário deixar de perceber o respectivo vencimento ou remuneração.

Parágrafo único – O disposto neste artigo não se aplica aos casos disciplinares e penais, nem aos de licença por motivo de doença em pessoa da família.

Art. 161. É vedada a percepção de salário-família por dependente em relação ao qual já esteja sendo pago este benefício por outra entidade pública federal, estadual ou municipal, ficando o infrator sujeito às penalidades da lei.

Art. 162. Revogado.

- *Artigo 162 revogado pela* Lei Complementar nº 1.361, de 21/10/2021, *com efeitos a partir de 01/11/2021.*

Parágrafo único – Revogado.

- *Parágrafo único revogado pela* Lei Complementar nº 1.361, de 21/10/2021, *com efeitos a partir de 01/11/2021.*

SEÇÃO VII
OUTRAS CONCESSÕES PECUNIÁRIAS

Art. 163. O Estado assegurará ao funcionário o direito de pleno ressarcimento de danos ou prejuízos, decorrentes de acidentes no trabalho, do exercício em determinadas zonas ou locais e da execução de trabalho especial, com risco de vida ou saúde.

Art. 164. Ao funcionário licenciado, para tratamento de saúde poderá ser concedido transporte, se decorrente do tratamento, inclusive para pessoa de sua família.

Art. 165. Poderá ser concedido transporte à família do funcionário, quando este falecer fora da sede de exercício, no desempenho de serviço.

§ 1º A mesma concessão poderá ser feita à família do funcionário falecido fora do Estado.

§ 2º Só serão atendidos os pedidos de transporte formulados dentro do prazo de 1 (um) ano, a partir da data em que houver falecido o funcionário.

Art. 166. Revogado.

- Art. 166 revogado pelo Decreto-lei de 27/02/1970.

Art. 167. A concessão de que trata o artigo anterior só poderá ser deferida ao funcionário que se encontre no exercício do cargo e mantenha contato com o público, pagando ou recebendo em moeda corrente.

Art. 168. Ao cônjuge, ao companheiro ou companheira ou, na falta destes, à pessoa que provar ter feito despesas em virtude do falecimento de funcionário ativo ou inativo será concedido auxílio-funeral, a título de benefício assistencial, de valor correspondente a 1 (um) mês da respectiva remuneração.

§ 1º o pagamento será efetuado pelo órgão competente, mediante apresentação de atestado de óbito pelas pessoas indicadas no "caput" deste artigo, ou procurador legalmente habilitado, feita a prova de identidade.

§ 2º no caso de integrante da carreira de Agente de Segurança Penitenciária ou da classe de Agente de Escolta e Vigilância Penitenciária, se ficar comprovado, por meio de competente apuração, que o óbito decorreu de lesões recebidas no exercício de suas funções, o benefício será acrescido do valor correspondente a mais 1 (um) mês da respectiva remuneração, cujo pagamento será efetivado mediante apresentação de alvará judicial.

§ 3º o pagamento do benefício previsto neste artigo, caso as despesas tenham sido custeadas por terceiros, em virtude da contratação de planos funerários, somente será efetivado mediante apresentação de alvará judicial.

- Art. 168 com redação dada pela Lei Complementar nº 1.123, de 01/07/2010.

Art. 169. O Governo do Estado poderá conceder prêmios em dinheiro, dentro das dotações orçamentárias próprias, aos funcionários autores dos melhores trabalhos, classificados em concursos de monografias de interesse para o serviço público.

Art. 170. Revogado.

- Art. 170 com revogado pelo Decreto-Lei nº 24, de 28/03/1969.

CAPÍTULO III
DAS ACUMULAÇÕES REMUNERADAS

Art. 171. É vedada a acumulação remunerada, exceto:

I – a de um juiz e um cargo de professor;

II – a de dois cargos de professor;

III – a de um cargo de professor e outro técnico ou científico; e

IV – a de dois cargos privativos de médico.

» Nota: V. art. 37, XVI da Constituição Federal.

§ 1º Em qualquer dos casos, a acumulação somente é permitida quando haja correlação de matérias e compatibilidade de horários.

§ 2º A proibição de acumular se estende a cargos, funções ou empregos em autarquias, empresas públicas e sociedades de economia mista.

§ 3º A proibição de acumular proventos não se aplica aos aposentados, quanto ao exercício de mandato eletivo, cargo em comissão ou ao contrato para prestação de serviços técnicos ou especializados.

Art. 172. O funcionário ocupante de cargo efetivo, ou em disponibilidade, poderá ser nomeado para cargo em comissão, perdendo, durante o exercício desse cargo, o vencimento ou remuneração do cargo efetivo ou o provento, salvo se optar pelo mesmo.

Art. 173. Não se compreende na proibição de acumular, desde que tenha correspondência com a função principal, a percepção das vantagens enumeradas no art. 124.

Art. 174. Verificado, mediante processo administrativo, que o funcionário está acumulando, fora das condições previstas neste Capítulo, será ele demitido de todos os cargos e funções e obrigado a restituir o que indevidamente houver recebido.

§ 1º Provada a boa-fé, o funcionário será mantido no cargo ou função que exercer há mais tempo.

§ 2º Em caso contrário, o funcionário demitido ficará ainda inabilitado pelo prazo de 5 (cinco) anos, para o exercício de função ou cargo público, inclusive em entidades que exerçam função delegada do poder público ou são por este mantidas ou administradas.

Art. 175. As autoridades civis e os chefes de serviço, bem como os diretores ou responsáveis pelas entidades referidas no parágrafo 2º do artigo anterior e os fiscais ou representantes dos poderes públicos junto às mesmas, que tiverem conhecimento de que qualquer dos seus subordinados ou qualquer empregado da empresa sujeita à fiscalização está no exercício de acumulação proibida, farão a devida comunicação ao órgão competente, para os fins indicados no artigo anterior.

Parágrafo único – Qualquer cidadão poderá denunciar a existência de acumulação ilegal.

TÍTULO V
DOS DIREITOS E VANTAGENS EM GERAL

CAPÍTULO I
DAS FÉRIAS

Art. 176. O funcionário terá direito ao gozo de 30 (trinta) dias de férias anuais, observada a escala que for aprovada.

§ 1º É proibido levar à conta de férias qualquer falta ao trabalho.

§ 2º É proibida a acumulação de férias, salvo por absoluta necessidade de serviço e pelo máximo de 2 (dois) anos consecutivos.

§ 3º O período de férias será reduzido para 20 (vinte) dias, se o funcionário, no exercício anterior, tiver, considerados em conjunto, mais de 10 (dez) não comparecimentos correspondentes a faltas justificadas e injustificadas ou às licenças previstas nos itens IV, VI e VII do artigo 181. (NR)

– *§ 3º com redação dada pela* Lei Complementar nº 1.361, de 21/10/2021.

§ 4º Durante as férias, o funcionário terá direito a todas as vantagens, como se estivesse em exercício.

Art. 177. Atendido o interesse do serviço, o funcionário poderá gozar férias de uma só vez ou em dois períodos iguais.

Art. 178. Somente depois do primeiro ano de exercício no serviço público, adquirirá o funcionário direito a férias.

Parágrafo único – Será contado para efeito deste artigo o tempo de serviço prestado em outro cargo público, desde que entre a cessação do anterior e o início do subsequente exercício não haja interrupção superior a 10 (dez) dias.

Art. 179. Caberá ao chefe da repartição ou do serviço, organizar, no mês de dezembro, a escala de férias para o ano seguinte, que poderá alterar de acordo com a conveniência do serviço.

Art. 180. O funcionário transferido ou removido, quando em gozo de férias, não será obrigado a apresentar-se antes de terminá-las.

CAPÍTULO II
DAS LICENÇAS

SEÇÃO I
DISPOSIÇÕES GERAIS

Art. 181. O funcionário efetivo poderá ser licenciado:

I – para tratamento de saúde;

II – quando acidentado no exercício de suas atribuições ou acometido por doença profissional;

III – no caso previsto no art. 198;

IV – por motivo de doença em pessoa de sua família;

V – para cumprir obrigações concernentes ao serviço militar;

VI – para tratar de interesses particulares;

VII – no caso previsto no art. 205;

VIII – compulsoriamente, como medida profilática;

IX – como prêmio de assiduidade.

X – para doação de tecidos, de órgãos, de parte de órgãos e de partes do corpo vivo para fins terapêuticos ou de transplantes intervivos, nas hipóteses autorizadas pela legislação federal e mediante inspeção médica, observado o estabelecido em decreto. (NR)

– *Inciso X acrescentado pela* Lei Complementar nº 1.361, de 21/10/2021.

§ 1º Ao funcionário ocupante exclusivamente de cargo em comissão serão concedidas as licenças previstas neste artigo, salvo as referidas nos incisos IV, VI e VII.

§ 2º As licenças previstas nos incisos I a III serão concedidas ao funcionário de que trata o § 1º deste artigo mediante regras estabelecidas pelo regime geral de previdência social.

– Art. 181 com redação dada pela Lei Complementar nº 1.123, de 01/07/2010.

Art. 182. As licenças dependentes de inspeção médica serão concedidas pelo prazo indicado pelos órgãos oficiais competentes.

– Art. 182 com redação dada pela Lei Complementar nº 1.123, de 01/07/2010.

Parágrafo único – A licença prevista no inciso X do artigo 181 não poderá ser concedida mais de uma vez por ano, salvo nos casos de doação de medula óssea para o mesmo receptor. (NR)

– *Parágrafo único acrescentado pela* Lei Complementar nº 1.361, de 21/10/2021.

Art. 183. Finda a licença, o funcionário deverá reassumir, imediatamente, o exercício do cargo.

§ 1º o disposto no "caput" deste artigo não se aplica às licenças previstas nos incisos V e VII do art. 181, quando em prorrogação.

§ 2º A infração do disposto no 'caput' deste artigo importará perda total do vencimento ou remuneração correspondente ao período de ausência e, se esta exceder 15 (quinze) dias consecutivos, ficará o funcionário sujeito à pena de demissão por inassiduidade. (NR)

– *§ 2º com redação dada pela* Lei Complementar nº 1.361, de 21/10/2021.

Art. 184. O funcionário licenciado nos termos dos itens I a IV do art. 181, é obrigado a reassumir o exercício, se for considerado apto em inspeção médica realizada ex-officio ou se não subsistir a doença na pessoa de sua família.

Parágrafo único – O funcionário poderá desistir da licença, desde que em inspeção médica fique comprovada a cessação dos motivos determinantes da licença.

Art. 185. As licenças previstas nos incisos I, II e IV do art. 181 não serão concedidas em prorrogação, cabendo ao funcionário ou à autoridade competente ingressar, quando for o caso, com um novo pedido.

- Art. 185 com redação dada pela Lei Complementar nº 1.123, de 01/07/2010.

Art. 186 revogado pela Lei Complementar nº 1.123, de 01/07/2010.

Art. 187. O funcionário afastado em licença para tratamento de saúde ou por acidente de trabalho não poderá dedicar-se a atividade remunerada, sob pena de ser cassada a licença, sujeitando-se, também, à apuração de responsabilidade funcional. (NR)

– Artigo 187 com redação dada pela Lei Complementar nº 1.361, de 21/10/2021.

Art. 188 revogado pela Lei Complementar nº 1.123, de 01/07/2010.

Art. 189. Revogado.

– Art. 189 revogado pela Lei Complementar nº 1.123, de 01/07/2010.

Art. 190. O funcionário que se recusar a submeter-se à inspeção médica, quando julgada necessária, será punido com pena de suspensão.

Parágrafo único – A suspensão cessará no dia em que se realizar a inspeção.

SEÇÃO II
DA LICENÇA PARA TRATAMENTO DE SAÚDE

Art. 191. Ao funcionário que, por motivo de saúde, estiver impossibilitado para o exercício do cargo, será concedida licença até o máximo de 4 (quatro) anos, com vencimento ou remuneração.

- Art. 191 com redação dada pela Lei complementar nº 1.196, de 27/02/2013.

§ 1º Findo o prazo, previsto neste artigo, o funcionário será submetido à inspeção médica e aposentado, desde que verificada a sua invalidez, permitindo-se o licenciamento além desse prazo, quando não se justificar a aposentadoria.

§ 2º Será obrigatória a reversão do aposentado, desde que cessados os motivos determinantes da aposentadoria.

Art. 192. O funcionário ocupante de cargo em comissão poderá ser aposentado, nas condições do artigo anterior, desde que preencha os requisitos do art. 227.

Art. 193. A licença para tratamento de saúde dependerá de inspeção médica oficial e poderá ser concedida:

I - a pedido do funcionário;

II - "ex officio".

§ 1º A inspeção médica de que trata o "caput" deste artigo poderá ser dispensada, a critério do órgão oficial, quando a análise documental for suficiente para comprovar a incapacidade laboral, observado o estabelecido em decreto.

§ 2º A licença "ex officio" de que trata o inciso II deste artigo será concedida por decisão do órgão oficial:

1 - quando as condições de saúde do funcionário assim o determinarem;

2 - a pedido do órgão de origem do funcionário.

§ 3º Revogado.

- *§ 3º revogado pela* Lei Complementar nº 1.361, de 21/10/2021, *com efeitos a partir de 01/11/2021.*

SEÇÃO III
DA LICENÇA AO FUNCIONÁRIO ACIDENTADO NO EXERCÍCIO DE SUAS ATRIBUIÇÕES OU ATACADO DE DOENÇA PROFISSIONAL

Art. 194. O funcionário acidentado no exercício de suas atribuições ou que tenha adquirido doença profissional terá direito à licença com vencimento ou remuneração.

Parágrafo único - Considera-se também acidente:

1 - a agressão sofrida e não provocada pelo funcionário, no exercício de suas funções;

2 - a lesão sofrida pelo funcionário, quando em trânsito, no percurso usual para o trabalho.

- Art. 194 com redação dada pela Lei Complementar nº 1.123, de 01/07/2010.

Art. 195. A licença prevista no artigo anterior não poderá exceder de 4 (quatro) anos.

Parágrafo único - No caso de acidente, verificada a incapacidade total para qualquer função pública, será desde logo concedida aposentadoria ao funcionário.

Art. 196. A comprovação do acidente, indispensável para a concessão da licença, será feita em procedimento próprio, que deverá iniciar-se no prazo de 10 (dez) dias, contados da data do acidente.

§ 1º O funcionário deverá requerer a concessão da licença de que trata o "caput" deste artigo junto ao órgão de origem.

§ 2º Concluído o procedimento de que trata o "caput" deste artigo caberá ao órgão médico oficial a decisão.

§ 3º O procedimento para a comprovação do acidente de que trata este artigo deverá ser cumprido pelo órgão de origem do funcionário, ainda que não venha a ser objeto de licença.

- Art. 196 com redação dada pela Lei Complementar nº 1.123, de 01/07/2010.

Art. 197. Para a conceituação do acidente da doença profissional, serão adotados os critérios da legislação federal de acidentes do trabalho.

SEÇÃO IV
DA LICENÇA À FUNCIONÁRIA GESTANTE

Art. 198. À funcionária gestante será concedida licença de 180 (cento e oitenta) dias com vencimento ou remuneração, observado o seguinte:

I - a licença poderá ser concedida a partir da 32ª (trigésima segunda) semana de gestação, mediante documentação médica que comprove a gravidez e a respectiva idade gestacional; .

- Art. 198, "caput" e Inciso I com redação dada pela Lei complementar nº 1.196, de 27/02/2013.

II - ocorrido o parto, sem que tenha sido requerida a licença, será esta concedida mediante a apresentação da certidão de nascimento e vigorará a partir da data do evento, podendo retroagir até 15 (quinze) dias;

III – durante a licença, cometerá falta grave a servidora que exercer qualquer atividade remunerada ou mantiver a criança em creche ou organização similar;

Parágrafo único – No caso de natimorto, será concedida a licença para tratamento de saúde, a critério médico, na forma prevista no art. 193.

– Incisos II,III e parágrafo único com redação dada pela Lei complementar nº 1.054, de 07/07/2008.

SEÇÃO V
DA LICENÇA POR MOTIVO DE DOENÇA EM PESSOA DA FAMÍLIA

Art. 199. O funcionário poderá obter licença, por motivo de doença do cônjuge e de parentes até segundo grau.

§ 1º Provar-se-á a doença em inspeção médica na forma prevista no art. 193.

§ 2º A licença de que trata este artigo será concedida com vencimentos ou remuneração até 1 (um) mês e com os seguintes descontos:

1 – de 1/3 (um terço), quando exceder a 1 (um) mês até 3 (três);

2 – 2/3 (dois terços), quando exceder a 3 (três) até 6 (seis);

3 – sem vencimento ou remuneração do sétimo ao vigésimo mês.

§ 3º Para os efeitos do § 2º deste artigo, serão somadas as licenças concedidas durante o período de 20 (vinte) meses, contado da primeira concessão.

– Art. 199 com redação dada pela Lei Complementar nº 1.123, de 01/07/2010.

SEÇÃO VI
DA LICENÇA PARA ATENDER A OBRIGAÇÕES CONCERNENTES AO SERVIÇO MILITAR

Art. 200. Ao funcionário que for convocado para o serviço militar e outros encargos da segurança nacional, será concedida licença sem vencimento ou remuneração.

§ 1º A licença será concedida mediante comunicação do funcionário ao chefe da repartição ou do serviço, acompanhada de documentação oficial que prove a incorporação.

§ 2º O funcionário desincorporado reassumirá imediatamente o exercício, sob pena de demissão por inassiduidade, se a ausência exceder 15 (quinze) dias consecutivos. (NR)

– § 2º com redação dada pela Lei Complementar nº 1.361, de 21/10/2021.

§ 3º Quando a desincorporação se verificar em lugar diverso do da sede, os prazos para apresentação serão os previstos no art. 60.

Art. 201. Ao funcionário que houver feito curso para ser admitido como oficial da reserva das Forças Armadas, será também concedida licença sem vencimento ou remuneração, durante os estágios prescritos pelos regulamentos militares.

SEÇÃO VII
DA LICENÇA PARA TRATAR DE INTERESSES PARTICULARES

Art. 202. Depois de 5 (cinco) anos de exercício, o funcionário poderá obter licença, sem vencimento ou remuneração, para tratar de interesses particulares, pelo prazo máximo de 2 (dois) anos.

§ 1º Poderá ser negada a licença quando o afastamento do funcionário for inconveniente ao interesse do serviço.

§ 2º O funcionário deverá aguardar em exercício a concessão da licença.

§ 3º A licença poderá ser gozada parceladamente a juízo da Administração, desde que dentro do período de 3 (três) anos.

§ 4º O funcionário poderá desistir da licença, a qualquer tempo, reassumindo o exercício em seguida.

Art. 203. Não será concedida licença para tratar de interesses particulares ao funcionário nomeado, removido ou transferido, antes de assumir o exercício do cargo.

Art. 204. Só poderá ser concedida nova licença depois de decorridos 5 (cinco) anos do término da anterior.

SEÇÃO VIII
DA LICENÇA À FUNCIONÁRIA CASADA COM FUNCIONÁRIO OU MILITAR

Art. 205. A funcionária casada com funcionário estadual ou com militar terá direito à licença, sem vencimento ou remuneração, quando o marido for mandado servir, independentemente de solicitação, em outro ponto do Estado ou do território nacional ou no estrangeiro.

Parágrafo único – A licença será concedida mediante pedido devidamente instruído e vigorará pelo tempo que durar a comissão ou a nova função do marido.

SEÇÃO IX
DA LICENÇA COMPULSÓRIA

Art. 206. O funcionário, ao qual se possa atribuir a condição de fonte de infecção de doença transmissível, poderá ser licenciado, enquanto durar essa condição, a juízo de autoridade sanitária competente, e na forma prevista no regulamento.

Art. 207. Verificada a procedência da suspeita, o funcionário será licenciado para tratamento de saúde na forma prevista no art. 191, considerando-se incluídos no período da licença os dias de licenciamento compulsório.

Art. 208. Quando não positivada a moléstia, deverá o funcionário retornar ao serviço, considerando-se como de efetivo exercício para todos os efeitos legais, o período de licença compulsória.

SEÇÃO X
DA LICENÇA-PRÊMIO

Art. 209. O funcionário terá direito, como prêmio de assiduidade, à licença de 90 (noventa) dias em cada período de 5 (cinco) anos de exercício ininterrupto, em que não haja sofrido qualquer penalidade administrativa.

Parágrafo único – O período da licença será considerado de efetivo exercício para todos os efeitos legais, e não acarretará desconto algum no vencimento ou remuneração.

Art. 210. Para fins da licença prevista nesta Seção, não se consideram interrupção de exercício:

I – os afastamentos enumerados no artigo 78;(NR)

– *Inciso I com redação dada pela Lei Complementar nº 1.361, de 21/10/2021.*

II – as faltas justificadas e os dias de licença a que se referem os itens I e IV do artigo 181, desde que o total de todas essas ausências não exceda o limite máximo de 25 (vinte e cinco) dias, no período de 5 (cinco) anos. (NR)

– *Inciso II com redação dada pela Lei Complementar nº 1.361, de 21/10/2021.*

Art. 211. Revogado.

– Art. 211 revogado pela Lei Complementar nº 318, de 10/03/1983.

Art. 212. A licença-prêmio será concedida mediante certidão de tempo de serviço, independente de requerimento do funcionário, e será publicada no Diário Oficial do Estado, nos termos da legislação em vigor.

– Art. 212 com redação dada pela Lei Complementar nº 1048, de 10/06/2008.

Art. 213. O funcionário poderá requerer o gozo da licença-prêmio:

I – por inteiro ou em parcelas não inferiores a 15 (quinze) dias;

II – até o implemento das condições para a aposentadoria voluntária.

§ 1º Caberá à autoridade competente:

1 – adotar, após manifestação do chefe imediato, sem prejuízo para o serviço, as medidas necessárias para que o funcionário possa gozar a licença-prêmio a que tenha direito;

2 – decidir, após manifestação do chefe imediato, observada a opção do funcionário e respeitado o interesse do serviço, pelo gozo da licença-prêmio por inteiro ou parceladamente.

§ 2º A apresentação de pedido de passagem à inatividade, sem a prévia e oportuna apresentação do requerimento de gozo, implicará perda do direito à licença-prêmio.

– Art. 213 com redação dada pela Lei Complementar nº 1.048, de 10/06/2008.

Art. 214. O funcionário deverá aguardar em exercício a apreciação do requerimento de gozo da licença-prêmio.

Parágrafo único – O gozo da licença-prêmio dependerá de novo requerimento, caso não se inicie em até 30 (trinta) dias contados da publicação do ato que o houver autorizado.

– Art. 214 com redação dada pela Lei Complementar nº 1.048, de 10/06/2008.

Art. 215. Revogado.

– Art. 215 revogado pela Lei Complementar nº 644, de 26/12/1989.

Art. 216. Revogado.

– Art. 216 revogado pela Lei Complementar nº 644, de 26/12/1989.

CAPÍTULO III
DA ESTABILIDADE

Art. 217. É assegurada a estabilidade somente ao funcionário que, nomeado por concurso, contar mais de 2 (dois) anos de efetivo exercício.

Art. 218. O funcionário estável só poderá ser demitido em virtude de sentença judicial ou mediante processo administrativo, assegurada ampla defesa.

Parágrafo único – A estabilidade diz respeito ao serviço público e não ao cargo, ressalvando-se à Administração o direito de aproveitar o funcionário em outro cargo de igual padrão, de acordo com as suas aptidões.

CAPÍTULO IV
DA DISPONIBILIDADE

Art. 219. O funcionário poderá ser posto em disponibilidade remunerada:

I – no caso previsto no § 2º do art. 31; e

II – quando, tendo adquirido estabilidade, o cargo for extinto por lei.

Parágrafo único – O funcionário ficará em disponibilidade até o seu obrigatório aproveitamento em cargo equivalente.

Art. 220. O provento da disponibilidade não poderá ser superior ao vencimento ou remuneração e vantagens percebidos pelo funcionário.

Art. 221. Qualquer alteração do vencimento ou remuneração e vantagens percebidas pelo funcionário em virtude de medida geral, será extensiva ao provento do disponível, na mesma proporção.

CAPÍTULO V
DA APOSENTADORIA

Art. 222. O funcionário será aposentado:

I – por invalidez;

II – compulsoriamente, aos 70 (setenta) anos; e

III – voluntariamente, após 35 (trinta e cinco) anos de serviço.

§ 1º No caso do item III, o prazo é reduzido a 30 (trinta) anos para as mulheres.

§ 2º Os limites de idade e de tempo de serviço para a aposentadoria poderão ser reduzidos, nos termos do parágrafo único do art. 94 da Constituição do Estado de São Paulo.

Art. 223. A aposentadoria prevista no item I do artigo anterior, só será concedida, após a comprovação da invalidez do funcionário, mediante inspeção de saúde realizada em órgão médico oficial.

Art. 224. A aposentadoria compulsória prevista no item II do art. 222 é automática.

Parágrafo único – O funcionário se afastará no dia imediato àquele em que atingir a idade limite, independentemente da publicação do ato declaratório da aposentadoria.

Art. 225. O funcionário em disponibilidade poderá ser aposentado nos termos do art. 222.

Art. 226. O provento da aposentadoria será:

I – igual ao vencimento ou remuneração e demais vantagens pecuniárias incorporadas para esse efeito:

1 – quando o funcionário, do sexo masculino, contar 35 (trinta e cinco) anos de serviço e do sexo feminino, 30 (trinta) anos; e

2 – quando ocorrer a invalidez.

II – proporcional ao tempo de serviço, nos demais casos.

Art. 227. As disposições dos itens I e II do art. 222 aplicam-se ao funcionário ocupante de cargo em comissão, que contar mais de 15 (quinze) anos de exercício ininterrupto nesse cargo, seja ou não ocupante de cargo de provimento efetivo.

Art. 228. A aposentadoria prevista no item III do art. 222 produzirá efeito a partir da publicação do ato no "Diário Oficial".

Art. 229. O pagamento dos proventos a que tiver direito o aposentado deverá iniciar-se no mês seguinte ao em que cessar a percepção do vencimento ou remuneração.

Art. 230. O provento do aposentado só poderá sofrer descontos autorizados em lei.

Art. 231. O provento da aposentadoria não poderá ser superior ao vencimento ou remuneração e demais vantagens percebidas pelo funcionário.

Art. 232. Qualquer alteração do vencimento ou remuneração e vantagens percebidas pelo funcionário em virtude de medida geral, será extensiva ao provento do aposentado, na mesma proporção.

CAPÍTULO VI
DA ASSISTÊNCIA AO FUNCIONÁRIO

Art. 233. Nos trabalhos insalubres executados pelos funcionários, o Estado é obrigado a fornecer-lhes gratuitamente equipamentos de proteção à saúde.

Parágrafo único – Os equipamentos aprovados por órgão competente, serão de uso obrigatório dos funcionários, sob pena de suspensão.

Art. 234. Ao funcionário é assegurado o direito de remoção para igual cargo no local de residência do cônjuge, se este também for funcionário e houver vaga.

Art. 235. Havendo vaga na sede do exercício de ambos os cônjuges, a remoção poderá ser feita para o local indicado por qualquer deles, desde que não prejudique o serviço.

Art. 236. Somente será concedida nova remoção por união de cônjuges ao funcionário que for removido a pedido para outro local, após transcorridos 5 (cinco) anos.

Art. 237. Considera-se local, para os fins dos arts. 234 a 236, o município onde o cônjuge tem sua residência.

Art. 238. O ato que remover ou transferir o funcionário estudante de uma para outra cidade ficará suspenso se, na nova sede, não existir estabelecimento congênere, oficial, reconhecido ou equiparado àquele em que o interessado esteja matriculado.

§ 1º Efetivar-se-á a transferência, se o funcionário concluir o curso, deixar de cursá-lo ou for reprovado durante 2 (dois) anos.

§ 2º Anualmente, o interessado deverá fazer prova, perante a repartição a que esteja subordinado, de que está frequentando regularmente o curso em que estiver matriculado.

CAPÍTULO VII
DO DIREITO DE PETIÇÃO

Art. 239. É assegurado a qualquer pessoa, física ou jurídica, independentemente de pagamento, o direito de petição contra ilegalidade ou abuso de poder e para defesa de direitos.

§ 1º Qualquer pessoa poderá reclamar sobre abuso, erro, omissão ou conduta incompatível no serviço público.

§ 2º Em nenhuma hipótese, a Administração poderá recusar-se a protocolar, encaminhar ou apreciar a petição, sob pena de responsabilidade do agente.

- Art. 239 com redação dada pela Lei Complementar nº 942, de 06/06/2003.

Art. 240. Ao servidor é assegurado o direito de requerer ou representar, bem como, nos termos desta lei complementar, pedir reconsideração e recorrer de decisões, no prazo de 30 (trinta) dias, salvo previsão legal específica.

- Art. 240 com redação dada pela Lei Complementar nº 942, de 06/06/2003.

TÍTULO VI
DOS DEVERES, DAS PROIBIÇÕES E DAS RESPONSABILIDADES

CAPÍTULO I
DOS DEVERES E DAS PROIBIÇÕES

SEÇÃO I
DOS DEVERES

Art. 241. São deveres do funcionário:

I – ser assíduo e pontual;

II – cumprir as ordens superiores, representando quando forem manifestamente ilegais;

III – desempenhar com zelo e presteza os trabalhos de que for incumbido;

IV – guardar sigilo sobre os assuntos da repartição e, especialmente, sobre despachos, decisões ou providências;

V – representar aos superiores sobre todas as irregularidades de que tiver conhecimento no exercício de suas funções;

VI – tratar com urbanidade as pessoas;

- Inciso VI com redação dada pela Lei Complementar nº 1.096, de 24/09/2009.

VII – residir no local onde exerce o cargo ou, onde autorizado;

VIII – providenciar para que esteja sempre em ordem, no assentamento individual, a sua declaração de família;

IX – zelar pela economia do material do Estado e pela conservação do que for confiado à sua guarda ou utilização;

X – apresentar-se convenientemente trajado em serviço ou com uniforme determinado, quando for o caso;

XI – atender prontamente, com preferência sobre qualquer outro serviço, às requisições de papéis, documentos, informações ou providências que lhe forem feitas pelas autoridades judiciárias ou administrativas, para defesa do Estado, em Juízo;

XII – cooperar e manter espírito de solidariedade com os companheiros de trabalho,

XIII – estar em dia com as leis, regulamentos, regimentos, instruções e ordens de serviço que digam respeito às suas funções; e

XIV – proceder na vida pública e privada na forma que dignifique a função pública.

SEÇÃO II
DAS PROIBIÇÕES

Art. 242. Ao funcionário é proibido:

I – Revogado.

- Inciso I revogado pela Lei Complementar nº 1.096, de 24/09/2009.

II – retirar, sem prévia permissão da autoridade competente, qualquer documento ou objeto existente na repartição;

III – entreter-se, durante as horas de trabalho, em palestras, leituras ou outras atividades estranhas ao serviço;

IV – deixar de comparecer ao serviço sem causa justificada;

V – tratar de interesses particulares na repartição;

VI – promover manifestações de apreço ou desapreço dentro da repartição, ou tornar-se solidário com elas;

VII – exercer comércio entre os companheiros de serviço, promover ou subscrever listas de donativos dentro da repartição; e

VIII – empregar material do serviço público em serviço particular.

Art. 243. É proibido ainda, ao funcionário:

I – fazer contratos de natureza comercial e industrial com o Governo, por si, ou como representante de outrem;

II – participar da gerência ou administração de empresas bancárias ou industriais, ou de sociedades comerciais, que mantenham relações comerciais ou administrativas com o Governo do Estado, sejam por este subvencionadas ou estejam diretamente relacionadas com a finalidade da repartição ou serviço em que esteja lotado;

III – requerer ou promover a concessão de privilégios, garantias de juros ou outros favores semelhantes, federais, estaduais ou municipais, exceto privilégio de invenção própria;

IV – exercer, mesmo fora das horas de trabalho, emprego ou função em empresas, estabelecimentos ou instituições que tenham relações com o Governo, em matéria que se relacione com a finalidade da repartição ou serviço em que esteja lotado;

V – aceitar representação de Estado estrangeiro, sem autorização do Presidente da República;

VI – comerciar ou ter parte em sociedades comerciais nas condições mencionadas no item II deste artigo, podendo, em qualquer caso, ser acionista, quotista ou comanditário;

VII – incitar greves ou a elas aderir, ou praticar atos de sabotagem contra o serviço público;

VIII – praticar a usura;

IX – constituir-se procurador de partes ou servir de intermediário perante qualquer repartição pública, exceto quando se tratar de interesse de cônjuge ou parente até segundo grau;

X – receber estipêndios de firmas fornecedoras ou de entidades fiscalizadas, no País, ou no estrangeiro, mesmo quando estiver em missão referente à compra de material ou fiscalização de qualquer natureza;

XI – valer-se de sua qualidade de funcionário para desempenhar atividade estranha às funções ou para lograr, direta ou indiretamente, qualquer proveito; e

XII – fundar sindicato de funcionários ou deles fazer parte.

Parágrafo único – Não está compreendida na proibição dos itens II e VI deste artigo, a participação do funcionário em sociedades em que o Estado seja acionista, bem assim na direção ou gerência de cooperativas e associações de classe, ou como seu sócio.

Art. 243-A. O disposto no artigo 243, inciso IV, desta lei, não se aplica ao funcionário de órgão ou entidade concedente de estágio que atuar como professor orientador.

– *"Caput" acrescentado pela Lei Complementar nº 1.361, de 21/10/2021.*

Parágrafo único – O funcionário de que trata o 'caput' deste artigo deverá evitar qualquer conflito de interesses e estará sujeito, inclusive, aos deveres de:

– *Parágrafo único acrescentado pela Lei Complementar nº 1.361, de 21/10/2021.*

1 – comunicar, ao superior hierárquico, qualquer circunstância, suspeição ou fato impeditivo de sua participação em decisão a ser tomada no âmbito da unidade administrativa;

– *Item 1 acrescentado pela Lei Complementar nº 1.361, de 21/10/2021.*

2 – abster-se de atuar nos processos ou procedimentos em que houver interesse da instituição de ensino. (NR)

– *Item 2 acrescentado pela Lei Complementar nº 1.361, de 21/10/2021.*

Art. 244. É vedado ao funcionário trabalhar sob as ordens imediatas de parentes, até segundo grau, salvo quando se tratar de função de confiança e livre escolha, não podendo exceder a 2 (dois) o número de auxiliares nessas condições.

CAPÍTULO II
DAS RESPONSABILIDADES

Art. 245. O funcionário é responsável por todos os prejuízos que, nessa qualidade, causar à Fazenda Estadual, por dolo ou culpa, devidamente apurados.

Parágrafo único – Caracteriza-se especialmente a responsabilidade:

I – pela sonegação de valores e objetos confiados à sua guarda ou responsabilidade, ou por não prestar contas, ou por não as tomar, na forma e no prazo estabelecidos nas leis, regulamentos, regimentos, instruções e ordens de serviço;

II – pelas faltas, danos, avarias e quaisquer outros prejuízos que sofrerem os bens e os materiais sob sua guarda, ou sujeitos a seu exame ou fiscalização;

III – pela falta ou inexatidão das necessárias averbações nas notas de despacho, guias e outros documentos da receita, ou que tenham com eles relação; e

IV – por qualquer erro de cálculo ou redução contra a Fazenda Estadual.

Art. 246. O funcionário que adquirir materiais em desacordo com disposições legais e regulamentares, será responsabilizado pelo respectivo custo, sem prejuízo das penalidades disciplinares cabíveis, podendo-se proceder ao desconto no seu vencimento ou remuneração.

Art. 247. Nos casos de indenização à Fazenda Estadual, o funcionário será obrigado a repor, de uma só vez, a importância do prejuízo causado em virtude de alcance, desfalque, remissão ou omissão em efetuar recolhimento ou entrada nos prazos legais.

Art. 248. Fora dos casos incluídos no artigo anterior, a importância da indenização poderá ser descontada do vencimento ou remuneração não excedendo o desconto à 10ª (décima) parte do valor destes.

Parágrafo único – No caso do item IV do parágrafo único do art. 245, não tendo havido má-fé, será aplicada a pena de repreensão e, na reincidência, a de suspensão.

Art. 249. Será igualmente responsabilizado o funcionário que, fora dos casos expressamente previstos nas leis, regulamentos ou regimentos, cometer a pessoas estranhas às repartições, o desempenho de encargos que lhe competirem ou aos seus subordinados.

Art. 250. A responsabilidade administrativa não exime o funcionário da responsabilidade civil ou criminal que no caso couber, nem o pagamento da indenização a que ficar obrigado, na forma dos arts. 247 e 248, o exame da pena disciplinar em que incorrer.

§ 1º A responsabilidade administrativa é independente da civil e da criminal.

§ 2º Será reintegrado ao serviço público, no cargo que ocupava e com todos os direitos e vantagens devidas, o servidor absolvido pela Justiça, mediante simples comprovação do trânsito em julgado de decisão que negue a existência de sua autoria ou do fato que deu origem à sua demissão.

§ 3º O processo administrativo só poderá ser sobrestado para aguardar decisão judicial por despacho motivado da autoridade competente para aplicar a pena.

– §§ 1º ao 3º acrescentados pela Lei Complementar nº 942, de 06/06/2003.

TÍTULO VII
DAS PENALIDADES, DA EXTINÇÃO DA PUNIBILIDADE, DAS PROVIDÊNCIAS PRELIMINARES, DAS PRÁTICAS AUTOCOMPOSITIVAS, DO TERMO DE AJUSTAMENTO DE CONDUTA E DA SUSPENSÃO CONDICIONAL DA SINDICÂNCIA. (NR)

– denominação do título vii com redação dada pela Lei complementar nº 1.361, de 21/10/2021.

CAPÍTULO I
DAS PENALIDADES E DE SUA APLICAÇÃO

Art. 251. São penas disciplinares:

I – repreensão;

II – suspensão;

III – multa;

IV – demissão;

V – demissão a bem do serviço público; e

VI – cassação de aposentadoria ou disponibilidade

Art. 252. Na aplicação das penas disciplinares serão consideradas a natureza e a gravidade da infração e os danos que dela provierem para o serviço público.

Art. 253. A pena de repreensão será aplicada por escrito, nos casos de indisciplina ou falta de cumprimento dos deveres.

Art. 254. A pena de suspensão, que não excederá de 90 (noventa) dias, será aplicada em caso de falta grave ou de reincidência.

§ 1º O funcionário suspenso perderá todas as vantagens e direitos decorrentes do exercício do cargo.

§ 2º A autoridade que aplicar a pena de suspensão poderá converter essa penalidade em multa, na base de 50% (cinquenta por cento) por dia de vencimento ou remuneração, sendo o funcionário, nesse caso, obrigado a permanecer em serviço.

Art. 255. A pena de multa será aplicada na forma e nos casos expressamente previstos em lei ou regulamento.

Art. 256. Será aplicada a pena de demissão nos casos de:

I – Revogado;

– *Inciso I revogado pela* Lei Complementar 1.361, de 21/10/2021, *com efeitos a partir de 01/11/2021.*

II – procedimento irregular, de natureza grave;

III – ineficiência no serviço;

IV – aplicação indevida de dinheiros públicos, e

V – inassiduidade. (NR)

– *Inciso V com redação dada pela* Lei Complementar nº 1.361, de 21/10/2021.

§ 1º Considerar-se-á inassiduidade a ausência ao serviço, sem causa justificável, por mais de 15 (quinze) dias consecutivos, ou por mais de 20 (vinte) dias úteis intercalados, durante 1 (um) ano. (NR)

– *§ 1º com redação dada pela* Lei Complementar nº 1.361, de 21/10/2021.

§ 2º A pena de demissão por ineficiência no serviço, só será aplicada quando verificada a impossibilidade de readaptação.

§ 3º Para configuração do ilícito administrativo de inassiduidade em razão da ausência ao serviço por mais de 15 (quinze) dias consecutivos, observar-se-á o seguinte: (NR)

– *§ 3º acrescentado pela* Lei Complementar nº 1.361, de 21/10/2021.

1 – serão computados os sábados, os domingos, os feriados e os pontos facultativos subsequentes à primeira falta; (NR)

– *Item 1 acrescentado pela* Lei Complementar nº 1.361, de 21/10/2021.

2 – se o funcionário cumprir a jornada de trabalho sob regime de plantão, além dos sábados, dos domingos, dos feriados e dos pontos facultativos, serão computados os dias de folga subsequentes aos plantões a que tenha faltado. (NR)

– *Item 2 acrescentado pela* Lei Complementar nº 1.361, de 21/10/2021.

Art. 257. Será aplicada a pena de demissão a bem do serviço público ao funcionário que:

I – for convencido de incontinência pública e escandalosa e de vício de jogos proibidos;

II – praticar ato definido como crime contra a administração pública, a fé pública e a Fazenda Estadual, ou previsto nas leis relativas à segurança e à defesa nacional;

– Inciso II com redação dada pela Lei Complementar nº 942, de 06/06/2003.

III – revelar segredos de que tenha conhecimento em razão do cargo, desde que o faça dolosamente e com prejuízo para o Estado ou particulares;

IV – praticar insubordinação grave;

V – praticar, em serviço, ofensas físicas contra funcionários ou particulares, salvo se em legítima defesa;

VI – lesar o patrimônio ou os cofres públicos;

VII – receber ou solicitar propinas, comissões, presentes ou vantagens de qualquer espécie, diretamente ou por intermédio de outrem, ainda que fora de suas funções mas em razão delas;

VIII – pedir, por empréstimo, dinheiro ou quaisquer valores a pessoas que tratem de interesses ou o tenham na repartição, ou estejam sujeitos à sua fiscalização;

IX – exercer advocacia administrativa; e

X – apresentar com dolo declaração falsa em matéria de salário-família, sem prejuízo da responsabilidade civil e de procedimento criminal, que no caso couber.

XI – praticar ato definido como crime hediondo, tortura, tráfico ilícito de entorpecentes e drogas afins e terrorismo;

XII – praticar ato definido como crime contra o Sistema Financeiro, ou de lavagem ou ocultação de bens, direitos ou valores;

XIII – praticar ato definido em lei como de improbidade.

– Incisos XI ao XIII acrescentados pela Lei Complementar nº 942, de 06/06/2003.

Art. 258. O ato que demitir o funcionário mencionará sempre a disposição legal em que se fundamenta.

Art. 259. Será aplicada a pena de cassação de aposentadoria ou disponibilidade, se ficar provado que o inativo:

I – praticou, quando em atividade, falta grave para a qual é cominada nesta lei a pena de demissão ou de demissão a bem do serviço público;

II – aceitou ilegalmente cargo ou função pública;

III – aceitou representação de Estado estrangeiro sem prévia autorização do Presidente da República; e

IV – praticou a usura em qualquer de suas formas.

Art. 260. Para aplicação das penalidades previstas no art. 251, são competentes:

I – o Governador;

II – os Secretários de Estado, o Procurador Geral do Estado e os Superintendentes de Autarquia;

III – os Chefes de Gabinete, até a de suspensão;

IV – os Coordenadores, até a de suspensão limitada a 60 (sessenta) dias; e

V – os Diretores de Departamento e Divisão, até a de suspensão limitada a 30 (trinta) dias.

Parágrafo único – Havendo mais de um infrator e diversidade de sanções, a competência será da autoridade responsável pela imposição da penalidade mais grave.

– Art. 260 com redação dada pela Lei Complementar nº 942, de 06/06/2003.

Art. 261. Extingue-se a punibilidade pela prescrição:

I – da falta sujeita à pena de repreensão, suspensão ou multa, em 2 (dois) anos;

II – da falta sujeita à pena de demissão, de demissão a bem do serviço público e de cassação da aposentadoria ou disponibilidade, em 5 (cinco) anos;

III – da falta prevista em lei como infração penal, no prazo de prescrição em abstrato da pena criminal, se for superior a 5 (cinco) anos.

§ 1º A prescrição começa a correr:

1 – do dia em que a falta for cometida;

2 – do dia em que tenha cessado a continuação ou a permanência, nas faltas continuadas ou permanentes.

§ 2º Interrompem a prescrição a portaria que instaura sindicância e a que instaura processo administrativo.

§ 3º O lapso prescricional corresponde:

1 – na hipótese de desclassificação da infração, ao da pena efetivamente aplicada;

2 – na hipótese de mitigação ou atenuação, ao da pena em tese cabível.

§ 4º A prescrição não corre:

1 – enquanto sobrestado o processo administrativo para aguardar decisão judicial, na forma do § 3º do art. 250;

2 – enquanto insubsistente o vínculo funcional que venha a ser restabelecido.

3 – durante a suspensão da sindicância, nos termos do artigo 267-N desta lei; (NR)

– *Item 3 acrescentado pela* Lei Complementar nº 1.361, de 21/10/2021.

4 – no curso das práticas autocompositivas; (NR)

– *Item 4 acrescentado pela* Lei Complementar nº 1.361, de 21/10/2021.

5 – durante o prazo estabelecido para o cumprimento do Termo de Ajustamento de Conduta. (NR)

– *Item 5 acrescentado pela* Lei Complementar nº 1.361, de 21/10/2021.

§ 5º Extinta a punibilidade pela prescrição, a autoridade julgadora determinará o registro do fato nos assentamentos individuais do servidor.

§ 6º A decisão que reconhecer a existência de prescrição deverá desde logo determinar, quando for o caso, as providências necessárias à apuração da responsabilidade pela sua ocorrência.

– Art. 261 com redação dada pela Lei Complementar nº 942, de 06/06/2003.

Art. 262. O funcionário que, sem justa causa, deixar de atender a qualquer exigência para cujo cumprimento seja marcado prazo certo, terá suspenso o pagamento de seu vencimento ou remuneração até que satisfaça essa exigência.

Parágrafo único – Aplica-se aos aposentados ou em disponibilidade o disposto neste artigo.

Art. 263. Deverão constar do assentamento individual do funcionário todas as penas que lhe forem impostas.

CAPÍTULO II
DAS PROVIDÊNCIAS PRELIMINARES

Art. 264. A autoridade que, por qualquer meio, tiver conhecimento de irregularidade praticada por funcionário adotará providências visando à sua imediata apuração, sem prejuízo das medidas urgentes que o interesse da Administração exigir, podendo submeter o caso às práticas autocompositivas ou propor celebração de termo de ajustamento de conduta. (NR)

– *"Caput" com redação dada pela Lei Complementar nº 1.361, de 21/10/2021.*

Parágrafo único – A autoridade poderá, desde logo, submeter o caso às práticas autocompositivas, especialmente nas situações em que evidenciada a ocorrência de conflitos interpessoais, objetivando sempre a melhor solução para resguardar o interesse público. (NR)

– *Parágrafo único acrescentado pela Lei Complementar nº 1.361, de 21/10/2021, revogados os §§ 1º a 3º.*

Art. 265. A autoridade realizará apuração preliminar, de natureza simplesmente investigativa, quando a infração não estiver suficientemente caracterizada ou definida autoria.

§ 1º A apuração preliminar deverá ser concluída no prazo de 30 (trinta) dias.

§ 2º Não concluída no prazo a apuração, a autoridade deverá imediatamente encaminhar ao Chefe de Gabinete relatório das diligências realizadas e definir o tempo necessário para o término dos trabalhos.

§ 3º Ao concluir a apuração preliminar, a autoridade deverá opinar fundamentadamente pelo arquivamento ou pela instauração de sindicância ou de processo administrativo.

Art. 266. Determinada a instauração de sindicância ou processo administrativo, ou no seu curso, havendo conveniência para a instrução ou para o serviço, poderá o Chefe de Gabinete, por despacho fundamentado, ordenar as seguintes providências:

I – afastamento preventivo do servidor, quando o recomendar a moralidade administrativa ou a apuração do fato, sem prejuízo de vencimentos ou vantagens, até 180 (cento e oitenta) dias, prorrogáveis uma única vez por igual período;

II – designação do servidor acusado para o exercício de atividades exclusivamente burocráticas até decisão final do procedimento;

III – recolhimento de carteira funcional, distintivo, armas e algemas;

IV – proibição do porte de armas;

V – comparecimento obrigatório, em periodicidade a ser estabelecida, para tomar ciência dos atos do procedimento.

§ 1º A autoridade que determinar a instauração ou presidir sindicância ou processo administrativo poderá representar ao Chefe de Gabinete para propor a aplicação das medidas previstas neste artigo, bem como sua cessação ou alteração.

§ 2º O Chefe de Gabinete poderá, a qualquer momento, por despacho fundamentado, fazer cessar ou alterar as medidas previstas neste artigo.

Art. 267. O período de afastamento preventivo computa-se como de efetivo exercício, não sendo descontado da pena de suspensão eventualmente aplicada.

CAPÍTULO III
DAS PRÁTICAS AUTOCOMPOSITIVAS, DO TERMO DE AJUSTAMENTO DE CONDUTA E DA SUSPENSÃO CONDICIONAL DA SINDICÂNCIA (NR)

– *Capítulo III acrescentado pela* Lei Complementar nº 1.361, de 21/10/2021.

Art. 267-A. A autoridade competente para determinar a apuração de irregularidade e a instauração de sindicância ou processo administrativo e o Procurador do Estado responsável por sua condução ficam autorizados, mediante despacho fundamentado, a propor as práticas autocompositivas, a celebração de termo de ajustamento de conduta, bem como a suspensão condicional da sindicância, nos termos desta lei. (NR)

– *Artigo 267-A acrescentado pela* Lei Complementar nº 1.361, de 21/10/2021.

Art. 267-B. As práticas autocompositivas, a serem regulamentadas por decreto, serão orientadas pelos princípios da voluntariedade, corresponsabilidade, reparação do dano, confidencialidade, informalidade, consensualidade e celeridade, observado o seguinte: (NR)

– *"Caput" acrescentado pela* Lei Complementar nº 1.361, de 21/10/2021.

I – as sessões serão conduzidas por facilitador de justiça restaurativa ou mediador devidamente capacitado e realizadas em ambiente adequado que resguarde a privacidade dos participantes e a confidencialidade de suas manifestações; (NR)

– *Inciso I acrescentado pela* Lei Complementar nº 1.361, de 21/10/2021.

II – a participação do funcionário será voluntária e a eventual recusa não poderá ser considerada em seu desfavor. (NR)

- *Inciso II acrescentado pela* Lei Complementar nº 1.361, de 21/10/2021.

§ 1º São práticas autocompositivas a mediação, a conciliação, os processos circulares e outras técnicas de justiça restaurativa. (NR)

- *§ 1º acrescentado pela* Lei Complementar nº 1.361, de 21/10/2021.

§ 2º Para aplicação das práticas autocompositivas, é necessário que as partes reconheçam os fatos essenciais, sem que isso implique admissão de culpa em eventual sindicância ou processo administrativo. (NR)

– *§ 2º acrescentado pela* Lei Complementar nº 1.361, de 21/10/2021.

§ 3º O conteúdo das sessões restaurativas é sigiloso, não podendo ser utilizado como prova em processo administrativo ou judicial. (NR)

– *§ 3º acrescentado pela* Lei Complementar nº 1.361, de 21/10/2021.

Art. 267-C. A autoridade competente para determinar a apuração de irregularidade e a instauração de sindicância ou processo administrativo e o Procurador do Estado responsável por sua condução poderão, em qualquer fase, encaminhar o caso para as práticas autocompositivas, mediante despacho fundamentado. (NR)

– *"Caput" acrescentado pela* Lei Complementar nº 1.361, de 21/10/2021.

§ 1º O encaminhamento às práticas autocompositivas poderá ocorrer de forma alternativa ou concorrente à sindicância ou ao processo administrativo. (NR)

– *§ 1º acrescentado pela* Lei Complementar nº 1.361, de 21/10/2021.

§ 2º Se o encaminhamento às práticas autocompositivas se der de forma alternativa ao procedimento disciplinar, o despacho fundamentado a que se refere este artigo suspenderá o prazo prescricional, enquanto realizadas. (NR)

– *§ 2º acrescentado pela* Lei Complementar nº 1.361, de 21/10/2021.

Art. 267-D. O acordo celebrado na sessão autocompositiva será homologado pela autoridade administrativa competente para determinar a instauração da sindicância ou pelo Procurador do Estado responsável por sua condução. (NR)

– *"Caput" acrescentado pela* Lei Complementar nº 1.361, de 21/10/2021.

§ 1º O cumprimento do acordo celebrado na sessão autocompositiva extingue a punibilidade nos casos em que, cumulativamente: (NR)

– *§ 1º acrescentado pela* Lei Complementar nº 1.361, de 21/10/2021.

1. a conduta do funcionário não gerou prejuízo ao Erário ou este foi integralmente reparado; (NR)

– *Item 1 acrescentado pela* Lei Complementar nº 1.361, de 21/10/2021.

2. forem cabíveis, em tese, as penas de repreensão, suspensão e multa. (NR)

– *Item 2 acrescentado pela* Lei Complementar nº 1.361, de 21/10/2021.

§ 2º Nos casos em que o cumprimento do acordo restaurativo não ensejar a extinção da punibilidade, tal acordo deverá ser considerado pela autoridade competente para mitigação da sanção, objetivando sempre a melhor solução para o serviço público. (NR)

– *§ 2º acrescentado pela* Lei Complementar nº 1.361, de 21/10/2021.

§ 3º A extinção da punibilidade, nos termos do § 1º deste artigo, será declarada pelo Chefe de Gabinete, que poderá delegar esta atribuição. (NR)

– *§ 3º acrescentado pela* Lei Complementar nº 1.361, de 21/10/2021.

Art. 267-E. O Termo de Ajustamento de Conduta é o instrumento mediante o qual o funcionário assume a responsabilidade pela irregularidade a que deu causa e compromete-se a ajustar sua conduta, bem como a observar os deveres e proibições previstos nas leis e regulamentos que regem suas atividades e reparar o dano, se houver. (NR)

– *"Caput" acrescentado pela* Lei Complementar nº 1.361, de 21/10/2021.

Parágrafo único – O Termo de Ajustamento de Conduta poderá ser adotado nos casos de extravio ou dano a bem público que não tenham decorrido de conduta dolosa praticada pelo funcionário, e terá como requisito obrigatório o integral ressarcimento do prejuízo. (NR)

– *Parágrafo único acrescentado pela* Lei Complementar nº 1.361, de 21/10/2021.

Art. 267-F. A celebração do Termo de Ajustamento de Conduta poderá ser proposta pela autoridade competente para a instauração da apuração preliminar quando atendidos os seguintes requisitos relativos ao funcionário interessado: (NR)

– *"Caput" acrescentado pela* Lei Complementar nº 1.361, de 21/10/2021.

I – não ter agido com dolo ou má-fé; (NR)

– *Inciso I acrescentado pela* Lei Complementar nº 1.361, de 21/10/2021.

II – ter mais de 5 (cinco) anos de efetivo exercício no cargo ou função; (NR)

– *Inciso II acrescentado pela* Lei Complementar nº 1.361, de 21/10/2021.

III – não ter sofrido punição de natureza disciplinar nos últimos 5 (cinco) anos; (NR)

– *Inciso III acrescentado pela* Lei Complementar nº 1.361, de 21/10/2021.

IV – não ter sindicância ou processo disciplinar em curso; (NR)

– *Inciso IV acrescentado pela* Lei Complementar nº 1.361, de 21/10/2021.

V – não ter celebrado Termo de Ajustamento de Conduta nos últimos 3 (três) anos. (NR)

– *Inciso V acrescentado pela* Lei Complementar nº 1.361, de 21/10/2021.

Parágrafo único – Exclusivamente para os fins do disposto no 'caput' deste artigo, o Termo de Ajustamento de Conduta será registrado nos assentos funcionais do funcionário. (NR)

– Parágrafo único acrescentado pela Lei Complementar nº 1.361, de 21/10/2021.

Art. 267-G. O Termo de Ajustamento de Conduta será homologado pelo Chefe de Gabinete, mediante prévia manifestação da Consultoria Jurídica da Procuradoria Geral do Estado acerca dos termos e condições estabelecidos. (NR)

– "Caput" acrescentado pela Lei Complementar nº 1.361, de 21/10/2021.

Parágrafo único – O Chefe de Gabinete poderá delegar a atribuição prevista neste artigo. (NR)

– Parágrafo único acrescentado pela Lei Complementar nº 1.361, de 21/10/2021.

Art. 267-H. A proposta de celebração do termo de ajustamento de conduta poderá ser feita de ofício ou a pedido do funcionário interessado. (NR)

– "Caput" acrescentado pela Lei Complementar nº 1.361, de 21/10/2021.

Parágrafo único – O pedido de celebração de termo de ajustamento de conduta feito pelo funcionário interessado poderá ser indeferido com base em juízo de admissibilidade que conclua pelo não cabimento da medida em relação à irregularidade a ser apurada. (NR)

– Parágrafo único acrescentado pela Lei Complementar nº 1.361, de 21/10/2021.

Art. 267-I. O Termo de Ajustamento de Conduta deverá conter: (NR)

– "Caput" acrescentado pela Lei Complementar nº 1.361, de 21/10/2021.

I – a qualificação do funcionário envolvido; (NR)

– Inciso I acrescentado pela Lei Complementar nº 1.361, de 21/10/2021.

II – a descrição precisa do fato a que se refere; (NR)

– Inciso II acrescentado pela Lei Complementar nº 1.361, de 21/10/2021.

III – as obrigações assumidas; (NR)

– Inciso III acrescentado pela Lei Complementar nº 1.361, de 21/10/2021.

IV – o prazo e a forma de cumprimento das obrigações; (NR)

– Inciso IV acrescentado pela Lei Complementar nº 1.361, de 21/10/2021.

V – a forma de fiscalização das obrigações assumidas. (NR)

– Inciso V acrescentado pela Lei Complementar nº 1.361, de 21/10/2021.

Parágrafo único – O prazo de cumprimento do Termo de Ajustamento de Conduta não poderá ser inferior a 1 (um), nem superior a 2 (dois) anos. (NR)

– Parágrafo único acrescentado pela Lei Complementar nº 1.361, de 21/10/2021.

Art. 267-J. O cumprimento das condições do Termo de Ajustamento de Conduta implicará a extinção da punibilidade, que será declarada pelo Chefe de Gabinete. (NR)

– "Caput" acrescentado pela Lei Complementar nº 1.361, de 21/10/2021.

Parágrafo único – O Chefe de Gabinete poderá delegar a atribuição prevista neste artigo. (NR)

– Parágrafo único acrescentado pela Lei Complementar nº 1.361, de 21/10/2021.

Art. 267-L. No caso de descumprimento do termo de ajustamento de conduta, ou cometimento de nova falta funcional durante o prazo de cumprimento do ajuste, a autoridade encarregada da fiscalização providenciará, se necessário, a conclusão da apuração preliminar e a submeterá à autoridade competente para deliberação. (NR)

– Artigo 267-L acrescentado pela Lei Complementar nº 1.361, de 21/10/2021.

Art. 267-M. Não corre a prescrição durante o prazo fixado para o cumprimento do Termo de Ajustamento de Conduta. (NR)

– Artigo 267-M acrescentado pela Lei Complementar nº 1.361, de 21/10/2021.

Art. 267-N. Após a edição da portaria de instauração da sindicância, o Procurador do Estado que a presidir poderá propor sua suspensão pelo prazo de 1 (um) a 2 (dois) anos, desde que o funcionário tenha mais de 5 (cinco) anos de exercício no cargo ou função e não registre punição de natureza disciplinar nos últimos 5 (cinco) anos. (NR)

– "Caput" acrescentado pela Lei Complementar nº 1.361, de 21/10/2021.

§ 1º O Procurador do Estado especificará as condições da suspensão, em especial, a apresentação de relatórios trimestrais de atividades e a frequência regular sem faltas injustificadas. (NR)

– § 1º acrescentado pela Lei Complementar nº 1.361, de 21/10/2021.

§ 2º A suspensão será revogada se o beneficiário vier a ser processado por outra falta disciplinar ou se descumprir as condições estabelecidas no § 1º deste artigo, prosseguindo, nestes casos, o procedimento disciplinar cabível. (NR)

- § 2º acrescentado pela Lei Complementar nº 1.361, de 21/10/2021.

§ 3º Expirado o prazo da suspensão e tendo sido cumpridas suas condições, o Procurador do Estado encaminhará os autos à Secretaria de Estado ou Autarquia para a declaração da extinção da punibilidade. (NR)

- § 3º acrescentado pela Lei Complementar nº 1.361, de 21/10/2021.

§ 4º Não será concedido novo benefício durante o dobro do prazo da anterior suspensão, contado da declaração de extinção da punibilidade, na forma do § 3º deste artigo. (NR)

- § 4º acrescentado pela Lei Complementar nº 1.361, de 21/10/2021.

§ 5º Durante o período da suspensão não correrá prazo prescricional, ficando vedado ao beneficiário ocupar cargo em comissão ou exercer função de confiança. (NR)

- § 5º acrescentado pela Lei Complementar nº 1.361, de 21/10/2021.

Art. 267-O. Alternativamente à suspensão condicional da sindicância prevista no artigo 267-N desta lei, a sindicância também poderá ser suspensa caso os envolvidos, voluntariamente, concordem com o encaminhamento para as práticas autocompositivas. (NR)

- "Caput" acrescentado pela Lei Complementar nº 1.361, de 21/10/2021.

Parágrafo único - A sindicância ficará suspensa até o cumprimento do acordo restaurativo, decorrente das práticas autocompositivas, respeitado o prazo máximo de 2 (dois) anos. (NR)

- Parágrafo único acrescentado pela Lei Complementar nº 1.361, de 21/10/2021.

Art. 267-P. As Secretarias de Estado, a Procuradoria Geral do Estado, a Controladoria Geral do Estado e as Autarquias poderão estabelecer condições para a suspensão da sindicância, observadas as especificidades de sua estrutura ou de sua atividade. (NR)

- Artigo 267-P acrescentado pela Lei Complementar nº 1.361, de 21/10/2021.

TÍTULO VIII
DO PROCEDIMENTO DISCIPLINAR

CAPÍTULO I
DAS DISPOSIÇÕES GERAIS

Art. 268. A apuração das infrações será feita mediante sindicância ou processo administrativo, assegurados o contraditório e a ampla defesa.

Art. 269. Será instaurada sindicância quando a falta disciplinar, por sua natureza, possa determinar as penas de repreensão, suspensão ou multa.

Parágrafo único - Não será instaurada sindicância em face de funcionário já exonerado, aposentado, anteriormente demitido ou que, por qualquer razão, tenha deixado de manter vínculo com a Administração Pública. (NR)

- Parágrafo único acrescentado pela Lei Complementar nº 1.361, de 21/10/2021.

Art. 270. Será obrigatório o processo administrativo quando a falta disciplinar, por sua natureza, possa determinar as penas de demissão, de demissão a bem do serviço público e de cassação de aposentadoria ou disponibilidade.

Art. 271. Os procedimentos disciplinares punitivos serão realizados pela Procuradoria Geral do Estado e presididos por Procurador do Estado confirmado na carreira.

CAPÍTULO II
DA SINDICÂNCIA

Art. 272. São competentes para determinar a instauração de sindicância as autoridades enumeradas no art. 260.

§ 1º Instaurada a sindicância, o Procurador do Estado que a presidir comunicará o fato ao órgão setorial de pessoal. (NR)

- Parágrafo único acrescentado pela Lei Complementar nº 942, de 06/06/2003.

- Parágrafo único transformado em § 1º pela Lei Complementar nº 1.361, de 21/10/2021.

§ 2º As Secretarias de Estado, a Procuradoria Geral do Estado, a Controladoria Geral do Estado e as Autarquias disciplinarão as condições de suspensão da sindicância, observados os requisitos mínimos desta lei e as respectivas peculiaridades. (NR)

- § 2º acrescentado pela Lei Complementar nº 1.361, de 21/10/2021.

Art. 273. Aplicam-se à sindicância as regras previstas nesta lei complementar para o processo administrativo, com as seguintes modificações:

I – a autoridade sindicante e cada acusado poderão arrolar até 3 (três) testemunhas;

II – a sindicância deverá estar concluída no prazo de 60 (sessenta) dias;

III – com o relatório, a sindicância será enviada à autoridade competente para a decisão.

CAPÍTULO III
DO PROCESSO ADMINISTRATIVO

Art. 274. São competentes para determinar a instauração de processo administrativo as autoridades enumeradas no art. 260, até o inciso IV, inclusive.

Art. 275. Não poderá ser encarregado da apuração, nem atuar como secretário, amigo íntimo ou inimigo, parente consanguíneo ou afim, em linha reta ou colateral, até o terceiro grau inclusive, cônjuge, companheiro ou qualquer integrante do núcleo familiar do denunciante ou do acusado, bem assim o subordinado deste.

Art. 276. A autoridade ou o funcionário designado deverão comunicar, desde logo, à autoridade competente, o impedimento que houver.

Art. 277. O processo administrativo deverá ser instaurado por portaria, no prazo improrrogável de 8 (oito) dias do recebimento da determinação, e concluído no de 90 (noventa) dias da citação do acusado.

§ 1º Da portaria deverão constar o nome e a identificação do acusado, a infração que lhe é atribuída, com descrição sucinta dos fatos, a indicação das normas infringidas e a penalidade mais elevada em tese cabível.

§ 2º Vencido o prazo, caso não concluído o processo, o Procurador do Estado que o presidir deverá imediatamente encaminhar ao seu superior hierárquico relatório indicando as providências faltantes e o tempo necessário para término dos trabalhos.

§ 3º O superior hierárquico dará ciência dos fatos a que se refere o parágrafo anterior e das providências que houver adotado à autoridade que determinou a instauração do processo.

Art. 278. Autuada a portaria e demais peças preexistentes, designará o presidente dia e hora para audiência de interrogatório, determinando a citação do acusado e a notificação do denunciante, se houver.

§ 1º O mandado de citação deverá conter:

1 – cópia da portaria;

2 – data, hora e local do interrogatório, que poderá ser acompanhado pelo advogado do acusado;

3 – data, hora e local da oitiva do denunciante, se houver, que deverá ser acompanhada pelo advogado do acusado;

4 – esclarecimento de que o acusado será defendido por advogado dativo, caso não constitua advogado próprio;

5 – informação de que o acusado poderá arrolar testemunhas e requerer provas, no prazo de 3 (três) dias após a data designada para seu interrogatório;

6 – advertência de que o processo será extinto se o acusado pedir exoneração até o interrogatório, quando se tratar exclusivamente de inassiduidade. (NR)

– *Item 6 com redação dada pela* Lei Complementar nº 1.361, de 21/10/2021.

§ 2º A citação do acusado será feita pessoalmente, no mínimo 2 (dois) dias antes do interrogatório, por intermédio do respectivo superior hierárquico, ou diretamente, onde possa ser encontrado.

§ 3º Não sendo encontrado em seu local de trabalho ou no endereço constante de seu assentamento individual, furtando-se o acusado à citação ou ignorando-se seu paradeiro, a citação far-se-á por edital, publicado uma vez no Diário Oficial do Estado, no mínimo 10 (dez) dias antes do interrogatório.

Art. 279. Havendo denunciante, este deverá prestar declarações, no interregno entre a data da citação e a fixada para o interrogatório do acusado, sendo notificado para tal fim.

§ 1º A oitiva do denunciante deverá ser acompanhada pelo advogado do acusado, próprio ou dativo.

§ 2º O acusado não assistirá à inquirição do denunciante; antes porém de ser interrogado, poderá ter ciência das declarações que aquele houver prestado.

Art. 280. Não comparecendo o acusado, será, por despacho, decretada sua revelia, prosseguindo-se nos demais atos e termos do processo.

Art. 281. Ao acusado revel será nomeado advogado dativo.

Art. 282. O acusado poderá constituir advogado que o representará em todos os atos e termos do processo.

§ 1º É faculdade do acusado tomar ciência ou assistir aos atos e termos do processo, não sendo obrigatória qualquer notificação.

§ 2º O advogado será intimado por publicação no Diário Oficial do Estado, de que conste seu nome e número de inscrição na Ordem dos Advogados do Brasil, bem como os dados necessários à identificação do procedimento.

§ 3º Não tendo o acusado recursos financeiros ou negando-se a constituir advogado, o presidente nomeará advogado dativo.

§ 4º O acusado poderá, a qualquer tempo, constituir advogado para prosseguir na sua defesa.

Art. 283. Comparecendo ou não o acusado ao interrogatório, inicia-se o prazo de 3 (três) dias para requerer a produção de provas, ou apresentá-las.

§ 1º O presidente e cada acusado poderão arrolar até 5 (cinco) testemunhas.

§ 2º A prova de antecedentes do acusado será feita exclusivamente por documentos, até as alegações finais.

§ 3º Até a data do interrogatório,será designada a audiência de instrução.

Art. 284. Na audiência de instrução, serão ouvidas, pela ordem, as testemunhas arroladas pelo presidente e pelo acusado.

Parágrafo único – Tratando-se de servidor público, seu comparecimento poderá ser solicitado ao respectivo superior imediato com as indicações necessárias.

Art. 285. A testemunha não poderá eximir-se de depor, salvo se for ascendente, descendente, cônjuge, ainda que legalmente separado, companheiro, irmão, sogro e cunhado, pai, mãe ou filho adotivo do acusado, exceto quando não for possível, por outro modo, obter-se ou integrar-se a prova do fato e de suas circunstâncias.

§ 1º Se o parentesco das pessoas referidas for com o denunciante, ficam elas proibidas de depor, observada a exceção deste artigo.

§ 2º Ao servidor que se recusar a depor, sem justa causa, será pela autoridade competente adotada a providência a que se refere o art. 262, mediante comunicação do presidente.

§ 3º O servidor que tiver de depor como testemunha fora da sede de seu exercício, terá direito a transporte e diárias na forma da legislação em vigor, podendo ainda expedir-se precatória para esse efeito à autoridade do domicílio do depoente.

§ 4º São proibidas de depor as pessoas que, em razão de função, ministério, ofício ou profissão, devam guardar segredo, salvo se, desobrigadas pela parte interessada, quiserem dar o seu testemunho.

Art. 286. A testemunha que morar em comarca diversa poderá ser inquirida pela autoridade do lugar de sua residência, expedindo-se, para esse fim, carta precatória, com prazo razoável, intimada a defesa.

§ 1º Deverá constar da precatória a síntese da imputação e os esclarecimentos pretendidos, bem como a advertência sobre a necessidade da presença de advogado.

§ 2º A expedição da precatória não suspenderá a instrução do procedimento.

§ 3º Findo o prazo marcado, o procedimento poderá prosseguir até final decisão; a todo tempo, a precatória, uma vez devolvida, será juntada aos autos.

Art. 287. As testemunhas arroladas pelo acusado comparecerão à audiência designada independente de notificação.

§ 1º Deverá ser notificada a testemunha cujo depoimento for relevante e que não comparecer espontaneamente.

§ 2º Se a testemunha não for localizada, a defesa poderá substituí-la, se quiser, levando na mesma data designada para a audiência outra testemunha, independente de notificação.

Art. 288. Em qualquer fase do processo, poderá o presidente, de ofício ou a requerimento da defesa, ordenar diligências que entenda convenientes.

§ 1º As informações necessárias à instrução do processo serão solicitadas diretamente, sem observância de vinculação hierárquica, mediante ofício, do qual cópia será juntada aos autos.

§ 2º Sendo necessário o concurso de técnicos ou peritos oficiais, o presidente os requisitará, observados os impedimentos do art. 275.

Art. 289. Durante a instrução, os autos do procedimento administrativo permanecerão na repartição competente.

§ 1º Será concedida vista dos autos ao acusado, mediante simples solicitação, sempre que não prejudicar o curso do procedimento.

§ 2º A concessão de vista será obrigatória, no prazo para manifestação do acusado ou para apresentação de recursos, mediante publicação no Diário Oficial do Estado.

§ 3º Não corre o prazo senão depois da publicação a que se refere o parágrafo anterior e desde que os autos estejam efetivamente disponíveis para vista.

§ 4º Ao advogado é assegurado o direito de retirar os autos da repartição, mediante recibo, durante o prazo para manifestação de seu representado, salvo na hipótese de prazo comum, de processo sob regime de segredo de justiça ou quando existirem nos autos documentos originais de difícil restauração ou ocorrer circunstância relevante que justifique a permanência dos autos na repartição, reconhecida pela autoridade em despacho motivado.

– Art. 289 com redação dada pela Lei Complementar nº 942, de 06/06/2003.

Art. 290. Somente poderão ser indeferidos pelo presidente, mediante decisão fundamentada, os requerimentos de nenhum interesse para o esclarecimento do fato, bem como as provas ilícitas, impertinentes, desnecessárias ou protelatórias.

– Art. 290 com redação dada pela Lei Complementar nº 942, de 06/06/2003.

Art. 291. Quando, no curso do procedimento, surgirem fatos novos imputáveis ao acusado, poderá ser promovida a instauração de novo procedimento para sua apuração, ou, caso conveniente, aditada a portaria, reabrindo-se oportunidade de defesa.

– Art. 291 com redação dada pela Lei Complementar nº 942, de 06/06/2003.

Art. 292. Encerrada a fase probatória, dar-se-á vista dos autos à defesa, que poderá apresentar alegações finais, no prazo de 7 (sete) dias.

Parágrafo único – Não apresentadas no prazo as alegações finais, o presidente designará advogado dativo, assinando-lhe novo prazo.

– Art. 292 com redação dada pela Lei Complementar nº 942, de 06/06/2003.

Art. 293. O relatório deverá ser apresentado no prazo de 10 (dez) dias, contados da apresentação das alegações finais.

§ 1º O relatório deverá descrever, em relação a cada acusado, separadamente, as irregularidades imputadas, as provas colhidas e as razões de defesa, propondo a absolvição ou punição e indicando, nesse caso, a pena que entender cabível.

§ 2º O relatório deverá conter, também, a sugestão de quaisquer outras providências de interesse do serviço público.

– Art. 293 com redação dada pela Lei Complementar nº 942, de 06/06/2003.

Art. 294. Relatado, o processo será encaminhado à autoridade que determinou sua instauração.

– Art. 294 com redação dada pela Lei Complementar nº 942, de 06/06/2003.

Art. 295. Recebendo o processo relatado, a autoridade que houver determinado sua instauração deverá, no prazo de 20 (vinte) dias, proferir o julgamento ou determinar a realização de diligência, sempre que necessária ao esclarecimento de fatos.

– Art. 295 com redação dada pela Lei Complementar nº 942, de 06/06/2003.

Art. 296. Determinada a diligência, a autoridade encarregada do processo administrativo terá prazo de 15 (quinze) dias para seu cumprimento, abrindo vista à defesa para manifestar-se em 5 (cinco) dias.

– Art. 296 com redação dada pela Lei Complementar nº 942, de 06/06/2003.

Art. 297. Quando escaparem à sua alçada as penalidades e providências que lhe parecerem cabíveis, a autoridade que determinou a instauração do processo administrativo deverá propô-las, justificadamente, dentro do prazo para julgamento, à autoridade competente.

– Art. 297 com redação dada pela Lei Complementar nº 942, de 06/06/2003.

Art. 298. A autoridade que proferir decisão determinará os atos dela decorrentes e as providências necessárias a sua execução.

– Art. 298 com redação dada pela Lei Complementar nº 942, de 06/06/2003.

Art. 299. As decisões serão sempre publicadas no Diário Oficial do Estado, dentro do prazo de 8 (oito) dias, bem como averbadas no registro funcional do servidor.

– Art. 299 com redação dada pela Lei Complementar nº 942, de 06/06/2003.

Art. 300. Terão forma processual resumida, quando possível, todos os termos lavrados pelo secretário, quais sejam: autuação, juntada, conclusão, intimação, data de recebimento, bem como certidões e compromissos.

§ 1º Toda e qualquer juntada aos autos se fará na ordem cronológica da apresentação, rubricando o presidente as folhas acrescidas.

§ 2º Todos os atos ou decisões, cujo original não conste do processo, nele deverão figurar por cópia.

– Art. 300 com redação dada pela Lei Complementar nº 942, de 06/06/2003.

Art. 301. Constará sempre dos autos da sindicância ou do processo a folha de serviço do indiciado.

- Art. 301 com redação dada pela Lei Complementar nº 942, de 06/06/2003.

Art. 302. Quando ao funcionário se imputar crime, praticado na esfera administrativa, a autoridade que determinou a instauração do processo administrativo providenciará para que se instaure, simultaneamente, o inquérito policial.

Parágrafo único – Quando se tratar de crime praticado fora da esfera administrativa, a autoridade policial dará ciência dele à autoridade administrativa.

- Art. 302 com redação dada pela Lei Complementar nº 942, de 06/06/2003.

Art. 303. As autoridades responsáveis pela condução do processo administrativo e do inquérito policial se auxiliarão para que os mesmos se concluam dentro dos prazos respectivos.

- Art. 303 com redação dada pela Lei Complementar nº 942, de 06/06/2003.

Art. 304. Quando o ato atribuído ao funcionário for considerado criminoso, serão remetidas à autoridade competente cópias autenticadas das peças essenciais do processo.

- Art. 304 com redação dada pela Lei Complementar nº 942, de 06/06/2003.

Art. 305. Não será declarada a nulidade de nenhum ato processual que não houver influído na apuração da verdade substancial ou diretamente na decisão do processo ou sindicância

- Art. 305 com redação dada pela Lei Complementar nº 942, de 06/06/2003.

Art. 306. É defeso fornecer à imprensa ou a outros meios de divulgação notas sobre os atos processuais, salvo no interesse da Administração, a juízo do Secretário de Estado ou do Procurador Geral do Estado.

- Art. 306 com redação dada pela Lei Complementar nº 942, de 06/06/2003.

Art. 307. Decorridos 5 (cinco) anos de efetivo exercício, contados do cumprimento da sanção disciplinar, sem cometimento de nova infração, não mais poderá aquela ser considerada em prejuízo do infrator, inclusive para efeito de reincidência.

Parágrafo único – A demissão e a demissão a bem do serviço público acarretam a incompatibilidade para nova investidura em cargo, função ou emprego público, pelo prazo de 5 (cinco) e 10 (dez) anos, respectivamente.

- Art. 307 com redação dada pela Lei Complementar nº 942, de 06/06/2003.

CAPÍTULO IV
DO PROCESSO POR INASSIDUIDADE (NR)

- Denominação do Capítulo IV com redação dada pela Lei Complementar nº 1.361, de 21/10/2021.

Art. 308. Verificada a ocorrência de faltas ao serviço que caracterizem inassiduidade, o superior imediato comunicará o fato à autoridade competente para determinar a instauração de processo disciplinar, instruindo a representação com cópia da ficha funcional do funcionário e atestados de frequência. (NR)

- Artigo 308 com redação dada pela Lei Complementar nº 1.361, de 21/10/2021.

Art. 309. Não será instaurado processo para apurar inassiduidade do funcionário que tiver pedido exoneração. (NR)

- Artigo 309 com redação dada pela Lei Complementar nº 1.361, de 21/10/2021.

Art. 310. Extingue-se o processo instaurado exclusivamente para apurar inassiduidade se o indiciado pedir exoneração até a data designada para o interrogatório, ou por ocasião deste. (NR)

- Artigo 310 com redação dada pela Lei Complementar nº 1.361, de 21/10/2021.

Art. 311. A defesa somente poderá versar sobre força maior, coação ilegal ou motivo legalmente justificável que impeça o comparecimento ao trabalho. (NR)

- "Caput" com redação dada pela Lei Complementar nº 1.361, de 21/10/2021.

CAPÍTULO V
DOS RECURSOS

Art. 312. Caberá recurso, por uma única vez, da decisão que aplicar penalidade.

§ 1º O prazo para recorrer é de 30 (trinta) dias, contados da publicação da decisão impugnada no Diário Oficial do Estado ou da intimação pessoal do servidor, quando for o caso.

§ 2º Do recurso deverá constar, além do nome e qualificação do recorrente, a exposição das razões de inconformismo.

§ 3º O recurso será apresentado à autoridade que aplicou a pena, que terá o prazo de 10 (dez) dias para, motivadamente, manter sua decisão ou reformá-la.

§ 4º Mantida a decisão, ou reformada parcialmente, será imediatamente encaminhada a reexame pelo superior hierárquico.

§ 5º O recurso será apreciado pela autoridade competente ainda que incorretamente denominado ou endereçado.

Art. 313. Caberá pedido de reconsideração, que não poderá ser renovado, de decisão tomada pelo Governador do Estado em única instância, no prazo de 30 (trinta) dias.

Art. 314. Os recursos de que trata esta lei complementar não têm efeito suspensivo; os que forem providos darão lugar às retificações necessárias, retroagindo seus efeitos à data do ato punitivo.

CAPÍTULO VI
DA REVISÃO

Art. 315. Admitir-se-á, a qualquer tempo, a revisão de punição disciplinar de que não caiba mais recurso, se surgirem fatos ou circunstâncias ainda não apreciados, ou vícios insanáveis de procedimento, que possam justificar redução ou anulação da pena aplicada.

§ 1º A simples alegação da injustiça da decisão não constitui fundamento do pedido.

§ 2º Não será admitida reiteração de pedido pelo mesmo fundamento.

§ 3º Os pedidos formulados em desacordo com este artigo serão indeferidos.

§ 4º O ônus da prova cabe ao requerente.

Art. 316. A pena imposta não poderá ser agravada pela revisão.

Art. 317. A instauração de processo revisional poderá ser requerida fundamentadamente pelo interessado ou, se falecido ou incapaz, por seu curador, cônjuge, companheiro, ascendente, descendente ou irmão, sempre por intermédio de advogado.

Parágrafo único – O pedido será instruído com as provas que o requerente possuir ou com indicação daquelas que pretenda produzir.

Art. 318. A autoridade que aplicou a penalidade, ou que a tiver confirmado em grau de recurso, será competente para o exame da admissibilidade do pedido de revisão, bem como, caso deferido o processamento, para a sua decisão final.

Art. 319. Deferido o processamento da revisão, será este realizado por Procurador de Estado que não tenha funcionado no procedimento disciplinar de que resultou a punição do requerente.

Art. 320. Recebido o pedido, o presidente providenciará o apensamento dos autos originais e notificará o requerente para, no prazo de 8 (oito) dias, oferecer rol de testemunhas, ou requerer outras provas que pretenda produzir.

Parágrafo único – No processamento da revisão serão observadas as normas previstas nesta lei complementar para o processo administrativo.

Art. 321. A decisão que julgar procedente a revisão poderá alterar a classificação da infração, absolver o punido, modificar a pena ou anular o processo, restabelecendo os direitos atingidos pela decisão reformada.

DISPOSIÇÕES FINAIS

Art. 322. O dia 28 de outubro será consagrado ao "Funcionário Público Estadual".

Art. 323. Os prazos previstos neste Estatuto serão todos contados por dias corridos.

Parágrafo único – Não se computará no prazo o dia inicial, prorrogando-se o vencimento, que incidir em sábado, domingo, feriado ou facultativo, para o primeiro dia útil seguinte.

Art. 324. As disposições deste Estatuto se aplicam aos extranumerários, exceto no que colidirem com a precariedade de sua situação no Serviço Público

DISPOSIÇÕES TRANSITÓRIAS

Art. 325. Aplicam-se aos atuais funcionários interinos as disposições deste Estatuto, salvo as que colidirem com a natureza precária de sua investidura e, em especial, as relativas a acesso, promoção, afastamentos, aposentadoria voluntária e às licenças previstas nos itens VI, VII e IX do art. 181.

Art. 326. Serão obrigatoriamente exonerados os ocupantes interinos de cargos para cujo provimento for realizado concurso.

Parágrafo único – As exonerações serão efetivadas dentro de 30 (trinta) dias, após a homologação do concurso.

Art. 327. Revogado.

Art. 328. Dentro de 120 (cento e vinte) dias proceder-se-á ao levantamento geral das atuais funções gratificadas, para efeito de implantação de novo sistema retribuitório dos encargos por elas atendidos.

Parágrafo único – Até a implantação do sistema de que trata este artigo, continuarão em vigor as disposições legais referentes à função gratificada.

Art. 329. Ficam expressamente revogadas:

I – as disposições de leis gerais ou especiais que estabeleçam contagem de tempo em divergência com o disposto no Capítulo XV do Título II, ressalvada, todavia, a contagem, nos termos da legislação ora revogada, do tempo de serviço prestado anteriormente ao presente Estatuto;

II – a Lei nº 1.309, de 29 de novembro de 1951 e as demais disposições atinentes aos extranumerários; e

III – a Lei nº 2.576, de 14 de janeiro de 1954.

Art. 330. Vetado.

Art. 331. Revogam-se as disposições em contrário.

DECRETO-LEI Nº 260, DE 29 DE MAIO DE 1970

Dispõe sobre a inatividade dos componentes da Polícia Militar do Estado de São Paulo.

ÍNDICE

O GOVERNADOR DO ESTADO DE SÃO PAULO, no uso da atribuição que, por força do Ato Complementar n. 47, de 7 de fevereiro de 1969, lhe confere o § 1º do art. 2º do Ato Institucional n. 5, de 13 de dezembro de 1968,

Decreta:

TÍTULO I
DISPOSIÇÕES GERAIS

Art. 1º A inatividade dos componentes da Polícia Militar do Estado de São Paulo é regulada por êste decreto-lei.

Art. 2º Para os efeitos deste decreto-lei:

I – inatividade é a situação do policial-militar afastado temporária ou definitivamente do serviço ativo da corporação;

II – policial-militar e expressão geral que abrange os Oficiais, Praças-Especiais e Praças assim considerados em legislação especial;

III – Aspirante a Oficial equipara-se a Segundo Tenente;

IV – a expressão "extraviado" se aplica ao policial-militar que, no desempenho de qualquer serviço, em missões especiais ou em casos de calamidade pública, comoção intestina ou guerra, desaparecer por mais de 30 (trinta) dias.

Art. 3º O policial-militar passa à situação de inatividade ou se desligará da corporação, mediante:

I – agregação;

II – transferência para a reserva;

III – reforma;

IV – exoneração;

V – demissão;

VI – expulsão.

TÍTULO II
DA SITUAÇÃO DE INATIVIDADE

CAPÍTULO I
DA AGREGAÇÃO

Art. 4º Agregação é o ato pelo qual o policial-militar da ativa passa temporariamente à condição de inativo, a pedido ou "ex-officio".

Art. 5º Será agregado ao respectivo quadro o policial-militar que:

I – for julgado inválido ou fisicamente incapaz, temporariamente, para o serviço policial-militar por prazo superior a 6 (seis) meses e até o máximo de 24 (vinte e quatro) meses;

II – obtiver licença para tratamento de saúde em pessoa da família, por prazo superior a 6 (seis) meses;

III – obter licença para, em caráter particular, aperfeiçoar seus conhecimentos técnicos ou realizar estudos, no país ou no estrangeiro;

IV – obtiver licença para exercer atividade técnica de sua especialidade em organizações civis;

V – obtiver licença para tratar de interesse particular;

VI – for condenado a pena restritiva de liberdade, por sentença transitada em julgado;

– Inciso VI com redação dada pela Lei Complementar nº 1.305, de 20/09/2017.

VII – permanecer por mais de 180 (cento e oitenta) dias submetido a processo no foro militar competente;

VIII – tiver decretada a prisão temporária, preventiva, em flagrante, civil ou para efeitos de extradição;

IX – deva ser reformado, por força de dispositivo legal ou de ordem judicial, até a publicação do ato de inatividade;

– Incisos VIII e IX com redação dada pela Lei Complementar nº 1.305, de 20/09/2017.

X – for considerado desertor;

XI – for declarado extraviado;

XII – tiver aprovada pela Justiça Eleitoral sua candidatura a cargo eletivo, desde que conte mais de 10 (dez) anos de serviço;

XIII – tomar posse em cargo, emprego ou função pública civil temporária, não eletiva, ainda que da administração indireta, ressalvada a hipótese prevista no art. 37, inciso XVI, alínea "c", da Constituição Federal, mediante autorização expressa do Governador, por tempo inferior a 2 (dois) anos;

– Inciso XII e XIII com redação dada pela Lei Complementar nº 1.305, de 20/09/2017.

XIV – aceitar encargo ou comissão estabelecidos por lei ou decreto, mas não previstos nos Quadros de Organização da Policia Militar, mediante autorização expressa do Governador.

– Inciso XIV com redação dada pela Lei nº 3.489, de 03/09/1982.

XV – atingir a idade-limite para o serviço ativo, até que se efetive a reforma;

XVI – estiver aguardando passagem, para a inatividade, a pedido, nos têrmos do parágrafo único do art. 59 deste decreto-lei.

XVII – for suspenso do exercício da função pública;

XVIII – for declarado interditado civilmente, ainda que parcialmente;

XIX – exercer, na condição de suplente, cargo eletivo para o qual foi diplomado, nos casos de vacância temporária.

– *Incisos XVII, XVIII e XIX acrescentados pela Lei Complementar nº 1.305, de 20/09/2017.*

Art. 6º A agregação será efetivada logo após a publicação do ato que der lugar a uma das situações estabelecidas no artigo anterior e perdurará;:

I – Revogado;

– Inciso I revogado pela Lei Complementar nº 1.305, de 20/09/2015.

II – no caso do inciso XI, pelo prazo máximo de 6 (seis) meses, aplicando-se, após o decurso desse prazo o disposto no art. 58;

III – nos casos do inciso XII, se eleito, até a posse no respectivo cargo;

– Inciso III com redação dada pela Lei Complementar nº 1.305, de 20/09/2017.

IV – nos demais casos, enquanto perdurar o motivo que deu origem à agregação.

– Inciso IV acrescentado pela Lei Complementar nº 1.305, de 20/09/2017.

Art. 7º O militar agregado:

I – não perceberá vencimentos e vantagens nas situações previstas nos incisos III, IV, V, VI, VIII, X, XIII, XVII e XIX do art. 5º deste decreto-lei;

II – perceberá 2/3 (dois terços) dos vencimentos e vantagens do respectivo posto ou graduação nos casos dos incisos II, VII e XVIII do art. 5º deste decreto-lei;

III – perceberá vencimentos e vantagens integrais do posto ou da graduação nos casos dos incisos I, IX, XI, XII, XV e XVI, e, se optar pela retribuição pecuniária da Corporação, no caso do inciso XIV, todos do art. 5º deste decreto-lei.

Parágrafo único – O militar agregado nos termos dos incisos VIII ou XVII do art. 5º que tiver o inquérito policial arquivado ou, se denunciado, for, ao final do processo judicial, absolvido por negativa de autoria ou inexistência do fato, terá contado, para todos os efeitos legais, o respectivo tempo de restrição de liberdade ou de suspensão do exercício da função pública e será ressarcido de seus vencimentos, salvo se houver sido concedido o auxílio-reclusão.

– Art. 7º com redação dada pela Lei Complementar nº 1.305, de 20/09/2017.

Art. 8º O policial-militar agregado ficará:

I – sujeito às obrigações disciplinares inerentes ao pessoal do serviço ativo, salvo na hipótese do inciso XIX do art. 5º, em que será observado o disposto no art. 2º, parágrafo único, item 1, da Lei Complementar nº 893, de 9 de março de 2001;

– Inciso I com redação dada pela Lei Complementar nº 1.305, de 20/09/2017.

II – adido à unidade que lhe for designada;

III – incluído no respectivo Quadro, sem número, no lugar que ocupava quando da agregação, com a abreviatura "ag" e anotações esclarecedoras de sua situação.

Art. 9º Os policiais-militares serão revertidos ao serviço ativo, tão logo cessem os motivos determinantes da agregação.

Parágrafo único – O policial-militar que reverter à atividade figurará em seu Quadro, seu número e homólogo ao que se lhe segue em antiguidade, devendo entrar na escala numérica, na primeira vaga que se verificar em seu Quadro, posto ou graduação.

CAPÍTULO II
DA QUOTA COMPULSÓRIA

– Arts. 10 a 14 revogados pela Lei Complementar nº 1.305, de 20/09/2017.

CAPÍTULO III
DE TRANSFERÊNCIA PARA A RESERVA

Art. 15. Reserva é a situação da inatividade do militar sujeito à reversão ao serviço ativo.

– Art. 15 com redação dada pela Lei Complementar nº 1.305, de 20/09/2017.

Art. 16. O militar passa para a reserva a pedido ou "ex officio".

– Art. 16 com redação dada pela Lei Complementar nº 1.305, de 20/09/2017.

Art. 17. A transferência para a reserva a pedido poderá ser concedida ao militar que contar, no mínimo, 30 (trinta) anos de serviço, sendo 20 (vinte) anos de exercício em cargo de natureza estritamente policial, com vencimentos e vantagens integrais do posto ou graduação.

Parágrafo único – O militar transferido para a reserva a pedido, antes de decorridos 2 (dois) anos do término de curso de duração superior a 4 (quatro) meses que tenha frequentado às expensas do Estado, deverá pagar indenização em valor equivalente às despesas a ele correspondentes

– Art. 17 com redação dada pela Lei Complementar nº 1.305, de 20/09/2017.

Art. 18. Será transferido "ex officio" para a reserva o militar que:

– Art. 18, "caput", com redação dada pela Lei Complementar nº 1.305, de 20/09/2017.

I – atingir a idade-limite de permanência no serviço ativo;

II – for empossado em cargo ou emprego público permanente;

III – ficar afastado da atividade policial-militar no desempenho de cargo, emprego ou função pública civil temporária e não eletiva, estranha ao serviço policial-militar, da Administração direta ou indireta por prazo superior a 2 (dois) anos, contínuos ou não;

– Incisos II e III com redação dada pela Lei Complementar nº 1.305, de 20/09/2017.

IV – Revogado;

– Inciso IV revogado pela Lei Complementar nº 1.305, de 20/09/2017.

V – completar 2 (dois) anos seguidos de agregação em decorrência de licenças concedidas nos têrmos do inciso II do art. 5º.

VI – permanecer agregado por prazo superior a 2 (dois) anos, consecutivos ou não, em decorrência de licenças concedidas nos têrmos dos incisos III, IV e V do art. 5º;

– Inciso VII revogado pela Lei Complementar nº 1.305, de 20/09/2017.

VIII – candidatar-se a cargo eletivo, se contar com menos de 10 (dez) anos de serviço;

– Inciso VIII com redação dada pela Lei Complementar nº 1.305, de 20/09/2017.

IX – completar 5 (cinco) anos no posto de Coronel, desde que possua, no mínimo, 30 (trinta) anos de serviço, excetuando-se os ocupantes dos cargos de Chefe da Casa Militar do Governador, Comandante-Geral e Subcomandante PM, que poderão permanecer no serviço ativo até o final do mandato em curso do Governador do Estado, respeitada a idade-limite para permanência no serviço ativo.

– Inciso IX com redação dada pela Lei Complementar nº 1.303, de 01/09/2017.

Art. 19. A idade-limite para permanência do militar no serviço ativo é de 60 (sessenta) anos.

– Art. 19 com redação dada pela Lei Complementar nº 1.305, de 20/09/2017.

Art. 20. A transferência "ex officio" para a reserva processar-se-á à medida que o militar incida em um dos casos previstos no art. 18.

Art. 21. Não será concedida transferência para a reserva, a pedido, ao militar que estiver agregado nos termos do inciso X do art. 5º.

Art. 22. O militar transferido "ex officio" para a reserva, na forma dos incisos II, III e VIII do art. 18, não perceberá vencimentos e vantagens.

Art. 23. O militar perceberá vencimentos e vantagens proporcionais a 30 (trinta) anos de serviço, nos casos dos incisos I, V e VI do art. 18.

Art. 24. O militar que tiver atingido a idade-limite de permanência na reserva será reformado.

Art. 25. A idade-limite de permanência na reserva é de 70 (setenta) anos. (NR)

– Artigo 25 com redação dada pela Lei nº 17.293, de 15/10/2020.

Art. 26. O militar da reserva poderá ser revertido ao serviço ativo, por ato do Governador:

I – em caso de guerra, de grave perturbação da ordem pública ou de calamidade pública;

II – por convocação da Justiça Militar Estadual;

III – para presidência de inquéritos policial-militares;

IV – para compor conselho de justificação.

§ 1º O militar convocado terá os direitos e os deveres do militar do serviço ativo em igual situação hierárquica e contará como acréscimo esse tempo de serviço para todos os efeitos legais.

§ 2º A convocação será precedida de avaliação médica e de aptidão física.

§ 3º Na hipótese de inaptidão para o serviço ativo, o militar será reformado.

– Artigos 20 a 26 com redação dada pela Lei Complementar nº 1.305, de 20/09/2017.

Art. 26-A. O militar do Estado transferido para a reserva poderá ser designado para exercer, especificamente, funções administrativas, técnicas ou especializadas nas Organizações Policiais-Militares, enquanto não atingir a idade-limite de permanência na reserva.

– "Caput" do artigo 26-A com redação dada pela Lei nº 17.293, de 15/10/2020.

§ 1º É vedada a designação de que trata este artigo, de militar promovido ao posto superior quando de sua passagem para a reserva se não houver, em seu Quadro de origem, o respectivo posto.

§ 2º O militar da reserva designado terá as mesmas prerrogativas e deveres do militar do serviço ativo em igual situação hierárquica, fazendo jus, enquanto perdurar sua designação, a:

1. férias; e

2. diária, com valor a ser fixado por meio de decreto. (NR)

– Item 2 com redação dada pela Lei nº 17.293, de 15/10/2020.

§ 3º Além da avaliação médica e de aptidão física prevista no § 2º do art. 26, o Comandante Geral definirá critérios disciplinares e técnicos para a designação de militar da reserva nos termos deste artigo.

§ 4º A administração pública ou o militar da reserva, a qualquer tempo e por ato unilateral, poderá encerrar a designação.

§ 5º Caberá:

1. ao Governador, mediante decreto, estabelecer a quantidade de militares que podem ser designados anualmente; e

2. ao dirigente do órgão de pessoal da Polícia Militar, designar e exonerar o militar da reserva.

– Art. 26-A acrescentado pela Lei Complementar nº 1.305, de 20/09/2017.

CAPÍTULO IV
DA REFORMA

Art. 27. Reforma é a situação de inatividade do militar definitivamente desligado do serviço ativo, com a manutenção do vínculo estatutário com a Polícia Militar do Estado de São Paulo.

Parágrafo único – A reforma será processada apenas "ex officio".

– Art. 27 com redação dada pela Lei Complementar nº 1.305, de 20/09/2017.

Art. 28. Revogado.

- Art. 28 revogado pela Lei Complementar nº 1.305, de 20/09/2017.

Art. 29. A reforma será aplicada ao militar que:

I - venha a atingir a idade-limite de permanência na reserva;

II - tenha sido condenado a pena de reforma por sentença transitada em julgado;

III - tenha sido alcançado pela reforma disciplinar prevista na Lei Complementar nº 893, de 9 de março de 2001;

IV - tomar posse em cargo eletivo, se contar mais de 10 (dez) anos de serviço;

V - estando na reserva, seja julgado inapto em inspeção de saúde para reversão ao serviço ativo;

VI - for declarado inválido ou fisicamente incapaz para o serviço ativo em caráter permanente;

VII - completar 24 (vinte e quatro) meses de agregação por invalidez ou incapacidade física;

VIII - completar 24 (vinte e quatro) meses de agregação por interdição civil, contínuos ou não;

IX - agregado por invalidez ou incapacidade física temporária para o serviço ativo, complete o tempo mínimo de serviço exigido para a inatividade a pedido.

Parágrafo único - Os vencimentos da reforma serão proporcionais a 30 (trinta) anos de serviço, até o limite de 1,0 (um inteiro), salvo se decorrentes das situações previstas nos incisos VI e VII deste artigo, em que serão devidos em sua integralidade.

- Art. 29 com redação dada pela Lei Complementar nº 1.305, de 20/09/2017.

- Arts. 30 e 31 revogados pela Lei Complementar nº 1.305, de 20/09/2017.

CAPÍTULO V
DA INVALIDEZ E DA INCAPACIDADE FÍSICA

Art. 32. A invalidez ou incapacidade, física ou mental, poderá ser consequente de doença, enfermidade ou acidente, que impossibilite o exercício da função policial-militar, conforme parecer do órgão de saúde da Polícia Militar.

Parágrafo único - O nexo causal entre a doença, enfermidade ou acidente que motivou a invalidez ou a incapacidade física e o exercício da função policial-militar deverá ser comprovado por competente apuração.

- Art. 32 com redação dada pela Lei Complementar nº 1.305, de 20/09/2017.

Art. 33. Todas as declarações de aptidão e inaptidão física serão sempre de atribuição do órgão médico competente da Polícia Militar.

Art. 34. Decaem do direito de requerer agregação ou reforma, os policiais-militares que se tornarem inválidos em virtude de não desejarem sujeitar-se às prescrições médicas e cirúrgicas até grau médio indicadas como meio único de cura por facultativos do órgão médico competente da Polícia Militar.

Parágrafo único - Fica assegurado, em qualquer hipótese o recurso a Juntas Médicas Superiores.

- Arts. 35 e 36 revogados pela Lei Complementar nº 1.305, de 20/09/2017.

CAPÍTULO VI
DA EXONERAÇÃO, DA DEMISSÃO E DA EXPULSÃO

- Capítulo VI com redação dada pela Lei Complementar nº 1.305, de 20/09/2017.

Art. 37. Exoneração é o desligamento do serviço ativo, com o encerramento do vínculo estatutário com a Polícia Militar.

Parágrafo único - O militar exonerado não integra a reserva da Polícia Militar.

- Art. 37 com redação dada pela Lei Complementar nº 1.305, de 20/09/2017.

Art. 38 revogado pela Lei Complementar nº 1.305, de 20/09/2017.

Art. 39. A exoneração será concedida:

I - sem indenização aos cofres públicos, se o Oficial contar mais de 5 (cinco) anos de oficialato, excluído o tempo de serviço como Aspirante a Oficial;

II - nos demais casos, mediante indenização das despesas correspondentes aos cursos policiais-militares, calculadas pelas respectivas escolas, exceto os vencimentos e vantagens percebidos;

§ 1º No caso do Oficial ter feito qualquer curso ou estágio de duração igual ou superior a 3 (três) meses às expensas do Estado, não decorridos mais de 3 (três) anos do seu término, a exoneração só será concedida mediante indenização de todas as despesas correspondentes àquêle curso ou estágio.

§ 2º O Oficial exonerado ingressará na reserva não remunerada, no posto que ocupara no serviço ativo.

Art. 40. A demissão e a expulsão constituem atos de desligamento do militar por motivos disciplinares, e são normatizadas por lei específica.

– Art. 40 com redação dada pela Lei Complementar nº 1.305, de 20/09/2017.

– Artigos 41 e 42 revogados pela Lei Complementar nº 1.305, de 20/09/2017.

CAPÍTULO VII
DA EXONERAÇÃO, DA DEMISSÃO, DA EXPULSÃO E DA READMISSÃO DE PRAÇAS

– Arts. 43 a 49 revogados pela Lei Complementar nº 1.305, de 20/09/2017.

TÍTULO III
DO CÔMPUTO DO TEMPO DE SERVIÇO PARA FINS DE INATIVIDADE

Art. 50. A contagem do tempo de serviço obedece às regras estabelecidas neste Título e será feita em qualquer época, a pedido ou "ex-officio", por ocasião da transferência do policial-militar para a reserva ou de sua reforma.

Art. 51. No cômputo do tempo de serviço para fins de inatividade será considerado:

I – como tempo de serviço:

a) o tempo prestado, dia a dia, à Polícia Militar do Estado de São Paulo;

b) o tempo prestado, dia a dia, a outras instituições militares;

c) o tempo em que tenha havido contribuição ao Regime Geral de Previdência Social – RGPS ou a Regime Próprio de Previdência de Servidores – RPPS;

II – como tempo de exercício em cargo de natureza estritamente policial, o passado, dia a dia, em instituição policial, assim consideradas as previstas no art. 144 da Constituição Federal.

Parágrafo único – O tempo de contribuição ou de serviço previsto nos incisos I e II deste artigo deverá estar devidamente averbado na forma da legislação em vigor.

– Art. 51 com redação dada pela Lei Complementar nº 1.305, de 20/09/2017.

Art. 52. A apuração do tempo de serviço será feita em dias.

§ 1º O número de dias será convertido em anos, considerados estes como 365 (trezentos e sessenta e cinco) dias.

§ 2º Feita a conversão de que trata o parágrafo anterior, os dias restantes, até 182 (cento e oitenta e dois), não serão computados, arredondando-se para 1 (um) ano, na passagem à inatividade compulsória ou por invalidez, quando excederem esse número.

Art. 53. O tempo de serviço dos policiais-militares beneficiados por anistia será contado como estabelecer o ato legal que a conceder.

Art. 54 revogado pela Lei Complementar nº 1.305, de 20/09/2017.

Art. 55. Será contado como de efetivo serviço o tempo correspondente a licenças concedidas por invalidez temporária para todos os fins previstos em lei, tenha ou não havido agregação.

Art. 56. Não é computável para efeito algum o tempo:

I – decorrido em cumprimento de sentença judicial passada em julgado;

II – que exceder de 1 (um) ano, consecutivo ou não, em licença para tratamento de saúde de pessoa da família;

III – passado como desertor, desde que seja condenado pelo crime imputado;

IV – passado em licença para, em caráter particular, aperfeiçoar seus conhecimentos técnicos ou realizar estudos, no país ou no estrangeiro, ou exercer atividade técnica de sua especialidade em organizações civis, ou em licença para tratar de interesses particulares;

– Inciso IV com redação dada pela Lei Complementar nº 1.305, de 20/09/2017.

V – decorrido em cumprimento de prisão disciplinar sem fazer serviço;

VI – de suspensão, por sentença, do exercício da função pública;

VII – de falta ou ausência não justificada.

– Inciso VII com redação dada pela Lei Complementar nº 1.305, de 20/09/2017.

TÍTULO IV
DISPOSIÇÕES FINAIS

Art. 57 revogado pela Lei Complementar nº 1.305, de 20/09/2017.

Art. 58. À família de policial-militar ficam assegurados os direitos a percepção da respectiva pensão, como se houvesse falecido, aquêle, na forma do Regulamento da Caixa Beneficente da Corporação, quando ocorrerem os casos dos incisos I do art. 40 e I do art. 45 e enquanto durar o cumprimento da pena.

Art. 59. O pedido de transferência para a reserva, devidamente instruído, terá despacho no prazo máximo de 90 (noventa) dias, a partir de seu recebimento pelo órgão de pessoal da Polícia Militar.

Parágrafo único – Decorrido o prazo fixado neste artigo, o policial militar será agregado, nos termos do inciso XVI do art. 5º deste decreto-lei, sendo esse período considerado de efetivo exercício, para todos os efeitos legais.

– Art. 59 com redação dada pela Lei Complementar nº 1.305, de 20/09/2017.

Art. 60. Êste decreto-lei entrará em vigor na data de sua publicação, revogadas as leis nº 237, de 29 de dezembro de 1948; nº 938, de 4 de janeiro de 1951; nº 2.054, de 24 de dezembro de 1952; nº 5.278, de 15 de janeiro de 1959; nº 6.356, de 5 de outubro de 1961; nº 7.386, de 7 de novembro de 1962; nº 7.661, de 4 de janeiro de 1963; nº 8.160, de 8 de junho de 1964; nº 8.253, de 21 de agôsto de 1964 e nº 9.019, de 14 de outubro de 1965, o art. 1º da Lei nº 9.211, de 30 de dezembro de 1965, bem como todos os demais preceitos legais que, direta ou indiretamente disponham sôbre a inatividade de componentes da Polícia Militar do Estado de São Paulo.

LEI Nº 200, DE 13 DE MAIO DE 1974

Revoga leis que concedem complementação de aposentadorias, pensões e outras vantagens, de qualquer natureza, aos empregados sob o regime da legislação trabalhista.

Art. 1º Ficam revogadas as Leis n. 999, de 1º de maio de 1951, 1.386, de 19 de dezembro de 1951, e 4.819, de 26 de agosto de 1958, bem assim todas as disposições, gerais ou especiais, que concedem complementação, pelo Estado, de aposentadorias,pensões e outras vantagens, de qualquer natureza, aos empregados sob o regime da legislação trabalhista, da Administração direta e de entidades, públicas ou privadas, da Administração descentralizada.

Parágrafo único – Os atuais beneficiários e os empregados admitidos até a data da vigência desta lei, ficam com seus direitos ressalvados, continuando a fazer jus aos benefícios decorrentes da legislação ora revogada.

Art. 2º Esta lei entrará em vigor na data de sua publicação.

LEI Nº 452, DE 02 DE OUTUBRO DE 1974

Institui a Caixa Beneficente da Polícia Militar, estabelece os regimes de pensão e de assistência médico-hospitalar e odontológica e dá providências correlatas.

ÍNDICE

TÍTULO I
DA INSTITUIÇÃO

CAPÍTULO I
DOS FINS

Art. 1º Fica instituída, em conformidade com o disposto no artigo 12 do Decreto-lei n. 217, de 8 de abril de 1970, mediante fusão da Caixa Beneficente da Força Pública do Estado e da Caixa Beneficente da Guarda Civil de São Paulo, a Caixa Beneficente da Polícia Militar do Estado - CBPM.

§ 1º A CBPM, como instituição essencialmente de assistência médico-hospitalar da Polícia Militar do Estado de São Paulo, é entidade de natureza autárquica, dotada de personalidade jurídica e de patrimônio próprio, sede e foro na cidade de São Paulo, vinculando-se à Secretaria de Segurança Pública. (NR)

- Artigo 1º com redação dada pela Lei Complementar nº 1.353, de 10/01/2020.

§ 2º A CBPM prestará assistência jurídica, nos termos desta lei. (NR)

- § 2º com redação dada pela Lei Complementar nº 1.349, de 25/11/2019, *entrando em vigor a partir de 01/01/2020.*

§ 3º Revogado

- § 3º revogado pela Lei Complementar nº 1.353, de 10/01/2020.

§ 4º A CBPM poderá prestar os serviços de assistência odontológica e psicológica, mediante adesão e contribuição facultativa, aos contribuintes obrigatórios de que trata esta lei, aos respectivos beneficiários e aos funcionários da autarquia, observada a legislação em vigor. (NR)

§ 5º Portaria do Superintendente da autarquia disciplinará os serviços de que trata o § 4º deste artigo e os termos em que serão prestados, assim como a respectiva contribuição, que será fixada de modo a preservar a manutenção do equilíbrio econômico, financeiro e atuarial do regime. (NR)

– §§ 4º e 5º acrescentados pela Lei Complementar nº 1.353, de 10/01/2020.

CAPÍTULO II
DA ESTRUTURA

Art. 2º A CBPM terá a seguinte estrutura básica:

I – Superintendência;

II – Conselho Consultivo;

III – Órgãos técnicos e administrativos.

§ 1º O Superintendente, de livre nomeação do Governador, será escolhido dentre inativos no posto de Coronel da Polícia Militar do Estado de São Paulo.

§ 2º O Conselho Consultivo será composto de 4 (quatro) membros, designados pelo Governador, mediante indicação do Secretário da Segurança Pública, e escolhidos dentre os nomes apresentados, em listas tríplices, pelo comandante Geral da Polícia Militar do Estado de São Paulo.

§ 3º O mandato dos membros do Conselho Consultivo será de 4 (quatro) anos, renovável uma só vez.

§ 4º As designações para o Conselho Consultivo serão feitas dentre oficiais superiores inativos, da Polícia Militar do Estado de São Paulo.

§ 5º Os membros do Conselho Consultivo poderão ser dispensados do mandato, a qualquer tempo, por proposta do Secretário da Segurança Pública.

§ 6º As atribuições e as gratificações a que fizerem jus os membros do Conselho Consultivo serão fixadas em decreto.

§ 7º O Conselho Consultivo submeterá à aprovação do Secretário da Segurança Pública, dentro de 30 (trinta) dias contados da data de sua instalação, o regimento interno.

Art. 3º Os órgãos técnicos e administrativos, de que trata o artigo anterior, serão estruturados em decreto, que lhes fixará as atribuições.

CAPÍTULO III
DO PATRIMÔNIO E DA RECEITA

Art. 4º O patrimônio da CBPM é constituído pelos bens de propriedade da Caixa Beneficente da Força Pública do Estado e da Caixa Beneficente da Guarda Civil de São Paulo e pelos direitos de que sejam elas titulares, bem assim por outros bens que vier a adquirir, a qualquer título.

Art. 5º Constituem a receita da CBPM:

I – as contribuições dos inscritos no regime de assistência médico-hospitalar e de outros serviços de assistência. (NR)

– Inciso I com redação dada pela Lei Complementar nº 1.353, de 10/01/2020.

II – Revogado

– Inciso II revogado pela Lei Complementar nº 1.353, de 10/01/2020.

III – os auxílios, subvenções, contribuições, financiamentos e doações de entidades públicas ou privadas;

IV – o produto de operações de crédito, juros de depósitos bancários, correção monetária e rendimentos resultantes de investimentos;

V – a renda de seus bens patrimoniais;

VI – as taxas de serviços prestados;

VII – as rendas eventuais, de qualquer natureza.

TÍTULO II
DO REGIME PREVIDENCIÁRIO

CAPÍTULO I
DOS CONTRIBUINTES

Art. 6º São contribuintes obrigatórios:

I – os militares do serviço ativo;

II – os militares agregados ou licenciados;

III – os militares da reserva remunerada ou reformados;

IV – os pensionistas dos militares a que se referem os incisos I, II e III deste artigo.

– Art. 6º com redação dada pela Lei Complementar nº 1.013, de 06/07/2007.

Art. 7º Revogado.

– Art. 7º revogado pela Lei Complementar nº 1.013, de 06/07/2007.

CAPÍTULO II
DOS BENEFICIÁRIOS E DOS BENEFÍCIOS

Art. 8º São dependentes do militar, para fins de recebimento de pensão:

I – o cônjuge ou o companheiro ou companheira, na constância, respectivamente, do casamento ou da união estável;

II – os filhos, de qualquer condição ou sexo, de idade igual à prevista na legislação do regime geral da previdência social e não emancipados, bem como os inválidos para o trabalho e os incapazes civilmente, esses dois últimos desde que comprovadamente vivam sob dependência econômica do militar;

III – os pais, desde que comprovadamente vivam sob dependência econômica do militar, e não existam dependentes das classes mencionadas nos incisos I ou II deste artigo, ressalvado o disposto no parágrafo § 3º deste artigo.

§ 1º O enteado e o menor tutelado equiparam-se ao filho desde que comprovadamente vivam sob dependência econômica do militar.

§ 2º A pensão atribuída ao filho inválido ou incapaz será devida enquanto durar a invalidez ou incapacidade.

§ 3º Mediante declaração escrita do militar os dependentes enumerados no inciso III deste artigo poderão concorrer em igualdade de condições com os demais.

§ 4º A invalidez ou a incapacidade supervenientes à morte do militar não conferem direito à pensão, exceto se tiverem início durante o período em que o dependente usufruía o benefício.

§ 5º A comprovação de dependência econômica dos dependentes enumerados na segunda parte do inciso II, no inciso III e no § 1º deste artigo deverá ter como base a data do óbito do militar de acordo com as regras e critérios estabelecidos em norma regulamentar.

§ 6º Na falta de decisão judicial com trânsito em julgado reconhecendo a união estável, o companheiro ou companheira deverá comprová-la conforme estabelecido em norma regulamentar.

- Art. 8º com redação dada pela Lei Complementar nº 1.013, de 06/07/2007.

Art. 9º Com a morte do militar, a pensão será paga aos dependentes mediante rateio, em partes iguais.

§ 1º O valor da pensão será calculado de acordo com a regra prevista no art. 26 desta lei, procedendo-se, posteriormente, à divisão do benefício em quotas, nos termos deste artigo.

§ 2º O pagamento do benefício retroagirá à data do óbito, quando requerido em até 60 (sessenta) dias depois deste.

§ 3º O pagamento do benefício será feito a partir da data do requerimento, quando ultrapassado o prazo previsto no § 2º deste artigo.

§ 4º A pensão será concedida ao dependente que primeiro vier a requerê-la, admitindo-se novas inclusões a qualquer tempo, que produzirão efeitos financeiros a partir da data em que forem requeridas, nos termos dos parágrafos 2º e 3º deste artigo.

§ 5º A perda da qualidade de dependente pelo pensionista implica na extinção de sua quota de pensão, admitida a reversão da respectiva quota somente de filhos para cônjuge ou companheiro ou companheira e destes para aqueles.

§ 6º Com a extinção da última quota de pensão extingue-se o benefício.

- Art. 9º com redação dada pela Lei Complementar nº 1.013, de 06/07/2007.

Art. 10. A perda da qualidade de dependente dar-se-á em virtude de:

I - falecimento, considerada para esse fim a data do óbito;

II - não cumprimento de qualquer dos requisitos ou condições estabelecidos nesta lei;

III - matrimônio ou constituição de união estável.

Parágrafo único - Aquele que perder a qualidade de dependente não a restabelecerá.

- Art. 10 com redação dada pela Lei Complementar nº 1.013, de 06/07/2007.

Art. 11. O ex-cônjuge, ex-companheiro ou ex-companheira somente terão direito à pensão se o militar lhe prestava pensão alimentícia na data do óbito.

Parágrafo único - O ex-cônjuge, ex-companheiro ou ex-companheira concorrerão em igualdade de condições com os demais dependentes, sendo o valor de seu benefício limitado ao valor da pensão alimentícia que recebia do militar.

- Art. 11 com redação dada pela Lei Complementar nº 1.013, de 06/07/2007.

- Arts. 12 a 15 - revogados.

- Artigos 12 a 15 revogados pela Lei Complementar nº 1.013, de 06/07/2007.

Art. 16. Nenhum dependente poderá receber mais de uma pensão decorrente desta lei, exceto filho, enteado e menor tutelado, de casal contribuinte, assegurado aos demais o direito de opção pela pensão mais vantajosa.

Art. 17. Revogado.

- Art. 17 revogado pela Lei Complementar nº 1.013, de 06/07/2007.

Art. 18. Sempre que houver majoração de vencimentos, de caráter geral, para o pessoal do serviço ativo da Polícia Militar, as pensões serão automaticamente reajustadas na proporção do aumento concedido.

§ 1º O reajustamento será feito independentemente de pedido.

§ 2º O reajustamento será devido, sem qualquer ônus para o contribuinte, a partir da data em que passar a vigorar a majoração; e seu pagamento não poderá ser retardado, sob pretexto algum, devendo ser processado em regime de prioridade.

Art. 19. Revogado.

- Art. 19 revogado pela Lei Complementar nº 1.013, de 06/07/2007.

Art. 20. A incapacidade e a invalidez, para os fins previstos no art. 8º desta lei, serão verificadas mediante perícia por junta de saúde militar.

- Art. 20 com redação dada pela Lei Complementar nº 1.013, de 06/07/2007.

Art. 21. As pensões não são passíveis de penhora e arresto, não se sujeitam a arrolamento ou inventário e são isentas de quaisquer tributos estaduais, considerando-se nulas a cessão de que venham a ser objeto e a constituição, sobre elas, de quaisquer ônus.

Art. 22. A falta de cumprimento de exigências, dentro do prazo de seis meses, contados da data da publicação, no Diário Oficial, prorrogável por igual prazo, a requerimento do interessado, importará em perempção do processo em que tenham sido feitas.

Parágrafo único – Ocorrendo perempção, a pensão passará a ser devida a partir da data da entrada do novo pedido no protocolo da CBPM.

Art. 23. O direito à pensão não está sujeito à decadência ou prescrição.

- Art. 23 com redação dada pela Lei Complementar nº 1.013, de 06/07/2007.

CAPÍTULO III *DA CONTRIBUIÇÃO*

Art. 24. Revogado.

- Art. 24 revogado pela Lei Complementar nº 1.013, de 06/07/2007.

Art. 25 - Revogado.

- Art. 25 revogado pela Lei Complementar nº 1.010, de 01/06/2007.

CAPÍTULO IV *DO VALOR E DO PAGAMENTO DA PENSÃO*

Art. 26. O valor inicial da pensão por morte devida aos dependentes do militar falecido será igual à totalidade da remuneração do militar no posto ou graduação em que se deu o óbito, ou dos proventos do militar da reserva remunerada ou reformado na data do óbito, até o limite máximo estabelecido para os benefícios do regime geral de previdência social de que trata o art. 201 da Constituição Federal, acrescido de 70% (setenta por cento) da parcela que exceder esse limite, exceto na situação prevista no § 1º do art. 1º da Lei nº 5.451, de 22 de dezembro de 1986, quando o valor do benefício corresponderá à integralidade dos vencimentos ou proventos do militar.

- Art. 26 com redação dada pela Lei Complementar nº 1.013, de 06/07/2007.

Art. 27. O pagamento da pensão terá início dentro de 60 (sessenta senta) dias contados da data em que o beneficiário completar a documentação exigida para sua habilitação.

Art. 28. Revogado.

- Art. 28 revogado pela Lei Complementar nº 1.013, de 06/07/2007.

Art. 29. Fica assegurado o direito à percepção de auxílio-reclusão ao dependente de militar do serviço ativo, da reserva remunerada, do reformado e do agregado percebendo vencimentos ou licenciado que estiver preso provisoriamente ou condenado a pena privativa de liberdade, até 2 (dois) anos, enquanto permanecer em regime fechado ou estiver internado por medida de segurança.

§ 1º O pagamento do auxílio-reclusão obedecerá aos mesmos critérios estabelecidos no art. 9º desta lei, enquanto o militar permanecer na situação de que trata o "caput" deste artigo.

§ 2º Consideram-se dependentes, para os fins do disposto no "caput" deste artigo, as pessoas discriminadas nos incisos I a III e no § 1º do art. 8º desta lei.

§ 3º Durante o pagamento do auxílio-reclusão o policial militar deixará de perceber vencimentos.

§ 4º O direito à percepção do benefício cessará:

1. no caso da extinção da pena;

2. com a exoneração, demissão ou expulsão do militar, ou com sua colocação em liberdade definitiva;

3. por morte do militar ou do dependente.

§ 5º O pagamento do benefício de que trata este artigo será suspenso em caso de fuga, concessão de liberdade condicional ou progressão do regime prisional, podendo ser retomados os pagamentos no caso de modificação dessas situações.

§ 6º O requerimento para obtenção do auxílio-reclusão, além de outros requisitos previstos em lei ou regulamento, será instruído, obrigatoriamente, com certidão do efetivo recolhimento à prisão do militar do serviço ativo, da reserva remunerada, do reformado e do agregado percebendo vencimentos ou do licenciado, expedida por autoridade competente, devendo ser renovada a cada 3 (três) meses, junto à unidade previdenciária, para fins de percepção do benefício.

§ 7º A condenação criminal superveniente à demissão ou expulsão do militar não confere qualquer direito ao auxílio-reclusão de que trata este artigo.

- Art. 29 com redação dada pela Lei Complementar nº 1.013, de 06/07/2007.

TÍTULO III

DO REGIME DE ASSISTÊNCIA MÉDICO-HOSPITALAR

- Título III com redação dada pela Lei Complementar nº 1.353, de 10/01/2020.

CAPÍTULO ÚNICO

Art. 30. A assistência médico-hospitalar aos beneficiários dos contribuintes será prestada de acordo com os termos de ajuste a serem celebrados com a Cruz Azul de São Paulo, que será divulgado por portaria do Superintendente da autarquia, observada a legislação vigente. (NR)

- Artigo 30, "caput", com redação dada pela Lei Complementar nº 1.353, de 10/01/2020.

§ 1º Revogado

- § 1º revogado pela Lei Complementar nº 1.353, de 10/01/2020.

§ 2º O custo do serviço será comprovado pela Cruz Azul de São Paulo pela forma que for convencionada.

§ 3º A fim de garantir o equilíbrio econômico, financeiro e atuarial do regime, portaria do Superintendente da autarquia definirá a coparticipação financeira do contribuinte nos atendimentos ambulatoriais e hospitalares e de obstetrícia, não podendo ser superior a 50% (cinquenta por cento) do respectivo valor." (NR)

- § 3º acrescentado pela Lei Complementar nº 1.353, de 10/01/2020.

Art. 31. A taxa de contribuição para a assistência médico-hospitalar e odontológica é de 2% (dois por cento) da respectiva retribuição-base. (NR)

§ 1º A taxa de contribuição dos pensionistas da CBPM é de 1% (um por cento) do valor da pensão que estejam percebendo. (NR)

§ 2º A contribuição de que trata este artigo será recolhida diretamente à CBPM e utilizada, exclusivamente, nas despesas do regime de assistência médico-hospitalar. (NR)

- § 2º com redação dada pela Lei Complementar nº 1.353, de 10/01/2020.

§ 3º A retribuição-base mensal será constituída dos vencimentos, indenização por sujeição ao Regime Especial de Trabalho Policial Militar, gratificações, outras vantagens pecuniárias e proventos, excetuadas as parcelas relativas a salário-família, diárias, ajuda de custo, transporte, auxílio-funeral, representações de qualquer natureza e equivalente. (NR)

- Artigo 31 com redação dada pela Lei Complementar nº 1.013, de 06/07/2007.

Art. 32. São contribuintes obrigatórios:

I - os contribuintes inscritos, obrigatoriamente, para efeito de pensão;

II - Revogado.

III - Revogado.

- Incisos II e III revogados pela Lei Complementar nº 1.353, de 10/01/2020.

IV - os inativos da Polícia Militar e os pensionistas da CBPM. (NR)

- Inciso IV com redação dada pela Lei nº 1.069, de 17/09/1976, retroagindo seus efeitos a 01/12/1974.

Parágrafo único - Os contribuintes que tenham, por qualquer motivo, perdido essa qualidade, poderão requerer sua reinclusão, desde que tenham permanecido no rol deste artigo e cumpram os seguintes prazos de carência:

1. 24 (vinte e quatro) horas para casos de urgência e emergência;

2. 24 (vinte e quatro) meses para doenças e lesões preexistentes;

3. 300 (trezentos) dias para partos a termo;

4. 180 (cento e oitenta) dias para os demais casos. (NR)

- Parágrafo único acrescentado pela Lei Complementar nº 1.353, de 10/01/2020.

Art. 33. Revogado.

- Art. 33 revogado pela Lei Complementar nº 1.013, de 06/07/2007.

Art. 34. São beneficiários obrigatórios da assistência médico-hospitalar:

- Artigo 34, "caput", com redação dada pela Lei Complementar nº 1.353, de 10/01/2020.

I - o cônjuge;

II - os filhos, de qualquer condição ou sexo, até que atinjam idade igual à prevista na legislação do regime geral da previdência social, desde que não sejam emancipados nos termos da legislação civil, bem como os filhos considerados inválidos para o trabalho, de acordo com atestado emitido por órgão médico da Polícia Militar, e os incapazes civilmente, desde que, nos dois últimos casos, vivam, comprovadamente, sob a dependência econômica do militar;

- Incisos I e II com redação dada pela Lei Complementar nº 1.353, de 10/01/2020.

III – Revogado.

IV – Revogado.

- Incisos III e IV revogados pela Lei Complementar nº 1.013, de 06/07/2007.

V – Revogado.

- Inciso V revogado pela Lei Complementar nº 1.353, de 10/01/2020.

VI – os pais do contribuinte, desde que vivam sob sua dependência econômica e não existam outros beneficiários obrigatórios;

VII – Revogado.

- Inciso VII revogado pela Lei nº 10.508, de 01/03/2000.

VIII – os pensionistas dos contribuintes obrigatórios referidos no inciso I do artigo 32. (NR)

- Inciso VIII com redação dada pela Lei Complementar nº 1.353, de 10/01/2020.

§ 1º Na falta de decisão judicial com trânsito em julgado reconhecendo a união estável, o companheiro ou companheira deverá comprová-la conforme estabelecido em norma regulamentar. (NR)

§ 2º Para os fins deste artigo, equiparam-se aos filhos legítimos:

1. os enteados, enquanto durar o casamento ou união estável;

2. os menores sob guarda judicial;

3. os menores sob tutela ou curatela, desde que comprovadamente vivam sob a dependência econômica de militar contribuinte. (NR)

§ 3º A assistência ao beneficiário temporariamente incapaz será devida enquanto perdurar a incapacidade. (NR)

- §§ 1º ao 3º com redação dada pela Lei Complementar nº 1.353, de 10/01/2020.

TÍTULO IV

DA ASSISTÊNCIA JURÍDICA. (NR)

- Título IV com redação dada pela Lei Complementar nº 1.349, de 25/11/2019, *a partir de 01/01/2020.*

CAPÍTULO ÚNICO

Art. 35. A CBPM prestará assistência jurídica gratuita para a defesa dos policiais militares por atos praticados em razão do exercício de suas funções, na forma que dispuser o regulamento. (NR)

- Artigo 35 com redação dada pela Lei Complementar nº 1.349, de 25/11/2019, *entrando em vigor a partir de 01/01/2020.*

TÍTULO V

DO PESSOAL

CAPÍTULO ÚNICO

Art. 36. Os servidores das Caixas Beneficentes que ora se fundem serão aproveitados na CBPM.

Parágrafo único – Os servidores da Caixa Beneficente da Guarda Civil de São Paulo, regidos pelas disposições estatutárias, que, na data da publicação desta lei, venham prestando serviços diretamente relacionados com a assistência médico-hospitalar e odontológica, poderão ser postos à disposição da Cruz Azul de São Paulo em conformidade com o que dispuser o convênio mencionado no art. 30 desta lei.

Art. 37. O regime jurídico do pessoal que venha a ser admitido na CBPM será definido em regulamento.

TÍTULO VI

DAS DISPOSIÇÕES GERAIS

CAPÍTULO ÚNICO

Art. 38. A CBPM fica sub-rogada nos direitos e obrigações da Caixa Beneficente da Força Pública do Estado e da Caixa Beneficente da Guarda Civil de São Paulo.

Art. 39. Revogado.

- Art. 39 revogado pela Lei Complementar nº 1.013, de 06/07/2007

Art. 40. Fica instituído na CBPM o "Fundo de Previdência", constituído pela diferença entre a "Receita de Previdência", correspondente a noventa por cento da soma das parcelas enumeradas nos incisos I e II do art. 5º e a "Despesa de Previdência" que corresponde às pensões pagas.

Parágrafo único – Se a "Despesa de Previdência" exceder à "Receita de Previdência" as pensões continuarão a ser pagas integralmente, coberta a diferença pelo "Fundo de Previdência".

Art. 41. As reservas técnicas, constituídas pela entidade com recursos do "Fundo de Previdência", serão aplicadas de acordo com as normas estabelecidas pela Junta de Coordenação Financeira, consoante dispõem os §§ 1º e 2º do art. 5º do Decreto-Lei Complementar n. 18, de 17 de abril de 1970.

Art. 42. O Estado não criará qualquer encargo para a CBPM sem provê-la, concomitantemente, dos meios correspondentes.

Art. 43. Revogado.

Art. 43 revogado pela Lei Complementar nº 1.013, de 06/07/2007.

Art. 44. Os recolhimentos da contribuição em atraso vencerão juros em favor da CBPM à taxa de doze por cento ao ano.

Art. 45. A despesa decorrente do disposto no art. 25 desta lei correrá à conta de créditos suplementares que o Poder Executivo está autorizado a abrir, até o limite de vinte por cento do valor da receita tributária, em conformidade com o art. 6º da Lei n. 183 de 10 de dezembro de 1973, alterada pela Lei n. 334, de 8 de julho deste ano.

Art. 46. Ficam revogados o art. 11 da Lei n. 958, de 28 de setembro de 1905, a Lei n. 2.917, de 19 de janeiro de 1937, o art. 93 do Decreto-Lei n. 15.620, de 29 de janeiro de 1946, e toda a legislação subsequente que disponha, de modo geral ou especial, sobre a matéria relacionada, direta ou indiretamente, com a Caixa Beneficente da Força Pública do Estado de São Paulo e a Caixa Beneficente da Guarda Civil de São Paulo, ressalvadas as disposições que regulam as carteiras e os serviços mantidos por essas entidades, até sua extinção, nos termos do art. 1º das Disposições Transitórias desta lei.

Art. 47. O Poder Executivo regulamentará esta lei, dentro do prazo de 60 (sessenta) dias.

Art. 48. Esta lei e suas disposições transitórias entrarão em vigor na data da publicação do regulamento a que se refere o artigo anterior.

DISPOSIÇÕES TRANSITÓRIAS

Art. 1º As carteiras e serviços, que vinham sendo mantidos pelas Caixas Beneficentes que ora se fundem, serão extintas, promovendo-se sua liquidação pela forma a ser estabelecida em decreto.

Art. 2º Dentro de 30 (trinta) dias contados da publicação desta lei, a CBPM inventariará os bens de propriedade das Caixas Beneficentes que ora se fundem, destinados exclusivamente a atividades de assistência social, esportivas, recreativas ou culturais, a fim de promover as providências necessárias à cessão, em comodato, dos imóveis e dos equipamentos, viaturas, móveis, utensílios e demais implementos, às entidades associativas da Polícia Militar do Estado.

Art. 3º No mesmo prazo previsto no artigo anterior, a CBPM tomará as providências necessárias à cessão, em comodato, dos bens imóveis e dos equipamentos, viaturas, móveis, utensílios e demais implementos utilizados pela Caixa Beneficente da Guarda Civil de São Paulo, para fins de assistência médico-hospitalar e odontológica, à Cruz Azul de São Paulo.

Art. 4º Serão transferidos à Caixa Beneficente da Polícia Militar os saldos, existentes na data da vigência desta lei, das dotações consignadas nos orçamentos deste exercício, das Caixas Beneficentes que se fundem.

Art. 5º As pensões referentes ao posto e às graduações que a seguir se mencionam, corresponderão:

I – as de general, à pensão de coronel, acrescida de 15% (quinze por cento);

II – as de sargento ajudante, à pensão de subtenente;

III – as de anspeçada, à pensão de cabo.

Art. 6º As pensões deixadas por contribuintes falecidos anteriormente à vigencia desta lei, continuarão reguladas pela legislação em vigor ao tempo de sua concessão, calculada, porém, na base de 75% (setenta e cinco por cento) da retribuição-base de que trata esta lei.

Art. 7º Aos beneficiários referidos no art. 8º, de ex-contribuintes reformados ou aposentados, falecidos até a data da publicação desta lei e que deixarem de contribuir em razão do disposto no art. 4º da Lei n. 2.332, de 27 de dezembro de 1928 e no art. 18 da Lei n. 2.917, de 19 de janeiro de 1937, será concedida, a título de amparo social, desde que não se tenham valido, até a data da publicação desta lei, do benefício concedido pela Lei n. 4, de 17 de julho de 1972, uma pensão equivalente a 75% (setenta e cinco por cento) do valor do padrão alfabético ou da referência numérica correspondente ao posto ou graduação do falecido.

§ 1º O disposto neste artigo é extensivo aos beneficiários referidos no art. 8º, de ex-contribuintes que faleceram no período de carência citado no art. 11 da Lei n. 2.332, de 27 de dezembro de 1928, no art. 32 da Lei n. 2.917, de 19 de janeiro de 1937 e no § 1º do art. 50 do Decreto n. 34.438, de 31 de dezembro de 1958, desde que não se tenham valido até a data da publicação desta lei, do benefício concedido pela Lei n. 4, de 17 de julho de 1972.

§ 2º Os benefícios de que tratam este artigo e o parágrafo anterior serão devidos a partir da data da entrada dos requerimentos, no protocolo da CBPM, sem direito a atrasados.

§ 3º Aplica-se à pensão prevista neste artigo o disposto para as demais, no que couber.

LEI Nº 500, DE 13 DE NOVEMBRO DE 1974

Institui o regime jurídico dos servidores admitidos em caráter temporário e dá providências correlatas.

ÍNDICE

CAPÍTULO I
DA ADMISSÃO

Art. 1º Além dos funcionários públicos poderá haver na Administração estadual servidores admitidos em caráter temporário:

I - para o exercício de função-atividade correspondente à função de serviço público de natureza permanente;

II - para o desempenho de função-atividade de natureza técnica, mediante contrato bilateral, por prazo certo e determinado; ou trabalhos rurais, todos de natureza transitória, ou ainda,

III - para a execução de determinada obra serviços de campo a critério da Administração, para a execução de serviços decorrentes de convênios.

Parágrafo único - Em casos excepcionais, decorrentes de calamidade pública, epidemias ou grave comoção interna, poderão ser admitidos servidores em caráter temporário, na forma do inciso I, para o exercício das funções-atividades de que trata o inciso : deste artigo com o fim de dar atendimento à emergência e pelo prazo em que esta perdurar.

- Art. 1º com redação dada pela Lei Complementar nº 180, de 12/05/1978, retroagindo seus efeitos a 01/03/1978.

Art. 2º Revogado.

- Art. 2º revogado pela Lei nº 900, de 18/12/1975.

Art. 3º Os servidores de que tratam os incisos I e II do art. 1º reger-se-ão pelas normas desta lei, aplicando-se aos de que trata o inciso III, as normas da legislação trabalhista.

§ 1º Poderá, também, a critério da Administração, ser admitido pessoal no regime trabalhista para o desempenho das funções a que se referem os incisos I e II do art. 1º, na forma a ser disciplinada em decreto.

§ 2º As disposições desta lei relativas aos servidores admitidos em caráter temporário não se aplicam ao pessoal admitido nos termos do parágrafo anterior, exceto as dos arts. 5º, 6º, 7º, 8º e 9º.

§ 3º As autoridades que admitirem servidores nos termos da legislação trabalhista além da observância das normas previstas nesta mesma legislação deverão providenciar, sob pena de responsabilidade funcional. sua inscrição para fins previdenciários e o recolhimento das respectivas contribuições.

- Art. 3º com redação dada pela Lei Complementar nº 180, de 12/05/1978, retroagindo seus efeitos a 01/03/1978.

Art. 4º Os servidores a que se refere o inciso I do art. 1º, admitidos para funções correspondentes a cargos em regimes especiais de trabalho, poderão ser incluídos nesses regimes na forma da legislação em vigor.

Art. 5º É vedada a admissão nos termos do art. 1º sob quaisquer denominações:

I – para atribuições correspondentes às funções de serviço público, na área da Administração Centralizada, referentes is atividades de representação judiciai e extrajudicial, de consultoria jurídica do Executivo e da Administração em gera, de assistência jurídica e de assessoramento técnico-legislativo de assistência judiciária aos necessitados, de arrecadação e fiscalização de tributos, de manutenção da ordem e segurança pública internas bem como de direção;

II – quando houver na mesma Secretaria, cargo vago correspondente à função e candidatos aprovados em concurso público com prazo de validade não extinto.

– Art. 5º com redação dada pela Lei Complementar nº 180, de 12/05/1978, retroagindo seus efeitos a 01/03/1978.

Art. 6º As admissões serão sempre precedidas de processo, iniciado por proposta devidamente justificada, e serão feitas:

I – as relativas às funções de que tratam os incisos I e II do art. 1º, pelo Secretário de Estado, com autorização do Chefe do Executivo, sujeitas as do inciso I a seleção, nos termos da legislação em vigor;

II – as relativas à funções de que trata o inciso III, do art. 1º, mediante portaria da autoridade competente, com autorização do Secretário de Estado.

Parágrafo único – Constarão obrigatoriamente das propostas de admissão a função a ser desempenhada o salário, a dotação orçamentáriaa própria e a demonstração da existência de recursos.

Art. 6º com redação dada pela Lei Complementar nº 180, de 12/05/1978, retroagindo seus efeitos a 01/03/1978.

Art. 7º As condições para admissão dos servidores de que trata o inciso I do art. 1º, relativas a diplomas ou experiência de trabalho, conduta e outras exigências legais, constarão das instruções especiais das provas de seleção.

Art. 8º A proposta de admissão dos servidores de que trata o inciso II do art. 1º será instruída com os seguintes documentos:

I – prova de nacionalidade brasileira;

II – prova de estar em dia com as obrigações relativas ao serviço militar;

III – prova de estar no gozo dos direitos políticos;

IV – prova de boa conduta;

V – prova de sanidade e capacidade física;

VI – títulos científicos ou profissionais que comprovem a habilitação para o desempenho da função técnica, reconhecidamente especializada;

VII – minuta de contrato.

Parágrafo único – Quando se tratar de contrato de estrangeiros serão dispensados os requisitos constantes dos incisos I e III, se o estrangeiro for residente no país, e os dos incisos I a IV, se não residente.

Art. 9º As provas de seleção, para a admissão dos servidores de que trata o inciso l do Art. 1º, serão realizadas, em cada caso, por comissão para esse fim especialmente constituída nas Secretarias de Estado.

– Art. 9º com redação dada pela Lei nº 900, de 18/12/1975.

Art. 10. Revogado

– Art. 10 revogado pela Lei nº 900, de 18/12/1975.

Art. 11. Respeitado o disposto no inciso II do art. 5º, terão preferência, para serem admitidos nos termos desta lei, os candidatos habilitados em concurso público realizado pelos órgãos centrais, setoriais ou subsetoriais de recursos humanos, para cargos correspondentes às funções a que se refere o inciso I, do art. 1º, sem prejuízo do direito à nomeação, obedecida, em qualquer caso, a ordem de classificação.

– Art. 11 com redação dada pela Lei Complementar nº 180, de 12/05/1978, retroagindo seus efeitos a 01/03/1978.

CAPÍTULO II
DO EXERCÍCIO

Art. 12. O servidor admitido deverá assumir o exercício dentro do prazo improrrogável de 30 (trinta) dias.

§ 1º Em caso de urgência poderá ser reduzido o prazo previsto neste artigo, devendo essa circunstância constar das instruções especiais das provas de seleção ou, no caso de contrato, da proposta de admissão.

§ 2º Se o exercício não se iniciar dentro do prazo, será a admissão declarada sem efeito.

Art. 13. Ao assumir o exercício o servidor deverá apresentar certificado de sanidade e capacidade física fornecido por órgão médico oficial.

Parágrafo único – O servidor de que trata o inciso I do art. 1º deverá ainda apresentar a documentação comprobatória do preenchimento das condições para admissão, constantes das instruções especiais das provas de seleção.

Art. 14. A contagem do prazo a que se refere o art. 12 poderá ser suspensa até o máximo de 120 (cento e vinte) dias, a partir da data em que o servidor apresentar guia ao órgão médico, encarregado da inspeção, até a data da expedição do certificado de sanidade e capacidade física, sempre que a inspeção médica exigir essa providência.

Parágrafo único – O prazo a que se refere este artigo recomeçará a correr sempre que o candidato, sem motivo justificado, deixe de submeter-se aos exames médicos julgados necessários.

Art. 15. Os servidores regidos por esta lei poderão ser afastados, com ou sem prejuízo de seus salários, sempre para fim determinado e por prazo certo, ouvido previamente o Titular da Pasta a que estiverem subordinados, mediante autorização do Governador, nas seguintes hipóteses:

I – para missão ou estudo de interesse do serviço público, fora do Estado ou da respectiva sede de exercício;

II – para participação em congressos e outros certames culturais, técnicos ou científicos;

III – para participação em provas de competições desportivas, desde que haja requisição justificada do órgão competente.

Parágrafo único – Na hipótese do inciso III, o afastamento será concedido sem prejuízo do salário, quando o servidor representar o Brasil ou o Estado em competições desportivas oficiais, e, com prejuízo de salário, em quaisquer outros casos.

Art. 16. Serão considerados de efetivo exercício, para os efeitos desta lei, os dias em que o servidor estiver afastado do serviço em virtude de:

I – férias;

II – casamento, até 8 (oito) dias;

III – falecimento do cônjuge, filhos, pais e irmãos até 8 (oito) dias;

IV – falecimento dos avós, netos, sogros, padrasto ou madrasta, até 2 (dois) dias;

– Inciso IV com redação dada pela Lei Complementarº 318, de 10/03/1983, retroagindo seus efeitos a 01/01/1983.

V – serviços obrigatórios por lei;

VI – licença quando acidentado no exercício de suas atribuições ou atacado de doença profissional;

VII – licença à servidora gestante;

VIII – licenciamento compulsório como medida profilática;

IX – Revogado;

– Inciso IX revogado pela Lei Complementar nº 1.361, de 21/10/2021, com efeitos a partir do primeiro dia do mês subsequente à data da sua publicação.

X – faltas em virtude de consulta ou tratamento no Instituto de Assistência Médica ao Servidor Público Estadual (IAMSPE) referentes à sua própria pessoa, nos termos da Lei n. 10.432, de 29 de dezembro de 1971;

XI – afastamentos, nos termos do art. 15 desta lei, deste que concedidos sem prejuízo de salários;

XII – falta por 1 (um) dia, por doação de sangue, desde que comprovada a contribuição para banco de sangue mantido por órgão estatal ou paraestatal ou entidade com a qual o Estado mantenha convênio;

XIII – trânsito, em decorrência de mudança de sede de exercício, até 8 (oito) dias.

XIV – licença-paternidade, por 5 (cinco) dias;

– Inciso XIV com redação dada pela Lei Complementar nº 1.054, de 07/07/2008.

XV – licença para doação de tecidos, de órgãos, de parte de órgãos e de partes do corpo vivo para fins terapêuticos ou de transplantes intervivos, nos termos do inciso VIII do artigo 25 desta lei. (NR)

– Inciso XV acrescentado pela Lei Complementar nº 1.361, de 21/10/2021.

Parágrafo único – Os dias em que o servidor estiver afastado do serviço, em decorrência das faltas a que se refere o inciso X, serão considerados de efetivo exercício para fins de percepção de salário e de aposentadoria.

– Parágrafo único com redação dada pela Lei Complementar nº 318, de 10/03/1983, retroagindo seus efeitos a 01/01/1983.

Art. 17. Será contado para os efeitos desta lei, salvo para a percepção de salário:

I – o período de licença por convocação para o serviço militar e outros encargos da segurança nacional;

II – o período de licença para frequência aos estágios prescritos pelos regulamentos militares;

III – o período de afastamento para participação em provas de competições desportivas, quando concedido com prejuízo de salário.

Art. 18. Aplicam-se aos servidores regidos por esta lei as disposições vigentes para os funcionários públicos civis do Estado relativas a horário e ponto, salvo cláusula contratual, no caso dos servidores de que trata o inciso II do art. 1º.

CAPÍTULO III
DOS DIREITOS E DAS VANTAGENS EM GERAL

SEÇÃO I
DO SALÁRIO E VANTAGENS DE ORDEM PECUNIÁRIA

Art. 19. O salário do servidor não poderá ultrapassar os limites fixados por lei para o vencimento do cargo a que corresponder.

Art. 20. O servidor perderá o salário do dia quando não comparecer ao serviço. (NR)

– *"Caput" com redação dada pela* Lei Complementar nº 1.361, de 21/10/2021.

§ 1º Revogado.

– *§ 1º revogado pela* Lei Complementar nº 1.361, de 21/10/2021, *com efeitos a partir do primeiro dia do mês subsequente à data da sua publicação.*

§ 2º No caso de faltas sucessivas, justificadas ou injustificadas, os dias intercalados – domingos, feriados e aqueles em que não haja expediente – serão computados exclusivamente para efeito de desconto do salário.

Art. 21. O servidor perderá 1/3 (um terço) do salário do dia quando comparecer ao serviço dentro da hora seguinte à marcada para o início do expediente ou quando dele retirar-se dentro de última hora.

Art. 22. Aplicam-se aos servidores regidos por esta lei as disposições vigentes para os funcionários públicos civis do Estado relativas a serviço extraordinário, representação, participação em órgão legal de deliberação coletiva, diárias, ajuda de custo, salário-familia, salário-esposa e auxílio-funeral.

Parágrafo único – Ao servidor que pagar ou receber em moeda corrente, poderá ser concedida gratificação "pro labore", nas mesmas bases e condições da atribuída aos funcionários públicos civis do Estado.

Art. 23. O Estado assegurará ao servidor o direito ao pleno ressarcimento do danos ou prejuízos, decorrentes de acidentes no trabalho, do exercício em determinadas zonas ou locais e da execução de trabalho especial, com risco de vida ou saúde.

SEÇÃO II
DAS FÉRIAS E LICENÇAS

Art. 24. Para efeito de aquisição e gozo de férias aplicam-se aos servidores regidos por essa lei as disposições vigentes para os funcionários públicos civis do Estado.

Art. 25. Poderá ser concedida licença:

I – para o servidor acidentado no exercício de suas atribuições ou acometido de doença profissional;

II – para tratamento de saúde;

III – por motivo de doença em pessoa da família;

IV – para cumprimento de obrigações concernentes ao serviço militar;

V – compulsoriamente, como medida profilática;

VI – para a servidora gestante.

VII – para tratar de interesses particulares.

VIII – para doação de tecidos, de órgãos, de parte de órgãos e de partes do corpo vivo para fins terapêuticos ou de transplantes intervivos, nas hipóteses autorizadas pela legislação federal e mediante inspeção médica, observado o estabelecido em decreto. (NR)

– *Inciso VIII acrescentado pela* Lei Complementar nº 1.361, de 21/10/2021.

§ 1º A licença de que trata o inciso VII deste artigo somente poderá ser concedida aos servidores, admitidos com fundamento nos incisos I ou II do artigo 1,º desta lei, que tenham adquirido estabilidade em decorrência do disposto no artigo 19 do Ato das Disposições Constitucionais Transitórias da Constituição Federal.

– *Parágrafo único transformado em §1º pela* Lei Complementar nº 1.361, de 21/10/2021.

§ 2º A licença prevista no inciso VIII deste artigo não poderá ser concedida mais de uma vez por ano, salvo nos casos de doação de medula óssea para o mesmo receptor. (NR)

– *§ 2º acrescentado pela* Lei Complementar nº 1.361, de 21/10/2021.

Art. 26. Aplicam-se às licenças a que se refere o artigo anterior as normas a elas pertinentes contidas na legislação em vigor para os funcionários públicos civis do Estado.

SEÇÃO III
DA APOSENTADORIA

Art. 27. O servidor será aposentado:

I – por invalidez;

II – compulsoriamente aos 70 (setenta) anos de idade;

III – voluntariamente após 35 (trinta e cinco) anos de serviço.

Parágrafo único – No caso do inciso III, o prazo e reduzido a 30 (trinta) anos para as mulheres.

– Art. 27 com redação dada pela Lei Complementar nº 180, de 12/05/1978, retroagindo seus efeitos a 01/03/1978.

Art. 28. A aposentadoria prevista no inciso I do artigo anterior só será concedida após a comprovação da invalidez do servidor, mediante inspeção de saúde realizada em órgão médico oficial.

Art. 29. A aposentadoria compulsória prevista no inciso II do art. 27 é automática.

Parágrafo único – O servidor se afastará no dia imediato àquele em que atingir a idade-limite, independentemente da publicação do ato declaratório da aposentadoria.

Art. 30. Aposentado o servidor, os proventos serão integrais, nos casos, dos incisos I e III do art. 27, e, proporcionais ao tempo de serviço no caso da aposentadoria compulsória.

– Art. 30, "caput", com redação dada pela Lei Complementar nº 209, de 17/01/1979, retroagindo seus efeitos a 01/03/1978.

Parágrafo único – Na aposentadoria compulsória, os proventos serão calculados nas mesmas bases e proporções vigentes para o funcionário público civil do Estado.

Art. 31. Para efeito de aposentadoria compulsória será contado o tempo de licença para tratamento de saúde.

CAPÍTULO IV
DA REVERSÃO

Art. 32. A reversão do servidor aposentado por invalidez ocorrerá quando insubsistentes as razões que determinaram a aposentadoria.

§ 1º A reversão só poderá efetivar-se quando, em inspeção médica, ficar comprovada a capacidade para o exercício da função.

§ 2º Será tornada sem efeito a reversão e cassada a aposentadoria do servidor que reverter e não entrar em exercício dentro do prazo improrrogável de 30 (trinta) dias.

CAPÍTULO V
DOS DEVERES, DAS PROIBIÇÕES E DAS RESPONSABILIDADES

Art. 33. Além das obrigações que decorrem normalmente da própria função, está o servidor sujeito aos mesmos deveres e às mesmas proibições, assim como ao regime de responsabilidade e às penas disciplinares de repreensão, suspensão e multa vigentes para o funcionário público civil do Estado.

Art. 34. O servidor deverá exercer as atribuições pertinentes às funções para as quais foi admitido, ficando proibido de desempenhar tarefas que se constituam em desvio de função, responsabilizado o funcionário que der causa a tal irregularidade.

CAPÍTULO VI
DA DISPENSA

Art. 35. Dar-se-á a dispensa do servidor:

I – a pedido;

II – no caso de criação do cargo correspondente, a partir da data do exercício de seu titular;

III – a critério da Administração, independentemente da criação do cargo correspondente, no caso de cessação da necessidade do serviço;

IV – quando o servidor não corresponder ou incorrer em responsabilidade disciplinar.

§ 1º Aplicar-se-á ao servidor a dispensa a bem do serviço público nos mesmos casos em que, ao funcionário, seja aplicada a demissão agravada.

§ 2º A dispensa de caráter disciplinar será sempre motivada.

Art. 36. Será aplicada a pena de dispensa por inassiduidade quando o servidor se ausentar do serviço, sem causa justificável, por mais de 15 (quinze) dias consecutivos, ou por mais de 20 (vinte) dias úteis intercalados, durante 1 (um) ano. (NR)

– *"Caput" com redação dada pela* Lei Complementar nº 1.361, de 21/10/2021.

I – Revogado.

– *Inciso I revogado pela* Lei Complementar nº 1.361, de 21/10/2021.

II – Revogado.

- *Inciso II revogado pela* Lei Complementar nº 1.361, de 21/10/2021.

Parágrafo único – Para configuração do ilícito administrativo de inassiduidade em razão da ausência ao serviço por mais de 15 (quinze) dias consecutivos, será observado o seguinte: (NR)

– *Parágrafo único acrescentado pela* Lei Complementar nº 1.361, de 21/10/2021.

1 – serão computados os sábados, os domingos, os feriados e os pontos facultativos subsequentes à primeira falta; (NR)

– *Item 1 acrescentado pela* Lei Complementar nº 1.361, de 21/10/2021.

2 – quando o servidor cumprir a jornada de trabalho sob regime de plantão, além dos sábados, dos domingos, dos feriados e dos pontos facultativos, serão computados os dias de folga subsequentes aos plantões a que tenha faltado. (NR)

– *Item 2 acrescentado pela* Lei Complementar nº 1.361, de 21/10/2021.

Art. 37. Compete ao Secretário de Estado dispensar o servidor, podendo, no caso do inciso I do art. 35, delegar essa atribuição a outra autoridade.

Art. 38. A dispensa, nos casos previstos no inciso IV do art. 35, será precedida de notificação ao servidor, para que se defenda no prazo de 10 (dez) dias.

§ 1º A competência para proceder à notificação é da autoridade responsável pelo órgão, de ofício ou em face de proposta do chefe imediato do servidor.

§ 2º Não sendo encontrado o servidor, a notificação de que trata este artigo será feita mediante edital publicado por 3 (três) vezes consecutivas no órgão oficial.

Art. 39. A defesa do servidor consistirá em alegações escritas, assegurada a juntada de documentos.

§ 1º Quando, em consequência das alegações do servidor, se fizerem necessárias novas diligências para o esclarecimento dos fatos, a autoridade competente determinará a sua realização, fixando o respectivo prazo e designando um funcionário para se desincumbir daquela tarefa.

§ 2º Na hipótese do parágrafo anterior a autoridade competente mandará dar vista do processo ao servidor, a fim de que, dentro do prazo de 10 (dez) dias, se manifeste sobre os novos elementos coligidos.

§ 3º A autoridade competente, à vista dos elementos constantes do processo, fará relatório do ocorrido, submetendo os autos ao Secretário de Estado para julgamento.

Art. 40. No caso de inassiduidade, a defesa somente poderá versar sobre força maior, coação ilegal ou motivo legalmente justificável que impeça o comparecimento ao trabalho. (NR)

– *Artigo 40 com redação dada pela* Lei Complementar nº 1.361, de 21/10/2021.

Art. 41. Quando ao servidor se imputar crime ou contravenção penal praticado na esfera administrativa, o fato será comunicado à autoridade policial para que se instaure, simultaneamente, o competente inquérito.

Parágrafo único – Quando se tratar de crime ou contravenção penal praticado fora da esfera administrativa, a autoridade policial dará ciência dele à autoridade administrativa.

CAPÍTULO VII
DISPOSIÇÕES FINAIS

Art. 42. Os admitidos para funções docentes ficam sujeitos ao regime, instituído por esta lei, aplicando-se-lhes, excepcionalmente, quanto à admissão, seleção, jornada de trabalho, retribuição, férias e dispensa, as normas a serem expedidas por decreto, mediante proposta da Secretaria da Educação, aplicando-se aos atuais docentes temporários o disposto no art. 5º das Disposições Transitórias, atendida, no que couber, a legislação federal pertinente.

Art. 43. Os menores reeducandos que prestem serviços à Administração, ao atingirem a idade de 18 (dezoito) anos, poderão ser admitidos nos termos do inciso I, do art. 1º dispensada a seleção e em continuação, mediante ato do Secretário de Estado.

§ 1º A aplicação do disposto neste artigo fica condicionada à verificação da conduta e eficiência demonstradas em serviço pelo reeducando.

§ 2º Para atender às disposições do parágrafo anterior, deverá o chefe imediato do reeducando prestar as informações cabíveis à autoridade superior.

§ 3º Será computado, para os efeitos legais, o tempo de serviço prestado ao Estado pelo reeducando.

Art. 44. Os servidores regidos por esta lei serão contribuintes obrigatórios do Instituto de Previdência de Estado de São Paulo (IPESP) e do Instituto de Assistência Médica ao Servidor Público Estadual (IAMSPE), nas mesmas bases e condições a que estão sujeitos os funcionários, fazendo jus a idênticos benefícios a estes concedidos.

Parágrafo único – O disposto neste artigo, a critério da Administração, poderá ser aplicado ao pessoal que vier a ser admitido no regime trabalhista na forma prevista no art. 3º.

– Parágrafo único com redação dada pela Lei Complementar nº 180, de 12/05/1978, retroagindo seus efeitos a 01/03/1978.

Art. 45. Os requerimentos, pedidos de reconsideração e recursos formulados pelos servidores regidos por esta lei obedecerão aos mesmos requisitos e prazos estipulados na legislação vigente para os funcionários públicos civis do Estado.

Art. 46. Para os servidores abrangidos pelo inciso I do art. 1º considerar-se-á, entre outros, como título, quando do concurso para provimento dos cargos correspondentes, na forma que dispuser o regulamento, a experiência de trabalho adquirida em decorrência do tempo de serviço já prestado do Estado e a aprovação na seleção pública a que se houverem submetido para o exercício das funções.

Art. 47-A. Não se aplica aos integrantes do Quadro do Magistério da Secretaria da Educação o disposto no § 2º do artigo 20 e o artigo 21 desta lei. (NR)

– Artigo 47-A acrescentado pela Lei Complementar nº 1.374, de 30/03/2022, com efeitos a partir de 60 (sessenta) dias após a data da sua publicação.

Art. 48. As despesas resultantes da execução desta lei correrão à conta de créditos suplementares que o Poder Executivo está autorizado a abrir, nos termos do inciso I, do art. 7º, da Lei n. 103, de 10 de dezembro de 1973.

Art. 49. Esta lei e suas disposições transitórias entrarão em vigor na data de sua publicação.

DISPOSIÇÕES TRANSITÓRIAS

Art. 1º Os atuais admitidos a título precário para funções com denominações correspondentes às cargos públicos ficam enquadrados no inciso I do art. 1º desta lei, passando a perceber salário, equivalente ao vencimento do grau inicial da classe correspondente, observado quando for o caso, a disposto no art. 42.

§ 1º Dentro de 90 (noventa) dias, as Secretarias de Estado procederão ao enquadramento dos admitidos para as funções enumeradas nos incisos I a III, do art. 5º desta lei, observadas as proibições neles contidas.

§ 2º Os admitidos a título precário para funções com denominações não correspondentes às dos cargos públicos terão seu enquadramento revisto e procedido pelo CEPS, observadas as proibições dos incisos I a III, do art. 6º desta lei.

Art. 2º Ao antigo pessoal para obras, não abrangido pelo § 2º do art. 177 da Constituição do Brasil, de 1967, bem como aos já admitidos no regime da legislação trabalhista, fica facultada opção pelo enquadramento no inciso I do art. 1º desta lei, observado o disposto nos §§ 1º e 2º do artigo anterior.

§ 1º A opção deverá ser manifestada por escrito, perante a autoridade competente, no prazo de 60 (sessenta) dias.

§ 2º Ao pessoal a que se refere este artigo não se aplica o disposto no inciso II do art. 35 desta lei.

Art. 3º As disposições do artigo anterior poderão ser aplicadas mediante decreto específico, ao pessoal para obras das autarquias que se encontre na situação nele prevista à data da publicação da presente lei.

Art. 4º Dentro de 120 (cento e vinte) dias, a partir da vigência desta lei as Secretarias de Estado procederão ao levantamento do pessoal enquadrado no inciso I do art. 1º desta lei, propondo, dentro de igual prazo, a contar do término do anterior, a criação dos cargos correspondentes que poderão ser relotados para outras Secretarias, se excederem às necessidades dos serviços das repartições em que foram admitidos.

Parágrafo único – O disposto neste artigo não se aplica nos casos a que se refere o parágrafo único do art. 31 do Estatuto do Magistério.

Art. 5º O provimento dos cargos que venham a ser criados na forma prevista no artigo anterior far-se-á mediante concurso público de provas e títulos.

§ 1º Consideram-se títulos, nos termos deste artigo, para fins de classificação, a experiência adquirida em decorrência do tempo de serviço prestado em função idêntico àquela do cargo em concurso e outros que vierem a ser estabelecidos em regulamento.

§ 2º A experiência será computada à razão de 0,5 (meio) ponto por mês de serviço efetivamente prestado até o máximo de 40 (quarenta) pontos.

Art. 6º Será computado, para os efeitos desta lei, o tempo do serviço prestado pelo pessoal a que se referem os artigos 1º e 2º destas Disposições Transitórias.

LEI COMPLEMENTAR Nº 207, DE 05 DE JANEIRO DE 1979

Lei Orgânica da Polícia do Estado de São Paulo.

ÍNDICE

TÍTULO I
DA POLÍCIA DO ESTADO DE SÃO PAULO

Art. 1º A Secretaria de Estado dos Negócios da Segurança Pública responsável pela manutenção, em todo o Estado, da ordem e da segurança pública internas, executará o serviço policial por intermédio dos órgãos policiais que a integram.

Parágrafo único – Abrange o serviço policial a prevenção e investigação criminais, o policiamento ostensivo, o trânsito e a proteção em casos de calamidade pública, incêndio e salvamento.

Art. 2º São órgãos policiais, subordinados hierárquica, administrativa e funcionalmente ao Secretário da Segurança Pública:

I – Polícia Civil;

II – Polícia Militar.

§ 1º Integrarão também a Secretaria da Segurança Pública os órgãos de assessoramento do Secretário da Segurança, que constituem a administração superior da Pasta.

§ 2º A organização, estrutura, atribuições e competência pormenorizada dos órgãos de que trata este artigo serão estabelecidos por decreto, nos termos desta lei e da legislação federal pertinente.

Art. 3º São atribuições básicas:

I – Da Polícia Civil – o exercício da Polícia Judiciária, administrativa e preventiva especializada;

II – Da Polícia Militar – o planejamento, a coordenação e a execução do policiamento ostensivo, fardado e a prevenção e extinção de incêndios.

Art. 4º Para efeito de entrosamento dos órgãos policiais contará a administração superior com mecanismos de planejamento, coordenação e controle, pelos quais se assegurem, tanto a eficiência, quanto a complementaridade das ações, quando necessárias a consecução dos objetivos policiais.

Art. 5º Os direitos, deveres, vantagens e regime de trabalho dos policiais civis e militares, bem como as condições de ingresso as classes, séries de classes, carreiras ou quadros são estabelecidos em estatutos.

Art. 6º É vedada, salvo com autorização expressa do Governador em cada caso, a utilização de integrantes dos órgãos policiais em funções estranhas ao serviço policial, sob pena de responsabilidade da autoridade que o permitir.

Parágrafo único – É considerado serviço policial, para todos os efeitos inclusive arregimentação, o exercido em cargo, ou funções de natureza policial, inclusive os de ensino a esta legados.

Art. 7º As funções administrativas e outras de natureza não policial serão exercidas por funcionário ou por servidor, admitido nos termos da legislação vigente não pertencente às classes, séries de classes, carreiras e quadros policiais.

Parágrafo único – Vetado.

Art. 8º As guardas municipais, guardas noturnas e os serviços de segurança e vigilância, autorizados por lei, ficam sujeitos à orientação, condução e fiscalização da Secretaria da Segurança Pública, na forma de regulamentada específica.

TÍTULO II
DA POLÍCIA CIVIL

CAPÍTULO I
DAS DISPOSIÇÕES PRELIMINARES

Art. 9º Esta lei complementar estabelece as normas, os direitos, os deveres e as vantagens dos titulares de cargos policiais civis do Estado.

Art. 10. – Consideram-se para os fins desta lei complementar:

I – classe: conjunto de cargos públicos de natureza policial da mesma denominação e amplitude de vencimentos;

II – série de classes: conjunto de classes da mesma natureza de trabalho policial, hierarquicamente escalonadas de acordo com o grau de complexidade das atribuições e nível de responsabilidade;

III – carreira policial: conjunto de cargos de natureza policial civil, de provimento efetivo.

Art. 11. São classes policiais civis aquelas constantes do anexo que faz parte integrante desta lei complementar.

Art. 12. As classes e as séries de classes policiais civis integram o Quadro da Secretaria da Segurança Pública na seguinte conformidade:

I – na Tabela I (SQC-I):

a) Delegado Geral de Polícia;

b) Diretor Geral de Polícia (Departamento Policial);

c) Assistente Técnico de Polícia;

d) Delegado Regional de Polícia;

e) Diretor de Divisão Policial;

f) Vetado;

g) Vetado;

h) Assistente de Planejamento e Controle Policial;

i) Vetado;

j) Delegado de Polícia Substituto;

l) Escrivão de Polícia Chefe II;

m) Investigador de Polícia Chefe II;

n) Escrivão de Polícia Chefe I;

o) Investigador de Polícia Chefe I;

II – na Tabela II (SQC-II):

a) Chefe de Seção (Telecomunicação Policial);

b) Encarregado de Setor (Telecomunicação Policial);

c) Chefe de Seção (Pesquisador Dactiloscópico Policial);

d) Encarregado de Setor (Pesquisador Dactiloscópico Policial)

e) Encarregado de Setor (Carceragem);

f) Chefe de Seção (Dactiloscopista Policial);

g) Encarregado de Setor (Dactiloscopista Policial);

h) Perito Criminal Chefe;

i) Perito Criminal Encarregado.

- Alíneas "h" e "i" acrescentadas pela Lei Complementar nº 247, de 06/04/1981.

III – na Tabela III (SQC-III)

a) os das séries de classe de:

1. Delegado de Polícia;
2. Escrivão de Polícia;
3. Investigador de Polícia;

b) os das seguintes classes:

1. Perito Criminal;
2. Técnico em Telecomunicações Policial;
3. Operador de Telecomunicações Policial;
4. Fotógrafo (Técnica Policial);
5. Inspetor de Diversões Públicas;
6. Auxiliar de Necrópsia;
7. Pesquisador Dactiloscópico Policial;
8. Carcereiro;
9. Dactiloscopista Policial;
10. Agente Policial;
11. Atendente de Necrotério Policial.

§ 1º Vetado.

§ 2º O provimento dos cargos de que trata o inciso II deste artigo far-se-á por transposição, na forma prevista no art. 27 da Lei Complementar nº 180, de 12 de maio de 1978.

§ 3º Vetado.

CAPÍTULO II
VETADO

Art. 13. Vetado.

Art. 14. Vetado:

I – vetado;

II – vetado;

III – vetado;

IV – vetado;

V – vetado.

§ 1º vetado.

§ 2º vetado.

§ 3º Vetado.

CAPÍTULO III
DO PROVIMENTO DE CARGOS

SEÇÃO I
DAS EXIGÊNCIAS PARA PROVIMENTO

Art. 15. No provimento dos cargos policiais civis, serão exigidos os seguintes requisitos:

I – Para o de Delegado Geral de Polícia, ser ocupante do cargo de Delegado de Polícia de Classe Especial (vetado);

II – Para os de Diretor Geral de Polícia, Assistente Técnico de Polícia e Delegado Regional de Polícia, ser ocupante do cargo de Delegado de Polícia de Classe Especial;

III – vetado;

IV – vetado;

V – para os de Diretor de Divisão Policial: ser ocupante, no mínimo. do cargo de Delegado de Polícia de 1ª Classe;

VI – para os de Assistente de Planejamento e Controle Policial: ser ocupante, no mínimo, de cargo de Delegado de Polícia de 2ª Classe;

VII – para os de Escrivão de Polícia Chefe II: ser ocupante do cargo de Escrivão de Polícia III;

VIII – para os de Investigador de Polícia Chefe II: ser ocupante do cargo de Investigador de Polícia III;

IX – para os de Escrivão de Polícia Chefe I: ser ocupante do cargo de Escrivão de Polícia III ou II;

X – para os de Investigador de Polícia Chefe I: ser ocupante do cargo de Investigador de Polícia III ou II;

XI – para os de Delegado de Polícia de 5ª Classe; ser portador de Diploma de Bacharel em Direito;

XII – para os de Delegado de Polícia de Classe Especial e de 2ª Classe: ser portador de certificado de curso específico ministrado pela Academia de Polícia de São Paulo;

XII – Revogado.

XIII – para os de Escrivão de Polícia e Investigador dc Policia: ser portador de certificado de conclusão de curso de segundo grau.

XIV – para os de Agente Policial: ser portador de certificado de conclusão de curso de segundo grau.

– Inciso XIV com redação dada pela Lei Complementar nº 858, de 02/09/1999.

– Parágrafo único acrescentado pela Lei Complementar nº 238, de 27/06/1980.

Parágrafo único – Revogado.

– Parágrafo único revogado pela Lei Complementar nº 503, de 06/01/1987.

SEÇÃO II
DOS CONCURSOS PÚBLICOS

Art. 16. O provimento mediante nomeação para cargos policiais civis, de caráter efetivo, será precedido de concurso público, realizado em 3 (três) fases eliminatórias e sucessivas:

I – a de prova escrita ou, quando se tratar de provimento de cargos em relação aos quais a lei exija formação de nível universitário, de prova escrita e títulos;

II – a de prova oral;

III – a de frequência e aproveitamento em curso de formação técnico-profissional na Academia de Polícia.

– Art. 16 com redação dada pela Lei Complementar nº 268, de 25/11/1981.

Art. 17. Os concursos públicos terão validade máxima de 2 (dois) anos e reger-se-ão por instruções especiais que estabelecerão, em função da natureza do cargo:

I – tipo e conteúdo das provas e as categorias dos títulos;

II – a forma de julgamento das provas e dos títulos;

III – cursos de formação a que ficam sujeitos os candidatos classificados;

IV – os critérios de habilitação e classificação final para fins de nomeação;

V – as condições para provimento do cargo, referentes a:

a) capacidade, física e mental;

b) conduta na vida pública e privada e a forma de sua apuração;

c) diplomas e certificados.

Art. 18. São requisitos para a inscrição nos concursos:

I – ser brasileiro;

II – ter no mínimo 18 (dezoito) anos, e no máximo 45 (quarenta e cinco) anos incompletos, à data do encerramento das inscrições;

III – não registrar antecedentes criminais;

IV – estar em gozo dos direitos políticos;

V – estar quite com o serviço militar;

– Inciso VI revogado pela Lei Complementar nº 538, de 26/05/1988.

Parágrafo único – Para efeito de inscrição, ficam dispensados do limite de idade, a que se refere o inciso II, os ocupantes de cargos policiais civis.

– Parágrafo único com redação dada pela Lei Complementar nº 350, de 25/06/1984.

Art. 19. Observada a ordem de classificação pela média aritmética das notas obtidas nas provas escrita e oral (incisos I e II do art. 16), os candidatos, em número equivalente ao de cargos vagos, serão matriculados no curso de formação técnico-profissional específico.

– Art. 19 com redação dada pela Lei Complementar nº 268, de 25/11/1981.

Art. 20. Os candidatos a que se refere o artigo anterior serão admitidos, pelo Secretário da Segurança Pública, em caráter experimental e transitório para a formação técnico-profissional.

§ 1º A admissão de que trata este artigo far-se-á com retribuição equivalente a do vencimento e demais vantagens do cargo vago a que se candidatar o concursando.

§ 2º Sendo funcionário ou servidor, o candidato matriculado ficara afastado do seu cargo ou função-atividade, até o término do concurso junto à Academia de Polícia de São Paulo, sem prejuízo do vencimento ou salário e demais vantagens, contando-se-lhe o tempo de serviço para todos os efeitos legais.

§ 3º É facultado ao funcionário ou servidor, afastado nos termos do parágrafo anterior, optar pela retribuição prevista no § 1º.

Art. 21. O candidato terá sua matricula cancelada e será dispensado do curso de formação, nas hipóteses em que:

I – não atinja o minimo de frequência estabelecida para o curso;

II – não revele aproveitamento no curso;

III – não tenha conduta irrepreensível na vida pública ou privada.

Parágrafo único – Os critérios para a apuração das condições constantes dos incisos II e III serão fixados em regulamento.

Art. 22. Homologado o concurso pelo Secretário da Segurança Pública, serão nomeados os candidatos aprovados, expedindo-se lhes certificados dos quais constará a média final.

Art. 23. A nomeação obedecerá a ordem de classificação no concurso.

SEÇÃO III
DA POSSE

Art. 24. Posse é o ato que investe o cidadão em cargo público polícia civil.

Art. 25. São competentes para dar posse:

I – O Secretário da Segurança Pública, ao Delegado Geral de Polícia;

II – O Delegado Geral de Polícia, aos Delegados de Polícia;

III – O Diretor do Departamento de Administração da Polícia Civil, nos demais casos.

Art. 26. A autoridade que der posse deverá verificar, sob pena de responsabilidade, se foram satisfeitas as condições estabelecidas em lei ou regulamento para a investidura no cargo policial civil.

Art. 27. A posse verificar-se-á mediante assinatura de termo em livro próprio, assinado pelo empossado e pela autoridade competente, após o policial civil prestar solenemente o respectivo compromisso, cujo teor será definido pelo Secretário da Segurança Pública.

Art. 28. A posse deverá verificar-se no prazo de 15 (quinze) dias, contados da publicação do ato de provimento, no órgão oficial.

§ 1º O prazo fixado neste artigo poderá ser prorrogado por mais 15 (quinze) dias, a requerimento do interessado.

§ 2º Se a posse não se der dentro do prazo será tornado sem efeito o ato de provimento.

Art. 29. A contagem do prazo a que se refere o artigo anterior poderá ser suspensa até o máximo de 120 (cento e vinte) dias, a critério do órgão médico encarregado da inspeção respectiva, sempre que este estabelecer exigência para a expedição de certificado de sanidade.

Parágrafo único – O prazo a que se refere este artigo recomeçara a fluir sempre que o candidato, sem motivo justificado, deixar de cumprir as exigências do órgão médico.

SEÇÃO IV
DO EXERCÍCIO

Art. 30. O exercício terá início dentro de 15 (quinze) dias, contados

I – da data da posse,

II – da data da publicação do ato no caso de remoção.

§ 1º Quando o acesso, remoção ou transposição não importar mudança de município, deverá o policial civil entrar em exercício no prazo de 5 (cinco) dias.

§ 2º No interesse do serviço policial o Delegado Geral de Polícia poderá determinar que os policiais civis assumam imediatamente o exercício do cargo.

Art. 31. O exercício terá inicio dentro de 15 (quinze) dias, constados: unidade diversa daquela para o qual foi designado, salvo autorização do Delegado Geral de Polícia.

Art. 32. O Delegado de Polícia só poderá chefiar unidade ou serviço de categoria correspondente à sua classe, ou, em caso excepcional, à classe imediatamente superior.

Art. 33. Quando em exercício em unidade ou serviço de categoria superior, nos termos deste artigo, terá o Delegado de Polícia direito à percepção da diferença entre os vencimentos do seu cargo e os do cargo de classe imediatamente superior.

Parágrafo único – Na hipótese deste artigo aplicam-se as disposições do art. 195 da Lei Complementar n. 180, de 12 de maio de 1978.

SEÇÃO V
DA REVERSÃO "EX OFFÍCIO"

Art. 34. Reversão "ex offício" é o ato pelo qual o aposentado reingressa no serviço policial quando insubsistentes as razões que determinaram a aposentadoria por invalidez.

§ 1º A reversão só poderá efetivar-se quando, em inspeção médica, ficar comprovada à capacidade para o exercício do cargo.

§ 2º Será tornada sem efeito a reversão "ex offício" e cassada a aposentadoria do policial civil que reverter e não tomar posse ou não entrar em exercício injustificadamente, dentro do prazo legal.

Art. 35. A reversão far-se-á no mesmo cargo.

CAPÍTULO IV
DA REMOÇÃO

Art. 36. O Delegado de Polícia só poderá ser removido, de um para o outro município (vetado):

I – a pedido;

II – por permuta;

III – com seu assentimento, após consulta.

IV – no interesse do serviço policial, com a aprovação de dois terça do Conselho da Polícia Civil (vetado).

Art. 37. A remoção dos integrantes das demais séries de classe e cargos policiais civis, de uma para outra unidade policial, será processada:

I – a pedido;

II – por permuta;

III – no interesse do serviço policial.

Art. 38. A remoção só poderá ser feita, respeitada a lotação cada unidade policial.

Art. 39. O policial civil não poderá, ser removido no interesse serviço, para município diverso do de sua sede de exercício, no período de 6 (seis meses antes e até 3 (três) meses após a data das eleições.

Parágrafo único – Esta proibição vigorará no caso de eleições federal estaduais ou municipais, isolada ou simultaneamente realizadas.

Art. 40. É preferencial, na união de cônjuges, a sede de exercício do policial civil, quando este for cabeça do casal.

CAPÍTULO V
DO VENCIMENTO E OUTRAS VANTAGENS DE ORDEM PECUNIÁRIA

SEÇÃO I
DO VENCIMENTO

Art. 41. Aos cargos policiais civis aplicam-se os valores dos grau das referências numéricas fixados na Tabela I da escala de vencimentos do funcionalismo público civil do Estado.

» V. Lei Complementar nº 219, de 10/07/1979.

Art. 42. O enquadramento das classes na escala de vencimentos bem como a amplitude de vencimentos, e a velocidade evolutiva correspondente, cada classe policial, são estabelecidos na conformidade do Anexo que faz parte Integrante desta lei complementar.

» V. Lei Complementar nº 219, de 10/07/1979.

» V. Lei Complementar nº 247, de 06/04/1981.

SEÇÃO II
DAS VANTAGENS DE ORDEM PECUNIÁRIA

SUBSEÇÃO I
DAS DISPOSIÇÕES GERAIS

Art. 43. Além do valor do padrão do cargo e sem prejuízo das vantagens previstas na Lei nº 10.261, de 28 de outubro de 1978, e demais legislação pertinente, o policial civil fará jus as seguintes vantagens pecuniárias.

I – gratificação por regime especial de trabalho policial;

II – ajuda de custo, em caso de remoção.

SUBSEÇÃO II
DA GRATIFICAÇÃO PELO REGIME ESPECIAL DE TRABALHO POLICIAL

Art. 44. O exercício dos cargos policiais civis dar-se-á, necessariamente, em Regime Especial de Trabalho Policial – RETP, o qual é caracterizado:

I – pela prestação de serviços em condições precárias de segurança, cumprimento de horário irregular, sujeito a plantões noturnos e a chamadas a qualquer hora;

II – pela proibição do exercício de atividade remunerada, exceto aquelas:

a) relativas ao ensino e à difusão cultural;

b) decorrentes de convênio firmado entre Estado e municípios ou com associações e entidades privadas para gestão associada de serviços públicos, cuja execução possa ser atribuída à Polícia Civil;

III – pelo risco de o policial tornar-se vítima de crime no exercício ou em razão de suas atribuições.

§ 1º O exercício, pelo policial civil, de atividades decorrentes do convênio a que se refere a alínea "b" do inciso II deste artigo dependerá:

1 – de inscrição voluntária do interessado, revestindo-se de obrigatoriedade depois de publicadas as respectivas escalas;

2 – de estrita observância, nas escalas, do direito ao descanso mínimo previsto na legislação em vigor.

§ 2º À sujeição ao regime de que trata este artigo corresponde gratificação que se incorpora aos vencimentos para todos os efeitos legais.

– Art. 44 com redação dada pela Lei Complementar nº 1.249, de 03/07/2014.

Art. 45. Pela sujeição ao regime de que trata o artigo anterior, os titulares de cargos policiais civis fazem jus a gratificação calculada sobre o respectivo padrão de vencimento, na seguinte conformidade:

I - de 140% (cento e quarenta por cento), os titulares de cargos da série de classes de Delegado de Polícia, bem como titular do cargo de Delegado Geral de Polícia;

II - de 200% (duzentos por cento), os titulares de cargos das demais classes policiais civis.

- Art. 45 com redação dada pela Lei Complementar nº 491, de 23/12/1986.

SUBSEÇÃO III
DA AJUDA DE CUSTO EM CASO DE REMOÇÃO

Art. 46. Ao policial civil removido no interesse do serviço policial de um para outro município, será concedida ajuda de custo correspondente a um mês de vencimento.

§ 1º A ajuda de custo será paga à vista da publicação do ato de remoção no Diário Oficial.

§ 2º A ajuda de custo de que trata este decreto não será devida. quando a remoção se processar a pedido ou por permuta.

SEÇÃO III
DAS OUTRAS CONCESSÕES

Art. 47. Ao policial civil licenciado para tratamento de saúde, em razão de moléstia profissional ou lesão recebida em serviço, será concedido transporte por conta do Estado para instituição onde deva ser atendido.

Art. 48. A família do policial civil que falecer fora da sede de exercício e dentro do território nacional no desempenho de serviço, será concedido transporte para, no máximo, 3 (três) pessoas do local de domicílio ao do óbito (ida e volta).

Art. 49. O Secretário da Segurança Pública, por proposta do Delegado Geral de Polícia, ouvido o Conselho da Polícia Civil, poderá conceder honrarias ou prêmios aos policiais autores de trabalhos de relevante interesse policial ou por atos de bravura, na forma em que for regulamentado.

Art. 50. O policial civil que ficar inválido ou que vier a falecer em consequência de lesões recebidas ou de doenças contraídas em razão do serviço será promovido à classe imediatamente superior.

§ 1º Se o policial civil estiver enquadrado na última classe da carreira, ser-lhe-á atribuída a diferença entre o valor do padrão de vencimento do seu cargo e o da classe imediatamente inferior.

§ 2º A concessão do benefício será precedida da competente apuração, retroagindo seus efeitos à data da invalidez ou da morte.

§ 3º O policial inválido nos termos deste artigo será aposentado com proventos decorrentes da promoção, observado o disposto no parágrafo anterior.

§ 4º Aos beneficiários do policial civil falecido nos termos deste artigo será deferida pensão mensal correspondente aos vencimentos integrais, observado o disposto nos parágrafos anteriores.

- Art. 50 com redação dada Lei Complementar nº 765, de 12/12/1994.

Art. 51. Ao cônjuge, companheiro ou companheira ou, na falta destes, à pessoa que provar ter feito despesas em virtude do falecimento do policial civil, ativo ou inativo, será concedido auxílio-funeral, a título de benefício assistencial, de valor correspondente a 1 (um) mês da respectiva remuneração.

§ 1º O pagamento será efetuado pelo órgão competente, mediante apresentação de atestado de óbito pelas pessoas indicadas no "caput" deste artigo, ou procurador legalmente habilitado, feita a prova de identidade.

§ 2º No caso de ficar comprovado, por meio de competente apuração que o óbito do policial civil decorreu de lesões recebidas no exercício de suas funções ou doenças delas decorrentes, o benefício será acrescido do valor correspondente a mais 1 (um) mês da respectiva remuneração, cujo pagamento será efetivado mediante apresentação de alvará judicial.

§ 3º O pagamento do benefício previsto neste artigo, caso as despesas tenham sido custeadas por terceiros, em virtude da contratação de planos funerários, somente será efetivado mediante apresentação de alvará judicial.

- Art. 51 com redação dada pela Lei Complementar nº 1.123, de 01/07/2010.

Art. 52. O policial civil que sofrer lesões no exercício de suas funções deverá ser encaminhado a qualquer hospital, público ou particular às expensas do Estado.

Art. 53. Ao policial civil processado por ato praticado no desempenho de função policial, será prestada assistência judiciária na forma que dispuser o regulamento.

Art. 54. Vetado.

Parágrafo único - Vetado.

CAPÍTULO VI
DO DIREITO DE PETIÇÃO

Art. 55. É assegurado a qualquer pessoa, física ou jurídica, independentemente de pagamento, o direito de petição contra ilegalidade ou abuso de poder e para defesa de direitos.

Parágrafo único – Em nenhuma hipótese, a Administração poderá recusar-se a protocolar, encaminhar ou apreciar a petição, sob pena de responsabilidade do agente.

– Art. 55 com redação dada pela Lei Complementar nº 922, de 02/07/2002.

Art. 56. Qualquer pessoa poderá reclamar sobre abuso, erro, omissão ou conduta incompatível no serviço policial.

– Art. 56 com redação dada pela Lei Complementar nº 922, de 02/07/2002.

Art. 57. Ao policial civil é assegurado o direito de requerer ou representar, bem como, nos termos desta lei complementar, pedir reconsideração e recorrer de decisões.

– Art. 57 com redação dada pela Lei Complementar nº 922, de 02/07/2002.

CAPÍTULO VII
DO ELOGIO

Art. 58. Entende-se por elogio, para os fins desta lei, a menção nominal ou coletiva que deva constar dos assentamentos funcionais do policial civil por atos meritórios que haja praticado.

Art. 59. O elogio destina-se a ressaltar:

I – morte, invalidez ou lesão corporal de natureza grave, no cumprimento do dever;

II – ato que traduza dedicação excepcional no cumprimento do dever, transcendendo ao que e normalmente exigível do policial civil por disposição legal ou regulamentar e que importe ou possa importar risco da própria segurança pessoal;

III – execução de serviços que, pela sua relevância e pelo que representam para a instituição ou para a coletividade, mereçam ser enaltecidos como reconhecimento pela atividade desempenhada.

Art. 60. Não constitui motivo para elogio o cumprimento dos deveres impostos ao policial civil.

Art. 61. São competentes para determinar a inscrição de elogios nos assentamentos do policial o Secretário da Segurança e o Delegado Geral de Polícia, ouvido, no caso deste, o Conselho da Polícia Civil.

Parágrafo único – Os elogios nos casos dos incisos II e III do art. 59 serão obrigatoriamente considerados para efeito de avaliação de desempenho.

CAPÍTULO VIII
DOS DEVERES, DAS TRANSGRESSÕES DISCIPLINARES E DAS RESPONSABILIDADES

SEÇÃO I
DOS DEVERES

Art. 62. São deveres do policial civil:

I – ser assíduo e pontual;

II – ser leal as instituições;

III – cumprir as normas legais e regulamentares;

IV – zelar pela economia e conservação dos bens do Estado, especialmente daqueles cuja guarda ou utilização lhe for confiada;

V – desempenhar com zelo e presteza as missões que lhe forem contidas, usando moderadamente de força ou outro meio adequado de que dispõe, para esse fim;

VI – informar incontinente toda e qualquer alteração de endereço da residência e número de telefone, se houver;

VII – prestar informações corretas ou encaminhar o solicitante a quem possa prestá-las;

VIII – comunicar o endereço onde possa ser encontrado, quando dos afastamentos regulamentares;

IX – proceder na vida pública e particular de modo a dignificar a função policial;

X – residir na sede do município onde exerça o cargo ou função, ou onde autorizado;

XI – frequentar, com assiduidade, para fins de aperfeiçoamento e atualização de conhecimentos profissionais, cursos instituídos periodicamente pela Academia de Polícia;

XII – portar a carteira funcional;

XIII – promover as comemorações do «Dia da Polícia» a 21 de abril, ou delas participar, exaltando o vulto de Joaquim José da Silva Xavier, o Tiradentes, Patrono da Polícia;

XIV – ser leal para com os companheiros de trabalho e com eles cooperar e manter espirito de solidariedade;

XV – estar em dia com as normas de interesse policial;

XVI – divulgar para conhecimento dos subordinados as normas referidas no inciso anterior;

XVII – manter discrição sobre os assuntos da repartição e, especialmente, sobre despachos, decisões e providências.

SEÇÃO II
DAS TRANSGRESSÕES DISCIPLINARES

Art. 63. São transgressões disciplinares:

I – manter relações de amizade ou exibir-se em público com pessoas de notórios e desabonadores antecedentes criminais, salvo por motivo de serviço;

II – constituir-se procurador de partes ou servir de intermediário, perante qualquer repartição pública, salvo quando se tratar de interesse de cônjuge ou parente até segundo grau;

III – descumprir ordem superior salvo quando manifestamente ilegal, representando neste caso; IV – não tomar as providências necessárias ou deixar de comunicar, imediatamente, à autoridade competente, faltas ou irregularidades de que tenha conhecimento;

V – deixar de oficiar tempestivamente nos expedientes que lhe forem encaminhados;

VI – negligenciar na execução de ordem legítima;

VII – interceder maliciosamente em favor de parte;

VIII – simular doença para esquivar-se ao cumprimento de obrigação;

IX – faltar, chegar atrasado ou abandonar escala de serviço ou plantões, ou deixar de comunicar, com antecedência, à autoridade a que estiver subordinado, a impossibilidade de comparecer à repartição, salvo por motivo justo;

X – permutar horário de serviço ou execução de tarefa sem expressa permissão da autoridade competente;

XI – usar vestuário incompatível com o decoro da função;

XII – descurar de sua aparência física ou do asseio;

XIII – apresentar-se ao trabalho alcoolizado ou sob efeito de substância que determine dependência física ou psíquica;

XIV – lançar intencionalmente, em registros oficiais, papeis ou quaisquer expedientes, dados errôneos, incompletos ou que possam induzir a erro, bem como inserir neles anotações indevidas;

XV – faltar, salvo motivo relevante a ser comunicado por escrito no primeiro dia em que comparecer à sua sede de exercício, a ato processual, judiciário ou administrativo, do qual tenha sido previamente cientificado;

XVI – utilizar, para fins particulares, qualquer que seja o pretexto, material pertencente ao Estado;

XVII – interferir indevidamente em assunto de natureza policial, que não seja de sua competência;

XVIII – fazer uso indevido de bens ou valores que lhe cheguem as mãos, em decorrência da função, ou não entregá-los, com a brevidade possível, a quem de direito;

XIX – exibir, desnecessariamente, arma, distintivo ou algema;

XX – deixar de ostentar distintivo quando exigido para o serviço;

XXI – deixar de identificar-se, quando solicitado ou quando as circunstâncias o exigirem;

XXII – divulgar ou propiciar a divulgação, sem autorização da autoridade competente, através da imprensa escrita, falada ou televisada, de fato ocorrido na repartição.

XXIII – promover manifestações contra atos da administração ou movimentos de apreço ou desapreço a qualquer autoridade;

XXIV – referir-se de modo depreciativo às autoridades e a atos da administração pública, qualquer que seja o meio empregado para esse fim;

XXV – retirar, sem prévia autorização da autoridade competente, qualquer objeto ou documentos da repartição;

XXVI – tecer comentários que possam gerar descrédito da instituição policial;

XXVII – valer-se do cargo com o fim, ostensivo ou velado, de obter proveito de qualquer natureza para si ou para terceiros;

XXVIII – deixar de reassumir exercício sem motivo justo, ao final dos afastamentos regulares ou, ainda depois de saber que qualquer deste foi interrompido por ordem superior;

XXIX – atribuir-se qualidade funcional diversa do cargo ou função que exerce;

XXX – fazer uso indevido de documento funcional, arma, algema ou bens da repartição ou cedê-los a terceiro;

XXXI – maltratar ou permitir maltrato físico ou moral a preso sob sua guarda;

XXXII – negligenciar na revista a preso;

XXXIII – desrespeitar ou procrastinar o cumprimento de decisão ou ordem judicial;

XXXIV – tratar o superior hierárquico, subordinado ou colega sem o devido respeito ou deferência;

XXXV – faltar à verdade no exercício de suas funções;

XXXVI – deixar de comunicar incontinente à autoridade competente informação que tiver sobre perturbação da ordem pública ou qualquer fato que exija intervenção policial;

XXXVII – dificultar ou deixar de encaminhar expediente à autoridade competente, se não estiver na sua alçada resolvê-lo;

XXXVIII – concorrer para o não cumprimento ou retardamento de ordem de autoridade competente;

XXXIX – deixar, sem justa causa, de submeter-se a inspeção médica determinada por lei ou pela autoridade competente;

XL – deixar de concluir nos prazos legais, sem motivo justo, procedimento de polícia judiciária, administrativos ou disciplinares;

XLI – cobrar taxas ou emolumentos não previstos em lei;

XLII – expedir identidade funcional ou qualquer tipo de credencial a quem não exerça cargo ou função policial civil;

XLIII – deixar de encaminhar ao órgão competente, para tratamento ou inspeção médica, subordinado que apresentar sintomas de intoxicação habitual por álcool, entorpecente ou outra substância que determine dependência física ou psíquica, ou de comunicar tal fato, se incompetente, à autoridade que o for;

XLIV – dirigir viatura policial com imprudência, imperícia, negligência ou sem habilitação;

XLV – manter transação ou relacionamento indevido com preso, pessoa em custódia ou respectivos familiares;

XLVI – criar animosidade, velada ou ostensivamente, entre subalternos e superiores ou entre colegas, ou indispô-los de qualquer forma;

XLVII – atribuir ou permitir que se atribua a pessoa estranha à repartição, fora dos casos previstos em lei, o desempenho de encargos policiais;

XLVIII – praticar a usura em qualquer de suas formas;

XLIX – praticar ato definido em lei como abuso de poder;

L – aceitar representação de Estado estrangeiro, sem autorização do Presidente da República;

LI – tratar de interesses particulares na repartição;

LII – exercer comércio entre colegas, promover ou subscrever listas de donativos dentro da repartição;

LIII – exercer comércio ou participar de sociedade comercial salvo como acionista, cotista ou comanditário;

LIV – exercer, mesmo nas horas de folga, qualquer outro emprego ou função, exceto atividade relativa ao ensino e à difusão cultural, quando compatível com a atividade policial;

LV – exercer pressão ou influir junto a subordinado para forçar determinada solução ou resultado.

Art. 64. É vedado ao policial civil trabalhar sob as ordens imediatas de parentes, até segundo grau, salvo quando se tratar de função de confiança e livre escolha, não podendo exceder de 2 (dois) o número de auxiliares nestas condições.

SEÇÃO III
DAS RESPONSABILIDADES

Art. 65. O policial responde civil, penal e administrativamente pelo exercício irregular de suas atribuições, ficando sujeito, cumulativamente, às respectivas cominações.

§ 1º A responsabilidade administrativa é independente da civil e da criminal.

§ 2º Será reintegrado ao serviço público, no cargo que ocupava e com todos os direitos e vantagens devidas, o servidor absolvido pela Justiça, mediante simples comprovação do trânsito em julgado de decisão que negue a existência de sua autoria ou do fato que deu origem à sua demissão.

§ 3º O processo administrativo só poderá ser sobrestado para aguardar decisão judicial por despacho motivado da autoridade competente para aplicar a pena.

– §§ 1º ao § 3º acrescentados pela Lei Complementar nº 922, de 02/07/2002.

Art. 66. A responsabilidade civil decorre de procedimento doloso ou culposo, que importe prejuízo à Fazenda Pública ou a terceiros.

Parágrafo único – A importância da indenização será descontada dos vencimentos e vantagens e o desconto não excederá à décima parte do valor destes.

CAPÍTULO IX
DAS PENALIDADES, DA EXTINÇÃO DA PUNIBILIDADE DAS PROVIDÊNCIAS PRELIMINARES

SEÇÃO I

Art. 67. São penas disciplinares principais:

I - advertência;

II - repreensão;

III - multa;

IV - suspensão;

V - demissão;

VI - demissão a bem do serviço público;

VII - cassação de aposentadoria ou disponibilidade.

Art. 68. Constitui pena disciplinar a remoção compulsória, que poderá ser aplicada cumulativamente com as penas previstas nos incisos II, III e IV do artigo anterior quando em razão da falta cometida houver conveniência nesse afastamento para o serviço policial.

Parágrafo único - Quando se tratar de Delegado de Polícia, para a aplicação da pena prevista neste artigo deverá ser observado o disposto no art. 36, inciso IV.

Art. 69. Na aplicação das penas disciplinares serão considerados a natureza, a gravidade, os motivos determinantes e a repercussão da infração, os danos causados, a personalidade e os antecedentes do agente, a intensidade do dolo ou o grau de culpa.

Art. 70. Para a aplicação das penas previstas no art. 67 são competentes:

I - o Governador;

II - o Secretário da Segurança Pública;

III - o Delegado Geral de Polícia, até a de suspensão;

IV - o Delegado de Polícia Diretor da Corregedoria, até a de suspensão limitada a 60 (sessenta) dias;

V - os Delegados de Polícia Corregedores Auxiliares, até a de repreensão.

§ 1º Compete exclusivamente ao Governador do Estado, a aplicação das penas de demissão, demissão a bem do serviço público e cassação de aposentadoria ou disponibilidade a Delegado de Polícia.

§ 2º Compete às autoridades enumeradas neste artigo, até o inciso III, inclusive, a aplicação de pena a Delegado de Polícia.

§ 3º Para o exercício da competência prevista nos incisos I e II será ouvido o órgão de consultoria jurídica.

§ 4º Para a aplicação da pena prevista no art. 68 é competente o Delegado Geral de Polícia.

- Art. 70 com redação dada pela Lei Complementar nº 922, de 02/07/2002.

Art. 71. A pena de advertência será aplicada verbalmente, no caso de falta de cumprimento dos deveres, ao infrator primário.

Parágrafo único - A pena de advertência não acarreta perda de vencimentos ou de qualquer vantagem de ordem funcional, mas contará pontos negativos na avaliação de desempenho.

Art. 72. A pena de repreensão será aplicada por escrito, no caso de transgressão disciplinar, sendo o infrator primário e na reincidência de falta de cumprimento dos deveres.

Parágrafo único - A pena de repreensão poderá ser transformada em advertência, aplicada por escrito e sem publicidade.

Art. 73. A pena de suspensão, que não excederá de 90 (noventa) dias, será aplicada nos casos de:

I - descumprimento dos deveres e transgressão disciplinar, ocorrendo dolo ou má fé;

II - reincidência em falta já punida com repreensão.

§ 1º O policial suspenso perderá, durante o período da suspensão, todos os direitos e vantagens decorrentes do exercício do cargo.

§ 2º A autoridade que aplicar a pena de suspensão poderá convertê-la em multa, na base de 50% (cinquenta por cento), por dia, do vencimento e demais vantagens, sendo o policial, neste caso, obrigado a permanecer em serviço.

Art. 74. Será aplicada a pena de demissão nos casos de:

I - abandono de cargo;

II - procedimento irregular, de natureza grave;

III - ineficiência intencional e reiterada no serviço;

IV - aplicação indevida de dinheiros públicos;

V - insubordinação grave.

VI - ausência ao serviço, sem causa justificável, por mais de 45 (quarenta e cinco) dias, interpoladamente, durante um ano.

- Inciso VI acrescentado pela Lei Complementar nº 922, de 02/07/2002.

Art. 75. Será aplicada a pena de demissão a bem do serviço público, nos casos de:

I – conduzir-se com incontinência pública e escandalosa e praticar Jogos proibidos;

II – praticar ato definido como crime contra a Administração Pública, a Fé Pública e a Fazenda Pública ou previsto na Lei de Segurança Nacional;

III – revelar dolosamente segredos de que tenha conhecimento em razão do cargo ou função, com prejuízo para o Estado ou particulares;

IV – praticar ofensas físicas contra funcionários, servidores ou particulares, salvo em legitíma defesa;

V – causar lesão dolosa ao patrimônio ou aos cofres públicos;

VI – exigir, receber ou solicitar vantagem indevida, diretamente ou por intermédio de outrem, ainda que fora de suas funções, mas em razão destas;

VII – provocar movimento de paralisação total ou parcial do serviço policial ou outro qualquer serviço, ou dele participar;

VIII – pedir ou aceitar empréstimo de dinheiro ou valor de pessoas que tratem de interesses ou os tenham na repartição, ou estejam sujeitos à sua fiscalização;

IX – exercer advocacia administrativa.

X – praticar ato definido como crime hediondo, tortura, tráfico ilícito de entorpecentes e drogas afins e terrorismo;

XI – praticar ato definido como crime contra o Sistema Financeiro, ou de lavagem ou ocultação de bens, direitos ou valores;

XII – praticar ato definido em lei como de improbidade.

– Incisos X a XII acrescentados pela Lei Complementar nº 922, de 02/07/2002.

Art. 76. O ato que cominar pena ao policial civil mencionará, sempre, a disposição legal em que se fundamenta.

§ 1º Desse ato será dado conhecimento ao órgão do pessoal, para registro e publicidade, no prazo de 8 (oito) dias, desde que não se tenha revestido de reserva.

§ 2º As penas previstas nos incisos I a IV do art. 67, quando aplicadas aos integrantes da carreira de Delegado de Polícia, revestir-se-ão sempre de reserva.

Art. 77. Será aplicada a pena de cassação de aposentadoria ou disponibilidade, se ficar provado que o inativo:

I – praticou, quando em atividade, falta para a qual é cominada nesta lei a pena de demissão ou de demissão a bem do serviço público;

II – aceitou ilegalmente cargo ou função pública;

III – aceitou representação de Estado estrangeiro sem previa autorização do Presidente da República.

Art. 78. Constitui motivo de exclusão de falta disciplinar a não exigibilidade de outra conduta do policial civil.

Art. 79. Independe do resultado de eventual ação penal a aplicação das penas disciplinares previstas neste Estatuto.

SEÇÃO II
DA EXTINÇÃO DA PUNIBILIDADE

Art. 80. Extingue-se a punibilidade pela prescrição:

I – da falta sujeita à pena de advertência, repreensão, multa ou suspensão, em 2 (dois) anos;

II – da falta sujeita à pena de demissão, demissão a bem do serviço público e de cassação da aposentadoria ou disponibilidade, em 5 (cinco) anos;

III – da falta prevista em lei como infração penal, no prazo de prescrição em abstrato da pena criminal, se for superior a 5 (cinco) anos.

§ 1º A prescrição começa a correr:

1 – do dia em que a falta for cometida;

2 – do dia em que tenha cessado a continuação ou a permanência, nas faltas continuadas ou permanentes.

§ 2º Interrompe a prescrição a portaria que instaura sindicância e a que instaura processo administrativo.

§ 3º O lapso prescricional corresponde:

1 – na hipótese de desclassificação da infração, ao da pena efetivamente aplicada;

2 – na hipótese de mitigação ou atenuação, ao da pena em tese cabível.

§ 4º A prescrição não corre:

1 – enquanto sobrestado o processo administrativo para aguardar decisão judicial, na forma do § 3º do art. 65;

2 – enquanto insubsistente o vínculo funcional que venha a ser restabelecido.

§ 5º A decisão que reconhecer a existência de prescrição deverá determinar, desde logo, as providências necessárias à apuração da responsabilidade pela sua ocorrência.

– Art. 80 com redação dada pela Lei Complementar nº 922, de 02/07/2002.

Art. 81. Extingue-se, ainda, a punibilidade:

I - Pela morte do agente;

II - Pela anistia administrativa;

III - Pela retroatividade da lei que não considere o fato como falta

Art. 82. O policial civil que, sem justa causa, deixar de atender a qualquer exigência para cujo cumprimento seja marcado prazo certo, terá suspenso o pagamento de seu vencimento ou remuneração até que satisfaça essa exigência.

Parágrafo único - Aplica-se aos aposentados ou em disponibilidade o disposto neste artigo.

Art. 83. Deverão constar do assentamento individual do policial civil as penas que lhe forem impostas.

SEÇÃO III
DAS PROVIDÊNCIAS PRELIMINARES

Art. 84. A autoridade policial que, por qualquer meio, tiver conhecimento de irregularidade praticada por policial civil, comunicará imediatamente o fato ao órgão corregedor, sem prejuízo das medidas urgentes que o caso exigir.

Parágrafo único - Ao instaurar procedimento administrativo ou de polícia judiciária contra policial civil, a autoridade que o presidir comunicará o fato ao Delegado de Polícia Diretor da Corregedoria.

- Art. 84 com redação dada pela Lei Complementar nº 922, de 02/07/2002.

Art. 85. A autoridade corregedora realizará apuração preliminar, de natureza simplesmente investigativa, quando a infração não estiver suficientemente caracterizada ou definida autoria.

§ 1º O início da apuração será comunicado ao Delegado de Polícia Diretor da Corregedoria, devendo ser concluída e a este encaminhada no prazo de 30 (trinta) dias.

§ 2º Não concluída no prazo a apuração, a autoridade deverá imediatamente encaminhar ao Delegado de Polícia Diretor da Corregedoria relatório das diligências realizadas e definir o tempo necessário para o término dos trabalhos.

§ 3º Ao concluir a apuração preliminar, a autoridade deverá opinar fundamentadamente pelo arquivamento ou pela instauração de sindicância ou processo administrativo.

- Art. 85 com redação dada pela Lei Complementar nº 922, de 02/07/2002.

Art. 86. Determinada a instauração de sindicância ou processo administrativo, ou no seu curso, havendo conveniência para a instrução ou para o serviço policial, poderá o Delegado Geral de Polícia, por despacho fundamentado, ordenar as seguintes providências:

I - afastamento preventivo do policial civil, quando o recomendar a moralidade administrativa ou a repercussão do fato, sem prejuízo de vencimentos ou vantagens, até 180 (cento e oitenta) dias, prorrogáveis uma única vez por igual período;

II - designação do policial acusado para o exercício de atividades exclusivamente burocráticas até decisão final do procedimento;

III - recolhimento de carteira funcional, distintivo, armas e algemas;

IV - proibição do porte de armas;

V - comparecimento obrigatório, em periodicidade a ser estabelecida, para tomar ciência dos atos do procedimento.

§ 1º O Delegado de Polícia Diretor da Corregedoria, ou qualquer autoridade que determinar a instauração ou presidir sindicância ou processo administrativo, poderá representar ao Delegado Geral de Polícia para propor a aplicação das medidas previstas neste artigo, bem como sua cessação ou alteração.

§ 2º O Delegado Geral de Polícia poderá, a qualquer momento, por despacho fundamentado, fazer cessar ou alterar as medidas previstas neste artigo.

§ 3º O período de afastamento preventivo computa-se como de efetivo exercício, não sendo descontado da pena de suspensão eventualmente aplicada.

CAPÍTULO X
DO PROCEDIMENTO DISCIPLINAR

SEÇÃO I
DAS DISPOSIÇÕES GERAIS

Art. 87. A apuração das infrações será feita mediante sindicância ou processo administrativo, assegurados o contraditório e a ampla defesa.

- Art. 87 com redação dada pela Lei Complementar nº 922, de 02/07/2002.

Art. 88. Será instaurada sindicância quando a falta disciplinar, por sua natureza, possa determinar as penas de advertência, repreensão, multa e suspensão.

- Art. 88 com redação dada pela Lei Complementar nº 922, de 02/07/2002.

Art. 89. Será obrigatório o processo administrativo quando a falta disciplinar, por sua natureza, possa determinar a pena de demissão, demissão a bem do serviço público, cassação de aposentadoria ou disponibilidade.

§ 1º Não será instaurado processo para apurar abandono de cargo, se o servidor tiver pedido exoneração.

§ 2º Extingue-se o processo instaurado exclusivamente para apurar abandono de cargo, se o indiciado pedir exoneração até a data designada para o interrogatório, ou por ocasião deste.

– Art. 89 com redação dada pela Lei Complementar nº 922, de 02/07/2002.

SEÇÃO II
DA SINDICÂNCIA

Art. 90. São competentes para determinar a instauração de sindicância as autoridades enumeradas no art. 70.

Parágrafo único – Quando a determinação incluir Delegado de Polícia, a competência é das autoridades enumeradas no art. 70, até o inciso IV, inclusive.

– Art. 90 com redação dada pela Lei Complementar nº 922, de 02/07/2002.

Art. 91. Instaurada a sindicância, a autoridade que a presidir comunicará o fato à Corregedoria Geral da Polícia Civil e ao órgão setorial de pessoal.

– Art. 91 com redação dada pela Lei Complementar nº 922, de 02/07/2002.

Art. 92. Aplicam-se à sindicância as regras previstas nesta lei complementar para o processo administrativo, com as seguintes modificações:

I – a autoridade sindicante e cada acusado poderão arrolar até 3 (três) testemunhas;

II – a sindicância deverá estar concluída no prazo de 60 (sessenta) dias;

III – com o relatório, a sindicância será enviada à autoridade competente para a decisão.

– Art. 92 com redação dada pela Lei Complementar nº 922, de 02/07/2002.

Art. 93. O Delegado Geral de Polícia poderá, quando entender conveniente, solicitar manifestação do Conselho da Polícia Civil, antes de opinar ou proferir decisão em sindicância.

– Art. 93 com redação dada pela Lei Complementar nº 922, de 02/07/2002.

SEÇÃO III
DO PROCESSO ADMINISTRATIVO

Art. 94. São competentes para determinar a instauração de processo administrativo as autoridades enumeradas no art. 70, até o inciso IV, inclusive.

Parágrafo único – Quando a determinação incluir Delegado de Polícia, a competência é das autoridades enumeradas no art. 70, até o inciso III, inclusive.

– Art. 94 com redação dada pela Lei Complementar nº 922, de 02/07/2002.

Art. 95. O processo administrativo será presidido por Delegado de Polícia, que designará como secretário um Escrivão de Polícia.

Parágrafo único – Havendo imputação contra Delegado de Polícia, a autoridade que presidir a apuração será de classe igual ou superior à do acusado.

– Art. 95 com redação dada pela Lei Complementar nº 922, de 02/07/2002.

Art. 96. Não poderá ser encarregado da apuração, nem atuar como secretário, amigo íntimo ou inimigo, parente consangüíneo ou afim, em linha reta ou colateral, até o terceiro grau inclusive, cônjuge, companheiro ou qualquer integrante do núcleo familiar do denunciante ou do acusado, bem assim o subordinado deste.

Parágrafo único – A autoridade ou o funcionário designado deverão comunicar, desde logo, à autoridade competente, o impedimento que houver.

– Art. 96 com redação dada pela Lei Complementar nº 922, de 02/07/2002.

Art. 97. O processo administrativo deverá ser instaurado por portaria, no prazo improrrogável de 8 (oito) dias do recebimento da determinação, e concluído no de 90 (noventa) dias da citação do acusado.

§ 1º Da portaria deverá constar o nome e a identificação do acusado, a infração que lhe é atribuída, com descrição sucinta dos fatos e indicação das normas infringidas.

§ 2º Vencido o prazo, caso não concluído o processo, a autoridade deverá imediatamente encaminhar ao Delegado de Polícia Diretor da Corregedoria relatório indicando as providências faltantes e o tempo necessário para término dos trabalhos.

§ 3º Caso o processo não esteja concluído no prazo de 180 (cento e oitenta) dias, o Delegado de Polícia Diretor da Corregedoria deverá justificar o fato circunstanciadamente ao Delegado Geral de Polícia e ao Secretário da Segurança Pública.

- Art. 97 com redação dada pela Lei Complementar nº 922, de 02/07/2002.

Art. 98. Autuada a portaria e demais peças preexistentes, designará o presidente dia e hora para audiência de interrogatório, determinando a citação do acusado e a notificação do denunciante, se houver.

§ 1º O mandado de citação deverá conter:

1 - cópia da portaria;

2 - data, hora e local do interrogatório, que poderá ser acompanhado pelo advogado do acusado;

3 - data, hora e local da oitiva do denunciante, se houver, que deverá ser acompanhada pelo advogado do acusado;

4 - esclarecimento de que o acusado será defendido por advogado dativo, caso não constitua advogado próprio;

5 - informação de que o acusado poderá arrolar testemunhas e requerer provas, no prazo de 3 (três) dias após a data designada para seu interrogatório;

6 - advertência de que o processo será extinto se o acusado pedir exoneração até o interrogatório, quando se tratar exclusivamente de abandono de cargo.

§ 2º A citação do acusado será feita pessoalmente, no mínimo 2 (dois) dias antes do interrogatório, por intermédio do respectivo superior hierárquico, ou diretamente, onde possa ser encontrado.

§ 3º Não sendo encontrado, furtando-se o acusado à citação ou ignorando-se seu paradeiro, a citação far-se-á por edital, publicado uma vez no Diário Oficial do Estado, no mínimo 10 (dez) dias antes do interrogatório.

- Art. 98 com redação dada pela Lei Complementar nº 922, de 02/07/2002.

Art. 99. Havendo denunciante, este deverá prestar declarações, no interregno entre a data da citação e a fixada para o interrogatório do acusado, sendo notificado para tal fim.

§ 1º A oitiva do denunciante deverá ser acompanhada pelo advogado do acusado, próprio ou dativo.

§ 2º O acusado não assistirá à inquirição do denunciante; antes porém de ser interrogado, poderá ter ciência das declarações que aquele houver prestado.

- Art. 99 com redação dada pela Lei Complementar nº 922, de 02/07/2002.

Art. 100. Não comparecendo o acusado, será, por despacho, decretada sua revelia, prosseguindo-se nos demais atos e termos do processo.

- Art. 100 com redação dada pela Lei Complementar nº 922, de 02/07/2002.

Art. 101. Ao acusado revel será nomeado advogado dativo.

- Art. 101 com redação dada pela Lei Complementar nº 922, de 02/07/2002.

Art. 102. O acusado poderá constituir advogado que o representará em todos os atos e termos do processo.

§ 1º É faculdade do acusado tomar ciência ou assistir aos atos e termos do processo, não sendo obrigatória qualquer notificação.

§ 2º O advogado será intimado por publicação no Diário Oficial do Estado, de que conste seu nome e número de inscrição na Ordem dos Advogados do Brasil, bem como os dados necessários à identificação do procedimento.

§ 3º Não tendo o acusado recursos financeiros ou negando-se a constituir advogado, o presidente nomeará advogado dativo.

§ 4º O acusado poderá, a qualquer tempo, constituir advogado para prosseguir na sua defesa.

- Art. 102 com redação dada pela Lei Complementar nº 922, de 02/07/2002.

Art. 103. Comparecendo ou não o acusado ao interrogatório, inicia-se o prazo de 3 (três) dias para requerer a produção de provas, ou apresentálas.

§ 1º Ao acusado é facultado arrolar até 5 (cinco) testemunhas.

§ 2º A prova de antecedentes do acusado será feita exclusivamente por documentos, até as alegações finais.

§ 3º Até a data do interrogatório, será designada a audiência de instrução.

- Art. 103 com redação dada pela Lei Complementar nº 922, de 02/07/2002.

Art. 104. Na audiência de instrução, serão ouvidas, pela ordem, as testemunhas arroladas pelo presidente, em número não superior a 5 (cinco), e pelo acusado.

Parágrafo único – Tratando-se de servidor público, seu comparecimento poderá ser solicitado ao respectivo superior imediato com as indicações necessárias.

– Art. 104 com redação dada pela Lei Complementar nº 922, de 02/07/2002.

Art. 105. A testemunha não poderá eximir-se de depor, salvo se for ascendente, descendente, cônjuge, ainda que legalmente separado, companheiro, irmão, sogro e cunhado, pai, mãe ou filho adotivo do acusado, exceto quando não for possível, por outro modo, obter-se ou integrar-se a prova do fato e de suas circunstâncias.

§ 1º Se o parentesco das pessoas referidas for com o denunciante, ficam elas proibidas de depor, observada a exceção deste artigo.

§ 2º Ao policial civil que se recusar a depor, sem justa causa, será pela autoridade competente aplicada a sanção a que se refere o art. 82, mediante comunicação do presidente.

§ 3º O policial civil que tiver de depor como testemunha fora da sede de seu exercício, terá direito a transporte e diárias na forma da legislação em vigor, podendo ainda expedir-se precatória para esse efeito à autoridade do domicílio do depoente.

§ 4º São proibidas de depor as pessoas que, em razão de função, ministério, ofício ou profissão, devam guardar segredo, salvo se, desobrigadas pela parte interessada, quiserem dar o seu testemunho.

– Art. 105 com redação dada pela Lei Complementar nº 922, de 02/07/2002.

Art. 106. A testemunha que morar em comarca diversa poderá ser inquirida pela autoridade do lugar de sua residência, expedindo-se, para esse fim, carta precatória, com prazo razoável, intimada a defesa.

§ 1º Deverá constar da precatória a síntese da imputação e os esclarecimentos pretendidos.

§ 2º A expedição da precatória não suspenderá a instrução do procedimento.

§ 3º Findo o prazo marcado, o procedimento poderá prosseguir até final decisão; a todo tempo, a precatória, uma vez devolvida, será juntada aos autos.

– Art. 106 com redação dada pela Lei Complementar nº 922, de 02/07/2002.

Art. 107. As testemunhas arroladas pelo acusado comparecerão à audiência designada independente de notificação.

§ 1º Deverá ser notificada a testemunha cujo depoimento for relevante e que não comparecer espontaneamente.

§ 2º Se a testemunha não for localizada, a defesa poderá substituí-la, se quiser, levando na mesma data designada para a audiência outra testemunha, independente de notificação.

– Art. 107 com redação dada pela Lei Complementar nº 922, de 02/07/2002.

Art. 108. Em qualquer fase do processo, poderá o presidente, de ofício ou a requerimento da defesa, ordenar diligências que entenda convenientes.

§ 1º As informações necessárias à instrução do processo serão solicitadas diretamente, sem observância de vinculação hierárquica, mediante ofício, do qual cópia será juntada aos autos.

§ 2º Sendo necessário o concurso de técnicos ou peritos oficiais, o presidente os requisitará, observados os impedimentos do art. 105.

– Art. 108 com redação dada pela Lei Complementar nº 922, de 02/07/2002.

Art. 109. Durante a instrução, os autos do procedimento administrativo permanecerão na repartição competente.

§ 1º Será concedida vista dos autos ao acusado, mediante simples solicitação, sempre que não prejudicar o curso do procedimento.

§ 2º A concessão de vista será obrigatória, no prazo para manifestação do acusado ou para apresentação de recursos, mediante publicação no Diário Oficial do Estado.

§ 3º Ao advogado é assegurado o direito de retirar os autos da repartição, mediante recibo, durante o prazo para manifestação de seu representado, salvo na hipótese de prazo comum, de processo sob regime de segredo de justiça ou quando existirem nos autos documentos originais de difícil restauração ou ocorrer circunstância relevante que justifique a permanência dos autos na repartição, reconhecida pela autoridade em despacho motivado.

– Art. 109 com redação dada pela Lei Complementar nº 922, de 02/07/2002.

Art. 110. Somente poderão ser indeferidos pelo presidente, mediante decisão fundamentada, os requerimentos de nenhum interesse para o esclarecimento do fato, bem como as provas ilícitas, impertinentes, desnecessárias ou protelatórias.

- Art. 110 com redação dada pela Lei Complementar nº 922, de 02/07/2002.

Art. 111. Quando, no curso do procedimento, surgirem fatos novos imputáveis ao acusado, poderá ser promovida a instauração de novo procedimento para sua apuração, ou, caso conveniente, aditada a portaria, reabrindo-se oportunidade de defesa.

- Art. 111 com redação dada pela Lei Complementar nº 922, de 02/07/2002.

Art. 112. Encerrada a fase probatória, dar-se-á vista dos autos à defesa, que poderá apresentar alegações finais, no prazo de 7 (sete) dias.

Parágrafo único - Não apresentadas no prazo as alegações finais, o presidente designará advogado dativo, assinando-lhe novo prazo.

- Art. 112 com redação dada pela Lei Complementar nº 922, de 02/07/2002.

Art. 113. O relatório deverá ser apresentado no prazo de 10 (dez) dias, contados da apresentação das alegações finais.

§ 1º O relatório deverá descrever, em relação a cada acusado, separadamente, as irregularidades imputadas, as provas colhidas e as razões de defesa, propondo a absolvição ou punição e indicando, nesse caso, a pena que entender cabível.

§ 2º O relatório deverá conter, também, a sugestão de quaisquer outras providências de interesse do serviço público.

- Art. 113 com redação dada pela Lei Complementar nº 922, de 02/07/2002.

Art. 114. Relatado, o processo será encaminhado ao Delegado Geral de Polícia, que o submeterá ao Conselho da Polícia Civil, no prazo de 48 (quarenta e oito) horas.

§ 1º O Presidente do Conselho da Polícia Civil, no prazo de 20 (vinte) dias, poderá determinar a realização de diligência, sempre que necessário ao esclarecimento dos fatos.

§ 2º Determinada a diligência, a autoridade encarregada do processo administrativo terá prazo de 15 (quinze) dias para seu cumprimento, abrindo vista à defesa para manifestar-se em 5 (cinco) dias.

§ 3º Cumpridas as diligências, o Conselho da Polícia Civil emitirá parecer conclusivo, no prazo de 20 (vinte) dias, encaminhando os autos ao Delegado Geral de Polícia.

§ 4º O Delegado Geral de Polícia, no prazo de 10 (dez) dias, emitirá manifestação conclusiva e encaminhará o processo administrativo à autoridade competente para decisão.

§ 5º A autoridade que proferir decisão determinará os atos dela decorrentes e as providências necessárias a sua execução.

- Art. 114 com redação dada pela Lei Complementar nº 922, de 02/07/2002.

Art. 115. Terão forma processual resumida, quando possível, todos os termos lavrados pelo secretário, quais sejam: autuação, juntada, conclusão, intimação, data de recebimento, bem como certidões e compromissos.

Parágrafo único - Toda e qualquer juntada aos autos se fará na ordem cronológica da apresentação, rubricando o presidente as folhas acrescidas.

- Art. 115 com redação dada pela Lei Complementar nº 922, de 02/07/2002.

Art. 116. Não será declarada a nulidade de nenhum ato processual que não houver influído na apuração da verdade substancial ou diretamente na decisão do processo ou sindicância.

- Art. 116 com redação dada pela Lei Complementar nº 922, de 02/07/2002.

Art. 117. É defeso fornecer à imprensa ou a outros meios de divulgação notas sobre os atos processuais, salvo no interesse da Administração, a juízo do Delegado Geral de Polícia.

- Art. 117 com redação dada pela Lei Complementar nº 922, de 02/07/2002.

Art. 118. Decorridos 5 (cinco) anos de efetivo exercício, contados do cumprimento da sanção disciplinar, sem cometimento de nova infração, não mais poderá aquela ser considerada em prejuízo do infrator, inclusive para efeito de reincidência.

- Art. 118 com redação dada pela Lei Complementar nº 922, de 02/07/2002.

SEÇÃO IV
DOS RECURSOS

Art. 119. Caberá recurso, por uma única vez, da decisão que aplicar penalidade.

§ 1º O prazo para recorrer é de 30 (trinta) dias, contados da publicação da decisão impugnada no Diário Oficial do Estado.

§ 2º Tratando-se de pena de advertência, sem publicidade, o prazo será contado da data em que o policial civil for pessoalmente intimado da decisão.

§ 3º Do recurso deverá constar, além do nome e qualificação do recorrente, a exposição das razões de inconformismo.

§ 4º O recurso será apresentado à autoridade que aplicou a pena, que terá o prazo de 10 (dez) dias para, motivadamente, manter sua decisão ou reformá-la.

§ 5º Mantida a decisão, ou reformada parcialmente, será imediatamente encaminhada a reexame pelo superior hierárquico.

§ 6º O recurso será apreciado pela autoridade competente ainda que incorretamente denominado ou endereçado.

- Art. 119 com redação dada pela Lei Complementar nº 922, de 02/07/2002.

Art. 120. Caberá pedido de reconsideração, que não poderá ser renovado, de decisão tomada pelo Governador do Estado em única instância, no prazo de 30 (trinta) dias.

- Art. 120 com redação dada pela Lei Complementar nº 922, de 02/07/2002.

Art. 121. Os recursos de que trata esta lei complementar não têm efeito suspensivo; os que forem providos darão lugar às retificações necessárias, retroagindo seus efeitos à data do ato punitivo.

- Art. 121 com redação dada pela Lei Complementar nº 922, de 02/07/2002.

CAPÍTULO XI
DA REVISÃO

Art. 122. Admitir-se-á, a qualquer tempo, a revisão de punição disciplinar, se surgirem fatos ou circunstâncias ainda não apreciados, ou vícios insanáveis de procedimento, que possam justificar redução ou anulação da pena aplicada.

§ 1º A simples alegação da injustiça da decisão não constitui fundamento do pedido.

§ 2º Não será admitida reiteração de pedido pelo mesmo fundamento.

§ 3º Os pedidos formulados em desacordo com este artigo serão indeferidos.

§ 4º O ônus da prova cabe ao requerente.

- Art. 122 com redação dada pela Lei Complementar nº 922, de 02/07/2002.

Art. 123. A pena imposta não poderá ser agravada pela revisão.

- Art. 123 com redação dada pela Lei Complementar nº 922, de 02/07/2002.

Art. 124. A instauração de processo revisional poderá ser requerida fundamentadamente pelo interessado ou, se falecido ou incapaz, por seu curador, cônjuge, companheiro, ascendente, descendente ou irmão, sempre por intermédio de advogado.

Parágrafo único – O pedido será instruído com as provas que o requerente possuir ou com indicação daquelas que pretenda produzir.

- Art. 124 com redação dada pela Lei Complementar nº 922, de 02/07/2002.

Art. 125. O exame da admissibilidade do pedido de revisão será feito pela autoridade que aplicou a penalidade, ou que a tiver confirmado em grau de recurso.

- Art. 125 com redação dada pela Lei Complementar nº 922, de 02/07/2002.

Art. 126. Deferido o processamento da revisão, será este realizado por Delegado de Polícia de classe igual ou superior à do acusado, que não tenha funcionado no procedimento disciplinar de que resultou a punição do requerente.

- Art. 126 com redação dada pela Lei Complementar nº 922, de 02/07/2002.

Art. 127. Recebido o pedido, o presidente providenciará o apensamento dos autos originais e notificará o requerente para, no prazo de 8 (oito) dias, oferecer rol de testemunhas, ou requerer outras provas que pretenda produzir.

Parágrafo único – No processamento da revisão serão observadas as normas previstas nesta lei complementar para o processo administrativo.

- Art. 127 com redação dada pela Lei Complementar nº 922, de 02/07/2002.

Art. 128. A decisão que julgar procedente a revisão poderá alterar a classificação da infração, absolver o punido, modificar a pena ou anular o processo, restabelecendo os direitos atingidos pela decisão reformada.

– Art. 128 com redação dada pela Lei Complementar nº 922, de 02/07/2002.

CAPÍTULO XII
DAS DISPOSIÇÕES GERAIS E FINAIS

Art. 129. Vetado.

Art. 130. Contar-se-ão por dias corridos os prazos previstos nesta lei complementar.

Parágrafo único – Computam-se os prazos excluindo o dia do começo e incluindo o do vencimento, prorrogando-se este, quando incidir em sábado, domingo, feriado ou facultativo, para o primeiro dia útil seguinte.

Art. 131. Compete ao órgão Setorial de Recursos Humanos da Polícia Civil, o planejamento, a coordenação, a orientação técnica e o controle, sempre em integração com o órgão central, das atividades de administração do pessoal policial civil.

Art. 132. O Estado fornecerá aos policiais civis carteira de identidade funcional, distintivo, algema, armamento e munição, para o efetivo exercício de suas funções.

§ 1º A carteira de identidade funcional dos policiais civis será elaborada com observância das diretrizes básicas previstas na legislação federal para emissão da carteira de identidade pelo órgão estadual de identificação, dará direito ao porte de arma e ao uso de distintivo, e terá fé pública e validade como documento de identificação civil.

§ 2º Aplica-se, no que couber, à carteira de identidade funcional instituída para os policiais civis aposentados o disposto no § 1º deste artigo.

– *Art. 132 com redação dada pela Lei Complementar nº 1.282, de 18/01/2016.*

Art. 133. É proibida a acumulação de férias, salvo por absoluta necessidade de serviço e pelo prazo máximo de 3 (três) anos consecutivos.

Art. 134. O disposto nos artigos 41, 42, 44 e 45 desta lei complementar aplica-se aos integrantes da série de classes de Agente de Segurança Penitenciária da Secretaria da Justiça.

– Art. 134 com redação dada pela Lei Complementar nº 498, de 29/12/1986.

Art. 135. Aplicam-se aos funcionários policiais civis, no que não conflitar com esta lei complementar as disposições da Lei n º 199, de 1º de dezembro de 1948, do Decreto-lei nº 141, de 24 de julho de 1969, da Lei nº Lei Complementar nº 180, de 12 de maio de 1978, bem como o regime de mensal, instituído pela Lei nº 4.832, de 4 de setembro de 1958, com alterações posteriores.

Art. 136. Esta lei complementar aplica-se, nas mesmas bases, termos e condições, aos inativos.

Art. 137. As despesas decorrentes da aplicação desta lei complementar, correrão à conta de créditos suplementares que o Poder Executivo fica autorizado a abrir, até o limite de Cr$ 270.000.000,00 (duzentos e setenta milhões de cruzeiros).

Parágrafo único – O valor do crédito autorizado neste artigo será coberto com recursos de que trata o art. 43 da Lei Federal nº 4.320, de 17 de março de 1964.

Art. 138. Esta lei complementar e suas disposições transitórias entrarão em vigor em 1º de março de 1979 revogadas as disposições em contrário, especialmente a Lei nº 7.626, de 6 de dezembro de 1962, o Decreto-lei nº 156, de 8 de outubro de 1969, bem como a alínea "a" do inciso III do art. 64 e o art. 182, ambos da Lei Complementar nº 180, de 12 de maio de 1978.

DAS DISPOSIÇÕES TRANSITÓRIAS

Art. 1º Somente se aplicará esta lei complementar às infrações disciplinares praticadas na vigência da lei anterior, quando:

I – o fato não for mais considerado infração disciplinar;

II – de qualquer forma, for mais branda a pena cominada.

Art. 2º Os processos em curso, quando da entrada em vigor desta lei complementar, obedecerão ao rito processual estabelecido pela legislação anterior.

Art. 3º Os atuais cargos de Delegado de Polícia Substituto serão extintos na vacância.

Parágrafo único – Os ocupantes dos cargos a que alude este artigo, serão inscritos nos concursos de ingresso na carreira de Delegado de Polícia.

Art. 4º Vetado.

Art. 5º Vetado.

Parágrafo único – Vetado.

Art. 6º Vetado.

a) vetado;

b) vetado;

c) vetado;

d) vetado.

LEI COMPLEMENTAR Nº 432, DE 18 DE DEZEMBRO DE 1985

Dispõe sobre a concessão de adicional de insalubridade aos funcionários e servidores da Administração Centralizada e das Autarquias do Estado e dá outras providências.

Art. 1º Aos funcionários públicos e servidores civis da Administração Centralizada e das Autarquias do Estado, será concedido um adicional de insalubridade pelo exercício, em caráter permanente, em unidades ou atividades consideradas insalubres.

Art. 2º Para efeito de concessão do adicional de insalubridade de que trata esta lei complementar, serão avaliadas e identificadas as unidades e as atividades insalubres.

Parágrafo único – Na forma a ser estabelecida em regulamento, as unidades e as atividades insalubres serão classificadas em graus máximo, médio e mínimo de insalubridade.

Art. 3º O adicional de insalubridade será pago ao funcionário ou servidor de acordo com a classificação nos graus máximo, médio e mínimo, correspondendo, respectivamente, aos seguintes valores:

I – a partir de 1º de janeiro de 2010, R$ 408,00 (quatrocentos e oito reais), R$ 204,00 (duzentos e quatro reais) e R$ 102,00 (cento e dois reais);

II – a partir de 1º de janeiro de 2011, R$ 432,00 (quatrocentos e trinta e dois reais), R$ 216,00 (duzentos e dezesseis reais) e R$ 108,00 (cento e oito reais);

III – a partir de 1º de março de 2011, R$ 436,00 (quatrocentos e trinta e seis reais), R$ 218,00 (duzentos e dezoito reais) e R$ 109,00 (cento e nove reais);

IV – a partir de 1º de janeiro de 2012, R$ 497,60 (quatrocentos e noventa e sete reais e sessenta centavos), R$ 248,80 (duzentos e quarenta e oito reais e oitenta centavos) e R$ 124,40 (cento e vinte e quatro reais e quarenta centavos).

Parágrafo único – Revogado.

– Parágrafo único revogado pela Lei Complementar nº 1.361, de 21/10/2021*, com efeitos a partir de 01/11/2021.*

Art. 3º-A. A concessão do adicional de insalubridade dependerá da homologação do laudo de insalubridade, que produzirá efeitos pecuniários a partir da data de início de exercício na atividade ou local considerado insalubre. (NR)

– Artigo 3º-A com redação dada pela Lei Complementar nº 1.361, de 21/10/2021*, em vigor a partir de 01/01/2022.*

Art. 4º O funcionário ou servidor fará jus ao adicional de insalubridade enquanto estiver afastado do serviço sem prejuízo dos vencimentos e demais vantagens do cargo ou função-atividade, em virtude de:

I – férias;

II – casamento;

III – falecimento do cônjuge, filhos, pais e irmãos;

IV – falecimento dos avós, netos, sogros, padrasto ou madrasta;

V – serviços obrigatórios por lei;

VI – licença quando acidentado no exercício de suas atribuições ou atacado de doença profissional;

VII – licença à funcionária ou servidora gestante e a funcionária ou servidora adotante;

VIII – licença compulsória de que tratam o art. 206 da Lei nº 10.261, de 28 de outubro de 1968, e o inciso VIII do art. 16 da Lei nº 500, de 13 de novembro de 1974;

IX – Revogado;

- *Inciso IX revogado pela* Lei Complementar nº 1.361, de 21/10/2021, *com efeitos a partir de 01/11/2021.*

X – licença para tratamento de saúde;

XI – Revogado;

- *Inciso XI revogado pela* Lei Complementar nº 1.361, de 21/10/2021, *com efeitos a partir de 01/11/2021*

XII – missão ou estudo dentro do Estado, em outros pontos do território nacional ou no estrangeiro, até 30 (trinta) dias;

XIII – participação em congressos e outros certames culturais, técnicos ou científicos, até 30 (trinta) dias;

XIV – participação em provas de competições esportivas, até 30 (trinta) dias;

XV – doação de sangue, na forma prevista na legislação;

XVI – comparecimento ao Instituto de Assistência Médica ao Servidor Público Estadual – IAMSPE para fins de consulta ou tratamento em sua própria pessoa.

Art. 5º Ficam acrescentados a Lei Complementar nº 180, de 12 de maio de 1978, os seguintes dispositivos:

I – ao art. 178, alterado pelo inciso IX do art. 1º da Lei Complementar nº 209, de 17 de Janeiro de 1979, o inciso VIII:

"VIII – do valor do adicional de insalubridade."

II – ao parágrafo único do art. 123, o item 9;

"9. adicional de insalubridade."

Art. 6º No cálculo dos proventos será computado o adicional de insalubridade a que fizer jus o funcionário ou servidor no momento da aposentadoria, na base de 1/60 (um sessenta avos) do respectivo valor para cada mês em que, no período dos 60 (sessenta) meses imediatamente anteriores a aposentadoria, o funcionário ou servidor tenha estado em exercício nas condições referidas no art. 1º, com a percepção do mencionado adicional.

Art. 7º O adicional de insalubridade que trata esta lei complementar será concedido ao funcionário ou servidor somente enquanto perdurar o exercício em unidades ou atividades insalubres, devendo cessar a concessão se constatada, mediante laudo técnico, a eliminação de insalubridade.

Parágrafo único – Compete a Administração Centralizada e Autárquica a adoção de medidas, a serem disciplinadas em regulamento, visando a eliminar a insalubridade.

Art. 8º Esta lei complementar e sua Disposição Transitória não se aplicam aos servidores admitidos nos termos da legislação trabalhista, que já lhes assegura o direito a percepção de adicional de insalubridade.

Art. 9º Para atendimento das disposições desta lei complementar fica criada em nível central (vetado), na forma e com as atribuições a serem estabelecidas em regulamento, a Comissão Permanente de Insalubridade, que deverá ter composição paritária entre a Administração e Servidores.

Parágrafo único – O regulamento deverá dispor sobre a criação de órgãos técnicos especializados em engenharia de segurança e medicina do trabalho, bem como de Comissões de Saúde e Trabalho – COMSATS, nos locais de trabalho.

Art. 10. Compete a Administração Centralizada e Autárquica promover a melhoria das condições de trabalho, através de medidas de engenharia de segurança de segurança e medicina do trabalho, definidas em regulamento.

Parágrafo único – As condições especiais de trabalho serão definidas e disciplinadas na forma estabelecida em regulamento.

Art. 11. Caberá ao funcionário ou servidor interpor recurso junto a Comissão Permanente de Insalubridade CPI, sempre que se considerar prejudicado nos direitos assegurados nesta lei complementar.

Art. 12. Para atender as despesas decorrentes da aplicação desta lei complementar, no corrente exercício, fica o Poder Executivo autorizado a abrir créditos suplementares até o limite de Cr$ 17.000.000.000 (dezessete bilhões de cruzeiros).

Parágrafo único – Os créditos suplementares de que trata o artigo serão cobertos na forma do art. 43, da Lei federal nº 4.320, de 17 de março de 1964.

Art. 13. Esta lei complementar e sua Disposição Transitória entrarão em vigor na data de sua publicação.

DISPOSIÇÃO TRANSITÓRIA

Artigo único. O atual funcionário ou servidor, que vier a requerer aposentadoria dentro de 60 (sessenta) meses contados da data da publicação desta lei complementar, terá assegurado o direito de computar integralmente, no cálculo dos proventos, o adicional de insalubridade que estiver percebendo no momento da aposentadoria, desde que, cumulativamente:

I – nos 60 (sessenta) meses anteriores a data do protocolamento do pedido de aposentadoria tenha estado em exercício, em caráter permanente, em unidades ou atividades consideradas insalubres;

II – esteja percebendo o adicional de insalubridade na forma prevista nesta lei complementar durante, pelo menos, o período dos 12 (doze) meses imediatamente anteriores a data do protocolamento do pedido de aposentadoria.

Parágrafo único – Para o fim previsto neste artigo ter-se-á por base, nos casos de implemento de idade, a data do evento.

LEI COMPLEMENTAR Nº 1.010, DE 01 DE JUNHO DE 2007

Dispõe sobre a criação da SÃO PAULO PREVIDÊNCIA - SPPREV, entidade gestora do Regime Próprio de Previdência dos Servidores Públicos - RPPS e do Regime Próprio de Previdência dos Militares do Estado de São Paulo - RPPM.

ÍNDICE

CAPÍTULO I
DA CRIAÇÃO E DA COMPETÊNCIA

Art. 1º Fica criada a SÃO PAULO PREVIDÊNCIA - SPPREV, entidade gestora única do Regime Próprio de Previdência dos Servidores Públicos titulares de cargos efetivos - RPPS e do Regime Próprio de Previdência dos Militares do Estado de São Paulo - RPPM, autarquia sob regime especial com sede e foro na cidade de São Paulo - SP e prazo de duração indeterminado.

Parágrafo único - O regime especial, a que se refere o "caput", caracteriza-se por autonomia administrativa, financeira, patrimonial e de gestão de recursos humanos e autonomia nas suas decisões.

Art. 2º São segurados do RPPS e do RPPM do Estado de São Paulo, administrados pela SPPREV:

I - os titulares de cargos efetivos, assim considerados os servidores cujas atribuições, deveres e responsabilidades específicas estejam definidas em estatutos ou normas estatutárias e que tenham sido aprovados por meio de concurso público de provas ou de provas e títulos ou de provas de seleção equivalentes;

II - os membros da Polícia Militar do Estado, assim definidos nos termos do art. 42 da Constituição Federal.

§ 1º Aplicam-se as disposições constantes desta lei aos servidores titulares de cargos vitalícios, efetivos e militares, da Administração direta e indireta, da Assembléia Legislativa, do Tribunal de Contas do Estado e seus Conselheiros, das Universidades, do Poder Judiciário e seus membros, e do Ministério Público e seus membros, da Defensoria Pública e seus membros.

§ 2º Por terem sido admitidos para o exercício de função permanente, inclusive de natureza técnica, e nos termos do disposto no inciso I deste artigo, são titulares de cargos efetivos os servidores ativos e inativos que, até a data da publicação desta lei, tenham sido admitidos com fundamento nos incisos I e II do art. 1º da Lei nº 500, de 13 de novembro de 1974.

§ 3º O disposto no § 2º deste artigo aplica-se aos servidores que, em razão da natureza permanente da função para a qual tenham sido admitidos, estejam na mesma situação ali prevista.

Art. 3º A SPPREV tem por finalidade administrar o Regime Próprio de Previdência dos Servidores Públicos titulares de cargos efetivos - RPPS e o Regime Próprio de Previdência dos Militares do Estado de São Paulo - RPPM, cabendo-lhe:

I – a administração, o gerenciamento e a operacionalização dos regimes;

II – a concessão, pagamento e manutenção dos benefícios assegurados pelos regimes;

III – a arrecadação e cobrança dos recursos e contribuições necessários ao custeio dos regimes;

IV – a gestão dos fundos e recursos arrecadados; e

V – a manutenção permanente do cadastro individualizado dos servidores públicos ativos e inativos, dos militares do serviço ativo, dos agregados ou licenciados, da reserva remunerada ou reformado, e respectivos dependentes, e dos pensionistas.

§ 1º Na consecução de suas finalidades a SPPREV atuará com independência e imparcialidade, visando o interesse público, observados os princípios da legalidade, impessoalidade, publicidade, moralidade e eficiência.

§ 2º O ato de concessão dos benefícios para o membro ou servidor do Poder Judiciário, da Assembléia Legislativa, do Tribunal de Contas do Estado, do Ministério Público, da Defensoria Pública e das Universidades será assinado pelo chefe do respectivo Poder, entidade autônoma ou órgão autônomo, que o remeterá, em seguida, à SPPREV para formalização, pagamento e manutenção.

§ 3º O ato que conceder a aposentadoria indicará as regras constitucionais, permanentes ou de transição, aplicadas, o valor dos proventos e o regime a que ficará sujeita sua revisão ou atualização.

§ 4º Cada Poder, órgão autônomo ou entidade fará as comunicações necessárias para que a SPPREV observe os direitos à integralidade e à paridade de remuneração, quando assegurados.

§ 5º Fica vedado à SPPREV o desempenho das seguintes atividades:

1 – concessão de empréstimos de qualquer natureza, inclusive à União, aos Estados, ao Distrito Federal e aos Municípios, a entidades da Administração indireta e aos servidores públicos ativos e inativos, aos militares do serviço ativo, agregados ou licenciados, da reserva remunerada ou reformado, e aos pensionistas e demais empregados do Estado de São Paulo;

2 – celebrar convênios ou consórcios com outros Estados ou Municípios com o objetivo de pagamento de benefícios;

3 – aplicar recursos em títulos públicos, com exceção de títulos do Governo Federal;

4 – atuação nas demais áreas da seguridade social ou qualquer outra área não pertinente a sua precípua finalidade;

5 – atuar como instituição financeira, bem como prestar fiança, aval ou obrigar-se, em favor de terceiros, por qualquer outra forma.

§ 6º O cadastro a que se refere o inciso V deste artigo, dentre outras informações julgadas relevantes ou necessárias nos termos da legislação aplicável, conterá:

1 – nome e demais dados pessoais, inclusive dos dependentes;

2 – matrícula e outros dados funcionais;

3 – remuneração utilizada como base para as contribuições do servidor ou do militar a qualquer regime de previdência, mês a mês;

4 – valores mensais e acumulados da contribuição;

5 – valores mensais e acumulados da contribuição do ente federativo.

§ 7º Aos servidores públicos ativos e aos militares do serviço ativo serão disponibilizadas, anualmente, as informações constantes de seu cadastro individualizado, nos termos e prazos definidos em regulamento.

§ 8º Os valores constantes do cadastro individualizado a que se refere o inciso V deste artigo serão consolidados para fins contábeis.

Art. 4º Caberá ao Poder Executivo instalar a SPPREV, devendo seu regulamento, aprovado por decreto do Poder Executivo no prazo máximo de 90 (noventa) dias a contar da data de publicação desta lei complementar, fixar-lhe a estrutura organizacional e estabelecer as demais regras necessárias à instalação e funcionamento da entidade.

Parágrafo único – A SPPREV vincula-se à Secretaria de Estado da Fazenda, que a supervisionará.

CAPÍTULO II
DA ESTRUTURA ADMINISTRATIVA

SEÇÃO I
DOS ÓRGÃOS DE ADMINISTRAÇÃO

Art. 5º A SPPREV terá como órgãos de administração o Conselho de Administração, a Diretoria Executiva e o Conselho Fiscal.

SEÇÃO II
DO CONSELHO DE ADMINISTRAÇÃO

Art. 6º O Conselho de Administração é o órgão de deliberação superior da SPPREV, competindo-lhe fixar as diretrizes gerais de atuação da SPPREV, praticar atos e deliberar sobre matéria que lhe seja atribuída por lei ou regulamento e:

I – aprovar os regimentos internos;

II – aprovar o orçamento anual;

III – aprovar os Relatórios anuais da Diretoria Executiva e as demonstrações financeiras de cada exercício;

IV – atuar como Conselho de Administração do fundo a que se refere o art. 31 desta lei complementar; e

V – manifestar-se sobre qualquer assunto de interesse da SPPREV que lhe seja submetido pela Diretoria Executiva.

Art. 7º O Conselho de Administração será composto por 14 (catorze) membros efetivos e respectivos suplentes, com mandato de 2 (dois) anos, permitida uma recondução, escolhidos na seguinte conformidade:

I – 7 (sete) membros efetivos e respectivos suplentes indicados pelo Governador do Estado, sendo um membro efetivo e seu suplente, obrigatoriamente, da Polícia Militar do Estado de São Paulo, no posto de Coronel PM, todos demissíveis "ad nutum";

II – 1 (um) membro efetivo e respectivo suplente indicados pelos servidores ativos e inativos do Poder Judiciário, do Ministério Público e da Defensoria Pública, ambos escolhidos entre os seus servidores titulares de cargos efetivos;

III – 1 (um) membro efetivo e respectivo suplente indicados pelos servidores ativos e inativos do Poder Legislativo, ambos escolhidos entre seus servidores titulares de cargos efetivos;

IV – 2 (dois) membros efetivos e respectivos suplentes indicados pelos servidores ativos do Poder Executivo, titulares de cargos efetivos, e seus pensionistas;

V – 1 (um) membro efetivo e respectivo suplente indicados pelos servidores inativos do Poder Executivo, ex-titulares de cargos efetivos, e seus pensionistas;

VI – 1 (um) membro efetivo e respectivo suplente indicados pelos militares do serviço ativo, da reserva remunerada ou reformado, e seus pensionistas;

VII – 1 (um) membro efetivo e respectivo suplente indicados pelos servidores ativos e inativos das Universidades estaduais e seus pensionistas.

§ 1º Os membros do Conselho de Administração deverão ter formação universitária e comprovada experiência profissional em uma das seguintes áreas: seguridade, administração, economia, finanças, direito, contabilidade, atuária ou engenharia.

§ 2º O Poder Executivo disciplinará, no prazo de até 90 (noventa) dias contados da publicação desta lei complementar, os procedimentos gerais para nomeação e indicação dos representantes dos servidores ativos, inativos e pensionistas, bem como dos militares do serviço ativo, da reserva remunerada ou reformado e pensionistas, garantindo-se a participação exclusiva das entidades representativas, sindicais e associativas no processo de indicação.

§ 3º O Governador do Estado escolherá, dentre os membros do Conselho de Administração, o seu Presidente e Vice-Presidente.

§ 4º A indicação dos membros do Conselho de Administração deverá ser feita no prazo máximo de 180 (cento e oitenta) dias:

1 – a contar da publicação do decreto a que se refere o § 2º deste artigo, no que respeita à sua primeira composição; e

2 – antes do término do mandato dos respectivos Conselheiros, nas composições subsequentes.

§ 5º Na hipótese de não atendimento dos prazos estabelecidos no § 4º deste artigo, a indicação dos Conselheiros far-se-á mediante livre escolha do Chefe do Poder Executivo, observados os requisitos previstos no § 1º deste artigo.

Art. 8º O Conselho de Administração reunir-se-á, ordinariamente, uma vez ao mês, com a presença da maioria absoluta de seus membros e deliberará por maioria simples dentre os presentes, cabendo ao Presidente do Conselho o voto de qualidade.

Parágrafo único – O Diretor Executivo Presidente terá assento nas reuniões do Conselho de Administração, com direito a voz, mas sem voto.

SEÇÃO III
DA DIRETORIA EXECUTIVA

Art. 9º A Diretoria Executiva é o órgão de execução das atividades que competem à SPPREV.

Art. 10. A Diretoria Executiva será composta por 5 (cinco) diretores executivos, cujas atribuições serão definidas em decreto regulamentar, sendo:

I - Diretor Presidente;

II - Diretor de Administração e Finanças;

III - Diretor de Relacionamento com o Segurado;

IV - Diretor de Benefícios - Servidores Públicos;

V - Diretor de Benefícios - Militares.

- Art. 10 com redação dada pela Lei Complementar nº 1.058, de 16/09/2008.

Art. 11. Ao Diretor Presidente compete organizar e supervisionar as atividades da SPPREV e exercer as demais atribuições definidas em regulamento.

Art. 12. Compete aos diretores desempenhar as atribuições previstas em regulamento, além daquelas que lhes forem delegadas pelo Diretor Presidente.

SEÇÃO IV
DO CONSELHO FISCAL

Art. 13. O Conselho Fiscal é o órgão de fiscalização e controle interno da SPPREV, competindo-lhe:

I - analisar as demonstrações financeiras e demais documentos contábeis da entidade, emitindo parecer e encaminhando-os ao Conselho de Administração;

II - opinar sobre assuntos de natureza econômico-financeira e contábil que lhes sejam submetidos pelo Conselho de Administração ou pela Diretoria Executiva;

III - atuar como Conselho Fiscal do fundo a que se refere o art. 31 desta lei complementar; e,

IV - comunicar ao Conselho de Administração fatos relevantes que apurar no exercício de suas atribuições.

Parágrafo único - No desempenho de suas funções, o Conselho Fiscal, que se reunirá mensalmente, poderá requisitar e examinar livros e documentos da SPPREV que se fizerem necessários, bem como, justificadamente, solicitar o auxílio de especialistas e peritos.

Art. 14. O Conselho Fiscal será composto por 6 (seis) membros efetivos e respectivos suplentes, com mandato de 2 (dois) anos, vedada a recondução.

§ 1º Os membros do Conselho Fiscal, observado o disposto no § 2º deste artigo, serão escolhidos da seguinte forma:

1 - 3 (três) membros efetivos e seus respectivos suplentes indicados pelo Governador do Estado, todos demissíveis "ad nutum";

2 - 1 (um) membro efetivo e seu suplente oriundos do Poder Executivo, indicados pelos seus servidores ativos, inativos, ou pelos militares do serviço ativo, da reserva remunerada ou reformado, e respectivos pensionistas;

3 - 1 (um) membro efetivo e respectivo suplente oriundos do Poder Judiciário e Ministério Público, indicados pelos seus servidores ativos e inativos e pelos pensionistas; e

4 - 1 (um) membro efetivo e respectivo suplente oriundos do Poder Legislativo, indicados pelos seus servidores ativos e inativos e pelos pensionistas.

§ 2º A indicação dos membros efetivos e suplentes do Conselho Fiscal referidos nos itens 2 e 3 do § 1º deste artigo se dará de forma alternada e sucessiva entre os responsáveis pelas indicações, na seguinte conformidade:

1 - na primeira composição do Conselho Fiscal:

a) o membro efetivo a que se refere o item 2 será indicado pelos servidores ativos, inativos e pensionistas do Poder Executivo, e o respectivo suplente pelos militares do serviço ativo, da reserva remunerada ou reformados e pensionistas;

b) o membro efetivo a que se refere o item 3 será indicado pelos servidores ativos e inativos e pelos pensionistas oriundos do Poder Judiciário e o respectivo suplente pelos servidores ativos e inativos e pelos pensionistas oriundos do Ministério Público;

2 - na segunda composição do Conselho Fiscal:

a) o membro efetivo a que se refere o item 2 será indicado pelos militares do serviço ativo, da reserva remunerada ou reformados e pensionistas e o respectivo suplente pelos servidores ativos, inativos e pensionistas do Poder Executivo;

b) o membro efetivo a que se refere o item 3 será indicado pelos servidores ativos e inativos e pelos pensionistas oriundos do Ministério Público e o respectivo suplente pelos oriundos do Poder Judiciário;

§ 3º Aplica-se aos membros do Conselho Fiscal o disposto nos §§ 1º, 2º, 4º e 5º, do art. 7º desta lei complementar.

§ 4º O presidente do Conselho será eleito pelos membros do Conselho Fiscal devidamente constituído, devendo a escolha recair sobre um dos membros indicados pelos servidores.

SEÇÃO V
DAS DEMAIS DISPOSIÇÕES

Art. 15. A fim de implantar o sistema de renovação parcial e periódica dos Conselhos de Administração e Fiscal, o primeiro mandato de metade dos conselheiros e respectivos suplentes será acrescido de 50% (cinquenta por cento) do prazo definido nesta lei complementar.

Parágrafo único – O regulamento definirá quais os membros da primeira composição dos Conselhos que terão o prazo de duração de seus mandatos estendido nos termos do "caput" deste artigo.

Art. 16. É vedado ao Conselheiro e ao Diretor Executivo o exercício simultâneo de mais de um cargo de administração na SPPREV.

Art. 17. Os membros dos Conselhos de Administração e Fiscal somente perderão o mandato em virtude de:

I – condenação penal transitada em julgado;

II – decisão desfavorável em processo administrativo irrecorrível; ou

III – acumulação ilegal de cargos, empregos ou funções públicas;

IV – três ausências consecutivas ou cinco alternadas nas reuniões do Conselho, que não forem justificadas.

§ 1º Instaurado processo administrativo para apuração de irregularidades poderá o Governador do Estado, por solicitação do Secretário de Estado supervisor, determinar o afastamento provisório do Conselheiro, até a conclusão do processo.

§ 2º O afastamento de que trata o § 1º deste artigo não implica prorrogação do mandato ou permanência no Conselho de Administração ou Fiscal além da data inicialmente prevista para o seu término.

§ 3º Pelo exercício irregular da função pública, os membros dos Conselhos de Administração e Fiscal e da Diretoria Executiva responderão penal, civil e administrativamente, nos termos da legislação aplicável, em especial a Lei federal nº 8.429, de 2 de junho de 1992 (Lei de Improbidade Administrativa).

Art. 18. Na hipótese de vacância nos Conselhos de Administração e Fiscal, assumirá o respectivo suplente ou, na impossibilidade, outro membro será indicado pelos respectivos responsáveis, devendo o novo membro exercer o mandato pelo período remanescente.

Art. 19. A remuneração mensal dos membros dos Conselhos de Administração e Fiscal corresponderá a 20% (vinte por cento) da remuneração do Diretor Presidente da SPPREV, observados os critérios estabelecidos em regulamento.

Art. 20. A representação judicial da SPPREV, com prerrogativas processuais de Fazenda Pública, será exercida pela Procuradoria Geral do Estado, a qual exercerá, também, representação extrajudicial, consultoria e assessoria jurídica, conforme definido em regulamento próprio.

Art. 21. O pessoal da SPPREV será admitido sob o regime da Consolidação das Leis do Trabalho – C.L.T.

Art. 22. Ficam criados, na SPPREV, 5 (cinco) cargos de Diretor Executivo, com o vencimento mensal R$ 9.667,00 (nove mil, seiscentos e sessenta e sete reais).

Parágrafo único – Os cargos a que se refere o "caput" deste artigo serão extintos quando for implementado o Quadro de Pessoal de que trata o art. 39 desta lei complementar.

CAPÍTULO III
DAS DISPOSIÇÕES ECONÔMICAS E FINANCEIRAS

SEÇÃO I
DA SÃO PAULO PREVIDÊNCIA – SPPREV

Art. 23. A SPPREV organizará a administração do RPPS e do RPPM com base em normas gerais de contabilidade e atuária, de modo a garantir seu equilíbrio financeiro e atuarial, observados os critérios definidos pelas legislações estadual e federal aplicáveis e respectivos regulamentos.

Art. 24. O patrimônio, as receitas e as disponibilidades de caixa da SPPREV serão mantidos em conta específica.

Parágrafo único – A SPPREV deverá realizar escrituração contábil distinta da mantida pelo Tesouro Estadual, inclusive quanto às rubricas destacadas no orçamento para pagamento de benefícios, e também adotar os planos de contas definidos pelas autoridades reguladoras competentes.

Art. 25. A SPPREV receberá mensalmente, para custeio de sua instalação e funcionamento, remuneração correspondente à taxa de administração definida anualmente e aprovada por ato do Poder Executivo, respeitados os limites estabelecidos na legislação.

Parágrafo único – Cada órgão, entidade e Poder contabilizará como despesa a taxa de administração estabelecida no "caput" deste artigo, proporcionalmente ao valor da respectiva folha de pagamento do pessoal vinculado ao RPPS e ao RPPM, relativamente ao exercício financeiro anterior.

Art. 26. Os valores dos benefícios pagos pela SPPREV serão:

I – computados para efeito de cumprimento de vinculações legais e constitucionais de gastos em áreas específicas;

II – deduzidos do repasse obrigatório de recursos a outras entidades, órgãos ou Poderes dos quais os inativos, ou respectivos beneficiários, forem originários.

Art. 27. O Estado de São Paulo é responsável pela cobertura de eventuais insuficiências financeiras do RPPS e do RPPM decorrentes do pagamento de benefícios previdenciários, observada a insuficiência apurada em cada um dos Poderes e órgãos autônomos.

Parágrafo único – Entende-se por insuficiência financeira o valor resultante da diferença entre o valor total da folha de pagamento dos benefícios previdenciários e o valor total das contribuições previdenciárias dos servidores, dos Poderes, entidades autônomas e órgãos autônomos do Estado.

Art. 28. Ficam o Poder Executivo e o IPESP autorizados a repactuar as dívidas e os haveres existentes entre si e os demais órgãos integrantes do RPPS e RPPM, e assim consolidar as demais obrigações em favor dos dois regimes próprios de previdência social.

§ 1º O ajuste de que trata o "caput" deste artigo deve prever o pagamento integral dos montantes devidos pelo Estado em até 10 (dez) anos a contar da publicação desta lei.

§ 2º Os recursos aportados pelo Estado para a cobertura de insuficiências financeiras nos termos desta lei serão utilizados pelo Executivo como pagamento dos compromissos a que se refere o "caput" deste artigo.

§ 3º Fica a Fazenda do Estado autorizada a assumir a responsabilidade pelo pagamento:

1 – de débitos do IPESP, oriundos de sentenças transitadas em julgado, constantes de precatórios judiciários insatisfeitos;

2 – de débitos previdenciários da CBPM, oriundos de sentenças transitadas em julgado, constantes de precatórios judiciários insatisfeitos.

§ 4º As obrigações assumidas pela Fazenda do Estado, em consequência da autorização de que trata o § 3º, serão consideradas no ajuste de que trata o "caput" deste artigo.

Art. 29. A SPPREV disponibilizará ao público, inclusive por meio de rede pública de transmissão de dados, informações atualizadas sobre as receitas e despesas do RPPS e do RPPM, bem como os critérios e parâmetros adotados para garantir o seu equilíbrio financeiro e atuarial.

Art. 30. A SPPREV deverá realizar avaliação atuarial inicial e em cada balanço, bem como poderá manter auditoria externa, por entidade independente legalmente habilitada nas áreas contábil, de benefícios e atuarial, conforme previsto em regulamento.

SEÇÃO II

DA CONSTITUIÇÃO DE FUNDO COM FINALIDADE PREVIDENCIÁRIA

Art. 31. Fica o Poder Executivo autorizado a constituir fundo com finalidade previdenciária, de natureza contábil, destinado a recepcionar os recursos e o patrimônio previdenciários, sob a direção, administração e gestão da SPPREV.

§ 1º Os recursos do fundo a que se refere o "caput" deste artigo serão destinados exclusivamente ao pagamento de benefícios previdenciários do RPPS e do RPPM.

§ 2º Caberá à SPPREV, por intermédio dos seus órgãos de administração, a representação, a administração e a gestão do fundo a que se refere o "caput" deste artigo, na forma prevista nesta lei complementar.

§ 3º A SPPREV deverá manter os recursos destinados ao pagamento de benefícios em conta específica em nome do fundo a que se refere o "caput" deste artigo.

§ 4º O fundo a que se refere o "caput" deste artigo e a SPPREV terão registros cadastrais e contabilidade distintos, não havendo entre eles qualquer comunicação ou direitos, inexistindo solidariedade ou subsidiariedade obrigacionais ativas ou passivas.

Art. 32. O fundo a que se refere o art. 31 desta lei complementar contará com recursos constituídos por:

I – bens, direitos e ativos dotados pelo Estado de São Paulo;

II – contribuições previdenciárias mensais dos servidores públicos, ativos e inativos, dos militares do serviço ativo, dos agregados ou licenciados, da reserva remunerada ou reformados, e dos respectivos pensionistas, nos termos da legislação aplicável;

III – contribuição previdenciária do Estado, em contrapartida à contribuição dos servidores públicos civis, ativos e inativos, dos militares do serviço ativo, dos agregados ou licenciados, da reserva remunerada ou reformados, e dos respectivos pensionistas;

IV – aportes extraordinários do Estado;

V – acervo patrimonial de órgãos e entidades estaduais que lhe forem transferidos por ato do Poder Executivo;

VI – rendimentos das aplicações financeiras de seus recursos;

VII – produto da alienação de seus bens;

VIII – aluguéis e outros rendimentos derivados dos bens componentes de seu patrimônio;

IX – doações, subvenções e legados;

X – outros recursos consignados no orçamento do Estado, inclusive os decorrentes de créditos suplementares;

XI – receitas decorrentes do reconhecimento de dívidas do Estado com o IPESP, vencidas antes da vigência desta lei complementar e apuradas nos termos do art. 28 desta lei.

Parágrafo único – A contribuição previdenciária do Estado, a que se refere o "caput" do art. 2º da Lei federal nº 9.717, de 27 de novembro de 1998, alterada pela Lei federal nº 10.887, de 18 de junho de 2004, para os regimes próprios de previdência de que trata o art. 2º desta lei complementar, corresponderá ao dobro do valor da contribuição do servidor ativo.

Art. 33. Os recursos garantidores das reservas técnicas, fundos e provisões do fundo a que se refere o art. 31 desta lei complementar serão aplicados de acordo com as condições de mercado e da legislação aplicável à matéria, e observadas as regras de segurança, solvência, liquidez, rentabilidade, proteção e prudência financeira.

Art. 34. A gestão dos bens imóveis do fundo a que se refere o art. 31 desta lei complementar será realizada visando compatibilizar a diversificação dos investimentos à legislação e regulamentação aplicáveis, de modo a obter melhor rentabilidade.

Parágrafo único – Fica autorizada a alienação ou oneração dos bens imóveis dotados ao fundo a que se refere o art. 31 desta lei complementar devendo tal alienação ou oneração observar os valores praticados pelo mercado imobiliário e reverter em seu benefício.

CAPÍTULO IV
DISPOSIÇÕES FINAIS E TRANSITÓRIAS

Art. 35. A SPPREV poderá, durante os 24 (vinte e quatro) meses subsequentes a sua instalação, solicitar a colaboração onerosa, mediante afastamento, de servidores públicos, de militares do serviço ativo e empregados de órgãos ou entidades integrantes da Administração Pública Estadual, para o exercício de atribuições compatíveis com os respectivos níveis de formação profissional.

Parágrafo único – A despesa decorrente do afastamento de servidores públicos, militares do serviço ativo e empregados da Administração Pública Estadual, sem prejuízo de vencimentos, salários e demais vantagens, será ressarcida ao órgão ou entidade de origem, pela SPPREV.

Art. 36. As atribuições conferidas pela legislação em vigor ao Instituto de Previdência do Estado de São Paulo – IPESP, à Caixa Beneficente da Polícia Militar – CBPM, às Secretarias de Estado e às entidades da Administração indireta do Estado, bem como aos Tribunal de Justiça, Ministério Público e Universidades, relacionadas à administração e pagamento de benefícios previdenciários, serão assumidas pela SPPREV, conforme cronograma a ser definido por decreto.

Art. 37. Fica o Poder Executivo autorizado a:

I – transferir para a SPPREV o acervo patrimonial do IPESP e da CBPM, relativos às competências que lhe são atribuídas por esta lei complementar, de acordo com o cronograma referido no art. 36 desta lei complementar;

II – transferir para a SPPREV o acervo patrimonial das Secretarias de Estado e das entidades da Administração indireta do Estado, relativos às competências que lhe são atribuídas por esta lei complementar, de acordo com o cronograma referido no art. 36 desta lei complementar;

III – remanejar, transferir ou utilizar os saldos orçamentários do IPESP, da CBPM, das Secretarias de Estado e das entidades da Administração indireta do Estado, para atender as despesas previdenciárias e de instalação e estruturação da SPPREV.

Parágrafo único – Até que se conclua a instalação da SPPREV os órgãos, entidades e unidades dos Poderes Executivo, Judiciário e Legislativo, e do Ministério Público ficam incumbidos de assegurar o suporte necessário ao funcionamento da SPPREV.

Art. 38. Os órgãos, entidades e unidades dos Poderes Executivo, Judiciário e Legislativo, e do Ministério Público deverão transferir à SPPREV as informações constantes do acervo técnico e documental relacionado às atividades que lhe são atribuídas, na conformidade do cronograma a que se refere o art. 36 desta lei complementar.

Art. 39. O Poder Executivo apresentará, no prazo máximo de 180 (cento e oitenta) dias a contar da data de publicação desta lei complementar, projeto de lei dispondo sobre a criação do Quadro de Pessoal da

SPPREV e a fixação da remuneração dos empregos públicos, cargos e funções de confiança.

Art. 40. A SPPREV deverá estar instalada e em pleno funcionamento, tendo assumido a administração e execução de todas as atividades que lhe são conferidas nos termos desta lei complementar, inclusive no que se refere aos Poderes Judiciário e Legislativo, e ao Ministério Público, em até 2 (dois) anos após a publicação desta lei complementar, período no qual os órgãos, entidades e unidades dos Poderes Executivo, Judiciário e Legislativo, e do Ministério Público, deverão fornecer à SPPREV, mensalmente, as informações relativas a dados cadastrais e folha de pagamento dos seus membros e servidores públicos, ativos e inativos, dos militares do serviço ativo, dos agregados ou licenciados, da reserva remunerada ou reformados, necessárias ao atendimento das exigências contidas na Lei federal nº 9.717, de 27 de novembro de 1998, com alterações introduzidas pela Lei federal nº 10.887, de 18 de junho de 2004, e regulamentação própria.

§ 1º Revogado.

- § 1º revogado pela Lei nº 13.549, de 26/05/2009, produzindo efeitos 30 (trinta) dias após sua publicação.

§ 2º As funções previdenciárias da CBPM serão transferidas para a SPPREV, permanecendo a CBPM com as suas funções não previdenciárias, na forma a ser definida em regulamento.

Art. 41. Fica o Poder Executivo autorizado a abrir crédito suplementar no orçamento do Estado, até o valor de R$ 10.000.000,00 (dez milhões de reais), destinados à implementação das medidas previstas nesta lei complementar.

Art. 42. Cada Poder, órgão autônomo ou entidade será responsável pela satisfação dos créditos de seus membros ou servidores inativos, e respectivos beneficiários, pendentes na data da publicação desta lei.

Art. 43. Fica suprimida a possibilidade de dispensa imotivada, pelo Estado, dos docentes do magistério público estadual, admitidos até a publicação desta lei, com fundamento na Lei nº 500, de 13 de novembro de 1974.

Art. 44. Em consequência do disposto no art. 43, fica excluída a aplicabilidade aos docentes do magistério público estadual da hipótese de dispensa prevista no inciso III do art. 35 da Lei nº 500, de 13 de novembro de 1974.

Art. 44-A. Enquanto não for editada a lei específica que regulará o Sistema de Proteção Social dos Militares a que se refere o artigo 24-E do Decreto-lei nº 667, de 2 de julho de 1969, com as alterações inseridas pela Lei federal nº 13.954, de 16 de dezembro de 2019, será mantida na SPPREV a gestão da pensão e da inatividade militar. (NR)

- *Artigo 44-A acrescentado pela Lei nº 17.293, de 15/10/2020.*

Art. 45. Ficam revogados o art. 25 da Lei nº 452, de 2 de outubro de 1974 e os artigos 133, 140, 141, 142 e 143, todos da Lei Complementar nº180, de 12 de maio de 1978.

Art. 46. Esta lei complementar entra em vigor na data de sua publicação.

LEI COMPLEMENTAR Nº 1.012, DE 05 DE JULHO DE 2007

Altera a Lei Complementar nº 180, de 12 de maio de 1978; a Lei nº 10261, de 28 de outubro de 1968; a Lei Complementar nº 207, de 5 de janeiro de 1979.

ÍNDICE

SEÇÃO I
DA PENSÃO

Art. 1º Os artigos 144, 147, 148, 149, 150, 155 e 158 da Lei Complementar nº 180, de 12 de maio de 1978, passam a vigorar com a seguinte redação:

"Art. 144. O valor inicial da pensão por morte devida aos dependentes de servidor falecido será igual à totalidade da remuneração no cargo efetivo em que se deu o óbito, ou à dos proventos do inativo na data do óbito, até o limite máximo estabelecido para os benefícios do regime geral de previdência social, de que trata o art. 201 da Constituição Federal, acrescido de 70% (setenta por cento) da parcela que exceder esse limite.

"Parágrafo único - O cálculo do valor inicial da pensão mensal, na situação prevista no § 3º do art. 137 desta lei complementar, no caso do servidor que vier a falecer antes de sua aposentadoria, tomará por base a média das aulas ministradas nos 12 (doze) meses anteriores ao do óbito, adotando-se o valor unitário vigente na data do óbito."

"Art. 147. São dependentes do servidor, para fins de recebimento de pensão:

"I - o cônjuge ou o companheiro ou a companheira, na constância, respectivamente, do casamento ou da união estável;

"II - o companheiro ou a companheira, na constância da união homoafetiva;

"III - os filhos, de qualquer condição ou sexo, de idade igual à prevista na Legislação do Regime Geral de Previdência Social e não emancipados, bem como os inválidos para o trabalho e os incapazes civilmente, estes dois últimos desde que comprovadamente vivam sob dependência econômica do servidor;

"IV - os pais, desde que comprovadamente vivam sob dependência econômica do servidor e não existam dependentes das classes mencionadas nos incisos I, II ou III deste artigo, ressalvado o disposto no § 3º deste artigo.

"§ 1º O enteado e o menor tutelado equiparam-se ao filho desde que comprovadamente vivam sob dependência econômica do servidor.

"§ 2º A pensão atribuída ao filho inválido ou incapaz será devida enquanto durar a invalidez ou a incapacidade.

"§ 3º Mediante declaração escrita do servidor, os dependentes a que se refere o inciso IV deste artigo poderão concorrer em igualdade de condições com os demais.

"§ 4º A invalidez ou a incapacidade supervenientes à morte do servidor não conferem direito à pensão, exceto se tiverem início durante o período em que o dependente usufruía o benefício.

"§ 5º A comprovação de dependência econômica dos dependentes enumerados na segunda parte do inciso III, no inciso IV e no § 1º deste artigo deverá ter como base à data do óbito do servidor e ser feita de acordo com as regras e critérios estabelecidos em norma regulamentar.

"§ 6º Na falta de decisão judicial com trânsito em julgado reconhecendo a união estável, o companheiro ou companheira deverá comprová-la conforme estabelecido em norma regulamentar."

"Art. 148. Com a morte do servidor a pensão será paga aos dependentes, mediante rateio, em partes iguais.

"§ 1º O valor da pensão será calculado de acordo com a regra prevista no "caput" do art. 144 desta lei complementar, procedendo-se, posteriormente, à divisão do benefício em quotas, nos termos deste artigo.

"§ 2º O pagamento do benefício retroagirá à data do óbito, quando requerido em até 60 (sessenta) dias depois deste.

"§ 3º O pagamento do benefício será feito a partir da data do requerimento, quando ultrapassado o prazo previsto no § 2º deste artigo.

"§ 4º A pensão será concedida ao dependente que primeiro vier requerê-la, admitindo-se novas inclusões a qualquer tempo, as quais produzirão efeitos financeiros a partir da data em que forem requeridas, nos termos dos parágrafos 2º e 3º deste artigo.

"§ 5º A perda da qualidade de dependente pelo pensionista implica na extinção de sua quota de pensão, admitida a reversão da respectiva quota somente de filhos para cônjuge ou companheiro ou companheira e destes para aqueles.

"§ 6º Com a extinção da última quota de pensão, extingue-se o benefício."

"Art. 149. A perda da condição de beneficiário dar-se-á em virtude de:

"I – falecimento, considerada para esse fim a data do óbito;

"II – não cumprimento de qualquer dos requisitos ou condições estabelecidos nesta lei complementar;

"III – matrimônio ou constituição de união estável.

"Parágrafo único – Aquele que perder a qualidade de beneficiário, não a restabelecerá."

"Art. 150. O ex-cônjuge, ex-companheiro ou ex-companheira somente terá direito à pensão se o servidor lhe prestava pensão alimentícia na data do óbito.

"Parágrafo único – O ex-cônjuge, ex-companheiro ou ex-companheira concorrerá em igualdade de condições com os demais dependentes, sendo o valor de seu benefício limitado ao valor da pensão alimentícia que recebia do servidor."

"Art. 155. Nenhum beneficiário poderá receber mais de uma pensão decorrente desta lei complementar, exceto filho, enteado e menor tutelado, de casal contribuinte, assegurado aos demais o direito de opção pela pensão mais vantajosa."

"Art. 158. A incapacidade e a invalidez, para os fins previstos no art. 147 desta lei complementar, serão verificadas mediante inspeção por junta médica pericial."

Art. 2º Fica assegurada a continuidade do pagamento aos atuais beneficiários de pensão enquanto mantiverem as condições que, sob a égide da legislação anterior, lhes garantia a percepção do benefício.

Parágrafo único – Na ocorrência de novo rateio do benefício aplicar-se-ão as regras previstas na legislação a que se refere o "caput" deste artigo.

Art. 3º Para os óbitos ocorridos antes da vigência desta lei complementar, o valor do benefício da pensão e a forma de cálculo das quotas devidas a cada um dos dependentes obedecerão às regras previstas na legislação vigente na data do óbito.

Parágrafo único – Na ocorrência de novo rateio do benefício aplicar-se-ão as regras previstas na legislação a que se refere o "caput" deste artigo.

SEÇÃO II
DO SALÁRIO-FAMÍLIA, DO AUXÍLIO-RECLUSÃO E FUNERAL

Art. 4º O Título XIII, da Lei Complementar nº 180, de 12 de maio de 1978, fica acrescido do Capítulo I-A e dos artigos 163-A e 163-B, com a seguinte redação:

"CAPÍTULO I-A – Do Salário-família e do Auxílioreclusão.

"Art. 163-A. Ao servidor ou ao inativo de baixa renda será concedido salário-família por:

"I – filho ou equiparado de qualquer condição menor de 14 (quatorze) anos; e

II – filho inválido de qualquer idade.

"§ 1º O pagamento do salário-família é condicionado à apresentação da certidão de nascimento do filho ou da documentação relativa ao equiparado ou ao inválido e, anualmente, à apresentação de atestado de vacinação obrigatória e de comprovação de frequência à escola do filho menor ou equiparado, nos termos do regulamento.

"§ 2º O critério para aferição da baixa renda do servidor ou do inativo será o mesmo utilizado para trabalhadores vinculados ao Regime Geral de Previdência Social."

"Art. 163-B. Aos dependentes de servidor de baixa renda recolhido à prisão, nos termos do art. 70 da Lei nº 10.261, de 28 de outubro de 1968, será concedido auxílio-reclusão.

"§ 1º O pagamento do auxílio-reclusão obedecerá aos mesmos critérios estabelecidos no art. 148 desta lei complementar, enquanto o servidor permanecer na situação de que trata o "caput" deste artigo.

"§ 2º Consideram-se dependentes, para fins do disposto no "caput" deste artigo, as pessoas discriminadas nos incisos I a IV e no § 1º do art. 147 desta lei complementar.

"§ 3º O direito à percepção do benefício cessará:

"I - no caso de extinção da pena;

"II - se ao servidor, ao final do processo criminal, for imposta a perda do cargo;

"III - se da decisão administrativa irrecorrível, em processo disciplinar, resultar imposição da pena demissória, simples ou agravada; e

"IV - por morte do servidor ou do beneficiário do auxílio.

"§ 4º O pagamento do benefício de que trata este artigo será suspenso em caso de fuga, concessão de liberdade condicional ou alteração do regime prisional para prisão albergue, podendo ser retomados os pagamentos, no caso de modificação dessas situações.

"§ 5º O requerimento para obtenção do auxílio-reclusão, além de outros requisitos previstos em lei ou regulamento, será instruído, obrigatoriamente, com certidão do efetivo recolhimento do servidor à prisão, expedida por autoridade competente, devendo ser renovada a cada 3 (três) meses, junto à unidade previdenciária, para fins de percepção do benefício.

"§ 6º O critério para aferição da baixa renda do servidor a que alude o "caput" deste artigo é o mesmo utilizado para os servidores sujeitos ao Regime Geral de Previdência Social."

Art. 5º Ao servidor recolhido à prisão antes da data da vigência desta lei complementar aplicar-se-ão as regras previstas na legislação então vigente.

Art. 6º Os artigos 70 e 168 da Lei nº 10.261, de 28 de outubro de 1968, passam a vigorar com a seguinte redação:

"Art. 70. O servidor preso em flagrante, preventiva ou temporariamente ou pronunciado será considerado afastado do exercício do cargo, com prejuízo da remuneração, até a condenação ou absolvição transitada em julgado.

"§ 1º Estando o servidor licenciado, sem prejuízo de sua remuneração, será considerada cessada a licença na data em que o servidor for recolhido à prisão.

"§ 2º Se o servidor for, ao final do processo judicial, condenado, o afastamento sem remuneração perdurará até o cumprimento total da pena, em regime fechado ou semi-aberto, salvo na hipótese em que a decisão condenatória determinar a perda do cargo público."

"Art. 168. Ao cônjuge, companheiro ou companheira ou, na sua falta, aos filhos de qualquer condição ou aos pais, será concedido auxílio-funeral, a título de assistência à família do servidor ativo ou inativo falecido, de valor correspondente a 1 (um) mês da remuneração.

"§ 1º Se o óbito de integrante da carreira de Agente de Segurança Penitenciária e da classe de Agente de Escolta e Vigilância Penitenciária ocorrer em decorrência de lesões recebidas no exercício de suas funções, o valor do auxílio-funeral corresponderá a 2 (dois) meses da respectiva remuneração.

"§ 2º A concessão do valor do benefício nos termos do § 1º deste artigo dependerá da comprovação da causa do óbito, resultante de competente apuração.

"§ 3º As despesas com o funeral do servidor e do inativo que tenham sido efetuadas por terceiros serão ressarcidas até o limite previsto no "caput" deste artigo.

"§ 4º As despesas com o funeral que forem custeadas por entidade prestadora de serviços dessa natureza serão ressarcidas até o limite previsto no "caput" deste artigo, mediante a apresentação de alvará judicial.

"§ 5º O pagamento do auxílio-funeral será efetuado pela respectiva unidade pagadora, mediante a apresentação pelo interessado ou por procurador legalmente habilitado, da certidão de óbito, do comprovante das despesas efetivamente realizadas ou do alvará judicial, juntamente com a prova de identidade do requerente.

"§ 6º O pagamento do auxílio-funeral será efetuado uma única vez, nos termos das disposições deste artigo.

"§ 7º Quando as despesas com o funeral do servidor ou inativo forem efetuadas por terceiros ou por entidade prestadora de serviços dessa natureza, e em valor inferior ao limite previsto no "caput" ou no parágrafo 1º deste artigo, conforme o caso, a diferença para atingir o limite neles previstos será paga ao cônjuge, companheiro ou companheira, ou, na sua falta, aos filhos de qualquer condição ou aos pais."

LEI COMPLEMENTAR Nº 1.123, DE 01 DE JULHO DE 2010

(Atualizada até a Lei Complementar nº 1.134, de 30 de março de 2011)

Art. 1º Os dispositivos adiante relacionados passam a vigorar com a redação que segue:

II – da Lei nº 10.261, de 28 de outubro de 1968:

d) o art. 168, com redação dada pelo art. 6º da Lei Complementar nº 1.012, de 5 de julho de 2007:

"Art. 168. Ao cônjuge, ao companheiro ou companheira ou, na falta destes, à pessoa que provar ter feito despesas em virtude do falecimento de funcionário ativo ou inativo será concedido auxílio-funeral, a título de benefício assistencial, de valor correspondente a 1 (um) mês da respectiva remuneração.

§ 1º O pagamento será efetuado pelo órgão competente, mediante apresentação de atestado de óbito pelas pessoas indicadas no "caput" deste artigo, ou procurador legalmente habilitado, feita a prova de identidade.

§ 2º No caso de integrante da carreira de Agente de Segurança Penitenciária ou da classe de Agente de Escolta e Vigilância Penitenciária, se ficar comprovado, por meio de competente apuração, que o óbito decorreu de lesões recebidas no exercício de suas funções, o benefício será acrescido do valor correspondente a mais 1 (um) mês da respectiva remuneração, cujo pagamento será efetivado mediante apresentação de alvará judicial.

§ 3º O pagamento do benefício previsto neste artigo, caso as despesas tenham sido custeadas por terceiros, em virtude da contratação de planos funerários, somente será efetivado mediante apresentação de alvará judicial.

Art. 7º O art. 51 da Lei Complementar nº 207, de 5 de janeiro de 1979, passa a vigorar com a seguinte redação:

"Art. 51. Ao cônjuge, companheiro ou companheira ou, na sua falta, aos filhos de qualquer condição ou aos pais, será concedido auxílio-funeral, a título de assistência à família do policial civil ativo ou inativo falecido, de valor correspondente a 1 (um) mês da remuneração.

"§ 1º Se o óbito do policial civil ocorrer em decorrência de lesões recebidas no exercício de suas funções, o valor do auxílio-funeral corresponderá a 2 (dois) meses da respectiva remuneração.

"§ 2º A concessão do valor do benefício nos termos do § 1º deste artigo dependerá da comprovação da causa do óbito, resultante de competente apuração.

"§ 3º As despesas com o funeral do policial civil ativo ou inativo que tenham sido efetuadas por terceiros serão ressarcidas até o limite previsto no "caput" deste artigo.

"§ 4º As despesas com o funeral que forem custeadas por entidade prestadora de serviços dessa natureza serão ressarcidas até o limite previsto no "caput" deste artigo, mediante a apresentação de alvará judicial.

"§ 5º O pagamento do auxílio-funeral será efetuado pela respectiva unidade pagadora, mediante a apresentação, pelo interessado ou por procurador legalmente habilitado, da certidão de óbito, do comprovante das despesas efetivamente realizadas ou do alvará judicial, juntamente com a prova de identidade do requerente.

"§ 6º O pagamento do auxílio-funeral será efetuado uma única vez, nos termos das disposições deste artigo.

"§ 7º Quando as despesas com o funeral do policial civil ativo ou inativo forem efetuadas por terceiros ou por entidade prestadora de serviços dessa natureza, e em valor inferior ao limite previsto no "caput" ou no parágrafo 1º deste artigo, conforme o caso, a diferença para atingir o limite neles previstos será paga ao cônjuge, companheiro ou companheira, ou, na sua falta, aos filhos de qualquer condição ou aos pais."

LEI COMPLEMENTAR Nº 1.123, DE 01 DE JULHO DE 2010

(Atualizada até a Lei Complementar nº 1.134, de 30 de março de 2011)

Art. 1º Os dispositivos adiante relacionados passam a vigorar com a redação que segue:

IV – o art. 51 da Lei Complementar nº 207, de 5 de janeiro de 1979, com redação dada pelo art. 7º da Lei Complementar nº 1.012, de 5 de julho de 2007:

"Art. 51. Ao cônjuge, companheiro ou companheira ou, na falta destes, à pessoa que provar ter feito despesas em virtude do falecimento do policial civil, ativo ou inativo, será concedido auxílio-funeral, a título de benefício assistencial, de valor correspondente a 1 (um) mês da respectiva remuneração.

§ 1º O pagamento será efetuado pelo órgão competente, mediante apresentação de atestado de óbito pelas pessoas indicadas no "caput" deste artigo, ou procurador legalmente habilitado, feita a prova de identidade.

§ 2º No caso de ficar comprovado, por meio de competente apuração que o óbito do policial civil decorreu de lesões recebidas no exercício de suas funções ou doenças delas decorrentes, o benefício será acrescido do valor correspondente a mais 1 (um) mês da respectiva remuneração, cujo pagamento será efetivado mediante apresentação de alvará judicial.

§ 3º O pagamento do benefício previsto neste artigo, caso as despesas tenham sido custeadas por terceiros, em virtude da contratação de planos funerários, somente será efetivado mediante apresentação de alvará judicial."

SEÇÃO III

DA CONTRIBUIÇÃO E DA BASE DE CÁLCULO

Art. 8º A contribuição social dos servidores públicos titulares de cargos efetivos do Estado de São Paulo, inclusive os de suas Autarquias e Fundações, do Poder Judiciário, do Poder Legislativo, das Universidades, do Tribunal de Contas, do Ministério Público e da Defensoria Pública, para a manutenção do Regime Próprio de Previdência Social, será: (NR)

– *"Caput" com redação pela Lei Complementar nº 1354, de 06/03/2020, observado o disposto no § 6º do artigo 195 da Constituição Federal.*

§ 1º Para os fins desta lei complementar, entende-se como base de contribuição o total dos vencimentos do servidor, incluindo-se o vencimento do cargo efetivo, acrescido das vantagens pecuniárias permanentes estabelecidas em lei ou por outros atos concessivos, dos adicionais de caráter individual e de quaisquer outras vantagens, excluídas:

1. as diárias para viagens;
2. o auxílio-transporte;
3. o salário-família;
4. o salário-esposa;
5. o auxílio-alimentação;
6. as parcelas remuneratórias pagas em decorrência de local de trabalho;
7. a parcela percebida em decorrência do exercício de cargo em comissão ou de função de confiança;
8. as demais vantagens não incorporáveis instituídas em lei; e
9. o abono de permanência de que tratam o § 19 do art. 40 da Constituição Federal, o § 5º do art. 2º e o § 1º do art. 3º da Emenda Constitucional nº 41, de 19 de dezembro de 2003 e referido no art. 4º desta lei complementar.

§ 2º O servidor titular de cargo efetivo poderá optar pela inclusão na base de contribuição de parcelas remuneratórias percebidas em decorrência de local de trabalho, de exercício de cargo em comissão ou de função de confiança, para efeito de cálculo do seu benefício previdenciário, respeitada, em qualquer hipótese, a limitação estabelecida no § 2º do art. 40 da Constituição Federal.

§ 3º A inclusão das vantagens referidas no parágrafo anterior para efeito de cálculo do benefício previdenciário dependerá do cumprimento de tempo mínimo de contribuição, valores médios observados, dentre outros requisitos a serem previstos na regulamentação desta lei complementar.

§ 4º A regulamentação disciplinará as disposições deste artigo.

§ 5º A contribuição dos servidores de que trata o "caput" deste artigo entrará em vigor após 90 (noventa) dias da data da publicação desta lei complementar.

§ 6º A contribuição dos servidores de que tratam as Leis Complementares nºs 180, de 12 de maio de 1978, 943, de 23 de junho de 2003 e 954, de 31 de dezembro de 2003 dos servidores civis; bem como a Lei nº 452, de 2 de outubro de 1974 dos militares ficam mantidas, inclusive proporcionalmente aos dias de vigência, quando for o caso, até o início do recolhimento das contribuições a que se refere o "caput" deste artigo.

§ 7º A alíquota prevista neste artigo será aplicada de forma progressiva sobre a base de contribuição do servidor ativo, incidindo cada alíquota sobre a faixa de valores compreendida nos respectivos limites. (NR)

– § 7º acrescentado pela Lei Complementar nº 1354, de 06/03/2020, *observado o disposto no § 6º do artigo 195 da Constituição Federal.*

§ 8º Excetuados os valores do salário mínimo e do teto do Regime Geral de Previdência Social - RGPS, os demais valores de que tratam este artigo serão reajustados conforme variação da unidade fiscal do Estado de São Paulo - UFESP. (NR)

– § 8º acrescentado pela Lei Complementar nº 1354, de 06/03/2020, *observado o disposto no § 6º do artigo 195 da Constituição Federal.*

Art. 9º Os aposentados e os pensionistas do Estado de São Paulo, inclusive os de suas Autarquias e Fundações, do Poder Judiciário, do Poder Legislativo, das Universidades, do Tribunal de Contas, do Ministério Público e da Defensoria Pública, contribuirão conforme o disposto no artigo 8º desta lei complementar, sobre o valor da parcela dos proventos de aposentadorias e pensões que supere o limite máximo estabelecido para os benefícios do Regime Geral de Previdência Social. (NR)

– "Caput" com redação dada pela Lei Complementar nº 1.354, de 06/03/2020, *observado o disposto no § 6º do artigo 195 da Constituição Federal.*

§ 1º Nos casos de acumulação remunerada de aposentadorias e ou pensões, considerar-se-á, para fins de cálculo da contribuição de que trata o "caput" deste artigo, o somatório dos valores percebidos, de forma que a parcela remuneratória imune incida uma única vez. (NR)

– § 1º acrescentado pela Lei Complementar nº 1.354, de 06/03/2020, *observado o disposto no § 6º do artigo 195 da Constituição Federal, revogado o parágrafo único.*

§ 2º Revogado.

– § 2º revogado pela Lei Complementar nº 1.380, de 04/11/2022, *em vigor a partir de 01/01/2023.*

Art. 10. O décimo-terceiro salário será considerado para fins de incidência das contribuições de que tratam os artigos 8º e 9º desta lei complementar.

SEÇÃO IV
DO ABONO DE PERMANÊNCIA

Art. 11. O servidor titular de cargo efetivo que tenha completado as exigências para aposentadoria voluntária estabelecidas na alínea a, do inciso III, do § 1º, do art. 40 da Constituição Federal, ou que tenha cumprido os requisitos do § 5º do art. 2º ou do § 1º do art. 3º, ambos da Emenda Constitucional no 41, de 19 de dezembro de 2003, e que opte por permanecer em atividade, fará jus a um abono de permanência equivalente ao valor da sua contribuição previdenciária até completar as exigências para aposentadoria compulsória contidas no inciso II do § 1o do art. 40 da Constituição Federal.

Parágrafo único – Não será incluído na base de cálculo para fixação do valor de qualquer benefício previdenciário o abono a que se refere o "caput" deste artigo.

SEÇÃO V
DOS AFASTAMENTOS

Art. 12. O servidor afastado ou licenciado do cargo efetivo, sem direito à remuneração, terá suspenso o seu vínculo com o regime próprio de previdência social do Estado enquanto durar o afastamento ou a licença, não lhe assistindo, neste período, os benefícios do mencionado regime.

§ 1º Será assegurada ao servidor licenciado ou afastado sem remuneração a manutenção da vinculação ao regime próprio de previdência social do Estado, mediante o recolhimento mensal da respectiva contribuição, assim como da contribuição patronal prevista na legislação aplicável, observando-se os mesmos percentuais e incidente sobre a remuneração total do cargo a que faz jus no exercício de suas atribuições, computando-se, para esse efeito, inclusive, as vantagens pessoais.

§ 2º O recolhimento de que trata o § 1º deve ser efetuado até o segundo dia útil após a data do pagamento das remunerações dos servidores públicos.

§ 3º Em caso de atraso no recolhimento, serão aplicados os encargos moratórios previstos para a cobrança dos tributos estaduais, cessando, após 60 (sessenta) dias, as coberturas previdenciárias até a total regularização dos valores devidos, conforme dispuser o regulamento.

SEÇÃO VI
DAS DISPOSIÇÕES FINAIS

Art. 13. O disposto nesta lei complementar aplica-se aos servidores titulares de cargos efetivos da Administração direta e indireta, da Assembléia Legislativa, do Tribunal de Contas do Estado de São Paulo e seus Conselheiros, além das Universidades, Defensoria Pública, Poder Judiciário e seus membros, e Ministério Público e seus membros, abrangidos pela Lei Complementar nº 1.010, de 1º de junho de 2007.

Parágrafo único – Aos servidores militares ativos, da reserva reformada e seus pensionistas aplicam-se somente as regras previstas nos artigos 8º e seguintes desta lei complementar.

Art. 14. O Poder Executivo deverá regulamentar esta lei complementar no prazo de 180 (cento e oitenta) dias a contar de sua publicação.

Art. 15. Com a entrada em vigor das contribuições previstas nos artigos 8º e 9º desta lei complementar, ficam revogadas as contribuições previstas nas Leis Complementares nºs 943, de 23 de junho de 2003, 954, de 31 de dezembro de 2003, e 180, de 12 de maio de 1978, bem como da Lei nº 452, de 2 de outubro de 1974.

Art. 16. Esta lei complementar entra em vigor na data de sua publicação.

LEI COMPLEMENTAR Nº 1.013, DE 06 DE JULHO DE 2007

Altera a Lei n. 452, de 2 de outubro de 1974, e o Decreto-lei n. 260, de 29 de maio de 1970.

Art. 1º Os artigos 6º, 8º, 9º, 10, 11, 16, 20, 23, 26, 29, 31 e o inciso II do art. 34, todos da Lei nº 452, de 2 de outubro de 1974, que instituiu a Caixa Beneficente da Polícia Militar - CBPM, em cumprimento ao disposto no art. 42 e seus parágrafos da Constituição Federal, passam a vigorar com a seguinte redação:

"Art. 6º São contribuintes obrigatórios:

I - os militares do serviço ativo;

II - os militares agregados ou licenciados;

III - os militares da reserva remunerada ou reformados;

IV - os pensionistas dos militares a que se referem os incisos I, II e III deste artigo."

Art. 8º São dependentes do militar, para fins de recebimento de pensão:

I - o cônjuge ou o companheiro ou companheira, na constância, respectivamente, do casamento ou da união estável;

II - os filhos, de qualquer condição ou sexo, de idade igual à prevista na legislação do regime geral da previdência social e não emancipados, bem como os inválidos para o trabalho e os incapazes civilmente, esses dois últimos desde que comprovadamente vivam sob dependência econômica do militar;

III - os pais, desde que comprovadamente vivam sob dependência econômica do militar, e não existam dependentes das classes mencionadas nos incisos I ou II deste artigo, ressalvado o disposto no parágrafo § 3º deste artigo.

§ 1º O enteado e o menor tutelado equiparam-se ao filho desde que comprovadamente vivam sob dependência econômica do militar.

§ 2º A pensão atribuída ao filho inválido ou incapaz será devida enquanto durar a invalidez ou incapacidade.

§ 3º Mediante declaração escrita do militar os dependentes enumerados no inciso III deste artigo poderão concorrer em igualdade de condições com os demais.

§ 4º A invalidez ou a incapacidade supervenientes à morte do militar não conferem direito à pensão, exceto se tiverem início durante o período em que o dependente usufruía o benefício.

§ 5º A comprovação de dependência econômica dos dependentes enumerados na segunda parte do inciso II, no inciso III e no § 1º deste artigo deverá ter como base a data do óbito do militar de acordo com as regras e critérios estabelecidos em norma regulamentar.

§ 6º Na falta de decisão judicial com trânsito em julgado reconhecendo a união estável, o companheiro ou companheira deverá comprová-la conforme estabelecido em norma regulamentar."

Art. 9º Com a morte do militar, a pensão será paga aos dependentes mediante rateio, em partes iguais.

§ 1º O valor da pensão será calculado de acordo com a regra prevista no art. 26 desta lei, procedendo-se, posteriormente, à divisão do benefício em quotas, nos termos deste artigo.

§ 2º O pagamento do benefício retroagirá à data do óbito, quando requerido em até 60 (sessenta) dias depois deste.

§ 3º O pagamento do benefício será feito a partir da data do requerimento, quando ultrapassado o prazo previsto no § 2º deste artigo.

§ 4º A pensão será concedida ao dependente que primeiro vier a requerê-la, admitindo-se novas inclusões a qualquer tempo, que produzirão efeitos financeiros a partir da data em que forem requeridas, nos termos dos parágrafos 2º e 3º deste artigo.

§ 5º A perda da qualidade de dependente pelo pensionista implica na extinção de sua quota de pensão, admitida a reversão da respectiva quota somente de filhos para cônjuge ou companheiro ou companheira e destes para aqueles.

§ 6º Com a extinção da última quota de pensão extingue-se o benefício."

Art. 10. A perda da qualidade de dependente dar-se-á em virtude de:

I – falecimento, considerada para esse fim a data do óbito;

II – não cumprimento de qualquer dos requisitos ou condições estabelecidos nesta lei;

III – matrimônio ou constituição de união estável.

Parágrafo único – Aquele que perder a qualidade de dependente não a restabelecerá."

Art. 11. O ex-cônjuge, ex-companheiro ou ex-companheira somente terão direito à pensão se o militar lhe prestava pensão alimentícia na data do óbito.

Parágrafo único – O ex-cônjuge, ex-companheiro ou ex-companheira concorrerão em igualdade de condições com os demais dependentes, sendo o valor de seu benefício limitado ao valor da pensão alimentícia que recebia do militar."

Art. 16. Nenhum dependente poderá receber mais de uma pensão decorrente desta lei, exceto filho, enteado e menor tutelado, de casal contribuinte, assegurado aos demais o direito de opção pela pensão mais vantajosa."

Art. 20. A incapacidade e a invalidez, para os fins previstos no art. 8º desta lei, serão verificadas mediante perícia por junta de saúde militar."

Art. 23. O direito à pensão não está sujeito à decadência ou prescrição."

Art. 26. O valor inicial da pensão por morte devida aos dependentes do militar falecido será igual à totalidade da remuneração do militar no posto ou graduação em que se deu o óbito, ou dos proventos do militar da reserva remunerada ou reformado na data do óbito, até o limite máximo estabelecido para os benefícios do regime geral de previdência social de que trata o art. 201 da Constituição Federal, acrescido de 70% (setenta por cento) da parcela que exceder esse limite, exceto na situação prevista no § 1º do art. 1º da Lei nº 5.451, de 22 de dezembro de 1986, quando o valor do benefício corresponderá à integralidade dos vencimentos ou proventos do militar."

Art. 29. Fica assegurado o direito à percepção de auxílio-reclusão ao dependente de militar do serviço ativo, da reserva remunerada, do reformado e do agregado percebendo vencimentos ou licenciado que estiver preso provisoriamente ou condenado a pena privativa de liberdade, até 2 (dois) anos, enquanto permanecer em regime fechado ou estiver internado por medida de segurança.

§ 1º O pagamento do auxílio-reclusão obedecerá aos mesmos critérios estabelecidos no art. 9º desta lei, enquanto o militar permanecer na situação de que trata o "caput" deste artigo.

§ 2º Consideram-se dependentes, para os fins do disposto no "caput" deste artigo, as pessoas discriminadas nos incisos I a III e no § 1º do art. 8º desta lei.

§ 3º Durante o pagamento do auxílio-reclusão o policial militar deixará de perceber vencimentos.

§ 4º O direito à percepção do benefício cessará:

1. no caso da extinção da pena;

2. com a exoneração, demissão ou expulsão do militar, ou com sua colocação em liberdade definitiva;

3. por morte do militar ou do dependente.

§ 5º O pagamento do benefício de que trata este artigo será suspenso em caso de fuga, concessão de liberdade condicional ou progressão do regime prisional, podendo ser retomados os pagamentos no caso de modificação dessas situações.

§ 6º O requerimento para obtenção do auxílio-reclusão, além de outros requisitos previstos em lei ou regulamento, será instruído, obrigatoriamente, com certidão do efetivo recolhimento à prisão do militar do serviço ativo, da reserva remunerada, do reformado e do agregado percebendo vencimentos ou do licenciado, expedida por autoridade competente, devendo ser renovada a cada 3 (três) meses, junto à unidade previdenciária, para fins de percepção do benefício.

§ 7º A condenação criminal superveniente à demissão ou expulsão do militar não confere qualquer direito ao auxílio-reclusão de que trata este artigo."

Art. 31. A taxa de contribuição para a assistência médico-hospitalar e odontológica é de 2% (dois por cento) da respectiva retribuição-base.

§ 1º A taxa de contribuição dos pensionistas da CBPM é de 1% (um por cento) do valor da pensão que estejam percebendo.

§ 2º As taxas de contribuição de que trata este artigo serão recolhidas diretamente à CBPM, que as repassará, de imediato, à Cruz Azul de São Paulo.

§ 3º A retribuição-base mensal será constituída dos vencimentos, indenização por sujeição ao Regime Especial de Trabalho Policial Militar, gratificações, outras vantagens pecuniárias e proventos, excetuadas as parcelas relativas a salário-família, diárias, ajuda de custo, transporte, auxílio-funeral, representações de qualquer natureza e equivalente."

Art. 34 – ....

II – os filhos, de qualquer condição ou sexo, de idade igual à prevista na legislação do regime geral da previdência social e não emancipados, bem como os inválidos para o trabalho e os incapazes civilmente, esses dois últimos desde que comprovadamente vivam sob dependência econômica do militar;"

Art. 2º Para os óbitos ocorridos antes da data da publicação desta lei complementar, o cálculo da pensão devida ao dependente obedecerá as regras da legislação vigente na data do óbito.

Parágrafo único – Na ocorrência de novo rateio do benefício aplicar-se-ão as regras previstas na legislação a que se refere o "caput" deste artigo.

Art. 3º Ficam assegurados aos atuais pensionistas os direitos previdenciários previstos na legislação vigente antes da data da publicação desta lei complementar, enquanto mantiverem as condições que, sob a égide da legislação anterior, lhes garantia o benefício.

Art. 4º Ao militar do serviço ativo, ao agregado percebendo vencimentos, ao licenciado, ao da reserva remunerada ou ao reformado será concedido salário-família por:

I – filho ou equiparado de qualquer condição menor de 14 (quatorze) anos;

II – filho inválido de qualquer idade.

§ 1º O pagamento do salário-família é condicionado à apresentação da certidão de nascimento do filho ou da documentação relativa ao equiparado ou ao inválido e, anualmente, à apresentação de atestado de vacinação obrigatória e de comprovação de frequência à escola do filho menor ou equiparado, nos termos do regulamento.

§ 2º O critério para fins de pagamento do salário-família será o mesmo utilizado para os trabalhadores vinculados ao Regime Geral de Previdência Social.

Art. 5º Ao militar recolhido à prisão antes da data da vigência desta lei complementar aplicar-se-ão as regras previstas na legislação então vigente.

Art. 6º Ao cônjuge, companheiro ou companheira ou, na falta destes, à pessoa que provar ter feito despesas em virtude do falecimento do policial militar do serviço ativo, do agregado percebendo vencimentos, do licenciado, da reserva remunerada ou do reformado, será concedido auxílio-funeral, a título de benefício assistencial, de valor correspondente a 1 (um) mês da respectiva remuneração.

§ 1º o pagamento será efetuado pelo órgão competente, mediante apresentação de atestado de óbito pelas pessoas indicadas no 'caput' deste artigo, ou procurador legalmente habilitado, feita a prova de identidade.

§ 2º no caso de ficar comprovado, por meio de competente apuração, que o óbito do militar decorreu de lesões recebidas no exercício da função policial, o benefício será acrescido do valor correspondente a mais 1 (um) mês da respectiva remuneração, cujo pagamento será efetivado mediante apresentação de alvará judicial.

§ 3º o pagamento do benefício previsto neste artigo, caso as despesas tenham sido custeadas por terceiros, em virtude da contratação de planos funerários, somente será efetivado mediante apresentação de alvará judicial.

– Art. 6º com redação dada pela Lei Complementar nº 1.123, de 01/07/2010.

Art. 7º A contribuição previdenciária dos militares do serviço ativo, para a manutenção do regime próprio de previdência dos militares do Estado, será de 11% (onze por cento) e incidirá sobre a totalidade da base de contribuição.

§ 1º Para os fins desta lei complementar, entende-se como base de contribuição o total dos vencimentos do militar, incluindo-se o vencimento do cargo efetivo, acrescido das vantagens pecuniárias permanentes estabelecidas em lei ou por outros atos concessivos, dos adicionais de caráter individual e de quaisquer outras vantagens, excluídas:

1. as diárias para viagens;
2. o auxílio-transporte;
3. o salário-família;
4. o salário-esposa;
5. o auxílio-alimentação;
6. as parcelas percebidas em decorrência de local de trabalho;
7. as parcelas percebidas em decorrência do exercício de cargo em comissão ou de função de confiança;
8. as demais vantagens não incorporáveis instituídas em lei.

§ 2º O militar poderá optar pela inclusão, na base de contribuição, de parcelas remuneratórias percebidas em decorrência de local de trabalho, de exercício de cargo em comissão ou de função de confiança, para efeito de cálculo do seu benefício previdenciário, respeitada, em qualquer hipótese, a limitação estabelecida no § 2º do art. 40 da Constituição Federal.

§ 3º A inclusão das vantagens referidas no parágrafo anterior para efeito de cálculo do benefício previdenciário dependerá do cumprimento de tempo mínimo de contribuição e valores médios observados, dentre outros requisitos a serem previstos na regulamentação desta lei complementar.

§ 4º A contribuição dos militares de que trata o "caput" deste artigo entrará em vigor após 90 (noventa) dias da data da publicação desta lei complementar.

§ 5º A contribuição previdenciária dos militares de que tratam as Leis Complementares nºs 943, de 23 de junho de 2003 e 954, de 31 de dezembro de 2003, bem como a Lei nº 452, de 2 de outubro de 1974 ficam mantidas, inclusive proporcionalmente aos dias de vigência, quando for o caso, até o início do recolhimento das contribuições a que se refere o "caput" deste artigo.

§ 6º As disposições deste artigo serão disciplinadas em regulamento.

Art. 8º Os militares da reserva remunerada, reformados, agregados e os pensionistas contribuirão com 11% (onze por cento), incidentes sobre o valor da parcela dos proventos de aposentadorias e pensões que supere o limite máximo estabelecido para os benefícios do Regime Geral de Previdência Social.

Parágrafo único – Nos casos de acumulação remunerada de aposentadorias e/ou pensões, considerar-se-á, para fins de cálculo da contribuição de que trata o "caput" deste artigo, o somatório dos valores percebidos, de forma que a parcela remuneratória imune incida uma única vez.

Art. 9º O décimo-terceiro salário será considerado para fins de incidência das contribuições de que tratam os artigos 7º e 8º desta lei complementar.

Art. 10. O militar afastado ou licenciado do cargo, sem direito à remuneração, terá suspenso o seu vínculo com o regime próprio de previdência dos militares do Estado enquanto durar o afastamento ou a licença, não lhe assistindo, neste período, os benefícios do mencionado regime.

§ 1º Será assegurada ao militar licenciado ou afastado sem remuneração a manutenção da vinculação ao regime próprio de previdência dos militares do Estado, mediante o recolhimento mensal da respectiva contribuição, observando-se os mesmos percentuais, e incidente sobre a remuneração total do cargo a que faz jus quando no exercício de suas atribuições, computando-se, para esse efeito, inclusive, as vantagens pessoais.

§ 2º O recolhimento de que trata o § 1º deve ser efetuado até o segundo dia útil após a data do pagamento dos vencimentos dos militares.

§ 3º Em caso de atraso no recolhimento, serão aplicados os encargos moratórios previstos para a cobrança dos tributos estaduais, cessando, após 60 (sessenta) dias, as coberturas previdenciárias até a total regularização dos valores devidos, conforme dispuser o regulamento.

Art. 11. Com a entrada em vigor das contribuições previdenciárias previstas nos artigos 7º e 8º desta lei complementar, ficam revogadas as contribuições previstas nas Leis Complementares nºs 943, de 23 de junho de 2003, e 954, de 31 de dezembro de 2003, bem como no art. 24 da Lei nº 452, de 2 de outubro de 1974.

Art. 12. O Poder Executivo deverá regulamentar esta lei complementar no prazo de 180 (cento e oitenta) dias a contar de sua publicação.

Art. 13. Os incisos I e II do art. 7º do Decreto-lei nº 260, de 29 de maio de 1970, passam a vigorar com a seguinte redação:

"Art. 7º ....

I – não perceberá vencimentos e vantagens nas situações previstas nos incisos III, IV, V, VI, VIII, X, XII e XIII do art. 5º deste decreto-lei;

II – perceberá dois terços dos vencimentos e vantagens do respectivo posto ou graduação nos casos dos incisos II e VII do art. 5º deste decreto-lei;"

Art. 14. Ficam revogados os artigos 7º, 12, 13, 14, 15, 17, 19, 24, 28, 33, 39 e 43, e os incisos III e IV do art. 34 da Lei nº 452, de 2 de outubro de 1974.

Art. 15. Esta lei complementar entra em vigor na data de sua publicação.

LEI COMPLEMENTAR Nº 1.093, DE 16 DE JULHO DE 2009

Dispõe sobre a contratação por tempo determinado de que trata o inciso X do art. 115 da Constituição Estadual.

Art. 1º Para atender a necessidade temporária de excepcional interesse público, a contratação por tempo determinado de que trata o inciso X do artigo 115 da Constituição Estadual será realizada nas condições e prazos previstos nesta lei complementar. (NR)

- *"Caput" com redação dada pela* Lei Complementar nº 1.361, de 21/10/2021, *com efeitos a partir de 01/11/2021.*

§ 1º Considera-se necessidade temporária de excepcional interesse público: (NR)

- *§ 1º com redação dada pela* Lei Complementar nº 1.361, de 21/10/2021, *com efeitos a partir de 01/11/2021.*

1 - a assistência a situações de calamidade pública; (NR)

- *Item 1 com redação dada pela* Lei Complementar nº 1.361, de 21/10/2021, *com efeitos a partir de 01/11/2021.*

2 - a assistência a emergências em saúde pública, inclusive combate a surtos, epidemias, endemias e pandemias; (NR)

- *Item 2 com redação dada pela* Lei Complementar nº 1.361, de 21/10/2021, *com efeitos a partir de 01/11/2021.*

3 - a admissão de docente temporário para rede pública de ensino estadual; (NR)

- *Item 3 com redação dada pela* Lei Complementar nº 1.361, de 21/10/2021, *com efeitos a partir de 01/11/2021.*

4 - a admissão de profissional de saúde temporário; (NR)

- *Item 4 com redação dada pela* Lei Complementar nº 1.361, de 21/10/2021, *com efeitos a partir de 01/11/2021.*

5 - a admissão de servidores para as seguintes atividades, quando prestadas de forma temporária: (NR)

- *Item 5 com redação dada pela* Lei Complementar nº 1.361, de 21/10/2021, *com efeitos a partir de 01/11/2021.*

a) de vigilância e inspeção, relacionadas à defesa agropecuária, no âmbito da Secretaria da Agricultura e Abastecimento, para atendimento de situações emergenciais ligadas à produção e ao comércio de produtos de origem animal ou vegetal ou de iminente risco à saúde animal, vegetal ou humana; (NR)

- *Alínea "a" com redação dada pela* Lei Complementar nº 1.361, de 21/10/2021, *com efeitos a partir de 01/11/2021.*

b) técnicas especializadas de tecnologia da informação, de comunicação e de revisão de processos de trabalho, que não se caracterizem como atividades permanentes do órgão ou entidade; (NR)

- *Alínea "b" com redação dada pela* Lei Complementar nº 1.361, de 21/10/2021, *com efeitos a partir de 01/11/2021.*

c) de assistência social e à saúde para comunidades indígenas e quilombolas; (NR)

- *Alínea "c" com redação dada pela* Lei Complementar nº 1.361, de 21/10/2021, *com efeitos a partir de 01/11/2021.*

d) de assistência à educação para comunidades indígenas e quilombolas, segundo os parâmetros a serem definidos em Resolução do Secretário da Educação; (NR)

- *Alínea "d" com redação dada pela* Lei Complementar nº 1.361, de 21/10/2021, *com efeitos a partir de 01/11/2021.*

e) necessárias à implantação de órgãos ou entidades ou de novas atribuições definidas para organizações existentes afetas à prestação de atividades essenciais, que não possam ser atendidas por meio de remanejamento de pessoal e da aplicação do disposto no parágrafo único do artigo 136 da Lei nº 10.261, de 28 de outubro de 1968, e, quando cabível, de aumento de jornada ou carga horária, desde que esteja em curso processo para realização de concurso público ou esteja aberto o concurso público para provimento das vagas; (NR)

– *Alínea "e" com redação dada pela* Lei Complementar nº 1.361, de 21/10/2021, *com efeitos a partir de 01/11/2021.*

f) decorrentes de aumento transitório e excepcional no volume de trabalho, nos termos de decreto regulamentar, inclusive quando decorrentes de afastamentos e licenças, afetas à prestação dos serviços públicos de saúde e educação, que não possam ser atendidas por meio remanejamento de pessoal e da aplicação do disposto no parágrafo único do artigo 136 da Lei nº 10.261, de 28 de outubro de 1968 e, quando cabível, de aumento de jornada ou carga horária; (NR)

– *Alínea "f" com redação dada pela* Lei Complementar nº 1.361, de 21/10/2021, *com efeitos a partir de 01/11/2021.*

6 – a admissão de pesquisador, de técnico com formação em área tecnológica de nível intermediário ou de tecnólogo, nacionais ou estrangeiros, para projeto de pesquisa com prazo determinado, em instituição destinada à pesquisa, ao desenvolvimento e à inovação; (NR)

– *Item 6 com redação dada pela* Lei Complementar nº 1.361, de 21/10/2021, *com efeitos a partir de 01/11/2021.*

7 – a admissão, nos termos de regulamento, de Guarda-Vidas, para a execução de atividades de prevenção a afogamentos e salvamento aquático nas praias litorâneas e em águas interiores no Estado, a fim de atender a população durante os períodos de maior frequência a esses lugares; (NR)

– *Item 7 com redação dada pela* Lei Complementar nº 1.361, de 21/10/2021, *com efeitos a partir de 01/11/2021.*

8 – a admissão para suprir a falta de docente em instituições públicas estaduais de ensino superior, em razão de: (NR)

– *Item 8 com redação dada pela* Lei Complementar nº 1.361, de 21/10/2021, *com efeitos a partir de 01/11/2021.*

a) implantação de cursos ou criação de disciplinas, desde que esteja aberto concurso público para provimento das vagas; (NR)

– *Alínea "a" com redação dada pela* Lei Complementar nº 1.361, de 21/10/2021, *com efeitos a partir de 01/11/2021.*

b) vacância de cargo, desde que esteja em curso processo para realização de concurso público ou esteja aberto o concurso público para provimento das vagas; (NR)

– *Alínea "b" com redação dada pela* Lei Complementar nº 1.361, de 21/10/2021, *com efeitos a partir de 01/11/2021.*

c) aumento transitório e excepcional no volume de trabalho, nos termos de ato normativo de seu dirigente, inclusive, quando decorrente de afastamentos e licenças, que não possa ser atendido por meio de remanejamento de pessoal, da prestação de serviço extraordinário e, quando cabível, de aumento de jornada ou carga horária. (NR)

– *Alínea "c" com redação dada pela* Lei Complementar nº 1.361, de 21/10/2021, *com efeitos a partir de 01/11/2021.*

§ 2º As contratações de que tratam os itens 3 e 4 do § 1º deste artigo poderão ocorrer para suprir a falta de docente ou profissional de saúde em razão de: (NR)

– *§ 2º com redação dada pela* Lei Complementar nº 1.361, de 21/10/2021, *com efeitos a partir de 01/11/2021.*

1 – calamidade pública; (NR)

– *Item 1 com redação dada pela* Lei Complementar nº 1.361, de 21/10/2021, *com efeitos a partir de 01/11/2021.*

2 – surtos, epidemias, endemias ou pandemias que: (NR)

– *Item 2 com redação dada pela* Lei Complementar nº 1.361, de 21/10/2021, *com efeitos a partir de 01/11/2021.*

a) tenham atingido os docentes e os profissionais de saúde; (NR)

– *Alínea "a" com redação dada pela* Lei Complementar nº 1.361, de 21/10/2021, *com efeitos a partir de 01/11/2021.*

b) demandem acréscimo no número de docentes e profissionais de saúde e essa necessidade não possa ser suprida por remanejamento de pessoal, pela aplicação do disposto no parágrafo único do artigo 136 da Lei n.º 10.261, de 28 de outubro de 1968, e, quando cabível, de aumento de jornada ou carga horária (NR)

– *Alínea "b" com redação dada pela* Lei Complementar nº 1.361, de 21/10/2021, *com efeitos a partir de 01/11/2021.*

3 – greve que perdure por prazo não razoável; (NR)

- *Item 3 com redação dada pela* Lei Complementar nº 1.361, de 21/10/2021, *com efeitos a partir de 01/11/2021.*

4 – greve considerada ilegal pelo Poder Judiciário; (NR)

- *Item 4 com redação dada pela* Lei Complementar nº 1.361, de 21/10/2021, *com efeitos a partir de 01/11/2021.*

5 – vacância de cargo ou de função-atividade, desde que esteja em curso processo para realização de concurso público ou esteja aberto o concurso público para provimento das vagas; (NR)

- *Item 5 com redação dada pela* Lei Complementar nº 1.361, de 21/10/2021, *com efeitos a partir de 01/11/2021.*

6 – afastamentos que a lei considere como de efetivo exercício e licença para tratamento de saúde, que não possam ser supridos por meio remanejamento de pessoal e da aplicação do disposto no parágrafo único do artigo 136 da Lei nº 10.261, de 28 de outubro de 1968, e, quando cabível, de aumento de jornada ou carga horária; (NR)

- *Item 6 com redação dada pela* Lei Complementar nº 1.361, de 21/10/2021, *com efeitos a partir de 01/11/2021.*

7 - número de horas-aulas insuficiente para atingir a carga horária mínima exigida para preenchimento de cargo efetivo ou função-atividade; (NR)

- *Item 7 com redação dada pela* Lei Complementar nº 1.361, de 21/10/2021, *com efeitos a partir de 01/11/2021.*

8 – transformação social, econômica, demográfica ou tecnológica, que não justifique, nos termos do decreto regulamentar, o provimento de cargo efetivo. (NR)

- *Item 8 com redação dada pela* Lei Complementar nº 1.361, de 21/10/2021, *com efeitos a partir de 01/11/2021.*

§ 3º Se existirem candidatos aprovados em concurso público vigente, não será admitida a contratação por tempo determinado nas seguintes hipóteses previstas neste artigo: (NR)

- *§ 3º com redação dada pela* Lei Complementar nº 1.361, de 21/10/2021, *com efeitos a partir de 01/11/2021.*

1 – alínea 'e' do item 5 do § 1º; (NR)

- *Item 1 com redação dada pela* Lei Complementar nº 1.361, de 21/10/2021, *com efeitos a partir de 01/11/2021.*

2 – alínea 'b' do item 8 do § 1º; (NR)

- *Item 2 com redação dada pela* Lei Complementar nº 1.361, de 21/10/2021, *com efeitos a partir de 01/11/2021.*

3 – item 5 do § 2º. (NR)

- *Item 3 com redação dada pela* Lei Complementar nº 1.361, de 21/10/2021, *com efeitos a partir de 01/11/2021.*

§ 4º O limite máximo de servidores temporários contratados nas hipóteses previstas nos itens 5 e 6 do § 2º deste artigo será fixado em decreto regulamentar, a partir de estudos técnicos realizados, no mínimo, a cada 4 (quatro) anos, que deverão levar em consideração o planejamento da força de trabalho disponível, a evolução demográfica da população atendida pelos serviços públicos e a eventual necessidade de criação de cargos públicos efetivos. (NR)

- *§ 4º com redação dada pela* Lei Complementar nº 1.361, de 21/10/2021, *com efeitos a partir de 01/11/2021.*

§ 5º A contratação de docentes temporários e a respectiva atribuição de aulas dar-se-ão, no mínimo, pela carga horária de: (NR)

- *§ 5º com redação dada pela* Lei Complementar nº 1.361, de 21/10/2021, *com efeitos a partir de 01/11/2021.*

1 – 24 (vinte e quatro) horas semanais, na rede pública de ensino estadual; (NR)

- *Item 1 com redação dada pela* Lei Complementar nº 1.361, de 21/10/2021, *com efeitos a partir de 01/11/2021, com efeitos a partir de 01/11/2021.*

2 – 12 (doze) horas semanais, nas instituições públicas estaduais de ensino superior. (NR)

- *Item 2 com redação dada pela* Lei Complementar nº 1.361, de 21/10/2021, *com efeitos a partir de 01/11/2021.*

§ 6º Excepcionalmente, esgotadas as possibilidades de atribuição de aulas na conformidade do previsto no § 5º deste artigo, a critério da Administração, poderá ocorrer a contratação de docente temporário com carga horária inferior àquela prevista no referido parágrafo. (NR)

- *§ 6º com redação dada pela* Lei Complementar nº 1.361, de 21/10/2021, *com efeitos a partir de 01/11/2021.*

§ 7º As contratações a que se refere o item 6 do § 1º deste artigo serão feitas exclusivamente por projeto, vedado o aproveitamento dos contratados em qualquer área da Administração Pública." (NR)

- *§ 7º com redação dada pela* Lei Complementar nº 1.361, de 21/10/2021, *com efeitos a partir de 01/11/2021.*

Art. 2º A contratação nos termos desta lei complementar será celebrada, em cada área, pelo respectivo Secretário de Estado, pelo Procurador Geral do Estado, ou pelo Dirigente da Autarquia, que poderão delegar a competência para a prática do ato, e:

I – dependerá de autorização do Governador;

II – será precedida de processo seletivo simplificado, submetido às condições estabelecidas em regulamento próprio elaborado pela Secretaria de Gestão Pública, por intermédio do órgão central de recursos humanos;

III – deverá ser objeto de ampla divulgação.

Parágrafo único – Nas hipóteses referidas nos itens 1 a 4 do § 1° do artigo 1° desta lei complementar, o processo seletivo poderá ser apenas classificatório, de acordo com os requisitos previstos no respectivo edital. (NR)

– Parágrafo único com redação dada pela Lei Complementar n° 1.361, de 21/10/2021, com efeitos a partir de 01/11/2021.

Art. 3º Quando houver empate, a classificação resolver-se-á favoravelmente ao candidato que tiver pela ordem:

I – em relação à atividade a ser desempenhada:

a) escolaridade mais compatível;

b) maior tempo de experiência;

II – maior grau de escolaridade;

III – maiores encargos de família.

Parágrafo único – Quando algum candidato, dentre os empatados na ordem de classificação, tiver idade igual ou superior a 60 (sessenta) anos, dar-se-á preferência ao de maior idade, nos termos da Lei federal nº 10.741, de 1º de outubro de 2003 – Estatuto do Idoso.

Art. 4º Para ser contratado, o candidato deverá preencher as seguintes condições:

I – possuir aptidão física e mental para o exercício da atividade a ser desempenhada; (NR)

– Inciso I com redação dada pela Lei Complementar n° 1.361, de 21/10/2021, com efeitos a partir de 01/11/2021.

II – não ser portador de deficiência incompatível com o exercício da atividade a ser desempenhada;

III – não exercer cargo, emprego ou função públicos na Administração direta e indireta da União, dos Estados, do Distrito Federal e dos Municípios, exceto nos casos previstos no inciso XVI do art. 37 da Constituição Federal e inciso XVIII do art. 115 da Constituição Estadual;

IV – possuir escolaridade e experiência compatíveis com a atividade a ser desempenhada, de acordo com os requisitos estabelecidos no edital;

V – ter boa conduta.

Parágrafo único – As condições estabelecidas nos incisos I e II deste artigo deverão ser comprovadas mediante inspeção médica, na forma a ser definida em regulamento. (NR)

– Parágrafo único com redação dada pela Lei Complementar n° 1.361, de 21/10/2021, com efeitos a partir de 01/11/2021

Art. 5º O órgão ou a autarquia interessada na contratação poderá convocar, previamente à abertura do processo seletivo a que se refere esta lei complementar, candidatos remanescentes aprovados em concurso público realizado pela Administração direta e Autarquias do Estado de São Paulo, correspondente à atividade a ser desempenhada e observada a ordem de classificação.

Parágrafo único – O candidato remanescente que atender à convocação, mesmo sendo contratado, não perderá o direito à classificação obtida no concurso público, nem à respectiva escolha de vagas.

Art. 6° É vedada, sob pena de nulidade, a contratação da mesma pessoa, com fundamento nesta lei complementar, ainda que para atividades diferentes, antes de decorridos 200 (duzentos) dias do término do contrato.

– Vide Lei Complementar n° 1.276, de 01/12/2015, que autorizou o Poder Executivo a adotar prazo inferior ao estabelecido no artigo 6°.

§ 1° Para suprir atividade docente da rede de ensino público estadual, os docentes poderão celebrar novo contrato de trabalho, observada a existência de recursos financeiros, com fundamento nesta lei complementar, decorridos 180 (cento e oitenta) dias do término do contrato. (NR)

– § 1° acrescentado pela Lei Complementar n° 1.277, de 22/12/2015.

§ 2° Quando o novo contrato de trabalho a que se refere o § 1° deste artigo tiver como contratados docentes indígenas, o prazo ali estabelecido corresponderá a 30 (trinta) dias. (NR)

– § 2° acrescentado pela Lei Complementar n° 1.277, de 22/12/2015.

Art. 7° A contratação será efetuada pelo tempo estritamente necessário para atender às hipóteses previstas nesta lei complementar, observada a existência de recursos financeiros e o prazo máximo de 12 (doze) meses. (NR)

– "Caput" com redação dada pela Lei Complementar n° 1.132, de 10/02/2011, com efeitos a partir de 17/07/2009.

§ 1° A contratação para o exercício de função docente terá o prazo máximo de 3 (três) anos e poderá ser prorrogada até o último dia letivo do ano em que findar esse prazo. (NR)

- § 1° com redação dada pela Lei Complementar n° 1.277, de 22/12/2015.

§ 2° Os direitos e obrigações decorrentes da contratação para função docente ficarão suspensos sempre que ao contratado não forem atribuídas aulas. (NR)

- § 2° com redação dada pela Lei Complementar n° 1.277, de 22/12/2015.

§ 3° Findo o prazo de vigência, o contrato estará automaticamente extinto. (NR)

- § 3° acrescentado pela Lei Complementar n° 1.132, de 10/02/2011, com efeitos a partir de 17/07/2009.

Art. 7°-A. Poderá ser instituída avaliação de desempenho dos servidores temporários, que será considerada para eventual prorrogação ou extinção do contrato antes do término da sua vigência. (NR)

- "Caput" acrescentado pela Lei Complementar n° 1.361, de 21/10/2021, com efeitos a partir de 01/11/2021.

§ 1° A avaliação a que se refere o 'caput' deste artigo deverá ser vinculada a métricas de desempenho, de produtividade, competências e habilidades do contratado. (NR)

- § 1° acrescentado pela Lei Complementar n° 1.361, de 21/10/2021, com efeitos a partir de 01/11/2021.

§ 2° O Poder Executivo estabelecerá por meio de decreto normas gerais de avaliação de desempenho de servidores. (NR)

- § 2° acrescentado pela Lei Complementar n° 1.361, de 21/10/2021, com efeitos a partir de 01/11/2021.

§ 3° Os Secretários de Estado, o Procurador Geral do Estado e os Dirigentes das Autarquias e das Instituições Públicas Estaduais de Ensino Superior poderão editar normas complementares para regulamentar a avaliação de desempenho de que trata o 'caput' deste artigo. (NR)

- § 3° acrescentado pela Lei Complementar n° 1.361, de 21/10/2021, com efeitos a partir de 01/11/2021.

§ 4° A duração total da contratação, computada sua eventual prorrogação, respeitará os prazos máximos previstos no artigo 7° desta lei complementar. (NR)

- § 4° acrescentado pela Lei Complementar n° 1.361, de 21/10/2021, com efeitos a partir de 01/11/2021.

Art. 8° O contrato celebrado com fundamento nesta lei complementar extinguir-se-á antes do término de sua vigência:

I - por iniciativa do contratado;

II - com o retorno do titular nas hipóteses previstas na alínea 'f' do item 5 do § 1° e no item 6 do § 2°, ambos do artigo 1° desta lei complementar; (NR)

- Inciso II com redação dada pela Lei Complementar n° 1.361, de 21/10/2021, com efeitos a partir de 01/11/2021.

III - pela extinção ou conclusão do objeto, nas hipóteses previstas na alínea 'b' do item 5 e no item 6, ambos do § 1° do artigo 1° desta lei complementar, ou em razão da cessação da situação de emergência ou calamidade pública que deu causa à contratação; (NR)

- Inciso III com redação dada pela Lei Complementar n° 1.361, de 21/10/2021, com efeitos a partir de 01/11/2021.

IV - por descumprimento de obrigação legal ou contratual por parte do contratado;

V - com o provimento do cargo correspondente;

VI - com a criação ou classificação do cargo, e respectivo provimento, nas hipóteses da alínea 'e' do item 5 do § 1° e do item 7 do § 2°, ambos do artigo 1° desta lei complementar. (NR)

- Inciso VI com redação dada pela Lei Complementar n° 1.361, de 21/10/2021, com efeitos a partir de 01/11/2021.

VII - nas hipóteses de o contratado:

a) preencher a vaga relativa ao concurso para o qual foi aprovado, nos termos do artigo 5° desta lei complementar;

b) ser convocado para serviço militar obrigatório ou serviço civil alternativo, quando houver incompatibilidade de horário;

c) assumir mandato eletivo que implique afastamento do serviço;

d) não obter, na avaliação de desempenho, quando instituída, a nota mínima necessária para prosseguimento do contrato, nos termos do respectivo ato regulamentador; (NR)

- Alínea "d" acrescentada pela Lei Complementar n° 1.361, de 21/10/2021, com efeitos a partir de 01/11/2021.

VIII - por conveniência da Administração.

§ 1º A extinção do contrato com fundamento nos incisos I a VII deste artigo far-se-á sem direito a indenização.

§ 2º A extinção do contrato com fundamento no inciso VIII deste artigo implicará o pagamento ao contratado de indenização correspondente a 1 (uma) vez o valor da remuneração mensal fixada no contrato, ou, quando for o caso, da média mensal da remuneração fixada no contrato, até o advento da extinção.

§ 3º Na hipótese do inciso IV deste artigo, previamente ao ato que rescindir o contrato, será assegurada ao contratado a faculdade de exercer o direito de defesa, no prazo de 3 (três) dias úteis, devendo o procedimento ser concluído dentro de 10 (dez) dias contados da data do protocolo das razões de defesa ou do decurso do prazo para apresentá-las.

Art. 9º O contratado não poderá receber atribuições, funções ou encargos não previstos no respectivo contrato.

Art. 10. O contratado nos termos desta lei complementar está sujeito aos mesmos deveres, proibições e responsabilidades previstos na Lei nº 10.261, de 28 de outubro de 1968, aplicando-se aos docentes, subsidiariamente, as disposições da Lei complementar nº 444, de 27 de dezembro de 1985.

Art. 11. A remuneração do contratado nos termos desta lei complementar será fixada:

I – para o desempenho de atividades correspondentes às de cargos públicos, em importância não superior à retribuição inicial destes, acrescida das vantagens pecuniárias inerentes à função, ao horário e ao local de exercício;

II – para o desempenho de função docente por período de 1 (um) até 15 (quinze) dias, em importância correspondente às horas-aula efetivamente ministradas;

III – para o desempenho de outras atividades, em importância não superior:

a) à da remuneração inicial estabelecida pela legislação estadual vigente para servidores que exerçam função assemelhada;

b) ao valor definido pelo Poder Executivo, que não poderá ultrapassar os limites legais, nas demais hipóteses.

Art. 12. Fica assegurado ao contratado nos termos desta lei complementar:

I – o décimo terceiro salário, na proporção de 1/12 (um doze avos) por mês trabalhado ou fração superior a 15 (quinze) dias;

II – o pagamento das férias, decorridos 12 (doze) meses de efetivo exercício da função.

Art. 13. Serão consideradas como dias trabalhados as ausências do contratado em virtude de:

I – casamento, até 2 (dois) dias consecutivos;

II – falecimento de pais, irmãos, cônjuge, companheiro ou filhos, até 2 (dois) dias consecutivos;

III – serviços obrigatórios por lei.

Art. 14. O contratado poderá requerer a justificação de faltas, observadas as condições estabelecidas em decreto. (NR)

– *Artigo 14 com redação dada pela Lei Complementar nº 1.361, de 21/10/2021, com efeitos a partir de 01/11/2021.*

Art. 15. As faltas consideradas justificadas pela autoridade competente não serão computadas para os fins do inciso IV do artigo 8° desta lei complementar. (NR)

– *Artigo 15 com redação dada pela Lei Complementar nº 1.361, de 21/10/2021, com efeitos a partir de 01/11/2021.*

Art. 16. Os limites de faltas justificadas e injustificadas serão fixados em decreto. (NR)

– *Artigo 16 com redação dada pela Lei Complementar nº 1.361, de 21/10/2021, com efeitos a partir de 01/11/2021.*

Art. 17. O contratado perderá a totalidade da remuneração do dia quando comparecer ou retirar-se do serviço fora de horário, ressalvadas as hipóteses previstas em decreto e os casos de consulta ou tratamento de saúde, previstos em lei.

Art. 18. Sempre que a natureza e a necessidade do serviço assim o exigirem, os Secretários de Estado, o Procurador Geral do Estado e os Dirigentes de Autarquias poderão, com anuência do Secretário de Gestão Pública, expedir normas específicas quanto ao horário de trabalho dos contratados nos termos desta lei complementar.

Art. 19. As normas de registro e controle de frequência dos contratados para suprir atividade docente, nas hipóteses previstas no inciso IV do art. 1º desta lei complementar, serão estabelecidas em ato específico da Secretaria da Educação.

Art. 20. O contratado na forma do disposto nesta lei complementar ficará vinculado ao Regime Geral de Previdência Social, nos termos da legislação federal.

Art. 21. Caberá ao órgão setorial de recursos humanos do órgão ou da autarquia contratante registrar, controlar e acompanhar a execução dos contratos celebrados, observado o disposto no art. 2º desta lei complementar.

Parágrafo único – O órgão ou a autarquia contratante encaminhará, mensalmente, ao órgão central de recursos humanos, por intermédio do seu órgão setorial, os dados relativos aos contratos celebrados com base nesta lei complementar, para fins de controle.

Art. 22. Sem prejuízo da nulidade do contrato, a inobservância das disposições desta lei complementar importará responsabilidade administrativa da autoridade signatária e do contratado, e, se for o caso, solidariedade quanto à devolução de valores percebidos pelo contratado.

Art. 23. Esta lei complementar aplica-se aos órgãos da Administração direta, às Autarquias e às Instituições Públicas Estaduais de Ensino Superior, cujo pessoal seja submetido ao regime jurídico próprio dos servidores titulares de cargos efetivos. (NR)

- *Artigo 23 com redação dada pela* Lei Complementar nº 1.361, de 21/10/2021, *com efeitos a partir de 01/11/2021.*

Art. 24. Fica vedada, a partir da publicação desta lei complementar, a admissão de pessoal com fundamento na Lei nº 500, de 13 de novembro de 1974.

Parágrafo único - Ficam extintas as funções-atividades submetidas ao regime jurídico instituído pela lei de que trata o "caput" deste artigo, na seguinte conformidade:

1 - na vacância, as que se encontrarem preenchidas;

2 - na data da publicação desta lei complementar, as que estiverem vagas.

Art. 25. As contratações de pessoal após o advento da Lei complementar nº 1.010, de 1º de junho de 2007, sob o regime jurídico da Lei nº 500, de 13 de novembro de 1974, estarão automaticamente extintas:

I - findo o prazo de contratação, quando a vigência tiver sido estipulada;

II - após o decurso de 12 (doze) meses, contados da data da publicação desta lei complementar, quando o prazo da vigência da contratação não tiver sido definido.

Parágrafo único - No caso de função docente, observado o § 1º do art. 7º desta lei complementar e o art. 11 da Lei complementar nº 836, de 30 de dezembro de 1997, as contratações a que se refere o "caput" deste artigo estarão automaticamente extintas após 2 (dois) anos letivos subsequentes ao que estiver em curso na data da publicação desta lei complementar.

Art. 26. O Poder Executivo regulamentará esta lei complementar.

Art. 27. As despesas resultantes desta lei complementar correrão à conta das dotações consignadas no orçamento vigente, ficando o Poder Executivo autorizado a abrir créditos adicionais, se necessário, nos termos do art. 43 da Lei federal nº 4.320, de 17 de março de 1964.

Art. 28. Esta lei complementar e suas disposições transitórias entram em vigor na data de sua publicação, ficando revogados o art. 13 da Lei nº 7.698, de 10 de janeiro de 1992 e a Lei complementar nº 733, de 23 de novembro de 1993.

DISPOSIÇÕES TRANSITÓRIAS

Art. 1º Aos servidores ocupantes de funções de docente abrangidas pelo disposto no § 2º do art. 2º da Lei complementar nº 1.010, de 1º de junho de 2007, será assegurada a atribuição de carga horária equivalente a 12 (doze) horas semanais de trabalho, composta por 10 (dez) horas em atividades com alunos e 2 (duas) horas de trabalho pedagógico na escola, em atividades coletivas, observadas as seguintes condições:

I - os docentes deverão se inscrever e participar obrigatoriamente de processo de avaliação anual, no seu respectivo campo de atuação, na forma a ser disciplinada pela Secretaria da Educação;

II - os docentes que obtiverem índices iguais ou superiores aos mínimos fixados pela Secretaria de Educação ficarão dispensados das avaliações anuais subsequentes e passarão a concorrer, entre seus pares, no processo de atribuição de classes ou de aulas, na Faixa 3 a que se refere o inciso I do art. 45 da Lei complementar nº 444, de 27 de dezembro de 1985, antes dos demais servidores indicados na mesma faixa e antes dos candidatos à admissão como docentes;

III - a classificação final do docente para o processo de atribuição de classes ou de aulas, no respectivo campo de atuação, observará a ordem decrescente da soma dos pontos referentes ao tempo de serviço e aos títulos com os pontos obtidos na avaliação anual, que terá o limite máximo de 80 (oitenta) pontos;

IV - caso o total de aulas atribuídas no respectivo campo de atuação resulte aquém do limite fixado no "caput" deste artigo, aos docentes serão atribuídas horas de complementação de carga horária, no mínimo até atingir o referido limite, devendo ser cumpridas pelo docente de acordo com as normas expedidas pela Secretaria da Educação;

V - os docentes que não obtiverem os índices mínimos fixados no processo de avaliação não poderão concorrer no processo de atribuição de classes ou aulas e deverão cumprir a totalidade da carga horária prevista no "caput" deste artigo de acordo com as normas expedidas pela Secretaria da Educação, sem prejuízo da participação obrigatória nos subsequentes processos de avaliação anual.

Parágrafo único – A Secretaria de Educação poderá autorizar a participação dos docentes referidos no inciso II deste artigo nas avaliações anuais subsequentes, devendo ser considerada, para fins de classificação no processo de atribuição de classes ou aulas, o melhor índice obtido pelo docente nas avaliações de que participou.

Art. 2º Aplica-se o disposto no inciso V do art. 1º destas Disposições Transitórias aos docentes que não possuam a habilitação mínima exigida para atribuição de classes ou aulas nos respectivos campos de atuação, estabelecido o prazo de 1 (um) ano, contado da data da vigência desta lei complementar, para obtenção da referida habilitação.

Art. 3º Aos docentes abrangidos pelo disposto no parágrafo único do art. 25 desta lei complementar serão atribuídas classes ou aulas disponíveis, conforme condições e limites estabelecidos pela Secretaria da Educação, observados os incisos I e III do art. 1º destas Disposições Transitórias.

Art. 4º Os docentes abrangidos por estas Disposições Transitórias serão dispensados, caso não se inscrevam ou imotivadamente não participem do processo de avaliação previsto no inciso I de seu art. 1º, sem prejuízo do disposto no art. 35, IV, da Lei nº 500, de 13 de novembro de 1974.

Art. 5º Os contratados para o exercício de função docente nos termos desta lei complementar poderão celebrar novo contrato de trabalho, cuja vigência fica limitada ao período correspondente ao ano letivo de 2012, desde que atendidos os seguintes requisitos:

I – aprovação em processo seletivo simplificado;

II – decurso do prazo de 40 (quarenta) dias, contados do término do contrato anteriormente celebrado;

III – ato específico da autoridade contratante que justifique a urgência e a inadiabilidade da adoção da medida.

Parágrafo único – Em caso de absoluta necessidade, devidamente justificada pela autoridade contratante, o disposto neste artigo poderá ser aplicado para o ano letivo de 2013, limitado o número máximo de contratações a até 50% (cinquenta por cento) das que houverem sido celebradas para o ano letivo de 2012

– Art. 5º das Disposições Transitórias acrescentados pela Lei Complementar nº 1.163, de 04/01/2012.

Art. 6º Para o ano letivo de 2014, os docentes contratados nos termos desta lei complementar poderão celebrar novo contrato de trabalho, com vigência correspondente ao citado ano letivo, sendo que o número máximo de contratações não poderá ultrapassar o limite das celebradas no ano letivo de 2013, desde que atendidos os seguintes requisitos:

I – classificação em processo seletivo simplificado;

II – decurso do prazo de 40 (quarenta) dias, contados do término do contrato anteriormente celebrado;

III – ato específico da autoridade contratante que justifique a urgência e a inadiabilidade da adoção da medida.

§ 1º Em caso de absoluta necessidade, devidamente justificada pela autoridade contratante, o disposto neste artigo poderá ser aplicado para os anos letivos de 2015 e de 2016, limitado, em cada ano, o número máximo de contratações a até 50% (cinquenta por cento) e até 40% (quarenta por cento), respectivamente, das que tenham sido celebradas no ano letivo de 2014.

§ 2º O decurso do prazo de 40 (quarenta) dias, contados do término do contrato anteriormente celebrado, poderá ser aplicado uma única vez, para cada docente contratado.

§ 3º Após a extinção do contrato celebrado nos termos do art. 5º das Disposições Transitórias desta lei complementar, fica vedada, sob pena de nulidade, a contratação do mesmo docente antes de decorridos 200 (duzentos) dias do término do contrato.

– Art. 6º das Disposições Transitórias acrescentados pela Lei Complementar nº 1.215, de 30/10/2013.

Art. 7º Para fins de classificação para os processos de atribuição de classes e aulas efetuados a partir do ano letivo de 2014, os servidores ocupantes de função docente, abrangidos pelo disposto no § 2º do art. 2º da Lei Complementar nº 1.010, de 1º de junho de 2007, estão dispensados da realização de avaliação anual, devendo se inscrever e participar obrigatoriamente do processo anual de atribuição de classes e aulas, no respectivo campo de atuação, observada a forma disciplinada pela Secretaria da Educação.

– Art. 7º das Disposições Transitórias acrescentado pela Lei Complementar nº 1.215, de 30/10/2013.

Art. 8° Fica reduzido para 40 (quarenta) dias o prazo estabelecido no §1° do artigo 6° da parte permanente desta lei complementar." (NR)

– Artigo 8° com redação dada pela Lei Complementar n° 1.331, de 13/12/2018.

Art. 9º Em virtude do estado de calamidade pública reconhecido pelo Decreto nº 64.879, de 20 de março de 2020, decorrente da pandemia da COVID-19, fica autorizada, excepcionalmente, a prorrogação, pelo prazo máximo de 12 (doze) meses, dos contratos para exercício das funções de Agente de Organização Escolar, cuja vigência se encerrar até 31 de dezembro de 2020. (NR)

– "Caput" acrescentado pela Lei Complementar nº 1.357, de 10/09/2020.

Parágrafo único – A prorrogação prevista no "caput" deste artigo somente será permitida para manutenção de atividades consideradas essenciais de acompanhamento dos protocolos de higiene e distanciamento social controlado no âmbito das unidades escolares estaduais, após o retorno das atividades presenciais. (NR)

– Parágrafo único acrescentado pela Lei Complementar nº 1.357, de 10/09/2020.

Art. 10. Em virtude da pandemia da COVID-19, fica autorizada, excepcionalmente, a prorrogação, pelo prazo máximo de 12 (doze) meses, dos contratos celebrados com fundamento nesta lei complementar e em conformidade com as autorizações do Governador do Estado publicadas nas edições do Diário Oficial do Estado de 4 de abril de 2020 e 16 de maio de 2020, a seguir relacionados: (NR)

– "Caput" acrescentado pela Lei Complementar nº 1.358, de 23/04/2021, *com efeitos a partir de 04/04/2021.*

I – 129 (cento e vinte e nove) para desempenho de funções de Agente Técnico de Assistência à Saúde; (NR)

– Inciso I acrescentado pela Lei Complementar nº 1.358, de 23/04/2021, *com efeitos a partir de 04/04/2021.*

II – 18 (dezoito) para desempenho de funções de Auxiliar de Laboratório; (NR)

– Inciso II acrescentado pela Lei Complementar nº 1.358, de 23/04/2021, *com efeitos a partir de 04/04/2021.*

III – 260 (duzentos e sessenta) para desempenho de funções de Enfermeiro; (NR)

– Inciso III acrescentado pela Lei Complementar nº 1.358, de 23/04/2021, *com efeitos a partir de 04/04/2021.*

IV – 307 (trezentos e sete) para desempenho de funções de Técnico de Enfermagem; (NR)

– Inciso IV acrescentado pela Lei Complementar nº 1.358, de 23/04/2021, *com efeitos a partir de 04/04/2021.*

V – 23 (vinte e três) para desempenho de funções de Técnico de Laboratório; (NR)

– Inciso V acrescentado pela Lei Complementar nº 1.358, de 23/04/2021, *com efeitos a partir de 04/04/2021.*

VI – 134 (cento e trinta e quatro) para desempenho de funções de Médico I; (NR)

– Inciso VI acrescentado pela Lei Complementar nº 1.358, de 23/04/2021, *com efeitos a partir de 04/04/2021.*

VII – 63 (sessenta e três) para desempenho de funções de Oficial de Saúde. (NR)

– Inciso VII acrescentado pela Lei Complementar nº 1.358, de 23/04/2021, *com efeitos a partir de 04/04/2021.*

Parágrafo único – Os contratos prorrogados com base na autorização presente neste artigo serão extintos antes do término do prazo de sua vigência, em caso de cessação da necessidade temporária que deu causa à sua celebração. (NR)

– Parágrafo único acrescentado pela Lei Complementar nº 1.358, de 23/04/2021, *com efeitos a partir de 04/04/2021.*

Art. 11. Em virtude da pandemia da COVID-19, fica autorizada, excepcionalmente, a prorrogação, até 31 de dezembro de 2022, dos contratos para exercício das funções de docentes e de Agentes de Organização Escolar, cuja vigência se encerrar até 31 de dezembro de 2021. (NR)

– "Caput" acrescentado pela Lei Complementar nº 1.361, de 21/10/2021.

Parágrafo único – Somente serão prorrogadas as contratações de Agentes de Organização Escolar que se mostrarem necessárias para a manutenção de atividades consideradas essenciais de acompanhamento dos protocolos de higiene e distanciamento social controlado no âmbito das unidades escolares estaduais, no âmbito do retorno das atividades presenciais. (NR)

– Parágrafo único acrescentado pela Lei Complementar nº 1.361, de 21/10/2021.

Art. 12. Em virtude da necessidade de adotar medidas imediatas de proteção à saúde e considerando o disposto no item 5 do § 2º do artigo 1º desta lei complementar, fica autorizada, excepcionalmente, a prorrogação, pelo prazo máximo de 12 (doze) meses, dos contratos celebrados com fundamento nesta lei complementar e na autorização do Governador do Estado publicada na edição do Diário Oficial do Estado de 16 de outubro de 2021, a seguir relacionados: (NR)

– *"Caput" acrescentado pela* Lei Complementar nº 1.385, de 13/06/2023, *com efeitos a partir de 15/05/2023.*

I – 100 contratos de Agentes Técnicos de Assistência à Saúde; (NR)

– *Inciso I acrescentado pela* Lei Complementar nº 1.385, de 13/06/2023, *com efeitos a partir de 15/05/2023.*

II – 108 contratos de Enfermeiros; (NR)

– *Inciso II acrescentado pela* Lei Complementar nº 1.385, de 13/06/2023, *com efeitos a partir de 15/05/2023.*

III – 179 contratos de Técnico de Enfermagem; (NR)

– *Inciso III acrescentado pela* Lei Complementar nº 1.385, de 13/06/2023, *com efeitos a partir de 15/05/2023.*

IV – 52 contratos de Médicos I; (NR)

– *Inciso IV acrescentado pela* Lei Complementar nº 1.385, de 13/06/2023, *com efeitos a partir de 15/05/2023.*

V – 48 contratos de Oficiais de Saúde. (NR)

– *Inciso V acrescentado pela* Lei Complementar nº 1.385, de 13/06/2023, *com efeitos a partir de 15/05/2023.*

§ 1º A prorrogação prevista no 'caput' deste artigo somente será permitida para manutenção de atividades essenciais para o desenvolvimento da assistência aos usuários do Sistema Único de Saúde de São Paulo, observada a necessidade do serviço público. (NR)

– *§ 1º acrescentado pela* Lei Complementar nº 1.385, de 13/06/2023, *com efeitos a partir de 15/05/2023.*

§ 2º Os contratos prorrogados com base neste artigo deverão ser rescindidos antes do prazo de vigência, em caso de cessação da necessidade temporária que deu causa à prorrogação. (NR)

– *§ 2º acrescentado pela* Lei Complementar nº 1.385, de 13/06/2023, *com efeitos a partir de 15/05/2023.*

§ 3º A autorização contida no 'caput' deste artigo não elide a adoção das providências necessárias à nomeação, posse e exercício dos candidatos habilitados, para provimento dos respectivos cargos em caráter efetivo, na forma do que dispõe o artigo 1º, § 2º, item 5 desta lei complementar. (NR)

– *§ 3º acrescentado pela* Lei Complementar nº 1.385, de 13/06/2023, *com efeitos a partir de 15/05/2023.*

LEI Nº 14.653, DE 22 DE DEZEMBRO DE 2011

Institui o regime de previdência complementar no âmbito do Estado de São Paulo, fixa o limite máximo para a concessão de aposentadorias e pensões de que trata o art. 40 da Constituição Federal, autoriza a criação de entidade fechada de previdência complementar, na forma de fundação, e dá outras providências.

ÍNDICE

CAPÍTULO I
DO REGIME DE PREVIDÊNCIA COMPLEMENTAR

Art. 1º Fica instituído, no âmbito do Estado de São Paulo, o regime de previdência complementar a que se referem os §§ 14 e 15 do art. 40 da Constituição Federal.

– Art. 1º, "caput", com redação dada pela Lei nº 16.391, de 15/03/2017.

§ 1º O regime de previdência complementar de que trata o "caput" deste artigo, de caráter facultativo, aplica-se aos que ingressarem no serviço público estadual a partir da data da publicação desta lei, e abrange:

– A expressão "aplica-se aos que ingressarem no serviço público estadual a partir da data da publicação desta lei," foi declarada inconstitucional pelo Tribunal de Justiça do Estado de São Paulo, na Ação Direta de Inconstitucionalidade 2165511-31.2014.8.26.0000, julgada em 08/03/2017. Conferiu-se ao § 1º interpretação conforme à Constituição (art. 126, da Constituição do Estado de São Paulo), de maneira simétrica àquela adotada no âmbito da União Federal, à luz do art. 40, § 16, da Carta Magna, Lei Federal nº 12.618/2012, e orientação normativa 12, de 23 de setembro de 2013, da lavra da Secretaria de Gestão Pública do Ministério do Planejamento.

» V. Decisão da Mesa nº 3.765, de 31/10/2016.

1 – os titulares de cargos efetivos, assim considerados os servidores cujas atribuições, deveres e responsabilidades específicas estejam definidas em estatutos ou normas estatutárias e que tenham sido aprovados

por meio de concurso público de provas ou de provas e títulos ou de provas de seleção equivalentes;

2 – os titulares de cargos vitalícios ou efetivos da Administração direta, suas autarquias e fundações, da Assembleia Legislativa, do Tribunal de Contas e seus Conselheiros, das Universidades, do Poder Judiciário e seus membros, do Ministério Público e seus membros, da Defensoria Pública e seus membros;

3 – Revogado.

– Item 3 revogado pela Lei nº 17.293, de 15/10/2020.

– Item 3 com redação dada pela Lei nº 16.391, de 15/03/2017.

§ 2º O regime de previdência complementar poderá também ser oferecido aos Deputados da Assembleia Legislativa do Estado de São Paulo, desde que não integrem outro regime próprio de previdência pública de qualquer ente da federação.

§ 3º O regime de previdência complementar também poderá ser oferecido para os servidores titulares de cargos efetivos, servidores ocupantes exclusivamente de cargo em comissão declarado em lei de livre nomeação e exoneração, de cargo temporário ou de emprego da Administração Direta, das autarquias e das fundações dos demais entes da Federação, desde que, autorizados por lei do respectivo ente, tenham firmado convênio de adesão e aderido a plano de benefícios previdenciários complementares administrados pela Fundação de Previdência Complementar do Estado de São Paulo – SP-PREVCOM.

– § 3º com redação dada pela Lei nº 16.391, de 15/03/2017.

§ 4º A integração ao regime de previdência complementar depende de adesão, mediante prévia e expressa opção do interessado por plano de benefícios instituído nos termos desta lei.

– § 4º com redação original restaurada. Redação dada pela Lei nº 16.675, de 13/03/2018*, declarada inconstitucional, em controle concentrado, pelo Tribunal de Justiça do Estado de São Paulo, nos autos da* ADI nº 2104844-06.2019.8.26.0000.

§ 5º As condições para a adesão de que trata o § 4º deste artigo serão estabelecidas em regulamento.

– § 5º com redação original restaurada. Redação dada pela Lei nº 16.675, de 13/03/2018*, declarada inconstitucional, em controle concentrado, pelo Tribunal de Justiça do Estado de São Paulo, nos autos da* ADI nº 2104844-06.2014.8.26.0000.

§ 6º Os servidores referidos nos itens 1, 2 e 3 do § 1º e no § 2º deste artigo, que tenham ingressado no serviço público até o dia anterior à data de início de vigência do regime de previdência complementar, poderão aderir aos planos de benefícios administrados pela SP-PREVCOM, sem a contrapartida do Estado.

– § 6º acrescentado pela Lei nº 16.391, de 15/03/2017.

§ 7º Declarado inconstitucional, em controle concentrado, pelo Tribunal de Justiça do Estado de São Paulo.

– § 7º acrescentado pela Lei nº 16.675, de 13/03/2018*, declarada inconstitucional, em controle concentrado, pelo Tribunal de Justiça do Estado de São Paulo, nos autos da* ADI nº 2104844-06.2019.8.26.0000.

§ 8º Declarado inconstitucional, em controle concentrado, pelo Tribunal de Justiça do Estado de São Paulo.

– § 8º acrescentado pela Lei nº 16.675, de 13/03/2018*, declarada inconstitucional, em controle concentrado, pelo Tribunal de Justiça do Estado de São Paulo, nos autos da* ADI nº 2104844-06.2019.8.26.0000.

§ 9º Declarado inconstitucional, em controle concentrado, pelo Tribunal de Justiça do Estado de São Paulo.

– § 9º acrescentado pela Lei nº 16.675, de 13/03/2018*, declarada inconstitucional, em controle concentrado, pelo Tribunal de Justiça do Estado de São Paulo, nos autos da* ADI nº 2104844-06.2019.8.26.0000.

Art. 2º Para os efeitos desta lei, entende-se por:

I – patrocinador:

a) o Estado de São Paulo, por meio dos Poderes Executivo, Legislativo e Judiciário, do Tribunal de Contas, das Universidades, do Ministério Público e da Defensoria Pública;

b) os demais entes da Federação, suas autarquias e fundações, mediante prévia autorização do Conselho Deliberativo da SP-PREVCOM, por maioria absoluta, e desde que firmem convênio de adesão e venham a aderir ao plano de benefícios previdenciários complementares administrado pela referida entidade.

– Alínea "b" com redação dada pela Lei nº 16.391, de 15/03/2017.

II – participante: a pessoa física, assim definida na forma do art. 1º desta lei, que aderir ao plano de benefícios previdenciários complementares administrado pela SP-PREVCOM;

III – assistido: o participante ou o seu beneficiário em gozo de benefício de prestação continuada;

IV – contribuição: os valores vertidos ao plano de benefícios previdenciários complementares pelos participantes e pelo patrocinador, com o objetivo de constituir as reservas que garantam os benefícios contratados e custear despesas administrativas da SP-PREVCOM;

V – estatuto: o conjunto de regras que define a constituição e funcionamento da SP-PREVCOM;

VI – multipatrocinada: a entidade fechada de previdência complementar que congrega mais de um patrocinador ou instituidor;

VII – multiplano: a entidade fechada de previdência complementar que administra plano ou conjunto de planos de benefícios para diversos grupos de participantes, com independência patrimonial e financeira entre planos;

VIII – multiportfólio: opção oferecida aos participantes para alocação das suas reservas garantidoras em diferentes carteiras de investimentos, observadas as regras constantes no regulamento dos planos de benefícios previdenciários complementares;

IX – plano de benefícios previdenciários complementares: o conjunto de obrigações e direitos derivado das regras do regulamento definidoras do custeio e dos benefícios de caráter previdenciário, que possui patrimônio próprio, independência patrimonial, contábil e financeira com relação aos demais planos de benefícios previdenciários complementares administrados pela SP-PREVCOM, inexistindo solidariedade entre os planos;

X – regulamento: o conjunto de normas disciplinadoras do plano de benefícios previdenciários complementares;

XI – renda: o benefício de renda mensal continuada paga ao assistido, conforme regras estabelecidas no regulamento do plano de benefícios previdenciários complementares;

XII – saldo de conta: o valor acumulado em nome do participante, com o resultado das contribuições vertidas pelo participante e pelo patrocinador acrescido dos resultados dos investimentos e deduzidos os custos dos benefícios não programados, as despesas administrativas, na forma fixada pelo regulamento do plano de benefícios previdenciários complementares e demais despesas previstas no plano de custeio;

XIII – atividade-fim: aquela relacionada à gestão das reservas garantidoras, à gestão do passivo atuarial, à gestão e ao pagamento dos benefícios previdenciários complementares e demais atividades próprias de entidades fechadas de previdência complementar, podendo haver a contratação de gestores de recursos, de pessoas jurídicas especializadas na custódia de valores mobiliários, serviços jurídicos, consultorias atuariais, auditorias externas independentes e serviços de tecnologia da informação;

XIV – atividade-meio: aquela de mero suporte à consecução das finalidades da SP-PREVCOM.

Art. 2º-A. Os bens e direitos, e seus frutos e rendimentos, que integram o patrimônio dos planos de benefícios previdenciários complementares e dos respectivos fundos previdenciários não se comunicam:

I – com os recursos do plano de gestão administrativa da SP-PREVCOM ou fonte de custeio similar, na forma determinada pelo órgão regulador federal;

II – com recursos de outros planos de benefícios previdenciários complementares;

III – com o patrimônio dos patrocinadores.

§ 1º O patrimônio de um plano de benefícios previdenciários complementares, bem como os respectivos fundos previdenciários, não responde por obrigações de outro plano de benefícios previdenciários complementares nem por obrigações próprias do patrocinador.

§ 2º Desde que autorizados pelas normas federais, cada plano de benefícios previdenciários complementares, assim como o plano de gestão administrativa da SP PREVCOM ou fonte de custeio similar, deverá possuir uma inscrição no Cadastro Nacional de Pessoas Jurídica – CNPJ e uma conta individualizada em sistemas de registros, objeto de custódia ou objeto de depósito centralizado, em instituições autorizadas pelo Banco Central do Brasil ou pela Comissão de Valores Mobiliários.

§ 3º Os recursos integrantes do plano de gestão administrativa ou fonte de custeio similar, na forma determinada pelo órgão regulador federal, responderão pelas dívidas cíveis, fiscais, trabalhistas ou de qualquer outra natureza decorrentes das atividades da SP-PREVCOM.

– Art. 2º-A acrescentado pela Lei nº 16.391, de 15/03/2017.

Art. 3º Aplica-se o limite máximo estabelecido para os benefícios do regime geral de previdência social de que trata o art. 201 da Constituição Federal às aposentadorias e pensões a serem concedidas pelo regime próprio de previdência social do Estado de São Paulo de que trata o art. 40 da Constituição Federal aos servidores e demais agentes públicos e membros de Poder, independentemente de sua adesão ao regime de previdência complementar por ela instituído.

– A expressão "de que trata o § 1º do art. 1º desta lei" foi declarada inconstitucional pelo Tribunal de Justiça

do Estado de São Paulo, em Ação Direta de Inconstitucionalidade 2165511-31.2014.8.26.0000, julgada em 08/03/2017. Conferiu-se ao art. 3º interpretação conforme à Constituição (art. 126, da Constituição do Estado de São Paulo), de maneira simétrica àquela adotada no âmbito da União Federal, à luz do art. 40, § 16, da Carta Magna, Lei Federal nº 12.618/2012, e orientação normativa 12, de 23 de setembro de 2013, da lavra da Secretaria de Gestão Pública do Ministério do Planejamento.

» V. Decisão da Mesa nº 3.765, de 31/10/2016.

CAPÍTULO II DA ENTIDADE FECHADA DE PREVIDÊNCIA COMPLEMENTAR

Art. 4º Fica o Poder Executivo autorizado a criar entidade fechada de previdência complementar, de natureza pública, com personalidade jurídica de direito privado, denominada Fundação de Previdência Complementar do Estado de São Paulo-SP-PREVCOM, vinculada à Secretaria da Fazenda, com a finalidade de administrar e executar plano de benefícios de caráter previdenciário complementar, nos termos do art. 202 da Constituição Federal e das Leis Complementares federais nos 108 e 109, ambas de 29 de maio de 2001.

- Art. 4º com redação dada pela Lei nº 16.391, de 15/03/2017.

Parágrafo único - A natureza pública da SP-PREVCOM a que se refere o § 15 do art. 40 da Constituição Federal consistirá na:

1 - submissão à legislação federal sobre licitação e contratos administrativos na atividade-meio;

2 - realização de concurso público para a contratação de pessoal, exceto aqueles de provimento por livre nomeação;

3 - criação de empregos e fixação dos quantitativos e dos salários nos termos do art. 47, inciso XII, da Constituição do Estado de São Paulo;

4 - publicação anual, na Imprensa Oficial do Estado de São Paulo - IMESP e em sítio oficial da administração pública, dos seus demonstrativos contábeis, atuariais, financeiros e de benefícios, sem prejuízo do fornecimento de informações aos participantes e assistidos do plano de benefícios previdenciários complementares e ao órgão regulador e fiscalizador das entidades fechadas de previdência complementar, na forma das Leis Complementares federais nos 108 e 109, ambas de 29 de maio de 2001.

SEÇÃO I DA ESTRUTURA ORGANIZACIONAL DA SP-PREVCOM

Art. 5º A SP-PREVCOM organizar-se-á sob a forma de fundação, com personalidade jurídica de direito privado, sem fins lucrativos, dotada de autonomia administrativa, financeira, patrimonial e de gestão de recursos humanos, com sede e foro na Capital do Estado de São Paulo, observado o disposto no art. 21 desta lei.

- Art. 5º com redação dada pela Lei nº 16.391, de 15/03/2017.

Art. 6º A estrutura organizacional da SP-PREVCOM será constituída de Conselho Deliberativo, Conselho Fiscal e Diretoria Executiva.

§ 1º O Conselho Deliberativo, órgão máximo da estrutura organizacional, é responsável pela definição da política geral de administração da SP-PREVCOM e de seus planos de benefícios previdenciários complementares, podendo criar conselho consultivo com a participação de representantes de cada um dos comitês gestores previstos no § 1º do art. 9º desta lei.

§ 2º O Conselho Fiscal é o órgão de controle interno da SP-PREVCOM.

§ 3º A Diretoria Executiva é o órgão responsável pela administração da SP-PREVCOM, em conformidade com a política de administração traçada pelo Conselho Deliberativo.

Art. 7º A composição do Conselho Deliberativo, integrado por 6 (seis) membros titulares e respectivos suplentes, e do Conselho Fiscal, integrado por 4 (quatro) membros titulares e respectivos suplentes, será paritária entre representantes eleitos pelos participantes e assistidos e representantes indicados pelo patrocinador, cabendo a estes a indicação do conselheiro presidente, que terá, além do seu, o voto de qualidade.

§ 1º Os membros do Conselho Deliberativo e do Conselho Fiscal representantes do patrocinador serão designados pelo Governador do Estado.

§ 2º A presidência do Conselho Deliberativo será exercida por um dos membros designados na forma do § 1º deste artigo, mediante indicação do Governador do Estado.

§ 3º A escolha dos representantes dos participantes e assistidos dar-se-á por meio de eleição direta entre seus pares, conforme regulamento a ser expedido pelo Poder Executivo.

§ 4º O presidente do Conselho Fiscal será eleito pelos membros do Conselho devidamente constituído, devendo a escolha recair sobre um dos membros indicados pelos participantes e assistidos.

Art. 8º A Diretoria Executiva será composta, no máximo, por 6 (seis) membros nomeados pelo Conselho Deliberativo, mediante indicação do Governador do Estado.

Parágrafo único – Compete ao Conselho Deliberativo, mediante decisão fundamentada, a exoneração de membros da Diretoria Executiva, observando-se o disposto no estatuto da SP-PREVCOM.

Art. 9º Por ato da Diretoria Executiva, deverão ser criados:

I – um Comitê Gestor para cada plano de benefícios previdenciários complementares;

II – um Comitê de Investimentos.

§ 1º O Comitê Gestor é o órgão responsável pela definição da estratégia das aplicações financeiras e acompanhamento do respectivo plano de benefícios previdenciários complementares da SP-PREVCOM, observadas as diretrizes fixadas pelo Conselho Deliberativo e pelo comitê de investimentos, conforme seja determinado no estatuto dessa entidade.

§ 2º O Comitê de Investimentos é o órgão responsável por assessorar a Diretoria Executiva na gestão econômico-financeira dos recursos administrados pela SP--PREVCOM, conforme seja determinado no estatuto dessa entidade.

Art. 10. Os membros do Comitê Gestor e do Comitê de Investimentos não poderão integrar o Conselho Deliberativo, o Conselho Fiscal e a Diretoria Executiva, tendo diferentes deveres, atribuições e responsabilidades, conforme seja determinado no estatuto da SP-PREVCOM.

Art. 11. A remuneração e as vantagens de qualquer natureza recebidas pelos membros da Diretoria Executiva da SP-PREVCOM serão fixadas pelo seu Conselho Deliberativo.

Art. 12. A remuneração dos membros do Conselho Deliberativo, do Conselho Fiscal e dos membros de Comitê Gestor será fixada por ato do Governador do Estado e limitada a 20% (vinte por cento), 15% (quinze por cento) e 10% (dez por cento), respectivamente, do valor da remuneração do Diretor Presidente da SPPREVCOM.

Parágrafo único – Os membros do Comitê de Investimentos definidos em regimento interno não serão remunerados.

Art. 13. Os requisitos previstos nos incisos I a IV do art. 20 da Lei Complementar federal nº 108, de 29 de maio de 2001, aplicam-se aos membros da Diretoria Executiva, aos membros dos Conselhos Deliberativo e Fiscal e aos integrantes dos comitês gestores de plano, nos seguintes termos:

I – comprovada experiência no exercício de atividade na área financeira, administrativa, contábil, jurídica, de fiscalização, atuarial ou de auditoria;

II – não ter sofrido condenação criminal transitada em julgado;

III – não ter sofrido penalidade administrativa por infração da legislação da seguridade social, inclusive da previdência complementar ou como servidor público;

IV – ter formação de nível superior.

Art. 14. Aos membros da Diretoria Executiva, nos termos do art. 21 da Lei Complementar federal nº 108, de 29 de maio de 2001, é vedado:

I – exercer simultaneamente atividade no patrocinador;

II – integrar concomitantemente o Conselho Deliberativo ou Fiscal da entidade e, mesmo depois do término do seu mandato na Diretoria Executiva, enquanto não tiver suas contas aprovadas;

III – ao longo do exercício do mandato prestar serviços a instituições integrantes do sistema financeiro.

§ 1º Nos 12 (doze) meses seguintes ao término do exercício da função, o ex-diretor estará impedido de prestar, direta ou indiretamente, independentemente da forma ou natureza do contrato, qualquer tipo de serviço às empresas do sistema financeiro que impliquem a utilização das informações a que teve acesso em decorrência da função exercida, sob pena de responsabilidade civil e penal.

§ 2º Durante o impedimento, ao ex-diretor, que não tiver sido destituído, ou que pedir afastamento, será assegurada a possibilidade de prestar serviços à entidade, ou em qualquer órgão da administração pública, desde que não tenha acesso a informações privilegiadas, garantindo-se-lhe remuneração equivalente à função de direção que exerceu.

SEÇÃO II
DA GESTÃO DOS RECURSOS GARANTIDORES

Art. 15. A gestão das aplicações dos recursos da SP--PREVCOM poderá ser própria, por entidade autorizada e credenciada ou mista.

§ 1º Para os efeitos do disposto no "caput" deste artigo, considera-se:

1 – gestão própria: as aplicações realizadas diretamente pela SP-PREVCOM;

2 – gestão por entidade autorizada e credenciada: as aplicações realizadas por intermédio de instituição fi-

nanceira ou de outra instituição autorizada nos termos da legislação em vigor para o exercício profissional de administração de carteiras;

3 – gestão mista: as aplicações realizadas parte por gestão própria e parte por gestão por entidade autorizada e credenciada.

§ 2º A definição da composição e dos percentuais máximos de cada modalidade de gestão constará na política de investimentos dos planos de benefícios a ser fixada anualmente pelo Conselho Deliberativo.

Art. 16. O regulamento do plano de benefícios previdenciários complementares poderá estipular as regras que permitam ao participante optar, a seu exclusivo critério e sob sua responsabilidade, por uma das carteiras de investimentos disponibilizadas pela SP-PREVCOM (multiportfólio), seguindo, para tanto, as diretrizes a serem fixadas pelo Conselho Deliberativo.

SEÇÃO III
DAS DISPOSIÇÕES GERAIS

Art. 17. O Conselho Deliberativo aprovará a instituição de código de ética e conduta que deverá conter, dentre outras, as seguintes regras:

I – de confidencialidade, relativa a dados e informações a que seus membros tenham acesso no exercício de suas funções;

II – para prevenir conflito de interesses;

III – para proibir operações dos dirigentes com partes relacionadas.

Parágrafo único – O código de ética e conduta deverá ter ampla divulgação entre conselheiros, dirigentes, empregados e, especialmente, entre os participantes e assistidos.

Art. 18. O regime jurídico de pessoal da SPPREVCOM será o previsto na Consolidação das Leis do Trabalho – CLT.

Art. 19. A Diretoria Executiva editará ato próprio com normas gerais sobre as contratações para a atividade-fim, dando publicidade às mesmas.

Art. 20. Cabe à Diretoria Executiva a prestação de informações de forma regular e imediata a conselheiros, patrocinadores, instituidores, participantes e assistidos.

Parágrafo único – As informações, prestadas em linguagem clara e acessível, com a utilização dos meios adequados, abrangem:

1 – as políticas de investimentos;

2 – as premissas e hipóteses atuariais;

3 – a situação econômica e financeira;

4 – os custos incorridos na administração dos planos de benefícios;

5 – a situação de cada participante ou assistido perante seu plano de benefícios.

Art. 20-A. Deverão estar previstos expressamente nos convênios de adesão firmados com a SP-PREVCOM:

I – a inexistência de solidariedade ente patrocinadores;

II – os prazos de aferição e saída dos patrocinadores, que não o Estado de São Paulo, em caso de inadimplemento contratual;

III – o compromisso da SP-PREVCOM informar a todos os patrocinadores, por mensagens eletrônicas (e-mail ou outras), notícia no site da entidade ou outras formas que garantam ampla divulgação, o inadimplemento do patrocinador no pagamento ou repasse de contribuições ou outros valores, sem prejuízo das demais providências cabíveis.

– Art. 20-A com redação dada pela Lei nº 16.391, de 15/03/2017.

Art. 21. A SP-PREVCOM observará os princípios norteadores da administração pública, em especial os da eficiência e da economicidade, bem como adotará mecanismos de gestão operacional que maximizem a utilização de recursos.

§ 1º As despesas administrativas terão sua fonte de custeio definida no regulamento do plano de benefícios previdenciários complementares, observado o disposto no "caput" do art. 7º da Lei Complementar federal nº 108, de 29 de maio de 2001, e o orçamento anual da SP-PREVCOM.

§ 2º O montante de recursos destinados à cobertura das despesas administrativas será revisado ao final de cada ano para o atendimento do disposto no "caput" deste artigo.

Art. 22. A SP-PREVCOM será mantida integralmente por suas receitas, oriundas das contribuições dos participantes, assistidos e patrocinadores, dos resultados financeiros de suas aplicações e de doações e legados de qualquer natureza.

§ 1º A contribuição normal do patrocinador para o plano de benefícios previdenciários complementares, em hipótese alguma, excederá a contribuição individual dos participantes.

§ 2º Cada patrocinador será responsável pelo recolhimento de suas contribuições e pela transferência à SP-PREVCOM das contribuições descontadas dos seus participantes, observado o disposto nesta lei, no estatuto da SP-PREVCOM e no regulamento do plano de benefícios previdenciários complementares.

§ 3º Os recursos previdenciários oriundos da compensação financeira de que trata a Lei federal nº 9.796, de 5 de maio de 1999, pertencerão exclusivamente à unidade gestora do Regime Próprio de Previdência Social - São Paulo Previdência - SPPREV.

Art. 23. A SP-PREVCOM desenvolverá programa de educação financeira e previdenciária destinado a dirigentes, empregados, patrocinadores, instituidores, participantes e assistidos, com os seguintes objetivos:

I - melhorar a qualidade da gestão;

II - oferecer aos dirigentes e empregados a possibilidade de desenvolver habilidades e conhecimentos necessários ao desempenho de suas funções;

III - oferecer aos participantes e assistidos ferramentas úteis para o planejamento e o controle de sua vida econômica e financeira;

IV - oferecer aos participantes e assistidos capacitação para o exercício da fiscalização e acompanhamento do seu patrimônio previdenciário.

CAPÍTULO III
DOS PLANOS DE BENEFÍCIOS A SEREM IMPLEMENTADOS E ADMINISTRADOS PELA SP-PREVCOM

SEÇÃO I
DAS CONDIÇÕES GERAIS DOS PLANOS DE BENEFÍCIOS

Art. 24. Os planos de benefícios da SP-PREVCOM serão criados por ato do Conselho Deliberativo da SP-PREVCOM, mediante solicitação dos patrocinadores.

§ 1º O Estado de São Paulo, por meio dos Poderes Executivo, Legislativo e Judiciário, do Tribunal de Contas, das Universidades, do Ministério Público e da Defensoria Pública deverão solicitar a criação de plano de previdência complementar para seus membros e servidores, no prazo de 90 (noventa) dias da data do início do funcionamento da SP-PREVCOM, onerando os recursos dos seus respectivos orçamentos.

§ 2º Caso os Poderes ou instituições referidos no § 1º deste artigo não solicitem a criação de plano de previdência complementar para seus membros e servidores no prazo previsto, será oferecido um dos planos de previdência complementar destinado aos servidores do Poder Executivo, assegurada a portabilidade para o plano próprio quando for instituído.

Art. 25. Os planos de benefícios da SP-PREVCOM serão estruturados na modalidade de contribuição definida, nos termos do disposto nas Leis Complementares federais nos 108 e 109, ambas de 29 de maio de 2001, da regulamentação estabelecida pelos órgãos regulador e fiscalizador das entidades fechadas de previdência complementar, e financiados de acordo com os planos de custeio definidos nos termos do art. 18 da Lei Complementar federal no 109, de 29 de maio de 2001, observadas as demais disposições da Lei Complementar federal nº 108, de 29 de maio de 2001.

§ 1º Observado o disposto no § 3º do art. 18 da Lei Complementar federal nº 109, de 29 de maio de 2001, o valor dos benefícios programados será calculado de acordo com o montante do saldo de conta acumulado, devendo o valor do benefício ser permanentemente ajustado ao referido saldo, na forma prevista no regulamento do respectivo plano de benefícios previdenciários complementares.

§ 2º Os benefícios não programados serão definidos no regulamento do respectivo plano de benefícios previdenciários complementares, devendo ser assegurados, no mínimo, os benefícios decorrentes dos eventos de invalidez e de morte, que poderão ser contratados externamente ou assegurados pelo próprio plano de benefícios previdenciários complementares.

Art. 26. Os requisitos para aquisição, manutenção e perda da qualidade de participante e de assistido, assim como os requisitos de elegibilidade, forma de concessão, cálculo e pagamento dos benefícios deverão constar dos regulamentos dos planos de benefícios previdenciários complementares, observadas as disposições das Leis Complementares federais nos 108 e 109, ambas de 29 de maio de 2001, e a regulamentação dos órgãos regulador e fiscalizador das entidades fechadas de previdência complementar.

Art. 27. Os planos de benefícios não poderão receber aportes patronais a título de serviço passado.

SEÇÃO II
DA MANUTENÇÃO E DA FILIAÇÃO

Art. 28. Poderá permanecer filiado ao respectivo plano de benefícios previdenciários complementares, o participante:

I - afastado a outro órgão ou entidade da administração pública direta ou indireta da União, Estados, Distrito Federal e Municípios, inclusive suas empresas públicas e sociedades de economia mista;

II - afastado ou licenciado do cargo efetivo temporariamente, com ou sem recebimento de remuneração;

III – que optar pelo benefício proporcional diferido ou pelo autopatrocínio, na forma estabelecida pelos órgãos regulador e fiscalizador das entidades fechadas de previdência complementar e no regulamento do plano de benefícios previdenciários complementares.

§ 1º O regulamento do plano de benefícios previdenciários complementares disciplinará as regras para a manutenção do custeio do plano de benefícios previdenciários complementares, observada a legislação aplicável.

§ 2º O patrocinador arcará com a sua contribuição somente quando o afastamento ou a licença do cargo efetivo se der sem prejuízo do recebimento de sua remuneração.

SEÇÃO III
DA BASE DE CÁLCULO

Art. 29. As contribuições do patrocinador e do participante incidirão sobre a parcela da remuneração que exceder o limite máximo a que se refere o art. 3º desta lei, observado, quanto ao patrocinador, o disposto no inciso XI do art. 37 da Constituição Federal.

§ 1º Os abrangidos pelo disposto no art. 1º desta lei, cuja remuneração seja inferior ao valor do teto dos benefícios pagos pelo regime geral de previdência social, poderão optar por contribuir para a SP-PREVCOM, sem a contribuição do patrocinador, sendo que a base de cálculo será fixada no plano de custeio.

§ 2º Para os efeitos desta lei e para os planos em que seja patrocinador o Estado de São Paulo, por meio dos Poderes Executivo, Legislativo e Judiciário, do Tribunal de Contas, das Universidades, do Ministério Público e da Defensoria Pública, considera-se remuneração:

1 – o valor do subsídio do participante;

2 – o valor do vencimento ou do salário do participante, acrescido das vantagens pecuniárias permanentes estabelecidas em lei, incorporadas ou incorporáveis, e, mediante opção expressa do servidor, das parcelas remuneratórias não incorporáveis, excluídas:

a) as diárias para viagens;

b) o auxílio-transporte;

c) o salário-família;

d) o salário-esposa;

e) o auxílio-alimentação;

f) o abono de permanência de que tratam o § 19 do art. 40 da Constituição Federal, o § 5º do art. 2º e o § 1º do art. 3º da Emenda Constitucional nº 41, de 19 de dezembro de 2003.

§ 3º Na hipótese de contribuição do participante sobre parcelas remuneratórias não incorporáveis, não haverá contrapartida do patrocinador.

Art. 30. Para os planos em que seja patrocinador o Estado de São Paulo, por meio dos Poderes Executivo, Legislativo e Judiciário, do Tribunal de Contas, das Universidades, do Ministério Público e da Defensoria Pública, o valor da contribuição do patrocinador será igual à do participante, observado o disposto no regulamento do plano de benefícios previdenciários complementares, não podendo exceder o percentual de 7,5% (sete e meio por cento) incidente sobre a parcela da remuneração que ultrapassar o limite máximo estabelecido para os benefícios do regime geral de previdência social de que trata o art. 201 da Constituição Federal, em conformidade com o disposto no art. 29 desta lei.

§ 1º O percentual máximo a incidir sobre a remuneração dos servidores dos demais entes da Federação que aderirem a plano de benefícios administrados pela SP-PREVCOM, de acordo com o disposto no § 3º do art. 1º desta lei, deverá ser definido em lei do respectivo ente.

§ 2º Além da contribuição normal de que trata o caput e o § 1º deste artigo, o regulamento poderá admitir o aporte de contribuições extraordinárias, tal como previsto no art. 19, parágrafo único, inciso II, da Lei Complementar Federal nº 109, de 29 de maio de 2001, sem aporte correspondente do patrocinador.

– Art. 30 com redação dada pela Lei nº 16.391, de 15/03/2017.

SEÇÃO IV
DAS DISPOSIÇÕES ESPECIAIS

Art. 31. O plano de custeio previsto no art. 18 da Lei Complementar federal nº 109, de 29 de maio de 2001, discriminará o percentual mínimo da contribuição do participante e do patrocinador, conforme o caso, para cada um dos benefícios previstos no plano de benefícios previdenciários complementares, observado o disposto no art. 6º da Lei Complementar federal nº 108, de 29 de maio de 2001.

Art. 32. A SP-PREVCOM manterá o controle das reservas constituídas em nome do participante, registrando contabilmente as contribuições deste e as do patrocinador.

Art. 33. Durante a fase de percepção de renda programada e atendidos os requisitos estabelecidos no plano de benefícios previdenciários complementares, o assistido poderá portar as reservas constituídas em seu nome para entidade de previdência complementar ou companhia seguradora autorizada a operar planos de previdência complementar, com o objetivo específico de contratar plano de renda vitalícia, observado o disposto no § 2º do art. 33 da Lei Complementar federal nº 109, de 29 de maio de 2001.

CAPÍTULO IV
DO CONTROLE E FISCALIZAÇÃO

Art. 34. A supervisão e fiscalização da SP-PREVCOM e de seus planos de benefícios previdenciários complementares compete ao órgão fiscalizador das entidades fechadas de previdência complementar, sem prejuízo das competências constitucionais do Tribunal de Contas do Estado de São Paulo.

§ 1º A competência exercida pelo órgão referido no "caput" deste artigo não exime o patrocinador da responsabilidade pela supervisão e fiscalização sistemática das atividades da SP-PREVCOM.

§ 2º Os resultados da supervisão e fiscalização exercidas pelo patrocinador serão encaminhados ao órgão mencionado no "caput" deste artigo.

Art. 35. Aplica-se, no âmbito da SP-PREVCOM, o regime disciplinar previsto no Capítulo VII da Lei Complementar federal nº 109, de 29 de maio de 2001.

CAPÍTULO V
DAS DISPOSIÇÕES GERAIS

Art. 36. Para atender às despesas decorrentes da execução desta lei, fica o Poder Executivo autorizado a:

I - abrir, em caráter excepcional, créditos especiais até o limite de R$ 20.000.000,00 (vinte milhões de reais) destinados à cobertura das despesas referentes ao custeio do primeiro ano de implantação da SP-PREVCOM;

II - aportar recursos adicionais para atender as despesas administrativas da SP-PREVCOM, enquanto a taxa de administração fixada nos regulamentos ou respectivos planos de custeio dos benefícios previdenciários for insuficiente ao seu suprimento.

Parágrafo único - Os valores dos créditos adicionais a que se refere este artigo serão cobertos na forma prevista do § 1º do art. 43 da Lei federal nº 4.320, de 17 de março de 1964.

Art. 37. Observado o disposto no art. 33, I, da Lei Complementar federal nº 109, de 29 de março de 2001, o Poder Executivo adotará providências para a constituição e funcionamento da SP-PREVCOM no prazo de até 240 (duzentos e quarenta) dias contados da data da publicação desta lei.

Parágrafo único - No mesmo prazo previsto no "caput" deste artigo, contado a partir da data em que for publicada a autorização para seu funcionamento, a SP-PREVCOM adotará providências para instituir e operar planos de benefícios previdenciários complementares, que deverão ser oferecidos aos interessados, tão logo concedida a autorização prevista no art. 6º da Lei Complementar federal nº 109, de 29 de março de 2001, mediante ampla divulgação.

Art. 38. Esta lei e suas Disposições Transitórias entram em vigor na data de sua publicação.

CAPÍTULO VI
DISPOSIÇÕES TRANSITÓRIAS

Art. 1º O Governador do Estado designará os membros que deverão compor provisoriamente o Conselho Deliberativo e o Conselho Fiscal da SP-PREVCOM.

Parágrafo único - O mandato dos conselheiros de que trata o "caput" deste artigo será de até 24 (vinte e quatro) meses, durante os quais será realizada eleição direta para que os participantes e assistidos escolham os seus representantes e o patrocinador indique os seus representantes.

Art. 2º A SP-PREVCOM poderá, em sua fase de implantação, admitir empregados em caráter temporário, mediante processo seletivo.

Art. 3º Para o funcionamento inicial da SPPREVCOM poderão ser afastados servidores e empregados do Estado de São Paulo e das pessoas jurídicas integrantes da sua administração direta ou indireta, mediante reembolso.

Parágrafo único - Fica vedada a cessão de empregados da SP-PREVCOM para outros órgãos do Estado de São Paulo.

Art. 4º Observado o disposto nos artigos 1º, 3º e 27 da parte permanente desta lei, o regime de previdência complementar poderá ser aplicado aos atuais servidores públicos estaduais admitidos com fundamento na CLT, aos atuais deputados da Assembleia Legislativa do Estado de São Paulo, desde que não integrem outro regime próprio de previdência pública de qualquer ente da federação, bem como aos atuais servidores ocupantes exclusivamente de cargos em comissão, declarados em lei de livre nomeação e exoneração.

DIREITO DO TRABALHO

DECRETO Nº 67.552, DE 08 DE MARÇO DE 2023

Reorganiza a Comissão de Política Salarial.

TARCÍSIO DE FREITAS, Governador do Estado de São Paulo, no uso de suas atribuições legais,

Decreta:

Art. 1º A Comissão de Política Salarial – CPS, instituída pelo Decreto nº 51.660, de 14 de março de 2007, vinculada à Secretaria de Gestão e Governo Digital, fica reorganizada nos termos deste decreto.

Art. 2º À Comissão de Política Salarial – CPS, sem prejuízo das atribuições e competências dos demais órgãos e entidades, cabe:

I – fixar as diretrizes a serem observadas no âmbito da Administração Direta, das autarquias, das fundações instituídas ou mantidas pelo Poder Público e das empresas por este controladas, em assuntos de política salarial;

II – aprovar os termos finais das negociações a serem realizadas:

a) pela Secretaria de Gestão e Governo Digital, com representantes dos órgãos e das entidades aos quais estejam vinculadas as propostas;

b) no âmbito de cada fundação instituída ou mantida pelo Poder Público ou empresa por este controlada;

III – autorizar a inserção, nos estatutos, regulamentos e regimentos internos das fundações instituídas ou mantidas pelo Poder Público e das empresas por este controladas, de disposições normativas que criem benefícios ou vantagens trabalhistas;

IV – autorizar pleitos apresentados pelas fundações instituídas ou mantidas pelo Poder Público e pelas empresas por este controladas, relativos a reajuste salarial, concessão de benefícios, aplicação de acordos coletivos e implantação ou alteração de plano de empregos e salários;

V – manifestar-se, previamente à submissão ao Governador, acerca de pleitos apresentados pelas fundações instituídas ou mantidas pelo Poder Público e pelas empresas por este controladas, relativos à fixação ou alteração de quadro de pessoal, abertura de concursos públicos e contratações, exceto em relação às contratações, em substituição, para empregos de livre provimento;

VI – estabelecer parâmetros para a remuneração dos conselhos curador, administrativo, deliberativo ou orientador e fiscal, das fundações instituídas ou mantidas pelo Poder Público.

Parágrafo único – As decisões governamentais e da Comissão de Política Salarial – CPS serão encaminhadas às empresas pelo Conselho de Defesa dos Capitais do Estado – CODEC, que terá por finalidade orientar a atuação dos órgãos societários, na forma da alínea "b" do artigo 116 da Lei federal nº 6.404, de 15 de dezembro de 1976.

Art. 3º A Comissão de Política Salarial – CPS é composta dos seguintes membros:

I – o Secretário de Gestão e Governo Digital, que é seu Presidente;

II – o Secretário-Chefe da Casa Civil;

III – o Secretário da Fazenda e Planejamento;

IV – o Procurador Geral do Estado.

§ 1º Os Secretários de Estado integrantes da Comissão de Política Salarial – CPS e o Procurador Geral do Estado serão representados, em seus impedimentos, pelos respectivos Secretários Executivos e pelo Procurador Geral do Estado Adjunto.

§ 2º Na vacância da presidência e de seu representante, ou nos seus impedimentos simultâneos, assume o próximo membro, sucessivamente, de acordo com a ordem dos incisos deste artigo.

§ 3º Os demais Secretários de Estado poderão ser convidados a participar das reuniões que tratarem de matéria de interesse do órgão ou entidade sob sua supervisão ou relacionada com a área de sua competência.

§ 4º As reuniões da CPS serão realizadas mediante convocação do seu Presidente e com a presença da maioria de seus membros.

§ 5º As deliberações da CPS serão tomadas por maioria de votos, cabendo ao Presidente o voto de desempate.

Art. 4º A Comissão de Política Salarial – CPS conta com o apoio técnico dos órgãos adiante relacionados:

I – no âmbito da Administração Direta e das autarquias, das seguintes unidades:

a) da Secretaria de Gestão e Governo Digital:

1. a Unidade Central de Recursos Humanos – UCRH, da Subsecretaria de Gestão;

2. a Assessoria em Assuntos de Política Salarial – APS, do Gabinete do Secretário;

b) do Departamento de Planejamento Orçamentário de Pessoal, da Subsecretaria de Orçamento, da Secretaria da Fazenda e Planejamento;

II – no âmbito das fundações instituídas ou mantidas pelo Poder Público e das empresas por este controladas:

a) da Secretaria de Gestão e Governo Digital, a Assessoria em Assuntos de Política Salarial – APS, do Gabinete do Secretário;

b) da Secretaria da Fazenda e Planejamento:

1. Coordenadoria de Entidades Descentralizadas;

2. Departamento de Planejamento Orçamentário de Pessoal, da Subsecretaria de Orçamento;

c) da Assessoria de Empresas e de Fundações, do Gabinete do Procurador Geral do Estado, quando aplicável.

§ 1º O apoio técnico da Subsecretaria de Orçamento, de que trata a alínea "b" do inciso I e o item 2, alínea "b" do inciso II, ambos deste artigo, será prestado, em especial, com vistas ao cumprimento da Lei Complementar federal nº 101, de 4 de maio de 2000, e outras correlatas.

§ 2º Cabe à Secretaria de Gestão e Governo Digital prover o apoio administrativo necessário ao desempenho das atividades da Comissão de Política Salarial – CPS.

Art. 5º Os pleitos das fundações instituídas ou mantidas pelo Poder Público e das empresas por este controladas, relativos a reivindicações salariais, concessão de vantagens de qualquer natureza e outros similares, deverão ser dirigidos ao Secretário de Gestão e Governo Digital, por meio da Coordenadoria de Entidades Descentralizadas, da Secretaria da Fazenda e Planejamento, e enviados pelas Secretarias de Estado a que estiverem vinculadas, acompanhados das seguintes informações:

I – proposta dos dirigentes quanto à adequação das reivindicações de seus empregados aos critérios fixados pela Comissão de Política Salarial – CPS e suas alternativas;

II – avaliação econômico-financeira das despesas da entidade e o impacto do pleito, indicando as fontes de recursos que irão honrar os pagamentos;

III – outros documentos, análises, avaliações ou projeções relevantes.

§ 1º Os termos finais dos acordos coletivos de trabalho estarão sujeitos à aprovação da Comissão de Política Salarial – CPS.

§ 2º Após o registro de que trata o artigo 614 da Consolidação das Leis do Trabalho, os acordos e as convenções coletivas de trabalho deverão ser encaminhados ao Conselho de Defesa dos Capitais do Estado – CODEC para fins de controle, acompanhamento e comunicação à Comissão de Política Salarial – CPS.

Art. 6º As fundações instituídas ou mantidas pelo Poder Público e as empresas por este controladas que inserirem em seus estatutos disposições normativas envolvendo a criação de benefícios ou vantagens trabalhistas sem prévia autorização da Comissão de Política Salarial – CPS, ou que descumpram o disposto no artigo 5º deste decreto, ficam sujeitas:

I – à apuração de responsabilidade de seus dirigentes;

II – a não liberação, pela Secretaria da Fazenda e Planejamento, de recursos orçamentários e financeiros que porventura sejam solicitados.

Art. 7º Os representantes do Estado integrantes dos Conselhos de Administração, Conselhos Curadores e Conselhos Ficais das entidades a que se refere o artigo 5º e o Conselho de Defesa dos Capitais do Estado – CODEC adotarão, em seus respectivos âmbitos de atuação, as providências necessárias ao cumprimento deste decreto.

Art. 8º As reivindicações relativas à revisão salarial e instituição ou revisão de vantagens e benefícios de qualquer natureza, no âmbito dos órgãos da Administração Direta e das autarquias do Estado, deverão ser encaminhadas ao Secretário de Gestão e Governo Digital, por meio da Subsecretaria de Gestão, e serão analisadas pela Unidade Central de Recursos Humanos – UCRH.

Art. 9º Compete à Secretaria de Gestão e Governo Digital conduzir as negociações salariais junto às entidades representativas dos servidores integrantes da Administração Direta e das autarquias.

Parágrafo único – Os termos finais das negociações a que se refere este artigo, a serem realizadas pela Secretaria de Gestão e Governo Digital com representantes dos órgãos e das entidades aos quais estejam vinculadas as propostas, estarão sujeitos à aprovação da Comissão de Política Salarial – CPS.

Art. 10. O estabelecimento de diretrizes e normas, além de outras medidas decorrentes de deliberação da Comissão de Política Salarial – CPS, será objeto de resoluções do Secretário de Gestão e Governo Digital, na qualidade de seu Presidente.

Art. 11. As disposições deste decreto não se aplicam às Universidades Públicas Estaduais e à Fundação de Amparo à Pesquisa do Estado de São Paulo – FAPESP.

Art. 12. Este decreto entra em vigor na data de sua publicação, ficando revogadas as disposições em contrário, em especial:

I – o Decreto nº 63.033, de 7 de dezembro de 2017;

II – o artigo 1º do Decreto nº 64.149, de 21 de março de 2019;

III – o Decreto nº 64.215, de 6 de maio de 2019;

IV – o inciso VII do artigo 11 do Decreto nº 64.998, de 29 de maio de 2020;

V – o inciso IX do artigo 134 do Decreto nº 66.017, de 15 de setembro de 2021.

Palácio dos Bandeirantes, 8 de março de 2023.

TARCÍSIO DE FREITAS

DIREITO CIVIL

LEI ESTADUAL Nº 10.207, DE 08 DE JANEIRO DE 1999

Fundação Instituto de Terras do Estado de São Paulo "José Gomes da Silva" - ITESP

O VICE-GOVERNADOR, NO EXERCÍCIO DO CARGO DE GOVERNADOR DO ESTADO DE SÃO PAULO:

Faço saber que a Assembléia Legislativa decreta e eu promulgo a seguinte lei:

Art. 1º Fica criada a Fundação Instituto de Terras do Estado de São Paulo «José Gomes da Silva» - ITESP, com personalidade jurídica de direito público e vinculada à Secretaria da Justiça e da Defesa da Cidadania.

Parágrafo único - O Poder Executivo adotará as providências necessárias para instituir a Fundação, que se regerá por esta lei e por seus estatutos, aprovados por decreto.

Art. 2º A Fundação terá por objetivo planejar e executar as políticas agrária e fundiária no âmbito do Estado.

Art. 3º Para consecução de suas finalidades, cabe à Fundação:

I - promover a regularização fundiária em terras devolutas ou presumivelmente devolutas, nos termos da legislação vigente;

II - implantar assentamentos de trabalhadores rurais, nos termos da Lei n. 4.957, de 30 de dezembro de 1985, e legislação complementar;

III - prestar assistência técnica às famílias beneficiárias dos planos públicos de valorização e aproveitamento dos recursos fundiários do Estado de São Paulo e aos remanescentes das comunidades de quilombos, assim identificados; (NR)

- Inciso III com redação dada pela Lei nº 17.517, de 08/03/2022.

IV - identificar e solucionar conflitos fundiários;

V - promover a capacitação de beneficiários e de técnicos, nas áreas agrária e fundiária;

VI - promover a identificação e a demarcação das terras ocupadas por remanescentes das comunidades de quilombos, para fins de regularização fundiária, bem como seu desenvolvimento sócio-econômico; e

VII - participar, mediante parceria, da execução das políticas agrária e fundiária, em colaboração com a União, outros Estados e municípios.

Art. 4º A Fundação gozará de autonomia administrativa e financeira, terá sede e foro na Capital do Estado e prazo de duração indeterminado.

Art. 5º O patrimônio da Fundação será constituído por:

I - dotação inicial de R$ 100.000,00 (cem mil reais), provenientes do Tesouro do Estado;

II - bens móveis e imóveis atualmente destinados ao Instituto de Terras do Estado de São Paulo "José Gomes da Silva", ou por ele utilizados;

III - bens imóveis da administração direta que vêm sendo utilizados nos planos públicos de valorização e aproveitamento de recursos fundiários, nos termos da Lei n. 4.957, de 30 de dezembro de 1985, assim como bens imóveis das entidades da administração indireta utilizados na forma da mesma lei, que vierem a ser por estas transferidos;

IV – terras devolutas estaduais, apuradas em ações discriminatórias e destinadas aos projetos de assentamento fundiário;

V – terras devolutas estaduais, apuradas em ações discriminatórias e ocupadas por remanescentes de comunidades de quilombos, enquanto não lhes for transferida a propriedade; e

VI – doações.

Art. 6º Integrarão, ainda, o patrimônio da Fundação:

I – os bens e direitos que vier a adquirir, a qualquer título;

II – os bens móveis e imóveis que, a qualquer tempo, forem incorporados para a consecução de suas finalidades;

III – os bens imóveis da administração direta que se enquadrarem nos termos da Lei n. 4.957, de 30 de dezembro de 1985; e

IV – as terras devolutas estaduais que forem apuradas em ações discriminatórias ou reivindicadas judicialmente, não passíveis de legitimação, podendo a Fundação requerer sua admissão no processo, na forma legal, a fim de que as sentenças judiciais autorizem o registro imobiliário em seu nome.

Art. 7º Os bens e os direitos da Fundação serão utilizados exclusivamente na consecução de seus fins.

Art. 8º O uso gratuito ou oneroso dos bens da Fundação e a alienação dos bens imóveis, inclusive das terras devolutas, obedecerão aos critérios específicos da legislação estadual.

Art. 9º No caso de extinção da Fundação, seus bens passarão a integrar o patrimônio do Estado.

Art. 10. Constituirão recursos da Fundação:

I – as dotações que lhe sejam consignadas anualmente no orçamento do Estado, assim como os créditos adicionais que lhe forem atribuídos;

II – as transferências de recursos da União, municípios, ou quaisquer instituições públicas ou privadas, mediante convênios;

III – as transferências de recursos realizadas por órgãos, fundos e entidades federais, destinados a programas de desenvolvimento agrário e de capacitação de mão de obra;

IV – as doações, legados, auxílios ou patrocínios que venha a receber de instituições públicas ou privadas e de pessoas físicas, nacionais ou estrangeiras;

V – as taxas, contribuições e receitas próprias, decorrentes de serviços prestados;

VI – a renda de seus bens patrimoniais e o rendimento de aplicações financeiras sobre saldos disponíveis; e

VII – o produto da alienação de seus bens e o valor remuneratório do uso dos bens imóveis da Fundação.

Parágrafo único – Fica o Poder Executivo autorizado a proceder a transferência dos saldos orçamentários do Instituto de Terras do Estado de São Paulo "José Gomes da Silva" para a Fundação Instituto de Terras do Estado de São Paulo "José Gomes da Silva"– ITESP.

Art. 11. A Fundação ficará isenta de tributos estaduais e de emolumentos cartorários, gozando, ainda, das demais isenções e das prerrogativas próprias da Fazenda do Estado.

Art. 12. São órgãos superiores da Fundação o Conselho Curador e a Diretoria Executiva.

Art. 13. O Conselho Curador, órgão deliberativo da Fundação, será composto por 12 (doze) membros, na seguinte conformidade:

I – o Secretário da Justiça e da Defesa da Cidadania, membro nato e presidente do Conselho;

II – o Diretor Executivo da Fundação;

III – 1 (um) representante da Secretaria do Meio Ambiente;

IV – 1 (um) representante da Secretaria da Ciência, Tecnologia e Desenvolvimento Econômico, vinculado às universidades estaduais;

V – 1 (um) representante da Secretaria de Economia e Planejamento;

VI – 1 (um) representante da Secretaria de Agricultura e Abastecimento;

VII – 1 (um) representante da Procuradoria Geral do Estado;

VIII – 1 (um) representante da sociedade civil;

IX – 1 (um) representante dos trabalhadores rurais assentados nos projetos de assentamento do Estado;

X – 1 (um) representante dos servidores da Fundação, eleito na forma da Lei Complementar n. 417, de 22 de outubro de 1985;

XI – vetado; e

XII – 1 (um) representante dos remanescentes das comunidades de quilombos, escolhido entre membros das comunidades já reconhecidas pelo Estado, nos termos da legislação estadual vigente.

§ 1º Os membros do Conselho referidos nos incisos III, IV, V, VI e VII deste Art. serão nomeados pelo Governador, mediante indicação do Secretário da Justiça e da Defesa da Cidadania, entre pessoas de reputação ilibada e de notório conhecimento nas áreas de política agrária e de regularização fundiária.

§ 2º Os membros do Conselho referidos nos incisos VIII e IX deste Art. serão nomeados pelo Governador, mediante indicação do Secretário da Justiça e da Defesa da Cidadania.

§ 3º O membro do Conselho referido nos incisos X, XI e XII deste Art. serão nomeado pelo Governador, mediante encaminhamento do Secretário da Justiça e da Defesa da Cidadania.

§ 4º Cada membro do Conselho terá um suplente.

§ 5º O mandato dos membros do Conselho referidos nos incisos III a XII deste Art. será de 2 (dois) anos, renovável uma única vez. Na hipótese de vacância, far-se-á nova designação pelo período restante.

§ 6º - É vedada a acumulação da função de membro ou suplente do Conselho com qualquer outra exercida na Fundação, salvo nas hipóteses dos incisos II e X deste Art..

Art. 14. Compete ao Conselho Curador: (NR)

I - elaborar os estatutos da Fundação, submetendo-os ao Governador, bem como sugerir sua alteração, quando necessário; (NR)

II - fixar o programa de atividades da Fundação para cada exercício, orientando a gestão administrativa quanto ao plano de trabalho e utilização de recursos; (NR)

III - elaborar o programa plurianual de investimentos; (NR)

IV - aprovar o plano de classificação de funções e salários; (NR)

V - fixar critérios e padrões de seleção de pessoal; (NR)

VI - aprovar a celebração de convênios; (NR)

VII - aprovar a aceitação de legados e doações com encargos; (NR)

VIII - indicar auditoria para o exame das contas da Fundação; (NR)

IX - elaborar o seu regimento interno; (NR)

X - aprovar o Regulamento Geral da Fundação; (NR)

XI - deliberar sobre as contas da Fundação; (NR)

XII - aprovar a aplicação de recursos oriundos da regularização de posse onerosa em projetos com prévia aprovação técnica e que observem a destinação estabelecida na legislação competente; (NR)

XIII - resolver os casos omissos e exercer outras atribuições deferidas pelos estatutos. (NR)

- Art. 14 com redação dada pela Lei nº 16.475, de 26/06/2017.

Art. 15. O Conselho Curador reunir-se-á ordinariamente a cada 2 (dois) meses e, extraordinariamente, sempre que convocado por seu Presidente ou por 2/3 (dois terços) de seus membros.

§ 1º A falta não justificada a 2 (duas) reuniões consecutivas ou a 3 (três) alternadas, por ano, importará em perda do mandato.

§ 2º O Conselho deliberará sempre mediante voto em aberto, por maioria simples, presente a maioria absoluta de seus membros e, excepcionalmente, por maioria qualificada, conforme dispuserem os estatutos.

§ 3º O exercício da função de membro do Conselho não será remunerado.

§ 4º O Presidente do Conselho tem direito a voto de desempate.

Art. 16. A Diretoria Executiva, órgão executivo da Fundação, será integrada pelo Diretor Executivo e por 4 (quatro) Diretores Adjuntos, cujas atribuições serão fixadas nos estatutos da entidade.

§ 1º O Diretor Executivo sera nomeado pelo Governador, para um mandato de 2 (dois) anos, entre os membros de uma lista tríplice encaminhada pelo Conselho Curador, composta por pessoas de reputação ilibada e de notório conhecimento nas áreas de política agrária e de regularização fundiária.

§ 2º Os Diretores Adjuntos serão nomeados pelo Governador, mediante indicação feita pelo Diretor Executivo, «ad referendum» do Conselho Curador.

Art. 17. Compete ao Diretor Executivo:

I - representar a Fundação em juízo e fora dele;

II - cumprir e fazer cumprir as deliberações do Conselho Curador;

III - supervisionar as atividades da Fundação;

IV - admitir pessoal para as funções técnicas e administrativas da Fundação, de acordo com o plano de cargos e salários aprovado pelo Conselho Curador, bem como demitir pessoal;

V - delegar atribuições aos Diretores Adjuntos;

VI – exercer todas as atribuições inerentes a função executiva, observadas as normas legais, estatutárias e regimentais; e

VII – indicar os Diretores Adjuntos, conforme previsto no § 22 do Art. 16.

Art. 18. Os servidores da Fundações serão admitidos sob o regime da legislação trabalhista.

Art. 19. Poderão ser afastados junto à Fundação, com prejuízo de vencimentos e salários, servidores da Administração direta e indireta do Estado, para o exercício de função de confiança prevista no Quadro de Pessoal da referida entidade.

Art. 20. A Fundação submeterá ao Secretário da Justiça e da Defesa da Cidadania, para aprovação pelo Governador, os planos e programa de trabalho, bem como os planos referentes à classificação de funções e salários, com os respectivos orçamentos, e a programação financeira anual relativa às despesas de investimentos, obedecidas as normas para desembolso de recursos fixadas pela Secretaria da Fazenda.

Art. 21. A Fundação fica sub-rogada nos direitos e obrigações decorrentes de contratos, convênios e quaisquer outros compromissos assumidos pelo Instituto de Terras do Estado de São Paulo "José Gomes da Silva".

Art. 22. A Fundação fornecerá à Secretaria da Fazenda e à Secretaria da Justiça e da Defesa da Cidadania, quando solicitados, os documentos necessários ao controle de resultados e de legitimidade.

Art. 23. As obras, serviços, compras e alienações da Fundação serão precedidos de procedimento licitatório, conforme a legislação em vigor.

Art. 24. Para atender ao disposto no inciso I do Art. 5.º desta lei, fica o Poder Executivo autorizado a abrir, no orçamento da Fundação Instituto de Terras do Estado de São Paulo "José Gomes da Silva" – ITESP, créditos adicionais especiais, até o limite de R$ 100.000,00 (cem mil reais), a serem cobertos com recursos aludidos no Art. 43, § 1.º, da Lei federal n. 4.320, de 17 de março de 1964.

Art. 25. Dentro de 60 (sessenta) dias contados da data da publicação desta lei, o Poder Executivo adotará as providências necessárias à instituição da Fundação.

§ 1º Instituída a Fundação, o Poder Executivo adotará as providências necessárias para extinguir o Instituto de Terras do Estado de São Paulo «José Gomes da Silva», da Secretaria da Justiça e da Defesa da Cidadania.

§ 2º Ficam transferidos para a Fundação os bens móveis do Instituto de Terras do Estado de São Paulo «José Gomes da Silva» e dos órgãos que o integram.

Art. 26. O Poder Executivo regulamentará esta lei no prazo de 30 (trinta) dias, contados da data de sua publicação.

Art. 27. Esta lei entrará em vigor na data de sua publicação.

DISPOSIÇÕES TRANSITÓRIAS

Art. 1º Declarado inconstitucional, em controle concentrado, pelo Supremo Tribunal Federal.

– Art. 1º foi declarado inconstitucional pelo Supremo Tribunal Federal nos autos da ADI nº 2186/2000, julgada em 29/10/2014.

Art. 2º Até a criação do Quadro de Pessoal da Fundação, os servidores que se encontrem atualmente em exercício no Instituto de Terras do Estado São Paulo «José Gomes da Silva» poderão ser afastados junto aquela entidade, sem prejuízo de vencimentos e salários e das demais vantagens do cargo ou função-atividade, por ato do Secretário da Justiça e da Defesa da Cidadania.

Parágrafo único. – O afastamento de que trata este Art. cessará automaticamente com o preenchimento das funções do Quadro de Pessoal mediante concurso público.

Palácio dos Bandeirantes, 8 de janeiro de 1999.

GERALDO ALCKMIN FILHO

DECRETO ESTADUAL Nº 44.294, DE 04 DE OUTUBRO DE 1999

Regulamenta a Lei 10.207, de 08/01/1999, que institui a Fundação Instituto de Terras do Estado de São Paulo "José Gomes da Silva" - ITESP.

MÁRIO COVAS, Governador do Estado de São Paulo, no uso de suas atribuições legais,

Decreta:

Art. 1º Fica instituída a Fundação Instituto de Terras do Estado de São Paulo "José Gomes da Silva" - ITESP, com personalidade jurídica de direito público, vinculada à Secretaria da Justiça e da Defesa da Cidadania, que se regerá pela Lei n.º 10.207, de 8 de janeiro de 1999, por este decreto e pelos seus estatutos, a serem aprovados por decreto.

Art. 2º A Fundação, instituída nos termos do Art. anterior é dotada de autonomia administrativa e financeira, terá sede e foro na Capital do Estado e prazo de duração indeterminado.

Parágrafo único - A Fundação gozará, no que se refere a seus bens, rendas e serviços, das isenções e prerrogativas conferidas à Fazenda Estadual inclusive quanto a tributos estaduais, emolumentos carttorários e custas judiciais.

Art. 3º A Fundação de que trata este decreto tem por objetivo planejar e executar as políticas agrária e fundiária no âmbito do Estado.

Art. 4º Para consecução de suas finalidades, cabe à Fundação:

I - promover a regularização fundiária em terras devolutas, ou presumivelmente devolutas, nos termos da legislação vigente, em colaboração com a Procuradoria Geral do Estado;

II - implantar e desenvolver assentamentos de trabalhadores rurais, nos termos da Lei n.º 4.957, de 30 de dezembro de 1985 e legislação complementar;

III - prestar assistência técnica às famílias assentadas e aos remanescentes das comunidades de quilombos, assim identificados;

IV - identificar e propor soluções para os conflitos fundiários;

V - capacitar os beneficiários da regularização fundiária, das comunidades remanescentes de quilombos e dos projetos de assentamento, na área agrícola, e de técnicos nas áreas agrária e fundiária;

VI - promover a identificação e a demarcação das terras ocupadas por remanescentes das comunidades de quilombos, para fins de regularização fundiária, bem como o seu desenvolvimento sócioeconômico;

VII - participar, mediante parceria, da execução das politicas agrária e fundiária, em colaboração com a União, outros Estados e municípios.

Parágrafo único - Para os efeitos do inciso I deste Art., consideram-se terras presumivelmente devolutas aquelas em processo de discriminação, cujos critérios, condições e procedimentos para arrecadação, por meio de acordos, estão previstos no Decreto n.º 42.041, de 1.º de agosto de 1997.

Art. 5º Para a execução de suas atividades, a Fundação poderá celebrar contratos, convênios e outros instrumentos jurídicos com instituições públicas ou privadas, nacionais, estrangeiras ou internacionais.

Art. 6º O patrimônio da Fundação é constituído por:

I - dotação orçamentária inicial, conferida pela Lei n.º 10.207, de 8 de janeiro de 1999, de R$ 100.000,00 (cem mil reais), provenientes do Tesouro do Estado;

II - bens móveis e imóveis atualmente destinados ao Instituto de Terras do Estado de São Paulo "José Gomes da Silva" ou por ele utilizados;

III - bens imóveis da administração direta que vêm sendo utilizados nos planos públicos de valorização e aproveitamento de recursos fundiários, nos termos da Lei n.º 4.957, de 30 de dezembro de 1985, assim como bens imóveis das entidades da administração indireta utilizados na forma da mesma lei, que vierem a ser por estas transferidos;

IV - terras devolutas estaduais, apuradas em ações discriminatórias e destinadas aos projetos de assentamento fundiário;

V - terras devolutas estaduais, apuradas em ações discriminatórias e ocupadas por remanescentes de comunidades de quilombos, enquanto não lhes for transferida a propriedade;

VI - doações.

Art. 7º Integrarão, ainda, o patrimônio da Fundação:

I - os bens e os direitos que vier a adquirir, a qualquer título;

II - os bens móveis e imóveis que, a qualquer tempo, forem incorporados para a consecução de suas finalidades;

III - os bens imóveis da administração direta que se enquadrarem nos termos da Lei n.º 4.957, de 30 de dezembro de 1985;

IV - as terras devolutas estaduais que forem apuradas em ações discriminatárias ou reivindicadas judicialmente, não passíveis de legitimação, podendo a Fundação requerer sua admissão no processo, na forma legal, a fim de que as sentenças judicias autorizem o registro imobiliário em seu nome.

§ 1.º Para o fim de enquadramento dos bens imóveis referidos no inciso III deste Art., será promovida a atualização do levantamento determinado no Decreto n.º 21.003, de 20 de junho de 1983.

§ 2.º As Secretarias de Estado e suas entidades vinculadas deverão proceder à atualização de que trata o § 1.º e encaminhar os inventários à Secretaria do Governo e Gestão Estratégica no prazo de 60 (sessenta) dias contados da publicação deste decreto.

§ 3.º A Fundação Instituto de Terras do Estado de São Paulo «José Gomes da Silva» - ITESP, após o prazo de que trata o parágrafo anterior e de posse dos inventários, elaborará laudo técnico indicando as terras ociosas, subaproveitadas ou aproveitadas inadequadamente.

§ 4.º Os bens e os direitos da Fundação serão utilizados exclusivamente na consecução de seus fins.

§ 5.º O uso gratuito ou oneroso dos bens da Fundação e a alienação dos bens imóveis, inclusive das terras devolutas, obedecerão aos critérios específicos da legislação estadual.

§ 6.º No caso de extinção da Fundação, seus bens passarão a integrar o patrimônio do Estado.

Art. 8º A transferência patrimonial dos próprios estaduais e terras devolutas referidos nos Art.s 62 e 72 deste decreto, devidamente identificados, localizados e caracterizados, deverá ser autorizada pelo Governador do Estado, sem prejuízo da autorização legislativa nos casos em que for necessária.

§ 1.º A Procuradoria Geral do Estado e a Fundação adotarão providências para a transmissão dominial por meio de doação ou de carta de sentença judicial, nos casos em que couber.

§ 2.º As terras devolutas não passíveis de legitimação, a que se refere o inciso IV do Art. 7.º deste decreto, serão objeto de laudos técnicos indicativos de sua adequação a projetos de assentamento, a ser elaborado no âmbito da Fundação ITESP.

Art. 9º Constituirão recursos da Fundação:

I - as dotações que lhe sejam consignadas anualmente no orçamento do Estado, assim como os créditos adicionais que lhe forem atribuídos;

II - as transferências de recursos da União, municípios, ou quaisquer instituições públicas ou privadas, mediante convênios;

III - as transferências de recursos realizadas por órgãos, fundos e entidades federais, destinados a programas de desenvolvimento agrário e de capacitação de mão-de-obra;

IV - as doações, legados, auxilios ou patrocínios que venha a receber de instituições públicas ou privadas e de pessoas fisicas, nacionais ou estrangeiras;

V – as taxas, contribuições e receitas próprias, decorrentes de serviços prestados, excluídos aqueles prestados à Procuradoria Geral do Estado de São Paulo;

VI – a renda de seus bens patrimoniais e o rendimento de aplicações financeiras sobre saldos disponíveis;

VII – o produto da alienação de seus bens e o valor remuneratório do uso dos bens imóveis da Fundação.

Art. 10. São órgãos superiores da Fundação, disciplinados pelos Art.s 13 a 17 da Lei n.º 10.207, de 8 de janeiro de 1999, o Conselho Curador e a Diretoria Executiva.

Art. 11. Os servidores da Fundação serão admitidos sob o regime da legislação trabalhista, mediante concurso público, na forma da legislação em vigor, salvo quando se tratar de função de confiança.

Art. 12. Poderão ser afastados junto à Fundação, com prejuízo de vencimentos ou salários, servidores da Administração direta e indireta do Estado, para o exercício de função de confiança prevista no Quadro de Pessoal da referida entidade.

Art. 13. Enquanto não forem preenchidas, mediante concurso público, as funções do Quadro de Pessoal da Fundação, o Secretário da Justiça e da Defesa da Cidadania adotará, nos termos do Art. 29 das Disposições Transitórias da Lei nº 10.207, de 8 de janeiro de 1999, as providências cabíveis com vistas a colocar à disposição daquela entidade os servidores que, atualmente, se encontram em exercício no Instituto de Terras do Estado de São Paulo "José Gomes da Silva".

Art. 14. Os cargos e as funções-atividades do quadro da Secretaria da Justiça e da Defesa da Cidadania, destinados ao Instituto de Terras do Estado de São Paulo "José Gomes da Silva" – ITESP, passarão a fazer parte do acervo do Banco de Cargos e FunçõesAtividades Disponíveis da Administração Direta e Autárquica do Estado, criado pelo Decreto nº 40.039, de 6 de abril de 1995, sendo:

I – na data da vigência deste decreto os cargos vagos e as funções-atividades não preenchidas;

II – após a fixação do Quadro de Pessoal da Fundação, mediante decreto, na medida de seu preenchimento, os cargos e as funções-atividades que, na data da vigência deste decreto, estiverem providos ou preenchidas.

Art. 15. A Fundação submeterá ao Secretário da Justiça e da Defesa da Cidadania, para aprovação pelo Governador do Estado, os planos e programas de trabalho, bem como os planos referentes à classificação de funções e salários, com os respectivos orçamentos, e a programação financeira anual relativa às despesas de investimentos, obedecidas as normas para desembolso de recursos fixados pela Secretaria da Fazenda.

Art. 16. A Fundação fornecerá à Secretaria da Fazenda e à Secretaria da Justiça e da Defesa da Cidadania, quando solicitados, os documentos necessários ao controle de resultados e legitimidade.

Art. 17. As obras, serviços, compras e alienações da Fundação serão procedidos de procedimento licitatório, conforme a legislação em vigor.

Art. 18. A Fundação fica sub-rogada nos direitos e obrigações decorrentes de contratos, convênios e quaisquer outros compromissos assumidos pelo Instituto de Terras do Estado de São Paulo "José Gomes da Silva", da Secretaria da Justiça e da Defesa da Cidadania.

Art. 19. As Secretarias de Economia e Planejamento e da Fazenda adotarão, no prazo de 30 (trinta) dias, as providências necessárias à referência ou remanejamento para a Fundação dos recursos orçamentários da Secretaria da Justiça e da Defesa da Cidadania, consignados ao Instituto de Terras do Estado de São Paulo "José Gomes da Silva", conforme autorização prevista no parágrafo único do Art. 10 da Lei nº 10.207, de 8 de janeiro de 1999.

Art. 20. Para atendimento do disposto no inciso I do Art. 59 da Lei nº 10.207, de 8 de janeiro de 1999, fica aberto um crédito adicional especial de R$ 100.000,00 (cem mil reais), a ser coberto com os recursos de que trata o Art. 43, § 1º, da Lei Federal nº 4.320, de 17 de março de 1964.

Art. 21. A Fundação entrará em atividade na data do início da vigência deste decreto.

Art. 22. O Secretário da Justiça e da Defesa da Cidadania, dentro do prazo de 10 (dez) dias contados a partir da data de publicação deste decreto, encaminhará ao Governador do Estado os nomes das pessoas indicadas para comporem, como membros titulares e suplentes, o Conselho Curador da Fundação, nos termos do Art. 13 da Lei nº 10.207, de 8 de janeiro de 1999.

Art. 23. O Conselho Curador da Fundação a partir da nomeação de seus membros, deverá:

I – elaborar seu regimento interno, na conformidade do inciso 'IX do Art. 14 da Lei nº 10.207, de 8 de janeiro de 1999, no prazo de 10 (dez) dias;

II – elaborar os estatutos da Fundação, submetendo-os ao Governador do Estado, na conformidade de do inciso I do Art. 14 da Lei nº 10.207, de 8 de janeiro de 1999, no prazo de 20 (vinte) dias;

III – encaminhar ao Governador do Estado uma lista tríplice de nomes para escolha do Diretor Executivo da Fundação, na conformidade do § 19 do Art. 16 da Lei nº 10.207, de 8 de janeiro de 1999, no prazo de 10 (dez) dias.

Art. 24. Para não ocorrer solução de continuidade do serviço público, enquanto não for escolhido o Diretor Executivo da Fundação, na forma prevista no § 1º do Art. 16 da Lei nº 10.207, de 8 de janeiro de 1999, fica designado para o exercício das funções o atual Coordenador do Instituto de Terras do Estado de São Paulo "José Gomes da Silva" – ITESP.

Art. 25. Fica extinto o Instituto de Terras do Estado de São Paulo "José Gomes da Silva", da Secretaria da Justiça e da Defesa da Cidadania, criado pelo Decreto nº 33.133, de 15 de março de 1991, e organizado pelo Decreto nº 33.706, de 23 de agosto de 1991.

Art. 26. Este decreto entrará em vigor 30 (trinta) dias após a data de sua publicação, ficando revogadas as disposições em contrário, em especial o Decreto nº 33.706, de 23 de agosto de 1991.

Parágrafo único – O disposto neste Art. não se aplica aos Art.s 22 e 23, que entrarão em vigor na data da publicação deste decreto. Palácio dos Bandeirantes, 4 de outubro de 1999.

MÁRIO COVAS

LEI ESTADUAL Nº 17.557, DE 21 DE JULHO DE 2022

Dispõe sobre a criação do Programa Estadual de Regularização de Terras.

O GOVERNADOR DO ESTADO DE SÃO PAULO:

Faço saber que a Assembleia Legislativa decreta e eu promulgo a seguinte lei:

Art. 1º Fica criado o Programa Estadual de Regularização de Terras, que autoriza a Fazenda do Estado a transigir e a celebrar acordos, judicialmente ou administrativamente, para fins de alienação, com vistas a prevenir demandas ou extinguir as que estiverem pendentes, em todas as fases dos seguintes processos:

I – discriminatórios;

II – reivindicatórios;

III – regularização de posses em terras devolutas.

Parágrafo único – Os acordos e transações previstos no "caput" deste Art. abrangerão os imóveis em processos descritos nos incisos I, II e III, não podendo implicar a transmissão, ao transigente ou a terceiros, de quaisquer áreas na posse da Administração Pública estadual.

Art. 2º A área objeto dos acordos e transações a que se refere esta lei, não poderá ultrapassar o limite estabelecido no § 1º do Art. 188 da Constituição Federal, salvo naquelas ações discriminatórias ajuizadas e sem o trânsito em julgado declarando devolutas as terras, em respeito ao § 2º do Art. 1.245 da Lei Federal nº 10.406, de 10 de janeiro de 2002, que institui o Código Civil.

§ 1º Aplica-se o disposto no «caput» deste Art. aos casos em que houver multiplicidade de ações discriminatórias contra o mesmo particular.

§ 2º As áreas ocupadas insuscetíveis de regularização por excederem o limite previsto no «caput», poderão ser objeto de titulação parcial até esse limite, conforme dispõe a Lei Federal nº 11.952, de 25 de junho de 2009.

§ 3º Quando houver condomínio, com mais de um proprietário, registrado na matrícula do imóvel, cada condômino poderá requerer a titulação, obedecidos os requisitos desta lei.

§ 4º O acordo ou transação de que trata o § 2º deste Art. será precedido de estudo da regularidade dominial do imóvel a ser realizado pelo Estado, mediante prévia remuneração, pelo particular interessado, dos serviços a serem realizados, com base em tabela de preços dos serviços técnicos, constante de portaria.

§ 5º O ocupante de imóvel que não seja objeto de ação discriminatória e cujas circunstâncias, histórico dominial e localização indiquem a possibilidade de a área de terra ser considerada devoluta, poderá requerer acordo ou transação com a Fazenda do Estado, ficando sujeito à homologação extrajudicial.

Art. 3º Os acordos e transações a que se refere o programa instituído por esta lei, terão por objeto a alienação onerosa de terras devolutas ou presumivelmente devolutas, à pessoa natural e jurídica, mediante pagamento de preço, definido com base em percentual incidente sobre o valor da terra nua, no importe do valor médio por hectare, referente à respectiva região administrativa, constante da tabela oficial do Instituto de Economia Agrícola – IEA, da Agência Paulista de Tecnologia dos Agronegócios – APTA, da Secretaria de Agricultura e Abastecimento.

§ 1º O percentual a que se refere o «caput» deste Art., nunca inferior a 10% (dez por cento), será calculado de acordo com as hipóteses e os parâmetros previstos no anexo desta lei, observada a fase processual da ação discriminatória ou da ação reivindicatória, de modo que deverá ser majorado o percentual de acordo com o estágio da fase processual nas respectivas ações judiciais, e reduzido de acordo com o critério da ocupação mansa e pacífica no tempo.

§ 2º O pagamento do preço de que trata o «caput» deste Art. poderá ser feito à vista, com prazo de até 90 (noventa) dias após a homologação, com desconto de 10% (dez por cento), em até 120 (cento e vinte) parcelas mensais e consecutivas, ou em até 10 (dez) parcelas anuais consecutivas, corrigindo-se monetariamente o saldo pelo Índice Nacional de Preços ao Consumidor Amplo – IPCA, a cada 12 (doze) meses, ou por índice que venha a substituí-lo.

§ 3º O valor da parcela não poderá ser inferior a 20 (vinte) Unidades Fiscais do Estado de São Paulo – UFESPs.

§ 4º Ocorrendo atraso no pagamento de parcela, serão cobrados juros de mora de 1% (um por cento) ao mês, calculados «pro rata die», e, em caso de atraso superior a 30 (trinta) dias, multa de 2% (dois por cento) sobre o valor da parcela em atraso.

§ 5º Existindo débito pendente, não serão aceitos pagamentos das parcelas subsequentes.

§ 6º A falta de pagamento de 3 (três) parcelas mensais consecutivas ou de 1 (uma) anual, independentemente de notificação ou aviso, acarretará a resolução expressa do instrumento firmado.

§ 7º Ocorrendo qualquer condição resolutiva constante do instrumento, fica a Fazenda do Estado autorizada a adotar as medidas administrativas e judiciais cabíveis, inclusive aquelas necessárias à imissão na posse do imóvel e cancelamento dos registros imobiliários em nome do interessado.

§ 8º A alienação de terras presumivelmente devolutas de que trata o «caput» deste Art. fica condicionada ao prévio reconhecimento, pelo ocupante adquirente, da dominialidade pública do imóvel.

§ 9º Os recursos arrecadados com a alienação onerosa de que trata o «caput» deste Art. serão prioritariamente destinados a políticas públicas de saúde, educação e desenvolvimento social e econômico do Estado, priorizando investimentos nos respectivos municípios onde houver a regularização fundiária.

Art. 4º Os acordos e transações a que se refere o programa instituído por esta lei, serão formalizados por escritura pública, termo de consolidação de domínio ou outro instrumento cabível, identificando-se e descrevendo-se as áreas, preço, condições, detalhes e especificidades do negócio jurídico, de acordo com a legislação aplicável e com a regulamentação da presente lei.

§ 1º A Fazenda do Estado renunciará ao direito de discriminar ou reivindicar as terras alienadas ao particular transigente, desde que devidamente homologado o negócio jurídico.

§ 2º Vetado.

§ 3º Na hipótese de acordo ou transação celebrada após o trânsito em julgado da sentença na fase declaratória da ação discriminatória, a Fazenda do Estado poderá expedir termo de consolidação de domínio em nome do particular transigente, desde que sua área esteja regularmente descrita e caracterizada.

§ 4º Vetado.

§ 5º O instrumento de acordo ou transação lavrado deverá dispor sobre:

1. o prazo e forma de imissão na posse das áreas, devendo se iniciar e estar concluída no intervalo de 30 (trinta) a 45 (quarenta e cinco) dias, contados da celebração do negócio jurídico;

2. com relação ao prazo das parcelas a que alude o § 2º do Art. 3º desta lei, não pode o pagamento da primeira parcela, mensal ou anual, exceder a 15 (quinze) dias, contados da celebração do negócio jurídico.

Art. 5º O instrumento de acordo ou transação a que se refere o programa instituído por esta lei, celebrado com a Fazenda do Estado, não importará a extinção de eventuais ônus ou gravames relativos à área alienada ao particular transigente, nem o eximirá de eventuais ações reipersecutórias de terceiros.

Art. 6º A proposta de acordo ou transação a que se refere o programa instituído por esta lei, deverá ser apresentada em até 18 (dezoito) meses da data de publicação desta lei e será autuada e instruída pela Fundação Instituto de Terras do Estado de São Paulo «José Gomes da Silva» – ITESP.

Art. 7º O interessado instruirá o requerimento com a seguinte documentação, pertinente à demonstração de seu pedido, podendo haver outras exigências definidas em regulamento:

I – comprovação da ocupação da área;

II – certidão imobiliária atualizada;

III – cópia da contestação apresentada na ação discriminatória ou reivindicatória;

IV – comprovação de que vem cumprindo a função social da propriedade rural por meio do Certificado de Cadastro do Imóvel Rural – CCIR, e de acordo com o regulamento do Instituto Nacional de Colonização e Reforma Agrária – INCRA;

V – comprovação de que ocupa a área de modo manso e pacífico, por si ou seus sucessores, pelo ocupante histórico, pelo atual possuidor do imóvel, facultado unir a sua posse direta ou indireta à do antecessor, contada conforme as regras do Código Civil, Art.s 1.207 e 1.243, para efeitos desta lei;

VI – comprovação de que promove exploração direta ou indireta da área rural, por meio do declarado junto ao INCRA/ ITR/CCIR.

Parágrafo único – Autuado o requerimento, a Fundação ITESP solicitará à Procuradoria Geral do Estado, em caráter preliminar:

1. cópia da réplica da Fazenda do Estado à contestação;

2. manifestação sobre a legitimidade do interessado para o acordo, eventuais interesses de terceiros e outras questões pertinentes, discutidas judicialmente ou não.

Art. 8º Competirá à Fundação ITESP:

I – a análise, medição e demarcação da área objeto do acordo ou transação, que serão previamente remuneradas pelo particular transigente, com base em tabela de preços dos serviços técnicos, constante de regulamentação;

II – o estudo da regularidade dominial do imóvel, nos termos do § 4º do Art. 3º desta lei;

III – o cálculo do preço, de acordo com o disposto no § 1º do Art. 3º, bem como no anexo desta lei;

IV – a prestação de outros esclarecimentos técnicos de interesse para o exame do assunto.

Parágrafo único – Os serviços de medição e de demarcação referidos no inciso I do "caput" deste Art. poderão ser dispensados, se houver conferência e concordância por parte da Fundação ITESP, em relação à planta e ao memorial descritivo do levantamento topográfico georreferenciado, na forma da lei, apresentados pelo particular transigente.

Art. 9º No exame de cada caso, a Fundação ITESP, além das condições e critérios estabelecidos no programa instituído por esta lei, levará em conta os seguintes fatores:

I – quanto à ação judicial;

II – a situação jurídica do título de domínio de cada imóvel.

Art. 10. Com o parecer da Diretoria Executiva da Fundação ITESP e manifestação do Secretário da Justiça e Cidadania sobre os aspectos estabelecidos no programa instituído por esta lei, o processo será encaminhado à Procuradoria Geral do Estado para exame de viabilidade jurídica.

Parágrafo único – Se o feito estiver em termos, o acordo será firmado pelo Secretário da Justiça e Cidadania e pelo Procurador Geral do Estado.

Art. 11. Vetado.

Art. 12. Fica revogado o Art. 9º da Lei Estadual nº 4.925, de 19 de dezembro de 1985.

Art. 13. Esta lei entra em vigor na data de sua publicação.

Palácio dos Bandeirantes, 21 de julho de 2022

RODRIGO GARCIA

ANEXO

Matriz de cálculo

Porcentagem incidente sobre o valor da terra nua =

A – FASE PROCESSUAL

Porcentagem inicial

Ação discriminatória não iniciada	10%
Imóvel não julgado devoluto em ação discriminatória com ação ajuizada	15%
Imóvel julgado devoluto por decisão com trânsito em julgado	30%
Imóvel julgado devoluto por decisão com trânsito em julgado e objeto de ação reivindicatória	40%

CIVIL

B – OCUPAÇÃO MANSA E PACÍFICA NO TEMPO – PORCENTAGEM A SER SUBTRAÍDA DA PORCENTAGEM INICIAL

Acima de 20 anos	2%
Acima de 30 anos	4%
Acima de 40 anos	6%
Acima de 50 anos	8%

DECRETO ESTADUAL Nº 67.151, DE 04 DE OUTUBRO DE 2022

Regulamenta a Lei nº 17.557, de 21 de julho de 2022, que dispõe sobre a criação do Programa Estadual de Regularização de Terras.

RODRIGO GARCIA, Governador do Estado de São Paulo, no uso de suas atribuições legais,

Decreta:

Art. 1º O Programa Estadual de Regularização de Terras tem por finalidade a celebração, judicial ou administrativa, de acordos e transações, entre a Fazenda do Estado e os ocupantes de terras devolutas, presumivelmente devolutas ou em fase de discriminação, para a respectiva alienação de domínio, em caráter oneroso, e será regido pelo disposto neste decreto.

§ 1º Os acordos e transações de que trata o «caput» deste Art. podem versar sobre imóveis objeto dos seguintes processos, com vistas à prevenção de demandas ou extinção de feitos:

1. discriminatórios, administrativos ou judiciais;
2. reivindicatórios;
3. de regularização de posses em terras devolutas.

§ 2º Ficam excluídos do programa os imóveis parcial ou integralmente ocupados, reservados ou de interesse da Administração Pública.

§ 3º Os imóveis cujas circunstâncias, histórico dominial e localização, certificados em estudo técnico de autoria da Fundação Instituto de Terras do Estado de São Paulo «José Gomes da Silva» – ITESP, indiquem origem presumivelmente devoluta, mas não tenham sido objeto de ação discriminatória, poderão ser objeto dos acordos e transações de que trata este decreto.

§ 4º Na hipótese de que trata o § 3º deste decreto, ficam ressalvados eventuais direitos reais de terceiro sobre a área e excepcionada a exigência de homologação judicial.

Art. 2º As áreas objeto dos acordos e transações de que trata o Programa Estadual de Regularização de Terras deverão observar o disposto no Art. 2º da Lei nº 17.557, de 21 de julho de 2022.

§ 1º No caso de condomínio, cada condômino poderá, desde que os demais também o façam, apresentar requerimento individual de acordo ou transação em relação à sua fração ideal, respeitado, quando o caso, e por interessado, o limite estabelecido no § 1º do Art. 188 da Constituição Federal.

§ 2º O processamento e o deferimento dos pedidos de que trata o § 1º deste Art. dependerão de prévia extinção do condomínio para individualização das frações ideais, na forma da legislação de regência.

Art. 3º A alienação de domínio de que trata o Art. 1º deste decreto será realizada, obrigatoriamente, em caráter oneroso, consistindo o preço no montante equivalente a percentual incidente sobre o valor da terra nua, apurado conforme aptidão agrícola do solo e com base no valor médio por hectare referente à região administrativa em que se insere o imóvel, constante da tabela oficial do Instituto de Economia Agrícola – IEA, da Agência Paulista de Tecnologia dos Agronegócios – APTA, da Secretaria de Agricultura e Abastecimento.

§ 1º O percentual a que se refere o «caput» deste Art., nunca inferior a 10% (dez por cento), será calculado de acordo com as hipóteses e os parâmetros previstos no Anexo da Lei nº 17.557, de 21 de julho de 2022.

§ 2º O pagamento do preço de que trata o «caput» deste Art. poderá ser efetuado:

1. à vista, no prazo de até 90 (noventa) dias contados da celebração do negócio jurídico, com desconto de 10% (dez por cento);

2. de forma parcelada, em até 120 (cento e vinte) parcelas mensais e consecutivas ou em até 10 (dez) parcelas anuais consecutivas, vencida a primeira em até 15 (quinze) dias contados da data da celebração do negócio jurídico, corrigindo-se monetariamente o saldo pelo Índice Nacional de Preços ao Consumidor Amplo – IPCA, a cada 12 (doze) meses, ou por índice que venha a substituí-lo.

§ 3º A forma de pagamento deverá ser indicada no requerimento de acordo ou transação e constará do respectivo instrumento que formalizará o negócio jurídico correspondente.

§ 4º O valor da parcela não poderá ser inferior a 20 (vinte) Unidades Fiscais do Estado de São Paulo – UFESPs.

§ 5º Ocorrendo atraso no pagamento de qualquer parcela, serão cobrados juros de mora de 1% (um por cento) ao mês, calculados «pro rata die», e, em caso de atraso superior a 30 (trinta) dias, multa de 2% (dois por cento) sobre o valor da parcela em atraso.

§ 6º Existindo débito pendente, não serão aceitos pagamentos das parcelas subsequentes.

§ 7º A falta de pagamento de 3 (três) parcelas mensais consecutivas ou de 1 (uma) parcela anual acarretará a resolução do acordo ou da transação, independentemente de prévio aviso ou notificação, ficando a Fazenda do Estado autorizada a adotar todas as medidas administrativas e judiciais para imissão na posse do imóvel e para o cancelamento de eventuais registros e averbações lançados à margem da respectiva matrícula.

§ 8º A Fazenda do Estado poderá optar, justificadamente, na hipótese de que trata o § 7º deste Art., pela execução do acordo ou transação, na forma da legislação própria.

§ 9º Na hipótese de imóvel cadastrado como urbano, o preço da terra nua será apurado com base no valor venal territorial de referência utilizado pela administração tributária municipal do local do bem para fins de tributação do Imposto sobre a Transmissão de Bens Imóveis – ITBI ou, na sua falta, ao valor fixado para lançamento do Imposto Predial Territorial Urbano – IPTU.

Art. 4º Os acordos e transações para alienação de domínio de que trata este decreto serão formalizados por meio de qualquer instrumento jurídico translativo, na forma da legislação civil aplicável.

§ 1º Alternativamente aos instrumentos de que trata o «caput» deste Art., poderão ser formalizados instrumentos particulares de consolidação de domínio.

§ 2º Dos instrumentos jurídicos de que tratam o «caput» e o § 1º deste Art., deverão constar todos os elementos, as condições, inclusive as de natureza resolutiva, as sanções e as especificidades do negócio jurídico, bem como:

1. o expresso reconhecimento, pelo ocupante adquirente do domínio, da dominialidade pública do imóvel;

2. a renúncia, pela Fazenda do Estado, ao direito de discriminar ou reivindicar a área objeto do acordo ou da transação, sujeita às condições de:

a) pagamento integral do preço;

b) homologação judicial.

§ 3º A condição a que alude a alínea 'b' do item 2 do § 2º deste Art. não se aplica a áreas presumivelmente devolutas.

§ 4º O implemento das condições previstas no item 2 do § 2º deste Art. autoriza o requerimento de exclusão da área objeto do acordo ou transação da respectiva ação discriminatória ou reivindicatória, prosseguindo-se o feito em face dos demais réus, se houver.

§ 5º Caberá ao adquirente do domínio o pagamento de todos os tributos e despesas incidentes em razão do negócio jurídico firmado, incluídos a remuneração dos trabalhos técnicos que se façam necessários para formalização ou registro do instrumento, custas judiciais, despesas processuais e honorários advocatícios sucumbenciais relativos às ações discriminatórias, reivindicatórias e demais processos em curso.

Art. 5º Os acordos ou transações a que se refere este decreto não importarão na extinção de eventuais ônus ou gravames relativos à área objeto do negócio jurídico formalizado, nem eximirá o ocupante adquirente do domínio dos efeitos de eventuais ações possessórias, reipersecutórias ou outras relativas ao imóvel.

Art. 6º O requerimento de acordo ou transação a que se refere este decreto deverá ser apresentado à

Fundação Instituto de Terras do Estado de São Paulo «José Gomes da Silva» – ITESP, até o dia 20 de janeiro de 2024.

Art. 7º O requerimento será realizado por meio digital, devendo ser instruído com a seguinte documentação:

I – cópia dos documentos pessoais de todos os interessados e de seus representantes;

II – comprovação de que o requerente ocupa a área, em caráter manso e pacífico;

III – certidão imobiliária vintenária atualizada ou, na sua falta, documentos comprobatórios da posse imóvel;

IV – cópia da contestação apresentada na ação discriminatória ou reivindicatória em curso, ou da manifestação em procedimento administrativo de discriminação ou regularização de posse;

V – comprovação de cumprimento da função social da propriedade rural, por meio do Certificado de Cadastro do Imóvel Rural – CCIR, e de acordo com o regulamento do Instituto Nacional de Colonização e Reforma Agrária – INCRA, observado o § 6º deste Art.;

VI – comprovação de que promove exploração direta ou indireta da área rural, por meio do declarado ao INCRA e à Receita Federal, mediante apresentação da Certidão do Cadastro de Imóvel Rural – CCIR, das declarações do Imposto sobre a Propriedade Territorial Rural – ITR dos últimos cinco anos e das certidões fiscais negativas, ou positivas com efeitos de negativas, relativas ao imóvel.

VII – planta e memorial descritivo georreferenciados do imóvel ou requerimento de elaboração desses trabalhos pela Fundação Instituto de Terras do Estado de São Paulo "José Gomes da Silva" – ITESP;

VIII – apresentação do Cadastro Ambiental Rural – CAR.

§ 1º Os documentos pessoais dos interessados são aqueles necessários à sua completa identificação e qualificação e de seus representantes.

§ 2º A existência de ação judicial proposta pela Fazenda do Estado contra o interessado não afasta o preenchimento do requisito de que trata o inciso II deste Art., que se restringe a demandas de terceiros.

§ 3º O tempo de posse de que trata o inciso II deste Art. considera a exercida pelo próprio interessado e por seus antecessores, somando-se-lhes.

§ 4º Fica dispensada a apresentação dos documentos de que trata o inciso VII deste Art. caso o imóvel seja certificado junto ao INCRA e tenha o registro imobiliário retificado com a descrição georreferenciada.

§ 5º Além dos arrolados neste Art., outros documentos necessários à análise do requerimento poderão ser exigidos no decorrer da instrução processual.

§ 6º O cumprimento da função social da propriedade rural, de que trata o inciso V deste Art., deverá ser demonstrado por meio de laudo assinado por profissional competente, do qual deverá constar:

1. aproveitamento racional e adequado do imóvel, utilização adequada dos recursos naturais disponíveis e preservação do meio ambiente;

2. regularidade da propriedade no que se refere às relações de trabalho.

§ 7º Autuado o requerimento, a Fundação Instituto de Terras do Estado de São Paulo «José Gomes da Silva» – ITESP poderá solicitar, em caráter preliminar, à unidade regional da Procuradoria Geral do Estado competente:

1. cópia da réplica da Fazenda do Estado à contestação das ações discriminatórias e reivindicatórias pertinentes e de outros documentos relevantes ao exame do pedido;

2. manifestação sobre a legitimidade do interessado para o acordo, eventuais interesses de terceiros e outras questões pertinentes, discutidas administrativa ou judicialmente.

Art. 8º Competem à Fundação Instituto de Terras do Estado de São Paulo «José Gomes da Silva» – ITESP:

I – a análise, medição e demarcação da área objeto do acordo ou transação, mediante prévia remuneração pelo requerente, com base em tabela de preços dos serviços técnicos, constante de regulamentação;

II – a análise da regularidade dominial do imóvel, nos termos deste decreto;

III – o cálculo do preço, de acordo com o disposto no Art. 3º deste decreto;

IV – outros esclarecimentos técnicos pertinentes.

§ 1º Os trabalhos técnicos de medição e de demarcação referidos no inciso I deste Art. poderão ser dispensados, se houver conferência e concordância, por parte do ITESP, em relação à planta e ao memorial descritivo do levantamento topográfico georreferenciado, elaborados na forma da lei e apresentados pelo requerente.

§ 2º Concluídos os trabalhos e as análises técnicas de que trata este Art., dar-se-á ciência ao requerente, que terá 15 (quinze) dias para se manifestar, oportunidade em que, caso ainda não tenha feito, deverá indicar a forma de pagamento do preço a que se refere o Art. 3º deste decreto.

§ 3º Concluída a instrução e análise técnicas, os autos serão submetidos à Diretoria Executiva do ITESP para manifestação conclusiva do ente.

§ 4º Serão publicadas no Diário Oficial do Estado a conclusão dos trabalhos e a manifestação conclusiva de que trata este Art., a partir de quando correrá o prazo de 30 (trinta) dias para a impugnação, por qualquer interessado, no que se refere à observância das disposições da Lei nº 17.557, de 21 de julho de 2022.

§ 5º Decorrido prazo superior a 1 (um) ano entre a sua realização e a manifestação conclusiva da Diretoria Executiva do ITESP, o cálculo do preço de que trata o inciso III deste Art. deverá ser refeito.

Art. 9º Com o parecer da Diretoria Executiva da Fundação Instituto de Terras do Estado de São Paulo «José Gomes da Silva» – ITESP, os autos serão submetidos ao Secretário da Justiça e Cidadania, que se manifestará sobre os aspectos e requisitos do programa regulamentado por este decreto, e os encaminhará ao Procurador Geral do Estado para manifestação conclusiva acerca da viabilidade jurídica do pedido.

§ 1º O Secretário da Justiça e Cidadania poderá, antes de manifestar-se sobre a proposta de acordo, solicitar ao Procurador Geral do Estado o exame de viabilidade jurídica a que se refere o «caput» deste Art..

§ 2º As decisões de que tratam o «caput» deste Art. serão publicadas no Diário Oficial do Estado.

§ 3º Se o feito estiver em termos, o acordo será firmado pelo Secretário da Justiça e Cidadania e pelo Procurador Geral do Estado.

§ 4º Firmado o acordo, o processo será devolvido ao ITESP para acompanhamento do cumprimento do instrumento e a devida instrução.

§ 5º Caberá ao ocupante adquirente do domínio que tenha celebrado acordo ou transação comunicar a respectiva formalização em juízo, nos autos das ações judiciais que envolverem o imóvel.

§ 6º Do indeferimento do pedido, caberá recurso no prazo de 15 (quinze) dias, a contar da intimação, à autoridade superior.

Art. 10. O Diretor Executivo da Fundação Instituto de Terras do Estado de São Paulo "José Gomes da Silva" – ITESP, o Secretário da Justiça e Cidadania e o Procurador Geral do Estado poderão editar, no âmbito de suas atribuições, normas complementares para a execução deste decreto.

Art. 11. Fica constituído, junto ao Gabinete do Titular da Secretaria da Justiça e Cidadania, o Comitê de Monitoramento do Programa Estadual de Regularização de Terras de que trata este decreto, com a finalidade de acompanhar a implementação do programa, podendo solicitar documentos, esclarecimentos e providências de natureza técnica e administrativa à Administração Pública estadual.

Parágrafo único – O comitê de que trata o "caput" deste Art. será composto por 3 (três) representantes da sociedade civil e 3 (três) da Administração Pública estadual, aos quais não caberá o pagamento de qualquer remuneração, designados pelo Secretário da Justiça e Cidadania.

Art. 12. Este decreto entra em vigor na data de sua publicação.

Palácio dos Bandeirantes, 4 de outubro de 2022

RODRIGO GARCIA

DECRETO ESTADUAL Nº 28.389, DE 17 DE MAIO DE 1988

Dispõe sobre o procedimento administrativo para legitimação de posse, autoriza a outorga de permissões de uso em terras devolutas estaduais.

ÍNDICE

ORESTES QUÉRCIA, Governador do Estado de São Paulo, no uso de suas auibuições legais e

Considerando a necessidade de melhor explicitar os critérios para legitimação de posse previstos na Lei n. 3.962, de 24 de julho de 1957 e de suprir lacunas existentes na regulamentação da materia;

Considerando que a outorga de títulos de domínio objetiva privilegiar o uso social das terras devolutas estaduais e

Considerando haver situações de uso o de ocupação de glebas identificadas em terras devolutas estaduais, cuja legitimação de posses é inviável - nos termos da legislação vigente - e às quais se impõe imediata regularização enquanto não editada nova legislação de terras,

Decreta:

SEÇÃO I
DA LEGITIMAÇÃO DE POSSE

Art. 1º São legitimáveis as posses nas terras devolutas estaduais regularmente discriminadas, em benefício da pessoa física que:

I - ocupe área igual ou inferior a 100 (cem) hectares, nos termos do Art. 11 da Lei n. 4.925, de 19 de dezembto de 1985, em glebas contínuas ou descontínuas;

II - não seja proprietária de outro imóvel com características rurais;

III - mantenha a posse efetiva da área, conforme o disposto no Art. 1.º da Lei n. 3.962, de 24 de julho de 1957.

Art. 2º Para os fins deste decreto, considera-se posse efetiva da área:

I - a morada permanente na gleba ou

II - a morada habitual na gleba e mais:

a) cultura efetiva, entendida esta como a utilização de, no mínimo, 30% (trinta por cento) da área aproveitável do imóvel, segundo estabelece o Art. 2.º, § 1.º, do Decreto Federal n. 84.685, de 6 de maio de 1980, em se tratando de imóvel com características rurais;

b) edificação residencial, em se tratando de imóvel com características urbanas.

Parágrafo único - A posse efetiva deverá verificar-se pelo período mínimo de 5 (cinco) anos ininterruptos na data do levantamento da gleba para fins de elaboração do laudo a que se refere o Art. 2.º da Lei n. 3.962, de 24 de julho de 1957.

Art. 3º Em favor do ocupante de área que preencha os requisitos dos Art.s 1.º e 2.º deste decreto, poderá ser expedido título de domínio onde constem as seguintes cláusulas, sob condição resolutiva:

I - proibição de transferência, a qualquer título, do domínio ou posse da gleba titulada, no todo ou em parte, sem a prévia concordência do Estado, que terá preferência para a aquisição da gleba pelo valor da terra nua fixado pelo Ministério da Reforma e do Desenvolvimento Agrário e mais o das benfeitorias necessárias nela introduzidas;

II – inalterabilidade da destinação agrícola da gleba, em se tratando de imóvel com características rurais;

III – ciência das restrições do Código Florestal e da legislação sobre meio ambiente, com renúncia expressa ao recebimento de qualquer indenização, pela terra nua e vegetação, dos Poderes Públicos, em decorrência de tais restrições.

Parágrafo único – O descumprimento de qualquer uma das cláusulas aludidas no "caput" deste Art. implicará a reversão da gleba ao patrimônio do Estado, independentemente de notificação judicial ou extrajudicial.

Art. 4° Para obter a anuência do Estado na transferência do domínio ou posse da gleba, nos termos do inciso I do Art. anterior, o transferente deverá apresentar requerimento dirigido ao Procurador do Estado-Chefe, da competente unidade da Procuradoria Geral do Estado, onde se fará a autuação do respectivo processo administrativo (redação dada pelo Decreto 40.159/95)

§ 1.º O processo administrativo sera encaminhado ao Procurador do Estado indicado pela Chefia correspondente, ou designado com base no Art. 12, inciso .VIII, do Decreto n.° 27 558. de 9 de novembro de 1987, que o instruirá com os elementos necessários e elaborará parecer sobre a viabilidade juridica da transferência. (redação dada pelo Decreto 40.159/95)

§ 2.º Ao Procurador do Estado-Chefe da unidade, caberá decidir fundamentadamente sobre o pedido de autorização, decisão da qual caberá recurso endereçado ao Procurador Geral do Estado. (redação dada pelo Decreto 40.159/95)

§ 3.º A tramitação dos autos, até a decisão final, deverá ocorrer no prazo de 180 (cento e oitenta) dias, contados a partir da entrega do requerimento referido no «caput» deste Art.". (redação dada pelo Decreto 40.159/95)

SEÇÃO II
DA PERMISSÃO DE USO

Art. 5º Poderá a Fazenda do Estado outorgar permissão de uso, a título precário, aos ocupantes de terras devolutas estaduais regularmente discriminadas cuja posse não seja legitimável, desde que preencham os seguintes requisitos mínimos:

I – morada habitual na gleba ou seu real aproveitamento,e

II – cultura efetiva ou edificação residencial, conforme as características rurais ou urbanas do imóvel, respectivamente.

Parágrafo único – A permissão de uso incidirá sobre área não superior a 100 (cem) hectares, podendo ser uluapassado esse limite em casos excepcionais, em razão da extensão da cultura efetiva, a critério do Procurador Geral do Estado, ouvido o Centro de Engenharia e Cadasuo Imobiliário ou os Serviços de Engenharia e Cadastro Imobiliário competentes.

Art. 6º A permissão de uso de que trata o Art. anterior será outorgada pelo Procurador Geral do Estado, mediante termo que subscreverá juntamente com o Prourador do Estado Chefe da Unidade competente da Procuradoria Geral do Estado e com o permissionário.

SEÇÃO III
DAS DISPOSIÇÕES GERAIS

Art. 7º A lavratura dos títulos de domínio e dos termos de permissão de uso referidos no presente decreto poderá ser feita mediante processo eletrônico, elaborando-se cada titulo de domínio ou termo de permissão de uso em 3 (três) vias, acompanhadas de memorial descritivo e planta do imóvel.

§ 1.º Os títulos de domínio serão subscritos pelo Secretário da Justiça, pelo Procurador do Estado Chefe da Unidade competente da Procuradoria Geral do Estado, e pelo outorgado cuja assinatura importará na concordância das cláusulas e condições a que se refere o Art. 3.º deste decreto.

§ 2.º As três vias do titulo de domínio ou do termo de permissão de uso destinam-se respectivamente, à composição de livros próprios, que ficarão sob a guarda da unidade competente da Procuradoria Geral do Estado, à juntada no pertinente procedimento administrativo de legitimação de posse e ao beneficiário da legitimação ou permissão.

§ 3.º Os livros a serem compostos na forma indicada no parágrafo anterior serão encadernados separadamente, conforme o tipo de documento e conterão, em cada volume, respectivamente, 100 (cem) títulos de domínio ou 200 (duzentos) termos de permissão de uso.

Art. 8º O laudo a que se refere o Art. 2.º da Lei n. 3.962, de 24 de julho de 1957, deverá conter:

I – levantamento das terras que se encontrem vagas:

II – rol dos ocupantes cuja posse seja considerada legitimável bem como dos passíveis de outorga de permissão de uso, que preencham, respectivamente, os requisitos dos Art.s 1.º e 2.º e os do Art. 4.º deste decreto.

§ 1.º O rol a que alude o inciso II deste Art. deverá indicar a nacionalidade, o estado civil e a residência dos ocupantes e, quanto à área ocupada, sua extensão, descrição de suas divisas, o nome dos confrontantes, o valor da terra, a natureza das benfeitorias e as culturas e criações existentes.

§ 2.º Será utilizado, para efeito de avaliação, o valor da terra nua fixado pelo Ministério da Reforma e do Desenvolvimento Agrário.

Art. 9º As glebas objeto de permissão de uso poderão ter sua posse legitimada caso se verifique, posteriormente, o preenchimento dos requisitos estabelecidos nos Art.s 1.º e 2.º deste decreto.

Art. 10. As terras devolutas consideradas reservadas, nos termos do Art. 3.º do Decreto n. 14.916, de 6 de agosto de 1945, e aquelas vagas ou não suscetíveis de legitimação de posse nem de outorga de permissão de uso, nos termos deste decreto, serão incorporadas ao patrimônio do Estado e destinadas, de preferência, a unidades de preservação ambiental ou à implantação dos Planos Públicos de Valorização dos Recursos Fundiários, de que trata a Lei n. 4.957, de 30 de dezembro de 1985.

Art. 11. Poderá o Estado negar legitimação de posse ou permissão de uso, ainda que preenchidos os requisitos estabelecidos neste decreto, quando, a critério da Administração e a bem do interesse público, for conveniente a incorporação do imóvel ao seu patrimônio.

Art. 12. Para efeito da incorporação das terras devolutas insuscetíveis de legitimação ou permissão de uso e na hipótese de as mesmas estarem ocupadas, poderá o Secretário de Estado dos Negócios da Justiça, para os fins do Art. 59 do Decreto n. 14.916, de 6 de agosto de 1945, e do Art. anterior determinar as providências necessárias à retomada pelo Estado as referidas áreas, no todo ou em parte, indenizadas as benfeitorias de boa fé, fazendo-o mediante representação do Procurador Geral do Estado no procedimento de legitimação de posses pertinente.

Art. 13. No procedimento administrativo de legitimação de posses em terras devolutas estaduais insertas na Área de Proteção Ambiental (APA) Serra do Mar, serão observados, além dos requisitos estabelecidos neste decreto, os termos dos Decretos n. 28.347 e 28,348, ambos de 22 de abril de 1988.

Art. 14. Este decreto entrará em vigor na data de sua publicação, revogadas as disposições em contrário e, especialmente, o Decreto n. 43.116, de 3 de março de 1964.

Palácio dos Bandeirantes, 17 de maio de 1988.

ORESTES QUÉRCIA

Mário Sergio Duarte Garcia, Secretário da Justiça

Antonio Carlos Mesquita, Secretário do Governo

Publicado na Secretaria de Estado do Governo, aos 17 de maio de 1988.

Art. 6º A permissão de uso...

onde se lê: juntamente com o Prourador do Estado Chefe ...

leia-se: juntamente com o Procurador do Estado Chefe...

ANOTAÇÕES

ANOTAÇÕES

ANOTAÇÕES

ANOTAÇÕES

EDITORA
JusPODIVM
www.editorajuspodivm.com.br

Impresso por:

Docuprint
CNPJ 01.036.332/0001-99

JUS3266